税法問題事例研究

北野弘久

勁草書房

まことにささやかな研究であるけれども，
若き日に受けた学恩に感謝して

伊藤正己教授
に捧ぐ

序　文

　私が実務界から学界へ転じたのは1960 (昭和35) 年であった．その転出前の，税制の企画・立案事務や税務行政の一端に関与しながら研究をしていた数年間を含めると，微力ながら，私の税法学の研究生活は半世紀に及ぶことになる．この間，様々な具体的な法実践活動に参加させていただいた．納税者，市民団体，中小企業団体，税理士，弁護士らから，広く税財政問題について相談を受けてきた．それらの多くはオモテに出ない参加活動であった．オモテに出たものとして，例えば，国会参考人としての所見開陳は15回，法廷等での鑑定証言・鑑定書提出等の活動は約400回に及ぶ．まことに微力であったが，いま半世紀を省みてこのような法実践活動への参加自体が私の税法学の研究活動そのものであったといわねばならない．そのような法実践活動への参加の機会を与えられた多くの人々に対して敬意と感謝を申し上げねばならない．

　本書は，ここ10数年間のそのような私の参加の成果をとりまとめたものである．もっとも，本書XII部に，古稀を機会に月刊誌編集部の勧めに従ってとりまとめた「納税者の権利のたたかいの実践例とその背景」を収録させていただいた．これは，私の長い研究生活において関与させていただいた事例のうち納税者側勝利の事例を中心にその背景にある「見えないもの」を記録に遺そうとしたものである．このXII部を収録している点では，本書は私の半世紀に及ぶ法実践活動の一端をとりまとめたものと言えなくはない．

　周知のように，私は，税法学における法実践論的研究にあたって次のことを意図してきた．すなわち，法実践論 (法解釈論・立法論) それ自体は科学 (science, Wissenschaft) ではないが，それを少しでも科学的なものにするために，第1に，当該問題に関する「生ける法」(lebendes Recht) を客観的に研究する (法認識論的研究)．この面の研究は科学として成り立つ．第2に，右の法認識論的研究の成果を踏まえて，現段階で，どのような法実践論が最も憲法的価値，具体的には日本国憲法の「租税法律 (条例) 主義の原則」(憲30条，84条) および「応能負担原則」(憲13条・14条・25条・29条等) 等の趣旨に合致するか，を考究する．私の場合，法実践論における立法論も憲法規範論として展開される．

　本書における法実践論的研究は，理念的にはすべて右の基本的な方法に基づく．具体的事案の解決にあたって，私自身は，納税者本人，関与税理士，弁護士などの当事者の立場に立って，問題解決に必要な「事実」，「理論」などの探索・構築に努力し，時に，関係者自身の気づいていない「事実」，「理論」などを指摘して，それまでの議論の立て方を根本的に「変更」して私のいう問題の本質論に立ちかえって主張・立証などを展開していただいた事例も少なくない．

　本書収録の諸論文のいくつかについて若干のコメントを加えたい．

私は，幸い，1994年から2003年までの9年間（第16期，第17期，第18期），日本学術会議会員に選定されるという光栄に浴した．本書の主題との関係で言えば，第18期において「学術の在り方常置委員会」委員長として対外報告書「日本学術の質的向上への提言」をとりまとめた．同報告書は，自然科学・人文社会科学にまたがる日本学術全体に関するものである．本書第I部第1章の「日本法律学の問題性」は，同報告書をとりまとめるに当たって，私個人の責任で発表した日本法律学に関するものである．同論文で，全体として存在する日本法律学の非現実性，虚構性，非科学性の一端を指摘した．これは，私の税法学の方法からもたらされる法律学界への提言を自省を込めてとりまとめたものである．同論文は，そのまま，本書における私の税法学の方法を示唆する．同じく第I部に収録した第2章，第3章は私の様々な法実践論的研究を踏まえて税財政に関する日本国憲法の逐条研究である．また，第4章は，東京都の不均一課税条例制定，秋田国民健康保険税条例違憲訴訟，大牟田訴訟，東京都に係る「銀行税条例」違法訴訟などの私自身の実践的体験を踏まえて，私のかねてから提唱してきた本来的租税条例主義論についての総括である．第5章は，2003年9月のロシアのサンクト・ペテルブルク世界納税者連盟（World Taxpayers Associations）大会における私の特別報告の要旨を発展させたものである．私は，税制の実体的あり方を指導する憲法原理として応能負担原則しか存在しないと主張してきたが，この考え方を総括するものである．

　第II部以下に収録したもののうち，第III部第9章「宗教法人の情報公開と税務をめぐる問題」は1995年12月の私の国会参考人所見をとりまとめたものである．それ以外のもののほとんどが私の法実践活動の成果としての鑑定証言・鑑定書等を論文化したものである．これらによって，勝利事例についていえば，たとえば，東京都不均一課税条例制定，青色申告の更正理由付記に関する最高裁判決，税理士会の政治献金に関する牛島税理士訴訟，「借入金利子と資産の取得価額」の東京高裁判決，相続税における代償分割調整金に関する前橋地裁判決，「官官接待」を違法とした大阪高裁判決などについてその見えない背景事情を知ることができよう．また，東京都に係る「銀行税条例」違法判決について裁判所および多くの諸家の議論がいかに本来的租税条例主義および「外形基準」課税を本則とする「応能課税」としての法人事業税の法的性格などに反するものであるかを具体的に知ることができよう．つまり，裁判所および多くの諸家の議論が税法学的にいかに誤りであるかを理解し得よう．この問題についてあえて見えない事実を明らかにしておくために私が石原慎太郎東京都知事に送った私信を紹介させていただいた（本書60頁）．また，本書には租税犯に関する鑑定事例のいくつかを収録させていただいた．これらによって，租税犯の成立について犯罪の証明がなく「冤罪」の疑いのあるものが少なくないことが了知されよう．同時に，裁判官，検察官，課税当局，そして弁護人らの，おそるべき税法学への「無知」が具体的に知られよう．さらに第V部「コンビニエンスストアに係るチャージ契約の違法性

——その財務面への解析」および第Ⅵ部第11章「専業農家と土地区画整理」を収録させていただいた．いずれも私の鑑定書の論文化である．これらのテーマは直接，税財政そのものに関するものではないが，私の専攻分野と深い関係があり，私の学問活動の一端を示唆するものとして本書に収録させていただいた．これらによっても，法実践において問題の本質論に迫ることがいかに問題解決にとって大切であるかが具体的に知られよう．

　本書は，まことにささやかな私の法実践論的研究の一端を総括するものであるが，本書を若き日に受けた伊藤正己教授（東京大学名誉教授・元最高裁判事）の学恩に感謝して，同教授に捧げさせていただきたいと思う．私は，意識しなかったのであるが，本書をとりまとめる作業をしている過程で，大学院で同教授の「英米法特殊講義」から無意識的に大きな影響を受けていることを知ったからである．

　思えば，同教授からの次の諸示唆が想起される．「法の支配」(rule of law) とか「適正手続の法理」(due process of law) とかの具体的内容については，国によりまた同じ国でも時代により，それぞれの段階でそれにふさわしいものが解明されるべきである．英米で一般に言われている議論に拘束されるべきではない．また，法実践論においてたとえば訴訟事件ではケースバイケースでいかに裁判所を説得するかが大切である．憲法問題について言えば，法令違憲のみならず，時に適用違憲，運用違憲，事情判決（行政事件訴訟法31条）などの手法を用いることも重要である．同教授は，法令違憲論だけではキャリア裁判官はテーブルにつかないおそれもあることを指摘された．また，しばしば学界は裁判官を批判しがちであるが，具体的訴訟における当事者，とりわけ代理人である弁護士の対応能力が重要であり，弁護士の対応の仕方が批判されねばならない．以上は，ほんの例示に過ぎないが，こうしたご指摘が今も私の脳裏に鮮明に残っている．同教授は当時は裁判官の経験もなく純粋なアカデミシャンであったが，その先駆的・独創的指摘には驚かざるを得ない．まことに微力であるが，私の税法学における法実践論的研究が同教授の教えに大きな影響を受けていることを感謝を込めて特記させていただきたいと思う．

　半世紀に及ぶ私の研究生活の一端を総括する本書を刊行するに当たって，私は多くの方々に感謝しなければならない．いちいちお名前を掲げることは紙幅の関係上困難であるが，この機会に若干の方々のお名前を記させていただくことをお許しいただきたい．私の学問活動そのものに影響を与えられた新田隆信（故人），大西芳雄（故人），天野和夫（故人），忠佐市（故人），塩崎潤，有倉遼吉（故人），伊藤正己，渡辺洋三，高柳信一（故人），小林直樹，染野義信，板倉宏，利谷信義，塩野宏，兼子仁，小高剛らの諸氏．また，私の学問の実務界への展開に協力された松井康浩，鶴見祐策，伊藤清，関本和幸，関本秀治，牛島昭三（故人），平山玲昰，荻野弘康，浦野広明，小池幸造らの諸氏．また大蔵省主税局時代からの友人として私の学問活動に協力された吉牟田勲，小粥正巳（故人）の両氏．さらに私の学問を中国の学界へ紹介することに

努力された董播興，陳剛，郭美松，吉田慶子，劉剣文，曹明星，張小平，杜楊らの諸氏．

　大学等で私の指導を受けた数多くの人々からのご支援にも感謝しなければならない．個別の事案においてご協力いただいた方々のお名前は，本書収録のそれぞれの論文中で記させていただいた．

　最後に，私が学界へ転じる前から私の研究活動を支えてくれた妻八江にお礼を述べる．

　長期間お世話いただいた勁草書房編集部の古田理史氏に厚くお礼を申し上げる．

　　2005年7月

　　　　　　　　　　　　　　　　　　　　　　　　　　　　　　　　北　野　弘　久

目　次

序　文

第 I 部　基礎理論

第 1 章　日本法律学の問題性 …………………………………………… 3
　　1　日本学術会議第 18 期学術の在り方常置委員会の課題　*3*
　　2　西洋法の継受と日本の実定法学　*3*
　　3　日本商法典と商法学の虚構性　*5*
　　4　改　善　策　*7*

第 2 章　日本国憲法第 30 条（納税の義務）の研究 ……………………… 9
　　第 30 条
　　概　説　*9*
　　1　本条の意義　*10*
　　2　納税者基本権　*13*

第 3 章　日本国憲法第 7 章（財政）の研究 ……………………………… 17
　　第 7 章　財　政
　　概　説　*17*
　　第 83 条
　　概　説　*19*
　　1　本条の意義　*19*
　　2　財政民主主義の形骸化　*20*
　　第 84 条
　　概　説　*22*
　　1　明治憲法との比較　*22*
　　2　租税法律主義の概念と法理　*27*
　　3　租税法律主義と関税　*31*
　　4　租税法律主義と地方税　*32*
　　5　租税概念　*34*
　　第 85 条
　　概　説　*38*
　　1　国費の支出　*39*

  2　債務の負担　*40*
 第 86 条
  概　説　*41*
  1　予算の内容　*41*
  2　予算の性格　*42*
 第 87 条
  概　説　*45*
 第 88 条
  概　説　*46*

第 4 章　本来的租税条例主義論の展開 …………………………………… *47*
 1　問題提起　*47*
 2　「新固有権説」と本来的租税条例主義　*47*
 3　委任租税条例主義　*49*
 4　税法学界の現状　*50*
 5　本来的租税条例主義の先例　*52*
 6　本来的租税条例主義の展開　*54*

第 5 章　応能負担原則論の展開 ……………………………………………… *61*
  ――フラット・タックス論批判――
 1　はじめに　*61*
 2　サンクト・ペテルブルク世界納税者連盟大会での報告　*61*
 3　応能負担原則の憲法上の根拠　*62*
 4　課税最低限の問題　*65*
  4.1　2 つの生存権　*65*　　4.2　384 万円の「虚構」　*66*
  4.3　生活扶助基準額　*68*
 5　応益負担原則の不成立　*68*
 6　日本税制の財源調達機能の喪失　*69*

第 6 章　民法と税法が共有する領域の解釈態度 ………………………… *72*
 1　市民法秩序と税法　*72*
 2　借用概念と税法解釈　*72*
 3　事実認定のあり方――租税回避行為と仮装行為　*74*
 4　実質課税の原則　*76*

第II部　個人所得課税

第1章　資産所得の租税優遇措置と憲法14条 …………………… 79
 1　はじめに　79
 2　研　　究　80

第2章　司法書士業の法人化とその所得の帰属（1）…………… 83
 1　はしがき　83
 2　本件青色申告承認取消処分について　83
 3　本件更正処分等について　85
 4　信義誠実の原則について　87

第3章　司法書士業の法人化とその所得の帰属（2）…………… 89
 ――課税庁側鑑定所見への反論――
 1　はじめに　89
 2　青色申告承認取消処分について　89
 3　本件更正処分等について　92
 4　信義誠実の原則について　93

第4章　所得税法59条（みなし譲渡規定）の違憲性 …………… 95
 1　はしがき　95
 2　所得税法59条の不合理性・違憲性　96
 3　本件贈与契約の錯誤に基づく無効　99
 4　結　　語　100

第5章　政党への遺贈と課税問題 …………………………………… 101
 1　はじめに　101
 2　政党への遺贈と課税関係　101
 3　政党への政治献金と課税関係　104
 4　租税特別措置法40条の法的意味　104
 5　本件日本共産党と税法上の「相続人」　107
 6　結　　語　107

第6章　青色事業専従者の慰安旅行費と事業上の必要経費 …… 109
 1　事案の概要――問題提起　109

2　鑑定書の概要　*110*
　　　2.1　「福利厚生費」と事業上の必要経費　*110*
　　　2.2　本件旅行の支出と「福利厚生費」　*111*
　　3　結　　語　*112*

第7章　所得税法上の雑損控除の要件 ……………………………*113*
　　1　はじめに　*113*
　　2　本件の争点となる事実　*113*
　　3　所得税法上の雑損控除の趣旨　*115*
　　4　結　　語　*117*

第8章　農業所得の推計課税と実額課税 ……………………………*120*
　　1　事案の概要　*120*
　　2　鑑定書の概要　*120*
　　　2.1　本件課税処分の理由付記の不存在　*121*
　　　2.2　本件課税処分の真相とその税法学的意味　*122*
　　　2.3　本件課税処分と信義誠実の原則　*125*　　2.4　結　語　*126*

第9章　退職所得に対する住民税と損益通算 ……………………*127*
　　1　はじめに　*127*
　　2　住民税の法的性格と計算構造　*127*
　　3　住民税における退職所得の分離課税規定の法的意味　*129*
　　4　結　　語　*131*

第III部　法人所得課税

第1章　法人所得課税理解への法的検討 ……………………………*135*
　　1　税法学からみた法人税の性格――応能負担原則と法人税　*135*
　　2　法人所得計算の基本構造　*136*
　　3　租税特別措置　*140*
　　4　公益法人等の課税　*140*
　　5　国際課税　*141*
　　6　連結納税申告　*142*

第2章　寄付金認定の適否 ……………………………………………*145*
　　1　はじめに　*145*

2　研　　究　*146*
　　3　実務家へのアドバイス　*149*

第3章　法人税法22条2項と租税回避行為 ……………………………*151*
　1　はじめに　*151*
　2　第1審鑑定所見書　*152*
　　2.1　法人税法22条の法的意義　*152*
　　2.2　法人税法11条の「実質所得者課税の原則」　*154*
　　2.3　株式の価格　*155*
　3　最高裁鑑定所見書　*156*
　　3.1　法人税法22条2項の「収益」の法的意味
　　　　　――低額譲渡を中心として　*156*
　　3.2　低額譲渡と法人税法22条の「収益」の展開　*159*
　　3.3　結　　語　*161*

第4章　前払い費用通達と法人税法22条 …………………………………*162*
　1　はじめに　*162*
　2　本件前払いリース料と法人税基本通達2-2-14,
　　　消費税法取扱通達11-1-16（現行消費税法基本通達11-3-8）　*163*
　　2.1　本件通達の意味　*163*
　　2.2　法人税法22条と「企業会計原則」　*164*
　　2.3　法人税法22条の前提とする「企業会計原則」（同法22条4項）
　　　　　の具体化と法人税基本通達2-2-14　*164*
　　2.4　本件前払いリース料と法人税基本通達2-2-14　*166*
　3　租税回避と本件通達の適用　*166*
　4　結　　語　*167*

第5章　使途秘匿金の解釈と運用 …………………………………………*170*
　1　使途不明金の取扱い　*170*
　2　「使途秘匿金」の概念　*171*
　3　運用上の問題点　*173*

第6章　外国子会社への支出金の損金性 …………………………………*175*
　1　はじめに　*175*
　2　私法秩序と法人税法22条　*175*

xi

3　子会社への出向者の給与等　*176*
         4　市場調査費　*177*
         5　重加算税の課税　*178*
         6　結　語　*178*

第 7 章　清算所得課税における「寄付金」…………………………………………*180*
    1　はじめに　*180*
    2　1995 年拙鑑定書　*180*
        2.1　原判決における重大かつ明白な事実誤認　*180*
        2.2　法人税基本通達 9-4-1 に該当　*185*　　2.3　結　語　*186*
    3　1996 年拙鑑定書　*186*
        3.1　法人税法 95 条の法的意義　*186*
        3.2　本件「特約」の存在と法人税基本通達 9-4-1　*190*
    4　1997 年拙鑑定書　*192*
        4.1　法人税法上の「損金」の意義　*192*
        4.2　法人税基本通達 9-4-1 の適用について　*194*
        4.3　住専問題の処理について　*196*
        4.4　大淵博義氏の所説について　*196*
    5　1998 年拙鑑定書　*197*
        5.1　親子関係と法人税務　*197*
        5.2　本件には親子関係の税務の取扱いが適用されるべきである　*199*
        5.3　結　語　*203*

第 8 章　租税特別措置法 64 条（収用等に伴い代替資産を取得した場合の
　　　　 課税の特例）の法的意義 ……………………………………………*204*
    1　はじめに　*204*
    2　事案の概要　*204*
    3　租税特別措置法 64 条 1 項 2 号等の法的意義　*206*
    4　本件特例の適用をめぐる諸状況　*207*
    5　結　語　*210*

第 9 章　宗教法人の情報公開と税務をめぐる問題 ……………………………*212*
    1　財務の透明化と情報公開　*212*
    2　改正法の概要　*212*
    3　信教の自由・政教分離原則　*213*

    4　宗教法人法の展開　*216*
    5　現行税制の基本的仕組み　*218*
    6　宗教法人税制のあり方　*220*

第10章　宗教法人の収益事業活動 ……………………………………*224*
    1　はじめに　*224*
    2　鑑定書の概要　*224*
        2.1　原処分である課税処分の理由付記の不存在について　*224*
        2.2　本件法人税課税処分について　*225*
        2.3　本件消費税課税処分について　*227*

第11章　人格なき社団と法人税・消費税 ……………………………*228*
　　　　　──演劇鑑賞活動──
    1　はじめに　*228*
    2　人格なき社団と法人税　*228*
    3　「興行業」と収益事業　*229*
    4　結　　語　*231*

第12章　人格なき社団等の課税 ………………………………………*232*
　　　　　──保険活動など──
    1　はじめに　*232*
    2　法人税関係　*232*
    3　消費税関係　*234*
    4　そ の 他　*234*

第13章　特定非営利活動法人（NPO）の収益事業課税 ……………*236*
    1　はじめに　*236*
    2　本件ふれあい事業　*236*
    3　法人税法上の請負業　*237*
    4　結　　語　*238*

第14章　連結納税制度にたいする税法学的検討 ……………………*239*
    1　はじめに　*239*
    2　政府税調の「考え方」　*240*
    3　応能負担原則の憲法上の基礎　*242*

        4　法人税の性格　*244*
        5　日本社会と連結納税制度　*245*

第Ⅳ部　法人事業税の「銀行税条例」

第1章　「銀行税条例」違法判決批判 ……………………………… *251*
        1　はじめに　*251*
        2　本来的租税条例主義　*251*
        3　法人事業税の法的性格　*253*
        4　「業務粗利益」と「売上総利益」　*256*
        5　「事業の情況」の法的意味　*257*
        6　外形標準課税の一般化　*258*

第2章　「銀行税条例」控訴審判決の検討 ……………………………… *260*
        1　はじめに　*260*
        2　1審判決の誤謬　*260*
        3　本来的租税条例主義の先例　*262*
        4　税法学・税法学者の使命　*263*
        5　控訴審判決の検討　*264*
        6　税率3％に対する控訴審判決は誤り　*266*

第Ⅴ部　コンビニエンスストアに係るチャージ契約の違法性
　　　　　　――その財務面への解析――

第1章　セブン-イレブン・ジャパン事件控訴審 ……………………………… *273*
        1　はじめに　*273*
        2　本件契約における「売上総利益」　*274*
        3　判決の誤り　*277*
        4　本件契約の違法・無効　*281*
        5　本鑑定の結語　*283*
        6　補論――本件契約の詐術性　*287*
        7　補論――本件契約におけるセブン-イレブン・ジャパンの法的地位と
　　　オープンアカウントの法的性格　*289*

第2章　セブン-イレブン・ジャパン事件第1審 ……………………………… *293*
        1　はじめに　*293*
        2　本件契約における本件チャージ　*293*

3　本件「売上総利益」の実態　*294*
　　4　企業会計における「売上総利益」　*295*
　　5　結　　語　*297*
　　6　補　　論　*297*
　　　6.1　本件契約における「売上総利益」と原告らの本件商品廃棄損
　　　　　等・棚卸減分　*297*
　　　6.2　本件仕入値引・仕入報奨金について　*298*
　　　6.3　結　語　*298*

第3章　ローソン事件　………………………………………………………*300*
　1　はじめに　*300*
　2　本件「総値入高」の虚構性　*300*
　　2.1　本件契約における「DCVS・チャージ」　*300*
　　2.2　「総値入高」の実態　*301*
　3　本件財務諸表の虚構性　*302*
　4　結　　語　*304*

第Ⅵ部　資産課税

第1章　バブル崩壊と税制　……………………………………………………*309*
　　　　　──土地税制を中心として──
　1　本報告の課題　*309*
　2　いわゆるバブル期（地価高騰）と土地税制　*309*
　3　バブル崩壊と税制　*312*
　　3.1　所得税　*312*　　3.2　法人税　*313*　　3.3　相続税　*313*
　　3.4　地価税　*314*　　3.5　固定資産税・都市計画税　*316*
　　3.6　特別土地保有税　*316*　　3.7　法人事業税　*316*
　　3.8　消費税　*316*　　3.9　その他　*316*
　4　固定資産税の評価等　*317*
　　4.1　平成6（1994）年度の評価　*317*
　　4.2　固定資産税裁判例　*319*
　5　まとめ　*320*
　　【資料】固定資産税裁判例　*323*

第2章　現代土地税制論の展開　………………………………………………*325*
　1　はじめに　*325*

2　日本国憲法と土地税制　*325*
　　3　あるべき土地税制　*327*
　　　　3.1　所得課税　*327*　　3.2　保有課税　*328*　　3.3　相続税　*329*
　　　　3.4　租税特別措置の廃止，法人税の累進税化等　*330*
　　4　1994年固定資産税の評価替えをめぐる法律問題　*330*
　　5　相続税の財産評価をめぐる法律問題　*333*

第3章　小規模宅地等の相続税課税価格の縮減措置 …………………………… *335*
　　　　──「5棟10室」相続税通達批判──
　　1　はじめに　*335*
　　2　「鑑定所見書」の紹介　*336*
　　　　2.1　相続税法22条の「時価」の法的意義　*336*
　　　　2.2　租税特別措置法69条の3の「事業」の法的意義　*337*
　　　　2.3　本件被相続人等の不動産貸付業の実態　*338*
　　　　2.4　結　語　*339*
　　3　判決の紹介と検討　*340*

第4章　租税特別措置法69条の4（相続開始前3年以内に取得した
　　　　　土地等の相続税課税価格の特例）の違憲性 ……………………………… *343*
　　1　問題提起　*343*
　　2　事実の概要　*344*
　　3　判決の紹介　*344*
　　4　判決の研究　*346*

第5章　相続財産の認定 ……………………………………………………………… *349*
　　　　──1つの鑑定事例──
　　1　事件の概要　*349*
　　2　税法学鑑定所見　*349*
　　　　2.1　本件課税処分の理由付記の不備　*349*
　　　　2.2　本件課税処分の重大明白な事実誤認　*350*

第6章　高速道路と固定資産税 ……………………………………………………… *353*
　　1　はじめに　*353*
　　2　地方税の課税権はだれのものか？　*353*
　　3　高速道路は「道路」なのか？　*355*

    4 「永久有料化」を打ち出した道路審議会　356
    5 国会も認めている高速道路への課税　357
    6 税に関する権限は自治省にはない　358

第 7 章　建物の固定資産税評価額 ……………………………………361
　　　　──再建築価額への疑問──
    1 はじめに　361
    2 第 1 審での鑑定所見書　361
        2.1 固定資産税の課税と本来的租税条例主義　361
        2.2 「固定資産評価基準」（昭和 38 年自治省告示 158 号）の
            法的性格　362
        2.3 本件評価額決定の違法性　364
        2.4 固定資産課税台帳への縦覧　365
        2.5 固定資産評価審査委員会のあり方　366　　2.6 結　語　366
    3 第 2 審での鑑定所見書　367
        3.1 地方税法 349 条 1 項の「価格」，同法 341 条 5 号の「適正な時
            価」の意義　367
        3.2 「再建築価額」の不合理性　367　　3.3 結　語　369

第 8 章　「朝鮮総連」への固定資産税課税とその法的検討 ……………370
    1 事案の概要　370
    2 固定資産税納税義務の法的根拠　371
    3 都税条例 134 条 1 項違反　372
    4 信義則違反　375
    5 憲法 14 条の法執行平等原則違反　375
    6 結　語　376

第 9 章　宗教法人固定資産税問題と「適用違憲」……………………377
    1 はじめに　377
    2 地方税法 348 条 2 項 3 号の法的意味　377
    3 本件物件の利用の実態　378
    4 乙 90 号証について　380
    5 結　語　382

第 10 章　特別土地保有税の課税標準の法的意義 ………………………384

1　はじめに　*384*
　　2　特別土地保有税の性格　*384*
　　3　地方税法 593 条（特別土地保有税の課税標準）の法的意義　*386*
　　4　本件土地の取得価額　*388*
　　5　結　語　*389*

第 11 章　専業農家と土地区画整理 …………………………………………*391*
　　1　はじめに　*391*
　　2　生産緑地と土地区画整理　*391*
　　3　専業農家である控訴人 M1 らの生存権と本件処分　*392*
　　4　結　語　*394*

第 VII 部　消費課税

第 1 章　消費税の免税点問題の法的検討 ……………………………………*397*
　　1　はじめに　*397*
　　2　本件の争点と消費税の法的特質　*398*
　　3　上告人が現実に売上げの際に 3％ の消費税を徴収していたという事
　　　　実の存在　*399*
　　4　消費税法 9 条の法的意味　*400*
　　5　現行消費税法基本通達 1-4-5 の誤謬と信義則違反　*401*
　　6　本件の憲法問題の総括　*402*
　　7　結　語　*403*

第 2 章　消費税法 30 条 7 項の仕入税額控除の否認 ………………………*405*
　　1　はじめに　*405*
　　2　消費税の法的性格　*406*
　　3　消費税法 30 条 7 項の法的意味　*407*
　　4　帳簿，請求書等の不提示と消費税法 30 条 7 項　*408*
　　5　消費税法 30 条 7 項適用の本件更正処分の違法性　*409*
　　補論　消費税法 30 条 7 項の法理――大阪地裁 1998 年 8 月 10 日判決
　　　　　批判　*412*

第 3 章　消費税法 30 条 7 項の法的意味 ……………………………………*416*
　　1　はじめに　*416*
　　2　消費税の法的性格　*416*

  3　消費税法 30 条 7 項の法的意味　*417*
  4　原判決の誤り　*419*
  5　結　　語　*422*

第 4 章　第三者の立会いと消費税法 30 条 7 項 ……………………………*423*
  1　はじめに　*423*
  2　VAT 消費税の法的性格　*423*
  3　消費税法 30 条 7 項への税法学的理解　*424*
  4　税務調査における第三者の立会い　*427*
  5　結　　語　*429*

第 5 章　医療行為と消費税課税 ……………………………………………*431*
  1　はじめに　*431*
  2　消費税の法的性格　*431*
  3　医療行為と消費税　*432*
  4　結　　語　*433*

第 6 章　遊興飲食税の特別徴収制度 ………………………………………*435*
  1　はじめに　*435*
  2　研　　究　*435*

第 7 章　物品税の課税対象認定問題と租税法律主義 ……………………*440*
  1　事案の概要　*440*
  2　最高裁への拙鑑定書　*441*
    2.1　物品税法別表 7 の「普通乗用自動車」の法的意味　*441*
    2.2　本件レーシングカーについて　*443*　2.3　結　語　*444*
  3　最高裁判決　*444*

第 VIII 部　租税手続

第 1 章　共有物に係る連帯納税義務規定の違憲性（1）………………*449*
  1　はじめに　*449*
  2　地方税法 10 条・10 条の 2 の法的意味と憲法 14 条違反の問題　*449*
  3　憲法 13 条・31 条違反の問題　*450*
  4　憲法 29 条違反の問題　*452*
  5　結　　語　*453*

第2章　共有物に係る連帯納税義務規定の違憲性（2） ·················454
　　1　事案の概要　454
　　2　本件連帯納税義務の特殊性　454
　　3　相続税法34条の連帯納付義務　455
　　4　地方税法10条・10条の2の不合理性　457
　　5　結　語　458

第3章　相続税の連帯納付義務と滞納処分の停止 ·······················459
　　1　事案の概要　459
　　2　拙鑑定所見書の概要　459
　　3　決　着　461

第4章　課税処分と信義則 ···462
　　1　はじめに　462
　　2　「課税処分と信義則」に関する最高裁判例　462
　　3　課税庁側からの「公的見解」の表示　463
　　4　結　語　468

第5章　帳簿不提示と青色申告の承認取消し ·····························469
　　1　はじめに　469
　　2　判　旨　469
　　3　研　究　470
　　4　実務家へのアドバイス　473

第6章　租税特別措置法68条の2（中小企業者等に対する同族会社の
　　　　特別税率の不適用）の適用と更正の請求 ·······················474

第7章　国税徴収法の定める第2次納税義務の納付告知と
　　　　国税通則法70条の類推適用 ·······································476
　　1　はじめに　476
　　2　研　究　478

第8章　消費税の非課税取引分の誤納付と還付 ···························482
　　1　はじめに　482
　　2　鑑定書の紹介　482

第 9 章　貸金庫の内容物についての強制執行 ································· 485
　　1　はじめに　*485*
　　2　最高裁判決の内容　*485*
　　3　貸金庫利用の法的性格　*485*
　　4　税務行政への影響　*486*

第 10 章　課税処分の理由不教示と損害賠償 ································· 488
　　1　はじめに　*488*
　　2　拙鑑定所見書の概要　*488*
　　　2.1　申告納税制度と課税処分　*488*
　　　2.2　国税通則法 111 条の法的意味　*490*
　　　2.3　本件不教示と損害賠償責任　*494*
　　3　裁判所の判決　*494*

第 11 章　無効な課税処分と不当利得の成立 ································· 496
　　1　事案の概要　*496*
　　2　鑑定書の概要　*497*
　　　2.1　本件特別土地保有課税処分の無効と不当利得の成立　*497*
　　　2.2　本件課税庁である市長の不作為と違法　*499*
　　　2.3　結　語　*499*
　　3　鶴見祐策代理人による交渉　*500*
　　4　還付金請求訴訟　*501*

第 12 章　相続税課税処分等に係る後発的瑕疵の確定と
　　　　　不当利得の成立 ··· 503
　　1　はじめに　*503*
　　2　本件の争点と本件不動産　*503*
　　3　本件不動産と課税庁側の法的義務　*505*
　　4　本件更正処分等の後発的一部無効と不当利得の成立　*507*
　　5　結　語　*508*
　　6　補　論　*508*
　　　6.1　抵当権の設定されている本件不動産の評価　*508*
　　　6.2　本件更正処分等の後発的一部無効と不当利得　*509*

xxi

第13章　事前通知等の議員立法案（1999年5月）の意義 *512*
　　——税務行政等の民主化に大きな影響——
　　1　議員立法への動き　*512*
　　2　行政の事前手続　*512*
　　3　国税通則法改正案　*513*

第IX部　租　税　犯

第1章　青色申告承認取消益と租税逋脱犯 *521*
　　1　はじめに　*521*
　　2　最高裁昭和49年9月20日第2小法廷判決（刑集28巻6号291頁）
　　　　への疑問　*521*
　　3　本件の特殊性と前記最高裁判決の不適用　*525*
　　4　適正な課税・納税と租税逋脱犯　*527*
　　5　結　語　*528*

第2章　租税逋脱犯と犯罪の証明 *529*
　　1　はじめに　*529*
　　2　租税逋脱犯における有罪立証の特殊性　*529*
　　3　本件公訴事実の実態　*531*
　　4　本件の特異な契約の内容　*532*
　　5　本件犯罪成立要件事実の不存在　*534*
　　6　本件プログラム等準備金の繰入限度余裕額　*535*
　　7　結　語　*536*

第3章　圧縮記帳引当金の益金不算入等と租税逋脱犯（1） *537*
　　1　はじめに　*537*
　　2　租税逋脱犯の成立要件　*537*
　　3　実質課税の原則の意義　*539*
　　4　本件代替資産の取得と租税逋脱行為　*540*
　　5　圧縮記帳引当金の益金不算入と租税逋脱犯の不成立　*542*
　　6　本件貸倒損の処理と租税逋脱犯の不成立　*542*
　　7　最高裁昭和48年3月20日判決（刑集27巻2号138頁）について　*543*
　　8　結　語　*544*

第4章　圧縮記帳引当金の益金不算入等と租税逋脱犯（2） *546*

1　はじめに　*546*
　　　2　奇怪で不幸な事件　*546*
　　　3　租税逋脱犯の法的特質　*547*
　　　4　圧縮記帳引当金の益金不算入と租税逋脱犯の不成立　*549*
　　　5　本件圧縮記帳引当金の益金への戻し入れの不知と租税逋脱犯　*549*
　　　6　本件貸倒損の処理と租税逋脱犯の不成立　*550*
　　　7　最高裁昭和48年3月20日判決（刑集27巻2号138頁）について　*550*
　　　8　結　　語　*552*

　第5章　租税逋脱犯における有罪の立証 ……………………………*554*
　　　1　はじめに　*554*
　　　2　租税逋脱犯における有罪立証の特殊性　*554*
　　　3　本件逋脱所得額・逋脱所得税額の不存在　*556*
　　　4　原判決の逋脱所得額・逋脱所得税額の認定は，租税逋脱犯の問責に
　　　　　おいて禁止されている推計によるものであり，かつその推計の方
　　　　　法も不合理きわまるものであること　*558*
　　　5　修正損益計算書と修正貸借対照表との不突合い　*559*
　　　6　被告人A自身の逋脱行為・逋脱の故意の不存在　*560*
　　　7　結　　語　*560*

　第6章　租税犯の冤罪と再審請求 ……………………………………*561*
　　　1　はじめに　*561*
　　　2　再審請求のための鑑定書　*561*

　第7章　住民税脱税犯における偽計行為（1）………………………*567*
　　　1　はじめに　*567*
　　　2　個人住民税の法的性格　*567*
　　　3　本件当時の原告の生活の実態　*569*
　　　4　原告の行った本件住民基本台帳記載抹消の法的意味　*571*
　　　5　結　　語　*572*

　第8章　住民税脱税犯における偽計行為（2）………………………*575*
　　　1　はじめに　*575*
　　　2　住民税と所得税との関係　*575*
　　　3　係争期間中の竹中氏の住所　*580*

4　竹中氏の住所とその税法学による証明　*581*
　　5　住民票抹消行為と住民税脱税犯における偽計行為　*584*

第 9 章　追徴税（加算税）と罰金との併科 ……………………………… *587*
　　1　はじめに　*587*
　　2　研　　究　*588*

第 X 部　税理士制度

第 1 章　税理士の債務不履行責任 ……………………………………………… *593*
　　1　はじめに　*593*
　　2　税理士の職務上の義務　*593*
　　3　租税特別措置法 69 条の 3（小規模宅地等についての相続税の課税価格の計算の特例）の趣旨　*595*
　　4　本件通達の意味と税理士の義務　*598*
　　5　被控訴人税理士の義務違反　*600*
　　6　結　語　*602*

第 2 章　税理士に対する損害賠償責任 ………………………………………… *605*
　　1　はじめに　*605*
　　2　税理士の職務上の義務　*606*
　　3　租税特別措置法 69 条の 3（小規模宅地等についての相続税の課税価格の計算の特例）の趣旨　*607*
　　4　本件通達と通常の税理士のあるべき対応　*609*
　　5　結　語　*612*

第 3 章　税理士代理権への侵害と国家賠償責任 (1) …………………………… *613*
　　1　はじめに　*613*
　　2　税理士の法的地位と使命　*613*
　　3　税務調査権のあり方　*615*
　　4　本件課税庁の違法行為　*618*
　　5　結　語　*620*

第 4 章　税理士代理権への侵害と国家賠償責任 (2) …………………………… *621*
　　1　はじめに　*621*
　　2　本件税理士代理権への侵害の象徴的事実　*621*

3　税務調査における第三者の立会いの法的意味　*622*
　　　4　税務調査における税理士の立会いの法的意味　*623*
　　　5　調査の事前通知（アポイントメント）　*624*
　　　6　調査の理由開示　*625*
　　　7　反面調査　*625*
　　　8　調査現場のビデオカメラ撮影　*625*
　　　9　本件青色申告承認取消処分・本件仕入税額控除適用否認に基づく消費税更正処分等の違法性　*626*
　　　10　結　　語　*627*

第5章　税理士職業賠償責任保険の免責特約　………………………………………*629*
　　　1　はじめに　*629*
　　　2　保険責任をめぐる争点　*629*
　　　3　最高裁への鑑定所見書の概要　*631*
　　　　　3.1　本件免責条項の意味　*631*
　　　　　3.2　本件消費税還付申告書の意味　*632*　　3.3　結　語　*633*

第6章　規制緩和論と税理士の位置　………………………………………*634*
　　　1　経済戦略会議答申の性格　*634*
　　　2　画一的規制緩和論の誤謬　*634*
　　　3　最近の弁護士数増大論　*635*
　　　4　他の法律家　*637*
　　　5　税理士の性格　*638*
　　　6　国際化と税理士　*640*

第XI部　税財政等

第1章　登記手数料と租税法律主義　………………………………………*647*
　　　1　はじめに　*647*
　　　2　登記手数料と憲法84条の租税法律主義の原則　*647*
　　　3　財政法3条特例法と登記手数料　*650*
　　　4　登記手数料令の規定の内容　*651*
　　　5　結　　語　*651*

第2章　公団住宅家賃の法的性格　………………………………………*652*
　　　1　はじめに　*652*

2　公団と公団をめぐる利用関係の性格　*652*
　3　本件公団住宅の家賃のあり方　*654*
　4　本件賃貸借契約書と公団法　*656*
　5　本件公団住宅家賃をめぐるその他の問題　*657*
　6　結　　語　*658*

第3章　福祉社会と税制 ……………………………………………… *660*
　　　　——消費税率引上げ論批判——
　1　問題提起と税制改革法付則25条　*660*
　2　日本国憲法と租税国家　*660*
　3　納税者基本権　*662*
　4　消費税率引上げ論の虚構性　*663*
　　4.1　高齢化社会論　*663*
　　4.2　所得・資算・消費のバランス論　*663*
　　4.3　クロヨン問題　*664*　　4.4　福祉目的税論　*666*
　　4.5　財源論　*666*
　5　福祉的租税国家の展開　*666*

第4章　『住専』問題と納税者の権利 ……………………………… *671*

第5章　「予算決算及び会計令」「予算総則」による
　　　　「福祉目的税化」の法的検討 ………………………………… *673*
　1　政令による「福祉目的税」の異常　*673*
　2　消費税の福祉目的税化の世論づくり　*675*
　3　いままでに消費税収入は何に使われたか　*676*
　4　国の99年度予算案と消費税　*679*
　5　消費税傾斜の流れの危険性　*680*

第6章　租税の使途面と「法の支配」 ……………………………… *682*
　1　はじめに　*682*
　2　拙鑑定所見書の概要　*682*
　　2.1　日本国憲法のもとでの租税概念とその支出のあり方　*682*
　　2.2　本件報償費, 食糧費等の支出の違法性　*683*　　2.3　結　語　*684*
　3　控訴審判決　*684*

第 7 章　租税の使途面への法的訴求と原告適格 ……………………… 687
　　　　　──在日米軍駐留経費違憲訴訟──
　　1　はじめに　687
　　2　日本国憲法と租税国家　687
　　3　「納税義務」の憲法的意味　688
　　4　日本国憲法 9 条に違反する本件支出の負担分と控訴人らの法的利益
　　　　への主観的侵害　689
　　5　本件支出と裁判所法 3 条の「法律上の争訟」　689
　　6　日本国憲法と福祉目的税　690
　　7　結　語　691

第 8 章　天皇らの出席した「海づくり大会」への巨額支出の
　　　　違法性 ……………………………………………………………… 692
　　1　はじめに　692
　　2　租税国家と日本国憲法　692
　　3　租税の使途面と「法の支配」　693
　　4　「稚魚放流用仮設物」の建設・撤去の支出　694
　　5　「第 12 回全国豊かな海づくり大会千葉県実行委員会」への支出　695

第 9 章　政党助成法と納税者の権利 (1) ……………………………… 696
　　　　　──政党助成法違憲訴訟・第 1 審──
　　1　はじめに　696
　　2　国民に，1 人当たり 250 円の政党交付金相当額の国税徴収を免れる方
　　　　法はあるか　696
　　3　国会は，政党助成法の定めと異なる予算の採決ができるか　698
　　4　結　語　699

第 10 章　政党助成法と納税者の権利 (2) ……………………………… 701
　　　　　──政党助成法違憲訴訟・控訴審──
　　1　はじめに　701
　　2　日本国憲法は，租税の徴収と租税の支出とは峻別・切断しておらず，
　　　　法的に一体・統一のものとしている　701
　　3　法律が支出を予定している場合には，予算審議の段階で，国会は
　　　　これを修正し得ない　702
　　4　国債収入も租税である　703

5　日本国憲法のもとでは宗教法人に対する税制上の優遇措置や一定の
　　　　補助金等の支出は許容されない　*703*
　　　6　所得税等が「普通税」として徴収される以上は，人々は自己の意思
　　　　とは無関係に本件政党交付金の支出を甘受せざるを得ない．控訴
　　　　人らの権利侵害には法的に疑問の余地がない　*704*

第 11 章　高齢者福祉と憲法 ……………………………………………… 706
　　1　高齢者社会と福祉　*706*
　　2　社会権の法理　*706*
　　3　規制緩和論と福祉　*709*
　　4　生存権と課税最低限　*710*
　　5　平和主義と福祉　*712*
　　6　地方分権と福祉　*713*

第 12 章　平和・福祉憲法と行財政改革 …………………………………… 716
　　　　――地方分権的租税国家の提唱――
　　1　国の 99 年度予算と財政危機　*716*
　　2　最近の行財政改革の動き　*716*
　　3　日本国憲法と 21 世紀への 2 つの「文化的遺産」　*718*
　　4　平和・福祉社会と「地方自治」　*719*
　　5　地方分権的租税国家の展開　*720*

第 13 章　社会保障と納税者基本権 ……………………………………… 724
　　1　租税国家と社会保障　*724*
　　2　納税者基本権　*724*
　　3　応能負担原則　*726*
　　　3.1　応能負担原則の憲法的基礎　*726*
　　　3.2　所得税の課税最低限と憲法 25 条　*727*
　　　3.3　「内助の功」の評価　*731*
　　　3.4　国民健康保険税・介護保険料などの違憲性　*732*
　　　3.5　応能負担原則の空洞化　*734*
　　4　消費税の福祉目的税化論　*735*
　　　4.1　政令による「福祉目的税化」の異常　*735*
　　　4.2　消費税の福祉目的税化の流れ　*737*
　　　4.3　消費税収入の充当先　*738*

 5 社会保障と地方分権的租税国家 *741*

第 XII 部 納税者の権利のたたかいの実践例とその背景

第 1 章 大阪・小貫事件 ……………………………………………… *749*
   ――事前調査の違法性――
第 2 章 青色申告に対する更正の理由付記 ………………………… *751*
   ――昭和 38 年最高裁判決の背景――
第 3 章 秋田市国民健康保険税条例に対する違憲判決 …………… *753*
   ――秋田地裁昭和 54 年 4 月 27 日判決――
第 4 章 牛島税理士訴訟の勝利 ……………………………………… *755*
   ――最高裁平成 8 年 3 月 19 日判決――
第 5 章 鹿児島日歯連訴訟の「勝利」……………………………… *757*
   ――鹿児島地裁平成 14 年 3 月 29 日「和解」――
第 6 章 東京都不均一課税条例 ……………………………………… *759*
第 7 章 借入金利子と資産の取得価額 ……………………………… *761*
   ――東京高裁昭和 54 年 6 月 26 日判決――
第 8 章 代償分割調整金の相続税通達 ……………………………… *763*
   ――前橋地裁平成 4 年 4 月 28 日判決――
第 9 章 総評固定資産税訴訟 ………………………………………… *765*
   ――千葉地裁昭和 57 年 6 月 4 日判決――
第 10 章 租税の使途（官官接待）と「法の支配」………………… *767*
   ――大阪高裁平成 8 年 11 月 22 日判決――
第 11 章 「5 棟 10 室」相続税通達 …………………………………… *769*
   ――東京地裁平成 7 年 6 月 30 日判決――
第 12 章 公益法人等・人格のない社団等の課税 …………………… *771*

 初出一覧 ………………………………………………………………… *773*
 著者紹介 ………………………………………………………………… *778*

略 語

1 法令名

会計士	公認会計士法	税措令	租税特別措置法施行令
行訴	行政事件訴訟法	税措基達	租税特別措置法基本通達
行手	行政手続法	税徴	国税徴収法
刑	刑法	税徴令	国税徴収法施行令
刑訴	刑事訴訟法	税徴則	国税徴収法施行規則
憲	憲法	税通	国税通則法
国会	国会法	税理	税理士法
国公	国家公務員法	相税	相続税法
財	財政法	相税則	相続税法施行規則
自治	地方自治法	地公	地方公務員法
消税	消費税法	地税	地方税法
消税令	消費税法施行令	物税	物品税法
消税則	消費税法規則	物税基達	物品税法基本通達
消税基達	消費税法基本通達	弁	弁護士法
商	商法	法税	法人税法
所税	所得税法	法税令	法人税法施行令
所税令	所得税法施行令	法税基達	法人税基本通達
所税則	所得税法施行規則	民	民法
所税基達	所得税基本通達	民執	民事執行法
税措	租税特別措置法	民執令	民事執行法施行令

2 裁判例

最判昭 58・10・7 民集 37・8・1282
　→ 最高裁判所判決, 昭和 58 年 10 月 7 日, 最高裁判所 (民事) 判例集 37 巻 8 号 1282 頁

最大判	最高裁判所大法廷判決	高決	高等裁判所決定
最判	最高裁判所判決	地判	地方裁判所判決
最決	最高裁判所決定	地決	地方裁判所決定
高判	高等裁判所判決		

〈判例の出典〉

行集	行政事件裁判例集	訟月	訟務月報
刑集	最高裁判所 (刑事) 判例集	判時	判例時報
シュト	シュトイエル	判タ	判例タイムズ
税資	税務訴訟資料	民集	最高裁判所 (民事) 判例集

第Ⅰ部　基礎理論

第1章　日本法律学の問題性

1　日本学術会議第18期学術の在り方常置委員会の課題

　日本学術会議第18期 (2000〜03年) 学術の在り方常置委員会は，当期の課題として「世界における日本の学術の役割」を設定した．その理由は，つぎのごとくである．

　日本の学術が，日本の今日の人口・産業経済の規模，生活水準，教育水準などからいって，先進諸国に比して十分な貢献をしていないのではなかろうか．日本が発展途上国であった明治以来，日本の学術はどちらかといえば，輸入学的傾向にあったが，先進国の仲間入りした今日なお全体として自前の学術の創造性に乏しいのではなかろうか．学術の欠乏を輸入で補う体質が強いのではなかろうか．日本の多くの研究者の目がいぜんとして国際社会ではなく，日本国内の「仲間」だけに向けられているのではなかろうか．日本社会の生の諸問題を素材にして真に独創的研究を行う姿勢が稀薄なのではなかろうか．こうした反省に立って，日本を世界における学術の拠点とするにはどうあるべきかを検討することとしたわけである．

　日本学術会議の機関誌『学術の動向』02年2月号の特集「創造性と日本の社会」はまさにこの課題を問うものといってよい．

　本稿では，筆者の専攻する実定法学を素材にしてこの課題にアプローチすることとした．法律学といっても，大きく基礎法学と実定法学とに分かれる．基礎法学とは法哲学，法史学，法社会学，比較法学の諸分野を指す．実定法学とは現に日本で行われている各実定法の分野を具体的に研究するものであって，法解釈学 (立法論を含む) または実用法学とも呼ばれる．ときに「法律学」と呼ぶときはこの実定法学を指すこともある．

　日本の実定法学の特質について，結論を先にいえばつぎのことを指摘し得よう．すなわち，輸入学的体質，日本社会の諸問題の解決にあまり配慮しない特質，ときに「学説」公害とも呼ばなければならない側面をもつ虚構性・非現実性・非科学性，本稿の主題である「創造性」以前の諸事情など．これらの特質は，全体として日本の基礎法学にも妥当するといってよい．

2　西洋法の継受と日本の実定法学

　日本は，その近代国家の形式をととのえるために，明治期，日本の実定法の整備にあたって，大幅に西洋法を継受した．

　大日本帝国憲法は，ドイツ人ヘルマン・ロエスレルの示唆を基調として1889 (明治22) 年に発布，1890 (明治23) 年に施行された．同憲法運用の法理論としては，ドイツ法学が支配的であった．第2次世界大戦後，1946年に公布，47年に施行された日本

国憲法は，周知のようにアメリカの示唆による．そこでの日本憲法学の展開にあたって，ドイツ法学に加えて米英法学，フランス法学などが参考にされた．

民法典（旧民法）は，フランス人グスタフ・ボアソナードの起草したものが1890（明治23）年に公布されて，1893（明治26）年に施行される予定であったが，この旧民法施行に対して反対運動が起こり，ついに施行が延期された．結局，穂積陳重，富井政章，梅謙次郎による修正案が1896（明治29）年および1898（明治31）年に公布，1898（明治31）年に施行された．旧民法のフランス法を継受しながらも全体としてドイツ法などの影響を受けるものとなった．日本民法学の展開に大きな影響を与えた理論は，全体としてはドイツ法学であったといってよい．なお，第2次世界大戦後，日本国憲法のもとで，民法の家族法の部分が1947年に改正され48年に施行されている．

商法典（旧商法）は，ヘルマン・ロエスレルの起草によるものが1890（明治23）年に公布された．その一部（「会社」など）が1893（明治26）年に施行された．その後，ドイツ法を母法として梅謙次郎，岡野敬次郎，田部芳の起草によるものが1899（明治32）年に公布・施行された．日本商法学の展開に影響を与えた理論は全体としてドイツ法学であった．第2次世界大戦後，アメリカ法を日本の株式会社法に導入することとなり，1950年にその改正法が公布され，1951年に施行された．ドイツ法学に加えて米英法学などが日本商法学の展開に影響を与えることとなった．

刑法典もグスタフ・ボアソナードの起草によるものが，1880（明治13）年に公布，1882（明治15）年に施行．その後，改正法が1907（明治40）年に公布，1908（明治41）年に施行された．これが現行刑法である．日本刑法学の展開も全体としてドイツ法学を基調とするものであった．第2次世界大戦後は，これに米英法学などが加わる．

刑事訴訟法については，グスタフ・ボアソナードの起草による治罪法が最初で，1880（明治13）年に公布，1882（明治15）年に施行された．1890（明治23）年大日本帝国憲法の施行に伴い改正されて刑事訴訟法となった．その後，ドイツ法学の影響を受けて1922（大正11）年に刑事訴訟法の改正が行われ，1924（大正13）年に施行された．日本刑事訴訟法学の展開も全体としてドイツ法学を基調とするものであったといってよい．第2次世界大戦後は，米英法の影響のもとに現行刑事訴訟法が1948年に公布，1949年に施行された．ドイツ法学に加えて米英法学などが日本刑事訴訟法学の展開に影響を与えることとなった．

民事訴訟法は，ドイツ人ヘルマン・テッヒョーの起草によるものが1890（明治23）年に公布，1891（明治24）年に施行された．その後，オーストリア法を参考にした改正法が1926（大正15）年に公布され1929（昭和4）年に施行された．日本民事訴訟法学もドイツ法学を基調とするものであった．第2次世界大戦後，米英法的見地からの改正が行われた．ドイツ法学に加えて米英法学などが影響を与えることとなる．

日本行政法・行政法学は，大日本帝国憲法のもとでは，ドイツ官僚行政法・行政法学からの輸入・展開という特質をもっていた．ドイツ以上に官僚法学の側面の強いも

のであった．第2次世界大戦後，日本国憲法のもとで，ドイツ法学に加えて米英法学，フランス法学などが影響をもつようになる．

3 日本商法典と商法学の虚構性

　以上の輸入法学的研究が日本社会にいかに不合理な「負」の結果をもたらしているかについて，商法学の事例を例証的に2つだけ挙げておきたい．

　商法典の株式会社法は，典型的な物的企業としてかつ個人株主を中心とする社団としての大企業を前提としている．株主総会，取締役，監査役，企業会計などの規定は，そのようないわば巨大株式会社においてのみ妥当するものとなっている．日本所得税制が個人企業と法人企業とにそれぞれ異なった仕組みを導入してきたために，第2次世界大戦後，もっぱら租税回避の手段として個人企業から法人企業へ転化するという法人成り現象がみられた．この結果，会社に限っても法人数は306万社（うち株式会社数121.5万社）に及んでいる．うち，資本金10億円以上の株式会社数は，7,600社にすぎない．商法典の株式会社法は，実質的に株式会社数の1％にも満たない大企業を対象とするものである．つまり，日本の会社の大部分（中小企業）が，そもそも商法典の規制に適合しないものとなっている．

　加えて，その商法典の前提とする大企業の多くは，個人株主の占める比率はきわめて低く（政府税制調査会資料によれば，全上場企業の個人株主の占める比率は1994年度で23.5％にすぎない），個人株主を中心とする社団というよりも，「資本」に法人格を付与した財団的実態をもっている．会社数からいえば，ほんの一握りにすぎない大企業の多くの実態も，このように商法典の前提とは大きく乖離している．この事実は重大である．

　一方，商法典が適用されるはずの中小法人の多くは，所有と経営とが一致し，しかもそのオーナーの生存権の延長線上に憲法理論上位置づけられ得る実態をもつ．つまりパーソナルな実態である．中小法人は法人格をもつとはいえ，その多くは憲法理論上生存権ないしは生業権の対象になる存在である．法律上は，そのオーナー株主も有限責任社員であるが，企業維持のためにオーナーおよびその家族の個人資産までもが現実には担保に供されているのが通例である．これでは，法人倒産とともに「一家心中」の状態に追い込まれるおそれがある．オーナー株主などは現実には無限責任社員的地位にある．筆者は，かつて裁判所でつぎのように証言した（たとえば，中小企業に係る法人税問題について1991年7月・1992年5月に秋田地裁で証言）．「およそ日本社会に合わない商法典を日本中小法人が無視すれば無視するほど日本資本主義・日本経済が発展するであろう」．

　以上，日本商法典は日本社会にとって「虚構」の存在といってよい．この誤った商法典を前提にして税法上の規制などが加えられている．たとえば，法人税法は役員賞与を損金に算入しないと規定している．この損金不算入原則の緩和措置として「使用

人兼務役員賞与」のうち使用人分は損金に算入することとしている．しかし，現実に常時，使用人としての仕事をしていても，社長，副社長，代表取締役，専務取締役，常務取締役，清算人，合名会社・合資会社の業務執行社員，監査役，同族会社の判定基礎株主等に該当する者等の使用人賞与分は税法規定上は損金に算入されない．

　思うに，取締役等の経営者は株主総会からの委任を受けて，経営業務を行う．役員賞与は，その経営業務の成果に対する当該役員への配分であって，それゆえ利益処分の性質をもつ．そのような建前から，法人税法は，役員賞与を損金に算入しないと規定しているわけである．この建前の妥当する企業は，ほんの一握りの大企業にすぎない．中小法人の大部分にはこの建前がおよそ妥当しない．中小法人の大部分の役員が現実に常時，使用人の仕事をしていても，彼らには前出使用人兼務役員の使用人分賞与の損金算入規定をほとんど適用し得ないこととなる．

　さらに，これは商法学プロパーというよりも税法学の問題であるが，ただ日本商法典が前出の生存権・生業権の対象になる中小法人を区別しないで株式会社に対して画一的規制を行っていることと無関係ではないので，ここで指摘しておきたい．日本法人税法は，中小法人を含むすべての法人に対して基本的に同一の比例法人税率を適用することとしている．加えて大部分の中小法人には同族会社の特別課税（追加課税）が適用される．一方，租税特別措置（租税優遇措置）はもっぱら大法人に適用される．以上のことは，憲法の応能負担原則（憲13条，14条，25条，29条等）の趣旨に背反するとともに，日本資本主義を支えてきた中小法人の生存権をむしろおびやかすおそれがある．

　いま一つの事例を挙げよう．日本商法学は，かつて「企業政治献金は定款目的内の行為であり，会社も自然人たる国民と同様に政治的行為をなす自由を有する．政治献金も，その自由の一環であり適法である」という，最高裁判例（昭和45〔1970〕・6・24大法廷判決・民集24巻6号625頁）を生み出し，支持してきた．この考え方は，学問的に誤りである．

　その誤りの一端を指摘しておきたい．①主権者固有の権利である投票権・参政権は自然人である国民のみにある．現代社会において実質的に最も重要な投票権・参政権の具体化の1つが政治献金である．政治献金は，投票権・参政権という主権的権利の行使として憲法上は基礎づけられる．②以上により，現行法のもとでも企業政治献金自体が民法43条違反（法人の目的外の行為）であり民法90条違反（憲法原理に抵触する公序良俗違反）であって，無効である．会社も産業界に関係のある諸制度などの改善について政治的に政党・政治家を含む関係機関に働きかけるという政治活動をすることは，許容される．これは，「表現の自由」（憲21条）の問題である．このことと政治献金という「現ナマ」をぶつける行為とは，厳に区別されるべきである．

　③企業政治献金を容認すると，つぎのような重大な憲法問題が生ずる．これは，民主主義の根幹に関する．㋑主権的権利である国民の投票権・参政権への実質的侵害．

㈣主権者の代表機関である国会・地方議会の空洞化．議会制民主主義の本質論的危機．㈤企業の構成メンバー（自然人である国民）の保有するはずの様々な市民的自由への侵害．㈥企業の構成メンバーに外国人，法人などが存在する場合には彼らに参政権・投票権を付与したと同じ機能を果たす．㈦日本国憲法で規定する平和・福祉などを確保するための「憲法保障」への危機など．

4 改 善 策

　日本法律学の問題性を示唆するエピソードを紹介しておきたい．第2次世界大戦後の日本経済を支えてきた日本中小企業法を研究するために来日したドイツ人研究者が日本人研究者による会社法研究会に参加し，参加後，つぎのような感想を洩らした．「多くの日本人研究者は自分以上にドイツの法令，判例，学説の動向に精通していた．しかし，彼らは日本の会社法の実態については全く答えられなかった」．

　つぎのような改善を行うべきである．①日本の社会科学の研究を行う以上，日本社会の実態についてのフィールド・ワークを行う．そのフィールド・ワークにもとづいて，妥当な法理論（法解釈論・立法論）を独創的に構築・提示する．このようにして，輸入法学ではなく独創的な日本法律学をむしろ輸出するようにする．②実定法学は臨床医学と酷似している面をもっている．臨床医学研究者と同じように，実定法学研究においてもいわば臨床経験が大切である．数年間，自己が専攻しようとする実定法について実務経験を積んだうえで，研究生活に入るようにする．③日本の大学における実定法学研究者の少なからぬ者が法律相談等に応ずることができない．彼らは法的リスクを未然に防止しようという予防法学的スタンスの研究を行っていないからである．事件が起きてからどうするかという，事後法学ないしは裁判法学的スタンスの研究になりがちである．これでは，現代社会の要望に応ずる法律学とはならない．予防法学

表1-1-1　日本の会社数

資本金額	株式会社	有限会社	合名会社	合資会社	計
5,000万円未満	1,121,300				
5,000万円〜1億円未満	53,600				
1億円〜3億円未満	21,800				
3億円〜5億円未満	8,100				
5億円〜10億円未満	3,000				
10億円〜50億円未満	5,100				
50億円以上	2,500				
計	1,215,400	1,741,300	19,200	82,500	3,058,400

［出所］2001年4月現在の法務省資料（2002年2月）

的スタンスに立って，進取・先駆的に問題解決になる理論を提示する．④従来は法解釈論に傾斜しがちであったが，妥当な法理論にもとづく立法論的提言の研究にも力を入れる．⑤日本の実定法学研究者の養成において従来，もっぱら外国語の訓練が重視されてきた．

　分野によっては他の隣接科学への知見が不可欠である．たとえば，税法，商法，経済法，経済刑法などの分野では，簿記・会計学，経営学，経済学などへの理解が不可欠である．従来，簿記会計の技術そのものを十分に身につけていないために，自己の専攻する法分野について立ち入った研究を展開し得ない者も少なくはなかった．臨床医学と同様に，実定法学の研究者には隣接科学への研究を深めるとともに，たとえば簿記会計のような，自己の専攻分野の研究に必要な技術をも修得させることが大切である．

〔2002年2月〕

【付　記】

　第18期日本学術会議（2000年7月～2003年7月）ではその「学術の在り方常置委員会」（委員長　北野弘久）において2002年7月に対外報告書『日本学術の質的向上への提言』をとりまとめ，公表した．その趣旨は，日本学術をいかにして独創性・先駆性を有するものとするかについて，自然科学・人文社会科学の各分野から問題提起を行うこととしたものである．そこでは，従来の日本の科学の特性として，自然科学の分野を含めて，トータルに輸入学的傾向が指摘されている．同報告書の要旨は『学術の動向』2003年1月号に掲載されている．

　筆者は，委員長として全体のとりまとめにあたったほか，法律学の分野を担当した．本稿は，同報告書のとりまとめに先だって法律学の分野について筆者個人の責任で発表された論稿の一部である．なお，「西洋法の継受」の資料収集について鳥飼貴司氏の助力を得た．

第2章　日本国憲法第30条（納税の義務）の研究

　本稿は，浦田賢治＝大須賀明編『新・判例コメンタール日本国憲法2』（三省堂，1994）に収録された筆者の論稿の一部である．筆者は，日本国憲法第30条を担当した．判例研究を中心とするものであり，同時に当時の筆者の税法学理論を示すものでもあるところから，本書に収録することとした．

第30条（納税の義務）
　国民は，法律の定めるところにより，納税の義務を負ふ．

●本条の引用判例
　東京高判昭28・1・26〈昭27（う）3305〉
　　▶［173］
　東京地判昭42・4・11〈昭33（行）67他〉
　　▶［174］
　浦和地判昭60・3・25〈昭59（行ウ）7〉
　　▶［176］
　東京地判昭63・6・13〈昭55（行ウ）138〉
　　▶［175］
　東京高判60・8・8〈昭60（行コ）18〉　　①
　最3判昭61・2・18〈昭60（行ツ）178〉　②

概　説
　本条は，日本国憲法における国民の三大義務の1つである納税の義務を規定するものである．国家というものを承認する以上は，国家の構成員である国民はその財政経費を分担する義務を有することは憲法の格別の明文規定をまつまでもなく当然のことである．本条は，国民の納税義務を規定すると同時に納税義務の限界を明示することによって（「法律の定めるところにより」納税の義務を負う），租税法律主義の原則をも規定するものである．

　憲法84条は，いわば財政権力の側から租税法律主義の原則を規定するのに対し，本条はいわば国民の納税義務の側から租税法律主義の原則を規定するものとみることができる．日本国憲法は租税国家（Steuerstaat, Tax State）を前提にしている．日本国憲法の諸項は租税のとり方と使い方に関する憲法規範原則を規定したものとみることができる．このような視角から，本条は，租税の徴収面の憲法適合的な「法律」のみならず，さらにすすんで租税の使途をも視野に入れた憲法適合的な「法律」に基

第Ⅰ部　基礎理論

づいてのみ納税義務を負うという権利を規定したものとみることができる．つまり，納税者基本権をも規定したものとみることができる．

1　本条の意義

(1)　本条は日本国憲法の規定する国民の三大義務の1つである国民の「納税の義務」を規定するものである．明治憲法21条にも「日本臣民ハ法律ノ定ムル所ニ従ヒ納税ノ義務ヲ有ス」という規定が存在した．しかし，両憲法における基本的な憲法思想の変化に応じ両規定の基調的な考え方に重要な差異のあることが指摘されねばならないであろう．明治憲法の場合には被治者である日本臣民の義務を主権者である天皇が宣言したものとみられるべきであったが，日本国憲法の場合には主権者である日本国民が主体的に自律的にほかならぬ自分たち自身の人権・生活・平和・福祉を確保するために納税の義務を負うことを宣言したものとみなければならない．このような憲法思想の税法への1つの現れとして第2次世界大戦後日本の租税制度に大幅に導入された申告納税制度をあげることができよう．同制度は，納税者自身の納税申告行為によってその者の納税義務＝租税債務の確定という法効果を承認するものである．つまり主権者による「自己賦課」(self-assessment) の制度である．それゆえ，申告納税制度は憲法理論的には国民主権原理の税法的表現・展開としてとらえることができる．

(2)　課税権は，国のレベルであれ地方自治体のレベルであれ，本来プープル (peuple. 人々) としての国民 (国のレベル) または住民 (地方自治体のレベル) がもつ．つまり課税権の主体は国民または住民に存在する．ただ，現代の議会制民主主義のもとでは国民または住民がそれを直接的には行使しない．国民または住民のもつ課税権は具体的には議会を通じて行使される．一般に課税権の本質は立法権であり，課税権は立法権の1つの態様であるといわれているが，その根拠はこのように本来国民または住民が課税権を有するという点に求められねばならない．国税のあり方については，国民が国会を通じて決定する．国会は国民に代わって「法律」の制定という形で課税権を行使する（租税法律主義）．地方税のあり方については住民が地方議会を通じて決定する．地方議会は住民に代わって「条例」の制定という形で課税権を行使する（本来的租税条例主義）．本条の「法律」は地方税については「条例」を意味するものととらえられねばならない．

(3)　上記にみたように課税権の主体は本来プープルとしての国民または住民に存在するのであるが，統治権論の視角からとらえるときは主権国家としての国は統治権の内在的属性として課税権を有することは憲法的に自明である．国の課税権も実定憲法上の権能といえる．しかし，地方自治体の課税権はどのように抽出されるのであろうか．明治憲法とは異なり，日本国憲法はその第8章において「地方自治」を規定した．憲法はこれによって地方自治体を一種の統治団体として承認した．地方自治権には様々なものが考えられるが，少なくとも統治団体にとって最も本質的な権能である財

政権＝課税権だけは地方自治体の固有権として地方自治体に付与したものと解されるのである（特に憲93条，94条参照）。このようにみてくると，日本国憲法のもとでは地方自治体の課税権も実定憲法上の権能といえる。本条は，このような国および地方自治体の課税権を前提にしての「納税の義務」を規定するものである。

右の国または地方自治体の課税権に対応して「法律」または「条例」に基づいて国民が納税義務を負うことも実定憲法上自明である。日本国憲法30条の明文規定をまつまでもない。現に日本国憲法の制憲議会に提出された政府の原案には憲法30条の規定が存在しなかった。衆議院の修正で本条が加えられたという経緯がある。東京高裁 [173] は右の趣旨を確認するものといえる。

(4) 本条の「国民」とは nation ではなく people, peuple の意味である。国籍を問わない。「国民」には個人・法人が含まれる。個人・法人には外国人・外国法人も含まれると解するのが妥当である。東京高裁 [173] は外国人にも納税義務を負わせることができ，そのことは違憲ではないとした。同判決自体は本条の「国民」に外国人が含まれることを明確には判示していないが，本条は，合理的な範囲内において法律または条例によって外国人・外国法人を国または地方自治体の課税権の対象とすることを容認する趣意を包含するものと解される。

本条の「国民」の中には法人ではないが法人としての実態を有する人格なき社団・財団を含むと解するのが妥当である。東京地裁 [174] は，本条の「国民」に人格なき社団が含まれることを明確には判示していないが人格なき社団に課税することは違憲ではないとした。現行税法は，通例，人格なき社団・財団を法人とみなして税法を適用することとしている（税通3条，所税4条，法税3条，地税72条の2第4項等）。

天皇・皇族も本条の「国民」に含まれる。所得税法9条1項12号は皇室経済法4条1項の内廷費，同法6条1項の皇族費は非課税と規定している。また，相続税法12条1項1号は皇室経済法7条の規定により皇位とともに皇嗣が受けた物を非課税と規定している。これらの所得，物はその性質上課税するには適当ではないので税法は物的に課税除外した。日本国憲法のもとでは憲法自身が規定している象徴天皇制以外のことがらについて天皇・皇族を一般国民と差別することを許容していない。天皇・皇族への納税義務も原則として象徴天皇制と関係がない。日本国憲法のもとでは天皇・皇族を人的に課税除外することは違憲である（憲14条違反）。天皇・皇族も，税法で物的課税除外として特に規定された「非課税」以外の所得，財産等については現実的にも納税義務者となる。

なお，源泉徴収義務，特別徴収義務は本条が本来的に予定する納税義務ではない。それらは租税徴収の1つの方法として，法律または条例によって一定の者（徴収義務者）に特に課された義務である。もし，本条の納税義務であれば無償が当然であるので，そもそも源泉徴収義務者，特別徴収義務者の「特別犠牲」に対して憲法29条3項の補償の問題は生じない。この点が争われた最高裁昭和37年2月28日大法廷判決

(刑集16巻2号212頁)，最高裁昭和37年2月21日大法廷判決（刑集16巻2号107頁）では，最高裁は源泉徴収制度，特別徴収制度はいずれも違憲ではないとした．

(5) 本条は，国民の納税義務を規定するものであるが，同時に税務義務の限界を明示することによって（「法律の定めるところにより」納税の義務を負う），租税法律主義の原則をも規定するものである．思うに，日本国憲法の格調の高い人権条項の一環として本条の法的意義をとらえるのが望ましい．憲法84条は，いわば財政権力の側から租税法律主義の原則を規定するのに対し，本条はいわば国民の納税義務の側から租税法律主義の原則を規定するものとみることができる．後に項を改めて述べるが，日本国憲法の法規範構造にかんがみ，本条はさらに納税者基本権をも規定するものとしてとらえることができる．

[173] **本条の趣旨は，国民の納税義務の内容は法律で定めるという主義を宣明したものであり，これによってはじめて国民に納税義務を負担させたものではなく，国家が国民に納税義務を負わせることは国権の作用上当然であり，あえて憲法の条文をまつまでもない．**（東京高判昭28・1・26判タ28・57）
「憲法30条によれば国民は法律の定めるところにより納税の義務を負うと規定しているが，被告人は，朝鮮人であって日本国民でないから右憲法第30条に基き制定された酒税法を被告人に対して適用することはできないと主張するのである．如何にも酒税法は憲法第30条に基き制定された法律であるには相違ないが，単に日本国民のみに適用さるべきものではなく日本在住の外国人にも適用さるべきものであることについても毫も疑いはない．即ち憲法第30条の趣旨は国民の納税義務の内容は法律を以て之を定めるという主義を宣明したものであって之によってはじめて国民に納税義務を負担せしめたものではない．凡そ国家が国民に納税義務を負はせることは国権の作用上当然であって，敢て憲法の条文をまたないのであり憲法第30条はこのことを当然の前提としているのである．而して国家が在住している外国人に対し納税義務を課し得べき場合があることは国権の作用上之亦当然視さるべきものであり，此の場合に於て其の納税義務の内容を国民に対すると同様法律を以て定めるものとすることは，納税義務について国民の享有する地位を外国人にも与えることになるのであって立憲法治国としては当然且つ妥当であるといはなければならないのであるが，本件の酒税法の如きは恰も如上の如き主義を具現した法律であって日本国民のみならず外国人に対しても納税義務についてよるべき根拠を定めたものであるから，之を外国人に適用すべからざる理はなく固より斯く解することが憲法に違反すると認むべき根拠はないのである．」

[174] 人格なき社団に入場税の納税義務を負わせることは，本条に違反しない．〔労音事件〕（東京地判昭42・4・11行例集18・4・399，判時478・18）

「原告らは，人格なき社団は国民でないからこれに入場税の納税義務を負わせることは憲法第30条に違反すると主張する．

憲法第30条が「国民は，法律の定めるところにより，納税の義務を負ふ．」と規定していることは原告ら主張のとおりであるが，右規定は，国民の納税義務を宣言的な意味で定めたものにすぎず，納税義務者の範囲を国民または法人に限定する趣旨を有するものではない．納税の義務は，国民のみならず外国人や法人はもちろん人格なき社団であっても，憲法第84条に基づき法律をもってすれば負わせることができるのである．したがって，人格なき社団に入場税の納税義務を負わせたからといってなんら憲法第30条に違反するものではない．」

■判例評釈　中川一郎・判評105号13頁，横山茂晴・租税判例百選48頁

2　納税者基本権

(1) さきにも指摘したごとく，日本国憲法は租税国家体制（Steuerstaat, Tax State）を前提にしている．租税国家というのは，その国の財政収入のほとんどを租税に依存する体制である．租税国家では憲法政治の中身は結局どのように租税を徴収しどのようにそれを使用するかに帰する．憲法の全条項がいわば租税のとり方と使い方とを規定したものといえる．

日本国憲法の法規範構造にかんがみ，憲法は無原則的に無条件的に本条の納税義務を規定しているのではない．憲法は，租税の使い方について憲法拘束的な法規範原則を規定している（平和的生存権を含む基本的人権の尊重．「平和・福祉本位」の「法の支配」）．同時に憲法は租税のとり方についても憲法拘束的な法規範原則を規定している（「応能負担原則」の「法の支配」）．人々は憲法の法規範原則に従って租税が使用されることを前提にして，その限度で，かつ憲法の法規範原則，すなわち応能負担原則（憲13条，14条，25条，29条等）に従ってのみ，納税の義務を負うのである．租税の使途面について端的に言えば，福祉憲法である日本国憲法のもとでは，すべての租税が福祉目的のみに使用されることを憲法が規定しているといえる．人々は，そのような福祉目的のために自分たちが納付した租税が使用されることを前提にして，その限度で，かつ憲法の応能負担原則に従ってのみ，納税の義務を負うという権利を保有しているわけである．筆者は，この権利を「納税者基本権」(taxpayer's fundamental rights) と呼んでいる．本条の「法律」は，租税の徴収面と使途面とを統合した租税概念（憲法上の租税概念については84条関係参照）に関する憲法適合的な「法律」を意味するわけである．本条は，この納税者基本権をも規定するものである（詳しくは北野弘久『納税者基本権論の展開』三省堂）．

納税者基本権は，租税国家を前提とする日本国憲法において納税者（タックス・ペイヤー）の法的地位について認められる．しかも，租税の徴収面と使途面の双方に及ぶ，様々な自由権，社会権等の集合的権利概念である．それは，納税者に関する実定

憲法上の権利である．本条は，単に租税の徴収面の憲法適合性のみならず，租税の使途面の憲法適合性をも視野にとりこんだ租税概念を前提として憲法適合的な「法律」に基づく納税の義務を規定するものである．このようにみてくると，日本国憲法のすべての租税は「福祉目的税」ということができる．筆者はこのような福祉目的税を「新目的税」と呼んでいる．租税の根拠について租税義務説と租税利益説との対立があるが，日本国憲法は，右で明らかなように，人々は憲法の意図する福祉目的のみのために納税義務を負うという一種の租税利益説の考え方を法の規範論理として採用しているとみることもできる（同旨，三木義一『現代税法と人権』勁草書房16頁以下）．ただ，18世紀，19世紀の頃の租税利益説は比例税的平等を前提としていたが，20世紀，21世紀を志向する日本国憲法のもとでは累進税的平等，つまり各人の能力に応じて納税義務を負うという，意味での租税利益説ということになろう．

納税者基本権への侵害，たとえば違憲の租税の支出や憲法の応能負担原則に反する租税の徴収（不公平税制・不公平税務行政）は相対的に個々の納税者の納税義務額を増大させ，その経済的利益を主観的に侵害する．さらにこうした納税者基本権への侵害が行われると，憲法の法規範原則に適合した福祉を各人が享受することがそれだけ少なくなるという経済的不利益をもたらす．このように，納税者基本権への侵害は，具体的に各人の経済的利益の損失を伴う．この点は，納税者基本権論の展開において重要である．

(2) 東京地裁［175］，浦和地裁［176］，東京高裁①，最高裁②等は，いずれも，原本の納税者が防衛費相当分の所得税の納税義務のないことを主張する事案に関するものである．裁判所は一貫して納税者が納付した租税が憲法に違反する使途に支出されたとしても，当該納税者の納税義務関係に影響がないと判示してきた．これは，明治憲法論以来の租税の徴収面と使途面とを峻別・分断する租税概念と納税義務観にたつものである．納税者は，与えられた税法の規定に基づいて納税すれば足りるのであり，その納付した租税がどのように使用されるかは，彼=「納税者」の権利義務と無関係である，という考え方にたつ．このような考え方から，租税の支出の違憲性の法的追及は，通常訴訟，つまり主観訴訟としては提起できないというのである．この考え方に従えば，租税の徴収面，つまり不公平税制等一般についても，主観訴訟として提起できないことになろう．この種の訴訟は客観訴訟としての民衆訴訟であるので，当該訴訟を許容する特別の立法がなければ訴訟を提起できないというのである．アメリカでは納税者訴訟 (taxpayer's suits) は通常訴訟，つまり主観訴訟として発達した（Flast V. Cohen, 392 U. S. 83〔1968〕，金子正史「行政事件訴訟法における原告適格」自治研究48巻12号，金子正史「アメリカにおける納税者訴訟の現状」日本財政法学会『財政法叢書3号』，時国康夫・ジュリスト英米判例百選〈公法〉，中村芳昭「納税者訴訟について」日大大学院法学研究年報3号等）．

筆者は，つとに1979年に「納税者訴訟等についての特例法基本要綱案」を公表して

いる（北野弘久『サラリーマン税金訴訟・増補版』税務経理協会 422 頁以下所収）．このような特別立法が成立すれば容易に不公平税制等や違憲の租税の支出について納税者の地位に基づいて納税者訴訟を提起することが可能となる．
　本条をベースにして納税者基本権を構築することによって右のような特別立法がなくても，現行法のもとで，違憲の租税の支出や不公平税制等が行われると，さきに検討したごとく各人の納税者基本権を主観的に具体的に侵害することになるので，当該納税者の権利侵害を立証することが可能となり，納税者訴訟を提起することが可能となる．現行法のもとでも裁判所法 3 条の「法律上の争訟」に該当することになるわけである．租税国家を司法的にコントロールするためにも納税者訴訟の制度の整備は不可欠であろう．

[175] 仮に憲法に違反する国費の支出がなされたとしても，所得税の賦課徴収が違憲・違法となるものではない．（東京地判昭 63・6・13 判時 1294・13，判タ 681・133）
　「憲法は，83 条，85 条及び 86 条において，国費は，毎年度の予算の国会における審議等の手続を経て，国会の議決に基づいて支出すべきものと定め，他方，30 条及び 84 条において，租税の課税要件及び賦課徴収手続は法律によって規定するものと定めて，国費の支出と租税の賦課，徴収についてその法的根拠及び手続を区別して規定しているから，仮に前者が違憲，違法であったとしても，その違憲性，違法性は当然には後者に及ばないものと解すべきである．また，憲法 30 条及び 84 条を承けて制定された所得税法は，所得税を，一般的な経費の支出に充てる目的で課税し，その概念要素として税収の具体的な使途を含まない普通税として規定しているが，このように使途と無関係なこれから独立した普通税を設け，その使途については，予算の議決等国会の適正な審理に委ねるとする徴税制度は，むしろ憲法の予定しているところであって，何ら憲法に違反するものではないというべきである．そうすると，所得税が右のように税収の使途と無関係なこれから独立した普通税として規定されている以上，その賦課，徴収段階において，税収の使途の違憲，違法を問題にする余地はないというべきであるから，仮に憲法に違反する国費の支出が予算により決定されたとしても，所得税の賦課，徴収が違憲又は違法となることはないものというべきである．また，右のとおり，所得税は，税収の使途と無関係なこれから独立した普通税であるから，たとえ仮に予算の議決によりその税収の一部が憲法に違反する使途に支出されることが決定されたとしても，右議決の結果，所得税の賦課，徴収に税収の個別具体的使途の性格が付加されるものではなく，したがって，所得税の賦課，徴収自体によって原告らの自由，権利ないし法的利益が侵害されることはないというべきである．」
　■参照判例（同旨）　[1]東京高判昭 60・8・8 税資 146・457，[2]最 3 判昭 61・2・18

税資 150・331

[176] **防衛関係費相当分の所得税額については納税義務がないとの主張は認められない.**（浦和地判昭 60・3・25 税資 145・666）

「原告は，自衛隊は憲法 9 条 2 項に違反するから，原告が所得税法により納付すべきものとされている税額のうち，防衛関係費が国家予算に占める割合に相応する分については，正当な法律によらない課税若しくは納税の義務付けであるか，又は違法な税の徴収である旨主張する．しかしながら，「国民は法律の定めるところにより，納税義務を負ふ．」（憲法 30 条）ものとされ，国民は，租税実体法が定める課税要件を充足する事実の発生により，当然に租税債権者（国又は地方公共団体）に対し，租税を納付する義務を負担することになる．これに対し，主として国家の歳入歳出の予定準則を内容とする予算の成立及び予算に基づく国費の支出については，国会の議決を経なければならないとされる（憲法 83 条，85 条，86 条）が，予算の基礎となる歳入は，例えば，租税が租税法によって徴収されるように，法令の規定に基づいて徴収又は収納されるのであって，予算によってはじめて国家の徴収権又は収納権が生ずるものではない．このように，憲法が規定する国民の納税義務と予算及び国費の支出とは，その法的根拠を異にする別個のものであり，ことに所得税などについては両者は直接的，具体的関連性を有しないから，仮に，原告が主張するように国費歳出の一部が憲法違反であるとしても，国民たる原告が他の法的救済を得られるか否かは別論として，少なくとも，そのことのみを理由として，歳入の根拠法令の一たる租税法令に基づく租税の収納義務を負担しない（又は徴収を免除される）ということはできない．したがって，原告の右主張は採用の限りでない．」

〔1994 年 2 月〕

第3章　日本国憲法第7章（財政）の研究

　本稿は，浦田賢治＝大須賀明編『新・判例コンメンタール日本国憲法3』（三省堂，1994）に収録された筆者の論稿の一部である．筆者は，日本国憲法第7章のうち「総括」と83条から88条までを担当した．判例研究を中心とするものであり，同時に当時の筆者の税法学理論を示すものでもあるところから，本書に収録することとした．なお，89条以下は新井隆一氏が担当された．89条に関する筆者の所見の一端については，本書第III部第9章で宗教法人課税問題との関係において展開している．

第7章　財　政
概　説
　さきにも指摘したごとく，日本国憲法は，租税国家体制（Steuerstaat, Tax State）を前提にしている．租税国家というのは，その国の財政収入のほとんどを租税に依存する体制である．租税国家では，憲法政治の中身は結局どのように租税を徴収しどのようにそれを使用するかに帰する．そのような租税国家の民主化の程度は，プープル（人々）としての国民によるコントロール度によってきまる．財政民主主義とは，本来的にはプープル主権のレベルにおける人々の租税国家への統制（コントロール）を意味する．そのような租税国家では憲法の財政条項はその国の民主化を考えるうえにおいて実質的には決定的な重要性をもつ．

　日本国憲法は，その第7章において財政に関する原則規定を定めている．財政に関する法的規制はこの憲法原則を基底として展開されねばならない．日本国憲法は，明治憲法がその標題を「会計」としていたのを「財政」と改めたほか内容的にも注目すべき規定を含んでいる．そこでの基本的特徴は，財政における国会中心主義の原則の強化・徹底にあるといってよい．この点，明治憲法は議会協賛権について多くの制限を設けていたことが注意される．たとえば，第1に，既定費，法律費および義務費に対しては，政府の同意なくしては議会は自由に費目を廃除・削減することはできなかった（明治憲法67条）．第2に，後述のように皇室の経済および財政については皇室自律主義がとられていた．その一環として天皇の財政（御料）や皇族の財産は議会および国民の関与の外におかれていた．また，皇室経費については，従来の定額を計上する限り，議会の協賛を要しないこととされていた（明治憲法66条）．第3に，予算不成立の場合には前年度予算を施行することが認められていた（明治憲法71条）．第4に，いわゆる財政上の緊急処分が認められていた（明治憲法70条）．

　日本国憲法の財政における国会中心主義の強化・徹底はそのまま財政民主主義を重視することを示唆する．しかし大切なことは，さきに指摘したプープル主権レベルの財政民主主義こそが日本国憲法の志向するところであるという点である．このような

17

観点からいえば，日本国憲法が具体的に規定する財政における国会中心主義は右のプープル主権レベルの財政民主主義の具体化のための1つの手段にすぎないこととなろう．憲法の財政条項の検討にあたって，たえず右の基本的視角に留意されねばならないといえよう．

　日本国憲法は，まず83条において，「国の財政を処理する権限は，国会の議決に基いて，これを行使しなければならない」として，財政における国会議決主義の一般原則を定めている．明治憲法下においてみられた政府の専権による財政処理は，いっさい許さない旨を明らかにしているわけである．次に，右の一般原則の収入面への具体化として84条において，「あらたに租税を課し，又は現行の租税を変更するには，法律又は法律の定める条件によることを必要とする」として，租税法律主義の原則を明定している．この原則については，別に30条で国民の納税義務の面からも規定されている．さらに支出面への具体化として，85条において，「国費を支出……するには，国会の議決に基くことを必要とする」と規定している．国費支出に対する国会のコントロールについては，その行為をなす権能または義務に関して法律による規制が存在する場合でも，それとは別に支出に関する国会の承認を要するとしているのである．つまり，いかに行為をなすことが法律によって認められていても，支出に関する国会の承認がなければ，それに伴う支出をなしえない．右の国費支出の承認は，予算の形式によってなされる．この点については，86条に規定がある．同条は，85条の意味するところを，いわば形式・手続の面から重ねて規定したものといえよう（予算の審議手続については憲法60条）．支出面への国会中心主義の問題に関連して，同じく85条において，「国が債務を負担するには，国会の議決に基くことを必要とする」と規定していることが注意される．国が債務を負担する場合であっても，その弁済のために国費を支出するには前記のごとく国会の議決を要するから，この規定がなくても国会中心主義は直接的には犯されない．しかし，国の債務負担行為（国庫債務負担行為）は，後日，国の財政のあり方，そして結局は国民に重要な影響をもたらすことになるので，憲法は，このように，国が債務を負担する場合でも，国会の議決に基づくことを要するとして，財政における国会中心主義の強化を図っている．

　87条において，予備費の制度につき，「予見し難い予算の不足に充てるため，国会の議決に基いて予備費を設け，内閣の責任でこれを支出することができる」，「すべて予備費の支出については，内閣は，事後に国会の承諾を得なければならない」と規定している．つまり，国会は，予備費を設けることについての事前の議決と，事後における支出の承認の議決との2つの権能を保有することによって，国費支出に対するコントロールを行うわけである．

　89条は，公の財産の支出・利用の禁止を規定する．具体的に信教の自由を財政面から確保するために宗教のための支出・利用を禁止する（政教分離原則）．また思想・良心の自由，表現の自由，学問・教育の自由等を財政面から確保するために公の支配

に属しない慈善事業等のための支出・利用を禁止する．

　国会中心財政の原則はさきにも指摘したごとくいわゆる皇室財政にもみられる．すなわち，天皇主権主義をとる明治憲法のもとでは財政における皇室自律主義がとられていた．日本国憲法はこれを改め，皇室の費用はすべて予算に計上して国会の議決を経なければならないこと，皇室財産は国に帰属すること，および皇室と皇室以外のものとの間の財産の移動は，必ず国会の議決に基づかなければならないこと，などを明定している（憲88条，8条）．

　内閣の財政活動を民主的にコントロールすることの一環として，決算についての会計検査院の検査および国会への報告（憲90条）や財政状況の国会および国民への報告（憲91条）等を明定している．

第83条（財政処理の権限）

　国の財政を処理する権限は，国会の議決に基いて，これを行使しなければならない．

概　説

　本条は，財政における国会議決主義の一般原則を定めるものである．ここにいう「財政」は広義のそれを意味する．すなわち，典型的には国がその存立と活動に必要な財力を取得する作用，およびその取得した財力を管理・使用する作用のすべてを意味する．このほか，右の典型的な財政作用に該当しないともいえる「財政投融資計画」なども含められるべきであろう．本条は，収入面と支出面に関する財政における国会議決主義の一般原則を定めるものである．

1　本条の意義

　本条は，概説において述べたごとく収入面および支出面の双方に関する国会議決主義の一般原則を規定するものであって，84条以下はその具体的な展開である．

　「国の財政を処理する権限」とは広義の財政に関する作用を行うために必要とされる各種の権限をいう．憲法はこれらのすべての作用を国民の代表機関である国会のコントロールのもとにおくことを意図している．本条の「国の財政を処理する権限」の対象の中に「財政投融資計画」それ自体を含めるべきであるかどうかは重要な憲法解釈問題である（新井隆一「『財政投融資』制度の法的課題」公法研究41号，福家俊朗「財政投融資」『現代行政法大系10』有斐閣，所収等）．筆者は「第2の予算」とも呼ばれる「財政投融資計画」それ自体を独立した「財政計画」として本条の国会議決主義の対象に含められるべきであると指摘してきた（たとえば，北野弘久『憲法と税財政』三省堂8頁，同『納税者基本権論の展開』三省堂83頁等）．部分的には国会の議決を受けている場合であっても，「財政投融資計画」それ自体が通常の予算とは別個の財政

19

手段・財政計画であるので,「財政投融資計画」の全体について国会の議決の対象にすることとしても,法的には二重議決にはならない.憲法の意図する財政民主主義の理念からいえば,単に従前発表されてきた「財政投融資計画」だけではなく資金の最終的配分先も含めて国会の審議・議決の対象にされるべきである.これは,憲法上の要請である.具体的に国会における議決手続をどうするかは議論の分かれるところであるが,「第2の予算」とも呼ばれる「財政投融資計画」の性格にかんがみ「予算」に関する憲法条項(憲86条,60条)に従って審議・議決するのが妥当であろう.

本条は,直接的には国家財政について規定するものであるが,その趣旨は地方財政においても生かされるべきであることはいうまでもない.

「国会の議決」の具体的基準は,各個の財政作用の性質によって異なってくるが,財政における国会議決主義の趣旨にかんがみて,できるだけ個別的・具体的でなければならないといえよう.

2　財政民主主義の形骸化

さきにも指摘したように,日本国憲法の意図する財政民主主義は,プープル主権レベルにおける租税国家に対する民主的統制を志向するものである.憲法が具体的に規定する国会議決主義は,そのような財政民主主義を実現するための1つの手段にすぎない.憲法の意図する財政民主主義・財政議会主義は,現実には様々な側面において形骸化している.そのいくつかを例証的に指摘しておきたい.

たとえば,①租税法規における不確定概念・概括条項等の増大,包括的・一般的な「委任命令」の増大等によって租税法律主義が形骸化している.さらに「通達委任」等が事実上存在し,通達課税・通達行政を現出している.税務行政の実際においては「実質課税の原則」,「課税における実質主義」を理由にして一方的な「税務認定」等が合法化・正当化されている.この現象も租税法律主義の形骸化を示唆する.②立法過程において産業経済政策の観点から特定の産業・納税者を優遇する租税特別措置の増大という現象がみられる.この租税特別措置は経済的には「かくれた補助金」,「かくれた歳出」であり実質的には国会の統制の外にある.租税特別措置は本条,85条の国会議決主義,財政民主主義を空洞化させている.アメリカでは,租税特別措置を「租税歳出予算」(tax expenditure budget) として議会の統制のもとにおいている.③租税の使途,つまり公金の支出のあり方については概括的な「予算」による規制のみが存在し,一般に実体法および手続法の双方において法律の留保の原則(制定法主義)が存在しない.租税の徴収面では租税法律主義の原則が支配するのに対し,公金の支出には法律的規制は原則的に存在しない.公金の支出の段階における財政民主主義を実質化するためには,公金の支出についても,租税の徴収に準ずる法律の留保の原則の整備が不可欠といえよう.④「第2の予算」と呼ばれる「財政投融資計画」それ自体に対しては国会の統制が行われていない.個別的,部分的な国会での議決とは別に

「財政投融資計画」全体を独立した「財政計画」として審議の対象とされねばならない。1973（昭和48）年の「資金運用部資金並びに簡易生命保険及び郵便年金の積立金の長期運用に対する特別措置に関する法律」によっても，「財政投融資計画」それ自体を独立した財政計画として国会の統制に付すべきとする右の要請は確保されえない。さきにも指摘したように「財政投融資計画」についてはその資金の最終的配分先をも国会の審議・議決の対象とされるべきである。この点，今日なお国会議決主義が形式的にも行われていない。さらに，財政民主主義を実質的に確保するために，統一的な「財政投融資計画法」を制定し，執行段階における実体法および手続法を整備すべきであろう。⑤1955（昭和30）年の国会法（昭22法79）の改正で，議員が予算を伴う法律案の発議をする場合（国会56条），予算の増額を伴う法律案の修正動議をする（国会57条），および予算修正動議をする場合（国会57条の2）には多数の賛成者を必要とするようになった。この点，その限りにおいて国会議決主義を弱めるものである。⑥さらに財政民主主義を実質的に確保するためには，租税の徴収面と使途面の双方に対する司法的統制の保障が不可欠である。この点，今日なお，国家財政のレベルでは納税者検査請求（会計検査院に対して納税者の地位に基づいて検査請求を行う），納税者訴訟（租税の徴収のあり方，租税の使途のあり方について納税者の地位に基づいて司法裁判所に対し訴訟を提起する）の制度の整備が今日なおまったく行われていない（「納税者訴訟等についての特例法基本要綱・北野第1次試案」については北野弘久『サラリーマン租金訴訟・増補版』政務経理協会422頁以下）。

> **第84条（課税の要件）**
> あらたに租税を課し，又は現行の租税を変更するには，法律又は法律の定める条件によることを必要とする。

●本条の引用判例
　最2判昭33・2・28〈昭30（オ）862〉
　　▶［144］
　最2判昭36・10・27〈昭35（オ）4〉
　　▶［140］
　大阪地判昭41・5・30〈昭38（行）52他〉
　　▶［141］
　長崎地判昭42・10・6〈昭41（ウ）6〉
　　▶［142］
　横浜地判昭44・11・6〈昭43（行ウ）2〉
　　▶［143］
　京都地判昭49・5・30〈昭41（行ウ）10〉

第Ⅰ部　基礎理論

　　▶［137］
最2判昭53・4・21〈昭51（行ツ）34〉
　　▶［139］
神戸地判昭57・4・30〈昭47（行ウ）20他〉
　　▶［146］
仙台高秋田支判昭57・7・23〈昭54（行コ）1〉
　　▶［145］
最大判昭60・3・27〈昭55（行ツ）15〉
　　▶［138］
大阪地判昭61・9・26〈昭60（ワ）1046〉
　　▶［147］

概　説

　本条は，83条の一般原則を財政収入面について具体化するものである．すなわち，租税法律主義の原則を規定する．租税法律主義の原則については，別に30条の規定するところでもある．30条は国民の納税義務の側から租税法律主義の原則を規定するのに対し，本条は財政権力の側から租税法律主義の原則を規定するものである．本条の「法律」は地方税については「条例」に置きかえて適用されるべきである．地方税については憲法の「地方自治」（憲92条以下）の観点から，租税法律主義の原則ではなく租税条例主義の原則が支配する．筆者は，本来的租税条例主義の原則と呼んでいる．また，日本国憲法の予定する租税概念は，固有の租税のほかに租税的性格を有する多くのものを含む．従来「税外負担」等として論じられてきた受益者負担等の多くが憲法上の租税概念に組み込まれ，本条の適用を受けることになる．

1　明治憲法との比較

　(1)　日本国憲法はその30条および本条の双方において租税法律主義を規定している．この点は，明治憲法のもとにおいてもほぼ同様であった．すなわち，その21条において「日本臣民ハ法律ノ定ムル所ニ従ヒ納税ノ義務ヲ有ス」と規定し，また62条1項において，「新ニ租税ヲ課シ及税率ヲ変更スルハ法律ヲ以テ之ヲ定ムヘシ」と規定していた．この規定に関する限り，明治憲法の租税法律主義と日本国憲法の租税法律主義との間には差異はないように思われるが，憲法全体の法規範構造という視点からみるとき，いくつかの差異を指摘することができるように思われる．

　(2)　明治憲法のもとでは，ひろく独立命令・緊急命令等の制度が存在した．この点，日本国憲法のもとでは，命令において法規を定めうるのは法律が特に命令に委任した場合，つまり委任命令においてのみとなった．このように，日本国憲法のもとでは命令の位置が大きく下落したことが注意される．それだけ，明治憲法に比し，日本国憲

法においては租税法律主義が厳格に維持される構造になっていることを指摘することができる。また明治憲法62条2項において「但シ報償ニ属スル行政上ノ手数料及其ノ他ノ収納金ハ前項〔租税法律主義〕ノ限ニ在ラス」という規定が存在した。これにより、実質的に租税であるものについて形式的に右の憲法上の手数料等であるという理由で法律主義の原則が破られるおそれが存在したわけである。しかし、日本国憲法においてはこの種の例外規定は存在しない。つまり、この意味においても、租税法律主義が厳格に維持されるという構造を指摘しうる。このほか明治憲法63条の永久税主義の規定が日本国憲法には存在しないことが注意されよう。明治憲法63条は次のごとく規定していた。「現行ノ租税ハ更ニ法律ヲ以テ之ヲ改メサル限ハ旧ニ依リ之ヲ徴収ス」。この規定の不存在を法規範論的にどのようにとらえるべきかが1つの問題であるが、86条関係の項でもふれるが、日本国憲法は「予算」についてフランス型の「予算法」(loi de budget) の概念を採用していることの法的根拠とすることも可能である（北野弘久『憲法と税財政』三省堂15頁、同『納税者基本権論の展開』三省堂80頁等）。

(3) 租税法律主義の原則は立憲民主制憲法では自明である。そこで、それではなぜに日本国憲法が明治憲法とほぼ同じような規定の仕方で租税法律主義を宣言したのであろうか、という疑問が生ずる。筆者は、日本国憲法全体の法規範構造にかんがみ、日本国憲法の租税法律主義は明治憲法とは異なった次のような新たな法的意味を包含するコンセプトとして解すべきであると指摘してきた（たとえば北野弘久『税法学原論・3版』青林書院89頁以下）。①行政権の肥大・優越がますますはげしくなっている現代国家においてこそ租税法律主義の伝統的機能である自由権的保障（執行権力の濫用から納税者の人権を擁護する）が単なる明治憲法の「遺物」ではなく現代的な新たな意義をもつに至る。日本国憲法がこのことを認識して租税法律主義を規定したものと解されるのである。つまりこのような現代的意義を含んだ規定である。この点についてコメントすれば、一般に、行政、裁判の執行過程において租税法律のもつ不合理性が具体的に拡大する。その拡大の危険性は「行政国家」の特質をもつ現代国家においてこそたかまるのである。伝統的な租税法律主義の自由権的機能は右の危険性の拡大を少しでも抑制しようという現代的意義をもつ。②現代国家においては右の執行過程における「権力の濫用」の抑制も重要であるが、それ以上に立法過程における「権力の濫用」の抑制も重要である。日本国憲法は、明治憲法とは異なり「租税法律」の実質的内容についても憲法規範的拘束を規定しているものと解される。租税のあり方について単に「法律」で規定すればよいとする形式的な租税法定主義を規定するものではない。当該「租税法律」の実質的内容自体が憲法の様々な実体的な人権条項に適合していなければならない。加えて、仮にある「租税法律」が特定の憲法条項に違反するといえないような場合であっても、当該「租税法律」の実質的内容が全体として合理的であり適正であることが要請される。これによれば、ある「租税法律」が特定

の憲法条項に違反しなくても，全体として合理的でなく適正でない場合には，84条違反という構成が可能となる．このように，日本国憲法の租税法律主義は立法過程における「権力の濫用」を抑制しようとする実体的憲法制約原理を内在するものである．このような構成は明治憲法のもとでは不可能であった．京都地裁［**137**］，最高裁［**138**］はこの点に関する主張に関するものである．③さらに日本国憲法は租税の徴収面と使途面とを統合した現代的租税概念を採用しそのような現代的租税概念を前提とする租税法律主義を採用しているものと解することが可能である．つまり，単なる租税の徴収面での「租税法律」の適正のみならず，租税の使途面をも射程にとり込んだ「租税法律」の適正をも要請するものである．租税の使途面が憲法に適合することを前提とした「租税法律」主義といえよう．別のことばで言えば，租税の徴収面と使途面の双方をとりこんだ財政民主主義の一環としての租税法律主義を意図しているのである．

［**137**］　税法法律主義の実質的内容の意義．（京都地判昭49・5・30行集25・5・548，判時741・28）

　「原告は，本件課税処分を違法とする理由として，所得税法の給与所得に関する9条1項5号，11条の6，11条の7，11条の9，11条の10，12条，13条，38条および40条の諸規定は一括して，租税法律主義を定めている憲法30条および84条に違反し，違憲無効の規定である旨を主張するので，以下，この点につき，判断する．

　思うに，民主政治の下では，国民は国会における代表者を通じて自ら国費を負担することが根本原則であつて，国民はその総意を反映する国会における税法立法に基づいて納税の義務を負うとともに，その反面において，国民は法律の規定に基づくことなしには課税されないものであつて，この原則を一般に租税法律主義という．すなわち，租税法律主義とは，租税が国民の財産権に重大な影響を及ぼすのに鑑み，課税要件や徴税手続等を法律によつて規定し，もつて税務当局の恣意的な徴税がなされるのを排除して国民の財産権が侵害されないようにしようとするものであり，わが憲法30条が「国民は，法律の定めるところにより，納税の義務を負ふ．」と定め，また，同84条が「あらたに租税を課し，又は現行の租税を変更するには，法律又は法律の定める条件によることを必要とする．」と規定しているのは，この原則を宣明しているものといえる．しかして，日本国憲法の下では，租税の種類，根拠はもとより，納税義務者，課税物件，課税標準，税率等の課税要件および納税の時期，方式等の徴税手続はすべて法律をもつて定めることを必要とすると解すべきであり，また，前示租税法律主義の趣旨によれば，租税に関する法律の規定はできる限りその意義が明確に規定されることを要請されるものといえる．しかしながら，それと同時に，租税法律主義の原則は，それ

以上に進んで，租税法のある条項なり制度それ自体の意義をこえ，該条項ないし制度の拠つている理論的根拠ないし内容までが一義的に明確なものであることまでを要求するものではないというべきである．

そこで，原告のこの点に関する主張を検討するに，まず，法9条1項5号の規定（給与所得控除制度）は，前叙（第2,1,(1)）のとおり，給与所得金額の算定方式をその年中の収入金額から当該収入金額に応じて4段階に分けられた一定額を控除して算定すると定めるものであつて，その意義は一義的で極めて明確である．ただ，前記認定のとおり，給与所得控除制度は，その理論的根拠，すなわち趣旨として，給与所得の必要経費を概算的に控除すること，給与所得の担税力が資産所得や事業所得に比べて弱いことを概算的に考慮すること，給与所得の捕捉率は申告所得の捕捉率より高く両者の間にはある程度の格差が存在するのでこれを概算的に考慮すること，および，給与所得の源泉徴収による，事業所得等の所得と比べた場合の早期納税に基づく金利上の差額分を概算的に考慮するという4つの内容を総合的に包含し，そのため，右の4つの内容が法所定の給与所得控除額の中においてどのように配分され，または，いかなる割合ないし総額を占めているのかは，具体的に，計数的には必ずしも明白ではない状態である（ただし，必要経費の概算控除分が給与所得控除制度の主要な地位ないし部分を占め，また，金利差の調整分は比較的僅少な額に止まると認められることは前記判示のとおりである．）．しかしながら，給与所得控除制度の理論的内容としていかなるものが含まれ，また，給与所得控除制度の趣旨を構成する個々の内容が法所定の給与所得控除のいかほどを占めるかなどということは，租税債務の成立変更消滅という課税要件に関する事項ではなく，単に給与所得控除制度の拠つている理論的根拠ないし内容に関する事項にすぎないと解すべきであるから，租税法律主義の下においても，具体的，計数的に明確にされることを要しないものと解するのが相当である．したがつて，給与所得控除制度の趣旨が一義的でなく，また，それに含まれる4つの内容がそれぞれ法所定の給与所得控除額のうちのいかほどの割合ないし総額を占めるのかが計数的に明確でないとしても，法9条1項5号の規定は，該条項それ自体の意義は前示のとおり一義的で極めて明確なので，租税法律主義に反しないというべきである．他に，法9条1項5号の規定が租税法律主義に違反するとの主張，立証はない．」

■判例評釈　高橋健吉・訟月20巻9号116頁，碓井光明・判評189号22頁，清永敬次・ジュリ567号30頁，山田二郎・ジュリ567号36頁，碓井光明・昭49年度重判解説9頁，北野弘久・法セミ227号20頁

[138]　租税法律主義の実質的内容の意義．（最大判昭60・3・27民集39・2・247，訟月31・11・2894，判時1149・30，判タ553・84）

「租税は，国家が，その課税権に基づき，特別の給付に対する反対給付としてでな

く，その経費に充てるための資金を調達する目的をもって，一定の要件に該当するすべての者に課する金銭給付であるが，およそ民主主義国家にあっては，国家の維持及び活動に必要な経費は，主権者たる国民が共同の費用として代表者を通じて定めるところにより自ら負担すべきものであり，我が国の憲法も，かかる見地の下に，国民がその総意を反映する租税立法に基づいて納税の義務を負うことを定め（30条），新たに租税を課し又は現行の租税を変更するには，法律又は法律の定める条件によることを必要としている（84条）。それゆえ，課税要件及び租税の賦課徴収の手続は，法律で明確に定めることが必要であるが，憲法自体は，その内容について特に定めることをせず，これを法律の定めるところにゆだねているのである。思うに，租税は，今日では，国家の財政需要を充足するという本来の機能に加え，所得の再分配，資源の適正配分，景気の調整等の諸機能をも有しており，国民の租税負担を定めるについて，財政・経済・社会政策等の国政全般からの総合的な政策判断を必要とするばかりでなく，課税要件等を定めるについて，極めて専門技術的な判断を必要とすることも明らかである。したがって，租税法の定立については，国家財政，社会経済，国民所得，国民生活等の実態についての正確な資料を基礎とする立法府の政策的，技術的な判断にゆだねるほかはなく，裁判所は，基本的にはその裁量的判断を尊重せざるを得ないものというべきである。そうであるとすれば，租税法の分野における所得の性質の違い等を理由とする取扱いの区別は，その立法目的が正当なものであり，かつ，当該立法において具体的に採用された区別の態様が右目的との関連で著しく不合理であることが明らかでない限り，その合理性を否定することができず，これを憲法14条1項の規定に違反するものということはできないものと解するのが相当である。」

「給与所得者は，事業所得者等と異なり，自己の計算と危険とにおいて義務を遂行するものではなく，使用者の定めるところに従って役務を提供し，提供した役務の対価として使用者から受ける給付をもってその収入とするものであるところ，右の給付の額はあらかじめ定めるところによりおおむね一定額に確定しており，職場における勤務上必要な施設，器具，備品等に係る費用のたぐいは使用者において負担するのが通例であり，給与所得者が勤務に関連して費用の支出をする場合であっても，各自の性格その他の主観的事情を反映して支出形態，金額を異にし，収入金額との関連性が間接的かつ不明確とならざるを得ず，必要経費と家事上の経費又はこれに関連する経費との明瞭な区分が困難であるのが一般である。その上，給与所得者はその数が膨大であるため，各自の申告に基づき必要経費の額を個別的に認定して実額控除を行うこと，あるいは概算控除と選択的に右の実額控除を行うことは，技術的及び量的に相当の困難を招来し，ひいて租税徴収費用の増加を免れず，税務執行上少なからざる混乱を生ずることが懸念される。また，各自の主観的事情や立証技術の巧拙によってかえって租税負担の不公平をも

たらすおそれもなしとしない．旧所得税法が給与所得に係る必要経費につき実額控除を排し，代わりに概算控除の制度を設けた目的は，給与所得者と事業所得者等との租税負担の均衡に配意しつつ，右のような弊害を防止することにあることが明らかであるところ，租税負担を国民の間に公平に配分するとともに，租税の徴収を確実・的確かつ効率的に実現することは，租税法の基本原則であるから，右の目的は正当性を有するものというべきである．」

■**判例評釈** 泉徳治・判解民6事件（曹時38巻5号1281頁），清永敬次・民商94巻1号97頁，金子宏・判評332号2頁，水野正一・ジュリ837号31頁，泉徳治・ジュリ837号39頁，岡光民雄=泉美之松=和田正明=石島弘=吉良実=平石雄一郎・ひろば38巻6号11-47頁，水野忠恒・昭60年度重判解説11頁，北野弘久・法セミ366号82頁

2　租税法律主義の概念と法理

(1)　租税法律主義とは一口に言えば，議会のみが課税権を有する，課税権は立法権である，という原則である．ここでは，伝統的理解にたっての租税法律主義について述べる．租税法律主義の概念は，大きく2つのものに区分して観念することができる．その1つは租税要件等法定・明確主義の要請である．納税義務の成立に必要な諸要件，具体的には課税団体，納税義務者，課税物件，課税標準，課税物件の帰属および税率等の実体法上の諸要件のほか納税・徴税等の手続についても法律でできる限り詳細に明確に規定されねばならないとする原則である．これは立法面の要請である．その2つは，租税行政の合法律性の要請である．租税行政は右の租税法律を厳正に執行しなければならない．裁判所は租税行政が租税法律に反する場合には具体的事件を通じてその違法を宣言することになる．これは執行面の要請である．

(2)　上の2つの基本的要請から，様々な具体的法理が抽出される．

(イ)　租税法律主義のもとでは，不確定概念，概括条項，自由裁量規定等の導入が禁止される．要するに，議会のみが課税権を有するところから「税法の主観的要素」を排除し「税法の客観化」が要求されるわけである．ある規定があいまいな概念を用いている場合には，他の諸規定との関係から当該規定の意味を客観的に解明すべきである．当該規定の意味の解明が不可能である場合には，租税要件等明確・法定主義に違反し当該規定は違憲無効となる．最高裁[**139**]はこの点に関するものである．最高裁は法人税法132条の規定は違憲ではないと判示しているが，学説の中には違憲とするものもある．また，税法が民商法等で発達した概念を借用している場合において当該借用概念の意味を租税法律主義との観点からどのようにとらえるべきであるかという問題が生ずる．この点については税法に特段の規定がない限り当該借用概念の意味は民商法等のそれと同じように解すべきである．最高裁[**140**]はこの点に関する判示である．

第Ⅰ部　基礎理論

　(ロ)　さきにも指摘したごとく命令において法規を定めうるのは委任命令においてのみとなった．一般に命令への委任は包括的・一般的であってはならず，できる限り個別的・具体的であることが要請される．現行税法にはこの要請に反する規定が少なくない．大阪地裁 [141]，長崎地裁 [142]，横浜地裁 [143] 等はこの問題に関するものである．法律の委任の範囲を超える命令の規定は，租税法律主義に違反し違憲無効となる．

　(ハ)　通達はもともと行政内部の取扱いにすぎず，裁判所および納税者を拘束するものではない．税務通達が法源性を有しないことは，租税法律主義を持ち出すまでもなく法的に自明である．税務行政の現実においては通達は「通達課税」，「通達行政」の名称によっても示唆されるように税務通達は法社会学的には法令と同様の機能，ある意味では法令以上の機能を果たしている．最高裁 [144] はこの点を示唆する事例である．

　この「通達課税」「通達行政」等をできるだけ抑制するためには，もとより法令の立案過程における法律構成の洗練性，明確性への一層の努力が要請される．同時に，通達への事前の統制手続も整備されるべきであろう．まず制定される重要通達の内容を税法学的にもできるだけ合理的なものにするために，通達制定過程を公開し専門家を含む第三者的な通達審議会等において通達案を審理することとすべきであろう．次に，通達に基づいて具体的に処分がなされた後の訴訟での審理ではおそすぎるので，通達の内容によっては当該通達が制定された段階で処分があったものとみなして直ちに訴訟を提起できるようにされるべきである．通達への司法的統制である．なお，自治省の「地方税通達」は講学上の通達ではない．地方税について自治省は都道府県，市町村に対していかなる指揮命令権をも有しないからである．同「通達」は行政内部においても助言的性格を有するにとどまる．

　(ニ)　租税法律主義のもとでは，とりわけて税法令の厳格な解釈適用が要請される．いわゆる法令の類推，拡張的な解釈適用は禁止される．

　(ホ)　租税法律主義のもとでは一般に行政先例法，慣習法等の成立する余地はない．ただ，特定の納税者に対してのみ一般にひろく適用されている通達等の適用を排除して不利益に扱うことは法執行の平等原則に違反する（憲14条参照）．また，法令の改正がないのに一般に行われている通達等を一方的に変更し納税者に不利益な取扱いをすることは「禁反言」の法理または信義誠実の原則に違反する．このような場合には結果的には当該通達等に一種の行政先例法的効果が伴う．

　(ヘ)　租税法律主義のもとでは納税者に不利益となる租税法律不遡及の原則が抽出される．法律の規定によって納税者に不利益となる改正法律を遡って適用することを決めたとしても，それは違憲無効である．もっとも，納税者に利益となる改正法律を法律の規定によって遡って適用することは違憲ではない．

　(ト)　租税法律主義のもとでは，税法令の解釈および事実認定において「疑わしきは

国庫の利益に反して」(in dubio contra fiscum) という原理が成り立つ．この点についてコメントすれば，税法令の解釈にしろ事実認定にしろ複数の見解が成り立ち，いずれが妥当であるかを決めかねる場合に，租税法律主義のもとでは最終的にはこの原理が妥当するというわけである．

　以上，要するに，伝統的な租税法律主義の概念に従えば，それは，「租税法律」を明確に規定しそれを厳正に執行することによって執行権力（行政・裁判）の濫用から納税者の人権を擁護する法的手段ということができる．別なことばで言えば，同一の「租税法律」のもとでは納税者の納税義務関係が安定している（法的安定性），また納税者の納税義務関係を予測しうる（法的予測可能性）ことを担保しようとする法的手段である．

　所与の税法規定が憲法の実体的人権条項に違反しない場合には，税法の解釈適用の指導法原理は租税法律主義につきるともいえる．税法の実務において一見みえにくくなっている租税法律主義を見出すことが問題解決の唯一の方法である．税法の実務ではいわば租税法律主義が姿を変えて登場する．各個の場合において何が租税法律主義であるかを見きわめればよいのである．

[**139**]　法人税法 132 条［同族会社の行為計算の否認］は，客観的，合理的基準に従って同族会社の行為計算を否認すべき権限を与えたものであって，本条に違反しない．（最2判昭 53・4・21 訟月 24・8・1694）

　「法人税法 132 条の規定の趣旨，目的に照らせば，右規定は，原審が判示するような客観的，合理的基準に従つて同族会社の行為計算を否認すべき権限を税務署長に与えているものと解することができるのであるから，右規定が税務署長に包括的，一般的，白地的に課税処分権限を与えたものであることを前提とする所論違憲の主張は，その前提を欠く．原判決に所論の違法はなく，論旨は採用することができない．」

[**140**]　借用概念の解釈と租税法律主義．（最2判昭 36・10・27 民集 15・9・2357）

　「論旨は，原判決は所得税法 1 条 2 項 3 号，同法施行規則 1 条〔匿名組合契約等〕の解釈を誤った違法がある旨を主張し，当事者の一方が相手方の営業または事業のために出資し，相手方がその利益を分配し，出資者の数が 10 人以上あれば，その場合の契約は，匿名組合契約に準ずる契約と解すべき旨を主張するのである．

　しかし，法律が，匿名組合に準ずる契約としている以上，その契約は，商法上の匿名組合契約に類似するものがあることを必要とするものと解すべく，出資者が隠れた事業者として事業に参加しその利益の配当を受ける意志を有することを必要とするものと解するのが相当である．しかるに，原判決の認定するところによれば，本件の場合，かかる事実は認められず，かえって，出資者は金銭を会社に利用させ，その対価として利息を享受する意思を持っていたに過ぎず，しかも，

かかる事実は，単に出資者の内心の意図のみならず，原判決の引用する一審判決の認定するところによれば，会社は，出資金と引換に元本に利息を加えた金額の約束手形を交付し，契約期間は3箇月以上1年の短期間であり，会社の破産直前の営業案内でも投資配当という文言を用いず，元金，利息と表示しており，会社は出資者に営業決算書等を提示したこともなく，会社の帳簿にも，出資金は短期借入金，または借入金と，配当金は支払利息と記入されていたというのであって，その他原判決の認定するところによっては，客観的にも匿名組合に類似する点はないのである．昭和28年法律173号による所得税法の改正の趣旨，目的が論旨のとおりであっても，いたずらに，法律の用語を拡張して解釈し，本件契約をもって同法にいう匿名組合契約に準ずる契約と解することはできない．原判決は正当であって論旨は理由がない．」

[141] 同族会社の役員のうち同族会社の判定の基礎となる株主およびその同族関係者の使用人兼務を否定し，使用人分賞与の損金性を否認する旧法人税法施行規則10条の3第6項4号の規定は，新たな租税を設けると同一の効果を招来するものであるから，旧法人税法9条7項の委任の範囲を超え，租税法律主義に反するというべきである．（大阪地判昭41・5・30行集17・5・591）

「(同) 規則はこれらの株主（同族会社の判定基礎株主）および同族関係者の使用人兼務を否定することによって使用人分の賞与の損金性を否認して益金に計上すべきものとする．これはまさに，使用人分賞与として損金に計上され課税の対象とならなかったはずのものを，益金に計上させることによってこの部分を新たに課税の対象とするもので，要するに新たな租税を設けると同一の効果を招来するものである．これらの株主および同族関係者について他の見地からこの規則のような取扱をしようとするならば租税法律主義の立前上それは法律によってなすべきである．……

(旧) 法人税法（昭和34年法律196号による改正前のもの）第9条第7項の「所得の計算に関する事項の委任命令」に基づく規則を以てしては，このような新たな租税を設けると同一の効果を招来する基本的な内容を追加規定することはなし得ないものというべきである．（同）規則第10条の3第6項第4号は租税法律主義に違反するもので適用出来ない．」

■判例評釈　村井正・租税判例百選14頁

[142] 同族会社の役員のうち同族会社の判定の基礎となる株主およびその同族関係者の使用人兼務を否定し，使用人分賞与の損金性を否認する旧法人税法施行規則10条の3第6項4号の規定は，旧法人税法9条1項の委任の範囲を超えるものではない．（長崎地判昭42・10・6行集18・10・1281）

[143] 監査役の使用人兼務を否定し，使用人分賞与の損金性を否認する旧法人税法施行規則10条の3第6項3号の規定は，法律の委任の範囲を超え，違法である．

(横浜地判昭44・11・6行集20・11・1313)

[144] 国税局長の通達を機縁としてパチンコ球遊器に物品税の課税が行われても，通達の内容が法の正しい解釈に合致する以上，当該課税処分は法の根拠に基づく処分であり，本条違反の問題は生じない．（最2判昭33・2・28民集12・4・624）
「物品税は物品税法が施行された当初（昭和4年4月1日）においては消費税として出発したものであるが，その後次第に生活必需品その他いわゆる資本的消費財も課税品目中に加えられ，現在の物品税法（昭和15年法律第40号）が制定された当時，すでに，一部生活必需品（たとえば燐寸）（第1条第3種1）や「撞球台」（第1条第2種甲類11）「乗用自動車」（第1条第2種甲類14）等の資本財もしくは資本財たり得べきものも課税品目として掲げられ，その後の改正においてさらにこの種の品目が数多く追加されたこと，いわゆる消費的消費財と生産的消費財との区別はもともと相対的なものであって，パチンコ球遊器も自家用消費財としての性格をまったく持っていないとはいい得ないこと，その他第一，二審判決の掲げるような理由にかんがみれば，社会観念上普通に遊戯具とされているパチンコ球遊器が物品税法上の「遊戯具」のうちに含まれないと解することは困難であり，原判決も，もとより，所論のように，単に立法論としてパチンコ球遊器を課税品目に加えることの妥当性を論じたものではなく，現行法の解釈として「遊戯具」中にパチンコ球遊器が含まれるとしたものであって，右判断は，正当である．なお，論旨は，通達課税による憲法違反を云為しているが，本件の課税がたまたま所論通達を機縁として行われたものであっても，通達の内容が法の正しい解釈に合致するものである以上，本件課税処分は法の根拠に基く処分と解するに妨げがなく，所論違憲の主張は，通達の内容が法の定めに合致しないことを前提とするものであって，採用し得ない．従って，本件賦課処分を当然無効であると断ずることはできないとした第一審判決を支持した原判決は正当であって論旨は理由がない．」

3 租税法律主義と関税

関税法3条が「輸入貨物には，この法律及び関税定率法（明34法54）その他関税に関する法律により，関税を課する．但し，条約中に関税について特別の規定があるときは，当該規定による」と規定している．この条約による定めを租税法律主義との関係においてどのようにとらえるべきであるかという問題が生ずる．関税についても，租税法律主義がそのまま適用されることはいうまでもない．ただ，関税の性格上条約による定めを例外的に認めようとするにすぎない．条約は国際間の取りきめであるがそれが国内法的な効力をもつためには各国の国内法における所定の手続が必要である．日本国憲法は条約の締結に必要な国会の承認については憲法60条2項の規定を準用すると規定している（憲61条）．すなわち，条約について参議院で衆議院と異なった

議決をした場合に，法律の定めるところにより，両議院の協議会を開いても意見が一致しないとき，または参議院が衆議院の可決した条約を受け取った後，国会休会中の期間を除いて30日以内に，議決しないときは，衆議院の議決を国会の議決とする．国会の承認を得たうえで，条約を公布することとされている（憲7条1号参照）．憲法上は条約については法律に準ずる手続が予定されているわけである．関税の性格にかんがみ，関税法は例外的にこのような条約による定めをも認めることとしたのであろう．

4　租税法律主義と地方税

　従来，地方税について条例で規定しうるのは租税法律主義の例外と解されてきた．その場合，法律が条例で規定することを委任した場合においてのみ条例で規定できるとされた．つまり地方税条例は「委任条例」の性格のものとしてとらえられたのであった．ただ，条例が住民の代表機関である地方議会で制定されるところから，右の法律と条例との委任関係は，法律と命令とのそれに比してさして厳格にとらえる必要はないとされた．

　しかし，このような理解は日本国憲法の解釈を誤るものである．日本国憲法は「地方自治」（憲92条以下）を保障することによって憲法理論上各自治体に固有の課税権を付与した．自治体課税権の法的根拠は，本条ではなく憲法92条，94条等である．自治体課税権の法形式は税条例である．人々は地方税について納税義務を負うのは国の地方税法（昭25法226）によってではなく自分たちの地方議会の制定した税条例によってである．税条例が地方税の納税義務発生の法的根拠である（本来的租税条例主義）．憲法上は地方税の賦課徴収にあたっては国の法律である地方税法を必要としないのである．それでは現行の国の地方税法はどのような性格をもつのであろうか．国の地方税法は各自治体が税条例を制定するにあたっての標準法，枠法の性格をもつにすぎない．仮にある自治体が枠規定を含む地方税法の規定に従って課税したいと考える場合には，何らかの方法でもう一度当該税条例自体においてそのことを規定する必要がある．このように国の地方税法の規定は各自治体の税条例を通じて法的に人々に作用するのである．

　要するに，地方税の租税要件等のすべてが当該自治体の税条例自体において完結的に規定される必要が存在するのである．地方税法3条1項の「地方団体は，その地方税の税目，課税客体，課税標準，税率その他賦課徴収について定をするには，当該地方団体の条例によらなければならない」の規定は，このことを確認するものである．仙台高裁 [**145**] は，国民健康保険税という目的税についてすらこのことを確認した（本来的租税条例主義）．本来的租税条例主義の憲法上の根拠は，さきにも指摘したように，憲法92条，94条等であるが，仮に本条が地方税についても適用されると解した場合には，同条の「法律」は「条例」を意味すると解さなければならない．このように日本国憲法は租税法律主義の例外として租税条例をとらえているのではなく，地方

税については租税条例主義こそが憲法の意図するところである（本来的租税条例主義については，北野弘久『新財政法学・自治体財政権』勁草書房，同『憲法と税財政』三省堂，同『憲法と地方財政権』勁草書房，同『納税者基本権論の展開』三省堂等）．

[145] 秋田市国民健康保険税の課税要件のすべてが，秋田市税条例自体で規定されていなければならない．（仙台高秋田支判昭 57・7・23 行例集 33・7・1616, 判時 1052・3，判タ 487・113）

「思うに，いわゆる租税法律主義とは，行政権が法律に基づかずに租税を賦課徴収することはできないとすることにより，行政権による恣意的な課税から国民を保護するための原則であって，憲法 84 条の「あらたに租税を課し，又は現行の租税を変更するには，法律又は法律の定める条件によることを必要とする．」との規定は，この原則を明らかにしたものと解されるが，地方自治に関する憲法 92 条に照らせば，地方自治の本旨に基づいて行われるべき地方公共団体による地方税の賦課徴収については，住民の代表たる議会の制定した条例に基づかずに租税を賦課徴収することはできないという租税（地方税）条例主義が要請されるというべきであって，この意味で，憲法 84 条にいう「法律」には地方税についての条例を含むものと解すべきであり，地方税法 3 条が「地方団体は，その地方税の税目，課税客体，課税標準，税率その他賦課徴収について定をするには，当該地方団体の条例によらなければならない．」と定めているのは，右憲法上の要請を確認的に明らかにしたものということができる．そして，右地方税条例主義の下においては，地方税の賦課徴収の直接の根拠となるのは条例であって，法律ではないことになり，地方税法は地方税の課税の枠を定めたものとして理解される．

そして，租税法律（条例）主義は，行政権の恣意的課税を排するという目的からして，当然に，課税要件のすべてと租税の賦課徴収手続は，法律（条例）によって規定されなければならないという課税要件法定（条例）主義と，その法律（条例）における課税要件の定めはできるだけ一義的に明確でなければならないという課税要件明確主義とを内包するものというべきである．

しかし，課税要件法定（条例）主義といっても，課税要件のすべてが法律（条例）自体において規定されていなければならず，課税要件に関して，法律（条例）が行政庁による命令（規則）に委任することが一切許されないというものではなく，ただ，その命令（規則）への委任立法は，他の場合よりも，特に最小限度にとどめなければならないとの要請が働くものとして理解されるべきであるし，また，課税要件明確主義の下でも，課税要件に関する定めが，できるかぎり一義的に明確であることが要請されるのであるが，租税の公平負担を図るため，特に不当な租税回避行為を許さないため，課税要件の定めについて，不確定概念を用いることは不可避であるから，かかる場合についても，直ちに課税要件明確主義に

反すると断ずることができないし，その他の場合でも，諸般の事情に照らし，不確定概念の使用が租税正義の実現にとってやむをえないものであり，恣意的課税を許さないという租税法律（条例）主義の基本精神を没却するものではないと認められる場合には，課税要件に関して不確定概念を用いることが許容される余地があるというべきである。ただし，立法技術上の困難などを理由に，安易に不確定，不明確な概念を用いることが許されないことはもとより当然であり，また，許容されるべき不確定概念は，その立法趣旨などに照らした合理的解釈によって，その具体的意義を明確にできるものであることを要するというべきで，このような解釈によっても，その具体的意義を明確にできない不確定，不明確な概念を課税要件に関する定めに用いることは，結局，その租税の賦課徴収に課税権者の恣意が介入する余地を否定できないものであるから，租税法律（条例）主義の基本精神を没却するものとして許容できないというべきである。」

■判例評釈　北野弘久・社会保障判例百選（第2版）78頁，遠藤まみ・ひろば35巻11号44頁

5　租税概念

　本条の租税概念は固有の意味での租税のほかに租税的性格を有する受益者負担金等をひろく含むものと解すべきである。この点について若干のコメントを加えておきたい（筆者の所見は宮沢俊義＝芦部信喜『全訂日本国憲法』711頁以下とほぼ同旨。なお，北野弘久『憲法と税財政』16頁以下，碓井光明「租税の意義」ジュリ増刊『憲法の争点』所収，畠山武道「国の財政に関する国会の権限」『現代行政法体系10』，小嶋和司『憲法と財政制度』343頁以下等）。

　国の専売に属するものの価格は実質的に消費税の性格を有し，本条の租税概念に含まれる。また，事実上国民に強制される手数料等も租税概念に含まれる。国または地方公共団体の独占的事業の料金等も，租税概念に含まれる。国または地方公共団体の事業でなくても，独占性の強い公益事業の料金等も，租税概念に含まれる。もとより固有の意味での租税でなくても，一般に課徴金的性格を有する負担金等は，租税概念に含まれることはいうまでもない。

　財政法3条が「租税を除く外，国が国権に基いて収納する課徴金及び法律上又は事実上国の独占に属する事業における専売価格若しくは事業料金については，すべて法律又は国会の議決に基いて定めなければならない」と規定しているが，これは，本条の以上の趣旨を確認するものといえよう。

　神戸地裁［146］で争われた受益者負担金も租税概念に含められるべきである。思うに，現代において公共下水道施設は都市の基本施設の1つであり，本来それは一般の財源（通常の租税収入）でまかなわれるべきである。公共下水道施設によって人々は「特別の利益」を受けるとはいえない。公共下水道施設費用の負担金はまさしく租税

である．大阪地裁［**147**］の事案における宅地開発指導要綱に基づく開発協力金はその法形式はともかく現実的には「強制」的な負担であり，課徴金的性格のものといえる．それ故，ここにいう租税である．

以上のように，日本国憲法の予定する租税概念は従来「税外負担」とされてきた受益者負担金等の多くをとりこんだ広義の租税概念である．筆者はこれを高度に発達した資本主義国家における現代的租税概念と呼んでいる．本条，30条の租税概念も，右の現代的租税概念を意味する．日本国憲法における租税国家体制（Steuerstaat, Tax State）はこのような現代的租税概念を前提とするものである．

以上のことのほかに，いままでしばしば指摘してきたように，日本国憲法の租税概念はその徴収面と使途面とを統合した法的コンセプトである．したがって，憲法30条の納税義務といっても租税の使途面をも射程に織りこんだ納税義務であり，本条の租税法律主義もそのような使途面をも射程に織りこんだ租税法律主義であると解される．

なお，日本国憲法の法規範構造に鑑み，筆者は，租税概念につき伝統的な財政権力側のものではなく納税者側のものの構成が可能であると解している．結論のみを示しておきたい．「租税とは，国又は地方公共団体が人々の福祉の費用に充当するために，応能負担原則を実体的内容とする『法』（法律・条例）に基づいて，人々から徴収する金銭給付である」．

［**146**］ **都市計画事業の一環としてされた公共下水道施設の費用にあてるために，関係区域内の土地所有者等に対し，都市計画税のほかに都市計画法75条に基づく条例により受益者負担金を負担させることは，本条に違反しない．**（神戸地判昭57・4・30行集33・4・919，判時1058・40）

「さきに述べたとおり，本件条例は，都市計画法第75条の規定に基づいて定められたものである．しかして，

(1) 受益者負担金と租税は，ともに行政庁により公権力の行使として賦課される金銭給付義務であるが，受益者負担金は，特定の公益事業の実施により特定の者が特別の利益を受けることを理由として，当該受益者に対し，その特別利益を基準としかつ限度として，当該事業に要する費用の一部を負担させる目的で賦課されるものであり，租税は，国又は地方公共団体の経費が必要であることを理由として，特別の給付に対する反対給付としてではなく，法律が定める要件に該当する総ての者に対し，負担能力についての一般的基準により，これらの団体の財力調達の目的で賦課されるものである．両者は，賦課の理由及び目的を異にし，また，前者においては，義務者の範囲及び賦課の基準，限度はその本質に由来するものとして一義的に定まるが，後者においては，それは，何に負担能力を認めるかについての立法の選択によって定まることになる点において，両者は異なる．

(2) 都市計画税は，市町村が，都市計画事業等に要する費用に充てるため，都市計画区域内の一定の地域内に所在する土地及び家屋に対し，その価格を課税標準として，その所有者に課する目的税であり（地方税法第702条），水利地益税は道府県又は市町村が，都市計画法に基づいて行なう事業等の実施に要する費用に充てるため，当該事業により特に利益を受ける土地又は家屋に対し，その価格又は面積を課税標準とし，土地等が当該事業に因り特に受ける利益を課税額の限度として課する目的税であって（同法第703条），いずれも，都市計画事業等に要する経費に充てるために土地家屋に対して賦課される目的税である．

(3) 右両税のうちの水利地益税については，その賦課の理由が都市計画法に基づいて行なう事業等の実施に要する費用に充てるために限定されているほか，定められた義務者の範囲及び賦課の基準，限度においても受益者負担金との類似性を感じさせるが，両者は賦課の目的において明らかに異なるうえ水利地益税における賦課の理由の限定と当該事業により特に利益を受ける土地又は家屋に対しその価値又は面積を課税標準として受益の限度内で課税額を定めることとの間には必然性があるわけではなく，それは，立法政策上妥当な要件として選択されたにすぎないものと解されるから，両者が法律上同一視することのできないものであることは明らかである．

(4) 地方自治法第224条の分担金は受益者負担金の一種であるが，当該事業が都市計画法に基づく都市計画事業として行なわれる場合は，都市計画法と地方自治法とは，特別法と一般法の関係に立つものであるから，右事業に関して地方自治法第224条の適用はないものと解される．都市計画法第75条は，地方税法第703条第3項，地方自治法施行令第153条が既に存在することを前提として立法されたものであるところ，これらの規定との関係については特に調整規定は設けられていない．

(5) 以上述べたところからすれば，本来，受益者負担金と目的税たる都市計画税の双方を同時に賦課することが許されない理由はないと解されるところ，市町村は地方税法第702条第1項の規定によって都市計画税を課する場合においては第1項の都市計画法に基づいて行なう事業の実施に要する費用に充てるための水利地益税を課することができない，とする同法第703条第3項の規定は，右両税が等しく土地等の所有等の担税能力に着目して賦課する租税であることにかんがみ，同一の課税主体が同一の事業に要する費用に充てるためにする限度では両者を重複して賦課すべきものではないとする趣旨の規定であると解されるけれども，地方税法第703条の規定により水利地益税を課するときは同一事件に関し分担金を徴収することができないとする地方自治法施行令第153条の規定は，両者がそれぞれ特別受益者を対象とし，特別受益額を限度としているところからする立法政策上の配慮に基づくものと解されるのであって，右2つの重複賦課禁止の規定

はその趣旨を異にするものと考えられるから，右2つの規定があるからといって，都市計画法第75条に基づく条例による受益者負担金と都市計画税の双方を同時に賦課することが禁止されているものと解すべきことにはならない．

したがって，芦屋市において既に都市計画税が賦課されているからといって，その故に本件受益者負担金を賦課することができないということにはならない．」
■判例評釈　棟居快行・判評300号27頁

[147]　宅地開発指導要綱は，憲法29条に違反せず，また，その要綱の開発協力金に関する規定は，本条に違反しない．（大阪地判昭61・9・26判時1240・92，判タ639・176）

「(1)　本件約定の成否について判断するに，前記認定事実にもとづいて考えると，被告が開発協力金支払いを要請し，これに対して原告は金1885万1260円の開発協力金の支払い義務を負担する旨の本件覚書を被告に交付したものであり，かつ被告職員において原告に開発協力金の趣旨内容を説明した以外に，特に本件約定の締結を強要したような事情はなく，原告も納付時期の猶予を要請した外，本件約定の締結になんらの異議を唱えなかったのであるから，原告は開発協力金の趣旨内容を理解して，その自由な意志で本件約定を締結したものと認めるべきであり，本件約定は私法上贈与契約として有効に成立したということができる．

(2)　本件指導要綱は憲法29条に違反するものであって，これを内容とする本件約定は民法90条，地方自治法2条16項により無効であるという主張について判断する．

前記認定事実にもとづいて考えると本件約定は本件指導要綱による行政指導にもとづくものであり本件指導要綱は作用法的な法律上の根拠を有しないのであるが，本件約定はそれ自体は私法上の贈与契約として成立しているものであるから，その基礎となった行政指導に法律上の根拠がないということから直ちにこれを無効ということはできない．他方私法上の契約の締結を目的とする行政指導は相手方になんらかの事実上の影響を与えるものであることは否定できず，これをあらゆる場合にいかなる意味においても法律上の根拠を必要としないと判断することは法治主義の観点から妥当ではないというべきである．従って，当該行政指導の目的，必要性，方法の相当性，相手方の負担の程度，相手方に対する働きかけの態様，程度等を総合考慮し，それが法治主義を潜脱するものである等特段の事情が認められる場合において初めてその行政指導に基づく私法上の契約が無効となると解すべきであるところ，前記認定の事実に照らして考えるとき右特段の事情が認められず，他にこれを認めるに足りる証拠はない．

なお，本件指導要綱が慣習法である旨の被告の主張についてみるに，ある慣行が慣習法となるには社会における法的確信によって支持されることが必要であると解すべきところ，前記認定の事実にもとづいて考えると，本件指導要綱が法的

確信によって支持されるに至っているとは認めがたいので、右の被告の主張は採用しえない。

(3) 本件指導要綱の開発協力金に関する規定は、地方税法703条の3，憲法84条の規定に違反し，租税法律主義に違反するものであり，これを内容とする本件約定も民法90条，地方自治法2条16項により無効であるという主張について判断する。

地方税法703条の3の規定する宅地開発税は行政庁が公権力の行使として賦課する金銭支払い義務であるが，本件指導要綱に基づく開発協力金は，さきに認定したとおり原告と開発行為者との私法上の贈与契約による金銭支払い義務なのであるから，これに法律上の根拠がないとしても，地方税法703条の3ないし憲法84条に反するものではなく，租税法律主義に違反するとも言えない。」

第85条（国費支出と国の債務負担）

国費を支出し，又は国が債務を負担するには，国会の議決に基くことを必要とする。

●本条の引用判例

千葉地判昭58・2・18〈昭57（行ウ）2〉
▶ ［148］

概　説

本条は，83条の一般原則を財政支出面について具体化するものである。すなわち，国費の支出および債務の負担について国会議決主義の原則を規定する。86条は，本条の意味するところをいわば形式・手続の面から重ねて規定する。

明治憲法64条1項は，「国家ノ歳出歳入ハ毎年予算ヲ以テ帝国議会ノ協賛ヲ経ヘシ」と規定していた。この規定が，日本国憲法の85条前段の規定と86条の規定になったとみられる。明治憲法は右の原則に対し多くの例外を規定していた。①皇室経費については明治憲法66条は，「皇室経費ハ現在ノ定額ニ依リ毎年国庫ヨリ之ヲ支出シ将来増額ヲ要スル場合ヲ除ク外帝国議会ノ協賛ヲ要セス」と規定していた。②同67条は，既定費，法律費および義務費については政府の同意なくして議会は廃除・削減できないと規定していた。③同71条は，予算不成立の場合には当然に前年度予算の踏襲を認めていた。④同64条2項は，国庫剰余金の責任支出を認めていた。⑤同70条は，財政上の緊急処分を認めていた。

一方，債務負担については明治憲法62条3項は，「国債ヲ起シ及予算ニ定メタルモノヲ除ク外国庫ノ負担トナルヘキ契約ヲ為スハ帝国議会ノ協賛ヲ経ヘシ」と規定していた。日本国憲法85条の「債務負担」はこの規定にあたるものといえよう。

日本国憲法の財政議会主義が明治憲法のそれよりも徹底していることはいうまでもない．

1 国費の支出

ここにいう「国費の支出」はたとえば，法令の規定によるものであろうと，私法上の契約によるものであろうと，その支払いの原因をいっさい問わない．

国費の支出にかかる「国会の議決」は予算の形式によってなされる．国費の支出が法律によって定められていても，別に支出に関する国会の承認（予算）がなければ支出をなしえない．つまり，支出については法律と「国会の議決」との双方のコントロールを受けることになるわけである．ここにいう「国会の議決」は使用内容の確定した支出に関する．それ故，できる限り具体的・個別的であることが要請される．予備費についていえば，ここにいう「国会の議決」は予備費の「支出」についての議決をいう．日本国憲法87条の議決は予備費を設けることについての議決であって，予備費の「支出」についての議決ではない．それ故，日本国憲法87条2項は，「予備費の支出については，内閣は，事後に国会の承諾を得なければならない」と規定している．

継続費については明治憲法68条は，「特別ノ須要ニ因リ政府ハ予メ年限ヲ定メ継続費トシテ帝国議会ノ協賛ヲ求ムルコトヲ得」と規定していた．日本国憲法は継続費についてまったく規定を設けていない．そこでかつて日本国憲法は継続費を認める趣旨であるかどうかについて積極，消極の両説がみられたのであった．実際問題として，大規模の長期工事について予算1年制の原則を強行するといろいろと弊害を生ずる．日本国憲法が継続費の制度を明文で規定していないのは，これを否定する趣旨でないと解される．1952（昭27）年の財政法（昭22法34）改正で，同法14条の2は継続費の制度を明文で規定するに至った．それによると，国は，工事，製造その他の事業でその完成に数年度を要するものについて，特に必要がある場合に，経費の総額および年割額を定め，あらかじめ国会の議決を経て，その議決するところに従い，数年度にわたって支出することができる．年限は原則として5年以内であるが，予算をもって国会の議決を経てさらに延長することができる．右の継続費成立後の会計年度の予算の審議において，その継続費について重ねて審議することを妨げない，こととされている．

国費の支出については原則として法律の規制が存在しない．このことは国費の支出について「法の支配」が及ばないということを意味するものではない．すでにしばしば指摘してきたように，日本国憲法の諸条項は租税のとり方と使い方に関する規範原則を規定している．具体的に国費の支出にあたって憲法の規範原則の拘束を受けることはいうまでもない．法律の具体的明文規定がなくても，たとえば会議費の支出が相当であるかどうかについては法理論上一定の法的基準が存在するはずであるので，諸事情を総合勘案して著しく多額の「会議費」の支出は違法であるということになる．

第Ⅰ部 基礎理論

立法論的にいえば，租税の徴収の場合には厳格な法律の根拠（租税法律主義）が必要であるならば，等しく憲法上の租税概念に含まれる租税の支出（国費の支出）についても租税の徴収の場合に準ずる法律の留保の原則が要請されるとみなければならない．国費の支出についての実体法と手続法の整備が不可欠であるといわねばならないであろう．プープル主権レベルの財政民主主義を実質的に確保する観点からも国費の支出についての法律の留保の原則の適用が要請されよう．

自治体の費用の支出の例であるが，裁判例として千葉地裁［148］がある．この事案では「接待」の費用が問題となっているが，筆者としては，格別の規定のない現行法のもとでも，通例の「会議費」の範囲（弁当代，茶菓子代等）を超える支出部分は違法であると解している．

［148］　市川市の「接待費」（交際費）の支出．（千葉地判昭58・2・18行集34・2・246，判時1084・61，判タ489・163）

「……右交際費も結局は市川市民の公租公課によって賄われており，かつ，市川市という地方公共団体の存立目的に照らせば，その支出は社会通念上著しく妥当性を欠くものであってはならず，地方財政法第4条第1項の規定に従い必要最少限度を超えてはならないのが当然である．したがって，交際費の支出がその支出権者の自由裁量に委ねられているといっても，その裁量権の行使は決して無限定に許されるものではなく，そこにはおのずから合理的な限界が画されるべきであるから，裁量権の踰越，乱用があれば，地方自治法第242条第1項の違法な公金の支出に当るものといわねばならない．

本件2回の接待の1人当りの費用が決して低額とはいえないこと，Aの接待では被接待者に1人当り金2000円相当の土産品を贈っていること等において，本件交際費の支出に問題なしとしないが，他方，本件2回の接待が行われるに至った理由ないし背景となる事実，その設営は単なる接待のためのみではなく本来の仕事のためでもあったこと，それが設営された頃合，及び出席者の顔触れ，殊に市川市長の被告が主宰し，被接待者にも千葉県出納長，同総務部長，同総務部地方課長等の幹部職員が含まれていたこと……の各認定事実を併せ考えれば，市川市としては，それなりの体裁と内容をもって被接待者を遇する必要と理由があったものと理解され，かつ，本件2回の接待は，いずれも右にいう体裁と内容を備えた社会通念上妥当な範囲内のものと認めるのが相当であるから，被告が本件交際費の支出に当り，その裁量権を踰越又は乱用したものとはこれを認めることはできない．」

2　債務の負担

国が債務を負担する場合，その弁済のために国費を支出するにはすでに述べた「国

会の議決」が別に必要である．その意味において本条の後段の規定は必要ではないように思われる．この規定がなくても財政議会主義は侵されないからである．しかし，国の債務負担行為は，後日，国の財政のあり方，そして結局は一般国民に重要な影響をもたらすことになるので，憲法は，国が債務を負担する場合でも国会の議決に基づくことを要するとして，財政における国会議決主義の強化を図っている．

憲法は，国費支出の国会の議決方式についてはすでに述べたごとく予算の方式によるべきであることを定めている．しかし，国の債務負担の国会の議決方式については格別の規定を設けていない．法律による債務負担についてはその法律の議決自体がここにいう国会の議決と解されるので，あらためて具体的な債務負担それ自体の国会の議決を必要としないと解される．財政法15条5項の国庫債務負担行為については，同法は，「国庫債務負担行為」としての予算の形式によることとしている（財16条，22条，26条参照）．

第86条（予算の作成と国会の議決）
内閣は，毎会計年度の予算を作成し，国会に提出して，その審議を受け議決を経なければならない．

●本条の引用判例
京都地判昭28・11・21〈昭27（行）15〉
▶ ［149］

概　説
憲法85条の趣旨をいわば形式・手続の面から規定するものである．予算関係の規定として，ほかに73条5号（予算の作成・提出），60条（予算の衆議院先議，衆議院の優越）等がある．

1　予算の内容
国の予算は，予算総則，歳入歳出予算，継続費，繰越明許費および国庫債務負担行為から成る（財16条）．このうち歳入歳出予算は予算の基本である．

予算の技術的内容のあり方等については財政法（昭22法34）に詳細な規定がある．ここでは予算の目的外使用の禁止の問題について簡単に触れるにとどめる．すなわち，各省各庁の長は，歳出予算および継続費については，各項に定める目的のほかにこれを使用することができない（財32条）．各省各庁の長は，歳出予算，継続費の定める各部局等の経費の金額または部局等内の各項の経費の金額については，各部局等の間または各項の間においては移用することができない（財33条）．しかし，予算の執行上の必要に基づきあらかじめ予算をもって国会の議決を経た場合に限り，大蔵大臣の

承認を経て移用することができる（財33条1項）．また，内閣は歳出予算および継続費の配賦を行う場合には項を目に区分しなければならない（財31条2項）が，各省各庁の長は大蔵大臣の承認があれば目の間においては流用することができることになっている（財33条2項）．

2 予算の性格

(1) 予算の性格を論じた判決例として京都地裁 [149] がある．そこでは，国の予算は，「国会が政府に対し1年度間の財政計画を承認する意思表示であって，専ら国会と政府との間に効力を有するに止まり，国民の権利義務には直接の関係がない」と判示されている．

わが国では，歳出予算には一種の法的拘束力のあることについては日本国憲法87条1項からも明らかである．それは，「財政法」という個別の法律の規定を待たなくても，憲法上法的拘束力をもつ．財産法は，そのことを前提にして，具体的規制を規定している．すなわち，財政法はその32条において各項に定める目的以外の使用の禁止を定め，33条において支出の金額について各部局等の間または各項の間において移用することができないこと，各目の間において大蔵大臣の承認を経て流用することができることなどを定め，42条において支出の時期について翌年度使用の原則的禁止を定めている．つまり歳出予算については，政府に対して目的，金額，時期について一種の法的拘束力が認められるのである．しかし，歳入予算は，歳入についての単なる見積表にすぎず，それは何の拘束力をも伴うものではない．歳入の徴収・収納権限は歳入予算によって生ずるのではなく，各種の税法等によって生ずるのである．わが国では，このように歳入予算は歳出予算とは異なる法的性格を有するものとして一般に考えられている．したがって，わが国における予算の法的性格をめぐる論議はもっぱら歳出予算を対象にしてなされてきた．

予算（歳出予算）の性格については種々の学説が示されてきた（手島孝「財政」『現代経済構造と法』筑摩書房615頁以下参照）．

その1つは，予算＝行政措置説であって明治憲法下の通説であった．予算は一種の行政措置にすぎず，何らの法的拘束力を伴うものではないとするものである．厳密には見積書説と訓令説とがある．その2つは，特殊国法形式説である．宮沢俊義教授，清宮四郎教授らによって主張されている．今日の通説であるといってよい．清宮教授によれば，予算は，「一会計年度における，国の財政行為の準則」としての一種の法規範であり，それは法律とは別個の国法の一形式（「予算」という独自の形式）である（同『憲法Ⅰ・新版』法律学全集，有斐閣236頁以下）．この説は「予算」を一種の法規範とみるが，その効力はあくまで「法律」とは異なったものとしてとらえる．その3つは，法律説である．憲法において予算が文字どおり「法律」として議決されることを予定されていると解釈するものである．つまり予算＝法律という考え方をとるもの

である．小嶋和司教授（同『財政』日本国憲法体系第6巻，有斐閣），安沢喜一郎教授（同『予算制度の憲法学的研究』）成文堂，吉田善明教授（同『現代憲法の問題状況』評論社273頁以下）らが主張されている．

以上の諸説に対して，手島孝教授は独自の「特殊法律説」を主張される．それによれば，予算は特に「予算」と指称される法律の一種である．敷衍すれば，それは，「予算」と名づけられた特殊な——法律とは別種の——国法の一形式なのではなく，あくまで法律の一種として法律の範疇に属するものとしてとらえられる．前出の「法律説」よりもこの説のほうが日本国憲法の規定上から妥当である．筆者もこの説をとりたい．

財政権は本質的に行政権の一部であり，国会の予算議定権はあくまでそのような行政権への参与にすぎないという伝統的な考え方があるけれども，このような考え方は日本国憲法における財政の国会中心主義の考え方からは妥当とはいえない．憲法83条の財政議会主義は財政権が国会に存在する（その根源的基礎は国民に存する）ことを承認するものであって，国会における予算の議決もそのような観点からとらえられねばならない．この点，予算は国会の議決を停止条件として閣議決定によってすでに成立しているという考え方は妥当ではないのである．国会の議決があってはじめて予算が成立するのである．この問題に関連して，国会は予算の審議・議決にあたってどこまで修正できるかという問題がある．予算の性格に関する諸学説のうち前出の予算法律説，予算特殊法律説の考え方は右の憲法83条の財政議会主義の本来的趣意にもっとも適合するものといえるが，これらの説によれば国会における予算の修正は法理論的には無制限的であるということになる．これに対し，前出の行政措置説，特殊国法形式説によれば予算に対する国会の権能にはおのずから一定の限界が認められねばならないことになる．日本国憲法における財政議会主義を徹底する立場からいって無制限説が妥当であることはいうまでもない．

(2) 歳入予算の性格は，すでに述べたごとく単なる歳入の見積表にすぎないけれども，憲法83条において規定する「歳入歳出の双方を含む財政議会主義」の趣意のいっそうの展開のためにも，また84条関係の解説においても述べた歳入歳出の双方を統合する憲法概念としての租税概念の視角からいっても，歳入予算の法律化が，提唱されねばならないといえよう．たとえば，1つの可能な憲法解釈論として後に項をあらためて詳論するように，フランス型のように，毎年，歳入歳出の双方を統合する単一の「予算法」の議決によって，別に存在する各種税法の規定がはじめて毎年，効力をもつに至ることとして，歳入予算にも法的効力を付与するのが望ましいといえよう．そうすれば，歳出面と同じように歳入面に対しても毎年，国会の民主的コントロールが及ぶことになるわけである（同旨，手島・前掲630頁）．

(3) 日本国憲法の意図する租税国家，歳入歳出を統合した租税概念，および国民主権を基調とする財政民主主義・財政議会主義の趣旨等を徹底する視角からいえば，日

本国憲法の「予算」は次のようにフランス型の「予算法」（loi de budget）の概念と同じように解するのが妥当である．この問題を考えるにあたってさきにも指摘したように，日本国憲法が明治憲法 63 条の永久税主義の文明規定を欠いていることも重要な法的根拠となろう．

すなわち「予算」は単一の「予算法」である．これは「予算」という名称の「法律」である．憲法 59 条 1 項が「法律案は，この憲法に特別の定のある場合を除いては，両議院で可決したとき法律となる」と規定している．憲法は法律について通常のもののほかに別の議決方式のあることを予定しているわけである．憲法 60 条の「予算」の議決方式は 59 条の右の「特別の定［め］」に該当する．「予算」が成立すると通常の「法律」と同じように，「予算」という名称の「法律」として公布される（憲 7 条 1 号参照）．

右のような「法律」としての「予算」の法的性質は次のごとくとなろう．歳出予算については法律としての規範的拘束力をもつ．歳入予算については毎年「予算」の成立することによって別に存在する各種の税法の規定などが毎年効力（具体的に歳入徴収をなしうる効力）をもつに至る．このように歳入予算についても法的効力が伴う．議会は，「予算」について「予算法」の意味において毎年歳入歳出の双方に対して統合的にコントロールすることが予定されているわけである．「予算」についても法律として公布がなされねばならない（憲 7 条 1 号参照）．

(4) すでに指摘したように本条の「予算」および 60 条の「予算」には「租税歳出予算」（tax expenditure budget）（租税特別措置＝かくれた補助金）および「第 2 の予算」とも呼ばれる「財政投融資計画」（その最終的配分先を含む）が含まれる．

[149] 国の予算は，国会が政府に対し 1 年度間の財政計画を承認する意思表示であって，もっぱら国会と政府との間に効力を有するにとどまり，国民の権利義務には直接の関係がないものであり，他面国民の納税義務は，具体的には税法によって定まるもので，国会の予算の議決によって左右されるものではないのであるから，昭和 27 年度予算中軍事費に該当する分については原告を含む日本国民において納税の義務なきことの確認を求めるというような訴えは，法律上の利益を欠く不適法なものとして却下を免れない．（京都地判昭 28・11・21 行集 4・11・2794）

「凡そ確認の訴に於ては確認を求める法律上の利益あることを要し，その法律上の利益ありとするには地方自治法第 243 条ノ 2，公職選挙法第 203 条，第 204 条等特別の規定ある場合を除き，被告が原告の有する既存の法律関係を争い，これが為原告の法律上の地位に危険を生ぜしめ若くはその虞あることを要する．本訴は昭和 27 年度予算中軍事費に該当する 1826 億 3000 万円は，原告を含む日本国民において納税の義務なきことの確認を求めるものであるが，抑ゝ国の予算は，

国会が政府に対し1年度間の財政計画を承認する意思表示であって，専ら国会と政府との間に効力を有するに止まり，国民の権利義務には直接の関係がない．国民の納税義務は，具体的には所得税法その他の税法によって定まるもので，国会が如何なる予算を議決しようとも，何等それによって国民の納税義務が左右されるものでないことは敢て多言を要しない．然らば仮に昭和27年度の国家予算中，原告主張部分の支出が違憲であるとしても，これにより原告自身の昭和27年度の納税義務には毫も影響がなく，原告の法律上の地位には何等危険を生じていないものと云わねばならない．若しそれ原告以外の第三者たる日本国民に至っては不特定である許りでなく，原告と何等法律上の関係がないこと明白であるから，結局本訴は全部訴の利益を欠き不適法として却下を免れない．」

第87条（予備費）

① 予見し難い予算の不足に充てるため，国会の議決に基いて予備費を設け，内閣の責任でこれを支出することができる．
② すべて予備費の支出については，内閣は，事後に国会の承諾を得なければならない．

概　説

　予算が不足した場合に備えるために予備費の制度が規定されている．もっとも，時間的に余裕のあるときには補正予算の制度（財29条）を利用することが可能である．予備費の制度は時間的に余裕がない場合において不測の事態に対応するためのものである．明治憲法のもとにおいても予備費の制度が規定されていた．すなわち，明治憲法69条は，「避クヘカラサル予算ノ不足ヲ補フ為ニ又ハ予算ノ外ニ生シタル必要ノ費用ニ充ツル為ニ予備費ヲ設クヘシ」と規定していた．そこでは予備費の設定は義務的なものとして考えられていた．日本国憲法のもとでは予備費の設定は義務的なものではない．したがって，日本国憲法のもとでは予備費をまったく計上しないことも可能である．国会の審議・議決にあたって内閣提案の予算案に計上されている予備費を全額削除することも理論的には可能である．本条1項の国会の議決は，予備費を設けることについてのものであって，予備費を支出することについてのものではない．したがって，本条1項の議決だけでは85条の議決を経たことにはならない．そこで本条2項は，予備費の支出については内閣は事後に国会の承諾を得なければならないことを規定した．予備費の支出は内閣の責任で行われる．予備費の支出にあたって何らの法的制限も存在しないものと解される．予備費支出についての国会の事後承認は，内閣の予備費支出の政治責任を解除するという性質を持つにすぎないものであって，承諾がなくてもその支出行為自体の法的効力に影響を及ぼすものではない．

第 88 条（皇室財産・皇室費用）

すべて皇室財産は，国に属する．すべて皇室の費用は，予算に計上して国会の議決を経なければならない．

概 説

本条は，8条とともに皇室財政の民主化を企図するものである．天皇主権主義をとる明治憲法のもとでは，いわゆる財政における皇室自律主義の原則が行われていた．これに対し日本国憲法は，①純然たる私産を除きすべて皇室財産（公産）は国に帰属すること（憲88条前段），②皇室の費用はすべて予算に計上して国会の議決を経なければならないこと（憲88条後段），③皇室と皇室以外のものとの間の財産の移動は必ず国会の議決に基づかなければならないこと（憲8条）などを明定し，皇室財政に対する国会議決主義の原則の徹底を図った．なお，日本国憲法のもとでは，皇室費用に対する国会の審議・議決にあたって明治憲法66条のごとき制限もなく，まったく国会の自由な判断が許容されている．

〔1994年5月〕

第4章　本来的租税条例主義論の展開

1　問題提起

　2000年4月に東京都は大銀行に対し5年間に限って法人事業税の外形標準課税を行う条例（以下「条例」という）を制定した．石原慎太郎東京都知事の提唱によるものと伝えられる．同知事への個人的評価は別として，大銀行の不公平税制を是正し現行法のもとで自治体の自主財政権を確保することになるとして，多くの国民から，本件条例は支持されたのであった．筆者は，約30年前に美濃部亮吉東京都知事の提唱に係る法人事業税・法人住民税の不均一課税条例（条例で大企業の税を重くし中小企業の税を軽くする）の制定にあたって税法学者として理論的に協力させていただいた若き日の頃の体験的先例のことを想起して，早くから本件条例制定を高く評価したのであった[1]．
　しかるに，東京地裁2002年3月26日判決（判時1787号42頁）および東京高裁2003年1月30日判決（判時1814号44頁）が，同条例を結論として違法・無効とする驚くべき判示を行った．前者は，同条例を地方税法72条の19の「事業の情況」に違反するとして，後者は，同条例を地方税法72条の22第9項（通常課税の場合との負担の均衡）に違反するとして，違法・無効としたのであった．両判決は，法人事業税の法的性格および本稿の主題である本来的租税条例主義の法理を正鵠に理解しないところから，税法学的に誤った判決を行った．さらに驚くべきことがらとして税法学研究者を含む多くの専門家が誤った両判決をサポートしたことであった．彼らは，ほぼ30数年前に確立されていたはずの本来的租税条例主義の法理などを全く無視したのであった[2]．
　そこで，本稿では筆者の提唱してきた本来的租税条例主義の法理をあらためて総括することとした．

2　「新固有権説」と本来的租税条例主義

　昭和40（1965）年代に入って，日本のあちこちにいわゆる革新自治体（首長がいわゆる「革新」出身）が登場した．「地方自治」の現代的重要性が指摘され，日本の政治の流れをむしろ地方から変えていこうという「地方の時代」の展開が志向された．憲法学界では地方自治を伝統的な統治機構論の視角からとらえるのではなく人権論の視角からとらえることの必要性が提起された．
　地方財政の面では東京都などの地方税の不均一課税条例の制定，摂津訴訟，大牟田訴訟，秋田国民健康保険税訴訟，鎌倉の下水道工事負担金訴訟などがいわゆる「地方財政戦争」として提起・展開された．このような「地方財政戦争」の展開にあたって，

第Ⅰ部　基礎理論

当時、筆者は関係者からその理論的根拠づけの提示を求められたのであった（その一端については後出『新財政法学・自治体財政権』、『憲法と地方財政権』など）。

　思えば、地方自治ないしは地方自治権の根拠については、学説のうえで固有権説、承認説、制度的保障説などが示されていた。日本国憲法のもとでは、明治憲法の場合とは異なり、実定法である日本国憲法自身が92条以下で「地方自治」を明文で保障ししかも、その「地方自治」の法的内容についても憲法規範的意味が規定されているとみられるところから、法実践論的には通例、自治権の根拠に関する学説をあれこれ論ずる実益があまりなくなった。せいぜい地方自治制について憲法改正の法的限界を論ずる場合にのみ若干の意味を有するにすぎない。たとえば地方自治ないしは地方自治権を超憲法的なものととらえる固有権説に従うときはいかに日本国憲法96条の改正手続によるとしても、超憲法的・前国家的存在と考えられる地方自治制をまったく廃止することは憲法改正の法的限界を超えるところから、法理論的には許されないということになろう。このようにこの種の学説は、憲法改正の法的限界について影響を与えるという意味をもつ。

　昭和40年代からの、前出のように地方自治ないしは地方自治権を人権論の視角からとらえようとする憲法学界の流れの一環として、筆者は、地方自治権のうち少なくとも地方財政権については、実定法であり国法の1つである「日本国憲法」自身が各自治体の固有権として保障しているとする「新固有権説」を提唱した。これは、具体的には前出「地方財政戦争」への筆者なりの理論的対応であった。地方税のあり方については租税法律主義ではなく筆者のいわゆる本来的租税条例主義が妥当することになるのであるが、憲法論的には本来的租税条例主義はこの「新固有権説」に基礎づけられ同説から抽出される。

　「新固有権説」について若干のコメントを加えておきたい。さきにも指摘したように、明治憲法とは異なり日本国憲法はその92条以下で「地方自治」を明文で保障している。92条の「地方自治の本旨」の法的意味は実体的に各地域社会における人々の精神生活の豊かさを含む生存権保障を意味する。そのためには当然に「団体自治」と「住民自治」とが保障されねばならない。「団体自治」は「住民自治」を確保するための手段とみるべきである。中央政府の固有の仕事は防衛と外交である。外交はかつては軍事機密の擁護、スパイ防止に力点があった。20世紀後半、とりわけ21世紀に入り、従前に比し防衛と外交の重要性は大幅に減退する。なぜなら、20世紀の前半が経験した世界大戦は、科学技術の発達により、今後は起こらないであろうと観測されるからである。世界大戦になれば「核戦争」となり地球の全滅は必至であろう。福祉は各地域社会、各地方政府の課題である。各地域社会に密着した精神生活の豊かさを含む福祉の実現は、中央政府ではよく処理し得ない。このようにみてくると、「地方自治」は人々の現代的人権のための基底的な法的保障装置といわばならない。

　このような日本国憲法の意図する「地方自治の本旨」を確保するためには様々な自

第4章　本来的租税条例主義論の展開

治権が保障されねばならないであろう．教育権，警察権，裁判権などの保障も理論的に望ましい．しかし，これらの権能はその性質上国のナショナルの視点からの介入を全く避けることができないという側面をもつ．しかし，どんなに譲歩してもおカネの問題，つまり自治体の財政権だけは「地方自治の本旨」の確保，別言すれば自治体を法的に統治体として最小限度承認する必要があり，そのためには法論理上は譲歩できない．それゆえ，法論理としては日本国憲法は少なくとも地方財政権については各自治体の固有権として保障しているとみなければならない．自治権の根拠に関する学説のうち一般の固有権ではなく自治権も本来的に国家から由来するとする伝来説につらなる「新固有権説」を提唱したのは，つぎの諸事情を考慮してのことである．すなわち，自治権の根拠に関する学説のうち承認説はもとより，通説の制度的保障説も伝来説につらなるという事情がある．「日本国憲法」という国法から伝来するものとし，かつ，おカネの問題，つまり財政権の特殊性・統治体の「核心」に着目して地方財政権に限定して「新固有権説」を提唱することとしたのは，法実践論的視角から理論を説得的に展開するためである．そして地方税の課税権は当該地方自治体固有の立法形式（条例）のみによって行使されるべきとする本来的租税条例主義の理論がこのような「新固有権説」（憲法理論）から論理必然的に導かれる(3)．

3　委任租税条例主義

　筆者が，「新固有権説」から抽出される租税条例主義をあえて「本来的租税条例主義」と呼んで区別してきたのは，当時，憲法学界などでは地方税についても租税法律主義が適用され，ただ国の法律である「地方税法」（昭25法226）が条例で規定することを委任した場合のみに，例外的に条例で規定できるとする，いわば委任租税条例主義的考え方が支配的であったからである．

　そのいくつかを例証的に紹介しよう．

　清宮四郎(4)「租税法律主義は，租税は法律で定め，命令で定めるのは許さないことを意味する．ところで，これに関連して，第1に，法律で定める一方法として，法律で命令その他の法形式へ委任することができるかという問題がある．地方税についての条例への委任である．地方税については，地方自治法（2条・216条）および地方税法に原則的規定があるが，税率などの定めは，地方公共団体の条例に委ねられている（地方税法3条）．……条例への委任は，地方税と国税とは，ひとしく租税といっても性格を異にし，地方税については，法律で詳細に内容を定めがたい場合があり，かえって，一定の範囲内で地方公共団体の自治権に委ねたほうが実際に妥当であり，また，憲法第92条にいう『地方自治の本旨』に適合するとも考えられるから，この種の変態は，憲法の趣旨に反しないものと認められる．」

　宮澤俊義(5)「第84条　　地方税は，厳格には，ここにいう『租税』には含まれない．本条〔第84条〕の『租税』は，一応主として国の租税を意味すると考えられるか

らである．しかし，地方公共団体の財政について，国の財政に関する第83条の原則が当然に適用されるべきであるとしたのと同じ趣旨で，地方税についても，本条の定める原則は当然に適用があると解すべきである．国民からいえば，国税も地方税も，公の負担である点において，少しも変わりはないからである．地方税については，本条にいう『法律』は，その地方公共団体の条例を含むと見るべきである．……地方公共団体は，法律の範囲内で，条例を制定するが(94条)，条例は，地方公共団体に関しては，法律に代わるものであり，その議会によって制定されるものであるから，地方公共団体の租税が，法律の範囲内で，条例で定められることは，少しも本条に違反することはない．地方税，すなわち，地方団体（都道府県または市町村）の租税については，地方税法がその原則を定め，それにもとづいて，各地方団体の条例で規定する．」

芦部信喜[6]「ここに〔憲法84条〕『租税』とは，国または地方公共団体が，その課税権に基づいて，その使用する経費に充当するために，強制的に徴収する金銭給付のことをいう．条例制定権には……法律に反してはならないという限界がある．これは，憲法94条が，『法律の範囲内で』条例制定権を認めており，したがって，条例の効力は法律に劣る（地方自治法14条1項で『法令に違反しない限りにおいて』とされていることから，命令にも劣る）からである．」

小林直樹[7]「法律による委任は，地方税について，地方自治法・地方税法の原則規定のほか，税率等が地方公共団体の条例に委任される例がある．これは，地方税の性格から，一定の限度で地方公共団体の自治権に委ねるのが妥当だ，という考え方に基づくものであろう．前述したように，地方税についても，原則として法律によるべきであろうが，一定限度での委任は，憲法の趣旨に反しないとみてよいであろう．──第84条が，『法律の定める条件による』という言葉を加えたのは，主としてこのような特別の必要に基づく例外としての立法の委任を認めたものである，と解される．」

伊藤正己[8]「地方公共団体の課税権についても30条・84条の租税法律主義との関係で問題とされる．条例制定権の本質，地方自治の本旨を根拠に地方公共団体に課税権があると説く立場がある．しかし，地方公共団体の事務を自治的に処理することの中に，自主的な財政処理の権能が含まれても，それが課税権に直ちに結びつくものではなく，自治立法権の中に，当然に課税権が含まれないと解すべきであろう．地方税法2条は，『地方団体は，この法律の定めるところによって，地方税を賦課徴収することができる』と定めているが，これは，税の賦課・徴収という権力的な財源獲得方法については，国の権限に属せしめ，その行使は法律に基づくもの，すなわち，租税法律主義によるべきことを背景としているとみることができる．」

4 税法学界の現状

筆者が，憲法論としては伝来説につらなる「新固有権説」を提示したのは30数年前であった．筆者の本来的租税条例主義論は，このような憲法論から組織的・体系的に

展開されるものである．この点，日本の税法学者の所見はどうであろうか．現段階では基本的には筆者のいう本来的租税条例主義に近い考え方が支配的であるといってよいであろう．しかし，具体的な諸問題に対応するディーテルについては，東京都の銀行税条例問題への対応[9]でも知られるように，拙論と同様であるかどうかは不明である．

例証的にいくつかの所見を紹介したい．

金子宏[10]「地方団体の課税権は，地方自治の不可欠の要素であり，地方団体の自治権の一環として憲法によって直接に地方団体に与えられている，と解すべきである．このように，地方団体は，憲法上の自治権の一環として課税権（課税自主権）をもち，それによって自主的にその財源を調達することができる，という原則を自主課税主義という．……住民自治のもとでは，地方税の賦課・徴収は，住民の代表機関である地方議会の制定した条例の根拠に基づいて行われなければならない．この原則を地方税条例主義と呼ぶことができるが，それは，ちょうど，国税の場合の租税法律主義に相当する．したがって，租税法律主義の場合とパラレルに，地方税の課税要件と賦課・徴収の手続は条例によって定められなければならず，かつその定めは明確でなければならない．また，課税要件が充足されている限り，地方団体には，条例の根拠なしに地方税を減免する自由はない，と解すべきである．……地方税については，国会の法律で課税要件を定めなければならないという意味での租税法律主義は妥当しないと解すべきであろう．憲法84条の解釈論としては，そこにいう租税は地方税を含まないと解しても，あるいはそこにいう法律は条例を含まないと解しても，同じ結果になるが，84条の規定の位置からして，前の考え方をとり，憲法84条は地方税については規定していないと解すべきであろう．」

清永敬次[11]「地方税法は，地方公共団体が租税に関する立法をなすに当たっての法的準則を定めるものであるから，税法の法源ではないということになる．……地方公共団体がそれぞれの地方税を賦課徴収するためには，地方税法の定める枠内において，税目，課税客体，課税標準，税率等について，条例を定めてこれを行う（地方税法3条1項）．地方公共団体は直接地方税法だけを根拠にして租税を賦課徴収することは許されず，そのための条例を制定することを要する．また，地方公共団体の長は，地方税の条例の実施のための手続等を規則で定めることができる（地方税法3条2項）．これら条例及び規則が地方税に関する法源をなす．……地方税については，地方税法という法律によりその大綱が定められているとはいえ，条例によってすべて規定されるのであるから，租税法律主義の例外をなすものといえる．しかしながら，地方税については地方公共団体に憲法上固有の課税権が与えられていると解すべきであろうから，その条例によって地方税に関する定めがなされることは憲法の観点からみて当然のことであるといわなければならない．」

新井隆一[12]「国の課税権が国の立法権に属し，それゆえに，国税の賦課徴収に関す

る法規が国民の直接に選挙した代表者によって構成される国会の制定する法律で定立されなければならないとされていると同様に，地方公共団体の課税権が地方公共団体のいわゆる自主立法権に属し，それゆえに，地方税の賦課徴収に関する法規は，その住民の直接に選挙した代表者で構成されるその議会の制定する条例で定立されなければならない，ということになるのである．つまり，地方公共団体は，その制定する条例によって，法律にかかわりなく，地方税を賦課徴収する権能を有するものであるということになる．……法律による地方公共団体の条例定立権の制約の程度は，地方自治の本旨にそった必要最小限，としておかなければならないことになる．つまり，このことからは，地方自治に関する法律は，地方公共団体の権能に，地方自治の本旨に基づく必要最小限の制約を加えるものとして制定されることに限定されるものである，ということができるのである．このことは，地方公共団体の課税権についても例外ではありえない．」

　右の所見のうち，とりわけ清永教授は国の法律である「地方税法」は地方税の法源を構成しないと明確に述べておられる点を指摘しておきたい．この点に関する限り筆者の本来的租税条例主義と同旨である．ただ，その清永教授も条例主義を「地方税法の定める枠内において」と述べておられる．金子，新井の両教授も憲法94条の「法律の範囲内」と租税条例主義との関係，より具体的にいえば租税条例主義における憲法94条の「法律の範囲内」の具体的な法的意味を明らかにされておられない．厳密にいえば清永教授も同じである．

　本稿は，この点を含めて拙論を総括することとしたい[13]．

5　本来的租税条例主義の先例

　筆者の本来的租税条例主義の理論の詳細については項を改めて総括することとしたい．ここでは，筆者自身の体験した先例を紹介させていただく．

　昭和48（1973）年1月，東京都新財源構想研究会（座長・木村禧八郎）が都において大企業の不公平税制を是正し同時に都の自主財源確保を行うために，法人2税（法人事業税・法人都民税）の不均一課税を提唱した．都税条例で，大企業の法人2税を引き上げ，中小企業のそれを引き下げようとするものであった．このときも，この考え方は国の地方税法の予定していないものであって租税法律主義に違反するという批判が声高に主張された．この問題は政治問題化した．美濃部亮吉東京都知事時代のことである．都から，筆者のところに法理論的裏づけをして欲しいという要望があった．同年5月，筆者は，東京都の意見聴取会で次のような所見を述べた[14]．

　①都は地方税法6条2項の不均一課税の規定を適用すればよい．②日本国憲法は，地方税のあり方については租税法律主義ではなく本来的租税条例主義を採用している．ある自治体が国の地方税法の規定に従って，課税しようとする場合には，もう一度，

第4章　本来的租税条例主義論の展開

そのことを当該自治体の税条例で規定しなければならない．日本国憲法は，地方税の租税要件等のすべてを当該税条例で完結的に規定することを要請している．地方税法の法的性格は，その枠規定を含めて各自治体が税条例を制定するための標準法である．③地方税法6条2項は，そこにいう「公益上その他の事由」および「不均一の課税」の法的意味については，具体的に何も規定していない．これは，都税について課税権を有する都議会の判断と決定に基本的にゆだねる，つまり税条例にゆだねる趣旨と解すべきである．④日本国憲法の応能負担原則（憲13条，14条，25条，29条等），都が首都であるという特殊事情（大企業が政治の本場・首都で企業経営上のさまざまな情報を入手しいわゆる『集積の利益』を受けながら，あまり都税を負担しない．一方，日本国を訪問した外国首脳などの警備費用などを東京都民が負担する，など），および不均一課税で徴収した都税収入の使途（都民の福祉へ支出）のことなどを織り込んで，都議会は主体的に「公益上その他の事由」や「不均一の課税」の具体的な法的意味を判断・決定すべきである．⑤裁判所も都税について課税権を有する都議会の判断・決定（「都税条例」）を基本的に尊重せざるを得ない．それゆえ，都議会がよほど不合理な内容の都税条例を制定しない限り，地方税法違反という法律問題は生じない．

都では，以上の筆者の所見を論文化して，それを当時の自治省担当官に提示した．都の担当官（日比野登，高木美昭ら）によれば，同論文を読んで「自治省担当官は絶句した」とのことであった．結局，東京都方式が合憲・適法とされ，多くの自治体がこの方式を見習うようになった．

昭和50（1975）年度分などの秋田市国民健康保険税賦課処分の違法性が争われた事案において，秋田地裁昭和54（1979）年4月27日判決（判時926号20頁）および仙台高裁秋田支部昭和57（1982）年7月23日判決（判時1052号3頁）は，秋田市国民健康保険税条例を筆者のいう本来的租税条例主義に違反するとして違憲・無効と判示した．

この訴訟は，筆者の本来的租税条例主義を理論的基礎として提起された．筆者は，原告団および弁護団に助言する機会が与えられるとともに，第1審秋田地裁で日本国憲法の本来的租税条例主義について鑑定証言を行った[15]．別途，本来的租税条例主義に関する拙論文が書証として同裁判所へ提出された．同両判決は拙証言を採用した．1審裁判長は名越明彦氏，2審裁判長は福田健次氏である．税法学という学問への両裁判所の謙虚な姿勢が高く評価されねばならない．国の法律である地方税法703条の4の規定自体は，国民健康保険税の税率などを概括的に定めている．筆者は，「本来的租税条例主義からいえば，秋田市の国民健康保険税をどうするかは，課税権を有する秋田市議会の専管事項である．同税目が目的税であるとしても，そして地方税法703条の4の概括的定め方にもかかわらず，秋田市税条例自体においてその税率などの租税要件等のすべてが一義的に明確に完結的に規定されねばならない」，と証言した．

6 本来的租税条例主義の展開

(1) 憲法論の「新固有権説」から抽出される筆者の本来的租税条例主義の考え方を以下に総括しておきたい(16)。

しばしば地方税のことについては「法律」ではなく「条例」によって定めることが認められているのは、租税法律主義の例外であるという説明がなされることがある。この説明は不正確であるといわねばならない。国のレベルにしろ自治体のレベルにしろ、課税権は立法権の1つの態様であり課税権の本質は立法権である。自治体の課税権は地方議会の議決を経て条例の制定というかたちで行使される。住民はこの条例規定のみによって法的に納税義務を負うのである。国の法律ではなく条例が、地方税についての租税債権債務関係発生の法的根拠となるのである。自治体の課税権は実定法である日本国憲法92条以下によって創設されたものである。このように考えてくると、仮に日本国憲法84条の「租税法律主義」が地方税についても適用されるとしても、同条の「法律」は地方税については「条例」そのものを意味するものとみなければならない。憲法84条および30条（納税の義務）を地方税について適用する場合には「法律」を「条例」に置き替える必要がある。別言すれば、地方税については国の法律である「地方税法」が委任した場合のみに例外的に租税条例で規定できるとする委任租税条例主義ではなく、筆者のいう本来的租税条例主義こそが日本国憲法の意図するところであるとみなければならない。

このようにみてくると、それでは国の法律である「地方税法」はどのような法的性格をもっているのであろうか、という疑問が生ずる。

くりかえし確認することになるが、実定法である日本国憲法自身が少なくとも地方財政権については各自治体の固有権として保障しており、そのことの一環として課税権については筆者のいう本来的租税条例主義が抽出されるわけである。これによれば、人々は、国の法律である「地方税法」に基づいて法的に納税義務を負うのではない。「地方税法」は地方税の法源を構成しない。人々は、各地域の主権者・住民の代表機関である地方議会の制定した租税条例のみに基づいて法的に納税義務を負うのである。それゆえ、当該地方税に関する租税要件等のすべてが当該租税条例自体において完結的に規定されねばならない。実は国の法律である「地方税法」は直接、人々に作用しない。ある自治体が「地方税法」の規定によって課税したいと考える場合には、そのことをもう一度、当該租税条例自体において規定する必要がある。多くの自治体の租税条例第1条において「本条例において特段の定めがないときは国の法令の定めに従う」という規定が置かれている。税法学的に言えば、地方税については租税法律主義ではなく筆者のいう本来的租税条例主義が採用されているために、この規定（各租税条例1条）を通じてはじめて、国の法律である「地方税法」の規定が法的に人々に作用することになる。国の法律である「地方税法」の憲法的位置づけは、各自治体が租

税条例を制定するための標準法ということになる．ただ，日本国憲法 94 条は「地方公共団体は，法律の範囲内で条例を制定することができる」と規定している．租税条例のあり方をこの規定との関係でどうみるかという問題がある．実定日本国憲法が自治体の固有権として地方財政権を保障しており，その展開の 1 つである本来的租税条例主義からいえば，租税条例のあり方についてはそもそも同条は適用されないという考え方も成り立つ[17]．

　筆者は，日本国憲法 94 条が租税条例にも適用されるという考え方に立って，本来的租税条例主義論を展開してきた．94 条との関係について指摘すれば，92 条の「地方自治の本旨」に反する，別言すれば固有権としての地方財政権（地方課税権）に反するような不合理な内容の「地方税法」（法律）の規定は，各自治体の租税条例のあり方を拘束しない．92 条の「地方自治の本旨」に反する不合理な内容の「法律」は 94 条の「法律の範囲内」の「法律」を構成しないと解されるからである．そして，「地方税法」のどの規定が 94 条の「法律」に該当するか，つまり一般にいわれる枠規定に該当するか，また枠規定に該当するとされる当該「法律」の具体的意味をどうとらえるかは課税権を有する当該地方議会の判断と決定に基本的にゆだねられることになる．さらに，同条の「法律」に該当するとされる「地方税法」のいわゆる枠規定のことを含めて当該地方議会の租税条例自体において当該租税の租税要件等のすべてが完結的に規定されねばならない．その意味では「地方税法」の法的性格は右枠規定を含めて標準法ということになろう．

　なお，租税法律主義の原則の法理として主張される租税要件等の法定・明確主義および租税行政の合法律性の要請は，本来的租税条例主義のもとでは，「法律」をすべて「条例」そのものに置き換えて適用されることになる．

　(2)　冒頭でもふれた事例であるが，2000 年 4 月に東京都が制定・施行した大銀行（資金量 5 兆円以上のもの）に対する法人事業税の外形標準課税条例の事例を素材にして本来的租税条例主義の観点から「法律」(「地方税法」) と「条例」(「租税条例」) との関係を具体的に確認しておきたい[18]．

　本件条例については，同条例が地方税法 72 条の 19 の「事業の情況」の規定や同法 72 条の 22 第 9 項（通常課税の場合との負担の均衡）に違反するかが問題となった．1 審東京地裁 2002 年 3 月 26 日判決（判時 1787 号 42 頁）は本件条例を地方税法 72 条の 19 の「事業の情況」に違反するとして無効と判示した．2 審東京高裁 2003 年 1 月 30 日判決（判時 1814 号 44 頁）は本件条例を同法 72 条の 22 第 9 項（通常課税の場合との負担の均衡）に違反するとして無効と判示した．

　1 審判決は，「事業の情況」を外形基準が許容される場合の要件規定として厳格にとらえた．判決は，まず法人事業税の法的性格を「所得」課税のみの「応能課税」の租税として誤ってとらえ，これを前提にして収入金額課税が法律（地方税法）上採用されている電気供給業などの例外 4 業種のような「収益構造等の事業自体の客観的性格

又は法律上の特別の制度の存在など」から「所得」では当該事業の担税力を適切に反映しない場合に限って例外的に「外形基準」が許容されるとした。銀行業にはそのような「事業の情況」は存在しないとして本件条例を無効としたわけである。

　この判決には税法学的に多くの誤りが存在する。まず法人事業税の法的性格は、むしろ「外形基準」を本則として取り込んだ「応能課税」の租税（事業活動規模税）であるという点である。つぎに「事業の情況」の法的意味を誤ってとらえた。都では、銀行業はバブル期を上回る「業務粗利益」（一般企業の「売上総利益」に照応）をあげながら、過去の不良債権の処理などのために「所得」課税ではほとんど法人事業税を納付していない。この情況は他の業種に比較してきわだっている。当分、好転の見込みがない、という。そこで、銀行業本来の活動を表現する「業務粗利益」を課税標準とすることとした。5年間に限って、しかも資金量5兆円以上の大銀行に限って、外形標準課税を行うこととした。後者は、筆者の理解からいえば、応能負担原則に配慮したものである。

　ところで、地方税法72条の19の「事業の情況」は文理解釈上からも明らかのように、業種、業態、規模などに応じて様々な「外形基準」の取り方・選び方を規定したものであって、これは「外形基準」による課税の課税標準のあり方に向けられた規定である。この点において1審判決は誤りを犯した。仮に一歩ゆずって1審判決のように、「事業の情況」を「外形基準」課税が許容される要件規定であると解するとしても、本来的租税条例主義からいえば、どのような場合にどのような課税標準でどのような課税を行うかは、課税権を有する都議会の判断と決定に基本的にゆだねられることになる。筆者としては、前出の銀行業の置かれた特殊事情があれば「事業の情況」が存在するとみてよいと考えている。また、銀行業の本来の活動成果を示し、かつ一般企業の「売上総利益」（荒利益、粗利益）に照応するところの「業務粗利益」を課税標準としたことも妥当であるとみている。

　2審判決も誤りを犯した。本来的租税条例主義からいえば、地方税法72条の22第9項〔通常課税の場合との負担の均衡〕の法的意味は、課税権を有する都議会の判断と決定に基本的にゆだねられることになる。それはともかく「通常課税の場合との負担の均衡」を問題にする以上、大銀行の「所得」課税の「常態」〔短期間ではなく相当期間〕の資料と比較すべきである。都では、バブル期前、バブル期、バブル期後（バブル崩壊）のいずれの時期をも含む15年間（1984年度から1998年度まで）の主要銀行の「所得」課税の実績に基づいて本件条例の税率3％を定めた。筆者としては右の定め方は妥当であるとみている。

　地方税法72条の19の「事業の情況」および同法72条の22第9項（通常課税の場合との負担の均衡）の規定も抽象的かつ包括的であるので、すでに指摘したように、本来的租税条例主義の視角からいえば、同両規定の法的意味も課税権を有する都議会の判断と決定に基本的にゆだねられることになる。都議会がよほど不合理な内容の条

例規定を制定しない限り，地方税法違反という法律問題は生じないことになる．本件条例については都議会では本件条例規定を裏づける資料等を慎重に審議し，これを「立法事実」(legislative facts) として認識してほとんど全会一致の形で本件条例を制定した．裁判所も都議会の課税権の行使の成果である本件条例規定を尊重せざるを得ない．その意味では本件条例が地方税法に違反するかどうかは実質的には司法審査になじまないともいえなくはない．

　本件については，2003年10月8日に最高裁で「和解」が成立し，決着した．ただし，税率を3％から0.9％に引き下げられ，適用期間を5年間から4年間（2003年度まで）とされた．税率0.9％は，バブル期をはずして1993（平成5）年度から2002（平成14）年度までの10年間の「所得」課税の資料に基づいて決められた．筆者としては，すでに指摘したように，銀行業の置かれた諸事情に鑑み，1984（昭和59）年度から1998（平成10）年度までの15年間の「所得」課税の資料にもとづく3％の税率は，変更する必要がなかったと考えている．報道によれば，最高裁の審理の段階において銀行側からは自分達（銀行）は1審，2審でともに勝訴しているので，「和解」に応ずる必要はないという姿勢が示されたという[19]．税率の変更があったとはいえ，結果的に最高裁で「和解」で決着したことは自治体課税権の存在自体が具体的ケースにおいて基本的に否定されなかったことを意味し，この点において「和解」の成立は評価されるべきである．

　(3)　本来的租税条例主義からいえば，たとえば，「固定資産評価基準」（旧自治省告示）は法的には単なるガイドラインにすぎず，各自治体はそれぞれの地域社会に適合した「固定資産評価条例」によるべきであるということになる[20]．また，地方税法389条に規定する鉄道，発電等に関する固定資産に対する固定資産税の価格等の配分を知事・総務大臣が期日までに行わずかつ同期日経過後担当期間に行わない場合には，現行法のもとでも自治体は当該配分がなくても地方税法および租税条例の実体法規定に基づいて独自に，固定資産税の賦課徴収ができるものと解される[21]．

　地方税における法定外普通税（地税259条，669条）の新設・変更にあたって，自治体はあらかじめ総務大臣と協議しその同意を得なければならないことになっている．また，地方税における法定外目的税（地税731条）の新設・変更にあたって，自治体はあらかじめ総務大臣と協議しその同意を得なければならないことになっている．法論理としては自治体に固有権として地方財政権が付与されているとする，本来的租税条例主義からいえば，これらの地方税条例の制定・あり方については憲法上は各自治体の地方議会が専管権を有するはずである．それゆえ，各地方議会で適法に制定されたこれらの地方税条例については各当該地方議会での制定手続以外に法的に有意味な特段の手続を必要としないことになろう．総務大臣への協議・同意は筆者としては事実上の手続と解したい．もし，総務大臣の同意が得られなかったとしても，課税庁は同地方税条例に基づいて地方税の賦課徴収を適法に行うことができると解すべきであ

第Ⅰ部　基礎理論

る[22]。

(1) たとえば，北野弘久「ならば『創価学会』からもっと徴税せよ．いいじゃないか石原新税」『諸君』2000年5月号，同「法人事業税の外形標準課税の法的検討」『福祉とぜいきん』13号（2000年），『行財政研究』45号（2000年），『租税理論研究叢書11号』法律文化社（2001年），『財政法叢書18号』龍星出版（2002年）など．
(2) 北野弘久「『銀行税条例』違法判決批判」『税経通信』2002年6月号，同「『銀行税条例』控訴審判決の検討——その税法学的研究」『税経通信』2003年4月号，同『税法学原論・5版』青林書院2003年「第5版に寄せて」，など．
(3) 「新固有権説」に基づく地方財政権の展開の詳細については，北野弘久『納税者の権利』1981年岩波新書184頁以下，24頁．同『新財政法学・自治体財政権』1977年勁草書房，同『企業・土地税法論』1978年勁草書房，同『憲法と地方財政権』1980年勁草書房，同『憲法と税財政』1983年三省堂，同「秋田国保訴訟の展開と意義——自治体財政権の憲法的基礎」同『現代法学者著作選集・納税者基本権論の展開』1992年三省堂，所収，同『税法学原論・5版』2003年青林書院，など．
(4) 清宮四郎『憲法Ⅰ・3版』1979年有斐閣262-263頁．
(5) 宮澤俊義・補訂芦部信喜『全訂日本国憲法』1978年日本評論社710頁以下．
(6) 芦部信喜『憲法・新版』1997年岩波書店323頁，333頁．
(7) 小林直樹『憲法講義　下』1968年東京大学出版会737頁．
(8) 伊藤正己『憲法・新版』1991年弘文堂673頁，674頁．
(9) この点，諸家の議論については「本件条例及び1審判決については多くの税法学的論評が示されているが，前論文〔税経通信2002年6月号〕において筆者が指摘した本質論からの論評がほとんど示されていない．これは，学問研究者としての税法学者の『不作為』による『怠慢』といわねばならない．東京都が2審判決で再び敗訴したのは，この本質論の欠落が主因である」と指摘したところである．北野弘久「『銀行税条例』控訴審判決の検討——その税法学的研究」税経通信2003年4月号．また，「今回の裁判で，東京都は，わたくしが約30年前に提示した右の本来的租税条例主義などの本質論から主張・立証をしなかった．東京都側の法廷対策が批判されねばならない．一方，銀行側は，誤った租税法律主義に立って，その主張を組み立て，しかもその主張をサポートする20何人もの『専門家』の『証言』を証拠として法廷に提出した．今回の藤山判決〔1審東京地裁〕は，いわば『虚構』の『学問』を基礎とするものであったといわねばならない」．北野弘久「エッセイ・納税者の権利のたたかい」『月刊民商』2002年6月号．
(10) 金子宏『租税法・9版』2003年弘文堂97, 99頁．
(11) 清永敬次『税法・6版』2003年ミネルヴァ書房19-20頁．
(12) 新井隆一『租税法の基礎理論・3版』1997年日本評論社74-76頁．
(13) 福家俊朗教授は，筆者の「新固有権説」に基づく本来的租税条例主義論を発展させて，つとに1978年に憲法94条の「法律の範囲内の条例」は基本的に租税条例には適用されないという考え方を示しておられる．そして，「地方税法」という法律の規定の性格について，つぎのように指摘する．「……地方税法は，自治体がその課税権を行使するう

第4章 本来的租税条例主義論の展開

えで，まず依拠すべき技術的標準法と言うことができ，それは結局，国と自治体の税源配分の標準法であることを本質としているのである．……〔地方税法における〕かかる配分の決定は画一的な法律の規定（ないしはその解釈・執行）になじむものではない．したがって，地方税法上の国の一方的かつ裁量的（配分）決定権には違憲の疑義があり，また，自治体〔へ〕の明示的制限規定の多くは，あえて述べるならば訓示規定として解釈すべきであろう．」福家俊朗「自治体の課税権」北野弘久編『判例研究日本税法大系Ⅰ』1978年学陽書房，所収．

中村芳昭「地方税と憲法・地方税法・税条例のあり方──地方自治法改正に関連して」『税』2003年10月号は，国と地方との「対等・協力」という改正地方自治法の趣旨の視角から拙論と同趣旨の本来的租税条例主義の考え方を展開する．

碓井光明『要説・地方税のしくみと法』2001年学陽書房17頁は，一般には「租税条例主義」の適用を主張するが，租税徴収や罰則については租税条例主義の適用外としている．また，同教授主張の租税条例主義の適用対象になるという課税実体法についても，そこにいう憲法94条の「法律の範囲内の条例」の法的意味が具体的に明らかにされていない．

水野忠恒『租税法』2003年有斐閣9頁は，地方税については租税条例主義が妥当すると述べるが，その具体的意味が明らかにされていない．また，同「東京都外形標準課税条例の評価」『ジュリスト』1181号は，本来的租税条例主義に全く配慮していない．

(14) 北野弘久「自治体の課税権と不均一課税──住民自治創造のための法理論」同『新財政法学・自治体財政権』注 (3)，所収．同『納税者の権利』注 (3) 188-189頁．同『税法学原論・5版』注 (3) 353頁以下，など．

(15) 北野弘久「秋田国保税訴訟の展開と意義──自治体財政権の憲法的基礎」同『現代法学者著作選集・納税者基本権論の展開』注 (3)，所収．同『納税者の権利』注 (3) 295頁．同『税法学原論・5版』注 (3) 350頁以下．現地の納税者側代理人である沼田敏明「秋田市国民健康保険税条例違憲訴訟」『北野弘久先生古稀記念・納税者権利論の展開』2001年勁草書房，所収など．この事件は，秋田市側から上告されたが後続年分を含めて1983年10月24日に秋田地裁で「和解」が成立，本件上告も取り下げられた．

(16) 北野弘久『税法学原論・5版』注 (3) 101頁以下，327頁以下．

(17) 福家俊朗・前出論文・注 (13)．

(18) 詳細は，北野弘久・前出注 (2) 参照．

(19) 1審，2審の誤った判決および最高裁審理の段階での銀行側のこのような姿勢は，税法学的にきびしく批判されねばならない．この問題については，裁判所，弁護団を含む両当事者の正当な税法学理論への認識の不十分さが指摘されねばならない．とりわけ両当事者に協力した多くの税法学研究者たちの助言も，本質論を欠くものであっただけにきびしく批判されねばならない．すなわち，多くの専門家による助言も，本来的租税条例主義や「外形基準」をむしろ本則とする事業活動規模税としての「応能課税」の法人事業税の法的性格などについてあるべき本質論を欠くものであった．筆者自身，税法学者として危機感を感じ，つぎのように，東京都の関係者に本来的租税条例主義などの本質論をふまえて，自信をもって対処されるよう申し上げた．①1審判決後の2002年4月に筆者の研究室で東京都法務部特命担当部長川村栄一，東京都主税局税制部副参事

吉冨哲郎の両氏に対して．②2002年5月に「東京地方税研究会」で東京都主税局税制部税制担当部長三橋昇氏に対して．③2審判決後の2003年3月に筆者の研究室で前出吉冨哲郎氏に対して．

しかし，本文で指摘した最高裁での銀行側の姿勢の報道に接しあらためて危機感を感じた筆者は，つぎのような書簡を石原慎太郎知事（私宅）宛に直接送付することとした．

「石原慎太郎様　毎日のご努力にたいして敬意を表します．さて，先日，銀行税条例訴訟について都側の主張を理論的に支持する私の2つの論文（『税経通信』2002年6月号，2003年4月号）と拙著『税法学原論・第5版』（青林書院）を貴兄宛にご送付申し上げました．お受けとりいただいたものと存じます．貴兄の先駆的業績をなんとしても正当に評価させる必要があります．「和解」として解決する場合にも，都側の主張を有利に展開することが大切です．都側の主張を結論的に支持する私の前出論文その他の公表論文を最高裁の担当裁判官に読んでもらう必要があります．ご承知のように裁判では法廷に提出したものしか審理の対象にいたしません．最高裁では「証拠」としては受理いたしません．そこで，都側の上告理由補充書（何回も提出できます）に都側の主張を支持する公表論文（前出拙論文ほか）を添付資料として最高裁へ提出する必要があります．これは，私のほかに都側の主張する多くの専門家の意見です．この方法によって都側の主張を事実上裏づける（立証する）ことになります．都側弁護団としては当然にそのような手続きを済ませておられるものと存じますが，知事である貴兄からもご確認下さいますよう，税法学者として申し上げます．私は，貴兄のすばらしい問題提起が最高裁で正当に評価されることを念じております．」

同書簡送付直後，知事の代理人として大塚俊郎東京都出納長（本件条例制定時の東京都主税局長）から，早速，筆者の要請に従って対応したい旨およびお礼の電話が寄せられた．「和解」成立後，川崎裕康東京都主税局長から文書でお礼が寄せられた．なお，行政法学者の兼子仁教授，憲法学者の吉田善明教授も，東京都側に助言されたと伝えられているが，おそらく結論的には拙論と同旨の所見を提示されたものと推察される．

(20)　北野弘久『岩波新書・納税者の権利』注(3) 174頁．
(21)　北野弘久『税法学原論・5版』注(3) 349頁．旧法当時は筆者は地方税法389条は一種の訓示規定としてとらえるべきであると指摘していた．同『新財政法学・自治体財政権』注(3) 248-249頁．
(22)　北野弘久『税法学原論・5版』注(3) 349頁．同旨・福家俊朗「自治課税権の隘路――いわゆる法定外税をめぐる法律問題再論」『名古屋大学法政論集』194号．旧法当時は筆者は，法定外普通税の新設・変更についての自治大臣の「許可」は訓示規定として「届出」の意味で解すべきであると指摘していた．北野弘久『岩波新書・納税者の権利』1981年岩波書店 191頁など．なお，現在では法定外税の税率の引下げ，課税期間の短縮および廃止については，総務大臣の「協議・同意」が不要となっている（2004年改正）．本来的租税条例主義の理論によれば，当然の改正である．

〔2004年4月〕

第5章　応能負担原則論の展開
―――フラット・タックス論批判―――

1　はじめに

　日本でも租税および租税体系のフラット（均等税・比例税）化が進んでいる．たとえば，所得税（国税）の最高税率について言えば，1962年：75%，84年：70%，87年：60%，89年：50%，そして99年37%に引き下げられた．このほか，利子所得，配当所得，有価証券・土地等の譲渡所得に対する低率分離課税などの特例の恒常化が指摘されねばならない．さらに，金融資産性所得につき，いわゆる所得課税二元論も声高に主張されつつある．

　法人税（国税）の税率については，伝統的に比例税率である．その基本税率について言えば，1984年：43.3%，87年：42%，89年：40%，90年：37.5%，98年：34.5%，99年：30%と引き下げられた．このほか，大企業を中心に適用される租税特別措置の存在，さらには大企業集団に2002年の改正で2003年から連結納税制度が適用されることになったことも指摘されねばならない．個別の大企業にとって，右の流れは実質的には法人税のフラット化が進んだことを意味する．

　相続税および贈与税の最高税率が2003年から70%から50%に引き下げられた．資本金1億円超の法人には2004年から法人事業税における外形標準課税が適用されることとなった．一方，消費税率を現行の5%（地方消費税を含む）から2桁にする方向が示されている．

　こうした租税および租税体系のフラット化の流れを税法学の視角からどのようにとらえるべきであろうか．果たしてこれらの流れに合理性・科学性が存在するのであろうか．

　昨年（2003）9月，ロシアのサンクト・ペテルブルクで開催された世界納税者連盟大会でフラット・タックスが論議されたが，同大会での筆者の問題提起の報告の紹介を含めて，以下に検討することとしたい．

2　サンクト・ペテルブルク世界納税者連盟大会での報告

　世界納税者連盟（World Taxpayers Associations, Stockholm, Sweden）は，1988年，米国ワシントンD.C.で設立された．中心発起人は，現会長のBjörn Tarras-Wahlberg氏（スウェーデン人）である．

　筆者たちの「不公平な税制をただす会（Japan Association to Correct the Unfair Tax System. 1977年1月に超党派の全国的納税者運動組織として設立された）」が「日本納税者連盟（Japan Taxpayers Association）」の名前で2003年に同「世界納税

者連盟」に加入した．世界納税者連盟 2003 年大会（World Taxpayers Conference 2003）がロシアのサンクト・ペテルブルク（Sankt Petersburg）で，2003 年 9 月 18 日から 21 日まで開催された．筆者は，日本納税者連盟の代表として出席させていただいた．

大会での主たるテーマはフラット・タックス（flat tax）であった．各国のエコノミストたちからフラット・タックスを正当化する報告や発言が数多く示された．筆者は危機感を感じ，あえて税法学・憲法学の観点からフラット・タックスの不合理性について特別報告の形で意見表明を行うこととした．この問題についての筆者の意見表明は，日本納税者連盟の活動を紹介するコーナーでも行った．すなわち，日本税制における最近のフラット化の流れを紹介するとともに，この流れに一貫して反対してきた日本納税者連盟の活動を紹介した．

筆者の意見の論理の骨子は，次のごとくである[1]．フラット・タックスは，応能負担原則（the principle of "ability to pay tax"）の趣旨に反する．垂直的公平（vertical equity）に反する．さらに各国憲法で規定されている社会権の考え方（the thinking of social human rights）に反する．つまり，21 世紀の福祉国家（welfare state）の最も重要な立憲主義（constitutionalism）に抵触する．巷間で主張される水平的公平（horizontal equity）は応能負担・垂直的公平の徹底に基づいて，すなわちフラット・タックスではなく累進税制（progressive tax system）に基づいてのみ成り立つ．フラット・タックスには合理性（reasonableness）も科学性（science）もまったく存在しない．

筆者の問題指摘は，他国からの参加者では専門家よりもむしろ一般参加者（納税者）会員の多くの共感を得たように思われた．日本から参加した専門家会員からは，筆者のかねてから提唱してきた「憲法論・人権論の視角からの租税理論の構築と展開」はまさにメイド・イン・ジャパンですね，という感想が寄せられたものであった．

租税制度のあり方の実体的原理として，税法学的には憲法の規定する応能負担原則（憲 13 条，14 条，25 条，29 条等）の具体化しか存在し得ない．このことを改めて銘記しなければならないと痛感させられた大会であった．

3　応能負担原則の憲法上の根拠

日本国憲法は，明治憲法とは異なり，現代憲法として積極的に人権を擁護することを意図している．

憲法は，11 条において「基本的人権の享有と本質」，12 条において「自由・権利の保持義務等」を規定し，そして 13 条において次のように「個人の尊重」（respect as individuals）を強調している．

「すべて国民は，個人として尊重される．生命，自由及び幸福追求に対する国民の権利については，公共の福祉に反しない限り，立法その他の国政の上で，最大の尊重

第5章 応能負担原則論の展開

を必要とする。」

さらに、憲法は、97条で「基本的人権の本質」を確認して、これを次のように、明定している。

「この憲法が日本国民に保障する基本的人権は、人類の多年にわたる自由獲得の努力の成果であって、これらの権利は過去幾多の試練に堪へ、現在及び将来の国民に対し、侵すことのできない永久の権利として信託されたものである。」

これを受けて、憲法は様々な人権規定を整備している。これらの人権条項は、そのまま、納税者の権利論を展開する場合の法的基礎になることはいうまでもない。憲法は、このような人権保障を司法的にも担保するために、明治憲法には存在しなかった違憲立法審査権を裁判所に付与している（憲81条参照）。

明治憲法において抽出できなかった租税に関する憲法原則の1つとして、われわれは、応能負担原則を日本国憲法から抽出することが可能である。この応能負担原則の憲法上の根拠について総括しておきたい[2]。

憲法13条は、租税のあり方についても「個人の尊重」を行うことを要請する。法人企業のうち多くの中小企業は、所有と経営とが一致し、しかも憲法理論上、そのオーナーの生存権の延長線上に位置づけられうる実態をもつ。つまり、パーソナルな実態である。法人格を有するとはいえ、憲法理論上は生存権ないしは生業権の保護の対象になりうる存在である[3]。このような中小法人にも、憲法13条の要請が妥当する。

14条の「法の下の平等」は、租税面では画一的比例税的平等ではなく、能力に応じた平等を意味し、累進税的平等を要請する。これは法人にもそのまま妥当する。

25条は租税面でも「健康で文化的な最低限度の生活」を保障することを要求する。つまり最低生活費非課税の原則を要請する。課税最低限のあり方との関係で言えば、後に項を改めて詳論するところであるが、これは25条の社会権の機能ではなく、25条に含まれている自由権（生存権的自由権）の機能に関する。「公権力からの自由」を本質とする自由権的機能については、立法裁量、行政裁量などの裁量論が働く余地がないことになろう。それゆえ、課税最低限額が「健康で文化的な最低生活費額」を下回るときは、同課税最低限規定は違憲・無効となる。この25条の要請は生存権ないしは生業権の保護の対象になる中小法人にもそのまま妥当する。

そして29条は一定の生存権的財産権（一定の住宅地・住宅、現に農業の用に供されている農地・農業用資産、一定の中小企業の事業所地・事業所、一定の中小法人のオーナーの持株など）のみを基本的人権として保障するものであって、非生存権的財産は基本的人権の対象とはされない。このことは租税のあり方にも妥当する。この29条の要請はそのまま法人にも妥当する。

以上の憲法諸条項から、租税のあり方についての憲法原則として応能負担原則が抽出される。

租税立法のあり方に関する実体的原理としては、実は以上の憲法の応能負担原則し

63

か存在しないのである．ここでは，応能負担原則の具体的内容について，結論的なことのみを指摘するにとどめる．

応能負担原則は，国税・地方税を問わず，また，直接税・間接税を問わず，また，法人等（法人のほかに人格のない社団等を含む）・個人を問わず，すべての租税のあり方に適用される．地方税について主張される「負担分任」は，応能負担に基づく負担分任ということになる．間接税，つまり消費課税のあり方については課税対象の限定・選別，課税対象の性質などを考慮して，免税点・税率・徴収方法などを区分することによって，応能負担原則をそれなりに生かしうる個別消費税（specific consumption tax）（通常の間接税）が要請されることになる．あらゆる物品・サービスに課税する建前になっている一般消費税（general consumption tax）（大型間接税）は妥当でないということになる．また，現代社会においては法人は個人とは別個の社会的存在（social entity）であり，別個の構成単位（social unit）である．法人は，税法学上は個人とは別個の課税単位（unit of taxation）を構成する．日本社会では，大企業の多くが個人株主の占める比率が低く資本に法人格を付与したいわば「財団」（foundation）の実態をもっており[4]，他方において法人企業のうち 99％ 以上が中小零細企業であるという実態（憲法理論上生存権・生業権の保護の対象になる）をも考慮する必要がある．この意味においても法人にも応能負担原則が適用されねばならない．現にアメリカでは，法人税の税率も累進税率となっている．すなわち，アメリカの連邦法人税の税率は，15％，25％，34％，35％．これに州法人税を含めると，22.51％，31.63％，39.83％，40.75％ となっている[5]．

応能負担原則は，比例税・均等税ではなく累進税を要請する．税率のあり方としては超過累進税率を要請する．また，単に課税物件の量的担税力だけではなく，各課税物件の性質を考慮した質的担税力の相違に配慮することをも要請する．個人所得税について言えば，資産所得，勤労所得，「資産＋勤労」所得，回帰性所得，非回帰性所得などの所得の性質を考慮して，つまり所得の質的担税力を考慮して，各所得について各所得金額を算定する．そのうえで，各所得金額を合計して超過累進税率を適用することとなる（量的担税力．総合累進課税）．

法人税における超過累進税率の導入は，中小法人には通例は低税率を適用することを意味し，中小法人の活性化に資するとともに，中小法人の生存権，生業権に配慮することにもなる．これは税法学的には中小法人の質的担税力への配慮に通ずる．

また，応能負担原則は，最低生活費非課税の原則や，一定の生存権的財産の非課税または軽課税（利用価格×低税率）の原則を要請する．なお，累進所得課税のもとでは，人的控除は所得控除方式よりも税額方式のほうが応能負担原則の趣旨に適合している．所得階層によって所得控除方式では税法上の保護に差異が生ずるからである．基本的生活費控除であれば，所得階層によって税法上の保護に差異があってはならない．また，税額控除方式のほうが所得控除方式よりもその減税財源が少なくてすむ．

なお，社会保険料等も憲法上は租税である．社会保険料等のあり方についても応能負担原則が適用されるので，最低生活費非賦課の原則および累進負担率の要請が妥当する．

以上の応能負担原則は，単に財政学上の租税原則ではなく，「日本国憲法」という実定憲法上の原則である．それゆえ，応能負担原則の趣旨に反する租税立法は，憲法理論的に好ましくないということになろう．ときに当該租税立法が憲法の応能負担原則（憲13条，14条，25条，29条等）に違反することのゆえに違憲・無効となることもありうる．税法学という学問からいえば，理論的に応能負担原則の趣旨に反する税制論は学問的に許容されないということになろう．

応能負担原則・累進税の原理は，それ自体として人権論から言えば，社会権（social human rights）思想の投影・具体化である．それだけに，応能負担原則・累進税の原理の具体化は福祉国家である現代国家の本質論的課題・責務と言わねばならない．

4　課税最低限の問題

4.1　2つの生存権

日本国憲法25条は，次のように規定する．

「①すべて国民（people）は，健康で文化的な最低限度の生活を営む権利を有する．②国は，すべての生活部面について，社会福祉，社会保障及び公衆衛生の向上及び増進に努めなければならない．」

課税最低限問題を論ずるにあたっても，右25条で規定する権利の法的性格を正しく認識することが大切である．

25条の生存権規定は一般に社会権条項として理解されている．基本的人権は，大きく自由権と社会権とに区分できる．さきにも指摘したように，自由権は，「公権力からの自由」を本質とするものである．人々は，市民生活に対して国家の干渉を受けないという人権である．思想・良心の自由，信教の自由，表現の自由，学問の自由などがこれに該当する．

自由権については，その性質上，立法裁量・行政裁量などが働く余地がない．自由権への侵害は直ちに違法となる．19世紀は「自由権の世紀」であった．ところが資本主義が独占段階に入った20世紀では，右のような自由権だけでは人々の実質的な自由・生存の確保が困難となった．そこで，社会権という人権が登場するようになる．

社会権の本質は，「公権力による自由」にある．人々は，自分たちの真の自由・生存を確保するために，市民生活に対してよい意味で国家の干渉を求めるという人権である．生存権，勤労の権利，労働基本権等，教育を受ける権利などがこれに該当する．その意味では，20世紀，21世紀は自由権に加えて「社会権の世紀」でなければならないといえよう．

日本国憲法25条の生存権規定自体は，疑いもなく社会権条項である．社会権の法

的性格については，資本主義経済体制を前提とする日本国憲法のもとではその性格上，国の立法方針・立法政策を規定したものであって，具体的権利を規定したものではないと解されている．これが一般にいわれるプログラム規定説である．この規定に法規範力を認めるとしても，せいぜい立法への作為義務を規定したものと解されてきた．

右のような社会権を規定する25条自体のなかには，実は同時に自由権としての生存権も含まれていることが指摘されねばならない（この点，中村睦男『社会権法理の形成』有斐閣）．このことが意外に知られていない．課税最低限額問題で問題となるのは，実は，25条の社会権としての生存権ではなく，25条に含まれる右の自由権としての生存権である．

なぜに課税最低限額問題が自由権としての生存権の問題になるのだろうか．それは，次の事情による．

自由権の本質は，さきにも指摘したように，「公権力からの自由」である．国は「所得税法」（昭40法33）という法律で所得税の基礎控除額を38万円と規定した（所税86条）．これは立法行為という公権力の行使である．その結果，単身者の場合には年所得額が38万円を超えると，徴税権力が人々の市民生活に介入することになる．つまり，公権力が人々の市民生活に干渉することを意味しよう．これはまさしく自由権としての生存権の問題である．

25条の意図する「健康で文化的な最低生活費」は，日本の経済力などにふさわしいものでなければならない．アメリカの一般市民がどのような生活をしているのかを調査し，その生活費を日本の実質的物価指数（購買力平価）で円に換算する．そのようにして得られた生活費相当額に準じて考えるのが望ましい．なぜなら，25条の法規範的意味は，国により，また同じ国でも時代により違ってくるからである．具体的に世界第2の「経済大国」にふさわしい法規範的意味を考えるべきである．

自由権については，立法裁量，行政裁量などが妥当する余地がないので，右によって得られた生活費相当額よりも所得税法で規定する課税最低限額が下回る場合には，当該規定は日本国憲法25条の自由権としての生存権に違反し，違憲・無効となろう[6]．

4.2　384万円の「虚構」

昨年（2003年）まで，日本ではサラリーマンの夫婦子ども2人の世帯の所得税の課税最低限額は384万円であり[7]，国際的にも高く，むしろ課税最低限額を引き下げるべきであるという主張が政府筋から喧伝されてきた．本年（2004年）から，配偶者特別控除額の廃止により，325万円であると主張されている[8]．

すでに述べたところで明らかなように，課税最低限額の憲法的性質は，日本国憲法25条の「健康で文化的な最低生活費」を課税対象から除外しようとするものである．その意味からも，具体的な課税最低限額は，基本的生活費控除の性格をもつ人的控除

額だけで計算しなければならない。後に紹介するドイツ連邦憲法裁判所の違憲決定でも指摘されているように、特殊な世帯のみに適用される人的控除額を含めるべきではない。夫婦子ども2人の世帯では、所得税の課税最低限額は152万円（38万円×4）である。住民税もインカム・タックス（所得税）であるので、そのあり方は、所得税と同様に考えねばならない。夫婦子ども2人の世帯では、住民税の課税最低限額は132万円（33万円×4）である。これは所得税の場合以上に問題である。

それでは、政府筋のいう夫婦子ども2人の世帯についての従来の所得税の課税最低限額384万円は、どのように算出されたのであろうか。

政府筋は、サラリーマンの世帯を例にして、次のように計算している。右の152万円に、給与所得控除額、社会保険料控除額、配偶者特別控除額（専業主婦（夫）控除分）、扶養控除額の割増分（子ども1人を特定扶養親族とする）などを加えた数字である。

日本の給与所得控除額のようなものは、各国にはなく日本独自のものである。サラリーマンについて個別に「勤務に必要な経費」を控除する代わりに概算的に控除する分などを控除しようとするものである。次の4つの要素から成る[9]。

①法定概算経費控除分
②利子控除分（サラリーマンは源泉徴収によって事業者などに比較してほぼ5か月余、早期に納税するため、その間の利子相当分）
③勤労性控除分（「勤労（labor）による所得」という所得の質的担税力を考慮する部分）
④把握控除分（サラリーマンは源泉徴収制度の適用によって、事業者などよりもその所得把握度が高い。その把握度不均衡の調整分を、行政の改善では限界があるので立法で控除しようとするもの）

これによって容易に知られるように、給与所得控除額は、人々の生活費控除の性格をまったく有していない。この制度を立法論的に将来、どうするかは別として[10]、課税最低限額に含めることは誤りである。

社会保険料は、「福祉憲法」である日本国憲法のもとでは租税である。租税である社会保険料を控除しなければ二重課税になる。また社会保険料控除をしたからといって、それが生活費控除に転ずるわけではない。社会保険料控除を課税最低限額に含めることは誤りである。

従来の配偶者特別控除額は共稼ぎ世帯に適用しにくい。また、扶養控除額の割増分は、高校生、大学生の年齢の扶養親族について適用される。同割増分は教育費控除の性格をもつ。特殊な世帯のみに適用されるこれらの控除額を課税最低限額に含めるのは誤りである。

以上384万円という数字は税法学的には「虚構」といわねばならない。給与所得者の課税最低限額も夫婦子ども2人の世帯では152万円ということになる。この「虚

構」の数字を円高の為替レート（当時，1ドル＝119円）で換算して，日本の課税最低限額は国際的にももっとも高水準であると喧伝されていたわけである．

4.3 生活扶助基準額

日本国憲法25条の「健康で文化的な最低生活費」は，さきにも述べたようにアメリカ並みの水準でなければならない．いま一歩譲るとしても，最低でも生活扶助基準額以上でなければならないといえよう．

東京1級地（東京23区）の2003年度の生活扶助基準額は，次のごとくである．

単身者（70歳女）の場合は，通例は130万円．夫婦子ども2人（夫35歳＝就労，妻30歳，子ども9歳，4歳）の場合は，通例は269万円．現行所得税の課税最低限額は，単身者の場合には38万円，主婦子ども2人の場合は152万円，いずれも右の生活扶助基準額よりもはるかに下回る．それゆえ，現行所得税法の課税最低限額規定は，日本国憲法25条（自由権としての生存権）違反のゆえに違憲・無効である．1992年9月25日ドイツ連邦憲法裁判所決定も，生活扶助基準額等を下回る人的控除額の規定を違憲とした[11]．現行所得税法の課税最低限額規定を憲法適合的なものとするために，生活扶助基準額にならって，所得税の基礎控除額を130万円に，配偶者控除額および1人当たりの扶養控除額を各50万円に引き上げなければならないこととなろう．

住民税についてもさきに指摘したように，所得税と同様に生活扶助基準額以上に引き上げられねばならない．ところで，住民税は地方税であるので，地方税の「負担分任」の考え方から言って，住民税の基礎控除額等は必ずしも国税である所得税並みにする必要はなく，所得税よりも下回ってもよい，という一部の主張がある．税法学から言えば，さきにも指摘したように，地方税で主張される「負担分任」も「応能負担」（憲13条，14条，25条，29条等）に基づく負担分任でなければならない．所得税および住民税の基礎控除額等がともに生活扶助基準額を超える範囲内で，住民税の基礎控除額等を所得税のそれよりも引き下げることは許される．現行の日本では，所得税も住民税もともに生活扶助基準額よりもはるかに下回る違憲状態にあるので，目下のところ住民税について右のような議論をする余地はない．

なお，各国との国際比較は，実質的物価指数（当時，購買力平価＝1ドル156円）で換算すべきである．これによると，前出「虚構」の384万円すらも，各国よりも下回ることになる．

5　応益負担原則の不成立

「ひろく・うすく」「外形標準課税」「均等税・比例税」などの根拠として持ち出される応益負担原則について検討しておきたい．

応益負担原則は，課税する側がその課税の1つの説明の手段として用いることが可能であっても，納税者の税負担配分の原理にはならない．納税者の税負担配分として

は応能負担原則（憲13条，14条，25条，29条等）しか存在しないのである．応益負担原則を根拠づける憲法条項もまったく存在しない．

応益負担原則から主張される地方税における「負担分任」も，すでに指摘したように応能負担に基づく負担分任でなければならないこととなろう．エコノミストや税法学者の一部から声高に主張されている法人税の比例税論も，すでに指摘したように，税法学的に誤りである．税法学的には法人税についても累進税化が要請される．筆者としては，法人税率をさしあたり42％（消費税導入前の基本税率）〜10％の超過累進税率に改めるべきであると考えている．

応益負担原則から説明される法人事業税の外形標準課税について，どのように考えるべきであろうか．

法人税・法人住民税は「所得税」(Einkommensteuer)，「人税」であり，「非経費税」である．法人事業税は，「収益税」(Ertragsteuer)，「物税」であり，「経費税」である．そして，法人事業税は課税標準としては「外形基準」をむしろ本則とする事業活動規模税である．この法人事業税にも応能負担原則が適用される．外形標準課税は，それが必ずしも「〔税法上の〕所得」に表現されない企業の担税力をとらえる「応能課税」の具体化とみられる範囲に限って税法学的に許容されることになる．

2000年4月に東京都が資金量5兆円以上の大銀行に，しかも，5年間に限定して法人事業税の外形標準課税条例を制定・施行した．東京都によれば，大銀行の「業務粗利益（一般企業の「売上総利益」）」はバブル崩壊後のほうがむしろ増大しているという．もし，「所得」基準で課税すればバブル時代の不良債権の処理によりほとんど法人事業税が課税されなくなる．事業活動規模税としての法人事業税の性格に鑑み，このような大銀行に対する外形標準課税は，「応能課税」の1つの具体化として税法学的に許容される[12]．

しかし，大銀行とは異なり「売上総利益」自体が赤字である多くの中小法人にまで外形標準税を拡大・適用することは，税法学的には応能負担原則の趣旨に抵触し許容されない．

2004年4月から，全国的に法人事業税の外形標準課税が資本金1億円超の法人に適用されることになった．資本金1億円超の法人に限った点は応能負担原則の観点からはそれなりに評価し得るが，現在では大法人といえば資本金10億円超とみるのが妥当といえよう．将来，資本金1億円以下の法人にも拡大・適用されるおそれがあり，そのようなことは応能負担原則の趣旨からはとうてい許容され得ない．

6　日本税制の財源調達機能の喪失

2004年度の国の予算規模は，約82兆円．うち，国税収入は僅か約42兆円，国債収入は約37兆円，国の長期債務残高は約548兆円，国・地方の長期債務残高は約719兆円であり，数字で見る限り，日本国は破産状態にあると言えよう．

第Ⅰ部　基礎理論

　国税収入（当初予算）について言えば，消費税が導入（1989年4月から）された89年は約51兆円，消費税導入が12か月に及ぶ90年は約58兆円，91年は約62兆円，92年は約62.5兆円，93年は約61.3兆円，94年は約53.7兆円，95年は53.7兆円であった。国税収入が2004年度で約42兆円となった原因には一般的な景気の後退もないではないが，後に紹介されるこの間の法人税・所得税の減収額などからも知られるように，その主たるものは冒頭に紹介した憲法の応能負担原則に逆行する税制のフラット化にある。大企業・高額所得層に対する税法上の減税額（国税）だけで，消費税導入後，年平均約十数兆円と試算されている。日本税制は，財源調達機能を喪失したと言わねばならない。

　この打開策の1つとして，2003年6月の政府税制調査会中期答申によれば，将来，消費税率を2桁にする方向が示されている。また，日本経済団体連合会の2003年9月「平成16（2004）年度税制改正に関する提言」は，「基礎年金の国庫負担引上げに加えて，高齢者医療や介護の財源を賄い，さらに国と地方の財源見直しをも考慮すれば，消費税率については，遅くとも2007年度までに，地方消費税とあわせて10％まで引き上げることが不可欠となる」と指摘している。

　周知のように，消費税は福祉財源に充当することを大義名分として導入された。しかし，消費税導入前（1988年）の財政支出構造と比較すれば，消費税収入は，公共事業費，経済協力費，防衛関係費，国債費へ充当され，相対的に福祉には充当されていない。別の観点から分析すれば，89年から03年までの消費税収入（国税）は約120兆円。この間の法人税の減収額は約85兆円，所得税の減収額は約96兆円，計約181兆円。これによれば，消費税収入（国税）は大企業・高額所得層に対する法人税・所得税の減税財源に充当されたという見方も成り立つ。

　消費税は最大の「不公平税制」であり，その引上げは租税体系全体の一層のフラット化をもたらす。さしあたり公的年金財源として消費税2桁引上げの必要性が指摘されているが，筆者としては，本筋論から言えば，日本税制をフラット化ではなく憲法の応能負担原則の趣旨に適合するもの〔累進税制〕に再構築することが大切であると考えている。法人税・所得税について，さしあたり消費税導入前（1988年）の法人税の基本税率42％に，所得税の最高税率60％に，それぞれ戻すことが大切である。そして，応能負担原則の趣旨に反する租税特別措置（租税優遇措置）を全廃すべきである。不公平な税制をただす会（日本納税者連盟）の試算によれば，これらにより国税で約11.5兆円，地方税で約10.5兆円，計約22兆円の財源を捻出しうる[13]。公的年金の財源として消費税率を引き上げなくても，さしあたり右財源を充当すればよい[14]。

(1) 詳細は，不公平な税制をただす会『福祉とぜいきん』16号（2003年）所収。なお，不公平な税制をただす会が世界納税者連盟（WTA）に加入するにあたって，湖東京至氏（不公平な税制をただす会運営委員）らの努力があった。

第 5 章　応能負担原則論の展開

(2)　詳細については，北野弘久『税法学原論・5 版』青林書院 137 頁以下の 7 章「応能負担原則」参照．
(3)　北野『現代企業税法論』岩波書店 47 頁以下参照．
(4)　これでは，法人所得が個人株主に帰属するという前提自体が存在しないこととなろう．また，比例法人税の 1 つの根拠とされる法人税の転嫁については，法人企業特有の問題ではなく，個人企業の所得税も転嫁し得ないわけではないことが指摘されねばならない．なお，租税転嫁は経済過程の問題であるので，制度論的に考慮する必要がないが，この点については大企業の原価の公開等の措置によって対処すべきであろう．このような諸事情も，法人税の応能負担原則を展開する上において考慮されるべきである．
(5)　2004 年 4 月の財務省主税局資料．
(6)　詳細については，北野『納税者の権利』岩波新書 82 頁以下，前掲『税法学原論・5 版』149 頁以下，同『憲法と税財政』三省堂 253 頁以下など．
(7)　2003 年 4 月の財務省主税局資料．
(8)　2004 年 4 月の財務省主税局資料．
(9)　昭和 31 年（1966）12 月『政府臨時税制調査会答申』参照．
(10)　筆者は，かねてから 4 つの各構成要素を所得税法上，各独立控除額制度とするのが望ましいと指摘してきた．北野『サラリーマン税金訴訟』税務経理協会．
(11)　NJW 1992. S. 3153. 三木義一「課税最低限とその法的統制──ドイツ憲法裁判所違憲判決を素材として」，日本財政法学会編『現代財政法学の基本問題』学陽書房．
(12)　北野「『銀行税条例』違法判決批判」税経通信 2002 年 6 月号，同「『銀行税条例』控訴審判決の検討」税経通信 2003 年 4 月号．
(13)　前掲『福祉とぜいきん』16 号．
(14)　同旨・湖東京至「法人税を元に戻せば国庫負担財源は確保できる」論座 2004 年 3 月号．

〔2004 年 7 月〕

第6章 民法と税法が共有する領域の解釈態度

1 市民法秩序と税法

　日本国憲法は，一国の財政収入のほとんどを租税でまかなうという租税国家体制（Steuerstaat, Tax State）を前提にしている．租税国家体制は別な言葉で表現すれば，基本的には自由主義経済体制を建て前とすることを意味する．民法を中心とする市民法はそのような自由主義経済体制における人々のいわば市民生活を規律するものである．租税問題はこの人々の市民生活に関連して生ずる．たとえば，人々が資産の売買によって所得が生ずれば，所得税，法人税，住民税，ときに事業税が課税されるということになる．売買によって取得した資産が不動産であれば，登録免許税，不動産取得税が課税される．その不動産を引き続き所有することになれば，固定資産税等の課税問題が生ずる．

　個人から贈与によって財産を取得した個人には贈与税の課税問題が生ずる．また相続によって財産を取得した個人は相続税を納付しなければならないことになる．会社に会社更生や破産等の手続が適用されると，それに応じて当該手続に特有の租税問題が生ずる．このように，人々の市民生活に関連して租税問題が生ずる．

　このことは，税法は市民生活秩序，つまり市民法秩序を前提としていることを意味する．租税法律主義（憲30条，84条）のもとに形成されるところの税法秩序は，このような市民法秩序を前提にしてのみ成立する．税法は，そのような市民法秩序を前提にして，現段階における諸事情に鑑み，その市民法秩序を修正する必要がある場合においてのみ税法規定を設けるのである．税法秩序も市民法秩序も，日本国憲法を頂点とする憲法秩序に組み込まれなければならない．その憲法秩序の実体は，次のように説明することができよう．税法秩序自身が実は市民法秩序を包摂しており，税法規定はその市民法秩序を修正する一種の「特別法」の性格を有する．このことは，税法に格別の規定が存在しない場合には租税法律関係は市民法秩序と同義として展開される．議会が租税法律関係に市民法秩序とは異なった考え方を組み込む必要があると考えた場合には議会は税法という法形式で格別の意思表示（税法規定）を行わなければならない．実は，租税法律主義とは端的にいえば，この格別の意思表示を意味する．

　以上の概括的説明を図解すれば次のようになろう．

図 1-6-1　憲法秩序

憲法／税法／民法等

2 借用概念と税法解釈

　民法と税法が共有する領域をめぐる問題の1つとして，税法規定における借用概念に対する解釈のあり方

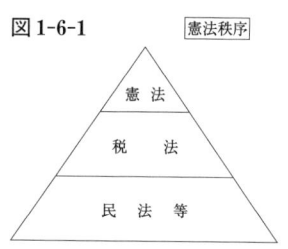

第6章　民法と税法が共有する領域の解釈態度

がある．

　周知のように「借用概念」は税法規範に固有の「固有概念」に対するものである．固有概念というのは，税法に特段の規定のある概念である．たとえば，所得（所得税法，法人税法等で規定する．），みなし配当（所税25条），同族会社（法税2条10号）等々の概念である．固有概念については租税法律主義の厳格解釈の法理にしたがって当該概念の法規範的意味を関係制定法の規定に則して厳正にとらえるべきである．問題は，民法等の市民生活の場で発達した概念を税法が借用している場合である．これを借用概念という．たとえば，利子，配当，所有，贈与，相続，親族，法人等々の概念である．税法規範のなかにはこのような借用概念が数多く用いられている．この借用概念を法規範的にどのようにとらえるべきであるか，が問題となる．

　一部の論者は，借用概念といえども税法上の概念として税法において用いられているので，税法独自の概念として民法等の概念とは異なった法規範的意味を含むものとしてとらえるべきであると主張する．「税法の独自性」といっても，その具体的な判断基準は何人にも不明である．もし，借用概念の解釈にあたって右の「税法の独自性」が許容されるならば，執行権である行政権（課税庁），司法権（裁判所）が租税法規を創造するという立法権を行使することを事実上肯認することになる．これでは課税権は立法権であるとする立憲主義（constitutionalism）の根幹に抵触するとともに，人々の法的安定は阻害され，執行段階における「権力の濫用」を阻止しえなくなる．言葉をかえていえば，執行段階における人権保障のミニマムの要請である租税法律主義が論理的に崩壊することになろう．それゆえ，この主張は税法学上は誤りである．

　さきにもみたように，税法は市民法秩序を前提にしている．税法は，たとえば税法で用いる「贈与」という概念は，民法で一般に予定する贈与と同じであるということを前提にして，税法において「贈与」をいわば借用しているのである．もし議会が民法上の贈与概念とは異なった法的意味を税法概念としての「贈与」に組み込みたいのであるならば，たとえば「みなし贈与」（たとえば，相税5条，6条等）という形でつまり税法における固有概念として規定すべきである．

　相続税法は，みなし相続，みなし遺贈，およびみなし贈与の特別の規定を設けている（相税3条〜9条）．これは，民法上の相続，遺贈，贈与のほかに税法独自のものを税法上の相続，遺贈，贈与のなかに組み込もうとするものである．このみなし規定は，その意味では借用概念ではなく固有概念である．このような格別の税法規定がない限り，民法等で発達した概念を税法が借用している場合には，税法においても民法等の概念と同意義で解釈しなければならないことになろう．

　要するに，税法における法規範の意味の解釈にあたって「税法の独自性」を主張することは許されない．「税法の独自性」の主張はすべて議会（立法権）の課題である．

第I部 基礎理論

3 事実認定のあり方——租税回避行為と仮装行為

民法と税法が共有する領域をめぐる問題としてさきに指摘した税法規定の法規範的意味をとらえる問題のほかに，市民生活における人々の行為・事実がいかなる「税法的事実」であるかという事実認定の問題が存在する．この問題は，税法規定を適用するにあたってその前提となる当事者の行為等に対する事実認定の問題である．

さきに指摘したように，税法秩序自身が市民法秩序を包摂している．したがって，市民生活において当事者が意図した行為等を前提に税法規定が適用されることになる．つまり，たとえば市民生活において真実，贈与が行われたのであるならば，課税関係においても贈与が行われたということでその税法規定の適用が論ぜられねばならない．たとえば，税法規定に格別の規定が存在しない限り，当該贈与を売買または売買類似の譲渡行為があったと課税上認定することができない．

いま，「負担付贈与」が行われたとする．右負担付贈与は民法上も真実の行為であり民法上も適法有効であるとする．当該負担は民法上は付款行為であり，対価性を有しないものでなければならない．負担額が贈与資産の価格と同程度の場合には，もはや民法上も負担付贈与の枠を超えるものとみなければならないであろう（拙著『税法学の実践論的展開』勁草書房 142 頁）．ここでは，負担額も僅少であって民法上も負担付贈与としての要件を充足している場合であるとする．市民生活秩序を前提とする現行所得税法としては，譲渡所得を規定する同法 33 条は有償譲渡による規定とみなければならない．そして，このことを前提として同法 59 条，60 条の規定がいわば創設規定として一定の場合に時価による「みなし譲渡」等として扱うことを規定したものと解される．つまり，59 条，60 条は 33 条の例外的特別規定ということになろう．かつて個人に対する贈与，低額譲渡についても 59 条，60 条のみなし譲渡等が適用されたが，現在では原則として法人に対するものに限って 59 条，60 条が適用されることとなっている．民法上適法有効な負担付贈与も右条項等の贈与であって（同条項等は「負担付贈与」を「贈与」から排除することを規定していない），したがって民法上適法有効な負担付贈与があった場合に贈与者側に譲渡所得を認定することは許されない．別の言葉でいえば，民法上適法有効な負担付贈与を所得税法の適用にあたって売買または売買類似の譲渡行為として事実認定することは許されない．このようにみると，それでは受贈者が負担を履行することによって贈与者が「経済的利益」を受けることになった場合，当該「経済的利益」への課税はどうなるのであろうかという疑問が寄せられる．これについては，負担の履行があった段階で現行相続税法 8 条，9 条の規定によって贈与者側に当該経済的利益に対して贈与税等の課税を行うことになる．これにより現行法のもとで租税体系上の整合性が確保されることになるわけである．

この事実認定をめぐって租税回避行為（税法解釈学に特有のもの．狭義）および仮装行為の税法学上の位置が論ぜられねばならない．

第6章　民法と税法が共有する領域の解釈態度

　租税回避行為（Steuerumgelung）は民法上は適法有効な行為である．たとえばA行為が税法学上租税回避行為に該当する場合であっても，現行税法に当該A行為を否認するための個別の否認規定が存在しない限り，課税上も当該A行為を尊重して課税のあり方が論ぜられねばならない．このように税法に個別の否認規定がない限り，当該A行為は適法な節税行為として処遇されねばならないことになる．これを事実認定論からいえば，個別の否認規定がない限り，A行為を異常な（ungewöhnlich）行為であるとして否認し，課税庁が通常の行為であるB行為が行われたものとして課税のあり方を論ずることは許されないことになろう．より具体的にいえば，税法に個別の否認規定がない限り，真実はA行為が行われたのに課税上はB行為が行われたものとして事実認定をすることは許されない．

　法人税法132条（同族会社等の行為・計算の否認）のような包括的な一般的な否認規定の仕方では租税法律主義に適合しない．この点，たとえば養子の数の制限規定（現行相税15条）を租税回避行為否認規定としてとらえた場合，課税上は実子がある場合には養子は1人に限定する，実子がいない場合には養子は2人に限定する，という個別否認規定のような仕方で，租税回避行為への税法規定が整備される必要があろう．租税回避行為の否認は市民法秩序の否認を意味することに留意されねばならない．

　以上によって知られるように税法規定の適用にあたってその前提となる事実認定においても「税法の独自性」の主張は，議会（立法権）の専管事項である．執行段階（行政権，司法権）では，税法に格別の個別否認規定が存在しない限り，市民生活において行われている事実を前提にして，課税関係も論ぜられねばならない．

　仮装行為（Scheingeschäft, Scheinhandlung）はどうなるであろうか．

　仮装行為は法律行為としては日本の民法上も無効である（民94条）．事実行為としては実体のないものであって，その「仮装」（ベール）をはぎ取って真実を認定すべきであることは当然である．つまり，仮装行為はさきに指摘した租税回避行為とは異なり，市民法秩序のもとにおいても「仮装」によって隠されているはずの真実を認定すべきである．課税関係においても仮装行為を無視し「仮装」によって隠されている真実をベースにして課税のあり方を論ずべきである．事実認定としては「仮装」をはぎ取りその真実を事実認定するのが当然である．この点については税法の格別の規定を必要としない．

　いま当事者が真実は売買行為を行ったのにいかにも贈与行為を行ったようにみせかけていたとする．課税庁は，当該仮装行為である贈与行為を無視して真実の売買行為を認定して当該売買行為をベースにして課税のあり方を論じねばならない．

　租税回避行為の場合は，民法上も適法有効な行為であるので，課税上当該行為を否認して新たな事実を認定しようとする場合には，税法の格別の個別否認規定が必要となる．しかし，仮装行為の場合には，税法以前の市民生活においても，つまり民法上も意味のない行為であるので税法に格別の否認規定を必要としない．仮装行為の場合

第Ⅰ部　基礎理論

の「否認」は真実の「認定」,「確認」であるにすぎない．しかし,租税回避行為の否認は課税上新たな事実関係を形成的に認定することになる．それだけに,議会（立法権）の格別の個別意思表示が不可欠となるのである．思うに,現代税法は,租税回避をめぐる納税者と政府との間の「闘争」における「知恵くらべ」の産物である．現代税法のすべての規定は,市民法秩序を前提にしたうえで直接,間接に租税回避行為の防止規定という性格をもつ．税法に格別の個別否認規定が存在しない限り,租税回避行為は理論的には適法な節税行為として処遇されるべきである．憲法の租税法律主義は,現代税法に対してこのような認識論に立っているのである．この事実は,税法学の理論の展開において看過されてはならない．

4　実質課税の原則

　借用概念の解釈のあり方および租税回避行為を中心とする事実認定のあり方については,以上において述べたところに尽きる．しかし,今日なお税務の実務においては税法固有の基本原理という位置づけで,「実質課税の原則」を根拠にして税法の格別の個別規定が存在しない場合においても,「税法の独自性」が主張されることがある．右の実質課税の原則はときに経済的観察方法（wirtschaftliche Betrachtungsweise）あるいは租税負担公平の原則などの名目で主張されることもないではない．

　税務の実務では,税法独自の法解釈や税務独自の事実認定のあり方,別言すればいわゆる「税務認定」がいかにも「公理」であるかのごとく受けとられる場合がないではない．租税法律主義のもとではそうした「税法の独自性」は議会（立法権）の課題であって,執行段階（行政権,司法権）では実質課税の原則を理由に「税法の独自性」を正当化することができない．議会が税法において格別の規定を設けた場合には,当該格別の規定（租税法律）に基づいて課税のあり方を論ずるのが当然である．これは明文化された租税法律に基づくものであって（租税法律主義の要請・展開）,この場合にはもはや実質課税の原則なるものを持ち出す必要がない．

　実質課税の原則に対する詳密な税法学的検討については,筆者自身がほぼ30年前から公表しているところに変更を加える必要がないので,それらに譲らせていただく（拙著『現代税法の構造』勁草書房2章,同『納税者の権利』岩波新書28頁,53-64頁,同『税法学原論・3版』青林書院6章,12章等）．

〔1993年10月〕

第Ⅱ部　個人所得課税

第1章　資産所得の租税優遇措置と憲法14条

1　はじめに

　以下は，東京地裁昭和57（1982）年11月15日判決（昭和43年（行ウ）第97号の4・更正処分等取消請求事件，訟月29巻6号1161頁）の研究である．
〈事実の概要〉
　判例集には事実関係の部分が掲載されていないのでその詳細は不明であるが，判決理由からみてほぼ次のごとくであったとみられる．
　原告Xは，スリッパ製造業を営む自営業者である．Xは白色申告者である．被告税務署長Yは，昭和39年分，40年分，および41年分のXの所得税について各更正処分等を行った．本件訴訟は右各更正処分等の取消を求めるものであるが，その取消を求める理由の1つとして，本件当時の税法においてはXのような自営業者の事業所得に比して，利子所得，配当所得および有価証券の譲渡所得には様々な租税優遇措置が適用されることとなっていた．これは，租税負担公平原則（憲14条・84条）に違反するという主張が含まれていた．標題はこの点に関する判示事項である．
　裁判所は，次のように判示してXの主張には理由がないとした．
〈判　旨〉
　「利子所得，配当所得及び有価証券の譲渡所得に対し，それぞれ分離課税制度（租税特別措置法第3条（但し，昭和39年分については昭和40年法律第36号による改正前のもの，同40，41年分については昭和40年法律第36号による改正後のもの．））等，源泉選択課税制度（同法第8条の3（但し，前記改正法による改正後のもの．），但し，昭和39年分の所得税については同制度の適用はない．）等及び非課税（旧法〔昭和40年法律第33号による全文改正前の所得税法〕第6条第6号，新法（昭和40年法律第33号による全文改正後の所得税法）第9条第1項第11号〔昭和40年分については第10号〕）などといった租税優遇措置がとられているからといって，それが国の経済政策の一環をなす租税政策について認められる合目的的裁量の範囲内と認められる限りにおいて，違憲の問題を生ずる余地はなく，右裁量は立法府の政策的裁量としての性格上，一見して明白に裁量権の濫用ないし裁量の範囲の逸脱と認められる場合に限って違憲の瑕疵を帯びるものと解すべきである．そうして租税については，特に公平負担の原則が重視されるべきことはもちろんではあるが，前記課税制度が一見して明日に政策的裁量の濫用ないし裁量の範囲の逸脱と認められるとは解されないから，原告の前記各法条〔事業所得等に適用される本則税率の規定．旧所得税法第13条，新所得税法第83条〕が憲法第14条に違反するとの主張は理由がない．また，憲法第84条に規定する租税法律主義とは，課税要件がすべて法律において明確に定められていなけ

ればならないということであるが，その内容も合理的なものでなければならないとの趣旨を含むにしても，前述したところからすれば，旧法〔旧所得税法〕第13条及び新法〔新所得税法〕第83条が憲法第84条に違反するといえないことは明らかというべきである.」

2 研　究

　(1)　はじめに本件で問題になっている租税優遇措置について概説しておきたい．利子所得については昭和39年法では5%，40年，41年法では10%，の源泉分離課税制度が規定されていた．一般の配当所得については40年，41年法では一定のものを除き原則として15%の源泉選択課税制度が規定されていた．また，40年，41年法では少額の一般の配当所得については総所得金額不算入制度が規定されていた．この場合には結局，10%の源泉徴収分だけで所得税の課税が終了することになる．配当所得については昭和39年，40年，41年法においても別に配当所得の一定割合額を所得税額から控除する配当控除制度が規定されていた．有価証券の譲渡所得については，昭和39年，40年，41年法において，①有価証券の継続的取引から生ずる所得，②買い占めた株式の売却から生ずる所得，③事業譲渡類似の有価証券の譲渡から生ずる所得，を除き原則として非課税とすることが規定されていた．

　しかし，所得税法では，本件当時においても，その者のすべての所得を合計したうえで超過累進税率を適用するという総合累進税の建て前がとられていた．所得税の超過累進税率は昭和39年，40年法では8%から75%，41年法では8.5%から75%（いずれも所得税法の本則による）であった．右の租税優遇措置は，所得税法の総合累進課税の建て前をゆがめるものである．

　(2)　日本国憲法は，能力に応じて公平に租税を負担するという応能負担原則（憲13条，14条，25条，29条等）を規定している．この応能負担原則それ自体は直截に租税論における垂直的公平（vertical equity）を意味するが，憲法の要求するこの応能負担原則を徹底することは，そのまま租税論における水平的公平（horizontal equity）の確保に通ずる．筆者は税法学上，租税負担の公平についてはあくまで垂直的公平を前提としての水平的公平の確保が課題とされねばならないとみている．ところで，この両者を区別する税法学上のコンセプトとして筆者は，「負担公平原則」は水平的公平の意味を指称し，「応能負担原則」は垂直的公平の意味を指称するものとして，用いている．しかし，右で明らかなように憲法理論的には結局において応能負担原則の徹底を論ずればよいこととなろう．

　日本国憲法の応能負担原則は，課税物件（所得・財産）の量的担税力のみならずその質的担税力をも考慮するものでなければならない．所得課税についていえば，たとえば資産所得と勤労所得とではそれぞれの質的担税力が異なる．資産所得は担税力が高く，勤労所得は担税力が低い．また，回帰性所得と非回帰性所得とではそれぞれの

質的担税力が異なる．回帰性所得は担税力が高く，非回帰性所得は担税力が低い．財産課税についていえば，たとえば生存権的財産と非生存権的財産とではそれぞれの質的担税力が異なる．非生存権的財産は担税力が高く，生存権的財産は担税力が低い．日本国憲法の応能負担原則は，右のような質的担税力を考慮したうえでの量的担税力を前提としている．本件で問題になっている所得課税についていえば，各種の所得の性質（質的担税力）を考慮して各種の所得金額を計算し，右のように計算された各種の所得金額を最終的には合計したうえで（量的担税力），超過累進税率を適用することとするのが憲法理論的に望ましいといえよう．

右のような応能負担原則の実定憲法上の根拠について若干のコメントを加えておきたい．憲法13条は「個人の尊重」を規定し，租税のあり方にも個人が，人間が尊重されねばならないことを要請する．14条は租税関係においては「能力に応じて平等」という意味である．25条は「健康で文化的な最低生活」を保障するという生存権の規定である．この生存権には社会権的生存権のほかに立法行為を含む公権力に干渉されないという自由権的生存権を含む．たとえば，所得税の課税最低限額が25条が意図する前記「最低生活費額」よりも下回ることは，公権力が人々の「生存権的自由権」を侵害することを意味しよう．また，29条1項は，生存権的財産のみを人権として保障することを明らかにしたものと解すべきであり，同条2項は，右の生存権的財産を保障するために，非生存権的財産は「公共の福祉」のために制限されることを肯認するものであり，同条3項は，財産権への制限について「特別の犠牲」が行われる場合に生存権的財産については「完全な保障」，非生存権的財産については「相当な保障」を行うべきことを規定したものと解される．

　(3) 利子所得にたいする源泉分離課税措置は一般的には貯蓄増強を理由としている．本件当時においても郵便貯金利子非課税制度や少額貯蓄利子非課税制度が存在した．右の非課税枠を超えて貯蓄できる勤労国民はあまりいない．加えて貯蓄増強のためにはこのような利子所得にたいする傾斜的優遇措置よりも，所得税等の一般減税（基礎控除等の引上げ，超過累進税率の引下げ）を行って人々の可処分所得を高めることのほうが効果的である．特定所得にたいする優遇措置は貯蓄の流れ（広義の貯蓄の種類）を変えるだけで全体としての貯蓄増強に資さないことは統計上も明らかとなっている．これによっても知られるように，本件当時の利子所得にたいする優遇措置には税法学的に合理性がなく，いたずらに資産所得者である利子所得者の租税負担を不当に軽減するだけである．上積税率75％の者も5％または10％の負担でよいことになる（昭和39年分の所得税の決定処分が争われた大島サラリーマン税金訴訟に関する筆者の鑑定所見書参照．北野『税法学の基本問題』成文堂184頁）．

　配当所得も担税力の高い資産所得であり，右の利子所得の場合と同様の問題点が指摘されねばならない．配当所得の源泉選択課税制度や，少額配当所得の総所得金額不算入制度にも税法学的に合理性がなく，いたずらに資産所得者である配当所得者の租

税負担を不当に軽減するだけである。配当控除制度については、いわゆる法人擬制説の立場から法人と個人との間の二重課税排除の措置であって、租税優遇措置ではないと説明されてきた。高度に発達した資本主義社会では、法人は法的にもまた社会的・経済的にも個人とは別個の実体（エンティティ）であって、それゆえ、所得課税においても個人とは別個の課税単位（独自の納税主体）として、法人自身にも独自の応能負担原則が適用されねばならないといえよう。この点、日本の大法人における個人所有資本の占める比率がきわめて僅少であることも指摘されねばならないであろう。このようにみてくるといわゆる法人擬制説的思考にも税法学的に合理性がなく、配当控除制度は配当所得者の租税負担を不当に軽減するための租税優遇措置であるといわねばならない。

有価証券の譲渡所得非課税は、実務上同所得の把握が困難であること、いわゆる資本蓄積に資する必要があることなどを理由にして導入された。株式等の譲渡による所得は、その性質上きわめて担税力が高い。このよう所得を非課税にしなければならないだけの合理性は税法学上まったく存在しない。実務上の同所得の把握については、納税者番号制などの導入を待たなくても、仮名取引を禁止し、証券業者を通ずる取引には低率の所得税の源泉徴収を行い、その支払調書をすべて課税庁に送付することとすれば、総合累進課税を行うことが可能となろう。

本判決は、以上の租税優遇措置を立法府の合目的裁量の範囲内の問題として違憲ではないとした。以上においてその不合理性の一端を指摘したように、税法学的はこれらの租税優遇措置を支えるだけの合理的事実（「立法事実」legislative facts）が存在するかどうかが社会科学的に実証的に問われねばならない。裁判所においても、これらの租税優遇措置について右の立法事実が存在するかどうかが証拠調べによって厳正に審理されなければならない。立法事実の存否が憲法訴訟における「核」である。もしそのような立法事実が存在しないことが明らかになった場合には、応能負担原則に反するものとして違憲とされねばならない。

なお、日本国憲法84条は、単に形式的な租税法定主義を規定するものではなく、租税法律の実質的内容の合理性への要請を含むものである。別な言葉でいえば、租税法律の内容の適正さをも要請するコンセプトである。とすれば、不合理な租税優遇措置は、単に憲法の応能負担原則（憲13条、14条、25条、29条等）に反するだけではなく、憲法84条（租税法律主義）にも反することになろう。

〔1992年12月〕

第2章　司法書士業の法人化とその所得の帰属(1)

1　はしがき

　約17年間も司法書士業を法人の事業として行ってきた．より正確にいえば，司法書士業を行うことを事業目的とする法人をつくり，その司法書士業務の収入と経費のすべてを当該法人に帰属するものとして法人税の納税申告を公然と行ってきた．当の司法書士自身は，当該法人から給与を受けるという関係にあった．約17年後に，課税庁は，司法書士業務の所得はすべて当該法人ではなく当の司法書士個人に帰属するものと認定して課税処分を行った．

　この問題を税法学的にどのように考えるかという困難な問題が存在する．この点に関連して，司法書士法19条は司法書士の業務を「司法書士」の独占業務と規定しているが，この規定の法的意味をどのようにとらえるべきか，という問題も解明される必要がある．

　本件は，目下，広島地裁で争われている．本件の原告は当の司法書士個人であり，被告は税務署長ほか1名である．本件には，以上の所得の帰属をめぐる問題のほかに，当の司法書士個人が行っていた不動産業について青色申告承認取消処分が行われ，同処分の違法性を争う問題も存在した．「現金出納帳」というタイトルをもつ帳簿を備え付けていなかったことが本件青色申告承認取消しの理由とされた．しかし，約17年間も，「現金出納帳」というタイトルをもつ帳簿がなくても，当の司法書士個人はその所得税について誠実に実額納税申告を行ってきた．この青色申告承認取消処分をどのように争えるかが問われているわけである．

　以上に加えて，約17年間も司法書士業の所得を法人に帰属するものとして納税申告が行われてきた事実を法の一般原理である信義則との関係でどのようにとらえるべきか，という問題が存在する．

　以上のいずれも，税法学の基本問題に関する．2002年10月，筆者は，以下のような税法学鑑定所見書をとりまとめた．同鑑定所見書は証拠として広島地裁に提出された．大方のご批判をいただくことができれば，幸いである．なお，納税者側代理人は，鳴戸大二弁護士である．

2　本件青色申告承認取消処分について

　被告税務署長の本件青色申告承認取消処分は，所得税法150条1項1号（帳簿書類の備付け等の不備）を理由にして行われた．そこで，はじめに関係法令について確認しておきたい．

　所得税法150条1項1号が引用する同法148条1項は，「……大蔵省令で定めると

ころにより，同条〔143条〕に規定する業務につき帳簿書類を備え付けてこれに不動産所得の金額，事業所得の金額及び山林所得の金額に係る取引を記録し，かつ，当該帳簿書類を保存しなければならない」と規定している．これを受けて，所得税法施行規則56条以下の規定が設けられている．同規則56条第1項ただし書などの規定に基づき，昭和42年大蔵省告示112号が定められている．すなわち，「所得税法施行規則第56条第1項ただし書，第58条第1項及び第61条第1項の規定に基づき，これらの規定に規定する記録の方法及び記載事項，取引に関する事項並びに科目を定める件」がそれである．

同告示には「現金出納等に関する事項」について記載すべきであるとする項目もある．

原告は，不動産所得については青色申告の承認を受けていた（乙34号証）．原告は，不動産所得に関して，以下のような記録等を行い，保存していた．①原告名義預金通帳に預金取引の内容をその都度，記載していた．②現金取引については，現金支出をした際に領収書を保存してこれを時系列で整理していた．③原告の不動産収入については，別途「家賃管理表」を作成していた．④以上の諸資料等に基づいて，毎年，不動産所得に係る「申告用資料」と題するとりまとめ表を作成していた．

④の「申告用資料」には，各不動産の取得年月日，取得原価，12月末の借入残高，賃貸料収入の額，必要経費としての利息，減価償却費，固定資産税，損害保険料，修繕費，交際費，税理士への支払などのすべての取引が一目で分かるように整然と正確に記録されている．本来であれば，文字どおり，現金出納帳，仕訳帳，総勘定元帳などを備え付けるのが望ましい．しかし，現実にどのような種類の帳簿書類を具体的に備え付けるかは，当該納税者の業種，業態，規模等によって，異なってくる．法の趣旨は，実額申告・実額課税をなしうるに足る，正確な記録と証憑書類を整備しておくことである．さきに紹介した大蔵省告示も「現金出納等に関する事項」の記録を要求するものであって，「現金出納帳」というタイトルをもつ帳簿そのものを要求していない．

原告の不動産業は，6棟であり，うち4棟は各一括貸付け（借主4人）である．そして，うち2棟は各18戸（室）の学生向けのものである．その不動産業の業態は財務会計的にもきわめて簡明であるといえよう．

家賃収入はすべて銀行振込であり，支払も原則として銀行を通じて行われている．それゆえ，経理事務上も「現金出納帳」というタイトルの帳簿を作成する必要がない．一般企業の財務会計の実務においても帳簿への記帳整理は，一定日にまとめて行われるのが通例である．原告が毎年作成している「申告用資料」は，実態的には原告の現金出納帳，総勘定元帳などの機能・性格をもつものといえる．

昭和56（1981）年から，平成9（1997）年3月11日の本件青色申告承認取消処分が行われるまで，以上の記録の備付けにより原告は，青色申告者として正確な実額申告

を誠実に行ってきた。課税庁としても，原告の以上の記録の備付けに何の不都合もなかった。現に，係争年度の不動産所得に関する原告の申告に対しては，青色申告承認取消後においても，その備え付け記録の不備を理由に更正処分は行われていない。

被告税務署長は，原告が単に形式的に「現金出納帳」という名前の帳簿を備え付けていなかったという理由だけで，本件青色申告承認取消処分を行った。これは，税法学的には，所得税法150条1項1号の法的意味の理解を誤ったものであって，本件青色申告承認取消処分は疑いもなく違法である。

3　本件更正処分等について

(1)　原告は昭和56 (1981) 年8月25日に，有限会社S事務所を設立した。同社は，司法書士・土地家屋調査士の業務を事業とするものである。同社の定款には，目的として「①一般事務の代行及び委託業務，②不動産の調査，測量，設計，管理，賃貸借及び仲介，③建物の建築設計及び施行，④各種企業に対する経営の診断及び総合指導，⑤経営指導のための企業管理，経営委託」などと規定されている。同社の登記簿にも以上の目的が記載されてある。

被告税務署長へ提出された同社の「法人設立届出書」（甲1号証）には，「事業の目的」として「一般事務の代行・委託業務」などが記載され，「事業の種類」として具体的に「司法書士業，土地家屋調査士業」と記載されてある。特に注目すべきことがらとして，同届出書には関与税理士として「正路大輔」の氏名なども記載されている。これは，税理士という専門家が関与した手続によるものであることを証明するものである。さらに同社の創立以来の「法人事業概況説明書」（甲2号証以下）によれば「事業内容の特異性」として「土地家屋調査士，司法書士が法人をつくり，同業務を法人で行う」と明記されている。

同社は，創立以来青色申告法人である。同社は，創立以来被告の了解を得て，平成9 (1997) 年3月11日の本件更正処分等が行われるまでは，司法書士業務・土地家屋調査士業務の全収入および全支出を同社の収入・支出として処理してきた。原告らの法的地位は，所定の給与を同社から収受するという関係として処理されてきた。たとえば，司法書士業務についていえば，そのサービスを受けた顧客はすべて同社の銀行口座に手数料などを払い込んだ。原告が同社から収受する所定の給与は，理論的には，通常の法人企業における役員報酬の性質をもったもの（委任報酬分）と使用人給与の性質をもったもの（雇用報酬分）とを混合したものとみられる。いずれの部分も税法上は給与であり，法人所得計算上は損金に算入される。

以上のような事業内容をもった本件有限会社S事務所が，昭和56年に適法・有効に設立された。この事実は，本件においても重く受けとめられねばならない。そしてそのような本件有限会社S事務所をめぐる市民社会秩序が平成9年3月11日の本件更正処分等が行われるまで，約17年間にわたって税務行政を含めて公然と維持され

てきた．

　被告税務署長は，法に基づいて租税の賦課・徴収を行うべき法的職責を担う公的地位にあるが，彼は毎年の原告らの行う納税申告に対しても，また，過去3回に及ぶ法人税・所得税の調査においても，何らの対応（指導・指摘）もしなかった．また，その職権で行うべき更正処分等もまったく行っていない．被告も原告らに関する前出市民社会秩序を公然と認容してきたわけである．これはまさしく「公知の事実」である．

　(2)　被告は，本件更正処分等を行った理由として，所得税法157条または12条を挙げている．両条が本件更正処分等の根拠となるかどうかを税法学的に検討することとしたい．

　有限会社S事務所は，同族会社である．所得税法157条は，同族会社特有の租税回避行為を否認しようとするものである（拙著『現代企業税法論』岩波書店241頁）．被告による本件更正処分等は，要するに，「司法書士業は司法書士法19条により司法書士の独占業務である」ので，原告の司法書士業の所得は本件有限会社S事務所に帰属しないとして行われた．

　このような事情のもとでの本件更正処分等のゆえに，本件更正処分等は，いかにしても，「同族会社特有の租税回避行為」という視点からは合理的に説明できない．本件更正処分等の内容は，そもそも同族会社とは無関係の問題であるからである．したがって，所得税法157条を理由とする本件更正処分等は，疑いもなく違法といわねばならない．

　それでは，所得税法12条から正当化できるであろうか．同条は，「所得の帰属」に関する包括的，一般条項であるので，税法学的には真の法的権利者に帰属するという法的実質主義の規定と解すべきである．別の言葉で表現すれば，経済関係から所得の帰属を認定するという経済的実質主義の規定ではなく，市民生活社会において適法・有効に成立した真の法律関係に基づいて所得の帰属を認定するという規定にすぎない．日本国憲法の租税法律主義（30条，84条）からは，同条を経済的実質主義の規定ととらえることは，許されない（拙著『税法学原論・4版』青林書院117頁．同旨，金子宏『租税法・8版』弘文堂161頁）．

　さきに検討したように，原告の司法書士業務を含む事業を行う法人として，本件有限会社S事務所が設立された．同社は，そのような司法書士業務を行う法人として約17年間も市民生活社会において公然と活動してきた．顧客は，司法書士業務について，法人である同社と契約を結ぶ．同社の事業活動の一環として，「司法書士」という専門資格を有する原告が司法書士法の規定に従って，その実務を行う．以上の事実を法的実質主義を規定したにすぎない所得税法12条をもってしても，否認できない．

　それでは被告の主張する司法書士法19条をどのように理解すべきであろうか（本件は，司法書士法人制度が規定される前の司法書士法下のものである）．同条1項は規定する．「司法書士会に入会している司法書士でない者は，第2条〔司法書士の業

務〕に規定する業務を行つてはならない」．

　これは，あたかも法人である病院の勤務医（当該法人の従業員）が当該「医師」の責任で医療行為を行い，その治療収入が当該法人に帰属するという場合と同じである．司法書士法19条は，登記の代理業務などの司法書士の業務行為は，司法書士会に入会している「司法書士」でなければできないことを規定するものである．司法書士の業務行為は有資格者である「司法書士」の独占業務である．そして，当該業務行為についての専門的職務責任は，当の「司法書士」が負うことになる．しかし，当該業務行為の成果（収入・経費）が誰に帰属するかは，市民生活社会において関係者によって設定されたそれぞれの法律関係によって決まることになる．

　以上によって明らかなように本件更正処分等を所得税法12条から根拠づけることができず，同条による本件更正処分等は，疑いもなく違法である．

　被告は，所得税法37条（必要経費）などの規定を持ちだして，本件更正処分等を根拠づけようとしているといわれる．その意味するところは税法学的に理解し得ない．

　原告を含む本件有限会社Ｓ事務所が適法・有効に存在する以上は，現行法のもとでは，いかにしても同社の所得を原告に帰属するものと認定し得ない．

4　信義誠実の原則について

　(1)　最高裁昭和62（1987）年10月30日第3小法廷判決（判時1629号91頁）は，信義誠実の原則の適用要件として，次のことを判示した．①課税庁が納税者に対して信頼の対象となる「公的見解」を表示していること，②納税者がその表示を信頼し，その信頼に基づいて行動したこと，③後に右表示に反する課税処分が行われ納税者が経済的不利益を受けることになったこと，④納税者が課税庁の右表示を信頼し，その信頼に基づいて行動したことについて納税者の責めに帰すべき事由がないこと．この判示は，税法学的にも妥当といえよう．

　すでに検討したところであるが，約17年間にわたって，公然と，原告がその司法書士業務の成果のすべてを有限会社Ｓ事務所に帰属するものとして申告し，納税してきた．この事実を法の一般原理である信義誠実の原則の観点から，どのようにみるべきかが問われているわけである．

　以下の事実を指摘することができる．

　①有限会社Ｓ事務所の設立当時，原告の顧問税理士正路大輔が，被告の当時の所得税部門担当者と相談している．その結果，司法書士・土地家屋調査士の業務収入・経費をすべて同社に帰属するものとして納税申告をすることの了解を得た．②同社は，昭和56年に被告に法人設立届出書を提出した．その「事業の種類」欄に「司法書士業，土地家屋調査士業」と明記していた．③同社は，同様に被告に提出した設立第1期事業概況説明書に「司法書士，土地家屋調査士で法人を設立．その収入・支出の全額を法人の収入・支出とする」と明記していた．以来，毎年，同趣旨のものが提出さ

れている。④同社は、昭和56 (1981) 年から約17年間にわたり、原告らの司法書士業務等の収入・支出のすべてを同社に帰属するものとして申告し、納税してきた。その間、被告からは、更正処分等もなく、また何らの指導・指摘もなかった。⑤本件更正処分等に係る調査を受けるまで、同社につき2回、原告につき1回、合計3回の税務調査を受けた。しかし、同税務調査においても被告から何らの指導・指摘もなかった。また、更正処分等も行われなかった。

(2) 被告税務署長は、日本国憲法の租税法律主義 (30条、84条) に基づき、厳正に税法を執行する法的義務を有する (国公96条、98条等参照)。

本件に限って指摘すれば、国税通則法24条は、「税務署長は、納税申告書の提出があった場合において、その納税申告書に記載された課税標準等又は税額等の計算が国税に関する法律の規定に従っていなかったとき、その他当該課税標準等又は税額等がその調査したところと異なるときは、その調査により、当該申告書に係る課税標準等又は税額等を更正する」と規定している。被告は、税法の規定に基づいて、職権で増額または減額の更正処分を行うべき法的義務を負っている。本件で問題になっている司法書士業務の収入・支出が有限会社S事務所に帰属するとする納税申告が妥当であるかどうかは、その性質上あえて被告の実地調査を待たなくても容易に判明する問題である。のみならず、被告は前出のごとく3回も実地調査を行っている。

ほんの数年間であればともかく、実に約17年間の長期間にわたる被告の原告らに対する右不作為の事実は、さきに紹介した最高裁判例にいう、課税庁が納税者に対して信頼の対象となる「公的見解」の表示があったとみなければならない。そうみなければ主権者である納税者への、通常の市民感覚をはるかにこえた被告課税庁に係る本件裏切り行為を説明し得ない。

約17年間の長きにわたり、課税庁側も納税者側も、前出有限会社S事務所をめぐる市民生活秩序を課税上も公然と承認してきた。これは繰り返しになるが、まさに「公知の事実」である。この事実は、何人も否定し得ない。

よって、本件更正処分等は法の一般原理である信義誠実の原則違反のゆえに、違法・無効といわねばならない。

〔2002年12月〕

第3章 司法書士業の法人化とその所得の帰属(2)
―― 課税庁側鑑定所見への反論 ――

1 はじめに

　税経新報494号（2002年12月）〔本書第Ⅱ部第2章所収〕に論文「司法書士業の法人化とその所得の帰属」を掲載した．同論文では，次のような事案を扱った．約17年間も課税上は司法書士業法人の所得として扱われてきた事案につき，課税庁は司法書士業務の所得はすべて当の司法書士個人に帰属すると認定して約17年後に課税処分を行った．この事案では「現金出納帳」というタイトルをもつ帳簿を備え付けていないという理由で青色申告承認取消処分を受けた．当の司法書士個人は，その司法書士業以外の所得である不動産所得について青色申告の承認を受けており約17年間も誠実に実額納税申告をしてきた．この事案にはほかに法の一般原理である信義則の法理の適用問題が存在した．この事案は，広島地裁に係属している．同論文で，筆者が2002年10月に同事案に関して広島地裁へ提出した税法学鑑定所見書の概要を紹介している．
　この度，課税庁側から中里実東京大学教授の意見書が提出された．そこで，2003年4月に筆者は同意見書を批判する補充鑑定所見書を広島地裁へ提出した．税法学理論の展開のうえにおいて参考になると思われたので，以下に同補充鑑定所見書の概要を紹介することとしたい．
　なお，この訴訟における納税者側代理人は，鳴戸大二弁護士である．

2 青色申告承認取消処分について

　乙86号証（中里実意見書）で中里実教授は原告がその不動産所得について形式的に現金出納帳等のタイトルをもつ帳簿書類を備え付けていないことそれ自体を重視して，本件青色申告承認取消処分には違法性はないとしている（以下，「所見」という）．後に明らかにするように，同教授は記帳の経験もなく，業種，業態，規模等に応じて展開される多様な財務会計実務への認識・理解もまったくない，単なる形式的な机上の観念論を述べているにすぎない．結論をさきに言えば，税法学の議論に値しない，謬論といわねばならない．
　念のために，青色申告に関する実定法令を確認しておきたい．

所得税法第148条1項

「第143条（青色申告）の承認を受けている居住者は，大蔵省令で定めるところにより，同条に規定する業務につき帳簿書類を備え付けてこれに不動産所得の金額，事業所得の金額及び山林所得の金額に係る取引を記録し，かつ，当該帳簿書類を保存しな

ければならない．」

所得税法施行規則第57条

「①青色申告者は，青色申告書を提出することができる年分の不動産所得の金額，事業所得の金額及び山林所得の金額が正確に計算できるように次の各号に揚げる資産，負債及び資本に影響を及ぼす一切の取引を正規の簿記の原則に従い，整然と，かつ，明りょうに記録し，その記録に基づき，貸借対照表及び損益計算書を作成しなければならない．

1 不動産所得については，その不動産所得を生ずべき法第26条1項（不動産所得）に規定する不動産等の貸付けに係る資産，負債及び資本
2 （略）
3 （略）

②青色申告者は，取引のうち事業所得，不動産所得及び山林所得に係る総収入金額又は必要経費に算入されない収入又は支出を含むものについては，そのつどその総収入金額又は必要経費に算入されない部分の金額を除いて記録しなければならない．ただし，そのつど区分整理し難いものは年末において，一括して区分整理することができる．」

所得税法施行規則第58条1項

「青色申告者は，すべての取引を借方及び貸方に仕訳する帳簿（「仕訳帳」），すべての取引を勘定科目の種類別に分類して整理計算する帳簿（「総勘定元帳」）その他必要な帳簿を備え，大蔵大臣の定める取引に関する事項を記載しなければならない．」

所得税法施行規則第59条

「①青色申告者は，仕訳帳には，取引の発生順に取引の年月日，内容，勘定科目及び金額を記載しなければならない．
②青色申告者は，総勘定元帳には，その勘定ごとに，記載の年月日，相手方の勘定科目及び金額を記載しなければならない．」

　以上で明らかなように，法は正規の簿記の原則に従い，整然と，かつ，明りょうに記録しその記録に基づき，納税申告の基礎になる財務諸表を作成することを要請している．所得税法施行規則58条が，取引を借方，貸方に仕訳することを要求しているが，これは，正規の簿記の原則の典型である複式簿記を念頭に置いて，発生主義の原則，実現主義の原則，費用収益対応の原則，継続性の原則などの企業会計原則に基づく記録を行うという趣旨である．そのためには，本件不動産貸付業が通常の業態，規模等であれば，甲114号証（税経新報494号に紹介した北野弘久鑑定所見書）にも述べたように，形式的にも現金出納帳，仕訳帳，総勘定元帳などのタイトルをもつ帳簿を備え付けるのが望ましい．

　しかし，たとえば，不動産貸付業の場合において賃貸不動産はビル1棟であり，か

つ，貸付相手方が1社だけというような場合には，財務会計の実務においては，いちいち現金出納帳，仕訳帳，総勘定元帳などを形式的にぎょうぎょうしく備えるまでもない．むしろ，財務会計実務上，そうしたタイトルの帳簿は不必要であり，無駄である．大切なことは，そのようなタイトルの帳簿を備え付けることではなく，いわゆる発生主義会計に基づく記録を正確に当該企業なりの方法で一貫して継続的に行うことであり，そして法の要請する実額所得額を計算し，申告することである．

本件原告についていえば，甲114号証でも明らかにしたように，その不動産貸付業の業態，規模等に応じた帳簿書類を備え付け，保存していた．原告の「預金通帳等」，「家賃管理表」，「申告用資料」などのタイトルの帳簿書類は，原告の事業にとっては法の要求する現金出納帳，仕訳帳，総勘定元帳等そのものに該当する．税法学的には原告は，法の要求する帳簿書類を備え付け・保存していたと言わねばならない．

課税庁が，原告が「現金出納帳」というタイトルの帳簿を備え付けていなかったことを理由に，本件青色申告承認取消処分を行った．原告は，「簡易簿記」による簿記方式で，かつ，備え付け帳簿としては「現金出納帳」のみをもって，本件青色申告の承認を受けていた（乙34号証）．原告は，「現金出納帳」というタイトルの帳簿をもっていなかったが，甲114号証などで明らかなように，実質的に法の要求する現金出納帳等を備え付け・保存していた．それゆえ，本件青色申告承認取消処分が行われるまで，実に約17年間にわたり，法の要求する帳簿書類を備え付け・保存していたものとして，課税庁も原告を青色申告者として処遇してきたわけである．今回，本件青色申告承認取消処分が「現金出納帳」というタイトルの帳簿を備え付けていないことを理由に行われたが，そのようなタイトルの帳簿がなくても，課税上は何の不都合も課税庁側にも原告側にも生じていなかった．事実，課税庁は，本件青色申告承認取消処分後においても，原告の不動産所得金額について何の更正処分も行っていない．これは，本件青色申告承認取消処分前においても同処分後においても，すでに明らかにしたように，原告は事実において，実質的に法の要求する現金出納帳等を備え付け・保存していたからである(注)．

本件青色申告承認取消処分は，所得税法150条1項1号の法的意味の理解を誤って行われたものであり，同取消処分は，課税庁による権力の乱用であり，疑いもなく違法である．なお，中里教授は，金子宏『租税法』を引用・紹介しているが，そこでの説明はあくまで一般論であり建て前論であって，本件諸事実に即した反論とはなっていない．同教授は，このように初歩的な議論の仕方すら，承知しておられない．

  （注）　被告は，「現金取引の年月日，事由，出納先及び金額並びに日々の残高」の記載がなければ現金出納帳とは言えないと主張している．甲第114号証〔2002年10月北野弘久鑑定所見書〕で明らかにしたように，原告の不動産貸付業の全収入については原告名義の預金通帳において日々の取引がすべて記載されてある．賃貸料は1件を除き現金で収

受することはまったくなく，すべて銀行の預金口座への振り込みの扱いとなっている．原告の不動産貸付業についての支払いも原則として預金口座から引き落とされ，同預金通帳において日々の取引がすべて記載されてある．現金による支払いはきわめて例外的であるが，その支払いのすべてについて領収書を保存していて，しかもそれらを時系列できちんと整理していた．これにより，日々の取引がすべて記録されていることになるわけである．以上を1つの帳簿に転記・整理しなくても，法の要求する現金取引の年月日，事由，出納先及び金額並びに日々の残高が，原告の帳簿書類上明白である．

現実に備え付ける帳簿書類の態様は，各納税者の業種，業態，規模等によって多様である．大切なことは，帳簿書類はあくまで実額申告・実額課税のための手段であって，目的それ自体ではないという点である．被告の主張は，現金出納帳の形式的整備それ自体を重視するものであって，民主的税務行政のあり方に鑑み，常識ではとうてい理解し得ない本末転倒の議論をしているといわねばならない．所得税法150条1項1号または2号により，青色申告の承認の取消しができるのは，当該帳簿書類の備え付け等では適正な納税申告ができない不備があると認められる場合（1号），または当該帳簿書類につき税務署長の指示に従わないときは適正な納税申告ができないと認められる場合（2号）である．原告の不動産貸付業の業態，規模等に鑑み，原告の備え付ける本件帳簿書類には所得税法第150条1項1号，2号に該当する事情はまったく存在しない．

3 本件更正処分等について

所見は，「クライアントとの委任契約は，原告個人の名義で結んでいる．したがって，クライアントからの司法書士業務報酬が，訴外有限会社の口座に振り込まれているのは当該有限会社が代理人ないし使者として受領していることを示すだけのことであり，当該有限会社に帰属することを示すものではない」と述べている．また所見は，徳永秀雄の「解説」を根拠に，本件司法書士業の所得は有限会社Sではなく原告個人に帰属すると述べている．

甲114号証でも指摘したように，司法書士法19条は，本件当時，司法書士会に入会している司法書士でない者は司法書士業務を行ってはならないと規定するものであって，これは司法書士業務のような専門的業務は司法書士会に入会している「司法書士」という有資格者が行うべきであるとする当然のことを規定したものであって，同条はそれ以上のことを規定したものではない．

原告は，適法・有効に設立された有限会社Sの業務の一環として司法書士業務を行っているにすぎない．クライアントは，同社と契約を結びその報酬を同社の銀行口座に振り込む（甲116号証の1, 2）．所見は「クライアントとの委任契約は，原告個人名義で結んでいる」と述べている．これは，「委任状」（甲117号証の1, 2）のことを指してそのように述べたものと推察される．原告宛の「委任状」の趣旨は，司法書士業務のごとき専門的業務は「司法書士」である原告個人の責任で行うというだけのことで，それ以上の意味を有するものではない．原告は，同社の業務の一環としてクライ

アントと契約を結び，しかし，その専門的責任は原告個人が負うという趣旨の「委任状」である．それゆえ，同社の業務の一環として行われた原告の業務活動の成果（報酬）はすべて原告個人ではなく，同社の銀行口座に振り込まれ，同社の収入となるわけである．

　本件当時の司法書士法は，司法書士が法人を設立することを明文では禁止していない．司法書士法19条は，あくまで司法書士業務のような専門的業務は司法書士会に入会している有資格者（司法書士）がその責任で行うべきであると規定するものにすぎず，その所得（司法書士業務報酬）が適法・有効に設立された同社に帰属するとする本件市民法律関係を否定することを意味しない．原告の司法書士業務の成果が約17年間にわたり有限会社Sに帰属するものとして扱われてきた．クライアントもそのことに納得して，同社の銀行口座に司法書士業務の報酬を振り込んでいるわけである．甲114号証で明らかにしたように，以上の事実は，対課税庁の関係においても約17年間にわたり公然と行われてきた．課税庁に提出された「法人設立届出書」（甲1号証），「法人事業概況説明書」（甲2号証など），法人税申告書（乙4号証など）などで明白である．

　所見は，「クライアントと原告個人との間の契約」と述べているが，これは本件委任状の趣旨を誤解するものであって，本件にとってきわめて重要な事実についての事実誤認である．「訴外有限会社は，リース取引を用いた『節税商品』を購入しており……」という所見の指摘は，本件事実関係を右の事実誤認に基づき創作したものである．

　以上，クライアントを含む本件市民取引関係が約17年間も公然と行われてきた．当該市民取引のことは，課税庁に対しても約17年間にわたり，公然と提示されてきた．

　以上の諸事実を税法のいかなる条項によって課税庁は否認できるであろうか．

　所見において中里教授は，前出の徳永秀雄の「解説」を引用するだけで，その法的根拠をまったく示しておられない．とうてい税法学的評価に耐えうる所見とはなっていない．

4　信義誠実の原則について

　所見は，本件には課税庁からの「公の見解」の表示がないので，信義則の適用の対象にはならないと主張している．確かに，形式的には「公の見解」の表示はない．また，申告是認の扱い自体は一般には「公の見解」の表示とはいえない．その意味では，形式論からいえば，所見の述べるとおりである．しかし所見は，本件の実態，諸事実の特殊性をまったく見ようとしない議論であるといわねばならない．

　甲114号証でも詳論したように，申告納税制度のもとでは，課税庁は納税者の行った納税申告を法の規定に基づいて是正すべき法的義務を負っている（税通24条，国公

96条,98条等参照).課税庁は,約17年間も本件納税申告に対して何の行政指導も更正処分等の行政処分も行っていない.被告側の主張を肯定する立場に立って本件更正処分等を見た場合,以下のような何人も否定できない本質論的な疑問の存在が指摘されねばならない.すなわち,課税庁が本件納税申告が違法であり,とうてい是認できないというのであれば,なぜに約17年間も何の行政指導も更正処分等の行政処分も行わず,本件納税申告を放置してきたのか.その間,3回も税務調査を行っている.まさに,約17年間もの長期間にわたる課税庁の「不作為」が存在するといわねばならない.申告納税制度のもとにおいて,善良な納税者にとっては,約17年間にわたる長期間の課税庁の「不作為」は単なる「申告是認」ではなく,まさしく本件納税申告の扱いを肯定する課税庁からの「公の見解」の表示があったものと受けとらざるを得ない.これが社会の感覚であり常識である.もし,そういう「公の見解」の表示があったとすることが妥当でないというのであれば,課税庁の本件「不作為」は,善良な納税者に対する詐欺的行為であるといわねばならない.中里教授の指摘は,このような当然の,本質論的疑問にまったく応えるものではなく,まったく説得性をもたない形式論であり,謬論である.とうてい学問研究者の所見とはいえない.

なお,所見において中里教授は「司法書士業務からの所得が有限会社に帰属する」ということ自体が誤りであり本件は「納税者の信頼が保護に値する場合に該当しない」とも述べている.しかし,本件当時の司法書士法の下においては,すでに明らかにしたように,本件司法書士業の所得が適法・有効に設立された有限会社Sに帰属するとする考え方も否定できないところであり,さればこそ専門家である税理士が関与したうえでの本件税務関係が,対課税庁との間にも約17年間も維持されてきたわけである.中里教授の所見の指摘は本件には妥当しない.率直にいうことが許されるならば,同指摘は本件の諸事実を直視しないで,単に皮相な観念的一般論を述べるものにすぎず,とうてい税法学的批判に耐えうるものではない.

〔2003年9月〕

【付 記】

2004年7月28日に広島地裁は原告の請求をすべて棄却する判決を下した.

第4章　所得税法59条（みなし譲渡規定）の違憲性

1　はしがき

　所得税法59条は，資産を贈与等をした場合の「みなし譲渡」の規定である．同条は，法人に対して贈与，低額譲渡をした場合に，時価による資産の譲渡があったものとして譲渡側に譲渡所得税を課税することとしている．社会福祉法人Sが認可され設立された．しかし，設立後，施設建設に不可欠な補助金が交付されないこととなり，Sは解散に追い込まれた．しかし，SにK（個人）〔控訴人・原告〕が資産を贈与したが，その贈与に所得税法59条が適用され，多額の譲渡所得税が贈与者Kに課税された．この課税処分取消訴訟が東京地裁を経て，目下，東京高裁に係属している．平成16（2004）年1月21日東京地裁判決は，Kの請求を棄却した．
　筆者は，このほど東京高裁に提出するために，以下の税法学鑑定書をとりまとめた．筆者は，この機会に所得税法59条の規定の根拠について，税法学的に立ち入って検討してみた．検討の結果，諸事情を問わないで一律に画一的に「時価によるみなし譲渡」規定を譲渡側に適用することを強制する所得税法59条は，憲法14条（不合理な差別）と29条（財産権の侵害）に違反し違憲とした．また，社会福祉法人などの公益法人等には通例は法人税の課税問題は生じない．一般に資産の所有者の手から離れる際に，キャピタル・ゲインに対する課税を行うことを肯定する立場（増加益清算説）にたって考えた場合には，「みなし譲渡」規定を適用しないことは「課税延期」を行うことを意味する．対公益法人等の取引にも所得税法59条（「みなし譲渡」）を適用するということは「課税延期」を行わないことを意味する．社会福祉法人などの公益法人等には所定の収益事業を行わない限り課税問題は生じない．つまり，社会福祉法人などには通例，法人税の課税問題は生じないわけである．社会福祉法人などに「課税延期」を行ったとしても，その「課税延期」後においてそもそも法人税の課税問題は生じないので，どうしても所得税法59条の「みなし譲渡」を適用して「課税延期」を行わないこととしなければならないだけの合理的な理由は存在しない．結論としてKから社会福祉法人Sへの贈与にも所得税法59条を適用してKに課税することは，「適用違憲」（憲14条，29条違反）を構成するとした．また，補助金の交付がなされなかったことや贈与者にすぎないKに多額の譲渡所得税が課税されることなどは，Kにとっては本件贈与契約の要素の錯誤を構成し本件贈与契約は無効になるとした．
　鑑定書でとりまとめた所得税法59条の違憲性についてはそれまで，Kから主張されておらず，拙鑑定書においてはじめて主張するものである．これはKの代理人の1人である米澤幸子弁護士から本質論的視角から同条の税法学的検討を依頼されての，検討の結果である．学界では従来，所得税法59条をキャピタル・ゲイン課税の当た

り前の規定であるととらえがちであった．所得税法59条をめぐる問題は，この際，学界を挙げて根本的に検討してみる必要があるように思われた（この点，黒川功「日本税法学の方法と反省」『租税理論研究著書7』谷沢書房1997等が金子宏教授の増加益清算説の非科学性をきびしく指摘していたことが注目される）．また本件における要素の錯誤に基づく契約の無効の主張は実務においても参考になろう．

本件の納税義務者Kの代理人は，米澤幸子，三井陽子，大島眞人の各弁護士である．

2 所得税法59条の不合理性・違憲性

(1) 現代税法は，人々の形成する市民生活秩序を前提にしている．人々がその市民生活において行った行為・取引が適法・有効である限り，課税上も当該行為・取引を尊重しなければならない．契約自由の原則などを内容とする現代法のもとで，議会が当該適法・有効な行為・取引を課税上否認しようとする場合には，そうするだけの積極的な合理性がなければならない．この点は，本件で問題になっている所得税法33条の譲渡所得に対する課税のあり方にも，そのまま妥当する．

所得税法33条で規定する資産の譲渡所得に対する課税の性質については，キャピタル・ゲイン（capital gains），すなわち所有資産の価値の増加益をその資産の所得者の手を離れる際に課税しようという，いわゆる増加益清算説が有力学説として示されている．この学説によれば，所得税法33条の資産の譲渡は，有償，無償を問わないとされる（金子宏『租税法・9版』弘文堂216頁）．

右の増加益清算税は確かに譲渡所得というものの本質的性格を説明するうえにおいて有益である．しかし，無償譲渡を含むとする右の所得税法33条の解釈は，次のように，税法学的には誤りである．すなわち①所得税法33条の予定している資産の譲渡は，前出の市民生活秩序における人々の日常的行為・取引（資産の売買等の有償譲渡）である．②所得税法59条（贈与等の場合の譲渡所得等の特例），同60条（贈与増により取得した資産の取得費等）の規定は，疑いもなく所得税法33条を修正する創設規定である．同33条が無償譲渡を含むとする学説では，これらの創設規定の存在を説明し得ない．③その資産の所有者の手を離れたからといって，それだけでは，いまだ「所得」（income）として「実現」（realized）しているとはいえない．現実に課税対象とするには売買等によって「所得」が「実現」していなければならない．値上り益が具体的に「実現」しない限り，それは担税力を有しないし，課税対象になり得ない．日本国憲法の応能負担原則（憲13条，14条，25条，29条等）の趣旨に鑑みても（拙著『税法学原論・5版』青林書院137頁以下），所得税法33条の資産の譲渡所得は，売買等の有償譲渡によるものに限られるとみなければならない．

ところで，所得税法59条が贈与等の場合の「みなし譲渡」を規定しているが，この規定に税法学的に果たして合理性が存在するのであろうか．

第4章　所得税法59条の違憲性

　所得税法59条1項は，2つの場合の「みなし譲渡」を規定している．同項1号は「贈与」の場合であり，同項2号は「低額譲渡」の場合である．

　(2)　後者の「低額譲渡」（所税59条1項2号）を否認する規定は，税法学上は租税回避行為（Steuerumgehung）を否認する規定とみなければならないであろう（拙著『税法学原論・5版』青林書院127頁以下，215頁以下）．低額売買を時価による売買があったものとして，譲渡所得額を計算し，課税しようとするものであるからである．もし，そうであるとすれば，時価の2分の1に満たない取引を，諸事情を問わないで一律に画一的に時価に置き換えて「譲渡があったものとみなす」（所税令169条参照）ことに，果たして合理性があると言えるであろうか．人々の市民生活秩序においては契約自由の原則等が支配している．市民生活における人々の感覚では当該売買が時価を著しく下回っていたとしても，それが市民生活法上適法・有効である場合には，課税上やむを得ないように思われる．課税上もそのような売買が行われたという市民法的事実を尊重しなければならない．この場合，譲渡側には当該低額分の「所得」はいまだ「実現」していない．憲法の応能負担原則の趣旨に鑑み譲渡側に対して所得税を課税しなければならない理由はまったく存在しない．

　もし，個人からの低額売買について受入れ側に当該低額分の「受贈益」が存在するとみられる場合には，現行税法は，次の措置を講ずることとしている．すなわち，受入れ側が個人の場合には，受贈益分につき「みなし贈与」（相税7条）として当該受入れ側に贈与税を課税する．受入れ側が営利事業を行う普通法人（会社等）の場合には，法人税法上「受贈益」（法税22条2項参照）として益金に算入し当該受入れ側に法人税を課税する．市民生活における人々の課税上の衡平感も，以上の措置によって確保されるものとみてよい．ことさら，「所得」がいまだ「実現」していない譲渡側に対してキャピタル・ゲインだからといって，時価による売買があったと「擬制」して課税することを合理的に説明することは困難である．

　前者の「贈与」（所税59条1項1号）の場合にはどのようにして説明されるのであろうか．当該贈与が市民生活法上適法・有効に行われた以上，課税上も適法・有効な贈与が行われたというその市民法的事実を尊重せざるを得ない．それが真実，贈与であるならば，もとより当該贈与は無償譲渡である．贈与側には税を負担しなければならない「所得」はまったく「実現」していない．市民生活における人々の感覚としては，個人からの贈与について，その受贈者が個人の場合には当該受贈分に贈与税が課税され（相税1条の4，2条の2），その受贈者が営利事業を行う普通法人（会社等）の場合には当該受贈分に法人税が課税される（法税22条2項参照），というだけで人々の課税上の衡平感も確保されるものとみてよい．

　譲渡側に対して譲渡所得税を課税することについては，後者の「低額譲渡」（所税59条1項2号）の場合以上に，前者の「贈与」（所税59条1項1号）の場合には人々を説得することが困難である．

97

以上のように，所得税法59条については，人々の市民感覚からいえばこれを合理的に説明することが困難である．契約自由の原則などを建前とする現代法生活において人々が行った適法・有効な「贈与」，「低額譲渡」を諸事情を問わないで一律に画一的に否認し時価による「有償譲渡」があったとみなすことに合理性はまったく存在しない．それゆえ，現実に存在しない「時価による有償譲渡」なるものを一律に画一的に「擬制」する所得税法59条の規定は，憲法14条（不合理な差別），同29条（財産権への侵害）に違反するものといわねばならない．同条はこのように「法令違憲」のゆえに，違法・無効である．

(3) 以上の「法令違憲」の問題は，いま別としてさらに検討をすすめよう．

現行法は，法人への「贈与」，法人への「低額譲渡」に限って，譲渡側に「みなし譲渡」として譲渡所得税を課税することとしている．

資産の所有者の手から離れる際にキャピタル・ゲインとして課税するという考え方に立てば，現行法が個人への「贈与」，個人への「低額譲渡」には譲渡側に「みなし譲渡」として扱わないこととしていることは，それだけ「課税延期」を行うことを意味する．

仮に100歩譲って，資産の所有者の手を離れる際に，一律に画一的に時価に置き換えてキャピタル・ゲインに対して所得税を課税することに合理性があるとした場合，現行法が対法人に限って「みなし譲渡」の扱いをしたこと，別の言葉で言えば対法人に限って「課税延期」を行わないこととしたことをどのようにみるべきであろうか，という疑問が生ずる．「課税延期」を行うとした場合，対法人の取引についてはそれに続く取引の課税関係が所得税法で規定する所得税のレベルを超えるものとなるところから，つまり法人税法で規定する法人税のレベルの問題，いわば別税目のレベルの問題となるところから，対法人に関する取引に限って，「みなし譲渡」としてキャピタル・ゲインの課税を清算し，「課税延期」を行わないこととしたものと解される．

もしそうであるならば，本件で問題になっている「S」という社会福祉法人などの公益法人等（法税2条6号，別表2）に対する贈与，低額譲渡にまであえて「みなし譲渡」の取扱いを行い，そして「課税延期」を行わないこととしなければならないことにはならない．

思うに，社会福祉法人などの公益法人等は，法人税法上は収益事業（法税2条13号，法税令5条）を行わない限り，法人税は課税されない（法税4条1項ただし書，7条）．つまり，社会福祉法人などには通例，法人税の課税問題は生じない．社会福祉法人などに「課税延期」を行ったとしても，その「課税延期」後においてそもそも法人税の課税問題は生じないので，どうしても所得税法59条「みなし譲渡」を適用して「課税延期」を行わないこととしなければならないだけの合理的な理由は存在しないことになるわけである．

以上，要するに，通例，法人税のレベルでは課税関係が生じない対公益法人等の取

引については,「課税延期」をするかどうかはおよそ問題にはならない.このようにみてくると,本件社会福祉法人に所得税法59条の規定を適用することに合理性がないといわねばならない.このことに加えて,とりわけ本件については次のような重大な諸事実が存在したことを具体的に法の適用にあたって考慮するべきである.

すなわち,①社会福祉法人Sは,山梨県知事の認可を得て設立された.しかし,国,山梨県,富士吉田市からの補助金が交付されないこととなった.それゆえ,事業開始が不能となった.Sは建設工事を中止し解散するに至った.別訴において本件所得税の課税対象になった,Sへ贈与された控訴人(K)の資産の譲渡行為が無効とされ,控訴人の所有権移転登記抹消請求も認諾された.②控訴人は,そもそも社会福祉法人という公益法人等への贈与について贈与者側に譲渡所得税が課税されるとは夢にも思っていなかった.この控訴人の認識は一般の市民感覚としては正常である.贈与した贈与者側には贈与により資産の「損失」こそ生じ,いかなる経済的利益も生じないからである.もとより租税特別措置法40条(国等に対して財産を寄附した場合の譲渡所得等の非課税)で規定する国税庁長官の承認手続の存在を知る由もなく,控訴人は当該手続を取っていなかった.もっとも後日,本件関係者が同手続を取ろうと課税庁へ出向いて相談したが,その段階ではSはすでに建設工事を中断していて,承認手続を取ることができないとされた,という事実が存在した.

以上,対社会福祉法人一般に加えて,本件の社会福祉法人のような結局,解散等をせざるを得ない諸事情のあるものへの無償譲渡(贈与)に対して,所得税法59条を適用することは,疑いもなく「適用違憲」(憲14条,29条違反)を構成し,違法といわねばならない.

なお,鑑定人のように,社会福祉法人のような公益法人等に所得税法59条を適用することは「適用違憲」を構成するとする所見に対しては,一般に租税回避防止の観点から危惧が寄せられるかも知れない.現行法のもとでは,この点については相続税法65条(特別の法人から受ける利益に対する課税),66条4項(人格のない社団又は財団等に対する課税規定の公益法人等への準用)の措置によって対処すればよいであろう.

3 本件贈与契約の錯誤に基づく無効

(1) 本件社会福祉法人の設立は,国,山梨県,富士吉田市からの補助金を受けることを当然の前提としていた.補助金を受けられなければ,本件社会福祉法人に必要な特別養護老人ホームなどの老人介護施設を建設することができない.設立認可された本件社会福祉法人も必要施設が建設されなければ,解散せざるを得ない.控訴人は,当然に補助金の交付があり,本件社会福祉法人が必要施設を建設して所期の活動を行うものとして本件贈与契約を締結した.

それゆえ,上記補助金が交付されないことになれば,控訴人も当然に本件贈与契約

を締結しなかったはずである．補助金不交付は本件贈与契約の錯誤を構成する．

　この点，東京高裁平成2年3月27日判決・判例時報1345号78頁において，不動産契約において代金の関連方法として予定された財形融資を受けられなかったことが要素の錯誤を構成するとしたことが参考となろう．

　ゆえに，控訴人の本件贈与契約は要素の錯誤により無効である．

　(2)　すでに指摘したように，市民生活における人々の感覚では，一般には資産の贈与をした場合には贈与を受けた側に当然に贈与税等の課税問題が起こり，贈与をした側によもや所得税の課税問題が生じるとは夢にも考えられないことがらであった．これは正常な市民感覚である．とりわけ本件は社会福祉法人という公益法人等への贈与であるだけに，控訴人である贈与側はますます「不課税」との確信をもっていた．贈与者である控訴人に多額の譲渡所得税が課税されるということであれば，控訴人は本件贈与契約を締結しなかったはずである（以上，補助金交付問題を含めて，平成15年6月3日付H証人尋問調書，H陳述書（甲24号証），K陳述書（甲28号証）など）．

　この点，最高裁平成元年9月14日判決・判例時報1336号93頁が，協議離婚に伴う財産分与において分与側に譲渡所得税が課税されるということを知らなかった事案について，錯誤による分与契約の無効を認めたことが参考となろう．

　ゆえに，控訴人の本件贈与契約は要素の錯誤により無効である．

4　結　　語

　以上，要するに，諸事情を問わないで一律に画一的に「みなし譲渡」の適用を強制する所得税法59条は憲法14条（不合理な差別），29条（財産権への侵害）に違反し，無効である（「法令違憲」）．また，右の法令違憲をいま措くとして，通例，課税問題の生じない社会福祉法人のような公益法人等，とりわけ解散等に追い込まれた本件社会福祉法人Sへの控訴人の本件贈与行為に所得税法59条を適用することは，「適用違憲」（憲14条，29条違反）を構成し，違法と言わねばならない．また，補助金の交付が受けられなかったことおよび贈与者にすぎない控訴人に多額の所得税が課税されるということなどは，控訴人の本件贈与契約の要素の錯誤を構成し，本件贈与契約は違法・無効であると言わねばならない．

　それゆえ，控訴人に対する本件課税処分は，全部，取り消さねばならない．そうでなければ，著しく正義に反する．

〔2004年6月〕

【付　記】

　その後，東京高裁2004年9月14日判決は，本件控訴を棄却した．

第5章　政党への遺贈と課税問題

1　はじめに

『日本資本主義発達史』の研究で著名な故野呂栄太郎氏の夫人故塩沢富美子氏が，日本共産党に対してその財産の一部を遺贈した．この遺贈が包括遺贈に該当するとして，税務署長は，同遺贈について所得税法59条（贈与等の場合のみなし譲渡所得）を適用して遺贈者側の譲渡所得税を日本共産党に対して課税した．この課税処分の取消し訴訟が，目下，東京地裁に係属している．この度，筆者は，東京地裁へ提出するために，以下のような鑑定所見書をとりまとめた．税法学理論の研究のうえにおいても参考になると思われるので，紹介することにした．

〈遺贈の概要〉

故塩沢富美子氏は1990年12月24日付自筆証書遺言を作成．この自筆証書遺言は，1991年7月29日東京家庭裁判所で検認手続を経た（平成3年家第6252号・遺言書検認審判事件）．その概要は次のごとくである．

①遺産の土地のうち相続人の一人である訴外伊津節子にたいし同人名義の建物の敷地とその道路（2メートル幅）を譲る．

②右第1項以外の不動産および野呂栄太郎関連の資料類などはすべて日本共産党に寄付する．

③相続人訴外伊津節子が1項の土地を取得できるように日本共産党で十分配慮してほしい．

④遺言執行人として宇野三郎（日本共産党中央委員会社会科学研究所所長）を指定する．

本件の納税者側代理人は，坂本修，加藤健次，小林亮淳，鶴見祐策らの各弁護士である．

2　政党への遺贈と課税関係

政党は，日本国憲法の国民主権と議会制民主主義を担保する基底的制度である．本件当時においても政治資金規正法（昭23法194），公職選挙法（昭25法100）などにおいて政治団体としての政党について法的規制が存在した．現在では政党については，政党助成法（平6法5），政党交付金の交付を受ける政党等に対する法人格の付与に関する法律〔政党法人化法〕（平6法106）などに法的規制が存在する．

本件では，故塩沢富美子氏が戦前からの公党である日本共産党に対して遺贈した故塩沢氏の遺産に係る課税関係が問題になっている．政党への遺贈財産は相続税法12条1項3号により相続税の非課税財産を構成する．同法21条の3第1項3号にも同

趣旨の規定があり，政党への贈与財産は贈与税の非課税財産を構成する．この点について税法学的に検討を加えておきたい．

相続税法12条1項3号は「宗教，慈善，学術その他公益を目的とする事業を行う者で政令で定めるものが相続又は遺贈により取得した財産で当該公益を目的とする事業の用に供することが確実なもの」を相続税の非課税財産と規定している．この規定を受けて相続税法施行令2条は，「〔相続税〕法第12条1項3号〔相続税の非課税財産〕に規定する宗教，慈善，学術その他公益を目的とする事業を行う者は，もっぱら社会福祉事業法（昭和26年法律第45号）第2条〔定義〕に規定する社会福祉事業，更生保護事業法（平成7年法律第86号）第2条第1項〔定義〕に規定する更生保護事業，学校教育法（昭和22年法律第26号）第1条〔学校の定義〕に規定する学校を設置し，運営する事業その他の宗教，慈善，学術その他公益を目的とする事業で，その事業活動により文化の向上，社会福祉への貢献その他公益の増進に寄与するところが著しいと認められるものを行う者とする．ただし，その者が個人である場合には〔相続税法施行令2条〕第1号に掲げる事実，その者が〔相続税〕法第66条第1項〔人格のない社団又は財団等に対する課税〕に規定する人格のない社団又は財団（以下本条において「社団等」という．）である場合には〔相続税法施行令2条〕第2号及び第3号に掲げる事実がない場合に限る．〔各号省略〕」と規定している．本件では遺贈を受けた日本共産党が相続税法施行令2条にいう「公益の増進に寄与するところが著しいと認められるものを行う者」に該当するかどうかということになる．注意すべきことは，相続税法12条1項3号が受遺者を法人に限定しないで，個人，人格のない社団等を含めている点である．さきに指摘したように日本共産党は伝統のある公党であり，同党が国民主権と議会制民主主義を基調とする日本国憲法秩序を担保する公益的活動を行っていることについては証明を必要としない．本件当時，同党は法人格を有せず人格のない社団であったが，相続税法施行令2条2号，3号の非課税適用排除条項に該当しないことについても疑いをいれない．

この点に関連して，国税庁通達自身が，つぎのような取扱いを指示している．「政治資金規正法の適用を受ける政党，協会その他の団体が政治資金として金銭，物品，その他の財産上の利益を取得した場合　イ　個人からの贈与によって取得した金銭，物品，その他の財産上の利益については，その政党，協会その他の団体が〔相続税〕法第21条の3第1項第3号の公益を目的とする事業を行う者に該当し，かつ，その取得した財産を政治資金に供することが確実であるときは，課税価格に算入しないこと．ロ　法人からの贈与によって取得した金銭，物品その他の財産上の利益については，〔相続税〕法第21条の3第1項第1号に該当するから課税価格に算入しないこと」（相税基達21の3-9(2)）．「公益を目的とする事業のうち，事業の種類，規模及び運営がそれぞれ次の(1)から(3)までに該当すると認められる事業は，『公益の増進に寄与するところが著しいと認められる事業』に該当するものとして取り扱う．(1)事業の種類

イ〜チ〔省略〕 リ 政治資金規正法（昭和23年法律第194条）第3条（定義等）に規定する目的のために政党，協会その他の団体の行う事業〔以下略〕(2)〔以下略〕(3)〔以下略〕」（昭和39直審（資）24，昭和39直審（資）45，昭和55直資2-182，昭和57直資2-177，昭和58直資2-105，平成元直資2-209，平成4課資2-158個別通達）．

右通達に照らしても故塩沢氏から日本共産党へ適法・有効に遺贈された本件財産は相続税の非課税財産を構成することは明らかである．

したがって，故塩沢氏を被相続人とする相続問題については相続人である伊津節子氏らの相続税納税申告書提出とその相続税額の納税だけが課税問題としては問題となるにすぎない．一方，遺贈を受けた日本共産党は，本件当時，人格のない社団であったとしても，本件遺贈により同党が本件財産を収受することは法人税法上収益事業（法税2条13号，法税令5条）に該当しないので法人税の課税問題もまったく生じない（法税4条1項，7条）．

所得税法59条は，居住者（個人）が法人（所得税法4条の規定により人格のない社団等を含む）へ資産を遺贈した場合には，みなし譲渡所得が生ずると規定している(注)．さきにも検討したように，故塩沢氏から日本共産党への本件遺贈に係る本件財産は相続税法上非課税財産を構成し，同財産は何の別段の手続を必要としないで当然に相続財産から除外されることになっており，かつ同財産を収受した日本共産党は本件遺贈の趣旨に従って同財産を公益活動のみの利用に供することが疑いもなく明らかであり（同財産を収受後，将来においても同財産に関連して同党に対して法人税の課税問題を論じなければならないことはまったく予想され得ない），さらに後記3，4で明らかにしているように本件遺贈のもつ主権的権利行使（主権者である塩沢氏から公的政党への政治献金）という憲法的性質に鑑み，同財産に含まれている未実現のキャピタル・ゲインに対して遺贈を機会に課税しなければならない合理的理由もまったく存在しないのであって，したがって，同財産の譲渡は所得税法59条の資産の「遺贈」を構成しないとみなければならない．それゆえ，本件遺贈に関連して所得税法59条のみなし譲渡所得を論ずる必要性はまったく存在しない．

(注) 所得税法59条の趣旨について
所得税法では，贈与，遺贈等の資産の移転があった時点で，同資産に含まれているキャピタル・ゲインが実現したものとして，贈与者，遺贈者側に譲渡所得に対する所得税を課税する建て前がとられてきた．現行法は，個人間の贈与，遺贈等については右のキャピタル・ゲインに対する所得税の課税を繰り延べることとして，所得税法59条の適用を排除している．しかし，個人から法人宛に行われた贈与，遺贈等については所得税法59条を適用することとし，贈与者，遺贈者側に当該キャピタル・ゲインに対して所得税を課税することとしている．これは，所得税と法人税とは別個の課税体系になっており，かつ課税の機会を失するおそれもあるところから，法人宛の贈与，遺贈等について，所得税の課税繰り延べを行うことは妥当でないとみられているからである．本件遺贈に

第II部　個人所得課税

ついては，本文で述べた3つの理由からいって，遺贈者側に本件遺贈財産に含まれているキャピタル・ゲインに対して所得税を課税しなければならない合理的理由は，まったく存在しない．

3　政党への政治献金と課税関係

主権者である個人の政治献金は，憲法上主権者固有の主権的権利である参政権行使の重要な手段である（憲1条，15条，16条，41条，43条，44条等．拙著『憲法と税財政』三省堂263頁以下，同『現代法学者著作選集・納税者基本権論の展開』三省堂224頁以下，同『現代企業税法論』岩波書店335頁以下）．これを受けて政治資金規正法および税法は個人の政治献金を保護することに配慮している．すなわち，政治資金規正法21条の3第1項は個人の政治献金については多額の限度額（2,000万円）を規定するとともに，本件で問題になっている遺贈については同法22条2項において限度額を設けていない．また，租税特別措置法41条の17は政党への個人の政治献金については所得税法78条の寄付金控除の対象にすることとしている．政治献金を行った側には右以上の課税問題は生じない．

政治献金には，金銭のほかに不動産，動産，無体財産権その他の経済的利益の供与のすべてが包含される．したがって，前出の個人の政治献金の憲法的性質に鑑み，税法は，本件で問題になっている政党への適法・有効な遺贈による政治献金行為についてはおよそ遺贈者側に所得税の課税問題が生ずることをまったく意図していないとみなければならない．税法学的に問題になっている所得税法59条についていえば，個人の政党への政治献金行為については同条の規定は適用されないと解すべきである．このように，政治献金という視角からいっても，遺贈者側に所得税法59条の規定を適用して，遺贈者側に所得税の課税処分を行うことは，疑いもなく違法であるといわねばならない．

なお，被相続人である故塩沢氏の死亡時の年分である平成3年分（平成3年3月20日に死亡．平成3年1月1日から3月20日までの分）の所得額に対する所得税については，所得税法125条の規定に基づいて相続人である伊津節子氏らが故塩沢氏に係る所得税法の準確定申告書を提出し当該所得税額を納税すれば足りるのである．現に伊津節子氏が相続人代表として所定の所得税の準確定申告書を提出した．その所得税の準確定申告書には，本件で問題となっている所得税法59条のみなし譲渡所得分を含める必要はまったくないといえよう．

4　租税特別措置法40条の法的意味

本件遺贈に関連して租税特別措置法40条（国等に対して財産を寄付した場合の譲渡所得等の非課税）の法的意味が争われている．前出2および3において指摘したように，故塩沢氏の日本共産党への適法・有効な本件遺贈については税法学的には租税

特別措置法40条の適用問題を論ずる必要性がまったく存在しないのであるが，当事者間において，同条の法的意味が争われているので，念のために同条の法的意味を検討しておきたい．

仮に被告主張のように，本件遺贈に所得税法59条の規定が適用されるとした場合には，租税特別措置法40条の法的意味が問題とならざるを得ない．繰り返し指摘することになるが，税法学的に本件遺贈にはおよそ所得税法59条の適用問題が問題とはならないのである．この点は重大な税法学的事実として確認しておかなければならない．

さて，租税特別措置法40条1項は「国又は地方公共団体に対し財産の贈与又は遺贈があった場合には，所得税法第59条第1項〔贈与等の場合の譲渡所得等の特例〕の規定の適用については，当該財産の贈与又は遺贈がなかつたものとみなす．民法（明治29年法律第89号）第34条〔公益法人の設立〕の規定により設立された法人その他の公益を目的とする事業を営む法人に対する財産の贈与又は遺贈（当該法人を設立するためにする財産の提供を含む．以下この条において同じ．）で当該贈与又は遺贈が教育又は科学の振興，文化の向上，社会福祉への貢献その他公益の増進に著しく寄与することその他の政令で定める要件を満たすものとして国税庁長官の承認を受けたものについても，また同様とする」と規定している．

つまりこのような要件を満たす寄付については国または地方公共団体への寄付と同様に所得税法59条1項（みなし譲渡）の贈与または遺贈がなかったものとすると規定しているわけである．この規定を受けて，租税特別措置法施行令25条の16第1項は「〔租税特別措置〕法第40条1項後段〔国等に対して財産を寄付した場合の譲渡所得等の非課税〕の規定の適用を受けようとする者は，贈与又は遺贈（同項後段に規定する法人を設立するために財産の提供を含む．以下この条において同じ．）により財産を取得する法人の事業の目的，当該贈与又は遺贈に係る財産を記載した申請書に当該申請書に記載された事項が事実に相違ないことを当該法人において確認した書面を添付して，当該贈与又は遺贈のあった日から3月以内（当該期間の経過する日前に当該贈与があった日の属する年分の所得税の確定申告書の提出期限が到来する場合には，当該提出期限までとする．）に，納税地の所轄税務署長を経由して，国税庁長官に提出しなければならない．この場合において，当該期間内に当該申請書の提出がなかったこと又は当該書面の添付がなかったことにつき国税庁長官においてやむを得ないと認める事情があり，かつ，当該贈与又は遺贈に係る山林所得又は譲渡所得につき，国税通則法第24条〔更正〕から第26条〔再更正〕までの規定による更正又は決定を受ける日の前日までに当該申請書又は書面の提出があったときは，当該期間内に当該申請書の提出又は当該書面の添付があったものとする」と規定している．租税特別措置法第40条の趣旨は，国または地方公共団体への寄付に準ずる「公益を目的とする事業を営む法人に対する財産の贈与又は遺贈で公益の増進に著しく寄与する」ものを非課税に

しようという点にある．同条の国税庁長官の承認はその性質上税務行政の運用上の手続的規定にすぎないとみるべきであり，同承認規定は税法学的には訓示規定と解すべきである．伝統のある公党の日本共産党の「公益性」等については証明を必要とせず手続的に国税庁長官の承認を待つまでもないといわねばならない．

被告は，租税特別措置法40条には，「人格のない社団等」を同条の「法人」に含める明らかな規定がないので，当時，法人格を有しなかった日本共産党は同条の適用の対象にならないと主張している．しかし，適法・有効に成立している「人格のない社団等」も特段の理由が存在しない限り一般に同条の「法人」に含まれると解するのが相当であろう．仮に百歩譲って，同条の「法人」には「人格のない社団等」を含まないものと解した場合には，その理由は，一般に「人格のない社団等」については個人と組織（社団等）との間の区別が明確でないことを考慮したものと解される．この理由は，およそ日本共産党には妥当しない．

被相続人である故塩沢氏の，伝統のある公党の日本共産党への適法・有効な本件政治献金（本件遺贈）に対して，被告主張のように所得税法59条が適用され，かつ租税特別措置法40条が適用されないとの理解に基づいて政治献金者（本件遺贈者）である故塩沢氏に通常人の理解しえない巨額の所得税の課税処分が行われる場合には，同課税処分は憲法で保障されている国民の主権的権利である参政権の行使（前出3参照）を理由もなく制限するものであるといわねばならない．

租税特別措置法40条が被告主張のようにそのような不合理な課税を容認するものである場合には，同条の要件を充足しないとして行われた本件所得税課税処分は疑いもなく「適用違憲」を構成し違法であるといわねばならない．

なお，日本共産党はその後，前出の政党法人化法により法人登記をしている．この政党法人化法の規定のいくつかをとりあげて被告は原告の主張を非難している．すなわち，同法13条が法人税法37条3項，4項の「公益法人等」のなかに「法人である政党等」を含めていないこと，法人税法66条1項，2項の「普通法人」のなかに「法人である政党等」を含めていること，法人税法66条3項の「公益法人等」のなかに「法人である政党等」を含めていないこと等を理由に，政党は公益法人等でないと被告は非難する．これは，政党等のごとき政治団体の目的，性格等が通常の公益法人等とは異なるところから，当面，従前の課税上の取扱いと同じようにしようとするものにすぎない．具体的にいえば法人である政党等において同一法人間の寄付金を含む寄付金について寄付金控除の適用を通例は考慮する必要がないこと，税率についても一般の公益法人等とは異なって従前と同様の税率とするのが妥当であるとするものにすぎない．これらの特則によって，政党等が公益性をもたない，本件で問題になっている公益法人等でないということにはならない．人格のない社団等は公益法人等と同じように収益事業を行わない限り，法人税は課税されないこととなっている（法税4条1項ただし書）．人格のない社団等も一般に公益性をもつことを税法自身が肯定している

わけである．繰り返し指摘することになるが，政党等は国民主権と議会制民主主義を基調とする日本国憲法秩序を担保する高度の公共性，公益性をもった存在である．伝統のある，公党の日本共産党についてはその公共性，公益性を証明する必要がないといえよう．

5 本件日本共産党と税法上の「相続人」

民法990条は「包括受遺者は，相続人と同一の権利義務を有する」と規定する．民法899条は「各共同相続人は，その相続分に応じて被相続人の権利義務を承継する」と規定する．これらを受けて，国税通則法5条は「相続人（包括受遺者を含む）」は被相続人の国税の納付義務を承継すると規定している．そして，所得税法125条は被相続人の所得税について相続人に準確定申告書の提出を義務づけている．すでに前記2，3，4において指摘したように日本共産党への本件被相続人（遺贈者）に係る本件遺贈分については当該被相続人（遺贈者）側におよそ所得税の課税問題が生ずる余地はないのであって，右の所得税法125条の準確定申告書提出を論ずる必要はまったくない．したがって，本件日本共産党に本件遺贈分について所得税の納税義務や準確定申告書提出の問題は生じない．

右の問題とは別に被告は，日本共産党への本件遺贈が包括遺贈に該当するとして本件所得税課税処分を日本共産党に対して行ったものであるので，この点について言及しておきたい．

この点については97年4月16日付の原告準備書面(2)で詳論されているので，ここでは鑑定人の結論的所見のみを述べるにとどめる．

本件遺言書の真意を客観的に検討すれば，日本共産党への遺贈は，具体的に特定された財産の遺贈でありしかも相続人伊津節子氏の生活に配慮したところの負担付特定遺贈であるとみるのが妥当である．そうであるならば，日本共産党が包括受遺者でありそのゆえに税法上「相続人」に該当するとして行われた本件日本共産党への本件所得税課税処分は，この面からも合理的根拠を失うことになる．

6 結 語

以上，4つの側面から原告日本共産党への本件所得税課税処分の違法性を明らかにした．他の論点（たとえば，被告の信義則違反の問題，など）を検討するまでもなく，本件所得税課税処分が疑いもなく違法であって取り消されるべきであるといわねばならない．

それではおよそ通常人では理解し得ない本件所得税課税処分がなぜに行われたのであろうか，という疑問が生ずる．率直に言って，税法学の研究生活が40余年の鑑定人にとっても理解をはるかに越える．被告は，局部的に皮相的に誤って法を理解し原告に誤って法を適用したためである．このため，無用の本件争訟（行政上の不服申立

て・行政訴訟)などを原告に提起させるなど原告および関係者に多大な被害をもたらした．日本国憲法下の法治国家において本件被告がおそるべき重大明白な誤った税務行政を行ったことについては真摯に反省されねばならない．

〔1997年10月〕

# 第6章　青色事業専従者の慰安旅行費と事業上の必要経費

1　事案の概要——問題提起

　納税義務者Aは，看板等の製作，店舗・住宅の改装の請負等を内容とする個人事業者である．従業員はAの妻B1人だけである．Bは，所得税法上はAの青色事業専従者であった．AおよびBには2人の子供がいた．Aは，通常の家族旅行とは別に，従業員であるBのために1年に1回だけ，2人の子供を含めて事業活動の一環として慰安旅行を行っていた．その旅行費用をAの事業の福利厚生費（ただし，子供2人の宿泊費は除外）としてその必要経費に算入して所得税の納税申告をした．税務署長は，右必要経費の算入を否認して，Aに対して所得税の更正処分を行った．

　この更正処分の違法性が裁判所で争われた．第1審名古屋地裁平成5（1993）年11月19日判決は，次のように述べて，Aの請求を棄却した．

　「法〔所得税法〕37条1項の『その他これらの所得を生ずべき業務について生じた費用』とは，『業務について生じた費用』という規定の文言及びこれが『必要経費に算入すべき金額』であるとされていることからして，業務の遂行上必要なものでなければならないことは明らかである．また，事業所得に関しては，ある支出が業務の遂行上必要なものでなければならないことは明らかである．また，事業所得に関しては，ある支出が業務の遂行上必要なものであったか否かは，事業主の主観的意向のみにより決すべきものではなく，客観的に決すべきものである．したがって，従業員の慰安のためとして行われた旅行に関する費用が右の意味での必要経費に当たるか否かは，当該旅行の目的，規模，行程，参加者等を考慮した上，社会通念に従い，業務の遂行上必要か否かにより決するのが相当である．そこで，右のような観点から本件について見るに，本件各旅行は，前記のように原告がその妻，未成年の子2人の合計4人で子の夏休み期間中に観光地を訪れたというものであるから，原告において青色事業専従者である妻を慰安するという趣旨で企画実行したものであったとしても，客観的には，生計を一にする夫婦，親子がその良好な家族関係を維持発展すべく企画実行したものであり，事業主である原告が，従業員の勤労意欲を高め，もって自己の事業に資するためといった，経済的合理性に基づき，使用者としての立場から主催したものとはいえない．換言すれば，本件各旅行は，その内容からして，社会通念上使用者が使用人の慰安旅行として一般的に行っていると認められる旅行ではなく，サラリーマンの家族が行ういわゆる家族旅行と異なるものではない．したがって，その費用をもって，業務の遂行上必要なものであったということはできない．そうすると，本件各旅行費用は，『その他これらの所得を生ずべき業務について生じた費用』には該当しないというべきである．なお，原告は旅行先で行った美術館での美術鑑賞等が原告の業務に役

立つものである旨主張するが，本件各旅行は，美術鑑賞等により原告の事業に必要な知識経験を得ることを目的として行われたものではないから，旅行先で美術鑑賞をしたとしても，それによって，旅行費用が業務の遂行上必要な費用となるものではない.」

本件の控訴審の段階で，筆者は，関係者から相談・依頼を受けて，平成7（1995）年1月12日に名古屋高裁へ鑑定所見書を提出した．本件の争点は，個人企業で，しかも家族従業員しかいない企業体の場合に，具体的にどのような状況のもとで福利厚生費に該当する旅行が容認されるのか，実務上も重要な論点である．平成7（1995）年3月30日名古屋高裁は，判決文中において筆者の鑑定所見にコメントを加えるという異例の配慮を行ったが，結果として第1審判決を支持し，控訴を棄却した．

家族企業の多い日本では，本件の争点はきわめて重要である．税法学上可能な1つの考え方を提示するという意味で，以下に，前出拙鑑定書の概要を紹介することにした．

なお，控訴審の段階での納税義務者側代理人は，戸田喬康，竹下重人の両弁護士である．関与税理士は，故柴田圭造氏である．

2　鑑定書の概要

2.1　「福利厚生費」と事業上の必要経費

本件では，個人企業における青色事業専従者（所税57条1項参照．Aの妻・B）に対して，支出した「福利厚生費」の経費性が争われている．そこで，はじめに所得税法における事業所得の必要経費についての実定法の規定を確認しておきたい．

所得税法27条はつぎのように規定している．「①事業所得とは，農業，漁業，製造業，卸売業，小売業，サービス業その他の事業で政令で定めるものから生ずる所得（山林所得又は譲渡所得に該当するものを除く．）をいう．②事業所得の金額は，その年中の事業所得に係る総収入金額から必要経費を控除した金額とする．」

同条にいう「必要経費」については所得税法37条1項は次のように規定している．「その年分の不動産所得の金額，事業所得の金額又は雑所得の金額（事業所得の金額及び雑所得の金額のうち山林の伐採又は譲渡に係るもの並びに雑所得の金額のうち第35条3項（公的年金等の定義）に規定する公的年金等に係るものを除く．）の計算上必要経費に算入すべき金額は，別段の定めがあるものを除き，これらの所得の総収入金額に係る売上原価その他当該総収入金額を得るため直接に要した費用の額及びその年における販売費，一般管理費その他これらの所得を生ずべき業務について生じた費用（償却費以外の費用でその年分において債務の確定しないものを除く．）の額とする．」

一般に各企業においては従業員等のための慰安旅行等が当該企業の負担で年2回程度（通例は春，秋），行われている．これらの旅行等のための支出は，今後の企業活動を活性化するとともに一般に企業の継続的発展のために不可欠な事業上の必要経費で

第6章　青色事業専従者の慰安旅行費と事業上の必要経費

ある．税の実務では，これらの支出を「福利厚生費」として事業上の必要経費を構成するものとされている．「福利厚生費」は，右に引用した所得税法27条および37条1項にいう「必要経費」に該当する．この点については税法学上疑問の余地がない．右の企業の行う従業員等のための慰安旅行等に係る「福利厚生費」の必要経費該当性については，企業の規模，業種，従業員の数等に関係がなく，一般に首肯されるべきであるのが筋合いといえる．換言すれば，本件のように，従業員が青色事業専従者1人しかいないという企業体においても，税法学的にはひとしく当該企業の事業活動の一環として現に行われた従業員等のための慰安旅行等の支出を「福利厚生費」として事業上の必要経費に算入するべきであるということになろう．この点（従業員等のための慰安旅行等の支出が「福利厚生費」を構成する）について，従業員が青色事業専従者1人しかいないという小規模の企業体に対してのみ異別に扱わねばならないとする実定法の規定は存在しない．

日本の企業社会では，法人企業を含めて家族従業員を中心とする，いやむしろ家族従業員のみによる零細な企業体が数多い（その一端については拙著『現代企業税法論』岩波書店参照）．このような零細企業が支配的であるという日本の企業社会の「生ける法」(lebendes Recht) を正確にとらえて税法の解釈と適用がなされねばならない．

このようにみてくると，本件で問題となっている慰安旅行等の支出が，その実態に鑑みて右に述べた「福利厚生費」に該当するかどうかが具体的に検証されねばならないこととなろう．

2.2　本件旅行の支出と「福利厚生費」

本件において必要経費に算入された「福利厚生費」は次のごとくである．
(1)　昭和62年7月30日から8月2日まで長野県軽井沢方面（3泊4日）　　95,979円
(2)　昭和63年8月9日から同月11日まで長野県軽井沢方面（2泊3日）　　101,745円
(3)　平成元年8月14日から同月16日まで長野県軽井沢方面（2泊3日）　　81,664円

右によって知られるように，毎年，わずか1回の慰安旅行であり日程，金額等も経験則からいって妥当なものである．青色申告者である原告（控訴人・A）の帳簿書類等においても本件旅行が原告の事業活動の一環としてのものであることが明らかであり，かつ原告の当該旅行の支出は原告の帳簿書類等においても事業所得の計算上「福利厚生費」として明瞭に処理されている．それゆえ，本件旅行の支出が「福利厚生費」として原告の事業上の必要経費を構成することについては疑いを容れない．

もっともこの点について家族（子供）を同伴している点を疑問視する考え方もないではないであろう．この点について若干のコメントを加えておきたい．今日では大企業等においても家族同伴の福利厚生活動は決して珍しくはなくなっている．加えて本件の場合には，昭和62年の旅行の際には2人の子供はともに小学生（10歳，12歳）であった．63年および平成元年の旅行の際には2人の子供は，小学生と中学生であっ

た．事業主および従業員である青色事業専従者である両親にとって弱年の子供を放置して旅行するわけにはいかないという事情もあった．従業員等の福利厚生活動の趣旨からいえば，子供を含む家族同伴の旅行こそがむしろ望ましいとすらいえよう．さらに原告は，「家事費」相当分を排除するために2人の子供の分の支出相当分を本件の「福利厚生費」から除外していることも指摘されねばならない．

本件のような青色事業専従者1名のみが従業員であるという小規模企業体においては，所得税法45条1項1号にいう「家事上の経費」に該当する旅行と事業上の「福利厚生費」に該当する旅行とを現実にどのように区別するのか，その区別がむずかしいのではないか，という問題が考えられる．この点，本鑑定人が原告について調査したところによれば，原告は，昭和62年，昭和63年および平成元年において甲12号証のような「家事費」に該当する私的旅行等を別途行っている．しかも，原告においては，原告の事業活動の一環としての旅行と単なる家族の私的旅行とを厳に区別して経理上の処理を行っていることも確認された．なお，繰り返し指摘することになるが，事業主である原告の事業上の意思決定に基づいて「福利厚生活動」としての本件旅行が現実に行われたものであり，同旅行の支出が原告の事業活動上の「福利厚生費」として他の私的旅行と明白に区分して原告の帳簿書類等においても適正に処理されている．

さきにも指摘したように，前記旅行のための支出が事業上の必要経費を構成する「福利厚生費」に該当するかどうかの認定にあたっては，税法学上は当該企業体の規模等（法人格の有無，従業員数等）は問題とはならない．本件のように青色事業専従者1名という企業体の場合においても，一般企業と同様にその事業活動の一環としての慰安旅行等の支出が事業所得計算上必要経費を構成する「福利厚生費」として肯認されねばならない（この点，一般に実務において青色事業専従者についても「使用人に支給する海外渡航旅費」の対象にしていることが想起されるべきであろう．所税基達37-17参照）．以上要するに，従業員が青色事業専従者1名の場合の当該慰安旅行等の支出も所得税法上「福利厚生費」として事業上の必要経費を構成することについては税法学上は疑問の余地がない．原判決の論法でいけば，日本の企業社会において数多く存在するところの，家族従業員だけで構成されている小規模企業では，およそ「福利厚生活動」に該当する慰安旅行なるものはありえないことになる．原判決の考え方は税法学上は誤りである．

3　結　語

以上の諸検討から明らかなように，少なくとも本件で問題になっている前記旅行の支出は疑いもなく「福利厚生費」として原告の事業所得の必要経費を構成する．被告の行った本件所得税更正処分は取消しを免れない．

〔2001年4月〕

第7章 所得税法上の雑損控除の要件

1 はじめに

　税経新報491号（2002年9月）の益子良一稿「税務訴訟の補佐人となって」において雑損控除の要件をめぐる事件が紹介されている．課税庁側は，本件資産損失が詐欺により生じたものであって，雑損控除の要件を充足していないと主張している．これに対して，納税者側は，横領により生じたものであって雑損控除の要件を充足していると主張している．

　この問題について，筆者は，横浜地裁へ提出するために2002年10月に税法学鑑定所見書をとりまとめた．本件は，具体的に実務を遂行するうえにおいて貴重な問題を提起している．参考までに，拙鑑定所見書の概要を紹介することとした．

　本件の納税者側代理人は，破入信夫，稲生義隆の両弁護士．訴訟補佐人として益子良一，清久人の両税理士が関与している．

2 本件の争点となる事実

　(1) 原告IN及びその妻IMは，本件土地の共有者である．原告らは，IMの実父であり，かつINの養父であるIH（平成6〔1994〕年3月17日死亡）の死亡に伴う相続税額約250,000,000円を支払うために苦慮していた．原告らは，そのために本件土地を売却しようと考えていた．

　平成7（1995）年6月頃，原告らの土地の売却の仲介を以前にしたことのあったHNから，原告らは，Y信用保証株式会社融資部主任HTと名乗るTTを紹介された．

　TTは，平成7年8月頃，原告らに「Y信用保証株式会社のオーナーはYI〔株式会社〕であるが，YIはM市でカーショップをやるために土地を欲しがっている」と言って，原告らにYIへ本件土地の売却を斡旋することを申し出た．TTは，原告らに対し「YIは土地を相場より高い坪800,000円で買う．ただし，その購入代金を銀行から出させるために，形式上，本件土地に，YIを債権者とする抵当権を設定したことにする必要がある．この抵当権設定登記は便宜上付けるのであるから，すぐに抹消する．売買代金は360,000,000円として，抵当権設定登記の時に，そのうち160,000,000円をYIから受け取るが，それを，YIに対する債務の返済に支払ったと見せることにする．その返済の支払いに充てられたことにする金〔カネ〕はYIの不動産部門であるY信用〔保証〕株式会社が預かる．そして，〔平成7年〕9月26日に売買契約を締結したことにして，中間名目で160,000,000円に100,000,000円を追加した260,000,000円を受け取れば，相続税は納められる．残金は，土地の地積更正登記が完了したときに受領できる」と述べた（以上，国税不服審判所長による平成13年（2001）6月28日の本件

「裁決書」)．

原告らは，YI を権利者，原告らを義務者とする根抵当権（極度額 360,000,000 円）を設定した．原告らは，連帯して YI から 150,000,000 円の借入れをして，平成 7 年 9 月 20 日，額面が 140,000,000 円および 10,000,000 円の 2 通の小切手を TT を介して受け取った．

(2) 原告らは，本件 2 通の小切手のうち，額面 140,000,000 円の小切手を YI に直ちに返却して早期に根抵当権を抹消したいと考え，裏書きのうえ，これを仲介人である TT に預け，YI に返却することを委託した．これについての経緯は，次のごとくである．すなわち，原告らは，本件土地は YI に売却することになると考えていた．そして平成 7 年 9 月 20 日の時点で 160,000,000 円を受け取るつもりでいた．しかし，時間的に先に受け取った額面 10,000,000 円の小切手と，少し遅れて受け取った額面 140,000,000 円の小切手とで，計 150,000,000 円となった．このように原告らが理解していた契約との相違に疑義を覚えるとともに，本件土地を売却することおよび根抵当権の極度額が高額になっていることなどから，原告らは，小切手を直ちに YI に返却しようとした．

直接，YI に返却することが困難であったために，原告らは，本件 2 通の小切手のうち額面 140,000,000 円の小切手に原告らの住所氏名を署名し（原告 IN は，小切手裏面への署名押印により小切手が自己の所有物であることを明示する意図を持っていた），YI に返却して欲しいとして同小切手を TT に預けた．つまり，原告らは，同小切手の YI への返却を TT に委託したのである．

TT は，同小切手を原告らから YI へ返却することを受託した．しかし，平成 7 年 9 月 21 日に TT は，その受託の趣旨に反して，不法領得の意思をもって養父である，TH に同小切手を換金させたうえ，140,000,000 円を自己の用途に充てるために着服横領した．

(3) 平成 7 年 10 月 24 日に原告らは，YI から本件土地の根抵当権登記済証の返還を受けるために，額面 10,000,000 円の小切手を換金した後の現金 10,000,000 円を YI に返却してもらうために，TT に同金員を渡した．つまり 10,000,000 円の現金の YI への返却を原告らは TT に委託した．これについての経緯は，次のごとくである．すなわち，さきにも指摘したように，原告らが TT から本件小切手 2 通を受け取った時に，金額の不一致などに疑問を感じた．原告らは，直ちに小切手を返却して根抵当権を抹消して本件土地を売買しようと考え，根抵当権の登記済証を返還してもらうために，額面 10,000,000 円の小切手を S 信用金庫で換金した．同換金によって得られた現金 10,000,000 円を YI に返却してもらうために，原告らは同現金を TT に渡した．つまり，原告らは，このことを TT に委託したわけである．そして TT は YI に現金 10,000,000 円を返却することを受託した．

しかし，TT は，その受託の趣旨に反して，同 10,000,000 円を不法領得の意思をも

って自己の用途に充てるためにそのまま着服横領した．

3 所得税法上の雑損控除の趣旨

(1) 原告らが被った，TT による上記 150,000,000 円の着服による損失が所得税法上の雑損控除の対象になるか，が本件で争われている．

そこで，雑損控除を規定した所得税法の条項を確認しておきたい．

所得税法 72 条第 1 項本文は，次のごとく規定する．「居住者又はその者と生計を一にする配偶者その他の親族で政令で定めるものの有する資産について災害又は盗難若しくは横領による損失が生じた場合において，その年における当該損失の金額の合計額が次の各号に掲げる場合の区分に応じ当該各号に掲げる金額を超えるときは，その越える部分の金額を，その居住者のその年分の総所得金額，退職所得金額又は山林所得金額から控除する．(以下略)」

雑損控除を含む人的控除制度は，日本国憲法の応能負担原則（憲 13 条，14 条，25 条，29 条等）を具体化する 1 つの法制度的手段である（応能負担原則の詳細については拙著『税法学原論・4 版』1997 年青林書院第 7 章参照）．納税者等の所有する資産について災害，盗難，横領により損失を受けた場合には，その者の担税力が減殺されるところから，雑損控除を行うことによって所得税額を減額しようとするものである．

かつて，政府税制調査会において詐欺，横領，恐喝による損失を雑損控除の対象にするかが論議された．その結果，現行法は，雑損控除の対象としては災害のほかには盗難と横領に限っている．横領の性質が盗難に近いということで，従来から認められていた盗難のほかに横領が加えられたわけである．政府税制調査会は，次のように述べている．「詐欺，横領又は恐喝による損失を雑損控除の対象となる損失に加えることについては，いずれも盗難と異なり法律上微妙な問題があるほか，詐欺又は恐喝であるかどうかの判定が問題となる等税務執行上の問題もあるので，これらによる損失は除外することとし，その性質が最も盗難による損失に近いと思われる横領による損失に限って認めることとする．」（政府税制調査会『昭和 36 年 12 月・税制調査会答申及びその審議の内容と経過の説明』553 頁）

所得税法 72 条の「横領」は，租税法律主義（憲 30 条，84 条）に基づき刑法 252 条以下の「横領の罪」を指称すると解される（租税法律主義における「借用概念」の法理）．横領の罪については，次のように説明されている．「本条〔刑法 252 条〕の趣旨 横領罪は，自己が占有する他人の物について成立するが，自己が他人の物を占有する場合を考えると，三つに区分される．第一は，他人の委託にもとづいて物を占有している場合，第二は，犯罪によって他人の意思に反して物を占有している場合，第三は，他人の意思に反してではないが，それにもとづかずに占有を離れた物を占有している場合である．第二の場合，たとえば騙取（へんしゅ）によって占有している場合，その処分行為は不可罰的事後行為とされ，横領罪は成立しない．横領罪が成立するのは，

第一と第三の場合であって、第一の場合を委託物横領罪、第三の場合を占有離脱物横領罪（刑法254）という。委託物横領罪は、単純横領罪と業務上横領罪（刑法253）にわかれるが、本条〔刑法252〕は単純横領罪について規定したものである。……横領罪は委託物横領罪と占有離脱物横領罪として大別されるが、委託物横領罪は背任罪（刑法240）と同様、背信的行為を本質とするもので、背任罪に対して特別罪の地位にある。委託物横領罪が成立する場合には背任罪は成立しない。それで、横領罪と背任罪の区別の問題は、委託物横領罪の限界いかんということになる。そして、横領罪の成否を大きく左右するのが不法領得の意思の問題で、その要否・内容が検討されねばならない。両罪の区別に関して説が分かれている。……他人の物を占有するにいたった原因は委託関係によるのであって、たとえば、他人から贈賄の委託を受けてその資金を預かり、保管している者が、これを自己のため消費した場合のように、その委託が不法原因給付（民法708条）で、委託者が民法上その物の返還請求権をもたないときでも、判例によれば刑法上は横領罪が成立しうる。……横領行為については、横領行為すなわち不法領得の意思を表現する行為と解するのが通説・判例である。判例は、横領罪の成立に必要な不法領得の意思とは、他人の物の占有者が委託の任務に背いて、その物につき権限がないのに、所有者でなければできないような処分をする意思をいうのであって、かならずしも占有者が自己の利益の取得を意図することを必要とするものではないとしている。……そして、不法領得の意思を表現する行為とは、単に領得の意思をもってなした行為であればよいとして、たとえば自己の所有物であるとして抗争したり、目的物を抑留したり、共犯者に目的物を交付したり、……目的物を消費することだとしている。……以上の通説・判例に対して、……刑法は横領罪について不法領得の意思を必要としていないから、横領行為を領得行為または不法領得の意思を表現する行為と解することは妥当ではなく、むしろ横領行為は自己の占有する他人の財物に対して権限を超越した行為をすることであるとする説が有力である。」（阿部純二編『別冊法学セミナー・基本法コメンタール・改正刑法・2版』1999年日本評論社307-309頁）

以上、代表的文献から本件を考えるうえにおいて参考となるところを引用・紹介した。前出「2. 本件の争点となる事実」で明白のように、本件では、原告らがTTに150,000,000円相当の財物（小切手・現金）のYIへの返却を委託した。それをTTが、受託の趣旨に背反して自己のために消費したというケースである。右引用・紹介の委託物横領罪の単純横領罪（委託目的物を自己消費したもの）に該当するケースといえよう。

(2) それでは、「詐欺」とはどのような場合であろうか。刑法246条の詐欺の罪について、次のように説明されている。「人を欺罔（ぎもう）して財物を騙取し、又は財産上不法の利益を得又は他人に得させる罪。刑法246条。欺罔とは人を錯誤に陥らせることをいうが、法律行為の要素の錯誤である必要はなく、したがって民法上無効のも

第7章 所得税法上の雑損控除の要件

のであるかどうかを問わない．作為に限らず不作為でもよいが，その程度は取引上許されない程度のものであることを必要とする．第三者に対して行われる場合でもさしつかえない．騙取とは錯誤に基づいて交付させることをいう．未遂罪を罰する．」（我妻栄編『新版・新法律学事典』1967年有斐閣472頁）

「恐喝」とはどのような場合であろうか．刑法249条の恐喝の罪について，次のように説明されている．「人を恐喝して財物を交付させ，又は財産上不法の利益を得もしくは他人をして得させる罪．刑法249条．恐喝とは脅迫によって財物を交付させることであるが，その脅迫が人の抵抗を不能とする程度のものでない点において，したがってまた強盗の場合は，財物を強取するのに反し，恐喝の場合は被害者が財物を交付する点において強盗と異なる．交付させる財物は交付を受ける権利のないものであることが必要で，権利のあるものであれば脅迫罪が成立するにとどまるとするのが判例であったが，最近，判例の変更により，このような場合も恐喝罪が成立するとされるにいたった．未遂も処罰される．」（前出『新版・新法律学事典』211頁）

「詐欺」及び「恐喝」については，被害者の「同意」が必ずしもまったくないとはいえない場合であるという共通の側面がある．また，両者ともに現実にはその認定が容易でない場合も少なくはなく，民法的に当該取引が直ちに無効といえるかは困難となる場合もあろう．

このようにみてくると，資産損失について詐欺・恐喝の場合は盗難・横領とは異なる事情があるといえよう．現行法はこの点に着目して，災害のほかには盗難・横領に限って，雑損控除という税法上の保護を与えることにしたものと解される．

すでに指摘したように，雑損控除の趣旨は，資産損失に対しての応能負担原則の具体化である．税法は応能負担原則の観点から災害や盗難・横領によって資産損失が現実に生じていることに配慮しようとするものであって，納税者等への加害者が実際に盗難の罪，横領の罪で処罰されたかどうかは問わない．

4 結　語

(1) 被告課税庁側は，「……TT が IN〔原告〕に対し，根抵当権設定登記をして YI から 160,000,000 円の融資を受けるが，同融資金に YI に返済する旨の文言を申し向けたのは，同融資金名下にこれを騙取することを企図してのことであり，上記虚偽の文言により，IN〔原告〕をその旨誤信させて同人からの本件小切手等の交付を受けたものであると認められる．したがって，請求人〔原告〕らが，本件小切手等を TT に交付し，これを同人に不法に領得されたことにより生じた本件損失は，詐欺により生じた損失と認めるのが相当である」（前出「裁決書」）として，原告らに雑損控除の適用を認めなかった．

(2) この点を，税法学的にどのように考えるべきであろうか．前出「**2 本件の争点となる事実**」で明らかにしたように，TT の内心がどうあろうと，原告らとしては仲

117

介人である TT に YI への本件金員の返却の委託を行うだけの合理的な理由があった。また, 原告らとしては TT の内心を知る由がない。本件の場合, 社会通念上 TT の内心を知りうる格別の事情が存在していたとはいえない。そこには「欺罔」と目される行為なるものも存在しない。

したがって, 原告らは錯誤に陥って本件委託行為を行ったわけではない。仮に, TT 側にその内心において, いわゆる詐欺的動機があったとしても, もし TT が本件受託後, 横領 (自己のための消費) をしなければ, 本件資産損失は生じなかった。別言すれば, 本件受託の趣旨に従って履行しておれば, 本件資産損失は生じなかった。この事実は, 本件において重く受けとめられなければならない。さきにも紹介したように, たとえば「その委託が不法原因給付で, 委託者が民法上その物の返還請求権をもたないときでも, 判例によれば刑法上は横領罪が成立しうる」とされているように, また右に加えて日本国憲法の応能負担原則 (憲 13 条, 14 条, 25 条, 29 条等) の具体化としての雑損控除制度の趣旨に鑑みても, 本件 TT の内心を考慮する必要がない。

本件の資産損失は, 疑いもなく, TT がその受託の趣旨に背反して, 本件金員を横領したことにより生じたものである。この事実が真実であることは明白である。

以上により, 本件資産損失は, 税法学的には TT の横領により生じたものといわねばならない。それゆえ, 被告が本件につき所得税法 72 条 1 項の雑損控除の適用を認めなかったことは, 違法である。

【補　論】

その後, 筆者は 2003 年 1 月に上記鑑定所見書を補充する意見書をとりまとめた。その概要は次のごとくである。

(1) **所得税法 72 条第 1 項本文の適用上, 本件は「横領」に該当する**

租税法律主義 (憲 30 条, 84 条) は, 法的安定性・法的予測可能性を確保する観点から, 固有概念ではない税法上の概念の法的意味については, 税法学上いわゆる「借用概念の法理」を要請する。

この法理の内容は, 次のごとくである。

すなわち, 租税法律主義のもとでの税法は, 人々の市民生活秩序を前提としており, 法律において特設の規定が存在しない限り, 市民生活秩序において用いられている概念を税法が借用している場合には, 当該概念の法的意味は, 一般に市民生活秩序において理解されているところに従うべきであるとする法理である。この法理は広く学界・実務において承認されている (拙著『税法学原論・4 版』青林書院 113 頁以下, 同旨・金子宏『租税法・8 版』弘文堂 118 頁, 最高裁昭 35・10・7 民集 14・12・2423, 最高裁昭 36・10・27 民集 15・9・2357, 最高裁昭 37・3・20 民集 16・3・646 など)。

所得税法 72 条第 1 項本文は, 雑損控除が適用される損失の原因として「災害又は盗難若しくは横領による損失」と規定するだけである。本件で問題になっている「横領」

第7章 所得税法上の雑損控除の要件

について同法は特段の規定を設けていない．それゆえ，所得税法 72 条第 1 項本文で規定する「横領」は刑法において理解されているところの横領罪のそれを意味する．

本件では，甲 33 号証（上記拙鑑定所見書）で明らかにしたように，原告らとしては仲介人である TT に YI への本件金員の返却の委託を行うだけの合理的な理由があった．

原告らが TT に対し右委託行為を行うにあたって，TT による欺罔に基づく錯誤に陥って行ったわけではない．原告らは，真実，その意思に基づいて右委託行為を行った．本件には市民生活上「詐欺」なるものは存在しない．

本件資産損失は，原告らの右委託行為に反して TT が本件資産を自己のために消費したこと，つまり「横領」したことにより生じたものである．

所得税法 72 条第 1 項本文の適用上は，本件は，TT の右横領行為により生じた資産損失である．

(2) 以上の「税法的事実」は，所得税法 72 条第 1 項の類推，拡張解釈に基づくものではない

「被告準備書面 (1)」（平成 14 年 11 月 6 日）において，被告は，「原告らは，所得税法 72 条の趣旨は，災害等により異常な損失を蒙った納税者が以前と同じ生活をするために，その原状回復に半ば強制的に相当の支出を要することから，多分に担税力が減殺されることを考慮して課税することにあるとした上で，損失の発生原因を災害，盗難，横領に限定することは問題があり，詐欺，恐喝であっても，被害者にとっては予期できない出来事であって，資産の減少（担税力の減少）になることは同じであるから，それらの場合に同条の類推，拡張解釈を認めないことは，極めて不公平な税制であるとのそしりを免れないと主張する（原告ら第 3 準備書面第 5）．しかし，法的安定性の要請が強く働く租税法の解釈が，厳密な文理解釈によるべきであって，みだりに拡張解釈や類推解釈を行うことは許されないというべきであり，原告らの主張はその前提において失当というほかない．所得税法 72 条 1 項にいう『横領』とは，刑法上の『横領罪』と同一のものと解され（略），詐欺又は恐喝による損失が雑損控除の対象となっていないことは明らかである」と主張している．

原告主張の趣旨は，本件には現実に巨額の資産損失が生じており，この資産損失を憲法の応能負担原則（憲 13 条，14 条，25 条，29 条等）の観点から税法適用上配慮すべきであるという点を強調しようとするものである．

先に検討したように，本件は，真実，「詐欺」ではなく「横領」に基づく資産損失である．本件資産損失が，所得税法 72 条第 1 項の雑損控除の適用要件を充足しているという事実は，同項の類推，拡張解釈に基づくものではない．

〔2003 年 1 月〕

第8章　農業所得の推計課税と実額課税

1　事案の概要

　山形県の「置賜（おきたま）農民連」（山形県南陽市漆山1068，会長平田啓一，事務局長渡沢賢一，事務局担当竹田良一）の組合員である農民34名が平成2（1990）年に米沢税務署長を被告として，所得税更正処分等の取消しを求める訴訟を山形地裁に提起した．この訴訟について平成11（1999）年3月30日に判決の言い渡しがあった．裁判所は原告の請求を棄却した．農民，つまり納税者側が全面敗訴したわけである．目下，仙台高裁で控訴審理中である．

　事案は，昭和61（1986）年分（一部納税者については昭和60（1985）年分，62（1987）年分，平成元（1989）年分を含む）の所得税課税処分に関するものである．原告となった農民たちは，従来から置賜地区市町税務協議会の定めた「所得標準表」に基づいて所得税の納税申告をしていた．彼らは，地域農業の特殊性からいちいち記帳をしなくても，「所得標準表」において示された各地力等級の区分（A，B，C，…）ごとの標準収入金額と標準経費額（標準内経費額）をベースにして，そのうえで，各農家の諸事情に応じて，できるだけ実額に近づけるために，たとえば各人の現実の収穫量に基づいて標準収入金額を修正し，また標準外経費額については別枠としてその実額を必要経費に算入し申告していた．従来，税務署担当官との話し合いで右の「所得標準表」の修正を認める取扱い・運用が多年にわたって行われていたという．水稲などの農業所得については，地力等によりその標準収入額および標準経費額はおのずと決まってくる．このような地域農業の特殊性をふまえると，彼らの納税申告は，実質的には一種の実額申告であるとみてよい．

　各農家の個別事情による右の修正ないしは調整を本件処分が行われた頃から税務署長は否認するようになったもののようである．被告税務署長によれば，原告らの納税申告は通常の推計による納税申告であるとして，同署長は「所得標準表」に基づく画一的な取扱いを本件処分に対して行ったわけである．

　筆者は，本件を一般の推計課税処分として扱うのは誤りであると考えている．1997年10月に，筆者は山形地裁へ以下の鑑定所見書を提出した．所得税の課税の具体的あり方を考えるうえにおいて参考になると思われるので，紹介することとした．本件の納税者側代理人は，新井章，加藤文也，渡辺春己，加藤実，外塚功，佐藤欣哉，縄田政幸，五十嵐幸弘，三浦元，沼沢達雄，黒坂弘，高橋敬一の各弁護士である．

2　鑑定書の概要

　筆者が，1997年10月に山形地裁へ提出した鑑定所見書の概要は次のごとくであ

る．

2.1 本件課税処分の理由付記の不存在

　日本国憲法は，租税国家体制（Steuerstaat, Tax State）を採用している．租税国家とは，その国の財政収入のほとんどを，租税に依存する体制である．租税国家では憲法政治の中身は所詮，どのような租税を徴収し，それをどのように使用するかに帰する．日本国憲法はそのような租税の取り方と使い方とについて法規範原則を規定したものとしてとらえることができる．租税国家では租税の取り方と使い方とについて納税者に対して具体的にどのような法的権利を保障しているかがその国の民主主義のバロメーターとなる．このような憲法理論的視角からいえば，申告納税制度における納税申告権の行使は，主権的権利の行使という重い意味をもつ．課税庁が納税者の主権的権利の行使である納税申告に対して不利益な課税処分を行う以上は，被処分者である当該納税者が納得するだけの具体的理由を開示することが当然である．鑑定人は，つとにこのような視角をふまえて，憲法13条，31条の「適正手続（Due Process of Law）」の法理の要請として現行法のもとにおいてもすべての不利益処分に具体的な理由を付記することが必要であると指摘してきた．より正確にいえば，最小限度，処分に先だって被処分者に，弁明等の機会を与えるとともに，当該処分の具体的理由を開示すべきであることを指摘してきた．このような適正手続を欠く処分は現行法のもとでも違法となる．本件の白色申告者である原告らに対しても現行法のもとでも原告らに弁明等の機会を与えるとともに，推計課税を行った理由，推計課税の方法等を具体的に理由として付記すべきであった．憲法13条，31条の「適正手続」の法理は直接的に税務行政に適用されることに留意すべきであろう．

　以上の憲法の「適正手続」の法理の視角のほかに，次に述べるように租税構成要件理論を基底とする現代税法学の理論の視角からも，具体的理由付記は不可欠である．

　税法学の租税構成要件理論（Steuertatbestandsverwirklichung）に従えば，人々の納税義務は，議会が定めた租税法律における租税構成要件を充足する事実の発生によって成立する．納税申告，修正申告，更正，再更正，再々更正等はそれぞれの段階における租税構成要件事実の確認の成果である．これらの確認行為によってすでに抽象的に成立している納税義務がそれぞれの確認の段階で具体的に確定することになる．同一納税者の同一年分の所得税に関する各確認行為であっても税法学的には各確認行為はそれぞれ別個の行為であり，それはそれぞれの段階における租税構成要件事実の確認の成果として論理必然的にそれぞれの段階における理由を伴って顕在化される．それぞれの段階における確認の成果，つまり課税庁の行う各更正処分の各理由がそれぞれにおいて具体的に付記されねばならない．この理由付記によってはじめて当該処分が具体的に特定する．同一納税者の同一税目の同一年分の処分であっても，税法学的には各理由ごとに別個の処分となるのである．理由付記のない処分は，税法学的に

は「処分不存在」を意味するといってよい．前出の「適正手続」の法理の視角に加えて，このような税法学の基礎理論の視角からいっても理由付記を欠くすべての課税処分は違法といわねばならない（以上につき拙著『税法学原論・4版』青林書院239, 250-252頁．租税国家の法理論については拙著『現代法学者著作選集・納税者基本権論の展開』三省堂）．現行法の青色申告の場合の理由付記の明文規定（所税155条2項）は，青色申告者が課税庁の承認を受けた税法所定の記帳を行っていることからの，注意的確認的規定と解すべきである．

なお，1993年に成立した行政手続法（平5法88）は，行政庁が不利益処分をしようとする場合の手続として被処分者に弁明等の機会を与えること，処分にあたって理由の提示を行うことを要請している（行手13条，14条）．行政手続法は税務行政には原則的に適用されないが，同法1条は税務行政にも適用されるのであり，不備な現行税法の運用においても，同法の趣旨が生かされるべきである．

2.2 本件課税処分の真相とその税法学的意味
(1) 白色申告と実額課税の原則

所得税法は，白色申告の場合においても実額課税を原則としている．所得税法156条（推計課税）の規定は，推計による課税をせざるを得ない場合の例外的な措置規定である．推計課税といっても様々な段階と方法等がある．大切なことは，推計による場合であってもどうすればもっと真実の実額（所得額の実額）に近づけるかということへの当事者による努力である．このようにみてくると一見，ある課税処分が推計課税のようにみえるけれども，その実態は当該納税者に見合う実額課税への1つの方式であるという場合が少なくない．税法学からいえば，そのような一種の実額課税こそが望ましいといえよう．そのような一種の実額課税の場合には，所得標準表の形式的画一的適用を前提とする議論は妥当しない．つまり，そのような事例に対して一般的な推計課税の理論を適用することは誤りである．

(2) 原告らの収入金額と必要経費

このような基本視角から，被告〔税務署長〕が従来，原告らに行ってきた課税実務の税法学的意味が究明されるべきである．原告らは係争年分においても置賜地区市町税務協議会がとりまとめたといわれる「農業所得標準表」を用いて所得税の納税申告を行っている．原告らが用いた数字は，各地力等級の区分（A，B，C，…）ごとの標準収入金額と標準必要経費額（標準内経費額）だけである．

標準収入金額は標準表における10アール当たりの標準収量を前提としてのものである．農産物収穫額は，水稲でいえばいちいち個別に記帳しなくても各地域において収穫量に応ずる価額をほぼ算出しうる．通例，その生産者価額はほぼ同一年分において固定的であるからである．もちろん，収穫額を計算するにあたって，この収穫量には農業協同組合等への引渡し分のみならず自家消費等のための保有分を含めるべきで

ある．原告らはこのような観点から，つまり各人の現実の収穫量に応ずる収入金額の実額を算定するための手段として所得標準表を用いたにすぎないのである．このような観点から被害耕地の減収量が被告のいう共済基準収量の二割を超えない場合であっても，従来課税当局と協議のうえ原告ら各人の現実の収穫量に基づいて所得標準表における標準収入金額を修正したにすぎない．これは，白色申告を行っている農家にとって実務的に各人の実額収入額を算定する最も妥当な措置であるからである．原告らはいわゆる推計による納税申告を行うために所得標準表を用いたのではなく，自己の真実の収入金額を算定するために一般に承認されている所得標準表の数字を用いたにすぎないのである．多くの農家にとってこのような方法によってほぼ収入金額の実額を算定しうる．

標準内必要経費額の算定において原告らが所得標準表を用いたのは，次の理由に基づく．同表において地力等級区分（A，B，C，…）ごとに示された標準必要経費額以上の経費を原告らが現実にも支出しているという経験的事実から，被告のいう標準内経費額の算定のために一般に承認されている同表の数字を用いたにすぎない．同表に含まれていないとみられる被告のいう標準外経費額については，原告らの各人の諸事情に応じて，各人ごとに個別に実額に基づいて別途控除することとした．各地域の農家にとって所得標準表の必要経費額（被告のいう標準内経費額）に含まれていないために，標準外経費額として別途控除すべき経費項目の範囲とその経費額は経験的に明らかであった．重要なことは，原告らの行った別途控除額が各年にわたり実額に基づいて算定されているという点である．どの農家にとっても共通的に生ずる必要経費額（被告のいう標準内経費額）がいくばくであるかはいちいち記帳しなくても経験的に算定しうる．原告らは課税当局と協議のうえ，最低必要経費額（被告のいう標準内経費額）の実額を算定する手段として所得標準表の数字を用いたのである．

原告らは以上のような納税申告を多年にわたって行ってきた．水稲を中心とする農業所得の特殊性に鑑みて，原告らの行ってきたこのような農業所得額の算定方法は，それなりの合理性をもつ1つの実額算定のやむを得ない方式といわねばならない．原告らの納税申告は一種の実額納税申告である．多年にわたり原告らのこのような取扱いを容認してきた課税行政の真相は，税法学的にはいわゆる推計課税ではなく一種の実額課税といえよう．

(3) 大農具の減価償却費

被告は，所得標準表掲記の，乾燥機，田植機，バインダー，コンバイン，自走式脱穀機以外のいわゆる大農具の減価償却費については別途控除を認めるべきではない，と主張している．

本件課税処分において，被告によって否認された大農具についてコメントを加えておきたい．

管理機は，いわゆる万能小型耕耘機のことである．耕耘機の本体に農作業に必要な

さまざまな部品をアタッチメントすることによって，田畑の耕耘，畦立，溝切り，除草，マルチング（ビニールマルチ），播種などの多機能をもつところからこれを管理機とよんでいる．所得標準表においても耕耘機は別途控除の対象とされているので，管理機を別途控除の対象から排除することに理由がない．

　トラクターアタッチメントは，トラクター本体に農作業の目的に見合ったセットのための作業機である．いわばトラクター本体の付属品である．土押し機（畦ぬり），ヘイベーラー（稲ワラ・乾草の梱包機），ライムソワー（肥料散布機），モーア（草刈り機），カッター（稲ワラ切り），ロータリー（耕耘），パワーデスク（一種の耕耘），代掻きローダーなどである．被告はこれらのアタッチメントをトラクター本体と一緒に購入した場合はトラクターと一体のものとして減価償却の対象になるが，アタッチメントを買い替えたような場合には，当該アタッチメントは減価償却の対象にならないと主張している．しかし，トラクター本体とアタッチメントは，別個の固定資産である．アタッチメントを取り替えるのは日常的に行われている．独立した固定資産であるアタッチメントを減価償却の対象にしないのは不合理である．

　雇用労賃は所得標準表においても全額別途控除の対象とされている．農業機械の導入が進めばそれだけで雇用労賃が少なくてすむ．雇用労賃に対する取り扱いからいってもアタッチメントの減価償却費を必要経費に算入しないのは，あまりにも不合理といわねばならない．

　原告らは，約20年以上にわたって従来，大農具の減価償却費について別途控除として個別に必要経費への算入が容認されてきた．原告らが農業経営上必要であり現にこれらの大農具を農業の用に供している限り，これらを別途控除の対象から除外する理由はまったく存在しない．所得標準表掲記以外の大農具の減価償却費が同表の標準経費額に含まれているという証明が存在しない限り，これらを別途控除の対象にすべきである．

(4) **自動車に係る経費**

　被告は本件課税処分において，トラックについては1台を原則とし，2台目については使用割合を20％を限度として別途控除の対象にすると主張している．そして3台目からまったく別途控除の対象にしないと主張している．

　原告らの地区では昭和40年代頃から一農家につきトラックを2台用いることが通例になっていたといわれる．従来原告らにも2台目のトラックについて100％別途控除の対象とすることを認めてきた．当該トラックが当該農家にとって農業経営上必要であり現に農業の用に供されている限り，当該トラックを特別控除の対象から除外する理由はまったく存在しない．

(5) **借入金の利子**

　被告は，「近代化資金などの制度金融と制度金融に準ずる資金」に限って借入金の利子を別途控除することを主張している．従来，農業を営むうえで必要でありかつ農業

協同組合や銀行などの証明書によってその使途，事実が明らかであればひろく「制度金融に準ずる資金」として借入金利子を別途控除の対象としてきたといわれる．従来，「制度金融に準ずる資金」に該当するとされてきた共済見合い資金，農機具ローン，銀行の機械化資金，自作農維持資金，営農資金などを，被告は本件課税処分において否認した．

　税法学の理論から言えば，当該資金が制度金融に該当するか，それに準ずる資金に該当するかなどはおよそ論ずる必要はない．現に農業経営のために必要な資金であり，農業の用に供されていたという事実が存在すれば，当該借入金の利子は原告ら農業所得計算上必要経費を構成するのであって，当該借入金利子について被告のいう標準内経費額に算入されていない部分は別途控除の対象にすべきである．被告が当該借入金の利子の必要経費算入を否認する以上は，当該借入金の利子が被告の標準内経費額に算入済みであるという事実を被告は証明すべきである．

(6)　その他の経費

　果樹共済掛け金，特殊なカドミ対策費（客土工事）．業者に委託して行った米の売り渡しのための運搬費，果樹の雨よけ施設の経費なども従来特別控除の対象とされていたといわれる．これらの経費が被告のいう標準内経費額に含まれているという事実が明らかに証明されない限り，原告らの必要経費額に算入すべきである．

2.3　本件課税処分と信義誠実の原則

　係争年度における原告らの納税申告は，限りなく実額に近いものであって，日本の課税行政の実際においては一種の実額納税申告とみてよい．このような納税申告を容認するような課税行政が20年以上にわたって行われてきたといわれる．そこには法的評価に値するだけの秩序が形成されていたとみてよい．それを法律改正の方法ではなく同一法律のもので一片の取り扱いの変更を理由にして否定することは法の一般原理である信義誠実の原則に違反し違法であるといわねばならない（拙著『税法学原論・4版』青林書院152頁以下）．

　すでに指摘したように，原告らの現実の収穫量に即して標準収入金額を修正することは原告らに実額課税を行う以上は当然である．それを否定するだけの合理的理由は税法学上見いだし得ない．必要経費額についてまずどの農家についても通常必要とする一般的経費額（被告のいう標準内経費額）を一般に承認されている所得標準表の金額を用いて算定した．被告のいう標準内経費額をもって原告らの最低額の経費とするものであって，これも実額算定の1つの方式である．次に各農家の個別事情，特殊事情に応じて，被告のいう標準内経費額に含められていない必要経費額を個別に実額をもって別途控除することも，原告らに実額課税を行う以上は合理性があるといわねばならない．

　もし，本件課税処分において被告がこのような別途控除を容認しないというのであ

れば，所得標準表に示された標準内経費額について，係争年度においてどのような標本例を素材にして，どのような経費項目がいくばく含まれているか等を被告は具体的に証明すべきである．原告の支出した標準外経費が被告の所得標準表における標準内経費額に含まれているという証明がない限り，原告らが現実に農業経営のために支出したこれらの金額を係争年度においても別途控除すべきであるといわねばならない．

以上で明らかなように，本件課税処分については信義誠実の原則違反が成り立つのであるが，いまこの論点を問わないとしても，係争年度における原告らの納税申告は，原告ら農家にとって実務上やむを得ない，税法学上も合理性を有する実額納税申告であり，それを否定する本件課税処分は，所得税法が本来的に要請するところの実額課税の原則とはとうてい相容ないものであって，違法といわねばならない．

2.4 結 語

以上の検討で明らかなように，まず被告の行った本件課税処分は手続的に理由付記を欠くものゆえ，疑いもなく違法である．次に原告らの納税申告とそれを容認する課税行政は，いわゆる推計課税ではなく，原告らの農業経営に見合った実額課税であった．係争年度においてもそのような実額納税申告が原告らによって行われた．それを否定する本件課税処分は，税法学的にいわば「所得なき課税」をもたらすものであって実体的にも疑いもなく違法である．また，被告が本件に対する取扱いの変更を法律の改正手続によって行わないことは，信義誠実の原則に違反し違法である．

被告の行った本件課税処分は取り消されねばならない．

〔2002年6月〕

第9章 退職所得に対する住民税と損益通算

1 はじめに

　周知のように，地方税である住民税（県民税・市民税）の所得割は，前年の所得金額に基づいて課税される．ところが，退職所得については地方税法50条の2, 328条の規定によって，退職時の現年課税となっている．国税である所得税では，退職所得からも損益通算が行われ，また退職所得からも基礎控除等を控除できることとされている．ところが，住民税の実務では地方税法50条の2, 328条の規定を理由にして退職所得からは損益通算も基礎控除等も適用できないとされている．

　あるサラリーマンが1988年3月末に退職し，直ちに事業を開業した．退職時の1988年分はその事業所得が赤字となったために，1988年分の所得税の納税申告において退職所得から当該赤字分の損益通算を行い，結局，所得税額の還付を受けた．しかし，住民税においては課税庁は不作為により還付を行わなかった．当該サラリーマンは，右不作為を違法として課税庁に行政上の不服申立てを行ったが，課税庁は何らの対応もしなかった．そこで，当該サラリーマンは，損益通算をした場合に得られる住民税担当分の還付を求めて，裁判所へ出訴した．

　住民税における退職所得の課税の特例（地税50条の2, 328条）は，あくまで退職所得の性質を考慮して現年課税を行おうとすることの便宜上の措置と解すべきである．もし，住民税の前記実務の取扱いが現行法の解釈として正しいとするならば，退職年分において退職所得以外の他の黒字の所得がない場合または当該他の黒字の所得が僅少な場合には損益通算も人的控除も受けられないという不合理が生ずる．これは，他の納税者と比較してあまりにも不公平な扱いといわねばならない．

　この問題について，筆者は，1995年7月，以下のような鑑定所見書を東京高裁へ提出した．税法学理論上も看過し得ない重大な論点を含むとみられるところから，紹介することとした．なお，本件の第1審である横浜地裁は1995年1月30日に原告サラリーマンの請求を棄却している．棄却の理由は前出地方税法50条の2, 328条の規定によって，やむを得ないというものである．

2 住民税の法的性格と計算構造

　地方税法に規定する県民税と市民税とを総称する名称として「住民税」という用語が一般的に用いられている．この住民税の所得割は国税である所得税の延長という性格をもつ．つまり，所得税，住民税はともにインカム・タックスである．本件で問題になっている住民税の所得割の課税標準は，地方税法に特段の定めがない限り所得税法上の総所得金額，退職所得金額，山林所得金額とすることとされている（地税32条

2項，313条2項）．

　所得税法は，その基本課税標準の体系において退職所得金額，山林所得金額を総所得金額から分離して各独立の課税標準とすることを規定している（所税22条，69条以下，87条2項）．所得税法が本件で問題になっている退職所得金額を総所得金額から分離しているのは，退職所得は通例は勤労者の何十年の勤続の結果はじめて生ずるものであること，またそれは退職後の退職者の生活保護の性格，つまり一種の社会保障の性格を有することなどを考慮したためである．日本国憲法の応能負担原則（憲13条，14条，25条，29条等）は課税物件（所得）の量的担税力のみならず，その質的担税力をも考慮することを要求する（拙著『税法学原論・3版』青林書院128頁以下）．所得税法は，右の退職所得のもつ質的担税力を考慮して退職所得金額を総所得金額から分離してそれ自身を課税標準とすることを規定したものである．右の分離課税の課税標準体系にもかかわらず，所得税法は，総合所得課税における応能負担原則の理念を基本的に生かすために，損益通算（所税69条），純損失の繰越控除（所税70条），雑損失の繰越控除（所税71条）の諸規定を総所得金額，退職所得金額，山林所得金額の計算上適用することとし，こうした諸規定を適用した後の各金額を総所得金額，退職所得金額，山林所得金額とすることとしている．そして，憲法25条の生存権等の保障を具体化する基礎控除，配偶者控除，扶養控除等の人的諸控除を総所得金額のほかに山林所得金額，退職所得金額からも控除することとしている（所税72条以下，87条2項）．これらの人的諸控除を行った後の各金額が課税総所得金額，課税山林所得金額，課税退職所得金額である（所税89条2項）．

　所得税の課税標準体系における退職所得の分離課税は，利子所得の分離課税の特例等とは異なり退職所得の性質を考慮するものであって，損益通算，純損失の繰越控除，雑損失の繰越控除，人的諸控除を退職所得にも適用することとしている．退職所得の分離課税も総合所得課税の仕組みのなかに組み込まれているわけである．

　住民税の所得割は，前年の所得税法上の総所得金額，山林所得金額，退職所得金額に対して課税されるのが原則である（地税32条1項）．ただ，昭和41（1966）年の改正で退職所得金額に対する住民税の所得割の課税については，退職者について1年遅れの納税という原則方法では退職者であるために何かと納税が困難になるところから，退職金の収受時（所得の発生時）と納税の時期とを一致させたほうがよいとの配慮から，本件で問題になっている退職所得の課税の特例（地税50条の2，328条）が導入されたにすぎない．同特例は，退職所得に対する住民税の課税は通常の場合には退職の際の特別徴収によって終結することを予定しているが，さればといって同特例は，さきに指摘した住民税の所得割が実定法的に所得税の計算構造を前提とし所得税の延長であるという法的性格を退職所得に対する住民税において完全に排除・否定しようとするものと解すべきでない．本件で問題になっている損益通算の要請は憲法理論的には所得課税における応能負担（憲13条，14条，25条，29条等）の要請の一環であ

る。このことは，基礎控除等の人的諸控除適用論にも妥当する．われわれは，このような基本的視角から，本件を検討しなければならない．

3 住民税における退職所得の分離課税規定の法的意味

さきにも指摘したように，住民税における退職所得の分離課税の特例（地税50条の2，328条）は，退職者について退職金の収受時と納税の時期とを一致させるための便宜規定にすぎない．つまり，一般に納付が困難になるという退職者の置かれた事情に配慮した分離課税の特例措置にすぎない．確かに，損益通算等や人的諸控除を考慮する必要のない退職者については，住民税の課税関係がその退職金に対する特別徴収（同特例の適用）だけで法律的に終結することになる．

ところで，地方税法50条の2，328条は，所得税法199条（源泉徴収義務）の規定により所得税の源泉徴収が行われる場合に限定していて，所得税法200条（源泉徴収を要しない退職手当等の支払者）の退職金については適用されないこととされている．これに従えば，同じ退職所得であっても所得税法200条の退職金には特例規定が適用されないという不合理が生ずる．このことは，同特例規定は源泉徴収の対象となる退職所得限りの例外的措置であり，同特例規定の法的意味はその限りのものとして，しぼってとらえられるべきであることを示唆しよう．

分離課税の特例を規定した地方税法50条の2，328条は，32条（県民税の所得割の課税標準），35条（県民税の所得割の税率），39条（県民税の賦課期日），313条（市民税の所得割の課税標準），314条の3（市民税の所得割の税率），318条（市民税の賦課期日）の「規定にかかわらず」，当該退職金に係る所得を他の所得と区分して当該退職金の支払いを受けるべき日の属する年の1月1日現在におけるその者の住所所在の各地方自治体で退職金に係る所得の住民税の所得割を課すると規定している．その意味するところは，さきにも指摘したように，本件の控訴人のような事業所得の計算上損失がある場合に当該損失を当該事業所得と同一年分の本件退職所得から損益通算することを絶対に拒否するものと解すべきではないであろう．もし，原判決のような理解が行われるならば，前出の憲法の応能負担原則（憲13条，14条，25条，29条）の要請に背反するばかりでなく，まったく合理的な理由なしに控訴人のような事情のある者に対して，あまりにも不合理な，差別的な住民税課税の取扱いを強要することを意味しよう（憲14条の「法の下の平等」違反）．原判決のように，現に存在するところの控訴人の事業所得計算上の損失を退職所得から損益通算することを否定するのが地方税法50条の2，328条の趣旨であると解する場合には，著しく正義に反することとなり，そのような地方税法50条の2，328条を画一的に本件控訴人に適用することは「適用違憲」を構成するものとされねばならない．損益通算，純損失等の繰越控除，人的諸控除などを適用する必要がない通常の場合には，地方税法50条の2，328条の規定は不都合とはいえない．その意味では同規定自体を直ちに違憲（立法違憲）とする

ことができない。このように考えた場合には、本件に同規定を適用することは違憲（適用違憲）となろう。

以上の所見について若干のコメントを加えておきたい。

地方税法50条の2, 328条には、同法32条, 313条の「規定にかかわらず」という規定がある。この規定の法的意味を税法学的にどのように解すべきであろうかという問題が検討されねばならない。同法50条の2第2項, 313条第2項において所得税法22条3項（損益通算、純損失の繰越控除、雑損失の繰越控除）を引用している。これに従えば、本件で問題になっている損益通算は住民税における退職所得の分離課税の場合には、適用されないようにも解される。しかし、そのように解することは、すでに指摘したように、所得税と同様のインカム・タックスである住民税の基本的性格に鑑み、あまりにも不合理であり憲法適合的であるとはとうていえない。鑑定人としては、同法32条, 313条の「規定にかかわらず」の法的意味は、退職所得の分離課税の特例（地税50条の2, 328条）に基づく特別徴収税額を算定する限りの場合の規定として、し・ぼ・っ・て・とらえるべきであると解したい。また、地方税法50条の2, 328条自体は、34条（所得控除）, 314条の2（所得控除）を引用していないが、32条（所得割の課税標準）, 313条（所得割の課税標準）を引用しているところから、50条の2, 328条の特例が適用される場合には、人的諸控除も適用されないという主張がある。これに従えば、他の所得がない場合等には基礎控除額すらも適用されないという、本件で問題になっている損益通算不適用以上の所得課税の基本を否定する不合理をもたらすことになる。それだけに人的諸控除の場合にも、50条2, 328条の法的意味を上記と同じようにし・ぼ・っ・て・とらえるべきであると解したい。

鑑定人としては、地方税法50条の2, 328条の法的意味については税法学的に以上のように解すべきであると考えている。本件のような退職所得から損益通算を行う必要がある場合には、後日、住民税の普通徴収手続の段階で、当該損益通算分の適用を拒否すべきではないと解したい。もし、同特例の趣旨がこのような場合の拒否を含むのであれば同特例は、憲法14条に違反し（立法違憲）、違憲無効とされねばならない。

以上要するに、憲法の応能負担原則の要請および住民税の所得割が所得税の延長であるという実定法の基本構造に鑑み、地方税法50条の2,328条は、本件控訴人の事業所得計算上の損失を控訴人の退職所得金額から、損益通算することを禁ずるものと解すべきでない。税法学的には、同規定について「憲法適合的税法解釈」（憲法の趣旨に適合した税法解釈）が要請されることになる。右の損益通算を禁ずることは、控訴人のような事情にある者を不当に不合理に差別することを意味しよう。これは税法学的にとうてい許されないことである。

なお、地方税については、納税者である住民との関係においては憲法上租税法律主義ではなく、租税条例主義が支配する（前出『税法学原論・3版』295頁以下）。国の地方税法（昭25法226）は各地方自治体が各地方税条例を制定する場合の単なる標準

法，枠法にすぎないのであり，各住民は法的には各住民の代表機関（各地方議会）が定めた各地方税条例によって納税義務を負うのである（鑑定人のいう本来的租税条例主義），本件の各地方税条例には以上の解釈を妨げる格別の規定は存在しない．

4 結　語

以上の検討で明らかなように，原判決が重大明白に法の理解を誤ったことは税法学上疑いの余地がない．それゆえ，被控訴人（被告・K市）は本件損益通算によって生ずる住民税の過誤納金等を控訴人（原告・納税義務者）に還付しなければならない．

【付記】

その後，控訴審である東京高裁 1995 年 10 月 25 日判決，上告審である最高裁 1997 年 10 月 28 日第 3 小法廷判決は，いずれも第 1 審と同様にサラリーマンであった納税者の請求を棄却した．

〔2000 年 8 月〕

第III部　法人所得課税

第1章　法人所得課税理解への法的検討

1　税法学からみた法人税の性格——応能負担原則と法人税

　本稿の主題は，法人所得課税における「課税所得の概念と課税ベースの見直し」であるが，課税所得そのものが，法人税という租税をどのようなものとしてとらえるかによって，影響を受けるので，はじめに税法学からみた場合に法人税という租税は本来どうあるべきかについて，私見を明らかにしておきたい．

　筆者の税法学の方法によれば，まず日本社会における法人の実態を客観的にとらえる必要があり（筆者の言う法認識論．「生ける法」lebendes Recht の解明），そのうえでそれをふまえて現段階でどのような法規範論理が日本国憲法秩序，より具体的に言えば憲法の応能負担原則（憲 13 条，14 条，25 条，29 条等）の趣旨に最も適合するか（筆者の言う法実践論），という形で展開されることになる．法人税の性格もこのような方法によってとらえられるべきである[1]．

　法人税は，実定法制度としては所得税とは別個の租税として位置づけられている．法人税制は，法人を個人とは別個の社会的存在（social entity）としてとらえている．法人は，個人とは別個の法的主体であり，社会的，政治的，経済的にも別個の構成単位（social unit）として扱われている．日本国憲法 30 条は国民の納税義務を規定しているが，この「国民」とは people, peuple の意味であって[2]，ひろく日本社会の構成単位である法人，団体等を含むものと解される．加えて日本の多くの大法人では，個人株主の占める比率はきわめて低く「資本」に法人格を付与した財団的実態をもっている．もちろん大法人の多くは所有と経営とが分離している．したがって，法人所得は最終的には個人株主に帰着するという法人擬制説的思考[3]が妥当する社会的基盤が存在しないと言ってよい．一方，法人の大部分を構成する中小法人では，所有と経営とが一致し，そのオーナーである株主（出資者）の生存権の延長線上にその憲法的地位をとらえうる構造が存在する．さればと言ってエコノミストの一部にみられる中小法人を課税上個人とみなして所得税法で規定する累進個人所得税を彼ら（中小法人）に適用すべきであるとする「みなし個人課税制度」ということにはならない[4]．法人税は法制度論的には個人所得税とは別個の租税であり，中小法人と個人企業との間の負担のバランスの問題は中小法人に「みなし個人課税制度」を適用するという形ではなく，当該中小法人を構成するオーナー株主等に対して彼らが取得する報酬，賞与，その他の所得のすべてを総合し，総合累進税である個人所得税を適正に課することによって，個人企業との課税上の均衡が確保され得る．エコノミストの一部が主張するように中小法人に「みなし個人課税制度」を適用した場合には，かえって生存権，

生業権の保護の対象になるはずの中小法人には重課税となり,憲法の応能負担原則の趣旨に背反することになる.現行法人税法上の「各事業年度の所得」(法税22条)は同一法人の所得であっても,各事業年度ごとに法的にはそれぞれ独立した課税物件を構成する.その課税物件の大きさに応じて憲法の応能負担原則の適用が論ぜられねばならないことになる[5].法人税率について言えば,個人所得税に準ずる超過累進税率(現行では10〜50%)が適用されるべきであるということになる.そうすれば,中小法人の多くは通例,低税率(10%など)が適用されることになり,中小法人の活性化に資する.別の表現をすれば,中小法人の生存権ないしは生業権の保護にも資する.中小法人の質的担税力に配慮することに通ずることになるわけである.租税特別措置を全廃して課税ベースの拡大を行い,超過累進税率を適用することこそが憲法の要請にも適合することになる.後にも指摘する租税特別措置が大法人に集中的に適用されて大法人の課税ベースがかえって縮減されることに加えて,大法人の巨額の所得に対しても,また生権ないし生業権の保護の対象になるところの中小法人のわずかばかりの所得に対しても,現行法のように基本的に同一の法人税率(比例税率)を画一的に適用することは税法学的には憲法の応能負担原則の趣旨に背反することになる.なお,人権論から言えば,応能負担原則ないしは累進課税の思想は,現代国家における社会権的基本権の投影・具体化であることを指摘しておきたい.

以上のような主張に対してエコノミストの一部から直接税と言っても法人税は転嫁するのではないかという反論が寄せられるであろう.転嫁の問題は経済過程の問題であって税法学においては直接的に考慮する必要がない.それはともかく実は個人企業の所得税も厳密には転嫁する.したがって,転嫁問題は法人固有の問題ではない.それゆえ,右の反論は理由がない.転嫁問題に対しては,公租公課の性質によっては損金不算入措置や大法人については原価の公開等によって対処すべきである[6].

以上の税法学理論によれば,現行の同族会社の留保金課税制度(法税67条)もその合理的根拠を失なうことになろう.同制度は生存権ないしは生業権の保護の対象となるはずの多くの中小法人に対して,かえって大法人以上に重課税するものであって,憲法の応能負担原則の趣旨に背反する.この基本問題を別としても,現行の留保金課税制度には税法学上多くの疑問が指摘されねばならない.第一に,ある法人が画一的・形式的な基準に該当すればすべて同族会社として扱われるという点である.第二に,当該同族会社の「不当な留保」の判定にあたって税法所定の留保控除額を超える部分を「不当な留保」として当該部分に対して画一的にこの制度が適用されることになっている.何が「不当な留保」であるかは,業種,経営規模,その他の諸事情によって異なってくるはずである[7].

2 法人所得計算の基本構造

法人が法人株主として他の法人から取得した受取配当金は,課税上久しく益金に算

第 1 章　法人所得課税理解への法的検討

入しないものとされてきた．政府筋ではこれは租税の基本的仕組みからくる当然の措置であって，学問上の租税特別措置ではないとしてきた．日本ではシャウプ税制でとられた法人擬制説的思考からこの制度が正当化されてきた．しかし，さきに指摘した税法学の理論から言えば，そのような主張には合理性がなくその主張の虚構性は明らかである．受取配当金の益金不算入制度は，経済政策的には企業の垂直的結合への税制上の1つの支援措置である．税法学的にはこの制度は，学問上の租税特別措置を構成する．憲法の応能負担原則の趣旨から言って受取配当金のすべてが課税ベースに加えられるべきである．

　株式のプレミアム等も益金不算入とされている．現代社会においては何が資本取引 (capital transaction) であり，何が損益取引 (profit and loss transaction) であるかが判然としなくなっている．株式のプレミアム等は現代資本主義のもとでは現代的利潤の「変型」であり税法学的には学問上の租税特別措置を構成するものとされねばならない．税法学的には株式のプレミアム等は課税ベースに加えられるべきである．同様の観点から現行税法における資本等取引（法税 22 条 5 項，2 条 16 号，17 号）の内容について見直しが行われるべきである．

　現行税法では企業政治献金を含めて寄付金の法定限度の範囲内において損金に算入することとされている（法税 37 条）．企業政治献金は，理論的には主権者固有の主権的権利である参政権を侵害し，憲法の意図する議会制民主主義を空洞化させる．それゆえ，企業政治献金は，民法 43 条違反（法人の目的外），民法 90 条違反（公序良俗違反）であって理論的には無効である．これを公権力である税法が保護することは違憲であると言わねばならない．それゆえ，企業政治献金の損金算入制度は廃止されるべきである．当該政治献金の損金算入分は課税ベースに加えられるべきである[8]．

　引当金については従来，政府筋では企業会計上合理的なものであり学問上の租税特別措置ではないと指摘してきた．われわれはかねてから引当金の実態から言ってその多くは利益留保性のものであり，学問上の租税特別措置を構成すると指摘してきた[9]．今回，政府税制調査会（政府税調）は従来の姿勢を変えたのであろうか．政府税調はようやく各種の引当金の見直しを指摘している．

　ここでは，最も代表的な引当金である貸倒引当金と退職給与引当金を例にして検討してみよう．

　貸倒引当金は，「財務会計」という意味での企業会計理論上は評価性引当金である．評価性引当金であれば，本来，個別企業の貸倒実績に基づいて引当金が言わば個別的に計上されなければならない．この点，現行制度においては期末貸金の一定率まで画一的に引当金の計上が認められている（法税 52 条，法税令 97 条）．そのうえ，租税の実務（通達）においては，法的にはいまだ貸倒れになっていないものについても，債務者が手形交換の取引停止処分を受けたことなどの一定の外形的基準によって貸倒損として処理することが認められている（法税基達 9-6-4 以下に規定する債権償却特別

勘定)．このようにすでに実務上貸倒損として扱われている部分については，税法上の貸倒引当金を論ずるまでもない．この事実を考慮すると，厳密な評価性引当金の理論によれば，現実には，税法上の貸倒引当金制度の対象になるものがあまりないことになろう．それゆえ，とりわけて大法人の貸倒引当金については，バブル崩壊期のごとき異常時は別としてその多くのものが利益留保性のものであると言わねばならない．

負債性引当金とされる退職給与引当金については，次のようにその利益留保を指摘することができる．税法は企業の解散を前提にしないで，つまり継続企業（ゴーイング・コンサーン）であるということを前提にして通常の法人税のあり方を規定している．それゆえとりわけ大法人の全従業員が自己都合により退職するものと仮定することは非現実的であり，そのような仮定のもとに期末退職金の要支給額の40パーセントまで引当金の計上を認めること（法税55条，法税令106条）は，右のゴーイング・コンサーンを前提とする税法の建て前から言って不合理である．税法における退職給与引当金制度のあり方も，応能負担原則の具現化を意図する特殊税法理論的観点から論ぜられねばならない．そのような特殊税法理論的観点から言えば，大法人の退職給与引当金の多くは，利益留保性のものであると言わざるを得ない．

引当金一般について言えば，アメリカ税法の例によって知られるように，財務会計という意味での企業会計のあり方と税法会計のあり方とが連動しなければならないという論理は税法学的には成立しない．企業が投資家その他利害関係者に対し的確な財務情報を提供・開示することは大切である．そのために一般に承認された企業会計原則（business accounting principles）にしたがって各種の引当金を財務会計のうえにおいて計上することはむしろ望ましい．しかし，税法制度としては憲法の応能負担原則の要請に応える必要がある．法的には引当金に組み入れられる金額はいまだ費用（損金）とはなっていない．その意味において財務会計上一般に合理性があると言われている引当金も税法領域に持ち込まれるべきではない．

少額減価償却資産については，同一法人において大量になる場合にはすべてのものを損金に算入することは妥当でないとみられるので，政府税制調査会も指摘するように，一定の場合には総額制限をするなどの規制が望ましい．現行の営業権の任意償却の制度も課税ベースの見直しの一環として見直して，これを均等償却とすべきであろう．

圧縮記帳は課税延期の制度であるが，もし一定の場合に課税延期の必要があるのであれば，企業の会計処理を前提としないで，税法独自の制度として，課税延期を規定することとすべきであろう．

税法と財務会計という意味での企業会計との調整という観点から棚卸資産の評価方法や減価償却の方法について税務署長の承認を受けて特別な方法を選択することが現行法制度では許容されている（法税令28条の2，48条の2）．この特別な方法を選択できるのは現実には一部の大法人に限られる．したがって，この制度は，機能的には

第1章 法人所得課税理解への法的検討

大法人の「期間所得」を前提とする課税ベースの縮減の意味をもつことを，指摘しないわけにはいかない。

現行法は法人所得の期間帰属について具体的な認定基準を明定していない。ゴーイング・コンサーンを前提として一定の期間ごとの所得を各独立した課税物件とする法人税の実務においては，この期間帰属をめぐる規定の不備が様々な不公平をもたらしている。課税ベースの見直しの問題の一環として各種の取引を類型化しその類型ごとに課税上よるべき具体的認定基準を明定すべきである[10]。現行の割賦販売等，延払い条件付譲渡等に関する特例規定（法税62条，63条）は，当該法人の現実の納税能力に鑑みて税法学的にも支持されよう。

この際，法人税法22条の「各事業年度の所得の金額の計算」の原則規定について税法学の観点から基礎的問題を指摘しておきたい。同条2項において「無償による資産の譲渡又は役務の提供」が収益（益金）を構成すると規定している点を税法学的にどのようにとらえるべきかが問題となっている。法人税法22条2項について一部の論者は，低額譲渡等の場合において当事者が真実行った取引における取引価額にかかわらず，課税上時価に置き換えて収益を認定できる，一種の租税回避行為の否認を規定したものと解している[11]。この問題は法人税の課税ベースの根幹に関する問題である。取引社会において適法・有効に行われた行為をこのような包括的一般的な条項によって否認しようとする解釈は，憲法の租税法律主義の要請から言って許されない。筆者は，同規定は租税回避行為の否認を規定したものではなく両建て経理を前提としたグロスの計算構造についての収益の例示規定にすぎないものと解している。

筆者の右のような理解に従えば，次のように簿価のままで資産を贈与した場合であっても貸方に譲渡収入（収益）が，つまり収益が自動的に出てくるのであって，そのような計算構造を前提とした規定にすぎないと解すべきであると指摘してきた[12]。

〔事例〕 資産を移転(贈与)した場合

　　　　時　価　　　100万円
　　　　簿　価　　　 60万円
（借方）寄付金　　　 60万円
　　　　譲渡原価(損) 60万円
（貸方）譲渡収入　　 60万円
　　　　資　産　　　 60万円

もし，右の事例において時価で資産を移転（贈与）したと処理した場合

（借方）寄付金　　　100万円
　　　　譲渡原価(損) 60万円
（貸方）譲渡収入　　100万円
　　　　資　産　　　 60万円

課税ベースの見直し改正の際に，法人税法22条の規定の整備が望ましい[13]。

139

また，政府税制調査会では，税法会計にも時価基準を導入すべきだなどと論議されているが，一般の財務会計基準と納税能力を基調とする税法会計のあり方の議論とは税法学的には基本的に区別されるべきである．

3 租税特別措置

税法学的には法人税法の本法において規定する措置についてもすでに指摘したように学問上の租税特別措置に該当するものが少なくはない[14]．ここでは，便宜上租税特別措置法において規定するものについて例証的に検討することとしたい．

各種の準備金，特別償却等の租税特別措置は税法学的には応能負担原則の趣旨に背反するとともに「かくれた補助金」である歳出を議会統制から実質的に排除するものであって憲法の議会制民主主義の原則（憲83条，85条等）からも全廃されるべきである．もし，国家が特定の産業等を保護する必要があるというのであれば，憲法の議会制民主主義の原則に従って「目に見える補助金」としてフェア（公正）に予算等に計上し議会および主権者の同意を受けるのが筋合いである．

以上の基本問題を別として，現行法制度は「税法と財務会計という意味での企業会計との調整」という観点から，企業会計上も費用性を有しないという理由で各種の準備金，特別償却等についていわゆる利益処分経理を許容している（税措55条1項等，52条の2）．税法学から言えば，本来廃止されるべき租税特別措置がかえってこの制度（利益処分経理）によって拡大的に利用されることになるわけである．このように，企業会計と税法との調整という形式的処理だけでは，問題の本質的解決がなされないことを指摘しておきたい．

医療法人の社会保険診療報酬の特例措置（税措67条）も，もとより廃止されるべきである．

4 公益法人等の課税

現行税法は，民法上の社団法人・財団法人，学校法人，社会福祉法人，宗教法人，法人である労働組合等を公益法人等として扱っている．

何が課税されるべき収益事業であるかは，公益法人等の目的，性格，規模等によって異なってくる．現行税法はすべての公益法人等について抽象的，画一的，形式的な基準で収益事業の範囲を規定している（法税2条13号，7条，法税令5条）．これでは税務行政の実際においてはかえって様々な不合理，混乱等をもたらし，不公平なものとなっている．このような画一的な抽象基準では実務を展開しえない．課税ベースの見直しの一環として各種の公益法人等を類型化し各種型ごとに具体的な収益事業の範囲が租税法律において規定されるべきである．宗教法人について言えば，そうすることがかえって「信教の自由」「政教分離原則」を保護することになる[15]．

なお，金融収益について一定の場合には収益事業に組み込むことも検討されるべき

であろう．

　公益法人等の収益事業所得に対する法人税率は軽減税率となっている．アメリカ法の例からも明らかなように[16]収益事業である限り市場原理から言って公益法人等の収益事業所得を優遇する合理的理由はない．宗教法人について言えば，軽減税率は憲法20条で禁止する「国からの特権」に該当する疑いがある．また89条で禁止する「公金の支出」（かくれた補助金）に該当する疑いがある．さらに公益法人等の非収益事業分の原則非課税のあり方も見直されるべきである．筆者としては一定の巨大公益法人等については公認会計士の監査を前提にして原則非課税規定を適用することとするのが望ましいと考えている．

　現行税法は法人でない労働組合と法人である労働組合とを法人税法のみならず所得税法上も区別して扱っている．法人でない労働組合には不利な扱いとなっている．労働組合は，憲法の労働基本権を具体化する憲法上の組織であり，その性格上その活動にあたって法人格の取得を必ずしも必要としない．日本の労働組合のほとんどが法人格を有しない．法人格を有しなくても関係官公署の証明書によって労働組合であることを確認しうる場合には，法人格を有しない労働組合も法人である労働組合と同じように法人税法，所得税法のうえにおいて扱われるべきである[17]．

　宗教法人の課税ベースに関連して，現行法のもとでも，ある宗教法人の実態が宗教団体でないとみられる場合には，当該法人に現行の宗教法人原則非課税等の規定を適用することは「適用違憲」を構成することになり，違法である．現行法のもとでも，このようなものには普通法人としての課税上の扱いがなされるべきである．

5　国際課税

　企業の多国籍化が一段と加速化されている今日，どのような場合に主権国家間の課税権の衝突があったとみるべきかについての判別はきわめて困難となってきている．このような諸事情をも考慮し，税法学的には国際的二重課税の排除は，原則的には法的二重課税の排除に限ることとすべきであると考えられる[18]．その意味で間接外国税額控除制度，みなし外国税額控除制度，タックスヘブン地の子会社に関する外国税額控除制度等の廃止が検討されるべきである．さらに外国税額控除制度のあり方自体についてその運用が実質的に一種の学問上の租税特別措置の容認にならないように国別限度方式の導入，対象外国税額の範囲の明確化，控除余裕額，控除限度超過額の繰越控除の見直しなど根本的総合的な検討・整備が望まれる．

　また，移転価格税制については何が「適正価格」であるかについて実務において行政当局の恣意が介入しないようにするために，国内法または租税条約において客観的な具体的基準が明示・整備されるべきである．さらに各国がその課税主権に基づいてその国の移転価格税制を適用しその国の納税者の行った取引行為を否認して「適正価格」に置き換えて課税することは許される．これは当該国の国内問題である．そのよ

うな課税を受けたからといって，相手国の政府が当然に当該分の租税を返還しなければならないかは別個の問題である．筆者は，多国籍化が一段と進んだ今日の国際社会の諸事情に鑑みても移転価格税制が適用された場合の，相手国の対応的調整税制のあり方は別個に検討されるべきであると考えている．なぜなら対応的調整税制に基づく租税の返還は法的二重課税の排除ではなく，経済的二重課税の排除であるからである．それだけに対応的調整税制とその運用のあり方が慎重でなければならない[19]．

6 連結納税申告

企業が新たな事業を起こすために，たとえば当初は赤字をもたらすと予想される事業活動を子会社化すれば，日本では連結納税制度が存在しないために課税上不利となることとなり，子会社化が困難になると言われる．また，連結納税制度が存在しないことが事業活動の展開にあたって国際的に不利になるとも言われる．このような諸事情を理由にして財界筋は連結納税制度の導入を要望している．

筆者は，財務会計という意味での企業会計のレベルでは，法的には別個の企業でも経済的に同一集団に属する企業グループの連結財務諸表を作成し開示することは，投資家その他の利害関係者に的確な財務情報を提供するうえにおいて不可欠とも考えている．しかし，さればと言ってそのような企業会計（財務会計）上の要請を税法のうえにおいて直ちに連動しなければならないという論理は成立しない．税法のうえにおいては，それぞれの国の諸事情に適合した応能負担原則の具体化が要請されるからである．連結納税申告制度を導入した場合には，たとえば理論的に他国の課税主権の支配下にある現地子会社の所得をどのように取扱うかという困難な問題が生ずる．また，現行の比例課税を建て前とする日本法人税制のもとではそれは形を変えた「大法人減税」となることは否定し得ない．現行法人税制はすでに指摘したように各法人ごとに法的に独立した課税単位を構成するという考え方を基本にしている．連結納税申告制度の導入はこの基本的考え方を根底から否定するものである．以上のように現段階では税法学の立場からはこの議論には賛成し得ない[20]．連結納税申告制度の導入は，本稿の主題から言えば疑いもなく課税ベースの縮減をもたらす．

(1) 筆者の税法学の方法については，最近のものとしてたとえば北野弘久『税法学原論・4版』青林書院第1章，同『現代企業税法論』岩波書店第Ⅰ部．その学説史的位置づけに関する最近の論稿として黒川功「日本税法学の方法と反省」租税理論研究叢書7，谷沢書房．同論文に引用された小山廣和，三木義一氏らの先駆的分析をも参照．
(2) フランス憲法学の主権概念に言うナシオン（nation）ではなく，プープル（peuple）の意味である．フランス憲法学における主権概念については，杉原泰雄『国民主権の研究』岩波書店ほか．この点の税法学における指摘として，前出『税法学原論・4版』70頁．

(3) 筆者は，30 数年前に法人擬制説的思考は，大法人軽課，資本所得優遇のための，すぐれて現代法的道具概念にすぎないことを指摘した．北野『現代税法の構造』勁草書房第1章所収論文「現代租税法の構造」．
(4) この点については，前出『現代企業税法論』20章，31章．
(5) 筆者の応能負担原則論を支持する最近の論稿として湖東京至「法人課税のあり方と改革の方向」租税理論研究叢書7，谷沢書房，小川正雄「受取配当にみる法人と個人との関係」租税理論研究叢書7，谷沢書房など．

　アメリカの連邦税法は，法人税について**下表**のように一種の累進税率を規定している．日本では，最近においても法人税率が国際的に高率であり，日本企業の外国への「逃避」を防止するためにも法人税率を一段と引き下げるべきであるという議論が行われている．本文でも指摘したように画一的な比例税率自体が不公平であるほか，大企業には様々な租税特別措置が適用されることによって，日本の大企業の実質法人税率はむしろ低税率となっている．この点は，財政学者神野直彦教授も肯認されている．神野直彦『システム改革の政治経済学』岩波書店104頁以下．同教授は，引当金と社会保障負担を考慮して，具体的に指摘されている．

　日本の法人税等が重いために，日本企業が現地生産（外国での生産）をするのではない．日本が労賃を含む世界一の物価高であること，つまり日本で生産するとコスト高となること，実質的には円高であること，そして各国が貿易の収支均衡策をとっており輸入を抑制する傾向にあることなどがその主因である．北野弘久『5％消費税のここが問題だ』岩波ブックレット．
(6) 税法学者のなかでも，法人税には応能負担原則がなじまないという主張がある．増井良啓「法人税の課税単位」租税法研究25号，同書96頁以下．金子宏教授は，かつて法人税は所得税とは別個・独立の租税であるとされていたが，現在では，「法人税は所得税の前取りである」という考え方に改められた，という．金子宏『所得課税の法と政策』有斐閣427頁．法解釈論はもとより，立法論の場合でも，経済学，政治学などの議論をストレートに税法論に持ち込む仕方の議論は，税法学からは許されない．税法学では最小限度，「法規範論理」として展開される必要がある．金子宏教授に代表される最近の流れの危険性については，黒川功・前出論文が鋭く指摘している．
(7) 詳細については前出『現代税法の構造』8章，前出『現代企業税法論』19章，30章．

表3-1-1　米国連邦法人税の速算表

課税所得金額		税　額
ドル	ドル	
0超	50,000以下	全額×15％
50,000〃	75,000〃	7,500ドル＋50,000ドル超の部分×25％
75,000〃	100,000〃	13,750ドル＋75,000ドル超の部分×34％
100,000〃	335,000〃	22,250ドル＋100,000ドル超の部分×39％
335,000〃	10,000,000〃	113,900ドル＋335,000ドル超の部分×34％
10,000,000〃	15,000,000〃	3,400,000ドル＋10,000,000ドル超の部分×35％
15,000,000〃	18,333,333〃	5,150,000ドル＋15,000,000ドル超の部分×38％
18,333,333〃		全額×38％

(8) 前出『現代企業税法論』9章, 28章. 北野『税理士制度の研究・増補版』税務経理協会, 牛島税理士訴訟弁護団編『牛島税理士訴訟物語』花伝社.
(9) つとに前出『現代税法の構造』9章, 北野『納税者の権利』岩波新書130頁以下. 詳しくは前出『現代企業税法論』2章, 25章, 26章.「不公平な税制をただす会」の20年余にわたる実証的指摘など.
(10) つとにこの点を指摘してきた. たとえば, 前出『現代企業税法論』72頁.
(11) 金子宏『所得課税の法と政策』有斐閣351頁など.
(12) 前出『現代企業税法論』116頁.
(13) 法人税法22条2項に対する金子宏教授の法解釈については, その誤りを前出黒川功論文は厳しく指摘している.
(14) つとに前出『現代税法の構造』第2章所収論文で指摘した.
(15) 前出『現代企業税法論』18章. 北野「宗教法人の情報公開と税務をめぐる問題」法律のひろば96年4月号.
(16) アメリカ法については, 石村耕治『日米公益法人課税法の構造』成文堂.
(17) 前出注(15)の文献のほかに, 北野『サラリーマン税金訴訟・増補版』税務経理協会389頁以下, 429頁以下. なお, 労働組合については税法ではなく, 労働法において法人格の有無を問わず労働組合の人的課税除外(非課税団体)が原則的に規定されるべきであろう. 労働組合が収益事業を行う場合には別組織とすべきことを労働法において規定するのが望ましい.
(18) 前出『現代企業税法論』13章.
(19) 詳しくは注(18)論文(『現代企業税法論』13章).
(20) つとに前出『現代税法の構造』219頁以下, 前出『納税者の権利』143頁などで指摘した.

【付 記】

日本租税理論学会大会での本報告後, 1998年度税制改正において法人税法等が大幅に改正された. 本稿は, 学会報告時(1997年11月)の税法規定を前提にしている.

〔1998年11月〕

第 2 章　寄付金認定の適否

1　はじめに

　以下は，秋田地裁平成 5 (1993) 年 5 月 21 日判決（昭和 61 年（行ウ）第 4 号・法人税更正処分取消請求事件・判例年報 5 号 467 頁 = 税資 195 号 391 頁）の研究である．
〈事案の概要〉
　事案は，原告である清算中の協同組合がその子会社的存在である販売会社（その役員構成も事実上原告の理事と一体）の債務を両者間の「特約」に基づいて負担した金員が，原告の清算所得を構成する寄付金に該当するかどうかが争われたものである．被告税務署長は，原告が負担した金員は原告の損金（必要経費）を構成せず，法人税法 95 条 1 項（寄付金の残余財産価額への算入）の規定に基づき原告の残余財産の価額（清算所得の金額を構成）に算入することとして，昭和 58 (1983) 年 8 月に原告に対して本件法人税更正処分を行った．
　原告は，中小企業の相互扶助を目的とする中小企業等協同組合法上の事業協同組合である．原告は，昭和 39 (1964) 年 4 月，秋田県中小企業団体中央会（「県中央会」）の指導のもとに設立された．昭和 39 年当時，秋田県では学校給食用パンの需要が高まり，県の行政当局としても右生産を増大するよう奨励していた．原告はこの要請に応えるために設立された．秋田市内の数名の製パン業者を組合員として設立された．従業員も原告の組合員の経営する各企業に従事していた者を充てた．県中央会の指導では「事業協同組合は，組合員の事業の一部の共同化しかできない」ということであったので原告は，当初パンの製造のみを目的とした．パンの販売などは原告の組合員が個別に行うこととされた．昭和 40 年 4 月頃から原告はパンの製造業を開始した．しかし，このような方法では販路が重なっていたり経費が二重にかかるなどの経営上の不合理が生じたので，パンの販売を別法人で統一的に行うことになった．昭和 40 年 7 月に，県中央会の指導のもとに原告の組合員およびその家族らの出資によって本件で原告の子会社的存在とされる販売会社が設立された．右販売会社設立後も，原告および販売会社の経費がかさむために業績が向上しなかった．そこで，県中央会からの指導のもとに，販売会社を生産から販売までの一貫した経営体制とすること，販売会社は土地・建物・機械その他設備一切を原告から借り受け，販売会社が製造から販売までを一体的に行うこと，等が検討された．その結果，昭和 43 年 8 月に，販売会社の臨時株主総会において同社の定款の目的の中にパンの「製造」を追加するとともに，原告から工場・敷地・機械設備等を借り受けて，販売会社がパンの製造・販売を一貫して行うことになった．このため，原告はその業務を販売会社に対する工場・敷地・機械設備等の賃貸業務に限定することとなった．組織的にも原告の役員と販売会社の

役員とはほぼ同一人であった．販売会社にはその後もほとんど見るべき資産もなく社会的信用を得るためには原告の資産しかなかった．原告および関係者の主張するところによれば，原告と販売会社との間の関係は，経営上いわゆる親子会社的関係にあり，両者は一体となって原告の本来の業務・目的を達成しようとするものであって，両者間に原告が最終的には販売会社の債務のすべてを負担するという「特約」も存在した．この特約の法的性格は，「履行の引受け」である．なお，販売会社の債務について保証人として名前をつらねた原告以外のものも存在した．それらは単に書類作成上の形式的・便宜的なものにすぎず，各人の負担額は「ゼロ」であるということが関係者間で申し合わせがなされていた．昭和55 (1980) 年1月に販売会社の業績の悪化により販売会社はその業務を停止し同年2月に解散した．そして，原告も同年4月に解散した．原告は原告の清算過程において前記「特約」に基づき販売会社の債務の履行を行った．

原告は，販売会社のために原告の負担した本件金員は原告の清算活動上の当然の義務的経費であり，実務的にも法人税基本通達9-4-1（子会社等を整理する場合の損失負担）に該当するところでもあり，原告の残余財産価額を構成する寄付金に該当しないと主張した．

被告は，①原告と販売会社とは法律的にも社会的にもそれぞれ独立した営業活動を行う別個の法人である．②原告の主張するような前記「特約」なるものは存在しない．原告が販売会社の債務の履行を行ったのであるが，両者間で書面のあるもののうち他の共同保証人に対して有する求償権相当分および両者間で書面のないもののうち原告が負担した部分は，いずれも原告からの贈与（寄付金）に該当すると主張した．

〈判　旨〉

販売会社の債務について原告が連帯保証ないしは物上保証しているものについて原告がその求償権行使の可能な限度で原告が負担した本件金員は，共同保証人に対する贈与であり，また，そのような書面のないものについては原告が負担した本件金員は，販売会社に対する無償の利益供与と認められるので，いずれについても法人税法37条5項に規定する寄付金と認定されるべき性質のものである．

2　研　　究

法人税法は通常の事業活動中の法人の寄付金は法定の限度内において損金に算入することとしている（法税37条）．これは次のような考え方に基づくものと解される．すなわち，寄付金はその性質上企業の経営成果の獲得に直接的な影響をもつところの本来的な経費性を有しない．しかし，寄付金は継続企業が事業を遂行するうえにおいてやむを得ない支出という側面を有する．ふえんすれば，企業が社会的な存在ないしは社会の構成単位としてそれなりの寄付金活動を行うことが一般に期待されており，その意味では寄付金は，継続企業活動において一種の義務的経費の側面をも有する．法人税法はこのような寄付金の性質に鑑みて各事業年度の所得にたいする法人税では，

右のように一定の限度で課税上寄付金の経費性を承認し，損金に算入することとしている（法税37条）。ところが，解散後の清算活動の段階では，法人活動において一般に寄付金の支出をする必要性がなく，そこでの寄付金は右の継続企業活動におけるごとき一種の義務的経費の側面を有しないところから，法人税法は清算活動段階における寄付金は実質的には残余財産の分配であり「所得」の処分であるとみて，清算活動段階の寄付金を損金に算入しないこととした（法税95条）。それだけに実務上清算活動段階における「寄付金」の認定は法の趣旨に鑑み謙抑的にならざるを得ないというべきである。

　本件の原告と販売会社との間の関係は通常の親子関係以上に実質的には密接な関係が存在した。販売会社と取引をする者は販売会社のバックに公的組織である原告が存在し，原告が最終的には各取引について全責任を負うということでもあり，安心して販売会社と取引をしていた。この「特約」の存在については，関係者間において，いわば「公知の事実」であったといわれる。なお，原告以外の者が保証人として名前をつらねている場合もあるが，その保証金額はとても個人の負担しえない巨額のもの（約20年前の物価状況のもとで，たとえばTC名義の債務は3億3,400万円。均分負担とした場合の同人の負担部分は1億600万円。もし真実に保証債務が生ずるのであれば，何人も署名しないはず）であって，筆者の検討した諸証拠によってもそれは形式的・便宜的なものにすぎず，各人の負担額がゼロとみるのが，本件における真実であった。当時，金融機関から，書類の整備上形式的に名前をつらねて欲しい，各人には法的には責任を負わせないということで，署名押印させられたというのが真相であった。

　以上の事実によれば，公的組織でもある原告が負担した本件金員は，原告の清算業務活動における正当な義務的経費であり，原告の清算所得を構成する残余財産価額に算入されるべき寄付金とはいえない。

　この点に関連して，本件において問題になった法人税基本通達にふれておきたい。

　「法人がその子会社等の解散，経営権の譲渡等に伴い当該子会社等の債務のために債務の引受けその他の損失をし，又は当該子会社等に対する債権の放棄をした場合においても，その負担又は放棄をしなければ今後より大きな損失を蒙ることになることが社会通念上明らかであると認められるためやむを得ずその負担又は放棄をすることに至った時，そのことについて相当な理由があると認められるときは，その負担又は放棄をしたことにより生ずる損失の額は，寄付金の額に該当しないものとする」（法税基達9-4-1）。この通達は通常の親子関係がなくても実質的にそのような関係にある企業にひろく適用されることが実務上も明白となっている。国税庁担当官の次の説明を紹介しておきたい。「本通達においては『子会社等』と表現しているが，必ずしも親子会社間における損失負担に限定されるものではない。取引関係，人的関係，資金関係その他特殊関係以外において密接な関係を有する他の法人に対するこの種の損失負

担についても，同様の事情がある場合には，同じような取扱いをすることになるものと考えられる」(『税経通信』35巻11号187頁)．これによれば，法人税基本通達9-4-1の趣旨は本件の原告と販売会社との間の関係にもそのまま妥当する．

被告課税庁は，原告と販売会社とは別法人であること，「特約」について正式の文書等が存在しないことなど，本件の事実関係を皮相に形式的にとらえて重大明白な誤った事実認定をした．

通達はあくまで実務の運用基準を例示的に示したものにすぎないのであるが，本件の実務において被告課税庁は右のように重大明白な事実誤認を行ったことについては，筆者の法廷証言においても明らかにしたところである（92年5月29日，同年8月7日証言）．

法人税基本通達9-4-1の趣旨について国税庁担当官の次の解説自身が本件の事実認定の誤りを示唆している．

「従来，法人税の執行の上では，伝統的な民商法重視の立場にたって，親子会社といえどもそれぞれ別個の法人であるから，仮に子会社が経営危機に瀕して，解散等をした場合であっても，親会社としては，その出資額が回収できないにとどまり，それ以上に新たな損失負担をする必要はないはずである，という商法上の株主有限責任の原理をそのまま援用して親子会社における課税関係を処理するという考え方が支配的であった．したがって，例えば子会社を整理するに際して，親会社が積極的に債務の引受けその他の損失の負担をした等の事実がある場合には，これを寄付金として限度計算の対象にするといった取扱いがされることが少なくなかったのではないかと考えられる．しかしながら，一口に子会社の整理といっても，親会社が，株主有限責任を楯にその親会社としての責任を放棄するようなことが社会的にも許されないといった状況に陥ることがしばしば生じ得る．……いずれにしても，親会社が子会社の整備のために行う債権の放棄，債務の引受けその他の損失負担については，一概にこれを単純な贈与ときめつけることができない面が多々に認められるということであり，従って，このようなものについては，その内容いかんにかかわらず，常に寄付金として処理する等のことは全く実態に即さないのである」(『税経通信』35巻11号186，187頁)．

法人税基本通達9-4-1の適用に関する限り実務上の扱いとしては原告と販売会社との間に前出の「特約」などが存在したかどうかは重要ではない．原告が販売会社の債務を負担しなければならない合理的諸事情が存在すれば，つまり，通達にいう社会通念上もやむを得ない相当の理由が存在すれば当該負担額を原告の清算所得に計算上義務的経費として損金に算入することが可能である．

本件の証言で筆者は，前出の「特約」（原告以外の各保証人の負担額がゼロであることを含む）が存在することについて指摘した諸証拠は次のごとくである．

①昭和43年8月の原告の組合員全員の個々の名義による販売会社宛の白紙委任状（甲126号証1ないし5），②48年5月17日の販売会社の取締役会議事録〔原告が一

心同体となって物心両面で販売会社に全面的協力〕(甲 10 号証の 15),③ 49 年 3 月 13 日の原告理事会議事録〔原告が販売会社に全面的に協力〕(甲 9 号証の 13),④ 54 年 12 月 20 日の原告理事会決定〔YS 氏の発言に基づいて AK 理事長が主宰した会議の決定〕(甲 10 号証の 43),⑤原告代表者・清算人の TC 氏から本件裁判所へ提出された陳述書〔銀行が形式的でよいから保証人を要求しているので,形式的に保証人として署名した.原告が全責任を負うから,ということで署名した,など〕(甲 132 号証),⑥平成元年 12 月 1 日,平成 2 年 5 月 11 日の本件裁判所での YS 証言,⑦平成 3 年 4 月 12 日の本件裁判所での TC 証言,⑧平成元年 3 月 6 日の本件裁判所での KT 証言,⑨平成元年 5 月 26 日の本件裁判所での HR 証言,⑩昭和 55 年 1 月 28 日の販売会社の債権者集会〔原告の資産で処理することを確認〕(甲 127 号証の 1,2),⑪昭和 55 年 2 月 7 日,同年 2 月 28 日の原告理事会での確認〔原告の土地・建物の売却の承認と販売会社の債務の支払いの確認〕(甲 9 号証の 43,44)等.

以上の検討で明らかなように,原告が負担した本件金員が法人税法 95 条の残余財産の価額を構成する「寄付金」に該当しないことについては,疑問の余地がないのであるが,仮に百歩ゆずって被告側の主張のように,清算活動段階の「寄付金」に該当するとした場合においても,客観的にいって本件の諸事情に鑑み右「寄付金」は法人税法 95 条 1 項ただし書にいう「その清算業務の遂行上通常必要と認められるもの」に該当するといわなければならない.このように被告側の見解を採用した場合においても原告が負担した本件金員は結局において清算所得金額を構成しないことになろう.

なお,原告が負担した本件金員の損金算入を否定する法人税法等における「別段の定め」が存在しないので,本件金員の損金算入の実定法的根拠の 1 つとして,法人税法 22 条 3 項および 4 項を挙げることができよう.

3 実務家へのアドバイス

税の実務における事実認定にあたって,諸現象を形式的,皮相的に観察してはならない.一見,複雑でみえにくくなっている諸関係の本質を総合的に実態的にとらえるようにすることが大切である.日本の生きた中小企業社会では,法人の意思決定にあたって必ずしも株主総会,取締役会,組合員総会,理事会等々の会議形式で当該法人の意思の確認が行われるとは限らない.また,会議形式がとられたとしても必ずしも議事録等の形の文書が残されるとは限らない.家族的な中小企業の社会ではそのような形式にとらわれないで,様々な形で法人の意思の確認が行われている.また,企業が融資を受ける場合に金融機関等の要請にしたがって,何人かの人々が形式的に名目的に保証人として名前をつらねて書類の形式をととのえて,関係書類を提出させられるということがしばしばみられる.当該名前をつらねた者は真の意味での保証人ではなく単に書類整備上の手段として,形式的・名目的に名前をつらねているにすぎないことが関係者において「合意」されている場合もないではない.しかも,その「合意」

について必ずしも文書が残されているとは限らない．税務行政はこのような社会の現実を直視し，諸事情を総合勘案してことがらの真相をみきわめねばならない．このような中小企業社会を支配している現実の法，つまり「生ける法」(lebendes Recht) をふまえて，寄付金に該当するかどうかを認定することが大切である．

　通達は税法運用上の一応の例示的基準を示したものにすぎないので，ケース・バイ・ケースに応じて通達の趣旨を生かすような実務が望ましい．

　この点，昭和44年の法人税基本通達の「前文」の「……この通達の具体的な運用に当っては，法令の規定の趣旨，制度の背景のみならず条理，社会通念をも勘案しつつ，個々の具体的事案に妥当する処理を図るように努められたい．いやしくも，通達の規定中の部分的字句について形式的解釈に固執し，全体の趣旨から逸脱した運用を行ったり，通達中に例示がないとか通達に規定されていないとかの理由だけで法令の規定の趣旨や社会通念等に即しない解釈に陥ったりすることのないように留意されたい」との指導が注目されよう．

　以上の証拠の一端の紹介によっても知られるように，筆者の鑑定証言を裏づけるために関係者（渡辺春己弁護士，杉山隆税理士ら）にほぼ完ぺきな主張・立証活動をしていただいた．にもかかわらず，このような誤った判決が示された．税法学者としては日本の裁判所の資質に問題があるように思われる．本書III部7章，8章参照．

【参考文献】

　北野弘久『現代企業税法論』岩波書店 15 論文．

〔1997年2月〕

第3章　法人税法22条2項と租税回避行為

1　はじめに

　法人税法22条2項は、「無償による資産の譲渡又は役務の提供」を法人税の課税対象を構成する収益（益金）の1項目として挙げている。この規定について、適法・有効に行われた低額譲渡等を課税上時価に置き換えて譲渡があったものとして取り扱うことを許容した規定、つまり租税回避行為を否認することを許容した創設規定と解する有力な学説が存在する。筆者は、1965年の法人税法制定当時から、同規定は両建て経理を前提としたグロスの計算構造における貸方項目の例示にすぎず、租税回避行為を否認することを許容した規定ではないと指摘してきた（拙著『現代企業税法論』岩波書店3章・6章・10章、同編『現代税法講義・3訂版』法律文化社83、84頁。黒川功「日本税法学の方法と反省」『租税理論研究叢書7・法人税改革の諸問題』日本租税理論学会編・谷沢書房所収参照）。

　適法・有効に成立した株式の相対取引につき課税庁が当該取引を時価（証券取引所の終値）に置き換えて法人税の課税処分を行った事案について、筆者は、1994年11月、その第1審金沢地裁の法廷で鑑定証人として証言した。事案は、その後判決のあった金沢地裁1996年7月19日判決・法人税更正処分等取消請求事件である。筆者の鑑定証言後、別な事件で、法人税法22条2項を租税回避行為を否認することを許容した規定と解する最高裁1995年12月19日第3小法廷判決（民集49巻10号3121頁）が示された。

　筆者が前出鑑定証言をした第1審の金沢地裁判決は、本件株式の相対取引について課税庁が示した時価は「本件株式の値動きの激しさからみると、本件相対取引当日の終値をもって当該取引における時価であるとすることは、偶然性が高く、合理性があるとはいえないことは明らかである」と指摘し、当該時価をそのまま時価であるとすることは正当でないとした。同判決は、課税処分を取消して納税者側を勝訴とした。

　その後、第2審名古屋高裁金沢支部1998年11月30日判決は、本件相対取引当日の終値は時価として適正であるとして、納税者側を敗訴とした。この事案は、目下、最高裁で審理中である。筆者は、法人税法22条の法的意味について1999年1月にあらためて最高裁へ鑑定所見書を提出した。

　この問題は税法学の基礎理論に関する基本問題である。そこで、第1審、金沢地裁および最高裁へ提出した両拙鑑定所見書の概要を紹介することとした。

　本件の納税者側代理人は、第1審、第2審および最高裁を通じて近藤忠孝、菅野昭夫、椎名麻紗枝の各弁護士である。注目されるべきことがらとして、第1審および第2審では補佐人として西田辰男、関本秀治、鈴木章、近藤眞由美の各税理士が納税者側

に協力した．前出筆者の第1審証言については，近藤忠孝弁護士，関本秀治税理士が尋問を担当した．

2　第1審鑑定所見書

1994年11月，筆者が金沢地裁へ提出した鑑定所見書の概要は次のごとくである．前出筆者の鑑定証言の内容も，同鑑定所見書に基づいて行われた．

2.1　法人税法22条の法的意義

(1)　本件においてS航業株式会社およびその関係会社間の株式の売買取引に関して，法人税法22条の規定の適用が争われている．

税法は，人々が形成する市民法秩序を前提にしている．この点は，本件で問題になっている法人税法についても同様である．税法が市民法秩序において形成された法概念等を借用して，これを税法概念として用いている場合には，議会が特段の意思表示，つまり特段の租税法律規定を設けていない限り，当該借用概念等の税法的意味も，一般に市民法秩序において理解されているところと同義にとらえるべきことになる．また，人々が行った市民的取引について議会が特段の意思表示，つまり特段の租税法律規定を設けていない限り，当該市民的取引も一般に市民法秩序において理解されているところと同義の取引として課税関係を論じなければならないことになる．後者についてコメントを加えれば，人々の行った市民的取引が市民法秩序において適法有効である限り，課税庁は課税のうえにおいても当該市民的取引を尊重しなければならない．租税法律において特段の規定がないのに課税庁は課税上当該市民的取引を否認し，別な市民的取引が行われたものと認定することができない．この場合の特段の租税法律規定とは，憲法の租税法律主義の要請に従い一般的・包括的な否認規定ではなく租税要件等を個別的・具体的に規定するところの否認規定でなければならない．税法学的にいえば，それは，人々の行った市民的取引が税法学に特殊な概念としての租税回避行為（鑑定人のいう狭義の租税回避行為）に該当するという理由で，当該租税回避行為を課税上否認するための特段の個別的・具体的規定でなければならないことを意味する．法人税法22条2項は，益金の額に算入されるべき項目を例示的に規定するところの一般的・包括的規定にすぎないのであって，右の憲法的要請を充足する規定ではない．同項の税法学的意味については項を改めて説明することとしたい．

以上要するに，本件で問題になっている株式の売買取引についてそれが市民法秩序において適法有効に存在するものである限り，課税庁といえども法人税法22条を根拠として当該売買取引を課税上否認することは許されない．

すなわち，本件において課税庁は当該株式の公表価格（終値）で売買取引があったものとして公表価格よりも低い価格で取得した会社に対し当該低額相当分の受贈益があったものとし，また当該抹式の公表価格よりも低い価格で売却した会社に対し当該

第3章 法人税法22条2項と租税回避行為

低額相当分の贈与が行われたものとし，現実に当該公表価格で売却が行われたと同様の「認定」を行った．これは，税法学的にいえば，行政権にすぎない課税庁が議会の予定していない課税立法権を事実上行使したことを意味する．もしこのようなことが許されるとするならば，租税法律は単なる「行政の手引き」的存在となり，租税国家体制において最も重要な立憲主義（租税法律主義）が理論的に崩壊することとなろう．

(2) 通常の法人税は，法人の各事業年度の所得に対して課税される（法税5条，21条等）．法人税法22条は，その課税標準，つまり各事業年度の所得の金額の計算に関する通則規定である．各事業年度の所得の金額は各事業年度の益金の額から各事業年度の損金の額を控除して求める．同法22条2項は，益金の額に算入すべき項目を例示的に規定するものである．同法22条3項は損金の額に算入すべき項目を例示的に規定するものである．「益金の額」および「損金の額」の概念自体は法人税法上の固有概念であるが，両概念とも同法22条2項，3項，4項の規定によって明らかなように，両概念の中身は租税法律において特段の規定が存在しない限り，商法秩序が予定する一般に公正妥当と認められる企業会計上の収益，費用等の概念である．法論理構造的にいえば，一般に税法は市民法秩序の特別法的存在である．われわれは，法人税法22条で規定する課税所得の計算秩序についても，この論理が妥当することを銘記しなければならない．別な表現をすれば，法人税法22条自体が，商法の予定する計算秩序の特別法的存在である．

この点について若干のコメントを加えておきたい．商法1条は「商慣習法」を商法の法源とすることを規定している．加えて商法が規定する計算秩序に関する条項は僅少かつ簡潔であるが，その実質的中身について商法32条2項は「商業帳簿ノ作成ニ関スル規定ノ解釈ニ付テハ公正ナル会計慣行ヲ斟酌スベシ」と規定している点が指摘されねばならない．以上の商法条項でも明らかなように一般に公正妥当と認められる企業会計上の収益，費用等の概念は法律的に商法の計算秩序が予定する商法概念でもある．このように，法人税法22条の「益金」，「損金」の中核を構成するところの収益，費用等の概念は商法からの借用概念であるということになる．それゆえ，租税法律主義の法理の1つである「借用概念の法理」が法人税法の予定する課税所得の計算秩序にも適用されることになるわけである．租税法律において特段の規定がない限り，法人税法上の「益金」，「損金」の概念も商法の計算秩序が予定するところに従わねばならないことになろう．この点は，本件を考えるうえにおいても重要である．

法人税法22条4項（「一般に公正妥当と認められる会計処理の基準」）は，右の当然の法論理構造を実定法的に確認するものにすぎない．

このようにみてくると，それでは法人税法22条2項にいう「無償による資産の譲渡又は役務の提供」を益金とする規定をどのように理解すべきであろうかという疑問が生ずる．この規定は，たとえば時価100万円の資産を適法有効に60万円で売却した場合において，100万円の売却におきかえて益金の額を計算するということを意味す

るものではない．「契約自由の原則」は市民法秩序を支配する重要な法原則である．右の法原則に従って適法有効に成立している市民的取引を課税庁といえども法人税法22条の例示的な一般条項によって否認することはできない．

ところで，法人税法22条の収益，費用等の概念はネットではなく，両建て経理を前提としたグロスの概念である．それゆえ，簿価（たとえば，60万円）で資産を無償譲渡した場合，つまり当該資産の全部を贈与（無償譲渡）した場合においても，次のごとく法人税法22条2項にいう収益の額が生ずる．

　　［借方］　　　　　　　　［貸方］
　　寄　付　金　　60万円　　譲渡収入　　60万円
　　譲渡原価（損）60万円　　資　　産　　60万円

右の仕訳例で明らかなように，法人税法22条2項にいう「無償による資産の譲渡又は役務の提供」はまさしくこのような場合を想定しての例示的規定であるにすぎない．簿価60万円で現実に売却が行われたにもかかわらず，時価100万円におきかえて当該売却があったものとし，その低額相当分40万円の「無償分」を収益の額とすることを規定した条項ではないのである．

本件において原処分庁は，本件各取引を原処分庁の考える時価（公表価格）におきかえて，本件各取引における株式の譲渡側，譲受側の双方についてそれぞれ収益の額を認定している．このような認定処分は，税法学的には原処分庁が議会の予定していない課税立法権を新たに行使したことになろう．

以上で明らかなように，法人税法22条の適用に限って本件を検討した場合においても，原処分庁が本件取引における株式の譲渡側，譲受側の双方に対して行った本件各処分は，疑いもなく租税法律に基づかない処分として違法であり，取消しを免れない．

2.2　法人税法11条の「実質所得者課税の原則」

法人税法11条で規定する実質所得者課税の原則は「単なる名義人」に収益が帰属するものとはせず真の法律上の権利者に収益が帰属するものとするという当然のいわゆる法的実質主義を確認するものにすぎない．

巷間，主張されている法律関係によらないで経済関係によって収益の帰属者を認定する，といういわゆる経済的実質主義を規定したものではない．さきに指摘した憲法の租税法律主義の法理のもとでは，法人税法11条のような一般的・包括的規定によって市民法秩序において適法有効に成立している法律関係を否認し，いわゆる経済的実質主義によって別の法律関係を認定することは許されないからである．

本件の場合，S航業株式会社がその経営戦略としてたまたま関係会社の名義を用いて本件の一連の株式の取引を真実行ったという事実が客観的に実態的に存在する場合には，課税庁は，本件の一連の株式の取引がすべてS航業株式会社の真実の取引であ

るとして課税のあり方を論じなければならないことになる．この問題は，税法学的にいえば，本件各取引における実体法上の真実の法律関係・権利義務関係の当事者がS航業株式会社自体である，といういわゆる法的実質主義の問題である．客観的に実態的にこのようにみることができる場合には，S航業株式会社以外の名義による取引，それに伴う経理処理等は税法学上は一種の仮装行為ということになろう．仮装行為は租税法律において，特段の規定がなくても課税にあたって「仮装」をはぎとるのが当然であって，課税庁は，「仮装」をはぎとって真実の法律上の帰属者に課税しなければならない職責をもつことになる．

租税の実務において，仮装行為に対する「否認」という概念が用いられることがあるが，税法学上はここにいう「否認」とは，「仮装」によってかくれている真実の法律関係に基づいて課税するという意味であって，真実の法律関係の「確認」を意味するのである．課税庁が，課税上新たな法律関係を形成的に認定するという意味ではない．

なお，刑事判決ではあるが，被告人が他人の名義で行った株式の取引による所得のすべてを，課税上当該被告人に帰属することを前提にして有罪を認定した最近の例がある（東京地判平3・11・29判時1414・126）．

2.3 株式の価格

本件においては課税庁は，証券取引所の公表価格（終値）でもって本件株式の売買取引が行われたものとして本件各処分を行った．問題になっている本件株式の各売買取引は相対取引であり，右公表価格よりもほぼ200円低い価格で現実に売買が行われたという．さきにも指摘したように，右各取引が市民法秩序において適法有効に成立しているものである限り，課税庁といえども，当該各取引を公表価格におきかえて課税することはできない．

なお，課税庁の主張する公表価格はS航業株式会社側の一方的な本件株式（A航測株式会社）を買い占める戦術になり人為的にもたらされた価格であり，A航測株式会社の実勢を反映するものではないといわれる．しかも，S航業株式会社側は，本件各相対取引を行うにあたって証券会社の専門家の意見を参考にして，右本件相対取引の価格の決定を行ったといわれる．このことからいっても，本件各取引は異常ではなく日常的なものといえよう．

いうまでもなく課税庁は，右の本件各取引を前提にして課税関係を論じなければならない．

以上において述べた税法学理論の詳細については，拙著『現代税法の構造』勁草書房，同『税法学原論・3版』青林書院，同『現代企業税法論』岩波書店等を参照されたい．〔1994年10月22日稿〕

3 最高裁鑑定所見書

1999年1月，筆者が本件上告にあたって最高裁へ提出した鑑定所見書の概要は，次のごとくである．

3.1 法人税法22条2項の「収益」の法的意味——低額譲渡を中心として

この点について原判決は次のように判示する．「法人税法22条2項に規定する各事業年度の所得の金額の計算に当たっては，譲渡時における適正な価額より低い対価をもってする資産の低額譲渡も同条項にいう有償による資産の譲渡に該当することになるが，この場合にも，当該資産には譲渡時における適正な価額に相当する経済的価値が認められるのであって，たまたま現実に収受した対価がそのうちの一部のみであるからといって適正な価額との差額部分の収益が認識され得ないものとすれば，右条項が収益の発生原因となることを認めている資産の無償譲渡の場合との間に公平を欠くことになる．したがって，右規定の趣旨からして，資産の低額譲渡の場合において収益の額に算入すべき収益の額には，当該資産の譲渡の対価の額のほか，これと右資産の譲渡時における適正な価額との差額も含まれるものと解するのが相当である（最高裁判所平成7年12月19日第3小法廷判決・民集49巻10号3121頁参照）．」

法人税法21条は通常の法人税の課税標準を「各事業年度の所得の金額」と規定している．法人税法22条1項は「各事業年度の所得の金額は，当該事業年度の益金の額から当該事業年度の損金の額を控除した金額とする」と規定している．これを受けて法人税法22条2項は益金の額に算入すべき収益の項目を例示し，その収益の額を規定している．同法22条3項は損金の額に算入すべき費用等の額を規定している．これらの規定によれば，法人税法上の固有概念である益金の額および損金の額は租税法律において別段の定めがない限り企業会計上の「収益の額」および「費用等の額」である．この点について法人税法22条4項は，右の法人税法22条2項および3項にいう「収益の額」および「費用等の額」は「一般に公正妥当と認められる会計処理の基準に従って計算されるものとする」と規定し，右の計算構造を確認している．

商法1条は商慣習法が商法の法源となることを規定しており，商法の会計規定は簡潔であるが同法32条2項は「商業帳簿ノ作成ニ関スル規定ノ解釈ニ付テハ公正ナル会計慣行ヲ斟酌スベシ」と規定している．ところで人々の個別の市民生活に対して各課税問題が個別的に生ずる．それゆえ，一般に税法は市民生活秩序（民商法等）を前提にしている．税法において別段の定めがない限り課税関係も市民生活秩序に従って論ぜられねばならない．この意味において，税法規定は民商法等の特別法といえる．このことは，所得の計算規定にも妥当する．法人税法22条は右の商法の計算秩序（商1条，32条2項等）を前提とするものであり，法人税法23条以下および租税特別措置法等の所得計算規定は，法的性格としては右の商法の計算秩序に対する別段の定めに

該当する．このことを，さきに紹介した法人税法22条2項，3項，4項が税法的に確認的に規定するものにすぎない．

　税法は高度に発達した資本主義取引社会の秩序を前提とし，課税上それに依り難いと認められる場合にのみ別段の定めを創設的に個別的に規定する（憲30条・84条の租税法律主義の要請）．目まぐるしく，かつ複雑・多様な商品，資産等の販売，譲渡等においていくばくの金額で当該商品，資産等の販売，譲渡等をするかは原則として取引当事者間の契約で決まる（契約自由の原則）．民法90条に違反しない限り，当該契約・取引は原則として市民生活秩序において適法・有効である．法人税法22条の所得計算の原則規定も，このような契約・取引関係を前提とするものである．現代取引社会の毎日の日常的取引において，当該商品，資産等の「時価」なるものがいくばくであるかは一般にはむしろ判然としないとみるのが実態といえよう．しかし，原判決は「時価」を前提として判示しているので，法人税法22条の「収益」の法的意味について鑑定人の理論を展開する必要上，便宜上「時価」を設定して説明することとしたい．

　　［事例］資産を移転（売却）した場合
　　時価　　　　100万円
　　売却価格　　80万円
　　簿価　　　　60万円

　右の事例の場合において，法人税法22条2項，3項，4項の意図している収益，費用等は次のごとくである．

　　［借方］　　　　　　　　［貸方］
　　現金　　　　80万円　　　譲渡収入　80万円
　　譲渡原価（損）60万円　　資産　　　60万円

　市民生活秩序において現実には資産を80万円で売却する取引が適法・有効に行われたにすぎない．原判決は，右取引を課税上「時価」100万円に置き換えて取引があったとみるべきであるというのである．法人税法上の「益金の額」および「損金の額」が商法の計算秩序の収益の額および費用等の額であることを確認するものにすぎないところの法人税法22条の規定（所得計算に関する原則条項）からは，いかにしても原判決のような理解は引き出しえない．それでは法人税法22条2項にいう「無償による資産の譲渡または役務の提供」の法的意味をどのように解すべきであろうか，という疑問が生ずる．この点については，法人税法22条の収益，費用等の概念は，企業会計における商品勘定におけるごとき両建て経理のグロスの計算構造を前提とするものであることに留意する必要があろう．つまり商品勘定の貸方（法税22条2項）が収益であり借方（法税22条3項）が費用である．法人税法22条2項の収益の額に算入されるべき収益の項目は右のような意味の計算構造の例示規定にすぎない．

　右の事例において簿価60万円で資産を贈与（無償譲渡）した場合においても法人税

157

法22条2項の収益の額が自動的に貸方に示されることになる．法人税法22条2項の「無償による資産の譲渡」とはこのような場合の収益（譲渡収入）の額を規定するものにすぎない．つまり，原判決のいう「時価」に置き換えなくても収益の額が出てくる．

　　［借方］　　　　　　　　［貸方］
　　寄付金　　　60万円　　　譲渡収入　60万円
　　譲渡原価（損）60万円　　資産　　　60万円

　租税法律主義を基底とする税法学からいえば，所得計算に関する原則条項にすぎない法人税法22条の，いわば包括的一般条項からは，市民生活秩序において当事者が適法・有効に締結した取引を否認していわゆる課税庁側のいう「時価」での取引があったとする，いわば現実に存在しない「別の取引」を「創作」することは許されない．租税回避行為は仮装行為とは異なり，市民生活秩序において適法・有効な行為である．議会が当該適法・有効な行為を課税上否認しようとする場合には租税法律において具体的・個別的な否認のための要件規定によらざるを得ない．

　外見的に低額譲渡であっても，実は時価と当該低額との差額相当分を当事者間において贈与することが真意であると認められる場合には，市民生活秩序においても当該差額相当分は贈与となる．これを課税上贈与と認定するにあたって別段の租税法律規定を必要としない．さきの事例について説明すれば80万円で資産を売却する売買行為と差額相当分20万円の贈与行為とのいわば混合契約が市民生活秩序に存在したことになるからである．ただ，当該20万円の贈与行為が，契約書類，会計処理上顕在化しておらず，いわば「隠匿」されているわけであって（ドイツ法における隠匿行為 verdeckte Rechtsgeshaft），鑑定人はこれを約40年前から一種の仮装行為と呼んできた（たとえば拙著『現代税法の構造』勁草書房286頁，同『税法学の実践論的展開』勁草書房130頁など）．法人税法37条6項・7項において「寄付金」として認定されるのは右のような一種の仮装行為における贈与分を意味する．ここで重要なことは，単なる当該差額相当分が寄付金となるのではなく，当事者間において当該差額相当分を真実に贈与する意思をもっていた，という場合を意味するという点である．この寄付金認定問題は，さきに説明した法人税法22条の計算構造からいえば，借方の費用等の額であり，それに照応して貸方の収益の額が自動的に出てくる．法人税法22条2項の「無償による資産の譲渡」とは，市民生活秩序におけるこのような場合の「贈与」をも含むことになろう．これは，税法学上租税回避行為否認の問題ではなく，市民生活秩序において現に存在する「贈与」の確認にすぎない．

　このような場合の「贈与」の会計処理は次のごとく示される．

　　［借方］　　　　　　　　［貸方］
　　現金　　　　　80万円　　譲渡収入　100万円
　　寄付金　　　　20万円
　　譲渡原価（損）60万円　　資産　　　 60万円

原判決は，低額譲渡の場合に「時価」に置き換えてその差額相当分を収益として認識できないときは「資産の無償譲渡の場合との間の公平を欠く」と述べている．しかしこれは現実の市民生活秩序における取引関係を無視するものであり人々の法律生活を根本的に否定するものといわねばならない．なぜなら，原判決のいう無償譲渡の場合とは当該資産について売買行為ではなく贈与行為そのものが行われたのであり，一方，原判決のいう低額譲渡の場合には，さきの事例でいえば 80 万円で売却するという売買行為だけが行われたにすぎないからである．両者は法律上まったく異なった取引であり，法人税法 22 条も両者が異なった取引であるとして，その収益の額，費用等の額を規定するものである．

以上のように原判決は法人税法 22 条の計算規定の理解において初歩的かつ基本的な誤りを犯している．

鑑定人が本件の第 1 審法廷で証言（平成 6〔1994〕年 11 月 4 日）した後に示された最高裁平成 7（1995）年 12 月 19 日第 3 小法廷判決（民集 49 巻 10 号 3121 頁）を原判決が引用しているが，原判決の引用する同最高裁判決も以上の検討で明らかなように税法学的には誤りであるといわねばならない（以上の詳細については拙著『現代企業税法論』岩波書店 3 章，6 章，10 章等参照）．

3.2 低額譲渡と法人税法 22 条の「収益」の展開

市民生活秩序である商法の計算秩序を前提とする所得計算の原則条項であり包括的一般条項である法人税法 22 条 2 項に対する法規範論理からいえば，同条項は租税回避行為を否認することを許容した創設規定と解すべきではない．低額譲渡の場合に「時価」に置き換えてその収益の額を認定すべきであるとする原判決は，税法学的に誤りである．この点については前節において詳論した．原判決のような理解がいかに不合理であるかについて，若干のことがらを補足しておきたい．

法人税法 22 条の収益の額および費用等の額がその前提としているところの商法 32 条 2 項の「会計慣行」，法人税法 22 条 4 項の「一般に公正妥当と認められる会計処理の基準」についていえば，法人税法 22 条の制定当時においては企業会計の分野において資産の無償譲渡・低額譲渡の場合に「時価」による収益の計上を行うという考え方は存在しなかった（詳しくは拙著『現代企業税法論』岩波書店 118，119 頁）．この事実は法人税法 22 条の法規範論理の解明において重要である．したがって，租税法律において「別段の定めがあるものを除き」益金の額は収益の額とすることを税法的に確認するにすぎないところの法人税法 22 条 2 項の理解としては，原判決のように解することは妥当とはいえない．

租税法律主義のもとでは，現代税法は直接間接，租税回避行為を防止するための特別規定といえる．もし，法人税法 22 条のような包括的一般条項によって租税回避行為の否認が法的に可能であるとするならば，理論的に法人税法の実体税法規定のほと

んどが不要になるともいえる．たとえば，法人税法23条2項（受取配当等の益金不算入の不適用），同法34条（過大な役員報酬等の損金不算入），同法35条（役員賞与等の損金不算入），同法36条（過大な役員退職給与の損金不算入），同法36条の2（過大な使用人給与の損金不算入），同法36条の3（過大な使用人退職給与の損金不算入），同法132条（同族会社等の行為計算の否認）等の規定は明らかに租税回避行為を抑制するための直接規定であるが，これらの規定と法人税法22条に対する原判決の理解とはどのような整合性をもつことになるのであろうか．法人税法全体に対する構造的理解からいっても，原判決の理解は妥当でないといわねばならない．

　鑑定人も同趣旨の理論を展開しているところであるが，租税回避行為に対する税法学上の処遇について税法学界において有力学説を展開しておられる金子宏教授も次のように説明される．「租税法律主義のもとで，法律の根拠なしに，当事者の選択した法形式を通常用いられる法形式にひきなおし，それに対応する租税要件が充足されたものとして取り扱う権限を租税行政庁に認めることは，困難である．また，否認の要件や基準の設定をめぐって，租税行政庁も裁判所もきわめて複雑なそして決め手のない負担を背負うことになろう．したがって，法律の根拠がない限り租税回避行為の否認はみとめられないと解するのが，理論上も実務上も妥当であろう．……新しい租税回避の類型が生み出されるごとに，立法府は迅速にこれに対応し，個別の否認規定を設けて問題の解決を図るべきであろう」（金子宏『租税法・6版』弘文堂120頁）．金子宏教授も，租税回避行為に対しては鑑定人と同じように個別的具体的な租税法律規定で対処すべきであると指摘される．さきに検討した法人税法22条の位置およびその規定の仕方からいって，同条2項をもって租税回避行為に対する否認の個別的具体的規定ととらえることは困難である．同教授の右の議論からも，このような結論になるはずである．

　しかるに，同教授は別な箇所で法人税法22条2項は租税回避行為の否認の創設規定と解しておられる（金子宏『租税法・6版』弘文堂238頁）．法人税法22条はさきに明らかにしたように両建て経理を前提としたグロスの計算構造にいう「収益」の額を例示的に確認するものにすぎない．同教授の右の理解は明らかに誤りである．

　同教授の右の理解には多くの批判があるが，ここでは最近の若手研究者の批判を1つだけ指摘しておきたい．税法学説史の体系的研究をふまえて黒川功島根大学助教授は「……仮に無償取引・適正な対価の定義，低価取引の取扱，技術的計算処理方法等必要な事柄はすべて法律において明確に規定されなければならないのは当然であり，一税法解釈者の決定し得る事項ではない．しかし（金子宏）教授はここでその『立法』を解釈の形を借りて行い，さらにその『立法』趣旨や想定される法律効果，将来へ向けての技術的課題まで丁寧に解説し，周知徹底を図っている．これはまさに自らの課税理論に国民を従わせ『課税権』を行使する官僚法学の典型のような議論である．……金子教授の議論は，実定法の規定構造を無視した暴論ということになろう」（黒川

功「日本税法学の方法と反省」『租税理論研究業書7・法人税改革の諸問題』日本租税理論学会編・谷沢書房所収).

3.3 結　語

　以上の検討で明らかなように，適法・有効に成立した本件取引を「時価」に置き換えて収益の額を認定することは，許されない．それゆえ，本件取引の「時価」をいくばくであるかを検討するまでもない．

　原判決は，疑いもなく法人税法22条の「収益」の額の法的意味を誤って理解するものであって，破棄されねばならない．〔1999年1月稿〕

【付　記】

　上告された本件は，その後，2000年6月27日に最高裁から「決定」をもって却下された．その理由は，民訴法312条の上告理由に該当しないというのである．

〔2001年5月〕

第4章 前払い費用通達と法人税法22条

1 はじめに

　前払い費用の法人税法上の取扱いについては，法律である法人税法自体は特段の規定を設けていない．実務的には取扱い通達である法人税基本通達2-2-14（短期の前払費用）に基づいて処理されている．同通達は一定の前払い費用について，その支払った日の属する事業年度の損金に算入することを許容している．同通達では①1年以内の短期前払い費用であること，②その支払った額に相当する金額を継続してその支払った日の属する事業年度の損金に算入することを要求している．同通達は，右以上の要件を要求していない．現行法人税基本通達2-2-14は昭和55（1980）年改正によって追加されたものである．同通達規定が整備される前は，昭和42（1967）年の「期間損益通達」（昭和42・9・30査調4-9，直法1-278，直審（法）82）によっていた．昭和42年通達によれば，一定の前払い費用の損金算入にあたって①いわゆるアグリーメント方式（計算基準の確認），②その会計処理基準を採用することについて相当の理由があること，そして③課税上さしたる弊害がないこと，の3要件を要求していた．

　前払い費用に関する法人税法上の取扱通達は，理論的には企業会計原則における重要性の原則の具体化である．この点，現行法人税基本通達2-2-14自体は，1年以内の短期前払い費用であることをもって，重要性の原則の具体化とみているといってよい．ほかに継続して同様の取扱いをすることを要求している．企業会計原則における継続性の原則（principle of consistency）の要請である．この継続性の原則は企業会計的真実を確保するための最も重要な原則である．この2つ以外の要件の充足は要求していない．この現行法人税基本通達2-2-14の適用をめぐって，目下松江地方裁判所で争われている．具体的にいえば同裁判所では前払いリース料の支払いの課税上の取扱い方が争われている．同事件で問題になっている前払いリース料の支払いは現行法人税基本通達2-2-14の要求する前出2つの要件を充足している．それにもかかわらず被告税務署長は，本件の原告である納税者には同通達の適用を拒否した．法廷では，被告（税務署長）側は，重要性の原則からいって本件に同通達を適用することは妥当でないとか，納税者の行為の背景には租税回避の意図があるので本件に同通達を適用するのが妥当ではないとかの主張を行っている．

　去る1999年8月に筆者は松江地方裁判所へ本件について税法学鑑定所見書を提出した．そして，同年10月に同裁判所で「鑑定」証言を行った．

　そもそも本件においてその適用が問題になっている前払い費用通達の法人税法上の法的位置づけがどうなるのか，また現行法人税基本通達2-2-14の要件を充足している本件に同通達の適用を拒否した課税処分はどのような税法的評価を受けるべきか，

などについて本件は税法学上困難な問題を含んでいる．筆者の知る限り，この問題については税法学的には従来，ほとんど論議されたことがないように思われる．そこで，以下，前出鑑定所見書の内容を紹介することとした．

本件の関与税理士は小川維佐雄氏，原告（納税者）側代理人は，岡崎由美子，錦織正二の両弁護士である．

2 本件前払いリース料と法人税基本通達2-2-14，消費税法取扱通達11-1-16（現行消費税法基本通達11-3-8）

2.1 本件通達の意味

本件でその適用が争われている法人税基本通達2-2-14および消費税法取扱通達11-1-16（現行消費税法基本通達11-3-8）（以下，両通達を一括して「本件通達」という）を具体的に確認しておきたい．

法人税基本通達2-2-14（短期の前払費用）

「前払費用（一定の契約に基づき継続的に役務の提供を受けるために支出した費用のうち当該事業年度終了の時においてまだ提供を受けていない役務に対応するものをいう．以下2-2-14において同じ．）の額は，当該事業年度の損金の額に算入されないのであるが，法人が，前払費用の額でその支払った日から一年以内に提供を受ける役務に係るものを支払った場合において，その支払った額に相当する金額を継続してその支払った日の属する事業年度の損金の額に算入しているときは，これを認める．

（注）例えば借入金を預金，有価証券等に運用する場合のその借入金に係る支払利子のように，収益の計上と対応させる必要があるものについては，後段の取扱いの適用はないものとする．」

消費税法取扱通達11-1-16（短期前払費用）

「前払費用（一定の契約に基づき継続的に役務の提供を受けるために支出した課税仕入れに係る支払対価のうち当該課税期間の末日においてまだ提供を受けていない役務に対応するものをいう．以下11-1-16において同じ．）につき所得税基本通達37-30の2又は法人税基本通達2-2-14（短期前払費用）の取扱いの適用を受けているときは，当該前払費用に係る課税仕入れは，その支出した日の属する課税期間において行ったものとして取り扱う．」

法人税における期間損益（期間所得）計算の原則にもかかわらず（法税21条，22条），一定の前払費用については経過勘定の扱いをしないで，支払った日の属する事業年度の損金の額に算入するというのである．これを受けて消費税においても当該前払費用に係る課税仕入れは，その支出した日の属する課税期間において行ったものとして取り扱うというのである．つまり，当該前払費用分についてはその支出した課税期間の仕入れ税額控除（消税30条1項）の対象にしようというのである．

このように本件の消費税問題は，法人税基本通達 2-2-14 をめぐる法人税問題を前提にしているので，本鑑定では法人税問題を中心に検討することとしたい．

2.2 法人税法 22 条と「企業会計原則」

法人税法 22 条は，通常の法人税の課税標準である「各事業年度の所得の金額」について原則規定を規定するものである．同条 1 項は，「各事業年度の所得の金額」は，その事業年度の益金の額からその事業年度の損金の額を控除した金額であると規定する．同条 2 項は，右の「益金の額」に算入すべき金額は別段の定めがあるものを除きその事業年度の収益の額であると規定する．同条 3 項は右の「損金の額」に算入すべき金額は別段の定めがあるものを除きその事業年度の売上原価等，販売費・一般管理費等，および損失の額であると規定する．そして重要なことは同条 4 項で，上記第 2 項および第 3 項にいう収益の額および費用等の額を「一般に公正妥当と認められる会計処理の基準」に従って計算することを確認的に規定している点である．同条 5 項は，右収益の額および費用等の額を構成しない「資本等取引」について規定する．

法人税法等は市民生活秩序の 1 つである商法秩序を前提にしている．計算規定についても，商法の計算秩序を前提にしている．日本国憲法を頂点とする法秩序（憲法秩序）のもとでは，法人税法等は商法の特別法的存在である．法人税法等において別段の規定が存在しない限り，通常の法人税の課税標準，すなわち「各事業年度の所得の金額」の構成要素である「益金の額」および「損金の額」も商法の計算秩序によって決まる．ところで，商法 1 条は，商慣習法を商法の法源と規定している．商法 32 条 2 項は「商業帳簿ノ作成ニ関スル規定ノ解釈ニ付テハ公正ナル会計慣行ヲ斟酌スベシ」と規定している．「公正な会計慣行」は商法の法源を構成するものとてよい．「公正な会計慣行」としては，日本では大蔵省の企業会計審議会（大蔵省組織令〔昭 27 政 386〕3 条）によって公表されている「企業会計原則」などがこれに該当するものとして認識されている（「財務諸表等の用語，様式及び作成方法に関する規則」〔昭 38 年大蔵省令 59〕1 条 1 項参照）．法人税法等の収益の額，費用等の額は税法学上は商法の計算秩序からの借用概念ということになろう．さきに紹介した法人税法 22 条 4 項は，まさにこのことを税法的に確認するものである（以上の詳細については，拙著『現代企業税法論』岩波書店 2 章，3 章，6 章，10 章等）．

2.3 法人税法 22 条の前提とする「企業会計原則」（同法 22 条 4 項）の具体化と法人税基本通達 2-2-14

法人税法等も，「企業会計原則」において規定する真実性の原則，正規の簿記の原則，重要性の原則，資本取引・損益取引区分の原則，継続性の原則，保守主義の原則，財務諸表の単一性の原則などを基本的に前提としている．これらの企業会計原則などはそれ自体もともと抽象的・一般的なものであるので，法人税法等が同原則などを実

定税法的に前提としているとはいえ、その租税法律的意味が具体的には判然としない。それゆえ、これらの企業会計原則などの税務行政上の具体的取扱い基準が示されなければ、実務を展開しえない。このため、国税庁は、法人税基本通達などによって税務行政のよるべき統一基準を具体的に定め、それを公表しているわけである。本件で問題になっている法人税基本通達2-2-14も、前払費用の運用について課税庁側の統一的な取扱いを示すものである。通達は行政の内部規則であってもとより納税者および裁判所を法的に拘束しない。しかし、通達は、行政内部ではその内容が一見して憲法、法令に違反するものでない限り関係公務員に対して規範的効力をもつ。関係公務員が当該通達に服従しない場合には、国家公務員法違反となり懲戒処分の対象になる（国公98条1項、101条、82条等参照）。加えて、税務通達の多くは公表されており、とりわけ本件で問題になっている法人所得の計算規定に関する通達は実務社会では事実において法令以上の機能を果たしている。鑑定人は、数十年前から税務通達は一般に法社会学的には法源性を有すると指摘してきた。換言すれば、たとえば前払費用の税務上の取扱いを定める法人税基本通達2-2-14は人々にとってまさに「生ける法」（Iebendes Recht）となっている。前払費用の取扱いの具体的基準が現行租税法令にはまったく示されていないだけに、一般納税者、企業の財務担当者、税理士等は国税庁の公表通達を信頼して日常の実務を行っている。この事実は税法学的に重要であり、かつ本鑑定においても重視されねばならない（以上について拙著『現代税法の構造』勁草書房4章、13章、14章、同『税法学原論・4版』青林書院5章、8章、10章、12章等、同『現代企業税法論』岩波書店参照）。

　本件で問題になっている法人税基本通達2-2-14は昭和55年改正によって追加されたものである。それ以前は昭和42年の「期間損益通達」（昭42・9・30付査調4-9、直法1-278、直審（法）82「特定の期間損益事項にかかる法人税の取扱について」）によっていた。同「期間損益通達」では①いわゆるアグリーメント方式（計算基準の確認）、②その会計処理基準を採用することについて相当の理由があること、および③課税上さしたる弊害がないこと、を要件としていたが、本件法人税基本通達2－2-14ではそれらの3要件がすべて廃止された（乙5号証1160頁、1161頁、甲9号証1417頁の3、4、甲10号証215、221、222頁）。さきに指摘した法人税計算規定に関する通達の占める位置に鑑みて、従前の3要件の廃止はきわめて重い意味をもつ。

　法人税基本通達2-2-14は、前払費用の額で、まず①その支払った日から1年以内に提供を受ける役務に係るものを支払った場合、つまり1年以内の短期前払費用であることを要求している。次に②その支払った額に相当する金額を継続してその支払った日の属する事業年度の損金に算入していることを要求している。同通達は、前払費用について右2つの要件のみを明定している。この点は本鑑定においてきわめて重要である。法人税基本通達2-2-14は公表通達であり、それは前払費用の取扱いについての課税庁側の「公的見解」の表示である。原告が支払った前払いリース料が同通達の

2つの要件を充足するかどうかのみが客観的に問われるべきである．同通達への右の理解については，政府税制調査会も次のように肯認している．

すなわち，「現在，地代家賃，設備のリース料等については，一年以内に役務の提供がなされるものである場合には，事務の簡素化の観点から，支払時に損金の額に算入することが認められている．この取扱いには，継続要件があるものの，特に金額的な制限が設けられていないため，企業によってはかなりの金額について費用の前倒し計上が可能となっている．したがって，現行の取扱いについては，何らかの制限が必要ではないかと考える．」(傍点は鑑定人．平成8〔1996〕年11月政府税制調査会法人課税小委員会報告．甲11号証)．同答申で「何らかの制限が必要ではないか」と指摘されているが，いまだ，同通達規定の変更が行われていない．この点も，本鑑定において重要である．

2.4 本件前払いリース料と法人税基本通達 2-2-14

本件前払いリース料の支払いはすでに明らかにした法人税基本通達2-2-14の2つの要件（①1年以内の短期前払費用，②支払った日に継続的に損金に算入）を充足している．ここでは，本件前払いリース料の支払いをめぐって提起されている2, 3の問題について検討しておきたい．

原告は，本件リース料の支払いについて，TMリース㈱およびTSクレジット㈱に対し本件リース料の支払い方法等について契約の変更を行った．この点については本件被告側の裁決書においても結果的に肯認されている．すなわちいう．「上記2の(イ)ないし(ハ)のとおり，本件各リース会社とも，請求人〔原告〕から，一年分のリース料を一括して手形で支払うという依頼を受け，これを承諾していることからすると書面上の変更はないものの，当該契約における支払方法及び支払日は変更されたとするのが相当である．」（国税不服審所長による本件裁決書．甲6号証15, 16頁）

また，本件では手形による支払いが行われているが，同通達にいう「支払った場合」とはこのような支払手段としての手形も含まれる．原告は，本件前払費用をその製造原価に算入したうえで，本件法人税の納税申告を適法に行っている（2つの納税申告書．甲15号証，16号証）．同通達にいう前払費用の取扱いは，それが販売費・一般管理費に算入される場合はもとより，製造原価に算入される場合にも適用される．

以上の検討により，原告の本件前払いリース料については法人税基本通達2-2-14の要件を充足していることについては何人も疑いをいれない．それゆえ，被告は，原告に同通達を適用すべき職務上の義務を負う．同じように被告は，本件消費税法取扱通達11-1-16を原告に適用すべき職務上の義務を負う．

3 租税回避と本件通達の適用

被告は，原告に対し，本件通達を適用しない理由として，論理的に理解できない

様々な主張を行っているが，結局は次のことに集約されよう．「……請求人〔原告〕は，本件リース料について，結局のところ企業会計上の継続性の原則の要件を無視し，専ら租税回避目的で手形による前払処理を行ったものと認めざるを得ず，本件リース料の支払について本件通達を適用することは相当でない．」（甲6号証）．

一般に租税回避行為（Steuerumgehung）（狭義）は私法上適法有効な行為である．租税法律において議会が個別の否認規定を設けない限り，当該租税回避行為（狭義）は課税上は節税行為として扱われるべきである（この点は税法学の支配的見解といってよい．たとえば金子宏『租税法・7版』弘文堂122頁参照）．これは日本国憲法30条・84条の規定する租税法律主義の原則の要請である．刑事責任を問われる租税逋脱行為（Steuerhinterziehung）（たとえば法税159条参照）にもなりうる仮装行為（Scheingeschäft, Scheinhandlung）とは異なり，租税回避行為（狭義）は真実，適法に行われた行為であり，何ら法的に非難されるべきものを含まない．本件の原告は，契約に基づいて真実に前払いリース料を支払ったのであり，しかもさきに検討したところで明らかなように，原告の右行為は被告の「公的見解」の表示である本件通達の要件を充足している．

租税逋脱犯等として納税者に刑事責任を追求する場合は別として，一般に納税者の行った行為の動機がどうあろうと，そのことは課税上は考慮されるべきではない．被告は，原告の本件前払いリース料の支払いは租税回避を動機とするものであるので，本件通達の適用はできないと主張している．納税者の行為の背景的諸事情は税法学的には無視されるべきである．納税者の行為の動機を，それに関する特段の租税法律規定が存在しないのに，課税庁がとりこんで課税処分を行うことは疑いもなく誤りである（以上について拙著『納税者の権利』岩波新書28，29，59頁．同『税法学原論・4版』青林書院118，125，191頁以下．同『現代企業税法論』岩波書店56頁以下．なお，行為者の租税回避の意図という主観的要件は租税回避の要件を構成しない）．

4 結　語

複雑難解でかつ改変のはげしい租税法規への的確な理解は，専門家にとっても容易ではない．税務通達，とりわけ本件で問題になっているような法人税の計算規定に関する取扱い通達に対しては，一般納税者，企業の財務担当者，税理士等が事実において法令と同じように認識しているのが通例である．鑑定人の40数年に及ぶ研究と実務経験からいっても，税務通達は「生ける法」である．本件通達に基づいて日本中でしかも何十年にわたって税務の実務が行われている．本件の原告に対してのみ本件通達を適用しないことは，法執行の平等原則（憲14条）に違反するといわねばならない．それゆえ，疑いもなく本件課税処分は違法である（拙著『税法学原論・4版』青林書院185頁）．

この点を指摘した多くの裁判例がある．たとえば，「通達は上級行政庁の下級行政

庁に対する命令示達の一形式であって，それ自体法規としての性質を有するものではないことはいうまでもない．しかし，通達によって示達された内容が税務執行において実施され，相手方である納税者においてその取扱が異議なく受容されるとともに，当該通達がその内容において合理性を有している場合に，しかも右通達が定める要件を充たしているにもかかわらず，これの適用を受けないものとされた場合には，租税法の基礎原則の一つである公平負担の原則に違背し，当該通達を適用しないとしてなされた課税庁の処分は違法性を帯びるものというべきである」（大阪地判昭44・5・24行集20・5＝6・675）．

　被告が原告に対して本件通達の適用を否認して本件課税処分を行ったことは，法執行平等原則違反のゆえに違法であるが，これに加えて信義則違反のゆえに違法であることが指摘されねばならない．

　すなわち，繰り返し指摘することになるが，本件通達は被告側の「公的見解」の表示である．同通達を信頼して行った原告の行為をその信頼を裏切って，原告に対し本件通達の適用を否認して本件課税処分という不利益処分を行うことは，法の一般原則である信義誠実の原則（信義則）に違反し違法であるといわねばならない（拙著『税法学原論・4版』青林書院152頁以下）．

　かって，東京地裁昭和40年5月26日判決（行集16巻6号1033頁）は，課税処分に信義則の法理を通用して次のように判示した．「①自己の過去の言動に反する主張をすることにより，その過去の言動を信頼した相手方の利益を害することの許されないことは，それを禁反言の法理と呼ぶか信義誠実の原則と呼ぶかはともかく，法の根底をなす正義の理念により当然に生ずる法則であって，公法の分野においても，この原則の適用を否定するべき理由はない．②納税者が非課税通知を受けたことにより，将来に向かっても非課税扱いを受ける期待的利益が保障されるにいたったと解することは相当ではなく，行政庁は非課税通知の誤りであったことを納税者に告げ，次年度以降につき課税することは妨げられないものと解すべきである．その範囲において，信義則の適用が制限を受けるものと解するのが相当である．③信義則という法の根本理念に背くような違法な賦課処分は，無効なものと解すべきである．」

　右東京地裁判決によれば，将来に向けての取扱いの変更には信義則の法理は適用されないとされているが，筆者は，将来に向けての取扱いの変更は法律の改正をもってすべきであると指摘した．

　最高裁昭和62年10月30日第3小法廷判決（判時1262号91頁）は，課税処分に信義則が適用される要件として，①課税庁が納税者に対し信頼の対象となる「公的見解」を表示していること，②納税者がその表示を信頼しその信頼に基づいて行動したこと，③後に右表示に反する課税処分が行われ納税者が経済的不利益を受けることになったこと，④納税者が課税庁の右表示を信頼しその信頼に基づいて行動したことについて

納税者の責めに帰すべき事由がないこと，を判示している．この判示は，税法学上も妥当である．

　本件法人税基本通達 2-2-14 は昭和 55 年 5 月 15 日に被告側の「公的見解」として示されていたものである．また，本件消費税法取扱通達 11-1-16 は，消費税法制定の昭和 63 年 12 月 30 日に被告側の「公的見解」として示されていた．本件で問題になっているのは，平成 5 年 12 月 1 日から平成 6 年 11 月 30 日までおよび平成 6 年 12 月 1 日から平成 7 年 11 月 30 日までの，両年度の法人税・消費税に係る原告の各行為（前払いリース料の支払い）である．したがって，原告の本件各行為前に被告側の，永年にわたる取扱基準としての「公的見解」が表示されていたのであり，原告が右表示を信頼しその信頼に基づいて各行為をしたことについて原告の責めに帰すべき事由はまったく存在しない．その他，本件は上記最高裁の判示の諸要件を充足していることについては疑いをいれない．

　以上，2 つの理由によって，本件課税処分は疑いもなく違法であって取り消されねばならない．そうしなければ，著しく正義に反することとなろう．

【付　記】

　本件において被告側は，約束手形の支払い期日が到来し現実に支払いがなされない限り，支払いがなかったとみるべきであるという趣旨の主張を行っている．しかし，今日の取引社会においては手形発行は支払いの 1 つの方法であり，財務会計上もそのように扱われている．被告の主張は，手形による支払い後の，いわば手形債権債務関係の問題を持ちだして，問題点をすりかえようとしているといわねばならない．

〔1999 年 11 月〕

第5章 使途秘匿金の解釈と運用

1 使途不明金の取扱い

　今回(1994年度)の税制改正において使途秘匿金の課税の特例が新設された(税措62条)．法人が平成6(1994)年4月1日から平成8(1996)年3月31日までの間に使途秘匿金を支出した場合には、通常の法人税額のほかに当該使途秘匿金の額の40%相当額を加算した法人税額の納税義務を負うこととされた．このほかに、当該法人税額分に対し住民税(道府県民税，市町村民税)が課税されることになる．

　従来，使途不明金とされてきたものの多くは、実は企業内部においては使途の明確な支出である．ただ，当該支出金を収受した相手方の立場を考慮して，その支出の相手先を明らかにし得ないものである．このようないわば使途不明の交際費等については従前、次のような取扱いが示されるにとどまっていた．

　すなわち，法人税基本通達9-7-20は「法人が交際費，機密費，接待費等の名義をもって支出した金銭でその費途が明らかでないものは、損金の額に算入しない」と規定している．つまりこの分については法人所得の計算上損金に算入されず、通常の課税を受けることになっていた．

　交際費等は、本来的に企業の営業経費であって法人所得の計算上当然に損金に算入されるべき性質のものである．しかし、現行法は企業の冗費節約等の観点から交際費等の損金算入を規制している(税措61条の4)．同条が規制の対象にしている「交際費等」は当該企業の業務の遂行に必要な業務上の経費であり、かつ使途が明らかなものである．

　いわゆる使途不明金は従前においても交際費等の損金算入の規制の対象となる「交際費等」に該当しなかった．使途の明確な交際費等のみについて現行法は損金算入を規制することとしていたからである．使途不明金については右の取扱いのように法人所得計算上損金に算入されないこととなるのであるが、本来であれば各支出の使途等を追及し、その支出の性格に応じて課税関係のあり方がケースごとに論ぜられるべき筋合いのものである．

　もし，当該支出金が当該企業の役員、従業員に支出されたものであり、かつそれが役務等の対価と認められるものである場合には、企業としては交際費等ではなく給与として処理しなければならないであろう．この場合、企業としてはその支出金を収受した役員、従業員に対して給与所得に対する所得税の源泉徴収をしなければならず、役員、従業員は所得税の総合課税を受けることになる．企業においては役員に対する賞与は、原則として損金に算入されないので、当該支出分が役員賞与として認定される場合には法人所得計算上損金に算入されない(法税35条)．従業員に対するものは，

170

交際費等としてではなく従業員賞与として損金に算入される．

　もし，当該支出金が官僚，政治家等に支出されたものであり，かつ贈与と認められるものである場合には，企業としては通例は寄付金となろう．寄付金については法定限度額の範囲内において損金に算入されるにとどまる（法税37条）．法定限度額を超えている場合には当該超過分は損金に算入されない．一方，当該支出金を収受した相手方が政治家であり政治献金として収受した場合には，雑所得として所得税が総合課税される．政治献金でない場合には通例は一時所得となろう．収受した相手方が官僚等である場合には通例は一時所得として所得税の総合課税を受けなければならない．

　また，当該支出金が実は販売先へのリベートである場合には，当該企業としては売上高からの控除項目として処理しなければならない．このように，リベート相当分は支出企業において交際費等にはならない．リベート相当分を収受した相手方の企業は益金（法人）または事業上の収入金額（個人）に算入しなければならない．法人の場合には法人税の課税を受ける．個人の場合には，事業所得として所得税の課税を受けることになる．以上の例証的事例によっても知られるように，その支出の相手先等を解明し，各支出金の性格に適合した課税関係が個別に論ぜられねばならないことになる．

　以上の税法上の課税関係にとどまらず，使途を秘匿することによって様々な犯罪等の介在が予想される．したがって，行政側としてはこの面からも使途不明金の実態の解明が不可欠に要請される（刑訴239条参照）．

　以上のようにみてくると，現行法のもとでも使途不明金は損金に算入されず，その部分について法人税等を納付しておけばよいということだけにはならない．さきに紹介した法人税基本通達は一応の税実務上の取扱いを示唆したものにすぎず，支出の相手方，支出の性格等に応じた課税等への努力を不要とするものではない．

2　「使途秘匿金」の概念

　「使途秘匿金」に該当する支出分のみについて通常の法人税のほかに40％の法人税が課税される．そこで，「使途秘匿金」の概念を検討しておきたい．今回の改正で成立した租税特別措置法62条2項は，「法人がした金銭の支出（贈与，供与その他これらに類する目的のためにする金銭以外の資産の引渡しを含む．以下この条において同じ．）のうち，相当の理由がなく，その相手方の氏名又は名称及び住所又は所在地並びにその事由（以下この条において「相手方の氏名等」という．）を当該法人の帳簿書類に記載していないもの（資産の譲受けその他の取引の対価の支払としてされたもの（当該支出に係る金銭又は金銭以外の資産が当該取引の対価として相当であると認められるものに限る．）であることが明らかなものを除く．）をいう」と規定している（傍点筆者）．

　これによれば，「使途秘匿金」の支出とは，法人がした金銭の支出のうち，相当の理

由がないのに相手方の氏名等を当該法人の帳簿書類に記載していないものとされている。ここにいう「金銭の支出」には、贈与、供与その他これらに類する目的のためにする金銭以外の資産の引渡しも含まれる。いわゆるサービスの提供は金銭の支出には含まれないと解されている（『税経通信』49巻8号所掲の瀧澤正樹氏の「解説」）。

また相手方の氏名等が記載されていない支出であっても「資産の譲受けその他の取引の対価の支払いとしてなされたものであることが明らかなもの（当該取引の対価として相当である部分に限る。）」は含まれない（税措62条2項参照）。それゆえ、相手先等が明示されない限り取引の対価の支払いとして支出したことおよびその金額の当否が明らかにならないような支出が「使途秘匿金」として課税対象になるものとされている。このように「取引の対価としての支出」であることが明らかなものは、その性質上、課税対象から除外される。

さらに「金銭の支出」とは、金銭を支払うことまたは金銭、物品その他の財産上の利益を供与または交付することをいうと解されている（前出「解説」参照）。金銭以外の資産については「贈与、供与その他これらに類する目的のためにする金銭以外の資産の引渡し」を、「金銭の支出」と同様に取り扱うこととされている。金銭以外の資産の引渡しについては、棚卸資産のように販売する目的で引き渡されるものもあるのでこれらを「使途秘匿金」に含めることは相当ではない。そこで「贈与、供与その他これらに類する目的のためにする引渡し」に限ることとされている。「贈与」のほかに「供与」が規定されているが、ここにいう「供与」とは、便益の供与までを予定したものではなく、あくまでも贈与と同等の行為を念頭に置いたものである。したがって、事務所等を無償で使用させるような場合までを含む趣旨ではない（前出「解説」）。

重要なことは、「使途秘匿金」から除外されている「相当の理由」の法的意味である。相手方の氏名等が帳簿書類に記載されていないことについて「相当の理由」が存在する場合には使途秘匿金として取り扱わない。不特定多数の者を相手とする一般の商品等の販売行為については、いちいち相手方の氏名等を記載していなくても「相当の理由」が存在するとみられるので、当然のことながら使途秘匿金に該当しない。

また、小口の金品の贈与の場合には、相手方の氏名等の記載がなくても「相当の理由」に該当するものとして扱われる（前出「解説」）。ここにいう「帳簿書類」とは領収書、請求書等の書類を含む。帳簿本体に相手方の氏名等が記載されていなくてもこれらの書類に記載されておりその相手方の氏名等が確認できる場合には帳簿書類に記載があることになろう。

今回、成立をみた租税特別措置法は、すでにふれた「取引の対価としての支出」や「相当の理由があるもの」は、「使途秘匿金」に該当しないと規定しているのであるが、このほか相手方の氏名等が帳簿書類に記載されていない場合であっても、「その記載をしていないことが相手方の氏名等を秘匿するためでないと認めるとき」は「使途秘匿金」に含めないことができるとしている（税措62条3項）。この法の趣旨は、相手

第5章　使途秘匿金の解釈と運用

先の氏名等を意図的に秘匿していると認められる支出を「使途秘匿金」として課税の対象にしようとするものである（前出「解説」参照）。

　以上の「使途秘匿金」に該当する場合，それが金銭以外の資産を支出したときのその支出の額はその資産の引渡しの時における価額，すなわち時価によって算定することとされている（税措令38条4項）。

　「使途秘匿金」と認定されることになる帳簿書類への記載時期は，原則として各事業年度の所得に対する法人税に係る金銭の支出についてはその金銭の支出があった事業年度終了の日，各事業年度の所得に対する法人税について仮決算に基づく中間申告書を提出する場合の法人の当該事業年度開始の日から6月を経過する日までの間の金銭の支出については，当該6月を経過する日，とされている（税措令38条1項）。

　当該金銭の支出が各事業年度の所得に対する法人税に係るものである場合には，当該事業年度の確定申告書の提出期限，仮決算に基づく中間申告書を提出する場合の当該事業年度開始の日から6月を経過する日までの間の金銭の支出については中間申告書の提出期限までに帳簿書類への記載があればよいこととされている（税措令38条2項）。

3　運用上の問題点

　今回の税制改正では，本稿で検討の対象にしている「使途秘匿金」への重課とは別に，交際費等の損金不算入の強化も行われた（税措61条の4）。すなわち，資本金5,000万円以下の法人の交際費等のうち改正前の定額限度控除額（年300万円，年400万円）以下の部分について，従前の全額損金算入を改めその10％相当額を損金不算入とすることとされた。

　さきにも指摘したように，交際費等は企業にとって本来的な営業経費である。加えて現行法が規制の対象にしているものは業務上の経費であって使途の明確なものである。いわゆる使途不明金は，同条の規制の対象にはならない。税務行政が企業に対して厳正な税務調査をしておれば，「交際費等」として経理されているものの中にも「交際費等」に該当しないものも含まれているおそれがないではない。現行法の画一的な規制は，この意味において税務行政の「怠慢」を立法上カバーしている側面がないではない。このため，真実，業務遂行上必要な交際費等の損金算入までもが規制されるということも現行法のもとであり得ないことではない。

　周知のように現行法のもとでは資本金5,000万円を超える法人については交際費等の損金算入はいっさい許容されていない。これは制度論的にいって異常であるといわねばならない。資本金5,000万円以下の法人に許容されているわずか年400万円（資本金1,000万円以下の法人），年300万円（資本金1,000万円超5,000万円以下の法人）の損金算入限度額までが，今回の改正において10％相当額が縮減されたわけである。この点も，制度論的にいってきわめて異常であるといわねばならない。

173

第III部　法人所得課税

「使途秘匿金」について今回，課税の強化措置が講じられたこと自体は評価してよいであろう．しかし，さきにも指摘したように，この種の支出については支出した企業に対し法人税の課税を強化することによって問題が解決するというものではない．「使途秘匿金」と目される支出金の真実の性格が客観的に厳正に解明され，各支出金の性格に応じて各支出者，各受領先の課税も厳正になされねばならない．今回の「使途秘匿金」への課税強化措置が，このような各支出者および各受領先に係る正当な課税関係への追及を回避させる機能を果たすものであってはならない．

ことは単に支出者および受領先の双方における課税関係の適正さの追及だけの問題ではない．思うに，「使途秘匿金」として処理することによって，支出者および受領先の犯罪行為等が追及されないこととなるおそれもないではない．受領先において，たとえば逋脱犯の疑いが存在する場合において，その支出者の「使途秘匿」行為は，共同正犯，またはほう助犯を構成することもあり得る．これらが今回の「使途秘匿金」に対する課税強化措置によって不問に付されるようなことがあってはならない．逋脱犯以外の犯罪（例えば，贈収賄罪，政治資金規正法違反等）についても不問に付されるようなことがあってはならない．

この点を考慮したのであろうか，租税特別措置法62条8項は，「第1項の規定は，法人がした金銭の支出について同項の規定の適用がある場合において，その相手方の氏名等に関して法人税法第153条（同法第155条において準用する場合を含む．）の規定による質問又は検査をすることを妨げるものではない」と規定した．課税当局としては「使途秘匿金」への重課税だけでよしとするのではなく，支出者等への追及調査を真摯に続け，各支出金の性格等に見合った支出者および受領先に対する適正な課税等への努力を続けなければならないといえよう（拙著『税法学の基本問題』成文堂147頁以下，同『現代企業税法論』岩波書店97頁以下，など）．

【付　記】

交際費等に関する最近の文献として鳥飼貴司「交際費等の税法上の位置とその課税のあり方」北野先生古稀記念『納税者権利論の展開』勁草書房，所収．

〔1994年8月〕

第6章 外国子会社への支出金の損金性

1 はじめに

1998年3月31日付で，N税務署長がS株式会社に対して法人税課税処分を行った．本件課税処分の理由は，中国にある現地子会社へ出向したS株式会社の社員についてS株式会社が負担した①出向社員給与等および②中国での市場調査費が，S株式会社の法人所得計算上損金に算入すべきではないとする点にあった．N税務署長としては，当該支出金はS株式会社からの中国にある現地子会社への寄付金と認定し，その損金性を否認した．

S株式会社は，本件課税処分について異議申立て中のT国税局長宛に，1999年3月に以下の筆者の鑑定所見書を提出した．本件の関与税理士は，植松道典および浦野広明の両氏である．S株式会社の問題の支出金を税法上どうみるべきかについて，実務上参考になると思われたので，拙鑑定所見書の概要を紹介することとした．

2 私法秩序と法人税法22条

法人税法22条は，法人税の課税標準である「各事業年度の所得の金額」に関する原則を定める．同条は，要するに租税法律において特段の規定が存在しない限り法人税は人々の市民生活秩序を前提にして課税することを規定するものである．この点についてコメントすれば，「各事業年度の所得の金額」は各事業年度の益金の額から各事業年度の損金の額を控除したものである．各事業年度の益金の額は租税法律において特段の規定が存在しない限り各事業年度の収益の額であり，各事業年度の損金の額は租税法律において特段の規定が存在しない限り各事業年度の原価，費用，損失の額（以下「費用等の額」という）である．ところで，法人税法は一般に，市民生活秩序，会社についていえば商法秩序を前提としている．各事業年度の益金の額および損金の額を構成する収益の額および費用等の額は商法秩序が予定する収益の額および費用等の額を意味する．商法1条は商慣習法を商法の法源とすることを規定し，商法32条2項は「商業帳簿ノ作成ニ関スル規定ノ解釈ニ付テハ公正ナル会計慣行ヲ斟酌スベシ」と規定している．商法の企業会計規定は簡潔であるがその具体的内容は基本的に「公正な会計慣行」によって決まることとされているわけである．その「公正な会計慣行」は市民生活秩序において適法に成立した，人々による契約関係を前提とする．このような計算構造を法人税法22条4項が明文で確認している．すなわち「第2項に規定する当該事業年度の収益の額及び前項各号に掲げる額は，一般に公正妥当と認められる会計処理の基準に従って計算されるものとする．」（法税22条4項）

日本国憲法を頂点とした憲法秩序のもとにおいて法人税法等の諸規定は商法の特別

法的性格の規定として位置づけられる．換言すれば，法人税法等に特段の規定が存在しない限り，法人税の課税にあたって，人々が市民生活において適法に行った契約・取引等がそのまま尊重されねばならないということである（詳しくは拙著『現代企業税法論』岩波書店2章，3章，5章，6章，9章，10章等）．

本件で問題になっている子会社への市場調査費，子会社への出向者に対する給与等の課税上の取り扱いの検討にあたっても，以上で検討した法人税法22条の法的意味・法的位置が正鵠にとらえられねばならないであろう．

3　子会社への出向者の給与等

S株式会社は，①オーディオ用カセットデッキメカニズムやCD等のディスクプロダクトのメカニズムの開発・製造・販売，②情報機器周辺装置，電子精密機器のメカニズムならびに関連する部品等の開発・製造・販売を目的とする．同社は，平成6年（1994）9月に中国にある同社の現地子会社であるLに社員を出向させた．その理由はS株式会社の中国での経営戦略を緊急に決める必要があったからである．それまで中国の現地子会社では日本から部品を受け入れて製品として組み立てていた．中国にはL以外に製品の組み立て業務を行う現地子会社が存在した．Lは香港にある現地子会社であり現在は製品の組み立て業務を行っているが，本件当時は，部品の調達と販売を行っていた．香港には別に合弁会社S香港（以下「S香港」という）があった．S香港は販売業務を行っていた．S株式会社としては今後の経営戦略上部品の現地調達が可能であるかを緊急に見きわめる必要があった．そのために次のようにS株式会社の社員をLに出向させた．出向社員のすべてがS株式会社の正規の社員であり，同社の経営戦略上やむを得ず暫定的にLに出向させたものである．

出向社員は，中国本土で製品を仕上げるために必要な部品調達が可能であるかどうかについて，現地調査を行うために出向を命ぜられたものである．これは，当時，S株式会社の経営戦略上の緊急課題であった．この市場調査は，出向社員を中心として平成6年（1994）9月から行われ平成7年（1995）12月20日にその目的を果たし終了した．出向社員の全員がもともとS株式会社に社員として採用されたものであり，たまたま1年余りの間，S株式会社の前記緊急の重大業務を果たすために中国に出向したものである．いわば実質的には1年余りの中国への出張勤務であった．このような場合に形式上現地子会社への「出向」社員であっても，当該社員の本籍企業である親会社において当該社員に係る人件費を負担することはしばしばみられるところである．本件の場合，出向にあたって，S株式会社とLとの間に出向社員の人件費をS株式会社が負担するとの契約が適法に締結されていた．本件の実態は，重ねて確認することになるが，S株式会社の社員である出向社員がS株式会社の重大業務を果たすためにLに「出向」という形で出張勤務したにすぎない．適法に成立した契約に基づいてその間の給与等をS株式会社が負担したとしても，別段，異常とはいえない．激動の競

第6章　外国子会社への支出金の損金性

表 3-6-1　L への出向者

氏名	入社年月日	L への出向期間
1. I	1994（平成 6）．5.10	1994（平成6）．9. 1～1995（平成 7）．12.20
2. W	1980（昭和55）．3.24	1994（平成6）．9. 1～1995（平成 7）．12.20
3. O	1986（昭和61）．11.28	1994（平成6）．9. 1～1995（平成 7）．12.20
4. S	1991（平成 3）．5.17	1994（平成6）．9. 1～1995（平成 7）．12.20
5. B	1995（平成 7）．5. 8	1995（平成7）．6.21～1995（平成 7）．12.20

争企業社会で親会社が自己の社員の「出向」形式による実質的出張期間中の給与等を負担することにむしろ企業経営上合理性があるといわねばならない。

　出向社員のうち O, S, B の3名は95年12月20日に任務終了とともに L を「退社」。彼らは S 株式会社からも退社した。I は 95 年 12 月に任務終了と同時に L を「退社」するとともに改めて L に採用された。W は 95 年 12 月に任務終了とともに L を「退社」し S 株式会社に戻った。

　さきにも指摘したように、親企業が子会社等への出向社員の人件費を負担することは現代企業社会においてしばしばみられるところである。税務署長が S 株式会社の出向社員の人件費支出を否認し、寄付金と認定したことは違法であるといわねばならない。なぜなら、現行法人税法には適法なかつ現実に行われた人件費の支出を否認し寄付金と認定することを許容することを規定する条項はまったく存在しないからである。

4　市場調査費

　本件で問題になっている部品の調達が中国の現地で可能であれば、S 株式会社の在中国子会社にとっては、それは経営上きわめて大きなメリットとなろう。これは、親会社である S 株式会社の企業経営上の重大問題でもある。

　さきに L の出向社員の人件費負担の項目でも述べたように、中国で部品の現地調達が可能であるかどうかを調査することは、親企業である S 株式会社の経営戦略上の重大問題であった。現地にどのような部品加工業者がいるか、部品加工の基である金型製造の技術がどの程度のレベルか、品質管理のレベルがどうであるか、などを調査するために、親会社である S 株式会社が現地子会社である L に調査業務を委託した。L としては S 株式会社から当該調査業務を請け負ったわけである。形式的に調査報告書のとりまとめのような処理が行われていなくても、常時、L からその調査成果が東京にある S 株式会社にファックス、電話、東京への出張報告などの形で報告されており、S 株式会社の経営において十分に生かされた。その結果、現在では S 株式会社の中国での現地子会社は部品の 100％ の現地調達に成功している。

　以上の事実を法的視角からコメントすれば次のごとくとなろう。S 株式会社と L との間に前記「市場調査」について業務委託契約が適法に締結され、その一環として

市場調査費をS株式会社がLに支払うことになった．Lとしては，さきにも指摘したように中国での市場調査の成果を常時，S株式会社宛にファックス，電話，東京への出張報告などの形で報告した．つまり，Lは右業務委託契約の債務を立派に履行した．本件市場調査費はその対価にすぎない．

しかるに，税務署長はS株式会社が適法に現実に負担したLへの本件市場調査費の支出を否認して，すべてLへの寄付金と認定した．税務署長の右否認は違法である．なぜなら，現行法人税法のどこにも適法な市場調査費の現実の支出を否認して寄付金と認定することを許容することを規定する条項はまったく存在しないからである．

5　重加算税の課税

税務署長は，①S株式会社がLへ支出した前記市場調査費を寄付金と認定するとともに，②同社が本来「寄付金」勘定とすべきものを「市場調査費」勘定と仮装経理したとして，S株式会社に対して重加算税の課税処分を行った．さきにも明らかにしたように，S株式会社とLとの間に「中国での部品調達に関する市場調査」の業務委託契約が適法に行われている．右適法な業務委託契約に基づいてLは当該調査を現実に行った．つまり同契約の債務の履行を現実に行ったわけである．本件市場調査費は同契約に基づく当然の業務委託費の支払いにすぎない．本件市場調査費を税務署長のいう「寄付金」と認定しなければならないという諸事情はまったく存在しない．そこには何らの事実についての「仮装」なるものは存在しない．重加算税の課税要件は「納税者がその国税の課税標準等又は税額等の計算の基礎となるべき事実の全部又は一部を隠ぺいし，又は仮装し……」（税通65条1項）となっている．本件のどこにも右の「事実の隠ぺい・仮装」なるものは存在しない．税務署長が行った本件重加算税課税処分は違法である．

6　結　語

以上の検討で明らかなように，S株式会社が負担したLへの出向社員の本件給与等および中国での市場調査業務のLへの委託費である本件市場調査費は，ともに当時のS株式会社の経営戦略上やむを得ない，むしろ企業経営上合理性のある費用項目である．しかも同支出は，S株式会社とLとの間に適法に成立した契約に基づくものであり，現実にも当該契約における債務の履行が誠実に果たされている．両費目について厳密にコメントすれば，本件の真相は次のごとくである．本件給与等は実質的にS株式会社の社員の，Lへの「出向」という名の出張期間中の人件費であるにすぎない．また本件市場調査費は，真実に履行されたS株式会社のLへの業務委託の費用である．さらに，S株式会社が真実の右業務委託費の勘定科目を「市場調査費」と経理処理することは当然であり，当該勘定科目処理に何らの「事実の隠ぺい・仮装」なるものは存在しない．

第6章 外国子会社への支出金の損金性

　それゆえ，税務署長の行った本件法人税更正処分は，本件給与等および本件市場調査費に関する限り疑いもなく違法であり取り消されねばならない．本件市場調査費に関して税務署長の行った本件重加算税課税処分は，疑いもなく違法であり取り消されねばならない．

〔2003年6月〕

第7章　清算所得課税における「寄付金」

1　はじめに

　法人税法95条は，法人の清算段階における寄付金の支出を原則としてその法人税の課税標準である清算所得金額を構成すると規定している．一方，法人税基本通達9-4-1は，法人がその子会社等を整理する場合に負担した一定の損失負担等は，寄付金とはせず当該法人の損金とすることを規定している．この通達の適用をめぐって争われた事案があった．協同組合秋田第一製パン（上告人，控訴人，原告）が実質的にその子会社的地位にある秋田第一製パン販売会社に対して負担した損失負担等が寄付金に該当するかどうかが争われた．この事案については，第1審の秋田地裁1993年5月21日判決，その控訴審の仙台高裁秋田支部1998年6月29日判決，そしてその上告審の最高裁2000年4月12日第3小法廷判決は，いずれも課税庁（秋田南税務署長，被上告人・被控訴人・被告）側の主張を支持し，寄付金と認定した．筆者は，第1審では2回にわたり鑑定証言を行うとともに数回にわたって鑑定書を裁判所へ提出した．この間の経緯等については，拙著『現代企業税法論』1994年岩波書店，15章所収論文に詳しい．また，税経通信52巻3号（1997年）の「判例研究」〔本書第III部第2章所収〕においても所見を明らかにしている．

　筆者は，その後，控訴審および上告審においてもこの事案について数回の鑑定書を裁判所へ提出した．この事案をどのようにとらえるべきかは，単に事実認定の問題ではなく税法学の基本問題に関するように思われる．そこで，控訴審以降の拙鑑定書を参考までに紹介することとした．大方のご批判を賜れば幸いである．

　本件については，審査請求の段階からの関与税理士は杉山隆氏，訴訟の段階の代理人は弁護士渡辺春己氏である．

2　1995年拙鑑定書

　1995年3月に仙台高裁秋田支部へ提出した拙鑑定書の概要は，次のごとくである．

2.1　原判決における重大かつ明白な事実誤認
(1)　原判決における認定の姿勢

　筆者は，本件の原審である秋田地方裁判所において1992年5月29日，同年8月7日の両日鑑定証言を行った．また別途，同裁判所へ3つの鑑定所見書（甲134号証，144号証，147号証）を提出した．それらにおいて次の事実を論証した（詳しくは拙著『現代企業税法論』岩波書店168頁以下）．①控訴人によって抵当権が設定され，または連帯保証契約の書面が存在するものについては，控訴人がその弁済について全責任

第 7 章　清算所得課税における「寄付金」

を負うこと，②販売会社の役員などが保証人として名をつらねている場合であっても，それらは形式的・名目的なものにすぎないのであって，控訴人がすべてその弁済の責任を負うものであること，つまり名義上保証人となった者には弁済について負担部分が存在しないこと，③控訴人の連帯保証契約が書面で作成されていない場合であっても，控訴人が最終的にその弁済について全責任を負うこと，などが関係者間において決定されていた．つまり，控訴人と販売会社との間において右のような内容の「特約」が存在した．この「特約」の法的性格は，「履行の引き受け」であるとみてよい．本件で問題となっている控訴人が販売会社のために支払った本件支出金員は，右の「特約」に基づく義務の履行にすぎず，それは控訴人の清算活動における正当かつ当然の経費（損金）である．換言すれば，同支出金員は控訴人の清算所得金額を構成する「寄付金」に該当しない，と．

この点，被控訴人は，右の経費性を否定している．しかし，法人税法 95 条は原則的に寄付金について経費性を認めていないが，その理由とするところは，清算活動段階では，法人活動において一般に寄付を行う必要性がないのであって，清算活動段階における寄付については，継続企業におけるごとき義務的経費の側面を有していないとみられるからである．このことは，逆に清算活動段階においても義務的履行による支出であれば，経費性を有することになるのである．

私は，本件についての行政上の不服申立ての過程，原審において示された諸資料，および関係者から私が直接聴取した諸事実に基づいて以上のことを論証したのであった．原審において示されたその主要な証拠は次のごとくである．①昭和 43 年 8 月の原告組合員全員の個々の名義による販売会社宛の白紙委任状（甲 126 号証 1 ないし 5），②48 年 5 月 17 日の販売会社の取締役会議事録〔控訴人が一心同体となって物心両面で販売会社に全面的協力〕（甲 10 号証の 15），③49 年 3 月 13 日の原告理事会議事録〔控訴人が販売会社に全面的協力〕（甲 9 号証の 13），④控訴人代表者・清算人の高島長助氏から原審へ提出された陳述書〔銀行が形式的でよいから保証人を要求しているので，保証人として署名した．控訴人が全責任を負うから，ということで署名した，など〕（甲 132 号証），⑤平成元年 12 月 1 日，平成 2 年 5 月 11 日の原審での吉田昭治証言，⑥平成 3 年 4 月 12 日の原審での高島長助証言，⑦平成元年 3 月 6 日の原審での加藤高雄証言，⑧平成元年 5 月 26 日の原審での橋田理臣証言，⑨昭和 55 年 1 月 28 日の販売会社の債権者集会〔控訴人の資産で処理することを確認〕（甲 127 号証の 1，2），⑩昭和 55 年 2 月 7 日，同年 2 月 28 日の控訴人理事会での確認〔控訴人の土地・建物の売却の承認と販売会社の債務の支払いの確認〕（甲 9 号証の 43，44）等．

私は，前記証言等において本件における「真相」を確認するうえにおいても日本の中小企業社会を支配している「生ける法」を正鵠に認識することが重要であることを繰り返し指摘したのであった．日本の中小企業社会では，法人の意思決定にあたって必ずしも株主総会，取締役会，組合員総会，理事会等々の会議形式で当該法人の意思

の確認が行われるとは限らない．また，会議形式がとられたとしても必ずしも議事録等の形の文書が残されるとは限らない．議事録等が残されたとしても法律的な意味において正確な表現の記録が残されるとは限らない．また，企業が融資等を受ける場合に金融機関等の要請に従って，何人かの人々が形式的に名目的に保証人として名前をつらねて書類の形式をととのえて，関係書類を提出させられるということがしばしばみられる．当該名前をつらねた者は真の意味での，つまり法的に意味のある保証人ではなく単に書類整備上の手段として形式的，名目的に名前をつらねているのにすぎないことが関係者間において「合意」されている場合もないではない．しかも，その「合意」について必ずしも明確な文書が残されているとは限らない．このような場合，当事者の行為や意思を実態に即して「合意」の有無について判断すべきであり，「合意」ありと認められるならば，控訴人がまず第1次的責任を負うべきものである．つまり当該名義人には法的にも弁済について負担部分が存在しない．税務行政は，このような日本の中小企業社会の現実を直視し，諸資料・諸事情を総合勘案して事柄の真相を見極めねばならない．裁判所においても右のような事実認定の姿勢が不可欠となろう．

この点，原判決は，本件における諸事象を皮相的・形式的・部分的・個別的にとらえて重大明白な事実誤認を行った．これは税法学的には許されないことである．

(2) **白紙委任状の趣旨**

控訴人の2つの債権者（金沢製粉株式会社，中野商事株式会社）の要請により，昭和43年8月18日に控訴人の組合員全員による会議が開かれた．同会議において控訴人の全組合員による白紙委任状（甲126号証の1ないし5）の作成・提出が決定された．この白紙委任状の趣旨が何であったかは同会議に至る経緯等を総合的に客観的に検討すれば自明である．この白紙委任状の趣旨は，控訴人（組合）としては①販売会社および控訴人の再建については販売会社の経営に参画する両債権者の代表におまかせすること，②販売会社の経営がうまく行かないときには控訴人がその弁済について全責任を負う．別言すれば，販売会社の全債権者に対して控訴人が「履行の引き受け」を行うこと，の2点にあった．後者についてコメントすれば，本件で問題になっている控訴人と販売会社との間にそのような「特約」が存在することがこの白紙委任状の作成・提出の経緯等からも明白である．

この白紙委任状の作成・提出は，全組合員が別室で約1時間協議して決定されたものである．形式的には組合員総会の招集手続がとられていないが，全組合員が別室に集まって当該決定を行ったものであって，正式の組合員総会の機関決定があったものとみなければならない．

以上の諸事実は，具体的にも前記摘示の高島長助陳述書，橋田理臣証言などからも裏づけられる．

このように白紙委任状の趣旨についても委任状作成を要求した側，作成した側の真実の意思等から見極めるべきである．ところが原判決は「右白紙委任状を作成した各

個人において……責任を負担することがありうることを確認し……」等と認定している．原判決は，白紙委任状の作成当事者が組合員の立場から作成したこと，控訴人の財産を引きあてるためにあらかじめ全組合員の了承をとったこと，関係者にとっては必要なときに必要な事項を書き入れることにより処理できると考えていたことなど，本件白紙委任状の作成に至る諸事情をまったく無視しているといわねばならない．

(3) 昭和48年5月17日販売会社の取締役会決定，昭和49年3月13日控訴人の理事会決定

　昭和48年5月17日販売会社取締役会議事録（甲10号証の15）によれば，「……新社長に代表取締役寺田建一を推薦致しました．全役員異議なく承認致しましたが寺田代表取締役は当社と一心同体である協同組合秋田第一製パンの物心両面での強力なる支援を得られるならばという条件を提出致しましたので暫時休憩の上協同組合秋田第一製パン理事長以下役員と折衝協議，将来抵当権設定による物件を必要とする場合は全面的に協力又協同組合との土地建物機械その他の本来の賃貸料は月500千円とする．その他物心両面の強力なる協力方の約束を得たので議事再開」とある．これは，販売会社の取締役会が一時中断され，控訴人の理事会としての協議・決定が行われたことを意味する．右協議・決定は，控訴人の正式の機関決定である．「その他物心両面の強力なる協力方の約束」なる文言は，一連の諸資料・諸事情を総合的に客観的に検討すれば，控訴人が販売会社のすべての債務を最終的には全責任をもって履行することを意味することが明らかであり，そのことが関係者間においてもはや「公知の事実」であり自明であったので，法律的な表現としては不正確な文言による簡潔な記述が行われたものとみるのが妥当である．

　昭和49年3月13日控訴人理事会議事録（甲9号証の13）によれば，「第一号議案　協同組合秋田第一製パンは秋田第一製パン販売株式会社に対し全面的に協力することを誓約する」との記載がある．形式的にも控訴人の理事会において前記（昭和48年5月17日第10号証の15）と同様の決定の再確認が行われたものである．「全面的協力」の意味は，前記のごとく控訴人が販売会社のすべての債務を全責任をもって履行することである．この点は，関係者間においては「公知の事実」であったので前出甲第10号証の15と同様にこのような不正確な表現であっても，その意味するところは自明であった．

　原判決も「事実上，販売会社の役員構成は原告の理事と一体と考えることができること，販売会社の工場は原告から賃借したものであることなど，両者間に人的ないしは物的な構成の面で密接な関係を有することを認めることができる」と認識していたことが指摘されねばならない．そうだとすれば，こうした人的・物的に親子関係にある控訴人と販売会社との間で本件のような「特約」が存在することは社会的にもしばしばみられるところであり，販売会社の債権者の一人である米沢証人も「控訴人の土地で〔もって〕当然払ってもらうのはあたりまえだと思っていたのである」（米沢秀雄

証言). したがって, 原判決の結論は, 右の認識にも背理する.

以上の諸事実は, 高島長助陳述書(甲132号証), 橋田理臣証言, 加藤高雄証言, 吉田昭治証言などからも, 具体的に裏づけられる.

(4) **昭和54年12月20日の控訴人機関決定**

昭和54年12月20日の販売会社取締役会議事録(甲10号証の43)によれば, 次の記載がある.「これに関し, 吉田取締役より, 我々は金融機関に保証をさせられているが, それは形式的だということで保証人になったのであり, もし万が一の場合はどうなるのか又商工中金へ理事会決議録なるものが出ているそうだが我々は関知していないと発言があり浅利取締役は協同組合秋田第一製パンの理事長としての立場より私は理事長として, 又, 皆さんは理事として聞いてくれ, 最初からの約束通り協同組合が全責任を負うのであり, 形式的に保証させられた皆さんには決して迷惑はかけないしかけさせられない.」

吉田昭治氏は販売会社の取締役でありかつ控訴人の組合員であり控訴人の監事である. この吉田発言を機に販売会社の取締役会が中断され, 控訴人の理事会に切り替えられたものとみるのが妥当である. つまり控訴人の正式の理事会が開かれたものとみるのが妥当である. このことは先述した控訴人と販売会社の役員会との関係からも明らかである. 若干のコメントをすれば, 浅利金十郎氏は販売会社の取締役であるが, 控訴人の理事長であった. 吉田発言を機に, 浅利氏は控訴人の理事長の地位に基づいてその段階から別途, 控訴人の理事会を主宰した. 関係者間においてはつとに「公知の事実」であった「最初からの約束」が控訴人の右理事会において再確認する正式の機関決定が行われたものといえる. 具体的にいえば販売会社のすべての債務について控訴人が法的にも弁済の全責任(履行の引き受け)を負うこと, 形式的に名目的に名前をつらねた者には弁済についての負担部分が法的にも存在しないことを再確認したことを意味する. この点については何人も疑いの余地はないといえよう.

この点, 原判決自身も「昭和54年12月20日に開催され販売会社の取締役会において, 別表1記載の各債務を含む販売会社の債務について連帯保証人となった取締役の一人である吉田昭治から, 万が一のときはどうなるのかとの趣旨の質問がなされ, これに対して原告(控訴人)理事長である浅利金十郎は, 最初からの約束どおり原告は全責任を負うこと, 形式的に保証した者には迷惑をかけない旨を表明して出席者の了解を得た」. また「……右認定事実によれば, 昭和54年12月20日以降の時点で, 原告と販売会社及び原告以外の連帯保証人との間で, 原告が販売会社の債務について弁済の責任を負担するとの内容の合意がなされたと認めることはできる」と認定している.

しかしながら,「右合意は, 清算を間近にひかえ原告以外の連帯保証人には個人として迷惑をかけないという程度のもの」に限定する原判決の結論は, 原判決自身が行った右結論以前に示した重要な事実認定に著しく背理する. いやむしろ矛盾するものと

なっている．それゆえ，何人も原判決の結論を理論的に理解しえない．

原判決の結論は，以上において例証的に摘示された諸証拠とも矛盾することはいうまでもない．

なお，私の原審での証言等においても指摘したように，ほぼ20年前の時点でたとえば高島長助名義分の債務は3億3,400万円に達する．仮に均分負担とした場合であっても同人の負担部分は1億600万円に達する．到底個人の負担しうる金額ではない．この事実からいっても，名義人として名前をつらねた者は，法的に意味のある保証等をしたのではない．控訴人が全責任を負うということ，かつ控訴人の当時の財産状況からいって客観的にそれが可能であったことから，彼らが単に名目的，形式的に名前をつらねたにすぎないというのが真相であった．したがって控訴人においてまず第1次的な責任を負っているのである．

以上は疑いもなく真実である．

2.2 法人税基本通達9-4-1に該当

以上の検討で明白なように控訴人が支出した本件支出金員は，すでに述べたように控訴人の清算活動における当然かつ正当な義務的経費であり法人所得計算上損金を構成するものであることについては，税法学上疑いの余地はない．したがって，本件については法人税基本通達9-4-1の適用を論ずるまでもないのである．

ここでは，百歩ゆずって控訴人の本件支出金員の右の一般損金性（当然かつ正当な義務的経費）が肯認されないとした場合においても，税務の実務において本件の支出金員は法人税基本通達9-4-1により当然に損金に算入されるべき場合に該当するものであることを，つまり税務の経験則上からも損金に算入されることを念のために明らかにしておきたい．この点も，前記の私の証言等において繰り返し論証したところである．

法人税基本通達9-4-1の全文は次のごとくである．「法人がその子会社等の解散，経営権の譲渡等に伴い当該子会社等の債務のために債務の引受その他の損失の負担をし，又は当該子会社等に対する債権の放棄をした場合においても，その負担又は放棄をしなければ今後より大きな損失を蒙ることになることが社会通念上明らかであると認められるためやむを得ずその負担又は放棄をするに至った等，そのことについて相当な理由があると認められるときは，その負担又は放棄をしたことにより生ずる損失の額は，寄付金の額に該当しないものとする」．

この通達の趣旨は，本件の控訴人と販売会社との間の関係にも適用されるべきものであることについては，税法学上，疑いの余地がない．この通達の適用にあたって，国税庁担当官自身が次のような留意事項を指摘している点が注意されるべきであろう．

「従来，法人税の執行の上では，伝統的な民商法重視の立場にたって，親子会社といえどもそれぞれ別個の法人であるから，仮に子会社が経営危機に瀕して，解散等をし

た場合であっても，親会社としては，その出資額が回収できないにとどまり，それ以上に新たな損失負担をする必要はないはずである，という商法上の株主有限責任の原理をそのまま援用して親子会社における課税関係を処理するという考え方が支配的であった．従って，例えば子会社を整理するに際して，親会社が積極的に債務の引受けその他の損失の負担をした等の事実がある場合には，これを寄付金として限度計算の対象にするといった取扱いがされることが少なくなかったのではないかと考えられる．しかしながら，一口に子会社の整理といっても，親会社が，株主有限責任を楯にその親会社としての責任を放棄するようなことが社会的にも許されないといった状況に陥ることがしばしば生じうる．……いずれにしても，親会社が子会社の整備のために行う債権の放棄・債務の引受けその他の損失負担については，一概にこれを単純な贈与ときめつけることができない面が多々に認められるということであり，従って，このようなものについては，その内容いかんにかかわらず，常に寄付金として処理する等のことは全く実態に即さないのである」(甲139号証の2).

法人税基本通達9-4-1は営利企業でかつ継続企業を前提とするものである．控訴人は公的な協同組合でありかつ本件の支出金員は，すでに前記において論証したように控訴人の清算活動段階における義務履行のためのものである．第三者たる債権者の保護の必要性は高く，また，債権者の側も控訴人が責任を負うべきと考えていたものであり，それだけに，右通達の「寄付金」認定の基準以上に本件支出金員の「寄付金」への認定は税務実務上もきわめて謙抑的にならざるを得ない．本件に関する諸資料・諸事情を総合勘案すれば，何人も，本件支出金員が右通達によっても税務実務において「寄付金」に該当しないことについては自明といえよう．不思議なことに原判決はこの点についてまったく判断を示していない．この点だけをとりあげても原判決の姿勢は憲法第32条(裁判を受ける権利)に鑑みて到底許されないものであって，厳しく批判されねばならない．

2.3 結 語

以上により，本件支出金員は税法学上疑いもなく控訴人の清算活動における当然かつ正当な義務的経費であって，控訴人の清算所得金額の計算上損金を構成する．

3 1996年拙鑑定書

1996年1月に仙台高裁秋田支部へ提出した拙鑑定書の概要は次のごとくである．

3.1 法人税法95条の法的意義

法人税法は，その課税標準概念を2つに分けて規定している．継続企業活動段階における課税標準と解散等による企業の清算活動段階の課税標準との2つに区分している．前者は「各事業年度の所得の金額」(法税21条，22条)である．後者は「清算所

得の金額」（法税92条，93条）である．本件で問題になっているのは後者である．後者の計算に関連して法人税法95条が原則として寄付金の額を残余財産価額へ算入することを規定している．つまり寄付金の額は原則として清算所得の金額を構成することとしているわけである．もっとも清算段階の寄付金であっても，「その清算業務の遂行上通常必要と認められるもの」，「国または地方公共団体への寄付金」，および「大蔵大臣の指定するいわゆる指定寄付金」は，その性質上残余財産価額，つまり清算所得の金額を構成しないこととしている（法税95条1項ただし書）．寄付金はもともと本来的な営業経費と，営業とはまったく関係がない支出との間の，いわば中間的経費の性格をもつ．つまり，継続企業活動段階の寄付金については，本来的な営業経費ではないけれども，企業の業務遂行上社会的存在（ソーシャル・エンティティ）の企業として何がしかの寄付をしなければならないという義務的支出の面がある．このような性質を考慮して法人税法は，継続企業活動の段階では一定の限度内において寄付金の額を「各事業年度の所得の金額」の計算上損金に算入することとしているわけである（法税37条）．

　本件で問われている清算活動段階の寄付金の取扱いを規定した法人税法95条の趣旨は，税法学上は次のごとくである．

　清算活動段階では一般には寄付金を支出する必要性はないので，法人税法は，原則として寄付金の額は残余財産価額に算入し清算所得の金額を構成することとした．したがって，この段階の寄付金の額の法的性質は，法人税法としては「利益または所得の分配または処分」の性質を有するものとみているわけである．法人税法95条の寄付金がこの「利益または所得の分配または処分」の性質をもつという点は，本件を考えるにあたってきわめて重要である．

　この点につき被控訴人は，法人税法上の寄付金の概念について，「一般的な贈与又は法律的な贈与の概念よりはるかに広く，その名義のいかんを問わず，金銭，その他の資産のみならず経済的利益の贈与又は無償の供与も含み（法人税法37条6項），法人等の事業と直接関係なく，任意かつ対価の授受なく無償で行われる財産の給付を意味するものである．（中略）ただし，私法形式上は，贈与の形を取るものであっても，広告宣伝費や見本品費，交際費や福利厚生費となるべきものは，寄付金から除かれているが，これらの支出金はいずれも自己の事業遂行上直接必要な費用であることが，一般的に明らかであることに由来するものである」としたうえ，法人が清算中に支出した寄付金も，右で述べた「寄付金の意義と同一であって，民法上の贈与のほか，さらに民法上は贈与とされないような経済的利益の無償の供与も含み第三者に対して無償で提供される経済的価値全てを指すものである」として広告宣伝費等以外はすべて寄付金であると主張している．

　そして被控訴人はその実質的根拠について次のとおり述べる．

　「法人が解散をして清算業務を遂行していく過程では，総財産を処分して総負債を

弁済するという事務がその中心となるが，時に，清算業務遂行に関連して他の者に財産を寄付したり時価より低い価額で譲渡したりすることがある．このような場合には，それだけ株主に分配すべき残余財産の価額が少なくなるが，その財産の寄付等は，株主に対する残余財産の分配に代えて行われることも多く，これをそのまま放置することは，清算所得に対する法人税の負担を不当に減少させる結果となり，課税上弊害があること，また，法人等が通常の事業年度において，利益処分により寄付金を支出した場合には，その金額を損金に算入しないとする取扱い（法人税法37条1項）との均衡を図る意味からも，法人が清算中に支出した寄付金の額については，原則として，これをその残余財産の価額に加算したところで清算所得の金額の計算を行うことと規定している（法人税法95条1項）．」

しかし一般的に子会社等の整理に際し，借入金の援助や債権の放棄等が社会的にしばしば行われているところであるが，こうした行為を形式的に皮相にとらえるだけでは社会通念上も一般に承認されているところの現代企業の経営責任に照応する財務処理の仕方の事実と意味を見出すことができない．

実はこうした行為は現代社会では親会社的存在の企業について社会的・経済的な要請からしばしば行われているところであって，それらは寄付としてではなく経営財務上単純な損金として認められている．たとえば，通常の取引において子会社等が親会社等の保証を必要としている場合に親会社等がその保証債務の履行を行ったときも親会社等の所得の計算上当然の損金として認められているところである．また，親会社等が求償権を放棄したとしても，保証が親会社等の事業に関するものであり，かつ，当該保証が親会社等の通常の経済人の行為として相当と認められるものであれば，税務上寄付金として扱われない．

これらの出捐金員は，法人税法37条6項のカッコ内の文言に直接該当しないが（同カッコ内の広告宣伝費，福利厚生費等の費目の規定は税法学上は例示的規定である），継続企業活動段階はもとより，清算活動段階においても当然に事業上の必要経費と考えられているからである．

なぜなら，前記の例のように社会的・経済的な要請から企業活動上保証責任が履行された場合，株主に対する利益の処分または残余財産の分配とはいえず，かつ，前記の寄付金の概念からいっても法人税法37条に該当するとはいえないからである．

したがって，法人税法が寄付金として取り扱うものとしている経済的な利益の無償の供与は，「その取引行為の時点でみて自己の損失において専ら他の者に利益を供与するという性質を有する行為のみをいうものと解すべきであり」（東京地判平5・11・7判時1409・57），当該行為が右の「利益の供与」の性質を有せず企業活動上そうすることが合理的でありかつ必要であると認められる場合には企業の寄付金でなく企業の損失金として扱うべきものである．

このように，本件において控訴人が最終責任をもつとする法的義務が認められ，右

第7章 清算所得課税における「寄付金」

責任が控訴人の事業に関し，かつ，企業活動上合理的・相当性のあるものであれば本件出捐金員の支出は法人税法95条の解釈上当然の義務的経費として認められるべきものなのである．本補充鑑定所見書2に掲載の証拠で明らかのように，本件のような控訴人と本件販売会社（以下「同会社」という）との間に親子会社的な特殊な諸事情が存在し，しかもそのような諸事情の成立についてやむを得ない相当性が存在する場合において，さらに本件のようにそのことが関係者間において「公知の事実」にもなっているようなときには，本件「特約」に基づき控訴人が同会社の損失等を負担する責任を負うべきことは右に詳論したように社会通念上もひろく認められるところであって，それは法人税基本通達9-4-1も的確に指摘するように控訴人自身の業務遂行上の当然の義務的経費に該当する．同通達にいう親会社的存在である控訴人が支出した本件出捐金員によって子会社的存在である同会社が社会通念上相当性のある事業上の救済を受けるのであり，控訴人はそのような事業上の救済を行うべき法的・社会的義務を負うているのである．控訴人が支出した本件出捐金員は，控訴人のような立場にある企業においては社会通念上も容認される業務遂行上の当然の損失金である．

控訴人の支出した本件出捐金員には社会通念上も前記判例にいう「利益の供与」という要素はまったく存在しない．さきに指摘した法人税法95条のもつ「利益または所得の分配または処分」という要素もまったく存在しない．控訴人の本件損失負担金員の支出(注)が，もし控訴人の解散前において行われた場合には，法人税基本通達9-4-1によっても知られるように控訴人の継続企業活動段階の所得の金額の計算上も当然に損金（業務上の必要経費）に算入されるべき性質のものである．

右のように控訴人の支出した本件出捐金員は法人税法95条の残余財産の価額を構成する「寄付金」に該当しないことについては，税法学上議論の余地がないのであるが，仮に百歩ゆずって被控訴人の主張のように清算段階の「寄付金」に該当するとした場合においても，客観的にいって本件の諸事情に鑑み右「寄付金」は法人税法95条1項ただし書にいう「その清算業務の遂行上通常必要と認められるもの」に該当するといわなければならない．このように被控訴人側の見解を採用した場合においても控訴人が支出した本件出捐金員は結局において清算所得金額を構成しないことになるわけである．

（注）法人税法上の損金の法的意義についてコメントをしておきたい．法人税法上の益金および損金の概念は，租税法律において特段の規定がない限り企業会計上の会計的思考・概念を前提にしている（法税22条4項．詳しくは拙著『現代企業税法論』岩波書店65頁以下，109頁以下）．法税22条4項が「第二項に規定する当該当事業年度の収益の額及び前項〔第三項〕各号に掲げる額〔原価，費用，損失の額〕は，一般に公正妥当と認められる会計処理の基準に従って計算されるものとする」と規定しているが，右の趣旨を実定税法的に確認するものにすぎない．ある企業においていかなる支出が右の費

189

用等(損金)に該当するかは,厳密には各企業の目的・性格・規模等によって異なってくる.企業会計上の思考・概念は本来的に相対的なものである.たとえば企業に備えつけられたテレビ等は一般には企業の資産とみてよいであろうが,大規模のホテル等にあっては多くは直ちに消耗品費として支出時に費用(損金)として扱われている.重要なことは,その支出が企業活動の遂行上どのような経営財務的意味を有するかによってその費用性(損金)の存否が見極められなければならないという点である.法人税基本通達9-4-1は,右のような税務上の損金概念の実務上の具体化にすぎない.親会社的存在の企業が,子会社的存在の企業のためにやむを得ず行う出捐金員の支出は,社会通念上も相当性が認められる限り,租税法律において特段の禁止規定(損金算入を否認する規定)が存在しない場合には,企業会計上および税法上費用等(損金)を構成する.控訴人の本件出捐金員の支出は,諸事情・諸証拠等に鑑み控訴人の企業活動上のやむを得ない損失金であって,企業会計上も,税法上も寄付金ではなく事業上の必要経費である.

3.2 本件「特約」の存在と法人税基本通達 9-4-1

　鑑定人の原審における証言(1992年5月29日,同年8月7日),甲134号証,144号証,147号証,155号証,および拙著『現代企業税法論』岩波書店168頁以下等で明らかにしたように,社会通念からいっても控訴人と同会社との間に企業活動遂行上やむを得ない相当性のある前記の「特約」が存在したことについては疑いの余地がない.

　念のために法廷に表れた証拠を列挙しておきたい.(1)昭和43年8月の控訴人の組合員全員の個々の名義による同会社宛の白紙委任状(甲126号証1ないし5),(2)48年5月17日の販売会社の取締役会議事録〔控訴人が一心同体となって物心両面で同会社に全面的協力〕(甲10号証の15),(3)49年3月13日の控訴人理事会議事録〔控訴人が同会社に全面的協力〕(甲9号証の13),(4)54年12月20日の控訴人理事会決定〔吉田昭治氏の発言に基づいて浅利金十郎理事長が主宰した会議の決定〕(甲10号証の43),(5)控訴人代表者・清算人の髙島長助氏から原審へ提出された陳述書〔銀行が形式的でよいから保証人を要求しているので,形式的に保証人として署名した控訴人が全責任を負うから,ということで署名した,など〕(甲132号証),(6)平成元年12月1日,平成2年5月11日の原審での吉田昭治証言,(7)平成3年4月12日の原審での髙島長助証言,(8)平成元年3月6日の原審での加藤高雄証言,(9)平成元年5月26日の原審での橋田理臣証言,(10)昭和55年1月28日の販売会社の債権者集会〔控訴人の資産で処理することを確認〕(甲127号証の1,2),(11)昭和55年2月7日,同年2月28日の控訴人理事会での確認〔控訴人の土地・建物の売却の承認と販売会社の債務の支払いの確認〕(甲9号証の43,44)等.

　右の書証等の1つ1つを個別にとらえた場合には法律的にはきわめて不完全かつあいまいな側面のあることは否定しえない.この点,鑑定人が原審での証言等において強調したように,日本の零細な企業における実務を支配している「生ける法」を洞察

第7章 清算所得課税における「寄付金」

することが事案の「真実」を解明するにあたって不可欠である．つまり関係者の真意が何であったかをみきわめることが本件の事実認定にあたって不可欠である．諸証拠，諸事情を総合勘案して客観的にいって，右の「特約」の存在には疑いをいれない．原判決，被控訴人は諸証拠等をバラバラにかつ皮相にとらえて，誤った事実認定をしている．この事実誤認は厳しく批判されねばならない．そして，右の「特約」を締結することについては，控訴人および同会社の設立の経緯，控訴人と同会社との間の特殊関係等からいって通常の企業活動遂行のうえにおいて社会通念上もやむを得ない相当性が存在したといわねばならない．右の相当性の存在についても，諸証拠，諸事情を総合勘案して，疑いもなく明白である．現実において同会社と取引きする関係者は控訴人が最終責任を負担するということを「公知の事実」として承知しており，それゆえそのことを当然の前提として安心して同会社と取引をしていたという客観的事実が存在した．

原判決，被控訴人は控訴人と同会社とは別法人であることを重視している．この点，甲139号証の2で国税庁担当官自身が法人税基本通達9-4-1の適用にあたって法的に別法人であるということ自体を重視すべきではないという指摘をしている事実に注意が向けられるべきである．

控訴人と同会社との間には被控訴人も指摘するように，たしかに親子会社的資本関係は存在しない．しかしながら同会社は控訴人の事業の目的を遂行するために控訴人や控訴人の組合員らによって設立されたものであり，実質的に控訴人の子会社（または兄弟会社）であることに疑いの余地がない（資本関係についていえば控訴人も同会社の出資金の一部を負担しているほか，控訴人の組合員が出資金のほとんどを負担している事実に注目すべきであろう）．しかも，法人税基本通達9-4-1は，ひろく企業における損失負担の実務の運用基準を例示的に示したものにすぎないことに注意すべきである．甲139号証の2で国税庁担当官自身が必ずしも子会社でなくても，取引関係，人的関係，資金関係等において同趣旨の事情にある場合には，同通達をひろく適用すると述べている．

鑑定人の前記証言等で明らかにしたように，控訴人と同会社との関係は，法人税基本通達9-4-1がまさに予定する場合に該当する．税務の実務では右のような場合には同通達がひろく適用されているのに，またはひろく適用されることが予定されているのに，本件控訴人に限って合理的理由もなく同通達の適用を排除することは，憲法14条の法執行の平等原則に反し違法であるといわなければならない．

以上要するに，控訴人と同会社との間に前記「特約」が存在することは明白であり，かつそのような「特約」が締結されることについて企業活動遂行のうえにおいて社会通念上もやむを得ない相当性が存在する場合において，同「特約」に基づいて行われた本件控訴人の本件出捐金員の支出は，控訴人の本件清算所得の金額の計算上損金（事業上の必要経費）を構成することについては，税法学上疑いの余地がない．

4 1997年拙鑑定書

1997年1月に仙台高裁秋田支部へ提出した拙鑑定書の概要は次のごとくである．

4.1 法人税法上の「損金」の意義

本件控訴人である協同組合がその子会社的企業である販売会社の債務を負担した本件支出金員（控訴人の販売会社に対する履行引受けの履行）が，控訴人の清算活動段階における必要経費（損金）に該当するかが争われている．現代社会ではいわゆる親子関係的企業間において親会社的企業がその子会社的企業の活動について一定の場合には経営財務上の責任を負うべきであることが一般に承認されており当該責任は当該親会社的企業の社会的責任ともなっている．加えて本件の場合には，親会社的企業である控訴人と子会社的企業である販売会社との間に控訴人が販売会社の債務をすべて最終的に負担する（控訴人以外の他の共同保証人の各分担額がゼロであることを含む）ことの「特約」すらが存在した．それゆえ，控訴人が負担した本件支出金員は控訴人の企業活動上やむを得ない相当の理由のある義務的支出として，控訴人の清算所得の金額の計算上当然に損金を構成することについては税法学上疑問の余地がない．

この点について被控訴人が疑問を述べているので鑑定人の所見の法的根拠を以下に明らかにしておきたい．結論的にいえば，その法的根拠は法人税法22条3項および4項に求められる．

周知のように，法人税法22条は，通常の法人税の課税標準である各事業年度の所得の金額の計算に関する基本規定である．同条1項は「各事業年度の所得の金額は，当該事業年度の益金の額から当該事業年度の損金の額を控除した金額とする」と規定している．同条2項は，益金の額に算入すべき金額は別段の定めがない限り企業会計上の収益の額とすることを明らかにしている．同条3項は，損金の額に算入すべき金額は，別段の定めがない限り企業会計上の原価，費用，損失の額とすることを明らかにしている．そして同条4項は，第2項および第3項でいう収益の額，および原価・費用・損失の額は「一般に公正妥当と認められる会計処理の基準に従って計算されるものとする」ということを確認的に規定している．

ところで，企業会計上の収益，費用等のコンセプトは本質的に相対的概念であることが企業会計の分野において一般に承認されている．たとえば企業が支出した金員が企業会計上必要経費を構成するか，必要経費を構成するとしてもどのような会計勘定科目に属するのか，などは厳密には各企業の目的・性格・規模等によって異なってくる場合がありうる．このように企業会計上のコンセプトは本質的に相対的なものであるので企業会計上の処理の仕方は厳密には事案によっては多様でありうる．企業会計原則などは最小限度の企業会計上の処理等のあり方についても統一的な枠組みを設定しているものであるが，そのディテールについてまで規定するものではない．そこで

企業会計原則の一般原則において各企業の企業会計的真実を担保するために「継続性の原則」(principle of consistency)が最重要原則として重視されているわけである。日本の企業会計原則はこの継続性の原則について次のように規定している。「企業会計は，その処理の原則及び手続を毎期継続して適用し，みだりにこれを変更してはならない。」(企業会計原則第1の5)

この継続性の原則は企業会計の一般原則として重視されている。率直にいうことが許されるならば，企業会計の分野ではこの継続性の原則こそが企業会計原則の「核」とされているといってよい。継続性の原則のこのような企業会計上の位置づけ自体が鑑定人が甲151号証において述べた「企業会計上の思考・概念は本来的に相対的なものである」という指摘を雄弁に裏づけるものといえよう。企業会計におけるこのようなコンセプトのもとでは被控訴人の指摘するように課税実務上何かと不都合の生ずることは避けられない。そこで，法人税法その他の法律において別段の定めを規定することによって課税面で調整を図ることとしているわけである。法人税法についていえば，法人税23条以下の課税標準に関する計算規定はすべて「別段の定め」に該当する。

被控訴人は「企業独自の特殊性を完全に認めることとなり，延いては課税の公平が保持されなくなる恐れが生じ，税法実務としては到底受け入れることができないばかりか，各企業の特殊性自体を判定することは極めて困難であって実務上支持され得るものではない」と述べて拙論を非難している。継続性の原則が企業会計原則において「核」とされていることでもわかるように，企業会計上のコンセプトは本質的に相対的なものであることについては企業会計分野の常識となっているといってよい。実定法人税法はこのような企業会計的思考を前提とするものである（特に法税22条4項参照）。拙論はこのような本質論的構造を指摘するものにすぎない。被控訴人の拙論への非難はおよそ企業会計の常識すらをわきまえないものであるといわねばならない（詳細については拙著『現代企業税法論』岩波書店，甲152号証参照）。

被控訴人は控訴人の主張を非難するために法人税法37条6項のカッコ書きを持ち出している。控訴人の本件支出金員の損金算入は，法人税法22条3項および4項から当然に導き出されるものであって，その意味では法人税法37条6項を論ずるまでもない。もし，被控訴人が主張するように論ずる必要があるとするならば，法人税法37条6項が控訴人の本件支出金員の損金算入を否定する「別段の定め」を規定している条項であるかどうかという点にある。同項は，寄付金に関する定義条項であり，控訴人の本件支出金員ははじめから寄付金ではなく控訴人の企業活動上の義務的経費であるので，同項を論ずる必要がない。強いて同項を論ずるならば，同項のカッコ書きの広告宣伝費・交際費・福利厚生費などは寄付金の定義に関連して注意的に規定された例示規定にすぎず，重要なことは，同項は控訴人の本件支出金員の損金算入の否定を規定していない，という事実である。その他法人税法，その他の法律においても控

訴人の本件支出金員の損金算入を否定する規定はどこにも存在しないことを指摘しておきたい．

　冒頭で指摘したように，親会社的企業がその子会社的企業を支援することは社会的責任として承認されているところであり，法人税法が前提とする「一般に公正妥当を認められる会計処理の基準」（法税22条3項・4項，商1条・32条2項等）も，そのことを承認している．それゆえ，控訴人の本件支出金員は企業財務上寄付金ではなく控訴人の企業活動上の義務的経費として費用性を有するのであり，右に検討したように実定法人税法等はそのことを否定する「別段の定め」をまったく設けていないので課税上も損金を構成することについては疑問の余地がない．

　加えて鑑定人が原審の証言等で強調し論証したように，控訴人は清算活動段階に入っておりそれだけに清算活動段階における「寄付金」の認定はその性質上謙抑的でなければならない．つまり本件支出金員がいわば裁量的な残余財産の処分としての性格をもっていたかどうかが問われねばならない．原審の証言等で明らかにしたように，控訴人の本件支出金員は客観的にいって親企業的存在の控訴人のやむを得ない，相当の理由のある業務的経費であっておよそ残余財産の処分的性格を有しない．もし被控訴人が寄付金であると主張するならば，その残余財産の処分的性格を立証しなければならない．また，実定法人税法が採用している益金および損金の法概念の本質論的構造を税法学的に明らかにすべきである．

4.2　法人税基本通達9-4-1の適用について

　さきにも指摘したように，控訴人の本件支出金員は控訴人の清算活動上の業務的経費として損金を構成することは，もともと法人税法22条3項および4項により自明であり，行政の内部基準にすぎない通達を引用するまでもない．

　被控訴人は「親会社が自己の損失を最小限に食い止めるために子会社等に対して行った利益供与であることが一つの要件とされるところ，これを本件においてみると，控訴人は，販売会社の清算と同時に解散するものであるから，自己の損失を食い止めるために利益供与を行ったものであるとは言い難く，したがって右通達を適用することはできないのである」と述べて，控訴人を非難する．また，被控訴人は「通達9-4-1はその損失負担者自身が解散する予定であるにもかかわらず，これを負担する場合を想定していないことは明らかである」と述べて，控訴人を非難している．法人税基本通達9-4-1は，通達の継続企業活動段階の損失負担の場合を典型例として規定したものにすぎず，本件控訴人企業はたまたま清算活動段階にあり，右通達が典型的に予定する場合ではないので，被控訴人の非難は通達の適用の仕方を読み間違えて控訴人を非難するものにすぎない．要するに次元を異にする場合なのに，あえて通達の文言を形式的に皮相に持ち出して非難するものにすぎない．一般に通達は実務運用上の1つの基準を示すものにすぎないものであって，通達適用上重要なことは通達の趣旨を

第7章 清算所得課税における「寄付金」

ふまえてケースバイケースに的確に実務上の処理をすることである．
　法人税基本通達9-4-1の趣旨は清算活動段階にある本件控訴人の場合にも生かされるべきである．いま一歩ゆずって被控訴人の非難する点を検討すれば，次のような重大な事実を指摘しえよう．もし本件控訴人が親企業的責任を果たさず，具体的に本件「特約」に基づいてその義務を果たさない場合には問題の各債務の利息等が一段と増大するほか，各債権者から裁判所に控訴人の法的義務を追及する動きが現実化する危険性が存在した．このように控訴人の本件支出金員は，同通達にいう社会通念上やむを得ないものであり，またそうすることについて相当な理由が存在する場合に該当する．
　ちなみに，実務家の次の指摘が注目されよう．すなわち，親子会社相互間の債権の処理などを論じたのちに，「本稿では……現実の実務に目を落し，結合企業倒産処理における公正衡平の分配とは何か．手続法上それを実現することが可能かという基本的命題を設定し，それから派生する若干の問題点をも含め，現行法の枠内で論じてきた．これを一言に要約すると，法人格否認の法理はわが国に於いても確立した法理の一つであることを前提とし，倒産という局面では債権者全体の保護の法理として機能するものであるとの基本的認識に立って，この法理を活用し，経済的・経営的一体性をそのまま倒産処理に投影することこそ，公正衡平の原則にかない，全体的正義に合するものと断じた．……」(山内八郎「親子会社の倒産処理に関する若干の考察」判例タイムズ435号47頁)．
　法人税基本通達9-4-1は，その経費性が一般的に容易に理解されうる広告宣伝費・交際費・福利厚生費等以外の本件のごとき義務的経費の実務上の取扱い基準を示すものにすぎない．この通達の適用に関する限り，控訴人と販売会社との間の「特約」の存在は必ずしも必要とされていない．これは，親会社的企業の当然の義務的経費として一般に承認されているためであろう．本件の場合には，親企業としての一般的責任に加えて，具体的な「特約」までも存在した．
　被控訴人は，「右保証債務についてみれば控訴人は連帯保証人に対する求償権を行使することなく求償権を放棄したものであり，また，右損失負担についてみれば，右損失負担の対象である販売会社の債務には，販売会社の役員からの借入れ(乙第26号証)があるにもかかわらず，当該役員に対して，その債権の放棄を求めたという事実は認められず，その上，本件支出金をもって右借入金の返済の原資としたことは明らかであり……」と述べて控訴人を非難している．控訴人以外の他の共同保証人はすべて負担額がゼロなのであって，本件では求償権を行使し得ない．それゆえ，被控訴人は的はずれの非難をしているにすぎない．また，本件において販売会社の役員からの借り入れについて債権の放棄が行われていないのは，当該債権者の生計の諸事情に鑑みてやむを得ないところであり，かつ本件には本件「特約」の存在するところでもあって，控訴人が販売会社の債務を負担するのが当然である．この点についても被控訴人は的はずれの非難をしているにすぎない．

4.3 住専問題の処理について

住専（住宅金融専門会社．銀行ではない）に血税6,850億円をつぎ込むことが国民的な政治問題となった．本件に関連していえば，住専に融資した企業に対し法人税基本通達9-4-1を適用することが報道されている．報道によれば，国税庁は住専に融資した銀行等を親会社的企業と考えてその債権放棄分等を同通達に基づいて損金処理することを認める方針であると伝えられる．親会社である問題の銀行自身が通常の親会社の資本比率（その払い込み資本の50％超）を有しているわけではない．これによって知られるように国税庁は同通達の親子関係をひろくとらえているわけである．さらに一般銀行等の債権放棄分についても同通達を適用するといわれる．関係一般銀行等には親子関係がまったく存在しないことはいうまでもない．おそらく「融資」という取引関係の性格に鑑み親子関係に準ずるものとして弾力的にひろく同通達を適用することとしているものと推察される．この国税庁の指導によっても明らかなように，当該企業が支出した金員の性格をケースバイケースに応じて総合的に実態的に観察し税務上の処理を行うことが望ましい．

本件の控訴人は協同組合という公的組織である．その控訴人がその事業達成のために設立した販売会社の「危機」（事業不振のゆえに解散した）を救済するのが当然である．本件の場合には控訴人と販売会社との間にそのことについて「特約」すらが存在した．この「特約」の存在については関係者間にあっては「公知の事実」であったといわれる．

右の国税庁の住専問題の処理の指導例によっても知られるように，控訴人の本件支出金員は控訴人の寄付金ではなく控訴人の当然の義務的経費を構成することは実務上ももはや疑いの余地がない．

被控訴人税務署長が，あまりにも重大で明白な事実誤認を行って，本件控訴人に対して違法な課税処分を行ったために，本訴訟のような税法学上「無意味」な裁判が何年も係属することになったといわねばならない．

4.4 大淵博義氏の所説について

被控訴人は大淵博義氏の所説を税法学上の資料として引用している．同氏は退官の1995年当時国税庁職員として第一線の税務署副署長の地位にあった．95年に税務署副署長から中央大学商学部の税務会計論（会計学科目）担当の教授に就任された．被控訴人が引用する同氏の所説は国税庁職員（国税庁税務大学校教授）として1つの実務上の解説をとりまとめたものにすぎない．内容的にも体系的な税法学という学問の方法論に従って厳密な検討を加えて解説されたものとはとうていいいえないし，同氏の経歴からいっても，同氏の所説を税法学上の資料とすることは妥当でない．

5 1998年拙鑑定書

1998年11月に最高裁判所へ提出した拙鑑定書の概要は，次のごとくである．

5.1 親子関係と法人税務

資本の過半を占めるという典型的な親子関係（商211条の2第1項）がなくても，取引関係・人的関係・資金関係等において事業関連性が存在する場合には，租税の実務ではひろく親子関係があるものとして取り扱われている．このような取扱いは，最近においてもいわゆる「住専」（住宅金融専門会社）問題の処理においてもひろく適用されたことは周知の事実である．法人税基本通達9-4-1（子会社等を整理する場合の損失負担等）の取扱いについて，通達制定当時，国税庁担当官自身がこのことを明確に確認していた．

すなわち，「本通達においては『子会社等』と表現しているが，必ずしも親子会社間における損失負担に限定されるものではない．取引関係・人的関係・資金関係その他特殊関係以外において密接な関係を有する他の法人に対するこの種の損失負担についても，同様の事情がある場合には，同じような取扱いをすることになるものと考えられる」（税務通信35巻11号187頁，甲139号証の2）．その後，法人税基本通達の一部改正が行われ，現行では次のように明定されている．「法人税基本通達9-4-1……（注）子会社等には，当該法人と資本関係を有する者のほか，取引関係・人的関係・資金関係等において事業関連性を有する者が含まれる（以下9-4-2において同じ．）」．

本件上告人（協同組合秋田第一製パン）と本件販売会社（秋田第一製パン販売株式会社）との間に右税務にいういわゆる親子関係が存在することについては秋田地区では「公知の事実」であった．本件販売会社は上告人の事業目的を達成するための手段として設立され，両者の人的関係・取引関係・資金関係等において右にいういわゆる親子関係にあることは税法学上疑いをいれない．上告人である協同組合はもともと秋田地区のパン業者を組合員として設立されたものであり，加えて上告人の理事・組合員と販売会社の役員・従業員等はほとんど同一人である．販売会社は，パンの製造に必要な工場・敷地・機械設備等をまったく有せず上告人からそれらを賃借しているのであって，同社は事実においてみるべき資産をまったく有していない．このようなわけで，親会社的存在である上告人が子会社的存在である販売会社のすべての債務・損失等を最終的に担保するという申し合わせに基づいて，販売会社の業務活動が行われてきた．そのような申し合わせがなければ，販売会社としても業務活動を続けることができなかった．いわば上告人と販売会社との間にそのような特殊関係，密接な事業関連性が存在したのであり，両者は法形式的には別個の存在であっても経済的・実質的には同一体であった．この点については本件の第1審および控訴審において上告人側が詳細に立証しているところである．

第III部　法人所得課税

　このような親子関係がある場合には，その企業活動において社会的責任を負うべき親会社が一定の場合に子会社に対して行うところの債務の引受・債務の「履行の引受」その他損失負担・債権の放棄等は子会社に対する寄付金として取り扱わず，親会社自身の事業上の費用・損金として取り扱うことが企業経営および税務の実際においてひろく承認されているところである．この取扱いは一般に承認された企業会計慣行といってよい．法人税法もこの取扱いを実定法上においても明確に肯認している．すなわち，現行法人税法22条4項は，「第2項に規定する当該事業年度の収益の額及び前項各号に掲げる額［費用等の額］は，一般に公正妥当と認められる会計処理の基準に従って計算されるものとする」と規定している．右によって「一般に公正妥当と認められる会計処理の基準」に合致する出捐等は税法において特段の規定が存在しない限り法人所得計算上費用・損金を構成するのである．この点について税法には特段の規定が存在しない．ところで法人税法は，商法の計算秩序を前提にしている．税法に特段の規定がまったくない限り法人税法上の益金，損金の扱いは原則として商法の計算秩序に従うこととなる．この点を法人税法は手続的にも明定している．すなわち，法人税法74条1項は，内国法人は「確定した決算に基づいて」法人税の確定申告書を提出しなければならないと規定している．右の「確定した決算」とは商法上株主総会等の機関承認を得た決算を意味する（商283条等参照）．商法1条は，「商事ニ関シ本法ニ規定ナキモノニ付テハ商慣習法ヲ適用シ商慣習法ナキトキハ民法ヲ適用ス」（傍点は鑑定人）と規定し，同法32条2項は，「商業帳簿ノ作成ニ関スル規定ノ解釈ニ付テハ公正ナル会計慣行ヲ斟酌スベシ」と規定している．これによって知られるように，右に述べた親子関係に関する税務上の取扱いは商法上および法人税法上も適法な処理といわなければならない（詳しくは拙著『現代企業税法論』岩波書店1章，3章，6章，7章，10章等参照．甲152号証）．

　法人税基本通達9-4-1（子会社等を整理する場合の損失負担等），9-4-2（子会社等を再建する場合の無利息貸付等）等は，右のような実定法上の当然の取扱いをたまたま例示として確認的に示したものにすぎない．本件では，上告人と販売会社との間に販売会社の債務・損失についていわゆる履行の引受の「特約」が存在したかどうかが争われているが，そのような「特約」がなくても本件の諸事情に鑑み親会社である上告人が子会社である販売会社のために負担した出捐等が上告人の法人所得計算上当然に，費用・損金を構成することについては，税法学上は自明である．

　本件当時の法人税基本通達9-4-1（子会社等を整理する場合の損失負担）は，次のごとく規定していた．「法人がその子会社等の解散，経営権の譲渡等に伴い当該子会社等のために債務の引受その他の損失の負担をし，又は当該子会社等に対する債権の放棄をした場合においても，その負担又は放棄をしなければ今後より大きな損失を蒙ることになることが社会通念上明らかであると認められるためやむを得ずその負担又は放棄をするに至った等そのことについて相当な理由があるときは，その負担又は放棄

をしたことにより生ずる損失の額は，寄付金の額に該当しないものとする．」

　その後，この取扱いの趣旨をより明確なものにするために，右通達規定が改正された．

　現行の法人税基本通達 9-4-1（子会社等を整理する場合の損失負担等）は，次のごとくである．「法人がその子会社等の解散，経営権の譲渡等に伴い当該子会社等のために債務の引受その他の損失負担又は債権放棄等（以下 9-4-1 において「損失負担等」という．）をした場合において，その損失負担等をしなければ今後より大きな損失を蒙ることになることが社会通念上明らかであると認められるためやむを得ずその損失負担等をするに至った等そのことについて相当な理由がると認められるときは，その損失負担等により供与する経済的利益の額は，寄付金の額に該当しないものとする．」

　現行通達には右の本文に加えて前出の（注）が規定されているわけである．

　通達はあくまで行政の内規にすぎないのであるが，その行政の内規の運用にあたって国税庁自身がケースバイケースに応じて柔軟に対処すべきことを注意している．すなわち昭和 44 年法人税基本通達の「前文」において次のごとく規定している．「……この通達の具体的な運用に当たっては，法令の規定の趣旨，制度の背景のみならず条理，社会通念をも勘案しつつ，個々の具体的事案に妥当する処理を図るように努められたい．いやしくも，通達の規定中の部分的字句について形式的解釈に固執し，全体の趣旨から逸脱した運用を行ったり，通達中の例示がないとか通達に規定されていないとかの理由だけで法令の規定の趣旨や社会通念等に即しない解釈に陥ったりすることのないように留意されたい」（以上傍点は鑑定人）．

　本件では上告人と販売会社との間に販売会社の債務・損失について最終的に上告人がすべてその責めを負うとの，いわゆる「履行の引受け」の「特約」が存在していたことは証拠上も疑問の余地のないところであるが，すでに指摘したように，税法学的には上告人が負担した本件出捐等が上告人の所得計算上損金に算入されることについては別段の「特約」を必要とせず，右に紹介した通達もそのことを要件としていない．これは，一定の場合において子会社のためにその社会的責任を果たすべき親会社が出捐するところの損失負担等が企業会計上および法人税法上当然に費用・損金を構成するためである．重要なことは，このことを実定法的に確認しているさきに紹介した法人税法 22 条 3 項，4 項の趣旨をどのように実務において具体化するかという点にある．この点は，本件上告人の支出した損失負担等の税法上の処遇を考える上においてきわめて重要である．

5.2　本件には親子関係の税務の取扱いが適用されるべきである

　鑑定人は 1992 年 5 月 29 日および 1992 年 8 月 7 日に本件第 1 審の法廷で鑑定証言を行った．また，同証言の内容等をとりまとめた鑑定所見書を甲号証として提出した（甲 134 号証，144 号証，147 号証）．それらにおいて，鑑定人が本件における前出「特

約」(原告以外の各保証人の負担額が法的にゼロであることを含む。この点については，同各保証人は書類作成上単に名目的・形式的に名前をつらねたにすぎない)が存在することについて指摘した諸証拠は次のごとくである。

①昭和43年8月の原告「控訴人・上告人」の組合員全員の個々の名義による販売会社宛の白紙委任状(甲第126号証1ないし5)，②48年5月17日の販売会社の取締役会議事録〔原告が一心同体となって物心両面で販売会社に全面的協力〕(甲10号証の15)，③49年3月13日の原告理事会議事録〔原告が販売会社に全面的協力〕(甲第9号証の13)，④54年12月20日の原告理事会議事録〔吉田昭治氏の発言に基づいて浅利金十郎理事長が主宰した会議の決定〕，⑤原告代表者・清算人の高島長助氏から本件裁判所〔第1審〕へ提出された陳述書〔銀行が形式的でよいから保証人を要求しているので，形式的に保証人として署名した。原告が全責任を負うから，ということで署名した，など〕(甲132号証)，⑥平成元年12月1日，平成2年5月11日の本件裁判所での吉田昭治証言，⑦平成3年4月12日の本件裁判所での高島長助証言，⑧平成元年3月6日の本件裁判所での加藤高雄証言，⑨平成元年5月26日の本件裁判所での橋田理臣証言，⑩昭和55年1月28日の販売会社の債権者集会〔原告の資産で処理することを確認〕，⑪昭和55年2月2日，同年2月28日の原告理事会での確認〔原告の土地，建物の売却の承認と販売会社の債務の支払いの確認〕(甲第9号証の43，44)等。

名前をつらねている上告人以外の各保証人については，鑑定人の前記証言等でも指摘したように，ほぼ20数年前の時点で，たとえば高島長助名義分の債務は3億3,400万円に達する。仮に均分負担とした場合であっても，同人の負担部分は1億600万円に達する。到底個人の負担しうる金額ではない。この事実からいっても保証人として名前をつらねた者は，法的に意味のある保証等をしたのではない。上告人が最終的に全責任を負うということ，かつ上告人の当時の資産状況からいって客観的にもそれが可能であったことから，単に名目的・形式的に名前をつらねたにすぎないというのが真相であった。この事実は法的にも重要な真実として確認されねばならない。

さきにも指摘したように，一定の場合に親会社としての社会的責任を果たすべき上告人がその子会社である販売会社の債務・損失等を負担した場合に，当該損失負担等は上告人の所得計算上当然に費用・損金を構成するのであるが，この損金算入にあたって別段の「特約」の存在を必要としないことについてはさきにも指摘した。本件の場合には，右のように「特約」すらが存在した。本件販売会社のために上告人の支出した損害負担等は上告人の所得計算上その義務的経費を構成することについては，疑問の余地がない。

しかるに原判決は次のように述べてこれを否定した。

「控訴人〔原告・上告人〕の主張する合意は，要するに，販売会社成立の経緯やその営業の実態などの販売会社と控訴人との実質的関係を根拠にして法律上全く別の人格

である販売会社と控訴人の間において，販売会社の負担する債務について個々の取引を特定せず，また金額も限定せずに，抽象的包括的に全て最終的に控訴人が負担することが合意されていたものであるが，右合意の意味するものは，結局，債務負担の側面でのみ販売会社と控訴人とが別人格であることを否定し，その側面では販売会社と控訴人とは実質的に同一人格であるというに等しいものであると解されるが，そのような合意がなされることと，控訴人と別人格である販売会社が設立されることは全く矛盾することであるから，現に控訴人とは別人格の販売会社が設立されている以上，法的な拘束力を持つものとして右のような合意がなされることは，およそあり得ないことであるというべきであるし，仮にそのような合意が真実なされたとしても，そのような合意は，まさに都合のよい場面ごとに，法人格を主張したり法人格を否認したりするに等しいものであって，法人格の濫用というべきものであり，そのような合意の効力を第三者に主張することは許されないというべきである．」（傍点は鑑定人）

　親子関係の税務の取扱いは，法的に別個の企業であっても経済的・実質的には同一企業とみられるところから，社会的責任を負うべき親会社の支出した損失負担等を寄付金としては扱わず親会社の事業経営上の費用・損金として扱うものである．原判決は，両者はその法人格が別個であることを重視し，強調している．原判決は，法人税法における所得計算規定およびその取扱いの意味をまったく理解しておらず，重大な誤りを犯しているといわねばならない．この点については法人税基本通達9-4-1の制定当時，国税庁の立案担当官自身が次のように法人格が別個であることにとらわれてはならないと指摘していることが注意されるべきであろう．「従来，法人税の執行の上では，伝統的な民商法重視の立場に立って，親子会社といえどもそれぞれ別個の法人であるから，仮に子会社が経営危機に瀕して，解散等をした場合であっても，親会社としては，その出資額が回収できないにとどまり，それ以上に新たな損失負担をする必要はないはずである，という商法上の株主有限責任の原理をそのまま援用して親子会社における課税関係を処理するという考え方が支配的であった．従って，たとえば子会社を整理するに際して，親会社が積極的に債務の引受その他の損失の負担をした等の事実がある場合には，これを寄付金として限度計算の対象にするといった取扱いがされることが少なくなかったのではないかと考えられる．しかしながら，一口に子会社の整理といっても，親会社が株主有限責任を楯にその親会社としての責任を放棄するようなことが社会的にも許されないといった状況に陥ることがしばしば生じ得る．……いずれにしても，親会社が子会社の整理のために行う債権の放棄，債務の引受その他の損失負担については，一概にこれを単純な贈与と決めつけることができない面が多々に認められるということであり，従って，このようなものについては，その内容いかんにかかわらず，常に寄付金として処理する等のことは全く実態に即さないのである」（『税経通信』35巻11号186・187頁，甲139号証の2)．

　原判決はまた「本件全証拠によるも，販売会社において，控訴人〔原告・上告人〕

が販売会社の債務につき最終的な責任を負うことに対して何らかの対価の提供もしくは利益供与をしていたことを認めるに足りる証拠はない」とも述べている。親子関係の税務の取扱いは子会社が親会社に対して何らかの対価の提供・利益の供与があることから、適用されるものではない。この取扱いは、親会社が子会社に対する社会的責任を果たすためのやむを得ない措置である。この点からも容易に知られるように、原判決は親子関係の税務の取扱いの真の意味をまったく理解しておらず、むしろ驚くべき偏見に立っているものといわねばならない。

　上告人は中小企業等共同組合上の「協同組合」という、本来的な営利企業とは異なった公的企業である。本件販売会社は、その協同組合の業務遂行の手段としてやむを得ず設立されたものである。本件販売会社は、株式会社の形態になっているけれども、実態的には公的企業である上告人の本来の業務の「核」的存在であって、両者間の特殊関係を率直にいえば、上告人が形を変えて本件販売会社の形式になっているにすぎないのである。販売会社にははじめからみるべき資産はない。販売会社の事業活動に不可欠な工場・敷地・機械設備等はすべて上告人から賃借している。販売会社は設立当初から赤字決算であり、その経営状況は恒常的に不安定であった。たとえば、販売会社の昭和52年4月1日から53年3月31日までの事業年度の法人税申告は657万5,126円の赤字であり、53年4月1日から54年3月31日までの事業年度の法人税申告は6450万4,857円の赤字であり、54年4月1日から55年2月15日までの事業年度の法人税申告は8740万5,928円の赤字であった（添付資料1-1-3．掲載省略）。販売会社との取引を行う者たちは、販売会社の「背景」には公的企業である上告人（協同組合）がいてその上告人が最終的に各取引について責任を負うという特殊関係があるところから、販売会社と取引をしていたのである。人々の感覚は、販売会社とではなく公的企業である上告人（協同組合）と取引をしているという状況にあった。もし、上告人が販売会社の債務・損失を最終的に負担するということでなければ、およそ販売会社はその事業活動そのものを行うことができなかったのであり、それは公的企業である上告人（協同組合）自身がその本来の協同組合設立の目的を果たすことができなかったことを意味する。加えて、上告人が子会社である販売会社の債務・損失を責任をもって負担しなければ上告人の唯一の具体的事業活動（工場・敷地・機械設備等の販売会社への賃貸）も行うことができなくなる。それは、上告人がその唯一の収入源をも失うことを意味する。上告人と販売会社との間の特殊関係のゆえに、もし、上告人が販売会社の債務・損失を負担しなければ、販売会社の取引者たちは、販売会社が経営成績も悪く、かつほとんど資産を有していないところから上告人自身の資産を、直接的に強制執行の対象にするであろうことは火をみるより明らかであった。以上要するに、本件上告人には本件で問題になっている販売会社の債務・損失を負担することについてやむを得ない相当の理由が存在した。

　以上の次第で、上告人が本件販売会社のために支出した本件損失負担等は、社会的

責任を果たすべき親会社である上告人の当然の義務的経費として上告人の法人所得計算上費用・損金に算入されるべきであるといわねばならない．それゆえ，上告人の清算段階において清算所得金額を構成する残余財産の価額を構成しない．

5.3 結 語

　本件上告人と本件販売会社との間にみられる親子関係という特殊関係が存在する場合には，日本の税実務において法人税基本通達9-4-1の趣旨の取扱いがひろく適用されている．本件上告人に限って特段の理由がないのに親子関係の税務の取扱いの適用を否定することは，疑いもなく憲法14条の法執行の平等原則に違反するといわねばならない（添付資料2-1〜5．掲載省略）．原判決は破棄されねばならない．そうでなければ，著しく正義に反しよう．

〔2002年1月，2002年2月〕

第8章 租税特別措置法64条（収用等に伴い代替資産を取得した場合の課税の特例）の法的意義

1 はじめに

　租税特別措置法64条1項2号（収用等に伴い代替資産を取得した場合の課税の特例）〔本件規定〕は収用等の場合のいわゆる圧縮記帳の税法上の保護を規定している．この規定の適用を受けるためには租税特別措置法施行規則14条7項3号イの収用証明書の添付が必要である．

　目下，名古屋高等裁判所金沢支部で本件規定の適用をめぐって課税庁（税務署長）と納税義務者（H株式会社）との間で争われている．別に行われた訴訟では，裁判所は福井県に前出収用証明書の発行を命じた（名古屋高裁金沢支部平成12（2000）年2月28日判決・名古屋高裁金沢支部平成11年（ネ）142号・証明書発行請求控訴事件）．本件納税義務者は，前出収用証明書を添付して本件規定の適用を申告している．しかしながら本件第1審福井地方裁判所平成15（2003）年12月3日判決は，本件規定の適用を否定した．

　どの程度の事実を充足している場合に本件規定の適用が許容されるのか，別言すれば本件規定の適用要件を具体的にどのように考えるべきか，は実務上重要である．

　2004年3月に筆者は以下の税法学鑑定書を名古屋高裁金沢支部へ提出した．実務の参考になると思われたので紹介させていただくことにした．本件の関与税理士は加藤昭治氏である．納税義務者側の訴訟代理人は杉原英樹，吉村悟の両弁護士である．筆者に本件を紹介したのは手賀武税理士である．

2 事案の概要

　控訴人（原告）〔本件納税義務者〕H株式会社は，福井県の施行する福井空港拡張整備事業（以下「本件事業」という）に必要な土地として本件土地を福井県が「公有地の拡大の推進に関する法律」（昭47法66号）6条1項により買取り協議を行う地方公共団体等として定めた福井県土地開発公社に売り渡した．本件では，同売り渡しに伴う譲渡所得に対して租税特別措置法64条1項2号所定の課税の特例（収用等に伴い代替資産を取得した場合の圧縮記帳に関する特例．以下「本件特例」という）が適用されるかが争われている．

　本件の事実関係を確認しておきたい．
(1) 福井空港は福井県が昭和41（1966）年6月に開港した空港である．福井県は昭

和60 (1985) 年3月に同空港をジェット機が離着陸できる空港にするための空港拡張基本計画を決定し公表した．昭和61 (1986) 年10月に福井県は福井空港整備推進本部を設置した．同年11月に福井県による福井空港の滑走路延長事業が政府の第5次空港整備5か年計画に新規事業として組み入れられた．平成3年に第6次の，平成8 (1996) 年に第7次の，各空港整備計画に組み入れられた．

　福井県は，平成5 (1993) 年2月に福井空港拡張整備事業（本件事業）の基本計画を策定し，本件事業の施行場所や施行内容を具体的に確定した．また，平成4 (1992) 年からは政府予算において本件事業が採択され，以後本件売買当時まで実施設計調査費等が予算に計上されていた．

　福井県は，平成5年頃から本件事業の施行場所（空港ターミナル予定地付近）に存在する控訴人所有の本件土地の買収について控訴人と交渉を重ねた．右交渉の最終段階の平成7 (1995) 年5月31日に控訴人は福井県に対し，「公有地の拡大の推進に関する法律」5条1項の規定に基づき本件土地の買収の申し出をし，これを受けて本件事業の施行者である福井県は平成7年6月12日に福井県土地開発公社を同法6条1項の買取り協議を行う地方公共団体等として定め，同公社に本件土地の買取協議に当らせることにした．平成7年6月23日に控訴人と同公社は，控訴人が同公社に本件土地を本件事業に伴う土地として代金4億5,914万400円で売り渡す旨の契約を締結し，そのころ本件土地の引渡しおよび代金の決済がなされた．福井県は右買収を「公有地の拡大の推進に関する法律」6条1項の協議に基づく買取りであり，租税特別措置法65条の4第1項4号の特例に当たるとして，控訴人に対してその旨の証明書（特定住宅造成事業等のための買取証明書）を発行した．

　(2)　控訴人は，本件買取が本件事業による収用に準じる場合に当たるとして，福井県に対し，本件特例（税措64条1項2号）の適用を受けるために，租税特別措置法64条4項，同法施行規則22条の2第4項1号，同規則14条7項3号イの規定による証明書（本件土地が本件事業に必要なものとして，福井県において収用することができる資産に該当する旨の証明書．収用証明書）の発行を求めた．しかし，福井県はその発行を拒否した．

　そこで，控訴人は，平成9 (1997) 年11月に福井地裁に福井県を被告として収用証明書の発行を求める訴えを提起した．平成11 (1999) 年7月30日福井地裁は控訴人の請求を棄却する判決を言い渡した．しかし，平成12 (2000) 年2月28日名古屋高裁金沢支部は，右原判決を取り消して，収用証明書の発行を福井県に命じる判決を言い渡した．福井県は，平成12年3月22日付で，控訴人に収用証明書（以下「本件収用証明書」という）を発行した．

　(3)　控訴人は，本件収用証明書を添付のうえ，平成12年3月24日付で，被控訴人（被告）三国税務署長に平成8 (1996) 年3月期から平成11 (1999) 年3月期までの各事業年度の法人税につき，各更正の請求（以下「本件更正の請求」という）をした．

これに対して，被控訴人は，平成12 (2000) 年6月19日付で，本件更正の請求に対しいずれも更正すべき理由がない旨の各通知処分（以下「本件通知処分」という）をした．

控訴人は，平成14 (2002) 年2月に本件通知処分の取り消しを求めて，福井地裁に本訴を提起した．福井地裁は，平成15 (2003) 年12月3日，控訴人の請求を棄却した．

3 租税特別措置法64条1項2号等の法的意義

本件で問題になっている租税特別措置法64条1項2号（本件特例）は，「資産について買取りの申出を拒むときは土地収用法等の規定に基づいて収用されることとなる場合において，当該資産が買い取られ，対価を取得するとき」は，圧縮記帳という税法上の保護を与えることを規定している．

国，地方公共団体等が施行する公共事業のためにする土地等の買収等は公共事業の施行者に認められている収用権等を背景にしている．この点においてこの種の買収等は，一般の譲渡とは区別される．税法は，この点に配慮し，収用等に伴い代替資産を取得した場合の課税の特例として圧縮記帳などの税法上の保護を与えることとしているわけである．

本件特例の法的意義を考えるうえにおいて，桜井巳津男・松橋行雄他著『法人税関係・措置法通達逐条解説 (11年版・平成11年8月1日現在)』財経詳報社の「解説」の一部を紹介しておこう．

「土地収用法第3条に規定されているいわゆる収用該当事業であっても，公共事業施行者は，すべての場合に事業認定を受けて土地等の買取り又は収用（もしくは使用）を行っているわけではなく，事業認定を受けないままにすべての必要な用地買収を終る場合もあるし，事業認定を受ける前に相当部分の用地買収を行う場合もある．課税の特例は，これらの事業認定を受けていない状態での公共事業による用地買収であっても，その公共事業が場所的限定性の明らかなものであって，公共事業施行者が手続を採れば事業認定を受けられるものであるときは，その適用があるものとされている（具体的には，措規14⑦，22の2④）．（中略）圧縮記帳の特例の適用を受ける場合には，公共事業施行者から交付されるいわゆる収用証明書を確定申告書に添付することが必要であるが，この通達（租税特別措置法（法人税関係）通達64(1)-2）の（注）書は，本体事業に係る土地等の譲渡と関連事業に係る土地等の譲渡とがあるときは，それぞれについて公共事業施行者から収用証明書の交付を受け，双方の収用証明書を確定申告書に添付する必要があるという趣旨である．」(910, 911頁)

また，収用証明書等について，「税務署長は，これらの証明書の添付がない確定申告書等の提出があった場合においても，その添付がなかったことについてやむを得ない事情があると認めるときは，収用証明書，買取証明書の提出があった場合に限り，圧

縮記帳等の規定の適用を認めることができる。」(983頁)。

　本件で問題になっている租税特別措置法施行規則14条7項3号について，租税特別措置法(法人税関係)通達64(4)-3は，「措置法規則14条7項第3号の規定を適用する場合において，買取りの対象となった資産が，同号イに規定する事業に必要なものとして収用又は使用することができる資産に該当するかどうかは，当該買取りの時において，当該事業の施行場所，施行内容等が具体的に確定し，当該資産について事業認定が行われ得る状況にあるかどうかによって判定することに留意する」と規定しているところ，この通達については，次の「解説」がなされている。「措置法施行規則第14条7項3号に規定されている収用証明書の規定は，公共事業について土地収用法に規定する事業認定の手続がなされていない場合であっても，用地取得に係る場所的限定が可能なものに限り当該手続き前の買取について『買取りの申出を拒むときは土地収用等の規定に基づいて収用されることとなる場合』に当たるものとして課税の特例の適用があるものである。ただ，事業認定がある場合は，法的に収用事業の場所的限定が行われているのに対し，事業認定前においては，必ずしも買取時における場所的限定が明確でない場合もあり得るので，この通達においては，どのような状況にあれば的確な収用証明書を発行し得るかの判断基準を明らかにしているものである」(986頁)。

　すなわち，この通達は，場所的限定についての判断基準を示したものであり，事業認定が行われ得る程度に具体的に当該事業の施行場所，施行内容が確定しているかどうかによって判断すべきであるとしているものである。

　したがって，本件では，事業認定前における本件特例の適用の可否につき，本件買収時において，当該事業の施行場所，施行内容等が具体的に確定しているかどうか，別言すれば「解説」にいう場所的限定が可能であるかどうかが焦点となろう。

4　本件特例の適用をめぐる諸状況

　本件特例の適用をめぐって，次の諸事実を指摘することができる。この諸事実は本件特例の適用要件の充足を具体的に示唆する。

　平成5(1993)年3月に福井県「福井空港整備基本計画(施設変更)」(乙3号証)と題するパンフレットが示されている。同パンフレットには，①基本方針，②計画内容，③整備基本計画図，などが具体的に記載されている。また，「FUKUI AIRPORT」(平成5年)(乙4号証)および「福井空港　FUKUI AIRPORT」(平成14年空港概要)(乙33号証)と題するパンフレットが広く配布されている。

　平成7(1995)年6月の第298回定例福井県議会で次のような質疑が展開されている(乙34号証)。

知事　「福井空港拡張整備事業につきましては，県政の最重要課題として，全力を挙

げてその早期実現に取り組んでいるところであります．県といたしましては，これまで，地元両町と一体となって地元の方々の御理解と御協力を得ることに最大限の努力を尽くしてまいりましたが，地元情勢は依然として厳しいものがあります．私は，この問題解決には，お互いが，その立場，主張を理解，尊重し，歩み寄るところを見出し，双方にとって納得のいく解決策を求めていくことが肝要であると考えております．そのため，一日も早く心を開いた対話の場を持つことができるよう，幅広くそのための手法を求め，あらゆる努力を積み重ねてまいりたいと考えております．」

美濃美雄議員 「福井空港拡張整備については，昭和60年3月に福井空港を2,000メートルに拡張する整備計画が決定されて以来，早くも10年が経過しました．この間，福井県議会として超党派によりその推進に協力してまいりましたが，今日，地元情勢は徐々に好転の兆しも見えるようですが，2年間も予算未執行のまま，依然として厳しいものがあります．県政の最重要課題として位置づけ，全力を挙げて取り組んでこられた福井空港拡張整備事業に，この際，戦略の転換により，地権者，地元にまことの理解と心に溶け込む姿勢，10年間の反省と率直な心で対応を図るべきかと思うが，今後，どのように取り組んでいかれるのか，栗田県政3期目のスタートに当たり，知事の政治的決断とその決意のほどをお伺いいたします．」

知事 「福井空港についてお尋ねいただきました．今後，福井空港拡張整備にどのように取り組んでいくのか，3期目のスタートに当たってその決意を問うというお尋ねでございます．福井空港につきましては，県内各界各層の皆様方の御支援を賜りながら，機会あるごとに地元の方々への御理解，御協力を求めるなど，全力を挙げてその早期実現に取り組んできたところでございます．しかし，さまざまな誤解や行き違いが生じている中で，依然として地元の関係集落，また，地権者の方々すべての御理解を得るには現在至っていないわけでございます．私は，3期目のスタートに当たりまして，本県の発展と地域の活性化のためには本県におけるジェット化空港の実現がぜひとも必要であり，何としてもこの問題を解決するという強い信念のもとに，福井空港拡張整備計画の原点に立ち戻って，誠心誠意話し合いで双方が納得できる問題解決策を求めていく決意を固めたところでございます．そこで，私の決意のあかしといたしまして，話し合いの結論が得られるまで国に対する予算要求については見送る決断をしたところでございます．今後，行政に対する不満，不信感を抱いたことについておわびするところはおわびするとともに，具体的な話し合いの方法についてはその意向をお聞きしながら検討してまいりたい，このように考えておりますので，一層の御支援，御協力をお願い申し上げる次第でございます．」

奈良俊幸議員 「質問の四つ目は，交通体系の整備についてです．7年度政府予算には，4年連続で福井空港拡張整備計画の実施設計調査費5,000万円が盛り込まれ，合

わせて1億円の空港整備事業費が県予算に計上されています。しかし，残念ながら，同計画は一部住民の方々の根強い反対運動に遭い，これまでは予算の執行に至っておりませんでした。こうした事態を打開すべく知事が，先ごろ8年度政府予算の概算要求に当たり同計画の推進予算計上を国に対して要望しない旨を表明したことは，大変な驚きであり，反対派住民の方々との真摯な対話により空港問題の早期解決を願う知事の並み並みならぬ意欲と決意のあらわれと理解するものです。そこで，今回の措置が反対派住民の方々との対話の糸口となることを期待し，こうした判断に至った経緯を伺うとともに，今後の空港問題解決への意欲と道筋を知事にお尋ねします。」

知事「次に，福井空港についてお尋ねいただきました。今後福井空港拡張整備にどのように取り組んでいくのか，3期目のスタートに当たってその決意を問うというお尋ねでございます。福井空港の拡張整備につきましては，県議会を初め，県内各界各層の皆様方の御支援を賜りながら，地元の方々の御理解，御協力を得ることに最大限の努力を積み重ねてきたところでございます。地元情勢は徐々に好転しておりますが，依然として，関係集落あるいは地権者の方々すべての御理解と御同意を得るまでには至っていないのが現状でございます。私は，3期目のスタートに当たりまして，21世紀に向けて本県の未来を切り開き，本県の発展と地域の活性化のためには何が必要であるか，また，現実に反対運動が続いている中でこれまでの経過を振り返り，何が問題の本質であるかということにつきまして熟慮を重ねてきたところでございます。その結果，地域産業の活性化と地域間交流の拠点化等を図るためには，高速交通体系の整備の一環としてのジェット化空港がぜひとも必要でございまして，空港問題を解決するためには地元反対同盟の方々と一日も早く心を開いた話し合いの場を持つことが不可欠であると判断したわけでございます。そのため，今回，福井空港拡張整備計画の原点に立ち戻って，誠心誠意話し合いで双方が納得できる問題解決策を求めていく決意を固めたところでございます。また，行政に対する不満，不信感を招いたことにつきまして，率直におわびするところはおわびするとともに，私の決意のあかしといたしまして，話し合いの結論が得られるまでは国に対する予算要求は見送るとの決断をしたところでございます。反対同盟の方々におかれましては，私の誠意をおくみ取りいただきまして，ぜひとも話し合いに応じていただきますようにお願い申し上げますとともに，県議会議員各位におかれましても，今回の私の新たな決断への御理解，そして，引き続きジェット化整備に対する御支援，御協力をお願い申し上げるところでございます。」

平成12年3月22日付で発行された福井県知事栗田幸雄の本件収用証明書（甲1号証）によれば，次の事実が明らかになっている。

> 譲　　渡　　者　H株式会社（代表取締役T）
> 公共事業施行者　福井県（福井県知事栗田幸雄）
> 本件土地を福井県が施行する福井空港拡張整備事業（根拠法令　土地収用法第3条第12号）の用に供するため買収したものであること．
>
> 代行買収者　福井県土地開発公社
> 証明規定　租税特別措置法施行規則第14条第7項第3号イ

5　結　語

　本件では，租税特別措置法64条1項2号，同法64条4項，同法施行規則22条の2第4項1号，同規則14条7項3号イの法的意味が問われている．より具体的に言えば，本件買収が同買収当時，圧縮記帳の税法上の保護を規定する租税特別措置法64条1項2号等の要件を充足していたかどうかが問題となる．

　ところで，本件買収が同時に租税特別措置法65条の4第1項4号の特例（特定住宅地造成事業等のために土地等を譲渡した場合の特別控除）の要件を充足している場合であっても，本件納税義務者（控訴人H株式会社）が租税特別措置法64条1項2号等の特例の適用を希望し，かつ真実において同特例の要件をも充足している限り，同納税義務者に同特例（圧納記帳）の税法上の保護が与えられねばならない．

　事業認定前に行われた本件買収が，租税特別措置法64条1項2号等の要件を充足しているかどうかを考えるうえにおいて，さきに紹介した租税特別措置法（法人税関係）64(4)-3は，その適用基準を示したものである．事業認定が行われている場合には，問題の収用事業の場所的限定も行われているのに対し，事業認定前においては必ずしも買収時に場所的限定が明確でない場合もある．そこで，同通達は，どのような状況にあれば，本件特例の適用対象になり得るかについてのいわゆる場所的限定の判断基準を示したものである．すなわち，事業認定が行われ得る程度に具体的に当該事業の施行場所，施行内容等が確定しているかどうかによって判断すべきであるとして，事業認定前であっても，買収段階で右の場所的限定が可能なものについては，本件特例の税法上の保護を与えようとするものである．

　この点，以上の検討で明らかなように，福井県による福井空港整備基本計画（そこにおいて本件収用事業の施行場所，施行内容等が具体的に特定されている）が作成され，そのことが国の第5次ないし第7次の各空港整備5か年計画に組み込まれている．それゆえ，本件買収については，場所的限定が可能であり，本件特例の適用要件を充足している．加えて，本件では，本件特例適用のための租税特別措置法施行規則14条7項3号イの本件収用証明書も添付されている．

　以上のように，本件買収が本件特例の適用要件を充足していることについては疑い

第8章 租税特別措置法64条の法的意義

をいれないところであるが，原判決は，誤って，法の要請していない過大な要件を要求している．すなわち，事業認定の申請にあたっては運輸大臣の許可書または意見書の添付が必要であるが，原判決はこのような書面の添付がない以上は，本件特例の税法上の保護を与えるべきではないと判示した．本件の特例の適用にあたって税法のどこにもこのような書面の添付を要求していない．本件については本件買収時に場所的限定が存在するのであり，前出通達でも明らかなように，そのような場所的限定が存在する以上は，本件特例の税法上の保護が与えられねばならない．

それゆえ，原判決は，その法の解釈・適用において重大かつ明白な誤りを犯している．原判決は当然に破棄されねばならない．そうでなければ著しく正義に反する．

〔2004年4月〕

【付　記】
　その後，名古屋高裁金沢支部2005年6月27日判決は，納税者側の控訴を棄却した．

第9章 宗教法人の情報公開と税務をめぐる問題

1 財務の透明化と情報公開

　われわれは，宗教法人の教義や宗教活動の本体に介入することはできない．日本では行政が宗教団体を「認証」し同団体に法人格を付与することが許容されている．法人格を付与された宗教法人は日本社会で様々な公的保護を受ける．日本では宗教団体が法人格を取得すると原則として自動的に税法上の保護（非課税等）を受けることになっている．行政には，そのような「認証」をした以上は「俗」の部分，最小限度カネの流れの面からその所管する宗教法人を把握しておく公的責任がある．宗教法人としても，そのような公的保護を受ける以上は自らすすんでそのカネの流れの透明度を納税者，国民に開示する義務を負うというべきである．今回（1995年），成立した改正宗教法人法（1995年12月8日に成立）は不十分なものであるが，そのための最小限度の法制的整備を目指すものといえよう．

　筆者は，今回の改正案の成立に関連して1995年12月4日に同改正案を審議していた参議院宗教法人等に関する特別委員会で参考人として同改正案について所見を述べる機会が与えられた[1]．筆者は，今回の改正法は不十分なものであるが，公権力の宗教への介入を未然に防止するための自衛措置と評価できると述べたのであった．宗教法人が人々が納得するだけの財務の透明化と情報公開を実践しておれば，公権力は宗教へ介入する口実を持ち得なくなるからである．

　日本国憲法の意図する信教の自由，政教分離原則を確保するためにも，宗教法人の財務の透明化と情報公開が不可欠である．改正宗教法人法は不十分なものであるだけに，今後，右の視角からいっそうの改善がなされなければならない．そして，右の視角の一環として税制面の抜本的改正も加えられねばならない[2]．

2 改正法の概要

　今回の改正宗教法人法の要点は次のごとくである．
　(1) 他の都道府県内に境内建物を備える宗教法人および当該宗教法人を包括する宗教法人の所轄庁を文部大臣とする．
　(2) 宗教法人は収支計算書を作成しこれを事務所に備え付けなければならない．宗教法人は毎会計年度終了後4月以内に役員名簿，財産目録，収支計算書，貸借対照表（作成している場合に限る），境内建物（財産目録に記載されたものを除く）に関する書類，現行宗教法人法6条の事業（宗教活動以外の事業）に関する書類の写しを所轄庁に提出しなければならない．なお，当分の間，収益事業を行わない場合であって，1会計年度の収入の額が一定額以下のものについては収支計算書を作成しないことが

できる。つまり右の収入の額が一定額を超える宗教法人についてのみ収支計算書を作成することが義務づけられることになるわけである。

(3) 宗教法人は、信者その他の利害関係人であって、事務所備付け書類を閲覧することについて正当な利益があり、かつ当該閲覧請求が不当な目的によるものでないと認められる者から請求があったときは、閲覧させなければならない。

(4) 現行宗教法人法79条（公益事業以外の事業の停止命令）、80条（認証の取消し）、81条（解散命令）に違反する疑いがありかつあらかじめ宗教法人審議会の了解を得た場合に限り、所轄庁は当該宗教法人に対して報告を求め質問することができる。

(5) 宗教法人審議会の委員数を10人以上20人以内とする。

1996年度の法人税に関する税制改正において宗教法人を含む公益法人等の改正項目として次のことが予定されている。

(1) 公益法人等の収益事業に係る所得の計算においてその寄付金の損金算入限度額を現行の所得の100分の27から100分の20に引き下げる。学校法人等および社会福祉法人については、従前どおり所得の100分の50と年200万円のいずれか多い金額となっている。宗教法人については所得の100分の27から100分の20に引き下げられるわけである。

(2) 収益事業を営まない公益法人等についても、小規模法人（年間収入5,000万円以下の法人）を除き、収支計算書を所轄税務署長に提出する特例制度を導入する。この特例制度は宗教法人についても適用される。

3 信教の自由・政教分離原則

かつての日本では国家が特定の宗教と一体となって日本社会を支配し、他の宗教、とりわけ当時の新興宗教を「弾圧」したという事実が存在した。この歴史的事実への深い反省にたって、第2次世界大戦後の占領末期、1951年に現行宗教法人法（昭26法126）が制定された[3]。この法律は、いわば宗教性善説にたって宗教団体に法人格を与えることのみを目的とした法律である。この法律は規制らしい規定をほとんど設けていない。あれから40数年を経過した今日、この法律を悪用する宗教法人などが現出するようになり、日本社会を混乱におとしいれた。

今回の宗教法人法の改正にあたって一部から信教の自由、政教分離原則をおかすものであるとして反対の動きがあった。筆者は、むしろ信教の自由、政教分離原則を確保するためにも宗教法人法の見直しを行い宗教法人の財務の透明化と情報公開を行うことの必要性を指摘してきたのであった。

本稿の主題を説得的に展開するためにも、ここで、信教の自由、政教分離原則の憲法規範的意味を検討しておきたい。

宗教については日本国憲法は20条と89条に規定を設けている。念のため両条の全文を確認しておきたい。

20条「①信教の自由は，何人に対してもこれを保障する．いかなる宗教団体も，国から特権を受け，又は政治上の権力を行使してはならない．②何人も，宗教上の行為，祝典，儀式又は行事に参加することを強制されない．③国及びその機関は，宗教教育その他いかなる宗教的活動もしてはならない．

89条「公金その他の公の財産は，宗教上の組織若しくは団体の使用，便益若しくは維持のため，又は公の支配に属しない慈善，教育若しくは博愛の事業に対し，これを支出し，又はその利用に供してはならない．」

日本国憲法20条は，「信教の自由」の規定として一般に知られている．20条1項は，信教の自由を保障するとともに，宗教団体は国から特権を受けてはならないこと，宗教団体は政治上の権力を行使してはならないことを規定している．同条2項は何人も宗教活動に参加することを強要されないこと，同条3項は国の宗教活動の禁止を規定している．

日本国憲法は，右の20条の「信教の自由」を財政面において担保するために89条を設けている．この89条の意味は，日本国憲法が前提とするところの国家体制（租税国家 Steuerstaat）との関係において解明されねばならない．租税国家というのは，その国の財政収入のほとんどを租税に依存する体制である[4]．租税国家では憲法政治の中身は結局どのような租税を徴収しそれをどのように使用するかによって基本的にきまるとみてよい．このような租税国家体制のもとでの宗教団体に対する「公金〔租税〕の使用禁止」の規定が89条である．つまり89条は政教分離原則を「公金〔租税〕の使用禁止」という形で担保しようというわけである．この公金の使用禁止には「目に見える補助金」についてはもとより，「目に見えない補助金」，つまり取るべき税金を取らないという「かくれた補助金」の支出の禁止を含む．

ところで，89条自身は，2つの組織に対しての公金支出の禁止を規定している．89条の前段は宗教団体そのものへの公金支出の禁止規定である．後段は「公の支配」に属しない慈善，教育等への公金支出の禁止を規定している．後段については現在，私立学校に対して「私学助成」の例があるように，私学における学問の自由などを害しない形であれば，むしろ「私学助成」が望ましいとされている．これに対し前段の規定は宗教団体には一円たりとも公金を支出してはならない趣旨であるという理解が支配的である．これは，租税国家体制における「信教の自由」，「政教分離原則」の要請から論理必然的に導かれるところである．われわれは宗教法人法制の「見直し」の問題を考えるにあたってこの規定のもつ法的重みに留意しなければならない．

さて，日本国憲法20条で規定する政教分離原則について若干のコメントを加えておきたい．日本国憲法は2つの意味での政教分離原則を規定している．その1つは「政治の宗教への介入の禁止」である．その2つは「宗教の政治への支配の禁止」である[5]．前者については戦後50年間日本では厳格に守られてきた．後者については十分に認識されていないきらいがある．いま，日本で問題にすべき政教分離原則は後者

である．

　憲法20条は明文で「いかなる宗教団体も国から特権（any privileges）を受け，又は政治上の権力（any political authority）を行使してはならない」と規定している．「政治上の権力」は一般に「統治権」（立法権，行政権，裁判権）の意味で解されている．「政治上の権力」の1つとして「課税権」が例示される場合が多いが「課税権」は「立法権」の1つの態様である．「統治権」といえばそれには「課税権」も当然に含まれる．「政治上の権力」の法的意味についてはpolitical authorityの英文でも知られるように形式的概念としてではなく実質的概念としてとらえるのが妥当であり，筆者としては「政治的影響力」の意味で解したい．つまり法形式的に国家が特定の宗教団体に統治権の一部または全部を付託する場合だけでなく実質的にそのようなことにつながる場合をも含むものと解すべきである．そう解しなければ，現代の立憲民主主義国家において憲法20条は有意味な法規範ではなくなるからである．現代社会の現実（法認識論）をふまえて法規範論理（法実践論）を構築するのが法解釈学の方法としては自明というべきである．この点について，憲法規範は国家権力に向けて規定されたものであることを理由にして，憲法20条の政教分離原則は「政治の宗教への介入の禁止」を意味するだけであって「宗教の政治への支配の禁止」に意味を包含しないとする反対論が示されている[6]．たしかに憲法規範は国家権力と国民との間の関係を規定し，それは国家権力に向けて規定されたものである．この見解に従うとしても反対論のような議論は成立しない．なぜなら特定の宗教団体が政治的な影響力をもち，実質的に政治を支配するおそれがある場合にそのことを立法，行政，裁判等が事実上容認（黙認を含む）するときは，国家権力自体が特定の宗教団体の政治権力の事実上の行使を許容することを意味するからである．つまり日本国憲法のもとでそのような形での国家権力の行使が行われることになるからである．憲法規範が国家権力に向けられたものであるとしても，このような形で，国家権力がその向けられた憲法規範に背反する行為を行うことになろう．

　ここで注意すべきことがらは「宗教団体の政治への支配」が禁止されるとしても，宗教団体の社会的存在（social entity）としてその提言等の具体化を政治的に働きかけるという政治活動は許されるという点である．これは宗教団体の「表現の自由」（憲21条）の範ちゅうに属する．また宗教団体を構成する個々人がそれぞれの責任において集票活動，選挙運動，政治献金活動等を行うことも許される．これは，理論的には宗教法人の問題ではなく各構成員の通常の市民的自由の問題である．しかし，憲法20条が政教分離原則との関係において禁止している政治活動を宗教団体は行うことができない．その政治活動とは，宗教団体が組織的に行う集票活動，選挙運動，政治献金活動等を意味する．特定の宗教団体の資産を政治団体，政治家に寄付することは，組織的に行う政治献金活動に該当する．また，特定の宗教団体の専従職員（当該特定宗教団体から給与等を得ている）が勤務時間中にポスター張りなどの選挙運動を行うこ

215

とは組織としての政治活動とみられてもやむを得ない．また当該給与等相当分が当該宗教団体の組織からの政治献金とみられてもやむを得ない．また特定の宗教団体の施設を用いて行う選挙活動等もその利用期間の長短を問わず組織としての選挙活動等とみるのが相当である．この場合，当該施設利用料相当分の経済的利益が当該宗教団体の組織からの政治献金とみなければならない．

宗教団体が組織的に行う前記の政治活動は実質的に「宗教の政治への支配」につながるおそれがある．日本国憲法20条の許容しないものである．このような場合の政治活動は，もはや社会的存在としての宗教団体の「表現の自由」(憲21条)の枠を超えるものとみなければならない．「宗教の政治への支配」が実質的に行われると，結果的に特定の宗教団体が「特権」を受けることにもなりかねない．憲法20条の「いかなる宗教団体も国から特権を受けてはならない」の法規範的意味はこのようなことをも意味するものとしてとらえるべきである．

従来，日本ではもっぱら，戦前のあのいまわしい「政治の宗教への介入」の歴史的経緯を念頭において裁判所を含めて政教分離原則が論じられるきらいがあった．憲法20条に関する日本政府の見解(政教分離原則を「政治の宗教への介入の禁止」の意味のみでとらえる)もこのような事情のもとに成立したものと解される．政教分離原則についての力点の置き方は，国により時代により異なってくる．さきにも指摘したように日本の現段階では「宗教の政治への支配の禁止」こそがきびしく問われるべきであり，この意味での政教分離原則の今日的重要性が認識されねばならない．本稿の主題である宗教法人の情報公開と税務の問題を展開するにあたって，この視角の政教分離原則からの検討も考慮されねばならない．

なお，「政治の宗教への介入の禁止」と「宗教の政治への支配の禁止」とは理論的には区別できるが，現実には区別することが困難である．たとえば，特定の宗教が政治を支配するようになると，当該宗教団体が「特権」を受け実質的に政治権力を行使するようになる．しかし，そのことは同時に他の宗教を「差別」し「弾圧」することにつながるおそれのあることを意味する．この点は，法実践論を展開するうえにおいても重要である．

4 宗教法人法の展開

宗教法人の財務の透明化と情報公開は，さきにも指摘したように公権力の宗教への介入を抑制し，信教の自由と政教分離原則を確保するためにも必要である．このような観点から今回の改正宗教法人法を検討しておきたい．

第1に2つ以上の都道府県で活動する宗教法人について単位法人であっても所轄庁を現行の都道府県知事から文部大臣に改められた．この点は2つ以上の都道府県にまたがる宗教法人の活動の情報を行政として入手しやすくなることを意味しよう．そのことが結果的には財務の透明化と情報公開に資することはいうまでもない．

第9章　宗教法人の情報公開と税務をめぐる問題

　第2に収支計算書を作成しこれを事務所に備え付けなければならないことになった．もっとも収益事業を行わない場合であって1会計年度の収入の額が一定額以下のものについては当分の間収支計算書を作成しなくてもよいこととされている．宗教法人は毎会計年度終了後4月以内に役員名簿，財産目録，収支計算書，貸借対照表（作成している場合に限る），境内建物（財産目録に記載されたものを除く）に関する書類，現行宗教法人法6条の事業（宗教活動以外の事業）に関する書類の写しを所轄庁に提出しなければならないことになった．このような改正規定自体が財務の透明化と情報公開に資することは指摘するまでもない．
　第3に宗教法人は，信者その他の利害関係人であって事務所備付け書類を閲覧することについて正当な利益がありかつ当該閲覧請求が不当な目的によるものでないと認められる者から請求があったときは，閲覧させなければならないことになった．この改正規定も財務の透明化と情報公開の1つの具体化である．
　第4に，現行宗教法人法79条（公益事業以外の事業の停止命令），80条（認証の取消し），81条（解散命令）に違反する疑いがありかつあらかじめ宗教法人審議会の了解を得た場合に限り，所轄庁は当該宗教法人に対して報告を求め質問することができることになった．この質問権の行使にあたっては右で明らかなようにきびしい制限がつけられている．このようなきびしい条件付きの質問権を所轄庁に付与するだけでも，望ましい意味での財務の透明化と情報公開に資するとみてよいであろう．もとより右の法の要請するきびしい要件のもとで厳正に質問権が行使されるべきであって，信教の自由，政教分離原則を侵すことのないように運用すべきである．
　以上のように，改正宗教法人法は財務の透明化と情報公開を確保する観点からも一歩前進と評価し得よう．しかしながら次のように今回の改正法だけでは不十分である．いっそうの展開が望まれよう．
　(1)　さきの紹介で明らかなように収入金額が一定以上の宗教法人については，改正法では新たに収支計算書の作成のみを義務づけているが，簿記の義務づけ，貸借対照表の作成義務づけを規定していない．現代財務諸表といえば収支計算書と貸借対照表はセットでなければならない．やはり巨大宗教法人については簿記の義務づけ，収支計算書と貸借対照表の双方の義務づけが不可欠である．加えて巨大宗教法人については公認会計士による財務監査を義務づけるべきである．第三者的専門家の公正な監査を受けることは情報公開の前提である．公認会計士監査の前提として，公権力の介入を避け，人々の信教の自由，プライバシーを真に守るためにも，宗教問題専門家を含む第三者的審議会で宗教法人の会計基準・会計原則を策定することが急務となろう．この巨大宗教法人についてはこのように公認会計士の財務監査を受けた財務書類が関係者に情報公開されるべきである．その公認会計士による財務監査の対象になる法人はほんのひと握りの巨大宗教法人であって，大部分の寺社，教会などの財務については法律上は各宗教法人の自浄作用にゆだねることとすべきである．

以上はあくまで法律上の義務規定としての議論であって，巨大宗教法人でなくても右の宗教法人の会計基準・会計原則に従って簿記をつけ，財務諸表を作成することが望ましい．さらに彼らもすすんで自主的に公認会計士の監査を受けることも期待されよう．

(2) 現行法には宗教活動以外の活動には歯止めがない．やはり社会問題化した今日の段階では，宗教活動以外の活動はその法人の宗教活動に関連したものに限ることとし，それを超える活動は別法人として行うこととすべきだ．このような宗教活動非関連事業の禁止規定を宗教法人法において整備すれば，人々の宗教法人への信頼を高めることにもなろう．

(3) 現行法では，「認証」した所轄庁は「認証」後1年以内であれば「認証」を取消しできることになっているが（宗教法人法80条1項），この1年を3年に改めるべきである．「認証」後3年間は所轄庁としても当該宗教法人の活動を観察する必要があるというべきである．また，現行法は「認証」の申請を受理した後3月以内に「認証」をするかどうかの決定をしなければならないとしているが（宗教法人法14条4項），「認証」を慎重に行うためにこの3月を1年と改めるべきであろう．また，巷間行われている「宗教法人のタイトル」の実質的売買を防止するために，そのような疑いがあるときは所轄庁は代表者の変更等の手続において所要の措置を講ずることができることとされるべきである．

(4) さきに指摘した現段階の日本で問われるべき「宗教の政治への支配の禁止」の政教分離原則の観点から，「その宗教法人の実質が政治団体，営利団体等と認められる場合」を宗教法人法において明文で「認証の取消し」の事由，「解散命令」請求の対象事由として規定するべきである．また，「解散命令」の請求者として所轄庁，検察官，裁判所のほかに，ひろく信徒，脱退者，それらの家族，その法人の取引関係者，関係住民，納税者，公務員（国，地方）などを具体的に規定すべきであろう．

5　現行税制の基本的仕組み

ここで主要税目について宗教法人に関する現行税制の基本的仕組みを確認しておきたい[7]．

法人税では宗教法人を含めて「公益法人等」（法税2条6号，法税別表2）として課税上の取扱いを規定している．公益法人等は，通例は課税されないが，法人税法所定の「収益事業」（法税2条13号，法税令5条）を営む場合に限り当該収益事業から生じた所得に対して課税される（法税7条）．公益法人等の本来の活動に属する非収益事業については物的に課税除外されているわけである．

法人税法2条13号は「収益事業」について「販売業，製造業その他の政令で定める事業で，継続して事業場を設けて営まれるものをいう」と規定している．法人税法はこのように「継続して」，「事業場を設けて」の2つの要件を収益事業の要件として規

定している．その法人税法 2 条 13 号を受けて，法人税法施行令 5 条は，つぎの 33 業種を収益事業として規定している．①物品販売業，②不動産販売業，③金銭貸付業，④物品貸付業，⑤不動産貸付業，⑥製造業，⑦通信業，⑧運送業，⑨倉庫業，⑩請負業，⑪印刷業，⑫出版業，⑬写真業，⑭席貸業，⑮旅館業，⑯料理店業その他の飲食店業，⑰周旋業，⑱代理業，⑲仲立業，⑳問屋業，㉑鉱業，㉒土石採取業，㉓浴場業，㉔理容業，㉕美容業，㉖興行業，㉗遊技所業，㉘遊覧所業，㉙医療保険業，㉚技芸教授に関する事業，㉛駐車場業，㉜信用保証業，㉝無体財産権の提供等の事業．

　この収益事業所得分に対する法人税率は 27% である（法税 66 条 3 項）．しかし，同一法人内部において収益事業に属する資産を非収益事業部門に支出（寄付）をした場合には収益事業所得の計算上寄付金控除（収益事業所得額の 27% を限度）が認められているので（法税 37 条 2 項・4 項，法税令 73 条 1 項 3 号）法人税の実効税率は 19.71% となる．これに対して会社等の普通法人の所得に対する法人税率は 37.5% である（法税 66 条 1 項）．宗教法人については，「収益事業」を行わない限り，法人税は課税されないし，「収益事業」を行っても，右のように，その法人税の実効税率は 19.71% となっていて，きわめて「優遇」されているといわねばならない．

　この考え方は基本的に地方税である道府県民税，市町村民税，事業税，および事業所税においても維持されている．すなわち，地方税法 25 条は宗教法人が収益事業を行わない限り道府県民税を課さないと規定している．同法 296 条は同じように宗教法人が収益事業を行わない限り市町村民税を課さないと規定している．同法 72 条の 5 は宗教法人の非収益事業に係る所得に対しては事業税を課さないと規定している．同法 701 条の 34 第 2 項は宗教法人を含む公益法人等（法税 2 条 6 号）の非収益事業に係るものについては事業所税を課さないと規定している．

　所得税について所得税法 11 条は宗教法人を含め「公共法人等」（所税別表 1）としその公共法人等が収受する利子・配当等には所得税を課さないと規定している．このため宗教法人が収受する利子・配当等には所得税の源泉徴収も行われない．

　登録免許税法 4 条 2 項，同法別表 3 第 12 号は，宗教法人が自己のために受ける①もっぱら自己またはその包括する宗教法人の宗教の用に供する宗教法人法 3 条に規定する境内建物の所有権の取得登記または同条に規定する境内地の権利の取得登記，②自己の設置運営する学校の校舎等の所有権の取得登記または当該校舎等の敷地，当該学校の運動場，実習用地その他の直接に保育もしくは教育の用に供する土地の権利の取得登記（以上の登記にあたって所定の証明書を添付する必要がある）については登録免許税を課さないと規定している．

　地方税法 73 条の 4 第 1 項 2 号は，宗教法人がもっぱらその本来の用に供する宗教法人法 3 条に規定する境内建物および境内地の取得に対しては不動産取得税を課さないと規定している．同法 348 条 2 項 3 号は，宗教法人がもっぱらその本来の用に供する宗教法人法 3 条に規定する境内建物および境内地に対しては固定資産税を課さない

と規定している．同法702条の2第2項は，宗教法人の固定資産税が非課税となる境内建物，境内地に対して都市計画税を課さないと規定している．

以上において引用された宗教法人法3条に規定する「境内建物」および「境内地」の範囲については同条は次のように規定している．すなわち，「境内建物」とは宗教法人がその目的のために必要な当該宗教法人に固有の次掲(1)の建物および工作物をいう．また，「境内地」とは宗教法人がその目的のために必要な当該宗教法人に固有の次掲(2)から(7)までの土地をいう．

(1) 本殿，拝殿，本堂，会堂，僧堂，僧院，信者修行所，社務所，庫裏，教職舎，宗務庁，教務院，教団事務所その他宗教法人の宗教法人法2条に規定する目的のために供される建物および工作物（付属の建物および工作物を含む）．

(2) 右の(1)に掲げる建物または工作物が存する一画の土地（立木竹その他建物および工作物以外の定着物を含む．以下この条において同じ．）

(3) 参道として用いられる土地

(4) 宗教上の儀式行事を行うために用いられる土地（神せん田，仏供田，修道耕牧地等を含む）．

(5) 庭園，山林その他尊厳または風致を保持するために用いられる土地

(6) 歴史，古記等によって密接な縁故がある土地

(7) 以上の各号に掲げる建物，工作物または土地の災害を防止するために用いられる土地

以上の概観によって知られるように，法人税等の所得課税においては宗教法人は他の公益法人と同じような税法上の取扱いを受けている．これに対し，登録免許税，不動産取得税，固定資産税，都市計画税等においては宗教法人固有の取扱いとして個別に規定されている．民法上の社団法人・財団法人等は基本的にはこれらの税において非課税の取扱いを受けていない．

いずれにしろ，日本では宗教法人の法人格を取得すると，自動的に税法上の非課税等の保護を受ける．これに対しアメリカでは宗教法人の法人格を取得しても課税上の保護を受けられるかどうかは課税当局の個別の実質審査によりきまる[8]．日本の現行税制を前提とする限り，当該宗教法人の実質が真に宗教団体であるかどうか，換言すれば，さきに指摘した政治活動を行う政治団体であるか，もっぱら営利事業を目的とする営利事業団体であるか等の見極めが宗教法人法のレベルにおいてもきわめて重要となってくることを指摘しておきたい．宗教法人法自体において財務の透明化と情報公開が要請されるわけである．

6 宗教法人税制のあり方

納税者，国民が納得するだけのカネの流れの透明化を図るためには，宗教法人税制の整備も不可欠である．この税制の整備はそのまま本稿の主題の1つの宗教法人の情

報公開に資することはいうまでもない．

　宗教法人税制のあり方を考えるにあたって現行税制のように他の公益法人を含めて「公益法人等」として資本主義税制を論ずべきであるという議論が行われている．この議論は日本社会の風土，実態等に鑑み，また税法学理論[9]からいっても厳密には誤りである．

　さきに概観したように，現行税制は宗教法人に対する法人税の取扱いを他の公益法人といっしょに規定しているが，この現行税制の建て前自体が，税法学的に見直されねばならない．何が当該公益法人にとって収益事業に該当するのか，その課税上の取扱いをどうすべきかなどは，各公益法人の性格，目的，規模等によって区別して論ずるのが筋合いである．現行税制は，学校法人，社会福祉法人，宗教法人，法人である労働組合，民法上の社団法人・財団法人などを一括して抽象的に形式的に収益事業の範囲などを規定している（法税2条13号，法税令5条）．たとえば学術の研究教育団体である大学等の学校法人については，それにふさわしい収益事業の具体的範囲と課税上の取扱いが規定されるべきである．また，組合員の福利厚生を目的とする労働組合にはそれにふさわしい収益事業の具体的範囲と課税上の取扱いが規定されるべきである[10]．特に宗教法人については18万4,000法人と多数であり，また，宗教団体の目的を逸脱した活動をしているものも少なくはない．また，加えて，さきに指摘したごとく，宗教法人は他の公益法人とは違った憲法上の地位（信教の自由，政教分離原則）を保有している．こうした点をとりわけ宗教法人については留意する必要がある．宗教活動が人々の精神生活，内心生活の安定を確保するという公共性，公益性を有するところから，現行税制は宗教法人非課税などの取扱いを規定しているわけである．そのような宗教法人にふさわしい収益事業の具体的範囲と課税上の取扱いが他の公益法人と切り離して規定されるべきである．他の公益法人については別途，慎重に検討されるべきであるが，当面，社会問題化している宗教法人に限って税制のあり方が，早急に見直されるべきである．他の公益法人と切り離して宗教法人税制自体を見直すことは，徴税権力を含む公権力が不当に宗教に介入することを避けるためにも大切である．現行税法の「公益法人等」一般という形式的・画一的・抽象的規定の仕方では，かえって実務の運用において人々の信教の自由，宗教活動の自由への侵害が行われる危険性が高い．それはそのまま「政治の宗教への介入の禁止」の意味での政教分離原則を侵すおそれのあることを意味しよう．

　右のような基本的視角から最小限度，次のようなことがらが見直されるべきである．
(1)　さきにも指摘したように他の公益法人とは切り離して宗教法人にふさわしい収益事業の範囲を具体的に規定する．その一環として財テク的に運用されている一定の金融収益をも収益事業収入とする．
(2)　さきにも指摘したところであるが，宗教法人に収益事業所得に対する法人税率は現在，27％（同一法人内部の寄付金控除を考慮すると実効税率は19.71％）となって

いる[11]．これは，宗教法人はその性格上収益事業（営利事業）はあまりしないであろう，例外的に収益事業活動を行ったとしても，その収益性（営利性）が希薄であろう，という40数年前の日本社会の諸事情を考慮したものである．収益事業である以上，会社等の行う営利事業と区別しなければならないだけの合理的理由はない．この区別は市場原理からいっても合理性がないといわねばならない．やはりこの際，アメリカで非営利団体について行われているように，宗教法人の収益事業所得に対する法人税率を普通法人並みの法人税率（現行37.5％）に引き上げるべきである．また，宗教法人の収益事業所得計算上認められている現行の寄付金控除制度は廃止するか，大幅に縮減して定額の限度額の寄付金控除に改められるべきである．

(3) 現行法は収入，つまりインプット面のみに着目して収益事業の範囲を抽象的・形式的に規定している．支出，つまりアウトプット面については野放しとなっている．当該収入がお布施であっても，それを政治活動や営利事業活動等に使用した場合には課税上当該使用分を収益事業所得とみなして課税すべきである．これは，憲法の信教の自由，政教分離原則を確保する観点からも，必要である．

(4) 現行法は，さきにも指摘したように固定資産税等について抽象的に「専ら宗教法人の本来の用に供する境内建物・境内地」を非課税と規定しているが（地税348条2項3号），宗教法人の実態をふまえて，「俗」の面から「非宗教活動用の固定資産」の範囲をよりいっそう具体的に規定するのが望ましい．宗教法人の施設を短期間とはいえ政治活動等に使用することは許されない．現行法の「専ら」も削除すべきである．

(5) 現行の宗教法人非課税の原則は，前出の巨大宗教法人については，公認会計士による財務監査を受けている場合に限って適用すべきであろう．公認会計士の財務監査を受けていない巨大宗教法人は，原則非課税の税法上の保護の適用を放棄したものとして扱うのが望ましい．このための税法規定を整備する．

(6) さきにも指摘した宗教法人法の規定の整備とは別に，その宗教法人の実質が政治団体，営利団体等と認められる場合には課税上も宗教法人として取り扱わないこととすべきである．そのような規定を税法において整備する．筆者は，現行法のもとでもその宗教法人の実質が政治団体，営利団体等と認められる場合に宗教法人非課税等（軽減税率を含む）の規定を適用することは，憲法学上「適用違憲」を構成し，違法であると解している．当該宗教法人には非課税等の税法上の保護を受けるに値するだけの公共性，公益性の前提要件が存在しないからである．

(1) 北野弘久「宗教法人法の改正問題の論点」法学セミナー96年2月号．改正宗教法人法については，棚村政行「宗教法人と民主主義社会」世界96年1月号，平野武「憲法と宗教法人法」ジュリスト1081号，大石眞「宗教団体と宗教法人制度」ジュリスト1081号，玉国文敏「宗教法人課税の在り方」ジュリスト1081号，など．
(2) 筆者は，早くから税制面を含む改正試案を明らかにしていた．たとえば北野弘久「宗

第 9 章　宗教法人の情報公開と税務をめぐる問題

教法人法制の『見直し』」（95 年 5 月，北野試案）法と民主主義 299 号（筆者は 95 年 5 月 11 日の NHK ラジオ日本で海外向け放送を行った）．同「宗教法人法の見直しについて」状況と主体（谷沢書房）234 号（95 年 6 月），同「宗教法人税制の『見直し』論」税制研究 32 号（95 年 8 月），同「宗教法人法制・宗教法人税制の見直し」福祉とぜいきん 8 号（95 年 10 月），同「宗教法人法改正案の検討」状況と主体 239 号（95 年 11 月）など．当時，筆者は朝日新聞 95 年 11 月 9 日「論壇」，毎日新聞 95 年 11 月 23 日「コメント」などを発表している．

(3)　日本では，宗教法人の基本法制として宗教団体法（昭 14 法 77），宗教法人令（昭 20 勅 719），現行の宗教法人法（昭 26 法 126）という経緯がある．詳しくは井上恵行『改訂宗教法人法の基礎的研究』第一書房．

(4)　さしあたり北野弘久『現代法学者著作選集・納税者基本権論の展開』三省堂，同『税法学原論・3 版』青林書院，参照．

(5)　1995 年 12 月 6 日の参議院の中央公聴会で百地章教授も同旨の所見を開陳された．なお，大原康男＝百地章＝坂本是丸『国家と宗教の間』日本教文社．

(6)　小林節「『宗教』は政治参加の権利をもつ」潮 96 年 2 月号．

(7)　北野弘久『憲法と税財政』三省堂 283 頁以下．

(8)　アメリカにおける宗教団体の審査基準については連邦税につき石村耕治『日米の公益法人課税法の構造』成文堂 75 頁以下，固定資産税につき同書 169 頁以下．アメリカでは連邦税の実務において内国歳入法典の規定にもかかわらず宗教法人も免税資格承認申請書（Form 1023）を提出するのが通例であるといわれる．政治団体化，営利団体化，関係者による私物化などがあると免税資格を失う．

(9)　北野弘久『現代企業税法論』岩波書店 232，234，235 頁．

(10)　現行法が収益事業の範囲を公益法人等を一括して抽象的，形式的に規定しているために，様々な不合理な問題をもたらしている．たとえば前出『現代企業税法論』231 頁，234 頁．

(11)　この軽減税率規定は，宗教法人については理論的には日本国憲法 20 条の「特権」，同 89 条の「公金の支出」に該当する疑いも成り立つ．

【付　記】

本稿は，宗教法人法改正案を審議した参議院特別委員会で 1995 年 12 月 4 日に筆者が参考人として述べたところを中心に総括したものである．参考人陳述の全内容を NHK テレビが全国放送したので，当時，多くの賛成等の反響が筆者に寄せられた．

〔1996 年 4 月〕

第10章 宗教法人の収益事業活動

1 はじめに

著名なT宗教法人がその宗教活動の一環として行っていた「ぼたん苑」の「拝観料」の収受が法人税法上の収益事業に該当するかどうかが，かつて争われた．課税庁は，法人税法施行令5条1項28号「遊覧所業」に該当するとして法人税の課税処分を行った．納税者（T宗教法人）側は，「ぼたん苑」は「神苑」（境内地）の宗教活動そのものであり，「拝観料」は「喜捨金」であると主張した．この問題が争われた事案について，筆者は，1994年5月に以下のような税法学鑑定書を国税不服審判所長に提出した．1995年7月に同審判所長は原処分の一部を取り消したが，収益事業とする原処分庁の認定は維持した．なお，本件の納税者側の代理人は，大木了二（税理士），小野寺利孝（弁護士），斉藤博人（弁護士），清水洋（弁護士），高杉康信，藤原進，安田耕治（弁護士），山下登司夫（弁護士），山田和江（税理士），吉田敏幸（税理士），渡辺春己（弁護士）の諸氏である．

収益事業の認定にあたっては，とりわけて宗教法人の場合には考慮されるべき諸問題が少なくはない．筆者は，宗教法人については日本国憲法20条（信教の自由），89条（政教分離原則）との関係からも，宗教法人にふさわしい収益事業の具体的認定基準を立法論的に明文化すべきことを指摘してきた（拙著『現代企業税法論』岩波書店230頁，235頁．同「宗教法人の情報公開と税務をめぐる問題」法律のひろば49巻4号（本書第III部第9章）．1995年12月宗教法人法国会（参議院）参考人所見開陳など）．

2 鑑定書の概要

2.1 原処分である課税処分の理由付記の不存在について

所轄税務署長が審査請求人宗教法人Tに対して行った法人税および消費税についての本件課税処分には，処分の根拠となった具体的理由が付記されていない．

納税者に対し不利益処分を行う場合には，その事前手続として告知，弁明の手続，理由付記等の手続をつくすことは，現行法のもとでも憲法13条，31条の「適正手続」の要請である．一般行政処分においてすら「行政手続法」（平5法88）が制定され，事前手続が整備されつつある．税務行政においては，現行法に理由付記のための明文規定がなくても，右のように実定法である日本国憲法自体の要請からいって，理由付記のない本件課税処分は違法であるといわねばならない．この点，現行法においては所得税法155条2項，法人税法130条2項において青色申告書に係る更正処分には理由付記の明文規定が存在する．この規定は，青色申告者が税法所定の記帳等を行ってい

るところから，注意的に確認的に規定されたものと解すべきである．

およそ納税者に対するすべての不利益処分において理由付記を必要とするのは，処分の慎重，公正を確保するために不可欠であるばかりでなく，争訟手続において争いの対象を特定するためにも不可欠である．本件課税処分にあたって，それが著名宗教法人に関するものであること，納税者（T）と課税庁との間に税法の解釈適用をめぐって事前に見解の対立が存在していたこと，従前，この種の法人税が課税されていなかったこと，等の諸事情があるだけに，課税庁としては納税者側が納得するだけの事前手続をていねいにつくすべきであったといわねばならない．いま，百歩ゆずって現行法には理由付記の明文規定がないとの見解に従うこととしても，本件については右のような特殊な諸事情が存在するので，本件について理由付記等の事前手続をつくさないことは明白に運用違憲を構成し，本件課税処分は違法であるといわねばならない．

2.2 本件法人税課税処分について
(1) 宗教法人における「収益事業」

公益法人等については，現行税法は法人税を課税しないこととしている．例外として当該公益法人等が税法所定の収益事業を行った場合にのみ法人税を課税することとしている（法税7条，2条13号，法税令5条等）．何が具体的に収益事業に該当するかは，当該公益法人等の性格，目的，規模等を考慮して論ぜられねばならない．審査請求人が歴史と伝統を有する著名な宗教法人であるだけに，この認定にあたってとりわけて慎重であらねばならない．本件審査請求人であるTのことについては多くの説明を必要としないであろう．ここでは，憲法との関係において若干のことを指摘するにとどめたい．

憲法20条は信教の自由を人々の基本的人権として保障している．この20条で保障する信教の自由を租税国家において担保するために憲法はその89条において財政面から政教分離原則を規定している．憲法は，このように信教の自由の保障には多くの配慮をしているわけである．これを受けてたとえば宗教法人法84条は，「国及び公共団体の機関は，宗教法人に対する公租公課に関係がある法令を制定し，若しくは改廃し，又はその賦課徴収に関し境内建物，境内地その他の宗教法人の財産の範囲を決定し，若しくは宗教法人について調査をする場合その他宗教法人に関して法令の規定による正当の権限に基く調査，検査その他の行為をする場合においては，宗教法人の宗教上の特性及び慣習を尊重し，信教の自由を妨げることがないように特に留意しなければならない」と規定している．

本件では，右の憲法的視角にも十分に配慮して，Tの「神苑」である境内地における問題の「ぼたん苑」の活動がどのような宗教的意味をもつか，それが真に税法上の「収益事業」を構成するか，等が，客観的に慎重に見極められねばならないであろう．

(2) 「ぼたん苑」の宗教行為性

宗教問題の専門家によれば，問題の「ぼたん苑」の活動はTの宗教の本拠地である「神苑」（境内地）内の宗教活動そのものであるといわれる．そして「ぼたん苑」での「拝観料」はそのような「神苑」における「ぼたん苑」という当該宗教活動を維持するための「喜捨金」であるとされる．したがって，いわゆる通常の入場料のような対価性を有しない．このゆえに，課税当局も久しくTに対して法人税の課税をしてこなかったものとみられる．Tの「ぼたん苑」よりもはるかに広範囲な面積を有する明治神宮の「菖蒲園」の活動に対しても法人税の課税が行われていないのも，同じように「神苑」における宗教活動そのものとみられるからであろう．

(3) 法人税法施行令5条の「遊覧所業」

さきに指摘したように，本件「ぼたん苑」の活動が，宗教法人Tにおけるトータルな宗教活動の視角から当該宗教法人の性格，目的等に鑑み「収益事業」に該当するかどうかが慎重に問われねばならない．

ところで，法人税法2条13号は「収益事業」とは「販売業，製造業その他の政令で定める事業で，継続して事業場を設けて営まれるものをいう」と規定している．これを受けて法人税法施行令5条は「法第2条第13号（収益事業の意義）に規定する政令で定める事業は，次に掲げる事業（その性質上その事業に付随して行われる行為を含む．）とする」と規定し，その1つとして28号に「遊覧所業」を規定している．同号は遊覧所業の内容についてまったく規定するところがない．課税当局はTの「ぼたん苑」の活動がこの「遊覧所業」に該当するものとみているようである．

法人税基本通達15-1-55は「令〔法人税法施行令〕第5条第1項第28号《遊覧所業》の遊覧所業とは，展望台，パノラマ，遊園地，庭園，動植物園，海中公園等のように，専ら不特定又は多数の者をして一定の場所を遊歩し，天然又は人工の物，景観等を観覧させる場合におけるその事業をいう」と規定している．

この「遊覧所業」について課税当局は次のように説明している．「遊覧所業とは，専ら不特定又は多数の者をして一定の場所を遊歩し，天然又は人工の物，景観などを観覧させる場合におけるその事業をいうとされています．つまり，遊覧所業にあっては，一定の広がりを持つ場所的空間を施設として整備し，入場者は，その場所的広さの中で，いわゆるぶらぶら歩きをしたり，休憩をしたりしながら，周りの景色を見たり，展示物その他の造形物を観覧したりすることができるということです」（平成4年11月2日付の所轄税務署長による本件異議決定書）．

さきに指摘したように，本件の「ぼたん苑」の活動は「神苑」（境内地）における宗教活動そのものであって，「遊覧所業」に該当しないのであるが，仮に課税当局による右見解に従うこととしてもTの「神苑」における「ぼたん苑」の地域はきわめて狭小であって，同見解にいういわゆる遊覧できる広がりをもつものではない．したがって，この点だけからいっても遊覧所業に該当するとはいえない．明治神宮の「菖蒲園」は，本件「ぼたん苑」の数倍以上の広がりをもつものであるが，明治神宮の「菖蒲園」の

第10章　宗教法人の収益事業活動

活動に対してはいままで遊覧所業として課税されていないといわれる．

(4) 結　語

　以上の検討で明らかなように，Tの「神苑」(境内地)における「ぼたん苑」の活動は宗教活動そのものであり，法人税法施行令5条にいう「遊覧所業」に該当しない．それゆえ，本件法人税課税処分は，重大明白な事実誤認に基づくものといわざるを得ず，取消を免れない．

2.3　本件消費税課税処分について

　消費税法は国内において事業者が行った「資産の譲渡等」に対して消費税を課税することとしている (消税4条，5条)．これを受けて消費税法は，消費税の課税標準を「課税資産の譲渡等の対価の額」と規定している (消税28条1項)．右の引用された「資産の譲渡等」は「事業として対価を得て行われる資産の譲渡及び貸付け並びに役務の提供 (代物弁済による資産の譲渡その他対価を得て行われる資産の譲渡若しくは貸付又は役務の提供に類する行為として政令で定めるものを含む．) をいう」(消税2条1項8号) とされている．

　さきに指摘したように，Tの「神苑」(境内地)における「ぼたん苑」の活動は宗教活動そのものでありその「拝観料」は「喜捨金」であって，対価性を有しない．したがって，消費税法上の「資産の譲渡等」に該当しない．

　以上により，本件消費税課税処分は重大明白な事実誤認に基づくものといわざるを得ず，取消を免れない．

〔2003年7月〕

第11章　人格なき社団と法人税・消費税
―――演劇鑑賞活動―――

1　はじめに

　人格なき社団である演劇鑑賞会の活動を「興行業」と解し，同会の会費を入場料金であるとして，同会に対して法人税・消費税の課税が行われた．問題の演劇鑑賞会は人格なき社団である「演劇鑑賞会静岡市民劇場」（大石治孝代表）である．この問題が国税不服審判所で争われ（原処分庁は静岡税務署長），去る1998年5月に筆者は，この問題についての鑑定所見書を国税不服審判所長へ提出した．

　納税者側代理人は，福田悦雄税理士，金井清吉弁護士である．税法学理論上参考になると思われたので，拙鑑定所見書の概要を紹介することとした．

2　人格なき社団と法人税

　法人税法は，人格のない社団については同法にいう公益法人等（法税2条6号，法税別表2）と同じように非課税を原則とし，ただ法所定の収益事業を行う場合に限って当該収益事業分に対して法人税を課税することとしている（法税4条1項ただし書き，7条　2条13号，法税令5条）．これは，人格のない社団については法形式的には法人格を有しないけれどもその実態が公益法人等と同じように公益活動を行うことが通例であるところから，公益法人等と同じように法所定の収益事業を行わない限り非課税にしようという趣旨である．この点は本件においても留意されねばならない．

　ところで，本件審査請求人静岡市民劇場が人格のない社団に該当することについては，当事者間において争いがない．したがってこの点については論ずる必要がないのであるが，念のために関係規定を確認しておきたい．

　法人税法2条8号は，人格のない社団等について「法人でない社団又は財団で代表者又は管理人の定めのあるものをいう」と規定している．「人格のない社団」というのは，税法学上は一種の借用概念であって，その要件については税法に特段の規定がない限り，一般に民法学等で理解されているところに従うべきである．この点について，法人税基本通達は次のごとく規定している．すなわち「〔法人税〕法第2条第8号《人格のない社団等の意義》に規定する『法人でない社団』とは，多数の者が一定の目的を達成するために結合した団体のうち法人格を有しないもので，単なる個人の集合体でなく，団体としての組織を有して統一された意志の下にその構成員の個性を超越して活動を行うものをいい，次に掲げるようなものは，これに含まれない．(1)民法第667条《組合契約》の規定による組合，(2)商法第535条《匿名組合契約》の規定による匿名組合」（法税基達1-1-1）．右取扱い規定は税法学的にも妥当である．

本件静岡市民劇場は適法に成立した「演劇鑑賞会・静岡市民劇場規約」（以下「本件規約」という）を有し，現に構成員である各会員から独立して社団としての独自の活動を行っている．同規約2条によれば「この会は，営利を目的としない文化団体であって，よい演劇をより多く，より安く定期的に鑑賞し，会員の心を豊かにするとともに，演劇の創造と普及に努力し，文化の向上に寄与することを目的とする」と規定している．そして本件規約に基づいて，社団の代表者を選定しており（本件規約6条），また社団運営のための会費等を徴収している（同規約8条）．現実にも社団に参加した社団構成員である会員の意見が反映されるように，民主的な組織的運営・活動が行われている．

本件審査請求人は，法人格を有しないけれども，客観的にいって演劇鑑賞，演劇の創造・普及等を目的とした社団としての文化団体であり公益団体であるといってよい．

以上により，本件審査請求人には法人税法上人格のない社団としての法的保護が与えられねばならない．

3 「興行業」と収益事業

原処分庁静岡税務署長は，公益活動を行う審査請求人の会費等収入の全額が法人税法施行令5条（収益事業の範囲）26号にいう「興行業」における売上高に該当するとして法人税の課税処分を行った．原処分庁としては具体的に同会費等収入は演劇鑑賞の「入場料」に該当するというのである．そこで，法人税法で規定する収益事業としての「興行業」の税法学的意味が検討されねばならない．

法人税法2条13号は，「収益事業」について「販売業，製造業，その他の政令〔法税令5条〕で定める事業で，継続して事業場を設けて営まれるものをいう」と規定している．ここで注意されるべきことは，通常の営利事業のように事業場を設けて継続的に営利行為を行う場合に，法人税法上収益事業として課税の対象にするという点である．本件で問題になっている，法人税法施行令5条26号の「興行業」の法的意味もこのような収益事業の趣旨から解明されねばならない．「興行業」の法的意味については本件における静岡税務署長の異議決定書〔平成9年5月19日付〕において異議審理庁である同署長は次のように述べている．「『興行業』とは，映画，演劇，音楽，スポーツ，見せ物を企画，演出して陳列し，不特定又は多数の者に鑑賞させることを内容とする事業……」．この原処分庁・静岡税務署長の理解は税法学的にも妥当である．

ところで，本件審査請求人の，社団としての文化活動のための会費等収入が演劇鑑賞の対価性を有し課税対象となる収益事業活動と見なければならないかどうかが，本件で問題となっている．さきに指摘したように本件審査請求人は，その構成員である各会員を超えた社団としての独立した存在であり，演劇鑑賞，演劇の創造・普及等の文化活動を独自に行っている文化団体である．毎回の例会活動（演劇鑑賞）は当該独立した社団としての独自の文化活動の一環として行われているにすぎない．原処分庁

が収益事業活動に該当すると指摘するところの「演劇鑑賞」自体が当該社団の文化活動そのものである．当該演劇鑑賞にあたって，審査請求人は当該演劇鑑賞会参加者から別段，入場料等を徴収していない．原処分庁は，不特定・多数の者が審査請求人の活動に参加できるというふうに理解し，収益事業である「興行業」に該当すると認定している．そして会員の納付する会費等はその入場料に相当すると認定している．しかしながら，審査請求人においても，通例の社団の性格上本件規約に係る準則主義に従って人々は会員になっているにすぎない．会員は，毎回の鑑賞会に参加するか否かにかかわらず所定の入会金と会費を納付しなければならない．入会金は500円であって，社団の基金を構成し，会員が退会しても返還されない．年会費は22,800円 (1,900円×12) の定額であって，これは社団としての前記固有の文化活動費に充てられている．会費の未納者は会員としての資格を失うことになる（本件規約8条3号）．ある会員がある年の定例演劇鑑賞会にまったく参加しなかった事実が判明した場合であっても，会費は返還されない．このような本件規約に基づく限定された会員資格を有する特定者だけが，演劇鑑賞を含む社団の文化活動に参加できるにすぎない．

以上の検討によって容易に知られるように，問題になっている演劇鑑賞自体が独立した社団である本件審査請求人の独自の文化活動そのものの1つであって，それは法人税法上本来的に課税の対象にならない非収益事業である公益活動そのものであるといわねばならない．また，問題になっている入会金および会費は，独立した社団である本件審査請求人の文化活動を支えるための社団構成員（会員）の社団運営費用分担金にすぎず，演劇鑑賞のための入場料等には該当しない．

このような社団の公益活動である文化活動の結果，仮に若干の余剰金が出たとしても，あたかも学術団体（学会等）で余剰金が出た場合と同じように扱うべきである．すなわち，当の公益会計において当該余剰金を次期に繰り越して，次期以降の当該社団の公益活動である文化活動の費用に充てればよいのである．

なお，本件審査請求人は，消費税については国税庁通達を誤って理解し，社団の会計を例会会費会計と組織運営会費会計とに区分して処理し，前者分を納税申告した．本件社団の活動の実態に鑑み，右区分は合理的にできないはずである．消費税法で課税対象となる「課税資産の譲渡等」（消税5条1項，28条1項）は「事業として対価を得て行われる資産の譲渡及び貸付け並びに役務の提供（代物弁済による資産の譲渡若しくは貸付け又は役務の提供に類する行為として政令で定めるものを含む）」（消税2条8号，4条1項，消税令2条）である．本件審査請求人の文化活動は，以上の検討で明らかなように，右規定にいう対価を得て行われる役務の提供等に該当しないので，消費税の課税対象に該当しないと解される．したがって本件審査請求人の収受した入会金および会費のすべてにたいして消費税が課税されるべきではない．

4 結　語

　以上の検討で明らかなように原処分庁は審査請求人の社団として独自の公益活動である文化活動を法人税法上の収益事業として誤って認定した．それゆえ，本件法人税課税処分は疑いもなく違法であって取り消されねばならない．なお，原処分庁は審査請求人の社団としての独自の公益活動である文化活動を消費税法上の課税対象行為（課税資産の譲渡等）と誤って認定した．それゆえ，本件消費税課税処分も疑いもなく違法であって取り消されねばならない．

【付　記】
　本件については，その後，1999年3月25日に審査請求が棄却された．納税者側は提訴しなかった．

〔2000年9月〕

第12章　人格なき社団等の課税
―― 保険活動など ――

1　はじめに

　目下，公益法人等や人格なき社団等に対して原則課税をしようという税制改正の動きが報道されている．すでに，税務行政の面でも現行法のもとで本来，非課税団体であるこれらの組織に対して，課税強化の動きがある．この動きに対して安易に税務行政に「協力」しようという姿勢を示す組織もないではない．税務行政に「協力」しようという姿勢を示す前に，それらの組織に対する課税当局の指導が果たして税法学的に妥当であるかどうかが本質論に立ちかえって見極められねばならない．非課税団体であるそれらの組織の活動が本当に課税対象になるかが税法学的に慎重に検討されるべきであろう．課税庁からの税務調査に対して，非課税団体である本件人格なき社団等に対して，具体的にどのような理由で，調査しようとするかを質すことが大切である．安直に税務行政の動きに照応すべきではない．

　筆者が関与した事例を参考までに紹介させていただく．本稿では，各地域にある当該人格なき社団をＡと呼ぶ．各地域にあるＡによって構成されている全国組織（中央組織）をＣと呼ぶ．各Ａへの加入者個々人をＮと呼ぶこととする．2002年9月に，筆者が某地のＡに対して提示した税法学鑑定所見書の概要は，次のごとくである．

2　法人税関係

　(1)　Ｃおよび各Ａは，いずれも公益目的の人格のない社団である．このことはＣの規約および各Ａの規約上も明白となっている．

　このような組織は，法人税法上，所定の「収益事業」（法税2条13号，法税令5条）を営まない限り課税されない（法税4条1項ただし書，7条）．ある活動が課税対象になる「収益事業」に該当するかどうかは，憲法の租税法律主義（30条・84条）に鑑み，厳正に見極められねばならない．

　提出された資料によればＣおよびＡは現実にも法人税法にいう「収益事業」をまったく行っていない．念のために，同法の「収益事業」についてコメントを加えておきたい．法人税法上，「収益事業」とは，「販売業，製造業その他政令で定める事業で，継続して事業場を設けて営まれるものをいう」（法税2条13号）．これを受けて，法税令5条1項は，物品販売業等の33の事業を規定している．これらの事業種目は制限列挙規定である．要するに，事業場を設けて行われる，一般にいわゆる営利目的の継続的な「事業」を意味するといってよい．本鑑定の対象になっているＮ年金も，Ａの

会員である N の共済活動の一環として行っているものにすぎない．

(2) 法人税法は「保険に類する共済活動」そのものを「収益事業」として規定していない．それゆえ，N 年金については，「代理業」（法税令 5 条 1 項 18 号）または「請負業」（法税令 5 条 1 項 10 号）に該当するかどうかが問われることになろう．

本件では年金加入申込みについては保険会社が行っており，その申込書を保険会社が受け取っている．また，保険会社が保険料控除証明書を直接，N に交付している．保険金の支払いも，保険会社が直接，N に対して行っている．それゆえ，本件活動は保険代理店のような「代理業」に該当しない．

一見，本件活動は「請負業」に該当するようにみえるが，その収受する「事務運営費」は実費弁償的なものであるといわれる．国税の実務においても，「実費弁償による事務処理の受託等」は収益事業として扱わないこととされている（法人税基本通達 15-1-28）．実費弁償的なものは，あくまで委託者（保険会社）自身の事務の範囲内とみられるところから受託者（C・A）を請負業とみることは妥当ではないからである．「事務運営費」の実態についていえば，最近の経済情勢から，実費すらもまかなえない状況にあるようである．また，同通達によれば，税務署長の確認を受けるのが望ましいが，税法学的にはそのような手続がとられていなくても，問題の「事務運営費」の実態が実費弁償的なものである限り，収益事業である「請負業」に該当しない．同通達の基準は，あくまで行政内部の運用上の一応の基準にすぎない．

(3) C が各 N および各 A を代表して N 年金について保険会社と契約を締結しているが，A が C の内部組織として現実に収納事務を分担している．これは，A が C の事務を請負っているのではない．C と A との間の関係は，1 つの「N のトータル組織（C）」の内部関係にすぎない．現実にも C には 1 円も事務運営費が入らない．

以上により，N 年金について A 自身が法人税法上収益事業に該当する「請負業」を行う実態は存在しない．また，同じく「代理業」に該当する実態も存在しない．A の収受する事務運営費には法人税は課税されないことになろう．要するに，C と A の双方に対して，法人税の課税問題は生じない．

(4) いま 1 つの問題になっている休業保障についても基本的には上記と同趣旨に考えるのが妥当である．休業保障は，もっぱら相互扶助に基づく「自家共済」として行われているといわれる．そうであるならば，N 年金の場合以上にその構造は簡明である．すでに指摘したように，保険に類する共済活動そのものは，法人税法上は収益事業として規定されていない（法税令 5 条参照）．また，以上の検討で明らかなように，法人税法上収益事業とされる「代理業」（法税令 5 条 1 項 18 号），「請負業」（法税令 5 条 1 項 10 号）にも該当しない．C と A との間の内部関係に鑑み，C と A の双方に対して，法人税の課税問題は生じない．

3 消費税関係

(1) N年金，休業保障の消費税問題について検討する．

消費税法6条1項は同法別表1に掲げる資産の譲渡等には消費税を課さないことを規定している．同別表3号によれば，「保険料を対価とする役務の提供その他これらに類するものとして政令で定めるもの」を非課税と規定している．これを受けて，消費税法施行令10条3項13号は「保険料に類する共済掛金その他の保険料に類するものを対価とする役務の提供」を非課税と規定している．

消費税法基本通達6-3-3は「任意の互助組織による団体が当該団体の構成員のために行う任意の共済制度に基づいて当該構成員が負担する共済掛金」も非課税の対象になる「共済掛金」に含まれることを確認的に規定している．

事務運営費を含めてN年金・休業保障の掛金のことが規定されているので，事務運営費を含めてNの負担する掛金については消費税は課税されない．

(2) 前出のCとAとの間の関係に鑑み，CとAの双方について消費税の課税問題は生じない．

4 その他

(1) N年金・休業保障に係る共済業務は，財務会計上，他業務と明確に区分して経理すべきである．共済関係は独立会計とすべきである．

一般に，業務運営の実態を見極め，その業務方針を決めるうえにおいても，財務会計において分別経理が不可欠である．加えて，税務実務において「収益事業」というあらぬ疑いを持たれないようにするためにも，共済業務に係る財務会計は，人件費，物件費などを含めて他業務と明確に分別して，公正に処理すべきである．

(2) 法人税法153条，消費税法60条の税務調査権は，被調査者側の任意の協力を得てのみ成立する純粋な任意行政調査権である．課税庁が「調査する」というよりも，被調査者の任意の協力を得て「調査をさせてもらう」という性質のものである．しかるに，この調査権は罰則によって担保されている（法税162条2号・3号，消税68条）．罰則による「間接強制」となっているわけである．それだけで，この調査権は憲法13条，31条，35条，38条等の「憲法保障」を破るおそれがある．この憲法違反の疑いを少しでも回避するためにも，現行法のもとでも，この調査権の運用において憲法13条，31条の「適正手続」(due process of law) の要請が厳格に充足されなければならない．課税庁は，現行法のもとでも，税務調査に先立って，事前通知（アポイントメント），調査理由の開示などの手続をつくさねばならない．

調査理由の開示について，コメントを加えておきたい．法人税法153条，消費税法62条は「調査の必要性」の充足を要求している．さきにも検討したごとく，C・Aはそもそも課税対象団体にはならない．それだけに，なぜ，C・Aに対して税務調査を

第 12 章 人格なき社団等の課税

する必要があるのか，C・A がなぜに税務調査に協力しなければならないのか，具体的にその「調査理由」の開示を求める必要がある．たとえば，どのような業務活動が，どのような理由で「収益事業」に該当することになるかについて，説得的な「調査理由」の開示を求めるべきである．そのような説得的な「調査理由」の開示がない限り，C・A には調査に協力する法的受忍義務が生じない．この点は，税法学的にはきわめて重要である（詳細については拙著『税法学原論・4 版』青林書院 21 章，同『質問検査権の法理』成文堂，その他）．

(3) 無申告による社会的批判を避けるために，税実務においてとりあえず納税申告をしたうえで税務調査に協力したほうがよいという考え方がある．これは誤りである．C・A は，そもそも課税対象にならない，公益目的の人格のない社団であるからである．納税申告をするということは，自らも納税義務があるということを自認して，法的に自らその納税義務額を確定させる行為をすることを意味する（税通 15 条，16 条）．

C・A が自ら納税申告をした場合には，仮にその納税額がゼロであったとしても，課税庁の税務調査に協力せざるを得ないことになろう．これは，税法学的には C・A の自殺行為である．

C・A は真実，公益目的の人格のない社団として，自信をもって，法に従って，対処することが大切である．

【補　記】
　各 A が共済活動の一環として「団体生命保険」（いわゆるグループ保険＝保険料掛け捨ての死亡保険）を行っている．各 A が保険会社から収受する「事務運営費」は実態的に実費弁償的なものといわれる．そうであるならば，「団体生命保険」活動にも，課税問題は生じない．なお，「事務運営費」が実費弁償的なものでないとする誤解を避けるためにも，定額とし，かつ各 A が当該定額を控除するという形の運用に改めるのが望ましい．つまり，N 年金の場合と同じように，各 A が「事務運営費」を控除したうえで，保険会社に保険料を送金する事務扱いとする．

〔2003 年 3 月〕

第13章　特定非営利活動法人（NPO）の収益事業課税

1　はじめに

　特定非営利活動法人は，本来，国・地方公共団体の行うべき公共性・公益性の高い事業活動を行う民間の任意組織である．それだけに，当該組織の事業活動が法人税法上課税対象となる「収益事業」（法税2条13号，法税令5条）に該当するかどうかは慎重に見極められねばならない．

　「ふれあい事業」（助け合い事業）を行う特定非営利活動法人「さわやか福祉の会・流山ユー・アイネット」（代表理事米山孝平）の2000年度（2000年4月〜2001年3月）の同事業が所轄税務署長により収益事業として認定され同法人に法人税が課された．

　2002年8月に，同法人は，千葉地裁へ法人税課税処分の取消訴訟を提起した．この訴訟の納税者側代理人は，堀田力，田島優子の両弁護士である．

　以下，本件ふれあい事業が法人税法上収益事業に該当するかどうかについて税法学的検討を行うこととしたい．

2　本件ふれあい事業

　訴状によれば，収益事業として認定された本件ふれあい事業の概要は，つぎのごとくである．

　本件特定非営利法人（以下「原告」）が行うふれあい事業とは，原告の会員同士が生活援助サービスをいわゆる「有償ボランティア」として相互に提供し合うものである．会員は入会金と年会費を納付する．原告の会員となった者は，他の会員によるサービスを利用できるとともに，他の会員にこれを提供できる．会員は，何らかの生活援助サービスを受ける意思があるときは，あらかじめ1点100円のふれあい切符を原告から購入する．そして，同会員にサービスを受ける希望が具体的に生じたときは，同会員は原告にその旨を連絡し，サービスを提供する会員の紹介を依頼する．これに対応して，原告は，サービスを提供する意思のある会員を探して紹介する．サービスの利用を希望する会員と，サービスの提供を希望する会員との意思が合致し，サービスが提供されると，サービスを利用した会員は，1時間につき8点のふれあい切符を，サービスを提供した会員に手交する．そのうち6点分は，提供した会員に対し謝礼の趣旨で贈与し，2点分は，原告のふれあい活動全般の事務経費を負担する趣旨で原告に寄付すべく提供した会員に寄託する．贈与されたふれあい切符を，原告に交付して現

金と換金するか，あるいは原告に預託して将来サービスの提供を受けたいときにこれを用いてサービスを受けるか，会員はそのいずれかを選択する．

税務署長は，右のような原告のふれあい事業を「請負業」（法税令5条1項10号）に該当するとして法人税課税処分を行った．

3　法人税法上の請負業

法人税法2条13号は，収益事業を「販売業，製造業その他の政令で定める事業で，継続して事業場を設けて営まれるもの」と規定している．これを受けて，法人税法施行令5条1項10号は「請負業（事務処理の委託を受ける業を含む）」を収益事業の一つとして規定している．この「請負業」の法的意味は，「事務処理の委託を受ける業」を含むところの民法632条以下の「請負」からの借用概念である．

民法上請負というのは，請負人がある仕事を完成し，それに対して注文者が報酬を与えることを約する契約である．他人の労務を利用する契約の一種である．基本的に仕事を完成することと報酬とが対価関係にある．原告の本件ふれあい活動が右の請負に該当するかが問われねばならない．この点については，本件の訴状で詳細に検討されている．ここでは，筆者なりに重要と思われるところを指摘し検討することとしたい．

本件ふれあい活動であるサービス提供の契約関係は，利用する会員と提供する会員との間で生じる．原告は，右契約の当事者ではない．より具体的にいえば，原告は，サービス提供を請負う契約の当事者ではなく，もとより請負人ではない．原告は，そもそもサービス提供に応じるために支配できる従業員を全く雇用していない．会員は，原告から連絡を受けてサービス提供をするか否かは，当の会員自身で自由に決定できる．原告は，この点およびサービス内容について指揮命令権を有しない．原告は，会員間のふれあい活動（サービス提供）を推進するために，サービスの利用を希望する会員とサービスを提供する会員との間の連絡・調整を行っているにすぎない．原告が取得する1時間200円は実費弁償的なものであって，とても「報酬」と呼ばれるものではない．この200円は，原告の活動の事務経費に充てられるものであり，原告において会員からの寄付として扱われている．サービスを提供する会員にサービスの提供を受ける会員から交付される600円も，とても「報酬」と呼ばれるものではなく会員同士のほんの謝礼的なものであって，原告において事実，謝礼の趣旨の贈与として扱われている．また，サービスを提供した会員が金銭を受領せず，ふれあい切符の預託（時間預託）を選択することができるが，この時間預託も「報酬」に値する経済的価値を与えるものとはいえない．

国税庁の法人税基本通達15-1-28は，「公益法人等が，事務処理の受託の性質を有する業務を行う場合においても，当該業務が法令の規定，行政官庁の指導又は当該業務に関する規則・規約若しくは契約に基づき実費弁償（その委託により委託者から受け

る金額が当該業務のために必要な費用の額を超えないことをいう。）により行われるものであり、かつ、そのことにつきあらかじめ一定の期間（おおむね5年以内の期間とする。）を限って所轄税務署長の確認を受けたときは、その確認を受けた期間については、当該業務は、その委託者の計算に係るものとして当該公益法人等の収益事業としないものとする。」

この基本通達では、所轄税務署長の確認を受けることになっているが、これは税務行政の実務上の便宜にすぎない。実費弁償的なものであれば、所轄税務署長の確認がなくても請負とはならない。

4 結　語

以上の検討で明らかのように、所轄税務署長が本件ふれあい活動を法人税法上請負業の収益事業と認定し、法人税の課税を行ったことは、法の解釈適用を誤ったものとして違法といわねばならない。所轄税務署長の行った本件課税処分は取り消されねばならない。

[付記] 立法論的に何が収益事業になるかは、公益法人等・人格のない社団等の性格・目的・規模等に応じ、類型的に具体的に規定すべきである（拙著『現代企業税法論』岩波書店226頁以下）。

〔2002年12月〕

【付　記】

本件については千葉地裁2004年4月2日判決、東京高裁2004年11月17日判決が共に、請負業に該当するとして納税者（原告・控訴人）側を敗訴とした（渡辺充・税務事例2005年1月号, 37巻1号）。本件では、法人税法施行令5条1項10号の「請負業」に該当するかが争われたが、仮に「請負業」に該当しないとしても、法人税法施行令5条1項17号の「周旋業」に該当するかどうかも論議された。後者については、筆者は、本件特定非営利活動法人（原告・控訴人）が本件について収受する1時間200円はその周旋のための事務運営費であって実費弁償的なものとみられるので、収益事業としての「周旋業」にも該当しないと解したい。本件は、上告されなかった。

〔2004年12月〕

第14章　連結納税制度にたいする税法学的検討

1　はじめに

　連結納税制度については去る2001年10月16日に政府税制調査会が「連結納税制度の基本的考え方」（以下「考え方」という）を公表した．いよいよ日本税制にこの制度の導入が日程に入ったとみてよいであろう．実は，この問題は40年ほど前から関係者において論議されてきた．つとに1966（昭和41）年に筆者は次のような所見を明らかにしていた．

　「連結財務諸表（consolidated financial statements）とは，2つ以上の企業の財政状態または経営成績があたかもそれらが単一の経済単位（a single economic unit）であるかのごとく表示されるものである．言葉をかえていえば，エコノミック・エンティティ（economic entity）を基礎とするものであって，リーガル・エンティティ（legal entity）を基礎とするものではない．法的には独立した企業であっても経済的には一体性を有するとみられる結合企業の場合には，それぞれの企業の個別財務諸表による情報だけでは，人びとは適正な判断をくだすことができない．連結財務諸表は，このような結合企業全体の財政状態および経営成績を総合的に表示するものであって，投資家，債権者その他の利害関係者にたいし個別財務諸表では果しえない財務情報を提供する．それは，また支配会社の経営者にたいし，多数の従属会社に関する経営管理上必要な財務情報を提供する．さらに，支配従属関係にある会社の会計士監査制度を充実せしめ，粉飾決算の防止にも役立つ．それゆえ，企業会計的視角からは，連結財務諸表制度の導入はむしろ必要であるといわねばならない．ただ，この場合においても連結財務諸表は支配会社の個別財務諸表を代替するものとしてとらえられてはならないであろう．連結財務諸表それ自体は個別財務諸表の機能を果しえないものであるからである．少なくとも，支配会社の個別財務諸表と連結財務諸表との双方が公表されるべきである．右のように企業会計的視角からは，連結財務諸表制度を導入することは望ましいが，しかし，このような会計上の論理をそのまま拡張して，安易にこれを税制に持込むことは避けなければならない．けだし，連結財務諸表制度は既述のごとくエコノミック・エンティティを基礎とするものであり，いわゆる連結納税制度（consolidated tax returns）の導入は，リーガル・エンティティを基礎とするわが企業税制の基本にふれる問題であるからである．つまり，それは単なる会計的レベルの問題ではなく，その前提において，広く法人，個人を含む企業税制のあり方をめぐる根本問題が解決されることを必要としているからである．」[1]

　しばしば国際会計基準の動向からいって，日本の税制をそれに見合うように改正す

べきであるという主張が行われる．そこに引用される国際会計基準とはいわゆる財務会計レベルの問題である．いわゆる税務会計または税制がどうあるべきかはその国の風土，国民性，社会の諸事情などをふまえて独自に冷静に検討されるべき課題である．この点，今回の「考え方」も「諸外国の連結納税制度は，……実際の仕組みを見ると，基礎となっている単体法人に対する課税制度の違いや連結納税制度が採用された歴史的経緯等からそれぞれ異なったものとなっており，連結財務諸表制度のような統一性は見られない」と指摘している．この指摘は正鵠である．連結納税制度の導入問題は財務会計レベルにおいて論じうるものではなく，学問的には税法学の課題である．従来の諸家の議論にはこのような視角からの検討が欠けていたように思われる[2]．

本稿は，この問題を税法学の視角から検討することとしたい．

2 政府税調の「考え方」

冒頭に記した政府税制調査会の連結納税制度の構想を示す「考え方」の概要は，以下のごとくである．

(1) 導入の意義

次の2つの理由を挙げる．

「……一体性をもって経営され，実質的に一つの法人とみることができる実態を持つ企業グループについては，個々の法人を納税単位として課税するよりも，グループ全体を一つの納税単位として課税するほうが，その実態に即した適正な課税が実現されることになる．」「近年，企業グループの一体的経営の急速な進展や企業組織の柔軟な再編成を可能とするための独占禁止法や商法の改正が行われる中にあって，連結納税制度の創設は，結果として，企業の組織再編成を促進し，わが国企業の国際競争力の維持，強化と経済の構造改革に資することになる．」

(2) 適用法人

内国法人である親会社と，その親会社に発行済株式の全部を直接または間接に保有されるすべての内国法人，つまり100％子会社．親会社となる法人は普通法人と協同組合等に，その子会社となる法人は普通法人に限る．

(3) 適用方法

連結納税制度の適用を受けようとするときは，税務当局の承認を受ける．その適用の取り止めは，やむを得ない事由がある場合に限るものとし税務当局の承認を受ける．

(4) 納税主体

親会社が連結所得に対する法人税の申告および納付を行う．各子会社は，親会社の連結所得に対する法人税について連帯納付責任を負う．各子会社は，連結所得の個別帰属額等を記載した書類を税務署に提出する．

(5) 事業年度

適用法人の事業年度は，親会社の事業年度に統一する．

第14章 連結納税制度にたいする税法学的検討

(6) **連結所得金額および連結税額の計算**
① 連結所得金額は，連結グループ内の各法人の所得金額を基礎とし，これに所要の調整を加えたうえで，連結グループを一体として計算する．連結税額は，連結所得金額に税率を乗じた金額から各種の税額控除を行って計算する．連結税額については，連結グループ内の各法人の納付税額または還付税額として計算される金額を基にして配分する．
② 連結グループ内の法人間の取引についても時価により行う．連結グループ内の法人間で，相当程度の譲渡損益の計上が想定される資産についてその移転を行ったことにより生ずる譲渡損益は，その資産の連結グループ外への移転，連結グループ内での費用化等の時まで資産の移転を行った法人において計上を繰り延べる．
③ 連結グループ内の法人間の寄付金は，その全額を損金不算入とする．
④ 子会社の株式の譲渡が行われた場合には，その子会社の所得や欠損について重複した課税や控除が行われることのないように，その譲渡の時において，その子会社の株式の帳簿価額の修正または譲渡損益の額の修正を行う．

(7) **連結欠損金額**
① 連結欠損金額は5年間で繰越控除する．
② 連結グループで事業活動を行って稼得した所得から過去に単体で事業活動を行って生じた欠損金額を繰越控除することは適当でないと考えられることなどから，連結納税制度の適用開始前に生じた欠損金額および連結グループ加入前に生じた欠損金額を連結グループで繰越控除することは適当でないが，その法人が親会社や長期にわたって100％子会社となっている法人である場合や適格合併により被合併法人の子会社等が加入した場合など一定の場合については，連結納税制度のもとでその法人に帰属することとなる所得金額を限度として繰越控除する．なお，親会社についてはこの限度を設けない．
③ 連結納税制度の創設に伴う税収減への対応のためには，連結納税制度の適用開始前に生じた欠損金額および連結グループ加入前の欠損金額について繰越控除をしないことが考えられる．

(8) **連結グループへの加入**
① 連結グループへの加入に際しては，加入法人の資産の評価益・評価損の計上を行う必要がある．ただし，適格合併により被合併法人の子会社等が加入した場合など一定の場合には，資産の評価益・評価損の計上を行わない．
② 連結納税制度の適用開始に際して，適用法人の資産の評価益・評価損の取扱いについては，親会社および長期にわたって100％子会社となっている法人を対象から除くほかは，基本的には連結グループへの加入の場合の取扱いと同様とする．

(9) **税　率**
連結所得金額に対する税率は，普通法人の税率と同様とする．連結納税制度の創設

に伴う税収減への対応のためには付加的に一定の税率を上乗せすることが考えられる．

(10) **申告納付期限**

連結税額の申告納付は，連結事業年度終了の日の翌日から2月以内に行う．

3　応能負担原則の憲法上の基礎

以上において紹介された政府税調の「考え方」は，適用法人を100％子会社に限定するなど，その構想は概して妥当といえよう．問題は，そもそも日本税制に連結納税制度を導入することが妥当であるかどうか，にある．そのためにも租税制度・租税体系のあり方を指導する法原理を税法学的に確認しておくことが大切である．

筆者は，国税，地方税を問わず，また直接税，間接税を問わず，さらには個人，法人を問わず租税制度のあり方を指導する法原理は，応能負担原則・累進税の原理しか存在しないことを指摘してきた[3]．しばしば比例税ないしは均等税などを正当化するために応益課税原則が持ち出される．最近における直接税のフラット化および間接税，とりわけ大型間接税（一般消費税）への傾斜の流れは応能負担原則・累進税の原理に抵触する．

応益課税の原則は，課税する側においてその課税をする「理由」についての1つの説明の手段として用いることが可能であるが，納税者側の負担配分の原理にはならない．納税者側の負担配分のあり方については応能負担原則しか存在しない．応益課税の原則を根拠づける憲法条項は存在しない．このようにみてくると，2000年，東京都が行った大銀行に対する法人事業税の外形標準課税条例の制定をどのように説明すればよいのであろうか，という疑問が生ずる．筆者は，大銀行の税法上の「所得」に表現されない「かくれた担税力」を外形標準課税の手法によってとらえようとするものであって，現代的「応能課税」の1つの具体化とみるべきであると指摘してきた[4]．地方税における「負担分任」も税法学的には各人の「応能負担」に基づく負担分任でなければならない．消費課税についていえば，学問上の一般消費税（大型間接税）よりも，課税対象の選別・限定，課税対象ごとの性質に見合った免税点・税率・徴税方法などを区別しうる個別消費税（通常の間接税）が応能負担原則からは要請される．

この応能負担原則・累進税の原理はその国の租税体系のあり方にも，理論的に妥当するものとされねばならない．すなわち，直接税（所得課税・財産課税）[5]を中心とし，間接税（消費税）は直接税の補充税として位置づけられる．その間接税は個別消費税（通常の間接税）をもって充てることとなろう．

この応能負担原則の憲法上の根拠を明らかにしておきたい．すなわち，日本国憲法は，その13条において「個人の尊重」を規定している．後にもふれるように，法人企業のうち多くの中小零細企業は，所有と経営とが一致ししかもそのオーナーの生存権の延長線上に憲法理論上位置づけられうる実態をもつ．つまりパーソナルな実態である．法人格を有するとはいえ，憲法理論上は生存権ないしは生業権の保護の対象にな

第14章 連結納税制度にたいする税法学的検討

りうる存在である．このような中小法人にはこの憲法13条の要請が妥当する．14条において「法の下の平等」を規定している．租税面では画一的比例税的平等ではなく能力に応じた平等を意味し累進税的平等を要請する．これは本稿で問題にしている現代租税国家社会（Steuerstaat, Tax State）の有力な構成単位である法人等にもそのまま妥当する．25条において人々の生存権を保障している．この25条の要請は生存権ないしは生業権の対象になるさきの中小法人にもそのまま妥当する．29条において一定の生存権的財産のみを基本的人権として保障することを規定している．非生存権的財産は基本的人権とはされない．この29条の要請もそのまま法人に妥当しよう．これらの日本国憲法の諸規定から，実定憲法の原則として応能負担原則が抽出される．

　日本国憲法の意図する応能負担原則は，単に課税物件の量的担税力（大きさ）のみならずその質的担税力をも考慮することを要求する．たとえば，ひとしく500万円の所得といってもそれが勤労から得られたものであるか，それとも資産から生じたものであるかによって，その質的担税力が異なる．後者は前者よりも担税力が強い．またひとしく35坪の土地といってもそれが生存の用（たとえば居住）に供されるものであるか，それとも商品としてのそれであるかによってその質的担税力が異なる．後者は前者よりも担税力が強い．憲法はこうした課税物件の質的担税力の相違をも考慮しながら，その者の量的担税力を正鵠にとらえるために，総合累進課税を要求する．

　憲法は，応能負担原則の「核」となる要請としてすべての租税について原則的に超過累進税率の適用を要求する．法人所得課税においてもエコノミストたちの比例税率の主張にもかかわらず，超過累進税率が適用されねばならない．筆者は，1998年まで個人企業に適用されてきた所得税率に準じて法人税率をさしあたり10%から50%の超過累進税率にすべきであると指摘してきた．中小法人の多くは赤字または小額の所得であるので課税されるとしても10%の法人税率が適用されることになろう．このように超過累進税率の採用は中小法人の活性化に資する．同時に憲法論的には生存権への配慮を行うことを意味し，その意味では所得の質的担税力を考慮することにもつながる．エコノミストたちがしばしばアメリカの例を引合いにだすが，そのアメリカの法人税は現に超過累進税率となっている[6]．

　一方，応能負担原則の一環として最低生活費非課税の原則や一定の生存権的財産の非課税または軽課税（利用価格 use value×低税率）の原則が抽出される．

　応能負担原則は人権論からいえば社会権の要請である．日本を含めて21世紀の租税国家は福祉国家として展開されねばならない．応能負担原則はまさしく福祉国家の要請である．

　エコノミストたちは財政学にいう水平的公平（horizontal equity）の確保を強調する．日本国憲法のもとでは応能負担原則，つまり財政学にいう垂直的公平（vertical equity）に基づく水平的公平の確保が要請されているのである．垂直的公平の徹底こそが水平的公平につながる．

4 法人税の性格

しばしばエコノミストたちによって法人税には応能負担原則・累進税の原理がなじまないと指摘されてきた．この問題については，連結納税制度について冒頭に紹介した政府税調も示唆しているように，各国の諸事情，日本では日本社会の特殊性にも配慮して論議されるべきである．

日本の法人税は，実定法制度としては所得税とは別個の租税として位置づけられている．そして日本法人税制は，法人を個人とは別個の社会的存在（social entity）としてとらえている．思うに，現代社会では法人は個人とは別個の法的主体であり，社会的，政治的，経済的にも別個の構成単位（social unit）である．

日本国憲法30条は，「国民は，法律の定めるところにより，納税の義務を負ふ」と規定している．この「国民」は nation ではなく，people, peuple を意味し日本人のみならず外国人，法人，団体等を含む．つまり日本の租税国家社会を構成する法人を含むすべての人々を意味するわけである．同条の「法律」は租税の使途面と徴収面との双方の憲法適合的な「法律」を意味する．租税国家を前提とする日本国憲法は，租税の使途と徴収とのあり方の法規範原則を規定している．使途のあり方については「福祉本位」，徴収のあり方については既述の「応能負担原則」を規定している．本稿の主題に即していえば，法人は既述の応能負担原則に適合した「法律」に基づいて納税義務を負うことになろう．加えて，日本社会における法人企業の実態が考慮されねばならない．日本の大法人の多くは個人株主の占める比率がきわめて低く[7]，「資本」に法人格を付与した財団的実態をもっている．もちろん大法人の多くは所有と経営とが分離している．したがって，法人所得が最終的に個人株主に帰着するという法人擬制説的思考[8]が妥当する社会的基盤が存在しないといってよい．つまり，エコノミストたちによって法人税には累進税率がなじまないという理由づけの1つとして持ち出される法人擬制説的思考を受け容れる基盤がないわけである．一方，日本社会には会社に限ってみても306万社の法人が存在するという特殊事情がある．その99％以上が中小法人といってよい[9]．その中小法人の多くはさきに指摘したように法人とはいうものの，憲法理論上は生存権，生業権の対象になる存在である．このような日本社会における法人の特殊性からいっても，応能負担原則・累進税の原理の具体化が強く要請される．

なお，エコノミストたちからは法人税に累進税率を導入することが妥当でないとするいま1つの理由として，法人税の間接税化が挙げられる．租税転嫁の問題は経済過程の問題であって税法学では直接的に考慮する必要がない．それはともかく実は個人企業の所得税も厳密には転嫁する．したがって，転嫁問題は法人固有の問題ではない．それゆえ，右の反論には理由がない．転嫁問題に対しては，大法人について原価の公開等によって対処すべきであろう．

以上のような応能負担原則・累進税の原理が法人税にも導入されるべきであるということは，日本国憲法の要請でありかつ日本社会の特殊性に適合した要請である．
　ところで，日本の企業税制は，久しく法人格の異なるごとに単体法人を独立した「課税単位」（「考え方」にいう「納税単位」）として扱ってきた．法人格の異なるごとの単体法人の「各事業年度の所得」を法人税の法的課税物件とし，かつその単体法人が継続企業体（ゴーイング・コンサーン）であるとするシステムを採用してきた．このような基本税制のもとで，果たして連結納税制度を導入しなければならないだけの普遍的合理性が存在するかどうかが見極められねばならない．

5　日本社会と連結納税制度

　さきに指摘したように，企業会計レベルでは連結財務諸表制度の導入と整備はむしろ急がれねばならない．さればといって現行の比例税率課税を前提とし，かつ久しく法人格の異なるごとに法人を独自の課税単位とすることを前提としてきた日本法人企業税制のなかに，「考え方」にいう100％子会社に限定するとはいえ連結納税制度を導入することの是非が，きびしく問われねばならないであろう．
　われわれは連結納税制度の母国ともいうべきアメリカの導入時の事情を冷静に想起する必要があろう．アメリカでは1917年に連結納税制度が導入された．強制適用であった．当時のアメリカでは超過利益税（excess profits tax），つまり累進法人税を回避するために会社が子会社をつくり所得を分割しようとする傾向が存在した．このほかに企業集団内部の価格操作による租税回避もみられた．実は，アメリカにおける連結納税制度の導入は，このような租税回避を防止するための措置であった[10]．筆者のいう応能負担原則の観点からのアメリカ的解決であった．
　以上の検討で明らかなように，日本の比例税率の法人税制をそのままにした形でかつ日本社会の特殊性をまったく考慮しないで，つまり日本企業税制の基本に検討を加えることなしに，連結納税制度を導入することは，憲法の意図する応能負担原則を一段とゆがめるものであって，税法学からはとうてい賛成し得ない．財務省筋によれば，連結納税制度の導入によって約8,000億円の減収になるとも伝えられる．税法学からいえば，この制度の導入は形を変えた大企業への傾斜的減税措置となろう．「考え方」にも示唆されているように，財務省筋はこの減収を埋めるために「連結付加税」をこの制度を採用する企業グループに課する方針とも伝えられる．この「連結付加税」は一時的な措置となろう．連結納税制度の導入は，日本の企業税制の根幹に影響を与える．「連結付加税」導入という小手先の手法によって，連結納税制度の導入を正当化し得ない．
　さきに紹介した「考え方」は，何故に連結納税制度を導入しなければならないか，について理由らしい理由を示していない．強いていえば「グループ全体を1つの納税単位として課税するほうが，その実態に即した適正な課税が実現される」，「結果とし

て，企業の組織再編成を促進し，わが国企業の国際競争力の維持，強化と経済の構造改革に資する」という点が挙げられよう．前者は，「実態に即した課税」によって，大企業減税をもたらすだけである．後者は，右の理由なき減税によって「構造改革に資する」というわけである．ここにいう「構造改革」は租税制度を正当化する理由とはならない．連結納税制度の導入は，税法学からいえば不公平税制を拡大するだけである．

連結納税制度の提唱者の1人である故井上久弥氏はどのような積極的理由を指摘しておられるであろうか．氏はいう．「企業集団税制が必要とされ，かつ，正当化される理由は，企業集団の経済的一体性に着目し，企業集団を単一法人と同様に考えて租税負担額を決定することにより，経営の法的形態のいかんにかかわらず，実質的な税負担の水平的公平を確保することができるということに求められる．この意味において，企業集団税制を有していないわが国の法人税制は，企業の経営形態の選択に対して非中立であり，経済の効率を阻害しているというべきであり，企業集団税制の導入が望まれる[11]．」

法人格の異なるごとに法人を「課税単位」とすることを前提とする法人企業税制のもとでは，そのような「課税単位」ごとの応能負担（垂直的公平）の具体化こそが水平的公平となる．井上久弥氏の指摘されている理由は，連結納税制度導入の積極的理由にはならない．なお，企業集団内部における価格操作による租税回避に対しては，別途格別の租税回避防止措置を講ずべきである．

以上要するに，連結財務諸表制度導入のような普遍的な積極的理由は，連結納税制度導入には存在しない．しかしながら，筆者としては，日本の法人税制が，法人格の異なるごとに法人を「課税単位」とする法人税制を採用している場合であっても，法人税制がさきに指摘した超過累進税率を原則化したときには，例外的に100％子会社に限っての企業集団に対して連結納税制度導入を許容してもよいと考えている[12]．

(1) 北野弘久「連結財務諸表制度について」昭和41（1966）年『税理士界』375号，同『現代税法の構造』1972年，勁草書房，所収．
(2) 例外的に税法学的検討を加えるものとして，阿部徳幸「『連結納税制度導入論』についての税法学的検討——租税立法の方法と課題」北野先生古稀記念『納税者権利論の展開』2001年，勁草書房，所収．
(3) 応能負担原則の詳細については，北野弘久『税法学原論・4版』1997年，青林書院第7章，参照．法人税にも累進税の原理が妥当することの詳細については，北野弘久「法人税の性格・課税所得の概念・課税ベースの見直し」日本租税理論学会『法人税改革の論点』1998年，谷沢書房，所収〔第III部第1章〕参照．
(4) 詳しくは北野弘久「法人事業税の外形標準課税の法的検討」『福祉とぜいきん13号』2000年，日本租税理論学会『環境問題と租税』2001年，法律文化社，所収．同旨の論文を日本財政法学会『地方財政権』2002年，龍星出版，所収．

(5) 筆者は,「所得」に表れない担税力を「財産」の形でとらえる必要があるところから,直接税は所得課税と財産課税とをセットにしてとらえるべきであると指摘してきた．北野弘久『企業・土地税法論』1978年，勁草書房，同『現代企業税法論』1994年，岩波書店，参照．
(6) 2001年4月の財務省主税局資料によれば，アメリカの連邦法人税の税率は，15%，25%，34%，35%．州法人税（カリフォルニア）を含めると，22.51%，31.63%，39.83%，40.75%．
(7) 政府税調資料（平成8.6.28法小15-3「法人税の負担」）によれば，上場企業の個人株主の占める比率は1994年度で23.5%にすぎない．
(8) 法人擬制説的思考にたいする税法学的分析については，前出(1)『現代税法の構造』第1章，前出(5)『現代企業税法論』第4章．なお，達結企業にはその性質上，比例法人税率の根拠とされる法人擬制説的思考がますます妥当しなくなることに注意すべきだ．
(9) 法務省資料によれば，2001年4月現在の会社数はつぎのごとくである．

資本金額	株式会社	有限会社	合名会社	合資会社	計
5,000万円未満	1,121,300				
5,000万円〜1億円未満	53,600				
1億円〜3億円未満	21,800				
3億円〜5億円未満	8,100				
5億円〜10億円未満	3,000				
10億円〜50億円未満	5,100				
50億円以上	2,500				
計	1,215,400	1,741,300	19,200	82,500	3,058,400

(10) アメリカの導入事情については中田信正『連結納税申告書論』1978年，中央経済社，21頁以下，井上久弥『企業集団税制の研究』1996年，中央経済社，36頁以下など．
(11) 井上久弥，前出(10)『企業集団税制』265頁．
(12) 本稿で指摘した応能負担原則に逆行する日本における流れが，財政悪化をもたらしている．たとえば，日本の所得税の最高税率はかつて75%（1962）であった時もあったが，現在は37%となっている．それだけ所得税の恐るべきフラット化が進んだことになる．法人税率は日本ではもともと比例税率であるが，かつて43.3%（1984）であった．それが現在では30%に引き下げられている．それだけ，大企業にとっては実質的に法人税のフラット化が進んだことになろう．アメリカでは，高額所得層・大企業に対する所得課税についてむしろ累進税を強めた．日本の財政規模に置き換えると，アメリカでは1993-1999年の増税で年平均約10.9兆円の歳入増がもたらされた．一方，この間，年平均約15.3兆円（うち防衛費7.4兆円）の歳出削減が行われた．これが，アメリカが財政再建に成功した主因である．日本では，1987年からの大企業・高額所得層に対する所得減税によって逆に年平均10.5兆円の歳入減となった．谷山治雄「米日財政政策の明

第III部　法人所得課税

暗」『経済』2001年5月号．応能負担原則の具体化からいえば，高額所得層に対する日本の所得税の最高税率の大幅な引上げと法人税の超過累進税率（10～50％）の導入は不可欠というべきだ．

【付　記】

その後，日本租税理論学会編『連結納税制度の検証』〔租税理論研究叢書12〕法律文化社が示された（鶴田広巳，内山昭，小川正雄，八ツ尾順一，木下勝一，多田雄司ほか）．

〔2001年12月〕

第IV部　法人事業税の「銀行税条例」

第1章 「銀行税条例」違法判決批判

1 はじめに

　2000年4月に東京都は大銀行に対し5年間に限って法人事業税の外形標準課税を行う条例（以下「本件条例」という）を制定・施行した．石原慎太郎東京都知事の提唱によるものと伝えられる．同知事への個人的評価は別として，大銀行の不公平税制を是正し，現行法のもとで自治体の自主財政権を確保することになるとして，多くの国民から，本件条例制定は支持されたのであった．筆者は，約30年前に美濃部亮吉東京都知事の提唱に係る法人事業税・法人住民税の不均一課税条例（大企業の税を重くし中小企業の税を軽くする）の制定にあたって税法学者として理論的に協力させていただいた若き日の体験的先例のことを想起して，早くから本件条例制定を高く評価したのであった[1]．しかるに，去る2002年3月26日の東京地裁判決（藤山雅行裁判長，以下「判決」という）は，地方税法72条の19の「事業の情況」に反するとして本件条例制定を違法・無効と判示した．東京都は控訴したと伝えられる．
　この判決は，一見，行政を負かして正義感あふれるようだが，結局は大銀行の「ゴネ得」を正当化した．判決は，ほぼ30数年前に確立されている税法学理論をまったく無視するものであった．税法学的には間違いだらけといわねばならない．

2 本来的租税条例主義

　判決の本質論的誤りの第1は，法人事業税についても租税法律主義を前提として，いわば法律が委任した場合にのみ例外的に租税条例で規定できるとする委任租税条例主義的考え方に立っている点である．このため，地方税法72条の19の「事業の情況」の法的意味をあまりにもリジットに解するという基本的誤りを犯した．判決の基調は30数年前にその誤りが指摘されていたはずの，いわば明治憲法論の租税法律主義によるものである．これはあまりにも重大な誤りである．
　法律学界では自治権の根拠として超憲法的なものとしてとらえる固有権説と国の統治権から派生するものとしてとらえる伝来説・承認説とが対立していた．通説は後者の流れに位置づけられる制度的保障説として理解されていた．
　筆者は，明治憲法とは異なり，日本国憲法92条以下が「地方自治」を明文で保障しているところから，国法の1つである日本国憲法自身が少なくとも地方財政権については自治体の固有権として保障しているとする「新固有権説」を30数年前から提唱し展開してきた[2]．すなわち，同条にいう「地方自治の本旨」とは各地域社会における人々の豊かな生存権保障を意味する．このような日本国憲法の意図する「地方自治の本旨」を確保するためには様々な自治権が保障されねばならないであろう．教育権，

警察権，裁判権などの保障も理論的には望ましい．しかしこれらの権能はその性質上，国のナショナルの視点からの介入をまったく避けることができないという側面をもつ．しかし，どんなに譲歩しても自治体の財政権だけは「地方自治の本旨」に鑑み，法論理上は譲歩できない．法論理としては日本国憲法は地方財政権については各自治体の固有権として保障しているとみなければならない（筆者のいう「新固有権説」）．

このように実定法である日本国憲法自身が地方財政権について各自治体の固有権として保障している．このことの一環として課税権について本来的租税条例主義が抽出される．これによれば，人々は，国の法律である「地方税法」（昭25法226）に基づいて法的に地方税の納税義務を負うのではない．人々は，主権者住民の代表機関である地方議会の制定した租税条例に基づいて法的に納税義務を負うのである．それゆえ，当該地方税に関する租税要件等のすべてが当該租税条例自体において完結的に規定されねばならない．国の法律である「地方税法」は直接，人々に法的に作用しない．ある自治体が「地方税法」の規定によって課税したいと考える場合には，そのことをもう一度，当該租税条例自体において規定する必要がある．多くの自治体の現行租税条例第1条において「本条例において特段の定めがないときは，国の法令の定めに従う」という規定が置かれている．税法学的にいえば，地方税については租税法律主義ではなく本来的租税条例主義が採用されているために，この規定（租税条例1条）を通じてはじめて，国の法律である「地方税法」の規定が法的に人々に作用することになる．このようにみてくると，国の法律である「地方税法」の憲法的位置づけは，各自治体が租税条例を制定するための標準法ということになる．

ただ，日本国憲法94条は「地方公共団体は，法律の範囲内で条例を制定することができる」と規定している．この規定との関係をどうみるかという問題がある．実定日本国憲法が自治体の固有権として地方財政権を保障しており，その展開の1つである本来的租税条例主義からいえば，租税条例のあり方については同条は適用されないという考え方も成り立つ[3]．筆者は，同条が租税条例にも適用されるという考え方に立って，本来的租税条例主義を展開してきた．94条との関係について指摘すれば，92条の「地方自治の本旨」に反する，本件についていえば固有権としての地方財政権に反するような不合理な内容の「地方税法」（法律）の規定は，各自治体の租税条例のあり方を拘束しない．92条の「地方自治体の本旨」に反する不合理な内容の「法律」は94条の「法律の範囲内」の「法律」を構成しないと解されるからである．そして，「地方税法」のどの規定が94条の「法律」に該当するか，また同条の「法律」に該当するとされる当該規定の法的意味をどう解すべきかは，課税権を有する当該地方議会の判断と決定に基本的にゆだねられることになる．さらに，同条の「法律」に該当するとされる「地方税法」の枠規定を含めて当該地方議会の租税条例自体において当該租税の租税要件等のすべてが完結的に規定されねばならない．その意味では「地方税法」の法的性格は枠規定を含めて標準法ということになろう．

日本国憲法のもとでは，すでに指摘したところを含めて本件の展開において重要となる本来的租税条例主義の具体的内容を，整理すれば次のごとくとなろう．
　①ある自治体が「地方税法」の枠規定に従う場合にはもう一度，そのことを当該租税条例自体において規定する必要がある．②本来的租税条例主義は，各自治体の課税権は固有権として各地方議会に専属するという考え方に立つ．それゆえ，「地方税法」における問題の規定が枠規定であるかどうかは，基本的には各地方議会の判断と決定にゆだねられる．③仮に「地方税法」における問題の規定が枠規定であるとみられる場合にその枠規定の法的意味をどうとらえるかも基本的には各地方議会の判断と決定にゆだねられる．これは，今回の判決のいうような意味での自治体の「裁量権」の問題ではない．今回の本件条例についていえば，どのような場合に，どのような内容の外形標準課税を行うかは，都の法人事業税のあり方について課税権を本来的に有する都議会の立法権（条例制定権）の問題である．④租税法律主義を規定した日本国憲法30条・84条が地方税について適用されるとした場合には，両条の「法律」はすべて「条例」そのものを意味する．この点は，法理論的にはきわめて重要である．判決のように，「租税条例」を「租税法律」の例外的存在に位置づけることは許されないことになろう．⑤本件で問題になっている「事業の情況」の規定を判決の立場に立って日本国憲法94条の「法律」規定であり，ここにいう枠規定であると解するとしても（筆者は，後述のようにこのような解釈は，「地方税法」の文理解釈上も誤りであると解しているが），日本国憲法92条の「地方自治の本旨」との関係において「事業の情況」の法的意味が解明されるべきであるといわねばならない．判決のように，都議会が本来的に有する課税権を侵害するような「事業の情況」のとらえ方は許されない．「事業の情況」の法的意味は，判決のように「租税法律主義」からスタートする立場に立ってとらえるべきではない．日本国憲法の「本来的租税条例主義」の立場に立って解明されるべきである．本来的租税条例主義の立場からいえば，結論を先にいえば，都議会において慎重に審議されて適法・有効に成立した本件条例を裁判所といえども基本的に尊重せざるを得ないこととなろう．このようにみてくると，判決が，異常ともいえる程に重視した「事業の情況」の規定に関しては，実質的に司法審査になじまないともいえなくはない[4]．

3　法人事業税の法的性格

　判決は，法人事業税の法的性格を誤って理解している．これが第2の誤りである．
　現代社会では企業の担税力は必ずしも「所得」に表れるとは限らない．税法上の租税特別措置や税務行政上の所得把握度の不公正により，「所得」が縮減される．隠された担税力は「財産」に表れる．つまり，現代企業の担税力は「所得」課税と「財産」課税とをセットにしてとらえる必要がある[5]．ここにいう「財産」課税は，「所得」からいえば，本件で問題にされている1つの外形標準課税を意味しよう．筆者は，法人

事業税も「応能課税」を採用していると解しているが，法人税や法人住民税とは異なり，「所得」課税だけの応能課税ではない．右に指摘した現代企業の担税力を意味するところの現代的応能課税である．

地方税法72条の12は，電気供給業，ガス供給業，生命保険業，損害保険業については「収入金額」を課税標準とすることとしている．これらの企業についてはその事業の特殊性からいって「所得金額」よりも「収入金額」のほうが右の現代的担力の指標として妥当とみられるからである．地方税法72条の19は，一般企業についても条例で「外形基準」を課税標準とすることができるとしている．4業種だけではなく一般企業についても広く「外形基準」の適用を規定していることは法人事業税の法的性格を考える上において重視されねばならない．このように，地方税法は，外形基準的なものを含む応能課税を採用している．

この点，神野直彦教授の次の指摘に注意したい[6]．

「法人事業税とは生まれながらにして本来，法人企業の利潤ではなく，法人企業の事業活動量あるいは事業活動規模に課税される租税である．……電力・ガス・損保・生保の4業種以外の事業についても，地方自治体の判断で，『事業の情況に応じ』て利潤以外の課税標準の導入が認められている．東京都の外形標準課税の導入は，この条項にもとづいて銀行業に外形標準課税を導入しようとしているに過ぎない．……法人事業税は本来，事業活動規模に課税されることを想定している．そうだとすれば，『事業の情況に応じ』て，外形標準課税を導入できる場合とは，法人利潤を課税標準とすることが，法人事業税の本来の性格，つまり事業活動の規模に応じた課税という本来の性格として相応しくない負担情況が生じた場合であると考えられる．現在の銀行業の場合には，事業活動規模が縮小しているために，法人利潤が減少しているわけではない．銀行業は本来の事業活動では，多大な利益をあげている．つまり，銀行業は，都道府県の公共サービスの利益を受け，事業活動を活発に展開しているにもかかわらず，不良債権という過去の負の遺産が存在するために，法人事業税を納税していないという異常な事態が生じている．」「法人事業税は『事業および労働者がその地方に存在するために必要になってくる都道府県施策の経費払い』である．つまり，法人事業税は法人企業の事業活動のために，提供される都道府県の公共サービスへの対価としての『経費払い』なのである．それ故に現在でも，『利益』を計算する際に，法人事業税はいわば公共サービスを生産するために購入した『費用』として控除が認められている．……公共サービスの利益に応じた負担の公平を求める応益原則にもとづいて，事業活動規模に課税する租税，それが法人事業税なのである．」

しばしば地方税法で規定する法人事業税の法的性格は，法人税・法人住民税とは異なり，事業体が地域社会から受ける公共サービスに対する応益税といわれてきた．法人事業税は応益課税の原則に基づくものでありそれゆえ，法人税・法人住民税は所得計算上損金に算入されないのに対し，法人事業税は所得計算上損金に算入されること

になるともいわれる．神野教授の右説明も，法人事業税は「所得」に基づく応能課税ではないこと，この点において法人税・法人住民税とは法的性格が異なることを指摘しているものとして，筆者は，注目したい．また，この点を法人事業税の損金性とつなげる神野教授のとらえ方も理解し得よう．筆者は，右の応益課税はすでに指摘したところで明らかなように，税法学的には実は単なる「応益課税」ではなく現代企業の現代的担税力をとらえる「応能課税」の具体化として理解すべきであると指摘してきた．法人事業税が法人税・法人住民税とは異なる点は，「所得」以外の「外形基準」を取り込んだ「応能課税」であるという点である．この点は，判決を検討するにあたってきわめて重要である．

　法人事業税の法的性格を考えるうえにおいて判決自体が引用・紹介している立案当局の法人事業税についての趣旨説明が注目される．「やはり事業の分量に応じて，府県の経費を分担するという考え方が事業税の中に織り込まれるべきではなかろうかというふうに考えるのであります．そういう意味合いからは，やはり所得課税というものは必ずしも適当でない」（自治庁税務部長．第19回国会衆議院地方行政委員会議録25号11頁）．「事業税というものの性格を考えました場合には，所得を課税標準とすることは本来の筋ではないのじゃないか，やはり付加価値的なもの，あるいは従業員数その他の外形的なものを課税標準に採用した方がいいのじゃないか，こういう考え方をしております」（傍点・北野．自治庁税務部長．第22回国会衆議院地方行政委員会議録24号10，11頁）．これらは，法人事業税についての立法論ではない．現行地方税法で規定する法人事業税についてのいわば「立法事実」ともいうべき説明である．

　以上の事実でも明らかなように，現行地方税法で規定する法人事業税は現代企業の現代的担税力をとらえるために「所得」以外の「外形基準」をむしろ本則とする事業活動規模税というべき法的性格のものとみなければならない．この点は，さきに紹介した神野教授の指摘に照応するものといえよう．地方税法72条の19の「外形基準」の規定の性格も，このような現行法人事業税の法的性格を確認するものにすぎない．

　筆者は，法人事業税のこのような法的性格からも，同条の「事業の情況」の法的意味を判決の「所得」に代わるという重い意味をもつものとしてとらえることは，誤りであると解している．

　判決はいう．「地方税法72条の19は，例外4業種以外の事業について『事業の情況に応じ』て外形標準を用いることとする場合にも，応能原則に基づく課税であることを当然の前提としているものというべきである．具体的には，応能原則に基づいて，所得を課税標準とすることにより，より適切な担税力の把握ができるか否かを第一に検討し，所得が当該事業の担税力を適切に反映するものである場合には，原則どおり所得を課税標準とすべきであって，この場合には外形標準課税をすることは許されず，例外4業種の場合と同様に当該事業の収益構造等の事業自体の客観的性格又は法律上の特別の制度の存在などから法人税法の例によって算定した所得が当該事業の担税力

255

を適切に反映しない場合に，初めて外形標準を用いることができるというべきである．」「銀行業等については，所得が当該事業の担税力を適切に反映するものであり，原則どおり所得を課税標準とすべきであって，この場合に外形標準課税をすることは許されないものというほかなく，銀行業等については，地方税法72条の19が外形標準課税を許す『事業の情況』があるものとは認められないのであって，本件条例は，同規定に反して違法であり，無効なものといわざるを得ない．」

後に項をあらためて明らかにするところであるが，「事業の情況」の法的意味は，そもそも外形標準課税をする場合の課税標準の選別に向けられたものであって，判決は誤って外形標準課税のできる要件として狭くとらえている．仮に判決の立場に立って要件規定として「事業の情況」を解するとしても，日本国憲法の意図する本来的租税条例主義によれば，その「事業の情況」の法的意味やどのような外形標準課税を行うかは，法人事業税のあり方について課税権をもつ都議会の判断と決定に基本的にゆだねられることになる．この点はさきにも指摘した．それゆえ，繰り返し，確認することになるが，本件条例が地方税法72条の19の「事業の情況」に違反するかどうかは通例は司法審査になじまないことになろう．加えて，右にみたように，判決は法人事業税の法的性格を「所得」に基づく応能課税の租税として誤ってとらえている．法人事業税の法的性格が，事業活動規模税として「外形基準」をとり込んだ応能課税の租税である．このような法人事業税の法的性格からも，判決が「所得」に代わる場合にのみ例外的に「外形基準」が許されるとしたことは，間違いである．

4　「業務粗利益」と「売上総利益」

判決の第3の誤りは，銀行業の「業務粗利益」は「売上総利益」に相当しない，とした点である．これは，企業会計にたいする認識において初歩的誤りであるといわねばならない．

判決は，次のように述べている．「東京都主税局長は，都議会において，現行の事業税につき，所得課税という応益原則による課税が行われていることを認識しながら，あくまで応益原則に基づくものと強弁し，かつ，銀行の業務粗利益が一般事業会社の売上総利益に相当するとの誤った説明を行い，都議会議員らの判断を誤らせるに至った」．「銀行業の中心を占める貸金業においては資金の供給者から銀行が資金を調達して，資金の需要者に貸し付けるのであるが，一般事業会社における売上に相当するのは需要者から回収する貸付元本とその利息，仕入に相当するのは借受元本とその利息ということになり，双方の元本額は等しいから，貸倒れが全くないと仮定すると，貸付利息から借受利息を控除した業務粗利益が売上総利益に相当することとなるが，貸金業には貸倒れが必然的に発生するものであるから，この額を控除しない業務粗利益は，売上総利益とは異なったものといわざるを得ないのである．そして，バブル崩壊後に不良債権が大量に発生した銀行業においては，この点こそが，日常用語的意味

における事業の情況として，もっとも重視すべきことというべきである．」

判決は，一般企業の「売上総利益」は売上から仕入を控除したものともみられる表現をしているが，これは正確ではない．「売上総利益」は，売上から売上原価を控除したものである．売上原価は，「期首たな卸高＋当期仕入高－期末たな卸高」として求められる．貸倒引当金繰入額，貸倒損などは「販売費及び一般管理費」で処理され，「売上総利益」に関係しない．

銀行業の「業務粗利益」は，業務収益から資金調達費用・役務取引等費用・その他業務費用を控除したものである．これはまさしく「売上総利益」に照応する．判決は，銀行業の特殊性から貸倒れを控除しなければ，「売上総利益」に照応しないとしている．バブル崩壊前は，通常の銀行業には貸倒損失はほんとんどなく（銀行は担保なしには貸し付けない），その貸倒引当金のほとんどが利益留保的性格をもっていた．銀行業の特殊性を考慮するとしても，貸倒損失額を「業務粗利益」から控除しなければ「売上総利益」に照応しないという主張は，疑いもなく誤りである[7]．

5 「事業の情況」の法的意味

すでにそれぞれの項で指摘したところであるが，判決は地方税法72条の19の「事業の情況」の法的意味を誤って理解した．その誤りを整理すれば，次のごとくとなろう．

(1) 日本国憲法の意図する本来的租税条例主義からいえば，「事業の情況」（地税72条の19），「通常課税の場合との負担の均衡」（地税72条の22第9項）の法的意味は，都の法人事業税のあり方について課税権を有する都議会の判断と決定に基本的にゆだねられる．「事業の情況」についていえば，大銀行はバブル期を上回る「業務粗利益」をあげながら「所得」基準ではほとんど法人事業税を納付していない．この情況は他の業種に比較してきわだっている．当分，好転の見込みがないという．以上の事実に関する諸資料を都が課税権を有する都議会に提出しており，都議会は慎重に審理しこれを合理的な「立法事実」として認識したうえで本件条例を制定した．課税権を有する都議会が適法に本件条例を制定したものである以上は，税法学的にはその事実を尊重せざるを得ない．なお，「通常課税の場合との負担の均衡」については，当時の銀行業の「常態」（長期の相当期間の資料）と比較すべきであり，都は，バブル発生前，バブル期，バブル崩壊後のいずれの時期を含んだ過去15年間の税収実績等を勘案して，3％の税率を決めた．都の3％には合理性があり，本来的租税条例主義からいえば，この点についても，都議会の決定を尊重せざるを得ないこととなろう．

(2) 本来，「外形基準」をも取り込んだ事業活動規模税というべき事業税の法的性格をも考慮し，また地方税法72条の19の文理解釈からいっても，「事業の情況」は明らかに課税標準としての資本金額，売上金額，家屋の床面積もしくは価格，土地の地積もしくは価格，従業員数など，また所得の併用に向けられたものであると解される．

つまり，課税標準の選別に向けられたものである．しかし，判決は外形標準課税のできる要件として狭くとらえるという誤りを犯した．

(3) 仮に判決のように，「事業の情況」を外形標準課税のできる要件としてとらえるとしても，すでに明らかにされたように，現行法人事業税の法的性格は，本来，「所得」以外の「外形基準」を取り込んだ現代企業の現代的担税力をとらえるという「応能課税」の租税である．判決は，「所得」のみの「応能課税」と誤って理解し，「所得」に代わる場合のみに例外的に「外形基準」が許されるとする誤りを犯した．

6 外形標準課税の一般化

政府筋は，よく知られているように，法人事業税の外形標準課税を全国的にかつ全法人について，一般化する方針をもっている．この点を税法学的にどう考えるべきかについて，コメントを加えておきたい．

本件で問題になっている大銀行に限定しての外形標準課税は，すでに明らかにされたように税法学的には応能課税の1つの具体化である．大銀行以外にもそのような応能課税の具体化としてとらえうる巨大企業に対して外形標準課税を行うことは同じように許されよう．しかし，売上総利益自体が赤字である多くの中小企業を含めて外形標準課税を一般化することは，憲法の応能負担原則（憲13条，14条，25条，29条等）の趣旨に背反し許されない[8]．加えて，現行消費税の現実が考慮されるべきである．

現行消費税も，「付加価値」を基準として事業者に課税するものである．問題になっている法人事業税の外形標準課税も，付加価値を基準にして事業者に課税するものである．ただ，現行消費税は間接税であり，法人事業税は直接税であると理解されている点が異なるにすぎない．現行消費税の現実は，多くの中小企業にとっては自己の事業所の付加価値分の税額を転嫁できず，間接税である現行消費税は企業負担税となっている．ときには仕入税額控除の適用すらが否認されて[9]（消税30条7項），当該仕入税額分も企業負担税となっている場合が少なくはない．一般的な経済の不景気に加えて現行消費税の現実が多くの中小企業にとってはこのように「企業付加価値税」ないしは「企業取引高税（累積税）」と化していること（間接税の直接税化）から消費税の滞納額が巨額になっている．

法人事業税の外形標準課税の一般化は多くの中小企業にとって「二重の消費税負担」を意味する．それは，第2次大戦後の日本資本主義を支えてきた「中小企業の死」を意味しよう．憲法の応能負担原則の趣旨からいっても，法人事業税の外形標準課税の一般化はとうてい支持し得ない．

(1) 北野弘久「ならば『創価学会』からもっと徴税せよ．いいじゃないか石原新税」『諸君』2000年5月号130頁以下，同「法人事業税の外形標準課税の法的検討」『福祉とぜいきん』13号（2000年），『行財政研究』45号（2000年），『租税理論研究叢書11号』法律

文化社（2001年），『財政法叢書18号』龍星出版（2002年）など．
(2) 昭和40年代後期の美濃部亮吉東京都知事の法人2税（法人事業税・法人住民税）の不均一課税条例制定への助言．筆者は，本来的租税条例主義の立場から，国の法律である地方税法6条2項の「公益上その他の事由」や「不均一の課税」の法的意味は，本来課税権を有する都議会の判断と決定に基本的にゆだねられると助言した．また，秋田地裁1979年4月27日判決（判時926号20頁）の事案での鑑定証言．筆者は，本来的租税条例主義の立場から，目的税である国民健康保険税のあり方について国の法律である地方税法703条の4の定めにもかかわらず，秋田市条例自体においてその租税要件等を一義的に明確に規定すべきであると証言した．その他，大牟田訴訟，摂津訴訟など多くの地方財政権闘争において「新固有権説」に基づく地方財政権の展開を助言．詳しくは，北野弘久『納税者の権利』岩波新書184頁以下，24頁．同『新財政法学・自治体財政権』勁草書房，同『憲法と地方財政権』勁草書房，同『憲法と税財政』三省堂，同「秋田国保税訴訟の展開」『現代法学者著作選集・納税者基本権論の展開』三省堂所収，同『税法学原論・4版』青林書院など．今日では，地方税については租税法律主義ではなく筆者のいう本来的租税条例主義が支配することは，税法学界においてひろく承認されるに至っている．たとえば，金子宏『租税法・8版』弘文堂95頁以下，清永敬次『税法・5版』ミネルヴァ書房20頁．また，鴨野幸雄・太田周二郎・田中治ほか『戦後50年と財政法研究(2)地方財政』『財政法叢書14』龍星出版，所収．
(3) 福家俊朗「自治体の課税権」北野弘久編『判例研究・日本税法体系1』学陽書房，所収．
(4) この点，水野忠恒「東京都外形標準課税条例の評価」『ジュリスト』1181号は，本来的租税条例主義にまったく配慮していない．
(5) このような「応能課税」の考え方は，つとに30数年前から指摘しているところである．北野弘久『企業・土地税法論』勁草書房34頁，同『現代企業税法論』岩波書店289頁以下，など．
(6) 神野直彦「外形標準課税と地方分権」『ジュリスト』1181号．
(7) 銀行等の財務会計の資料収集については，山根治公認会計士の助力を得た．同公認会計士によれば，銀行業における貸倒引当金繰入額および貸倒損失は，資金運用の瑕疵による損失金であって，資金調達費用（一般企業の仕入）とはまったく関連性がない．なお，大銀行は，税法上様々な租税特別措置による保護を受けてきた．バブル崩壊後は巨額の公的資金の注入を受けた．しかも，一般大衆からの預金に対してもほとんど利息を支払わないが，貸付金の利息は徴収している．これでは「業務粗利益」が大きくなるのは当然である．
(8) 同旨・湖東京至「事業税の外形標準課税と憲法原則」『北野弘久教授古稀記念号・日本法学66巻3号』所収，田中治「事業税の外形標準課税」新井先生古稀記念『行政法と租税法の課題と展望』成文堂，所収など．
(9) 学説・裁判例に対するすぐれた分析については，黒川功「消費税仕入税額控除否認の限界」北野先生古稀記念『納税者権利論の展開』勁草書房，所収など．

〔2002年6月〕

第2章 「銀行税条例」控訴審判決の検討

1 はじめに

2000年4月に東京都は、大銀行に対し5年間に限って法人事業税の外形標準課税を行う条例（以下「本件条例」という）を制定・施行した。当時、同条例は大銀行に係る不公平税制を是正し、同時に現行法のもとで自治体の自主財政権を確保することになるとして、多くの国民から支持された。ところが、東京地裁2002年3月26日判決（判時1787号42頁）が、同条例は地方税法72条の19の「事業の情況」に違反するとして違法・無効との驚くべき判示を行った。筆者は税法学者として、直ちに税経通信2002年6月号（2002年5月10日公刊）において同判決がいかに税法学的に誤りであるかを明らかにした（以下「前論文」という。本書第Ⅳ部第1章所収）。同論文において「判決〔1審判決〕は、ほぼ30数年前に確立されている税法学理論をまったく無視するものであった。税法学的には間違いだらけといわねばならない」と指摘した。去る2003年1月30日の東京高裁判決は、1審判決の誤りを結果的にはほとんど是正したが、1審判決が判示論点としては取りあげなかった地方税法72条の22第9項（通常課税の場合との負担の均衡）に違反するとして、本件条例を再び違法・無効と判示した。

2審判決（以下「判決」という）も、税法学の理論からいえば間違いである。本件条例および1審判決については多くの税法学的論評が示されているが、前論文において筆者が指摘した本質論からの論評がほとんど示されていない[1]。これは、学問研究者としての税法学者の「不作為」による「怠慢」といわねばならない。東京都が2審判決で再び敗訴したのは、この本質論の欠落が主因である。

2 1審判決の誤謬

判決の検討にあたって、筆者が前論文で指摘した1審判決の誤りを確認しておきたい。

(1) 日本国憲法92条以下は「地方自治」を保障している。自治権のうち少なくとも地方財政権については法論理上各自治体の固有権として保障しているものと解される（筆者のいう「新固有権説」）。その一環として、各地方税のあり方については租税法律主義ではなく、本来的租税条例主義が要請される。本件条例の問題点として銀行側は、本件条例が地方税法72条の19の「事業の情況」および72条の22第9項（通常課税の場合との負担の均衡）に違反すると主張している。第1審判決は前者違反のゆえに本件条例を違法・無効とした。なお、第2審の本判決は後者違反のゆえに本件条例を違法・無効とした。

第2章 「銀行税条例」控訴審判決の検討

　地方税法の同両条は，どのような場合にどのような内容の外形標準課税を行うかについて「事業の情況」とか「通常課税の場合の負担と著しく均衡を失することのないように」などと抽象的に規定するにとどまり，具体的に何も規定していない．これは，日本国憲法の本来的租税条例主義からいえば，同両条の具体的法的意味を都の法人事業税について課税権を有するところの都議会の判断と決定に基本的にゆだねる趣旨である．このことは，実定法である日本国憲法自身の法規範的要請である．第2審の本判決については後に項目を改めて検討することとするが，すでに指摘したように，第1審判決は，本件条例を地方税法72条の19の「事業の情況」違反として違法・無効とした．第1審判決は，誤った明治憲法論の租税法律主義を前提にした，いわば委任租税条例主義の考え方に立って「事業の情況」をリジットにとらえ，判示したものとみられる[(2)]．前論文で詳論したように，本来的租税条例主義からいえば，都議会において慎重に審議されて適法・有効に成立した本件条例を裁判所といえども尊重せざるを得ない．地方税法の前出両条の法的性格は実質的には訓示的規定の位置づけになろう[(3)]．1審判決は，このように日本国憲法の法理論的要請を無視した基本的誤りを犯した．

　(2)　現行法で規定する法人事業税の法的性格は，「所得」以外の「外形基準」をむしろ本則とする事業活動規模税である．同税は，現代企業の現代的担税力をとらえるために課税標準に「外形基準」を取り込むこととしており，その意味では一般に「応益課税」の側面を有するともいわれる．同税は，実定法的にも法人税・住民税のような「所得税（Einkommeusteuer）」，「人税」ではなく，「収益税（Ertragsteuer）」，「物税」であって，企業の事業遂行に必要な「経費税」である．筆者は，右の「応益課税」は税法学的には現代的「応能課税」の1つの具体化としてとらえるべきであると指摘してきた．第1審判決は，法人事業税の法的性格を「所得」だけの「応能課税」として狭くとらえ，銀行業等には外形標準課税を許す「事業の情況」が存在しないと判示した．法人事業税の法的性格を誤ってとらえたわけである．

　(3)　本件条例において，大銀行に対する外形標準課税の「課税標準」として銀行業の「業務粗利益」を導入したが，第1審判決は，「業務粗利益」は一般企業の「売上総利益」に相当しない，貸金業には貸倒れが必然的に発生するからこの額を「業務粗利益」から控除すべきである，と判示した．筆者は，銀行業における貸倒引当金繰入額および貸倒損失は資金運用の瑕疵による損失金であって，資金調達費用（一般企業の仕入）とはまったく関連性がないと指摘した．「業務粗利益」は売上高から売上原価を控除した「売上総利益」に相当する．この点においても第1審判決は初歩的誤りを犯した．

　(4)　「事業の情況」の規定は，文理解釈上「外形基準」を取り込んだ事業活動規模税として事業の種類，業態，規模等に応じて課税標準の具体的あり方の選別に向けられたものである．第1審判決は，「事業の情況」を「所得」課税だけの「応能課税」の例

外として「外形基準」を導入しうるための要件規定としてリジットにとらえた．第1審判決は，この点，「事業の情況」への理解につき前出法人事業税の法的性格への認識の誤りをも含めて二重の誤りを犯した．仮に1歩譲歩して第1審判決のように要件規定としてとらえるとしても，既述のように，日本国憲法の本来的租税条例主義からいえば，「事業の情況」の法的意味は，法人事業税について課税権を有するところの都議会の判断と決定に基本的にゆだねられることになる．裁判所といえども，当該条例がよほど不合理な内容のものでない限り，適法・有効に制定された本件条例を尊重せざるを得ないこととなろう．

以上で明らかなように，第1審判決は，税法学的にはおそろしいほどに間違いだらけであった．

3 本来的租税条例主義の先例

以上の検討で明らかなように，第1審判決は，日本国憲法の本来的租税条例主義や法人事業税の法的性格などについて，本質論的理解を欠いたものであった．前者の本来的租税条例主義については，30数年前に税法学的に確立しているといってよい．ここでは，筆者が関与した2つの先例を紹介する．

昭和48（1973）年1月，東京都の新財源構想研究会（座長・木村禧八郎）が，大企業の不公平税制を是正し同時に都の自主財源確保を行うために，法人2税（法人事業税・法人都民税）の不均一課税を提唱した．都税条例で，大企業の法人2税を引上げ，中小企業のそれを引き下げようとするものであった．このときも，この考え方は国の地方税法の予定していないものであって租税法律主義に違反するという批判が声高に主張された．この問題は政治問題化した．美濃部亮吉東京都知事時代のことである．都から，筆者のところに法理論的裏づけをして欲しいという要望があった．同年5月，筆者は，東京都の意見聴取会でつぎのような所見を述べた[4]．

(1) 都は地方税法6条2項の不均一課税の規定を適用すればよい．

(2) 日本国憲法は，地方税のあり方については租税法律主義ではなく本来的租税条例主義を採用している．ある自治体が国の地方税法の規定に従って，課税しようとする場合には，もう一度，そのことを当該自治体の税条例で規定しなければならない．日本国憲法は，地方税の租税要件等のすべてを当該税条例で完結的に規定することを要請している．地方税法の法的性格は，その枠規定を含めて各自治体が税条例を制定するための標準法である．

(3) 地方税法6条2項は，「公益上その他の事由」および「不均一の課税」については具体的には何も規定していない．これは，都税について課税権を有する都議会の判断と決定に基本的にゆだねる趣旨である．

(4) 日本国憲法の応能負担原則（憲13条，14条，25条，29条等），都が首都である

という特殊事情，そして不均一課税で徴収した都税収入の使途のことも織り込んで，都議会は主体的に「公益上その他の事由」や「不均一の課税」の具体的意味を判断・決定すべきである．

(5) 都議会がよほど不合理な内容の都税条例を制定しない限り，地方税法違反という法律問題は生じない．

都では，以上の筆者の所見を論文化して，それを当時の自治省担当官に提示した．都の担当者（日比野登，高木美昭ら）によれば，同論文を読んで「自治省担当官は絶句した」とのことであった．結局，東京都方式が合憲・適法とされ，多くの自治体がこの方式を見習うようになった．

昭和50（1975）年度分などの秋田市国民健康保険税賦課処分の違法性が争われた事案において，秋田地裁昭和54（1979）年4月27日判決（判時926号20頁）および仙台高裁秋田支部昭和57（1982）年7月23日判決（判時1052号3頁）は，秋田市国民健康保険税条例を筆者のいう本来的租税条例主義に違反するとして，違憲・無効と判示した．

この訴訟は，筆者の本来的租税条例主義を理論的基礎として提起された．筆者は，原告団および弁護団に助言する機会が与えられるとともに，第1審秋田地裁で日本国憲法の本来的租税条例主義について鑑定証言を行った[5]．同両判決は，拙証言を採用した．1審裁判長は名越明彦氏，2審裁判長は福田健次氏である．両裁判所の税法学という学問への謙虚な姿勢が高く評価されねばならない．地方税法703条の4自体は，国民健康保険税の税率などについて概括的に定めている．筆者は，「本来的租税条例主義からいえば，秋田市の国民健康保険税をどうするかは，課税権を有する秋田市議会の専管事項である．同税目が目的税であるとしても，そして地方税法703条の4の定め方にもかかわらず，秋田市税条例自体においてその税率などの租税要件等のすべてが一義的に明確に完結的に規定されねばならない」，と証言した．

4　税法学・税法学者の使命

第1審判決後，2002年4月に本件訴訟の東京都側の責任者であり，本件訴訟の指定代理人でもある川村栄一氏（東京都総務局法務部特命担当部長）が東京都主税局税制部副参事吉冨哲郎氏とともに，筆者の研究室へ来訪された．筆者は，税法学者として第1審判決があまりにも税法学を無視しているところから，前論文で詳論した本来的租税条例主義や法人事業税の法的性格などの本質論から主張・立証することの重要性と，そして，そうすれば都が必ず勝利できることを強調した．同氏らに対して，約30年前の美濃部知事時代の都の先輩の先駆的業績などを紹介した．なんでも，川村栄一氏らは当時学生であって，あまり本来的租税条例主義などの先例を知っておられないようであった．加えて，本件第1審で東京都側が助言を求めたのは三木義一教授らと

のことであった．同教授はかつて筆者の指導を受けた気鋭の研究者であり，前出の本来的租税条例主義などの先例を十分に承知しておられるはずであった．しかし，同教授はなぜか筆者のような本質論からの助言をされていないようであった[6]．筆者は川村氏らに前論文の原稿等を提示するとともに，関係文献のいくつかを貸与させていただいた．別途，筆者は，税法学という学問的遺産をまったく無視した第1審判決の誤りをどうしても是正しなければならないという税法学者の使命感から，上谷清・東京都側弁護団長らに前論文のコピー等を送付させていただいた．

2002年5月に，東京都職員らで構成する「地方税研究会」の公開シンポが，本件第1審判決を研究するために，東京で開催された．同研究会のパネラーとして東京都主税局の三橋昇氏（東京都主税局税制部税制調査担当部長）も出席された．筆者は，本件控訴審において前出本質論から主張・立証すれば，「必ず都が勝利します」と，同氏を激励したものであった．

東京都の川村氏から控訴理由書が送付されてきた．同理由書の内容は，個別的にはよくとりまとめられているが，前出の本来的租税条例主義などの本質論が前面にストレイトに表現されていないきらいがあった．筆者は税法学者として危機感を覚え，都知事になる前に，かつていくつかの集会等で面識のあった石原慎太郎氏（自宅宛）に，前論文のコピー等を送付することとした．その際，第1審での東京都の敗訴の主因は，前出の本質論からの主張・立証をしなかったことにあると同知事に指摘した．

後に明らかにするように，今回の控訴審での東京都の敗訴の原因も，実は本来的租税条例主義などの主張・立証の不十分さにある．この点は，重く受けとめられねばならない．

5 控訴審判決の検討

敗訴した税率以外の問題について，控訴審判決の内容を検討する[7]．

(1) 判決は，「同条〔地方税法72条の19〕は，例外4業種〔電気供給業など〕に準ずる事業自体の客観的性格や法律上の特別の制度の存在が必要であると解すべきではなく，『所得』を課税標準として課税すると適当でない場合に，『所得』以外の適当な外形基準による課税（外形標準課税）を，地方公共団体の裁量によって行うことを認める趣旨の規定である．同条の『事業の情況に応じ』の解釈運用は，応益的な考え方を基本とすべきであり，また，原則として，地方公共団体の合理的な裁量にゆだねられている」と述べる．これはそのまま1審判決の誤りの指摘になる．ただ，控訴審の判決では，「応益的な考え方」という表現をしているが，税法学的には大銀行への外形標準課税は，前論文でも指摘したように，事業活動規模税として担税力をとらえるための「応能課税」の1つの具体化と理解すべきである．1審判決はさかんに「応能課税」という点を強調していたが，本件条例が資金量5兆円以上の大銀行に課税を限定したのは，まさしく「応能課税」の表れである．

第2章 「銀行税条例」控訴審判決の検討

(2) 筆者は前論文において,「本来,外形基準をも取り込んだ事業活動規模税というべき事業税の法的性格をも考慮し,また地方税法72条の19の文理解釈からいっても,『事業の情況』は明らかに課税標準としての資本金額,売上金額,家屋の床面積もしくは価格,土地の地積もしくは価格,従業員数など,また所得の併用に向けられたもの〔課税標準の選別〕であると解される」と指摘した.この点は,判決も「地方税法72条の19の『事業の情況に応じ』という文言自体を素直に読めば,問題となる事業なり業種ごとに,外形標準課税の課税標準を検討することを許容しているものと考えられる」と述べる.筆者のような解釈に理解を示すものともいえよう.

(3) 判決は,銀行業等への限定について,「大手の銀行の一審被告東京都に納付する法人事業税額が昭和59年度以降不安定な状況にあること,その一方で,大手の銀行の業務粗利益や銀行の資金利益は,平成2年度から若干の増加ないし横這いの傾向で推移していること,銀行業等においては,不良債権処理,貸倒処理の継続により,『所得』を課税標準とすると,銀行業等の法人事業税額が,現状でも既に相当程度減少しているのに,今後も当分の間減少が見込まれる状況であり,業務粗利益や資金取引から推認される銀行業等の事業の活動量は,そのような減少傾向と相当程度対応しないものとなっていたし,このような傾向や状況は,不動産業等他の業種と異なるものであるから,銀行業等について,地方税法72条の19の『事業の情況』が認められる」と述べる.さらに,資金量5兆円以上の限定について判決は,「本件条例が,銀行業等のうち資金量が5兆円以上のものに限定していることは,安定した法人事業税収入を得るために,必要な限度で線を引いた面があっことは否定できない.しかし一方,適用を受ける事業者の税負担を概して増やす結果となる外形標準課税の導入の検討に当たっては,中小事業者への影響を検討することが必要であり,このような政策的な判断を認めることに強い異論があるとは考えられず,中小事業者への間接的な影響がある中小金融機関を納税義務者としなかったことは,妥当な政策的配慮と評価できる.そして,銀行の資金量や業務純益に関する資料を考慮して資金量5兆円で線を引いた一審被告東京都の裁量権行使は,政策的判断として一応の合理性が認められる」と述べる.

さきにも指摘したように,本件外形標準課税自体が税法学的には単なる「応益課税」ではなく「応能課税」の1つの具体化の視角からとらえられるべきであり,本件条例において資金量5兆円以上の大銀行に限定したことは,日本国憲法の応能負担原則の観点からも正当化できる.判決は,貸出先の中小企業のことを指摘しているが,外形標準課税の納税義務者から中小金融機関を除外したことそれ自体が応能負担原則の具体化といえる.

(4) 1審判決がすでに指摘したように,「業務粗利益」は一般企業の「売上総利益」に相当しないと判示した.この点,判決は,「事業税の課税局面において,その課税客体である事業としての銀行業等の規模・活動量を測定するものとして,『業務粗利益』を課税標準として採用した一審被告東京都の裁量判断が,合理性を欠くものとは断定

できない」と述べる。これも1審判決の誤りを是正するものである。

(5) 以上のように述べて、判決は、「東京都の裁量判断は、いずれも地方税法72条の19において許容される範囲内のものであると認められるので、本件条例は同条に違反しない」と判示した。

以上、控訴審判決の述べるところは、筆者のいう本来的租税条例主義、「外形基準」を取り込んだ「応能課税」としての法人事業税の法的性格などの本質論からいえば、理論的には不透明・不徹底との批判は避けられない面があるが、結果的に筆者が前論文で指摘した1審判決の誤りを是正したことについては評価しうる。

6 税率3％に対する控訴審判決は誤り

東京都議会は、本件条例において外形標準課税の税率を3％と定めた。この点については、1審は直接的に判断を示さなかった。さきにも指摘したように、控訴審は、この条例規定を地方税法72条の22第9項（通常課税の場合との負担の均衡）に違反するとして違法・無効と判示した。

東京都議会は、昭和59（1984）年度から平成10（1998）年度までの15年間の主要銀行の「所得」課税の実績に基づいて3％の税率を決めた。この15年間は、バブル期前、バブル期、バブル期後（崩壊後）のいずれの時期をも含む15年間を意味する。

この点、まず、判決の述べるところを確認しておこう。「……具体的には、均衡要件の判断については、外形標準課税が導入された後の2、3年度の比較を基本としながら、過去数年間の課税実績からの推計による比較のほか、外形標準課税導入の目的等関連する諸般の事情を、客観的な資料に基づき総合勘案すべきである。……税負担を比較した場合の差額ないしその割合（倍率）がどの程度になれば著しく均衡を失していることになるかについて、具体的な線引きは困難であるが、均衡要件の総合判断では、税負担の比較値ないし割合が勘案要素として比重が高い。本件条例案の検討過程において東京都は増加割合は10倍を超えると試算していたこと、本件条例の適用初年度（平成12事業年度分）及び第2年度（平成13事業年度分）における増加割合は、約7.7倍及び約3,652倍となることと、第2年度における一審原告Y銀行の増加割合は約4.9倍となることが認められ、これらを見る限りは、『所得』を課税標準とした場合の推計事業税額がゼロの銀行がほとんどであるとの事情を割り引いても、本件条例による事業税の税負担は、『所得』を課税標準とした場合の税負担と比較して、『著しく』均衡を失している可能性が大きい。」

判決のいう右の不均衡について、判決は、「……『所得』を課税標準とした場合の税負担がゼロとなる銀行がほとんどであるのに、本件条例による納税額が相当額に上るのは、貸倒損失等を考慮しない『業務粗利益』を課税標準としたことに起因し、均衡要件との関係でも、課税標準における貸倒損失等の扱いについては、なお検討が必要

郵便はがき

恐縮ですが
切手をお貼
り下さい

112-0005
東京都文京区
水道二丁目一番一号

勁草書房
愛読者カード係 行

（弊社へのご意見・ご要望などお知らせください）

・本カードをお送りいただいた方に「総合図書目録」をお送りいたします。
・HPを開いております。ご利用下さい。http://www.keisoshobo.co.jp
・裏面の「書籍注文書」を弊社刊行図書のご注文にご利用ください。より早く、確実にご指定の書店でお求めいただけます。
・近くに書店がない場合は宅配便で直送いたします。配達時に商品と引換えに、本代と送料をお支払い下さい。送料は、何冊でも1件につき200円です（2005年7月改訂）。

愛読者カード

40234-2　C3032

本書名　税法問題事例研究

ふりがな
お名前　　　　　　　　　　　　　　　（　　歳）

　　　　　　　　　　　　　　　ご職業

ご住所　〒　　　　　　　　　お電話（　　）　―

メールアドレス(メールマガジン配信ご希望の方は、アドレスをご記入下さい)

本書を何でお知りになりましたか
書店店頭（　　　　　　書店）／新聞広告（　　　　　新聞）
目録、書評、チラシ、HP、その他（　　　　　　　　　）

本書についてご意見・ご感想をお聞かせ下さい(ご返事の一部はHPに掲載させていただくことがございます。ご了承下さい)。

◇書籍注文書◇

最寄りご指定書店

市　　町（区）

　　　書店

(書名)	¥	(　) 部
(書名)	¥	(　) 部
(書名)	¥	(　) 部
(書名)	¥	(　) 部

※ご記入いただいた個人情報につきましては、弊社からお客様へのご案内以外には使用致しません。
　詳しくは弊社HPのプライバシーポリシーをご覧下さい。

であった」とも指摘している．この指摘は，判決が本件外形標準課税について正当な税法学的認識をしていないことを示唆しよう．

さて，問題の地方税法72条の22第9項はどのように規定しているであろうか．地方税法72条の22第9項「道府県が第72条の19〔事業税の課税標準の特例〕の規定によって事業税を課する場合における税率は，第1項，第2項，第6項及び前項の税率による場合と著しく均衡を失することのないようにしなければならない．」

この規定の仕方自体があまりにも抽象的・包括的であるといわねばならない．これは，さきにも指摘したところであるが，日本国憲法の本来の租税条例主義からいえば，都の法人事業税をどうするかについて，本来，課税権を有するところの都議会の判断と決定に基本的にゆだねる趣旨である．この規定は，実質的には訓示的規定とみてよい．都議会がよほど不合理な税率の定め方をしない限り，地方税法違反という法律問題は生じない．

銀行側は，税率については地方税法72条の22第8項（制限税率．1.1倍）を持ち出して，「1.1倍と『若干の相違』」，最高限度，新基準（外形基準）による事業税収総額が旧基準（所得基準）によるそれの2倍を超えてはならない，などと主張した．この点，判決は，「……狭きに失するといわざるを得ず，結局，……解釈論として採用することはできない」とした．

判決は，税率3%による実績が15年間の「所得」課税の実績と均衡していることを確認している．判決はいう．「東京都の全事業税額のうち，資金量5兆円を超える銀行30行が納付した事業税額の占める割合の，昭和59年度から平成10年度までの平均が約9.8%であるのに対し，本件条例が適用された初年度（一審原告らの事業年度では平成12年度であり，一審被告東京都に納付されるのは平成13年度ということになる．）の確定申告納税額1,029億円が一審被告東京都の全事業税額に占める割合は約9.6%であり，この納税額や割合だけを比較する限度では，見合ったものとなっている」．これは，本件条例における3%の「立法事実」が，同条例施行の実績からも妥当であることが裏づけられたことを示唆しよう．

それでは，判決は具体的にどのような理由で，本件条例の税率を不均衡と判示したのであろうか．

判決はいう．「原告らに本件条例が適用された結果，その初年度（平成12事業年度）には約7.7倍，第2年度（平成13事業年度）には約3,652倍という大幅な事業税負担の増加となる」．注意すべきは，原告ら17行中，初年度では12行，第2年度では16行が，「所得」を課税標準とする課税では事業税額がゼロになる．第2年度で1行だけが「所得」課税をなしうる状態であった．その1行であるY行についていえば，「本件条例による課税は約4.9倍になる」．以上，実に，「所得」課税ではほとんど事業税の課税ができない状態での倍率であることに注意を要しよう．

さきにも指摘したように，法人事業税の法的性格は，「所得」以外の「外形基準」を

も取り込んだ事業活動規模税である．判決は，過去に生じた不良債権の処理により「所得」を課税標準とした場合には事業税額がほとんどゼロになるという資料と比較しているが，これはまったく無意味な比較である．判決の指摘する倍率は，およそ有意味性をもたない．判決は，常識に反する，驚くべき誤りを犯した．

銀行業の「常態」（相当期間）と比較すべきであろう．銀行業をとりまく経済情況を反映する，相当期間の資料によるべきである．都のように，バブル期前，バブル期，バブル期後のいずれの時期をも含む 15 年間の「所得」課税の実績と比較するのが合理的である．本件条例の税率 3% は，右の銀行業の「常態」を示す 15 年間の実績に基づいて決定された．しかも，同 3% は，主権者・都民の代表機関であり，都の法人事業税について課税権を有する都議会で，本件 3% の税率を裏づける諸資料を慎重に審議したうえで，ほとんど全員一致で決定された．それゆえ，何人も，本来的租税条例主義からいえば，本件条例の 3% の税率規定を違法・無効とすることはできない．率直にいうことが許されるならば，繰り返し確認することになるが，日本国憲法の本来的租税条例主義の法理からは本件条例の 3% 税率規定を裁判所も尊重せざるを得ず，この点は，実質的には司法審査になじまないといえなくもない．

最高裁判所が，前論文および本稿で展開した税法学という学問に基づいて，公正な判決を示されることを期待したい．

(1) 筆者の知る限り，前論文が示された後の，税理士関本秀治氏の論評があるにすぎない．関本秀治「東京都の『銀行税』判決と地方自治の本旨」税経新報 493 号．氏は，約 30 年前の美濃部東京都知事時代などの遺産を十分に承知しておられ，筆者のいう本来的租税条例主義などの遺産の継承・発展の必要性を指摘された．なお，行政法学者の兼子仁教授，憲法学者の吉田善明教授らも東京都側に助言されたと伝えられるが，結論的には拙論と同旨の所見を提示されたものと推察される．
(2) 詳細については，「前論文」参照．日本国憲法 30 条・84 条を地方税について適用するときは，両条の「法律」は「条例」そのものを意味する．
(3) 筆者は，つとに「両規定の法的性格は一種の訓示的規定といえよう」と指摘していた．拙稿「法人事業税の外形標準課税の法的検討」『租税理論研究叢書 11』法律文化社，同「法人事業税の外形標準課税の法的検討」『財政法叢書 18』龍星出版，所収など．
(4) 拙稿「自治体の課税権と不均一課税──住民自治創造のための法理論」『新財政法学・自治体財政権』勁草書房，所収．同『納税者の権利』岩波新書 188 頁，など．
(5) 拙稿「秋田国保税訴訟の展開と意義──自治体財政権の憲法的基礎」『納税者基本権論の展開』三省堂，所収．同『納税者の権利』前出 235 頁，など．なお，現地の担当弁護士である沼田敏明「秋田市国民健康保険税条例違憲訴訟」北野先生古稀記念『納税者権利論の展開』勁草書房，所収．
(6) 石原慎太郎・桜井よしこ・三木義一「銀行よ，どこまで堕ちる──経営責任は知らん顔『税金も払わない』は通らない」文芸春秋 2002 年 6 月号など．三木義一氏は，本質論的指摘をまったく行っていない．

(7) 以下の控訴審判決の引用・紹介は，原則として判決言い渡し当日，控訴審裁判所が示した「判決要旨」に基づく．

〔2003年4月〕

【付　記】

　本件については2003年10月8日に最高裁で「和解」が成立した．バブル期をはずした過去10年間（1993年度から2002年度まで）の所得課税の実績に基づいて，税率を3％から0.9％に引き下げての「和解」となった．なお，2003年度までの4年間とし，2004年度以降は適用しないこととされた．この「和解」に対する筆者の対応と所見については，本書第Ⅰ部第4章60頁．筆者としては，税率については大銀行業の「所得」課税の「常態」（短期間ではなく相当期間の常態）の実績に基づいて判断されるべきであり，課税権を有する都議会の判断（3％の都税条例規定）には合理性があり，また，本来的租税条例主義の法理（司法裁判所も都議会の決定を基本的に尊重すべきである）からいっても変更する必要がなかったとみている．しかし，0.9％に変更されたとはいえ，ともかく「和解」が成立したことは，結果的には本来的租税条例主義の法理がすべて否定されなかったとみることができるという意味で，税法学的に評価しうる．国の「地方税法」の改正で，2004年4月から法人事業税の外形標準課税が資本金1億円超の法人に全国的に適用されることになった．資本金1億円超の法人に限った点は憲法の応能負担原則からはそれなりに評価し得るが，現在では大法人といえば，資本金10億円超とみるのが妥当である．この点は，税法学的に批判されねばならない．将来，資本金1億円以下の法人にも外形標準課税が拡大・適用されないように，納税者としては警戒しなければならない．

〔2004年8月〕

【文　献】

　法人事業税の外形標準課税に関するものとして，湖東京至「事業税の外形標準課税と憲法原則」『北野弘久教授古稀記念号・日本法学66巻3号』所収，田中治「事業税の外形標準課税」新井先生古稀記念『行政法と租税法の課題と展望』成文堂，日本租税理論学会編『租税理論研究叢書14』法律文化社（武田公子，内山昭，浦東久男，加藤義幸，粕谷幸男，千葉寛樹ほか）．

第Ⅴ部　コンビニエンスストアに係るチャージ契約の違法性
　　　　——その財務面への解析——

第1章　セブン-イレブン・ジャパン事件控訴審

1　はじめに

　筆者は，かつてローソンの加盟店が負担するチャージ契約には詐欺的要素があり，民法90条（公序良俗）違反のゆえに違法・無効とする鑑定所見書を千葉地裁に提出した（税経新報460号・2000年1月号〔本書第V部第3章〕．千葉地裁2001年7月5日判決〔判時1778号98頁〕は加盟店側を勝訴とした）．ローソンでは，原価性を有する商品廃棄ロス・棚卸ロス分を含めてチャージを計算することを契約において明定していた(注)．ところが，セブン-イレブン・ジャパンでは，契約上は通常の意味での「売上総利益」に対してチャージを計算することになっていた．しかし，実務の運用においては加盟店の事業経営において原価性を有するとみられる商品廃棄ロス・棚卸ロスを売上原価に算入しないで「販売費及び一般管理費」のなかの「販売費」に算入することとし，結果的にはローソンの場合と同じように，原価性を有する商品廃棄ロス・棚卸ロス分にまでチャージを課していた．これは1つの詐術であるといわねばならない．このチャージの違法性が東京地裁で争われた．筆者は，このチャージの違法性を指摘した鑑定所見書（甲34号証，42号証）を東京地裁へ提出した（税経新報496号・2003年2月号〔本書第V部第2章〕）．この点については，筆者は，東京地裁で鑑定証言を行った．別に，中小企業会計実務の観点から阿部徳幸税理士が同じくこのチャージの違法性を指摘した鑑定所見書を東京地裁へ提出された（甲40号証）．しかるに，2004年5月31日東京地裁は，加盟店側を敗訴とする驚くべき判決（以下，「判決」という）を言い渡した．そこで，加盟店側が東京高裁へ控訴することとした．

　2004年6月，筆者は，控訴の際に東京高裁へ提出するために，以下の鑑定所見書をとりまとめた（甲58号証）．実務の参考になると思われたので，紹介することとした．なお，阿部徳幸税理士も中小企業会計実務の約10年の経験をふまえて，控訴審のために鑑定所見書をとりまとめられた（甲59号証）．

　本件訴訟の原告（控訴人）は，加盟店主伊藤洋氏であり，同氏は体を張って，その妻伊藤美沙子氏とともに，この巨大企業の不正を告発しておられる．加盟店側の代理人は1審では上田栄治弁護士，控訴審では中村昌典，山縣秀樹，上田栄治の各弁護士である．なお，伊藤洋氏が中心であるが，同じく加盟店主荻原正之，鈴木勝，鈴木信彦，早田信広，榎田進らの諸氏も告発・提訴しておられる．

　　（注）　鑑定人は，1999年8月に千葉地裁に提出したローソン事件（千葉地判平13
　　　　（2001）・7・5判時1778・98）に関する鑑定所見書において，次のように述べている．
　　　　「㈱ダイエーコンビニエンスシステム」の本件契約内容が財務会計的にもいかに不合理

273

第Ⅴ部 コンビニエンスストアに係るチャージ契約の違法性

であるかは多くの説明を要しないであろう．この点に関し，本件契約とは異なり，株式会社セブン-イレブン・ジャパンの場合にはその『加盟店基本契約書』40条において通例の財務会計にいう『売上総利益』を前提にしてチャージを規定している事実を指摘しておきたい」（税経新報460号，2000年1月号）．

2 本件契約における「売上総利益」

(1) 本件加盟店基本契約書（以下，「本件契約」という．甲1号証，2号証）40条は次のごとく規定している．「乙（フランチャイジー・原告・控訴人伊藤洋）は甲（フランチャイザー・被告・被控訴人，株式会社セブン-イレブン・ジャパン）に対して，セブン-イレブン店経営に関する対価として，各会計期間ごとに，その末日に，売上総利益（売上から売上商品原価を差し引いたもの．）にたいし，付属明細書（ニ）の第3項に定める率を乗じた額（以下，セブン-イレブン・チャージという．）をオープンアカウントを通じて支払う．」

右付属明細書（ニ）の第3項には「売上総利益」の大きさに応じて「セブン-イレブン・チャージの比率」が55％，67％，70％，75％，80％と定められている．同付属明細書のどこにも，本件「売上総利益」について右以上の格別の規定は存在しない．「売上総利益」という言葉は，ひろく企業会計の実務において用いられている．したがって，別段特異の用語ではない．本件契約40条で用いられている「売上商品原価」は，一般には「売上原価」と呼称されているものである．本件契約には特段の規定もないことから，控訴人は小売業であるので，「売上商品原価」の用語が用いられたものにすぎないとみられる．被控訴人（株式会社セブン-イレブン・ジャパン）の説明書などには単に「原価」とか「総利益」とか，「荒利益」とかの用語が用いられている．その意味では「売上商品原価」は一般にいう「売上原価」と同義であるといってよい．

本件契約の「売上総利益」には，棚卸ロス分，廃棄ロス分を含むという一般の理解とは異なることを被控訴人は主張しているが，本件契約に先だって，被控訴人から控訴人にどのような説明があったのであろうか．本件契約には「売上総利益」そのものについては，すでに紹介した本件契約40条の規定しか存在しない．それゆえ本件契約の「不備」を補うだけの説明があったかどうかが，具体的に問題となる．

控訴人伊藤洋らに説明会で配布された「セブン-イレブン経営委託説明会」と題する資料（甲10号証）にはたとえば次のような図解が示されている．

```
損益計算書（P／L）
　売上
　－原価
　――――――――――
　　総利益
　　－セブン-イレブン・チャージ
　　――――――――――
```

第1章　セブン-イレブン・ジャパン事件控訴審

```
　オーナー総収入
－営業費
　　純利益
```

※荒利益分配方式をとっているのが特徴です．他には一切，家賃とかリース費用等は頂きません．

　本件セブン-イレブン・チャージの対象になる「総利益」（荒利益）の中に棚卸ロス分，廃棄ロス分を含めるとの説明はまったく存在しない．具体的にも被控訴人担当者から，この含みについて，控訴人らに口頭による説明もまったく存在しなかった．また，「セブン-イレブンＣタイプオーナー説明会」と題する資料（甲9号証）にも，本件セブン-イレブン・チャージ（荒利益分配方式）について，次のような図解が記されているだけである．

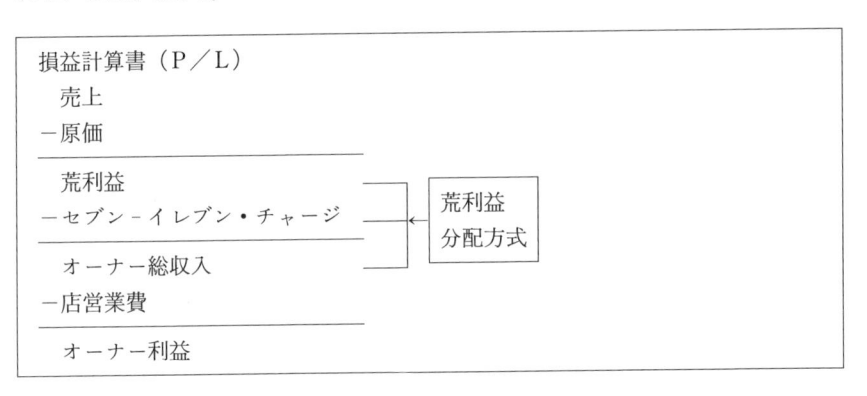

```
損益計算書（P／L）
　売上
－原価
　荒利益　　　　　　　　　┐
－セブン-イレブン・チャージ　├─ 荒利益
　オーナー総収入　　　　　　┘　　分配方式
－店営業費
　オーナー利益
```

　また，本件契約後，控訴人らの店に備え付けられた「システムマニュアル」（甲11号証）においても「荒利分配方式」として次のような説明が示されている．

　セブン-イレブン・ジャパンとオーナーさんとの間でとりかわした加盟店基本契約書にもとづき，オーナーさんとセブン-イレブン・ジャパンは売上総利益（荒利益）を分け合うことになっている．
　　しくみ（Ａタイプ 24時間営業の場合）
```
　　　　　　　　　売上
　　　　　　　－売上原価
　　　　　　売上総利益（荒利益）
```

275

第Ⅴ部　コンビニエンスストアに係るチャージ契約の違法性

```
┌─────────────────────┬──────────────────────────┐
│   オーナーさん       │   セブン-イレブン・ジャパン │
│   総収入　57％      │   セブン-イレブン・チャージ43％│
└─────────────────────┴──────────────────────────┘
```

オーナーさんの「総収入」とセブン-イレブン・ジャパンの「セブン-イレブンチャージ」とに分ける．オーナーさんはこの「総収入」から人件費を含む営業費をまかない，一方，セブン-イレブン・ジャパンは「セブン-イレブンチャージ」からお店に対する各種サービスを提供することになる．

　控訴人らのような中小企業，特に伊藤洋らは零細な個人企業である．そこでの企業会計の実態は税務会計（税法に基づく会計）である．

　本件契約では「売上商品原価」，「売上総利益」という用語が用いられているが，すでに指摘したように，特段の定義規定も設けられておらず，かつ，被控訴人担当者からもまったく説明がなかった．税務会計がその実態である中小企業の企業会計の実務では，本件契約にいう，「売上商品原価」，「売上総利益」（荒利益）とは通常の意味での「売上原価」，「売上総利益」（荒利益）と理解するのが控訴人を含む人々の感覚であり，かつ，それは社会における正常な認識でもある．

　さて，日本の税務会計の実務の実態は次のごとくである．各会計期末に各企業はたな卸資産の種類，品質，型等（以下「種類等」という）の同じものを1グループとして，それぞれグループごとに実地たな卸を行う．その実地たな卸で種類等ごとの数量を確定する．問題は，その数量に乗ずべき単価である．これは，通例は個人企業の場合には所得税法47条，所得税法施行令99条から101条の規定に基づいてあらかじめ税務署長に届け出た，たな卸資産の評価方法によって評価する．届け出がない場合の法定評価方法は最終仕入原価法となっており，その場合には同最終仕入原価法で計算することになる（所税令102条）．以上と同趣旨の規定が法人企業の場合には法人税法などによって規定されている．以上の実地たな卸により，期末たな卸高が決定される．なお，たな卸資産等を控訴人らが自己消費した場合には当該時価相当分の金額は当然に控訴人らの総収入金額に算入される（所税39条）．また，たな卸資産を控訴人らが贈与等（著しく低い価額の対価による譲渡を含む）をした場合には，当該時価相当分（低額分を含む）の金額は控訴人らの総収入金額に算入される（所税41条）．このように控訴人らの私的処理は許容されていない．

　売上原価は「期首たな卸高＋その期中の仕入高－期末たな卸高」により求められる．これにより，企業経営上恒常的に生じる原価性を有するとみられる商品廃棄損等，たな卸減耗分は自動的に売上原価に組み込まれることになる．これが日本の中小企業における税務会計実務の通常の姿であり，これについては疑問の余地がない．鑑定人の40数年の研究と実務の経験に鑑み，これ以外の会計処理方法を知らない．

　控訴人らが本件チャージの対象になる「売上総利益」または「荒利益」の意味を，以上の中小企業会計（税務会計）で理解されている通常の意味での「売上総利益」ま

たは「荒利益」と同趣旨のものと解するのが当然であり，事実，控訴人らはそのように認識していた（伊藤洋甲60号，伊藤美沙子甲61号，鈴木勝甲62号，鈴木信彦甲63号各陳述書）．

なお，さきに紹介した本件契約40条は「売上総利益」について「セブン－イレブン店経営に関する対価」と規定している．セブン－イレブン店経営において，恒常的に生ずる商品廃棄損等・棚卸減分は原価性を有し，売上原価（本件契約40条の「売上商品原価」）を構成するのは当然であり，「セブン－イレブン店経営に関する対価」という以上は，原価性を有する商品廃棄損等・棚卸減分を加えた「売上商品原価」を売上高から控除して「売上総利益」を求めるのが当然である．

(2) 鑑定人の甲34号証（鑑定所見書）でも指摘したように，「企業会計原則」上は原価性を有するとみられる商品廃棄損等・棚卸減分は売上原価ではなく，販売費に計上する方法も許容されている．これは，商品廃棄損等・棚卸減分は企業経営上必要経費に該当することになっているので，それを「売上原価」に配分しようと「販売費」に配分しようと，いずれの方法によっても「当期純利益」は同じになるため，財務諸表の表示においていずれに配分するかは，各企業の処理にゆだねることにしたにすぎない．しかし，本件で問題となっている控訴人らの中小企業においては，また，一般社会の通念においては阿部徳幸鑑定所見書（甲40，59号証）も指摘するように，商品廃棄損等・棚卸減分は「売上原価」に含めるのが経験則である．鑑定人は，40数年間，「販売費」に含める事例をまったく知らない．「企業会計原則」は大企業の会計処理を前提にしている．本件控訴人のごとき個人企業では「企業会計原則」云々以前の状態にある．また，「企業会計原則」を前提にしている大企業でも，一般に，「売上原価」に配分するのが，日本における現実の企業会計原則であるといってよい．

控訴人らにとってその事業の「死活」に直結する本件チャージ計算の対象になる本件契約40条の「売上総利益」の意味は，中小企業会計実務における商品廃棄損等・棚卸減分を含まない，一般にいう「売上総利益」を意味すること以外にあり得ない．

被控訴人は，商品廃棄損等・棚卸減分は「販売費」に計上し，当該分は「売上総利益」から控除されないと主張するが，それではなぜにそれほど重要な本件契約40条の「売上総利益」の意味についてローソンの場合のように特段の規定を設けなかったのか．また，なぜに被控訴人担当者が控訴人らに特段の説明をしなかったのかという到底理解できない疑問が残る．

3　判決の誤り

(1) 判決は次のようにいう．「……『売上商品原価』との用語はこれが一般に財務会計又は税務会計において使用されていると認めるに足りる証拠はないものの，財務会計又は税務会計上一般に用いられている『売上原価』を意味することは明らかである．そして，『売上原価』という用語は一般の財務会計又は税務会計上は，廃棄ロス原価や

第V部 コンビニエンスストアに係るチャージ契約の違法性

棚卸ロス原価を含むものとして使用されているのが一般的であると認められるが（甲34,40ないし42,証人北野弘久），他方，商法1条及び財務諸表等規則1条1・2項によれば，旧大蔵省企業会計審議会の定めた企業会計原則は，公正な会計慣行として商法規範となるところ，企業会計原則及びそれを補完する企業会計審議会の連続意見書第4によれば，概ね，棚卸ロス原価については売上原価又は営業外費用としなければならず，原価性のあるものについては売上原価又は販売費に含め，原価性のないものについては営業外費用とすることを，廃棄ロス原価については，原価性のあるものについては売上原価又は販売費としなければならず，原価性のないものについては営業外費用としなければならないと定められている．したがって，企業会計原則上は，廃棄ロス原価及び棚卸ロス原価を売上原価とする方式（原価方式）も，営業費用（販売費）とする方式（被告方式）も，いずれも採用することができ，廃棄ロス原価及び棚卸ロス原価を売上原価に計上せず，営業費用として販売費に計上する方式も企業会計原則上，公正妥当なものとして是認される処理であること（乙6,32ないし34,証人小林公司）に鑑みれば，「売上原価」を廃棄ロス原価及び棚卸ロス原価を含まないものと解釈することも可能であるということができる．」

これは，さきにも指摘したように，廃棄ロス，棚卸ロスも結局は企業の事業上の必要経費となり，当該必要経費を「売上原価」に組み込むか，「販売費」に組み込むかは「企業会計原則」上は企業の判断にゆだねていることを確認するものにすぎない．乙34号の小林公司公認会計士(注)は中小企業の税務会計にあまり関与しておられないとみられ，同証言はあくまで「企業会計原則」上は，当該必要経費を「販売費」に組み込むことも許容していることを確認的に証言するものにすぎない．同証言はそれ以上の意味を有するものではない．判決は本件チャージの対象となる本件契約40条の「売上総利益」の意味について，結果的に被告証人側の主張をサポートするものとして，右小林公司証言にいう単なる確認に積極的な意味を持たせている．

「企業会計原則」は大企業を前提とするものである．その大企業でも原価性を有する廃棄ロス分，棚卸ロス分は「売上原価」に組み込むのが一般的である．控訴人は零細な個人企業であり，個人企業会計では「企業会計原則」云々以前の状態にあり現実には税務会計に基づいてその企業会計が行われている．すでに明らかにしたように，廃棄ロス，たな卸ロスはすべて実地たな卸により，自動的に「売上原価」に組み込まれる．それらが「販売費」に組み込まれることはない．

判決が，被控訴人側の主張をサポートするものとして「企業会計原則」をとらえていることは判決の結論に影響を与える重大な事実誤認であるといわねばならない．

  (注) 小林公司公認会計士は株式会社セブン-イレブン・ジャパンの監査証明を行った中央青山監査法人の代表社員であり，かつ関与社員である．同公認会計士は本件証言者としては不適格である．

(2) 判決は甲10号証(「セブン-イレブン経営委託説明会」)において「廃棄ロス原価及び棚卸ロス原価が給料とともに3大営業費である旨」の記載のあることを重視している。このことから，判決は「本件各契約書40条の『売上商品原価』に廃棄ロス原価及び棚卸ロス原価が含まれず，これらがチャージ金額の算定の基礎である『売上総利益』に含まれることとなること，すなわち被告方式〔セブン-イレブン・チャージ方式。廃棄ロス原価及び棚卸ロス原価分を含めてチャージを課する〕による会計処理を前提にチャージ金額を算定する」という被控訴人の主張を正当化した。

さきに本件契約40条の「売上総利益」(荒利益)，「売上原価」(原価)などについて特段の規定も存在せず，かつ被控訴人担当者からも何らの説明も存在しなかったことを指摘した。甲10号証は本件契約そのものではなく，単なる説明書にすぎない。甲10号証における問題の説明は①廃棄ロス原価②棚卸ロス原価③給料は，最も重要な企業経営上の経費であることを示すものにすぎない。つまり，廃棄ロス原価，棚卸ロス原価も控訴人らの企業経営上の経費であり，いずれにしろ，企業の広義の営業費であるということを示すものにすぎない。廃棄ロス，たな卸ロスを売上商品原価に算入すること(注)も狭義の営業費に算入することも，「企業会計原則」のうえでは許容された処理方法である。同説明はそれ以上の意味を有するものではない。同説明はチャージの対象になる「売上総利益」の意味についても，一般にいう「売上総利益」と異なること（廃棄ロス分，棚卸ロス分もチャージの対象になる）を示唆するものではない。それにもかかわらず，判決は結論として「原告らも被告方式の廃棄ロス分，棚卸ロス分にもチャージを課すことを理解できないわけではないとする」との認定をひき出している。この認定は判決の結論に影響を与える重大な事実誤認であるといわねばならない。

(注) 廃棄ロス，たな卸ロスを売上商品原価に算入することも，企業会計上，広義の営業費として処理することを意味する。

(3) 判決は，また「本件契約18条〔貸借の処理方式，いわゆるオープンアカウント〕1項において引用する付属明細書（ホ）の3項には，原告〔控訴人〕ら加盟店経営者と被告〔被控訴人〕との間で適用される継続的計算関係である『オープンアカウント』の借方に計上される費用として，乙（原告伊藤洋又は原告荻原正之）の負担すべき営業費があげられ，同付属明細書（ホ）2項には，営業費とされるものが列挙され，その中に『ヘ．一定量の品べり（棚卸減）の原価相当額』，『ヲ．不良・不適格品の原価相当額』との記載があり，廃棄ロス原価及び棚卸ロス原価が営業費となることが定められている」と述べて，付属明細書（ホ）の規定の存在を重視している。

しかし，控訴人らの経理を一般にどのように会計処理をするかという問題と，本件チャージの対象となる本件契約40条の「売上総利益」（荒利益）の意味を具体的にど

第V部 コンビニエンスストアに係るチャージ契約の違法性

うとらえるかは別個の問題である．本件契約40条の「売上総利益」（荒利益）自体については本件契約には特段の規定もなく，かつ被控訴人担当者からも同条の「売上総利益」は通常の意味での「売上総利益」とは異なるものであることについてまったく説明がなく，また本件契約付属明細書（ホ）の規定自体は，オープンアカウントに関するものであるが，同規定が本件契約40条の「売上総利益」とどのような関係に立つものかについても，まったく説明がなかった．

それゆえ，素人である控訴人らに対して判決のいうような理解を求めることはそもそも困難である．この点についても，判決は，判決の結論に影響を与える重大な事実誤認をしているいとわねばならない．

なお，商品廃棄ロス・棚卸ロス分を「売上原価」ではなく「営業費」に算入することとした場合には，次のような理解し得ない問題が生ずる．すなわち，本件契約18条のオープンアカウントによれば，商品廃棄ロス・棚卸ロス分がオープンアカウントにおける控訴人伊藤洋らの法的債務として扱われることになる．これは実在しない法的債務であり，このような取り扱い自体が詐欺そのものである．このような実在しない「債務」に利息を付して，伊藤洋らが被控訴人から請求されることになる．また，原価性を有する廃棄ロス・たな卸ロス分は「売上原価」を構成するのにかかわらず，「営業費」に算入することは，「企業会計原則」の一般原則である真実性の原則などに背反することになる．以上の2つの不条理な問題を避けるためにも原価性を有する廃棄ロス・たな卸ロス分は本件契約40条の「売上商品原価」を構成し，同条の「売上総利益」に含まれないと解さざるを得ない．

(4) 本件契約後，控訴人らの店舗に備え付ける形で示されたシステムマニュアル（甲11号証）の説明を判決は本件契約40条の「売上総利益」の意味を考えるうえにおいて重視している．

すなわち，甲11号証の説明の中に，被告方式についての会計処理についての記載があり，被告方式による損益計算書のモデル案が収録されていたことを重視している．また，判決は事業開始後，被控訴人が被告方式による損益計算書の送付を受けていたことを重視している．

しかし，甲11号証自体は本件契約後，示されたにすぎず，かつ本件契約とは別個の文書である．加えて，控訴人はすでに開店にあたっての教育指導を終えており，現実には甲11号証をほとんど見ていない．また，損益計算書の送付を受けても財務諸表における表示と本件契約40条の「売上総利益」の意味をどうみるかは論理的には別個の問題であり，被控訴人担当者からも格別の注意を喚起する説明もなかった事実をも考慮すると，素人にすぎない控訴人らに判決のいうような理解を期待することは困難である．何よりも甲11号証は本件契約40条の「売上総利益」の取り決めとは無関係なことがらである．

この点についても，判決は判決の結論に重大な影響をもつ事実誤認をしたといわね

ばならない．

(5) 以上，本件契約40条の「売上総利益」が通常の意味とは異なる「売上総利益」であるならば，すでに指摘したところであるが，なぜに本件契約自体で特段の明文規定を設けなかったのか，また，被控訴人担当者がなぜに控訴人らに明確に説明しなかったのかという疑問は否定し得ないところである．

これは，実務の処理上の単なる会計勘定科目の問題ではない．本件契約の「核心」であるチャージの対象範囲の問題である．

どのようにみても，廃棄ロス分，棚卸ロス分は「売上商品原価」に組み込まれ，本件契約40条の「売上総利益」にはそれらの分は含まれないということにならざるを得ない．控訴人らもそのように認識していたのは当然である．

なお，判決は「加盟店経営者がその努力により商品廃棄又は品減りを減少させれば，その原価の減少分だけ営業費が減少することとなるが，他方，売上総利益が変わらないからチャージ金額は変わらないので，結局，加盟店経営者の取得する利益が営業費の減少分だけ純増することとなり，この点では加盟店経営者により有利となる側面を有するともいいうることも考慮すればこの方式を一概に不当とすることはできない」と述べる．これは中小企業会計における通常の意味で本件「売上総利益」を理解すると，廃棄ロス，棚卸ロスの恣意的計上のおそれのあることを指摘しようとするものであろう．控訴人らは被控訴人の組織的監視，管理下におかれており（本件契約35条以下）かつ控訴人らは青色申告納税者であるのでそのようなおそれはない．

(6) 仕入値引，仕入報奨金については判決は仕入高から控除するのは当然であると判示している．

甲42号証（北野弘久補充鑑定所見書），甲40，59号証（阿部徳幸鑑定所見書）でも指摘されているように，控訴人は直接，各仕入先と契約している（伊藤洋陳述書甲60号証，鈴木勝陳述書甲62号証，鈴木信彦陳述書甲63号証など）．企業会計上の仕入値引，仕入報奨金は，控訴人と各仕入れ先との間に本件仕入れに関して生じたものを意味する．被控訴人の主張する本件仕入値引，仕入報奨金は，控訴人と各仕入先との間に本件仕入れに関して生じたものではなく，被控訴人が一方的に計算上「仕入値引，仕入報奨金」と名づけているものにすぎない．しかも内容はまったく不透明である．被控訴人と控訴人との間には企業会計にいう仕入値引，仕入報奨金なるものは存在しない．被控訴人の主張する本件「仕入値引，仕入報奨金」は控訴人にとって雑収入にすぎず，営業外収入に該当する．それゆえ本件売上商品原価の控除項目に該当しない．

この点についても，判決の認定は，判決の結論に影響を与える重大な事実誤認であるといわねばならない．

4 本件契約の違法・無効

(1) 零細な個人企業にすぎない本件控訴人らに適用される企業会計は税務会計であ

る（甲34号，40号，42号，59号証など）．税務会計では実地たな卸により，原価性を有する商品廃棄ロス分，たな卸ロス分は自動的に「売上商品原価」に組み込まれる．これは中小企業の会計実務では「公知の事実」であるといってよい．控訴人らもそのようなものとして「売上商品原価」を計算し，そして本件チャージの対象になる「売上総利益」を認識していた．判決は本件契約40条の「売上総利益」は一般にいわれる「売上総利益」とは異なるものとしてとらえた．すなわち商品廃棄ロス分，棚卸ロス分もチャージの対象になる「売上総利益」を構成するものと認定した．また，企業会計で一般にいわれる仕入値引，仕入報奨金ではないところの控訴人らの単なる雑収入を構成するにすぎない本件「仕入値引，仕入報奨金」名目なるものを売上商品原価の控除項目であるとし，当該分もチャージの対象になるものとして認定した．これらは本件契約40条の「売上総利益」を誤ってとらえるものであり，判決の結論に影響を与える重大な事実誤認である．

(2) ローソン事件（千葉地判平13・7・5判時1778・98）では「総値入高」に対してチャージを課することが契約上明確にされていた．この「総値入高」とは「売上高−（売上原価−見切・処分−棚卸ロス）」である．ローソンでは，いわば本件「売上総利益」には廃棄ロス分・棚卸ロス分を含むことが明定されていたわけである．つまり，廃棄ロス分・棚卸ロス分にまでチャージを負担することが契約において明定されていたわけである．このローソン契約に対して，鑑定人は1999年8月に千葉地裁に次のような鑑定所見書を提出した（税経新報460号，2000年1月号）．「以上の検討で明らかなように，原告らの負担する本件チャージに関する取り決めは，その内容において何人も理解し得ないあまりにも不合理なものといわねばならない．財務会計的にいえば，それは公正な会計慣行に違反するばかりではなく，むしろ一種の詐術的手法そのものであるといわねばならない．本件チャージに関する本件契約の内容は著しく正義に反するものであり，疑いもなく『実体的適正』という意味での『適正手続』の法理に背反する．それ故，本件チャージに関する本件契約は民法90条（公序良俗）に違反し無効である．」

ローソン事件の場合にはいわゆる「売上総利益」について通常と異なる内容のものであることが契約上明示的に取り決めがなされていたが，それでも当該取り決めの内容自体が民法90条に違反し無効であるとしたわけである．

本件の場合にはそのような明示的取り決め自体が存在しなくても廃棄ロス分，たな卸ロス分にまで「売上総利益」を構成するとして，当該分のチャージを控訴人らに負担させるというのは一種の詐術といわねばならない．また，本件仕入値引，仕入報奨金は企業会計においても，また社会通念においても，売上原価から控除されるべき通常の仕入値引，仕入報奨金ではない．もしこれを売上原価から控除する仕入値引，仕入報奨金であるというのであればそれも一種の詐術といわねばならない．被控訴人の主張および原判決の認定内容は民法90条に違反し，違法・無効といわねばならない．

(3) もし，廃棄ロス分，たな卸ロス分にまでチャージが課され，また被控訴人の主張する仕入値引，仕入報奨金にもチャージが課されるというのであれば控訴人らはどんなに経営努力をしても店の経営を維持・展開することは通例は不可能に近い(注)。そういうことであれば控訴人は本件契約を締結しなかったはずである（伊藤洋陳述書甲60号証，鈴木勝陳述書甲62号証，鈴木信彦陳述書甲63号証など）。それゆえ，本件契約は要素の錯誤ゆえに，違法・無効といわねばならない（民95条）。

(注) 本件契約を被控訴人・被告（セブン-イレブン・ジャパン）のように運用した場合には，2001年2月分の原告伊藤洋の事例でも明らかなように，およそ加盟店は経営を維持することができない。すなわち，表5-1-1の左側は，被告方式による損益計算書であり，実に加盟店伊藤洋は328,671円の赤字となる。鑑定人が指摘した正規の中小企業会計によれば，逆に498,182円の黒字になるはずである（阿部徳幸税理士調べ）。

5 本鑑定の結語

以上，要するに，原判決は，中小企業会計実務では「公知の事実」となっている本件チャージの対象になる「売上総利益」の意味を誤ってとらえるという初歩的な重大な事実誤認を行い，また，被控訴人の主張する「仕入値引，仕入報奨金」名目のものを誤って「売上商品原価」の控除項目を構成するという同じく初歩的な重大な事実誤認を行った。さらに本件契約の内容が被控訴人の主張を是認した原判決の理解するような内容のものであれば，全体としてそれは詐術的なものといわねばならず，そのような内容の契約であれば，控訴人らは店の経営を維持することは不可能に近いものとなる。そのような本件契約は民法90条（公序良俗）違反のゆえに違法・無効といわねばならず，また，民法95条の要素の錯誤により違法・無効といわねばならない。原判決は破棄されねばならない。そうでなければ，著しく正義に反する。被控訴人につき本件不当利得成立には疑問の余地がない。

なお，本件契約がいかに詐欺性を有するかについては，次の諸点にも看取される。すなわち，商品廃棄ロス・棚卸ロス分を「売上原価」ではなく，「営業費」に算入するという取扱いになれば，本件契約18条のオープンアカウントにおいて，商品廃棄ロス・棚卸ロス分についても控訴人らの被控訴人に対する法的債務として扱われることになる。これは存在しない「債務」の創作である。この創作された「債務」に対しても利息が付される。さらに通常の商取引の買掛金にまで利息を付すという取扱いも（本件契約18条3項），詐術的である。しかし，被控訴人の控訴人らへの支払いの遅延には利息が付されない。この点も詐術そのものといわねばならない。以上，本件契約とそれをめぐる取扱いは，単に民事的処理の問題ではなく，刑事的処理の検討の必要性を示唆する。

第Ⅴ部　コンビニエンスストアに係るチャージ契約の違法性

表 5-1-1

■2001年2月分損益計算書		■あるべき損益計算書	
1. 売上		1. 売上	
商品売上高	17,957,943	商品売上高	17,957,943
空容器売上高		空容器売上高	
その他営業収入	69,976	その他営業収入	69,976
合計	18,027,919	合計	18,027,919
2. 売上原価		2. 売上原価	
月初商品棚卸高	5,071,543	月初商品棚卸高	5,071,543
当月商品仕入高	13,776,798	当月商品仕入高	13,776,798
合計	18,848,341	合計	18,848,341
月末商品棚卸高	4,839,603	月末商品棚卸高	4,839,603
総売上原価	14,008,738	売上原価	14,008,738
仕入値引高	105,980		
商品廃棄等	530,432		
棚卸増減	597,697		
純売上原価	12,774,629		
3. 売上総利益	5,253,290	3. 売上総利益	4,019,181
4. セブン‐イレブン・チャージ	2,909,704	4. セブン‐イレブン・チャージ	2,082,851
5. 総収入	2,343,586		
6. 営業費		5. 営業費	
(1)給料	1,274,587	(1)給料	1,274,587
(2)法定福利費		(2)法定福利費	
(3)棚卸増減	597,697	(3)	
(4)消耗品費	51,368	(4)消耗品費	51,368
(5)電話料	5,911	(5)電話料	5,911
(6)水道光熱費	56,390	(6)水道光熱費	56,390
(7)保守修繕費	21,249	(7)保守修繕費	21,249
(8)清掃費	23,500	(8)清掃費	23,500
(9)現金過不足	7,460	(9)現金過不足	7,460
(10)事務手数料		(10)事務手数料	
(11)不良品	530,432	(11)	
(12)支払利息	19,722	(12)支払利息	19,722
(13)印紙税	600	(13)印紙税	600
(14)雑費	81,843	(14)雑費	81,843
(15)その他非課税雑費	1,498	(15)その他非課税雑費	1,498
(16)		(16)	
営業費合計	2,672,257	営業費合計	1,544,128
		(1)雑収入	105,980
7. 利益	−328,671	7. 利益	498,182

（備考）　左側損益計算書は2001年2月分を被告・被控訴人が計算したものである。
　　　　右側のあるべき損益計算書は，左側損益計算書を一般に公正妥当と認められる会計処理実務に準処
　　　　して作成し直したものである（2004年7月）。

第1章　セブン-イレブン・ジャパン事件控訴審

〔2004年7月〕

【付　記】

　以上の鑑定所見書の提出とは別に，部分的に重複するところもあるが，筆者は控訴審のために以下のような総括的所見を改めて加盟店側弁護団に提示した．

　本件には本件契約におけるチャージ契約自体の違法性を争うこと（A事件と呼ばれている）のほかに，本件契約18条のオープンアカウントに基づき被控訴人（被告）（セブン-イレブン・ジャパン）からの加盟店（控訴人，原告）への支払い請求（B事件と呼ばれている）がある．

　拙論は，このA事件とB事件とに区分して総括的所見を提示した．

〈A事件について〉

(1)　本件契約40条のチャージについては，「売上総利益（売上から売上商品原価を差し引いたもの）」にチャージ率を乗ずるという規定しか存在しないので，同条の「売上総利益」は本件控訴人らのような中小零細企業の企業会計にいう通常の意味での売上総利益を意味する．中小零細企業を支配する現実の企業会計は税務会計である．税務会計では，実地棚卸しにより期末棚卸高が計算され，原価性を有する商品廃棄ロス・棚卸ロス分は自動的に売上原価（本件契約40条の売上商品原価）に組み込まれる．それ以外の企業会計は中小零細企業にはあり得ない．また，控訴人らは毎日の仕入について直接，各仕入先と契約している．被控訴人が一方的に提示した計算書にいう「仕入値引，仕入報奨金」名目のものは企業会計にいう仕入値引，仕入報奨金ではなく，売上原価からの控除項目に該当せず控訴人らにとって雑収入（営業外収入）に該当する．それゆえ，本件商品廃棄ロス・棚卸ロス分，本件仕入値引・仕入報奨金分も売上総利益を構成するとしてチャージを課することは本件契約40条に違反し違法である（北野弘久鑑定所見書甲42号，58号，阿部徳幸税理士鑑定所見書甲40号，59号，三品貞夫税理士意見書甲64号）．

(2)　被控訴人の主張・それを是認した原判決に基づき，本件商品廃棄ロス・たな卸ロス分を「売上原価」ではなく，「営業費」に算入することとした場合には，次のような理解し得ない問題が生ずる．すなわち，本件契約18条のオープンアカウントによれば，本件商品廃棄ロス・棚卸ロス分がオープンアカウントにおける控訴人らの法的債務として扱われることになる．これは実在しない法的債務であり，このような取扱い自体が詐欺である．このような実在しない「債務」に利息を付して，控訴人らが請求されることになる．また，原価性を有する本件商品廃棄ロス・棚卸ロス分を「営業費」に算入することは，「企業会計原則」の一般原則である真実性の原則などに背反することになる（北野弘久鑑定所見書58号）．

(3)　被控訴人の主張・それを是認した原判決のような本件チャージの計算の仕方をすれば，控訴人らはおよそ加盟店の経営を維持することは経験則上不可能である

285

(具体的に計量的にも検証されている。阿部徳幸鑑定所見書甲 59 号)。それゆえ、そのようなチャージ計算ということであれば、控訴人らは本件契約をしなかったはずである（伊藤洋陳述書甲 60 号、伊藤美沙子陳述書甲 61 号、鈴木勝陳述書甲 62 号、鈴木信彦陳述書甲 63 号など)。被控訴人の主張・それを是認した原判決のような本件チャージの計算の仕方は、全体として詐術的であるといわねばならず、本件契約は民法 90 条（公序良俗）違反のゆえに違法・無効であり、また、民法 95 条の要素の錯誤により違法・無効といわねばならない。原判決は破棄されねばならない。

　以上、率直に言うことが許されるならば、本件契約およびその運用は全体として詐術的であり、刑事的処理の検討も必要な事案である（北野弘久鑑定所見書甲 58 号)。

〈B 事件について〉

　(1) 被控訴人の備え付けている帳簿書類はきわめて不正確である（阿部徳幸鑑定所見書甲 75 号)。被控訴人からの控訴人らへの本件請求の根拠は不明である。被控訴人は証拠をあげて、科学的に請求の根拠を証明すべきである。そのような証明がない限り、控訴人らには支払い義務が生じない。

　(2) 本件契約 18 条のオープンアカウントにつき本件契約 20 条は商法 529 条以下の交互計算の定めを準用するとしている。この準用規定自体が巧妙な「法的偽装」である。この点についてコメントを加えてすぎたい。

　本件仕入れは、控訴人らと各仕入先との間の契約で行われている。本件仕入れは控訴人らの責任と負担で行われているわけである。このように控訴人らが仕入れた自己の商品を自己の責任で自己の店で消費者に売却している。したがって、被控訴人と控訴人らとの間に商法の交互計算が意図している継続的な債権債務関係は生じない。被控訴人はセブン-イレブンのフランチャイザーとして事務の一部を代行しているにすぎない。法的には被控訴人は、本件契約 40 条のセブン-イレブン・チャージをその代行の対価として控訴人らから取得する地位を有するにすぎない。

　控訴人らは被控訴人との間に格別の金銭消費貸借契約を締結していない。本件オープンアカウントは経理事務上の単なる整理勘定にすぎず商法上の交互計算ではなく、本件契約 18 条 3 項の利息負担規定は民法 90 条（公序良俗）に違反し違法・無効である（北野弘久鑑定所見書甲 58 号)。

　(3) A 事件についても指摘したように、本件契約がいかに詐欺性を有するかについては、次の諸点からも看取される。すなわち、本件商品廃棄ロス・棚卸ロス分を「売上原価」ではなく「営業費」に算入するという取扱いは、本件契約 18 条のオープンアカウントにおいて、原価性を有する商品廃棄ロス・棚卸ロス分についても控訴人らの被控訴人に対する法的債務として扱われる。これは存在しない「債務」の創作である。また、現実には控訴人らの買掛金にすぎないものに利息を付するという取扱い（本件契約 18 条 3 項) も詐術的である。一方、被控訴人の控訴人らへの支払いの遅延には利息を付する規定がない。本件契約 18 条以下のオープンアカウント規定は全体として、

民法90条（公序良俗）違反のゆえに違法・無効である．
　以上，ほんの一端を指摘したが，B事件についても，刑事的処理の検討の必要な事案である（北野弘久鑑定所見書甲58号）．

6　補論——本件契約の詐術性

　加盟店伊藤洋は，本件民事訴訟とは別に，2004年9月18日に筆者らの示唆もあって，セブン-イレブン・ジャパン本部の関係者を刑法246条の詐欺罪で，刑事告訴した．
　刑事告訴にあたって，筆者が弁護団に提示した本件契約の主要な詐術性は，次のごとくである．
　(1)　本件契約40条のチャージについては，単に「売上総利益」に対して所定のチャージ率を乗ずるという規定しか存在しない．契約にあたって，特段の説明もなかった．中小企業を支配する企業会計は，税務会計である．税務会計では実地棚卸しが行われ，原価性を有する商品廃棄ロス分・棚卸しロス分は自動的に売上原価に組み込まれる仕組みになっている．「売上総利益」とは，売上高からこのような売上原価を控除したものであり，これがまた社会通念上の「売上総利益」（荒利益・粗利益）でもある．被告訴人（セブン-イレブン・ジャパン）は，この「売上総利益」のなかに商品廃棄ロス分・棚卸しロス分を含めて，チャージを課すという運用をしている．この運用は契約違反であり，同時に「売上総利益」という名前を用いた詐術である．
　(2)　原価性を有する商品廃棄ロス分・棚卸しロス分も結局，企業の事業上の必要経費を構成する．「企業会計原則」は，これを「売上原価」に組み込むか，「販売費」に組み込むかは企業の判断にゆだねている．どちらに組み込んでも「企業利益」の金額は同じである．これは財務諸表における単なる表示区分の問題である．したがって，「企業会計原則」上は，どちらに組み込むかは，表示形式の問題であって重要ではない．しかし，本件契約の「売上総利益」の意味をどのようにとらえるかは，加盟店である告訴人ら（各加盟店）の負担するチャージ額に大きな影響を持つ．それは加盟店の生存権に影響する重大問題である．大企業においても一般には原価性を有する商品廃棄ロス分・棚卸しロス分は「売上原価」に組み込むのが通例である．われわれは，大企業においても「販売費」に組み込む例を知らない．特に本件告訴人らの中小企業を支配する企業会計は，前述したように税務会計である．税務会計上の「売上総利益」においては，商品廃棄ロス分・棚卸しロス分は自動的に「売上原価」に組み込まれる．つまり日本中の中小企業会計においては，原価性を有する商品廃棄ロス分・棚卸しロス分を「売上原価」に組み込むことによって得られる「売上総利益」が支配しているわけである．このような「売上総利益」こそが社会通念でもある．だからこそ例えば，ローソンではチャージの対象範囲について契約上も原価性を有する商品廃棄ロス分・棚卸しロス分の扱いについて特段の規定を明文で設けている．本件契約において特段

の規定がない以上は,「売上総利益」と言えば,中小企業会計を支配するかつ社会通念上の前述「売上総利益」(荒利益・粗利益)を意味する.

被告訴人は,中小企業会計概念でもない,社会通念でもない異常な被告訴人独自の「売上総利益」なるものを「企業会計原則」の単なる表示区分規定を持ち出して強引に正当化しようとしている.これは重大な問題のすり替えである.このようなこと自体が,悪質な詐術である.

(3) 加盟店である告訴人らは,自己の責任で各仕入先と契約して,商品を仕入れている.企業会計でいう「仕入値引,仕入報奨金」とは告訴人らと各仕入先との間に当該仕入れに関して生じたものである.本件「仕入値引,仕入報奨金」とは被告訴人が一方的に計算上「仕入値引,仕入報奨金」と各づけているものに過ぎない.その計算根拠も各加盟店に全く知らされていない.このようなものは,売上原価の控除項目を構成する「仕入値引,仕入報奨金」ではなく,企業会計上は告訴人らの雑収入(営業外収入)である.被告訴人は,真実は雑収入であるものをいかにも「仕入値引,仕入報奨金」と名づけて,結果的にはこの分に対してチャージを課している.これは「仕入値引」などの名前を用いた巧妙な詐術である.

(4) 本件契約18条のオープンアカウントにつき本件契約20条は商法529条以下の交互計算の定めを準用することとしている.この準用規定自体が巧妙な「法的偽装」である.被告訴人と告訴人らとの間の関係は,継続的な債権債務関係が生ずる関係ではない.被告訴人は,フランチャイザーとして事務の一部を代行しているに過ぎない.法的には被告訴人は,本件契約40条のチャージをその代行の対価として告訴人らから取得する地位を有するに過ぎない.「オープンアカウント」と称して,被告訴人は,実質的には買掛金に過ぎないものまでに利息を徴収している.また,前述(1)(2)(3)の詐術分にまで利息を徴収することとしている.一方,被告訴人からの告訴人らへの支払い(還付)の遅延には利息が付されないという不均衡の取扱いが指摘されねばならない.

(5) 以上により,告訴人らは,店の経営を維持することがほとんど不可能な状態に追い込まれている.被告訴人は,もっともらしい企業会計上の専門的勘定科目の名前などを用いて「法的偽装」を行い,本件契約とその運用の実態が告訴人らあまりにも零細な中小企業への驚くべき「搾取装置」となっている.

〔2005年1月〕

【付 記】

控訴審における伊藤洋らの努力にもかかわらず,控訴審は何の証拠調べも審理らしい審理もしないで,伊藤洋らの請求を棄却した.すなわち,東京高裁2005年2月3日判決は,伊藤洋,荻原正之の請求をすべて棄却した.また,東京高裁2005年2月17日判決は,鈴木勝,鈴木信彦の請求をすべて棄却した.なお,榎田進も訴訟を提起し

たが，本稿執筆現在，1審判決すら示されていない．

　以上の不幸な，誤った控訴審判決が示されたのであったが，東京高裁2005年2月24日判決は，早田信広の請求事案について第1審における筆者の鑑定証言などを引用し，加盟店早田信広が本件契約当時，社会通念または財務会計，税務会計において通常理解されている意味での「売上総利益」に対して本件チャージが課されるものと理解して契約したと判断し，本件商品廃棄ロス原価および棚卸しロス原価は本件契約にいう「売上商品原価」を構成し，本件廃棄ロス原価および棚卸しロス原価相当分に課したチャージは不当利得を構成し，加盟店早田信広に返還すべきであると判示した．しかし，同判決は，本件仕入値引，仕入報奨金分については控訴人（加盟店早田信広）の主張を容認しなかった．同高裁が本件廃棄ロス原価および棚卸しロス原価分については筆者らの主張を認めたことは，当然とはいえ，評価されねばならない．同高裁の代理人は上田栄治弁護士である．裁判官は，西田美昭，高野伸，小池喜彦の各氏である．

7　補論──本件契約におけるセブン-イレブン・ジャパンの法的地位とオープンアカウントの法的性格

　加盟店伊藤洋らは，本件各仕入先と直接契約を行って，本件商品を仕入れている．ところが，セブン-イレブン・ジャパンが各加盟店の本件仕入れの代金支払事務を代行していることを奇貨として，本来は各加盟店宛の支払請求書を自己（セブン-イレブン・ジャパン本部）宛に送付させている．どのような不正が行われているかどうかも全く不透明で判然とせず，そこで，伊藤洋らは，取引の真実を確認するために，別訴として，本件仕入れの請求書等の引渡しを求める訴訟を提起している．原告は伊藤洋ら各加盟店，被告は株式会社セブン-イレブン・ジャパン（本部）である．東京地方裁判所平成16（2004）年（ワ）10419号・請求書引渡等請求事件がそれである．

　この事件について，筆者は2005年2月に以下のような鑑定所見書を東京地裁へ提出した．

　(1)　原告らは，被告株式会社セブン-イレブン・ジャパンとの間にいわゆるコンビニエンスストアの経営についてフランチャイズ契約を締結している．しかし，原告ら自身は法的にも独立した事業者であり，独立した納税義務者である．

　原告らは，自己の責任と計算において直接的に本件各仕入先と契約をして，本件商品を仕入れている．法的には，仕入れに伴う代金は原告らが当然に支払うことになる．原告らは自己が仕入れた商品を自己の責任と計算において原告らの各店舗で販売している．各販売代金は，法的にも現実的にも，原告らが収受する．原告らは，それぞれ税法の規定に基づいて，各人独立して，所得税，消費税等の納税義務を負う．

　所得税について言えば，青色申告者である原告らは，各人独立して所得税法148条

および所得税法施行規則56条から64条までの規定に従って，自己の事業に係る帳簿書類を備え付け，取引を記録し，かつその帳簿書類を保存しなければならないことになっている（所税148条1項参照）．右の帳簿書類のなかには，本件で問題になっている原告らが各仕入先から仕入れた本件商品に係る納品書，請求書，領収書等が最重要書類として含まれる．原告らが，自己の事業に係る帳簿書類の備え付け，記録，保存を税法の定めに従って行なわない場合には，青色申告の承認の取消しなど様々な税法上の不利益を受けることになる（所税150条1項1号）．さらに，原告らは，帳簿書類について税務署長の指示に従わなかった場合，また帳簿書類に取引の全部または一部を隠ぺい・仮装して記載等をした場合には，青色申告の承認の取消しなど様々な税法上の不利益を受けることになる（所税150条1項2号，3号）．帳簿書類に取引の全部または一部を隠ぺい・仮装して記載等をした場合には，原告らは単に青色申告の承認の取消しのみならず，逋脱犯に問責されることにもなりかねない（所税238条）．被告によれば，各請求書は，被告宛に発行されているとのことであるが，本件仕入れは，各仕入先から原告らが直接的に仕入れたものである．法的には各請求書は原告ら宛に発行されるべきものである．この点について，コメントを加えておきたい．被告宛に発行されている各請求書の性質は，あくまで支払いの代行事務を行っている被告への経理事務上の便宜的措置と解すべきである．本件商品の仕入れに関する債権債務関係は原告らと各仕入先との間に生ずる．それゆえ，被告宛の各請求書等（請求書のほかに領収書等の関係書類を含む）は原告らの仕入れに関するものであり，法的には原告ら宛の請求書等の性質をもつ．原告らが，被告の主張する本件各仕入れ請求などが真実であるかどうかを事業経営者としても，また上記税務上の要請からも，確認しようとするのが当然であり，かつ，被告宛の各請求書等は法的には，本来，原告らが常時に自己の事務所に備え付けて置くべきものである．

消費税について言えば，原告らがその仕入れ税額控除（消税30条1項）の適用を受けようとする場合には，各人の本件仕入れの税額控除に係る「帳簿及び請求書等」を「保存」しなければならないことになっている（消税30条7項）．本件経理事務上の便宜的措置である被告宛の各請求書等は原告ら各人の重要な「税法的請求書等」でもあるので，消費税の税務上も原告らが自己の事務所に保存しておくべき性質のものである．同条同項自体が明文で「請求書等」と規定していることに注意されるべきである．原告らが請求書等を保存しなければ，消費税に係る仕入れ税額控除を受けることができない．

(2) 以上はもっぱら税法的観点から，被告は本件各請求書等を原告らに引き渡す義務のあることを明らかにした．

一般の企業会計上も，たとえば，原告らに係る「仕入値引，仕入報奨金」が真実，どのようなものであるかを原告ら各人が直接確認する必要がある．企業会計上，売上原価の控除項目を構成する仕入値引，仕入報奨金とは，真実，原告ら各人の本件仕入

れに関して生じたものでなければならない。本件仕入れ契約は，原告ら各人と各仕入先との間の直接契約に関するものである。本件経理事務上の便宜的措置である被告宛の各請求書等は，本来，原告ら各人宛のものである。原告ら各人は，自己の仕入値引，仕入報奨金を適正に計上するためには，本件被告宛各請求書等を自らの責任において確認しなければならない。本来，同請求書等は原告らが自己の事務所に備え付けて保存しておくべき性質のものである。

　被告は，一般の企業会計上からも，本件各請求書等を原告らに引き渡す義務がある。

　(3)　以上のように考えてくると，それでは本件のフランチャイズ契約における被告の法的地位，オープンアカウントの法的性質をどのようにみるべきかという疑問が生ずる。

　本件契約18条のオープンアカウントにつき本件契約20条は商法529条以下の交互計算の定めを準用することとしている。この準用規定自体が「法的偽装」である。被告と原告らとの間の関係は，上述で明らかのように，継続的な債権債務関係が生ずる関係ではない。被告は，フランチャイザーとして仕入れ代金の支払い等の事務の一部を代行しているにすぎない。本件仕入れは，原告らと各仕入先との間の直接契約によって行なわれている。被告はこの関係において登場しない。本件販売は，原告ら各人が各人の店舗で各人の責任と計算のもとに直接，利用者に販売しているにすぎない。ここでも被告は登場しない。法的には被告は，本件契約40条のチャージ（その金額は，社会通念からいっても巨額である）をそのフランチャイザーとしての事務の代行の対価として原告らから取得する地位を有するにすぎない。

　本件契約18条のオープンアカウントは，フランチャイズ経営における経理事務上の単なる簿記勘定科目にすぎない。これによって，法的に原告らと被告との間に債権債務の関係が生ずるものととらえてはならない。あくまで原告らと被告との間の金銭出納等の事実上の計算整理記録にすぎない。本件契約18条3項は，期首借方残高にたいし，年5パーセントの割合の利息を原告らから徴収すると規定している。原告らはその販売代金（販売代金は当然に法的にも原告らの所有である）を被告に預託しており，被告は，原告らの仕入れ代金をその預託金から本件請求書に基づき，後払いで支払う事務を代行しているにすぎない。利息の対象になる未払金は，原告らの各仕入先に対する買掛金である。日本の企業会計の慣行上およそ買掛金に利息を負担するということはあり得ない。この取り決めは，民法90条（公序良俗）に違反し，無効であることは議論の余地がない。なお，被告の原告らへの支払い（還付）の遅延には，被告が利息（厳密には預託期間中の利息分）を負担するという規定がないのは，本件契約18条3項を肯定するとした場合，均衡を失する。

　原告らがその販売代金を被告に送金している。被告は，この関係を「債務の引受け」によるものと説明しているが，アメリカのセブン-イレブン契約の取扱いでも，原告らから被告への単なる「預託」（deposits）として扱われている。これを被告が「預託

ではなく「債務の引受け」の関係と強弁するのであれば，そのこと自体が詐欺であるといわねばならない．

　以上，本件フランチャイズ契約における被告の法的地位，オープンアカウントの法的性質からいっても被告の主張を正当化できず，被告は本件各請求書等を原告らに引き渡す義務がある．

〔2005年2月〕

【付　記】

　セブン‐イレブン・ジャパン契約の「詐術性」については北野弘久「高裁敗訴の真相　セブン‐イレブン『会計マジック』を糾す」エコノミスト（毎日新聞社）2005年7月5日号において総括している．

第2章　セブン-イレブン・ジャパン事件第1審

1　はじめに

　さきに「ローソン事件」に関連して拙稿「コンビニエンスストアに係るフランチャイズ契約の違法性——財務面での契約内容」を税経新報460号（2000年1月）〔本書第V部第3章〕に発表した．同契約ではフランチャイジー（加盟店）がフランチャイザー（旧株式会社ダイエーコンビニエンスシステム．現株式会社ローソン）に対して負担するチャージは加盟店の「総値入高」に対する一定率となっていた．「総値入高」なる勘定科目は企業会計の実務においては一般に用いられていない．「総値入高」は一般にいう「売上総利益」に「見切・処分・棚卸ロス」を加えたものである．加算される「見切・処分・棚卸ロス」は，存在しない「虚構の利益」である．このような「虚構の利益」にまで加盟店にチャージを負担させることになっていたわけである．

　筆者は，同論文では株式会社セブン-イレブン・ジャパンの場合には「売上総利益」に対してチャージが課されることになっていることを指摘していた．すなわち，「被告〔フランチャイザー・旧株式会社ダイエーコンビニエンスシステム．現株式会社ローソン〕の本件契約内容が財務会計的にもいかに不合理であるかは，多くの説明を要しないであろう．この点に関し，本件契約とは異なり株式会社セブン-イレブン・ジャパンの場合には，『加盟店基本契約書』40条において通例の財務会計にいう『売上総利益』を前提にしてチャージを規定している事実を指摘しておきたい」．

　ところが，右に引用した株式会社セブン-イレブン・ジャパンの「売上総利益」の内容が現実には通常の売上総利益に商品廃棄損等・棚卸減の額を加算したものになっているとして，2001年に当該フランチャイジー・加盟店らが原告となって，フランチャイザー・株式会社セブン-イレブン・ジャパンを被告として，東京地裁へ不当利益返還請求訴訟を提起した．

　2002年12月に筆者は「フランチャイザー・株式会社セブン-イレブン・ジャパン〔被告〕に対してフランチャイジー・加盟店〔原告〕が負担するチャージは違法」とする鑑定所見書をとりまとめた．なお，筆者は2003年6月に東京地裁で本件について鑑定証言を行った．

　本件の原告の1人伊藤洋氏は，その妻伊藤美沙子氏とともに，体を張って本件の不正を告発しておられる．本件の原告（加盟店）ら側代理人は，上田栄治弁護士である．

　以下は，2002年12月の筆者の鑑定所見書の概要である．

2　本件契約における本件チャージ

　本件加盟店基本契約書（以下「本件契約」．甲1号，2号）40条は，次のごとく規定

している。「乙〔フランチャイジー・原告〕は，甲〔フランチャイザー・被告〕に対して，セブン-イレブン店経営に関する対価として，各会計期間ごとに，その末日に，売上総利益（売上高から売上商品原価を差引いたもの．）にたいし，付属明細書（ニ）の第3項に定める率を乗じた額（以下，セブン-イレブン・チャージという．）をオープンアカウントを通じて支払う．」

右付属明細書（ニ）の第3項には，「売上総利益」の大きさに応じて「セブン-イレブン・チャージの比率」が55％，67％，70％，75％，80％と定められている．同付属明細書のどこにも，本件「売上総利益」について右以上の格別の規定は存在しない．

原告らは，コンビニエンスストアを開業するにあたり，本件契約についての勧誘および説明を受けている．原告らに説明会で配布された「セブン-イレブン経営委託説明会」と題する資料（甲10号）には，「荒利（総利益）」の説明として，「売上－原価＝総利益」が示されているだけである．この「総利益」に対してセブン-イレブン・チャージの比率が乗ぜられることが示されている．さらに，その後，原告らが入手した「セブン-イレブン　Cタイプオーナー説明会」と題する資料（甲9号）にも，「荒利益（売上－原価）」に対して，セブン-イレブン・チャージの比率が乗ぜられることが示されており，「荒利益」について右以上の格別の説明が付加されていない．

以上，要するに，本件契約当時原告らに示された上記両説明資料には少なくとも，一般人が直接的に理解できるような形での，被告の主張する本件「売上総利益」の特異性についての説明はまったく示されていない．文書とは別に，被告の担当者から原告らに対して，本件「売上総利益」について口頭で特段の説明もまったくなかった．

なお，被告は，本件契約（甲1号，2号）の付属明細書（ホ）第2項において商品廃棄損等・たな卸減は「営業費」として示されていることをもって，本件「売上総利益」の特異性が明らかになっていると主張している．後述の「4　企業会計における『売上総利益』」の項で明らかにしているように，当該企業において恒常的に生じ原価性を有すると認められる商品廃棄損等・たな卸減は自動的に「売上総利益」に組み込まれるのであって，被告主張のこの表示（付属明細書の説明にすぎず，本件契約の本体ではない）はそれ以外のものを「営業費」として扱うという趣旨とも受け取られうる．それゆえ，本件契約（甲1号，2号）においては「売上総利益」それ自体については格別の説明が存在するとはいえない．

3　本件「売上総利益」の実態

原告らの開業後に被告が作成した損益計算書（甲3号，5号）によれば，通常の「売上総利益」の処理とは異なる扱いが示されている．公認会計士の調査報告書（甲7号）も，この点を指摘している．すなわち「(1)セブン-イレブン・チャージの基礎となる売上総利益の算出には，商品廃棄損等及び棚卸減の費目を差引いていない．(2) (1)の処理は，売上原価から控除し営業費に加える仕訳により，会計上意図的に行われて

おり，損益計算書においても項目を設けることにより，明示的に行われている」．

　被告が作成した原告らに関する損益計算書の「売上総利益」は，「売上」から「売上原価」を控除することによって求められているが，その控除額である「売上原価」は通常の意味での売上原価から商品廃棄損等・棚卸減の額を控除して求められることになっている．

　この結果，通常の売上総利益とは異なる過大な「売上総利益」なるものに対して，本件チャージが課されることになっている．より具体的に言えば，原告らの売上にはまったく寄与していない商品廃棄損等・棚卸減の額にまで，本件チャージが課されることになっているわけである．

4　企業会計における「売上総利益」

　商法1条は商慣習法を商法の法源となることを明らかにしている．そして，商法32条2項は，「商業帳簿ノ作成ニ関スル規定ノ解釈ニ付テハ公正ナル会計慣行ヲ斟酌スベシ」と規定している．一般に商法の計算規定は簡潔であるが，右諸規定により企業会計における公正な会計慣行が商法規範とされることになる．

　「財務諸表等の用語，様式及び作成方法に関する規則」(昭38大蔵省令59．以下「財務諸表等規則」)1条1項は，「この規則において定めのない事項については，一般に公正妥当と認められる企業会計の基準に従うものとする」と規定している．同条2項は，企業会計審議会の定めた「企業会計原則」をもって右同条1項にいう「一般に公正妥当と認められる企業会計の基準に該当するものとする」と規定している．

　「企業会計原則」第2の3は，「営業損益計算は，一会計期間に属する売上高と売上原価とを記載して売上総利益を計算し，これから販売費及び一般管理費を控除して，営業利益を表示する」と規定している．同第2の3Cは，「売上原価」について「売上原価は，売上高に対応する商品等の仕入原価又は製造原価であって，商業の場合には，期首商品たな卸高に当期商品仕入高を加え，これから期末商品たな卸高を控除する形式で表示し，製造工業の場合には，期首商品たな卸高に当期製品製造原価を加え，これから期末製品たな卸高を控除する形式で表示する」と規定している．「売上原価」の算定については，同注解（注10）は，「(1) 商品，製品，原材料等のたな卸資産に低価基準を適用する場合に生ずる評価損は，原則として，売上原価の内訳科目又は営業外費用として表示しなければならない．(2) 時価が取得原価より著しく下落した場合の評価損は，原則として，営業外費用又は特別損失として表示しなければならない．(3) 品質低下，陳腐化等の原因によって生ずる評価損についてはそれが原価性を有しないものと認められる場合にはこれを営業外費用又は特別損失として表示し，これらの評価損が原価性を有するものと認められる場合には，製造原価，売上原価の内訳科目又は販売費として表示しなければならない」と規定している．右「企業会計原則」を補完するものとみられている企業会計審議会「企業会計原則と関係諸法令との調整に関

する連続意見書4」は、次のように述べている。

「恒久棚卸法によって記録された帳簿残高は、実地棚卸によっては握された実際残高と比較され、相違がある場合には、実際残高と合致するように修正されなければならない。棚卸修正額は棚卸減耗費とし、原価性の有無にしたがい、原価性のあるものは製造原価、売上原価又は販売費に含め、原価性のないものは営業外費用項目又は利益剰余金修正項目とする。」「損傷品、陳腐化品等については、当該棚卸資産の利用、処分に先立ち原始取得原価の一部が評価損として分離される。この評価損は、原価性の有無にしたがい、原価性のあるものは、製造原価、売上原価又は販売費に含め、原価性のないものは営業外費用項目又は利益剰余金修正項目とする。」

そして、「企業会計原則」第2の3Dは、「売上総利益」について、あらためて「売上総利益は、売上高から売上原価を控除して表示する」と規定している。

一般に財務会計および税務会計(法税22条第4項「一般に公正妥当と認められる会計処理の基準」参照)の実務においては、本件で問題になっている商品廃棄損等・棚卸減の額は、原告らの業態に鑑み原告ら企業において恒常的に生ずるものでありそれゆえ原価性を有するものと認めるのが相当であるところから、自動的に「売上原価」に組み込むのが通例であって、「売上総利益」は、売上高から右の意味での「売上原価」を控除して求められる。

さきに検討した本件契約(甲1号、2号)は、本件チャージについて、明文で「セブン-イレブン店経営に関する対価」であることを確認しており、当該チャージの対象となる「売上総利益」を「売上高から売上商品原価を差し引いたもの」と明文で規定している。被告から原告らに示された甲9号、10号等では「荒利(総利益)」、「売上-原価=総利益」、「荒利益(売上-原価)」と表現されているが、このことからも明らかなように、本件契約(甲1号、2号)における「売上総利益」とはまさしく企業会計の実務において一般に理解されているところの「売上総利益」(荒利益)を意味すると解するのが妥当である。つまり、本件契約(甲1号、2号)においてさきに検討したように特段の定めが存在しないので、本件で問題となっている商品廃棄損等・棚卸減の額は自動的に「売上原価」に組み込まれ、そのような「売上原価」を控除したところで、本件チャージの対象となる「売上総利益」を計算すべきである。

なお、上記「企業会計原則」のうえでは、商品廃棄損等・棚卸減分は、原価性がある場合には売上原価または販売費に含めることとされている。しかし、企業会計の実務においては売上原価に含めるのが一般である。このことは講学上もそのように説明されている。鑑定人の40数年に及ぶ実務の経験に鑑みても、商品廃棄損等・棚卸減分を販売費に含めるという事例を知らない。商品廃棄損等・棚卸減分は自動的に「売上原価」に組み込むのが一般に確立された企業会計の実務である。このことは、本件においてきわめて重要であるので、特記しておきたい。

5 結　語

　以上の検討で明らかなように，本件契約（甲1号，2号）における「売上総利益」は企業会計の実務において一般に理解されているところのものを意味すると解するのが妥当である．

　しかるに，甲7号証の調査報告書でも指摘されているように，原告らに課された本件チャージは，一般に理解されているところの「売上総利益」を構成しない，かつ「セブン-イレブン店経営に関する対価」とはならない商品廃棄損等・棚卸減分にも課されている．この分に関する本件チャージは，本件契約に違反し，違法である．

　以上の結論について若干のコメントを加えておきたい．原告らの業態に鑑み商品廃棄損等・棚卸減が恒常的に生ずることが経験的に予測される．本件契約（甲1号，2号）も当然にそのことを前提にしているとみるべきである．社会通念上「売上総利益」とか，一般的に言われる「荒利益」とかは，経営上恒常的に生ずる本件商品廃棄損等・棚卸減の額を当然に控除したものを意味する．本件契約（甲1号，2号）において明文で「セブン-イレブン店経営に関する対価」と規定しているが，原告らの業態に鑑み，本件商品廃棄損等・棚卸減の額は社会通念上も同対価を構成しない．

〔2003年2月〕

6 補　論

　筆者は，2003年6月に上記の鑑定所見書を補充する補充鑑定所見書（甲42号）を提出した．その概要は次のごとくである．

6.1　本件契約における「売上総利益」と原告らの本件商品廃棄損等・棚卸減分

　本件契約第40条は，次のごとく規定している．「乙〔フランチャイジー・原告〕は，甲〔フランチャイザー・被告〕に対して，セブン-イレブン店経営に関する対価として各会計期間ごとに，その末日に，売上総利益（売上高から売上商品原価を差し引いたもの．）にたいし，付属明細書（ニ）の第3項に定める率を乗じた額（以下，セブン-イレブン・チャージという．）をオープンアカウントを通じて支払う．」

　右付属明細書（ニ）の第3項には，「売上総利益」の大きさに応じて「セブン-イレブン・チャージの比率」が定められている．同付属明細書のどこにも，本件「売上総利益」について右以上の格別の規定は存在しない．

　日本の中小企業の財務会計および税務会計の実務の実態は，次のごとくである．各会計期末に，各企業は，たな卸資産の種類，品質，型等（以下「種類等」という）の同じものを1グループとして，それぞれグループごとに実地たな卸を行う．その実地たな卸で，種類等ごとの数量を確定する．問題は，その数量に乗ずべき単価である．これは，通例は，個人企業の場合は，所得税法47条，所得税法施行令99条～101条の

規定に基づいて、あらかじめ税務署長に届け出たたな卸資産の評価方法によって計算する。届け出がない場合の法定評価方法は最終仕入原価法となっており、所得税法で規定する最終仕入原価法で計算することになる（所税令102条）。以上と同趣旨の規定が、法人企業の場合には法人税法等において規定されている。以上の実地たな卸により、期末たな卸高が決定される。

売上原価は、「期首たな卸高＋その期中の仕入高－期末たな卸高」により求められる。これにより、恒常的に生じ原価性を有するとみられる商品廃棄損等・棚卸減分は自動的に売上原価に組み込まれることになる。これが、日本の企業会計の実務で行われている常識である。これ以外の企業会計の処理は行われていない。これはまた、人々が、「売上総利益」とか「荒利益」とかいう言葉に抱く社会通念でもある。

本件原告らも、以上の「売上総利益」、「荒利益」を当然の前提として、本件契約を締結した。

甲34号証でも明らかにしたように、本件契約の締結にあたっても、以上とは異なる「売上総利益」、「荒利益」についての格別の説明は被告からはまったく示されていない。

6.2 本件仕入値引・仕入報奨金について

本件契約第37条3項は、「乙〔原告〕は、乙の受け取った仕入値引・仕入報奨金は、その相当額を売上原価から差し引くこととなるので、商品受領書および納品書上において、差し引かれていない分の仕入値引、仕入報奨金の額を文書により、甲〔被告〕に報告しなければならない」と規定している。これを受けて、甲3号証（損益計算書）では、「仕入値引高」を売上原価から控除している。

本件仕入値引・仕入報奨金は、株式会社セブン-イレブン・ジャパンが自己自身の仕入れに関連して収受したものである。つまり、被告レベルの問題である。原告らは、被告本体とは別企業である。被告本体がどのような基準で、どのようなとりきめで、その仕入値引・仕入報奨金を収受しているかは、原告らはまったく関知していないし、原告らとは無関係の取引である。そして、その仕入値引・仕入報奨金がどのような原告らとのとりきめに基づいて、本件「仕入値引・仕入報奨金」として原告らに配分されているかはまったく不明である。原告らにとって仕入値引・仕入報奨金とは、原告ら自身の仕入れに関して生ずるものでなければならない。これは、企業会計の通常の観念である。

企業会計の常識では、原告らにとって本件仕入値引・仕入報奨金は、原告らの雑収入であって、本件売上原価の控除項目ではなく、営業外収入に該当する。

6.3 結　語

本件商品廃棄損等・棚卸減分は、社会の常識では、「セブン-イレブン店経営に関す

る対価」ではなく，原告らの売上原価を構成する．本件廃棄損等・棚卸減分にまで，チャージが課されるとすれば，原告らはおよそ各人の店舗を維持することが不可能となるゆえに，本件契約を締結しなかったものと思われる．原告らが本件契約を締結したのは，本件商品廃棄損等・棚卸減分は当然に売上原価を構成するものと信じていたからであって，もし，そうでないというのであれば，本件契約にはいわゆる要素の錯誤が存在し，本件契約は無効といわねばならない（民95条）．また，本件仕入値引・仕入報奨金は，原告らにとって雑収入であって，本件売上原価の控除項目を構成しない．したがって，本件仕入値引・仕入報奨金分にはチャージが課されないはずである．この分にもチャージが課されるとすれば，原告らはますます各人の店舗を維持できなくなる．

　以上，被告主張の2つの問題を被告が原告らに強要することは違法であり，のみならず「詐欺的行為」に該当するといわねばならない．

〔2003年6月〕

第3章 ローソン事件

1 はじめに

「ローソン事件」として論議されている損害賠償請求事件が千葉地裁で争われている。被告は㈱ダイエーコンビニエンスシステム〔現・㈱ローソン〕（フランチャイザー）であり，原告は加盟店（フランチャイジー）である。本件フランチャイズ契約には詐欺的要素があるとして，加盟店らが原告となってフランチャイザーを被告として損害賠償を求めたものである。

筆者は，1999年8月に主として財務面から本件フランチャイズ契約の違法性を明らかにする鑑定所見書を千葉地裁へ提出した。財務面以外の契約内容の違法性については商法・経済法専攻の教授が担当するもののようである。なお，原告側の代理人は河本和子，大槻厚志，市川清文，菊地秀樹，内海文志の5名の弁護士である。

本誌〔税経新報〕の読者の実務にも参考になると思われたので，以下に拙鑑定所見書の内容を紹介することとした。

2 本件「総値入高」の虚構性

2.1 本件契約における「DCVS・チャージ」

被告（フランチャイザー）と原告らとの間の本件フランチャイズ契約（以下，単に「契約」という）によれば，原告ら契約店舗（加盟店，フランチャイジー）は，同契約14条で規定する「総値入高」に対して所定の負担率（原告Aの場合には43％）を乗じて得られた金額を「DCVS・チャージ」（以下単に「チャージ」という）として被告に支払うことになっている。

右の「総値入高」とは，「売上高－（売上原価－見切・処分－棚卸ロス）」を意味する（同契約14条3項参照）。

一般に財務会計上「売上総利益」は売上高から売上原価を控除して算定する。この「売上総利益」からさらに「販売費及び一般管理費」を控除して「営業利益」を算定する。この「営業利益」に「営業外収益」を加え「営業外費用」を控除して「経常利益」を算定する。この「経常利益」に「特別利益」が存在する場合にはこれを加算して「特別損失」が存在する場合にはこれを控除して「当期純利益」を求める。

ところで，右の「売上原価」は次のように求められる。すなわち，期首たな卸高に当期仕入高を加算し，期末たな卸高を控除する。これによれば，期末たな卸の際に現実に在庫しないたな卸ロス等は自動的に売上原価に含まれることになる。つまり，たな卸ロス等の部分だけ売上原価が増大することになる。

本件契約にいう「見切」とは売れない商品を値下げしていわば投げ売りすること，

「処分」とは賞味期限の経過した商品を廃棄処分すること,そして「棚卸ロス」とは万引き等によって無くなってしまった商品を損失として処理すること,を意味する(本件「会計業務規定」4条,同「在庫管理規定」2条3項,4項,4条参照).

本件契約にいう「総値入高」とは,財務会計にいう前記「売上総利益」に「見切・処分・棚卸ロス」(以下「見切り等」という)を加えたものである.右の加算される「見切り等」の部分は存在しない虚構の利益である.

2.2 「総値入高」の実態

平成7(1995)年7月11日付の原告準備書面(1)に添付された原告Aに係る損益計算書(自1994年11月1日から至1994年12月31日)を素材にして「総値入高」の実態を具体的に分析することとしたい.なお,本件「会計業務規定」1条によれば,原告らの財務諸表等を被告が作成することとされている.

後に,その法的根拠等を示す予定であるが,さきに指摘したように,商品の期首棚卸高に当期仕入高を加算し,期末棚卸高を控除することによって,「売上原価」を求めるのが財務会計の常識といってよい.被告は,前出Aに係る損益計算書によれば,右の通例の「売上原価」からさらに見切り等の部分を控除して被告のいう「総売上原価」を求めている.通例の財務会計における前出「売上総利益」に照応するところの本件契約にいう前出「総値入高」とは,売上高から「総売上原価」を控除した金額である.さきに紹介した本件契約にいう「総値入高」=「売上高−(売上原価−見切・処分−棚卸ロス)」は,財務会計的にいえば右のことを意味する.

Aに係る前出損益計算書の実態は末尾添付の損益計算書のごとくとなろう.

すなわち,現実の期末棚卸高は,4,275,082円であるが(「鑑定人調整」②損益計算書),被告の右損益計算書の期末棚卸高は4,815,889円となっている(鑑定人調整」①損益計算書).これは,本件契約によって現実の期末棚卸高4,275,082円に「見切り等」の部分540,807円(323,788円+217,019円)を加算して得られた金額である.売上原価の算定にあたって,現実に存在しない,架空の棚卸高を加算して,期末棚卸高を計算しているわけである.財務会計上は通例考えられないような会計処理が行われることになろう.

このような会計処理の正当性について被告は次のような弁明を行っている.「……月初めの在庫及び当該月に仕入れた商品から,月末に在庫として残存している商品を控除した額は,全て売上原価を構成するものとされるから,処分によって廃棄されてしまった商品,棚卸ロスとなった商品のように現実には販売されなかった商品や,販売はされたが予定売価から値下げして販売された商品の仕入原価も,全て当該月の売上原価を構成していることになる.したがって,売上から売上原価を控除したものに見切り等を原価で加算すれば,プラスマイナスで相殺されてゼロになり,現実に売れた商品の利益に対してのみチャージをかけていることとなり,見切り等の売れていな

い商品にまでチャージをかけることにはならない。」(平成8年4月8日付被告準備書面㈢)

一般に承認されている財務会計上の取扱いとしては、たな卸ロス等をも売上原価に組み込むこととされている。被告の右弁明は、この公知の財務会計的取扱いを否定するものである。通例行われているこの取扱いでは、一方において見切り等による現実の売上収入は売上高に含められ、他方においてたな卸ロス等の部分に照応する金額を売上原価に含めるのが、日本社会を支配する財務会計上のルールである（詳細は後記「3、本件財務諸表の虚構性」参照）。見切り等の部分540,807円（323,788円＋217,019円）が財務会計上費用となるので、現実の「売上総利益」は、2,799,377円（「鑑定人調整」②損益計算書）にすぎないのに、被告の取り決めによれば、右のように「売上総利益」は3,340,184円（「鑑定人調整」①損益計算書）という虚構の数字となっているわけである。この虚構の数字を前提にして原告の「フランチャイジー収入」が計算されることになる。

虚構の「売上総利益」（総値入高）3,340,184円の43％（チャージ率）が原告の被告に支払うべきチャージである。チャージは1,439,641円となる。3,340,184円から右チャージを控除した金額が「原告のフランチャイジー収入」（1,900,543円）というわけである（「被告作成」損益計算書参照）。この1,900,543円のうち540,807円は、原告が現実に収受していない金額であり、まさに「幻の収入」である。

被告の本件契約内容が財務会計的にもいかに不合理であるかは、多くの説明を要しないであろう。この点に関し、本件契約とは異なり、株式会社セブン—イレブン・ジャパンの場合には、その「加盟店基本契約書」40条において通例の財務会計にいう「売上総利益」を前提にしてチャージを規定している事実を指摘しておきたい。

第40条「乙（フランチャイジー）は、甲（フランチャイザー）に対して、セブン—イレブン店経営に関する対価として、各会計期間ごとに、その末日に、売上総利益（売上高から売上商品原価を差し引いたもの。）に対し、付属明細書（ニ）の第3項に定める率を乗じた額（以下、セブン-イレブン・チャージという。）をオープンアカウントを通じ支払う。」

右の「付属明細書（ニ）」の3項では、セブン-イレブン・チャージは、「売上総利益に$n\%$の率を乗じた金額」と規定している。

右セブン-イレブンの事例からいっても、本件契約におけるチャージの取り決めは、もっぱら被告のチャージ収入を社会通念上許容される限度を超えて不当に多くするための措置であって、著しく合理性に欠けるものであり、財務会計的には一種の詐術的手法であるといわねばならない。

3 本件財務諸表の虚構性

さきにも指摘したように、本件契約、および本件契約に基づいて定められた本件

「会計業務規定」などの内容の不合理性・異常性が指摘されねばならない．ここでは，原告らの負担するチャージに関して若干のことがらを指摘するにとどめる．

　財務会計上の原則として「企業会計原則」（大蔵省組織令〔昭27政386〕83条に規定する企業会計審議会によって公表されている）は，その一般原則として真実性の原則，正規の簿記の原則，明瞭性の原則，継続性の原則，財務諸表の単一性の原則などを規定しているが，被告のいう「総値入高」，「総売上原価」なる勘定科目なるものは存在せず，また財務会計の専門家といえども，それらの内容を到底理解し得ないものであって，本件契約，本件「会計業務規定」などは右引用の各一般原則に違反するものといわねばならない．

　「財務諸表等の用語，様式及び作成方法に関する規則」（昭38大蔵省令59．以下，「財務諸表等規則」という）1条1項は，「この規則において定めのない事項については，一般に公正妥当と認められる企業会計の基準に従うものとする」と規定しており，同条2項は，前出「企業会計原則」をもって右同条1項にいう「一般に公正妥当と認められる企業会計の基準に該当するものとする」と規定している．また，商法1条は，商慣習法をもって商法の法源を構成すると規定し，同法32条2項は「商業帳簿ノ作成ニ関スル規定ノ解釈ニ付テハ公正ナル会計慣行ヲ斟酌スベシ」と規定している．このように，一般に公正妥当と認められる会計慣行は，財務会計において商法上も尊重されなければならないこととなろう．「株式会社の貸借対照表，損益計算書，営業報告書及び付属明細書に関する規則」（昭38法務省令31号．以下「商法規則」という）2条は，財務諸表について「会社の財産及び損益の状態を正確に判断することができるよう明瞭に記載しなければならない」と規定している．

　以上によって知られるように，本件契約，本件「会計業務規定」などは，商法，財務諸表等規則，商法規則等の趣旨に明らかに抵触するものといわねばならない．

　また，見切り等の部分を売上原価に含めない「総売上原価」が，いかに虚構に満ちており，違法であるかを明らかにしておきたい．

　「企業会計原則」は売上原価について次のように規定している．

　「売上原価は，売上高に対応する商品等の仕入原価又は製造原価であって，商業の場合には，期首商品たな卸高に当期商品仕入高を加え，これから期末商品たな卸高を控除する形式で表示し，製造工業の場合には，期首製品たな卸高に当期製品製造原価を加え，これから期末製品たな卸高を控除する形式で表示する．」（「企業会計原則」の第2損益計算書原則の3C）

　財務諸表等規則75条1項は，売上原価について次のように規定している．

　「売上原価に属する項目は，第1号及び第2号の項目を示す名称を付した科目並びにこれらの科目に対する控除科目としての第3号の項目を示す名称を付した科目をもって掲記しなければならない．

　1　商品又は製品（半製品，副産物，作業くず等を含む．以下同じ．）の期首たな卸

第Ⅴ部　コンビニエンスストアに係るチャージ契約の違法性

高
2　当期商品仕入高又は当期製品製造原価
3　商品又は製品の期末たな卸高」

鑑定人の数十年に及ぶ研究・実務の体験によれば，課税所得の計算に係る法人税法22条3項1号に規定する「売上原価」，所得税法37条1項に規定する「売上原価」の取扱いにおいても，たな卸ロス等の部分を当然に売上原価に含めている．被告のように，たな卸ロス等の部分を売上原価から控除する取扱いは，まったく知らない．

なお，本件「会計業務規定」4条4号によれば，見切り等の部分については商品売上高の1％までは原価で処理し，それを超える部分については売価で処理する旨を規定している．売価による場合にはなおさらであるが，原価による場合でも見切り等の部分を売上原価から控除することは誤りである．

4　結　語

以上の検討で明らかなように，原告らの負担する本件チャージに関する取り決めは，その内容において何人も理解し得ない，あまりにも不合理なものといわねばならない．財務会計的にいえば，それは，公正な会計慣行に違反するばかりではなく，むしろ一種の詐術的手法そのものであるといわねばならない．本件チャージに関する本件契約の内容は著しく正義に反するものであり，疑いもなく「実体的適正」という意味での「適正手続の法理」に背反する．それゆえ，本件チャージに関する本件契約は民法90条（公序良俗）に違反し無効である．

鑑定人調整①

損益計算書(A)
（自 1994.11.1～至 1994.12.31）
（単位：円）

1	売上高		
	商品売上高	10,850,991	10,875,648
	その他営業収入	24,657	
	計	10,875,648	
2	売上原価		
	期首たな卸高	4,179,270	7,535,464
	仕入高	8,225,592	
	仕入割戻高	△ 53,509	
	期末たな卸高	△ 4,815,889	
	計	7,535,464	
3	売上総利益（「総値入高」）		3,340,184

鑑定人調整②

損益計算書(A)
（自 1994.11.1～至 1994.12.31）
（単位：円）

1	売上高		
	商品売上高	10,850,991	
	その他営業収入	24,657	
	計	10,875,648	10,875,648
2	売上原価		
	期首たな卸高	4,179,270	8,076,271
	仕入高	8,225,592	
	仕入割戻高	△ 53,509	
	期末たな卸高	△ 4,275,082	
	計	8,076,271	
3	売上総利益		2,799,377

被告作成

損益計算書(A)
(自 1994.11.1〜至 1994.12.31)
(単位：円)

売　上　高	10,875,648
商品売上高	10,850,991
その他営業収入	24,657
期首在庫高	4,179,270
商品仕入	8,225,592
仕入割戻高	53,509
期末在庫高	4,275,082
純売上原価	8,076,271
見切・処分	323,788
たな卸ロス	217,019
総売上原価	7,535,464
当期総値入高	3,340,184
チャージ	1,439,641
フランチャイジ収入	1,900,543

〔2000 年 1 月〕

【付　記】

本件についてはその後，千葉地裁 2001 年 7 月 5 日判決（判時 1778 号 98 頁）はローソン側の説明義務違反を理由に加盟店側を勝訴とした．裁判官は川島貴志郎，菅原崇，平井健一郎の各氏である．

第VI部　資産課税

第1章　バブル崩壊と税制
――土地税制を中心として――

1　本報告の課題

　日本土地法学会の理事会から，筆者に与えられた課題は，いわゆるバブル崩壊が税制・税務行政などにどのような影響，どのような問題をもたらしたかを土地税制を中心に総括して欲しい，ということであった．このことに関連して，いま想起されるのは，平成2(1990)年4月に当時の西ベルリンの日独センターで開催された日独シンポ「土地法と土地政策」(Bodenordung & Bodenpolitik)において，どのように日本税制がその1誘因となって地価高騰，つまりバブルをもたらしたかを筆者自身，総括する機会[1]を与えられたことであった．社会科学としての税法学を専攻する者として，本記念講演(2003年11月)のテーマとともにこの種の総括は，学問研究者である筆者たちにその学問のあり方についてきびしく方法的反省を迫るものであることをまず銘記させていただきたいと思う．このような企画を提唱された篠塚昭次教授らに敬意を表させていただく．

　さて，バブル崩壊をいつとみるべきであろうか．地価公示価格の対前年度比の変動率（表6-1-1）によれば，バブル絶頂期は，昭和63(1988)年から平成2(1990)年とみられる．バブル崩壊は平成4(1992)年頃からとみられる．公定歩合（表6-1-2）からみると，90年代はじめは5％，6％であった．それ以前は7％，8％，ときに9％を記録したこともあった．しかし，92年4月から3.75％となり，それ以後は，これより高い率に回復することなく，今日の0.1％に至る状況がつづいている．公定歩合からみてもバブル崩壊は92年頃からとみてよいであろうか．

　このような時期を一応，頭に置きながら，本日のテーマにこたえることとしたい．

2　いわゆるバブル期（地価高騰）と土地税制

　日本経済が第2次世界大戦後，いわゆる高度成長期に入ったといわれるのは，昭和30年，つまり1955年以降であった．本来であれば「地価対策」のための土地税制がこの段階から講ぜられるべきであった．しかし，政府税制調査会が最初に「土地税制のあり方についての答申」をとりまとめたのはようやく昭和43(1968)年7月であった．昭和44(1969)年の税制改正以来の日本の土地税制の基本的特徴は，個人・法人を通じて次のごとくであった．土地の譲渡所得課税については長期譲渡所得は軽課，短期譲渡所得は重課するというものであった．土地の保有課税である固定資産税等についてはその所有の実態を問わないで，保有コストを高めるという理由で，画一的に固定資産税等の引上げ，市街地農地の宅地並み課税の方向が推進された．もっとも，

第Ⅵ部 資産課税

表6-1-1 地価公示価格の対前年比変動率表

A：住宅地，B：宅地見込み地

	東京圏		名古屋圏		大阪圏		全国平均	
	A	B	A	B	A	B	A	B
昭和45	—%	—%	—%	—%	—%	—%	—%	—%
46	19.9	—	18.5	—	22.0	—	20.3	—
47	15.1	—	14.6	—	14.9	—	14.8	—
48	35.9	—	30.1	—	30.1	—	33.3	—
49	35.4	—	29.0	—	31.8	—	34.7	—
50	△11.5	△12.7	△8.8	△12.4	△9.3	△8.5	△8.9	△10.6
51	0.6	0.2	0.7	0.3	0.5	0.0	0.8	0.5
52	1.7	1.1	2.6	0.7	1.6	1.6	1.9	1.6
53	3.5	3.1	4.1	3.2	2.8	1.9	3.3	2.9
54	8.8	6.5	8.2	6.7	6.8	4.8	6.5	5.8
55	18.3	14.9	14.2	9.7	13.5	11.9	12.3	11.4
56	14.1	12.3	12.3	10.1	12.6	10.7	11.4	10.9
57	7.4	7.4	7.9	8.1	9.3	8.6	8.3	8.2
58	4.1	4.2	4.5	4.7	5.3	4.9	5.1	5.2
59	2.2	2.2	2.4	2.1	3.6	3.9	3.0	3.0
60	1.7	1.4	1.6	1.2	3.0	3.0	2.2	2.1
61	3.0	1.2	1.4	1.2	2.6	2.5	2.2	1.6
62	21.5	2.4	1.6	1.2	3.4	2.3	7.6	1.5
63	68.6	44.8	7.3	2.2	18.6	5.9	25.0	12.2
平成元	0.4	15.3	16.4	9.7	32.7	21.7	7.9	10.0
2	6.6	16.7	20.2	19.0	56.1	57.5	17.0	19.9
3	6.6	13.9	18.8	19.0	6.5	8.5	10.7	13.1
4	△9.1	△6.8	△5.2	1.9	△22.9	△15.1	△5.6	△1.6
5	△14.6	△9.9	△8.6	△8.0	△17.1	△11.0	△8.7	△3.2
6	△7.8	△4.3	△6.1	△4.9	△6.8	△4.3	△4.7	△1.2
7	△2.9	△2.1	△4.0	△2.5	△1.9	△1.4	△1.6	0.0
8	△5.0	△4.3	△3.6	△2.2	△4.3	△2.4	△2.6	△0.7
9	△3.4	△4.2	△1.7	△1.4	△2.2	△0.7	△1.6	△0.6
10	△3.0	△2.9	△0.8	△1.1	△1.5	△0.1	△1.4	△0.4
11	△6.4	△7.0	△3.3	△3.8	△5.2	△2.7	△3.8	△2.5
12	△6.8	△8.1	△1.8	△3.7	△6.1	△3.3	△4.1	△2.9
13	△5.8	△10.1	△1.9	△2.9	△6.7	△4.0	△4.2	△3.6
14	△5.9	△10.5	△4.4	△4.7	△8.6	△8.0	△5.2	△5.3
15	△5.6	△11.1	△5.6	△7.8	△8.8	△11.0	△5.8	△7.0

［出所］（財）日本不動産研究所資料

第1章　バブル崩壊と税制

表6-1-2　公定歩合の推移

年月	歩合(%)	年月	歩合(%)
1970.01	6.25	.11	7.25
.10	6	1981.03	6.25
1971.01	5.75	.12	5.50
.05	5.5	1983.10	5
.07	5.25	1986.01	4.5
.12	4.75	.03	4
1972.06	4.25	.04	3.5
1973.04	5	.11	3
.05	5.5	1987.02	2.5
.07	6	1989.05	3.25
.08	7	.10	3.75
.12	9	.12	4.25
1975.04	8.5	1990.03	5.25
.06	8	.08	6
.08	7.5	1991.07	5.5
.10	6.5	.11	5
1977.03	6	.12	4.5
.04	5	1992.04	3.75
.09	4.25	.07	3.25
1978.03	3.5	1993.02	2.5
1979.04	4.25	.09	1.75
.07	5.25	1995.04	1
.11	6.25	.09	0.5
1980.02	7.25	2001.02	0.35
.03	9	.03	0.25
.08	8.25	.09	0.1

［出所］　日本銀行インターネット

　法人および個人事業者に対する短期譲渡所得重課税が行われたのは，日本列島の買い占めがほぼ終わったともいわれた昭和48（1973）年の改正においてであった．この年の改正で，土地の取得を含む保有課税として，従前の固定資産税，不動産取得税を補完するものとして，市町村税としての特別土地保有税の導入をみている．

　これらの土地税制はトータルにいって土地ころがし，土地の商品化を促進し，かえって地価高騰をもたらすものであった．もちろん日本のいわゆるバブルは税制だけが原因ではない．異常な金融緩和政策，銀行からの土地等購入のための積極的な勧誘なども指摘されねばならない．しかし，本報告では税制面に限定して分析を行うこととしたい．現実に日本で実施された「地価対策」のための土地税制がかえって地価高騰を促進する機能を果たすものであることを筆者は，30数年前，より正確にいえば，前出の昭和43年政府税制調査会「土地税制答申」当時から指摘し，あるべき土地税制として次の考え方を提示した[2]．その理論的根拠は，日本国憲法の応能負担原則（憲13

条，14条，25条，29条等）の具体化であり，またいわゆる土地公有権理論に基づく土地開発利益の社会への還元[3]（租税の形で社会への還元）であった．

すなわち，土地の譲渡所得課税については法人・個人を問わず，バブル前の一定時点の適正価格を設定し，同適正価格までの分については通常の総合累進課税（筆者は，法人税についても超過累進税率を導入すべきであると指摘してきた）を行い，同適正価格を超える分については100％近い課税を行う．法人税に超過累進税率を導入し，また租税特別措置を全廃することも地価抑制に資する．これらは法人税にも応能負担原則の適用を意味するが，そのことが法人企業のカネあまり現象抑制・土地投機抑制に資する．法人税制自体の応能負担原則適用の徹底がその意味では土地税制の一環を構成するとみなければならない．保有課税については次のごとくとする．所有の実態に応じて憲法上の財産権の性質に差異が生ずる．その憲法上の財産権の性質の区分に応じて課税のあり方も区別する．①一定の生存権的財産（一定の住宅地，現に農業の用に供している農地，一定の中小企業の事業所地など）については非課税とするか，課税するとした場合には当該所有者がひきつづき生存の用に供するとしたときの利用価格（use value），つまり収益還元価格を課税標準として，かつ低税率で課税する．②いわゆる投機的財産（商品としての土地，企業の買い占めた土地，高級別荘地など）については実勢価格を課税標準として，かつ保有できないほどの禁止的高税率で課税する．この部分の税額は所得計算上損金または必要経費に算入しない．③資本的財産（大企業の事業所地など）については事業の継続が可能な，右①と②との中間程度の負担とする．

以上の筆者の構想する土地税制論は，もとより立法論的提言であるが，固定資産税等については次のように，現行法の運用においても生かすことが可能である．すなわち，日本国憲法の本来的租税条例主義などにより，各地域の実態に見合った生存権的財産などの各範囲，各評価方法，各税率などを各自治体の税条例で定める．もっとも投機的財産に対する禁止的高税率については，現行法のもとでは固定資産税の制限税率2.1％（地税350条1項ただし書）を超えることができないので，税条例では2.1％の税率を定めることになる．

3 バブル崩壊と税制

3.1 所得税

(1) 所得税については前出のバブル崩壊時点（表6-1-1，表6-1-2）によれば，バブル中と言える昭和62（1987）年に同年10月1日から所有期間2年以内の土地の譲渡にかかる事業所得等について超短期重課税制度が導入された．この制度は平成9（1997）年12月31日をもって廃止された．

(2) 土地の短期譲渡にかかる事業所得等の重課税制度は平成10（1998）年1月1日から適用停止とされた．

(3) 平成3 (1991) 年度の改正で，平成4 (1992) 年分からは不動産所得の計算上生じた損失の金額のうち，土地等を取得するために要した負債の利子は，損益通算の対象にしないこととされた（税措41条の4）．この制度は，投機的土地取得を抑制しようとする意味をもつとみられるところから，バブル対策の土地税制の一環を構成するとみられる．しかし，導入時の平成4年頃は，バブルのピークを経過しておりバブル崩壊のはじまった時期である．「地価対策」のための土地税制としては遅きに失したといわねばならない．この制度は現在も維持されている．

(4) 同じ平成3 (1991) 年度の改正で，平成4 (1992) 年4月1日から，土地の長期譲渡所得に対する税率の引上げを行うこととされた．長期譲渡所得への重課であり，もとより地価抑制策としてである．しかし，時機的に遅きに失したといわねばならない．土地税制緩和の一環として平成10 (1998) 年1月1日から税率引下げが行われた．

3.2 法人税

(1) 短期土地譲渡の法人所得重課税制度の導入は，すでに述べたように，日本列島の買い占めがほぼ終ったともいわれた昭和48 (1973) 年の改正においてであった．この制度は，平成10 (1998) 年10月1日から適用停止とされた（税措63条7項）．

(2) 昭和62年 (1987) に同年10月1日から所有期間2年以内の土地の譲渡にかかる法人所得について超短期重課税制度が導入された．この制度は，平成9 (1997) 年12月31日をもって廃止とされた．

(3) 昭和63 (1988) 年の改正で，昭和63 (1988) 年12月31日以後に取得した土地等にかかる負債利子を損金不算入とされた．「地価対策」のための土地税制としては遅きに失したといわねばならない．この制度は，平成10 (1998) 年1月1日以降取得分から廃止された．

(4) 平成3 (1991) 年の改正で，平成4 (1992) 年1月1日以後分から，前出3.1(4)の所得税の場合と同じように，土地の長期譲渡分の法人税として，通常の法人税に加えて10%の税率による重課税制度が導入された．これも「地価対策」のための土地税制である．遅きに失したといわねばならない．この制度は平成10年 (1998) 1月1日から適用しないこととされた．

3.3 相続税

(1) 昭和63 (1988) 年改正で，昭和63 (1988) 年12月31日以後の相続からは，取得価額によって課税する制度を適用することとされた．すなわち，相続開始前3年以内に取得した土地等については相続税評価額ではなく現実の取得価額で相続税を課税することとされた．この制度について大阪地判平成7 (1995) 年10月17日判時1569号39頁の事例を紹介しておきたい．

第Ⅵ部　資産課税

　本件相続開始日は，平成3（1991）年8月17日である．本件の土地の取得価額は，相続開始時の時価（実勢価格）をはるかに上回る．この事例では，相続時の実勢価格は取得時の価額の半分以下となっている．しかも，同取得価額による相続税額が相続開始時の本件財産の時価（実勢価格）を上回る．裁判所は，このような場合には同制度を適用すべきではない，と判示した．理論的には必ずしも明確ではないが，おそらく判決は適用違憲（憲14条，29条違反）を構成するとみているものと思われる．筆者は，本判決が示される前の平成7（1995）年2月の時点で，この制度の不合理性（憲14条違反）を指摘していた[4]．相続開始前の3年間といっても，そもそもこの制度は被相続人の死亡という偶発的時期を前提とするものであるからである．

　この制度は，同判決の翌年，平成8（1996）年の改正で，廃止された．

　(2) 事業承継税制ともいわれる小規模宅地等についての相続税課税価格の縮減措置が昭和58（1983）年の税制改正で導入された．この制度は，筆者の税法学理論からいえば，憲法の応能負担原則および「地方自治」（憲92条以下．古い老舗などの維持・存続自体が各地域社会の豊かな生存権保障につながる）の観点から基礎づけられる．この制度にはバブル経済に配慮するという側面もあり，その意味ではバブル期の税制（バブル対応税制）という位置づけが可能である．この特例は逐年，拡大をみている．注目されるのは，バブル崩壊期に入ったとみられる平成4（1992）年，平成6（1994）年にも拡大をみている．この意味ではこの制度は，バブル崩壊対応税制としての側面をも有する．

　(3) 昭和50（1975）年の税制改正で農地等についての相続税納税猶予制度が導入された[5]．一定期間（20年間），農業を継続する農家相続について実質的には農業投資価格で課税するというものである．この制度も，筆者の税法学理論からいえば，農地等の生存権的財産に対する憲法の応能負担原則から基礎づけられる．しかし，このような制度が導入された背景には，地価高騰により農業継続を困難とする事情もあった．この意味においてバブル対応税制と位置づけうる．

　この制度は，平成3（1991）年の改正で，平成4（1992）年1月1日以降分からは，3大都市圏の特定市の市街化区域農地については，廃止された．しかし，生産緑地内のいわゆる都市営農地にはひきつづき適用することとされている．

　(4) 地価等の下落により，人々の相続税の納付を困難とした．相続税額の滞納が増大している（表6-1-3，表6-1-4）．なかには相続財産のすべてを延納のための担保として提供したが，相続税額を充足し得ず他の相続人が連帯納税義務を負わされるというケースもみられた．

3.4　地価税

　平成3（1991）年の改正で，国税である地価税が導入された．同税は平成4（1992）年1月1日から施行された．その内容にも種々の問題があるが，それは別として，平

第1章 バブル崩壊と税制

表 6-1-3 国税の滞納状況(1)

税額単位：100万円

年度 税目	平成2年		平成3年		平成7年		平成8年	
	件数	税額	件数	税額	件数	税額	件数	税額
源泉所得税	件 482,403	159,474	件 535,800	203,242	件 978,368	413,534	件 1,030,361	429,649
申告所得税	1,246,264	473,745	1,344,761	563,484	1,882,785	675,736	1,964,607	667,153
法人税	169,080	569,097	183,988	646,062	232,930	629,535	233,308	587,626
相続税	40,647	55,513	44,654	79,531	83,709	235,653	84,613	259,272
地価税	—	—	—	—	7,309	25,729	7,026	24,451
消費税	101,778	54,844	173,047	98,913	680,990	378,215	771,805	409,953
酒税	437	1.133	523	1,398	1,232	15,591	1,173	2,710
物品税	61,444	13,738	45,640	10,551	17,957	4,938	13,983	3,794
入場税	2,667	135	2,540	115	85	31	82	30
その他	2,100	2,789	7,544	5,000	15,591	7,777	13,302	8,267
合計	2,106,820	1,330,468	2,338,497	1,608,296	3,900,956	2,386,739	4,120,260	2,392,905

［出所］『国税庁統計年報告書』

表 6-1-4 国税の滞納状況(2)

税額単位：100万円

年度 税目	平成11年		平成12年		平成13年	
	件数	税額	件数	税額	件数	税額
源泉所得税	件 1,121,191	505,470	件 1,086,809	479,417	件 967,607	446,179
申告所得税	2,385,404	752,351	2,373,309	721,427	2,308,203	670,505
法人税	242,567	483,447	223,594	430,078	203,381	363,682
相続税	83,347	361,276	81,870	380,856	70,440	364,964
消費税	1,227,454	632,261	1,290,749	629,879	1,308,428	618,281
その他	28,771	31,245	24,229	25,124	19,084	20,622
合計	5,088,734	2,766,050	5,080,560	2,666,781	4,877,143	2,484,233

［出所］『国税庁統計年報告書』

成4（1992）年といえばバブル崩壊期に入っており，遅きに失したといわねばならない．この制度は平成10（1998）年から，課税が停止された．

3.5 固定資産税・都市計画税

3大都市圏の特定市の市街化区域農地の長期営農継続農地の農地課税は平成3（1991）年をもって廃止された．平成4（1992）年からは宅地並み課税とされた．ただし，生産緑地内の農地は，ひきつづき農地課税とされている．

固定資産税等の評価をめぐる問題については項を改めて，述べる．

3.6 特別土地保有税

さきにも指摘したように，昭和48（1973）年の改正で導入された．この税は平成15（2003）年からは課税を停止することとされた．

3.7 法人事業税

バブル崩壊の税制問題として，法人事業税の外形標準課税がある．平成12（2000）年4月に東京都が大銀行に限定して，法人事業税の外形標準課税条例を制定・施行した．主要銀行の業務粗利益（一般企業の売上総利益）がバブル期を上回るものでありながら，過去の不良債権の処理によって，所得基準ではほとんどの銀行が法人事業税を納付しないという事情が生じた．そこで，東京都は5年間に限って大銀行に対して「業務粗利益」を課税標準とする外形標準課税を条例で行うこととした．なお，平成15（2003）年度の国の税制改正（法律）で平成16（2004）年度から全国的に資本金1億円超の法人に対して外形標準課税を行うことになった．

3.8 消費税

バブル崩壊による経済不況が消費税の滞納の増大をもたらした（表6-1-3，表6-1-4）．日本経済を支えてきた多くの中小企業にとっては，消費税の現実は間接税ではなく，企業付加価値税，企業取引高税（累積税）となっている（間接税の直接税化）．企業倒産，自殺，不景気などの重要要因の1つとなった消費税の導入とその引上げがきびしく指摘されねばならない．税法学的にいえば，消費税それ自体が応能負担原則などの憲法原理に抵触する．

3.9 その他

大企業，高額所得層，資産家への大幅減税がとりわけここ十数年，顕著となっている．これらの税法上の減税で年約十数兆円の財源が失われている．租税全体のフラット化が急速に進んでいるわけである．その結果，中小企業・庶民の生存権への侵害，日本税制の財源調達機能の喪失をもたらした．また，バブル崩壊・景気対策により公

定歩合が引き下げられるとともに，人々の預貯金利子がゼロに近くなってこの国では巨額の大衆収奪が白昼公然と行われているわけである．また，このことが公的年金，公的保険，公益法人等，保険会社などの財政運営を圧迫している．この面からも人々の福祉へ重大なダメージをもたらしつつある．

4　固定資産税の評価等

4.1　平成6（1994）年度の評価

　平成4（1992）年頃からバブル崩壊がみられ地価が下落しはじめていた．にもかかわらず，平成6（1994）年度固定資産税の価格の評価替えにあたって，自治省（当時）はそれとは逆の，公示地価の7割評価を指導した．当時の固定資産税評価は，全国平均で公示地価の2割，3割，東京などは1割台であった．平成6年度の評価替えは法律的にも多くの問題を含んでいた．各地の固定資産評価審議委員会への審査の申出，訴訟が全国的に展開された（表6-1-5～表6-1-7c）．固定資産評価審査委員会への審査の申出数は，土地に限定すれば平成6年度で東京は2,317件，大阪は8,649件，全国で19,405件．土地以外のものを含めると全国で平成6年度で23,229件に達した．

　自治省の指導する平成6年度の評価実務は次のごとく行われた．

　自治省は平成6年度の評価替えにあたって，宅地の評価を地価公示価格の7割程度を目途とする旨の平成4（1992）年1月22日自治固3号事務次官通達を発した[6]．具体的には，平成6年度の標準宅地の価格算定において平成4年7月1日を鑑定時点（価格調査基準日）とし，平成5年1月1日を価格認定時点とするために，平成4年7月1日から平成5年1月1日までの間の地価下落を考慮することとされた．標準宅地の価格は，平成5年1月1日の右の価格の7割とされた（以上，平成4年11月26日自治評28号自治省税務局資産評価室長通知「平成6年度評価替え（土地）に伴う取扱いについて」）．これでは，平成5年1月1日から平成6年1月1日までの大幅な地価下落が反映されないことになる．

　この評価替えの法的問題点として当時，筆者の指摘したところは次のごとくであった[7]．①平成6年1月1日が賦課期日でありその時点の価格でなければならない．②自治省には通達発行権はない．③日本国憲法の本来的租税条例主義および告示の法的性格（本来的には，行政規則）に鑑み，「固定資産評価基準」（自治省告示）は単なるガイドラインにすぎない．同告示を地方税法388条の委任命令とする考え方に立った場合でも，同告示の内容は委任命令の限界をこえる．④地方税法349条の「価格」の法的意味は，少なくとも一定の生存権的財産については，通例いわゆる市民的売買は行われず，それゆえ売買実例価格なるものは論理上存在し得ないので，利用価格（use value），収益還元価格としてとらえなければ憲法適合的とはならない．⑤固定資産の評価のあり方については，各地域の諸事情を考慮して各自治体の固定資産評価条例によるべきである．⑥条例を含む法令の変更がまったくないのに，何十年も行われてき

第Ⅵ部　資産課税

表 6-1-5　固定資産税（土地）審査申出状況

(件数)

年度＼地域	東京都	大阪府	愛知県	全国
平成 3 年度	34	3,657	144	5,745
平成 6 年度	2,317	8,649	521	19,405

［出所］「税」1994 年 9 月号（49 巻 4 号）24 頁

表 6-1-6　固定資産税審査申出状況（全国）

年度	件数	年度	件数
平成 6 年度	23,229	平成 12 年度	5,845
9 年度	13,255	13 年度	1,608
11 年度	1,631	14 年度	1,304

［出所］　総務省自治税務局固定資産税課資料

表 6-1-7a　平成 6 年度固定資産税評価替えに係る訴訟提起調べ（全国）

年度	6	7	8	9	10	11	12	13	14	計
件数	52 (6)	98 (80)	35 (30)	5 (4)	3	0	1	0	0	194 (120)

表 6-1-7b　平成 9 年度固定資産税評価替えに係る訴訟提起調べ（全国）

年度	9	10	11	12	13	14	計
件数	44 (7)	30 (9)	4 (0)	3 (1)	1	0	82 (17)

表 6-1-7c　平成 12 年度固定資産税評価替えに係る訴訟提起調べ（全国）

年度	12	13	14	計
件数	43 (8)	27 (9)	2	72 (17)

［注］(1)　固定資産税評価審査委員会の審査決定に対する取消訴訟に限った．
　　　(2)　平成 14 年 8 月 31 日現在．
　　　(3)　（　）は東京都（特別区・市）の分．
［出所］　表 6-1-7〜表 6-1-9 いずれも総務省自治税務局固定資産税課資料．

ていて人々の間に「公知の事実」にもなっているところの各地のそれぞれの評価水準をいきなり一律に公示地価の7割とすることは，法の一般原理である信義誠実の原則に違反し無効である．

4.2 固定資産税裁判例

資料（後掲）は，バブル後に示された裁判例のうち，固定資産税評価に関して筆者が前出30数年前に指摘した税法学理論に比較的に親和性をもつとみられるものを掲げた．ここでは，そのいくつかを紹介する．

裁判例15は，登録価格が賦課期日の適正な時価（客観的交換価値）を上回る部分を違法とした最高裁判決[8]の要旨である．同趣旨の下級審裁判例も示されている（裁判例5参照）．ここにいう「適正な時価」とは，「正常な条件の下で形成されるべき取引価格，すなわち客観的交換価値・客観的時価」を意味する．

筆者は，現行法のもとで少なくとも一定の生存権的財産については「適正な時価」とは利用価格，収益還元価格を意味すると指摘してきた．その理論構成などは異なるが，結果的に収益還元価格と判示した裁判例がある．「固定資産税は物税である．その資本価値は収益還元価格で評価すべきである．その収益還元価格は，人的要素に左右される現実の収益ではなく，その年度の標準的にあげうる収益（年間賃料）をもとに5％（民事法定率）の還元率で直接法により計算すべきだ．固定資産税評価額の上限は右の収益還元価格と解すべきである」（裁判例2）．標準的にあげうる収益（年間賃料）をもとに民事法定率5％で計算すべきであると判示している点が注意される．登録価格がこの収益還元価格を超えるとして取り消された事例もある（裁判例4）．

税は，固定資産税率1.4％プラス都市計画税率0.3％として1.7％となる．民事法定率は5％．つまり，5％のうち固定資産税等は3分の1になるというわけで，「最近における固定資産税の増徴にもかかわらず，土地の賃料を固定資産税・都市計画税の税額の2.4倍とする約定が合理性を失わない」とされた事例もある（裁判例8）．

旧自治省告示「固定資産評価基準」は，筆者の税法学理論によれば，単なるガイドラインにすぎない．この点，『『固定資産評価基準』は市町村を拘束するが，固定資産評価審査委員会，裁判所および国民を拘束しない」とした事例もある（裁判例1）．判決が市町村を拘束するとしたのは地方税法403条に配慮したものと思われるが，現行固定資産評価基準（旧自治省告示）は，市町村にとっても単なるガイドラインにすぎない．

平成6年度の評価の仕方を違法とした裁判例もある．「評定準備および評価事務に相当の期間を要するとしても，あくまで賦課期日（平成6年1月1日）の時点の価格でなければならない」（裁判例5，裁判例11）．

「負担調整措置によって当該固定資産税の税額自体に変動がなくても，登録価格が賦課期日の客観的時価を上回る場合にはその登録価格決定は違法」とした事例がある

（裁判例6）．固定資産評価委員会審査決定取消訴訟の性格に鑑み妥当な判示である．また，「登録価格が『固定資産評価基準』によらずに認定されている場合には，かりに右価格が客観的な時価を下回ることが明らかな場合でも，違法」とした事例がある（裁判例12）．憲法14条の法執行平等原則に鑑み妥当な判示である[9]．

5 まとめ

筆者自身は大変微力であるが，今回の報告を準備するにあたって，改めてバブルを加速し，また，バブル後の対処の仕方において多くの研究者の示した学問の方法，学問の姿勢に疑問を抱かざるを得なかった．

たとえば，すでに指摘したように，日本国憲法の意図する応能負担原則（憲13条，14条，25条，29条等）および同じく同憲法の意図する土地公有権の理論，つまり開発利益の社会への還元の理論に従って，税制を構築すれば，異常な地価高騰を抑制し得たはずである．多くの諸家の示した理論は誤りであったといわねばならない．

バブル後の対処例として，2，3を挙げる．東京都の銀行税条例に対する諸家の議論が，日本国憲法の本来的租税条例主義および法人事業税の法的性格（外形基準をむしろ本則とする事業活動規模税としての応能課税）を正鵠に認識しないものであった[10]．諸家の議論は結果としてバブル演出の主役の一人であった大銀行を不当に利するものであった．また，本日，司会の黒川功教授も克明に指摘しておられるように，消費税法30条7項（仕入れ税額控除の否認）をめぐる多くの諸家の議論が，間接税としての付加価値税（VAT：Value Added Tax）の法的本質を否定するものであって，多くの中小企業を誤った「法解釈」によって「死」に追いやる結果をもたらしている[11]．さらに税制一般について多くの諸家の議論が「広く，うすく」が公平であるとして，大企業，高額所得層，資産家などの不当減税を促進し，租税全体のフラット化の流れを加速化する役割を果たした．その結果がさきにも指摘したように，中小企業・庶民の生存権を不当に圧迫させるとともに，日本税制の財源調達機能を喪失させ，租税国家（Steuerstaat, Tax State）であるすばらしい日本国を衰滅させる方向に導いた．税制のあり方としては税法学的に憲法の応能負担原則（憲13条，14条，25条，29条等）の具体化しかあり得ないのである[12]．「広く，うすく」の1つの根拠として持ち出される応益負担原則は，課税する側が課税の根拠について説明の1つの手段として利用できるとしても，納税者の税負担配分の原理にはなり得ない．また応益負担原則を憲法上根拠づけることも不可能である．社会科学の分野においても，自然科学の場合とほぼ同じように，各国のそれぞれの段階で，あるべき理論・原理・理念がおのずと科学的に学問的に決まる．これは，立場の相違，見解の相違の問題ではない[13]．

ほかならぬ筆者自身も科学する者，学問をする者の原点に立ちかえっていっそうの反省と努力を行いたいと思う．本学会創立30周年の記念大会においてこのことを皆

さまにお誓い申し上げて，報告を終わりたい．

(1) この報告内容については，Hirohisa Kitano, Das System der Bodenbesteuerung in Japan, Nihon Univ, Comparative Law, Vol. 7, 1990. 北野弘久「日本国憲法と土地税制——人権論の視角から」同『納税者基本権論の展開』(現代法学者著作選集) 三省堂 1992年所収．

(2) 北野弘久『現代税法の構造』勁草書房1972年，同『企業・土地税法論』勁草書房1978年，同『新財政法学・自治体財政権』勁草書房1977年，同『憲法と地方財政権』勁草書房1980年，同『憲法と税財政』三省堂1983年，同『納税者の権利』岩波新書1981年，同『納税者基本権論の展開』三省堂1992年，同「現代土地税制論の展開」税理37巻15号 (1994年)〔本書第VI部第2章〕，など．

(3) この理論は，日本国憲法29条からも導かれる．29条2項は，財産権は公共の福祉に従うことを規定している．これはとりわけ土地についてはかつての財産権の絶対的な人権性を否定するものである．29条1項は，一定の生存権的財産のみを人権として保護するものであり，29条2項は非生存権的財産，とりわけ筆者のいう投機的財産については公共の福祉の観点から，規制すべきであることを規定するものと解すべきである．29条3項は，財産権に対して特別の犠牲を要求する場合の補償の規定であり，財産権に対して一般的犠牲，一般的規制を行う場合には補償を必要としない．特別の犠牲を要求する場合，生存権的財産に対しては「完全な補償」をしなければならないが，非生存権的財産に対しては「相当な補償」で足りると解される．なお，日本国憲法に関するマッカーサー憲法草案には右の現行29条のような規定とは別に，次のような規定が存在した．すなわち，「土地及び一切の天然資源に対する終局的権原 (ultimate fee) は，国民全体の代表としての資格で国に存する．土地その他の天然資源は，国が正当な補償を支払い，その適正な保存，開発，利用および規制を確保し増進するために，これを収用する場合には，このような国の権利に服せしめられるものとする」．日本国憲法29条の法的意味の理解にあたって，日本国憲法のいわば制定過程において右のような規定が存在したという事実にも配慮されるべきである．

29条へのこのような理解から，本文で述べた理論を導くことができる．平成元 (1989) 年に制定された土地基本法 (平元法84) 2条 (土地についての公共の福祉優先)，3条 (適正な利用及び計画に従った利用)，4条 (投機的取引の抑制)，5条 (価値の増加に伴う利益に応じた適切な負担) などの規定によって，今日ではこの理論が実定法的にも確認されている．北野・前出注 (1) 論文．

(4) 北野弘久=小池幸造=三木義一編『争点・相続税法』勁草書房1995年13，14頁．

(5) この制度の導入にあたって，当時，筆者の行った農業団体への助言については，北野・前出注 (2)『企業・土地税法論』281頁以下．なお，農業の継続という観点からいえば，昭和39 (1964) 年に導入された農地等の生前一括贈与の贈与税の納税猶予制度がある．この制度の適用は，平成3 (1991) 年の前出農家相続税特例の見直しに伴って，現在では3大都市圏の特定市の市街化区域内農地については，生産緑地法の生産緑地としての農地に限られる．

第VI部　資産課税

(6)　平成9 (1997) 年の評価替えにあたって，自治省は前出平成6年度評価替え通達の内容を「固定資産評価基準」（昭35年自治省告示）に組み込んだ（平8・9・3自治省告示192号）．告示に組み込んでも，法的問題はいぜんとして解決されない．

(7)　北野弘久「現代土地税制論の展開」前出注(2)．なお，家屋固有の「固定資産評価基準」（自治省告示）の問題点として，再建築価額による評価などが指摘されねばならない．北野弘久「建物の固定資産税評価額――再建築価額への疑問」税経新報473号（2001年2月）〔本書第VI部第7章〕．

(8)　山田二郎「固定資産税の評価をめぐる最高裁判決とその影響」税理46巻14号（2003年11月号）．

(9)　詳しくは，北野弘久『税法学原論・5版』青林書院2003年204頁以下．

(10)　多くの諸家の議論は，日本国憲法の本来的租税条例主義や外形標準課税を本則とする法人事業税の法的性格などの本質論を正鵠に理解しないものであった．全体として東京都の銀行税条例に批判的・否定的であった．北野弘久「『銀行税条例』違法判決批判」税経通信2002年6月号〔本書第IV部第1章〕，同「『銀行税条例』控訴審判決の検討」税経通信2003年4月号〔本書第IV部第2章〕など．同『税法学原論・5版』（青林書院，2003年）101頁以下．

(11)　諸家の議論の詳細とその批判については，黒川功「消費税仕入税額控除否認の法的限界」北野先生古稀記念『納税者権利論の展開』勁草書房，2001年所収．筆者の提示した理論は次のごとくである．すなわち，昭和63年に消費税法（昭63法108）と同時に税制改革法（昭63法107）が制定された．同税制改革法は講学上の「基本法」である．同法10条，11条は消費税の法的性格を間接税（租税転稼により最終的には消費者が負担）としての付加価値税であることを実定法的に確認している．問題の消費税法30条7項の法的意味を考えるうえにおいて，税制改革法10条，11条の規定が考慮されねばならない．消費税法が売上高を課税標準（消税28条）とし，仕入税額を税額控除方式（消税30条）としたのは，立法技術などの理由にすぎない．現行消費税法における消費税の法的性格は間接税としての付加価値税である．これは「立法事実」でもある．消費税法30条7項は，仕入税額控除の適用が「税の払い戻し」につながるところから，付加価値税として仕入税額控除の運用を慎重にしようとする場合の注意的手続規定にすぎない．税務調査の段階のみならず，行政不服申立ての段階，訴訟の段階などで，納税義務者（事業者）が仕入税額を負担している事実が明らかになった場合には，仕入税額控除を適用すべきであり，仕入税額控除適用を否認することこそが違法となる．また，売上げについて推計をした場合には仕入れについてもそれなりの厳格さをもって推計すべきであるということになる．北野弘久「消費税法30条7項の仕入れ税額控除否認」税理1996年4月号〔本書第VII部第2章〕，同『現代企業税法論』（岩波書店，1994年）408頁以下．

(12)　詳細については，北野・前出注(9)『税法学原論・5版』137頁以下．

(13)　筆者が委員長としてとりまとめた日本学術会議の報告書もこの点を指摘する．日本学術会議「日本学術の質的向上への提言」（2002年7月22日），学術の動向2003年1月号52頁．北野弘久「日本法律学の問題性」学術の動向2002年2月号〔本書第I部第1章〕．

第1章　バブル崩壊と税制

【資料】　固定資産税裁判例

1　「固定資産税評価基準」（自治省告示）は，市町村を拘束するが，固定資産評価審査委員会，裁判所および国民を拘束しない（東京高判平13・4・17判時1744・69，東京高判平14・10・29判時1801・60）．

2　固定資産税は物税である．その資本価値は収益還元価格で評価すべきである．その収益還元価格は，人的要素に左右される現実の収益ではなく，その年度の標準的にあげうる収益（年間賃料）をもとに年5％（民事法定率）の還元率で直接法により計算すべきだ．固定資産税評価額の上限は右の収益還元価格と解すべきである（東京高判平13・4・17判時1744・69，東京高判平14・10・29判時1801・60）．

3　固定資産の登録価格がその収益還元価格を超える部分は違法である．固定資産の登録価格がその収益還元価格を超えない場合には違法とはならない（東京高判平13・4・17判時1744・69，東京高判平14・10・29判時1801・60）．

4　固定資産の登録価格がその収益還元価格を超えるものとして，一部取消しされた事例（東京高判平14・10・29判時1801・60）．

5　地方税法にいう賦課期日の「適正な時価」とは，正常な条件の下で形成されるべき取引価格，すなわち客観的交換価値・客観的時価を意味する．適正時価の評価時点は賦課期日である．評定準備および評価事務に相当の期間を要するとしても，その必要となる実務上の期間を遡ったところの時点になるのではない．登録価格（固定資産評価審査委員会で一部取り消された後の価格）が右の客観的時価を上回るとして一部取消された事例（東京地判平8・9・11判時1578・25，東京高判平10・5・27判時1657・31，東京高判平12・4・19判時1729・38）．

6　負担調整措置によって当該固定資産税の税額に変動がなくても，登録価格が賦課期日の客観的時価を上回る場合には，その登録価格決定は違法となる．固定資産評価委員会審査決定取消訴訟は，固定資産税額の多寡を争うものではない（東京高判平10・5・27判時1657・31，東京地判平10・1・21判例自治178・32）．

7　土地の固定資産税の評価額は，土地の収益力（土地の収益力は建物の収益〔賃料〕のうち土地に帰すべき額として，鑑定可能）に見合う金額，すなわち土地からあげることの可能な収益を約5％の利率で資本還元した金額を超えることはできない（〔店舗賃料確認請求事件〕東京高判平9・6・5判タ940・280）．

8　最近における固定資産税の増徴にかかわらず土地の賃料を固定資産税・都市計画税の税額の2.4倍とする約定が合理性を失われないとされた事例（東京高判平9・6・5判タ940・280）．

9　土地に係る平成6年度の固定資産課税台帳登録価格のうち客観的時価を超え

る部分につき，固定資産評価審査委員会の審査決定が取り消された事例（東京地判平成10・1・21判例自治178・32）．

10　固定資産課税台帳に登録された平成6年度の土地の価格について，当該土地の評価にあたって標準宅地とされた土地の価格の評定において地価の下落状況を反映した適切な時点修正が行われていないなどの違法があるとして，右登録価格に係る審査申出を棄却した固定資産評価審査委員会の決定が取り消された事例（東京地判平10・3・19判例自治179・22）．

11　自治事務次官通達等に従った平成6年度の宅地の固定資産評価額の決定が地方税法の趣旨を逸脱した違法な方法によるものとされた事例．ただし，当該評価額が賦課期日の客観的時価を上回るものではないとして原告については結局において適法とされた（大阪地判平9・5・14判例自治172・27）．

12　固定資産の台帳登録価格が「固定資産評価基準」によらずに評定されている場合には，仮に右価格が客観的な時価を下回ることが明らかな場合でも，評価の公平の観点から，違法となる（東京地判平8・9・30判タ957・187）．

13　固定資産（建物）の登録価格が時価を上回ることを理由として，固定資産評価委員会の審査棄却決定の全部が取り消された事例（札幌高判平11・6・16判例自治199・46）．

14　宅地の固定資産評価を賦課期日を遡る一定時点における評価額の7割とする評価方法によったとしても，個別的に賦課期日における客観的な評価額（時価）を結果的に上回るような場合（いわゆる逆転現象）には，当該固定資産評価は，地方税法341条5号に違反する違法性を帯びるが，その評価が国家賠償法上違法とまではいえない（大阪高判平13・2・2訟月48・8・1859）．

15　本件登録価格の決定において比準の対象となった標準宅地甲および標準宅地乙の価格（7割評価通達および時点修正通知を適用）は，各標準宅地の平成6年1月1日における客観的な交換価値を上回るところ，同日における各標準宅地の客観的な交換価値と認められる価格に基づき，「固定資産評価基準」にのっとって，本件各土地の価格を算定すると，前記の各価格となるというのである．そうすると本件決定のうち前記各価格を上回る部分には，賦課期日における適正な時価を超える違法があり，同部分を取り消すべきものである（最1小判平15・6・26判時1830・29）．

【付　記】

本稿をとりまとめるにあたって資料の収集等につき斎藤修，山田朋生の両氏の助力を得た．本稿は，2003年11月に早稲田大学で開催された日本土地法学会創立30周年記念大会における記念講演の要旨である．

〔2004年5月〕

第2章　現代土地税制論の展開

1　はじめに

　日本における地価高騰の主要な原因は，土地の需要と供給との関係にあるのではない．もちろん土地の需給関係が地価問題とまったく関係がないというのではない．ここでは，日本において狂乱地価をもたらした最も大きな原因のことを指摘しているのである．日本では，欧米社会にみられるような土地利用計画，都市計画等が実質的には存在しないとみてよいであろう．のみならず，土地税制を含む土地政策が，土地ころがし，土地投機，土地の商品化を積極的に容認し推進してきた．このことが地価高騰の最も大きな原因だといってよい．

　欧米社会では，基本的には土地は「社会共同」のものであって，「私物(わたくしのもの)」ではないという思想が定着している．私有財産制度のもとでも土地はいわば「公共財」，法理論的にいえば「土地公有権」という考え方が支配しているといってよい．土地所有権の「私権」（プライベートライト）はすでにその者が居住なり職業なりに必要な限りの範囲の土地利用をなしうるにすぎない．その具体的手法には様々な方法がみられるが，ともかくこのような土地公有権思想の支配する欧米社会では，およそ土地投機ということは一般には考えられない．

　以下，本稿では日本国憲法がどのような土地税制を法規範論理として予定しているか，を中心に土地税制のあり方を総括することとしたい．結論をさきに述べれば，このような日本国憲法に適合する土地税制を体系的に具体化することが，そのまま地価問題，住宅問題等の土地政策の要望に応えることになるのである．このように日本国憲法に適合する土地税制を考えればよいのであって，あれこれの土地政策上の政策論議を持ち出す必要はないのである．

2　日本国憲法と土地税制

　さて，日本国憲法の法規範論理として2つの憲法原理が問題となろう．その1つは，日本国憲法の意図する土地公有権の理論である．その2つは日本国憲法の意図する応能負担原則である．

　はじめに土地公有権について検討しておきたい．

　日本国憲法29条は，次のように規定している．「①財産権は，これを侵してはならない．②財産権の内容は，公共の福祉に適合するやうに，法律でこれを定める．③私有財産は，正当な補償の下に，これを公共のために用ひることができる．」

　現代資本主義憲法である日本国憲法の構造的特質に鑑みて，日本国憲法の制定過程での議論にも留意し，憲法29条の法規範的意味を土地公有権理論の視点から次のよ

うに解するのが妥当である．すなわち，29条1項の財産権の保障は，生存に必要な一定の生存権的財産（一定の住宅地・住宅，現に農業の用に供している農地・農業用資産，一定の中小業者の事業所用地・事業所，一定の中小会社のオーナーの自社持株等）に関してのものであると解される．人々の生存のために不可欠な一定の生存権的財産については日本国憲法のもとでも基本的人権として今日なお保障されなければならない．

しかし，投機的財産（商品としての土地，企業の買い占めた土地，別荘地等），資本的財産（大企業の事業所用地等）のような，非生存権的財産については，現代市民生活における人々の生存権を確保するためにむしろ制限されるのもやむを得ない．つまり，非生存権的財産には今日では人権性が認められない．この種の土地財産権に対する一般的規制がこのように肯認されているわけである．「財産権の公共の福祉適合性」を規定する日本国憲法29条2項はこのことを前提とするものである．そして，29条3項の補償規定は，財産権の制限に対して人々に「特別犠牲」を要求する場合にのみ適用されることとなる．この場合，生存権的財産に対しては「完全な補償」をしなければならないが，非生存権的財産に対しては「相当な補償」で足りると解される．人々に「一般犠牲」を要求する場合には補償を必要としない．

かつての土地財産権を含む財産権の神聖不可侵性・絶対性の思想は，現代では克服・揚棄されている．私たちは，私有財産制度を前提とする資本主義体制のもとでも，現代ではこのような土地財産権思想の変貌に留意しなければならない．投機的財産，資本的財産等のような，非生存権的財産に対しては，まさしく人々の生存権を確保するために，言葉をかえていえば「公共の福祉」のためにむしろ一般的に制限されるのが当然なのである．このような考え方を承認している日本国憲法のもとでは，土地税制を含む土地政策の展開も現代の土地公有権思想ないしは理論に適合するものでなければならないといえよう．

次に日本国憲法の意図する応能負担原則について検討しておきたい．

日本国憲法の意図する応能負担原則（憲13条，14条，25条，29条等）は，課税物件の量的担税力のみならず，その質的担税力をも考慮するものでなければならない．所得課税についていえば，たとえば勤労所得は担税力が低く，不労所得は担税力が高い．資産課税についていえば，たとえば生存権的財産は担税力が低く，非生存権的財産である投機的財産等は担税力が高い．上記の憲法の応能負担原則から最低生活費非課税の原則や生存権的財産非課税または軽課税（利用価格×低税率）の原則なども抽出される．

さきに指摘した日本国憲法の意図する土地公有権の理論とともに，上記の憲法の応能負担原則の要請が土地利用計画，土地利用規制，そして本稿のテーマの土地税制論の展開の指導法原理とされねばならない．

平成元（1989）年に成立した土地基本法（平元法84）も，以上において指摘した土

地公有権の理論および応能負担原則から要請されるところの土地法の諸原理を確認している．すなわち，①土地についての公共的制約および公共の福祉優先，②適正な利用および計画に従った利用，③投機的取引の抑制，④価値の増加に伴う利益に応じた適切な負担，などを規定している．すすんで開発利益等の社会への積極的還元が要請されねばならないであろう．

上記の土地法の諸原理に従って，土地利用計画が策定され，同計画における各土地の利用区分ごとにそれぞれ異なった利用規制の手法等が適用されるのが望ましい．土地税制においても，同計画における各土地の利用区分ごとに異なった課税措置が適用されるのが望ましい．

3 あるべき土地税制

以上に指摘した日本国憲法の意図する土地公有権の理論および応能負担原則に適合する土地税制のあり方は，基本的には次のようになろう．このような土地税制こそが，税法学的には公平税制であり，しかもさきにも指摘したようにそれがそのまま土地政策のために最も効果的である．

3.1 所得課税

今日なお，個人，法人とともに，土地の所有期間の長短に応じて，長期譲渡所得軽課，短期譲渡所得重課の考え方が踏襲されている．後者については通常の短期譲渡の所得のほかに，2年以内の超短期の譲渡の所得に対する措置まで講ぜられた．これは，地価は土地の需要と供給との関係において基本的に決まるという考え方を前提としている．しかし，この長期譲渡所得軽課の考え方は，客観的には継続企業（ゴーイングコンサーン）にとって土地の思惑買い，土地の投機的取得を助成，助長してきた．また，資産等の買換え，交換の特例は，その趣旨はともかく，地価高騰の1つの要因となっていた．また，憲法の応能負担原則の考え方に違反し，いたずらに土地成金の税を軽減するという不公平税制を結果してきた．

譲渡所得については個人，法人ともに所有期間の長短を問わず，適正価格（地価高騰前の一定の基準日における価格）を超える譲渡所得分，つまり「超過利益分」については応能負担原則（不労所得への重課）および開発利益等を社会に還元する原則に従って，実質的に100％の課税を行うべきであろう．開発利益等はその性質上財産権者の私的な帰属にしてはいけない．そして，適正価格までの部分については分離課税ではなく他の所得と合計して総合累進課税（後述のように法人所得課税も累進課税とする）を行うべきである．

この「超過利益」は地価指数と一般の消費者物価指数との差数によって算定することも可能である．また，この開発利益等の社会への還元は，理論的には租税と負担金とに分けて行うべきであるが，実務上困難な場合にはすべて「超過利益」に対する課

第VI部 資産課税

税という方法で対処してもよいと考えている．

3.2 保有課税

　固定資産税，特別土地保有税，地価税等の保有課税は，建て前としては所有主体，所有目的，所有面積等のいかんにかかわらず，画一的な評価制度・課税標準，税率等が適用されることになっている．このため，しばしば非課税の拡大，特例措置の拡大等の措置が講ぜられてきた．このような方法は理論的には場当たり的な糊塗的手段といわねばならない．また，このような保有課税の建て前自体が地価高騰を助長し（投機的土地の保有コストを軽くする），また憲法の応能負担原則に反し，不公平税制を結果してきた．

　保有課税のあり方については，土地所有の実態に応じて区別して課税されねばならない．さしあたり所有主体，所有目的，所有面積（地域によって異なる）等に応じて，①生存権的財産，②投機的財産，③資本的財産，等に区別する．生存権的財産については非課税とするか，課税するとしても売買実例価格ではなく引き続き生存の用に供することとした場合の利用価格（収益還元価格）で課税し，税率も低税率とする．この場合，自己所有の住宅地等については，その利用価格は帰属所得（支払うべき賃借料等）をベースにして一定の資本還元率で還元した価格で計算する．投機的財産については公示価格以上の実勢価格で課税し，税率も本来的にいえば土地の保有ができなくなるほどの禁止的な高税率とする．投機的財産である土地等の取得のための借入金の利子およびその固定資産税等は，企業所得計算上損金に算入しない．資本的財産については事業継続が可能となる程度のいわば生存権的財産と投機的財産との中間的な負担とする．

　現行法のもとでも，地方税である固定資産税等については，各地域社会の実態に見合った財産の区分，財産の区分ごとの評価方法，課税標準，税率等を以上の憲法の趣旨をふまえて各自治体の税条例で適法に規定することが可能である．

　平成3年度限りで廃止された従前の長期営農地の特例制度は，以上の憲法理論に従えば生存権的財産についての当然の措置であったといわねばならない．現行の画一的な課税制度を前提とした場合には，理論的には農地以外の他の生存権的財産，たとえば，一定の住宅地，一定の中小業者の事業所用地等にも同様の制度を適用することとし，むしろこの種の制度の拡大を行うのが筋合いであったといわねばならない．

　ところで，都市には都市の基本施設として整備された都市農園が必要である．それは，食糧の確保のほかに，防災，環境保全の観点からも必要である．市街化区域内の農地について，現に農業が行われている限り住宅地並み課税をすることは税法学上も合理性がなく，それは不公平税制を結果する．宅地並み課税を行っても，当該所有者に農業を継続する意思がある限り，土地の放出は行われない．宅地並み課税によって土地の放出が行われるのは，農業を縮小または廃業する場合である．現行の土地行政

第2章　現代土地税制論の展開

を前提とする限り，宅地並み課税によって放出された農地は，早晩，資本の「餌食」となるだけであろう．

　今回の固定資産の評価替えにあたって大幅の引上げ（公示地価の7割）が行われた．その引上げの具体的根拠は，後に項をあらためて検討するように実体的・科学的基準の面でも法的面でも明らかではなく，まさしく行政権による「密室」での取り決めである．これは議会のみが課税権を有するという立憲主義の基本に抵触する．さきに述べたように生存権的財産を含む大幅の引上げは現行法のもとでも合理性がない．また，一般に，人々は固定資産の評価基準については全国的レベルで従前の取扱いに従ってきた．それを一片の取扱いの急激な変更を「密室」で決めることは理論的には信義誠実の原則に反するといわねばならない．

3.3　相続税

　相続税負担を一般的に緩和するために，今回の税制改正においても相続税の課税最低限の引上げ，配偶者の相続税の負担の軽減措置の拡充，小規模宅地等についての課税の特例措置の拡充，相続税の税率の適用区分の拡大等が講ぜられた．
　このような改正をいかに小きざみ的に行ったとしても相続税の不公平は根本的には解消されない．やはりさきに指摘した憲法理論に従って相続財産の評価制度そのものを財産権の性質による区分に応じて抜本的に見直す必要がある．相続税においても，一定の生存権的財産（相続人等が引き続き一定期間生存の用に供することを条件とする）については非課税とするか，課税とするとしても売却しないことを前提として引き続き生存の用に利用することとした場合の利用価格（収益還元価格）で課税し，税率も低税率とする．相続税はもともといわゆる資産家への課税であるべきである．現行の画一的な売買実例価格を前提とした評価実務では，本来的には相続税の対象にならないはずの生存権的財産を相続するにすぎない者までが巨額の相続税の負担を余儀なくされる場合もないではない．筆者は，20数年前に相続の態様をいくつかに類型化して各類型ごとに評価方法，課税標準，税率等を区別すべきであることを提唱した．
　農家についての農業投資価格をベースとする農家相続税の特例措置については，現在では3大都市圏の特定市の市街化区域にある農地について原則として適用されないこととされている．この農家相続税の特例内容は，憲法理論からいえば当然の措置であり，その意味では公平原則を犠牲とする租税優遇措置ではない．この制度の適用を縮減したり廃止したりすることこそが不公平税制の拡大を意味しよう．重要なことは農地以外の他の生存権的財産に対する相続税においても同様の考え方を適用し，拡大することである．一定の住宅地，一定の中小業者の事業所用地，一定の中小企業のオーナーの持株等をも生存権的財産として取り扱うべきであろう．
　現行法のもとにおいても，現行相続税法22条は単に「時価」と規定するにとどまるので一定の生存権的財産については利用権の時価ということで，さきに紹介した利用

329

価格（収益還元価格）で評価して課税することが可能であり，かつそうすることこそが憲法適合的である．

相続税開始前3年以内に取得した土地等ついては相続税評価額によらず実際の取得価格によって課税価格を計算することとされている（税措69条の4第1項）．特定の財産に限って実務においてひろく行われている評価額の適用を排除することは，法執行の平等原則に反する．また，相続税の実務では財産の評価方法がすべて通達で規定されている．しばしば，通達改正の方法で相続税の租税回避を防止する措置が講ぜられている．このような実務のあり方は，議会のみが課税権を有するという立憲主義の基本に抵触することは，ここで指摘するまでもない．

さらに，さきにも指摘したように，今回もまた配偶者の相続税の軽減措置が拡大された．相続人である配偶者の婚姻期間および年齢，その取得した相続資産の大きさ等を考慮して，軽減措置について合理的な頭うち制度を導入すべきである．現行制度のままではこの軽減措置は不公平税制の側面を有するといわねばならない．

3.4 租税特別措置の廃止，法人税の累進税化等

大企業の法人税等の実質負担率の低さが土地投機，地価高騰に拍車をかけている．それゆえ土地税制の一環として基本法人税等のあり方が問われねばならない．法人税の租税特別措置を全廃するとともに，10％から50％の超過累進税率を適用すべきである．その際，この累進法人税制のもとで企業分割による租税回避を抑制するために一定の範囲の企業群に連結納税申告制度の導入も検討されるべきであろう．さらに「所得」に表現されない大企業の担税力を「財産」からとらえるために法人税の補完税として法人財産税の導入が検討されるべきである．さしあたり，資本金10億円以上の法人についてその土地，土地上の権利，株式等に対して法人財産税を適用する．この財産税は法人税と同様に法人所得計算上損金に算入しない．

なお，法人税等の直接税の転嫁を防止する観点から大企業に対して原価等の公開を義務づけるべきである．

4　1994年固定資産税の評価替えをめぐる法律問題

1994年は固定資産税の評価替えの年であった．公示地価の7割を目途として評価替えが行われたという．東京の都市部では前回よりも11倍の評価額になったところもある．

この固定資産税の画一的な評価替えの問題をさきに指摘した点を含めて法律論の視点から整理しておきたい．

(1) 実務を指導している現行の「固定資産評価基準」は自治省告示である．告示の形式自体は一種の行政規則の形式である．しかし，現実には委任命令の性格をもつ告示もないではない．現行の「固定資産評価基準」も法律上は地方税法388条の委任命

令の形式がとられている．しかし，地方税法自身は評価基準として「賦課期日における価格」（地税349条），「適正な時価」（地税341条5号），と規定するにとどまる．つまり地方税法自身は固定資産税の「価格」の具体的内容について何も規定していないといってよい．それゆえ，現行の「固定資産評価基準」を委任命令としてとらえるとしても，同基準の具体的内容は地方税法の委任の範囲をはるかに超えているといわねばならない．そもそも，一般に告示の形式によって人々の具体的納税義務額に重大な影響を与えるような取り決め（具体的評価方法）を適法に規定しうるかは疑問である．

(2) 地方税法自身の法的性格は，日本国憲法の自治体財政権の法理（憲92条，94条）によれば，本来的には標準法，枠法であるにすぎない．筆者は，憲法は固定資産税のあり方（「価格」の評価を含む．）については租税法律主義でなく本来的租税条例主義を採用しているものと解している．固定資産税のあり方のすべてが当該自治体の固定資産税条例によって規定されねばならない．地方税については人々は自分たちの代表機関である地方議会が制定した税条例によってのみ法的に納税義務を負うのである．固定資産税の評価の具体的あり方を含めて各自治体の税条例が人々の納税義務の法的根拠となる．地方税法自身は，法的には人々を直接的に拘束せず，各自治体が税条例を制定するにあたっての標準法，枠法として作用するにすぎない．仮に当該自治体が地方税法の規定に従って課税しようとする場合においても，もう一度，そのことを当該自治体の税条例自体において規定する必要がある．固定資産税評価のあり方についても，憲法の趣旨をふまえてしかも各地域社会の諸事情を考慮してその具体的なあり方が各「固定資産評価条例」において決められねばならない．このようにみてくると，現行の「固定資産評価基準」（自治省告示）は法的には単なるガイドラインの性格を持つものにすぎないとみなければならない．

(3) 今回の画一的な評価替え（公示地価の7割程度）は，平成4年1月の自治省通達に基づいて行われた．具体的には「固定資産評価基準の取扱いについて」（昭38・12・25自治乙固発30号）の一部改正（平4・1・22自治固3号各都道府県知事宛，自治事務次官通知）によって行われた．憲法の「地方自治」からいって地方税に関する自治省通達は，行政内部において拘束力をもつ通常の意味での「通達」ではない．地方税通達は単に助言的，参考資料的性格を持つにすぎない．したがって各市町村は今回の自治省通達には拘束されない．自治省通達を無視しても地方公務員法違反の問題は生じない．

(4) 今回の通達の内容自身にも問題がある．公示地価の7割という基準はもともと平成3年11月の自治省の外郭団体である「資産評価システム研究センター」の「固定資産税における土地評価の均衡化・適正化等に関する調査研究報告書」の示唆によるといわれる．平成3年11月14日開催の中央固定資産評価審議会でも7割基準を了承したといわれる．同報告書は，平成3年度の代表的な標準宅地の収益価格が地価公示価格に占める割合がおおむね7割であったということなどを基礎にしている．①まず

問題なのは本年つまり平成6年の時点において平成3年の時点の基準を持ち出すこと自身が不合理である．平成4年，5年の2年間において地価が大幅に下落している事実が一般的に考慮されていない．なお具体的実務は，価格については平成4年7月1日現在で調査し，平成5年1月1日までの地価下落を考慮して算出し，その7割を目途とされたという．これに従うとしても平成6年1月1日が賦課期日であるので，1年間の地価下落がまったく考慮されていないという計算になる．②次に固定資産税評価額の公示価格への到達度は従来，地域によって格差があった．一般に大都市部では到達度は低く，地方都市では到達度は高い．その到達度は，従来，東京，大阪，京都などでは1ないし2割，地方都市では6割という数字も示されていた．従来の各地域の格差をまったく無視して，画一的に公示地価の7割に引き上げることは妥当ではない．③固定資産税の評価実務が安定していたころは，固定資産税評価額は平均して公示地価の25ないし30％，相続税価額は平均して公示地価の50ないし60％であった．このような実務が久しく行われてきた．それを一片の自治省通達によって変更することは税法学的には信義誠実の原則に違反するという問題が生ずる．

(5) 以上において明らかなように，一般に固定資産税評価額が公示地価よりも低いというのは従来日本の実務を支配してきた「価格」であった．それゆえ，いわゆる時価と固定資産税評価額との差額を課税標準とする特別土地保有税（市町村税）の制度が昭和48 (1973) 年に導入された．また，固定資産税評価額が公示地価よりも低いということを前提にして平成3 (1991) 年に地価税（国税）の制度が導入された．今回の自治省通達による措置（一律に公示地価の7割引上げ）は特別土地保有税，地価税の両制度との整合性からいっても，問題である．

(6) 現行の「固定資産評価基準」の内容にも税法学的には多くの疑問がある．たとえば，同基準は土地については画一的に売買実例価格を前提とした時価を規定している．しかし，さきにも指摘したように①憲法13条，14条，25条，29条等からいって，一定の生存権的財産については当該資産を譲渡しないことを前提とした場合の利用権の価格，つまり利用価格（収益還元価格）で評価すべきである．地方税法の「価格」，「適正な時価」は一定の生存権的財産についてはこのように解さなければ憲法適合的ではない．②投機的財産については公示価格以上の実勢価格で評価すべきである．そして，③資本的財産については生存権的財産と投機的財産との中間程度の評価，端的にいえば従前，固定資産評価実務で行われてきた評価額レベルが妥当といえよう．実は，以上の基本的考え方をふまえて各自治体は各地域社会の特殊性に見合った各「固定資産評価条例」を制定することが憲法の要請である．家屋については現行の「固定資産評価基準」は，画一的に再建築価格を基礎にして評価することを規定している．一般的にいえば，これは地方税法の「価格」に反して，「価格」における市場性をまったく無視したものといわねばならない．一定の生存権的財産については土地の場合と同様に利用価格で評価すべきであろう．

以上により，現行法のもとでも自治省通達に基づく今回の画一的な評価替えは，様々な点からいって税法学的には違憲・違法であるといわねばならない．

(7) 固定資産評価審査委員会の性格は，一種の行政委員会でありそこでの口頭審理は訴訟に準ずる準司法的構造，対審的争訟構造をとらねばならない．このような固定資産評価審査委員会の法的性格と役割をふまえて，今回の評価替えについては固定資産評価審査委員会でもその評価の法的根拠自体に立ち戻って厳しく問われねばならないといえよう．

5 相続税の財産評価をめぐる法律問題

最近の相続税評価額は公示地価の8割を目途にして行われているという．さきに指摘した点を含めて，法律論の視点から相続税評価をめぐる問題をここで整理しておきたい．現行相続税法22条自体は単に財産取得時の「時価」と規定するにとどまる．具体的な評価のあり方はあげて国税庁の相続税財産評価基本通達で規定している．固定資産税の場合には「告示」で規定されていたが，相続税の場合は「通達」である．それだけ固定資産税の場合以上に法的に問題となろう．相続税財産評価基本通達は，「時価」について「不特定多数の当事者間で自由な取引が行われる場合に通常成立すると認められる価額」をいうと規定している．この考え方自体が一定の生存権的財産については誤りである．現行法のもとでも一定の生存権的財産については利用価格（収益還元価格）で評価しなければ憲法適合的であるといえない．現行法22条の「時価」は一定の生存権的財産については，利用権の時価を意味するのである．また，相続税財産評価基本通達は，土地については路線価方式のほかに固定資産税評価額を基礎とする倍率方式を規定している．路線価の決定についての実体法および手続法の法律規定はまったく存在しない．あげて「密室」での決定である．また倍率方式については固定資産税の場合において指摘した様々な不合理が妥当する．家屋については固定資産税評価額によることとされている．したがって，家屋についてもさきに固定資産税の場合について指摘したと同様の問題が存在する．なお，固定資産税評価の場合にはまがりなりにも固定資産課税台帳への総覧と固定資産評価審査委員会への審査の申出の手続が用意されているが，相続税評価の場合には何の手続も用意されていない．

以上のように，少なくとも一定の生存権的財産については現行の相続税評価実務のあり方は違憲，違法の疑いがあるといわねばならない．

〔1994年12月〕

【付 記】

1994年の固定資産税の公示地価の7割評価の動きに備えて早い段階から筆者は，各地の納税者，税理士・弁護士グループに助言させていただく機会をもった．本稿は，同助言の一部をとりまとめたものである．こうした備えの成果の1つとして，福西幸夫氏（税理士）らの提起した固定資産過大評価替国家賠償請求訴訟（1995年9月大阪

地裁へ提訴）がある．同訴訟の訴訟代理人は，山下潔（弁護団団長），関戸一考（弁護団事務局長）らの弁護士である．この訴訟運動の記録として税金オンブズマン（代表・福西幸夫）＝固定資産税国賠訴訟を支援する会（会長・岸本幸臣）編『税の民主化をもとめて』せせらぎ出版（2002年5月）などがある．なお，本稿でとりあげた公示価格の7割評価の問題を含めて固定資産税をめぐる諸問題を包括的に論じた文献として，金子武嗣「固定資産評価と不服申立ての諸問題」北野先生古稀記念『納税者権利論の展開』勁草書房，所収．

〔2004年8月〕

第3章　小規模宅地等の相続税課税価格の縮減措置
―「5棟10室」相続税通達批判―

1　はじめに

　租税特別措置法69条の3は，被相続人等が事業の用または居住の用に供していた一定の宅地等については，その相続税の課税価格を縮減する特例を規定している．課税庁は，右の「事業」の基準として不動産貸付業については，所得税の場合と同じように「貸間，アパート等については，貸与することができる独立した部屋数がおおむね10以上であること．独立家屋の貸付けについてはおおむね5棟以上であること」を通達において示していた（税措基通69の3-1）．

　この通達の基準に達しない不動産貸付業については，当該宅地等をいかに被相続人等が「副業」としてではなく「生業」として事業の用に供していた場合であっても，「小規模宅地等についての相続税の課税価格の計算の特例」（税措69条の3）の適用を行わないとする実務が行われていた．

　しかし，この取扱基準はいかにもこの特例の趣旨に反する不合理なものであったといわなければならない．平成元(1989)年12月6日の相続開始に係る相続税の更正処分をめぐって，この通達の合理性が争われた事案に対して，このほど東京地裁が同通達の不合理性を指摘して納税者側を全面勝訴とする判決を下した（東京地裁平成5年(行ウ)157号・課税処分取消請求事件・東京地裁民事2部平成7〔1995〕年6月30日判決．秋山壽延，竹田光広，森田浩美の各裁判官）．この判決は行政側が控訴しなかったため確定した．この事件の関与税理士は岩本龍雄氏，納税者側の代理人は鶴見祐策，羽倉佐知子，望月浩一郎の各弁護士である．

　筆者は，この事件については微力ながら理論面から協力させていただいた．この事案は相続財産のうち被相続人の「生業」の用に供されていた生存権的財産に対する課税価格を本来どのように取り扱うのが最も憲法の趣旨に適合するかという税法学理論の視角から根本的に解明されるべき論点を含むものであった．この視角の主張は筆者のかねてからの学問上の主張でもあった（拙著『新財政法学・自治体財政権』，同『企業・土地税法論』，北野・小池・三木編『争点相続税法』以上勁草書房，拙著『納税者の権利』，『現代企業税法論』以上岩波書店，『納税者基本権論の展開』三省堂，その他）．

　本稿では，この判決を契機に筆者が同裁判所に提出した「鑑定所見書」の紹介を中心にこの問題の本質の一端を指摘することとしたい．

　なお，平成6(1994)年の税制改正において租税特別措置法69条の3の改正が行われ，本件で問題になった「事業」について「事業に準ずるものとして政令で定めるも

の」を含むこととされ「準事業」ついても同特例の縮減措置を適用することとされた。同法律規定を受けて規定された租税特別措置法施行令40条1項は、「事業と称するに至らない不動産の貸付けその他これに類する行為で相当の対価を得て継続的に行うもの」を「準事業」と規定した。これに伴い、本件で適用された「5棟10室」の相続税通達は廃止された。

2 「鑑定所見書」の紹介

筆者が1994年9月に東京地方裁判所に提出した「鑑定所見書」の概要は、以下のとおりである。筆者は、租税特別措置法69条の3で規定する「事業」の法規範的意味は、それが小規模宅地等の課税価格の縮減に関するものであるだけに、理論的には生存権的財産に係る相続税の課税価格の税法学的あり方の一環としての視角からとらえるべきである、と指摘した。

本件の事実関係について立ち入った紹介をなすべきであるが、以下に紹介する鑑定所見書において本件不動産貸付業がいかに被相続人の「生業」であったかを具体的に指摘しているのでここでの事実関係の紹介は割愛させていただく。

2.1 相続税法22条の「時価」の法的意義

相続税法22条は、相続財産の評価について当該財産の取得の時における「時価」と規定している。現行法は「時価」の法的意義について具体的に規定するところがない。相続税の実務については、国税庁の「財産評価基本通達」(昭39・4・25直資56、直審(資)17) に基づいて相続財産の評価が行われている。同通達(以下「評価基本通達」という)は、「時価」の意義について「財産の価額は、時価によるものとし、時価とは、課税時期(相続、遺贈若しくは贈与により財産を取得した日)において、それぞれの財産の現況に応じ、不特定多数の当事者間で自由な取引が行われる場合に通常成立すると認められる価額をいい、その価額は、この通達の定めによって評価した価額による」と規定している(評価基本通達1 (2))。評価基本通達は、宅地については市街地的形態を形成する地域にある宅地については路線価方式、それ以外の宅地については倍率方式、によって評価することとしている(評価基本通達11)。具体的には市街地的形態を形成する地域の宅地については、国税当局の定めた路線価の価額によって相続税の実務が行われている。

相続税法22条の「時価」の法的意義も、税法学的には日本国憲法秩序との連関において解明されねばならない。相続財産のうち被相続人が現にその者の居住の用に供し、またその者の生業の用に供している宅地等であって、相続人がひきつづき被相続人と同様に生存の用に供するものである場合には、当該財産については評価基本通達が予定しているような「不特定多数の当事者間で自由な取引が行われる場合に通常成立すると認められる価額」なるものは、論理的に存在し得ない。右のような生存の用に供

される相続財産は，憲法論上生存権的財産に該当する．このような生存権的財産については，論理上市民的取引が行われないので市民的取引価額（売買実例時価）は成立しない．加えて，財産課税にあたって憲法の応能負担原則（憲13条，14条，25条，29条）の要請が考慮されねばならない．純理論的にいえば，憲法の応能負担原則は，所得課税においては最低生活費非課税の原則，本件で問題になっている財産課税においては一定の生存権的財産非課税または軽課税（利用価額×低税率）の原則を要請する（詳しくは拙著『税法学原論・3版』青林書院116頁以下参照）．

憲法の応能負担原則の法的意義について若干のコメントを加えておきたい．憲法は，単に課税物件の物理的大きさによる量的担税力のみならず，課税物件の性質による質的担税力をも考慮することを要請している．つまり，憲法の応能負担原則は，課税物件の量的担税力および質的担税力の双方を考慮することを意味するものである．このような応能負担原則を根拠づける実定憲法上の条項のうち，13条は個人・人間の尊重を規定し，14条は各人の能力に応じた平等を規定し，25条は社会権としての生存権のほかに，人々はその生存権的自由権を公権力によって干渉されないという，自由権としての生存権の保障をも規定し，29条は財産権のうち一定の生存権的財産のみを基本的人権として保障することを規定したものと解されるのである．

以上の諸事情を総合考慮すると相続税法22条の「時価」の法的意義は，一定の生存権的財産については当該財産を譲渡しないで生存の用に供することとした場合の利用権の価額（利用価額＝収益還元価額）を意味すると解さなければならないであろう．そう解さなければ，現行相続税法22条の「時価」の法的意義を憲法適合的にとらえることができない．

このような税法学理論に従えば，本件で問題になっている租税特別措置法69条の3（小規模宅地等についての相続税の課税価格の計算の特例）の規定は，相続財産のうち一定の小規模宅地等について右の憲法上の要請を租税立法において具体化したものとみなければならない．われわれは，このような憲法的視角から，同条にいう「事業」の法的意義も税法学的に正鵠にとらえねばならない．

2.2　租税特別措置法69条の3の「事業」の法的意義

租税特別措置法69条の3に規定する「事業」の法的意義も，以上で明らかにした憲法的視角から解明されねばならない．結論をいえば，被相続人等が現に当該財産をその生存を維持するための「生業」に供していたかどうかが重要となろう．各ケースに応じて当該財産が右の意味での「生業」の用に供されていたかどうかが個別的に具体的に検証されねばならない．このように，同条にいう「事業」とは，右の意味での「生業」を意味する．

被告Y（税務署長）は，本件当時の「租税特別措置法（相続税関係）通達」69の3—1（以下「本件相続税通達」という）に従って，「貸間，アパート等については，貸

与することができる独立した室数がおおむね 10 以上であること．独立家屋の貸付けについては，おおむね 5 棟以上であること」を「事業」の基準としている．もっとも，この通達基準は，1994 年の改正で廃止され，本鑑定時点においては存在しない．被告の引用した本件相続税通達基準は所得税基本通達 26-9 と同一のものである．所得税法上は不動産の賃貸料等は「不動産所得」を構成する（所税 26 条）．この不動産所得について，所得税法は当該不動産所得をもたらす取引が「事業」として行っている場合と事業と称するにいたらない程度の「業務」の場合とに区分して，所得計算を行うこととしている（たとえば所税 51 条 1 項・2 項・4 項参照）．所得税基本通達 26-9 は，まさしく右の所得税法に規定するところの「事業」の取扱い基準を示すものにすぎない．一般に通達は行政の内規にすぎないので，本鑑定においていちいち引用する必要がないのであるが，本件で問題になっている本件相続税通達が右所得税基本通達と同一基準を規定しているので本鑑定においてもコメントを加えることとしているにすぎない．さきに指摘した憲法的視角からいえば，本件相続税通達の「事業」基準は税法学的に誤りであるといわねばならない．

被相続人等が現実に本件相続財産を「生業」の用に供していたかどうか，被相続人等が本件財産を用いて行っていたところの不動産賃貸業の現実の実態が被相続人等の「生業」に値するものであったかどうか等，が個別的に具体的に問われねばならない．

2.3 本件被相続人等の不動産貸付業の実態

被相続人 N は，1905（明治 38）年 3 月に生まれた．1932（昭和 7）年に K と結婚．原告 X は両人の一人娘である．被相続人は 1948（昭和 23）年には第 2 次大戦後の焼け野原の本件土地を地主から借り受けて同土地上に木造平家建ての住居を建てた．被相続人は，1952 年（昭和 27 年）に本件土地の底地権を地主から取得した．被相続人は同住居で挿花教室を営み，妻 K は主婦として被相続人の挿花教室を支えた．この点においては，K は租税特別措置法 69 条の 3 にいう「被相続人と生計を一にしている当該被相続人の親族」（被相続人等）であった．やがて同住居も古くなり，かつ被相続人および K は高齢になり一人娘の原告夫婦が両人の世話をする必要があったので，同住居を取り壊し，被相続人所有の本件土地上に被相続人夫婦および原告の夫がそれぞれ建築資金を負担して 1980 年 8 月に本件ビルを建築・取得した．

本件ビルのうち 1 階は被相続人の所有であり不動産賃貸業に供していた．2 階も被相続人の所有であり不動産賃貸業に供していた．3 階は，被相続人の妻である K の所有であり，同じく不動産賃貸業に供していた．4 階は原告の夫の所有であり原告夫婦およびその子供たちが居住の用に供していた．5 階は被相続人夫婦が居住の用に供していた．

被相続人は本件ビルの 5 階において居住の用に供するとともに挿花教室にも利用していた．つまり，5 階はその意味で事業用にも供されていたことになる．被相続人は

1987（昭和62）年には挿花教室を閉じている．挿花教室の所得は僅少であった．1987（昭和62）年分として総収入金額196万4千円，必要経費額を控除した所得金額は91万1,000円であった．

被相続人夫婦には本件相続開始当時（1989年・平成元年12月），本件ビルの賃貸業の所得しか存在しなかった．被相続人等（被相続人夫婦）の本件ビルの賃貸業の所得は，次のごとくであった．1987（昭和62）年総収入金額1,489万6,000円，所得金額885万6,000円，1988（昭和63）年総収入金額1,450万8,000円，所得金額876万7,000円，1989（平成元）年総収入金額1,384万8,000円，所得金額849万9,000円．

被相続人単独の本件ビルの賃貸業の所得は次のごとくであった．1987（昭和62）年総収入金額966万1,000円，所得金額584万4,000円，1988（昭和63）年総収入金額950万4,000円，所得金額587万8,000円，1989（平成元）年総収入金額884万4,000円，所得金額549万3,000円．

さきに紹介した本件ビルの建築・取得の経緯からも明らかなように，本件ビルは，被相続人夫婦およびその一人娘である原告ら夫婦・家族の居住の用に供すること，ならびに被相続人夫婦の生活を維持するための「事業」である本件ビルの賃貸業を行うことのための不可欠の存在であった．

被相続人の挿花教室の所得は僅少であって，これだけでは生活を維持することが不可能であった．しかも被相続人は高齢のために本件相続開始当時には挿花教室も廃業していて，本件ビルの賃貸業所得は，被相続人夫婦の生存を維持していくための唯一の「事業」の所得であった．右に指摘したように，本件賃貸業の所得はその所得金額の大きさからいっても，被相続人夫婦の生活を十分にまかなってあまりあるものであって，租税特別措置法69条の3の「事業」が意味する「生業」の要件を十分に充足しているものといわねばならない．

本件ビルの賃貸業は，かつてみられたように，地方の資産家が相続税対策などから副業的に都心の不動産を取得し賃貸するような場合の不動産賃貸業ではない．まさしく被相続人夫婦の生存のための「生業」としての「事業」であるといわねばならない．さきに紹介した本件相続税通達の「5棟10室」の基準は生存権的財産である相続財産を課税上保護しようという租税特別措置法69条の3の「事業」の基準としてはまったく合理性を有しない．租税特別措置法69条の3の「事業」の判断において，棟数，室数それ自体は重要ではない．

租税特別措置法69条の3の「事業」の法的意義については，一般に各被相続人等が行っていた現実の「事業」の実態が，「生業」の要件を充足するものであるかどうかを各ケースごとに個別に具体的に見極めることが大切であるといえよう．

2.4 結 語

以上の検討で明らかなように，原告が取得した本件土地は，疑いもなく租税特別措

置法69条の3第1項に規定する「被相続人等の事業の用に供されていた宅地等」に該当する．この判断を誤った被告Y（税務署長）の原処分は違法であって取消しを免れない．

3　判決の紹介と検討

冒頭に紹介した東京地裁判決における中心論点は，もとより本件被相続人Nが行っていた不動産貸付業が本件当時の租税特別措置法69条の3に規定する「事業」に該当するかどうかにある．本判決は，この点についての判示に先だって納税者側が主張した各論点について判示している．

相続税法22条の時価の意義については，判決は「相続開始時における当該財産の客観的交換価値をいうものと解さざるを得ない」と述べている．そして，本件小規模宅地等の特例については「本件特例が事業の用又は居住の用に供されていた宅地等につきその処分の制約の点をも考慮して小規模宅地等の価額の一定の割合に乗じてこれを軽減するものであることに照らせば，その軽減の前提となる価額としては，処分の制約を受けることを考慮した収益還元価格ではなく，客観的交換価値を想定していることは明らかというべきである」と述べている．租税特別措置法69条の3の特例が前提とする「価額」それ自体は，文理解釈上は判決のいうとおり，「客観的交換価値」を意味すると解さざるを得ない．

踏線価方式による「時価」の算定については判決は「……そうした評価方法は，財産の種類に応じて種々の算定方法が想定されるし，評価理論の進歩や社会経済情勢の変化に応じて変遷する可能性を有するのであるから，これを法律によって逐一かつ一義的に定めることは困難といわざるを得ない．したがって，相続財産の時価の具体的算定について，あらかじめ定められた財産評価基本通達及び評価基準に基づいて評価する方法には合理性があるというべきであるし，また，そうした評価方法を通達等によって定めることが，直ちに租税法律主義に反するものともいえない」と述べる．具体的に本件土地に適用される路線価については「本件土地に適用される路線価が客観的交換価値としての時価を下回ることはあれ，これを上回っていたとは到底認め難いものといわざるを得ないから，右路線価の設定過程が具体的に明らかにされないことの一事をもって，右路線価に基づく本件土地の価格の算定が違法であるとか，その算定が恣意的なものであるということはでき」ないと述べる．相続税法22条自体は単に財産の取得の時における「時価」と規定するにすぎない．各財産の「時価」をどのようにとらえるかはまさに納税者の納税義務に直接的に影響をもたらす．やはり，通達ではなく法律自身において算定基準を具体的に規定すべきである．またその「時価」算定の手続もまったく不透明である．納税者側からみれば，まさに行政内部の「密室」の作業である．実体法的にも手続法的にも実務における「路線価」の決定は納税者にとって批判を許さないまたは批判の仕方も見あたらない「所与」のものとなっ

ている．路線価の決定の実体法および手続法を法律において透明化することによって納税者が路線価そのものを争いうるものとされなければならないといえよう．

　判決は，本件特例の「事業」の意義について次のようにいう．「……本件特例は，所得税法及びその関連法令において用いられているのと同一の『事業』という用語を用いて，適用対象となる宅地等の範囲を画しているということになり，課税要件を定める法規が明確性を要し，その解釈に当たっては法的安定性を重視すべきことに照らせば，租税法規において，その解釈の対象となる概念が，他の税法において用いられている場合には，特別の理由のない限り，同一の意義に解釈することが相当であるというべきである．したがって，原則として，本件特例における事業概念は，所得税法上の事業概念と同一の意義のものであると解すべきである」と述べる．しかしながら，所得税法が意図する事業概念と本件特例のように一定の小規模宅地等についての相続税の課税価格を縮減する制度の対象となる事業概念とが常に同一であると解することは各制度の趣旨の相違に照らして合理的であるとはいえない．この点についてはさきに紹介した筆者の鑑定所見書においても明らかにしたところである．

　判決は本件不動産貸付業の事業性について，次のように述べる．「……本件建物部分〔被相続人Nの所有部分1階・2階〕及び3階部分〔被相続人の妻Kの所有部分〕の貸付けが社会通念上事業に当たるか否かについて検討するに，N及びKは，右貸付けによる賃貸料等を原資とする返済を予定して銀行から建築資金を借り入れて本件ビルを建築したものであり，右賃貸料等の収入以外に返済の原資となり得るような収入は特になかったこと（自己の危険と計算における企業遂行性），本件ビルは，N夫婦と原告夫婦の同居等をも目的として，従前からN夫婦が居住していた建物を取り壊して建築されたものであり，専ら相続税負担の軽減の目的で借入金により貸付用の不動産を購入して相続後にこれを売却するなどといった場合と異なり，当初よりその貸付けを継続することが予定されていたこと（不動産貸付けの目的），現に，本件ビル建築後本件相続開始時まで，相当期間反復継続して貸付けが行われており，本件相続開始後も貸付けが継続されていること，本件ビルの本件建物部分及び3階部分は，当初より，法人等の事務所として賃貸することが予定され，そのような構造のものとして建築されており，その貸付けが相当程度継続することが予想されたこと，貸付けのための管理業務のうち，その仲介業務は，不動産業者に委託し，清掃業務の一部を清掃業者に委託しており，その余の業務等についても本件ビルの居住用の部分の管理と重複する部分はあるものの，一定程度の精神的肉体的労力を費やしているとみられること，その貸付け規模は，本件建物部分については2室，3階部分については1室ではあるが，いずれも100平方メートルに近い1フロア全体を1室として貸し付けていること（不動産貸付けの継続性・反復性，不動産貸付けに費やした精神的肉体的労力の程度，人的物的設備等），Nについては挿花教室をやめた昭和62年から後，Kについては当初より，本件建物部分及び3階部分の貸付けによる賃貸料等の収入以外には定期的な収

入はなく，その賃貸料等による収入は，本件建物部分については年間1,000万円近く，3階部分については年間500万円近くに上っていること，本件ビルの賃貸に係る収支は，一応別途管理されていたこと（不動産貸付けの営利性・有償性・取引者の職歴・社会的地位・生活状況）等の諸点を総合して勘案すれば，本件建物部分及び3階部分の貸付けは，社会通念上事業といい得るものと解すべきである」．

判決は以上のごとく述べて，結局，本件被相続人等の行っていた本件不動産貸付業は，形式的に「5棟10室」の基準に該当していなくても，当時の租税特別措置法69条の3（1994年の改正前）の「事業」に当たるとして同条の相続税課税価格の縮減の特例措置を適用するのが相当であると判示した．この裁判所の結論的判断自体は妥当であり，このような判決を下した裁判所に対して深い敬意を表させていただく．

しかし，この判決に対しては，国税庁通達の基準はあくまで一応の一般基準であり具体的ケースによって柔軟に対処すべきであること，理論的には租税特別措置法69条の3の意義を生存権的財産に対する課税のあり方に関する税法学理論から本来的にとらえるべきこと，およびこの理論的視角をふまえて所得税法上の事業概念と本件特例規定の事業概念とは厳密には区別してとらえられるべきこと，などを指摘しておきたい．

〔1995年10月〕

【付　記】
　本件を含む相続税・贈与税に関する総合判例研究として，三木義一『相続・贈与と税』（叢書・民法総合判例研究）一粒社がある．

第4章　租税特別措置法69条の4（相続開始前3年以内に取得した土地等の相続税課税価格の特例）の違憲性

1　問題提起

　周知のように，とりわけて昭和61 (1986) 年から平成2 (1990) 年にかけて土地の価格が急騰した。このような，いわゆるバブル経済の時期でなくても，日本では相続税評価基本通達に基づく土地の相続税実務評価額（路線価等）が一般に，その実勢価格よりも低いのが通例であった。この相続税実務評価額と実勢価格との乖離を利用して，相続税における租税回避を目的として土地の購入が行われた。もし，相続人が預金の形で相続財産を取得した場合には，当該預金の額が，そのまま相続財産の課税価格となる。もし，被相続人が相続開始前に当該預金でもって土地を購入した場合には，当該土地の購入額よりも，はるかに低い相続税実務評価額（路線価等）でもって当該土地の課税価格が計算されることになる。その低い分だけ租税回避が行われたことになろう。当該土地の購入を借入金で行った場合には，右の相続税実務評価額から，さらに借入金相当額が債務控除として控除されることになるので（相税13条1項1号），当該控除後の金額が課税価格となる。一段と租税回避が行われることになる。

　このような租税回避行為を防止することを目的として，昭和63 (1988) 年12月の税制改正で本件で問題になった租税特別措置法69条の4の特例措置が導入された。この特例措置は昭和63 (1988) 年12月31日以後の相続開始分から適用することとされた。この特例措置は相続開始前3年以内に被相続人が取得をした土地等の相続税の課税価格を，右に紹介した通常の相続税実務評価額（路線価等）によらず，当該土地等を被相続人が取得した当時の実際の取得価額によることとするものである。

　つまり相続財産のうち，相続開始前3年以内に被相続人が取得した土地等については相続開始時の低い相続税実務評価額（路線価等）ではなく，当該土地等の取得時の高い実勢価格で課税するというものである。

　ところで，平成2 (1990) 年頃をピークとして土地価格は下落しはじめ，地域によっては相続税実務評価額（路線価等）よりも実勢価格が下回るところもでてきた。

　本件では，租税特別措置法69条の4を適用した結果，相続開始時における相続財産の価額（不動産鑑定士による評価額）よりも，当該相続財産に対する相続税額が上回るという驚くべき現象が生じた。大阪地裁平成7 (1995) 年10月17日判決（判時1569号39頁）は，このような場合に租税特別措置法69条の4の特例措置を適用することは，結論的にいえば違憲の疑いがあるとして同特例措置を適用しないで相続税額

を計算すべきであるとした。そして、同判決は税務署長の同特例措置を適用して行った課税処分を違法とする判断を示した。納税者側の主張が全面的に認められたわけである。日本の租税裁判史上、また憲法裁判史上も画期的判決といってよい。

以下、本判決の内容を紹介しながら、若干の税法学的検討を加えることとしたい。

2 事実の概要

X（原告・相続人）は平成3（1991）年8月7日に被相続人により本件土地を相続した。本件の被相続人は本件相続開始前3年以内である平成2年3月から同年9月までの間に本件土地を合計21億8,032万3,988円（税措令40条の2第3項によって取得価額に算入される造成費を加えると22億4,862万3,998円）で取得した。Y（税務署長）は、租税特別措置法69条の4の特例措置を適用してXの相続税額を計算した。

この結果、本判決が認定した事実によれば、次のような不合理な事実が生じた。

すなわち、「本件土地の実勢価格は、その取得時に比べて相続時にはいずれも半分以下、合計では約57パーセント減と著しく下落しており、また、本件土地のみを相続によって取得した場合を考えると、本件特例を適用した場合の原告（X）の納付すべき税額は13億1,863万4,700円となるが、これは本件土地の相続時の実勢価格をも上回るものであり、現実にも本件相続によって原告（X）が相続した純資産価額は（相続開始時において）約11億3,000万円であるのに対し、本件土地について本件特例を適用した場合の原告（X）の納付すべき税額は約14億3,700万円にも上り、相続によって取得した全資産をもってしても相続税額に足りないという結果となる」。

相続税は相続財産に対する課税であり、その相続税額はもとより相続人が取得した当該相続財産価額を下回るものであるべきである。本件の場合には、右のように相続税額が相続財産価額をはるかに上回ることとなったわけである。

3 判決の紹介

本判決は、冒頭に紹介したように、結論として納税者側の主張を全面的に肯認したものであるが、租税特別措置法69条の4の特例措置自体を直ちに違憲（法令違憲）とはしなかった。

「……本件特例においては、相続開始前3年以内の不動産の取得を対象としているが、これは、相続税回避行為は通常相続開始前3年以内に行われることが多いと考えられることによるものであり、税負担回避の目的の有無にかかわらず原則として一律にその取得価額をもって課税価格と定めたのは、当該不動産の取得価額は現実の売買価額であるから当該不動産の実勢価格を反映しているものであり、右実勢価格を大幅に上回ることは通常あり得ないこと、税負担回避の目的があるか否かの判断は実務上困難であるのみならず、右目的の有無によって税負担回避の効果において異なるものではないことによるものである。以上によれば、路線価等の水準が本来実勢価格より

も若干低い水準にあるとはいえ，路線価等は毎年見直されていることからすれば，相続税負担の面で看過し得ないほどの不公平が生じるような事態は通常は起こり得ないのであるが，短期間における地価の急騰という異常な社会経済現象の出現により，評価基本通達に基づく不動産の評価額がその通常の取引価額，すなわち本来の相続税法22条にいう『時価』を的確に反映していないという事態に立ち至り，ついに放置できず，税負担の実質的公平を図るために本件特例が設けられたというのであるから，これは相続税22条の時価主義の原則の例外という形式をとりつつ，その実質は評価基本通達に定める路線価等による評価額に代わる合理的な評価額として取得価額を位置付けているものとみることができる」。

　判決は，右のように，この特例措置の合理性を一般的に確認したうえで，今日なお，この特例措置自体を違憲ではないとした。「本件特例は地価の急激な高騰による租税回避行為を阻止することを目的として立法されたものであるところ，当時の情勢に照らすと，右立法は時機にかなったもので，その目的も極めて正当であり，かつ，現時点においては一応沈静化しているとはいえ，地域的な差異もあり，地価についての今後の動向はなお予断を許さないものがあることを考えると，本件特例がその立法目的との関連で著しく合理性を欠くことが明らかであるとまではいえず，したがって，本件特例の法令自体を憲法違反であるとすることはできない」。

　それでは，判決はどのような法理論的理由で，本件につき，この特例措置を適用すべきではないとしたのであろうか。端的にいえば，判決は適用違憲論的考え方を前提にしているのである。

　すなわち，「……そもそも本件特例は，これを適用することにより前記のような著しく不公平，不合理な結果が生じるような事案についてまでこれが適用されることを予定していたとは考えられないのである。もし，本件特例が右のような事案についてまで適用されるべきものとすれば，右土地のような財産を相続した相続人は，相続により取得した財産以上の財産的価値を相続税の名の下に国家に収奪されることになるのであるが，このようなことは本件特例が租税回避行為に対する制裁等として租税を賦課することを目的としているような場合でもない限り，全くその合理性を欠き，到底許されるものではない。ちなみに，本件特例の立法目的に右のような制裁目的が含まれていないことは，前記のとおり，右法律を適用するために，租税回避の意図の有無等，土地取得者の主観的要件を必要としていないことからも明らかである。この意味において，本件特例を㈡の事案（相続財産の価額以上の税を負担させられるような場合）のような場合にまで無制限に適用することについては憲法違反（財産権の侵害）の疑いが極めて強いといわなければならないが，仮にこのような考え方が容れられないとしても，少なくとも本件特例を適用することにより，著しく不合理な結果を来すことが明らかであるというような特別の事情がある場合にまでこれを適用することは，右法律の予定していないところというべきであって，これを適用することはできない

といわざるを得ない」.

4　判決の研究

　判決は，違憲論としては憲法29条（財産権の保障）を念頭においているように解される．さきに紹介したように，判決は，租税特別措置法69条の4の特例措置は租税回避を防止するためのものであり，今日なお，その合理性が失われていないとして，この特例措置自体は法令違憲に該当しないとした．違憲論には法令違憲と適用違憲ないしは運用違憲とが区別されなければならない．適用違憲というのは，法令自体は一般には違憲ではないが，当該事案に対し当該法令を適用することは当該事案の特殊性に鑑み，憲法の趣旨に反することになるというものである．この結果，当該事案に当該法令を適用しないこととされる．

　判決は，この点について本件特例を相続財産の価額以上の税負担を余儀なくさせられる場合にまで「無制限に適用することについては憲法違反（財産権の侵害）の疑いが極めて強い」というふうに述べて「適用違憲」という断定的表現はしていない．これにつづいて判決は「仮りにこのような考え方〔適用違憲〕が容れられないとしても，少なくとも本件特例を適用することにより，著しく，不合理な結果を来すことが明らかであるというような特別の事情がある場合にまでこれを適用することは，右法律の予定していないところと言うべき」であるとして特例措置を適用しなかった．

　厳密に言えば論理的には判決の議論自体は不透明であるといわねばならない．ともかく憲法理論的にいえば，適用違憲論に立っての結論とみなければならないであろう．

　日本の裁判所は，いわゆる司法消極主義に立って，従来，憲法保障の役割をあまり果たしてこなかった．「適用違憲」を含めて違憲判断はあまり示されなかった．この点について筆者は，最近においても次のように指摘している．

　「裁判所は，違憲問題については，立法府が制定した法律は，よほどのことがない限り憲法に違反することがないという姿勢を維持しがちであるという点である．日本では，アメリカなどと異なり，立法事実（legislative facts）などについての証拠調べがほとんど行われない．また，立法違憲の判断が諸事情に鑑みて困難である場合には，具体的事件の妥当な処理において適用違憲・運用違憲の判断もあまり示されない．違憲判断を回避し，憲法の趣旨に少しでも近づけるための法解釈もあまり行われない．これらの点については訴訟当事者の攻撃防禦の方法についても問題がある」（「ジュリスト」1076号9頁）．

　この点，本判決が適用違憲の疑いがあることを指摘したところは高い評価が与えられねばならない．われわれは，福富昌昭，加藤正男，大島道代の各裁判官に対し深い敬意を表さなければならないであろう．また，納税者側代理人の西垣泰三弁護士に敬意を表したい．

　筆者は，今日のようなバブル経済崩壊後でなくても，つまり相続税実務評価額（路

第4章　租税特別措置法69条の4の違憲性

線価等）が一般的に実勢価格よりもかなりの程度において下回っているような時であっても，租税特別措置法69条の4の特例措置については憲法14条（法の下の平等）違反の法令違憲の疑いが成り立つと考えており，このことを次のように指摘したことがある．

「租税法律の内容の実体的合理性をめぐる問題も税法学的に検討されねばならない．日本国憲法のもとでは議会はどのような内容の租税法律をも規定してもよいということにはならない．たとえば，租税特別措置法69条の4は相続開始前3年以内に取得等をした土地等，建物等について原則として相続税財産評価基本通達に基づく，いわゆる相続税評価額によらず，その土地等，建物等の実際の取得価額によって課税することとしている．この規定は一般には，いわゆる相続税評価額が低いことを利用しての租税回避を防止しようとするものであるといわれる．もっとも，同規定は被相続人の居住の用に供されていた土地等，建物等の一定のものについては，この規定を適用しないこととしている．しかし，それにしても被相続人の死亡時期は予測できないものであり，この規定の適用は関係者にとっては偶発的であるといわねばならない．日本中の個人財産については，いわゆる相続税評価額によって課税されている．法律の規定によるとはいっても，特定の場合に，しかも偶発的要素によって，その特定の場合が定まるケースに限って相続税財産評価基本通達に基づく取扱いを適用しないことに，果たして税法学上合理性があるといえるかどうかは，きわめて疑問であるといわねばならない．もし，このような疑問が成り立つならば現行租税特別措置法69条の4の規定には憲法14条（法の下の平等）に違反する疑いが成り立つ」（北野弘久・小池幸造・三木義一編『争点相続税法』勁草書房13，14頁）．

相続税財産評価基本通達自体は「通達」であって「法令」ではない．右の指摘はこのことと矛盾するものではない．通達とはいえ，それが日本中の納税者に適用されている場合に，特定の場合に限って，同通達の適用を排除することは憲法の法執行の平等原則（憲14条）に反することになるからである．

適用違憲論について言えば，本事案の場合，憲法29条（財産権の保障）違反のほかに，憲法14条（不合理な差別）違反の疑いも成り立つ．さらに，相続財産価額を上回る相続税額徴収のために相続人固有の生存権的財産にまで責任が及ぶときは，生存権的自由権への侵害として憲法25条違反の疑いも成り立つ．本判決を契機として，租税特別措置法69条の4の特例措置について立法論的に見直しがなされるべきであるといわねばならない．筆者としては，同特例措置は削除されるべきであると考えている．

本件で問題になった特例措置についてはもとより，学問上の租税特別措置全般について，今後，見直し作業が本格的にすすめられることを期待したい．

〔1995年11月〕

第Ⅵ部　資産課税

【付　記】
　本判決後，1996年の改正で租税特別措置法69条の4の規定が廃止された．

第5章　相続財産の認定
——1つの鑑定事例——

1　事件の概要

　被相続人FTは多年，一流企業勤務の従業員，役員としてのサラリーマン人生をおくった．昭和63 (1988) 年11月19日に87歳で同人は死去．平成元 (1989) 年4月に同人の相続人たちは相続税の納税申告書を所轄税務署長に提出．平成3 (1991) 年7月に所轄税務署長は右納税申告に対し相続税の更正処分および過少申告加算税の賦課決定処分を行った．相続人たちは，同処分を不服とし平成3年7月に原処分庁である同税務署長に異議申立てを行った．しかし，その後，3か月を経過するも異議決定が示されないので，相続人たちは平成3年10月に国税不服審判所長に審査請求を行った（税通75条5項参照）．

　本件の不服申立ては，本件更正処分等には理由が付記されていないことのほかに，相続人たちの固有の財産である預金，有価証券を原処分庁である税務署長が被相続人FTの財産であるとして相続財産に加えて本件更正処分等をしたことを理由とするものであった．被相続人と共通の印鑑が使用されていたこと，届出住所が被相続人の住所となっていたことなどを根拠として税務署長が問題の預金，有価証券を相続財産と認定した．

　本件の関与税理士は姫路市の内藤信氏である．

　筆者は，1993年2月に税法学鑑定所見書をとりまとめ，国税不服審判所長に提出した．この事案は，相続税の実務における相続財産認定の具体的あり方を考えるうえにおいて参考になると思われるので，紹介することとした．

2　税法学鑑定所見

筆者が税法学者として，とりまとめた鑑定所見書の概要は，次のごとくである．

2.1　本件課税処分の理由付記の不備

　納税義務者に対し不利益な処分を行うときは，その処分の根拠となった理由を付記することは，現行税法に理由付記に関する明文規定がない場合であっても，憲法13条，31条の規定する「適正手続」の法理からいって，当然の要請である．けだし，憲法13条，31条の規定は税務行政にも直接的に適用されると解されるからである．

　この理由付記の要請は単に課税処分を公正に行うためだけではなく，理由付記によって当該処分を具体的に特定するためにも不可欠である．また，理由付記によって課税庁側の考え方が開示されることとなり不服申立てにおいて納税者側の攻撃防御の資

とするためにも不可欠である．税務争訟においては課税庁から示された具体的理由の存否が争訟物（争いの対象）となる．青色申告にかかる更正処分の現行理由付記規定は税法学的には右の意味において確認的・注意的規定にすぎないと解される．

原処分庁が本件課税処分にあたって理由を付記しなかったことは，現行法のもとにおいても違法であるといわねばならない．

2.2 本件課税処分の重大明白な事実誤認

相続税法においても，いわゆる実質課税の原則が適用される．ここにいう実質課税の原則というのは，当事者が真実に設定した法律関係・事実関係とは異なった関係を課税庁が独自に税務上認定（創設）できるという経済的実質主義のそれではない．租税法律主義のもとでは，税法に特段の個別規定がない限り当事者の設定した真実の法律関係・事実関係に基づいて税務上も事実認定（確認）すべきであるという法的実質主義の意味での実質課税の原則が適用されるにすぎない（拙著『現代税法の構造』勁草書房第2章参照）．

現行税法に特段の個別規定がないので，原処分庁は，真実において各相続人の所有する財産をいわゆる税務認定ということで被相続人の財産と認定することは許されない．このようにみてくると，本件の争点は各相続人名義の預金・有価証券が真実において各相続人の所有する財産であるかどうかに帰することになる．

納税義務者である各相続人の陳述書・有価証券の取得原資説明書，預金通帳その他の証拠資料および被相続人，各相続人等の年令，経歴，生活環境等の諸事情を総合勘案すれば，本件相続税の申告どおり，問題の預金，有価証券は各相続人の名義となっているが，それは同時に各相続人に当該財産について実体上の権利の存在することをも示すものとみなければならない（ただし，後述(4)のFN名義のものはFKの所有である．また，後述(6)のFH名義のものは，FKの所有である）．つまり，これらの財産の名義人は単なる名義人ではなく，真実において実体上の財産権者であることを表示するものである．

右の事実について各相続人についてコメントすれば，次のごとくである．

(1) **FKについて**

被相続人・FTは昭和63年11月19日に死去．87歳の高齢であった．FKは被相続人の妻であり本件相続開始当時，81歳の高齢であった．同人はその後平成2年4月7日に死去した．本件相続開始当時，同人と被相続人との間の結婚生活は60年を超えていた．その長い結婚生活の過程においてFKは30数年前から被相続人から真実において贈与を受けた資金および当該資金の運用益である自己資金によって，真実においてFK自身の自己の財産として問題の預金および有価証券を取得していた．つまり本件相続開始時の問題のFK名義の預金および有価証券は真実においてFKの特有財産である．

第5章　相続財産の認定

(2) FM について

FM は被相続人の三女であり，本件相続開始当時 58 歳である．同人は，かつてサラリーマンとして勤続していたこともあり，また，茶・生花の教授として若干の収入もあった．本件相続開始時の問題の FM 名義の預金および有価証券は，被相続人から真実において 20 数年前から同人が贈与を受けた資金および右の自己労働による収入などによって同人が取得していたものである．問題の預金および有価証券は真実において FM の特有財産である．

(3) FR について

FR は被相続人の長男であり，本件相続開始当時 44 歳である．同人は本件相続開始時の 20 余年前から，生活協同組合に勤務．本件相続開始時の問題の FR 名義の預金および有価証券は，右の自己の給与収入およびかつて被相続人から真実において贈与を受けた資金によって FR 自身が自己の財産として取得していたものである．ただ，勤務の関係上および同人が長男として最終的には老父母の世話をしなければならない立場にあることなどの事情を考慮して，同財産の事務的管理を同人のほかに母・FK，被相続人と同居している姉・FM（未婚）にお願いしていたものである．右のように，本件相続開始時の問題の FR 名義の預金および有価証券は，真実において FR の特有財産である．

(4) FN について

同人は被相続人の二女であり本件相続開始当時すでに 60 歳であった．同人は昭和 26 年に結婚（UN となる）．FN 名義の太陽神戸三井銀行相生支店の預金は，同人の母・FK が FK 自身の配当金受領等に多年利用していたものであって，同預金の真実の権利者は FK である．もとより被相続人の財産ではない．

(5) UN，YK について

UN は前記のごとく被相続人の二女の FN である．同人は昭和 26 年に結婚．YK は被相続人の四女であり本件相続開始当時 53 歳であった．同人は昭和 34 年に結婚．本件相続開始時における問題の UN，YK の名義の預金は両人がかつて被相続人から真実において贈与として取得した資金およびその運用益である．結婚後，両名の特有財産として管理運用することをも考慮して，たまたま同預金の事務的管理を母・FK にお願いしていたものである．同預金の真の権利者は被相続人ではなく，両名自身である．

(6) FH について

FH は被相続人の長女であり，大正 15 年生まれである．同人は昭和 23 年に死去した．本件相続開始時における問題の FH 名義の預金は，若くして亡くなった長女の永代供養資金として母・FK が貯蓄していたものであって，同預金の真の権利者は母・FK 自身である．被相続人の財産ではない．

(7) **FW, FC₁, FC₂, FC₃ について**

FW は FR の妻であり，FC₁, FC₂, FC₃ はいずれも FR の子供である．本件相続開始時における問題の同人ら名義の預金はいずれも 10 数年前から真実において被相続人および FR から贈与によって取得した資金およびその運用益であって，真実において各名義人の特有財産である．

(8) **その他**

FT（被相続人），FK（妻），FM（三女），FR（長男）が同一の印鑑を共同で利用していた．FM は結婚をしないで被相続人とその妻（FM の母）の世話をしていた．また FR は長男として実質的には被相続人とその妻（FR の母）と生活を共にし，生涯，両親の面倒をみなければならない立場にあった．ただ，前記のごとく FR は勤務の関係上両親といわば「別居」せざるを得なかったにすぎない．日本では同一世帯では便宜上同一の印鑑を用いることはしばしばみられるところである．むしろこのような傾向は日常的であるとみてよい．各預金の真の権利者が誰であるかについては諸事実・諸事情を総合的に客観的に見極められねばならない．印鑑利用の同一性などは右の見極めにあたって重要ではない．また，昭和 30 年代に口座開設のときに山一証券での株券預り口座が被相続人名義であった．このことについては山一証券の当時の指導に従って家族分をも含めて便宜上一口座としたものにすぎないことが確認されている．その後，昭和 60 年代から各名義人別の口座に切り替え手続中であった．各有価証券の真の権利者が誰であるかについては右の点のほかに諸事実・諸事情を総合的に客観的に見極められねばならない．右の見極めにあたって証券会社の指導により，たまたま預り口座を事務的に一口座にしていたことはさして重要ではない．

なお，被相続人は多年，一流会社の従業員，役員としてサラリーマン人生をおくったものにすぎない．事業経営者にありがちな事業所得等の「分散」などの工作をする必要もまったくない人生であった．この事実も，本件の事実認定にあたってきわめて重要である．

各証拠資料に基づく以上の検討で明らかなように原処分庁が被相続人の財産として認定した本件における問題の預金および有価証券はいずれも各相続人の固有の所有財産である．つまり問題の預金および有価証券の真の所有権者は被相続人ではなく各相続人である．したがって，問題の預金および有価証券を本件の相続財産と認定することは重大明白な誤認といわねばならない．この点について原処分庁の課税処分は取消しを免れない．

〔1993 年 6 月〕

第6章　高速道路と固定資産税

　高速道路には久しく固定資産税が非課税の取扱いが行われてきた．1997年1月に東京都日野市長の森田喜美男氏が固定資産税を課税する方針を明らかにしていた．筆者は同市長の発言を税法学の立場からかねてから支持してきたものである．以下は，1997年4月に月刊誌『前衛』編身部との対談の形で，この問題の筆者の税法学理論をとりまとめたものである．

1　はじめに

〔有料高速道路への課税をめぐって，亀井建設相は「今の法律ではできない」というが，それはほんとうか？　憲法論，地方自治論の観点から課税の正当性を示す．編集部〕

　今年（1997年）の1月18日，日野市の森田喜美男市長が，同市内を走る中央自動車道（約4.5キロ分）への固定資産税課税の方針を明らかにし，マスコミでもおおきく報道されました．日野市の高速道路への固定資産税課税という方針は，今回がはじめてではなく，昨年の予算編成時期にも示されていました．ただ，このときは実務的な準備不足など，日野市側の事情もあり，実際には課税されないでいました．
　今回の日野市長の課税発言にたいしては，亀井静香建設大臣がさっそく，「頭がおかしいんじゃないの．今の法律ではできない．それを勝手に課税するというのはおかしい．（請求がきても）払いません．法治国家で自治体が勝手に課税権を行使するなんてことはできません」（読売新聞1月21日付夕刊）とかみつき，高速道路は「公共の用に供せられる道路ということですから」（朝日新聞1月22日付）と，従来の見解を繰り返しました．
　この亀井発言のなかに，高速道路への固定資産税課税をめぐる法理論的な意味での論点が集約的に示されています．

2　地方税の課税権はだれのものか？

　亀井建設相が「今の法律」といったとき，当然，念頭にあるのは「地方税法」（昭25法226）です．したがって，まず，地方税法とはいかなる性格の法律なのか，この点からお話ししたい．
　亀井建設相が「法治国家で自治体が勝手に課税権を行使することはできない」といったのは，ご本人はいわゆる租税法律主義という考え方を，常識的に述べたつもりなのかもしれません．しかしそれだけは，封建領主や国王は恣意的に税金をかけることは許されないという，市民革命当時の議論，いかにも素朴な議論にすぎません．この

租税法律主義は，歴史的にも理論的にも現代的な展開をとげており，少なくとも今日では，単なる狭義の租税に関する形式的な租税法定主義としてではなく，歳入歳出の双方の租税に関わる実質的な財政民主主義（広義の租税に関する合理的内容の法律主義）の一環としてとらえ直されています．

　地方税に関していえば，それは私のいう「本来的な租税条例主義」という考え方です．その内容は後でもふれますが，とりあえずこの立場で「地方税法」を問題にするならば「地方税法」は法的には本質的に標準法であり，部分的に枠法の性格をもつ規定も含まれているにすぎない．各自治体が地方税法の規定に従って課税しようとする場合にも，もう一度，枠規定を含めてそのことを当該自治体の税条例自体において規定する必要があります．

　つまり，当該地方税の租税要件等のすべてが，当該税条例自体においてパーフェクトに規定されねばなりません．地方税法の規定が，当該自治体の税条例を通じて人々に作用することになるわけです．だから，地方税法の規定が直ちに，地方税の職員や納税者を法的に拘束するものではない．

　この理論が日本で一般的に注目され，問題とされたのは，いまから20数年前の美濃部都政の時代です．それまでは，日本の憲法学者の多数は旧来の立場にたった説に従っていたといってよい．それらの憲法学者は，明治憲法をベースにして地方自治や地方税を考えていました．地方税についても，旧来の「租税法律主義」が適用されるとみていました．

　当時，美濃部都政が，国が不公平税制を是正しようとしないなら，自治体として東京都独自で是正に着手したいと言い，東京都新財源構想研究会なる組織をつくりました．そこで，都下の大企業の法人住民税，法人事業税を地方税法に規定する以上に高く課税し，反対に，中小企業への課税は軽くする，増えた税収は老人医療の充実などで都民に還元するという，不均一課税を検討しました．

　その課税案が新財源構想研究会の意見として1973年1月に発表されたときには，国会の地方行政委員会で大問題になりました．「美濃部知事は憲法に違反することをやろうとしている．租税法律主義に基づく地方税法を無視して課税しようとしている」というわけです．

　当時，東京都の企画調整局，つまり知事のブレーン（担当，日比野登・高木美昭ら）から私のところに話があり，私がそれまで論文などで述べてきた「地方自治体は憲法上，独自の課税権をもつ」という考え方についてのレクチャーを求められました．私は，美濃部知事がやろうとしていることは，決して憲法違反ではない，地方税法は単に標準を示したものであり，一部の規定が枠としてあるにすぎない，地方税法の超過税率（標準税率を超えて制限税率の枠内で課税できる）の規定と地方税法6条2項の不均一課税の規定を使って，東京都が，独自に都税条例で，適法にさきの考え方を具体化しうる，そのような東京都の税条例が都民を拘束するのだ，という考え方を述べ

ました．
　実際，当時の美濃部都政が行おうとしたことは，地方税法に照らしても，合法的です．地方税法6条2項には「地方団体は，公益上その他の事由に因り必要がある場合においては，不均一の課税をすることができる」と書いてある．しかし，「公益上の事由」や「不均一の課税」の中身はなにも規定していません．
　東京都は首都であり，大企業の本社，本店が集中します．その大企業の本社，本店はほとんど税金を納めていない．これは，今も昔も変わらない現実です．大企業は首都東京で情報を収集し，政治家とのコンタクトをとり，いわば地の利を生かして金儲けに専念する反面で，住民税，事業税，固定資産税など納める税金は微々たるものです．「集積の利益」を受けながら，税金はほとんど納めない．一方，中小企業や一般の大衆は，「集積の不利益」をこうむっている．これは，ちゃんと数量化できます．
　そもそも現実の法人税自体が不公平税制で，それを前提にして地方税である住民税，事業税ができあがっており，国税の不公平がもろに地方に波及する仕組みになっています．
　地方税法6条2項の「公益上の事由」とは，憲法の理念を具体化する税のとり方と使い方とを意味していると考えるべきです．「公益上の必要」やいかなる内容の「不均一課税」かは，都議会が条例をつくって規定すればよい――こういうことを，私はすでに美濃部都政時代から主張してきました（美濃部都政への提示所見の詳細については，拙著『新財政法学・自治体税政権』勁草書房285頁以下）．

3　高速道路は「道路」なのか？

　以上のことを前提にして，地方税法の規定は，どのようにして自治体住民にはたらき，拘束するのか．たとえば，日野市ならば日野市の税条例の第1条に，本条例に特別の規定がなければ国の法令の規定に従う，という規定がある．その規定によってはじめて，条例を通じて地方税法の規定が住民に作用することになります．
　具体的に，固定資産税非課税の規定をみてみましょう．地方税法は固定資産税非課税を「公共の用に供する道路」について認めています（地税348条2項5号）．どういうものがその「道路」に当たるのか，客観的に現実をみればわかります．不特定多数の一般大衆が，所有者による制限を受けず，ひろく交通の手段として利用することができるものが，非課税となる「道路」です．
　固定資産税の課税では，課税対象物の名目は関係ありません．現実の実態が「道路」としての要件を満たしているかどうかだけが問題にされます．
　たとえば，東京から大阪方面に自動車で高速道路を利用する場合，運転の労力を使い，ガソリン代を出し，自動車も消耗させて，なお10,000円から12,000円ほどの高速料金を払わなければなりません．JRの新幹線で新大阪まで，運賃，特急料金で約14,000円ほどです．どちらが安上がりであるかは，もちろん，自動車に乗り込む人数

によりますが，高速道路が「公共の用に供する道路」でないことは，JR 新幹線に匹敵する料金を払わなければ利用できないという，この一事からしても明らかです．実態論からいえば，高速道路を利用するというのは，たとえていえば，入場料を払い東京ドームで野球をみるのと同じことです．

ではなぜ，いままで高速道路に課税されていなかったのか．1950 年代末から，日本でも高速道路の建設が計画されました．その膨大な道路建設費の調達手段として，道路整備特別措置法の規定により期間を定めて料金の徴収が行われることになりました．つまり，その償却期間が終われば，高速道路は当然に無料になる，という前提があった．だから，行政のレベルで，あくまでも便宜的に，有料高速道路を「道路」とみなし，今日に至るまで非課税としてきたわけです．

しかし，現実の実態が道路でないものを道路とみなして非課税にするやり方は，はっきりいって違法です．後で問題にしますが，高速道路非課税の根拠は，行政の便宜的な取扱い以外には，いかなる法的根拠もありません．

地方税法上，高速道路は機械設備などと同様の償却資産（「構築物」）に当たります．道路公団の「土地」がまずあって，その上に建築された償却資産である「構築物」が「高速道路」です．これは，いわゆる「道路」ではありません．だから，純粋に学問的にいえば，もっと以前から，日野市ばかりではなく，高速道路を抱えている全国の市町村は，道路公団の「土地」についての固定資産の評価を行って課税し，上物である「構築物」については，建築取得価格をベースにした適正な固定資産税評価額で課税すべきでした．

きつい言い方をすれば，地方税法と条例に基づいて課税すべきものに課税してこなかったこと，これを怠ってきたことは，不作為による違法行政ということになる．公金管理に関わる住民監査請求の対象になる．地方自治法 242 条が規定する住民監査請求の対象には 2 つのものがあります．通例は，もっぱら税金の使い道が問題とされますが，税金の徴収額，とるべき税金をとってないことも住民監査請求の対象になるのです．さらに，住民監査請求だけで満足できない場合には，地方自治法 242 条の 2 の住民訴訟の対象にすることもできます．

いま現在，高速道路が非課税のままで放置されていることは，厳密に法的観点からみれば，こういう性格の問題です．

4 「永久有料化」を打ち出した道路審議会

〔次に，なぜ今回，日野市では課税することを決定したのか．編集部〕

一昨年，1995 年 11 月に建設相の諮問機関である道路審議会が「今後の有料道路制度のあり方についての中間報告」を出しました．そのなかで道路審議会は，「維持・更新に要する費用の負担については償還期間後も料金に求めることとする新たな枠組み

が必要である」と，永久有料化の方向を打ち出しました．これは中間答申自身がいうように，「これまでの考え方の転換」であり，「償却期間経過後は無料になるから」という固定資産税非課税の前提が失われたことを意味します．

　だから，今年の固定資産税の評価替えの時期に，日野市が課税方針を打ち出したことは，ごく当然のことです．これを亀井建設相などが批判するのは，実におかしい．

　道路公団は，「永久有料化」はまだ中間報告であり，決まったわけではない，といっていますが，だいたい建設相の審議会は最終報告をなかなか出さない，出してもずっと何年も遅れるという例がいくつもあります．「中間報告」で，十分に政府筋の意思表示とみてよいと思う．

　実際，建設費用の償却の仕組み，制度も，最初は路線別料金徴収制度といって，単独の路線ごとに料金を算出し，それで償却を行うことになっていました．それを，1972年にプール制に改悪して，有料である期間を不当に長期化する．だから今の制度でも，新たな高速道路建設の計画が次つぎに立てられて着工される間は，無料になることは現実にはあり得ない．ところが中間報告は，「償却後は無料」という，その建て前すら放り出したわけです．

　固定資産税の課税のあり方は，もともと，建て前と名目はどうであろうと，固定資産の現実の利用実態がどうなっているかによって決められます．現在の高速道路の実態が「道路」ではなく，すでにふれたように，東京ドームと同じように高額の料金を払って利用する「構築物」であることは明白な事実です．しかも，国の審議会が中間報告とはいえ，正式の意見としてそれを認めている．全国の自治体は，日野市に続いて高速道路への課税をすすめるべきでしょう．これには法律や条例の改正はいっさい必要ない．現行法のままですぐにやれます．

5　国会も認めている高速道路への課税

　この点で興味深いのは，鉄建公団（日本鉄道建設公団）が所有するリニアモーターカー実験線用地への固定資産税課税をめぐっての沿線市町村と鉄建公団との争いで，自治省が課税を支持する意見を表明していることです．これは読売新聞が2月5日付夕刊で報道しました．

　それによると，鉄建公団が所有する用地が，この4月からJR総研（鉄道総合技術研究所）に引き継がれることになっている．地方税法上，JR総研の資産は「学術の研究を目的とするもの〔公益法人〕がその目的のため直接その研究の用に供する固定資産」として非課税とされています（地税348条2項12号）．問題は，これを理由に鉄建公団が，94年度，95年度の納税も拒否していることです．これにたいして，「市町村側は『将来は非課税になるからといって，現在も納税しなくていいことにはならない』と反発．山梨県も『鉄建公団は研究目的の法人ではなく市町村の課税には問題がない』（市町村税課）との見解で，自治省も『課税対象だ』（固定資産税課）としている」

といいます.

これは,いずれ高速道路は無料＝非課税になるから,現在も非課税,という自治省の見解を足元から崩す実例です.

さらに全国の自治体の動きは,「日経」(日本経済新聞)が調査結果を報道しています(2月5日付).高速道路を抱える首都圏,中部圏,近畿圏の121の市長に調査した結果です.「国が償還後も継続して有料にした場合,『課税を認めるべきだ』と回答した市長は37％に達し,『助成の充実を望む』のは15％で,合わせて半数余りの自治体が高速道にからめた何らかの財源確保を望んでいる」.だから,高速道路への課税の動きは,今後も大きくなり,国としても無視できないものになることは間違いありません.

亀井建設相は,「頭がおかしいんじゃないの.今の法律ではできない」というが,課税できるし,やるべきです.

このことは,実は,国会でも論議済みのことです.1977年3月31日,参議院地方行政委員会で地方税法の改正案が論議されたとき,政府提出の改正案本体は賛成多数で可決されましたが,同時に,自由民主党,日本社会党,公明党,日本共産党,第二院クラブ共同提案の付帯決議が,全会一致で決定されています.

この付帯決議は全部で9項目ですが,あらためて注目しなければならないのは,そのうちの8,9項です.「8,有料高速道路に対する固定資産税の課税又はこれに代る措置を,昭和53(1978)年度より実現するよう努めること」,「9,地方自治体の課税自主権を尊重すること」——.だから,高速道路への課税は「今の法律ではできない」のではない.国会においても,とっくの昔にその正当性を認められていることです.まさか亀井建設相も,自らが所属する党や国会に向かって「頭がおかしいんじゃないの」とはいえないでしょう.

この付帯決議の存在は,今回の日野市の課税をめぐる論議や報道のなかであまり指摘されていないので,ここで紹介しておきます.

6 税に関する権限は自治省にはない

〔では,高速道路への課税問題で自治省はこれまで,どういう権限に基づいて対応してきたのか.編集部〕

1958年,大阪の大東市が,道路公団が建設した大阪―奈良間の有料道路「阪奈道路」(現在は無料)への課税について,自治庁(自治省の前身)に問い合わせをしたときの回答があります.自治省は現在まで,この「行政実例」に従った対応と指導を各自治体に行っています.内容は「道路公団の有料道路は道路の新築や改築費用の合計額を償却できる期間がすぎれば,当然無料になるもの.収益事業ではなく,公共の用に供する道路にあたる」というものです.これが非課税の唯一の根拠です.この自治省の

解釈が今日も生きていることになっている．

　しかし本来，憲法の「地方自治」の規定からいって，自治省は，地方税の問題について通達を出すいかなる権限ももっていません．これは重要な点です．

　通達とか訓令は，上級の行政庁が下級の行政庁に行政権に含まれる独自の内在権に基づいて指揮，命令する権能です．

　たとえば国税の場合，国税庁長官が自分の部下である国税局長，税務署長，国税職員にたいして，通達を発行する．これは指揮命令権を持っているからです．だから，行政の内部では，その通達の基準に従って職務を遂行せざるを得ません．もしこれに反すれば，その通達が一見明白に憲法や法令に違反しているような場合を除いて，国家公務員法によって懲戒処分の対象になります．

　この場合でも，国民や裁判所との関係では，国税庁の通達は国税に関する法源を構成するものではありません．国税の法源は議会（国会）が制定する制定法のみであって，通達で国民の納税義務額が増えたり減ったりすることがあってはならない．通達はあくまでも行政の内規です．

　しかし，地方税の問題では，その通達を出すいかなる権限も自治省は持っていません．

　地方税については住民が課税権を有しており，法的には，各地方議会が租税条例を制定，改廃することで，住民に代わって課税権を行使する（だから，いわゆる「上乗せ条例」という問題は存在しません）．国の租税法律が存在しなくても，各自治体は本来的に租税条例に基づいて地方税の賦課徴収ができる．ただし，国の法律である「地方税法」に明示的拘束規定が存在する場合には，憲法94条（法律の範囲内で条例を制定する）の規定による制約を受ける．「地方税法」は，この意味で標準法，枠法にすぎない——．

　このことは，はじめに述べた美濃部都政の大企業にたいする不均一課税が問題とされた時期までは，憲法学界でもきちんと定着した考えではありませんでした．しかし，この時期の自主財政権闘争のなかで，この考えは徐々に定着し，今日では，少なくとも税法学者の常識になっています．この考え方が，私がさきにも述べましたように，「本来的租税条例主義論」として理論化し，提唱してきた自治体財政権の法理です．

　「本来的租税条例主義」の考え方は，地方税の課税問題を争った各地の裁判のなかでも認められました．直接的に条例による税賦課処分の違法を争った秋田の国民健康保険税訴訟において，秋田地裁（1979・4・27），仙台高裁秋田支部（1982・7・23）が判決によってもこの考え方を支持しました（拙著『納税者基本権論の展開』三省堂232頁以下）．

　だから，自治省の地方税に関する「通達」は，国税庁が国税に関して発行する通達のような法的性格を持たず，地方税法の運用についての単なる参考意見を述べたものにすぎません．仮にこれに「違反」することを行っても，地方公務員法違反の問題は

起こりません。自治省は，憲法上，地方自治体にたいする指揮命令権を有しないからです。

　高速道路への固定資産税非課税の根拠とされている1958年の大東市への自治省の回答も，何ら拘束力を持ちません。法治国家のなかで，こういう法的な拘束力のない自治省見解に従って，何十年もの間違法な行政が行われ，地域住民とドライバーに不利益を押しつけてきたというのが真実の姿です。これは，おそるべき事実です。

　「道路」だというのならば無料で通行させるべきだし，料金を徴収するのならば税金を払うべきで，あいまいなままにすることは絶対に許されません。端的にいって，「高速道路」の実態は，一部の元官僚と業者による私たちの血税の「私物化」の構造といえましょう。

　私としては，高速道路への課税問題を日野市だけの問題に終わらせずに，さきほどの「日経」記事にあったように，全国の自治体が課税の検討をすすめるべきだと思います。場合によっては，とるべき税金をとっていないということで，自治体にたいして住民監査請求，住民訴訟を起こすなどの働きかけも，住民の運動として必要だろうし，道路公団にたいしては，ドライバーが不当利得返還請求を行うことも必要なことだと考えています。こうした動きは，真の行政改革，政治の浄化，日本の地方自治，日本の民主主義の発展にもつながります。

〔1997年4月〕

第7章　建物の固定資産税評価額
―― 再建築価額への疑問 ――

1　はじめに

　建物に対する固定資産税の課税標準は，基準年度に係る賦課期日（1月1日）における「適正な時価」となっている（地税349条，341条5号）．この時価について固定資産税の実務では自治省告示「固定資産評価基準」において規定する再建築価額で評価されている．この評価実務にたいしては筆者は，かねてから税法学上の基本的疑問を指摘してきた（たとえば，拙著『税法学の実践論的展開』勁草書房424頁以下）．
　この問題が裁判所で争われた事件について，筆者は，1996年2月に第1審大分地方裁判所へ，97年12月に第2審福岡高等裁判所へそれぞれ鑑定所見書を提出した．第1審の大分地裁では同鑑定所見書の提出に先立って95年12月に鑑定証言を行った．
　事案は，大分地裁平成8年12月3日判決，福岡高裁平成10年2月25日判決のあった固定資産評価審査決定取消請求事件である．納税義務者は大分市のTM，TKの両氏である．両裁判所は，いずれも本件の争点である再建築価額の評価への疑問については納税義務者側の主張を容認しなかった．本件の納税義務者側の代理人は，第1審では吉田孝美，岡村正淳，西田収，古田邦夫，河野聡の各弁護士であり，第2審では岡村正淳，西田収の両弁護士である．
　実務で行われている再建築価額については重大な税法学上の基本問題を含むところから，以下に拙鑑定所見書の概要を紹介することにした．

2　第1審での鑑定所見書

2.1　固定資産税の課税と本来的租税条例主義

　日本国憲法は，各自治体の課税権のあり方については，各自治体の固有権として保障している（憲92条，94条）．それゆえ，各地域の住民は各自治体の議会が制定した税条例のみに基づいて納税義務を負う．国の法律である地方税法（昭25法226）は，それ自体としては人々を法的に拘束するものではない．同法は各自治体がその固有権である課税権を行使する場合の標準法，枠法の性格を有するにすぎない．本件についていうと，大分市の固定資産税の具体的内容はあげて大分市民の代表機関である大分市議会の制定した税条例自体において規定されねばならない．仮に，大分市議会が国の法律である地方税法の規定に従って課税しようとする場合には，そのことをもう一度，大分市の税条例自体において規定しなければならない．
　このように，国の法律である地方税法の規定が大分市の税条例を通じて人々に法的に作用するのである．大分市固定資産税の租税要件等に関するすべてのことがらが大

分市税条例自体において明確に完結的に規定されねばならないこととなる．大分市の固定資産に対する評価方法の具体的あり方を含めて大分市税条例自体において明確に具体的に完結的に規定されねばならないのである（本来的租税条例主義．秋田地判昭 54・4・24 判時 926・20，仙台高秋田支判昭 57・7・23 判時 1052・3 頁．鑑定人は同訴訟の第 1 審法廷で「鑑定」証言を行った．裁判所は拙証言を全面的に支持した．拙著『現代法学者著作選集・納税者基本的権論の展開』三省堂 232 頁以下）．本件についても税法学的には以上のような基本的視角から検討されるべきである．

2.2 「固定資産評価基準」（昭和 38 年自治省告示 158 号）の法的性格

大分市税条例第 1 条は次のごとく規定している．「市税の税目，課税客体，課税標準，税率その他，賦課徴収については，法令その他別に定めがあるもののほか，この条例の定めるところによる」．

右の大分市税条例第 1 条の規定の仕方自体が税法学的に問題がないわけではないが，いま仮に同条を通じて国の法律である地方税法の諸規定が大分市民に法的に作用するものと解することとして（本来的租税条例主義の理論），現行「固定資産評価基準」（昭 38 自治省告示 158）の法的性格を検討することとしたい．告示は，そもそも学問的には行政権内部の行政規則（Verwaltungsvorschrift）の形式である．したがって告示の形式でもって，固定資産評価基準のごとき固定資産税の納税義務額の消長に重大な影響をもたらす固定資産に対する具体的な評価方法などを適法に定め得るかはきわめて疑問であるといわねばならない．

現行の「固定資産評価基準」が地方税法 388 条に基づく委任命令としての法的性格をもつとする見解がある．仮にこの見解に従って現行告示を委任命令であるとして検討しよう．

国の法律である地方税法自身は固定資産税の課税標準として「当該土地又は家屋の基準の年度に係る賦課期日〔1 月 1 日〕における価格」（地税 349 条 1 項）と規定しており，そして「価格」とは「適正な時価」（地税 341 条 5 号）をいうと規定するにとどまる．社会通念上「時価」とは不特定多数の人々に対して販売される場合に成立するところの市場価格を意味する．しかるに，本件で問題になっている家屋についていえば現行固定資産評価基準（告示）は当該家屋の再建築価額から一定の減価償却費相当額を控除した価額とすると規定している．本件の家屋についてもこのような告示の規定に基づいて大分市長が課税標準額である本件評価額を決定した．敗戦後の混乱期であればともかくとして戦後 50 年を経過した今日の段階においてこのような考え方が果たして社会通念上も一般的合理性をもちうるかはきわめて疑問といわねばならない．市場価格は人々の好み，ライフスタイル，環境等の事情や市場における様々な要因による需給状況などによって影響を受ける．再建築価額をベースとすることがいかに不合理であるかを考えてみよう．たとえば，何十年前に建築された課税物件である総ヒ

ノキ造りの家屋を例にしよう．同じような総ヒノキ造りの家屋を再建築した場合には現段階でいくばくの費用（原材料費，労務費，直接経費，その他の諸経費）がかかるであろうか．ケースによっては非現実的な巨額の評価額になろう．これによって知られるように，そのような再建築費（原材料費，労務費，直接経費，その他の諸経費）をベースとする告示の評価方法は，同告示が地方税法388条の委任命令であると解する場合においても，一般に前出地方税法349条1項の「賦課期日における価格」，341条5号の「適正な時価」の趣旨に適合しないとみなければならないであろう．つまり，同告示の内容は国の法律である地方税法の委任の枠をはるかに超えるものといわねばならない．

　以上は形式的な面での税法学上の疑問であるが，その実体的内容からいっても税法学的に疑問がある．日本国憲法は応能負担原則（憲13条，14条，25条，29条等）を規定している．憲法は課税物件の量的大きさ（量的担税力）のみならず課税物件の性質に見合った担税力（質的担税力）をも考慮することを求めている．本件についていえば，その家屋の所有主体，所有目的，所有面積，造形方法などによって憲法上の意味が異なってくる．鑑定人はかねてから課税物件を生存権的財産と非生存権的財産とに区分し，さらに非生存権的財産については投機的財産と資本的財産とに区分して憲法の応能負担原則を考えるべきであるとの理論を提唱してきた(注)．

　生存権的財産についてはその性質上市民的売買が行われないので論理上市場価格なるものは存在し得ない．ひきつづき生存の用に供することとした場合の利用権の価格（利用価格）しか存在し得ない．利用価格は経済学的には収益還元価格を意味しよう．前出の地方税法にいう「賦課期日における価格」，「適正な時価」とは生存権的財産についていえばそのような生存権的財産として利用の用に供した場合の利用権の価格（利用価格）の「時価」を意味するものととらえなければ憲法適合的とはならない．このようにみてくると，画一的な再建築費をベースとする現行の固定資産評価基準（告示）が，同告示を地方税法388条の委任命令であるとみた場合においても，その実体的内容において合理性を有せず違憲の疑いを免れない（憲14条違反）．

　原告はその所有する固定資産のほとんどを勤労者向け住宅として低賃貸料で賃貸しているといわれる．現行固定資産税は法形式的には所有者課税となっているが，右のような本件固定資産の利用等の実態が客観的な事実として存在する場合には，本件固定資産を税法学上は生存権的財産に準ずるものとして取り扱うのが妥当である．

　以上，現行の固定資産税評価基準（告示）について形式的および実体的内容の両面から税法学上重大な疑問が存在することを指摘した．

　加えて，さきに指摘したように，国の法律である地方税法は所詮，各自治体の税条例のあり方について標準法，枠法の性格をもつにとどまる（本来的租税条例主義の理論）．本来的に大分市の地域社会の実態にふさわしい大分市固定資産税評価条例が制定され，同条例に基づいて固定資産税の評価および課税がなされるべきであった．大

分市議会がその税条例において大分市の地域社会の実態をふまえてどのような客観的要件を充足する固定資産が生存権的財産または準生存権的財産に該当するのかを具体的に規定し，そしてそのような生存権的財産または準生存権的財産に該当した場合には具体的にどのような計算方式でその利用価格を計算すべきかなどを規定すべきであったのである．

以上要するに，大分市および大分市民にとっては現行の固定資産評価基準（告示）は税法学的には単なる1つのガイドラインにすぎないというべきである．

さきに指摘した大分市の地域社会の実態に適合した固定資産評価条例が制定されていない現段階では，大分市としては現行法のもとでも前出の税法学理論に従って固定資産税の評価実務を行うべきである．

> （注）　この理論を鑑定人は，千葉地判昭和57年6月4日（判時1050号37頁）に係る法廷に提示した．同判決は少なくとも「……売買実例価額を基礎とする固定資産評価基準によるときは，居住用建物敷地として利用する宅地につき，当該土地所有者に売買の必要や意思がなくても，近隣土地の売買実例の高騰に伴って（正常と認められない条件については修正が加えられるが，そうでないかぎり）自動的に固定資産の評価が引き上げられるおそれがあり，その結果当該土地所有者は，固定資産税の負担の増加を余儀なくされることとなり，不合理的な面の存することは否定できない」と判示し，生存権的財産と非生存権的財産とを区別することについては，「立法政策としては原告主張のように区別することは可能であり，かつ望ましい」と判示した．さらに同判決は「…もっとも，原告の指摘する，固定資産評価基準適用によって惹起されうる弊害については，更に続くかもしれない将来の著しい地価高騰いかんによっては一適切な是正措置がとられるならばともかく―，放置しえない事態になることもないとはいえなく，その場合には単に固定資産税制にとどまらず，持家政策を基調とする今日の住宅政策が，都市政策をも含めた根本的な見直しを迫られることは予想されうるところであり，その意味では原告の投じた一石は何らかの適切な是正措置を求める誘因として大きな警鐘とはいいうるであろう」との判断をも付加した．
>
> 　原告側は，右引用の論点のほかに縦覧制度，実地調査等の問題についても同判決が原告側の主張を肯認する判断を示したこともあって，トータルにいって原告側の実質的勝訴であるとして控訴をしなかった．拙著『税法解釈の個別的研究II』学陽書房247頁以下．

2.3　本件評価額決定の違法性

大分市はさきに指摘した大分市の地域社会の実態にふさわしい固定資産評価条例を制定していない．このため大分市の固定資産税の実務では本件の固定資産の簿価（各取得原価から経過年数に応ずる減価償却費相当額を控除したもの）よりもはるかに高額の固定資産評価額となっている．たとえば甲24号証によれば，M地区では取得原価に基づく簿価が昭和63年で264万円．これに対して固定資産評価額が1,953万円

と巨額の評価額となっている，およそ現実離れの「時価」になっているわけである．

大分市としては国の法律である地方税法，現行の固定資産評価基準（告示），大分市税条例などに基づいて本件の固定資産税評価額を決定することとしても，さきに指摘した税法学理論に従って本件固定資産の利用価格で評価すべきであった．機械的・画一的に問題の多い現行の固定資産評価基準（再建築費をベースとするもの）を原告に適用することは憲法適合的な運用であるとはいえない．鑑定人は現行の固定資産評価基準（告示）自体に形式的，実体的内容において違憲の疑いがあるとみているが，仮に百歩ゆずってケースによっては同基準（再建築費をベースとするもの）の適用は違憲ではないことを肯定するとしても，少なくとも本件の納税義務者である原告をめぐる諸事情に鑑み同基準（告示）を本件に画一的に適用することは「適用違憲」を構成するといわねばならない．

現実の実務においては，大分市長は現行の固定資産評価基準（告示）および自治省税務局長の通達に基づいて本件評価額の決定をしたといわれる．告示の法的性格等についてはさきに指摘したとおりである．また，憲法の「地方自治」（憲92条以下）の観点からは，自治省の税務通達は行政権内部においても「通達」としての法的性格を有しない．なぜなら大分市における固定資産税の具体的あり方は大分市議会の専管事項であるからである．通達は行政権内部において上級行政庁がその指揮命令権に基づく下級行政庁への示達でなければならない．自治省には固定資産税のあり方について市町村などを指揮命令する権能はまったくない．したがって，問題の通達は行政権内部においても大分市を法的に拘束する拘束力を有せず単なる助言または参考資料にすぎない．

また，地方税法は408条において毎年少なくとも一回は固定資産についての実地調査を義務づけている．また同法403条2項は「納税者とともにする実地調査」を義務づけている（この点についてたとえば千葉地判昭57・6・4判時1050号37頁参照．同判決は単なる訓示規定ではないとした）．固定資産税は現況課税の租税であるので右の義務規定は重要な法的意味をもつ．本件には実地調査がまったく行われていないという．もしそうであるならば本件評価額の決定は手続的にも違法であるといわねばならない．

2.4 固定資産課税台帳への縦覧

本件においては納税義務者が自己の評価額の適正さを検討するために他の者の評価額の縦覧を希望したが，大分市は拒否したといわれる．縦覧制度を設ける以上，右の拒否は違法である．この点について前出の千葉地裁昭和57年6月4日判決が土地について違法と判示しているが，同趣旨のことが家屋についても妥当する．この問題については税務職員の守秘義務違反は生じない．

2.5 固定資産評価審査委員会のあり方

固定資産評価審査委員会での口頭審理は準司法的に公正に運用されねばならない（東京高判昭48・10・31判時726・35，札幌高判昭60・3・27判時1171・64，大阪高判昭61・6・26判タ626・136など）．原告は，原告本人および専門家を同道した実地調査を要求したといわれる．これは，原告として当然の権利である．同委員会はこれを拒否し実地調査をまったく行わなかった．手続的にも本件固定資産評価審査委員会の棄却決定（平成元年3月6日付）は違法である．なお，大分市固定資産評価審査委員会の委員構成において第三者性に反するものがある場合には，この点からも同委員会による決定は違法となろう．

2.6 結　語

本件に適用された現行の固定資産評価基準（告示）にも税法学上形式的にも実体的内容においても違憲の疑いがある．また，本件の評価額決定の実務において，さらに本件固定資産評価審査委員会での審理過程においても手続的に違法の疑いがある．これらについてはすでに詳細に指摘した．

しかし，本鑑定では右の違憲・違法の疑いそれ自体を直接的根拠として結論をひき出すことをあえて差し控えることとしたい．

現行の固定資産評価基準（告示）に基づいて再建築費をベースとする本件各固定資産の各評価額のすべてが，各取得原価から経過年数に応ずる減価償却費相当額を控除した金額（簿価）よりも，はるかに高額のものとなっている事実が指摘されねばならない．また，諸事情の変化にもかかわらず右の不合理な同評価額が原則として3年間据え置きとなっている．特に本件固定資産のほとんどが低賃貸料による勤労者向け住宅の用に供されている事実も，税法学上その評価額の決定にあたっては看過しえない．たとえば，さきにも指摘したようにM地区の物件については取得原価に基づく簿価が昭和63年で264万円．これに対してその固定資産評価額が何倍もの1,953万円となっている．これでは何人も理解できない，あまりにも不合理な現実の評価額となっているといわねばならない．

以上の諸事実に鑑み，少なくとも本件の原告について現行の固定資産評価基準（告示）を画一的に適用することにはとうてい合理性があるとはいえない．本件に現行の固定資産評価基準（告示）を画一的に適用することは，憲法論上「適用違憲」を構成し違法といわねばならない．現行法の運用も憲法適合的に行わねばならない．つまり現行法のもとでも，大分市における固定資産の評価実務は憲法適合的に行われねばならない．

以上により，本件評価額およびそれを肯認した本件棄却決定は，疑いもなく違法であって取消を免れない．

3　第2審での鑑定所見書

3.1　地方税法349条1項の「価格」，同法341条5号の「適正な時価」の意義

　自治省告示の「固定資産評価基準」(昭和38年自治省158号)の法的性格が税法学的にはガイドラインにすぎないこと，生存権的財産である固定資産の地方税法349条1項の「価格」，同法341条5号の「適正な時価」とは当該資産を譲渡しないことを前提とした場合の利用権の価格(利用価格)を意味するものと解すべきことなどについては，甲25号証(前出第1審での抽鑑定所見書)で明らかにしたところである．本鑑定では右の基本的問題は問わないこととして，家屋について現行の「固定資産評価基準」(前出，昭和38年自治省告示158号)が「再建築価額」(正確には「再建築価格」の金額であるが，本稿では「再建築価額」という．もとより同基準にいう修正を織り込んだもの)をもって課税標準としていることの不合理性に限って検討することとしたい．

　地方税法349条1項は，基準年度に係る賦課期日に所在する家屋に対して課する基準年度の固定資産税の課税標準は，「当該家屋の基準年度に係る賦課期日の価格」と規定している．地方税法341条5号は「価格」は「適正な時価」をいうと規定している．

　現行の固定資産評価基準は家屋の「適正な時価」として右に指摘したように再建築価額を基準とすることを規定している．

　ところで，「時価」とは一般に自由市場において正常な条件のもとに成立する市場価格である．別言すれば，不特定多数の人々の間に成立するところの売買実例価額ともいってよいであろう．

　現行の固定資産評価基準は昭和38年に制定された．それによれば家屋については再建築価額を基準とすることとされている．この再建築価額とは「当該家屋と同一の家屋を新築するものと仮定した場合において，その新築に要する費用の総額をいう」とされている(後出，昭和36年3月30日固定資産評価制度調査会答申)．家屋についての右の再建築価額が制定後数十年を経過した今日の社会における諸事情に鑑みて，果たして右の「市場価額」，「売買実例価額」を表現する「適正な時価」とみてよいかどうかはきわめて疑問である．

3.2　「再建築価額」の不合理性

　昭和38年制定の現行の「固定資産評価基準」の基礎となった「固定資産税その他の租税の課税の基礎となるべき固定資産の評価の制度を改善合理化するための方策に関する答申」(昭和36年3月30日固定資産評価制度調査会)は，家屋の評価基準として再建築価額を採用したことについて，次のように述べている．

　「固定資産の価格は，各資産を通じ，正常価格であると考えるべきであるとしても，正常価格のみでは，抽象的観念であり，これを具体的には握することがまさに評価で

あって，それは，具体的に存在するものを基準として類推する等の方法によって行なわれざるを得ない．したがって，具体的な評価方法としては，売買実例価格を基準として評価する方法，再取得価格を基準として経過年数等に応ずる減価等を行って評価する方法，資産の収益額を資本還元して得た額を基準として評価する方法等が考えられる．

各資産間の評価の均衡を確保するためには，評価方法は，同一のものであることが望ましいが，各資産の性格に従い，価格構成条件に多くの相違点が認められるとともに，評価の対象となる資産は，特に固定資産税においては，土地，家屋及び償却資産を通じ，その範囲は，きわめて広範であり，かつ，その評価は，各市町村ごとに多数の評価者によって行われることにかえりみ，評価者及び納税者の評価実務上の便宜をも考慮する必要があるので，固定資産の評価方法は，あくまで，各資産を通じ，正常価格を求めるという統一された共通原則のもとに，具体的には，その種類等によって異なるものにならざるを得ないと考える．

以上の観点からして，各資産ごとの評価方法は，基本的には，次によるべきである．

1　土　地（省略）
2　家　屋

家屋の評価は，再建築価格を基準として評価する方法によるべきである．

家屋の評価方法については，再建築価格を基準として評価する方法のほか，取得価格を基準として評価する方法，賃貸料等の収益を基準として評価する方法又は売買実例価格を基準として評価する方法が考えられるが，現実の取得価格は，その取得の際の個別的な事情による偏差があり，実際賃貸料等は，種々の評価によりはなはだしい格差があるので，いずれも評価の基準として採用することはできない．また，売買実例価格は，取得価格と同様に，個別的な事情による偏差があるほか，家屋の取引が一般的に宅地とともに行われている現状からして，そのうち家屋の部分を分離することが困難である等の事情があるのに対し，再建築価格は，家屋の価格の構成要素として基本的なものであり，その評価の方式化も比較的容易であるので，家屋の評価は，再建築価格を基準として評価する方法によることが適当である．（以下省略）」

現行の告示が制定された昭和30年代は，日本が敗戦後の混乱期を一応脱却して経済的に高度成長期に入った頃である．家屋についていえば，当時，全国的に家屋の新築がみられた．また敗戦後，建てられた家屋（バラック建てものが多かった）が取り壊されて新たな家屋が建設されるという波が全国的におこっていた頃である．物価事情も比較的に安定していた．そういう状況のもとでは，実務上の便宜も考慮して再建築価額をもって前出の「市場価額」とみなしてもさして不合理はなかったといえよう．しかし，あれから30数年を経過した今日，社会の諸事情も大きく変わった．地価の高騰，労賃の大幅な引上げ，諸物価の絶えざる上昇，人々のファッションやライフスタイルの多様化などの諸事情が指摘されねばならない．何十年前の古い型の家を現在の

第7章　建物の固定資産税評価額—再建築価額への疑問

物価事情等を考慮していま再建築すると仮定した場合の再建築価額（原材料費，労務費，直接経費，その他の諸経費）を計算した場合にはどうなるであろうか．再建築価額方式では，およそ現実の市場価額とは無関係な，いわば非現実的な「虚構」の異質の価額が算定されることとなろう．また，市場性という点でいえば，そのような古い型（オールド・ファッション）の家屋の多くは現実的な市場価値をもっていないであろう．前出の答申は，売買実例価格によるときは「家屋の取引が一般的に宅地とともに行われている現状からして，そのうち家屋の部分を分離することが困難である」という理由を挙げているが，今日では土地（または借地）部分と家屋部分とを区分して取引されているのが通例であり，家屋についても市場価格，売買実例価格を基準にして前出地方税法にいう「適正な時価」を求めることが容易となっている．新築間もない課税物件であればともかく，家屋の評価基準として再建築価額を基準とする現行の評価基準はとうてい合理性を持ちえないといわねばならない．本件の課税物件の多くは10年以上前に建築されたものである．具体的にも再建築価額方式が妥当しないといわねばならない．再建築価額方式によれば，甲25号証において鑑定人が指摘したようにM地区では取得原価に基づく簿価が昭和63年で264万円．これに対し固定資産評価額が1,953万円となっている．この甚だしい乖離を何人も合理化することはできないであろう．

3.3　結　語

再建築価額を基準とした本件価額は，地方税法349条1項の「価格」，同法341条5号の「適正な時価」に背反するといわねばならない．再建築価額を基準とした本件評価額を維持した本件審査決定は違法であり取り消されるべきである．

〔2001年2月〕

第8章 「朝鮮総連」への固定資産税課税とその法的検討

1 事案の概要

　東京にある「朝鮮総連」(在日本朝鮮人総聯合会中央本部)は北朝鮮(朝鮮民主主義人民共和国)の在外公館的役割を果たしている。東京都は約40年にわたって都税条例134条1項に基づき,「朝鮮総連」が所在する土地・建物〔本件物件〕(「朝鮮総連」の所有。「朝鮮総連」は人格なき社団であるので,登記簿上は合資会社朝鮮中央会館管理会名義)に対して固定資産税・都市計画税(以下,「固定資産税等」という)の免税扱いをしてきた。しかるに,平成15(2003)年7月10日付で,東京都千代田都税事務所長(以下「課税庁」という)がいきなり東京都千代田区富士見2-14-15合資会社朝鮮中央会館管理会宛に同物件につき平成15年度固定資産税等課税処分(以下「本件課税処分」という)を行った。その内容は次のごとくである。固定資産税額36,691,400円,都市計画税額7,862,400円。

　朝鮮総連は,平成15年7月25日付で,課税庁に対して都税条例134条4項に基づき上記固定資産税等の減免申請書を提出した。課税庁は,平成15年8月18日付でビザ等の発給事務部門の部分について免除を行った。これによる固定資産税の減税額は1,834,600円,都市計画税の減免額は393,200円。結局,要納付固定資産税額は34,856,800円,要納付都市計画税額は7,469,200円となった。

　朝鮮総連は,平成15年9月3日付で上記一部免除分を除く本件課税処分の取消しを求めて東京都知事に対して審査請求を行った。別途,平成15年10月6日に,朝鮮総連は,東京都知事に対して固定資産税等の減免不許可処分について審査請求を行っている。なお,本件課税処分に先立って課税庁の担当者が平成15年5月20日に本件物件について現況調査をしている。

　筆者は,本件について早い段階で朝鮮総連から相談を受けていた。平成15年8月13日に税法学鑑定所見書をとりまとめている。同鑑定所見書は,結論として本件課税処分を都税条例134条1項違反,信義則違反,そして憲法14条の法執行平等原則違反のゆえに違法とするものであった。同鑑定所見書は上記2つの審査請求書に証拠として添付された。審査庁(東京都知事)は,平成15年12月11日に上記2つの審査請求を併合して口頭審査を行い,筆者は参考人として鑑定証言を行った。

　朝鮮総連は,熟慮のうえ,ひきつづき法的に争うことを表明したうえで2003年9月末に同日まで納期の到来した第1期分,第2期分の本税額(延滞金を含まない)を納付した。これは,日本における在日同胞の置かれた立場に配慮した措置である。

　本件の納税者側(朝鮮総連)代理人は,床井茂,松本操,古川健三,星正秀,稲葉不二男,金舜植の各弁護士である。

第8章　「朝鮮総連」への固定資産税課税とその法的検討

2　固定資産税納税義務の法的根拠

　日本国憲法では，国税については租税法律主義（憲30条，84条）が支配するが，地方税については「地方自治」（憲92条以下）の要請によって本来的租税条例主義が支配する．それゆえ，人々は，都税について国の法律である「地方税法」（昭25法226）の規定ではなく，都民の代表機関である都議会の制定した都税条例に基づいて法的に納税義務を負うのである．国の法律である「地方税法」の法的性格は，各自治体が税条例を制定するための標準法，枠法である．仮に，当該自治体が「地方税法」の規定に従って課税しようとする場合には，そのことを改めて当該税条例で規定しなければならない．ある地方税の税目について言えば，当該税目に関する租税要件等が当該税条例自体において完結的に規定されねばならないのである．このようにみてくると，「地方税法」は枠規定を含めて税条例制定のための標準法的性格をもつものといえる．「地方税法」の規定は，各自治体の税条例を通じて人々に法的に作用することとなる．日本国憲法30条，84条を地方税について引用するときは，同両条の「法律」は各自治体の「条例」そのものを意味する（以上，本来的租税条例主義の詳細については，拙著『税法学原論・5版』青林書院101頁以下の「地方税・本来的租税条例主義」参照）．

　昭和39（1964）年度以来，約40年間にわたって本件物件に対して固定資産税等が免除されてきたが，その法的根拠は，前出の日本国憲法の本来的租税条例主義に基づき都税条例自体に求められなければならない．都税条例134条は，「固定資産税の減免」を規定している．同条1項2号は，「公益のために直接専用する固定資産（固定資産の所有者に課する固定資産税にあっては，当該所有者が有料で使用させるものを除く．）」に対しては，固定資産税を減免すると規定する．本件物件に対する免除の法的根拠は，この都税条例134条1項2号と解される．

　「地方税法」は，その6条1項において，一般的に不課税を規定する．すなわち，「地方団体は，公益上その他の事由に因り課税を不適当とする場合においては，課税をしないことができる．」また，「地方税法」はその367条において，「固定資産税の減免」を規定する．すなわち，「市町村長は，天災その他の特別の事情がある場合において固定資産税の減免を必要とすると認める者，貧困に因り生活のため公私の扶助を受ける者その他特別の事情がある者に限り，当該市町村の条例の定めるところにより，固定資産税を減免することができる．」都税条例134条は，「地方税法」6条1項，367条の趣旨をふまえて，都としての固定資産税の減免のあり方を規定したものと解される．なお，「地方税法」702条の8第7項は，都市計画税の減免については，固定資産税の減免に関する「地方税法」367条に従うことを規定している．

　東京都が本件物件を久しく免税扱いにしてきた理由は，次のごとく解される．「外交関係に関するウィーン条約」（昭39条約14）23条1項は，「派遣国及び使節団の長

は，使節団の公館（所有しているものであると賃借しているものであるとを問わない．）について，国又は地方公共団体のすべての賦課金及び租税を免除される」と規定している．日本社会では，本件物件である朝鮮中央会館は「実質的に外交使節団の公館として位置づけられるもの」と認定されてきた（都の免税理由を報道した昭47・7・22東京新聞参照）．中国との国交回復以前は「中日備忘録貿易弁事処駐東京連絡処」も同様の認定を受けてきた．なお，1991年9月17日に国連総会は，朝鮮民主主義人民共和国および韓国の国連加盟を全会一致で承認していることにも留意されねばならない．同共和国はすでに157国（地域を含む）と国交を結んでいる．さらに，2002年9月17日に朝鮮民主主義人民共和国の金正日国防委員長と日本国の小泉純一郎総理大臣との間に調印された「日・朝平壌宣言」があげられねばならない．日本と北朝鮮との国交回復も時間の問題として期待される．この点は，本件においてきわめて重要である．

前出のウィーン条約などの趣旨をもふまえて，かつ，都税条例134条1項2号自体が単に「公益のために直接専用する固定資産」と規定しているところでもあり，都は本件物件を都税条例134条1項2号に該当するものとして免税扱いにしてきたものと解される．

以上のように，都税条例134条1項2号に該当するものと解するのが相当であるが，本件において課税庁は，都税条例134条1項4号に該当するとして免税扱いにしてきたと主張している．そこで，この点について検討しておきたい．

すなわち，都税条例134条1項4号は「前各号に揚げるものの外，規則で定める固定資産」を減免すると規定している．これを受けて，都税条例施行規則31条は「①条例第134条第1項4号に該当するものは，賦課期日後火災その他の事由により減失し，又は甚大な損害を受けた家屋その他特別の事情があると認められる固定資産とする．②前項に規定する固定資産に対する固定資産税の減免は，当該事情を考慮して，知事の認めるところにより減免する」と規定する．これによれば，「その他の特別の事情があると認められる」とは文理解釈上「賦課期日後火災等に準ずる事情があると認められる」と解される．それゆえ，本件免税の根拠を都税条例134条1項4号と解するのは妥当ではなく，後にも詳論するところであるが，都税条例134条1項2号に該当するものと解するのが妥当である．

3 都税条例134条1項違反

美濃部都知事時代に，本件物件の取扱いについて論議されて，結論として昭和39年度に遡って固定資産税等の免除決定が昭和47年4月10日付で行われた．その理由として本件物件が実質的に在外公館的役割を果たしている，とされていた．このことは，当時，新聞等でもひろく報道されており，「公知の事実」といってよい．たとえば，東京新聞（昭和47年7月22日付）は次のように報道している．「東京都の美濃部知事

第8章 「朝鮮総連」への固定資産税課税とその法的検討

は，中国と日本との窓口である中日備忘録貿易弁事処駐東京連絡処（東京都渋谷区恵比寿3の87の6），朝鮮民主主義人民共和国（北朝鮮）の窓口，在日朝鮮人総連合会中央本部（東京都千代田区富士見町2の14）の固定資産税などの地方税を非課税とする方向で検討していたが，このほど朝鮮総連分の手続きを終え，弁事処についても引き続き手続きを進めていると21日発表した．これは両『事務所』を国交ある国の『在外公館』として，実質的に都が"国より一足先に外交特権"を認めたことになるわけで，正式の国交のない国に対してきわめて異例の措置．美濃部都知事は国の外交をおぎなうため，市民の交流による市民外交をとなえ，昨年10月，11月両国を訪れたが，この措置は地方自治体としての都ができる権限を使った市民外交の一端．田中内閣が成立して日中国交回復の機運は一段と高まっており，この都の措置はこうした政治潮流に大きな影響を与えるものとみられている．……朝鮮総連は，在日朝鮮人にとっては事実上の大使館．全国に支部を持ち，幅広い活動を行なっている」．

本件物件が在外公館の存在でありそのゆえに固定資産税等を免除していることについては，昭和51年の在日朝鮮人総連合会宛の東京都主税局長の公文書（50主資固第128号・昭51年3月5日）でも明白である．すなわち，「外交使節団の公館にかかる地方税の取扱いについては，昭和28年2月2日付，各都道府県知事あて自治庁次官通達『駐日外交官及び領事官に対する地方税課税上の待遇について』に基づき固定資産税を免除することとされております（都市計画税及び不動産取得税についても固定資産税に準じて免除することとしている．）が，我が国と朝鮮民主主義共和国とは，国交が開かれていないため，同通達に基づく免除の措置を講ずることができないものであります．しかしながら，日朝交流の唯一の窓口である中央本部については，本都が推進する市民外交の趣旨からも，また日朝国交正常化を望む国民の立場からも事実上その活動の実態が，外交使節団の公館としての機能を果たしている面が認められること．それに，国交が回復した場合には，直ちに外交使節団の公館として位置づけられる性格を有するものであること．これらにより，中央本部についてのみ固定資産税及び都市計画税を，前記通達に準じて課税免除しているものであります」．本件において課税庁は，「〔都の通達（平成14年2月6日付13主資固発第231号主税局長通達「課税事務提要」）〕によれば，前記同項第2号〔都税条例134条1項2号〕における『公益のために直接専用する固定資産』とは，その固定資産の名称のいかんにかかわらず，それが不特定多数の使用又は利用等のために現に供され，その利益を増進するようなものをいうとしている．また，規則第31条に定める『その他特別な事情があると知事の認める固定資産』とは，（ア）課税することが建前であるが，社会通念上，課税することが明らかに不合理であり，かつ，近い将来において，非課税等の立法措置がとられる可能性の強いもの，（イ）固定資産の使用実態等が，都の行政に著しく寄与すると認められ，減免措置に対して，都民の合意が容易に得られるものをいうとしている．……〔本件家屋は〕不特定多数人の使用又は利用等のために供されているものとは認

められなかった．したがって，条例で定める『公益のため直接専用する固定資産』には当らず，その固定資産税等について同項第2号による減免の適用はないものである．また，本件家屋の敷地である本件土地についても同様である．また，同項〔都税条例134条1項〕第4号(注)について検討すると，……現に本件家屋の一部を使用して朝鮮総連が旅券，査証を発給している事実が認められたこと，当該業務については，在日朝鮮人の共和国を含む海外渡航及び都民の共和国への入国に必須のものであることから，固定資産の使用実態等が，都の行政に著しく寄与すると認められ，減免措置に対して都民の合意が容易に得られるものと判断し，本件家屋については，旅券及び査証発給の業務の用に直接供している床面積に係る部分，本件土地については本件家屋に適用した減免割合を適用し算出した地積部分をそれぞれ同号〔都税条例134条1項4号〕に係る減免対象部分とした」(平成15年10月28日課税庁弁明書，15千税固209号の3)．

すでに指摘したように，本件物件のすべてが実質的に在外公館的役割を果たしており，そのこと自体が都税条例134条1項2号の「公益のために直接専用する固定資産」に該当することを意味する．ビザ発給事務，朝鮮人の日本への受け入れの身元保証，在日朝鮮人の人権の擁護，通商取引への配慮，文化交流など，在外公館の仕事は多様である．ビザ発給事務だけが在外公館の「公益」ではない．また，課税庁は「不特定多数の使用又は利用等のために供される」ことを「公益」の要件としているが，一般的な固定資産であればともかく，本件物件のような在外公館的施設には右の要件の提出は妥当ではない．なぜなら，すでに指摘したように，在外公館的機能の全体が社会通念にいう「公益」といえるからである．また，規則31条の「その他特別の事情があると認められる」法的意味は，すでに指摘したように，「賦課期日後火災その他の事由に因り，滅失し，又は甚大な損害を受けた」に準ずる場合と解すべきである．仮に100歩ゆずって，課税庁のように解するとしても，本件物件はまさに，在外公館的施設のゆえに同通達の（ア），（イ）の要件を充足する場合ともいえる．課税庁の主張は，本件物件には妥当しない．

以上要するに，ビザ発給事務相当分のみの免除を認めた本件課税処分は都税条例134条1項違反である．

（注）東京都は，現在では本件は都税条例134条1項2号の問題ではなく134条1項4号の問題であると主張している．税法学的には134条1項2号の問題であると解されるが，ここでは1歩ゆずって東京都の主張に従って134条1項4号の問題であると解することとしたい．その場合，以下のような問題について東京都は誠実な回答をすることが，本件問題の法的解決にあたって，不可欠である．①過去約40年間，本件固定資産の全部についての固定資産税の減免がどのような理由に基づいて行われてきたのか．従来，在外公館に準ずるものとして扱われきたことは「公知の事実」となっているが，在外公館に

準ずるものとして本件固定資産の全部について4号該当とされてきたのか．②東京都における在外公館に対する固定資産税の減免は，現在，都税条例134条1項2号適用により行われているのか，それとも同項4号適用により行われているのか．そして各在外公館側は，現在も，毎年，都税条例134条4項に基づき減免申請の手続を実際にも行っているのか．③国交回復前の中国（台湾を含む）の東京における在外施設については，どのような固定資産税の扱いをしてきたのか．また，台湾の東京における在外施設については，現在，どのような固定資産税の扱いをしているか．

4　信義則違反

　公法上の関係である租税法律関係にも，法の一般原理である信義誠実（Treu und Glauben）の原則または禁反言（estoppel）の法理が適用されることは，今日ではひろく承認されている．

　最高裁昭和62年10月30日第3小法廷判決・判時1629号91頁は，信義則の法理の適用要件として，次のことを判示している．①課税庁が納税者に対して信頼の対象となる「公的見解」を表示していること，②納税者がその表示を信頼し，その信頼に基づいて行動したこと，③後に同表示に反する課税処分が行われ納税者が経済的不利益を受けることになったこと，④納税者が課税庁の同表示を信頼しその信頼に基づいた行動したことについて納税者の責めに帰すべき事由がないこと．

　本件物件の固定資産税等が都税条例134条1項2号（または4号）の免除事由に該当するとの認定は，東京都千代田都税事務所長の「免除決定通知書」で行われた．そして，約40年間も公然と継続的に自動的に当該免除が行われてきた．固定資産税等だけではなく，不動産取得税についても，同様の理由で免除が行われた．そこには，前出最高裁判例で言う①納税者に対して信頼の対象となる「公的見解」の表示をはじめとする諸要件を充足している事実の存在することについては疑いの余地がない（信義則の詳細については，前出拙著170頁以下の「税法と信義誠実の原則」参照）．

　固定資産税等の免除の法的根拠となった前出都税条例134条1項2号（または4号）の規定も，この間まったく変更されていない．また，在日本朝鮮人総聯合会中央本部の機能や本件朝鮮中央会館への利用の実態もこの間まったく変化がない．しかも，すでに指摘したように，朝鮮民主主義人民共和国（北朝鮮）の国連への加盟，多くの国との間の国交，そして2002年の「日・朝平壌宣言」などの動きに照らし，本件物件に対してはむしろ免税扱い維持の必要性が強まっている．

5　憲法14条の法執行平等原則違反

　本件課税処分は，以上のように，都税条例134条1項違反および法の一般原理である信義則に違反し，違法である．加えて，同様の事情にある施設（かつての中国備忘録貿易弁事処駐東京連絡処．また，現在も台北駐日経済文化代表処など）に対して免

375

税の扱いをしているのに本件朝鮮中央会館に課税することは，憲法14条の法執行平等原則に違反し違法といわねばならない．なぜなら，合理的理由もなしに本件朝鮮中央会館を差別的に扱うことを意味するからである（前出拙著204, 205頁）．

6 結　語

石原都知事の今回の措置の背景には，中国，朝鮮への誤った偏見，加えて北朝鮮に対しては最近の拉致問題がある．北朝鮮に対してはこのような不法な課税をあえて行うことによって，一種の制裁をかけようとしたものと推察される．

同知事の金正日や北朝鮮への感情と本件朝鮮総連への課税問題とは区別されねばならない．後者は，「法の支配」の問題として冷静に対処すべきである．

本件課税処分は，以上の検討で明らかのように，都税条例134条1項違反，信義則違反，そして憲法14条の法執行平等原則違反であって，違法・無効である．さらにそれは公務員の職権乱用であり，また公務員による不法行為ともいえる．白昼公然とこのような行為が日本の首都で行われたことは日本の「恥」である．

〔2004年1月〕

【付　記】

本件についてはその後，東京都は，2004年2月24日に審査請求を棄却した．朝鮮総連側は2004年5月に東京地裁へ出訴した．筆者の東京地裁へ提出した鑑定所見書については『税経新報』2005年5月参照．信義則違反については将来に向けての取扱変更には妥当しないという一部の見解がある．しかし，関係者の事実関係，法令関係に変更がない場合には当然にひきつづき従前の取扱いの適用を受けるものと期待するのが人々の常識であり当該関係者の法的安定性・法的予測可能性を保護する観点からは，筆者は，将来の取扱いの変更は，法律の明文改正の手続が必要であると解している（前出拙著172頁）．

第9章　宗教法人固定資産税問題と「適用違憲」

1　はじめに

　龍年光氏ほかの東京都民が，創価学会が東京都特別区内に所有する土地・建物に対して固定資産税を課税していないのは違法であるとして，各都税事務所長を被告として，平成12 (2000) 年11月に東京地裁に地方自治法242条の2第1項第3号に基づき住民訴訟を提起した（東京地方裁判所平成12年（行ウ）第306号ほか固定資産税賦課徴収懈怠違法確認請求事件）。請求の趣旨は，係争年度において問題の固定資産は地方税法348条2項3号の「宗教法人が専らその本来の用に供する宗教法人法第3条に規定する境内建物及び境内地」に該当しないとして，都税事務所長らがその固定資産税の賦課・徴収を怠っていた，というのである。

　平成15 (2003) 年11月に筆者は，係争年度当時，問題の宗教法人は宗教団体の実態を有せず問題の固定資産を「専ら宗教活動の用に供していない」とする鑑定所見書を東京地裁に提出した。憲法論的には問題の宗教法人の所有する問題の固定資産に対して地方税法348条2項3号の非課税規定を適用することは「適用違憲」（憲14条，20条，89条違反）を構成するとしたのである。実は，龍年光氏らは右の筆者の積年の主張（たとえば，拙著『納税者基本権論の展開』三省堂187頁，同『納税者の権利』岩波新書151頁など）に基づいて本訴を提起されたものである。

　税法学上および憲法学上，重要な論点を含むものゆえ，以下に拙鑑定所見書の概要を紹介することとした。大方のご批判をいただくことができれば，幸いである。

　本訴の住民側代理人は鶴見祐策，石崎和彦，山本英司の各弁護士である。特に鶴見弁護士は「法律家生命」をかけて，本訴に対応しておられる。心から敬意を表したい。

2　地方税法348条2項3号の法的意味

　本件では，本件物件（創価学会が所有する土地・建物）が地方税法348条2項3号（日本国憲法の本来的租税条例主義に基づき関係の都税条例を含む。以下同じ）の固定資産税の非課税要件を充足するものであるかどうかが争点となっている。同法同条同項同号の規定を確認しておきたい。

　地方税法348条2項3号（以下「本件非課税規定」という）は，「宗教法人が専らその本来の用に供する宗教法人法第3条に規定する境内建物及び境内地」を固定資産税の非課税物件と規定している。

　右本件非課税規定で引用する宗教法人法3条は，「境内建物」および「境内地」を定義している。すなわち，境内建物とは，「第1号〔本殿，拝殿，本堂，会堂，僧堂，僧院，信者修行所，社務所，庫裏，教職舎，宗務庁，教務院，教団事務所など〕に掲げ

るような宗教法人の前条〔第2条・宗教団体の定義〕に規定する目的のために必要な当該宗教法人に固有の建物及び工作物」である．境内地とは，「第2号から第7号まで〔本殿，拝殿等の建物又は工作物が存する一画の土地など〕に掲げるような宗教法人の同条〔第2条・宗教団体の定義〕に規定する目的のために必要な当該宗教法人に固有の土地」である．

右宗教法人法第3条が引用する同法2条は，次のごとく規定している．

「この法律において『宗教団体』とは，宗教の教義をひろめ，儀式行事を行い，及び信者を教化育成することを主たる目的とする左に掲げる団体をいう．①礼拝の施設を備える神社，寺院，教会，修道院その他これらに類する団体②前号に掲げる団体を包括する教派，宗派，教団，教会，修道会，司教区その他これらに類する団体．」

現行税法が，宗教法人の本来の用に供する固定資産を非課税としたのは，次の理由であると解される（拙著『現代法学者著作選集・納税者基本権論の展開』三省堂所収の拙稿「12　政教分離原則と税制」187頁）．宗教は人々の「精神生活の豊かさ」，「心の平安」の確保などの高度の公共性・公益性の機能を担う．また，そうした人々の精神生活の領域には原則として徴税権力が介入しないこととしたほうが良い．この点を含めて，本来，宗教というものの持つところの公共性・公益性から非課税とされた．

固定資産税は，固定資産についての現況課税の租税である．この点，地方税法408条自体が課税庁の毎年，少なくとも年1回の実地調査を義務づけていることが注意される．当該物件の名目・建前がどうあろうと，問題になっている本件物件の利用の実態が前出本件非課税規定の要件を充足するものであるかどうかが客観的に具体的に問われねばならない．

3　本件物件の利用の実態

本件非課税規定に対する憲法的評価については，鑑定人は，次のように考える．

すなわち，さきに指摘した本件非課税規定の趣旨に鑑み，当該宗教法人がその本来の宗教活動をしている宗教団体であり，かつ，その者（当該宗教法人）が現にもっぱら，真実，その宗教活動に供している物件である限り，当該物件を非課税とする税法規定自体は違憲（憲14条，20条，89条違反）とはいえない．つまり，本件非課税規定自体は，「法令違憲」ではない．

しかし，創価学会の所有する本件物件が本件非課税規定にいう「専らその本来の用〔宗教活動〕に供するもの」でない場合に本件非課税規定を適用することは，憲法14条，20条，89条が禁ずる「公金」（かくれた補助金）を東京都が創価学会に交付することになる．それゆえ，このような物件に本件非課税規定を適用することは法の予定していないところであるといわねばならない．このような物件に本件非課税規定を適用することは，いわゆる「適用違憲」（憲14条，20条，89条違反）を構成することとなろう．

第9章 宗教法人と固定資産税問題と「適用違憲」

　それでは，本件物件の利用の実態はどうであろうか．
　創価学会は，昭和27（1952）年8月27日に日蓮正宗の教義を弘め儀式行事を行う，日蓮正宗の信徒団体として異例の宗教法人の認証を東京都知事から受けた．同会は，昭和27年9月8日に日蓮正宗の信徒団体として登記を行った．その後，創価学会は，平成3（1991）年11月28日に日蓮正宗から破門された．日蓮正宗は，平成4年3月28日に，東京都知事に対して「創価学会は破門されたので，宗教法人の適格性を欠く」と通知した．日蓮正宗は，平成4年8月11日に池田大作につき信徒除名・永久追放の処分を行った．
　本件係争事案では，以上の客観的事実のもとにある創価学会の所有する本件物件の利用の実態が問われているわけである．この客観的事実は，本件においてきわめて重要である．
　なお，創価学会は，平成14（2002）年4月に，会則，規則，登記事項を改正している．本件係争事案は同改正前の創価学会に関するものである．
　以上の事実によって知られるように，創価学会は日蓮正宗の信徒団体としての宗教法人である．その意味では，創価学会は宗教法人法2条1号に規定する宗教団体の寺院等ではない．仮に同法2条1号の礼拝の施設の意味を寺院等以外のものを含めてひろくとらえるとしても，本件物件が本件非課税規定との関係においてどのように位置づけられるかを慎重に見極める必要がある．すでに指摘したように，本件係争年度当時，創価学会は日蓮正宗から破門されている．それゆえ，創価学会は事実として，礼拝の対象となるご本尊や信仰・弘教に必要な教義なるものは存在しない．このように，日蓮正宗の信徒団体としての宗教活動なるものは事実上できない状態にある．この客観的事実は，本件物件の利用の実態を考えるうえにおいて，それ〔本件物件〕は，およそ宗教活動と無縁であることを意味する．鑑定人が40年以上も居住する，住所地周辺には創価小学校，創価高等学校等が所在し，数多くの創価学会会員が居住している．かつてはそれらの各家庭では朝の勤行なども行われていた．平成3年に創価学会が破門されてからは，朝の勤行などは現に行われていない．
　それでは本件物件はどのように利用されているのであろうか．鑑定人の知る例として，税制問題等の学習会，講演会などに利用されている．この例は，本件非課税規定にいう宗教活動とはいえない．ひろく会員の交流会，文化活動などにも利用されている．この例も，厳密には本件非課税規定にいう宗教活動とはいえない．
　一般に知られている例として，本件訴訟でも問題になっている選挙運動等の政治活動に利用されている．創価学会の会員個々人が1市民として選挙運動等の政治活動を行うことは何ら非難されない．創価学会の会員の多くは公明党員でもある．公明党員でない創価学会の会員は公明党支持者とみられている．本件物件を利用して行われる選挙運動等の政治活動は会員個人が1市民として行うものではなく，創価学会の組織活動として行われている．国政，地方政の選挙運動等が恒常的に組織的に本件物件を

379

利用して行われていることは周知の事実である．地方政といっても，当該会員の居住する地域に関するものだけではない．全国各地で行われる地方政の選挙について創価学会が組織をあげて協力するのが通例である．その際，創価学会の事務局の専従職員も，組織をあげて選挙運動等に従事する．彼らが創価学会から受ける給与は，そのような選挙運動等の対価の側面をもつことになる．

　本件物件を所有する創価学会がいかに宗教団体と無縁のものであるかを象徴する事例として創価学会会員の葬式等は「友人葬等」として行われている事実である．これはひろく知られている事実である．社会通念からいえば，「友人葬等」は無宗教者が行うのが通例である．

　以上，要するに，本件係争年度当時の創価学会の実態は，池田大作を中心とする一種の親睦団体であり，また公明党を支援する選挙運動等の政治団体である．それゆえ，本件物件の利用の実態は，トータルにいってそのような親睦団体，政治団体としてのそれであるといってよい．

4　乙90号証について

　本件については碓井光明氏の鑑定意見書（乙90号証）が提出されている．以下，同鑑定意見書を「意見」として引用する．

　意見は，「訴訟においては，具体の法人に関する具体の固定資産の扱いが問題とされているが，当該法人の実態や当該固定資産の実態を知ることが出来ないので，具体の適用に関して意見を述べることは控えたい」と述べている．本件では，平成3年に日蓮正宗から破門され，本来，法的にも解散すべき立場にある創価学会が所有する本件物件に本件非課税規定を適用して非課税の扱いをすることが具体的に適法であるか，どうかが争われている．抽象的，一般的な解説をするだけの本件意見は，およそ訴訟事件の証拠にならない．また，本鑑定においても検討するに値しないものである．

　右のように意見は，本鑑定においてとりあげるに値しないものであるが，意見のなかで，誤解を招きかねない部分もあるので，以下に，それらについて検討を加えることとしたい．

　意見は，「宗教法人として規則の認証を受け，登記されている法人について，固定資産税の課税を担当する行政部門が，その法人の活動実態に着目して宗教法人性を否定できるのであろうか．宗教法人に対して解散を強制するには，宗教法人法が定める手続をとることなく，税務行政において宗教法人性を否定することはできないと解すべきである．解散命令の手続は，所轄庁，利害関係人若しくは検察官の請求により又は裁判所の職権で開始される（同法81条1項）」と述べる．

　意見は，本件物件が本件非課税規定の要件を充足するかどうかの認定にあたって，創価学会が法的にも解散していなければならないなどと誤って解釈しているようである．本件非課税規定は，本件物件が「専らその本来の用に供する宗教法人法第3条に

第9章 宗教法人と固定資産税問題と「適用違憲」

規定する境内建物及び境内地」に該当するかがどうかが具体的に事実的に問われているにすぎない。「宗教法人」と称する創価学会のその「宗教法人」性を否定すること自体が問われているわけではない。本件物件の係争年度における現実の利用の実態が具体的に問われているにすぎない。

さきにも指摘したように、創価学会は平成3年11月28日に日蓮正宗から破門され、日蓮正宗は、平成4年3月28日に当時の所轄庁である東京都知事に対して、公式的にも「創価学会は破門されたので、宗教法人の適格性を欠く」と通知した。本来であれば、東京都知事は、調査のうえ、宗教法人法81条1項1号・2号該当として、当時、裁判所に解散命令の請求を行うべき職務上の義務を負うていた。本来であれば、そのような法的手続によって、創価学会が法的にも解散されているのが望ましい。しかし、本件では、そのような解散が行われていなくても、係争年度において本件物件の利用の実態を被告らにおいて客観的に容易に認定できる筋合いのものである。被告らは、そのような認定〔本件非課税規定の要件を充足していないという事実認定〕を行うべき職務上の義務を負うていたことが本件において問われているにすぎない。右認定は住民監査請求の対象になる重要な財務会計行為である。

さきに明らかにしたように、本件係争年度当時、創価学会にはご本尊も、教義も存在しなかった。その実態は、池田大作を中心とする親睦団体、公明党支援の政治団体であった。それゆえ、創価学会は、本件物件を宗教活動に供することが不可能であった。本件物件の利用の実態は現実にも親睦団体、政治団体としてのそれであった。これは何人も容易に客観的に認定できる周知の事実である。この認定にあたって、ことさら創価学会の「宗教法人」性を法的に否定しなければならないというものではない。意見は、法の解釈、適用について初歩的な誤りを犯している。

意見は、「公職の選挙の候補者の応援演説会が開催されたような場合も、それがごく一時的な利用である場合は、非課税規定の適用を否定することはできないであろう。反復的・定期的な利用（たとえば地域住民の集会目的の利用）であっても、それが限られた日、限られた時間の利用であるかぎりにおいて、『専ら』の認定を妨げるものではない」と述べる。

すでに明らかにしたように、本件係争年度当時、本件物件の所有者である創価学会にはその宗教活動に必要なご本尊、教義は、およそ存在しなかった。池田大作の親睦団体として会員相互の交流や広い意味での文化活動はしていた。本件物件はそのような活動に利用されていたわけである。ほかに、1年を通じて、結局は直接間接、選挙運動等につながる政治団体としての活動に本件物件が利用されていた。創価学会は、国政選挙のみならず、全国各地で行われる地方選挙にも組織として積極的に活動していたからである。その政治活動としての利用の実態は、一時的、限定的なものではない。仮に一歩ゆずって、意見のように、一時的、限定的なものとみるとしても、そもそも、係争年度当時、創価学会は客観的事実において宗教活動をなし得なかったし、またな

381

していないことに留意されるべきである．

　地方税法408条は，「市町村長は，固定資産評価員又は固定資産評価補助員に当該市町村所在の固定資産の状況を毎年少なくとも一回実地に調査させなければならない」と規定している．さきにも指摘したように，固定資産税は固定資産についての現況課税の租税である．被告らは，年1回は，少なくとも本件物件について現況調査をすべきであった．現況調査をすれば，本件物件が現実にも「専ら日蓮正宗の信徒団体としてその本来の宗教活動の用に供されていない」事実が確認できたはずである．

　この点，意見は，「特定の固定資産が非課税対象となるものであるかどうかについて，一般論として調査が可能であり，一定の状況において必要とされることはいうまでもない．しかしながら，調査の方法は多様であって，書面等により非課税固定資産であることが相当程度確実に判断されるときには，その判断に基づいて非課税規定を適用してよい．ことに，宗教法人にあっては，宗教活動の自由を実質的に保障する観点が重要であり，また，宗教法人法制の一環として別個に宗教法人の所轄庁が存在するのであるから，第一次的には所轄庁の調査に委ねるべきであって，税務行政庁が所轄庁の調査を差し置いて継続的な立ち入り調査（長時間にわたり臨場して使用実態を把握する調査）を実施することなどは控えなければならないと思われる」と述べている．

　本件物件について，本件非課税規定を適用すべきかどうかの調査は，所轄庁の問題ではなく，被告ら自身の職務上の義務である．意見は，税務行政のあり方について根本的認識を誤っている．また，意見にいう所轄庁は，本件当時は，ほかならぬ被告らの上司である東京都知事であった．さきにも指摘したように，日蓮正宗は所轄庁である東京都知事に対して平成4年3月28日に公文書で「創価学会は破門されたので，宗教法人の適格性を欠く」と通知していた．また，平成4年4月2日に龍年光以下22万4,477名の納税者が東京都知事に対して創価学会法定解散要望書を提出していた．東京都知事のこの問題に対する不作為は，まさに職務怠慢としてきびしく非難されるべきである．

　以上のように，意見は，本件については何らの有意味性を持たない．

5　結　語

　以上の検討で明らかなように，創価学会には，本件係争年度当時，客観的事実において日蓮正宗から公式的にも破門されていて，宗教活動に必要なご本尊も教義も存在しなかった．創価学会の実態は池田大作を中心とする親睦団体，公明党支援の政治団体であった．本件物件は，そのような親睦団体，政治団体の活動に利用されていたにすぎない．この点は，鑑定人からいえば「公知の事実」であるといってよい．本件非課税規定にいう「専らその本来の用〔宗教活動〕に供する宗教法人法第3条に規定する境内建物及び境内地」に本件物件が客観的事実において該当しないものであること

は明白である．この点についてはあれこれの憲法論を持ち出すまでもないといってよい．

　被告らが本件物件に対して固定資産税を課税しなかったことは，明らかに地方税法348条2項3号の適用を誤ったものである．これにより本件物件に対して固定資産税を課税しなかった被告らの不作為は，地方自治法242条および242条の2で規定する「違法に公金の賦課若しくは徴収若しくは財産の管理を怠る事実」に該当する．

〔2004年2月〕

第10章　特別土地保有税の課税標準の法的意義

1　はじめに

　昭和48（1973）年に導入された特別土地保有税は，当時すでに存在した不動産取得税や固定資産税を補うものである．不動産取得税の課税標準は「不動産を取得した時における価格」（地税73条の13第1項）であり，固定資産税の課税標準は「基準年度に係る賦課期日における価格」（地税349条1項）である．両者ともにいわゆる時価である．加えて固定資産課税台帳に登録されている不動産についての不動産取得税の課税価格は，当該固定資産税の登録価格によることとされている（地税73条の21第1項）．この固定資産税の登録価格は，当時，現実の価格よりも相当程度，低いのが通例であった．そこで，現実の価格（実際の取得価額）で課税することを目的として，特別土地保有税が導入された．そのゆえに，特別土地保有税の課税標準は，法律的にも「土地の取得価額」（地税593条1項）と規定されているわけである．

　この特別土地保有税の課税標準価額の認定が争われた事案が存在した．納税義務者は巨大企業Sである．課税庁は八王子市長である．Sが代物弁済によって取得した本件土地に対する特別土地保有税について，平成5（1993）年度分のSの申告した土地の取得価額の計算に誤り（過大）があったとしてSは市長に対して更正（減額）の請求をした．市長は，更正（減額）すべき理由がない旨の通知をSにした，つまり市長は，Sの申告額が妥当であるとした．平成6（1994）年度分については市長は，Sの申告額が過少であるとして更正（増額）処分をした．Sは，市長の行った右2つの処分の取消しを求めて本訴を提起した．

　第1審東京地裁平成9（1997）年9月27日判決は，両原処分のうち一定額をこえる部分を取り消して課税庁側（八王子市長）を敗訴とした．課税庁は，東京高裁へ控訴した．筆者は，特別土地保有税の課税標準の法的意義の検討を中心とした，以下のような税法学鑑定書を1998（平成10）年3月に東京高裁へ提出した(注)．不動産取得税・固定資産税の課税標準とは異なる特別土地保有税の課税標準の法的意義を考えるうえにおいて参考になると思われたので，以下に紹介することとした．

　　（注）　すぐれた税理士の経験を有する波多野重雄・八王子市長（当時）が第1審判決に疑
　　　　問を抱かれ，筆者に税法学的鑑定を委嘱された．

2　特別土地保有税の性格

　市町村税の特別土地保有税は，昭和48（1973）年に地価高騰を抑制するための政策税制の一環として導入された．同税は，土地の取得と土地の保有の双方に対して課税

される．当時すでに前者については不動産取得税が存在し，後者については固定資産税が存在していた．特別土地保有税と不動産取得税・固定資産税との両者の課税の仕組みはともに基本的に同じである．つまり特別土地保有税は，地価対策の観点から不動産取得税・固定資産税の補完税として導入されたものである．この点が本件の争点を解明するうえにおいて，本質的に重要である．不動産取得税および固定資産税の課税標準は，ともに時価であるが，税務行政における現実の課税価額は，いわゆる時価よりも大幅に下回っていた．この傾向は，当時においては恒常的であった．そこで，右の不動産取得税および固定資産税の現実の課税価額を補うものとして，現実の土地の取得価額を課税標準とする特別土地保有税を昭和48年に新たに導入することとされたわけである．このように，特別土地保有税と従前の不動産取得税・固定資産税とは，課税標準価額を除き同趣旨のものであるので，特別土地保有額の算定にあたって，当該土地に係る不動産取得税額相当分および固定資産税額相当分を控除することとされている（地税596条）．特別土地保有税の課税標準価額は，このように当該取引における現実の土地の取得価額それ自体が予定されているわけである．この点は税法学的には特別土地保有税の「立法事実」として確定している．

　この点について，若干の敷衍をしておきたい．

　昭和48年に地価抑制の観点から，一方において法人の土地譲渡益および個人の不動産業者等の土地譲渡益に対して法人税および所得税を重課することとし，他方において本件で問題になっている特別土地保有税を導入することとされたのである．本件では特別土地保有税のうち保有課税が問題になっている．この点について立案当局の次の説明が注目されよう．

　「特別土地保有税は，国税における土地譲渡益に対する重課制度と相互に補充しながら，土地保有に伴う管理費用の増大を通じて，土地の投機的取得を抑制し，地価の安定を図るとともに，あわせて保有土地の供給の促進に資することを目的とした政策的な税制である．したがって，土地，家屋及び償却資産を課税客体としている固定資産税のような一般税制とは，同じ保有税であっても，その性格を全く異にするものである．」（前川尚美・杉原正純『現代地方自治全集・地方税・各論Ⅱ』昭和52・ぎょうせい265頁）．「特別土地保有税の課税標準は，原則として土地の取得価額であり，通常の取得価額が存在しないか又はこれによりがたい特別の事情がある場合については，一定の方法により算定した金額を取得価額とみなして，これを課税標準とすることとされている（地方税法593条）．このように，特別土地保有税の課税標準として，原則として，取得価額方式が採用されたのは，特別土地保有税が土地の管理費用を増大させることにより管理費用を無視した過大な買値による投機的土地取引を抑制し，土地の供給促進を図ることを目的とした政策税制であることにかんがみ，その課税標準についても土地の取得者のその土地に対する取得者なりの評価額ともいうべき実際の取引き価額を基礎として課税することが適当である，と考えられたからである」（同書

305, 306頁. 傍点鑑定人). また,「本条〔地税593条〕は, 土地の管理費用を高めることにより, 土地の投機的取引の抑制と宅地供給の促進に資するという特別土地保有税の政策目的にかんがみ, 課税標準を原則として土地の取得価額による旨を定めるとともに, この取得価額によることが適当でない特別の事情がある場合について課税標準の特例的な算定方法を定めたものである. 特別土地保有税の課税標準は, 原則的には現実の土地の取得価額であるが, この現実の取得価額によることが適当でない場合, 取得価額がない場合等については特別に算定した金額をこの取得価額とみなすこととされている. いずれの場合においても, 土地の取得後時価が著しく高騰し又は下落したとしても, 課税標準はもとの取得価額によるものである」(乙20号証の4, 293頁. 傍点鑑定人).

本件土地の取得は, 代物弁済の方式によるものであるが, その取得価額は, 右に指摘した特別土地保有税の「立法事実」をふまえて厳正にとらえられねばならない.

要するに, 特別土地保有税の課税標準価額は, 不動産取得税, 固定資産税, さらには相続税などとは異なり, 当該取引における現実の取得価額または当該取得が購入以外の場合には近傍地の取引に係る現実の取得価額, つまり現実の取得価額的な価額と解すべきであるということになろう. このことを現行法の規定に即して項を改めて明らかにすることとしたい.

3 地方税法593条（特別土地保有税の課税標準）の法的意義

地方税法593条第1項は,「特別土地保有税の課税標準は, 土地の取得価額とする」と規定している. この規定を受けて地方税法施行令第54条の33第1号は, 購入した土地については「当該土地の購入の代価（購入手数料その他当該土地の購入のために要した費用がある場合には, その費用の額を加算した金額)」と規定し, 購入以外の方法により取得した土地については同法施行令第54条の33第2号は「その取得の時における当該土地の取得のために通常要する価額」と規定している. 本件の代物弁済による取得は, この地方税法施行令第54条の33第2号に該当することとなる.

地方税法第593条第2項は,「無償又は著しく低い価額による土地の取得その他特別の事情がある場合における土地の取得で政令で定めるものについては, 当該土地の取得価額として政令で定めるところにより算定した金額を前項〔前出の地方税法第593条第1項〕の土地の取得価額とみなす」と規定している. これを受けて地方税法施行令第54条の34は具体的に特例を規定している. 本件の代物弁済による取得は地方税法施行令第54条の34に規定する特例事由には該当しない.

さきに, 特別土地保有税の課税標準価額は, 不動産取得税, 固定資産税, さらには相続税などとは異なり, 当該取引における現実の取得価額又は現実の取得価額的な価額と解すべきことは, 特別土地保有税の「立法事実」であることを指摘したが, このことを現行法の規定に即して明らかにしておきたい.

すなわち，不動産取得税の課税標準は，「不動産を取得した時における不動産の価格とする」(地税73条の13第1項)，「道府県知事は，固定資産税課税台帳に固定資産の価格が登録されている不動産については，当該価格により当該不動産に係る不動産取得税の課税標準となるべき価格を決定するものとする」(地税73条の21第1項)と規定している．

固定資産税の課税標準として「基準年度に係る賦課期日に所在する土地又は家屋に対して課する基準年度の固定資産税の課税標準は，当該土地又は家屋の基準年度に係る賦課期日における価格で土地課税台帳若しくは土地補充課税台帳又は家屋課税台帳若しくは家屋補充課税台帳に登録されたものとする」(地税349条第1項)と規定している．相続税の課税標準として「当該相続又は遺贈に因り取得した財産の価額の合計額をもって，相続税の課税価格とする」(相税11条の2第1項)，「相続，遺贈に因り取得した財産の価額は，当該財産の取得〔相続，遺贈に因る取得〕の時における時価により，当該財産の価額から控除すべき債務の金額は，その時の現況による」(相税22条)と規定している．

以上の紹介によって知られるように，本件で問題になっている特別土地保有税の課税標準価額は，不動産取得税，固定資産税，相続税などのごときいわゆる時価ではなく，当該取得における現実の取得価額を基本とすることとされていることが現行法における条文上も明白である．本件の代物弁済による取得価額を考えるにあたって，この現行法の規定の仕方の差異は重く受けとめられるべきである．本件特別土地保有税の課税標準価額は，法人税法および所得税法が一般に予定する資産の取得価額と基本的には同趣旨のものとみてよい．たとえば，所得税法施行令第126条第1項第1号イは，減価償却資産の取得価額について「当該資産の購入の代価（引取運賃，荷役費，運送保険料，関税，その他当該資産の購入のために要した費用がある場合には，その費用の額を加算した金額）」と規定している．また，たとえば，法人税法施行令第54条第1項第1号イは，減価償却資産の取得価額について右に紹介した所得税の場合と同旨のことを規定している．

原判決は，特別土地保有税の取得価額の意義について，購入以外の方法による取得の場合の「当該土地の取得のために通常要する価額」(前出の地税令54条の33第2号)を「当該土地の現況に応じ，不特定多数の当事者間で自由な取引が行われる場合に通常成立すると認められる価額，すなわち，当該土地の客観的な交換価値をいう」と述べている．これは，さきに紹介した相続税の課税標準の「時価」について課税当局が示している見解と同じである．すなわち，「財産の価額は，時価によるものとし，時価とは課税時期〔相続，遺贈等に因り財産を取得した日〕において，それぞれの財産の現況に応じ，不特定多数の当事者間で自由な取引が行われる場合に通常成立すると認められる価額をいう」(国税庁「財産評価基本通達」第1章1)と規定している．原判決は，以上で明らかなように特別土地保有税の「土地の取得価額」の法的意味を

誤って相続税の課税標準の「時価」などと同趣旨に解している．これは，地方税法第593条第1項，同法施行令第54条の33第2号の解釈を重大明白に誤るものといわねばならない．

4 本件土地の取得価額

本件土地の取得は，代物弁済による取得である．さきに代物弁済による取得の場合には現実の取得価額的価額によるべきであることを指摘した．

ところで代物弁済とは債務者が本来負担していた給付の代わりに他の給付を行って当該債権債務関係を消滅させる行為であり，弁済と同一の効力をもつものと解されている（民482条参照）．本件土地は，平成3年（1991）3月28日にSがKから代物弁済により取得したものである．その代物弁済の対象になった債務額（KがSに対しての債務額）は90億円であるので，本件土地の1平方メートル当たりの取得価額は，1万8,236円となる．代物弁済の取得それ自体は法形式的には購入による取得ではないが，右の代物弁済についての通常の性格に鑑み地方税法第593条第1項の適用上は本件取得は1つの売買取得と同じようにとらえるのが妥当である．

本件土地は，首都圏中央連絡自動車道八王子ジャンクション建設予定地のすぐ脇に位置する土地であり，中央自動車道をはさんで東側は市街化区域内の住宅地であって，本件取得当時，人々の間には本件土地を含む周辺土地は「宅地化の土地」として認識されていた．加えて，将来，周辺に首都圏中央連絡自動車道八王子北インターチェンジおよび八王子南インターチェンジの建設等も予定されており，人々は当時，そのような状況のもとにある土地として認識していた．本件代物弁済による取得は，当時のそのような客観的状況のもとに行われた．本件土地の取得価額を考えるにあたって，さきに検討した特別土地保有税の課税標準の「土地の取得価額」の法的意義に鑑みて，本件土地の地目等がどうあれ，当該土地をめぐる当時の取引状況の実際・現実がどうであったかが税法学上はきわめて重要である．原判決の別紙3で明らかなように，本件土地の取得当時，本件土地の周辺において現実の取引実例が存在した．それによれば，1平方メートル当たりの取得価額は，①2万1,176円（乙12号証），②2万1,176円（乙13号証），③1万4,020円（乙14号証），④1万4,020円（乙15号証），⑤1万5,130円（乙第16号証）となっている．これによっても，本件土地の取得価額を1平方メートル当たり1万8,236円ととらえることは，決して不相当とはいえない．

原判決は，右取引の当事者の一方が本件土地の取得において登場するKであることを重視して，原判決の別紙3の右取引事例は参考にならないと指摘している．

しかし，取引の当事者が誰であろうと，右事例は当時，本件土地の周辺において適法有効に行われた現実の取引実例であることには変わりがない．この現実の取引実例の存在が税法学上看過されてはならない．地方税法第593条第1項の「土地の取得価額」を考えるにあたって，税法学的には，当時右に現実に存在した取引価額こそが考

慮されねばならない．本件土地の 1 平方メートル当たり 1 万 8,236 円は，右の当時存在した現実の取得価額 2 万 1,176 円よりもはるかに低く，この点からも相当であるといわねばならない．

また，原判決は国土利用計画法第 24 条第 3 項の「不勧告通知」を重視していないが，当時の本件土地周辺の地価状況に鑑みて，右の事実は正当に評価されねばならない．S が K から本件土地の取得にあたって，予定対価の額を 1 平方メートル当たり 2 万 1,176 円として東京都知事に届け出た．これについて「不勧告通知」（乙 8 号証ないし乙 10 号証）を受けている．右の「不勧告通知」の事実からいっても，本件土地の 1 平方メートル当たり 1 万 8,236 円は不相当とはいえない．

課税庁側依頼の専門家による不動産鑑定評価書（乙 24 号証）によれば，平成 3（1991）年 3 月 28 日現在の本件土地の 1 平方メートル当たりの鑑定評価額は，1 万 8,240 円となっている．原審裁判所の依頼した鑑定人の不動産鑑定評価書によれば，平成 3（1991）年 3 月 28 日現在の本件土地の 1 平方メートル当たりの評価額は 1 万 400 円となっている．同鑑定書においても北方部分の標準的画地の比準価額を 1 平方メートル当たり 2 万円として試算していることが指摘されねばならない．ただし，同鑑定書では南方部分の標準的画地の比準価額を 1 平方メートル当たり 9,000 円と試算している．同鑑定書は北方部分と南方部分とを分けて鑑定しているが，当時の客観的状況においては両者は一団の土地として開発の目的とされていたのであり，かつ地形上も大きな差異のないものであったのであって，当時の諸事情を総合勘案して本件土地の評価を同鑑定書のように分けて鑑定することは合理的であるとはいえない．さらに本件土地から 250 メートル以内に現実に都市計画道路が存在しているのに不当にも当該事実を無視し，また現実に存在した近傍類地の取引事例のいくつかを無視して鑑定していることも同鑑定書の客観性を失わせるものとなっている．繰り返し指摘することになるが，本件土地の取得当時，本件土地をめぐる現実の取引状況が実際にどうであったかが税法学上は厳しく問われねばならない．換言すれば，当時の本件土地の「現実の取得価額」または「現実の取得価額的価額」が当時の前出の諸状況をふまえて具体的に問われねばならないのである．

さらに，本件の納税義務者（S）自身が本件土地をその 1 平方メートル当たり 1 万 8,236 円の価額でもって平成 3 年度，4 年度，5 年度の特別土地保有税の納税申告を行っていたという事実が存在したことも指摘されねばならない．この事実は，本件土地の弁済による，その取得価額が 1 平方メートル当たり 1 万 8,236 円となることをほかならぬ本件取引の当事者自身が当時，認識していたことを告白するものといえよう．

5 結　語

以上により，疑いもなく原判決は地方税法第 593 条の解釈を重大かつ明白に誤るとともに，本件土地の取得価額の認定を重大かつ明白に誤った．結局において控訴人八

王子市長の行った本件原処分は適法であったといわねばならない．原判決のうち控訴人敗訴部分が取り消されねばならない．

【付　記】
　　本件については，その後，東京高裁平成10 (1998) 年10月28日判決は，原審判決を支持する判断を示した．

〔2001年10月〕

第11章　専業農家と土地区画整理

1　はじめに

　都市部において農業を継続する意思を持ち現に農業を行っている専業農家の生存権をおびやかすような内容の土地区画整理組合設立認可処分等の違法性が争われている。筆者は、この問題について鑑定を依頼された。筆者は当該土地区画整理事業計画について都市計画の専門家の客観的鑑定を求めることを関係者に要請した。この鑑定をふまえて、主として憲法理論の観点から当該土地区画整理事業計画のうち本件控訴人（原告・専業農家）に関する部分については違法であるとする鑑定所見書をとりまとめた。筆者としては同計画のうち本件控訴人に関する違法部分を可分しうるという前提に立っている。同鑑定書は、1999年5月に大阪高裁へ提出された。本件控訴人（原告）側代理人は、平山博史、桑原秀幸の両弁護士らである。なお、本件の第1審では大阪地裁1998年7月15日判決が違法でないとして原告らを敗訴とした。

　『税経新報』の読者である税理士の方々が農家課税問題、土地課税問題などを考えるうえにおいて参考になると思われたので、以下に拙鑑定所見書の概要を紹介することとした。

2　生産緑地と土地区画整理

　本件では、控訴人M1、同M2（以下「控訴人M1ら」という。）に対して被控訴人（A市）の行ったT土地区画整理組合設立認可処分等（以下「本件処分」という。）の違法性が争われている。土地区画整理法1条は、同法の目的として「土地区画整理事業に関し、その施行者、施行方法、費用の負担等必要な事項を規定することにより、健全な市街地の造成を図り、もって公共の福祉の増進に資する」と規定している。つまり公共の福祉のために「健全な市街地の造成」を目的としているわけである。これを受けて同法2条1項は、「土地区画整理事業」の意義を「都市計画区域内の土地について、公共施設の整備改善及び宅地の利用の増進を図るため、この法律で定めるところに従って行われる土地の区画形質の変更及び公共施設の新設又は変更に関する事業」と規定している。そこにおいては「公共施設の整備改善及び宅地の利用増進」が指摘されていることが注意されよう。都市計画専攻の岩見良太郎埼玉大学教授の「A市T組合施行土地区画整理事業の問題点」（甲17号証。以下「岩見所見」という。）によれば本件土地区画整理事業地域の民有地に占める生産緑地の比率は50.3％にも達し、かつ同生産緑地が非常にまとまった形で分布している。加えて同地域における宅地化農地は32.4％に達している。したがって同地域の農地は全部で83％（82.7）になる。同地域の宅地はわずかに17％（17.3）にすぎない。このような地域に果たして前

出土地区画整理法の「市街地の造成」,「宅地の利用の増進」などを目的とする土地区画整理事業なるものを必要としたかどうかがきびしく問われねばならない．

仮に右の一般的疑問を措くとして，本件土地区画整理事業における土地利用計画において右の膨大な生産緑地，さらにそれ以外の農地の存在が真摯に考慮されたかが具体的に問われねばならない．現代都市生活では，欧米の大都市における「都市農園」が都市の基本的公共施設として認識されていることで知られるように，生産緑地，農地などの「緑（みどり）」の存在がその都市計画，土地利用計画においてきわめて重要な位置を占める．

生産緑地法自体がまさに右の「緑」の重要性を指摘している．すなわち，同法1条は「生産緑地地区に関する都市計画に関し必要な事項を定めることにより，農林漁業との調整を図りつつ，良好な都市環境の形成に資する」ことを同法の目的と規定している．同法3条3項は，「生産緑地地区に関する都市計画を定めるに当たっては，当該生産緑地地区に係る農地等及びその周辺の地域における幹線街路，下水道等の主要な都市施設の整備に支障を及ぼさないようにし，かつ，当該都市計画区域内における土地利用の動向，人口及び産業の将来の見通し等を勘案して，合理的な土地利用に支障を及ぼさないようにしなければならない」と規定している．

岩見所見によれば，本件土地区画整理事業における土地利用計画では，膨大な生産緑地，農地の保全のことが具体的に考慮されていない．もしそうであるならば，一般に本件処分自体が土地区画整理法，生産緑地法などに違反し，違法とされねばならない．

3 専業農家である控訴人M1らの生存権と本件処分

控訴人M1は青ねぎ等の栽培を行っている専業農家である．年齢56歳．その妻M3は従前から夫のM1の農業経営に協力し，現在では青色納税申告における農業専従者として所得税法上「専従者控除」の適用を受けているといわれる．M1・M3夫妻による農業所得は年300万円程度である．M1の母である控訴人M2は79歳という高齢であり（その夫M4は昭和63年に死去．生前は専業農家であった．），M1の扶養家族としてM1から生活の保護を受けている．M1・M3には娘M5，28歳がおり，かつては彼女は会社員をしていたが数年前の交通事故により頭蓋骨骨折などで現在もM1宅で療養中でM1の扶養家族となっている．つまり4人の生活が青ねぎ等の栽培による農業所得でまかなわれているわけである．4人家族で年所得300万円程度では，憲法25条が保障する「健康で文化的な最低生活」が充足されているとはいえない．

M1は本件土地区画整理組合の組合員のうち青ねぎ等の栽培の唯一の専業農家である．前出の「健全な市街地の造成」，「宅地の利用の増進」などを目的とする本件処分においては専業農家である控訴人M1らは異質の存在であるといわねばならない．

本件「2土地」は宅地として利用されている．それ以外の本件「1土地」,「3土

地」,「4土地」はすべて生産緑地であり現に農地として利用されている．本件処分に従えば本件「1土地」は現在の481.56平方メートルが336平方メートルに縮減される．その減歩率は約30％．本件「3土地」は現在の1139.37平方メートルが756平方メートルに縮減される．その減歩率は実に約34％．本件「4土地」は現在の522.83平方メートルが474平方メートルに縮減される．その減歩率は約10％．以上の控訴人M1一家4人の生活基盤である農地が全体で実に27％も縮減されることになる．その結果，年所得が219万円程度に縮減されることになる．これでは本件処分が控訴人M1らに対して，憲法25条が保障している，その生存権的自由権（公権力から人々の平穏な生存を侵されない権利．これは憲法25条の生存権に含まれるところの自由権である．一般に言われる社会権ではない）を著しく侵害することとなろう．

　加えて，本件処分の具体的内容が以下のようにきびしく問われねばならない．

　本件「4土地」は本件処分によってその北東の部分が極端な鋭角地となってしまう．当該地では畑作に必要な畝（うね）を作ることが困難となる．また同地には畑作に必要な機械の使用も困難となる．

　本件「1土地」については，本件処分では用水路がまったく予定されていないので，控訴人M1らの農業の継続が不可能となる．本件「4土地」についても本件処分では南側の排水路がなくなり，控訴人M1らの農業の継続が不可能となる．本件「3土地」についても本件処分により用水路および排水路の現状がともに変更されるので控訴人M1らの農業の展開にあたって著しいダメージとなる．

　本件「4土地」は本件処分によりさきに指摘したように474平方メートルに縮減される．この結果，生産緑地法3条1項2号の500平方メートル以上という要件に違反することとなり，同土地について生産緑地の指定が取り消されることとなろう．そのため控訴人M1らは税法上の保護（固定資産税等）が受けられなくなるという経済的不利益を受ける．

　本件「2土地」は唯一実際に居宅の建っている土地である．新幹線側道にも面しており計画道路が本件「2土地」を通ることも予定されていない．本件「2土地」と本件「4土地」との間に1メートルもの高低差があり，かつ両者はそれぞれ宅地と農地とであって，土地としての一体性・連面性がない．本件「2土地」については，ここに指摘した点だけからいっても同土地を本件処分の対象に含めるだけの合理的理由が存在しない．

　さらに本件処分によって，本件区画整理が行われると，とりわけ専業農家である控訴人M1らは農業の表土の移動，工事中の工作不能期間が相当期間となることなどによって，農業継続に著しい障害がもたらされ，彼らの生存権をおびやかすことも指摘されねばならない．本件区画整理により一般に土地が接道することにより機械を容易に利用することが可能となって農業経営の効率化に資しうるというメリットが指摘されているが，本件控訴人M1らの小規模畑作農業経営にとっては，そのようなメリ

ットを具体化しうる余地は現実にはまったく存在しない．

さきに指摘した本件処分の減歩による生存権への侵害に加えて，以上の本件処分の本件「各土地」への問題性によって控訴人 M1 らの生存権が一段とおびやかされることになろう．

以上，例証的に検討したところで明らかなように，本件処分によっていささかの合理的理由も存在しないのに専業農家である控訴人 M1 らの生存権的自由権が著しく侵害される．むしろ，本件処分は現実的に控訴人 M1 らの生存権を奪うものといってよい．自由権には立法裁量，行政裁量などが妥当しない．また憲法 29 条 1 項の財産権の保障は，一定の生存権的財産のみについて妥当する．一般に現に居住の用に供されている住宅地・住宅，現に農業の用に供されている農地・農業用資産などは，生存権的財産に該当する．憲法 29 条 2 項により「公共の福祉による財産権への規制」が許容されるのは憲法 29 条 1 項の右生存権的財産以外の，いわゆる非生存権的財産についてである．本件処分のうち控訴人 M1 らに関する部分は，以上で明らかなように憲法 29 条 2 項による規制の対象にならない．以上の憲法規定への正鵠な認識は，本件処分の違法性の検討において看過されてはならない．

4 結　語

本件処分の対象土地のうち生産緑地部分は 50.3% であり，生産緑地以外の農地部分（宅地化農地）は 32.4% である．農地部分は全体で 82.7% に達する．このような地域について，そもそも土地区画整理事業を行うことが妥当であるかが疑問といえよう．本鑑定では，この点を措くとして，岩見所見も指摘するように，本件処分は，膨大な生産緑地および農地の存在することについてはまったく考慮していないので，違法であるといわねばならない．

岩見所見によれば，控訴人 M1 らの土地を除外したところで本件土地区画整理を行っても，その事業目的を達成することができるとされている．これは都市計画の専門家による客観的な指摘である．このことを法律的に検討すれば，本件処分は専業農家である控訴人 M1 らおよびその家族の生存権をほとんど奪うものである．単に控訴人 M1 らの農業所得の大幅な縮減をもたらすだけでなく，その生業である農業の継続をほとんど不可能にするものである．被控訴人には「土地区画整理」の名においてそのようなことをなしうる法的権限はまったく存在しない．憲法 13 条，31 条から抽出される「適正手続」(due process of law) のなかには「手続的適正」のほかに「実体的適正」(実体的内容の合理性) も含まれる．本件処分は，疑いもなく控訴人 M1 らの部分に関する限度において「実体的適正」という意味での「適正手続」に違反し違法であるといわねばならない．それゆえ，本件処分のうち，右控訴人 M1 らに関する部分について取り消されねばならない．本件処分については，その性質上同違法部分を可分しうる．この部分について原判決も破棄されねばならない．　〔2000 年 7 月〕

第VII部　消費課税

第1章　消費税の免税点問題の法的検討

1　はじめに

　本誌〔税経新報〕でも紹介された，消費税法9条の免税業者の判定にあたって問題になる課税売上高の計算の仕方について争われている事案につき，1999年1月29日東京地裁判決および2000年1月13日東京高裁判決がいずれも納税者側を敗訴とした．この事案は目下，納税者側が上告し最高裁に係属している．このほど，筆者は，この事案について税法学的検討を行い鑑定所見書をとりまとめた（2000年3月9日）．

　筆者の最も強調した点は，次のとおりである．(1)上告人納税者（S）は売上高3000万円前後の規模の業者であり，仕入れの際にも消費税を負担しているところから，継続企業体としては売上げの際に3％の消費税を徴収するのが自然である．(2)上告人納税者は現実に売上げの際に3％の消費税を売上代金とは区別して請求し，現実に3％の消費税を徴収していた．そして上告人納税者の会計処理において，税込み経理を現実に行っていた．この点を立証するために，納税者企業の代表取締役であり，かつ経理担当責任者であるKおよび顧問税理士張江忠の「陳述書」を筆者の鑑定所見書に添付することとした．(3)消費税法9条2項は同法28条1項（税抜き価額）を明文で引用しており，消費税法のどこにも免税事業年度分について，同法9条の課税売上高を税込み売上高で計算すべきであるという規定は存在しない．かえって税抜き価額で計算するとの明文規定が存在する．上告人納税者は現実に3％の消費税を徴収し，その税込み価額で売上げの会計処理をしていた．この事実が存在する以上，消費税法9条2項の明文規定によって税抜き価額に置き換えて課税売上高を計算しなければならない．(4)取引の際に業者が外税の形式で3％の消費税相当分を表示したとしても，法的には「価格」（price）の一部の区分表示にすぎない．消費税法9条，28条等で予定している課税売上高，課税標準等における「税抜き価額」とは，法的にはそのような「価格」の一部である消費税相当分を除外するという意味である．(5)平成7年（1995）12月に現行消費税法基本通達1-4-5の規定が示されるまでは，税務の実務では免税点の判断においても税抜き価額で計算するという取扱いが「公知の事実」として定着していた．同通達の制定によってそれまで「公知の事実」であった取扱いが突如として変更されたとみなければならない．本件事案は，同通達制定前のものであった．この取扱い変更に基づいて被上告人（課税庁）は上告人納税者に本件課税処分を行ったことになろう．これは，信義則に違反し違法・無効といわねばならない．この点は，1審，2審ではまったく指摘されていない．

　以下は，筆者の鑑定所見書の概要である．本件の納税者側代理人は，椛嶋裕之，芳賀淳の両弁護士である．関与税理士は，張江忠氏である．この訴訟の納税者側支援グ

ループの事務局責任者は中島美和税理士である．

2 本件の争点と消費税の法的特質

本件では，上告人の本件係争年度（自平成5〔1993〕年10月1日至平成6〔1994〕年9月30日）の「基準期間」（自平成3〔1991〕年10月1日至平成4〔1992〕年9月30日）において，同人が消費税法（以下「法」という）9条に規定する「小規模事業者に係る納税義務の免除」に該当するかどうかが争われている．本件では，上告人が現実にその売上げについて3％の消費税を徴収しており（各請求書においては売上金額と消費税額とを区別して請求），そして売上げに関する会計処理はすべてそのような3％の消費税込みで現実に行っていた．同人は仕入れの際に負担した3％の消費税についても同消費税を含んだ金額で仕入れに関する会計処理を現実に行っていた．法9条の適用に関して，本件の「基準期間における課税売上高」の計算において右に示したように現実に徴収している3％の消費税分をその税込み売上高から控除して，つまり税抜き価額で同課税売上高を計算すべきかどうかが問題となっているわけである．上告人は，法9条2項が法28条1項（税抜き価額）を明文で借用しているところから，右3％の消費税分を当然に控除して「基準期間における課税売上高」を計算しそのように計算して得られた同課税売上高が3,000万円以下になるので，結局本件係争年度において消費税の納税義務がないと主張している．

この問題を解明するにあたって消費税の法的特質を確認しておかなければならない．消費税法（昭63法108）に規定する「消費税」（以下「消費税」という）は学問上の一般消費税（general consumption tax）であって，課税対象取引が限定・特定されている学問上の個別消費税（specific consumption tax）ではない．一般消費税は課税対象取引が限定・特定されず課税ベースがひろいところから，通例，大型間接税とも呼ばれている．消費税は，一般消費税のうちあらゆる段階の取引に課税される多段階税であって，かつ原則として前段階で課税された税額相当分を控除する付加価値税（value added tax）である．消費税は，一般消費税の中でも取引高税のようないわゆる累積税ではなく，各業者の付加価値だけに1回課税する非累積税である．この点は，消費税法の「基本法」である税制改革法（昭63法107）10条（課税の累積の排除），11条（消費税の円滑かつ適正な転嫁）も確認してるところである．

ところで，取引の際に業者が「外税」の形式で3％の消費税相当分を表示したとしても，法的に「価格」（price）の一部の区分表示にすぎない．免税業者といっても，仕入れの際に負担した消費税相当分を転稼しなければならず，また，継続企業体において自己が免税業者に該当するかどうかはある意味において偶発的であるので，課税売上高が恒常的に著しく3,000万円を下回っている業者の場合であればともかく，本件上告人のように3,000万円を前後する規模の業者にあっては，法的には「価格」の一部であるところの3％の消費税を売上げの際に徴収するのがむしろ自然である．継続企

業体におけるこの企業取引の現実をふまえて、本件の争点が解明されるべきである。

3 上告人が現実に売上げの際に3%の消費税を徴収していたという事実の存在

右に検討したところでも明らかなように、本件上告人のように、課税売上高が3,000万円前後の規模の業者にあっては、売上げの際にも3%の消費税を徴収するのがむしろ普通であるといってよい。もとより、上告人は仕入れの際に消費税を負担しており、それを転嫁するためにも継続企業体としては、売上げの際に消費税を徴収しなければならないであろう（税制改革法11条参照）。現行法のどこにも、売上げの際に3%の消費税を徴収してはいけないとする禁止条項は存在しない。さきに指摘したように、消費税相当分が法的には単に「価格」の一部であるという特質からいっても、後の検討で明らかなように、現行消費税法自体が上告人企業の消費税の徴収を容認している。

上告人は、別紙陳述書で明らかなように、本件「基準期間」において売上げの際に現実に3%の消費税を徴収し、その会計処理においてはいわゆる税込み経理をしていた。この事実は、本件の解明にあたって重く受けとめられねばならない。

上告人の代表取締役で経理担当責任者であるKおよび顧問税理士の張江忠の別紙陳述書は、次のごとくである。

「本件係争事業年度（自平成5年10月1日至平成6年9月30日課税期間）の基準期間における当会社（株式会社S）の取引書類及び会計処理につきましては、その取引に消費税を含むものとして処理しておりました。すなわち、当会社売上に係る請求書においては、売上金額と消費税を別途記載して請求し、また仕入等の経費につきましても消費税を負担したと認識し、会計処理は収入・経費すべてについて、いわゆる税込み経理をしていたことを陳述いたします。」

右で明らかなように、上告人は問題の基準期間において売上げの際の請求書においては売上金額と消費税額とを区別して記載し、3%の消費税額を現実に請求し徴収していた。そして売上げの会計処理は3%の消費税込みの、いわゆる税込み経理をしていた。したがって、法9条の適用にあたって、右税込み価額を税抜き価額に置き換えて計算したその課税売上高が3,000万円以下になるかどうかを判断するのが当然である。上告人および顧問の張江忠税理士はこのような当然の認識に従って本件に対処したにすぎない。

同認識は、甲31号証で示されている数多くの税理士の通常の認識であり、本件当時そのような認識で税務の実務指導もひろく行われていた。このような認識が少なくとも、後に紹介する平成7年12月に現行消費税法基本通達1-4-5が示されるまでは、被上告人（課税庁）にも存在していた。すなわち、個別通達「消費税法の施行に伴う法人税の取扱いについて」（平元直2・1）5が「免税事業者等の消費税の処理」について規定していた。免税業者の益金の額、損金の額、資産の取得価額等を消費税込みで、

つまり税込み経理をすることを指示している．このことは，免税業者の売上げについても消費税の徴収のあることを被上告人が当然前提としているものといわねばならない．また，甲第29号証でも示されているように，被上告人（課税庁）関係者が執筆した実務解説書においても，免税業者の判定にあたって「消費税抜き」で課税売上高を計算すると明確に説明されていた．

本件の基準期間における課税売上高の計算にあたって，上告人がそのいわゆる税込み経理による売上高を税抜き価額に置き換えるのが当然であって，その置き換えて得られた金額が3,000万円以下になる場合には，上告人は，本件係争年度において法9条の免税業者に該当するものといわねばならない．

4　消費税法9条の法的意味

法9条は，その課税期間に係る「基準期間」における課税売上高が3,000万円以下である者については法5条の規定にかかわらずその課税期間中に国内で行った課税資産の譲渡等につき消費税の納税義務を免除すると規定している．

ところで，右に引用された法5条は，「事業者は，国内において行った課税資産の譲渡等につき，この法律により，消費税を納める義務がある」と規定している．「課税資産の譲渡等」の法的意味については法2条1項9号が「資産の譲渡等のうち第6条第1項（非課税）の規定により消費税を課さないこととされるもの以外のものをいう」と規定している．つまり法6条で制限列挙的に規定された非課税取引以外の課税資産の譲渡等が法9条が予定する「課税売上高」を構成することになる．その業者の取引がたまたま免税事業年度分に該当したからといって当該年度分の課税資産の譲渡等を法9条の「課税売上高」から除外することは予定されていない．

法28条1項は，「課税資産の譲渡等」に係る消費税の課税標準を税抜き価額とすることを明文で規定している．そして法9条の基準期間における「課税売上高」の法的意味について同条2項は明文で法28条1項（税抜き価額）を引用している．つまり税抜き価額による課税資産の譲渡等の対価の額と規定しているわけである．たまたま免税事業年度分であっても現実に当該業者が売上げの際に3％の消費税を徴収している場合に，そのような業者のいわゆる税込み価額を税抜き価額に置き換えないでいわゆる税込み価額で課税売上高を計算すべきであるとする規定は法にはまったく存在しない．もし，被上告人が主張するような主張，つまり免税事業年度分についてはいわゆる税込み価額で課税売上高を計算すべきであるという主張が税法学上許容されるのは，憲法の租税法律主義（憲30条，84条）の要請からいってそのための特段の明文規定が法9条に組み込まれていなければならない．そのような特段の規定が現行消費税法にはまったく存在しないので，被上告人の主張は税法学上疑いもなく妥当ではない．

以上により本件については，多くの議論を必要としないのであるが，問題になっている法9条の法的意味をより説得的に示すために若干のコメントを加えておきたい．

国税通則法15条2項7号によれば，消費税の納税義務が業者について発生（成立）するのは，当該業者が法6条の非課税取引以外の「課税資産の譲渡等」をした時である．つまり抽象的な納税義務は，法9条の免税業者についてもその「課税資産の譲渡等」の時にすでに発生（成立）しているのである．それを法9条の要件を充足する場合には，当該業者の当該付加価値分の消費税の納税義務をあえて，「免除」することとしているにすぎない．すでに指摘したように，当該業者が売上げの際に相手方（買主）から徴収する消費税分は法的にはあくまで「価格」の一部にすぎない．法9条，28条等はそのような「価格」の一部である消費税を前提にしてその税抜き価額を「課税売上高」，「課税標準」とすることを規定しているのである．この法構造からいっても，上告人が現実に3％の消費税を徴収して取引を行っている事実が存在する限り，いわゆる税込み価額を税抜き価額に置き換えてその課税売上高を計算して，法9条の適用を行うべきである．

5 現行消費税法基本通達1-4-5の誤謬と信義則違反

現行消費税法基本通達1-4-5は平成7（1995）年12月25日に制定された．その全文は次のごとくである．

「基準期間である課税期間において免税事業者であった事業者が，当該基準期間である課税期間中に国内において行った課税資産の譲渡等については消費税等が課されていない．したがって，その事業者の基準期間における課税売上高の算定に当たっては，免税事業者であった基準期間である課税期間中に当該事業者が国内において行った課税資産の譲渡等に伴って収受し，又は収受すべき金銭等の全額が当該事業者のその基準期間における課税売上高となることに留意する．」

この基本通達の内容は，憲法の租税法律主義をふまえて現行消費税法の諸規定を税法学的に解明した場合には，疑いもなく誤謬であることはさきに指摘した．

ところで，平成元（1989）年4月1日から消費税法が適用された．さきに指摘した甲31号証，個別通達「消費税法の施行に伴う法人税の取扱いについて」，甲29号証等によって知られるように，たまたま免税業者であっても現実に消費税を徴収している場合には当該税込み売上高を税抜き価額に置き換えて法9条の「課税売上高」を算定するというのが実務界では「公知の事実」であったといってよい．また，そのような認識はすでに検討したところで明らかなように税法学的にも正当である．本件は，平成5年10月1日から平成6年9月30日の係争年度の事案である．鑑定人の40数年に及ぶ研究と実務の経験からいえば，平成7年12月に右に紹介した基本通達規定の制定によって，課税当局である被上告人は，法9条の取扱い方を変更したものとみなければならない．百歩ゆずって右取扱い方の変更を事実として承認するとしても，その取扱い変更前の事案である本件に遡って同基本通達規定（同基本通達規定と同趣旨の取扱いを含む）を適用することは法の一般原理である信義誠実の原則に違反し違

法・無効といわねばならない（東京地判昭40・5・26行集16・6・1033，最3小判昭62・10・30判時1629・91等参照）．

6 本件の憲法問題の総括

　法9条の適用に関して，被上告人の主張を肯定するためには，法は，課税業者の場合と免税業者の場合とを区別して，それぞれの「課税売上高」の計算規定を設けるべきであった．そのような特段の規定が存在しない以上，被上告人の主張は税法学上肯定し得ない．現行法を被上告人のように解しようとする場合には，現行法の規定の仕方は，憲法の租税法律主義（租税要件等の明確法定主義）に反することとなろう．そのような違憲の疑いを回避し現行法の規定を憲法適合的にとらえようとするならば，鑑定人が示した前記の解釈にならざるを得ない．

　なお，この点に関して，原判決は免税業者の場合にも税抜き価額に置き換えて「課税売上高」を計算するという上告人の主張こそが租税法律主義に違反するという逆の判断を示している．上告人は現実に3％の消費税を徴収し，その3％の消費税込みの価額で売上高を会計処理していた．法9条その他現行消費税法のどこにも免税業者の場合にはいわゆる税込み価額で「課税売上高」を計算すべきであるとする規定は存在しない．すでに検討したところで明らかなように，現行法はかえって課税業者，免税業者を区別しないで税抜き価額で「課税売上高」を計算すべきであると規定している．「価格」の一部にすぎないという消費税の法的性格上このような現行法の規定には合理性がある．免税業者を特段に区別していない現行法のもとでは，原判決の理解こそが租税法律主義に違反する．

　被上告人の立場からいえば，右のことについて現行法の規定自体が不明確であったので，税務の取扱いを明確に示すために，平成7年12月の前記消費税法基本通達1-4-5が制定されたということになろう．しかし，鑑定人の消費税に関する研究と実務の経験からいえば，税法学的には被上告人は，免税事業年度分についても消費税抜きの価額で課税売上高を計算するというそれまでの取扱いを平成7年12月になって突如として変更したものとみなければならない．このような新取扱いを本件に遡って適用することは，信義則に違反し，違法・無効である．なお，もとよりこのような新取扱いはその内容からいって税法学的には妥当ではない．

　被上告人の主張を肯定すれば，課税業者の売上げ3,090万円と免税業者の売上げ3,000万円とが税法上同じように評価されることになろう．このような解釈は憲法14条の法執行平等原則に違反することになる．そのような違憲の疑いを回避し現行法の規定を憲法適合的にとらえようとするならば，鑑定人が示した前記の解釈にならざるを得ない．

7 結　語

　上告人は本件係争年度の「基準期間」においてその売上げの際に現実に3%の消費税を売上代金とは区別して相手方に請求しかつ現実に3%の消費税を徴収していた．そして，右3%の消費税込みで，つまりいわゆる税込み経理で上告人の売上げの会計処理を行っていた．それゆえ，その税込み価額を税抜き価額に置き換えて得られた課税売上高が本件では3,000万円以下になるので，上告人自身が法9条の免税業者に該当するものと確信していた．この確信は税法学的に妥当である．

　本件課税処分は法9条の解釈を誤って行われたものであって，疑いもなく違法である．もし，同処分が被上告人の取扱い変更に基づくものであるならば，それは信義則に違反し違法・無効といわねばならない．

　それゆえ，本件課税処分が取り消されなければ著しく正義に反することとなろう．原判決は破棄されるべきである．

別紙

平成12年（行サ）第10号・平成12年（行ノ）第7号
最高裁判所　御中　平成12年3月　日

　　　東京都練馬区
　　　　株　式　会　社　S
　　　　代表取締役（経理担当責任者）K
　　　　顧問税理士
　　　東京都小金井市桜町1丁目7番9号
　　　　税　理　士　　張　江　　忠

陳　述　書

　本件係争事業年度（自平成5年10月1日至平成6年9月30日課税期間）の基準期間（自平成3年10月1日至平成4年9月30日）における当会社（株式会社S）の取引書類及び会計処理につきましては，その取引に消費税を含むものとして処理しておりました．

　すなわち，当会社売上に係る請求書においては，売上金額と消費税を別途記載して請求し，また仕入等の経費につきましても消費税を負担したと認識し，会計処理は収入・経費すべてについて，いわゆる税込経理をしていたことを陳述いたします．

第VII部　消費課税

〔2000年4月〕

【付　記】
　最高裁平成17（2005）年2月1日第3小法廷判決は，基準期間の年分において免税事業者であったために消費税を免除されている者の売上高からは消費税相当額を控除しないと解すべきであるとして，本件上告を棄却した．

第2章　消費税法30条7項の仕入税額控除の否認

1　はじめに

　消費税法30条7項は，消費税額の計算において仕入税額を適用しないことを規定している．すなわち，「第1項〔仕入税額控除〕の規定は，事業者が当該課税期間の課税仕入れ等の税額の控除に係る帳簿又は請求書等を保存しない場合には，当該保存がない課税仕入れ又は課税貨物に係る課税仕入れ等の税額については，適用しない．ただし，災害その他やむを得ない事情により，当該保存をすることができなかったことを当該事業者において証明した場合は，この限りでない」（傍点・北野）．

　この規定は94年11月に改正され，同改正規定は97年4月から実施の予定である．同改正規定は，原則として「帳簿及び請求書等を保存しない場合」となっている．つまり従前よりも仕入税額控除が適用されるための要件がきびしくなっているわけである（傍点・北野）．

　この仕入税額控除を行うことは，「付加価値税」（VAT：Value Added Tax）である現行消費税における本質論的要請である．しかし，税務行政の実際においては課税当局が消費税法30条7項を適用して仕入税額控除の適用を否認する例がみられる[1]．

　筆者が体験した例を紹介しよう．この例の消費税の納税義務者は，青色申告法人である事業者である．たまたま税務調査のために来訪した税務職員の身分証明書に写真が貼付されていなかったこと等の不備があったために，立ち会った当該会社の社長が身分証明書のコピーをとりたいと税務職員に申し出た．そのコピーをとったうえで社長としては税務調査に協力する予定であったといわれる．

　同社は，別室に関係帳簿書類を準備しており，関与税理士が同別室において待機していたといわれる．しかし，身分証明書のコピーをとるとらないでトラブルが生じ，結局，税務職員は調査に着手しないで帰庁したといわれる．

　当該係争年度分については法人税青色申告承認取消処分を受けておらず，また法人税の更正処分をも受けていない．税務署長は消費税については最終的には同社の申告した課税売上額をそのままとし，その申告に係る課税仕入税額控除のみを全額について不適用（否認）として，本件更正処分を行った．この事業者の業種（コーヒー豆等の販売）からいって仕入額がなければおよそ課税売上額が生じないことが自明であった．

　筆者は，この事件が争われている法廷において以下のような趣旨の税法学上の証言を行った[2]．結論として同更正処分は違法であると証言した．本稿は，同証言の内容を税法学論文としてとりまとめたものである．

2　消費税の法的性格

現行消費税法（昭63法108）において規定する「消費税」の実定法的性格は次のごとくである．

消費税は，原則としてあらゆる消費行為を課税対象とする学問上の一般消費税（大型間接税）（general consumption tax）である．一般消費税は，課税対象が特定・限定されている個別消費税（通常の間接税）（specific consumption tax）に対するものである．

現行の消費税は，一般消費税のうち多段階税である．多段階税とは取引の各段階のすべてについて課税するものであって，製造，卸売り，小売り等の段階のうち1回だけ課税するにとどまる単段階税に対するものである．消費税は，多段階税のうち各事業者の付加価値額に対する税であって，そのために非累積税である．付加価値税である非累積税は，各事業者の各取引段階の取引高（売上高）それ自体に課税する累積税に対するものである．昭和23（1948）年に導入された取引高税は各取引段階の取引高それ自体に課税するものであって，累積税であった．非累積税は，各事業者が当該段階の前段階において課税された税額相当分を自己の段階の税計算において控除することを建て前とするものであって全取引過程における二重課税，三重課税等を排除するものである．事業者についていえば，自己の段階の売上額に対する税額から当該事業者が仕入れの際に負担した税額（仕入税額）を控除して消費税額を計算することになる．

（課税売上額 $\times t$）－（課税仕入額 $\times t$）＝消費税額
（課税売上額－課税仕入額）$\times t$＝消費税額
＊ t は消費税率

上の算式の「課税売上額－課税仕入額」は，当該事業者の「所得金額」ではなく「付加価値額」を意味する．

このように，消費税はヨーロッパで行われている付加価値税（VAT）と同じ性質のものである．ただ異なるのは二重課税等の控除の実務上の手続に差異があるにすぎない．ヨーロッパでは前段階の税額を控除するにあたって所定のインボイス（伝票）が必要であるのに対し，消費税では各事業者の帳簿等によって前段階の税額を控除することを認めている．敷衍すれば前段階の税額を控除するにあたってヨーロッパでは各取引ごとのインボイスが必要となるいわゆるインボイス方式（伝票式）が採用されているのに対して，消費税では各事業者の帳簿等に基づく方式，すなわちアカウント方式が採用されている．学問上の一般消費税の本質的構造からいえば，「付加価値税」である非累積税という点において両者の間には差異はない[3]．

右のように消費税は各事業者の付加価値額に課税される付加価値税であり，しかも各事業者が負担した税額相当分を価格に織り込んで次の取引者（最終的には消費者）

に転嫁することを予定している間接税である．

　実定消費税法が予定する消費税の法的性格がこのようなものであることについては，消費税法の立法事実（legislative facts）として争いの余地がない．この点を実定税法的に確認する規定として税制改革法（昭63法107）10条2項（累積の排除）および11条（消費税の転嫁）を指摘し得よう．税制改革法は講学上は，憲法に準ずる準憲法的な「基本法」である．基本法は個別法律に対して法規範的拘束力をもつ．それだけに，税制改革法10条2項の規定が消費税法の具体的法的意味を考えるうえにおいて重い意味をもつ．

　本件で問題になっている消費税法30条7項の法的意味も，右の消費税の実定法的性格をふまえて税法学的に厳正に解明されるべきであるといわねばならない．

3　消費税法30条7項の法的意味

　消費税法はその28条において，課税標準として「課税資産の譲渡等の対価の額」（課税売上額）と規定している．そして，これを受けて30条1項において「仕入れに係る消費税額の控除」を「税額控除」として規定している．

　消費税法がこのように両者を書き分けて規定したのは，税法学的には，もっぱら立法技術的な措置とみるべきである．さきに指摘した付加価値税としての一般消費税である現行消費税の実定法的性格に鑑み，消費税の実質の課税標準額は，課税売上額から課税仕入額を控除した金額，つまり付加価値額である．したがって以上に紹介した仕入税額控除の適用を否認する消費税法30条7項は，きわめて例外的，限定的な規定として抑制的にとらえられるべきであるといわねばならない．

　さきに指摘した実定消費税の本質に鑑みて，消費税法28条と30条1項とは法構造的に一体的にとらえられるべきである．消費税法30条7項は，同法30条1項がいわば「金券」を規定するものであるところから，仕入税額控除を慎重に適用するための手続的な注意規定を意味するにとどまるものと解すべきである．つまり，それ以上の法的意味を有するものとみるべきではない．

　消費税法は，推計課税についての明文規定を設けていないが，いかなる場合においても推計による課税を許容しないものとみるべきではない[4]．消費税法は事業者に帳簿等の備付けおよび保存を義務づけている（消税58条，消税令71条，消税規27条）．また同法は，消費税法30条1項の適用を受けようとする事業者は同条7項に規定する帳簿または請求書等について7年間保存することを具体的に規定している（消税令50条）．このような帳簿，書類等を基にしながら，課税売上額を推計して確定しなければならない場合もありうる．消費税法は，そのような推計による課税売上額（消税28条）の確定を排除しているものと解すべきではない．そしてこのような課税売上額の推計が行われた場合には，さきに指摘した実定消費税の本質に鑑み消費税法30条1項で規定する課税仕入額の推計（もとよりそれなりの厳格さをもって行われる推

計）も許容されることとなろう(5)．本件で問題になっている消費税法30条7項の規定は，右のような課税仕入額の推計による確定を否定するものと解すべきではない．もし同項がそのような規定であるとした場合には，消費税は非累積税である付加価値税ではなくなり累積税である取引高税的なものと変質することになるからである．

このようにみてくると消費税法30条7項はどのような場合に適用されるのであろうかという疑問が生ずる．

さきに指摘した同項の性格に鑑み，仕入税額を証明する帳簿または請求書等がまったく存在しないか，存在してもまったくその信ぴょう性のないことが判明したような場合において，かつ他に当該納税者の課税仕入額を合理的に推認する手段がまったく存在しないような場合に限って，同項の規定が適用されるものと解すべきである．

この点について，かつて次のように指摘した．「……消費税の課税標準は法律的には課税売上額となっているが，先にも指摘したように，実質的には課税期間における付加価値額（課税標準である課税売上額から課税仕入額を控除した金額）が課税標準である．右の計算構造にかんがみて，一定の場合には課税売上額の推計が許されるならば，課税仕入額についても原則として推計による税額控除が許されるものとみなければならない．この点，現行消費税法30条7項の規定は所定の帳簿・請求書等を全く保存しないでかつ他に当該納税者の課税仕入額を合理的に推認する手段が全く存在しないような場合に限っての規定であるとしぼって解すべきであろう」(6)．

なお，消費税法30条7項にいう帳簿および請求書等について消費税法30条8項および9項で具体的に規定されている．帳簿，請求書等の一部に記載等の不備があるような場合であっても，他の方法で課税仕入れおよび負担した税額を確認できる場合には消費税法30条7項を適用すべきではないこととなろう．

重要なことは消費税法30条7項を他の法条と切り離していわば「ひとり歩き」的な形で運用を行うべきではないということである．憲法が規定する租税法律主義とは議会のみが課税権を有するという法理である．もし上のような法解釈・運用が許容されるとするならば，行政権が事実上課税権を「創造」することを許容することになろう．

4　帳簿，請求書等の不提示と消費税法30条7項

課税庁側は，消費税の調査において事業者側が帳簿，請求書等を提示しなかった場合には消費税法30条7項の帳簿等の「保存をしない場合」に該当するとして，その主張を裏づけるために所得税において帳簿等の「不提示」を青色申告の承認取消事由に該当するとした東京高裁昭和59年11月20日判決（行集35巻11号1821頁）などを引用している．

この青色申告の承認取消しの場合の帳簿等の「不提示」は，消費税法30条7項の「帳簿等の不保存」とは別問題である．

課税庁側が引用する所得税法150条1項1号の規定を検討しておきたい．所得税法

150条1項1号によれば「帳簿書類の備付け，記録又は保存が第148条第1項に規定する大蔵省令で定めるところに従って行われていないこと」を青色申告の承認取消しの事由と規定している．つまり青色申告の承認取消しの場合においても「不提示」それ自体を独立した取消事由とはしていない．したがって，課税庁側が引用する東京高裁判決は青色申告承認取消しの事案に関するものとしても税法学的には誤りであるといわねばならない．現象的に「不提示」の場合に所得税法150条1項1号該当として青色申告の承認取消しを行うことができるのは，税法学的には当該「不提示」がそもそも帳簿等の備付け等をしていないことから生ずる「不提示」と認められるような場合に限られるべきである[7]．したがって所得税の青色申告の承認取消しの場合においても，前記判例を引用すること自体が誤りである．

仮に税務行政の実務において青色申告の承認取消しの場合には「不提示」を含めて「備付け等の不備」に該当するという取扱いが行われていることを承認するとしても，消費税法30条7項の事案の問題を解決するにあたって，同取扱いを引用することは税法学上は妥当ではない．

青色申告承認取消しの場合には単に青色申告としての「特典」の保護を受けられなくなるにとどまるのに対し，消費税法30条7項の場合には，同項による仕入税額控除の否認それ自体がさきに指摘した付加価値税としての消費税の法的本質の否定につながるからである．つまり非累積税である消費税をさきに指摘した累積税である取引高税に変質させ，二重課税等をもたらすからである．仕入税額控除の否認は実質的には国にとって不当利得を結果する．

それではどのような場合に一見，「不提示」の現象が消費税法30条7項に該当することになるのであろうか．すなわち，その「不提示」がそもそも帳簿等をまったく保存しておらずかつ推計により仕入税額を合理的に推認することもまったく不可能と認められるような場合の「不提示」に限られるべきである．

たとえば係争年度当時において当初から帳簿等を保存していた事実を後日になって確認できた場合をも含めて，客観的に帳簿等が保存されている事実が存在する限り，消費税法30条7項を適用することができないものと解すべきである[8]．より具体的に言えば，税務調査の段階のみならず，行政上の不服申立て，訴訟の段階などで，当の事業者が仕入税額を負担している事実が帳簿等により明らかになった場合には，仕入税務控除を行わないことこそが，違法となる．

5 消費税法30条7項適用の本件更正処分の違法性

(1) さきに指摘したように本件更正処分は，事業者である納税義務者が申告をした仕入税額控除額の全額を否認するだけのものである．申告をした課税売上額にはまったく変更が加えられていない．

税務調査に来た税務職員の身分証明書に写真が貼付されておらず生年月日の不記載

等の事実もあったので、ニセ税務職員の疑いもあるかもしれないということで、本件納税義務者の代表者（社長）が当該身分証明書のコピーをとらせてほしいと税務職員に要望した。

これに対し税務職員はコピーをとることを拒否し、ほとんどそのままの状況で帰庁したというのである。同社長は事務所の2階に帳簿等を準備し代理人税理士を待機させていたといわれる。本件納税義務者は青色申告法人であり、本件更正処分の対象となった事業年度については法人税の納税申告額も是認されている。また、コーヒー豆等を販売する本件納税義務者の業種の性格上仕入額がなければおよそ消費税の対象となる課税売上額も生じないものであることは自明であった。本件納税義務者は、法人税についても青色申告の承認取消しを受けていない。否認された課税仕入額は同一の税務署長によって法人税の必要経費（損金）を構成するものとして承認されているものである。

以上の事実によれば、本件の場合には、そもそも税務調査の着手も行われていないのであり帳簿等の「不提示」の事実も存在しなかった。のみならず更正処分の対象となった事業年度分について帳簿、請求書等が当初から保存されていた事実が証拠によって証明されている。数多くの帳簿、請求書等の中には記載の不備等のものも一部含まれていたとしても、別途当該不備等を調査すれば課税仕入税額を確認できたはずである。したがって本件の場合には、帳簿等の保存があり他のことを論ずるまでもなく本件更正処分は違法であるといわねばならない。

なお、筆者は、およそ納税義務者に不利益処分を課する以上は、憲法13条、31条の「適正手続」の法理に従い、現行法のもとでも更正処分にあたって具体的理由を付記すべきであると解している[9]。本件更正処分には理由がまったく付記されていない。この点からも本件更正処分は違法である。

(2) 1991年の段階で国税庁は「消費税の課税標準額（課税売上額）の推計及び仕入税額控除の取扱いについて」と題する取扱要領を示している。

それによれば、再三にわたり、帳簿等の保存がある場合に限り30条1項の仕入税額控除が適用されることになることを納税者側に教示すべきこととされている。すなわち、「納税者に対し、消費税法30条1項の規定は帳簿または請求書等の保存がある場合に限り適用される旨を再三にわたり教示し、帳簿又は請求書等の提示を求めたにもかかわらず、調査担当者に対して帳簿又は請求書等の提示がない場合には、同法7項のただし書の規定の適用がある場合を除き、同条1項の規定は適用しない。つまり、仕入れ税額控除を行わない」[10]（傍点・北野）。

この問題に関連して平成7年12月20日の国税不服審判所の裁決例がある。納税者に仕入税額控除不適用を十分に説明せずに行った仕入税額否認を違法としたものである。なお、同裁決は、納税者の帳簿等は当初から保存が継続していたものと認め同帳簿等によって仕入税額控除を適用できるとした。同裁決は、実はこの問題について的

第2章 消費税法30条7項の仕入税額控除の否認

確な判断を示しているので，以下に紹介しておきたい．

「……調査担当職員は，平成4年4月7日に請求人〔納税者〕宅に臨場調査を開始し，同月28日に請求人宅に臨場した際，請求人に対し，消費税も税務調査の対象である旨説明したものの，その時点では，帳簿等の提示がなければ仕入税額控除の適用が認められない旨の説明をしておらず，その説明をしたのは，平成5年3月5日に請求人宅へ電話した際のみであり，その後，同月23日に原処分がされたことが認められる．原処分庁は，この電話をした当日請求人が提出した『申し入れ書』と題する書面をもって，帳簿等の提示を実質的に拒否する意思のあらわれと見ているのであるが，同書面には，調査理由の開示がない限り調査に応じないと受け取られる部分もあるものの，調査担当職員が請求人宅の臨場調査を開始してからしばらく経過した後に，いわば唐突に帳簿等の提示がなければ仕入税額控除の適用が認められない旨の説明がなされたこと等を考慮すると，同書面は，そのことに対する反論の意味をもつものと見る余地もあり，その説明がなされた当日に同書面が提出されたことをもっては，消費税の仕入税額控除に関する帳簿等の提示拒否の明らかな意思のあらわれと認めるに足りない．このような状況の下で，帳簿等の保存がないと認定するためには，さらにその提示の機会を与えるなどの措置を講ずる必要があったといわざるを得ず，そのような措置を講ずることなく請求人が仕入税額控除に関する帳簿等の提示に応じないことが明らかであると認定し，仕入税額控除の適用を認めなかった原処分には，仕入税額控除の適用に関する違法があったといわざるを得ない．請求人は，当審判所に対し〔略〕資料を提出したので，その内容を検討したところ，これらの資料は，各課税期間の仕入税額控除に係る帳簿等に当たるものと認められる．そして，これらの帳簿等が不真正なものと認めるに足りる証拠はないから，これらの帳簿等は，当初から保存が継続していたと認めざるを得ない．したがって，これらの帳簿等によって，仕入税額控除を適用できると認めるのが相当である．」

以上の国税不服審判所の裁決例に照らしても，本件更正処分は疑いもなく違法であるといわねばならない．

(1) たとえば，福重利夫「帳簿等の保存義務違反と消費税の仕入税額控除」税理38巻2号．国税庁「消費税の課税標準額（課税売上額）の推計及び仕入税額控除の取扱いについて」北野弘久『現代企業税法論』岩波書店407頁以下所収．
(2) 津地方裁判所平成6年（行ウ）第9号・消費税更正処分等取消請求事件．原告：（株）オリジナルコーヒ商会（社長岡村孝）．被告：津税務署長．関与税理士は位田幹生氏．納税者側（原告）代理人は岡村共栄弁護士．筆者は1996年1月に税法学者として津地裁で証言．なお，筆者は，その後，1996年4月にも証言を行った．別途，1996年4月に津地裁へ鑑定所見書を提出した．本件の事実関係については414頁の位田論文参照．
(3) 消費税の性格については，北野弘久『直接税と間接税』岩波ブックレット，同『消費税』岩波ブックレット，同『消費税はエスカレートする』岩波ブックレット，同『消費

税は廃止できる』ブックレット・BOC出版部, 北野=湖東京至『消費税革命』(こうち書房) 等.
(4) 詳しくは前出『現代企業税法論』411頁以下. 同旨, 田中治「消費税改革の法的問題点」法律時報67巻3号.
(5) 詳しくは前出『現代企業税法論』414頁, 同旨田中治・前出論文, 福重利夫・前出論文, 清永敬次『新版・税法』(全訂)(ミネルヴァ書房)143頁, 山田二郎『税法講義Ⅰ』(新山社出版)114頁. このように仕入税額控除についても推計が許されるとするならば, 消費税法30条7項の適用はきわめて例外的, 制限的にならざるを得ない.
(6) 前出『現代企業税法論』414頁.
(7) 北野弘久「帳簿不提示と青色申告の承認取消」北野弘久『税法解釈の個別的研究Ⅱ』学陽書房所収.
(8) この点, 石島弘「消費税における帳簿保存の不備等の場合の課税上の問題」税理38巻8号, 大淵博義「消費税法の帳簿保存義務と仕入税額控除の問題点」税理38巻12号等は, 消費税法30条7項の適用について拙論と異なる主張を展開する. しかし, 税法学的にはこれらの主張には首肯し得ない. なお, 消費税法制定当時, 小池幸造税理士の問題提起に対する国税庁消費税課長釘本博美氏の次の反論が注意されよう.「……仕入れ控除が全くできないケースですが, このようなことは現実にあり得ず……」. エコノミスト89年3月21日号, 同89年4月11日号. 小池幸造「消費税導入で税務調査はどうなるか」東京税理士界89年5月11日号.
(9) たとえば, 北野弘久『税法学原論・3版』青林書院235頁. 同「租税手続の改革と納税者基本権」『税理士制度の研究』税務経理協会116頁以下所収.
(10) 前出『現代企業税法論』408頁.

〔1996年4月〕

補論　消費税法30条7項の法理——大阪地裁1998年8月10日判決批判

1998年8月10日に, 大阪地裁から大阪府堺市の小出義人氏(電気配線工事業)が提起した消費税訴訟について注目すべき判決が示された. 争点は消費税法30条7項(仕入税額控除不適用)に関するものである. 税務署の担当官が小出氏に対する税務調査の際に民主商工会の事務局員が立ち会っていることを理由に氏が提示した帳簿書類等を調査しないで帰署した.

税務署は帳簿または請求書等の保存がないとして消費税法30条7項を適用して同氏の仕入れ税額控除の全額を否認し更正処分等をおこなった.

課税庁側は従来, 消費税の実務においても, 所得税等の青色申告認取消しの実務にならって, いわゆる調査不協力の場合にも帳簿書類等の保存がない場合に該当するとして消費税法30条7項を適用するのが通例であった.

筆者は消費税法30条7項の法的意味を次のように解すべきであると主張してきた. 税制改革法(1988法107)は消費税法(1988法108)等とセットになって制定され

た．税制改革法は講学上準憲法的性格を有する「基本法」の一種である．同法10条2項と11条は，消費税について累積課税排除と租税転嫁を規定している．税制改革法によれば，消費税は講学上の一般消費税（大型間接税）としての付加価値税（VAT）である．この税制改革法の規定は，消費税法の法規範的意味を解明するにあたって実定法的効力をもつものとして重視されねばならない．消費税が課税標準をいわゆる課税売上高としたのは立法技術上の便宜と解すべきであって，右の消費税の法的本質に鑑み，実質的には「付加価値額」（課税売上高マイナス課税仕入れ高）が課税標準であって，課税売上高に対する税額から仕入れに係る税額を控除することこそが本則といわねばならない．

それでは，帳簿書類等の保存がない場合に仕入税額控除を適用しないと規定した消費税法30条7項の法的意味をどのように解すべきであろうかという疑問が生ずる．同条同項は仕入れ税額控除の適用が直ちに税金の還付を意味するところから，税務行政において仕入税額控除の適用にあたって慎重を期すべきであるとする手続的注意規定にすぎない．同条同項それ自体は仕入れ税額控除の適用に関する実体法上の効力要件規定ではなく，一種の訓示規定と解すべきである．どの段階であろうと，つまり税務調査の段階のみならず，行政上の不服申立て，さらには訴訟の段階であろうと，ともかく仕入れの事実があり，そしてそれに係る消費税額を負担しているという事実が帳簿書類等によって証明される場合には，仕入れ税額控除を適用するのが法の要請である．

この点，今回の判決が税務調査の際に帳簿書類等の確認がない場合であっても，後日，行政上の不服申立て，訴訟等の段階で当初から帳簿書類等の保存があったことが証明された場合には仕入れ税額控除を適用すべきであること，いわゆる調査不協力が帳簿書類等の「不保存」を意味しないこと，などを判示したことは高く評価されてよい．従来の課税庁側の形式的・皮相の税務行政のスタンスに反省を迫るものといえよう．

ただ，判決理由において消費税法30条7項は実体法上の要件規定としてとらえている点は，前記のごとく税法学的に誤りである．また，判決は，消費税法30条9項の請求書などの法的意味をあまりにも厳格に形式的に解釈して，判決のいう「法定事項」のすべてを完全に充足していないものは，仕入れ税額控除の適用の対象となる「請求書等」に該当しないとした．複雑多様な取引き社会において納税者側で保存されている請求書等に若干の不備があったとしても，他の手段によってその不備の補完が証明された場合には，税法学上は仕入れ税額控除の適用をおこなうべきである．

判決は，右の請求書等のための補完書類について，相手方事業者（仕入れ先）が作成しかつその保存期間の始期から納税者側が当該書類を保存していることが必要であると判示している．この判示を厳密に適用することは妥当ではない．

筆者は，基本的請求書等が保存されている限り，その不備を補うために，たとえば

法廷で仕入れ先の事業者が仕入れの事実，仕入れ税額，当該取引きの内容等を証言した場合にもひとしく仕入税額控除を適用すべきであると解したい．大切なことは，当該納税者が仕入れの際に消費税額を真実，負担していたかどうかにあるのであって，あれこれの帳簿，書類等の保存それ自体が重要なのではない．

〔1998年9月〕

【付　記】

　消費税法30条7項をめぐる学説・判例等に関する総合的研究として，黒川功「消費税仕入税額控除否認の法的限界——法30条7項の解釈に見る税法学説の性格と問題」北野先生古稀記念『納税者権利論の展開』勁草書房，所収等がある．ほかに，同書には，森田文昭，位田幹生，水野武夫，三木義一の各氏の消費税法30条7項に関する論稿が収録されている．位田幹生氏の論文は，本件津地裁事件の関与税理士として本件の真相をとりまとめたものである．本件は，津地裁1998年9月10日判決，名古屋高裁2000年3月24日判決によって，いずれも納税者側敗訴となった（上告せず．確定）．

　本稿でとりあげた本件とは別の事件（以下，「事件」という）について（代理人は本件と同じ岡村共栄弁護士）最高裁2004年12月20日第2小法廷判決・判時1889号42頁があった．本件とはよく似た事件である．納税者側敗訴であったが，滝井繁男裁判官が，反対意見を述べている．

　法廷意見　「帳簿又は請求書等を整理し，これらを所定の期間及び場所において，法62条に基づく税務職員による検査に当たって適時に提示することが可能なように態勢を整えて保存することを要する」．事件では「税務調査において適法に帳簿等の提示を求め，これに応じ難いとする理由も格別なかったにもかかわらず，帳簿等の提示を拒み続けたというのである．そうすると，上告人〔納税者〕が調査が行われた時点で帳簿等の保管をしていたとしても，法62条に基づく税務職員による帳簿等の検査に当たって適時にこれを提示することが可能なように態勢を整えて帳簿等を保存していたということはできず，本件は法30条7項にいう帳簿等を保存しない場合に当たる．」

　滝井繁男裁判官の反対意見　税制改革法4条，10条，11条を引用し，消費税は課税の累積を排除しようとするものであって「仕入税額控除は消費税の制度の骨格をなすものであって，消費税額を算定する上での実体上の課税要件にも匹敵する本質的な要素とみるべきものである」．「法30条7項の『保存』の規定に，現状維持のまま保管するという通常その言葉の持っている意味を超えて，税務調査における提示の求めに応ずることまで含ませなければならない根拠を見出すことはできない．そのように解することは，法解釈の限界を超えるばかりか，課税売上げへの課税の必要性を強調するあまり本来確実に控除されなければならないものまで控除しない，という結果をもた

らすことになる点において制度の趣旨にも反する」。結論として「私〔滝井〕は，税務調査において，帳簿等の提示を求められた事業者が，これに応じ難いとする理由がないとはいえ，帳簿等の提示を拒み続けたというだけの理由で，法30条7項所定の帳簿等を保管していたのに，同項にいう『帳簿等を保存しない場合』に当たるとして同条1項による課税仕入れに係る消費税額の控除を受けることができないと解するのは相当でないと考える」。滝井裁判官は本件を原審に差し戻して審理をつくさせるべきであると指摘した。

　法廷意見は，本件税務調査において「適法に帳簿等の提示を求め」たという前提に立っているが，果たして，本件税務調査が適法な手続であったかは疑問である。滝井裁判官は，おそらく法廷意見と同じ事実認識に立ちながら，付加価値税という消費税の本質に鑑みて，法廷意見に反対された。消費税が「付加価値税」であるということは「立法事実」であり，本件税務調査をめぐる事実認識は別として，税法学的には法廷意見は誤りである。

　なお，法廷意見と同旨の判決として最高裁2004年12月16日第1小法廷判決（判時1884号30頁），最高裁2005年3月10日第1小法廷判決（専業税理士界649号）など。

第3章 消費税法30条7項の法的意味

1 はじめに

　消費税法30条7項（仕入税額控除の適用否認）の法的性格については多くの裁判で争われている．筆者は，つとに消費税法制定時から，同規定は，金券の払戻しに関して運用上慎重を期することとするための，単なる手続的注意規定にすぎないことを指摘してきた（拙著『現代企業税法論』岩波書店所収の「消費税法の執行と問題」（同書第34章），同「消費税法30条7項の仕入税額控除の否認」税理39巻4号，同「判例批評」全国商工新聞1998年9月14日号など．本書第VII部第2章）．
　岐阜地裁2000年7月13日判決は，原岡事件として知られている事案について，消費税法30条7項の適用否認を行った課税処分を肯認する判決を下した．この事案は，目下，名古屋高裁で争われている．筆者は，2001年1月に，名古屋高裁へ鑑定所見書を提出した．そこにおいて原審岐阜地裁判決の税法学的誤りを指摘したのであった．本事案については一般に当事者名も知られているので，紹介しておきたい．原告・控訴人は亡原岡泰・訴訟承継人原岡直子，被告・被控訴人は多治見税務署長．原告・控訴人側代理人は長谷川一裕，森山文昭らの弁護士である．
　以下に2001年1月に提出した拙鑑定所見書の概要を紹介する．本事案については本件代理人である森山文昭「消費税法30条7項に関する判例の研究」北野先生古稀記念『納税者権利論の展開』勁草書房所収，また消費税法30条7項をめぐる判例学説等への総合的検討分析については黒川功「仕入税額控除否認の法的限界——法30条7項の解釈に見る税法学説の性格と問題」同論文集所収，等が有益である．

2 消費税の法的性格

　消費税法（昭63法108）で規定する現行消費税の法的性格を確認しておきたい．
　現行消費税は，その課税対象が特定・限定されない学問上の一般消費税（general consumption tax）である．現行消費税は，一般消費税のうち多段階の付加価値税（VAT：Value Added Tax）である．付加価値税は，課税対象期間における当該事業者の売上高から仕入れ高を控除した「付加価値」に対して課税しようとするものである．それは，前段階で課税された税額相当分を次の取引の課税にあたって控除することが建て前となっている．同一課税対象について，いわば二重課税，三重課税を排除しようとするものである．ひとしく多段階の一般消費税であっても，第2次大戦後の日本に昭和23（1948）年から24（1949）年にかけて導入された取引高税は，付加価値税ではなくて，各取引の売上げ自体にたいして課税するものであって，その性質上同一課税対象について二重課税，三重課税などを当然の前提とする累積税であった．取

引高税の場合には、事業者の売上高に対する税額から、前段階の税額相当分はいっさい控除されない。

現行消費税法28条1項は、「課税資産の譲渡等の対価の額」、つまり、売上高を課税標準とすることを規定し、そして同法30条1項は、仕入れの際に負担した税額相当分を「税額控除」として控除することを規定している。これらの規定は、現行消費税法が現行消費税を法的に「付加価値税」とすることを示すものである。

現行消費税が租税転嫁を前提とする付加価値税（間接税としての付加価値税）であることは、税法学的には「立法事実」（legislative facts）として確定している。このことは、現行消費税法とセットにして制定された税制改革法（昭63法107）の明文規定によっても証明される。税制改革法は、講学上憲法に準ずる「準憲法的な法律」としての「基本法」の1つである。「基本法」の諸規定は、単なる宣言規定にとどまるものではなく、たとえば本件についていえば現行消費税法の諸規定の法的意味を考えるうえにおいて法規範的拘束力をもつ。この点、税制改革法10条は消費税について「課税の累積を排除する」ものであることを確認している。そして同法11条は、消費税を「円滑かつ適正に転嫁するもの」とすることを確認している。「基本法」の性格をもつ税制改革法のこれらの規定は、現行消費税の法的性格を転嫁を前提とする（間接税としての）付加価値税であることを明定するものである。

それでは、現行消費税法が仕入れ分の税額相当分をなぜに「税額控除」の方法で法律的に処理したのであろうか。税法学的にはこれは立法技術の問題にすぎないのであって、現行消費税が付加価値税であるということと抵触するものではない。強いていま1つの理由をあげれば、累積税方式から発達したヨーロッパの付加価値税（Value Added Tax）の立法例に従ったともいえよう。

本件で問題になっている消費税法30条7項の法的意味も、以上で確認された現行消費税の実定法的性格をふまえて客観的に解明されねばならない。

3　消費税法の30条7項の法的意味

原判決は、消費税法30条7項を、以上で確認された現行消費税の法的性格・法構造とはまったく切り離してそれ自体を独立した重要な要件規定ととらえている。その結果、何人にも理解できないような、いわば倒錯した、誤った結論を抽き出している。

問題の消費税法30条7項は、つぎのごとく規定している。

「第1項の規定〔仕入れ税額控除〕は、事業者が当該課税期間の課税仕入れ等の税額の控除に係る帳簿又は請求書等を保存しない場合には、当該保存がない課税仕入れ又は課税貨物に係る課税仕入れ等の税額については、適用しない。ただし、災害その他やむを得ない事情により、当該保存をすることができなかったことを当該事業者において証明した場合は、この限りでない。」

消費税法30条7項の規定の法的意味も、税法学的にはさきに指摘した現行消費税

の法的性格・法構造から解明されねばならない．結論をいえば，次のごとくとなろう．さきにも指摘したように，税制改革法10条および11条が現行消費税法に対して法規範的拘束力をもつ．消費税法30条7項は，同法30条1項の適用自体が「税額の払戻し」という，いわば金券の還付につながるだけに，その運用を厳正にしようとするための，注意的手続的規定にすぎない．理論的・本質論的にいえば，消費税法30条7項は，仕入れ税額控除の適用にあたっての一種の訓示規定と解すべきものである．

以上の指摘について，若干のコメントを加えておきたい．当該事業者に対する税務調査の段階のみならず，行政上の不服申立て（異議申立て・審査請求），訴訟等の各段階で当該事業者が問題の課税期間において仕入れの際に税額を負担していた事実が何らかの方法で証明される限り，消費税法30条1項を適用すべきである．そのような場合において仕入税額控除を適用しないことこそが税法学的に疑いもなく違法である．仕入税額控除の適用否認を規定した消費税法30条7項は，仕入れの際に税額を負担していないことが客観的に明らかである場合に限って，いわば例外的にそのような場合にしぼって適用されるべきである．つまり，同項の「帳簿等を保存しない場合」とは，仕入れの際の税額負担の事実がないのにいかにも負担したかのごとく虚偽等の記載をしている帳簿等の保存を意味する．それゆえ，当該事業者の帳簿等について消費税法30条8項・9項の記載要件に，また同法施行令50条の整理に若干の不備があったとしても，当該事業者において真実，仕入れの際に税額を負担していることが事実である場合には，消費税法30条1項を適用すべきであって，本件で問題になっている消費税法30条7項を適用することは違法である．

税法学的には以上のように解することによってのみ，憲法適合的な税法解釈となる．仕入れの際に税額を負担している事実の主張・立証は，本件についていえば訴訟のどの段階で行われようと，そのこと自体は重要でない．仕入れの際に消費税を負担している客観的事実が存在する限り，現行消費税の法的性格・法構造に鑑み，消費税法30条1項の仕入れ税額控除を行うことこそが原則であり，同法30条7項の適用は，仕入れの際に消費税を負担していない事実が客観的に明らかである場合など，よほどの場合に限って例外的に行うべきである（詳細については拙稿「消費税法30条7項の仕入税額控除の否認」税理39巻4号，同「判例批評」全国商工新聞98年9月14日号）．

消費税法30条7項については多くの判決例が示されているが，税法学的には大阪地裁1998年8月10日判決（判時1661号31頁）が最も妥当といえよう．もっとも，同判決が「租税実体法上の仕入税額控除のための要件」というように消費税法30条7項を説明している点は税法学的には誤りであるが．

同判決は以下のような趣旨の判示を行っている．すなわち，事業者が税務調査の際に帳簿または請求書等の提示を拒否したため課税庁により更正処分がなされた場合であっても，更正処分後の異議申立て，審査請求，取消訴訟の各手続において，帳簿または請求書等を書証として提出して処分当時にそれらを所持，保管していたことを証

明した場合には，異議庁，裁決庁，裁判所は，提示を拒否したとの一事をもって仕入れ税額控除を否定するのではなく，提出された帳簿，請求書等を検討し，消費税法30条8項，9項所定の事項が記載されているか，それを事業者が保存期間の始期から継続的に所持，保管していたか否か，そもそも課税仕入れの事実があったか否かについて審理し，そのいずれもが肯定される場合には仕入税額控除を認めるべきである，と。

なお，間接税である消費税の性格および記帳等の義務規定（消税58条等）からいって，消費税の推計課税はきわめて例外的でなければならない。仮に推計課税を行う場合には，売上げについて推計を行う以上は，仕入れについてもそれなりの厳正さに基づいて推計を行うべきである。仕入れについて推計を行わないことこそが違法である（拙著『現代企業税法論』岩波書店408頁以下）。

4 原判決の誤り

原判決は，多くの点において誤った法の理解と事実認定を行っている。

(1) 原判決は，つぎのように判示している。「通常は，税務調査等のために税務署員により帳簿等の適法な提示要求がなされたにもかかわらず，納税者が正当な理由なくこれに応じなかった事実が主張立証されると，その当時において，法定の要件を満たした状態での帳簿等の保存がなかったことが推認される」。

本件ではそもそも適法な税務調査があったかどうかそれ自体が疑問である。右判示が前提とする「帳簿等の適法な提示要求がなされたにもかかわらず」という事実そのものが存在するといえるかは疑問である。このことを措くとして，この推認には論理それ自体において合理性がない。なぜなら，税法学的には前記の現行消費税の法的性質・法構造に鑑み，各取引ごとに当該事業者が仕入れの際に真実において消費税相当分を負担していた事実があったか否かが個別的に具体的に問われるべきであるからである。

原判決は，右の奇妙な推認から，さらに次のようなおそるべき推認を抽き出す。「事業者が，不服審査又は訴訟の段階において，帳簿等を『保存しない場合』に当たらないことを明らかにするため，帳簿等を書証として提出するなどした場合には，その不服審査又は訴訟の時点において，税務職員の適法な税務調査によりその内容を確認することができる状態で帳簿等を保存している事実を明らかにしたとは言えるものの，それだけでは，税務調査の当時において法定の要件を満たした状態での帳簿等の保存がなかったとの前示の推認を覆すに足りるものではなく，事業者においては，更に，税務調査の時点で法定の要件を満たした状態での帳簿等の保存があったことを推認させる事実の具体的な立証をしてはじめて，右推認を覆すことができるものと解するのが相当である。ただし，事業者が法定の要件を満たした状態で帳簿等の保存を継続していた場合には，税務職員の適法な提示要求に対してこれに応ずれば，容易に仕入税額控除が認められるのであり，また，事業者が何らかの理由で税務調査による検査を

拒絶したときは法68条の罰則をもって対処されることがあるから，事業者が，このような不利益又は危険を冒してまで，帳簿等の保存がなかったものと推認されるような不合理な行動をとることは通常は考え難いというべきであって，税務調査等のために税務職員により帳簿等の適法な提示要求がなされたにもかかわらず，事業者が正当な理由なくこれに応じなかった事実が認められる場合には，経験則上，税務調査の時点において法定の要件を満たした状態での帳簿等の保存がなかったことが推認されるとするのが合理的であるからである」．この推認それ自体が税務調査において帳簿等の適法な提示要求がなされたということを大前提とするものであり，本件にはこのような大前提をサポートする事実そのものが存在するとはいえない．

　すでに明らかにされたように，消費税法30条7項は，それが金券の還付につながるだけに慎重に同法30条1項の仕入税額控除の適用を行うという運用上の注意規定にすぎない．帳簿等の記載や整理に若干の不備があったとしても，仕入れの際に消費税相当分を負担した事実が明らかな場合には，課税庁は，仕入税額控除を適用すべき職責を負っている．原判決には，はじめに本件について消費税法30条7項（仕入税額控除の適用否認）の適用を正当化する結論があって，およそ通常人に理解できない奇妙な推論をあれこれ観念的に抽象的に展開しているにすぎない．このような推論を声高に強調することによって，「本件控訴人が仕入れの際に消費税を負担していた事実」を地道に証明しようとして証拠調べを要求しているのに，裁判所は証拠調べを省略するに至った．裁判所のこの職責放棄は重大である．この職責放棄が原判決のおそるべき誤判をもたらした．

　(2)　原判決は，次のようにいう．「泰〔原告・原岡泰〕は，本件訴訟において，帳簿等に該当するものとして請求書等の書証を提出し，また証人稲葉及び原告本人の供述中には，法定の要件を満たした状態での帳簿等の保存が継続されていた旨の供述部分があることをもとに，右推認が覆されるなどと主張するが，泰が長期間にわたり税務職員による帳簿等の再三の提示要求に応ずることがなかったこと，右書証は，ある程度訴訟が進行した段階になって順次提出されたこと，その中には，未整理であったものを整理して提出したものであることが窺われるところも散見できることなどにかんがみると，右のことがらだけでは右推認が直ちに覆されるということはできないというべきである．そして，税務調査の時点で法定の要件を満たした状態での帳簿等の保存があったことを直接認め，あるいは推認させる事実の具体的な立証はあったとはいえない」．

　「事実認定」といえば，裁判所は，提出された書証等を丹念に検討し，仕入れの際に消費税を負担していたか否かの事実を各取引につき個別に具体的に見極めるべきである．右紹介の原判決の「事実認定」は，およそ事実認定に値しない．あまりにも杜撰な，かつ偏見をもった抽象的「認定」である．このような「認定」が裁判所において現実に行われたとは信じがたい．

第3章 消費税法30条7項の法的意味

　すでに指摘したように，現行消費税の法的性格・法構造に鑑み，原則として消費税法30条1項を適用することこそが法の要請である．仕入れの際に消費税相当分を負担した事実が存在しないのに，いかにも負担したかのように「虚構」の帳簿等を提出したような場合に例外的に消費税法30条7項を適用しうるにすぎない．それゆえ，原判決は，驚くべき倒錯した前提に立っている．

　原判決は，泰が帳簿書類等を再三の提示要求に応じなかったことをその認定の1つの理由にしている．この点に関連して，しばしば，消費税法30条7項（消費税の仕入税額控除否認）の帳簿等の不保存を所得税法150条1項1号（青色申告承認取消し）の帳簿書類の備付け等の不備と同視する議論が行われる．鑑定人は，青色申告の承認取消し理由の「帳簿書類の備付け等の不備」のなかには帳簿書類の不提示は含まれないと指摘してきた．仮に一歩ゆずって不提示が同「帳簿書類の備付け等の不備」に該当するとした場合，それは次の場合である．すなわち，適法な税務調査に際して，納税者がそもそも記帳等をしていないか，記帳等をしていてもあまりにも不完全であるため提示できないと客観的に推認されうる場合である（詳しくは拙著『税法解釈の個別的研究II』学陽書房294頁）．しかし，青色申告承認取消しの実務では，帳簿書類の不提示をその備付け等の不備と同視する運用が行われるきらいがあった．この実務は，税法学的には誤りである．仮に百歩ゆずって，青色申告承認取消しの実務を肯定するとしても，それを本件で問題になっている消費税法30条7項に適用することは妥当でない．なぜなら，青色申告承認取消しは青色申告の「特典」を奪うだけであるが，消費税法30条7項の適用は現行消費税法が意図する消費税の法的本質（付加価値税）そのものの否認を意味するからである．

　原判決は，泰の書証が「ある程度訴訟が進行した段階になって順次提出された」ことを問題にしている．代理人が厖大な書証をコピーして書証番号を付して提出することは容易ではない．第1回の弁論期日に1度に提出されなかったとしても，そのこと自体は経理実務の実相に鑑み重要ではない．順次提出された書証等によって，泰が仕入れの際に消費税相当分を負担していた事実が確認できれば，当該分の仕入税額控除の適用を行うべきである．裁判所が仕入税額控除の適用を否認するというのであれば，判決において泰の苦労して提示した右書証等が「虚構」の事実を示すものであることを証拠を挙げて具体的に証明すべきである．そのような努力は原判決からまったく見えない．

　原判決は，また「未整理であったものを整理して提出したものであることが窺われるところも散見できる」ことを問題にしている．右の「整理」が何を意味するかは鑑定人には理解できない．いったい，裁判所は日本の多くの中小業者の経理実務の実態を理解しておられるのであろうか．「生きていく」のがやっとの多くの中小業者にとって，帳簿書類の整理は大変な作業である．一定の時期にまとめて帳簿書類の整理をするのが常態である．遅れるのがむしろ普通であるといってよい．整理が遅れていた

421

こと自体は重要ではない．重要なことは，当該「整理」が，仕入れの際に消費税相当分を負担した事実がないのに，いかにも負担したかのごとく「創作」することを意味するか否かにある．本件においてそのような「創作」の事実がない限り，原判決の言う「未整理であったものを整理して提出した」ことがあったとしてもそのこと自体は税法学的には問題にならない．裁判所が仕入税額控除の適用を否認しようというのであれば，判決において「泰が未整理であったものを整理して提出したこと」が仕入税額控除に関する「虚構」の事実を示すことにつながることを証拠を挙げて指摘すべきである．そのような努力は原判決からまったく見えない．

5 結　語

控訴人は，その主張に係る仕入れの際に消費税相当分を負担している事実については，すべて証拠によって証明している．この点については，本件の控訴審においても，たとえば2000年9月14日付控訴人準備書面で丹念に指摘しているところである．

しかるに，原判決は，誰の目にも明白な誤った法の理解を行い，それを前提にして，しかもまったく証拠に基づかないで仕入税額控除不適用のための認定を一方的に行った．原判決の「認定」は虚構といわねばならない．

控訴人主張の仕入税額控除については証拠によって証明されているところであるので，本件において仕入税額控除をまったく行わないことは疑いもなく違法である．

原判決は破棄されねばならない．そうでなければ，著しく正義に反する．

〔2001年8月〕

第4章　第三者の立会いと消費税法 30 条 7 項

1　はじめに

　日本の租税事件にたいする裁判の多くは，およそ学問を無視して行われているといってよい．これは，おそるべきことである．租税裁判は，税法学という学問を基調とすべきである．学問を無視するという点は，消費税法 30 条 7 項（仕入れ税額控除否認）の適用をめぐる裁判においても顕著である．2001 年 3 月 27 日福岡地裁判決は，第三者が立ち会ったということで調査を打ち切り，請求書等の保存の事実が存在するにもかかわらず，消費税法 30 条 7 項を適用して仕入れ税額控除の適用を否認して行われた本件課税処分を肯認したのであった．

　筆者は，この事件の控訴審が争われている福岡高裁へ 2001 年 12 月に税法学鑑定所見書を提出した．この問題の税法学理論を考えるうえにおいて，参考になると思われたので，以下に紹介することとした．本件の納税者側代理人は，林田賢一，梶原恒夫，高橋謙一，椛島敏夫，武藤糾明らの各弁護士である．

2　VAT 消費税の法的性格

　本件では，消費税法 30 条 7 項の適用が争われている．そこで，この規定の法的意義を税法学的に明確にするためにも，はじめに消費税法（昭 63 法 108）で規定する消費税の法的性格を確認しておきたい．消費税は，その課税対象が特定・限定されていない学問上の一般消費税（General Consumption Tax）である．消費税は，一般消費税のうち多段階の付加価値税（VAT：Value Added Tax）である．付加価値税は，課税対象期間における当該事業者の売上高から仕入れ高を控除した「付加価値」（Value Added）に対して課税しようとするものである．そこでは，前段階の取引で課税された税額相当分を次の段階の取引の課税にあたって控除することを建て前としている．同一課税対象についていわば二重課税，三重課税を排除しようとするものである．ひとしく多段階の一般消費税であっても，第 2 次大戦後の日本に昭和 23（1948）年から 24（1949）年にかけて導入された取引高税は，ここにいう付加価値税ではなくて，各取引の売上げ自体に対して課税するものであって，その性質上同一課税対象について二重課税，三重課税などを当然の前提とする累積課税のものである．取引高税においては，当該事業者の売上高に対する税額から，前段階の税額相当分をいっさい控除しないこととされているからである．

　消費税法 28 条 1 項は，「課税資産の譲渡等の対価の額」つまり，売上高を課税標準とすることを規定し，そして同法 30 条 1 項は，同売上高に対する算出税額から，仕入れの際に負担した税額相当分を「税額控除」として控除することを規定している．こ

れらの規定は，消費税法が消費税を法的に「付加価値税」(Value Added Tax) とすることを示すものである．

この点について，若干のコメントを加えておきたい．消費税が前出取引高税のようなものではなく租税転嫁を前提とする付加価値税（間接税としての付加価値税）であることは，税法学的には「立法事実」(Legislative Facts) として確定している．このことは，消費税法とセットにして制定された税制改革法（昭 63 法 107）の明文規定によっても証明される．税制改革法は，講学上憲法に準ずる「準憲法的な法律」として「基本法」の1つである．「基本法」の諸規定は，単なる宣言規定にとどまるものではなく，たとえば本件で問題になっている消費税法 30 条 7 項の法的意味を考えるうえにおいて重要な法規範的拘束力をもつ．この点，税制改革法 10 条は，消費税においては「課税の累積を排除する」ものであることを確認している．そして同法 11 条は，消費税を「円滑かつ適正に転嫁するものとする」ことを確認している．「基本法」の性格をもつ税制改革法のこれらの規定は，消費税の法的性格として租税転嫁を前提とする，つまり，間接税としての付加価値税であることを明定するものであって，累積税である取引高税であることを明確に否定するものである．原判決・被控訴人（被告）のように，消費税法 30 条 7 項をひろく適用することになれば，消費税は付加価値税ではなく，累積税である取引高税に変質することになる．それだけにこの「立法事実」は，本件においても重く受け止められなければならない．

それでは，消費税法が仕入れ分の税額相当分についての取扱いをなぜに「税額控除」という形式で法律的に処理したのであろうかという疑いが生ずる．税法学的には，これは立法技術の問題にすぎないのであって，消費税が法的に二重課税の排除を建て前とする付加価値税であるということと抵触するものではない．強いて，いま1つの理由をあげれば，累積税方式から発達したヨーロッパの付加価値税（Value Added Tax）の立法例に倣ったともいえよう．

3　消費税法 30 条 7 項への税法学的理解

原判決は，消費税法 30 条 7 項を，以上で確認された消費税の法的性格・法構造とはまったく切り離して同条項それ自体を独立した重要な要件規定ととらえている．原判決のこのような理解は，税法学的に重大な誤りである．

消費税法 30 条 7 項は，次のごとく規定している．「第1項の規定〔仕入れ税額控除〕は，事業者が当該課税期間の課税仕入れ等の税額控除に係る帳簿又は請求書等を保存しない場合には，当該保存がない課税仕入れ又は課税貨物に係る課税仕入れ等の税額については，適用しない．ただし，災害その他やむを得ない事情により，当該保存することが出来なかったことを当該事業者において証明した場合は，この限りでない．」．

消費税法第 30 条 7 項の規定の法的意味も，税法学的にはさきに指摘した消費税の

法的性格・法構造から解明されねばならない．結論を言えば，次のごとくとなろう．さきにも指摘したように，税制改革法 10 条および 11 条が消費税法の法規範的意味の解明において法規範的拘束力をもつ．消費税が間接税である付加価値税であるという「立法事実」に鑑み，消費税法 30 条 7 項の法的性格は，同法 30 条 1 項の適用自体が「税額の払戻し」という，いわば金券の還付につながるだけに，その運用を厳正にしようとするための注意的手続的規定にすぎない．別言すれば，税法学的には，消費税法 30 条 7 項は仕入れ税額控除の適用にあたって慎重を期そうとするための一種の訓示規定である．それゆえ，同規定それ自体を要件規定としてとらえている原判決は重大な誤りを犯している．

当該事業者に対する税務調査の段階のみならず，行政上の不服申立て（異議申立て・審査請求），行政訴訟等の各段階でともかく当該事業者が問題の課税期間において仕入れの際に税額を負担していた事実が何らかの方法で証明される限り，現行法のもとでも，消費税法 30 条 1 項（仕入税額控除）を適用すべきである．そのような場合（仕入れの際に消費税を負担している事実が明らかな場合）において消費税法 30 条 7 項を理由にして仕入税額控除を行わないことこそが税法学的には違法となる．

仕入税額控除の適用否認を規定した消費税法 30 条 7 項は，仕入れの際に税額を負担していないことが客観的に明らかである場合に限って，いわば例外的にそのような場合にしぼって適用されるべきである．つまり，同項の「帳簿又は請求書等〔以下「帳簿等」という〕を保存しない場合」とは，そもそもまったく保存していない場合を別とすれば，仕入れの際の税額負担の事実がないのにいかにも負担したかのごとく虚偽等の記載をしている帳簿等の保存を意味する．このことから，当該事業者の帳簿等について消費税法 30 条 8 項・9 項の記載要件に，また，同法施行令 50 条の整理に，若干の不備があったとしても，当該事業者において真実，仕入れの際に税額を負担していることが事実であることを証明した場合には，消費税法 30 条 1 項の仕入税額控除を適用すべきであって，そのような場合には本件で問題になっている消費税法 30 条 7 項を適用することは違法である．さらに消費税法 30 条 7 項の本質的性格を明らかにするために敷衍すれば，課税庁が売上高について推計をする場合には仕入れ高についてもそれに応じて厳正に推計し，当該推計額に基づく仕入税額控除を適用しなければならないこととなるのである．

以上，仕入れの際に消費税を負担している客観的事実が存在している限り消費税法 30 条 1 項の仕入税額控除を行うことこそが原則であり，同法 30 条 7 項の仕入税額控除否認は，帳簿等の保存が客観的にも存在せず，仕入れの際に消費税を負担していない事実が客観的に明白である場合など，よほどの場合に限って例外的に行うべきである．仕入れの際に消費税を負担していた事実が税務調査，行政上の不服申立て，行政訴訟等の，どの段階においてであろうと証明された場合には，仕入税額控除を適用しなければならない（詳細については拙稿「消費税法 30 条 7 項の仕入税額控除の否認」

税理39巻4号，同「判例批評」全国商工新聞98・9・14号，同『現代企業税法論』岩波書店408頁以下）．

消費税法30条7項については，多くの判決例が示されているが，税法学的には大阪地裁1998年8月10日判決（判時1661号31頁）が，最も妥当といえよう．もっとも，同判決が「租税実体法上の仕入れ税額控除のための要件」というように消費税法30条7項を説明している点は，税法学的には誤りであるが．

同判決は以下のような趣旨の判示を行っている．すなわち，事業者が税務調査の際に帳簿等の提示を拒否したため課税庁により更正処分がなされた場合であっても，更正処分後の異議申立て，審査請求，取消訴訟の各手続において，帳簿等を書証として提出して処分当時にそれらを所持，保管していたことを証明した場合には，異議庁，裁決庁，裁判所は，提示を拒否したとの一事をもって仕入税額控除を否定するのではなく，提出された帳簿等を検討し消費税法30条8項・9項所定の事項が記載されているか，それを事業者が保存期間の始期から継続的に所持し，保管していたか否か，そもそも課税仕入れの事実があったか否かについて審理し，そのいずれもが肯定される場合には仕入税額控除を行うべきである，と．

つまり，被調査者側が提示を拒否したことの一事をもって仕入税額控除を否定すべきではなく，課税仕入れの事実が確認できれば，仕入税額の控除を行うべきであるという趣旨の判示をしている点が注意されよう．以上のように，仕入税額を負担している事実が存在する限り消費税法30条7項を適用し得ない．このことに関連して，消費税法30条7項自体は，明文で「帳簿又は請求書等の不保存」に限定していることに注意されねばならない．「帳簿又は請求書等の保存」の事実が証明され，そして仕入れの際に税額相当分を負担している事実が明らかである以上は，仕入税額控除を行うべきである．消費税法30条7項の適用上，それ以外の要件を持ち出すことは誤りである．

本件でも争われているが，消費税法30条7項の「保存」には帳簿等の「提示」は含まれない．このことは，前出の消費税の法的性格・法構造からも疑問の余地がなく，また文理解釈上も疑問の余地がない．

しばしば消費税法30条7項の帳簿等の不保存を所得税法150条1項1号（青色申告承認取消し）の帳簿書類の備付け等の不備と同視する議論が行われる．鑑定人は青色申告の承認取消し理由の「帳簿書類の備付け等の不備」の中には帳簿書類の不提示は含まれないと指摘してきた．仮に百歩譲って不提示が同「帳簿書類の備付け等の不備」に該当するとした場合，それは次の場合に限られる．すなわち，適法な税務調査に際して，納税者がそもそも記帳等をしていないか，記帳等をしていても当該記帳等があまりにも不完全であるため提示できないと客観的に推認されうる場合である（詳しくは拙著『税法解釈の個別的研究II』学陽書房294頁）．しかし，青色申告承認取消しの実務では，帳簿書類の不提示をその備付け等の不備と同視する運用が行われるき

らいがあった．この実務は，税法学的には誤りである．仮に百歩譲って，青色申告承認取消しの右実務を肯定するとしても，それを本件で問題になっている消費税法30条7項の運用において適用することは妥当でない．なぜなら，青色申告承認取消しは，青色申告の「特典」を奪うだけであるが，消費税法30条7項の適用は，さきに解明した消費税法の意図する付加価値税としての「消費税の法的本質」そのものの否定を意味するからである．消費税法30条7項の不保存には不提示は含まない．それゆえ，この点に関する原判決は誤りである．

以上の所見こそが消費税法30条7項に対する税法学の正当な見解であることが他の研究者による丹念な最近の研究によっても論証されている（黒川功「消費税仕入れ税額控除否認の法的限界——法30条7項の解釈にみる税法学説の性格と問題」北野先生古稀記念『納税者権利論の展開』2001年6月勁草書房，所収）．裁判はこのような学問に基づいて行われるべきである．

4 税務調査における第三者の立会い

本件では税務署担当官Yは，納税者の自宅兼店舗の裏にある本件倉庫でまず請求書綴りを見ることにしたのであるが，本件納税者が加入している民主商工会の事務局長Mが退席しないことを理由に，約1時間で退去したという．

原判決における原告（控訴人）主張によれば，次のごとくである．「原告は，原告の妻及びH地区民商事務局長であり原告の記帳補助者でもあるMと3人で，本件倉庫でYを待つ一方，平成6年10月7日に税務調査を受けようとした時と同様，本件倉庫の中の机の上には，売掛帳等8冊及び請求書数冊の束を，その周りにはそれ以外の請求書や仕入伝票が入った段ボール箱10箱ぐらいを積み上げるなどして関係書類を全て用意していた．そして原告が本件倉庫に来たYに「どうぞ見てください」と言って税務調査を行うよう促したころ，Yは「10月の時もこういうふうにしてくれたら」と言って，本件調査に着手しようとした．……原告は，『消費税法30条7項には『帳簿又は請求書』となっているから，請求書でいいでしょう』と言うと，Yは，『それじゃ，やむを得ません．この請求書を見ましょう．確認させていただきます』と言った．……Yは，1冊の請求書の束を手に取り，『これは5年分の請求書ですね』と言って，株式会社Jの請求書を見てその存在を確認し，更に，『今日，できる限り見ていって，この次帳簿を用意しとってもらいましょう』と言って，税務調査を開始した．したがって，この時点ではYは請求書が保存されていることを確認している．ところがYは，その後突然原告に対し，『Mさんを退席させて下さい』と言ってきた．……原告が『調査の場に請求書等を提出していたことを証明したいので，写真を撮りたい』と言うと，Yは，『写真はお断りします．請求書等があったことは認めます．せっかく用意されていたのに，立会いがあったので，私が見なかったということですね』と言ってそのまま原告の自宅兼店舗を退去した」．

原判決の認定によれば、次の事実がある。「原告が『請求書をこんなに用意してある』と言うので、『Y は』『それはわかっています。立会いがあるので見なかったという事です。立会人を呼ばないということであれば連絡して下さい』と告げて退去した」。

この点を税法学的にどのように考えればよいであろうか。

本件で問題になっている消費税法 62 条に基づく調査権（以下「本件調査権」という）の法的性格が解明されねばならない。この種の調査権を鑑定人は「実体税法上の調査権」と呼んでいる。実体税法上の調査権は、各個別実体税法において規定するもので、人々の実体的納税義務額を確定するための資料収集を目的とする。それは、被調査者の任意の協力を得てのみ成り立つところの、純粋な行政目的の任意調査である。この点、国税犯則取締法上の調査権（以下「国犯法上の調査権」という）とは本質的に異なる。国犯法上の調査権は、租税犯の成立について合理的疑いが存在する場合に、その犯則資料の収集を目的とする。国犯上の調査権は検察官等が行う犯罪捜査権と同じ性格のものである。本件調査権は、被調査者側に違法の疑いのある場合ではない。課税庁がその職務である納税義務額を確定するための資料収集につき、被調査者の協力を仰ぐものにすぎない。その性質上、被調査者側の諸事情に配慮して、課税庁としては「調査をさせてもらう」という姿勢に立つべきものである。

しかるに、この調査権への不協力に対して罰則が適用されることとなっている。（消税 68 条 1 号・2 号参照）。つまり、任意調査とは言いながら、罰則による間接強制となっている。厳密に言えば、それだけで憲法 31 条、35 条、38 条等に違反する疑いがある。この違憲性を回避するためにも、現行法のもとでも、憲法 13 条、31 条の「適正手続」に従った、妥当な税務調査のあり方が要請される。

行政手続法（平 5 法 88）の規定は、税務行政にほとんど適用されないことになっている。本来であれば、行政手続法 1 条の趣旨をふまえて、税務調査のあり方を含む税務行政手続法が整備されるべきである。現行法はいまだそのような法典整備をしていない。しかし、現行法のもとでも、税務行政にはその性質上憲法 13 条、31 条の「適正手続」の法理が直接的に適用されるものと解される。現行法のもとでも、この観点から、税法学は、いままで実体税法上の調査権のあり方の法理を詳細に解明してきた。それによれば、被調査者への事前通知（アポイントメント）、調査理由開示、本人調査をつくしたうえでの反面調査などの法理の適用が現行法のもとでも不可欠である。これらに反する所得税法 234 条などに基づく調査権の行使は違法となろう。

本件で問題となっている税理士以外の第三者の立会いも、現行法のもとにおいて税務調査を公正に行うための「適正手続」の 1 つの重要手続である。被調査者側に何らの違法の疑いもないのに行われる本件調査によって、被調査者は事実上、営業妨害、信用の失墜などの損害を受ける。「密室」での権力的調査である本件調査を公正に行わせるために、税理士がいない場合には第三者の立会いは不可欠である。これは、憲

第4章　第三者の立会いと消費税法30条7項

法13条，31条からの手続的要請である（以上の詳細については拙著『税法学原論・4版』1997年青林書院345頁以下，拙編『質問検査権の法理』1974年成文堂，など）．

このような所見に対して様々な反論が寄せられるであろう．第三者が立会いをすることは税理士法違反になると言う主張がある．関与税理士の立会いは厳密には「立会い」ではない．納税者の代理人としての税理士の当然の税務代理行為にすぎない（税理法2条1項1号）．税理士以外の第三者は，税務代理行為（納税者の代理人としての行為）を行うために立ち会うのではない．したがって，税理士法違反の疑いは成立しない．また，税務職員の守秘義務の確保の観点から，第三者の立会いは認めるべきではないと言う主張がある．税務職員の守秘義務規定は，そもそも税務職員側が被調査者（その取引先を含む）のプライバシーを洩らすことを禁止しているものであって，立ち会った第三者が被調査者（その取引先を含む）のプライバシーを洩らすことは法律的には税務職員の守秘義務の問題とは関係がない．被調査者と第三者とは信頼関係に立ったうえで，被調査者が第三者に立会いをお願いしている．もし第三者がこの信頼関係に背反して被調査者（その取引先を含む）のプライバシーを洩らした場合には，被調査者，ときに被調査者の取引先と第三者との間の私的自治の問題となるにすぎないのであって，税務職員の守秘義務の問題にはならない．被調査者，ときに被調査者の取引先が，法律的には当該第三者に対して民事・刑事の法的責任追及の手段を行使すればよい，という問題である．

本件の場合，さきにもみたように，Mは記帳補助者，少なくとも納税申告の関与者でもある．単なる第三者ではない．Mは税務経理担当の一種の従業員的地位の側面を有する．このようなMが在席するメリットこそあれ，Mを退席させなければならない理由は少しも存在しない．Yが原告の請求書綴りの調査に着手しながら，Mの在席を理由に本件調査を打ち切った．これは，公務員としての重大な職務放棄である．Yの行為は，国家公務員法98条1項，99条などに抵触する．Yに対しては，同法82条1項2号により懲戒処分に付せられるべき筋合いの問題である．

以上，Mの在席することが消費税法30条7項の「帳簿等の不保存」に該当しない．

5　結　語

税務行政は，日本国憲法のもとで正当に成立する税法学に基づいて展開されねばならない．貴裁判所としても，日本国憲法の原理に立ち返って，本鑑定で以上において明らかにされた学問・税法学理論に照らして，本件被控訴人（被告）の行為に対して厳正に法的検討を加えねばならない．

貴裁判所は，本件課税年度において控訴人（原告）が帳簿等を保存しており本件仕入れの際に税額を負担していたか否かを見極めることが大切である．本件調査を担当したYも，控訴人（原告）が請求書等を保存していた事実を確認している．Mが退席しないことを口実に調査を打ち切り（この調査打ち切りは税法学上まったく理由がな

い），被控訴人（被告）は，控訴人（原告）が本件仕入れの際に税額を負担していたかどうかをまったく見極めないで，被控訴人（被告）が消費税法30条7項を適用して本件仕入税額控除の適用を全面的に否認したことは，誰の目から見ても違法である．原判決は破棄されねばならない．

〔2001年12月〕

第5章 医療行為と消費税課税

1 はじめに

　消費税の免税点の大幅な引下げ（3,000万円以下→1,000万円以下）により，法律上本年（2004）から弱小の診療所等も現実に消費税が課税されることとなった〔現実には2005年分から課税が行われる〕．従来，高額の免税点などによって，診療所等の多くは消費税問題を現実の問題として考える必要がなかった．加えて，今後，消費税率の大幅な引き上げが予想されている．

　そこで，人の生命（いのち）に関する医療行為というものの本質に鑑みて，医療行為に対してそもそも消費税の課税を行うだけの妥当性が存在するかどうかを根源的に考えてみる必要があるように思われる．

　筆者は，この問題について医療等の任意団体から検討を依頼されて，去る2003年10月に以下の鑑定所見書をとりまとめた．参考になると思われたので，紹介することとした．

2 消費税の法的性格

　消費税法（昭63法108）と同時に制定された税制改革法（昭63法107）は，消費税について2つの規定を設けている．税制改革法は講学上の基本法である．基本法は「法律」ではあるが，準憲法的法律として位置づけられている．それゆえ，税制改革法の規定は，単なる宣言規定ではなく，消費税法のあり方，また成立した消費税法の具体的規定の法的意味を考えるうえにおいて，指導的法規範力を持つ．同法10条は，①消費税は，税体系全体を通ずる税負担の公平を図るとともに，国民福祉の充実等に必要な歳入構造の安定化に資するものであること，②累積課税を排除するものであること，などを規定する．同法11条は，消費税の円滑かつ適正な転嫁，などを規定する．

　消費税法2条1項4号は「事業者」を「個人事業者及び法人をいう」と規定する．そして消費税の課税対象になる「資産の譲渡等」について同法2条1項8号は「事業として対価を得て行われる資産の譲渡及び貸付け並びに役務の提供（代物弁済による資産の譲渡その他対価を得て行われる資産の譲渡若しくは貸付けまたは役務の提供に類する行為として政令で定めるものを含む．）をいう」と規定する．

　消費税の課税対象について，消費税法の立案当局は，次のように説明している（森信茂樹編『最新消費税法』税務経理協会1997年，61頁以下）．

　「課税の対象は，事業として行われるものに限られる．したがって，個人事業者が生活用資産を譲渡しても課税の対象とならない．また，個人事業者が家計に属する資産の運用として行う株式の売買等のような取引も，仕入控除税額の計算の基礎となる課

税売上割合の算定に加味する必要はない．なお，『事業として』行われるとは，対価を得て行われる資産の譲渡等が反復，継続，独立して行われることをいう（基通5-1-1）」．「課税の対象は，原則として対価を得て行われるものに限定されている．『対価を得て』とは，反対給付を受けることをいうから，無償で行われる資産の譲渡及び貸付け並びに役務の提供は，対象とされないことになる（基通5-1-2）．なお，対価が，提供される物品やサービスの反対給付として相当なものであるかどうかは問わないから，商品を原価を割って出血販売した場合や，子会社等に実費で広告宣伝用のカレンダー等の提供をする場合も課税の対象に含まれる」．

「『資産』とは，取引の対象となる一切の資産をいうから，棚卸資産又は固定資産のような有形資産のほか，権利その他の無形固定資産が含まれる（基通5-1-3）．『資産の譲渡』とは，資産につきその同一性を保持しつつ，他人に移転することをいう（基通5-2-1）．したがって，その原因は問わないから，例えば，他の者の債務の保証を履行するために行う資産の譲渡や強制換価手続により換価された場合の資産の譲渡も課税の対象となる（基通5-2-2）．」

「『役務の提供』とは，幅広い概念で，例えば，土木工事，修繕，運送，保管，印刷，広告，仲介，興行，宿泊，飲食，技術援助，情報の提供，便益，出演，著述その他のサービスを提供することをいい，弁護士，公認会計士，税理士，作家，スポーツ選手，映画監督，棋士等によるその専門的知識，技能等に基づく役務の提供もこれに含まれる（基通5-5-1）」．

以上によって知られるように，現行法の意図する消費税は，事業者が事業として行う有償の，資産の譲渡・役務の提供に対して課されるものである．より具体的に言えば，そのような事業者の行う取引行為に係る「付加価値」に対する大型間接税（一般消費税である間接税）ということになろう．しかも，消費税は理念的に人々の福祉充実のためのものである．

3 医療行為と消費税

現行消費税法は，医療については，一定の公的医療保険制度に係るもののみを非課税としている（消税6条，消税別表1第6号，消税令14条）．しかし，医師等が行う正当な医療行為は人の生命（いのち）に関するものであり，上記の，消費税の課税対象になる事業者が事業として行う有償の，資産の譲渡・役務の提供とは本質的に異なるものであることが指摘されねばならない．さきに引用・紹介した立案当局の文献には，消費税の課税対象となる「役務の提供」の例示としては，医師等の医療行為が掲げられていないことにも注意が向けられるべきであろう．先進各国，たとえばフランス，ドイツ，イギリスでは「医療」は非課税となっている．

日本国憲法は，人々の基本的人権について格別の配慮をしている．すなわち，11条において「国民の基本的人権の享有，基本的人権の永久不可侵性」を確認する．12条

において，この憲法の保障する「自由および権利の保持責任・濫用禁止・利用責任」を明定している．そして13条において，次のように「個人の尊重」，「人間の尊厳」を強調している．「すべての国民は，個人として尊重される．生命，自由及び幸福追求に対する国民の権利については，公共の福祉に反しない限り，立法その他の国政の上で，最大の尊重を必要とする」．さらに，97条で「基本的人権の本質」を確認して，これを次のように明定している．「この憲法が日本国民に保障する基本的人権は，人類の多年にわたる自由獲得の成果であって，これらの権利は，過去幾多の試練に堪へ，現在及び将来の国民に対し，侵すことのできない永久の権利として信託されたものである」．これを受けて，憲法は様々な人権規定を整備している．これらの人権条項は，そのまま，税制の展開・納税者の権利論の展開をする場合の法的基礎になることは，いうまでもない．憲法は，このような人権保障を司法的にも担保するために，明治憲法には存在しなかった違憲立法審査権を裁判所に付与している（憲81条参照）．

　明治憲法においては抽出できなかった租税に関する憲法原則として，われわれは，応能負担原則を日本国憲法から抽出することが可能である．この応能負担原則の憲法上の根拠について総括しておきたい．さきにも紹介した条項であるが，憲法13条の規定は，「個人の尊重」，「人間の尊厳」を租税のあり方についても要請する．また，14条は「法の下の平等」を規定する．これは，租税面では能力に応じた平等を意味する．25条は，「健康で文化的な最低限度の生活の保障」を規定する．これは，租税面では最低生活費を課税対象から除外することを意味する．さらに29条は，一定の生存権的財産のみを基本的人権として保障することを規定する．これは，租税面では一定の生存権的財産に対しては非課税または軽課税することを要請する．以上の諸条項から，租税制度のあり方として，応能負担原則が抽出される．巷間，強調される「ひろく，うすく」の根拠とされる応益課税原則を正当化する憲法規定は存在しない．応益課税原則は，課税する側がその課税の根のの1つの説明手段として用いうるとしても，納税者の税負担配分の原理にはなり得ない．租税制度のあり方についての実体的原理としては応能負担原則しか存在し得ない（詳細については拙著『税法学原論・5版』青林書院2004年）．この点は，本問題を考えるうえにおいても重く受けとめられるべきである．

　以上の応能負担原則からいって，先進各国は，食料品，水，新聞等の人々の生活必需品を非課税または軽減税率適用対象にしている．人の生命（いのち）に関する医師等の医療行為は，右の生活必需品を持ち出す以前の高度の公共的・公益的事象であって，それは本質的に消費税の課税対象になじまないものといわねばならない．先進各国が「医療」を非課税にしているのは憲法理論からいっても妥当といえよう．

4　結　語

　消費税は「日本型付加価値税」ということで，いままで高額の免税点が設定されて

いた．免税点は，法律上本年（2004年）から課税売上高1,000万円以下に引き下げられることになっている．加えて，近い将来，消費税率を2ケタ以上に引き上げることが予定されている（2003年6月，「政府税制調査会中期答申」）．そうなれば，消費税は人の生命（いのち）に関する弱小の診療所，病院等（以下，「診療所等」という）を直撃する．診療所等は，患者に消費税を転嫁し得ない場合が予想される．消費税は診療所等の維持・存続を破壊するであろうことは火を見るより明らかである．消費税は，人の生命（いのち）そのものへの課税である．明白に「福祉」そのものに反する．

　この際，立法論的に「医療」というものの本質に鑑み，また，さきに確認した消費税の「福祉充実」の導入趣旨に照らしても，正当な医療行為については公的保険診療，自由診療を問わずすべて非課税とする措置を講ずることが検討されるべきである．

〔2004年1月〕

第6章　遊興飲食税の特別徴収制度

1　はじめに

　以下は，最高裁昭和37（1962）年2月21日大法廷判決（昭和33年（あ）第1413号地方税法違反被告事件，刑集16巻2号107頁，判時288号12頁）の研究である．
〈事実の概要〉
　被告人X・Yは，遊興飲食税撤廃期成同盟の役員となり，昭和26（1951）年1月以降同税の撤廃運動をつづけてきた．被告人らは，共謀のうえ，昭和27（1952）年8月，小学校講堂で同税撤廃運動蹶起大会を開いた．そこで，約300名の飲食店等の業者にたいし，「……業者各自の店頭に納税箱を設け客の自由意志によって之に税金を入れてもらい納税日に右箱を県税事務所に持参し中に入っている丈を当該期の税金として納める」という「実力行使」にでることを演説し，特別徴収義務者として積極的に徴収・納入しないことをせん動した．また，Yは，その姉名義のキャバレーの実質上の責任者であって，そのいっさいの経営ならびにその損益帰属の実質上の主体であったが（Y自身は昭和28（1953）年1月以降特別徴収義務者としての指定を受けたが，本件において，裁判所は，それ以前の期間についても，Yを特別徴収義務者であると認定しているように思われる），昭和27年2月から昭和28年3月までの間，同キャバレーの客から徴収して納入すべき遊興飲食税を納入しなかった．
　第1審の広島地裁および第2審の広島高裁は，被告人らの行動は地方税法21条1項（不納付せん動罪），同法122条1項（遊興飲食税納入金不納入罪）等に該当するとして，被告人らを有罪とした．
　上告論旨および大法廷判示事項は多岐にわたるけれども，ここでは，特別徴収制度の違憲性の問題のみをとりあげる．大法廷は，被告人らの特別徴収制度違憲論を斥けて，上告を棄却した．
〈判　旨〉
　遊興飲食税の特別徴収制度に関する諸規定は，憲法11条・12条・13条・22条・29条・31条・36条等に違反しない．

2　研　究

　(1)　地方税法は，遊興飲食税（現行では特別地方消費税．執筆当時）につき，特別徴収制度を採用している．本件では，この特別徴収制度の合憲性が問題になっているわけであるが，憲法論的検討に入る前に，参考までに特別徴収制度の仕組を概説しておきたい．
　遊興飲食税の特別徴収制度の基本規定は，地方税法118条と119条である．まず，

同法118条は、遊興飲食税の徴収は特別徴収の方法によらなければならない旨を明らかにする。次に、同法119条は、(1)特別徴収によって徴収しようとする場合には料理店の経営者その他徴収の便宜を有する者を当該道府県の条例によって特別徴収義務者として指定し、これに徴収させなければならないこと、(2)特別徴収義務者は、当該道府県の条例で定める納期限までにその徴収すべき遊興飲食税の課税標準額等を記載した納入申告書を道府県知事に提出し、かつ、その納入金を当該道府県に納入する義務を負うこと、(3)右規定によって納入した納入金のうち本来の納税者が特別徴収義務者に支払わなかった税金相当分については、特別徴収義務者はその本来の納税者にたいし求償権を有すること、(4)特別徴収義務者は右求償権に基づいて訴を提起した場合には、道府県の徴税吏員は職務上の秘密に関する場合を除くほか証拠の提供その他必要な援助を与えなければならないこと、等を規定している。

特別徴収制度と類似するものに源泉徴収制度がある。源泉徴収の場合には徴収義務者は給与等の支払を受ける者から税金を天引きすればよいのに対し、特別徴収(遊興飲食税)の場合には客から遊興代金とは別に税金を徴収しなければならない(後述のようにその意味では特別徴収義務者のほうの負担が重いといえる)という差異があるが、いずれも本来の納税者以外の第三者に税金の徴収および納入の義務を負わしめるものである。

特別徴収義務者や源泉徴収義務者の法的地位については、従来必ずしも十分に解明されているとはいえず、一義的に説明することは困難である。それは、少なくとも、①徴税機関的側面と②納税者的側面の両面をもっていることは否定しえない。①については説明するまでもないと思われるので、②について若干の説明をしておこう。遊興飲食税についての公法上の租税法律関係は、地方公共団体と特別徴収義務者との間にのみ生ずる。本来の納税者(店の利用者、お客)は登場しない。特別徴収義務者が本来の納税者から税金を徴収していようといまいと、彼は所定の金額を所定の期日までに納入する義務を負う。特別徴収義務者と本来の納税者との間には求償権をめぐる民事法律関係が存在するだけである。徴収猶予、更正・決定、督促、差押等はすべて特別徴収義務者に対してなされる。また、特別徴収義務者は、延滞金・加算金等の制裁のほかときに罰則(不納付犯など)による刑事制裁をも甘受しなければならない。

特別徴収義務者等は、このように、実定法上納税者的地位にたたされるが、さればといって、その徴税義務は、憲法30条に規定する「納税の義務」の中に含まれるのではない。もし、含まれるのであれば、無償が当然であって、そもそも後述の憲法29条違反の問題は生じない。税金というものは本来の納税者から直接納入させるのが原則であるけれども、合理的な理由がある場合には、法律(条例を含む)で第三者をして徴収・納入させることも許される。特別徴収とか源泉徴収とかは、税徴収の1つの方法であり、その内容の当否はともかく、これを法律で規定すること自体は違憲ではない。

(2) 上告論旨における違憲論は多岐にわたっているため，判決も多くの条項をあげて合憲であるとした．しかし，法理論的所見は個々的に示されているわけではない．これに対し，所得税源泉徴収制度についてなされた最高裁昭和37年2月28日大法廷判決（刑集16巻2号212頁）は，同事件の3つの上告論旨（憲14条1項・18条・29条の各違反）についてそれぞれ所見を述べて，合憲であるとした．本判決のあげるすべての条項について検討することは紙幅の関係上困難であり，かつ，その必要性もないと考えられるので，重要な2, 3の条項について検討するにとどめたい．

　㋐ 憲法29条違反の問題

　既述のごとく，地方税法上，「料理店の経営者その他徴収の便宜を有する者」（119条1項）は，一方的に特別徴収義務者として指定されて，無償で，他人から税金を徴収し納入することを義務づけられる．これにより，彼らは少なからぬ私有財産の侵害を受ける．この義務の評価については，河村少数意見が「〔特別徴収〕義務者の負担する労費の容易ならざるものであることは顕著な事実である．然るに被指定者は一方的に指定されて，これを拒むこともできず，徴収の労務を負担しながらこれに対し何等報酬，費用等支弁の定めのない制度が果して合理的な制度といえるであろうか」という疑問を提出している点が注意されよう．この問題は，憲法論的には特別徴収義務者の犠牲が現代の諸般の事情に鑑み特別損失ないしは特別犠牲といえるかどうかにかかる．結論的にいえば一般に，特別徴収制度それ自体を違憲とすることは困難であるとみられるが，その場合，特別徴収義務は特別損失ないしは特別犠牲に該当しないという構成によらざるをえないであろう．ただ，一般的にはそのような結論をとるとしても問題がまったくないわけではない．①給与所得にかかる所得税や住民税の源泉徴収・特別徴収の場合に比して，遊興飲食税の場合には特別徴収義務者は本来の納税者から税相当分を現実に徴収できない場合が少なくはない（所得税等の場合と異なり税相当分を，天引きではなく加算して徴収しなければならず，また特別徴収義務者と本来の納税者との間の関係にはいわゆる継続性がない）．つまり，遊興飲食税の税相当分の負担が現実に特別徴収義務者に帰している場合がないではない．②「料理店の経営者等」の実態に鑑み，遊興飲食税の場合の特別徴収事務は彼ら（特別徴収義務者）にとって精神的にも物理的にも大変な負担になっている場合がある．これらの点を考慮するとき遊興飲食税の特別徴収義務者側の諸事情によっては，現実に特別犠牲ないしは特別損失とみなければならない場合もまったくないわけではないように思われる．

　㋑ 憲法14条違反の問題

　上告論旨中に憲法14条にふれる部分もあるがその意図が不明確であるためか，本判決は同条を援用していない．しかし，この点は，既述の源泉徴収判決では重要な判示事項となっている．同条違反の論点はいくつか考えられうるが，本件では，料理店等の経営者に特別徴収義務を課することは，右経営者を一般国民と差別することになるのではないかという点がもっとも重要な論点として考えられよう．一般に，憲法14

条の趣旨は機械的画一的平等を意味せず，合理的な差別は違憲でないと解されているので，問題は，特別徴収義務者の不利益が合理的な差別といえるかどうかということになる．非常にむずかしい問題であるが，憲法解釈論上は一般的には垂水・奥野補足意見等が述べる理由（遊興飲食税の特殊性，経営者の占める特別な地位等）をあげて，結局，合理的根拠ありとして，違憲でないと結論せざるをえないように思われる．ただ，「憲法29条違反の問題」の項で述べた問題点を考慮するとき，現実的につねに「合理的な差別」であるといってすますことができるかは大いに疑問とされねばならないであろう．なお，特別徴収の対象となるお客についても憲法14条との関係において問題が考えられないではない．

(ウ) 憲法18条・31条違反の問題

源泉徴収判決で問題とされた憲法18条違反の点については，本件の場合にも「所論のように，苦役であり奴隷的拘束であると主張するのは明らかに誇張であって，あたらないこと論をまたない」といわねばならないであろう．むしろ，憲法解釈論としては，河村少数意見が強調するように，地方税法122条1項の憲法31条違反の問題が検討に値しよう．すなわち，地方税法の右条項は，特別徴収義務者の不納入行為にたいし「3年以下の懲役若しくは100万円以下の罰金若しくは科料に処し，又は懲役及び罰金を併科する」という重い刑を規定している．不納入罪も故意を要件として成立するとはいえ，それは，偽りその他不正の行為により税を免れることを犯罪構成要件とする通常の逋脱犯とは罪質が異なる．法解釈論のレベルにおいても，不納入行為が果たして刑罰，とりわけ懲役刑を科するに値するものであるかどうかについては疑問がないではない（仮に制裁を科すとしても加算金的なもので足りるのではあるまいか）．それゆえ，憲法31条違反の疑いも成り立つ（31条の「法律の定める手続」は実体的な適正要請の意味をも包含するものと解される）．この疑問に対しては，多数意見はまったくこたえるところがない．この問題は源泉徴収制度に対してもそのまま妥当するのであるが，特別徴収制度・源泉徴収制度に対する違憲論としてはこの31条違反がもっとも説得的であるように思われる．

なお，本来の納税義務者の法的地位を実質的には保障していない現行制度の法的構成自体も，トータルに憲法13条，31条（「適正手続」）から問題となろう．

【付 記】

一般に料飲税の特別徴収制度のほうが，給与所得税の源泉徴収制度に比して，憲法14条・29条・31条違反等の議論が妥当しうるように思われる．最高裁昭和59年10月15日第1小法廷決定（刑集38巻10号2829頁），北野弘久「料飲税最高裁決定と税務行政」法学セミナー昭和60年1月号54頁参照．なお，同『サラリーマン税金訴訟・増補版』（税務経理協会）．

〔1994年10月〕

第6章　遊興飲食税の特別徴収制度

【文　献】
　源泉徴収制度・特別徴収制度に対する憲法論的検討の詳細については，拙著『税法学原論・5版』青林書院第20章，第27章参照．

第7章　物品税の課税対象認定問題と租税法律主義

1　事案の概要

　個別間接税の物品税のことを規定していた物品税法は，消費税法（昭63〔1988〕法108）の制定に伴って廃止された．この物品税法のもとで，道路運送車両法上も道路を走行することのできない，FJ1600 と呼ばれるいわゆるフォーミュラータイプ競走用自動車が同法にいう「普通乗用自動車」に該当するかが争われた．事案では，昭和59（1984）年3月ないし昭和63（1988）年7月の移出に係る競走用自動車に対する課税が争われた．

　第1審京都地裁平成5（1993）年1月29日判決は，納税者側の主張を認めて，税務署長の行った本件物品税課税処分を違法とした．

　すなわち，「本件各自動車は，社団法人日本自動車連盟が定める国内競技車両規則に則り設計，製造された，FJ1600 と呼ばれるいわゆるフォーミュラーカーであり，専ら自動車レースに用いることを目的とする．本件各自動車は，……一般公道を走る上での通常の安全装置が省略されている．そのため陸運事務所の登録基準に合致しない結果，乗用車としても，特殊自動車としても登録できず，一般道路の運行の用に供することができない．……自動車レース用に設計・製造されているため，これを運転して一般公道を走行することは，法律上許されないし，事実上も，著しく危険ないし困難である」．「……本件各自動車は，運転者を乗せて走行する自動車であって，この点で乗用自動車に当る．しかし，その性状，機能及び用途等に照らして，サーキットレース場における自動車レースの用にのみ供される，特殊な用途の競走用の自動車であって，一般公道を通行することができないものと認められる．……小型普通乗用自動車に該当するとは認められない」．

　これに対して，第2審大阪高裁平成6（1994）年3月30日判決は，本件自動車を物品税法上の普通乗用自動車に該当するとして，税務署長の行った本件物品税課税処分を適法とした．

　すなわち，「本件各自動車は，自動車レースに使用されるものであるが，その前提として，1人の人間（運転者）の移動が行われるものであり，換言すれば，人が乗用することによって行われる自動車の移動を競うために使用されるものである．本件各自動車を操縦するには高度の技術の習熟を要し，通常の運転免許を有しているにすぎない者は乗用することもできないが，このことは，乗用するための技術において高度のものが要求されていることを意味するにすぎない．また，本件各自動車は一般道路における走行が法令上許容されていないし，公道の走行を許容されている乗用自動車とは異なる仕様となっているが，これも，自動車を『乗用』に使用する際における走行速

第7章 物品税の課税対象認定問題と租税法律主義

度などの運転テクニックを極度に高めて走行させるために製造された結果にすぎない．……救急車は，急病人を救うという，乗用とは別目的の用途のために使用されることから，普通乗用自動車の範疇から除外されるのであるが，これは，本件各自動車のように，乗用の技術そのものを極限にまで高めることを目的としているのとは，質的に異なる用途を目的としている結果の解釈に基づくものである．……本件各自動車は，人が乗用することを目的とするものであって，乗用という用途以外の特殊な用途に供されるものではない」．

この事件の最高裁への上告にあたって筆者は，税法学鑑定書の作成を納税者側から委嘱された．

本件は，租税法律主義をめぐる税法学の基本問題に関する．そこで，税法の解釈・適用のあり方を考えるうえにおいて参考になると思われるので，以下に紹介することとした．

最高裁平成9 (1997) 年11月11日第3小法廷判決（判時1624号71頁）は，本件自動車を物品税法上の普通乗用自動車（物品税法別表の「小型普通乗用四輪自動車」）に該当するとし第2審判決を支持した．しかし小法廷を構成する5人の裁判官のうち2人の裁判官が反対意見を述べて，第1審判決を支持した．この点においても注目に値しよう．

本件の納税者側代理人は，岩佐英夫，井関佳法の各弁護士である．

2　最高裁への拙鑑定書

1997年1月27日付でとりまとめた最高裁への拙鑑定書の概要は，次のごとくである．

2.1　物品税法別表7の「普通乗用自動車」の法的意味

本件当時の物品税法（昭37法48）1条によれば，「別表に掲げる物品には，この法律により，物品税を課する」と規定している．本件課税庁の主張によれば，本件自動車FJ1600は同法別表7「自動車類及びその関連製品」のうちの2「小型普通乗用四輪自動車」に該当すると主張している．そこで，本件の争点として「普通乗用自動車」の法的意味が争われている．

この点に関連して物品税法9条において規定する非課税物品との関連を解明しておく必要がある．同条によれば，「別表に掲げる物品のうち，その価格の同種物品に係る価格体系のうちに占める位置が低いこと又特殊な性状，構造若しくは機能を有することにより，一般消費者の生活及び産業経済に及ぼす影響を考慮して物品税を課さないことが適当であると認められるものとして政令で定めるものについては，物品税を課さない」と規定している．これを受けて物品税法施行令（昭37政令99）6条は，同施行令別表において「課税最低限の金額」および「非課税物品」を各別に規定している．

同施行令別表においては本件で問題になっている「小型普通乗用四輪自動車」については「課税最低限の金額」の欄および「非課税物品」の欄には各別の規定が存在しない。同施行令における非課税規定（「課税最低限の金額」および「非課税物品」の規定）の法的性格は物品税法別表において課税物品とされたもののうち、特に各別に非課税とするものを定めるものである。つまり、はじめから物品税法別表において課税物品とされていないものについて確認的に非課税とすることを定めるものではない。このことは次のことを意味する。同施行令別表において非課税と規定されているものだけが、物品税の非課税物品となるのではない。同施行令別表において特に格別に非課税と規定されていないものであっても、そもそも物品税法別表において規定する課税物品に該当しないものについては、はじめから課税されないのである（物税2条2号参照）。

物品税法施行令別表において本件で問題になっている専用レーシングカーについて非課税とする特掲規定が存在しなくても、同レーシングカーが物品税法別表（課税物品表）で規定する前記普通乗用自動車に該当しないものであるときは、物品税を課税することができないこととなる。

そこで、物品税法別表7の普通乗用自動車の法的意味が、憲法の租税法律主義（憲30条、84条）の法理からいって、厳正に解明されねばならないこととなろう。

国税庁通達はあくまで行政内部の取り扱い基準を例示的に示したものにすぎず、それ自体法的拘束力を有するものではない。しかし、物品税法の整合的解釈を展開するうえにおいて同通達の具体的内容を税法学的に検討しておきたい。物品税法基本通達（昭41間消4-68ほか）によれば、「乗用定員（運転者席を含む）11名以上の自動車は、普通乗用自動車又は乗用兼用貨物自動車としては取り扱わない」（物税基達第2種物品7の3）、「電波測定車、無線警ら自動車、道路管理用緊急自動車、放送宣伝用自動車、救急車、移動レントゲン車、移動図書館等特殊な構造等を有するもので、陸運事務所の登録基準により特殊自動車として登録されるものは、普通乗用自動車等又は乗用兼用貨物自動車等としては取り扱わない」（物税基達第2種物品7の6）とされている。これらは例示的な非課税の取り扱い規定であるが、これらはさきに指摘した物品税法別表（課税物品表）で規定する課税物品である「普通乗用自動車」にはじめから該当しないものであることの注意的取り扱い規定にすぎない。別な表現をすれば、国税庁の「普通乗用自動車」についての公的な法的理解を示唆するものとみてよい。同通達には特掲されていないが、実務では貨物車、寝台車等も普通乗用自動車に該当しないとして課税が行われていない。また「遊園地専用の乗用自動車」および「ゴーカート」などは娯楽用の遊戯具として使用されるものであって普通乗用自動車に該当しないとして課税が行われていない（昭60・1国税庁消費税課・物品税取扱先例集、乙5号証）。

物品税法別表の課税物品表に掲名された物品のみが課税対象となる。同表は、憲法

の租税法律主義にしたがって制限列挙的に課税物品を規定している．それゆえ，「普通乗用自動車」に該当しない自動車は，はじめから課税物品には該当しないこととなるわけである．同表で規定する課税物品の法的意味は厳正に客観的にとらえられねばならず，いわゆる類推解釈は許されない．

さきに指摘した実務（通達で明定されていないものを含む）において非課税扱いをされている自動車は，税法学的にはいずれも物品税法別表七の「普通乗用自動車」にはじめから該当しないものの例示である．これらを詳密に検討すると同表七でいう「普通乗用自動車」とは法的に特定的な意味をもったコンセプトとみるべきである．すなわち，税法学的に通常人がそれを利用し，かつ通常人が社会通念上乗用自動車として期待するところの性状，機能，構造等を備えているところから通常人の乗用の用に供しうる自動車，ということになる．道路交通法（昭35法105）84条等が「普通自動車免許」「普通自動車」のコンセプトを用いている用法も参考となろう．通常人が乗用の用に供することのできない，特殊目的のものは「普通乗用自動車」ではない．この点について，コメントすれば，さきに掲げた電波測定車等は，いずれも特殊目的のものである．また，「ゴーカート」などは娯楽用の遊戯具であって社会通念上通常人が乗用の用に供するものではない．いわゆるバス，貨物車，寝台車等も，社会通念上通常人が乗用に供する「普通乗用自動車」でないことはいうまでもない．本件で問題となっているレーシングカーは，レーシング目的的の性状，機能，構造等をもつものであって，社会通念上通常人の乗用に供しうる自動車ではない．

レーシングカーについてはツーリングタイプ，スポーツタイプ，フォーミュラータイプの3種類がある．いずれも通常人が乗用するところの道路等を利用できないものである．また道路交通法上の通常の免許だけでは運転できない．レーシングカーはレーシング目的のための道具であって，陸運事務所において普通乗用自動車，特殊自動車のいずれにも該当せず，登録することができないものである．ちょうど，前出の遊園地における遊戯具のようなものといってよい．また，自動車税，軽自動車税の課税の対象にもされていない．また，普通乗用自動車等を製造するためには運輸大臣の型式指定が必要であるが（道路運送車両法75条），本件レーシングカーの製造にはそうした型式指定は必要でない．

本件で問題になっているレーシングカーFJ 1600はフォーミュラータイプのものであって，外観的にも一見して社会通念上通常人が，乗用の用に供しうるものでないことは，何人にも疑問の余地がない．

2.2 本件レーシングカーについて

本件で問題になっているレーシングカーFJ 1600はフォーミュラータイプのものである．それらがどのように社会通念上の普通乗用自動車とは異なるものであるかについては，平成4 (1992) 年5月27日の検証調書，平成4 (1992) 年6月17日の検甲50

～91号証およびその証拠説明書によって明白である．これらはいずれも通常人の利用する道路等において乗用の用に供しえない．まさに，これらはレーシングだけの道具である．したがって，物品税法別表7の「普通乗用自動車」に該当しないといわねばならない．

納税義務者とされた上告人は，1976年からレーシングカーの製造業を営んできた．当初は，スポーツタイプ，ツーリングタイプのものを製造していた．本件で問題になっているフォーミュラタイプのFJ1600の製造は1982年以降である．上告人は所得税の確定申告をしており，同申告書の業種欄には「レーシングカー製造業」と明確に記載している．1988（昭和63）年11月25日に突然の国税犯則取締法上の強制調査を受けるまではレーシングカーの製造販売についてまったく物品税の課税が問題になったこともなく，事実，上告人は，レーシングカーは非課税（不課税物品）との確信をもっていた．

また，課税庁側からも物品税の課税についてかつて上告人に対して何の行政指導もなかった．また，レーシングカーの製造業者の間においても一般にそれまでは非課税（不課税）という考え方が支配的であった．右強制調査が行われたのは，物品税を廃止し消費税を導入しようとする直前の時期であったことに注意が向けられるべきであろう．消費税法（昭63法108）は昭和63年12月に成立し翌年4月1日から実施された．

このようにみてくると本件の物品税課税処分には信義則違反の疑いも成り立つ．

2.3 結語

以上の検討で明らかなように，本件で問題になっているフォーミュラタイプのレーシングカーFJ1600は，物品税法別表（課税物品表）7に規定する「普通乗用自動車」に該当しないことは税法学上疑いの余地がない．第1審の京都地裁平成5 (1993) 年1月29日判決の認定は税法学的にも妥当といわねばならない．原判決は破棄されるべきである．

3 最高裁判決

最高裁平成9 (1997) 年11月11日判決（判時1624号71頁）は，次のごとく述べて，上告を棄却した．

「……本件各自動車も，人の移動という乗用目的のために使用されるものであることに変わりはなく，自動車競走は，この乗用技術を競うものにすぎない．また，本件各自動車の構造，装置が道路を走行することができないものとなっているのも，右のような自動車競争の目的に適合させるべく設計，製造されたことの結果にすぎないのであって，本件各自動車は，乗用とは質的に異なる目的のために使用するための特殊の構造，装置を有するものではない．したがって，本件各自動車は，その性状，機能，

第7章　物品税の課税対象認定問題と租税法律主義

使用目的等を総合すれば，乗用以外の特殊の用途に供するものではないというべきであり，普通乗用自動車に該当するものと解すべきである．」

　この最高裁判決は，物品税法の解釈を誤るものであって，税法学的には誤謬といわねばならない．その税法学上の根拠については前出鑑定書において詳細に述べたところであるが，この最高裁判決において示された尾崎行信，元原利文の両裁判官の反対意見によっても明らかである．反対意見の骨子は，次のごとくである．

　「一般に，自動車は，人が運転するのであるから，必ず人が乗用して移動する側面を有しており，本件各自動車も，この意味で人の乗用を伴うものであるが，このこと自体で乗用自動車であるか貨物自動車であるか，さらに普通自動車か特種自動車かの指標とすることはできず，したがって，物品税法上課税対象となる普通乗用自動車の定義とすることはできない．……本件各自動車が課税対象たる『小型普通乗用四輪自動車』に該当するか否かは，人の乗用を伴うか否かのみによって判断されるべきではなく，自動車としての性状，機能，使用目的等の諸要素及び陸運事務所の登録の可否，種別を総合勘案して判断すべきである．本件各自動車についてこれをみるのに，その主たる使用目的は，高速走行に適した構造や機能の開発，試験に資し，自動車その他の機械の改良，進歩，機械工業の合理化などを図るものとしての自動車競争にあり（小型自動車競走法参照），そこには，普通乗用自動車本来の，人を運搬して社会的，経済的効用を達することは含まれていない．それゆえ，本件各自動車は，自動車競走の目的に適合させるべく，通常の安全装置が省略され，発電機やエアクリーナーの装備もなく，乗用に際してはいったんハンドルを外して上部から乗り込み運転席に着席してからハンドルを取り付ける仕組みとなっているなど，専ら自動車競走場という限定された場所における高速走行を目的とした特殊な構造，装置を備えたものであって，そもそも道路を走行することが全く予定されておらず，そのために必要な構造，装置の重要な一部を欠くものである．このように，本件各自動車は，人を地点間で移動させて社会的，経済的効用を達成する目的を有しておらず，これを主たる目的とする『普通』の乗用自動車とは著しく異なる特異な性状，機能を有しており，そのため，道路運送車両法上特殊用途自動車としても登録できないものである．したがって，これらの性状，機能，使用目的等を総合すれば，本件各自動車は，自動車競走場における自動車競走という特殊の用途に供するものとして，「普通」乗用自動車には該当しないと解すべきである．……前記物品税法基本通達では，陸運事務所の登録基準により特殊自動車として登録されるものは普通乗用自動車等として取り扱わず課税対象としていないのに，およそ登録基準に合致せず登録不能な本件各自動車を普通乗用自動車として課税の対象とすることは，均衡を失するものとして許されるべきではない．」

　本件競走用自動車は，社会通念上からいっても普通乗用自動車に該当しないことは明白であり，物品税法上の「普通乗用自動車」に該当しないことも明白である．現に本件で問題になるまでは，課税庁は本件納税者に課税しておらず，またその課税のた

445

めの指導もしていなかった.本稿では,尾崎行信,元原利文の両裁判官の反対意見の骨子しか紹介できなかったが,同反対意見は,税法学からいっても正鵠であり説得的である.

〔2002年3月〕

第VIII部　租税手続

第1章 共有物に係る連帯納税義務規定の違憲性 (1)

1 はじめに

　共有物に係る固定資産税・都市計画税について，たまたま原告Hが登記簿謄本の筆頭者であったという偶発的理由で，同人は，同人と主観的関係のまったく存在しない他の共有者の税額分までを負担させられた．原告が他の共有者に対して求償権を行使したが，求償不能の分が存在した．原告はこの求償不能分の損害賠償を東京都に求めた．原告に対する本件課税処分は，地方税法10条・10条の2の連帯納税義務規定に基づいて行われた．

　筆者は，去る2001年4月に同規定の違法性等を明らかにする鑑定所見書を東京地裁へ提出した．連帯納税義務規定について税法学からそのあり方を考えるうえにおいて参考になると思われたので，本誌〔税経新報〕に紹介することとした．本件の納税者側の代理人は，小野寺利孝，安田耕治，坂口禎彦の各弁護士である．

2 地方税法10条・10条の2の法的意味と憲法14条違反の問題

　本件では，訴状別紙の4の建物（以下「本件建物」という）の共有に関して生じた固定資産税および都市計画税（以下「固定資産税等」という）の納税義務が問題になっている．

　東京都世田谷都税事務所所長（以下「所長」という）は，本件建物に係る固定資産税額等の全額を原告1人に対して納税通知書を送付した．同建物は昭和59 (1984) 年度分からは6名（原告以外は5名），昭和61 (1986) 年度分からは7名（原告以外は6名）の共有であった．本件建物について原告ら共有者間には緊密な主観的関係はまったく存在せず，加えて共有物に係る固定資産税額等とはいえ，本来的には各人の持分に応じて各人の各納税義務額分は可分であり，より正確にいえば各人ごとの納税義務額が明確に分別することが可能であることが指摘されねばならない．それゆえ，各共有者に対してまず各人ごとの納税義務額の履行を求めるのが筋合いである．

　しかるに，本件所長は，地方税法10条，10条の2の規定に基づいて，形式的に画一的に本件建物の登記簿謄本においてたまたま権利者として筆頭者であったにすぎない原告に対して，本件建物に係る固定資産税額等の全額の納税通知処分を行った．これにより，原告は，他人の納税義務額234万5,773円を負担させられた．原告にとってはいわれなき経済的負担である．本件では，このいわれなき経済的負担について東京都が原告に損害賠償することが求められているわけである．

　そこで，地方税法の関係条項を確認しておきたい．

地方税法第10条「地方団体の徴収金の連帯納付義務又は連帯納入義務については，

民法第432条から第434条まで，第437条及び第439条から第444条までの規定を準用する．」

地方税法第10条の2第1項「共有物，共同使用物，共同事業，共同事業により生じた物件又は共同行為に対する地方団体の徴収金は，納税者が連帯して納付する義務を負う．」

すでに指摘したように，課税庁はまず各人ごとに各人の納税義務額について納税通知書を送付すべきである．各共有者は，右の各納税通知書に基づいて各人の納税義務額を履行すべきである．これは現代国家における立憲主義（租税法律主義・租税条例主義）の初歩的要請である．

地方税法の右連帯納税義務に関する規定は，右の各人ごとの手続をつくしたうえでなお納付がなされない場合の例外的措置にすぎない．前出地方税法10条は，連帯債務に関する民法第432条以下の規定の一部を準用しているが，周知のように民法の連帯債務の規定は，連帯債務者間にもっぱら親族関係等のような緊密な主観的関係の存在する場合を前提とした法理であるといわれる．本件建物の共有者間には右のような主観的関係がまったく存在せず，すでに指摘したようにたまたま原告が本件建物の登記簿謄本の筆頭者であったという偶発的理由で他人の固定資産税額等を納付させられることとなった．それだけに，まず各人ごとの手続をつくしたうえで，さらに後に述べる「適正手続」をつくすべきであったといわねばならない．

地方税法10条，10条の2第1項の規定については種々の憲法上の疑問が存在するのであるが，いま，百歩ゆずってこれらの規定が合憲であると解するとしても，本件のような主観的関係の存在しないような場合に，かつ登記簿謄本の筆頭者という偶発的地位の原告にいきなり連帯納税義務の規定を適用し，他人の納税義務額を負担させることはあまりにも不合理であって，憲法14条（不合理な差別の禁止等）の趣旨に鑑み，「適用違憲」を構成するといわねばならない．

3　憲法13条・31条違反の問題

人々に不利益処分を課する以上は，地方税法およびそれを前提とする都税条例(注)に格別の規定が存在しない場合であっても，地方税法10条・10条の2の連帯納税義務規定の運用にあたって，憲法13条・31条の「適正手続」の要請が考慮されねばならない．なぜなら，憲法13条・31条は権力的行政である税務行政に直接的に適用されると解されるからである．

まず，本件納税通知書が原告宛にしかも原告だけに送付されているが，その宛名が原告外5名または原告外6名となっている．地方税法10条で準用している民法434条はあくまで履行の請求に関する規定である．念のために同条を確認しておきたい．

民法434条「連帯債務者ノ一人ニ対スル履行ノ請求ハ他ノ債務者ニ対シテモ其効力ヲ生ス．」

一般に納税通知書は，納税義務額の確定と履行の請求という2つの性格をもつ。それゆえ，納税義務額の確定という面では右の民法434条は適用されない。つまり原告宛の本件の納税通知書による送付だけでは，原告以外の連帯納税義務者には納税義務額確定の法効果が及ばないことになる。この点について，地方税法10条・10条の2と同旨の国税通則法8条・9条の趣旨について大蔵省の立案担当官は次のように解説している。「3　納税の告知及び督促（民法434条の準用）　連帯納税義務者の1人に対する納税の告知及び督促は，その履行の請求として全員に対してその効力を生ずる。したがって，連帯納税義務者の1人に対する納税の告知又は督促により，全員につき時効中断の効力を生ずる（国税通則法73条参照）。申告納税方式による国税についての更正又は決定及び賦課課税方式による国税についての賦課決定は，税額の確定に関する処分であって履行の請求ではないから，上記の適用はなく，各人別にしなければならない。なお，賦課課税方式による国税の課税標準申告書に記載された課税標準が税務署長の調査したところと同じであるときは，税額の確定は，賦課決定通知書によらず，納税通知書によることとされており（国税通則法32条3項かっこ書き），この場合の納税の告知は，履行の請求としての効力のほか，税額確定の効力をも有しており，また，督促は，差押えの前提要件（同法40条）としての効力を有しているが，これらの効力は履行の請求としての効力以外のものであるから，これについては，右に述べた連帯納税義務者の全員に及ぶという原則の適用はない。したがって，これらの効力をも考えなければならない限りにおいては，連帯納税義務者に対する右の納税の告知及び督促は，その全員に対して行なうべきである」（志場喜徳郎ほか編『昭和46年改定・国税通則法精解』1971年財団法人大蔵財務協会174，175頁）。

それゆえ，原告のほかに，本件の共有者の全員に納税通知書を各別に送付すべきであった。右で明らかなように本件連帯納税義務処分は違法であるといわねばならない。

右に加えて，本件連帯納税義務処分を行うに先立って，本件の場合，共有者の各人ごとの納税義務額が分別できるので，課税庁は各人ごとに各人の納税義務額について課税処分を行うべきであった。そのような手続をつくしても，なお各人から納税義務の履行がなされない場合には，課税庁は事前に本件連帯納税義務処分を行うにいたった経緯や事情，他の共有納税義務者の負担分については，代表者自身が求償しなければならないこと，仮に求償不能の場合には共有者間で負担することになることなどの説明をていねいに行う必要があった。つまり原告に対して事前に告知聴聞の手続をつくすべきであった。そのうえで，本件課税処分自体において本件連帯納税義務処分を行ったこと等の理由を具体的に付記すべきであった。これらの手続は現行法のもとで憲法13条・31条から要請される当然の手続である。なお，さきにも指摘したところであるが，納税義務額の確定については民法434条が適用されないので本件納税通知処分は原告以外の他の共有者の全員に行うべきであった。

以上により本件連帯納税義務処分は憲法13条・31条に違反し違憲・違法といわね

ばならない．

> (注) 日本国憲法は，各地方自治体の地方財政権については各地方自治体の固有権として保障している（憲法92条・94条）．この憲法理論から，地方税については租税法律主義ではなく本来的租税条例主義（委任租税条例主義ではない）が適用される．憲法30条・84条を地方税について引用する場合には，両条の「法律」は「条例」そのものを意味する．国の「地方税法」（昭25法226）は，枠規定を含めて本来的に税条例を制定する場合の標準法にすぎない．仮に，東京都が「地方税法」の規定に従う場合にはもう一度，そのことを都税条例自身において規定しなければならない．都民は，国の「地方税法」ではなく自分たちの代表機関である都議会の制定した都税条例に基づいてのみ，法的に納税義務を負う．
>
> 都議会は，地放税法10条・10条の2で規定する連帯納税義務を都に導入する場合には，都税条例自体において本鑑定書で指摘した「適正手続」などに配慮した詳細な諸規定を整備すべきであった（以上については，拙著『税法学原論・4版』青林書院94頁以下，317頁以下など．また，東京都の1974年法人事業税・1975年法人都民税の不均一課税条例制定の先例〔本書XII部第6章〕，秋田国民健康保険税条例違憲訴訟判決・秋田地裁1979年4月27日判決〔判時926号20頁〕，仙台高裁秋田支部1982年7月23日判決〔判時1052号3頁，本書XII部第3章〕など）．

4 憲法29条違反の問題

地方税法10条は民法444条を準用している．その結果，連帯納税義務を履行したものは他の共有者の負担部分についてその者の資力の関係からいって求償不能の場合には連帯納税義務者間の負担とされる．本件の場合，共有者ウエスト・ケープ・コーポレーションおよびサン・インターナショナルは倒産し求償不能といわれる．結局，原告が登記簿謄本の筆頭者であったという理由だけで他人の納税義務額分を負担させられることになる．

さきにも指摘したように各共有者の各納税義務額は分別できるのであり，加えて本件各共有者間に緊密な主観的関係が存在しないだけに登記簿謄本の筆頭者であるにすぎない原告が他人の納税義務額分を負担しなければならない理由はまったく存在しない．たとえば，相続税法34条で規定する相続人間の相続税の連帯納付義務のように連帯納付義務者間に緊密な主観的関係が存在する場合であればまだしも，本件のように各共有者間にまったくそのような主観的関係が存在しないような場合を含めて，画一的に連帯納税義務を課することについて果たして合理性があるかどうかはきわめて疑わしい．この規定は，もっぱら課税庁側の徴税の便宜によるものであるといわねばならない．さきにも指摘したように，このように課税上の合理性が存在しない場合にもこの制度が適用されるという限りにおいて，この制度は憲法14条等に違反する「立法違憲」であるといわねばならない．仮に百歩ゆずってこの制度自体を直ちに「立法

違憲」と解さないこととするとしても，さきに指摘したように主観的関係のまったく存在しない本件に画一的に適用することは，「適用違憲」であるといわねばならない．

以上のことは憲法29条についてもそのまま当てはまる．憲法29条2項は「公共の福祉」のために財産権の制限を許容している．本件の場合には理由としては課税庁側の徴税の便宜しか存在しないので，憲法29条2項の意図する「公共の福祉」に該当しない．憲法29条3項は人々に「特別の犠牲」を要求する場合には「正当な補償」を行うべきであると規定している．

本件の場合には，とりわけ各共有者間に緊密な主観的関係が存在しないだけに，まさしく「特別の犠牲」に該当する．原告がいわれなき他人の納税義務額を負担したのであるから，東京都は当然に「補償」しなければならない．

以上により，本件連帯納税義務処分は憲法29条にも違反するといわねばならない．

5 結　語

以上でその一端を指摘したように，本件連帯納税義務処分は疑いもなく違憲・違法である．

そもそも登記簿謄本の筆頭者であったという偶発的地位のゆえに，かつ共有者間に緊密な主観的関係がまったく存在しないのに，まったく合理的理由なく他人の納税義務額の負担をさせられる．加えて，原告が違憲・違法の本件処分により自己が負担した他人の納税義務額分を求償するために，少なからぬ時間，労力，経費などを負担させられた．右の経費などを別としても，最終的に求償できなかった他人の固定資産税額等の本税額分だけで234万5,773円を原告は，理由なく負担させられた．

被告東京都は，右，234万5,773円などの原告への損害賠償は免れない．

なお，平成13年2月14日付の被告答弁書によれば，「建物四は，建物の区分所有等に関する法律（以下「区分所有法」という．）において規定される区分所有に係る建物の一の専有部分である（甲4号証）．そして，区分所有に係る建物に対する固定資産等は法352条1項及び法702条の8第1項の規定に基づき，当該建物に係る固定資産税等の税額を当該区分の所有者全員の共有に属する共有部分に係る区分所有法14条1項から3項までの規定による割合によって各専有部分ごとにあん分した額を納付する義務を負うこととされているから，各専有部分の所有者は，当該所有する専有部分に対応した固定資産等の税額について納税義務を負うものである」という記述がある．もし，右記述が「本件建物については地方税法352条1項，同法702条の8第1項が適用される」ことを意味するならば，本件で問題になっている地方税法10条・10条の2の連帯納税義務規定を適用することは法的に不可能となる．もし，そうであるならば，本件所長は原告に対して違法な本件連帯納税通知処分を行ったことになろう．本件所長は，右違法な処分を職権でもって取消し，その徴収した金員を原告に還付しなければならない．　　　　　　　　　　　　　　　　　　　　　　〔2001年6月〕

第2章　共有物に係る連帯納税義務規定の違憲性 (2)

1　事案の概要

　東京都世田谷区のH氏が地方税法10条・10条の2（連帯納税義務）に基づいて他人の固定資産税・都市計画税の納税義務分を負担させられた．たまたま同氏が共有建物の登記簿謄本の筆頭権利者であったという偶発的理由で，同氏と主観的関係のまったく存在しない他の共有者の税額分まで負担させられたわけである．同氏が他の共有者に対して求償権を行使したが，求償不能の分が存在した．同氏はこの求償不能分の損害賠償を東京都に求めた．目下，争われている東京地裁係属の東京地方裁判所平成12（2000）年（行ウ）第347号・損害賠償請求事件がそれである．
　この事件については税経新報477号（2001年6月・7月号）〔本書第VIII部第1章〕において紹介したように，筆者は，2001年4月に東京地裁に総括的な鑑定所見書を提出した．2002年7月に，地方税法10条・10条の2に対する憲法論的検討を中心とする補充鑑定所見書を東京地裁に提出した．以下は，同補充鑑定所見書の概要である．本件の納税者側代理人は，小野寺利孝，安田耕治，坂口禎彦の各弁護士である．

2　本件連帯納税義務の特殊性

　東京都世田谷都税事務所所長（以下「所長」）は，地方税法10条・10条の2に基づき，本件建物に係る固定資産税額等の全額を原告（H氏）1人に対して納税通知書を，何の説明もなく，いきなり送付した．本件建物については原告ら共有者間には緊密な主観的関係はまったく存在しない．本件建物の登記簿謄本においてたまたま権利者として筆頭者であったにすぎない原告に対して，つまりそのような偶発的な事情に基づいて原告に対して所長が，本件建物に係る固定資産税額等の全額の納税通知処分を行ったわけである．原告は，まったく理由のないのに他の共有者の納税義務部分を負担させられたうえで，しかも自己の犠牲のもとでその負担部分につき求償せざるを得なかった．より具体的に言えば，原告は，まず，その求償のための労力，時間，費用等について計りしれない負担をさせられた．加えて，原告の努力にもかかわらず他の共有者のうち倒産したものに係る部分に対しては，求償不能となった．その求償不能金額が234万5,773円である．原告はその求償不能金額を負担させられたわけである．右の求償のための手続負担もそうであるが，求償不能金額234万余円は原告とはまったく関係のない他人の納税義務部分であって，原告が負担しなければならない理由はいかにしても存在しない．
　本件共有物に係る固定資産税額等は，もともと各人の持分に応じて各人の納税義務額分は可分であり，各人ごとの納税義務額が明確である．所長は，右各人ごとの納税

義務額を各人に課税しそして各人からそれぞれ徴収すれば足りた事案であった．日本国憲法は，その13条において「個人尊重」を規定し，そのことを前提にして14条において「法の下の平等」を規定し人々を合理的理由なくして差別しないことを保障している．所長は，地方税法10条・10条の2を画一的に適用して原告に対していわれのない他人の納税義務額を負担させた．個人尊重と各人ごとの納税義務額の各人ごとの履行を自明の前提とする現代立憲民主制国家において地方税法10条・10条の2の規定や画一的に本件に同規定を適用した税務行政が税法学的にきびしく問われねばならない．21世紀の発達した立憲民主制国家において何人も地方税法10条・10条の2の規定や同規定を適用した本件税務行政の合理性を理解することが不可能といえよう．

3　相続税法34条の連帯納付義務

　民法の連帯債務の性質について，次のように説明されている．「各債務者が全部の給付をなすべき義務を負う．不可分債務のように給付が不可分であるためにやむをえず全部の給付をするのではなく，給付は可分であるにもかかわらず全部の給付をその内容とする．債務者の1人の給付があれば全債務者の債務が消滅する．なぜならば，各債務者の債務はおのおの独自の目的を有しているのではなく，客観的に単一の目的を達成するための数個の手段だからである．各債務者は共同の目的によって連結している．…右の連結関係がなぜ生ずるかについては学説が分れている．多数説はこれを債務者間に存する緊密な主観的関係に求める……」（傍点・北野．半田正夫『別冊法学セミナー・基本法コンメンタール・民法II債権法1972』83頁）．また，「連帯債務が共同の目的をもって主観的に関連することに基づく……」（傍点・北野．我妻栄編『新版・税法律学辞典』有斐閣・昭42，1251頁）．

　このように，連帯債務は，各債務者相互において緊密な主観的関係のある場合の法理である．このゆえに，「多数当事者の債務関係について個人主義的思想を貫こうとする立法例においては，連帯の意思表示は明示であることを要し，推定すべきものではないことになる」（傍点・北野．半田正夫・前出書83頁）とされる．

　主観的関係が強いとされる連帯債務制度としては，相続税法34条の連帯納付義務がある．この制度についてすら，次のような批判が示されている．

　「相続税法の建前としては，共同相続人等はそれぞれ自己の固有分について納税義務を負い，申告についても各人は各人の分について義務を負うのである（相続税法27条1項は自己の相続税額がある場合にのみ，申告義務があるとしている．他の共同相続人について相続税額がある場合であっても，自己の相続税額がないときには申告義務がないわけである）．相続税法27条4項の共同申告の規定は，法の建前上はあくまで例外的である．各共同相続人等は他の者が行った単独申告の分および他の者に対する更正決定分については当然に知り得ない．のみならず，一般的にいって，34条1項の連帯納付義務の具体的範囲，つまり『当該相続又は遺贈に因り受けた税益の価額に

相当する金額』は容易に明かであるとはいえない．この点，第1審判決〔大阪地判昭51・10・27シュト180・29〕が当該金額は『遺産分割や遺贈の有無，効力，相続財産の範囲，取得財産の内容，評価について慎重に検討したうえでせねばならない』と指摘しているところは正当である．このように考えてくると，連帯納付義務者に対して自己の固有の納税義務分をこえて納税義務を課する以上は，連帯納付義務の確定について何らかの別段の確定手続がどうしても必要であるといわねばならないであろう．法は，当然にそのことを前提にしているとみなければならない．……実定税法論としては相続税の課税（申告を含む），納税義務等はあくまで各人ごとの関係とする遺産取得税方式によるものとして法律的に構成されている点は否定し得ない．この点は，税法理論を展開するうえにおいて重要である．それゆえ，このような相続税性格論からいっても，別段の確定手続が必要であるということにならざるを得ないのである．……連帯納付義務の確定には国税通則法32条の賦課決定がなされねばならない」（北野弘久「相続税の連帯納付義務」同『税法解釈の個別的研究II』昭和57学陽書房205-207頁）．

　右に引用した大阪地裁昭和51年10月27日判決は，相続税法34条の連帯納付義務については国税通則法所定の賦課決定がなければこれを徴収することができない，と判示している．この事件に関する最高裁昭和55年7月1日判決（判時982号102頁）は，「連帯納付義務の確定は，各相続人等の固有の相続税の確定という事実に照応して，法律上当然に生ずるものであるから，連帯納付義務につき格別の確定手続を要するものではない」と判示した．この判決にはつぎの伊藤正己裁判官の補足意見が付されていることに注意したい．「……このような連帯納付義務について納税の告知を要しないとする立法態度は，賢明なものとはいえないが，連帯納付義務者は，自己の納付すべき金額等を知りえないわけではないから，納税の告知がないからといってその徴収手続が違法となるものではない」（傍点・北野．伊藤正己『裁判官と学者の間』1993年有斐閣294頁）．

　相続税法34条の連帯納付義務の主観的関係については，大阪高裁昭和53年4月12日判決（判時914号38頁）は，次のように指摘する．「実質的にみても，連帯納付の義務者とされている者は，本来の納税義務者と同じ原因に基づき納税義務者となる共同相続人という身分関係者に限られ，かつ，その者の責任は相続により受けた利益の価額に相当する金額を限度とするばかりでなく，そもそも相続税は，相続財産の無償移転による相続人の担税力の増加を課税根拠とするとはいえ，一面被相続人の蓄積した財産に着目して課される租税で，いわば被相続人の一生の税負担の清算という面を持っているのであるから，右相続税法の規定による連帯納付義務者に民法上の連帯保証類似の責任を負わせ，相続税債権の満足をはかっても，必ずしも不合理，不公平とはいえない」．

　共同相続人およびその被相続人の一生の租税の清算という相続税の同じ納税義務者

の地位等という緊密な主観的関係の存在する相続税法34条の連帯納付義務についてすら，私たちは，以上にその一端を紹介した批判の存在することを冷静に見極めなければならない．この点は，本件を考えるにあたって重く受けとめられねばならない．

4 地方税法10条・10条の2の不合理性

共有物に関する連帯納税義務を規定した地方税法10条・10条の2について，被告は次のように説明する．「連帯納税義務が，共有物等について，連帯債務の持つ債権の強化作用による租税の確保及び私法上の複雑な共有者間の内部関係に課税団体が介入することなく税を賦課するため等租税徴収の確保の観点から租税法上定められたものであることからすれば，共有者間の主観的事情によって左右されることなく，客観的に共同所有する事実によって連帯納税義務を課するのが合理的であることは明かであるから，連帯納税義務は共有者間の主観的関係とは関係なく成立し，納税の告知，督促及び滞納処分の方法，効果等について民法の連帯債務に関する規定が準用されるものであるにすぎない」．

以上，要するに，地方税法10条・10条の2に基づく共有物の連帯納税義務の根拠は，課税する側の徴税の便宜にすぎないということになろう．徴税の便宜以上の公共性・公益性を発見することは困難である．もちろん，徴税の確保は国家として重要である．その意味では徴税の確保自体に公共性・公益性があるといえる．しかし，各人の納税義務は本来各人に帰属する．本件共有物に係る固定資産税等の納税義務額についても，各人の持分に応じて各人ごとに容易に分別ができるのであり，かつ当該分別に基づいて各人ごとに各人の納税義務額分を課税し，各人から徴収すべきである．そうすることが立憲民主制国家の自明の要請である．本件のように，原告に他人の納税義務額分を負担させるためには，原告と他の共有者との間にそのような負担を合理化するだけの特別の関係が存在しなければならない．本件については，原告には本件建物の登記簿の筆頭権利者という地位があるにすぎない．原告は他の共有者との間に何の特別の関係をも有しない．原告は，本件建物の登記簿において筆頭権利者という偶発的地位に基づいて他人の納税義務額分を負担させられたわけである．本件において原告が求償不能分として最終的に負担させられた金額は，234万余円である．いかに徴税の確保が大切であるとしても，単に登記簿の筆頭権利者にすぎない原告が他人の税額分を負担しなければならない合理的根拠を何人も提示し得ない．つまり何人も原告に他人の税額分を負担させることを正当化し得ない．

日本国憲法14条は，不合理な差別の取扱いを禁じている．原告に理由なく他人の納税義務額分を負担させることは憲法上不合理な差別といわねばならない．また，日本国憲法29条は財産権の保障を規定している．いかに徴税の確保が大切であるとしても，他の共有者とまったく何の関係もない原告に他人の納税義務額分を負担させることは，日本国憲法29条2項の「公共の福祉」からも正当化できない．本件は，疑い

もなく日本国憲法29条3項で規定する「正当な補償」を必要とする「特別の犠牲」に該当するといわねばならない．

以上の検討で明らかなように，本件連帯納税義務については，まず実体的に日本国憲法14条，29条違反は避けられない．それゆえ，日本国憲法13条，31条の「適正手続」違反を論ずる必要がない．右の実体問題を別として，ここでは本件連帯納税義務の課税手続それ自体を検討することとしたい．現行法は，この点について何らの手続も明文では規定していない．しかしながら，現行法は，第2次納税義務の確定について別段の手続を規定している（税徴32条1項，地税11条1項）．また保証債務の確定についても別段の手続を規定している（税通52条2項，地税16条の5第4項）．さらに，譲渡担保権者の物的納税責任の確定についても別段の手続を規定している（税徴24条2項，地税14条の18第2項）．本件連帯納税義務の課税手続においてこれらと異別に扱わねばならないだけの合理的理由は少しも存在しない．むしろ，本件原告に対して連帯納税義務を課する場合には，これらの場合以上に「適正手続」が要請されるといわねばならない．甲13号証（前出2001年4月拙鑑定所見書）でも指摘したように，所長は，まず，本件各共有者に対して各人の納税義務額分を各人ごとに課税する．次に，それでも納税がなされなかった部分については，たとえば原告に対して事前に弁明等の機会を提供したうえで，かつ丁寧な理由を付記して本件連帯納税義務の課税処分を行うべきであった．

5 結　語

以上の検討で明らかなように，共有物の連帯納税義務を規定した地方税法10条・10条の2は，日本国憲法13条，14条，25条，29条，31条等に違反するといわねばならない．もし，直ちに「法令違憲」といえないとした場合，少なくとも他の共有者との間にまったく主観的関係のない本件の原告に対して地方税法10条・10条の2の規定を画一的に適用して課税することは，前出日本国憲法の諸条項違反の「適用違憲」を構成するといわねばならない．

以上の本件課税処分の違憲性・違法性は被告（東京都）が誠実に原告に対して本件損害賠償を行わなければ，治癒されない．

〔2002年6月〕

第3章　相続税の連帯納付義務と滞納処分の停止

1　事案の概要

　2001年秋に会社役員のA氏から，筆者宛に相続税の連帯納付義務について相談が寄せられた．同氏の母が1992年に死亡．相続人はA氏のほかにB氏の2人である．B氏はA氏の妹であり，A氏はB氏の兄になる．両名は別々に各人の相続税額の納付について延納の手続を行った．A氏は，延納の方法で，自己の相続税額を全額，誠実に納付した．B氏は延納税額の一部を納付したが，専業主婦のゆえにその大部分を納付できなかった．課税庁はB氏に対して滞納処分を行い，その換価代金をB氏の滞納税額に充当した．それでもB氏の滞納税額は利子税を含めて数千万円の大きさであった．滞納処分による公売代金がさして大きくなかったのは，バブル崩壊で，B氏の相続財産の価額が大幅に下落したためである．
　課税庁（東京国税局長）は，2001年9月に，相続税法34条1項（連帯納付義務）の規定に基づいて，A氏に対して，B氏の滞納相続税額分について納付するよう督促状を発付した．A氏が経営する会社自体が不況で危機的状況にあり，かつA氏自身も自己の相続税額の納付のために苦労し，現在，みるべき財産も所有していなかった．A氏が一番，疑問に思ったのは，法的に別個の人格のB氏の相続税額をなぜに突然の形で自分が負担しなければならないのか，また，B氏の取得した相続財産を滞納処分のためにB氏自身が誠実に提供したにもかかわらず，バブル崩壊のゆえになお多額の相続税額がB氏に残ったという不合理の事実についてであった．後者については，後者の事実が存在するにもかかわらずなぜに課税庁が徴税をつづけようとしているのか，疑問であるというのである．
　筆者は，とりあえず，浦野広明税理士を代理人として督促処分に対して異議申立てをしていただいた．2001年10月に筆者は，異議審理庁に鑑定所見書を提出した．

2　拙鑑定所見書の概要

　拙鑑定書の概要は，次のごとくである．
　(1)　現行相続税法の法律構成は，複数の相続人が存在する場合であっても各人の相続税の納税義務はそれぞれ各人ごとの別個のものとする遺産取得税方式を採用している．本件においてA氏とB氏とは兄妹の関係にあるが，相続税法上は両人は，各人独立した別個の納税義務者である．現行法が被相続人の死亡の時における住所地を相続税の納税地とし，かつ連署による共同申告を許容しているのは，あくまで例外的・便宜的措置であるにすぎない（相税附則3項，相税27条4項，相税令7条の2）．A氏もB氏も，本件相続税につき別個の納税義務関係に立つ．

A氏に対する相続税法34条の連帯納付義務は，同人の本来の相続税の納税義務とは別個のものである．現行法は明文規定を有しないが，日本国憲法13条，31条の「適正手続」（due process of law）の規定がそのまま税務行政にも適用されると解されるので，課税庁が，A氏に対して本人（A氏）の相続税の納税義務とは別個の本件連帯納付義務を負担させようとする場合には，国税通則法16条2項2号および32条により，本件連帯納付義務の確定手続を行わなければならない．そのような確定手続が本件では行われていないので，本件督促処分はその前提を欠くものであって違法である（以上の税法学理論の詳細については，北野弘久『税法解釈の個別的研究II』昭和57学陽書房19章所収論文「相続税の連帯納付義務」参照）．

(2) 国税通則法70条4項2号によれば，その納税義務成立の日から5年を経過した以後は，課税庁は連帯納付義務の確定処分（賦課決定）を行うことができない．この期間は除斥期間である．本件ではこの5年を経過しているので，A氏に対して本件連帯納付義務を負担させることができない．また，国税通則法72条は，国税債権の実体的消滅時効をも規定していると解されるところ，同消滅時効期間をその法定納期限から5年と規定している．A氏に対する本件連帯納付義務関係は，その消滅時効の面からも消滅していることは明らかである．仮に国税通則法72条の「国税の徴収権」には国税債権の実体的消滅時効の問題を含まないとする解釈の立場にたったとしても，会計法30条によりA氏に対する本件連帯納付義務関係は，国の権利に関する5年間の時効期間の経過で消滅している．

以上により，A氏に対する本件督促処分は，この面からも違法である．

(3) 本件はもともとA氏の妹であるB氏の相続税納税義務関係の問題である．B氏は，被相続人である母から相続した財産のすべてにつき自己（B氏）の相続税納付のために滞納処分を受けた．同氏は，ほかに滞納処分の対象となしうる財産を所有していない．B氏は主婦であるので，今後，滞納処分の対象となりうる財産の出現を期待し得ない．課税庁としては国税徴収法153条により，B氏の本件相続税の未納分について滞納処分の停止を行って，本件を終結すべきであるといわねばならない．このことが本件終結の筋道である．

A氏自身は自己の相続税の納税義務を，困難な諸事情を克服して誠実に履行した．A氏に対して，以上で明らかのように，本件連帯納付義務を負担させる法的根拠がまったく存在しないのであるが，仮に課税庁があえてA氏に対して滞納処分を強行するならば，A氏が代表責任者であるA氏経営の零細な会社も維持することができなくなり，一家心中の状態に追い込まれるのは必至である．これは明らかに正義に反する．A氏に対しても国税徴収法153条により，滞納処分の停止を行うべきである．

(4) 結語　A氏に対して東京国税局長の行った本件督促処分は，疑いもなく違法であって取り消されねばならない．

3 決　着

　異議審理庁は、2002年1月に上記異議申立てを棄却した。①A氏の相続税の連帯納付義務について現行法は、格別の確定手続を要求していないこと、②B氏の納税義務自体につき徴収権の消滅時効が完成していない限りA氏に連帯納付義務が存在すること、を理由とするものであった。A氏は、国税不服審判所長に対して審査請求を行った。

　本件は、その後、A氏が上記連帯納付義務額の一部を納付した後、課税庁は、国税徴収法153条に基づき滞納処分の停止に付した。滞納処分の停止が3年間継続すると、本件納税義務が消滅することになる。

　国税徴収法153条1項は、「税務署長は、滞納者につき、次の各号の1に該当する事実があると認めるときは、滞納処分の執行を停止することができる」と規定している。その各号とは、①滞納処分を執行することができる財産がないとき。②滞納処分を執行することによってその生活を著しく窮迫させるおそれがあるとき。③その所在および滞納処分を執行することができる財産がともに不明であるとき、である。

　租税法律主義の法理に基づき、上記の国税徴収法153条1項の「税務署長は……できる」の法的意味は、「各号の1に該当する事実があると認めるときは滞納処分の執行の停止をしなければならない」ということである。滞納処分の停止に付するかどうかが税務署長の裁量にゆだねられるわけではない。

　課税庁が滞納処分の停止という形で、本件を決着させたことは、従前の税務行政の実態に鑑みて、評価されてよいであろう。なお、筆者の要請に対して代理人活動を誠実に処理された浦野広明氏に敬意を表させていただく。

〔2002年7月〕

第4章　課税処分と信義則

1　はじめに

　納税義務者Kは機械の賃貸業を行っている個人事業者である．Kはその賃貸業に供していた中古機械（事業用固定資産）を売却することがあった．その売却所得については，譲渡所得として所得税の納税申告をしてきた．この譲渡所得とする取扱いは約30年間，行われてきた．ところが税務署長は，当該中古機械の売却がしばしば行われているということを理由に，1995年3月に当該売却所得を事業所得とする課税処分を行った．Kは，この課税処分は法の一般原理である信義則（信義誠実の原則）に違反するとしてその取消しを求めて出訴した．第1審名古屋地裁1998年3月4日判決はKの主張を認めず税務署長の行った課税処分を適法とした．
　筆者は，本件の控訴審（名古屋高裁）において以下のような鑑定書見書を1999年2月に名古屋高裁へ提出した．
　課税処分と信義則については，周知のように東京地裁1965年5月26日判決（行集16巻6号1033頁）が公法上の法律関係である課税処分にも信義則の法理が適用されるという初の判断を示した．しかし課税処分に信義則の法理を適用して具体的に納税者側を救済することは現実には容易ではない．その意味において以下の鑑定所見は，税法学上可能な1つの具体的基準を示唆するものとして，ここに紹介することとした．大方のご批判をいただくことができれば幸いである．
　本件の納税者側の代理人は，戸田喬康弁護士らである．

2　「課税処分と信義則」に関する最高裁判例

　本件控訴人（納税義務者K）は，昭和35（1960）年度から30年間にわたって控訴人の事業用償却資産である中古機械を売却したことによる所得を「譲渡所得」として所得税の納税申告をしてきた（本件における甲27号証．以下証拠の番号のみを表示するがいずれも本件のもの）．被控訴人（名古屋中村税務署長）もこの取り扱いを税務行政において肯認してきた．ところが，被控訴人は平成3（1991）年分所得税，平成4（1992）年分所得税，平成5（1993）年分所得税について30年間にわたる右の「譲渡所得」とする取り扱いを否認してこれを事業所得として本件課税処分を行った．本件の主要争点の1つとして被控訴人の右取り扱いの変更について，信義則違反が存在するかどうかが争われている．鑑定人はもっぱらこの点に関して税法学上の検討を加えることとしたい．
　「課税処分と信義則」に関する代表的な最高裁判例として最高裁昭和62（1987）年10月30日第3小法廷判決（判時1262号91頁）がある．はじめに同判示を確認して

おきたい.

同判決は次のように判示する.

「租税法規に適合する課税処分について，法の一般原理である信義則の法理の適用により，右課税処分を違法なものとして取り消すことができる場合があるとしても，法律による行政の原理，なかんずく租税法律主義の原則が貫かれるべき租税法律関係においては，右法理の適用については慎重でなければならず，租税法規の適用における納税者間の平等，公平という要請を犠牲にしてもなお当該課税処分に係る課税を免れしめて納税者の信頼を保護しなければ正義に反するといえるような特別の事情が存在する場合に，初めて右法理の適用の是非を考えるべきものである．そして，右特別の事情が存在するかどうかの判断に当たっては，少なくとも，税務官庁が納税者に対し信頼の対象となる公的見解を表示したことにより，納税者がその表示を信頼し，その信頼に基づいて行動したところ，のちに右表示に反する課税処分が行われ，そのために納税者が経済的不利益を受けることになったものであるかどうか，また，納税者が税務官庁の右表示を信頼し，その信頼に基づいて行動したことについて納税者の責めに帰すべき事由がないかどうかという点の考慮は不可欠のものであるといわなければならない.」

これによれば，①課税庁が納税者に対し信頼の対象となる公的見解を表示していること，②納税者がその表示を信頼しその信頼に基づいて行動したこと，③後に右表示に反する課税処分が行われ納税者が経済的不利益を受けることになったこと，④納税者が課税庁の右表示を信頼しその信頼に基づいて行動したことについて納税者の責めに帰すべき事由がないこと，などが要件となっている．

本件では，右のうち「控訴人（納税義務者K）の中古機械の売却による所得」を「譲渡所得」として取り扱うことについて被控訴人（名古屋中村税務署長）から控訴人に対して「信頼の対象となる公的見解」が表示されたかどうかが最も重要である．もしそのような「公的見解」の表示が本件に存在するのであれば，専門家のレベルにおいても租税法規および税務の取り扱い等の複雑・難解の現実に鑑み，控訴人には信義則の法理による保護が与えられるべきである．

3 課税庁側からの「公的見解」の表示

(1) 本件で問題になっている中古機械は控訴人の賃貸業に供していた事業用の固定資産である．一般に固定資産の譲渡についてはそれが事業用であろうと非事業用であろうとその譲渡による所得は所得税法上譲渡所得に該当することは広く認識されているところである．当該資産が事業の用に供されている場合であっても，当該資産の譲渡による所得は事業所得ではなく譲渡所得に該当するものと認識するのがむしろ通例であるといってよい．

所得税法26条（不動産所得），27条（事業所得），33条（譲渡所得）等の諸規定に

対する一般的理解は次のごとくである．すなわち，不動産の貸付等が事業として行われている場合においても，その貸付けの対価等は不動産所得に該当し，たな卸資産の譲渡による所得は事業所得に該当し，事業の用に供しているものであっても固定資産の譲渡による所得は通例の譲渡所得に該当する．右の一般的理解は税法学的にも妥当である．

控訴人は30年間，右の理解に基づいて本件中古機械の譲渡による所得を「譲渡所得」として納税申告し納税の義務をつくしてきた．より正確にいえば，右の取り扱いは控訴人側の一方的理解に基づくのではなく，当時，控訴人の代理人であったA税理士が被控訴人担当官の指導を受けて，そのような取り扱いをしてきた（甲27号証）．それゆえ，被控訴人側も30年間，そのような取り扱いに異論を示さなかった．この事実は税法学的にも重要である．

本件当時，たとえば東京国税局課税第1部所得税課長著の毎年の『所得税確定申告の手引』（税務研究会出版局）にも，次のように明示されていた．つまりそこには「機械等の有形固定資産」の譲渡による所得は一般に「譲渡所得」に該当するとの「公的見解」が表示されているわけである．

「譲渡所得の基因とされない資産　譲渡所得の基因となる資産は，一般的には，土地（借地権を含む．），建物，機械等の有形固定資産又は漁業権，特許権，著作権，営業権等の権利のほか，借家権又は行政官庁の許可，認可，割当等により発生した事実上の権利も含まれます．ただし，次に揚げる資産は含まれません（法33②，令81，基通33－1）．
(1)　棚卸資産及びこれに準ずる次に揚げる資産
　　イ　不動産所得，雑所得又は山林所得を生ずべき業務に関する棚卸資産に準ずる資産
　　ロ　取得価額が20万円未満の少額減価償却資産（業務の性質上基本的に重要なものを除く．）又は使用可能期間が一年未満の減価償却資産
　　（注）　少額重要資産の譲渡による所得は原則として譲渡所得とされますが，貸衣装業における衣装類，パチンコ店におけるパチンコ器などのように，事業の用に供された後において反復継続して譲渡することがそのまま事業の性質上通常であるものの譲渡による所得は，事業所得とされます（基通33-1の2，27-1）．
(2)　営利を目的として継続的に譲渡される資産
(3)　山林
(4)　金銭債権」（以上，甲29号証，30号証，31号証）

本件で問題になっている本件中古機械は，控訴人の中心事業である機械の賃貸業に供されていた固定資産であることについては争いがない．一般に固定資産の譲渡による所得はそれが事業用のものであっても，「譲渡所得」に該当することについては，税

法学上も妥当であり，加えてA税理士が被控訴人担当官の指導を受けて控訴人の納税申告の当該取り扱いを決定した事実や右紹介の解説書において課税庁側の「公的見解」も示されている事実にも鑑みて，控訴人が30年間にわたってそのような取り扱いを信頼し，かつそれに従ってきたことについては税法学上も十分に理由のあるところであるといわねばならない．

右の点について本件控訴人側の責めに帰すべき事由はまったく存在しない．

(2) 昭和35 (1960) 年度から30年間にわたって控訴人は事業用固定資産である中古機械の売却による所得を「譲渡所得」として納税申告をしてきた．被控訴人側は，3，4年に1回の割合で控訴人に対して所得税の税務調査を行ってきたといわれる．税務調査は2，3人の税務職員が1つのグループとなって3日間ほど控訴人に対して行うのが通例であったという．彼らは，多くの場合，控訴人の帳簿書類等を署に持ち帰るために預かる．3～5か月ほどで署で検討し，そのうえで控訴人または控訴人の代理人（税理士）に署への出頭を要請する．そして彼らは署で調査結果を控訴人側に説明し，ときに修正申告書の提出を勧奨する（甲32号証参照）．その過程において被控訴人側は本件中古機械の譲渡による所得が「譲渡所得」に該当するとの具体的かつ十分な認識をもって控訴人に修正申告書の提出の勧奨を行ったものとみられる．右のような経緯に基づく修正申告書の提出の勧奨が，30年間において被控訴人側から控訴人に対して，しばしば行われた．鑑定人の多年にわたる経験的事実に鑑みても，30年間にわたる本件控訴人による「譲渡所得」とする納税申告の背景には，被控訴人側から右のような「公的見解」（本件中古機械の売却による所得が「譲渡所得」に該当する）の表示があったとみるのが妥当である．

被控訴人の内部において控訴人に対し，所得税の税務調査を行い，控訴人側に右のような「公的見解」を表示した担当官が誰であるかは，調査をすれば必然的に特定しうる．「公知の事実」といってもよいが，一般に課税庁内部において組織的に各担当官ごとに担当納税義務者を決めている．この事実は本件の「課税処分と信義則」を論ずるにあたってきわめて重要である．つまり，本件の右の「譲渡所得」とする「公的見解」は，単に抽象的観念的な形ではなく，控訴人Kに係る中古機械の売却による所得の課税上の個別取り扱いについて，特定しうる被控訴人担当官自身が直接的に具体的にKまたはその代理人に表示しているとみられるからである．

(3) 右の表示があったとみられる「公的見解」の表示の事実が真実であることを証明する事例が存在する．

昭和51 (1976) 年度分の所得税の確定申告においてたまたま控訴人が中古機械の売却による所得を事業所得として誤って申告をした．そこで，控訴人は当該事業所得を「譲渡所得」と変更する更正の請求（甲7号証の1）を行った．これに基づいて被控訴人は控訴人の昭和51年度分所得税について控訴人に対し税務調査を行った．その結果，控訴人の別の申告漏れ「営業」所得が判明した．特定しうる被控訴人側担当官が

第VIII部　租税手続

控訴人に署への出頭を要請した．同特定しうる担当官が当該事業所得分を「譲渡所得」として取り扱うことを認めるとともに，前記申告漏れ分を含めた修正申告のためのメモ（甲7号証の2の3）および修正申告書（甲7号証の2）を自ら記載・作成して控訴人に提出した．同メモおよび同修正申告書の筆跡は同特定しうる担当官自身によるものである．提示された同修正申告書に対し，控訴人は単に署名・捺印したにすぎない（原審における平成9年10月27日のK本人調書，当審における平成10年11月19日の税理士武藤修一証人調書など．）

　この事実を証明する武藤修一税理士の陳述は次のごとくである．
「Kの昭和51年度所得の関係で，修正申告をした経緯について説明をいたします．
1　Kの側で賃貸事業の用に供していた中古機械を売却した関係での所得を誤って事業所得に計上して所得税確定申告をしていることがわかったので昭和52年7月29日付で更正の請求手続（甲7号証の1）をとりましたところ（私が書面を作成しました），名古屋中村税務署によりKに対する税務調査が行われることになりました．税務調査が行われた結果，Kの所得計上の関係で申告漏れのあることが判明しましたので事業用中古機械の売却に関してKの為した更正の請求を織り込んだ内容の修正申告をすることで名古屋中村税務署と話し合いがついたのです（このときの税務調査の場に私が直接立ち会いしたことはありませんでしたが）．

　すなわち，税務調査の結果，明らかとなった申告漏れ所得からKが中古機械の売却による所得を事業所得から譲渡所得に置き直したときの差額分を控除して修正申告することになったのです．
2　このときの税務調査の結果を踏まえKは昭和51年分の所得税の修正申告をいたしましたが，このときの修正申告書は名古屋中村税務署の職員が作成し，Kに対し署名捺印を求めるという経過を辿りました．

　ですから，甲7号証の2の修正申告書控と税務署の専用用箋上に残っている筆跡は全部名古屋中村税務署職員の筆跡だけです．

　殊に甲7号証の2の3枚目の税務署用箋のメモの内容はこのときの税務調査結果とKの更正の請求書内容を踏まえて『営業所得』『総合譲渡』『分離譲渡所得』に関する名古屋中村税務署長の見解をメモにまとめたものですから，これは取りも直さずKの更正の請求の内容を名古屋中村税務署長が是認したということができると思います．

　念のために付け加えますが，法人と違って，個人の場合修正申告書を税務署員が作成することはよくあることで署名捺印のみ本人又は私がすることがあります．
3　私は，このときの税務調査から修正申告に至るまでの経過の中で名古屋中村税務署長はKとの関係で賃貸事業の用に供していた中古機械の譲渡により生じた所得は事業所得ではなく譲渡所得に該当するものであることを公式に認めたということができると思っています．

私としましても，昭和51年度分の更正の請求手続をして税務調査が行われ，中古機械の譲渡により生じた所得は譲渡所得である旨のお墨付きを与えておきながら突然平成3年分以降の譲渡について事業所得であるとの更正処分をなしたことについて納得しかねます。御承知のとおり，Kは私が関与する以前から一貫して事業の用に供していた中古機械の譲渡により生じた所得は譲渡所得に計上してきており，この譲渡所得計上の関係では名古屋中村税務署長から一度も事業所得に計上すべきであるとの指導も受けたことがありません。」(以上，甲32号証)
　鑑定人の多年の経験的事実によれば，重要な「更正の請求」事案の処理にあたって，課税庁内部では税務署長自ら座長となって数名の担当官による慎重な審議が行われる場合が多い。もし本件についてもそうであるならば，本件控訴人に対する修正申告の勧奨（問題の事業所得分を「譲渡所得」とする変更および申告漏れ分の追加申告）の内容については本件の課税庁である名古屋中村税務署長の見解をも当然に織り込んで「被控訴人」の「公的見解」の表示である本件右指導が行われたものと推察される。加えて前記のように，本件修正申告にあたって前記メモおよび当該修正申告書そのものの内容は特定しうる被控訴人担当官自身による直筆に係るものである。それゆえ本件控訴人の中古機械の売却による所得を「譲渡所得」とすることの明確な具体的認識をもって，右修正申告の勧奨が行われたことには，疑いをいれない。つまり，少なくともこの段階で被控訴人の「公的見解」が具体的に控訴人に表示されたとみなければならない。原審がこの重大な税法学的事実を十分に認識せず結果として看過した点はきびしく非難されなければならない。
　(4) 事業用固定資産の売却による所得も一般には所得税法上「譲渡所得」に該当することについては，さきにも指摘した。本件控訴人がさきに指摘した被控訴人側の「公的見解」を信頼しその信頼に基づいて行動することは，控訴人の事業態様からいってもやむを得ないところであったといわねばならない。すなわち控訴人は機械の賃貸業および不動産貸付業がその事業の中心であって，本件で問題になっている中古機械の売却による所得はきわめて微少である。係争年度分についていえば本件更正処分前の所得区分は次のごとくである（甲2号証の1～3）。

表 8-4-1

区　　　分	平成3年分	平成4年分	平成5年分
事 業 所 得	52,003,225	13,025,742	5,189,250
不 動 産 所 得	25,333,343	28,196,384	28,987,852
給 与 所 得	2,961,000	3,143,400	3,325,800
総合譲渡所得	4,259,520	3,101,000	396,000
計	84,557,088	47,466,526	37,898,902

4 結　語

　以上の検討で明らかなように，被控訴人は控訴人の中古機械の売却による所得を「譲渡所得」として処理することの「公的見解」を控訴人に表示していたといわねばならない．したがって本件課税処分は右の「公的見解」に背反するものであって，本件課税処分は疑いもなく信義則に違反し取り消さなければならない．

【付　記】
　その後，名古屋高裁は 1999 年 4 月 20 日に判決を言い渡した．信義則違反については別段の判断を示さず，1 審判決を引用し，再び納税者側を敗訴とした．

〔1999 年 4 月〕

第5章　帳簿不提示と青色申告の承認取消し

1　はじめに

　以下は，東京地裁平成6（1994）年2月10日判決（平成3年（行ウ）第155号・所得税更正処分等取消請求事件，税資200号576頁）の研究である．

〈事案の概要〉

　事案は，所得税の青色申告の承認取消処分をめぐる争いであるが，その論点は，法人税における同旨の事件を解決する場合にもそのまま当てはまる．

　原告は，「S電気サービス」の屋号で，家庭電気器具の小売業および電気配線工事業を営む．被告は，所轄税務署長である．原告は所得税について被告から青色申告の承認を受けていた．原告は，本件係争の昭和60（1985）年，61（1986）年，62（1987）年の各年の所得税について各法定申告期限内に確定申告をした．被告は，平成元（1989）年3月3日付で原告に対し昭和60年分以降の所得税の青色申告の承認を取り消した．そのうえで被告は，原告に対して推計の方法によって原告の係争の各年分の所得金額および納付すべき所得税額について更正処分ならびにこれに伴う過少申告加算税の賦課決定処分を行った．

　被告は，原告をたびたび調査訪問したが，原告が帳簿書類の提示を拒否したことを理由に所得税法150条1項1号（帳簿書類の備付け等の不備）に該当するとして，青色申告の承認取消処分を行った．右の所得税法150条1項1号は法人税の場合には法人税法127条1項1号に照応する．

　本件の争点は，納税者側の帳簿等の不提示による調査不協力が所得税法150条1項1号（帳簿書類の備付け等の不備）の青色申告の承認取消事由に該当するか，どうかにある．納税者側は，青色申告の承認取消処分は納税者の法的利益を奪うものゆえに，その承認取消要件は厳密にとらえられるべきであり，課税庁側のいう「帳簿等の不提示」による調査不協力自体は法の承認取消しの事由には該当しない，と主張する．

2　判　　旨

　「所得税法は，納税者の帳簿書類への記録やその保存を奨励するため，同法143条以下に青色申告制度を設け，所轄の税務署長から青色申告書提出の承認を受けた者に対し，帳簿書類の備付け，記録及び保存の義務を課し（同法148条1項），その代償として，課税標準の計算において各種の特典を与えるほか，帳簿書類の調査を経て所得金額等の計算に誤りがあると認められる場合でなければ所得税の更正を受けることはなく（同法155条），推計による所得税の更正を受けない（同法156条）という課税処分における一定の手続保障をしているのである．右のような青色申告制度は，申告の基

礎となった帳簿書類の状況が所得税法234条に規定する税務職員の質問検査により確認できる状態にあるのでなければ実効性のないものとなることが明らかである。そうすると，同法148条1項が青色申告者に義務付ける帳簿書類の備付け等には，単に青色申告者において帳簿書類の備付け等を行っていれば足りるというものではなく，税務職員が調査のためにその閲覧を求めた場合にはそれら帳簿書類が確認できるような状態に置いておくことを含むものと解すべきである。したがって，青色申告者が，調査を行う税務職員の帳簿書類の提示要求に応じない場合には，右条項に従った帳簿書類の備付け等の義務が果たされなかったものとして同法150条1項（1号）の青色申告の承認の取消事由となると解すべきである。」

3 研　　究

　所得税法150条1項は，青色申告の承認取消事由として，①帳簿書類の備付け等の不備，②帳簿書類について税務署長の指示に従わなかったこと，③帳簿書類に取引の全部または一部を隠ぺい・仮装の記載等があること，の3つあるいはいずれかの要件を充足することを規定している。法人税については，法人税法127条1項が同旨の事由を規定している。ただ法人税の場合には，右の3つの要件のほかに確定申告書を提出期限までに提出しなかったこと，をも要件の1つに加えていて，結局，4つのいずれかの要件を充足することを要求している。

　本件で問題になった所得税法150条1項1号は，「その年における〔所得税法〕第143条に規定する業務に係る帳簿書類の備付け，記録又は保存が第148条第1項（青色申告者の帳簿書類）に規定する大蔵省令で定めるところに従って行なわれていないこと」と規定している。厳密な税法学の理論に従えば，現行法の規定の仕方では帳簿不提示等の調査不協力自体は，青色申告承認の取消要件とはなっていない。もし，帳簿不提示等の現象が所得税法150条1項1号に該当することとなるのは，納税者が所定の帳簿書類の備付け等をもともとしていないために帳簿書類を提示し得ないものと認められるような客観的事情が存在する場合を意味する。このように，税法学的には，所得税法150条1項1号の法的意味をしぼってとらえるべきである。これは，租税法律主義の「厳格解釈の法理」の要請である。

　しかし，税務行政の実務および多くの裁判例では帳簿書類の不提示による調査不協力を所得税法150条1項1号に該当するものとして取り扱っている。最近の裁判例においても大阪地裁昭和61年10月28日判決（税資154号254頁）は「青色申告制度の趣旨に照らすと……帳簿書類の備付け等とは，税務職員が必要に応じていつでもこれを閲覧しうる状態にしておくことを意味するものと解され，青色申告者に課せられている帳簿書類の備付け等の義務には，税務署長が〔所得税〕法234条の規定に基づき帳簿書類の調査を求めた場合にこれに応ずべき義務をも当然に包含すると解するのが相当であり，したがって，青色申告者が右調査の提示を拒否してこれにいわれなく応

第5章　帳簿不提示と青色申告の承認取消し

じない場合は，〔所得税〕法150条1項1号に該当するものとして青色申告承認の取消事由になるというべきである」と判示している（同旨，大阪高判平2・1・31税資175・314，東京地判平3・1・31判時1376・58など）。

青色申告承認取消し処分は，青色申告者に付与された実体税法および手続税法の様々な法的利益を奪う不利益処分であるだけに法の要求する青色申告承認取消し要件の法的意味は厳正にとらえられねばならない。一歩ゆずって，納税者側の帳簿書類の不提示による調査不協力が青色申告の承認取消事由に該当することになることを肯認するとしても，それはあくまで適法な税務調査に対する不協力（帳簿書類の不提示）の場合に限られるべきであろう。

帳簿書類等の不提示が起こるのは，多くの場合，税務職員が調査に先だって調査の事前通知（アポイントメントを求めること）を怠ったり，また被調査者の協力が得られるだけの具体的な調査理由を説得的に開示しなかった場合等である。つまり税法学的にいえば不適法な税務調査に対して，帳簿書類の不提示の現象が起きる例が多い。

本件では，税理士以外の第三者の立会人が本件の税務調査の現場にいるということで，税務職員は同立会人が退去しなければ調査できないとして結局，まったく調査に入らないで帰庁している。原告は民主商工会という組織に加入しており，原告としては被調査者の権利として自己が選定した第三者を立ち会わせるのでなければ，調査に協力できないと主張している。

実務において帳簿書類の不提示が起こりがちな前出の諸事情について，以下に税法学的に検討しておきたい。

所得税法234条，法人税法153条・154条等の税務調査権は，被調査者の任意の協力を前提にしてのみ成り立つ純粋な行政調査権である。筆者は，この種の調査権を実体税法上の調査権と呼んでいる。それにもかかわらず，現行法は被調査者側の調査不協力に対して罰則を付している（所税242条8号・9号，法税162条2号・3号等）。いわば罰則による「間接強制」の調査となっている。法律的にいえば，このことだけで憲法31条，35条，38条等に抵触する疑いが成り立つ。この違憲性を少しでも回避するために，現行法のもとで憲法13条，31条の「適正手続の法理」をふまえて，税務調査の実務・運用がなされねばならない。筆者は，現行法のもとでも事前通知（アポイントメントをとること）や具体的な調査理由の開示等の手続は，通常の税務調査権，筆者のいう実体税法上の調査権を適法に行使するための前提要件を構成するものと解している。したがって，このような手続をつくさないで行われた税務調査に対して，被調査者側が調査に協力しないことに十分な理由がある。これらの手続をつくさない税務調査は税法学的には不適法な税務調査であるといわねばならない。このような不適法な税務調査に対して，被調査者側が帳簿書類の不提示を行ったとしても，青色申告の承認取消し事由を構成しない。

それでは本件で問題になっている税理士以外の第三者の立会いの問題はどのように

解すべきであろうか．課税庁側は2つの理由をあげて第三者の立会いは許容されないと主張している．その1つは税理士法違反である．課税庁側は関与税理士以外の第三者の立会いは税理士の独占業務違反になるというのである（税理士法52条，59条）．税務調査の際における関与税理士の「立会い」はここで問題にしている立会いではなく，それは税理士法2条1項1号の税務代理行為として行われるものである．関与税理士の立会いは納税者の代理人としての行為そのものである．第三者の立会いは後に述べるところで明らかなように税理士法上の税務代理行為として行われるものではないので，税理士法違反の問題は成立しない．その2つは税務職員の守秘義務違反を構成するというのである．たしかに税法は被調査者側の個人的秘密を保護するために税務職員に国家公務員法100条・109条12号，地方公務員法34条・60条2号等で規定する以上の重い刑罰を伴った守秘義務を規定している（所税243条，法税163条等）．被調査者と第三者との間の関係は私的な信頼関係に基づく．もし第三者がこの信頼を裏切って被調査者側（関係取引先を含む）の秘密を漏らすようなことがあれば，それは被調査者側と第三者をめぐる私的自治の問題として処理されるべき筋合いのものである．税務職員の守秘義務というのは，公務員である税務職員が被調査者側の個人的秘密を漏らすことを禁ずるものにすぎないものであって，税務調査における第三者の立会いの問題とは，関係がない．したがって守秘義務違反の理由も成立しない．

　さきにも述べたように，本件で問題になっている通常の税務調査権，筆者のいう実体税法上の調査権は，納税義務確定資料の収集を目的とする純粋な任意行政調査権であり，それは被調査者の任意の協力あってのみ成立するものである．この調査権はそれ自体において権力的作用であり，それにより被調査者側は事実上営業妨害，名誉毀損，信用失墜などのさまざまなダメージを受ける．税務調査はその性質上いわば「密室」の作業である．筆者は，このような税務調査を公正に行うためにはむしろ第三者の立会いが現行法のもとでも憲法13条，31条の「適正な手続」の要請の1つであると解している．被調査者が希望した場合には，被調査者自身の権利として第三者の立会いを許容すべきである．

　この点，裁判例のなかには「税務職員が帳簿書類の検査にあたり，その帳簿書類の作成に直接関与した者でない第三者の立会いを認めるか否かは，調査の必要性と相手方の私的利益とを比較考量して，社会通念上相当の限度にとどまる限り当該職員の合理的な選択に委ねられている」と判示している（大阪地判昭61・10・28税資154・254など）．しかし，この裁判例の考え方は，通常の税務調査権，つまり実体税法上の調査権の性質に鑑み，税法学的には誤りである．第三者の立会人を置くか，また誰を立会人とするかは，調査を受ける被調査者側の権利として本来的に被調査者側の判断にゆだねられるべきである．

　以上のように検討してくると本件では，原告側が選定した第三者の立会人が居ることを理由に被告側は結局，税務調査を行わなかったというにすぎず，その意味では適

法な税務調査に対する帳簿書類の不提示・不協力の事実は存在しなかった．

　冒頭で指摘したように，現行法では帳簿書類の不提示それ自体は青色申告の承認取消要件として規定されていないのであるが，この点を一歩ゆずって適法な税務調査に対する帳簿書類の不提示・調査不協力が現行法の「帳簿書類の備付け等の不備」に該当することとした場合においても，本件の事案の場合には以上で明らかなように右の「帳簿書類の備付け等の不備」にも該当せず，被告の行った本件青色申告承認取消処分は違法を免れない．

　なお，東京地裁平成3年1月31日判決（判時1376号58頁）が「納税義務者の帳簿書類の提示拒否の事実の有無は，一定の時点においてのみ判断されるべきものではなく，税務当局の行う調査の全過程を通じて，税務当局側が帳簿の備付け状況等を確認するために社会通念上当然に要求される程度の努力を行ったにもかかわらず，その確認を行うことが客観的にみてできなかったと考えられる場合に，右のような取消事由の存在が肯定されうるものと考えるが相当である」と指摘している．本件についても原告側は，帳簿を税務職員の目前に置いて提示していたのに，税務職員（被告側）はまったく検査しようとはしなかったと主張している．この点，同判決の指摘する努力を被告側がつくしたかどうかという論点も考えられよう．もし，そのような努力をつくしていないとするならば，本件処分はこの点からの違法も免れないことになろう．

4　実務家へのアドバイス

　最高裁判所を含む裁判例といえども，税法学的にはきびしく検討されねばならない．裁判例の傾向をやむを得ないものとしてそれに機械的に服従してはならない．日本の裁判制度のもとでは最高裁判例といえども変更が可能である．

　日常的な実務にあたって常に税法学という学問の原点に立って実務のあり方を虚心に検討していただきたい．本件についていえば，通常の税務調査権，つまり実体税法上の調査権の本質を把握し，現行法の不備な法環境のもとでどのように現行法の規定の法規範的意味をとらえることがもっとも憲法適合的であるかを徹底的に追究していただきたい．それらの検討によって得られた考え方を自信をもって実践していただきたい．

【参考評釈等】

　北野弘久「帳簿不提示と青色申告の承認取消」同『税法解釈の個別的研究Ⅱ』学陽書房所収，第三者の立会い問題については同『税理士制度の研究』税務経理協会92頁，109頁，123頁，税務調査のあり方などについては，同編『質問検査権の法理』成文堂，同『税法学原論』青林書院など．

〔1997年2月〕

第6章 租税特別措置法68条の2(中小企業者等に対する同族会社の特別税率の不適用)の適用と更正の請求

　租税の実務では，租税特別措置法68条の2(中小企業等に対する同族会社の特別税率の不適用)の要件に該当している同族会社であるにもかかわらず，法人税納税申告書において法人税法67条1項の同族会社留保金課税を適用して過大の税額を申告してしまった場合には，「選択適用の特例」を理由に更正の請求(減額請求)の対象にならないという考え方が支配している．

　この問題について，筆者は，2004年9月に以下の鑑定所見書を税務署長に提出した．1つの税法学の所見を紹介するという意味で，本書に収録することとした．

　本件の関与税理士は，佐伯貢氏である．

　本件納税義務者は，租税特別措置法(以下「措置法」という)68条の2第1項4号(中小企業者等に対する同族会社の特別税率の不適用)に該当するものである．それを誤って，同人は法人税法67条1項(同族会社の特別税率．留保金課税)を適用して，過大な法人税額の納税申告をしてしまった．納税義務者からいえば，措置法68条の2の要件を充足する限り，同規定を適用するかどうかについていわゆる選択の余地がない．

　措置法68条の2は，納税申告を本規定の適用要件とはしていない．同条3項は，財務省令で定める書類の提出がやむを得ない事情で遅れた場合にも，措置法68条の2の適用を許容すると規定している．また，期限後申告であっても財務省令で定める書類の添付がある場合には，措置法68条の2の適用が許容されるものと解される．なぜなら，留保金課税をしないことの規定(措置法68条の2)の適用については，さきにも指摘したように，措置法68条の2第1項各号の要件を充足する同族会社である限り，措置法68条の2(留保金課税をしない)を適用するかどうかは論理上問う必要がないからである．

　国税通則法23条1項は，申告納税制度のもとにおいて，納税義務者の錯誤に基づく納税申告により，過大の税額を申告した者を救済することを目的とする．本件は，納税義務者がもともと錯誤に基づいて通常の留保金課税の分まで，誤って納税申告書に記載してしまったというケースである．民法95条の要素の錯誤に基づく納税申告は，もともと無効である(最1小判昭39・10・22民集18・8・1762参照)．

　本件納税義務者が真実において措置法68条の2第1項4号の要件を充足するものである限り，同人には留保金課税の分を納税する必要がまったくないので，税務署長

は，本件更正の請求に基づいて，同留保金課税の分を減額する更正を行わねばならない．そうすることが税務署長の職務上の義務である．

〔2004年9月〕

(中小企業者等に対する同族会社の特別税率の不適用)
租税特別措置法第68条の2 法人税法第67条第1項の規定は，青色申告書を提出する同族会社（同項に規定する同族会社をいう．以下この項において同じ．）で次の各号に掲げるものの当該各号に定める事業年度については，適用しない．

(1～3略)

4 同族会社のうち各事業年度終了の時における資本又は出資の金額が1億円以下のもので前事業年度（その事業年度が連結事業年度に該当する場合には，当該同族会社の連結事業年度）終了の時における総資産の額として政令で定める金額に対する当該前事業年度終了の時における自己資本の額として政令で定める金額の割合が50／100以下であるもの 当該事業年度（平成15年4月1日から平成18年3月31日までの間に開始する各事業年度に限る．）

(同族会社の特別税率)
法人税法第67条 内国法人である同族会社（同族会社であることについての判定の基礎となった株主又は社員のうちに同族会社でない法人がある場合には，当該法人をその判定の基礎となる株主又は社員から除外して判定するものとした場合においても同族会社となるものに限る．以下この条において同じ．）の各事業年度の留保金額が留保控除額を超える場合には，その同族会社に対して課する各事業年度の所得に対する法人税の額は，前条第1項又は第2項の規定にかかわらず，これらの規定により計算した法人税の額に，その超える部分の留保金額を次の各号に掲げる金額に区分してそれぞれの金額に当該各号に定める割合を乗じて計算した金額の合計額を加算した金額とする．

1 年3千万円以下の金額　100分の10
2 年3千万円を超え，年1億円以下の金額　100分の15
3 年1億円を超える金額　100分の20

第7章　国税徴収法の定める第2次納税義務の納付告知と国税通則法70条の類推適用

1　はじめに

　以下は最高裁平成6（1994）年12月6日第3小法廷判決（平成6年（行ツ）第7号・第2次納税義務告知処分取消請求事件，民集48巻8号1451頁）の研究である．
〈判決要旨〉
　国税徴収法の定める第2次納税義務の納付告知には国税の更正，決定等の期間制限に関する国税通則法70条は類推適用されない．
〈事　実〉
　(1)　X（原告・控訴人・上告人）はA社の代表取締役．A社はその不動産（本件物件）をB社に貸し付けることを唯一の業としていた．A社は本件物件を売却したために無資力となった．本件物件の売却代金のほとんどをXが取得し，X名義でB社に貸し付けた．Y（国税局長．被告・被控訴人・被上告人）は，国税徴収法39条（無償又は著しい低額の譲受人等の第2次納税義務）の規定に基づいてA社の滞納国税を徴収するために，Xに対し平成2（1990）年6月1日付の納付通知書により1億4,540万3,297円を限度額とする第2次納税義務の告知を行った（本件処分）．
　(2)　Xは，本件処分の取消しを求めて異議申立て・審査請求を行ったが，いずれも棄却された．そこで，Xは本訴に及んだ．Xの主張は次のごとくである．①第2次納税義務は，主たる納税義務が滞納となり徴収不足が生じることが客観的に認識可能となった時期に成立すると解するべきであり，本件では本件物件が売却されA社の滞納国税のすべての納期限が到来した昭和57（1982）年9月2日には，第2次納税義務が成立したというべきである．その時点から，国税通則法70条により除斥期間が進行し，遅くとも7年後にはXに係る第2次納税義務に対する課税権は消滅した．②本件の主たる納税義務についての時効は，昭和63（1988）年6月24日にA社が有していた預金が差し押さえられたことにより中断しているとしても，その時点で具体的な義務として存在しないXの第2次納税義務についての時効まで中断させるものではない．
　第1審大阪地裁は平成5年2月18日に本件最高裁判決と同趣旨の理由により判決で請求を棄却した．第2審大阪高裁も平成5年9月21日に第1審判決理由を引用して判決で控訴を棄却した．

第7章　国税徴収法の定める第2次納税義務の納付告知と国税通則法70条の類推適用

〈上告理由〉

「主たる納税義務者と，第2次納税義務者とは，納税の主体を異にした別個独立の納税義務者である．国税徴収法32条第1項は，『税務署長は，納税者の国税を第2次納税義務者から徴収しようとするときは，……徴収しようとする金額・納付の期限その他必要な事項を記載した納付通知書により告知しなければならない』と定めてある．……本件の上告人の第2次納税義務の範囲は，国税徴収法で，主たる債務者について，①『滞納処分を執行しても』なお②『徴収すべき額に不足すると認められるとき』という要件によって定まるから，印紙税その他納税義務の成立の際，印紙をはることにより納付すべきものとされている国税のように課税行為をしなくても，明白に具体的租税債権が定まってくるものではない．本件の上告人の第2次納税義務は，納付通知書によって告知されてはじめて，具体的租税債権が発生するのである．別個独立の納税義務者である第2次納税義務についても，除斥期間は，当然存在すべきであり，国税通則法第70条の規定が，第2次納税義務者に対する課税処分について明白でないとするならば，同条文を類推適用すべきである．なぜならば，憲法第30条・第84条に定める租税法律主義は，第2次納税義務者の除斥期間について立法の不備を，他の納税義務者よりも第2次納税義務者を逆に不利に扱うことを許す趣旨ではないからである．よって，本件においては，第2次納税義務者である上告人に対し，納付通知書による告知が可能であった昭和57年9月2日から，おそくとも7年を経過した日をもって，上告人に対する第2次納税義務についての賦課権は除斥期間によって消滅した．」

〈判決理由〉

「国税徴収法の定める第2次納税義務は，確定した主たる納税義務につき本来の納税義務者の財産に対する滞納処分を執行してもなお徴収すべき額に不足すると認められる場合に，本来の納税義務者と同一の納税上の責任を負わせても公平を失しないような特別な関係にある第三者を本来の納税義務者に準ずる者とみて，これに主たる納税義務についての履行責任を補充的に負わせるものにほかならず，この意味において，第2次納税義務の納付告知は，確定した主たる納税義務の徴収手続上の一処分としての性格を有するものというべきである（最高裁昭和48年（行ツ）第112号同50年8月27日第2小法廷判決・民集29巻7号1226頁参照）．このように，右納付告知により具体的に発生する第2次納税義務は，既に確定している主たる納税義務者の納税義務を補完するものにすぎず，これと別個独立に発生するものではない．そして，右義務は，主たる納税義務が発生し存続する限り，必要に応じいつでも課せられる可能性を有するものであって，右納付告知は，ただその義務の発生を知らしめる徴収のための処分にほかならない．国税通則法70条が，国税の更正，決定等の期間制限について規定していながら，第2次納税義務の納付告知については触れるところがないのは，右に述べた第2次納税義務の納付告知の性格等からして，右納付告知については独立

477

して期間制限を設ける理由がないことによるものと解されるのであり，そうである以上，同条が第2次納税義務の納付告知に類推適用されることはないといわなければならない．これと同旨の原審の判断は，正当として是認することができ，原判決に所論の違法があるとはいえない．」

裁判官全員一致の意見で上告を棄却（千種秀夫，園部逸夫，可部恒雄，大野正男，尾崎行信）．

2 研　究

(1)　本件の争点は，第2次納税義務の法律関係において国税通則法70条（国税の更正，決定等の期間制限）の規定が適用されるかどうかにある．Xは国税通則法70条の規定が適用されることを前提にして本件第2次納税義務は存在しないと主張しているわけである．国税通則法の更正決定等の期間制限は，増額更正等の場合には3年（70条1項），減額更正等の場合には5年（70条2項），無申告の場合の決定等の場合には5年となっている（70条3項・4項）．偽りその他不正の行為により税額を免れたときの更正決定等の場合には7年となっている（70条5項）．Xは，本件第2次納税義務に対する賦課権は7年で消滅していると主張しているので，おそらく最高期間の国税通則法70条5項の規定を引用しての主張であろう．

第2次納税義務制度については国税徴収法32条以下，地方税法11条以下において規定されている．この制度の趣旨については従来，一般的には次のように説明されてきた．すなわち，形式的には第三者（本来の納税者以外の者）に帰属している場合であっても，実質的には本来の納税者にその財産が帰属していると認めても公平を失わないようなときにおいて，形式的な権利の帰属を否認して私法秩序を乱すことを避けつつその形式的に権利が帰属している者に対して本来の納税者の租税の徴収のために補充的に納税義務を負担させることにより，徴収手続の合理化を図ろうとするものである（昭和31・12政府租税徴収制度調査会答申第3の1の1参照）．

第2次納税義務[(1)]は，それに関する各本条に規定する本来の納税者が租税を滞納し，かつ，その各本条に規定する租税要件（租税構成要件）を充足する事実の発生によって自動的に成立する[(2)]．第2次納税義務の徴収手続を国税徴収法の規定に即して説明すると（地方税法にも同趣旨の規定がある），税務署長は，本来の納税者の国税を第2次納税義務者から徴収しようとするときは，その者に対して徴収しようとする金額，納付の期限等，所定の書式に所定の事項を記載した納付通知書により告知しなければならない（税徴32条1項，税徴令11条，税徴則3条）．この告知により，抽象的に成立していた第2次納税義務が具体的に確定する．第2次納税義務者が右の納付の期限までに完納しないときは，税務署長は，繰上げ請求をする場合を除き，その納付の期限から50日以内に納付催告書により督促しなければならない（税徴32条2項）．納付催告書の性格は一般の督促状に相当するといえよう（税徴47条3項参照）．第2次

第7章　国税徴収法の定める第2次納税義務の納付告知と国税通則法70条の類推適用

納税義務者の財産は，本条の納税者の財産に対する差し押えに着手する前に差し押えることもできるが，換価については制限があり原則として本来の納税者の財産を換価に付した後でなければ，換価を行うことができない（税徴32条4項）。第2次納税義務者がその納税義務を履行した場合には，本条の納税者に対して求償権の行使ができる（税徴32条5項）。

第2次納税義務は本来の納税義務との関係において保証債務に類する性格をもち，いわゆる附従性と補充性を有する。しかし，本来の納税義務と第2次納税義務とは法律的には別個の債務であるから，右の附従性と補充性からくる制約を除けば，一方に生じた事由は他方に影響を及ぼさない。

(2)　さて，本件では国税徴収法39条の第2次納税義務が問題になっている。本件の第2次納税義務の成立要件（租税要件）を確認するために同条の全文を掲げておきたい。すなわち「滞納者の国税につき滞納処分を執行してもなおその徴収すべき額に不足すると認められる場合において，その不足すると認められることが，当該国税の法定納期限の1年前の日以後に，滞納者がその財産につき行った政令で定める無償又は著しく低い額の対価による譲渡（担保の目的でする譲渡を除く。），債務の免除その他第三者に利益を与える処分に基因すると認められるときは，それらの処分により権利を取得し，又は義務を免れた者は，これらの処分により受けた利益が現に存する限度（これらの者がその処分の時にその滞納者の親族その他の特殊関係者であるときは，これらの処分により受けた利益の限度）において，その滞納に係る国税の第2次納税義務を負う。」

本件についていえば，A社の滞納国税につきA社に対し滞納処分を行ってもなおその徴収すべき額に不足すると認められる場合においてその不足の原因がA社のその滞納国税の法定納期限の1年前の日以後にA社が行った財産の無償譲渡等に存すると認められる時に，租税要件の充足がありその時点で本件Xについての第2次納税義務が成立することになる。本件についていえば，A社の滞納国税の法定納期限の1年前の日以後にA社がXに対し本件売却代金のほとんどが無償譲渡（贈与）されたという事実が存在した。A社にはその滞納国税の徴収の対象となる財産は存在しなくなった。したがって，国税徴収法39条の租税要件を充足しているといわねばならない。そして，Xの本件第2次納税義務は平成2年6月1日付の納付通知書による告知により確定したことになる。

国税徴収法39条の第2次納税義務制度は，本来の納税者がその財産を無償譲渡等により処分することによってその本来の納税者の滞納国税の徴収ができなくなるような財産状態をもたらすような場合，つまり，一種の詐害行為となるような場合に，同条により無償譲渡等による財産の譲受人等に第2次納税義務を負わせ，実質的には詐害行為の取消しをした場合と同様の効果を意図するものである。国税通則法42条の詐害行為の取消しは訴訟によって行わなければならないが，国税徴収法39条の第2

479

次納税義務規定に基づく税務署長の行政処分によって実質的に詐害行為取消し権を行使したと同様の効果を得ようとするものである。なお、国税通則法42条の詐害行為取消し権の場合には「詐害の意思」の存在が要求されるが（国税通則法42条が準用する民法424条参照）、国税徴収法39条の第2次納税義務の場合にはそのような意思の存在は法律的に要求されていない。

　(3)　本件最高裁判決は、最高裁昭和50年8月27日第2小法廷判決（民集29巻7号1226頁）を引用して、第2次納税義務の納付告知は、確定した主たる納税義務の徴収手続上の一処分の性格をもつことを指摘している。つまり主たる納税義務の徴収の補完処分というわけである。このような観点から主たる納税義務が存続する限り課税庁はいつでも第2次納税義務の告知処分が可能であり、第2次納税義務の納付告知には国税通則法70条の更正決定等の期間制限規定は適用されないと判示したわけである。
　この最高裁の考え方は税務の実務における支配的考え方でもある(3)。
　評者は、昭和50年の最高裁判決に対して税法学理論のあり方からいって第2次納税義務制度を「租税手続法の実体法的構成」の視角からとらえるべきことを指摘した(4)。さきに指摘した第2次納税義務の附従性・補充性からくる制約を除き第2次納税義務の法律関係は主たる納税義務の法律関係とは別個独立の法律関係である。第2次納税義務の告知処分（国税徴収法32条1項の納付通知書による告知）は単なる主たる納税義務徴収のための徴収処分ではなく、法律的には国税徴収法の各本条の租税要件（租税構成要件）の充足に基づく第2次納税義務者に対する独立した課税処分である。

　このような税法学理論からいえば、当然に第2次納税義務告知処分にも国税通則法70条の規定が適用されるべきであるといわねばならない。第2次納税義務の場合には通例は国税通則法70条4項2号により「課税標準申告書の提出を要しない賦課課税方式」の場合に該当するものとして、前出国税徴収法39条の租税要件を充足した時に国税通則法70条4項2号にいう「その納税義務の成立の日」に該当することとなる。本件第2次納税義務成立の日から5年を経過すれば、本件第2次納税義務の告知処分はできないこととなる。さきに指摘した税法学理論からいえば、また第2次納税義務関係の法律関係の不安定を避けるためにも右のような考え方が十分に成り立つ(5)。この考え方を展開するにあたって現行国税通則法70条は第2次納税義務の場合を排除する明文規定を設けていないことにも注意が向けられねばならないであろう。

　右のように「租税手続法の実体法的構成」という評者の税法学理論の視角から現行法の規定をとらえようとするときは、本件最高裁判決は批判されなければならない。もし現行法の規定の仕方では、最高裁判決の結論はやむを得ないとする場合であっても、本件最高裁判決やこれを支持する論者たちのあげる「第2次納税義務の告知処分は主たる納税義務の徴収処分である」という理論的理由からではなく、現行法が予定する第2次納税義務の附従性・補充性の性質から説明されるべきであろう。すなわち、

第 7 章　国税徴収法の定める第 2 次納税義務の納付告知と国税通則法 70 条の類推適用

理論的に第 2 次納税義務は主たる納税義務とは別個の納税義務関係を構成するものであり，第 2 次納税義務の告知処分自体は独立した課税処分であるが，主たる納税義務が存在する以上は第 2 次納税義務の附従性・補充性からいって，現行法には明文の課税権行使の制限規定が存在しないと解されるところから，いつでも第 2 次納税義務の告知処分が可能である，と．

(1)　第 2 次納税義務についての拙論については北野弘久『税法学原論・3 版』青林書院 243 頁以下．
(2)　ただし，金子宏『租税法・5 版』弘文堂 143 頁は「第 2 次納税義務は，この納付告知処分によって成立し，かつ確定する」と述べる．
(3)　国税徴収法基本通達 32 関係 2 の (注) 2，本件評釈として岩崎政明・ジュリスト平成 6 年度重要判例百選等参照．なお，同評釈は Y を「税務署長」としているが「国税局長」の誤りである．本件解説として千葉勝美・ジュリスト 1066 号 220 頁．
(4)　北野弘久・民商法雑誌 75 巻 6 号の評釈，北野『税法解釈の個別的研究 1』学陽書房 207 頁以下，北野『税法学原論・3 版』青林書院 243 頁以下．
(5)　同旨・吉良実「第 2 次納税義務と主たる納税義務との関係」税法学 257 号 15 頁，水野武夫「第 2 次納税義務」北野弘久編『判例研究日本税法体系 1』学陽書房所収 166 頁，三木義一『現代税法と人権』勁草書房 91 頁，等．

【付　記】

　本稿をとりまとめるにあたって本件の下級審の判決文の入手について上告代理人加地和弁護士の配慮をいただいた．校正過程において佐藤英明・判例評論 439 号（判例時報 1534 号）が示された．

〔1995 年 10 月〕

第8章　消費税の非課税取引分の誤納付と還付

1　はじめに

　消費税法（昭63〔1988〕法108）に基づく「消費税」は，平成元（1989）年4月から導入された．導入当初は，ある取引が課税対象になるかどうかが判然としない場合が少なくはなかった．A農業協同組合では，非課税取引であることを知らないで，消費税導入の平成元年分から誤って消費税を納付していた．A農業協同組合が，その誤りに気がついたのは，平成9（1997）年12月頃であったといわれる．同協同組合の関係者が所轄税務署長に交渉した結果，同署長は，平成10（1998）年4月に平成6（1994）年分，7（1995）年分および8（1996）年分の誤納金等を還付した．同年6月に平成4年分および5年分の誤納金等を還付した．

　しかし，平成元（1989）年分から平成3（1991）年分の誤納分については，同署長は，国税通則法74条（還付金等の消滅時効）の5年間の消滅時効の規定を理由にして還付しなかった．

　この問題について，筆者は，1998（平成10）年10月に以下の税法学鑑定書をとりまとめた．本件について相談を受けた税理士浦野広明氏は，同年11月に同鑑定書を添付して，同税務署長へ平成元（1989）年分から平成3（1991）年分の同誤納分の返還を求めて，請願書を提出した．この請願書は，日本国憲法16条および請願法（昭22法13）に基づくものである．

　問題になった非課税分というのは，A農業協同組合がB信用農業協同組合連合会から収受した「貯蓄奨励金等」および「事業分量配当」である．実務の参考になると思われたので，以下に拙鑑定書の概要を紹介することとした．

2　鑑定書の紹介

　納税義務者であるA農業協同組合に係る消費税問題が所轄税務署長との間に争われている．具体的に言えば，平成元年，2年分のB信用農業協同組合連合会からの「貯蓄奨励金等」（貯蓄奨励金・当座貯金補充奨励金）に対して誤って納付した消費税額の還付問題が争われている．また，平成3年分のBからの「貯蓄奨励金等」および「事業分量配当」に対して誤って納付した消費税額の還付問題が争われている．

　問題の「貯蓄奨励金等」は，消費税法上利子を対価とする金銭の貸付等に該当し非課税である（消税6条1項，別表第1第3号）．「事業分量配当」は一般企業における一種の仕入れ割戻しであって消費税法上課税対象となる資産の譲渡に該当しない（消税2条1項8号，4条1項．消税基達5-2-8の（注）参照）．これらの点についてはA農業協同組合と所轄税務署長との間に争いはないといわれる．

以上のように消費税法上課税対象とならない部分に対して本件納税義務者が誤って消費税額を納付した。一般に税法および税務の取扱いが複雑かつ専門的であって税理士等の専門家においてもそれらを容易に知悉し得ないことはひろく知られているところである。とりわけ本件は，導入後間もない消費税の非課税等に関するものであるだけに納税義務者側の行為において誤りをもたらすであろうことは理解し得ないわけではない。

　税務署長は，憲法および税法令に基づいて厳正に税務行政を行うことが義務づけられている（憲30条，84条）。納税義務者が過少に納税申告をした場合はもとより，誤って過大に納税申告をした場合においても，当該納税申告を是正する職務上の義務を負っている。けだし，申告納税制度のもとでは税務署長の行う更正決定等の課税処分は納税義務者の行った納税申告を「補完」する役割を担っているからである。国税通則法24条は「税務署長は，……その納税申告書に記載された課税標準等又は税額等の計算が国税に関する法律の規定に従っていなかったとき，その他当該課税標準等又は税額等がその調査したところと異なるときは，その調査により，当該申告書に係る課税標準等又は税額等を更正する」と規定している。右の「更正」には増額更正のほかに減額更正も含まれる。つまり，法は，税務署長に納税義務者の行った納税申告を「減額更正」という形で「是正」することを義務づけているわけである。納税義務者側から国税通則法23条の「更正の請求」等の申し出がない場合においても，税務署長は職権でもって納税義務者側の行為の誤りを是正する法律上の義務を負っている。この義務をつくさない場合には，当該税務署長について「不作為の違法」が生ずる。

　本件納税義務者は，導入後間もない消費税に関する複雑難解な税法および税務取扱いのゆえに，消費税が本来，課税されない前出の「貯蓄奨励金等」および「事業分量配当」に対して誤って消費税の納税申告を行い，かつ誤って納税した。申告納税制度のもとでは，納税申告行為に納税義務確定という法的効果が付与されている（詳しくは拙著『税法学原論・4版』青林書院232頁）。この法的効果は通例，行政行為に認められているいわゆる「公定力」と同性質のものである。

　本件納税義務者が，本件「貯蓄奨励金等」および「事業分量配当」に対して納付した消費税額は誤納金であって，国は当該納付分についていわゆる不当利得をしていることについては議論の余地がない。不当利得の返還請求権についての消滅時効は，「権利ヲ行使スルコトヲ得ル時」より進行する（税通74条2項，72条3項，民166条1項）。納税義務者側としては，一種の「公定力」の伴う本件納税申告を税務署長が，職権でもって「是正」し(注)てはじめて当該不当利得分の返還を請求し得ることになろう。それゆえ，本件不当利得の返還請求権はいまだ消滅時効により消滅していないとみなければならない。

　申告納税制度を基調とする租税法律のもとにある税務行政としては，誤りを進んで是正するのが当然である。これをいままで放置していたことは税務行政の怠慢であり，

第VIII部　租税手続

所轄税務署長の不作為による違法行政であるといわねばならない．この点はきびしく非難されねばならない．およそ公務員は憲法および法令に従わねばならない（憲98条，国公98条1項）．貴職（所轄税務署長）が，この違法行政をひきつづき放置されるとすれば，それは著しく正義に反しよう．

　貴職が誰の目にも明白な国の不当利得分を一日も早く誠実に返還されることを期待したい．

　　（注）　職権による「是正」（減額更正）については国税通則法70条・71条の更正，決定等の期間制限との関係をどのようにとらえるかという問題が生ずる．現行法の文理解釈上，国税通則法70条・71条によって救済できないとされるときには，本件の場合は「無効確認」という意味での「減額更正」であって，そもそも通常の更正とは異なることを理由に同法70条・71条の期間制限に服さない場合とみるべきである．

〔2003年4月〕

第9章 貸金庫の内容物についての強制執行

1 はじめに

　少なからぬ人々が銀行に貸金庫を持っている．税務についていうと，適正な課税を行うためには，この貸金庫の内容物（動産．以下同じ）を調査する必要が生ずる．また，租税徴収のためにこの貸金庫の内容物を滞納処分の対象にする必要が生ずる．
　この問題に的確に対処するためにも貸金庫をめぐる法律関係の性格が解明されねばならない．最高裁平成11（1999）年11月29日第2小法廷判決（判タ1017号293頁）は，最高裁平成8年（オ）第556号・動産引渡請求事件について貸金庫の内容物についての強制執行の可能を肯定する注目すべき判断を示した．同判決は右の税務のあり方にも大きな影響をもつ．

2 最高裁判決の内容

　最高裁は，私債権の強制執行について①銀行は貸金庫の内容物について利用者と共同して民法上の占有を有する．②貸金庫の内容物については利用者の銀行に対する貸金庫契約上の内容物引渡し請求権を差し押える方法により強制執行することができる．③貸金庫契約上の内容物引渡し請求権に係る取立て訴訟においては差押え債権者は，貸金庫を特定し，それについて貸金庫契約が締結されていることを立証すれば足り，貸金庫内の個々の動産（内容物）を特定してその存在を立証する必要はない，などの判示を行った．

3 貸金庫利用の法的性格

　貸金庫契約の法的性質，具体的にその内容物（動産）の法的位置をめぐって従来，争いが存在した．従来の通説は，貸金庫契約を貸金庫の賃貸借契約ととらえた．貸金庫契約は単に貸金庫という容器を貸与するだけのものであるというのである．銀行は，同賃貸借契約に基づき利用者に貸金庫を自由に利用させるために貸金庫を安全な状態に置き，そして貸金庫の開閉に協力する義務を負うにすぎない．銀行は，貸金庫の内容物についてはまったく関知せず責任を負わない．この契約により貸金庫をめぐってその安全性と秘匿性とが指摘されてきた．この説に従えば貸金庫の内容物については，銀行には民法上の占有がない．もちろん利用者は貸金庫の内容物について民法上の占有を有する．貸金庫の内容物について寄託契約とみる見解が考えられる．基本的には賃貸借契約としながらも，寄託契約の側面を含んだ無名契約とみる見解も示されている．さきに紹介した賃貸借契約説に従えば，貸金庫の内容物についてその貸金庫の開閉や内容物の出し入れはすべて利用者のみが行うのであって銀行はまったく関与せず，

すでに指摘したように銀行には民法上の占有はないということになる．これに対し，寄託の側面を肯定する場合には一般に銀行にも内容物について民法上の占有を認める．

本件の第1審は貸金庫の内容物に対する銀行の民法上の占有を否定し，債務者（利用者）の銀行に対する所有権または契約に基づく動産引渡し請求権を認めることができないとして，債権者の請求を棄却した．第2審は，銀行が民法上の占有を有することは肯定したが，貸金庫内に問題の動産が存在するとの立証がないとして第1審の結論を支持した．

最高裁は，貸金庫の内容物について利用者（債務者）と共同して銀行に民法上の占有を認め，貸金庫の内容物について強制執行が可能であるとし，その際，債権者は，問題の貸金庫を特定し，それについて貸金庫契約が締結されていることを立証すれば足り，問題の貸金庫内の個々の動産を特定して，その存在を立証する必要がない，との注目すべき判断を行った．

4 税務行政への影響

この判決は，税務行政に対してどのような影響をもつであろうか．

通常の税務調査権，筆者のいう実体税法上調査権について検討してみよう．たとえば所得税法234条1項は，被調査者の規定として「第1号に掲げる者〔納税義務者〕に金銭若しくは物品の給付をする義務があったと認められる者若しくは当該義務があると認められる者又は同号に掲げる者から金銭若しくは物品の給付を受ける権利があったと認められる者若しくは当該権利があると認められる者」（3号）を規定している．貸金庫の利用者が納税義務者である場合に，銀行は右234条1項3号に該当することには疑いの余地がない．本判決の趣旨からいっても，銀行は税務調査に協力すべき義務を負うといわねばならない．貸金庫の内容物（動産）について，もとより利用者である納税義務者の協力を得て税務調査が円滑に行われるのが望ましい．仮に納税義務者の協力が得られない場合であっても，理論的には，銀行は内容物（動産）に対する課税庁による適法な税務調査に協力しなければならないといえよう．

貸金庫の利用者である納税義務者について租税逋脱犯の疑いが存在する場合には，課税庁は国税犯則取締法の規定に基づいて税務調査を行うことができる．この調査は当該租税逋脱犯の成立を裏づける証ひょう資料を収集することを目的とするものである．課税庁は銀行に対して同法1条の参考人として任意調査である質問，検査，領置をすることができる．この判決の趣旨からいっても，貸金庫の内容物（動産）に対する同調査について銀行は協力すべき義務を負うといわねばならない．本判決によれば，貸金庫の内容物については，銀行は民法上の占有を有しており，また貸金庫の内容物の個々の動産を特定しなくても貸金庫契約の締結がなされていることを立証することで強制執行が可能であるというのであるから，理論的には課税庁の内容物に対する同法1条の質問，検査，領置には利用者である納税義務者の協力が得られない場合であ

っても，銀行は課税庁の質問，検査，領置に協力しなければならない．同法2条の強制調査である臨検，捜索，差押えにも当然に銀行は協力しなければならない．

　国税徴収法は，滞納処分をするにあたって課税庁に納税義務者の財産についての調査権を付与している．同法141条2号は「滞納者の財産を占有する第三者及びこれを占有していると認めるに足りる相当の理由がある第三者」に質問し検査することができると規定している．貸金庫の内容物についても銀行は占有を有しているというのであるから，当の銀行は右2号に該当し，課税庁は銀行に貸金庫の内容物についても質問し検査することができる．銀行はその質問，検査に協力しなければならない．同法142条は，滞納処分のために課税庁に捜索権を付与している．課税庁は銀行の貸金庫およびその内容物について捜索することができる．同条3項は「徴収職員は，前2項の捜索に際し必要があるときは，滞納者若しくは第三者に，戸，若しくは金庫その他の容器の類を開かせ，又は自らこれらを開くため必要な処分をすることができる」と規定している．課税庁は当然に貸金庫について捜索することができる．そして課税庁は国税徴収法56条〔動産・有価証券差押え〕の規定に基づいて貸金庫の内容物を差押えることができる．銀行は適法な右捜索，差押えに協力すべき義務を負っているといわねばならない．もし銀行が引渡しを拒むときは，課税庁は同法58条，59条の規定に従って差押えることができる．

　なお，本判決については村上憲雄『貸金庫』税大通信平成13年3月1日号の随想がある．

〔2001年7月〕

第10章　課税処分の理由不教示と損害賠償

1　はじめに

　納税者は岩国市で二輪車販売業を営んでいるE氏である．同氏は，1991（平成3）年に注目すべき訴訟を提起した．岩国税務署長は，同氏に対して昭和63（1988）年12月に同氏に係る昭和60年（1985）分ないし62年（1987）分の所得税更正処分を行った．この更正処分に関して，①岩国税務署長が，「民商攻撃の意図のもとに」民商会員であるE氏に対して，無予告の臨店調査を2回行ったのみであえて帳簿書類の検査をしないで，反面調査を行い，かつ「架空の同業者比率」に基づいて，違法な本件更正処分を行った．②E氏は，本件更正処分に理由の付記がないために，本件更正処分の理由の開示をしばしば同税務署長に求めたが，同署長は理由を開示しなかった．③同署長は国税通則法111条に基づく教示を行わず，かつ同条2項に基づく本件更正処分の理由の開示をしなかった．

　E氏は，以上の事実を理由に国を被告として損害賠償を訴求した．本件更正処分自体の違法性も本件の争点になっているが，本件の中心は，本件更正処分の理由の不開示の違法性を問う点にあるとみてよい．理由の不開示という手続問題を損害賠償の請求事由とした本件納税者の法感覚，法意識は高く評価されてよい．

　本件については，筆者は，1995年12月に山口地裁岩国支部（東京地裁への出張法廷）で鑑定証言を行うとともに，96年4月に同証言の内容をとりまとめた鑑定所見書を同裁判所へ提出した．

　税法学上，重要な基本論点を含むところから，以下に拙鑑定所見書を紹介することとした．本件第1審の納税者側の代理人は，中村覚，吉川五男，髙村是懿，内山新吾の各弁護士である．

2　拙鑑定所見書の概要

　1996年4月に筆者が山口地裁岩国支部へ提出した鑑定所見書の概要は，次のごとくである．

2.1　申告納税制度と課税処分

　人々の納税義務は議会の制定した租税法律で規定する租税構成要件（Steuertatbestand）――以下「租税要件」という――を充足する事実の発生によって自動的に成立する．所得税についていえば，所得税法で規定する租税要件を充足する事実がある場合には，所得税の納税義務はその所得税の課税対象期間である暦年を終了する時に自動的に成立する（税通15条3項1号）．申告納税制度のもとでは，このすでに成立し

第10章　課税処分の理由不教示と損害賠償

ている納税義務について，納税者の納税申告によってその納税義務額が具体的に確定することになる（税通16条1項1号）。この納税申告行為の法的性格は，租税法律に基づいてすでに成立している納税義務額を具体的に確認することであるが，それは当該租税要件事実を具体的に納税者として確認することを意味する。租税法律はこの租税要件事実の確認行為に納税義務確定という法効果を付与したものと解されるのである。納税申告行為は，行政法学的にいえば，公法上の私人の法的行為（準法律行為）である。憲法理論的にいえば，納税申告行為は，主権者である納税者の主権的行為の1つとみることができる。別な表現でいえば，それは国民主権原理の税法的表現・展開という重い意味をもつ。このような申告納税制度のもとでは，課税庁の行う更正決定等の課税処分はあくまで納税者の行う納税申告行為に対する例外的・補正的手段にすぎない。課税庁による調査の結果，納税申告行為を補正する必要があると認められる場合に課税庁は例外的に更正決定等の課税処分を行うにすぎない。ここで，厳密に表現すれば，有納税申告の場合に行う課税処分が「更正」であり（税通24条），無納税申告の場合に行う課税処分が「決定」である（税通25条）。更正決定等の課税処分は課税庁なりの租税要件事実の確認の成果である。この課税庁による租税要件事実の確認行為についても租税法律が納税申告行為と異なる部分について納税義務確定という法効果を付与したものと解されるのである。重要なことは，納税申告行為も更正決定等の課税処分も，ともにそれぞれによる，租税法律に基づく1つの租税要件事実の確認の成果という事実である。それゆえ，更正決定等の課税処分には納税者による租税要件事実の確認（納税申告）とは異なる課税処分を行うための具体的理由が存在しなければならない。課税庁による租税要件事実の確認（更正決定等）の成果が納税者による租税要件事実の確認（納税申告）の成果とくい違う場合にのみ，別の表現でいえばそのようなくい違いが課税処分の具体的理由として説明されうる場合にのみ，更正決定等をなしうることになる。1つの租税要件事実をめぐる租税法律関係は，具体的に次のごとく展開される。①納税申告または無申告→②更正または決定→③再更正→④再再更正→⑤一部または全部の取消し。

　右の租税法律関係の過程において①の納税申告に対して納税者としては自己の申告した税額を減額することを要求する更正の請求（税通23条）も行われるであろうし，また自己の申告した税額を増額することになる修正申告（税通19条）ということも行われるであろう。いずれもそれぞれの段階において各当事者による1つの租税要件事実の確認の成果である。

　本件で問題になっている更正処分についていえば，課税庁なりの具体的理由（租税要件事実の確認についての前記の具体的くい違い）が存在しなければおよそ更正処分なるものは存在し得ない。税法学的には更正決定等の課税処分は，同一年分のものであってもそれぞれ具体的理由が異なるごとに別個の処分となるのである。憲法13条，31条の「適正手続」の法理に基づいて課税庁は各更正決定等の課税処分の具体的理由

489

を付記して処分をしなければならない．すでに指摘したが税法学的にいえば，同一年分のものであっても被処分者に示された理由が異なるごとに別個の処分となるのであるから，課税処分とは右の各理由と一体となったものとして把握されねばならない．端的にいえば，被処分者である納税者に示された課税の理由そのものが課税処分である．将来，当該課税処分の違法性が争われる場合にはその被処分者である納税者に示された課税の理由の存否そのものが争いの対象（争訟物）となるのである．この点については，今日の税法学では大方の一致した理解とみてよい．要するに白色申告の場合をも含めて課税の理由の付記・開示は不可欠であり，それは課税処分そのものである．課税処分の理由の付記・開示の欠落は，課税処分の不存在を意味する．

2.2　国税通則法 111 条の法的意味

本件で問題になっている国税通則法 111 条は次のごとく規定している．

「①異議審理庁は，異議申立てがされた日の翌日から起算して 3 月を経過しても当該異議申立てが係属しているときは，当該異議申立てに係る処分が審査請求をすることができないものである場合を除き，遅滞なく，当該処分について直ちに審査請求をすることができる旨を書面でその異議申立人に教示しなければならない．②第 89 条第 2 項（処分の理由の付記）の規定は，前項の教示に係る書面について準用する．」

右に引用された国税通則法 89 条 2 項は次のごとく規定している．

「②前項（合意によるみなす審査請求）の通知に係る書面には，異議申立てに係る処分の理由が当該処分に係る通知書その他の書面により処分の相手方に通知されている場合を除き，その処分の理由を付記しなければならない．」

国税通則法 111 条の法的意味を正確にとらえるために，2 つのことがらを検討しておきたい．その 1 つは 2 審級の行政不服申立て前置主義であり，その 2 つは白色申告書に対する更正の場合の理由付記の問題である．

国税事件については原則として 2 審級の行政不服申立て前置主義がとられている（行訴 8 条 1 項ただし書，税通 115 条）．このため，納税者は，適法な異議申立て，審査請求の手続をつくさなければ課税処分の取消訴訟を提起することができなくなる．たとえば，納税者が課税処分があったことを知ってから 2 月以内に原処分庁である税務署長に対し異議申立てをなしえなかった場合には，当該納税者は課税処分の取消訴訟を提起することができなくなる．また，納税者が通達問題，純粋な法令解釈問題，憲法問題等を争う場合には，異議申立て，審査請求の手続を強要してもその裁決等の結論が同じであるのが通例であるとみられるので，これらの手続の強要は時間，労力，金員等の無駄使いとなる．この種の事案の場合には，異議審理庁である原処分庁，国税不服審判所長等が，通例は原処分とは異なった判断を示すことを期待し得ないからである．このようにみてくると，この種の事案については行政不服申立て前置を強要するだけの合理的理由がないといわねばならない．以上は行政不服申立て前置主義に

ついてのデメリットのほんの例示にすぎない．鑑定人は立法論的には行政不服申立て前置主義を廃止し，行政不服申立てを行うか，直ちに裁判所に取消訴訟を提起するかは，納税者側の選択にゆだねるべきであると指摘してきた．国税事件について規定されている2審級の行政不服申立て前置主義は，納税者の権利論からいえば，もっぱら行政の便宜に基づくものとみなければならない．現行の2審級の行政不服申立て前置主義は，日本国憲法が保障する「国民の裁判を受ける権利」（憲32条）を奪うおそれがないではない．

国税通則法111条1項が，異議申立てがされた日の翌日から起算して3月を経過しても当該異議申立てが係属しているときは遅滞なく当該処分について直ちに審査請求をすることができる旨の教示を異議審理庁に義務づけているが，同項の法的意味は右の憲法32条との関係からもとらえられる必要がある．異議審理庁（原処分庁）よりも第三者性を有する国税不服審判所長での審理を早く受けさせようとする同項の規定は，理論的には現行の2審級の行政不服申立て前置主義の違憲性（憲32条違反）をうすめる意味をも有するといえよう．それは，単なる審査請求ができるとの「注意的教示」の意味にとどまるものではない．

憲法13条，31条の「適正手続」の規定が税務行政の分野にも直接的に適用される．それゆえ白色申告書に対する更正決定等を含めて課税庁がその課税の理由を処分の際に付記することは憲法上の要請である．また，さきにも指摘したように税法学上当該課税処分そのものの法的意味は理由の存在とその開示にあり，同一年分であっても理由ごとに別個の処分であると解されるところからも，白色申告書に対する更正決定等においても理由付記は論理必然的に要求される．

現行法は，少なくとも異議審理庁よりも第三者性を有する国税不服審判所長による審理の段階に入る際に，原処分庁がその原処分の根拠・理由を開示することを義務づけている．国税通則法111条2項は，異議申立てがなされた日の翌日から起算して3月を経過しても当該異議申立てが係属しているときは審査請求ができる旨を異議申立て人に書面で教示することを義務づけるとともに，同書面において原処分の理由を付記・開示することを義務づけているわけである．少なくとも国税不服審判所長の審理の段階ではその争いの対象は原処分の理由の存否と考えられているわけである．このようにみてくると，現行法の青色申告書に対する更正の理由付記の明文規定（所税155条2項）をどのようにとらえるべきであろうかという疑問が生ずる．この点についていえば，税法学的には，青色申告書は税法所定の帳簿書類等に基づくものであるところからの注意的規定と解すべきである．現行法は白色申告書については推計による更正決定等をも許容しているので（所税156条），そのような推計による更正決定等が行われた場合には，推計を行うにいたった理由，推計の仕方，推計額の算定過程等を原処分において「理由付記」として付記することが税法学上要請される．原処分の付記理由と異議決定理由とは別次元の問題である．後者によって前者を代替させるこ

とはできない．国税通則法111条2項が引用する同法89条2項は「異議申立てに係る処分の理由が当該処分に係る通知書その他の書面により処分の相手方に通知されている場合を除き」と規定しているのも，鑑定人の前記の税法学的所見（白色申告書に対する更正決定等においても理由付記が必要）を裏づけるものとみられなくはない．

　以上において指摘した現行の2審級の行政不服申立て前置主義の不合理性や違憲性については，鑑定人は国税不服審判所制度の導入を目的とする国税通則法の一部を改正する法案の審議の過程において国会参考人として指摘しているところである．すなわち鑑定人は昭和44(1969)年6月11日の衆議院大蔵委員会で指摘した（拙著『税法学の基本問題』成文堂429頁以下）．また鑑定人は，現行法が少なくとも国税不服審判所長の審理の段階で原処分の理由が示されることを予定しており，その原処分の理由の存否が「争いの対象」になることを同国税通則法の改正案が成立した直後の昭和45年の論文において次のように指摘していた．「改正法は，①異議申立てについての決定で原処分の全部または一部を維持する場合には，その維持される処分を正当とする理由を明らかにしなければならないこと（税通84条5項），②合意によるみなす審査請求または他の審査請求に伴うみなす審査請求において，それぞれ異議申立て人に所定の通知をする場合，あるいは異議申立て後3月を経過した段階で異議申立て人に審査請求ができる旨を教示する場合には，原処分の理由が明らかにされていないものについて処分の理由を明らかにしなければならないこと（89条2項，90条4項，111条2項），③審査請求書には，特に『審査請求の趣旨及び理由』を記載しなければならず，その請求の趣旨については，処分の取消しまたは変更を求める範囲を，その理由については通知された処分の理由に対する請求人の主張を明らかにしなければならないこと（87条1項3号，3項），④原処分庁側には，答弁書には，審査請求の趣旨および理由に対応して，原処分庁の主張を記載しなければならないこと（93条2項），⑤審査請求人は答弁書に対する反論書を提出することができること（95条），⑥既述のごとく，審査請求事案を処理する国税不服審判所は国税庁の機構ではあるが，内部的にはそれなりに一応執行系統から切り離された不服審査専門の機関となっていること，等を考慮すると，国税通則法98条の『審査請求が理由がないときは』とか『審査請求が理由があるときは』とか『当該審査請求に係る処分』とか『不利益に当該処分を変更することはできない』との規定の解釈として，同条は争点主義をとる趣旨であると解することも可能である．……同様の問題は83条3項の『異議申立て』レベルにおいても生ずる．しかし，わたくしとしては，既述の改正法の構造的特色を重視する立場から，さしあたり，国税不服審判所が関与する事案，つまり，『審査請求』レベルに限って法解釈上争点主義をとる趣旨であると解したい」（拙著『税法学の基本問題』446-448頁）．

　白色申告書に対する更正決定等における理由付記について鑑定人はその教科書においてつとに次のように指摘している．「現行法のもとでは青色申告書に対する更正以

外については別段，理由付記の規定はない．しかし，筆者は，国民・納税者に対して不利益な処分を行う以上は，それなりの理由（白色申告に対しては青色申告ほどの厳格な理由は法律的に要求されない．推計課税の場合には推計課税をするにいたった理由，その推計額の算定の根拠等）を明示することは適正手続の法理上明白であると解している．現行法のもとでも白色申告書に対する更正・決定には憲法31条等からそれなりの理由を付記することが必要であり，理由を欠く処分は違法となろう．このように考えてくると，現行法の青色申告の更正理由付記規定は，青色申告者が税法所定の帳簿書類を備えつけているところから，特に注意的に規定された確認規定と解されよう」（拙著『税法学原論・3版』青林書院223頁）．

「さきにも指摘したように，納税申告または決定，更正，再更正等は，それぞれの段階における租税要件事実の確認の成果としての性格を有する．たとえば，更正は当該段階における確認の成果である．再更正もまた当初の更正とは異なった段階（再更正時の段階）における確認の成果である．更正が行われたのはそれなりの理由が存在したためである．再更正が行われたのは更正段階とは異なった『新たな』理由が存在したためである．つまり各処分はそれぞれの段階における『理由』を伴っている．各『理由』が存在しなければ各処分も存在しない．各段階における租税要件事実の確認の成果はそれぞれの段階における右の『理由』として示されうる．別な言葉で表現すれば，同一年分の処分であっても『理由』の異なるごとに別個の独立した処分として存在することになる．現行法のもとでも，筆者は，憲法31条等の「適正手続」の要請等からいって，青色・白色を問わず，すべての課税処分には『理由』が付記されねばならないと解している」（拙著『税法学原論・3版』235頁）．

国税通則法111条の法的意義について立案当局は次のように解説している．

「この条は，救済手段の教示の一環として異議申立て後3か月経過により審査請求ができる場合における当該3か月経過時にする教示について規定する．この教示は，行政不服審査法において規定されていない教示である．……救済手段の教示は，制度，法令について国民が不知のため折角の救済の機会を失することのないようにとの配慮から定められたものである．第1項は，右の趣旨から，異議申立て後3か月経過により審査請求をすることができる場合には（〔国税通則〕法75条5項），異議審理庁は，当該3か月経過の段階で，遅滞なく，異議申立人に対して，書面で，審査請求をすることができる旨を教示すべきものとしている．……異議審理庁は，右の教示をする場合において，白色申告書の更正のように不服申立てに係る処分の理由が書面で通知されていないときは，処分の理由を教示書に付記しなければならない．右の付記は，異議決定の際の処分理由の通知（税通84条5項）及びみなす審査請求として処理しようとする際の処分理由の通知（法89条2項・90条4項）とともに，昭和45年の改正により規定されたものであり，審査請求をしようとする者が，これらの措置により，白色申告等の場合にもあらかじめ処分の理由を知り，これに対する自己の主張を明白に

することができるように配慮されたものである（法87条3項参照）.」（志場喜徳郎他『国税通則法精解』昭和46年大蔵財務協会801，802頁）

以上の検討で明らかなように，異議審理庁である岩国税務署長は，異議申立てから3月を経過した時点で審査請求ができることを原告に教示すべき義務を負っており，かつその際，原処分の理由を書面に付記すべき義務を負っていた．本件の岩国税務署長は，審査請求ができることを原告に教示しなかっただけでなく，原告からの度重なる文書または口頭による要請にもかかわらず原処分の理由を教示しなかった．右の2つの義務違反は，重大な義務違反であって国の不作為による違法行為を構成することについては疑いの余地がない．

2.3　本件不教示と損害賠償責任

本件における原告のたび重なる原処分の理由についての教示の要請は法的には憲法16条の請願権に基づくものである．岩国税務署長は，すでに指摘した税法上の義務規定のほかに，原告の右請願に誠実に応えるべきであった．請願法5条は「この法律に適合する請願は，官公署において，それを受理し誠実に処理しなければならない」と規定している．岩国税務署長は，すでに指摘した2つの不教示（①審査請求ができること，②原処分の理由の説明）税法違反に加えて，右の請願法に基づく義務違反をも行った．このため，原告は，国税不服審判所および裁判所での権利救済を受けることが大幅に遅延し，また原処分の理由が開示されないためにその攻撃防御の方法を十分につくすことができなかった．また営業の休止，名誉および信用の消失，精神的苦痛，長期間にわたる争訟のための労力，経済上の負担等を余儀なくされた．税務署長の前記の不作為義務違反は意図的なものであることは証拠上明白であり，国民主権と基本的人権の尊重を原理とする日本国憲法のもとでの税務行政のあり方からいっても到底許されない違法行為である．国家賠償法1条にいう「公権力の行使に当たる公務員がその職務を行うについて，故意によって違法に他人に損害を加えた」場合に該当することは明らかである．よって国の損害賠償責任は免れない．

3　裁判所の判決

1998（平成10）年7月16日山口地裁岩国支部判決は，次の理由でE氏の請求を棄却した．すなわち，①「本件更正処分の調査の必要性，推計課税の必要性・合理性は十分認められるから，本件更正処分自体に国家賠償を認めるに足りる違法性はない」．「本件更正処分自体が，民商攻撃の意図のもとになされたものとして違法であるとはいえない」．②「国税通則法111条にもとづく不教示は……，それにより直ちに国家賠償を認めるほどの違法性はない」．「……原告が国税通則法111条の教示を要求したのは平成元年（1989）10月11日ころであったところ，原告本人（E氏）尋問の結果によれば，そのころ教示の規定を知ったが，そのころは審査請求をする意思はなく，ただ

教示により本件更正処分の内容を知りたいだけであったというのであり，原告は，右規定の存在を知ったことから異議申立て後3か月経過した後は審査請求ができることも熟知していながら，審査請求をするためではなく，教示によって本件更正処分の理由を知ることだけを目的として申入れ等をしていたものであり，これは救済手段の教示を離れて理由の開示を求めるものであるから，教示を受けなかったことによって原告が被った不利益は相当低いといわざるを得ない」。「……異議審理の担当者において，原告が明らかにするという仕入金額の実額が分かれば真実に近い所得額を推計することができると期待して口頭意見陳述を重ねたことはもっともであること，岩国税務署長において，より実額に近い推計方法を模索して，異議決定によって一部取消しが見込まれた時点で，取消前の更正処分の理由を開示することは原告の権利救済を遅らせ，無用の混乱を招くとの判断をしたことは，紛糾を極めた異議審理の経過に照らして十分首肯しうること等の事情を総合考慮すると，本件更正処分の理由を開示しなかったことは，いまだ国家賠償を認めるに足りる違法性があるとまではいえない」。「原告は，理由の開示を受けられれば，直ちにこれに反論し，本件更正処分が，異議審理において，その全部または一部の取消しが見込まれる場合であることを明らかにして，徴収猶予の措置を受けることができたはずであると主張するが，本件更正処分を一部取り消す旨の異議決定は，実額立証とは無関係の単なる推計方法の見直しによって出されたものであって，異議審理の経過とは基本的に無関係であるし，そもそも徴収猶予の申立てを不採用としたこと自体は，通達にしたがって判断されたものであるから，これにより，本件更正処分の理由の開示を行わなかったことにつき，何ら違法性が生じるものではない」。

第2審広島高裁2000（平成12）年3月24日判決も，第1審判決を踏襲し控訴を棄却した。最高裁2001（平成13）年6月14日第1小法廷決定は，民訴法312条1項・2項の上告事由が存在しないとして上告を棄却し，また，民訴法318条1項の事件に該当しないとして上告不受理とした。

〔2002年4月〕

第11章 無効な課税処分と不当利得の成立

1 事案の概要

　東京都大田区に居住するS氏（個人）が北海道函館市に所在する本件土地について，同人が本件特別土地保有税の納税義務者であるとして課税庁・函館市長から次のような特別土地保有税の課税処分を受けた．
　〔区分〕　　　　　　　　〔税額〕
　①昭和58年度分（取得分）1,984,900 円
　②昭和58年度分（保有分）1,080,410 円
　③昭和59年度分（保有分）1,035,760 円
　④昭和60年度分（保有分）　749,180 円

　Sは，本件土地については所有権の帰属について係争中であること等を説明して，納税の猶予を求めていたが，繰り返し督促がなされ差押え，公売も差し迫ったので，不本意ながら，ひとまず次のように納付した．
　①昭和58年度分（取得分）昭和60年3月23日
　②昭和58年度分（保有分）昭和60年3月23日
　③昭和59年度分（保有分）昭和60年3月23日
　④昭和60年度分（保有分）平成3年3月29日

　本件土地の所有権の帰属については，平成10（1998）年12月3日東京高裁判決によってSには所有権が存在しなかったことが確定した．特別土地保有税は国定資産税とは異なり，真の実体上の所有者に課税することになっている．そこで，本来であれば課税庁は，職権でもって課税処分を取り消して，Sが納付した税額を還付加算金を付して還付すべきであった．

　しかし，課税庁はSの度重なる要請にもかかわらず，Sから適法な更正の請求もなく，かつ地方税法17条の6第1項3号の減額更正期間（判決確定後3年間）を経過していることも理由に還付に応じなかった．Sから相談を受けた筆者は，平成15年5月1日付で，羽野島裕二弁護士を代理人として函館市長宛に催告書を送付していただいた（函館市長の同催告書受理は平成15年5月6日）．

　同催告書の主文は，次のごとくである．
　「拝啓　当職はSの代理人として次のとおり催告します．
　Sが，貴市〔函館市〕に納付した函館市に所在する本件土地の特別土地保有税485万0250円について，既に書面をもって再三にわたり，納付金の還付を請求してきましたが，貴市においてこれを悉く拒絶してきたことは誠に遺憾です．
　今回は，貴市に対し，本書をもって還付金相当額の不当利得金485万0250円及びこ

れに対する納付日から支払済まで年7.3％の還付加算金の支払を催告します.」

この催告書には，2003年4月28日付の筆者の税法学鑑定所見書が証拠として添付された.

この催告書に対する函館市長の回答書が平成15年5月30日付で示された．形式的法律論による無意味な回答であった．そもそも検討に値しないものであった．官僚行政の典型例とみられるものであるので，同回答書を紹介しておきたい．

すなわち，「特別土地保有税の還付に関しましては，地方税法の規定に基づき処理しなければならないものであります．S様が納付された特別土地保有税の還付申出につきましては先に回答しているところですが，当初の課税処分は所有権移転登記に基づき適法に処理したものであり，後に判決により登記簿上の所有者が真実の所有者でなかったことが確定したとしても，課税時点では把握できる状況になかったことから，課税処分に重大明白な瑕疵はなく，当初の課税処分は即時無効となるものではないと判断しています（当市の見解と同様主旨の解説が，1996年7月5日付け「税務経理」6頁以下に掲載されておりますのでご参照ください）．従いまして，還付を行うためには課税処分を取り消す必要がありますが，地方税法第17条の6の規定では，課税処分を行うことができる期間は，当該理由が生じた日（判決確定の日：平成10年12月18日）の翌日から3年間と定められております．当市が判決確定の事実を知ったのは，S様からの還付申出があった平成14年6月24日であり，この時点では地方税法第17条の6に規定する取り消しに係る期間制限を既に経過しているため，課税処分の取り消しはできないこととなっており，取り消しにより生ずる過納金は発生しないこととなりますので，ご理解くださるようお願いいたします」．

2 鑑定書の概要

平成15（2003）年4月28日付の筆者の鑑定所見書の概要は，次のごとくである．そのまま函館市長の前出官僚的回答に対する反論を構成するとみてよいであろう．

2.1 本件特別土地保有税課税処分の無効と不当利得の成立

Sが貴市に納付した特別土地保有税485万0250円は，東京高裁1998年12月3日判決（以下「本件判決」という）で，無効な課税処分に基づくものであることが確定した．課税庁である函館市長（以下「市長」という）は，法の規定に基づいて税務行政を展開すべき法律上の義務を負っている．素人である納税者からの申出がなくても，市長は，自己が行った課税処分が無効となった段階で，直ちに職権で法に基づいて減額更正を行い，法に基づいて上記特別土地保有税相当分（所定の還付加算金相当分を含む）をSに返還すべきであった．この点，市長は，Sから更正の請求がなかったために，本件判決確定後3年以内に課税処分の取消しができなかったと述べている．この主張は，後に明らかにするように，民主的税務行政においてあるまじき「本末転倒」

の議論であるといわねばならない．

　最高裁1974年3月8日第2小法廷判決（民集28巻2号186頁）は結果的に，当該課税処分が客観的に無効であることが明白な場合には，課税庁による是正措置がなくても，行政上の不当利得の成立を認めた．厳密に言えば，同最高裁判決は，後発的瑕疵に対する納税者側からの救済規定が存在しなかった旧法下のものであるが，課税庁の認定判断を待つまでもなく課税処分の無効が明白の場合には当然に不当利得となる，という最高裁判断はそのまま本件に当てはまることに注意すべきである．ここでは最高裁の示した法理を重視したい．

　念のため，同判決の要旨を確認しておきたい．

「所得税法は課税所得及び税額の決定ないし是正を課税庁の認定判断にかからしめているのであるから，かような制度のもとでは，後発的貸倒れの場合にも，貸倒れの存否及び数額についてまず課税庁が判断し，その債権確定時の属する年度につき改めて課税所得及び税額を算定し，それに応じて先の課税処分の全部又は一部を取り消し徴税後であればその部分の税額相当額を納税者に返還するという措置をとることが最も事理に即した是正の方法というべく，課税庁としてはかかる是正措置をとるべきことが法律上期待され，かつ，要請されている」．「しかしながら，旧所得税法には，課税庁が右のごとき是正措置をとらない場合に納税者にその是正措置を請求する権利を認めた規定がなかったこと，また，所得税法が課税所得と税額の決定を課税庁の認定判断にかからしめた理由が専ら徴税の技術性や複雑性にあることにかんがみるときは，貸倒れの発生とその数額が格別の認定判断をまつまでもなく客観的に明白で，課税庁に前記の認定判断権を留保する合理的必要性が認められないような場合にまで，課税庁自身による前記の是正措置が講ぜられない限り納税者が先の課税処分に基づく租税の収納を甘受しなければならないとすることは，著しく不当であって，正義公平の原則にもとる．それゆえ，このような場合には，課税庁による是正措置がなくても，課税庁又は国は，納税者に対し，その貸倒れにかかる金額の限度においてもはや当該課税処分の効力を主張することができないものとなり，したがって，右課税処分に基づいて租税を徴収しえないことはもちろん，既に徴収したものは，法律上の原因を欠く利得となる」．

　右判決の趣旨によっても知られるように，本件特別土地保有税課税処分の無効が前出本件判決の確定によって客観的に明白となったのであるから，市長による是正措置がなくてもSは，法律上，市長または函館市に対し本件還付金相当分の不当利得の返還を請求しうる．

　市長または函館市は，本件還付金相当分の不当利得を返還しなければならない．その際，還付加算金相当分の計算を税法の基準に従うとすれば，年7.3パーセントになる（地税17条の4参照）．

2.2 本件課税庁である市長の不作為と違法

Ｓは地方税法20条の9の3第2項1号に基づいて本件判決確定後2月以内に市長に更正の請求をすることができたのであるが，Ｓはそのような税法上の知識を知らなかった．しかし，市長は，Ｓからそのような更正の請求がなくても，市長は職権でもって地方税法17条の6第1項3号により本件判決後3年以内に減額更正をし，本件還付金をＳに返還すべき義務を負っていた．

本件土地の所有権をめぐって17年間も争われていた．市長は，当然にその事実を職務上承知していた（特別土地保有税，固定資産税などの税務行政を遂行するうえにおいても）．

市長は，Ｓから更正の請求がなかったため，本件判決確定後3年以内に本件課税処分が，結局において，いまだ取り消されていないので，不当利得は成立しないと弁明しているという．これは，まことに奇妙な行政の姿勢である．すでに指摘したように，市長は，法の規定に基づいて税務行政を展開すべき法律上の義務を負っていた．市長は，Ｓにむしろ更正の請求をすることを教示すべきであった．仮に，更正の請求がなくても，本件判決確定後3年以内に市長は法の規定に基づき本件課税処分の減額更正をするのが，市長の職務上の義務であった．日本国憲法のもとでの民主的行政としては以上のことはあまりにも自明である．法律的にいえば，税法および地方公務員法32条などの要請である．市長の以上の不作為はいうまでもなく違法である．市長は自己の職務上の怠慢，不作為を「棚に上げて」本件不当利得の成立を否定したといわれる．

本件還付金は税法学的には過納金である．本件不当利得の返還を仮に地方税法の規定に従ったとした場合にも，本件還付金は，いまだ時効により消滅していない．地方税法18条の3によれば，一般に還付金はその請求することができる日から5年を経過したときに時効により消滅する．本件還付金については，本件判決が確定した日の翌日が「その請求することができる日」ということになるからである．

2.3 結　語

以上，誰の目からみても，函館市が本件不当利得を返還しないことは違法である．1日も早く函館市は本件不当利得をＳに返還されることを願っている．いままでの市長の許されない不作為を謙虚に反省し，誠実に納税者，市民に対処されるべきであろう．市長および函館市の違法かつ不誠実な対応によって，これ以上，善良な納税者，市民であるＳに「出訴しなければならない」などの迷惑をかけるようなことがあってはならない．

3　鶴見祐策代理人による交渉

　筆者としては，あれこれの法律論議よりも，誤った課税処分を職権でもって取り消してもらえば，すべてが解決することになるので，鶴見祐策弁護士にお願いして，政治家でもある函館市長に直接，交渉していただくことにした．同弁護士の説得によって市長の決断を期待したのであった．

　鶴見弁護士は，市長本人との交渉を要請した．しかし，市長本人は面談に応ぜず，2003（平成15）年6月27日午後2時から，函館市役所財務部長室で，工藤寿樹財務部長らが同弁護士に対応した．同弁護士による交渉の内容は，次のごとくである．相手方は，函館市の工藤寿樹財務部長，小山純財務部資産税課長，平哲夫財務部資産税課主査．相手方として，主として工藤部長が応答し，小山課長は補足的発言を行った，といわれる．

相手方　市としてはSさんの請求によってはじめて判決で所有権が否定されたことを知ったのであるが，そのときは地方税法17条の6第1項3号の3年間が経過していた．

鶴見（代理人・弁護士）　特別土地保有税は当該土地の所有者に課税するもの（地方税法585条）であるから，本件土地の所有権のないことが明らかにされた以上，課税の根拠が否定され，法律上の原因がなかったことになる．したがってSからの申し出を待つまでもなく，事実を知った時点で職権により，誤って納付を受けた税金は返還されるべきものである．

相手方　理屈はわかるが，課税の当時は，法務局の通知によって課税権を認識するのであり，当事者間の紛争の内容はわからなかった．登記簿は見ていない．

鶴見　所有権をめぐる係争物件であることは予告登記でもわかったはずだ．

相手方　予告登記も知らなかった．したがって課税自体を明白かつ重大な瑕疵による無効とすることはできない．

鶴見　Sからは係争中であることの報告を受けて課税の留保を求められていた経過があったのではないか．

相手方　知らない（明確な否定はなかった）．

鶴見　判決後には登記名義の変更もあって固定資産税の納付義務者も交代しているではないか．だから認識できていたはずだ．

相手方　名義は，S氏から別の者に移っていたから，判決によってS氏の所有権が否定されたとの認識は持ち得なかった．

鶴見　問題のT社には「真正な登記名義の回復」となっているはずだ．

相手方　それは認めるが，それだけではわからない．間に別の名前が入っていた．

鶴見　誤納金が判明したら還付金として返還するのが当然だ．

相手方　課税処分がある以上，それが取り消されない限り，返還できない．
鶴見　民法上は不当利得にもなる．
相手方　地方税法は民法の特別法として時効が短縮されている．
鶴見　18条の3は5年となっている．そうだとしてもまだ経過していない．
相手方　それは17条の6の更正を前提としていると解釈する．更正後5年の意味だと思う．当初の課税処分からだと5年はとっくに経過している．
鶴見　北野先生が引用された最高裁判例については検討したのか．
相手方　顧問弁護士にも検討してもらっているが，課税処分が取り消されていない限り，還付できないという見解には変わりはない（直接的には判例について明確な応答はなかった）．
鶴見　本人の意向もあるが，さらに検討して市側の見解に変わりがなければ，夏休み過ぎには提訴することになると思う．その前には一報する．
相手方　還付したくないと云うことではない．税金なので法律的な処理をしたいと考えている．法律的に還付が正しいという見解が示されれば，われわれはそれに従う．
相手方（主査）「税務経理」は見たか．
鶴見　検討したが，設例の3イは，本件に適合しない．

4　還付金請求訴訟

　S（原告）は，平成15年12月1日に，鶴見祐策弁護士を代理人として，そして函館市長を被告として本件納付金の返還請求訴訟を函館地裁に提起した．

　理論的には函館市長の決断によって誤った課税処分を取り消しすれば，事件はすべて解決するという筋合いの問題である．拙鑑定書によっても明らかのように，同決断は法理論的にも可能である．

　しかし，同市長がそのような決断をしないためにやむなく訴訟が提起されたわけである．

　Sは，本訴において結論として次のように述べている．「原告（S）が本件土地の所有者であることを根拠として原告から徴収された本件特別土地保有税は，法律上納付すべき理由のないことが明らかであり，同税の賦課自体が無効であり，本件納付金は税法上過誤納金に相当する．よって被告（函館市長）は，当然に地方税法17条の6第1項3号により減額更正を行なって，その全額485万0250円について原告に還付すべき義務があったといわなければならない．そして本件還付金については納付の日の翌日から還付加算金相当の基準（年7.3パーセント．地方税法17条の4参照）に基づく利息を付加すべきである．以上のとおり原告が被告に納付した本件特別土地保有税は，被告が法律上の原因なく徴収して原告に同額の損失を及ぼしたものであるから，民法703条の不当利得に該当することが明らかである（最高裁昭和49年3月8日第2小法廷判決・民集28巻2号186頁参照）．しかるに，被告は，原告の再三の催告にもかか

わらず，これの返還をしないまま今日に至っている．よって請求の趣旨のとおり判決を得たく本訴に及んだ次第である」．

　日本経済新聞 2003 年 12 月 6 日の報道によれば，千葉県東金市は約 40 年にわたり建物の固定資産税の評価基準を誤って課税していた，という．記録のある過去 11 年間について誤って課税した総額約 9 億円を納税者に同市は，返還するという．これによっても知られるように，函館市長が，本件についても本件課税処分の誤りが明白に確定しているのであるから，積極的に職権をもって「無効確認」の意味での課税処分を取り消すべきであって，何も納税者にわざわざ返還請求訴訟を求める必要はない．

　課税庁の不誠実，不作為により，なんの責任もない S が，市の不当利得分を返還させるためにこのような訴訟を提起しなければならない日本の税務行政の現実がきびしく批判されねばならない．われわれは，このような公務員による「不法行為」ともいわねばならない税務行政の現実が国民主権の日本国憲法のもとにおいて生じたという事実を真摯に銘記しなければならない．

〔2004 年 3 月〕

【付　記】
　その後，2004 年 9 月 7 日函館地裁判決は，原告の請求を棄却した．

第12章　相続税課税処分等に係る後発的瑕疵の確定と不当利得の成立

1　はじめに

　相続人らが取得した相続財産のなかには，相続開始当時，被相続人の実兄が経営していた法人の債務についてその債権者が巨額の根抵当権を設定していたものが含まれていた．つまり被相続人は自己の財産を担保にして保証人となっていたわけである．右根抵当権の債務者である法人は営業不振で相続開始当時，客観的にいって根抵当権の債務額を弁済することが困難とみられる状況にあった．換言すれば，相続開始当時担保財産となっている相続財産については早晩，担保物件処分が行われるであろうことが客観的に明白な状況にあった．事実，相続開始後，同相続財産について担保物件処分が行われた．納税者および税務署長が課税対象に含めた同相続財産は客観的にいって相続開始当時，無価値であったのであり，それが相続開始後，現実にも担保物件処分により無価値であることが確定した．別な表現でいえば，課税相続財産に含められた同相続財産が現実に消失したわけである．もとより，相続人らは根抵当権の債務者である法人に対して，求償権を行使することは不可能であった．求償権も無価値であった．

　このような事案について目下，東京地裁で争われている．本件の相続開始時は，平成3（1991）年12月21日である．このような事案についてどのような法律構成をもって納税者（相続人）を救済できるかは，税法学上もきわめて困難な課題である．筆者は，最高裁昭和49年3月8日第2小法廷判決（昭和43年（オ）314号・不当利得返還請求事件，民集28巻2号186頁）で採用された法理（後発的無効と不当利得の成立）に即して，本件に対処することとした．納税者は，相続税額を納付しているので，本件は国を被告として相続税還付等請求事件（不当利得返還請求事件）として争われている．本件の原告（相続人，納税義務者）側代理人は，松井康浩弁護士である．

　筆者は本件について1998年8月および12月に2回にわたって東京地裁へ「鑑定所見書」を提出した．税法学理論上きわめて重要な論点を含むところから，以下に同「鑑定所見書」の概要を紹介することとした（以下は，甲23号証の「鑑定所見書」．「補論」は甲24号証）．

2　本件の争点と本件不動産

　本件については検討されるべき多くの法律問題が考えられる．本鑑定では，多様な法律問題のうち本質論的な問題にしぼって検討することとしたい．

第VIII部　租税手続

　原告ら（本件相続税の納税義務者）が相続した次の不動産（以下「本件不動産」という）を相続税の課税上どう取り扱うべきかが基本的争点となっている．

　　東大阪市金物町8番7
　　宅地　683.83 ㎡
　　東大阪市金物町8番地7
　　家屋番号　8番7
　　事務所倉庫居宅一棟　　鉄筋コンクリート，鉄骨造陸屋根，瓦鋼板葺3階建

　本件不動産には本件相続開始前に，O団地協同組合のN商事株式会社に対する債権極度額金3億1,030万円の根抵当権（根抵当権者・O団地協同組合，債務者・N商事株式会社）が設定されていた．右債務者であるN商事株式会社は，本件相続開始（平成3年12月21日）前から引き続き営業不振で赤字決算をしていた．すなわち，同社の法人税申告書の内容は次のごとくであった．①平成3年9月2日の申告（事業年度平成2年7月1日より平成3年6月30日まで）で，金4,987万8,423円の欠損，②平成4年8月31日の申告（事業年度平成3年7月1日より平成4年6月30日まで）で，金6,112万3,123円の欠損，③平成5年8月31日の申告（事業年度平成4年7月1日より平成5年6月30日まで）で，金5,312万5,914円の欠損．
　平成9年9月30日にN商事株式会社は不渡手形を出して倒産した．現在解散して清算手続に入っている．その清算人はNSで本件被相続人の実兄である．同社はその資本金が1,000万円の零細企業である．
　根抵当物件である本件不動産は，根抵当権者であるO団地協同組合の勧告・斡旋・同意により，Y株式会社に対して平成9年10月16日に金2億685万円（建物はNS名義となっていた）をもって売却された（甲16号証）．この売却の形式は，本件不動産の置かれた地位を考慮してとられた方法であって，実質的には担保物件処分である．売却代金は全額，債権者＝根抵当権者・O団地協同組合に対し債務者N商事株式会社の債務の弁済として支払われた．なお，相続人らがN商事株式会社に対し求償しても同社から返済を受けることは客観的に不可能の状態にある．この事実も，疑いもなく明白であったといわねばならない．
　平成6（1994）年6月30日に税務署長が原告らに行った本件相続税更正処分等の対象には本件不動産も含まれていた．本件不動産がその相続開始時に存在した抵当物件のゆえに結局，原告らにとっては相続財産としては無価値となったわけである．
　以上の事実は，最高裁昭和49年3月8日第2小法廷判決（昭和43年（オ）第314号・不当利得返還請求事件，民集28巻2号186頁．以下「前出判決」という）の事案に酷似している．同事案では，税務署長が所得税の課税所得金額に含めた債権が，課税処分後貸倒れになった場合の当該課税処分の取扱いをどうすべきかが問題となった．後に紹介するように，最高裁は，当該貸倒れに係る税額相当分の課税について不当利

第12章　相続税課税処分等に係る後発的瑕疵の確定と不当利得の成立

得の成立を認め国が当該分の納税者に返還すべきであると判示した．

本件不動産は，相続人原告らにとっては被相続人の抵当物件のゆえに結局はすべて無価値となり実質的には課税対象財産から除外されるべきものとなった．課税物件の一部が消失したともいえよう．この事実を法律的にどのようにとらえるべきかが本件の真の争点である．

3　本件不動産と課税庁側の法的義務

原告らは平成4 (1992) 年6月19日に本件不動産を含めて相続税の納税申告を行った．税務署長は，原告らに対して平成6年6月30日に申告税額を増額する更正処分等を行った．これに対して，原告らは平成6年8月31日に税務署長に対し異議申立てを行った．平成6年11月30日に同税務署長は棄却の異議決定を行った．原告らのうちNMは平成6年12月22日に国税不服審判所長に対し審査請求を行った．原告TYは法律的知識がないために審査請求を行わなかった．平成8年3月29日に国税不服審判所長は原告NMに係る更正処分等の一部を取り消す審査裁決を行った．平成8年4月30日に税務署長は原告TYに係る更正処分等の一部を取り消した．

原告らは，さきに指摘した本件の真の争点について納税申告，異議申立て，審査請求において十分な主張・立証を行っていない．これは原告らの法律的知識の希薄さに由来する．本件の納税申告は，税理士が行ったが，原告らは同税理士への不信感（本件納税申告の不備等）のゆえに，事実上原告NMが異議申立て以降の手続を同人自身で行ったといわれる（甲21号証）．本件は，税法専門家においても容易に解明できない重大な法律上の諸問題を含んでいる．それだけに関与税理士および原告らにおいて前記本件の真の争点を十分に主張・立証し得なかったものと推察される．本件の真の争点からいえば，原告らがその納税申告に対し国税通則法23条の規定に基づいて本件相続税の法定申告期限から1年以内に同納税申告税額の減額を求める更正の請求を行うべきであった．不幸にして税法専門家においても困難な本件の真の争点を把握することができなかったために，原告らは更正の請求を行うことをしなかった．しかし，このような原告らの不十分な法的対応は，税法専門家においてすら困難な事案であるので非難されるべきではない．

憲法および税法等の規定に基づいて厳正に税務行政を行うべき職責を担う課税庁側においては，納税者側からの対応がどうであろうと，真摯に誠実にその法的義務をつくすべきであった．本件の全過程において課税庁側にはそのような法的義務をつくそうとする努力はまったく見られない．この点は，厳に非難されねばならない．国税通則法24条は，税務署長は，納税者から納税申告書の提出があった場合にその調査に基づいて当該申告書に係る課税標準等または税額等を更正すると規定している．この更正には納税者の納税申告額を増額する「増額更正」のほかに納税者の納税申告額を減額する「減額更正」も含まれる．税務署長が「減額更正」をすべき場合に減額更正を

しないことは違法である．

　本件不動産について本件相続開始当時金3億1,030万円の根抵当権が設定されていたことは登記簿上明らかであった．加えて当該根抵当権の債務者であるN商事株式会社は既述のように資本金1,000万円の零細企業であり本件相続開始前から営業不振で赤字決算の法人税申告書を提出していた．客観的にいって同社が本件根抵当権の債務額を弁済することが困難とみられる状況にあった．換言すれば，本件不動産が同社の債務弁済のために担保物件処分をされるであろうことは客観的に明白であるという状況にあった．また，同弁済分についてN商事株式会社が本件相続人らに返済することができないことも明白であった．

　相続税法60条1項3号は，N商事株式会社に対しても本件更正処分等にあたって税務職員が厳正に税務調査をすることを予定している．課税庁側としては，本件更正処分等にあたって本件不動産につき十分に調査をつくすべきであり，その調査の一環として本件不動産に係る本件根抵当権の債務者であるN商事株式会社についても十分に調査をつくすべき義務を負っていたといわねばならない．もし課税庁側が本件不動産についてそのような調査義務をつくしておれば，以上に指摘した本件不動産の置かれた税法上の地位が容易に判明したはずである．

　本件不動産の置かれたこの税法上の地位を法律的にどのようにとらえるかについては，2つの方法がありうる．その1つは，本件不動産に係る本件根抵当権の債務額，具体的に極度額3億1,030万円を被相続人の債務額としてとらえる方法である．保証債務については税務行政の実務では保証債務者がその債務を履行しなければならない状況にあることが要求されているので（相税基達14-5(1)），この取扱いからいえば，本件では債務控除の構成をすることができない．その2つは，債務額としてはいまだ相続税法13条，14条に規定する「確実な債務」として熟成していないので，O団地内にあって，その所有資格が組合員に制限されているものであり，加えて極度額3億1,030万円という巨額の根抵当権が設定されていてかつ債務者N商事株式会社が弁済能力をまったく有しない状況にあるところの本件不動産については，それが経験則上ほとんど交換価値を有しないことは明白であるとして，この点を考慮して本件不動産の財産評価を行うという方法である．後者の方法によれば，客観的にいって本件不動産は「無価値」として扱われることになろう．鑑定人としては税法学的には後者の方法が妥当であると解する．

　本件更正処分等において課税庁側は右の当然にとられるべき後者の方法による措置をまったく考慮しなかった．課税庁側のこの不考慮はその後の異議決定，審査裁決においても維持された．本件不動産の財産評価において後者の方法による措置を講ずべきことは税法上の重大・明白な課税庁側の法的義務である．一般に更正処分等の違法はそれが金銭債権債務関係に関するがゆえに数量的に可分である．後者の方法による措置を講じていない部分について本件更正処分等は違法を免れないといわねばならな

い.

4 本件更正処分等の後発的一部無効と不当利得の成立

　以上に指摘したように税務署長の行った本件更正処分等は本件不動産の評価を誤った部分について違法・無効であるといわねばならない.
　仮に一歩ゆずって本件更正処分等は当該処分当時は直ちに違法・無効とはいえないと解したとしても，前出最高裁判決の法理に従って，いったん課税対象相続財産とされた本件不動産が本件相続開始当時から存在した担保物件のゆえに平成9年10月16日にすべて処分されて債務に充当された時点で，つまり相続財産としては無価値であることが確定した時点で，いわば後発的事由によって本件不動産に関する部分について本件更正処分等が違法・無効になったと解すべきである．この点をコメントすれば，本件不動産が課税物件でないことが確定した時点で，本件更正処分等の後発的瑕疵が確定的に生じた．違法・無効部分については原告らには納税義務が存在しない．これにより，原告らが納付した租税のうち右の無効分については当然に不当利得が成立することになる．
　前出最高裁判決を念のために紹介しておきたい．
　「もとより，いったん適法，有効に成立した課税処分が，後発的な貸倒れにより，遡って当然に違法・無効となるものではないが，……貸倒れの発生とその数額が格別の認定判断をまつまでもなく客観的に明白で，課税庁に前記の認定判断権を留保する合理的必要性が認められないような場合にまで，課税庁自身による前記の是正措置が講ぜられないかぎり納税者が先の課税処分に基づく租税の収納を甘受しなければならないとすることは，著しく不当であって，正義公平の原則にもとるものというべきである．そのゆえに，このような場合には課税庁による是正措置がなくても，課税庁又は国は，納税者に対し，その貸倒れにかかる金額の限度においてはもはや当該課税処分の効力を主張することができないものとなり，したがって，右課税処分に基づいて租税を徴収しえないことはもちろん，既に徴収したものは，法律上の原因を欠く利得としてこれを納税者に返還すべきものと解するのが相当である．」
　右最高裁判決の事案は更正の請求などの法的救済措置の存在しない場合である．本件の場合には本件不動産に対する評価の違法性については厳密にいえば更正の請求，異議申立，審査請求などの納税者側からの救済措置が存在した．しかし，厳正に「法に基づく課税行政」が要請されるところから，本件のような場合にも右最高裁判決の法理がそのまま妥当するものとされねばならない．鑑定人としては，行政法論的にはいったん行われた更正処分等が後発的瑕疵（無効原因）によって一部無効となって「法律上の原因を欠く利得」をもたらしたと解する．当該利得を民法上の利得とみるか，行政法上の利得とみるかは，税法学的には重要ではない．
　なお，本件不動産が平成9年10月16日に担保物件処分がなされ，課税物件でない

ことが確定した．この事実を法律的に後発的瑕疵が確定的に生じたものと構成した場合には，現行税法にはこのような後発的瑕疵に対処しうる法的手当てが厳密には整備されていないとみなければならない．このようにみてくると本件の場合も，前出最高裁判決の事案と同じように法的救済措置が整備されていない場合に該当するということにもなろう．

5 結　語

本件不動産がほとんど無価値であることをまったく考慮しないで行われた本件更正処分等はその限度において違法・無効である．仮に本件更正処分等が行われた時点では適法であったとしても，その後平成9年10月16日に本件不動産について担保物件処分が行われた時点でいわば後発的瑕疵が確定的に生じた．その限度において本件更正処分等は違法・無効であるといわねばならない．

原告らには本件不動産に関する限りにおいて本件更正処分等に基づく納税義務は生じない．原告らがすでに納付した部分については不当利得を構成する．国は，当該不当利得分について原告らに返還しなければならない．

6 補　論

6.1 抵当権の設定されている本件不動産の評価

被告（国．税務署長側）は，平成10年11月12日付準備書面㈡（以下「準備書面㈡」という）において，「相続税の計算における抵当権の評価については，質権又は地役権（区分地上権に準ずる地役権を除く．）のように従たる権利は，主たる権利の価値を担保し，又は増加させるものであって，独立して財産を構成しないことから，課税対象たる財産として評価しないこととされている（相税基達11の2-1(3)（乙2号証）．そして，抵当権自体は独立の財産として評価せず，相続税の申告上相続財産に含めないこととされている反面，抵当権が設定されている土地等が相続された場合，その土地等については，抵当権が設定されていないとした場合のその土地等の評価額と同一の価額で評価することとされている（乙3号証）」と述べている．

被告が引用する通達および課税当局の質疑応答集は被告側の租税行政実務の一応の取扱いを示すものにすぎない．いうまでもなくそれらは納税者および裁判所に対して何らの法的拘束力をもつものではない．「一応の取扱い」と指摘したのは，一般に行政内部においてもケースバイケースに応じて柔軟に対処すべきであるとされているからである．国税庁通達の実務上の運用のあり方について，かつて国税庁自身が次のように注意していた．すなわち，昭和44年法人税基本通達（昭44直審（法）25）の「前文」において次のごとく規定している．「……の通達の具体的な運用に当たっては，法令の規定の趣旨，制度の背景のみならず条理・社会通念をも勘案しつつ，個々の具体的事案に妥当する処理を図るように努められたい．いやしくも，通達の規定中の部分

的字句について形式的解釈に固執し，全体の趣旨から逸脱した運用を行ったり，通達中の例示がないとか通達に規定されていないとかの理由だけで法令の規定の趣旨や社会通念等に即しない解釈に陥ったりすることのないように留意されたい」(以上傍点は鑑定人)．

　大切なことは，相続税法22条の「時価」を本件不動産については具体的にどのようにとらえるべきか，にある．つまり，本件不動産について本件の相続開始時の「時価」の金額をいくばくとみるべきかが問われることになるわけである．相続税法22条の「時価」とは，通例，不特定多数の者の間で自由な取引において通常成立すると認められる価額を意味すると解すべきである．この点，国税庁自身が同趣旨の取扱いを示している．すなわち，「財産の価額は，時価によるものとし，時価とは，課税時期(相続，遺贈若しくは贈与により財産を取得した日若しくは相続税法の規定により相続，遺贈若しくは贈与により取得したものとみなされた財産のその取得の日又は地価税法第2条《定義》第4号に規定する課税時期をいう．以下同じ．)において，それぞれの財産の現況に応じ，不特定多数の当事者間で自由な取引が行われる場合に通常成立すると認められる価額をいい，その価額は，この通達の定めによって評価した価額による」(財産評価基本通達1-(2))．

　本件不動産については鑑定人の鑑定所見書(甲23号証)においても指摘したように，①その所有資格がO団地協同組合の組合員に制限されていた．②極度額金3億1,030万円という巨額の根抵当権が設定されていた．債務者N商事株式会社が根抵当権者O団地協同組合に対して負っていた債務額は最高額で3億3,000万円であったといわれる．③債務者N商事株式会社は恒常的に赤字決算であり，かつみるべき資産を有していなかった．したがって被相続人がN商事株式会社に対して有する求償権は現実的にまったく無意味であった．以上の諸事実は客観的に明白であった．それゆえ本件不動産について相続税法22条にいう「時価」はほとんどゼロであったとみなければならない．

　鑑定人が鑑定所見書(甲23号証)において指摘したところは，税法学上正当である．被告の準備書面㈡における反論はまったく反論になっていない．

6.2　本件更正処分等の後発的一部無効と不当利得

　以上のように，税務署長の行った本件更正処分等は本件不動産の評価を誤った部分について違法・無効であるといわねばならない．仮に一歩ゆずって本件更正処分等は当該処分当時は直ちに違法・無効とはいえないと解したとしても，最高裁昭和49年3月8日第2小法廷判決(民集28巻2号186頁)の法理に従っていったん課税対象相続財産とされた本件不動産が本件相続開始前からの抵当物件のゆえに平成9年10月16日にすべて処分されて債務者N商事株式会社の債務に充当された時点で，つまり相続財産として無価値であることが確定した時点で，いわば後発的事由によって本件不

動産に関する部分について本件更正処分等が違法・無効になったと解すべきである。この点を税法学的に説明すれば，本件不動産が課税物件でないことが確定した時点で，本件更正処分等の後発的瑕疵が確定的に生じた。その違法・無効部分については原告には納税義務が存在しない。これにより原告が納付した租税のうち右の無効部分について当然に不当利得が成立する。

この点について被告は準備書面㈡において次のように反論している。

「最高裁昭和49年3月8日判決の事案は雑所得として課税の対象とされた金銭債権が後日貸倒れによって回収不能となったというものであり，『権利確定主義のもとにおいて金銭債権の確定的発生の時期を基準として所得税を賦課徴収するのは，実質的には，いわば未必所得に対する租税の前納的性格を有するものであるから，その後において右の説税対象とされた債権が貸倒れによって回収不能となるがごとき事態を生じた場合には，先の課税はその前提を失い，結果的には所得なきところに課税したものとして，当然にこれに対するなんらかの是正が要求されるもの』であるとされたものである。これに対して，本件においては，原告NMは，本件相続時に本社土地建物を相続財産として現実に取得し，本件土地については所有権移転登記を了しており，一旦取得した本件土地建物に対して課税されているのであるから，右最高裁判決とは事案を異にし，同判決の法理を本件に適用することはできないものである。」

実は，本件不動産のうち本件建物については被相続人の生前の平成3年11月11日に，被相続人NHのNSからの債務弁済のために代物弁済契約が行われた。NSからのNHの債務額は8,950万円であった（甲2号証）。右代物弁済額は43,307,253円（乙4号証）。NHの残債務額は4,619万円プラス利息となった。右代物弁済による所有権移転登記は，本件相続開始日（平成3年12月21日）後の平成4年8月20日に行われた。見方によっては本件建物は相続財産を構成しないことになる。原告は，代物弁済による所有権移転登記が本件相続開始後に行われたことを考慮して，本件建物を相続財産に加えるとともに，右代物弁済相当額をも被相続人の債務とし「債務控除」の申告を行った（甲2号証）。

本件建物を含む本件不動産について平成9年10月16日に2億685万円で担保物件処分が行われた。債務者N商事株式会社の債務額は現在なお5,250万円が残っているといわれる。被告は，準備書面㈡において，本件相続開始後NSへの代物弁済によって原告が金43,307,253円相当の経済的価値を享受したと主張している。以上の事実で明らかなように，本件建物は相続財産を構成しないともみられるのであり，代物弁済による所有権移転登記も原告NMではなく被相続人NHからNSへ移転されている。加えて，本件相続開始前から存在した本件不動産に対する抵当権のゆえに，本件建物を含む本件不動産につき平成9年10月16日に行われた担保物件処分によって原告NMはもとより，NSにとっても本件建物の代物弁済はまったく無意味となり，代物弁済の利益は得られなかった。原告NMはいぜんとして右代物弁済前の被相続人

の債務を負担しているわけである．このように，被告主張の，原告の受けたといわれる経済的価値は考慮する必要がない．

　被告は，前出最高裁判決の事例は「所得なきところの課税」であって本件とは異なると反論している．しかしながら，本件相続開始前に本件不動産につき存在していた抵当権のゆえに，平成9年10月16日に本件建物を含む本件不動産が相続財産としては無価値と確定した．また，相続人 NM にとっては，さきに指摘した事実によりその N 商事株式会社に対して有する求償権も無価値である．本件相続開始当時，一応，相続財産を構成するものとして扱われた財産がその後相続財産として加えられるべきではなかったことが客観的に確定的に判明したわけである．これは，前出の最高裁判決の事例とまったく同じケースであり，相続税という財産課税において「財産なきところの課税」ということになろう．この誤りは当然に是正されねばならない．

　以上のように，前出最高裁判決の法理が本件に適用されるべきでないという被告の反論はまったく反論になっていない．

〔1999年10月〕

第13章　事前通知等の議員立法案（1999年5月）の意義
――税務行政等の民主化に大きな影響――

1　議員立法への動き

　1994年4月に納税者の権利立法の整備を目的として超党派の市民団体「TCフォーラム」（納税者の権利憲章TC：Taxpayer Charter をつくる会）が設立された。筆者は同会の代表委員の1人である。同会は、「準憲法的法律」としての納税者権利基本法やその具体化の1つである税務行政手続法の立法化の運動をすすめてきた。同会は、94年4月に正式に設立される前の準備会で、「納税者権利基本法要綱案」および「税務行政手続法要綱案」をとりまとめる作業をしており、94年4月に同会が設立されたその日に正式に同会の両要綱案として公表している。前者では、租税の使途面を含む納税者の諸権利を確認するものである。第2次大戦後、教育のあり方について日本国憲法の理念を具体化する基本法として「教育基本法」（昭22法25）が制定されたが、「納税者権利基本法」も納税者（タックスペイヤー）の法的諸権利について同趣旨の「基本法」を整備しようとするものである。これにより租税国家における立法・行政・裁判等のあり方について基本的指針を提示する。本来であれば、このような基本法を整備することが先決であるが、種々の事情により、現行税法の枠のなかでの措置として、とりあえず1999年5月に税務調査における事前通知等の規定を国税通則法に組み込む改正を行うこととされた。大淵絹子参議院議員（社民党）を中心とする有志議員のご努力によって、このほど参議院法制局事務当局の国税通則法の一部改正案がまとまった。目下、同法案について各党への働きかけが行われており、私たちとしては同法案が議員立法案として国会に提出されることを期待している。

　なお、納税者権利基本法案については、筆者自身の作業として、つとに社団法人自由人権協会「タックスペイヤーズの権利のための小委員会」委員長として『納税者の権利宣言』（1986年2月）をとりまとめ公表している（拙著『サラリーマン税金訴訟』税務経理協会、同『現代法学者著作選集・納税者基本権論の展開』三省堂、所収など）。

2　行政の事前手続

　行政手続には行政の事前手続と行政の事後手続の2つがある。行政手続を狭義に解した場合には、行政の事前手続を指す。行政の事前手続を規定した行政手続法の必要性については、学界では3、40年前から多くの研究者によって指摘され、かつその制

第13章　事前通知等の議員立法案（1999年5月）の意義

定のための努力がなされてきた。「日本の行政が不透明である」とのアメリカからの外圧などもあって、ようやく数年前に「行政手続法」（平5法88）が制定された。しかし、せっかく制定された行政手続法は税務行政には原則的に適用されないこととなっている。それだけに租税国家における税務行政の重要性に鑑みて、税務行政の事前手続に関する「税務行政手続法」の整備が急がれねばならない。今回の有志議員による国税通則法の一部改正案（1999年5月）は、税務行政における事前手続のほんの一部を規定するものにすぎないが、私たちとしては、これを改善の一歩として税務行政の民主化を全体として担保するところの「税務行政手続法」の制定、さらには、冒頭に紹介した「納税者権利基本法」が整備されることを期待している。

行政の事前手続の思想は、英米法における「適正手続の法理」（due process of law）に由来する。アメリカ合衆国憲法には明文で「適正手続の法理」が規定されている（アメリカ合衆国憲法修正5条、修正14条）。この法理についてコメントを加えておきたい。人間は過ちを犯しやすい。実体的真実は容易にとらえることができない。われわれが実体的真実に近づくためにはまず関係者が納得するだけの適正な手続を事前につくすべきである。そのような事前手続を誠実につくせば、自ずと実体的真実に近づきうる。このような趣旨で「適正手続の法理」が発達した。これは英米におけるいわば民主主義の法的表現といってよい。

第2次大戦前のドイツ行政法、その影響を受けた日本行政法は伝統的に行政の事前手続に無関心であった。日本の国税通則法、地方税法、行政不服審査法、行政事件訴訟法等はいずれも行政の事後手続に関するものである。

税務行政の事前手続といえば、たとえば、納税者に不利益な課税処分を行うにあたって、事前に被処分者である納税者に弁明等の機会を与え、そして具体的な理由を付記して処分を行うべきである。具体的な理由を付記できないような場合には処分を行うべきではないということになろう。筆者は、日本国憲法のもとではその13条、31条が「適正手続の法理」を規定していると解している。この憲法規定がそのまま直接的に税務行政に適用されるものと解されるので、事前手続に関する明文規定を欠いている現行税法のもとでも、たとえば白色申告者に対する課税処分において理由付記を欠く処分はそれだけで違法になると解している（詳しくは拙著『税法学原論・4版』青林書院250-252頁）。

3　国税通則法改正案

今回（1999）の国税通則法の一部改正案では、同法の1条の2であるべき税務行政運営の基本理念を明定している。ひと口にいえば、①税務行政は「公正」を旨とすべきであること、②税務行政について国民の理解を得るための「情報の提供」の必要、③国民の権利利益の保護につねに配慮するとともに、国民が納税に関して行った手続は「誠実」に行われたものとして尊重すべきであること、などを確認している。右の

うち，従来，どちらかといえば，納税者を「犯罪者」的扱いにしがちであるといわれてきた税務行政に反省を迫り，納税者が「誠実」に行っているものとして扱うべきであると規定している点は，とりわけ注目されよう．

1条の3で，国税庁長官に右の税務行政運営の基本理念に基づく税務行政運営の方針を定めて，公表することを義務づけている．公表された「税務運営方針」はよい意味で税務行政のあり方を拘束する．公表する以上は国税庁としても批判に耐えうる内容の税務行政にしなければならないこととなろう．人々は公表された「税務運営方針」に基づいて現実の税務行政を監視すること（ウォッチング）が可能となる．

33条の2第1項で，通常の税務調査にあたって，原則として調査をしようとする日の14日前までに，調査理由などを記した書面で事前通知をすることを義務づけている．この規定は，事前手続としては事前通知と調査理由開示の双方の手続を保障する．

33条の2第3項で，同条1項ただし書（事前通知の省略）に該当する場合であっても，調査理由などを記した書面の交付を義務づけている．同ただし書の場合とは「検査をしようとする物件が隠滅される等調査の目的を達成することが著しく困難になると認めるに足りる相当の理由がある場合」であって，この場合には事前通知の手続が省略できる．この事前通知が省略できる場合であっても，右のように同書面の交付義務づけによって調査理由開示の事前手続は保障しているわけである．なお，事前通知の省略が乱用されないように，同ただし書で「……相当の理由がある場合」というように法的に「しぼり」をかけている．この「……相当の理由」の存在については課税庁側に立証責任がある．

33条の3では，調査終了後「調査の結果に関する情報」を提供するよう「努めなければならない」と規定している．これはアフターケアに関する規定である．この規定もよい意味で税務行政に重要な影響を与えるものと期待される．

〔1999年8月〕

【補　論】

冒頭で紹介した「TCフォーラム」（納税者の権利憲章をつくる会）は，1977年1月に超党派の納税者運動組織として設立された「不公平な税制をただす会」（Japan Association to Correct the Unfair Tax System）の納税者の権利憲章制定に関する運動を引き継ぐものとして1994年4月に正式に設立された．実質的にはTCフォーラムは不公平な税制をただす会の一部といってよい．この不公平な税制をただす会は，2003年に「日本納税者連盟」（Japan Taxpayers Association）の名前で「世界納税者連盟」（World Taxpayers Associations）に加入した．

TCフォーラムを中心に私たちは，せめて1999年5月の上掲参議院法制局事務局案を法制化しようと国会議員に働きかけてきた．

その成果があって，2001年6月に民主党が「税務行政における国民の権利利益の保

護に資するための国税通則法の一部を改正する法律案」として国会に提出した．さらに，2002年7月に民主党・社民党・共産党の野党3党[1]が「税務行政における国民の権利利益の保護に資するための国税通則法の一部を改正する法律案」として国会に提出した．

私たちの納税者運動の貴重な成果として，以下に，右の野党3党案の主要条項を紹介しておきたい．

税務行政における国民の権利利益の保護に資するための国税通則法の一部を改正する法律案

第1条中「公正な運営」を「運営における公正の確保と透明性の向上」に改め，「履行」の下に「及び国民の権利利益の保護」を加える．

（税務行政運営の基本理念）

第4条の2　税務行政の運営は，国民の納税義務の適正かつ円滑な履行が確保されるよう，公正を旨として行われなければならない．

②　国税当局は，税務行政に関する国民の理解を得るため，必要な情報の提供を行うとともに，税務行政に関する国民の意見，苦情等に誠実に対処しなければならない．

③　国税当局は，その職務の執行に当たっては，国民のプライバシーを尊重しなければならない．

④　国税当局は，その職務の執行に当たっては，国民の権利利益の保護に常に配慮するとともに，国民が納税に関して行った手続は，誠実に行われたものとして，これを尊重することを旨としなければならない．

（税務行政運営の基本方針）

第4条の3　国税庁長官は，前条に定める税務行政運営の基本理念（次条において「基本理念」という．）にのっとり，税務行政の運営の基本となる方針を定め，これを公表しなければならない．

（基本理念等に関する文書の作成及び普及）

第4条の4　国税当局は，基本理念及び納税の主体たる国民の権利利益の保護のために必要な事項に関する文書を作成し，及びこれを普及しなければならない．

②　前項の文書は，平易な表現を用い，納税の主体たる国民の立場に立って書かれたものでなければならない．

（税額の確定に係る調査等のための質問又は検査の事前通知等）

第33条の2　国税庁，国税局，税務署又は税関の当該職員は，納付すべき税額の確定に係る調査等のための所得税法第234条第1項の規定その他の政令で定める国税に関する法律の規定による質問又は検査（以下この条及び次条においてそれぞれ単に「質問」又は「検査」という．）をしようとする場合には，質問又は検査を

する日の 14 日前までに，その相手方に対し，次に掲げる事項を書面により通知しなければならない．ただし，検査をしようとする物件が隠滅される等調査の目的を達成することが著しく困難になると認めるに足りる相当な理由がある場合は，この限りでない．
1 相手方の氏名（法人については，名称）及び住所又は居所
2 当該職員の氏名及び所属する官署
3 調査を必要とする主たる理由
4 質問又は検査の根拠となる法令の条項
5 質問をする事項又は検査をする物件
6 質問又は検査をする日時及び場所
7 次項に規定する変更の申出に関する事項
8 その他財務省令で定める事項
② 前項の通知を受けた者は，当該通知をした国税庁，国税局，税務署又は税関の当該職員に対して，質問又は検査をする日時又は場所の変更を申し出ることができる．
③ 国税庁，国税局，税務署又は税関の当該職員は，第 1 項ただし書に規定する場合において，質問又は検査をしようとするときは，その相手方に対し，同項第 1 号から第 5 号まで及び第 8 号に掲げる事項を記載した書面を交付しなければならない．

（税額の確定に係る調査の結果に関する情報の提供）
第 33 条の 3　国税庁長官，国税局長，税務署長又は税関長は，当該職員が質問又は検査を行った場合には，当該質問又は検査の相手方に対し，当該質問又は検査に係る調査の結果に関する情報を提供するものとする．

理　由

　税務行政の運営について，基本理念を明らかにし，及び基本方針を策定することとするとともに，国税に関する法律の規定による質問又は検査の事前通知制度を定める等の措置を講じ，もって税務行政における国民の権利利益の保護に資する必要がある．これが，この法律案を提出する理由である．

　筆者は，「適正手続の法理」(due process of law) の具体的内容は，国により，また同じ国でも時代により，異ならざるを得ないと考えている．日本の現段階では，基本的権利としてたとえば租税の使途面では「平和・福祉本位」の「法の支配」，租税の徴収面では「応能負担原則」（憲法 13, 14, 25, 29 条等）の「法の支配」，さらには租税の徴収のあり方と租税の使途のあり方との憲法適合性を司法的にも担保するためにひろく国政レベルの納税者訴訟 (taxpayers' suits) などの権利も日本の納税者権利基

第13章　事前通知等の議員立法案（1999年5月）の意義

本法などに組み込まれるべきであると主張してきた[2]．

　先進各国はそれぞれの国情に応じた納税者権利憲章を整備している．ここで紹介した日本の議員立法案として提案されたものは，民主的税務行政のあり方としてはかなしい程に最小限度のものである．しかし，この法案すらが，多くの人々の努力にもかかわらず，廃案となって成立しなかった．

(1)　平成14（2002）年7月12日に衆法第38号として野党3党の「税務行政における国民の権利利益の保護に資するための国税通則法の一部を改正する法律案」が衆議院に提出された．提出者は海江田万里，古川元久，佐々木憲昭，阿部知子の4氏である．この4氏のほかに159名の議員が賛成者となって名前をつらねている．なお，TCフォーラムの代表委員は筆者らであるが事務局長は湖東京至氏である．この議員提案にあたって同氏を中心に多くの人々の国会への働きかけがあったことを特記しておかねばならない．
(2)　筆者のこの問題の所見の詳細については拙著『税法学原論・5版』2003年，青林書院421頁以下の「第23章『適正手続』と租税手続」，362頁以下の「第22章　税務調査権」などを参照．

〔2004年8月〕

【文　献】

　各国の納税者権利憲章等の動きについては，石村耕治『先進各国の納税者権利憲章』中央経済社，中村芳昭監修・東京税財政研究センター編『税務行政の改革——手続法から組織法へ』勁草書房，塩崎潤訳著『1998年アメリカ内国歳入庁（IRS）再編改革法』今日社，湖東京至訳『OECD納税者の権利と義務』全国商工団体中央会，同編『世界の納税者権利憲章』中小商工業研究所など．また，日本の税務調査を含む税務行政の民主化に関する文献として，北野弘久編『質問検査権の法理』成文堂，芝池義一＝田中治＝岡村忠生編『租税行政と権利保護』ミネルヴァ書房，増田英敏『納税者の権利保護の法理』成文堂，北野先生古稀記念『納税者権利論の展開』勁草書房所収の，永岡昇司，鶴見祐策，浦野広明らの論文など．

第Ⅸ部　租　税　犯

第1章　青色申告承認取消益と租税逋脱犯

1　はじめに

　周知のように，最高裁昭和49（1974）年9月20日第2小法廷判決（刑集28巻6号291頁）は，青色申告承認取消益を含めて逋脱所得・逋脱税額を構成すると判示した。この判示には税法学上多くの疑問があり，筆者は税法学上誤謬であると指摘してきた（拙著『税法学原論・4版』青林書院444，445頁）。仮に百歩ゆずって同判示を肯定するとした場合，①当該青色申告承認取消益分が微少であって逋脱所得本体に付随的とみられる程度であること，および②行為者が青色申告承認取消がなされると当該青色申告承認取消益分が遡って課税所得を構成することを認識していたこと，の2要件を充足する場合にしぼって同判示が適用されるものと解すべきであると考えている。
　この問題が争われている事案についてこのほど以下のような税法学鑑定所見書を東京地裁へ提出した（2000年4月）。筆者としては，同判示が適用される場合をしぼるという新たな見解を打ち出しており，税法学理論や実務のあり方を考えるうえにおいて参考になると思われるので紹介することとした。なお，本件法人税法被告違反事件の弁護人は江口英彦，牧義行，辻嶋彰の弁護士らである。

2　最高裁昭和49年9月20日第2小法廷判決
　　（刑集28巻6号291頁）への疑問

　本件の争点は，被告会社であるT株式会社に係る青色申告承認取消益分が刑事責任を問われるべき逋脱所得・逋脱税額を構成するかどうかにある。この問題については，最高裁昭和49年9月20日第2小法廷判決（刑集28巻6号291頁。以下「同判決」という）が次のように積極に解している。
　「青色申告承認の制度は，納税者が自ら所得金額及び税額を計算し自主的に申告して納税する申告納税制度のもとにおいて，適正課税を実現するために不可欠な帳簿の正確な記帳を推進する目的で設けられたものであって，適式に帳簿書類を備え付けてこれに取引を忠実に記載し，かつ，これを保存する納税者に対して特別の青色申告書による申告を承認し，青色申告書を提出した納税者に対しては，推計課税を認めないなどの納税手続上の特典及び各種準備金，繰越欠損金の損金算入などの所得計算上の特典を与えるものである。……法人の代表者が，その法人の法人税を免がれる目的で，現金売上の一部除外，簿外預金の蓄積，簿外利息の所得及び棚卸除外などによりその帳簿書類に取引の一部を隠ぺいし又は仮装して記載するなどして，所得を過少に申告する逋脱行為は，青色申告承認の制度とは根本的に相容れないものであるから，ある事業年度の法人税額について逋脱行為をする以上，当該事業年度の確定申告にあたり

右承認を取り消されるであろうことは行為時において当然認識できることなのである。したがって、青色申告の承認を受けた法人の代表者がある事業年度において法人税を免れるため逋脱行為をし、その後その事業年度にさかのぼってその承認を取り消された場合におけるその事業年度の逋脱税額は、青色申告の承認がないものとして計算した法人税法74条1項2号に規定する法人税額から申告にかかる法人税額を差し引いた額であると解すべきである。」

周知のように、今日では立法・学説・判例等において租税犯の自然犯化、租税刑法の一般刑法化、租税刑法における責任主義刑法理論などが定着している（この点については板倉宏『租税刑法の基本問題・増補版』勁草書房など参照）。このような観点から検討するときは、同判決には多くの基本的な疑問が寄せられねばならない。本鑑定では同判決それ自体について税法学上の詳密な検討を加えることを避けて、税法学の有力学説が同判決にどのような疑問を述べているか、を客観的に紹介することとしたい。

北野弘久『税法学原論・4版』青林書院 444, 445 頁

「右の最高裁判決にはいくつかの重要な疑問が存在する。まず、逋脱犯の成立時期は法定申告期限の経過時である。青色申告の承認取消問題は逋脱犯の成立時期である法定申告期限後に生じている。つぎに、青色申告の承認の取消しの法的効果は租税法律的には単に徴税行政面に及ぶだけであって、租税刑事面の逋脱税額にも及ぶと解するためには、罪刑法定主義の観点からいって、税法上の特別の規定が必要である。健全な青色申告制度を保護・育成するためには、不正記帳等があった場合には、その事実があった時に遡って青色申告の承認取消しを行って青色申告の特典をはく奪し、税の追徴を行えば十分であって、ことさら青色申告の承認取消し益を逋脱所得に含めなければならない、つまり承認取消しの効果を逋脱税額にも及ぼさなければならない、ということにはならない。もし青色申告の承認取消し効果が逋脱税額にも及ぶものと解するときには、遡及処罰禁止の原則にも反することになる。さらに、法定申告期限時に構成要件事実を構成していない部分については、そもそも故意を論ずることができない。つまり右最高裁判決については、このような責任論の観点からも疑問が存在するわけである。最高裁はさきに紹介したように、『ある事業年度の法人税額について逋脱行為をする以上、当該事業年度の確定申告にあたり右承認を受けたものとしての税法上の特典を享受する余地はない』と述べているが、現実に青色申告の承認取消しがない限り、納税者は税法上の特典を享受することができるのであり、しかも税務行政の現実の問題としては帳簿書類に取引の一部を隠ぺいしまたは仮装して記載することなどの事実があった場合には、常に青色申告の承認取消しが行われるとは限らない。したがって、最高裁判決の右前提も現実には妥当ではない。筆者は、以上要するに、青色申告の承認取消し益は逋脱所得額、したがって逋脱税額には影響を与えない

ものと解したい.」

金子宏『租税法・7版』弘文堂 700, 701 頁

「納税者が帳簿書類への虚偽記入を行い,それに基づいて過少申告をしたため,逋脱犯として刑事訴追をされる一方,その年度にさかのぼって青色申告の承認が取り消された場合に,その年度の逋脱税額は青色申告の承認の取消しによって増加した所得(青色申告取消益)にかかる税額をも含むかどうかが問題となるが,判例は,これを積極に解している.しかし,一般論として,青色申告の承認の取消しによってあとから増加した税額の部分についてまで逋脱の故意があったと考えることは困難である.」

清永敬次『税法・5版』ミネルヴァ書房 289 頁

「青色申告承認の取消しがあった場合,当核青色申告者に対する逋脱犯は,青色申告承認の取消しにより優遇措置の適用が受けられなくなったため生じる増差税額には成立しない.」

山田二郎『税法講義』信山社 300 頁

「青色申告承認の取消しがあった場合,青色申告者に対する逋脱犯は,青色申告承認の取消しによる優遇措置の適用を受けられなくなったために生じる増差税額(青色利益額)についても概括的故意という考え方を採り成立すると解されているが(最判昭和49年9月20日刑集28・6・291),取消しを受けて始めて増差税額が生じるので,このように故意を広くする見解には疑問をもつ.」

佐藤英明「いわゆる青色申告取消益と逋脱犯」金子宏編『所得課税の研究』有斐閣

「……本稿では,課税上の手続を逋脱犯との関係という問題につき,いわゆる青色申告取消益が逋脱額を構成するかという問題を取り上げて若干の検討を試みた.それによれば,裁判所は逋脱犯の成立当時にある手続が有効に存在していたという事実を考慮の対象とすべきであり,その手続の要件となる事実の存否や手続そのものの当否を考慮すべきではない.したがって,青色申告承認取消処分に関していえば,確定申告時にいまだ有効な青色申告承認が取り消されていなかった事実のみが考慮の対象とされるべきであり,その結果,逋脱額を計算する基礎となるいわゆる正当税額は青色申告承認が有効なものとして計算されるから,青色申告取消益は逋脱額に算入されないものと解されるべきである.」

畠山武道「租税判例研究」ジュリスト 596 号

「〔最高裁昭和49年9月20日第2小法廷判決〕判旨に反対.……最後に残された大きな問題は,逋脱犯は『偽りその他不正の行為』という特定の実行行為を構成要件としているが,第一審判決のいうように,はたして申告行為自体が,それに該当するか否かという点である.結論のみを記すと,従来『偽りその他不正の行為』とは,『逋脱の意図をもって,その手段として税の賦課徴収を不能もしくは著しく困難ならしめるような何らかの偽計その他不正の行為』(最大判昭和42・11・8刑集21巻9号1197頁)と解されているが,青色申告の提出及び準備金等の計上は,青色申告が取消され

ていない以上，禁止された行為ではなく，それを逋脱行為と非難される謂れはない．またその計上額に偽りがない以上，その金額は申告書の上からも明確であり，事後の収納すべき正当税額算定の際の組入れも容易であって，『税の賦課徴収を不能もしくは著しく困難ならしめる』とも思われない．」

近藤一久「租税刑法をめぐる若干の問題」税務大学校論叢4号

「積極説によれば，青色申告者は青色申告の特典を受ける際に不正なことを行えば青色申告が取消され，取消されれば前にさかのぼって特典が取消になり，特典により課税の対象となっていなかった所得に課税されることとなるのを認識していたのであるから，申告当時においては特典の取消による所得の課税を未必的に予見しているから，逋脱犯の所得の中に特典の取消による所得を当然含ましめるべきであるとする．しかし，青色申告書提出承認の取消は，税務署長による裁量行為であり（法人税法127条1項，所得税法150条1項），しかも，申告時においては取消しがなされていない以上，遡及的に取消しが行われたとしても，それは取消しの効果であって，申告時は損金として算入した行為が，その取消しという行政処分によって，それも裁量によって行われる性質のものである以上，さかのぼって不正行為になるものとみなされる理由はないといわなければならない．」

船山泰範「税法判例研究」法と民主主義98号・税理18巻8号

「……構成要件上特別の規定がないとすれば，その解釈の準則となるのは，刑法上の基本原則ないし考え方である．その中でも，今日のように，刑罰規定が氾濫する社会においては，刑法の保障機能が重視されなければならない．刑罰規定は，可罰的類型を明らかにするばかりではなく，他面では，市民生活が恣意的な国家刑罰権の行使を受けることがないように制約する役割を担っているのである．その意味で，刑法は，ややもすると市民生活に押し寄せようとする刑罰の波を，未然に防ぐ防波堤の役目を負っているのであり，刑罰規定の解釈にあたっては，保障機能を強調しても強調しすぎることはないのである．本件において問題となった逋脱額の範囲を画定するにあたって，刑法の保障機能を活かす方法は，遡及処罰の禁止，類推解釈の禁止といった罪刑法定主義の中の諸原則に則った解釈をすることである．してみると，逋脱額の範囲は，逋脱犯成立時，すなわち，納期の，逋脱額に限定されるべきである．これに反して，犯罪後の青色申告の取消に伴って増加した税額すべてに逋脱犯の成立を認めるのは，犯罪後の行政行為によって遡及的に犯罪の範囲を拡大させるものであって，遡及処罰の禁止の原則にもとることになる．もっとも，本判旨が，『ある事業年度の法人税額について逋脱行為をする以上，当該事業年度の確定申告にあたり右承認を受けたものとしての税法上の特典を享受する余地はない』としているのは，確定申告をする時点で，はじめから所得計算上の特典はないのだ，と構成することによって，右のような批判の克服を図るものであろう．しかし，逋脱行為があっても，必ずしも青色申告承認取消がなされるわけではないという実際の運用の一事をもってしても，本判旨の

論理には無理があるといわねばならない．また，結論的に見て，法人税法127条を行為者に不利益に援用したことになるから，類推解釈の禁止の原則にも抵触することになる．以上の考察から，わたくしは，逋脱額の範囲には青色申告による特典の部分は含まれないとする立場に立ちたいと思う．このように解釈することは，他方で，税務署長の行政的裁量行為によって，犯罪の範囲が拡大するというデュー・プロセス違反の疑いの濃い事態を回避することにもなるはずである．」

このほかにも，たとえば波多野弘・シュトイエル150号，福家俊朗・税務事例7巻5号，太田全彦・税法学298号など，多数の消極説（最高裁判決への反対）が示されている．

右の紹介によって知られるように税法学の有力学説のほとんどが同判決に対して否定的である．同判決については様々な観点から多くの疑問が指摘されねばならないが，ここでは逋脱犯の成立においてもっとも重要な2つの要件について指摘するにとどめたい．すなわち，①逋脱犯の成立には「偽りその他不正の行為」という積極的な偽計行為が存在しなければならないが，青色申告承認取消益分についてはことがらの性質上そのような偽計行為なるものがまったく存在しない．つまり犯罪構成要件該当性が存在しないといわねばならない．また，②逋脱犯の成立には行為者に犯罪構成要件事実の認識（故意）が不可欠であるが，青色申告承認取消益分についてはことがらの性質上そのような認識（故意）がまったく存在しない．

なお，「その事業年度に係る帳簿書類に取引の全部又は一部を隠ぺいし又は仮装して記載し，その他その記載事項の全体についてその事実性を疑うに足りる相当の理由がある」（法税127条1項3号）場合に，「税務署長は……その承認を取り消すことができる」（法税127条1項本文）とされているが，税務行政の実際においては「隠ぺい・仮装」があればつねに青色申告の承認が取り消されるというものではない．むしろ，同判決の前提とするところとは異なり，取り消されない場合が少なくない．

以上により，同判決は税法学的に誤謬であるといわねばならない．

3　本件の特殊性と前記最高裁判決の不適用

同判決については，日本の税法学界におけるほとんどの学者が消極的であり，もし率直に指摘することが許されるならば，そこでは税法学的に同判決は誤謬であるとされている．この点について，前記学界における諸指摘を客観的事実として紹介したのは，鑑定人としては本鑑定を客観的事実に基づいて公正に展開しようとするためである．

以上のように，同判決は税法学的に誤謬であるとされねばならないが，以下，百歩ゆずって同判決を少しでも合理的にとらえることとして，本件には同判決が適用されるべきかどうかを検討することとしたい．

(1) 青色申告承認取消益分を逋脱所得に含めることは税法学的には許されないのであるが、それでも同判決に従って同青色申告承認取消益を逋脱所得に含めることとした場合において、そのことが社会の感覚としてそれほど非難されない場合とは、逋脱所得に含められる同青色申告承認取消益分の額が微少でいわば逋脱所得本体の付随的部分とみられる程度の場合である。同判決もこのような場合を前提にしているものと解される。また、そのようにしぼって解さなければ同判決を理解することが困難である。この点、本件では、公訴事実の3事業年度で38億5,673万9,193円の所得を秘匿したとされ、そのうち青色申告承認取消益分の額が32億9,440万4,000円を占める。同取消益分の額が、実に逋脱所得の約86％を占めることになろう。

つまり公訴事実の逋脱所得の大部分が、さきに明らかにしたように、本来、逋脱とは無関係な青色申告承認取消益分によって占められることになる。これはあまりにも異常である。このような異常な特殊事情がある場合には、同判決はその適用を予定していないところとみなければならない。

(2) 同判決は、①法人の代表者（行為者）が、自社が青色申告の承認を受けていることを認識し、その青色申告の承認によって税法上の特典を享受していることの認識をもっていることを前提として、②そうであればその逋脱行為時に将来青色申告の承認を取消されることを当然認識できるので、同青色申告承認取消益分を逋脱所得に加えるべきである、とするものである。

同判決を肯定するとして、果たして本件の場合に右のような諸事情が存在したかどうかが客観的に見極められねばならない。

本件の行為者とされる被告人Mは税務経理については顧問税理士、T株式会社（被告会社）の経理実務担当者にまかせきりで、また税務経理について彼らから何ら説明を受けていなかった。Mは、事実、納税申告において青色と白色の区別があることすら知らず、また自社が青色申告をしていることも認識していなかった。本件で問題になっているプログラム等準備金の設定が青色申告者のみ可能であり、将来青色申告承認の取り消しがなされた場合には、同準備金繰入額が課税所得を構成することになることなどを真実、まったく認識していなかった。Mが青色と白色の区別のあることなどを認識したのは平成9年6月12日の査察後である。したがって、本件の逋脱行為時に将来青色申告の承認を取り消されるであろうことをM自身は認識することができなかった（平成11年9月24日提出。Mの陳述書）。

このような重大な事実が本件に存在する以上、本件には同判決を適用することができない特殊事情が存在するものといわねばならない。

なお、青色申告制度のことなどを知らなかったとされる場合には、かつて実務ではそれは、「法律の錯誤」の問題として扱われがちであった。鑑定人は「税法的事実」は法的評価を伴った「法的事実」（Legal Facts）であることをかねてから指摘してきた（拙著『税法学原論・4版』青林書院447頁）。本件において行為者であるMが青色申

告と白色申告の区別すら知らなかったという問題は税法学的には「法律の錯誤」ではなく「事実の錯誤」に該当する．それゆえ，同判決を前提とするとしても，本件で問題になっている青色申告の承認取消益分に対しては行為者であるMには同判決でいう意味での「故意」，「未必的故意」なるものはまったく存在しない．

(3) 本件で問題になっているプログラム等準備金（現行租措57条）は，ソフトウエア業の育成強化を図るとともに，その作成販売したプログラムについて，その納入後に不具合が生じた場合に業者の自己負担により手直し補修をせざるを得ない事情を考慮して導入された制度である．この準備金は，その繰り入れ後，4年間で益金に戻すことになっている（現行租措57条2項）．また，青色申告の承認が取り消された場合には，2年間で益金に戻すことになっている（現行租措57条4項）．このようにこの準備金制度は，いわゆる課税除外（課税免除）ではなく単なる課税延期にすぎない．しかも，国際社会における日本のコンピュータ産業の置かれた地位・諸事情に鑑み，またプログラム等準備金が旧製品保証等引当金（青色申告を要件としていない）とほぼ同性質の側面をも有するところから，この準備金制度は必ずしも青色申告を要件としなければならないだけの合理性は乏しいともいえよう．むしろ，全企業にひろく開放されるべき国民的合理性が存在するといえる．このような本件プログラム等準備金の特性をも考慮して，本件逋脱所得の問題が論議されるべきである．

なお，被告会社Tは，目下，青色申告承認取消自体の違法性を行政争訟で争っている事実も，考慮されるべきである．

(4) 重加算税の課税要件は「納税者がその国税の課税標準等又は税額等の計算の基礎となるべき事実の全部又は一部を隠ぺいし，又は仮装し，その隠ぺいし，又は仮装したところに基づき納税申告書を提出していた……」（税通68条1項）となっている．一方，逋脱犯の構成要件は「偽りその他不正の行為により，法人税を免れ……」（法税159条1項）となっている．両者は，理論的に重なりあう（拙著『税法学原論・4版』青林書院427頁）．本件被告会社Tに対しては，青色申告承認取消益分を含めないで重加算税の課税処分が現実に行われている．この事実との均衡からいっても，青色申告承認取消益分を逋脱所得に含めることには理由がない．

以上前記最高裁判決を肯定する立場に立つとしても，本件をめぐって以上で明らかにされた種々の特殊事情が存在するところから，本件青色申告承認取消益分を逋脱所得に含めることは誤謬である．

4　適正な課税・納税と租税逋脱犯

租税法律の規定に基づいて人々（法人等を含む）は，納税義務を適正に履行しなければならない．法人税については申告納税制度が採用されている（法税74条）．納税者が適正な納税申告を所定の期日までに行わなかった場合には，租税法律は税務署長による更正・決定等の課税処分を用意している（税通24条〜30条）．申告納税制度を

適正に維持するために，租税法律はまた，過少申告加算税，無申告加算税，重加算税等の行政上の制裁措置をも用意している（税通65条〜69条）．また，租税法律は法定納期限までに納税が行われない場合には延滞税課税の措置を用意している（税通60条〜63条）．

本件の場合，被告会社Tについて本件逋脱犯の発覚後，青色申告の承認取消が行われた（もっともこの取消処分に対してはさきにも指摘したように行政争訟が提起されている）．もとより，青色申告承認取消処分によって生じた青色申告承認取消益分に対しては法人税が正当に課税されるべきであり，被告会社Tは当該分の法人税を誠実に納税しなければならない．

右のように，本件で問題になっている青色申告承認取消益分に対しては，租税法律の規定に基づいてあくまで厳正に法人税の課税と納税とが行われるべきである．しかし，そのことの重要性と関係者について逋脱犯として刑事責任を問えるかどうかは別の問題である．刑事責任を訴求しうるのは，罪刑法定主義に基づいて逋脱犯の場合と同程度に犯罪（逋脱犯）の成立について十分な合理的疑いが存在する場合でなければならない．本件で問題になっている青色申告承認取消益分なるものは，本件逋脱犯の成立時（法定納期限）には存在しなかった．もとより同取消益分については繰り返し指摘することになるが，逋脱犯の成立に必要な，犯罪成立要件（犯罪構成要件該当性，故意等）の充足は存在しない．

われわれは，一般に過少申告等の疑いがある場合に，そのための徴税確保の重要性の問題と当該関係者について逋脱犯として刑事責任を訴求しうるかどうかの問題とを混同してはならない．両者は厳に区別されなければならない．

5 結　語

以上の検討で明らかなように，本件で問題になっている青色申告承認取消益分を本件逋脱所得に含めることはどのように考えても誤謬である．仮に百歩ゆずって前出最高裁昭和49年9月20日判決に従うとしても，本件には検察官の主張する逋脱所得の大部分，つまり驚くべきことに実にその約86％が問題になっている青色申告承認取消益分であること，行為者である被告人Mには，将来青色申告の承認が取り消された場合に本件プログラム等準備金繰入れ分が自社の課税所得に算入されることになるという認識なるものが本件逋脱犯成立時にまったく存在せず（これは「法律の錯誤」ではなくて「事実の錯誤」である），同判決のいう「故意」（「未必の故意」を含む）なるものも存在しなかったこと，などの特殊事情があり，本件は同判決の予定する射程距離外にあるといわねばならない．それゆえ，本件の逋脱所得の大部分を構成する青色申告承認取消益分を含めて逋脱犯の刑事責任を問うことは許されない．それにもかかわらず同刑事責任を本件において問うことは誰の目からみても疑いもなく著しく正義に反することとなろう．

〔2000年5月〕

第2章　租税逋脱犯と犯罪の証明

1　はじめに

　税経新報464号（2000年5月）に「青色申告承認取消益と租税逋脱犯」を発表した〔本書第Ⅸ部第1章，所収〕．同論文は，逋脱所得額とされる金額の約86％を青色申告承認取消益分が占め，かつ行為者とされる被告人M（被告会社Tの代表）には青色申告と白色申告との区別などの認識すら存在しなかったという事案について，筆者の鑑定所見をとりまとめたものである．その後，2000年8月に被告人M本人が拙宅へ来訪され，実は被告会社Tも被告人M本人も脱漏所得とされる金額をまったく秘匿していないと筆者に告白された．税法問題については知識がなかったために，そのことに疑問を持ちながら，筆者に相談しなかったというのである．

　去る2000年9月に筆者は，本件法人税法違反被告事件の本体について，以下のような鑑定所見書をとりまとめ，東京地裁へ提出した．

　なお，本件の弁護人は江口英彦，牧義行，辻嶋彰弁護士らである．

2　租税逋脱犯における有罪立証の特殊性

　租税刑法の性質については，かつては国庫に対する不法行為に基づく損害賠償に類するものとしてとらえる考え方が存在したが，今日では，租税犯の自然犯化，租税刑法の一般刑法化が立法，学説，判例等においてひろく承認されるにいたっている．別な表現をすれば租税刑法も責任主義刑法理論を前提にして展開されねばならない（板倉宏『租税刑法の基本問題・増補版』勁草書房，船山泰範「租税制裁法」北野編『現代税法講義・3訂版』法律文化社，など）．

　右の視角から本件において問題になっている租税逋脱犯について最小限度考慮されるべき問題点を結論的に指摘しておきたい．

　(1)「偽りその他不正の行為」（以下「偽計行為」という）が存在しなければならない．

　本件の場合，T株式会社（以下「T」という）のオーナーであり，最高経営責任者である被告人M（以下「M」という）がその責任において領収証等を徴取し得ない取引で，かつ企業経営上不可欠な支出に敏速に対処しうるようにするために，一見特異な取引を行った．すなわち，TがRに本件データ・パンチの仕事を発注する．Rはその仕事を履行し，その成果をTに引き渡す．TはRにその請求された金額を支払う．その支払った金額の一部をRがTに還元する．右取引は一見，特異であるが，それらが真実に合意され，真実に実行された場合には，当該特異な取引自体を右偽計行為に該当するということにはならない．それらは市民生活における人々の私的自治の問

題であるからである．

(2) 逋脱所得額・逋脱所得税額のすべてが右偽計行為からもたらされたものであることが必要である．つまり，逋脱所得額・逋脱所得税額のすべてが右偽計行為との間に相当因果関係が存在しなければならない．そのことが証拠によって証明されねばならない．

本件では青色申告承認取消し益相当分は，逋脱所得額・逋脱所得税額を構成しないことについては，弁39号証（2000年4月に提出した筆者の鑑定所見書）で論証した．したがって，検察官からそれ以外の逋脱所得と主張されているところの約10億円分について右「偽計行為との関係」のことが証明される必要がある．

(3) 刑事責任の対象となる，逋脱所得額・逋脱所得税額のすべてが証拠によって証明されなければならない．

行政訴訟の法廷では課税処分における推計方法等の合理性を問題となしうるが，刑事責任を追求する刑事訴訟の法廷においては，逋脱所得額の認定においていっさいの推計は許容されない．部分的に何らかの推計の手法を用いる場合であっても当該認定逋脱所得額以上のものが最低限度存在することが何人の目から見ても明らかであるように，全体として証拠によって証明されていなければならない．

本件についていえば，さきの約10億円の逋脱所得額の存在が証拠によって証明されねばならないことになろう．

(4) 逋脱所得額を明確にするために損益計算書（収支面）と貸借対照表（財産面）との双方が示されなければならない．もとより，両者の「利益金額」（所得金額）が一致するものでなければならない．もし，1つの計算書しか示すことができない場合には，当該計算書のすべての勘定科目とすべての数字とが，証拠によって証明されていなければならない．

本件の場合，検察官によって提出された損益計算書について右のこと（すべての勘定科目とすべての数字）が証明されねばならないことになろう．

(5) 行為者の刑事責任を問う以上，「当の行為者が当該年度の犯罪構成要件事実を全体として認識していたこと（故意の存在）」が証拠によって証明されねばならない．

本件の場合，行為者とされる被告人Mが，公訴事業年度における犯罪構成要件事実を全体として認識していたことが証明されなければならないこととなろう．

思うに，人々は「法律」の規定に基づいて納税義務を誠実に履行しなければならない．納税義務は憲法上の義務である（憲30条）．同条にいう「国民」は people, peuple の意味であって外国人，法人・団体等を含む．ここで注意されねばならないことは，納税義務の重要性と納税申告漏れの疑いとの関係である．もし，納税申告漏れの疑いがある場合には課税庁は適正な税務調査に基づいて厳正に課税処分を行い，時に加算税等の行政上の制裁を課すべきである．このようにして法人を含む人々に適正な納税

義務の履行を求めることが大切である．ただ，納税申告漏れの疑いがあるからといって，そして納税義務が重要であるからといって，そのことが本件で問われている租税逋脱犯として刑事責任を問うべきであるということには必ずしもつながらない．租税逋脱犯として刑事責任を問うためには，さきに述べた犯罪成立要件を充足していることをすべて証拠で証明できる場合でなければならない．自然犯である殺人犯について刑事責任を問う場合と同じように，租税逋脱犯についても同じように扱わなければならないからである．この点が本件について虚心に客観的に見極められる必要がある（以上につき，拙著『税法学原論・4版』1997年青林書院438頁以下）．

3　本件公訴事実の実態

本件公訴事実は，Tの平成6年4月1日から平成7年3月31日までの事業年度，平成7年4月1日から平成8年3月31日までの事業年度，平成8年4月1日から平成9年3月31日までの事業年度，計3事業年度分について逋脱所得額約38億5,700万円，逋脱法人税額約15億900万円となっている．逋脱所得額38億5,700万円のうちすでに提出した弁39号証において論証した本件プログラム等準備金取消し益分32億9,400万円は除外されねばならない．同プログラム等準備金取消し益分以外の部分（調整額を考慮した金額）が約10億円となる．その約10億円の「租税逋脱」の中身が問われているわけである．

検察官によれば，被告人MがN被告人（以下「N」という）と共謀のうえ，Tの業務に関連して，法人税を免れようと企て，架空外注費を計上するなどの方法により，右約10億円の所得を秘匿したという．

さきにもふれたR（代表取締役はN）とT（代表取締役はM）との間の取引が一見特異なものであっても，当該取引が適法・有効に真実に契約・実行された場合には，何人もそのこと自体を法的に非難することはできない．そして重要なことは，その行為によって，租税逋脱を行ったといわれる秘匿所得額が，領収証等を徴収し得ないTの営業経費に真実に支出されたために，結局においてTないしMに帰着していない場合には，本件租税逋脱犯において問われている秘匿所得なるものは不存在になるという点である．被告人Mに刑事責任を問う以上，約10億円といわれる秘匿所得が真実に存在したのか，当該所得がTないしMに真実に帰着したのか，を検察官は証明する必要がある．通常の財務経理の手法で言えば，検察官は貸借対照表によって財産増約10億円を証明しなければならない．右証明がない限り，本件公訴事実は不存在ということになる．

Tが本件データ・パンチの仕事をRに発注した．Rはその仕事を履行し，その成果をTに引渡した．その対価としてRはTに代金の支払いの請求を行った．Tはその請求に基づいて代金の支払いを行った．ただ両者間の特約に基づいていったんRに支払われた代金の一部がTに還元された．その還元された金額は公訴事業年度の

3年間で結局は約2億5,000万円になるという．適法有効に成立した契約に基づいて以上のことが真実に行われたという．であるならば，前出約10億円のうちRに帰属した部分は約7億5,000万円（厳密にいえば，同金額はBの部分約2,500万円を含む）ということになる．このことが真実であるならば，約7億5,000万円は，本件逋脱所得額約10億円から除外されねばならない．加えて関係者によれば，後にも明らかにするように残りの約2億5,000万円は領収書等を徴収し得ないTの営業経費に支出されたという．このことが真実であるならば，本件特約によってTに還元された約2億5000万円分もTの営業経費として支出されたことにより，結局本件逋脱所得なるものは不存在ということになろう．

前出約7億5,000万円に関連して，Gというところに本件査察時において約4億7,000万円の現金が保管されていたことが，問題になっている．GはR所有の施設であり，Rの代表のNがGを管理していた．TとRとの間の特約においてTへの還元額は当初はRでの当該業務の必要経費控除後の8割相当分となっていたが，結局において，Tへの還元額は前出の約2億5,000万円になった．したがって，関係者の口実はともかく，Gに保管してあった現金約4億7,000万円はRに帰属した前出約7億5,000万円の一部ということになるものである．つまり，約4億7,000万円はTのものではない．それゆえ，この約4億7,000万円は，Tに関する本件逋脱所得の認定において含めるべきではない．

4 本件の特異な契約の内容

すでに指摘したように本件にはTの経営戦略上，いったんTがRに支払った代金の一部がRからTに還元されるという特異な特約が両者間で行われ，かつ実行された．最終的には約10億円のうち，約2億5,000万円がTに還元された．右特約を含む本件取引行為が一見，特異に見えても，当該取引行為が，真実に適法に行われたものである以上，これを法的に非難することはできない．

検察官はTとRとの間の本件取引自体が仮装であって，これにより，Tが，約10億円の架空外注費を計上したと認定している．

そこで，この点を検討しておきたい．

まず，取引当事者であるRについて次の諸事実が認められる．①Rの設立は平成2年2月8日であり，Rは本件取引の数年前から現実に活動していて実体のある法人である．②Rは毎年，納税申告をしていた．③Kビルは，Rが自ら賃貸借契約の借主となって賃借していたRの専用事務所であった．現に敷金約400万円をRが負担している．家賃もRが支払っている．④同事務所内の什器備品等もRが用意し自らの営業活動に供していた．⑤Rの女子社員は10名いたが，Rが自ら雇用契約を結び，雇用していた．彼女らは真実にRの業務に従事していた．⑥代表取締役であるNが現に同事務所に常時出勤していた．Nの専用の事務用机も同事務所内に現に存在し

た．⑦Nが，Kビルの部屋をさらに借り増しして，自らが経営する有限会社N2の事務所として同部屋を使用していた．そして前出の10名の女子社員から3名の者をN2に配置換えした．

以上の諸事実によれば，本件取引の当事者であるRは架空のものではなく，実体のある法人であったといわねばならない．

次に，本件取引きの内容について次の諸事実が認められる．①本件データ・パンチの発注に伴う契約についてはTとNとの間に基本契約書，覚書等の正式の文書が存在する．②真実においてTからR宛にデータ・パンチの仕事の発注が行われた．③Rは，右発注に基づいてデータをパンチした情報をフロッピーディスクにしてTに真実に引き渡している．④当該成果（フロッピーディスク）の対価としてRが主体的にT宛に請求額を決定し，請求書により請求している．⑤TはRに対し右請求書に基づいて真実に支払いを行っている．⑥Tは青色申告法人であるので，右支払い額を正規に記帳している．⑦Rは別に行われたTとの特約に基づいて，すでに説明した右支払い額の一部を真実にTに還元している．⑧本件取引は本件査察後も平成11年2月頃まで，継続して行われた．⑨本件取引において重要な地位を占めるT社のH（以下「H」という）について，次の諸事実が認められる．㋑Hは本件取引において重要な自動読取システムの開発者であった．HはTに在籍しながら，Rに出向した．出向社員であるHの給与等はTが負担した．このような雇用関係は決して珍しいことではない．多くの企業において出向者の給与等を原籍企業が負担する例がみられる．㋺NはRの自らの業務の一環として，出向者であるHのR社での仕事が円滑に展開できるように常時配慮した．㋩本件査察後平成9年9月にHはTを退職し，Rの役員となった．そして平成11年4月にHはRを辞し現在はコンピュータのデータ開発業を独立して行っている．以上，Hをめぐる諸事実についてはHを含む関係者において異論のないところである．

以上の諸事実に照らせば，本件取引は，真実において適法に存在する実体のある取引であるといわねばならない．これを仮装行為と認定することは重大明白な事実誤認といえよう．

それでは，なぜに，TからRに支払われた金員の一部がTに還元されたのであろうかという疑問が生ずる．この点については，次の諸事情が認められる．①Tは青色申告法人でありかつ同社の財務担当者は非常にリジッドな性格の持主であった．同社の創業者であり最高経営責任者であるMとしては，同社の経営を敏速にかつ円滑に展開するために，本件の特異な内容の取引を行うこととしたものである．それが，たとえ道義的に妥当でないという批判を受けるようなものであったとしても，同社の経営戦略上真実に行われた場合には，何人も法的には非難できない．②同社の経営戦略として一般に新入社員，既存社員等には時間外，休日出勤等にも協力してもらう必要があり，加えて社員の労働意欲を即事的に高めるために，社長であるMがいかにも

自己のポケットマネーから社員を慰労するための支出を行うという形式〔パフォーマンス〕をとる必要があった．この社員への慰労は，実質的には T 経営上の福利厚生費的な経費である．この種の支出について領収書等をもらうことは，経営戦略上マイナスという事情があった．また，お客様との取引交渉，接待などにおいて，領収書をもらえない場合が少なくない．この種の支出もその費目はケースバイケースに応じて検討されなければならないが，T の経営上の営業経費であることには疑いがない．さらにコンピュータのハードやソフトを購入しようというお客を紹介してくれる様々な人々にお礼する必要があった．そうした場合の紹介料，情報提供料等の支出にあたって領収書をもらえない場合が少なくない．同社のオーナーであり最高経営責任者である M としては，こうした支出に経営戦略上臨機に対応する必要があった．③もっぱら以上の支出のための資金を捻出するために，T は R から資金の還元を受けることとなった．

以上により，検察官が主張する本件脱漏所得といわれる約 10 億円のうち M が経営戦略上 R から結果的に収受したものは約 2 億 5,000 万円であるにすぎない．それゆえ，さしあたり約 7 億 5,000 万円（約 10 億円から 2 億 5,000 万円を控除した金額）が本件脱漏所得約 10 億円から控除されなければならないこととなろう．

しかも，すでに指摘したように，T に還元された右 2 億 5,000 万円も，T の事業経営上の必要経費として支出されたという事実が存在する場合には，右 2 億 5,000 万円も結局本件脱漏所得を構成しないことになる（以上の諸事実・諸事情については 2000 年 8 月 31 日の M 陳述書参照）．

5 本件犯罪成立要件事実の不存在

さきに指摘したように，検察官は，T と R との間の本件取引は仮装であり，その仮装の取引によって架空外注費を計上し，約 10 億円の所得を秘匿した，という．しかし，以上で検討されたように，本件取引は真実に行われたのであるから，本件には租税逋脱犯の構成要件である偽計行為は存在しないことになる．問題は，R から T に還元された約 2 億 5,000 万円について，どうなるかにある．関係者から鑑定人が改めて聴取したところによれば，右約 2 億 5,000 万円も T の経営戦略上領収書等は入手できないけれども，結局，T の企業経営に必要な営業経費として真実に支出されたという．この事実は種々の方法で証明できるようである．

検察官がその秘匿したという約 10 億円，また右約 2 億 5,000 万円について，資産の面から公訴事業年度の 3 年間において T ないしは M 側に秘匿された所得の存在したことを証明しなければならない．検察官からそのような資産増の証明がない限り，刑事責任を問われるべき秘匿所得も秘匿行為も存在しない，ということになろう．けだし，冒頭において指摘したように租税逋脱犯において刑事責任を問う逋脱所得額について推計による認定はいっさい許容されないからである．逋脱所得額を明らかにする

表9-2-1　プログラム準備金積立て状況表

事業年度	プログラム準備金対象売上	積立限度額	積立実額	任意取崩戻し	積増可能
	円	円	円	円	円
平成7年3月期	5,757,703,146 (25%)	1,439,425,786	734,404,000		705,021,786
平成8年3月期	7,860,252,019 (22.5%)	1,768,556,704	1,700,000,000	335,750,000	404,306,704
平成9年3月期	9,539,032,183 (22.5%)	2,146,282,241	2,060,000,000	264,101,000	350,383,241

ために，さきにも指摘したように，損益計算書と貸借対照表との双方が示されなければならない．本件には損益計算書のみが提示されている．しかも，本件取引が虚構のものであるとする前提にたった損益計算書が示されているにすぎない．以上の検討で明らかのように，本件取引は実体のある真実のものである．その意味では提示された損益計算書の勘定科目とその金額は推計によるものであって，証拠によって証明されているものではない．

本件取引は，繰り返し指摘することになるが，Tの経営戦略上やむを得ず行われたものである．本件取引は虚構でなく，真実に行われた実体のある取引である．関係者によれば，本件取引によってTおよびMには秘匿所得なるものは存在しない．秘匿したという所得分の資産増はTおよびMには存在せず，かつそのことの証明もまったく行われていない．行為者とされるMは，財務や税務については真実に無知であって，同人には，逋脱の意思なるものはまったく存在せず，同人は最高経営責任者として，企業経営戦略の手法として本件取引を真実に行ったにすぎない．Mには本件租税逋脱犯における犯罪構成要件事実への認識がまったくなかった．つまりMには本件につき未必の故意を含む故意も存在しなかった．

6　本件プログラム等準備金の繰入限度余裕額

Tおよび行為者といわれるMには，本件租税逋脱の意図もまったくなく，また刑事責任を問われるべき逋脱所得なるものも存在しないことはすでに明らかにしたところである．TおよびMがそもそも本件で論議されている逋脱行為をする必要性がまったく存在しなかったことは，本件公訴事業年度において逋脱したといわれる所得額約10億円をはるかに上回る金額のプログラム等準備金の繰入れが，当時，税法上可能であったという事実からも明らかに証明できる．つまり，逋脱しなければならないだけの動機がなかった．

すなわち，公訴事業年度においてTのプログラム等準備金繰入余裕額は次のごとくであった（表9-2-1参照）．

　　　　平成7年3月期　　　705,021,786 円
　　　　平成8年3月期　　　404,306,704 円
　　　　平成9年3月期　　　350,383,241 円

第 IX 部　租　税　犯

計　　　　　　　　　1,459,711,731 円

7　結　語

　以上の検討で明らかのように，本件取引は検察官の主張するような仮装のものではなく，その取引の内容の妥当性はともかくとして真実において行われた実体のあるものである．T および M が検察官の主張するような所得を秘匿したとする証明も検察官から示されていない．前出の，約10億円，また約2億5,000万円について T ないし M 側にその主張される秘匿所得に応ずる資産増のあったことが，証拠によって裏づけられた貸借対照表等によって証明される必要がある．検察官は，その証明をする義務を負っている．要するに，行為者とされる M が租税逋脱行為を行ったという犯罪の証明がまったく存在しないのに，有罪とすることは著しく正義に反する．

〔2000年12月〕

第3章　圧縮記帳引当金の益金不算入等と租税逋脱犯（1）

1　はじめに

　かつて「税経新報」に驚くべき法人税法違反被告事件が紹介された．清水幹雄「引当金等の戻入益計上時期を誤って有罪判決－山根氏の控訴審問題について」税経新報458号（1999年11月），山根治「巨額脱税事件のてん末」税経新報458号（1999年11月）がそれである．

　国税・検察当局は，被告法人に係る本件の圧縮資産（代替資産）の取得行為が仮装行為であるという予断をもって，本件を租税逋脱犯としてあえて起訴するに至った．第1審松江地裁1999年5月13日判決は，右圧縮資産の取得行為を仮装行為でないとしたが，被告人が圧縮記帳引当金を不注意により益金に戻さなかったことや未収債権を貸倒損として処理したことを有罪とした．

　被告法人の顧問税理士である山根治氏は，不幸にも本件租税逋脱犯の被告人とされた．同氏は300日近く勾留されたという．筆者は，同氏に親しくお会いすることができた．同氏は，一橋大学卒で60歳近い経験豊かな税理士・公認会計士であり，きわめて誠実でかつ研究熱心な専門家という印象をもった．とても，租税逋脱犯に問われるような行為をする人物ではない．筆者は，本年（2001年）1月25日に，広島高裁松江支部に第1審判決は税法学的には誤りであり，税法学的には冤罪であるとの鑑定所見書を提出した．

　以下は，拙鑑定所見書の概要である．弁護人は中村寿夫，松原三朗の各弁護士である．

2　租税逋脱犯の成立要件

　本件では法人税法159条をめぐる問題が争われている．そこで，租税逋脱犯の法的特質をはじめに確認しておきたい．

　租税刑法の性質については，かつては国庫に対する不法行為に基づく損害賠償に類するものとしてとらえる考え方が存在したが，今日では租税犯の自然犯化，租税刑法の一般刑法化が立法，学説，判例等においてひろく承認されるにいたっている．別な表現をすれば，租税刑法も責任主義刑法を前提にして展開されねばならない．

　右の視角から本件で問題になっている租税逋脱犯について最小限度考慮されるべき問題点を結論的に指摘しておきたい．

　(1)　法人税法159条1項に規定する「偽りその他不正の行為」（以下「偽計行為」という）が存在しなければならない．

　(2)　逋脱所得額・逋脱税額のすべてが右偽計行為からもたらされたものであること

が必要である．つまり，逋脱所得額・逋脱税額のすべてと右偽計行為との間に相当因果関係が存在しなければならない．そのことが証明されねばならない．

(3) 刑事責任の対象となる逋脱所得額・逋脱税額のすべてが証拠によって証明されねばならない．行政訴訟の法廷ではたとえば課税処分における推計方法等の合理性を問題となしうるが，刑事責任を追及する刑事訴訟の法廷においては，逋脱所得額の認定において一切の推計は許容されない．部分的に何らかの推計の手法を用いる場合であっても，当該認定逋脱所得額以上のものが最低限度存在することが何人の目から見ても明らかであるように，全体として証拠によって証明されていなければならない．

(4) 逋脱所得額を明確にするために，本来の貸借対照表と本来の損益計算書との双方が示されねばならない．もとより，両者の「利益金額」，「所得金額」が一致するものでなければならない．もし，一方の計算書しか示すことができない場合には，当該一方の計算書のすべての勘定科目とすべての数字とが証拠によって証明されねばならない．

(5) 行為者とされる被告人の刑事責任を問う以上，「当該行為者が当該年度の犯罪構成要件事実を全体として認識していたこと（故意の存在）」が証拠によって証明されねばならない．

思うに，人々は「法律」の規定に基づいて納税義務を誠実に履行しなければならない．納税義務は憲法上の義務である（憲30条）．ここで注意されねばならないことは，納税義務の重要性と当該納税申告において課税庁側の見解とは異なった処理が行われている疑いの存在することとの関係である．もしそのような疑いのある場合には，課税庁は課税処分を行い，ときに加算税等の行政上の制裁を課すべきである．このように，人々に適正な納税義務の履行を求めることが大切である．ただ，右のような疑いがあるからといって，そして納税義務が重要であるからといって，そのことが租税逋脱犯として刑事責任を問うべきであるということには必ずしもつながらない．租税逋脱犯として刑事責任を問うためには，さきに述べたように犯罪成立要件を充足していることをすべて証拠によって証明できる場合でなければならない．自然犯である殺人罪について刑事責任を問う場合と同じように，租税逋脱犯についても同じように扱われねばならないからである．本件では，納税義務者の行った代替資産の取得行為が私法上適法・有効であるのに，奇妙にも検察官が当該行為を租税逋脱行為と主張している．また圧縮記帳引当金の益金不算入の事実については，納税申告書および添付された財務諸表上明記されているところであるが，当該引当金を益金に戻し入れする処理を誤ってしなかったことが租税逋脱行為を構成すると原判決は認定した．さらに，納税義務者の債権について「回収不能」として処理したことが租税逋脱行為を構成すると原判決は認定した．微力ながら，鑑定人は，40数年の研究と実務との経験を有するものであるが，本件で問題になっている右のようなことがらが租税逋脱行為とされた

事例を知らない．

さきに紹介した犯罪成立要件に即して指摘すれば，本件には偽計行為が存在せず，したがって犯罪構成要件該当性が不存在であること，また被告人には当然に犯罪構成要件事実への認識が存在せず，したがって故意も不存在である．

以下，これらを明らかにする．

3 実質課税の原則の意義

検察官は「租税法上，実質課税の原則が存在する以上，租税法の解釈適用に当たっては，私法上の法形式にとらわれないで，経済的実質に従うべきであるから，原判決が判示するような『私法上の法律行為が形式的に有効でありさえすれば，それがいかに経済的に見て不自然，不合理であっても，およそ逋脱行為に該当しない．』などということがあり得ないのであって，この理は，行政裁判においては一般に承認されているほか，刑事裁判においても確定されている」と主張している．

そこで，実質課税の原則の税法学上の意義を明らかにしておきたい．一般に実質課税の原則が持ち出されるのは，税法学上の租税回避行為（狭義）（以下「租税回避行為」という）に関してである．人々の行う租税軽減には3つの法形式がある．すなわち，①租税節約．これは税法で認められた控除，特例等を活用して租税を軽減する行為であって，私法上はもとより税法上も適法行為である．②租税回避行為．租税回避行為の要件として主観的要件と客観的要件とが論議されている．主観的要件とは行為者の租税回避の意図である．つまり故意の存在である．鑑定人は，租税回避行為は行政レベルのものであって，租税逋脱犯のような刑事責任を追及するものではないので，この主観的要件は税法学上不要と考えている．客観的要件として，④人々が通例は行わないような異常な行為を当該納税義務者が行うこと，回それにより，通常の行為を行ったと同様の事業目的を達成すること，㋩その結果，通常行為の場合に比較して多額の税負担の軽減がもたらされることが必要である．この3つの客観的要件を充足する④の異常な行為を租税回避行為という．この租税回避行為は私法上は適法・有効な行為であって，次に述べる租税逋脱行為とは明確に区別される．③租税逋脱行為．前出偽計行為により租税を免れる行為である．これは前出犯罪成立要件を充足する犯罪行為である．仮装行為は私法上も無効であるが（民94条参照），税法上は租税逋脱行為を構成する．②の租税回避行為は，真実に行われ，私法上適法・有効な行為であって，仮装行為ではない．

日本国憲法で規定する租税法律主義の原則（憲84条・30条）は，人々が市民生活において形成した取引秩序を前提にしている．当該取引が適法・有効である限り，課税庁といえどもそれを尊重しなければならない．課税権を有する国会が，市民生活において形成された当該取引に基づいて課税することが不合理であり，通常行為に置き換えて課税することに合理性があると認める場合には，租税法律で個別に当該取引を課

539

税上否認等する特別の規定を設けなければならない．そのような租税法律における特別の否認等の個別規定が存在しない限り，課税庁は人々が設定した当該取引に基づいて課税関係を展開すべき職責を担っている．この意味においていわゆる経済的実質に基づく実質課税の原則なるものは税法学上は存在し得ない．

本件で引用されている法人税法11条の実質所得者課税の原則についても，今日の税法学では次のように理解するのが支配的である．すなわち，同条は，所得の帰属について単なる名義人によらず市民生活において形成された真実の権利者に帰属するとする法的実質主義を規定したものにすぎない．それは，租税法律主義の原則のもとで，当然の市民生活における権利関係を確認したものである．同条において「収益の享受」なる概念を用いているが，それは，市民生活において形成された右の真実の権利者とは別の経済的収益享受者に帰属するとする経済的実質主義を規定したものではない．経済的収益享受の背景には何らかの権利関係が存在するはずであり，その真実の権利関係をとらえるという規定である．これは憲法の租税法律主義の原則の要請に基づく理解である．もし，国会が真実の権利関係ではなくいわゆる経済関係に基づいて真実の権利者以外の第三者に帰属するものと認定したい場合には，法人税法11条のような包括的な一般条項ではなく前出の個別の否認等の規定によらなければならない．憲法の租税法律主義の原則のもとでは，法人税法11条の規定をもって経済的実質主義の規定ととらえることは許されない．

ある行為が税法学上前出の租税回避行為に該当する場合であっても，国会が租税法律において当該行為を否認等する個別の規定を設けていない限りは，課税庁は当該行為を実質課税の原則を理由に否認することができない．現行の租税法律において当該行為を否認等する個別の規定が存在しない場合には，当該行為は結局において前出①の適法な節税行為として扱われることになる．つまり，租税回避行為は租税法律において個別の否認等の規定が存在しない限り，行政レベルにおいても通常の節税行為として扱われる．それゆえ当該行為が租税逋脱行為に該当するかどうかを論ずる余地がまったくない．この意味において検察官の主張は税法学的に誤りである（以上については拙著『納税者の権利』岩波新書28頁，53-6頁．同『税法学原論・4版』青林書院113-123頁，196-201頁．同旨として，たとえば金子宏『租税法・7版』弘文堂120-124頁，158-159頁）．

4　本件代替資産の取得と租税逋脱行為

本件で問題になっている納税義務者が取得した圧縮資産（代替資産）の取得行為が仮装行為ではなく適法・有効な行為であることは，原判決以外でも松江地裁民事部平成5年9月20日判決，千葉地裁民事部平成10年9月25日判決，東京高裁第2民事部平成12年10月31日判決等においても確認されている．

本件圧縮資産の取得が適法・有効である場合には，当該行為を実質課税の原則によ

第3章 圧縮記帳引当金の益金不算入等と租税逋脱犯 (1)

って課税上否認することはできない．当該行為に対しては圧縮による課税延期の税法上の保護（税措64条）が与えられねばならない．

本件圧縮資産の取得が仮装行為でない以上，そこにはさきに指摘した租税逋脱犯の成立要件である偽計行為は存在せず，それゆえ法人税法159条の犯罪構成要件該当性が存在しない．さらに被告人とされた行為者には当然に犯罪構成要件事実への認識も存在せず，それゆえ租税逋脱犯の成立に必要な故意は存在しない．以上要するに，本件には，この点について租税逋脱行為はまったく存在しないといわねばならない．

なお，本件租税逋脱問題と直接的には関係のない問題であるが，検察官は，本件圧縮資産の取得には，租税特別措置法64条（収用等に伴い代替資産を取得した場合の課税の特例）は適用されないと主張しているので，この点について検討しておきたい．

検察官は，その理由として①転売を予定して代替資産を取得すること自体，本件特例制度の逸脱・濫用に当たる．②租税特別措置法64条1項の「同種の資産」との関係において，本件のように収用の対象となった土地が農地の場合は，新たに取得した土地も農地であるか，少なくとも農地に転用できる土地でなければならない．③納税義務者である組合（被告法人）は，不動産の賃貸を事業目的にすることはできないので，賃貸を前提として本件代替資産（圧縮資産）を取得すること自体が無効である，と主張している．租税特別措置法64条で規定する本件特例制度は，同法65条の7（特定資産の買換えの場合の課税の特例）の場合とは異なり，土地または土地の上に存する権利，建物，構築物については，「用途を同じくする資産」であることを要件としていない．租税特別措置法64条は，収用等による資産の譲渡が納税義務者の自由な意思に反するものであることを考慮し，また収用等による公共事業などを円滑に推進させようという趣旨のものである．このように，同法65条の7とは異なることが指摘されねばならない．また，本件特例制度は，一定の要件のもとに圧縮記帳を認めることによって課税の延期を行うというものにすぎない．代替資産が譲渡されたときには，その時点で譲渡所得が実現したものとして課税されることになることは当然に法の予定するところである．それゆえ，代替資産をその後譲渡することも，本件特例制度の予定するところである．さらに，本件納税義務者である組合が代替資産を賃貸の用に供することは同組合の目的に反するものではなく，その賃料収入を組合本来の活動に充てることは一般にも行われているところである．もっとも代替資産を棚卸資産として扱うことは，租税特別措置法64条1項本文の明文規定に鑑み，違法である．本件組合は，組合事業の一環として，代替資産を固定資産として賃貸の用に供したにすぎない．

以上により，本件代替資産の取得に対して，本件特例制度を適用することは適法である．

5 圧縮記帳引当金の益金不算入と租税逋脱犯の不成立

本件圧縮記帳引当金2億7,745万1,000円が益金に算入されていないという事実は、隠蔽されているのではなく、納税義務者の帳簿書類（法税126条）、さらには課税庁に提出された法人税法施行規則別表13(4)（確定申告書）および同別表と一体をなす財務諸表（法税74条2項参照）のうえにおいて明白である。しかるに右益金不算入が租税逋脱犯を構成するものと原判決は認定した。本件圧縮記帳引当金を益金に戻し入れていなかったのは、単なる不注意にすぎない。課税庁としては、納税義務者を呼んで、提出済みの確定申告書を訂正させれば（修正申告書の提出）、済む問題にすぎない。このような指導・取扱は税務行政において日常的に行われている。もし、納税義務者が訂正に応じなければ、課税庁は更正処分をすればよい。

国税通則法24条は、「税務署長は、納税申告書の提出があった場合において、その納税申告書に記載された課税標準等又は税額等の計算が国税に関する法律の規定に従っていなかったとき、その他当該課税標準等又は税額等がその調査したところと異なるときは、その調査により、当該申告書に係る課税標準等又は税額等を更正する」と規定している。この規定によれば、更正には2種類のものがある。1つは、申告内容が法律の規定に従っていないために通例は調査をするまでもなく更正する場合であり、その2つは、申告内容が調査したところと異なっていたためにその調査に基づいて更正する場合である。本件圧縮記帳引当金の益金への戻し入れは前者に属し、これについては右の調査をするまでもない。それゆえ、およそ租税逋脱犯云々は問題にならない。具体的に言えば、この問題については租税逋脱犯の成立に必要な偽計行為もまったく存在せず、また逋脱の故意もまったく存在しない。

なお、もし被告人が本件圧縮記帳引当金の益金への戻し入れすることを知らなかった場合には、一般に「税法的事実」への認識は法的評価を伴った「法的事実」（legal facts）への認識であるので、これは「法律の錯誤」ではなく「事実の錯誤」の問題である（拙著『税法学原論・4版』447頁）。

6 本件貸倒損の処理と租税逋脱犯の不成立

K水産に対する未収賃料債権8,825万8,065円、およびI畜産に対する未収貸金債権1371万4,863円についての貸倒損失の合計額が本件では租税逋脱犯を構成するものと原判決は認定している。

納税義務者がこれらの債権について「回収不能」と判断して貸倒損失の処理をした事実は、隠蔽されているのではなく、納税義務者の帳簿書類、さらには課税庁に提出された確定申告書および同申告書と一体をなす財務諸表のうえにおいて明白である。

貸倒損失の計上については、法人税法22条の各事業年度の所得の金額の計算に関する包括規定以外には何らの法律規定も存在しない。財務会計の実務においてはケー

第 3 章　圧縮記帳引当金の益金不算入等と租税逋脱犯 (1)

スパイケースにより，債務者側の諸事情を総合的に判断して，「回収不能」と認定しうる場合には貸倒損失の計上を行うのが通例である。税務の実務においてもこれにならっている。当該債権について貸倒損失として処理するのが妥当であるかどうかは，本来，関係者の価値判断の問題である。もし，課税庁が納税義務者側の認定と異なった見解をもつのであれば，修正申告書の提出の指導をすれば済む問題である。もし，納税義務者側がこれに応じない場合には課税庁は更正処分をすればよい。

指摘するまでもないが，本件においては「回収不能」の認定にあたって何らの偽計行為も行われていない。以上，要するに，貸倒損失の計上をめぐる問題は価値判断の相違の問題にすぎず，そこには租税逋脱犯の成立に必要な偽計行為もまったく存在せず，また逋脱の故意もまったく存在しない。

7　最高裁昭和 48 年 3 月 20 日判決（刑集 27 巻 2 号 138 頁）について

原判決は，納税義務者が提出した本件確定申告書を虚偽の過少申告書とし，当該虚偽の過少申告行為それ自体を偽計行為として認定し，最高裁昭和 48 年 3 月 20 日判決（刑集 27 巻 2 号 138 頁）等を引用した。

以上の検討で明らかなように，本件にはそもそも租税逋脱行為なるものは存在せず，また真実の所得をことさら過少に記載した内容虚偽の確定申告書提出行為も存在しない。したがって，右引用された同判決そのものを検討する必要がない。しかし，念のために同判決の税法学的理解を確認しておきたい。

周知のように，偽計行為の法的意味について，つとに最高裁は「逋脱の意図をもってその手段として税の賦課徴収を不能もしくは著しく困難ならしめるような何らかの偽計その他の工作を行うことをいう」と判示している（最判昭 42・11・8 刑集 21・9・1197）。逋脱の意思に基づくものであっても単に確定申告書を提出しないという消極的行為だけでは租税逋脱犯にいう「偽計行為」に該当しないとしたわけである。具体的にいえば，不申告行為のほかに虚偽の契約，帳簿書類の虚偽記入，二重帳簿の作成等の積極的な作為が伴わなければ租税逋脱犯の犯罪構成要件を構成する偽計行為に該当しない。

昭和 48 年の最高裁判決は「所論引用の当裁判所昭和 42 年 11 月 8 日判決（刑集 21 巻 9 号 1197 頁）は『所論所得税，物品税の逋脱罪の構成要件である詐偽その他不正の行為とは，逋脱の意図をもって，その手段として税の賦課徴収を不能もしくは著しく困難ならしめるようななんらかの偽計その他の工作を行うことをいうものと解するのを相当とする』とし，したがって，かかる工作を伴わない単なる所得不申告は，右『不正の行為』にあたらない旨判示しているところ，真実の所得を隠蔽し，それが課税対象となることを回避するため，所得金額をことさらに過少に記載した内容虚偽の所得税確定申告書を税務署長に提出する行為（以下これを，過少申告行為という。）自体，単なる所得不申告の不作為にとどまるものではなく（当裁判所昭和 25 年（あ）第 931

号同 26 年 3 月 23 日第二小法廷判決・裁判集刑事 42 号登載参照），右大法廷判決の判示する『詐偽その他不正の行為』にあたるものと解すべきでる」と判示した．

右判決は，一見単純過少申告行為それ自体を租税逋脱犯の偽計行為に該当すると判示したものと解されがちである．しかし，同判決の対象となった事件の事実関係をふまえて同判決にいう「所得金額をことさらに過少に記載した内容虚偽の所得税確定申告書を提出する行為」の法的意味を検討すると，同判決も右の昭和 42 年の大法廷判決の延長線上にあるものと解するのが妥当であるように思われる．すなわち，昭和 48 年の最高裁判決は単純過少申告それ自体を偽計行為に該当すると判示したわけではない．同事件の事実関係は次のごとくであった．被告人は，取引会社から受領した金員が同会社の簿外金から出ているものであり，しかも同簿外金が同会社において納税申告されていないことを承知しながら，もし被告人が同金員を納税申告した場合には同会社に迷惑がかかるということで，あえて自己の納税申告から除外したという事実が存在した．同事件では，被告人自身は二重帳簿等の偽計行為等を行っていないけれども，同納税申告にいたる経緯を総合的に勘案すると，そこには，昭和 42 年判決にいう偽計行為等が存在したと認定されるに値するだけの諸事情が存在したとみられる．このような特殊な事実関係を前提にして昭和 48 年判決が「ことさらに過少に記載した内容虚偽の納税申告行為」を偽計行為に該当すると判示したものとして，しぼってとらえるのが妥当である（拙著『税法学原論・4 版』441, 442 頁）．この点，昭和 48 年判決が小法廷判決であり，引用の昭和 42 年判決が大法廷判決であることにも注意が向けられるべきであろう．

本件納税申告行為には，右のような事実関係を前提にした「ことさらに過少に記載した内容虚偽の納税申告行為」なるものが存在しない．圧縮記帳引当金の益金不算入，貸倒損の計上の問題は，いずれも真実の所得をあえて過少に記載して申告するという事情のものではないからである．

8 結　語

以上の検討で明らかなように，本件は，税法学の通常の理解をしておれば，およそ租税逋脱犯なるものが存在しないことが容易に判明する事案である．

検察官は，実質課税の原則に対する正当な理解をしないで，適法・有効な本件代替資産（圧縮資産）の取得行為を租税逋脱行為と認定するという誤謬を犯した．また，圧縮記帳引当金の益金への戻し入れをしていないことは単なる事務処理上のミスにすぎない．また問題の債権に対して「回収不能」という認定を行ったことが妥当であるかどうかは価値判断の問題にすぎない．右両者の不申告を原判決は租税逋脱行為と認定するという誤謬を犯した．

本件は，税法および税法学への無知から生じた不幸な事件である．本件には法人税法 159 条違反として刑事責任を問われねばならない事実はまったく存在しない．被告

第3章　圧縮記帳引当金の益金不算入等と租税逋脱犯（1）

人を有罪とすることは誰の目から見ても，疑いもなく冤罪である．検察官および原審裁判所の無知がきびしく問われねばならない．原判決は破棄されねばならない．そうでなければ，著しく正義に反する．

【付　記】

その後，広島高裁松江支部2001年6月11日判決は，本件の圧縮資産（代替資産）の取得行為が仮装行為ではないとしてこの点の無罪を確認したが，本件の圧縮記帳引当金の益金不算入および債権の貸倒処理については，犯罪の成立を認めた．被告人山根治にはこれらについて逋脱の故意が認められるとした．しかしながら，本件の有罪とされた右の事実につき最高裁昭和48年3月20日判決の考え方（結果として過少申告行為自体を偽計行為ととらえる）は妥当しない．

この控訴審判決に先立って各新聞社から，この事件について筆者は事前にコメントを求められた．このコメントは，結果的には報道されなかったが，ここに記しておきたい．「本件は税法学への無知から生じた不幸な事件だ．問題の圧縮記帳引当金の益金不算入・貸倒損処理のことは納税申告などで明らかであり，これらは脱税犯の構成要件・犯意を構成しない．税法学的には冤罪だ」．納税者（被告人）側は，最高裁へ上告した．

〔2001年9月〕

第4章　圧縮記帳引当金の益金不算入等と租税逋脱犯（2）

1　はじめに

　さきに，税経新報 2001 年 9 月号（479 号）〔本書第 IX 部第 3 章〕において「圧縮記帳引当金の益金不算入等と租税逋脱犯」を論じた．被告人が不注意により圧縮記帳引当金を益金に戻さなかったことや未収債権を貸倒損として処理したことが，租税逋脱犯を構成するかが争われた．このような内容の本件には，そもそも犯罪構成要件該当性（「偽計行為」）が存在しないことや故意（租税逋脱の認識）が存在しないことはあまりにも自明である．虚偽過少申告行為自体を偽計行為と認定した最高裁昭和 48 年 3 月 20 日判決（刑集 27 巻 2 号 138 頁）等に照らしても，本件は租税逋脱犯を構成しない．しかるに，本件に係る 1999 年 5 月 13 日松江地裁判決およびその控訴審である 2001 年 6 月 11 日広島高裁松江支部判決は，いずれも被告人を有罪とした．税法学的にはまさしく冤罪である．被告人は，最高裁へ上告した．

　被告人は税理士山根治氏である．もし，有罪が確定すれば同氏は，税理士法 4 条 4 号により，刑の執行後 5 年を経過しない限り（注），税理士業務を行うことができなくなるということにもなりかねない．同氏はすでに 60 歳であり，冤罪によって同氏は税理士としての人生が奪われることになろう．

　去る 2002 年 7 月，筆者は，あらためて以下のような鑑定所見書を最高裁へ提出するためにとりまとめた．実務の参考になると思われたので紹介することとした．最高裁には筆者のほかに船山泰範日本大教授（刑法学），山田二郎・元東海大教授（元裁判官・税法学），三木義一立命館大教授（税法学）らが，いずれも無罪とする鑑定所見書を提出された．本件の弁護人は，中村寿夫，松原三朗の両弁護士である．

　　（注）　もし，刑の執行猶予がつけば，税理士法基本通達 4-1 によれば，刑の執行猶予期間を経過すれば，「刑に処せられた」場合に該当しない扱いとされているので，これによれば，刑の執行猶予期間を経過すれば，税理士業務を行うことが可能となる（刑 27 条参照）．

2　奇怪で不幸な事件

　本件では，被告人山根治氏が不注意により本件圧縮記帳引当金を益金に算入しなかったことならびに K 水産に対する未収賃料債権および I 畜産に対する未収貸金債権について同氏の多年の経験的判断に基づいて貸倒損として処理したことが租税逋脱犯を構成するものとして，有罪とされた．微力ながら，鑑定人は 40 数年に及ぶ税法学の研究と租税実務の経験を有するものであるが，このようなことで有罪とされた事例を

知らない．後に明らかにするように本件のどこを探しても租税逋脱犯の成立において不可欠な，「偽りその他不正の行為」（以下「偽計行為」．法税159条1項）なるものは存在しない．つまり，犯罪構成要件該当性が存在しない．また，ひとしく租税逋脱犯の成立において不可欠な，被告人に本件犯罪構成要件事実を認識していたという事実，つまり「故意」も存在しない．このように，本件には法人税法159条1項違反に問われなければならない事実なるものはまったく存在しない．後に税法学的に詳細に明らかにするように，本件は税法および税法学への無知から生じた不幸な事件である．まことに世にも奇怪な冤罪である．

それではなぜにこのような事件が生じたのであろうか．鑑定人は，控訴審の段階で本件主任弁護人の中村寿夫弁護士からの依頼で，被告人山根治氏にお会いした．

山根治氏は，昭和17 (1942) 年7月26日生まれ．今年60歳になる．一橋大学商学部卒業．難関の公認会計士国家試験に合格されて，現在，公認会計士・税理士である．本件被告法人の顧問税理士をしておられた同氏は，本件によって300日近く勾留されたという．鑑定人は，控訴審の段階から，本件について鑑定所見書をとりまとめるために，同氏にしばしば親しくお会いすることができた．同氏は，きわめて誠実でかつ研究熱心な専門家であるという印象をもった．とても，租税逋脱犯に問われるような行為をする人物ではない．鑑定人は，本件事実関係を精査したうえで，2001年1月25日に，本件の控訴審である広島高裁松江支部へ提出するために「本件第1審判決は税法学的には誤りであり，税法学的には冤罪である」との鑑定所見書をとりまとめた．同鑑定所見書は，控訴審における最終論告要旨に添付する方法で控訴審へ提出された．

山根治氏は，法と論理に基づいて税務行政に対峙する税理士として全国的に著名であった．課税当局からは，いわゆる「不協力税理士」としてにらまれていた．国税・検察当局は，被告法人に係る本件の圧縮資産（代替資産）の取得行為が仮装行為であるという予断（同取得行為が仮装行為であれば，租税逋脱犯が成立する）をもってあえて起訴するに至ったものである．第1審松江地裁1999年5月13日判決，控訴審広島高裁松江支部2001年6月11日判決はいずれも同取得行為を仮装行為でないとした．しかし，両裁判所の税法および税法学への無知のゆえに，前記のごとく被告人が本件圧縮記帳引当金を不注意により益金に戻さなかったことや本件未収債権を貸倒損として処理したことを有罪としたものである．

以下，本件は冤罪であることを税法学的に明らかにする．

3　租税逋脱犯の法的特質

本件では法人税法159条1項をめぐる問題が争われている．そこで，租税逋脱犯の法的特質をはじめに確認しておきたい．

租税刑法の性質については，かつては国庫に対する不法行為に基づく損害賠償に類するものとしてとらえる考え方が存在したが，今日では租税犯の自然犯化，租税刑法

の一般刑法化が立法，学説，判例等においてひろく承認されるにいたっている．別な表現をすれば，租税刑法も責任主義刑法を前提にして展開されねばならない（この点について，板倉宏『租税刑法の基本問題・増補版』勁草書房）．

右の視角から本件で問題になっている租税逋脱犯の成立について最小限度考慮されるべき問題点を結論的に指摘しておきたい．

(1) 法人税法 159 条 1 項に規定する「偽りその他不正の行為」（「偽計行為」）が存在しなければならない．この偽計行為は，虚偽の契約，帳簿書類の虚偽記入，二重帳簿の作成などの積極的な作為を意味する．

(2) 逋脱所得額・逋脱税額のすべてが偽計行為からもたらされたものであることが必要である．つまり，逋脱所得額・逋脱税額のすべてと右偽計行為との間に相当因果関係が存在しなければならない．そのことが証拠によって証明されねばならない．

(3) 刑事責任の対象となる逋脱所得額・逋脱税額のすべてが証拠によって証明されねばならない．行政訴訟の法廷ではたとえば課税処分における推計方法等の合理性を問題となしうるが，刑事責任を追及する刑事訴訟の法廷においては，逋脱所得額の認定において一切の推計は許容されない．部分的に何らかの推計の手法を用いる場合であっても，当該認定逋脱所得額以上のものが最低限度存在することが何人の目から見ても明らかであるように，全体として証拠によって証明されていなければならない．

(4) 逋脱所得額を明確にするために，本来の貸借対照表と本来の損益計算書との双方が示されねばならない．もとより，両者の「利益金額」，「所得金額」が一致するものでなければならない．もし，一方の計算書しか示すことができない場合には，当該一方の計算書のすべての勘定科目とすべての数字とが証拠によって証明されねばならない．

(5) 行為者とされる被告人の刑事責任を問う以上，「当該行為者が当該年度の犯罪構成要件事実を全体として認識していたこと（故意の存在）」が証拠によって証明されねばならない．（以上，拙著『税法学原論・4 版』青林書院 439 頁以下）

思うに，人々は「法律」の規定に基づいて納税義務を誠実に履行しなければならない．納税義務は憲法上の義務である（憲 30 条）．ここで注意されねばならないことは，納税義務の重要性と当該納税申告において課税庁側の見解とは異なった処理が行われている疑いの存在することとの関係である．もしそのような疑いのある場合には，課税庁は課税処分を行い，ときに加算税等の行政上の制裁を課すべきである．このように，人々に適正な納税義務の履行を求めることが大切である．ただ，右のような疑いがあるからといって，そして納税義務が重要であるからといって，そのことが租税逋脱犯として刑事責任を問うべきであるということには必ずしもつながらない．租税逋脱犯として刑事責任を問うためには，さきに述べたように厳正な犯罪成立要件を充足していることをすべて証拠によって証明できる場合でなければならない．自然犯である殺人罪について刑事責任を問う場合と同じように，租税逋脱犯についても同じよう

に扱われねばならないからである．

　さきに紹介した犯罪成立要件に即して指摘すれば，本件には偽計行為なるものがまったく存在せず，したがって犯罪構成要件該当性が不存在であり，また被告人には当然に犯罪構成要件事実への認識がまったく存在せず，したがって故意も不存在である．

4　圧縮記帳引当金の益金不算入と租税逋脱犯の不成立

　本件圧縮記帳引当金2億7,745万1,000円が益金に算入されていないという事実は，隠蔽されているのではなく，納税義務者の帳簿書類（法税126条），さらには課税庁に提出された法人税法施行規則別表13(4)（確定申告書）および同別表と一体をなす財務諸表（法税74条2項参照）のうえにおいて明白である．しかるに右益金不算入が租税逋脱犯を構成するものと原判決は認定した．本件圧縮記帳引当金を益金に戻し入れていなかったのは，単なる不注意にすぎない．課税庁としては，納税義務者を呼んで，提出済みの確定申告書を訂正させれば（修正申告書の提出），済む問題にすぎない．このような指導・取扱いは税務行政において日常的に行われている．もし，納税義務者が訂正に応じなければ，課税庁は更正処分をすればよい．

　国税通則法24条は，「税務署長は，納税申告書の提出があった場合において，その納税申告書に記載された課税標準等又は税額等の計算が国税に関する法律の規定に従っていなかったとき，その他当該課税標準等又は税額等がその調査したところと異なるときは，その調査により，当該申告書に係る課税標準等又は税額等を更正する」と規定している．この規定によれば，更正には2種類のものがある．1つは，申告内容が法律の規定に従っていないために通例は調査をするまでもなく更正する場合であり，その2つは，申告内容が調査したところと異なっていたためにその調査に基づいて更正する場合にある．本件圧縮記帳引当金の益金への戻し入れは前者に属し，これについては右の調査をするまでもない．それゆえ，およそ租税逋脱犯云々は問題にならない．具体的に言えば，この問題については租税逋脱犯の成立に必要な偽計行為もまったく存在せず，また逋脱の故意もまったく存在しない．

5　本件圧縮記帳引当金の益金への戻し入れの不知と租税逋脱犯

　被告人山根治氏は，本件圧縮記帳引当金の残額のすべてを解散時に益金に戻し入れしなければならないことを知らず，清算結了の時点までに益金に戻し入れすればよいと考えていた．税務は広範かつ複雑である．また，法令等の改変が目まぐるしい．ベテランの専門家といえどもすべての取引事案につき実務において経験を積むというものではない．特に解散等の事案は日常的には稀少である．

　山根治氏が本件圧縮記帳引当金の益金の戻し入れをしなかったことが，すでに検討したように本件租税逋脱犯の成立をさせない．したがって，この点を本鑑定所見書において論ずる必要がない．ここではこの点を措くとして，一般論としてこの点の税法

549

学的意味を確認しておきたい。一般に「税法的事実」への認識は法的評価を伴った「法的事実」(legal facts) への認識であるので、これは税法学的には「法律の錯誤」ではなく「事実の錯誤」の問題である (拙著『税法学原論・4版』青林書院474頁)。

6 本件貸倒損の処理と租税逋脱犯の不成立

K水産に対する未収賃料債権8,825万8,065円およびI畜産に対する未収貸金債権1,371万4,863円についての貸倒損失の合計額が本件では租税逋脱犯を構成するものと原判決は認定している。

納税義務者がこれらの債権について「回収不能」と判断して貸倒損失の処理をした事実は、隠蔽されているのではなく、納税義務者の帳簿書類、さらには課税庁に提出された確定申告書および同申告書と一体をなす財務諸表のうえにおいて明白である。

貸倒損失の計上のあり方については、法人税法22条の各事業年度の所得の金額の計算に関する包括規定以外には何らの法律規定も存在しない。財務会計の実務においてはケースバイケースにより、債務者側の諸事情を総合的に判断して、「回収不能」と認定しうる場合には貸倒損失の計上を行うのが通例である。税務の実務においてもこれにならっている。当該債権について貸倒損失として処理するのが妥当であるかどうかは、本来、当事者の価値判断の問題である。もし、課税庁が納税義務者側の認定と異なった見解をもつのであれば、修正申告書の提出の指導をすれば済む問題である。もし、納税義務者側がこれに応じない場合には課税庁は更正処分をすればよい。

指摘するまでもないが、本件においては「回収不能」の認定にあたって何らの偽計行為なるものも存在しない。以上、要するに、貸倒損失の計上をめぐる問題は財務会計における価値判断の相違の問題にすぎず、そこには租税逋脱犯の成立に必要な偽計行為も、また逋脱の故意もまったく存在しない。なお、どのような場合に貸倒損として処理するかは実務的には当該企業の判断と認定に基本的にゆだねられる。財務会計および税務会計において当該企業が当該判断と認定の基準を継続的に適用することが大切である (「企業会計における継続性の原則 principle of consistency」)。

7 最高裁昭和48年3月20日判決 (刑集27巻2号138頁) について

原判決は、納税義務者が提出した本件確定申告書を虚偽の過少申告書とし、当該虚偽の過少申告行為それ自体を偽計行為として認定し、最高裁昭和48年3月20日判決・刑集27巻2号138頁等を引用した。

以上の検討で明らかなように、本件にはそもそも租税逋脱行為なるものはまったく存在せず、また真実の所得をことさら過少に記載した内容虚偽の確定申告書提出行為なるものもまったく存在しない。したがって、右引用された同判決そのものを本鑑定所見書において検討する必要がない。しかし、念のために同判決の税法学的理解を確

第4章 圧縮記帳引当金の益金不算入等と租税逋脱犯 (2)

認しておきたい.

　周知のように, 偽計行為の法的意味について, つとに最高裁は「逋脱の意図をもってその手段として税の賦課徴収を不能もしくは著しく困難ならしめるような何らかの偽計その他の工作を行うことをいう」と判示している (最判昭42・11・8刑集21・9・1197). 逋脱の意思に基づくものであっても単に確定申告書を提出しないという消極的行為だけでは租税逋脱犯にいう「偽計行為」に該当しないとしたわけである. 具体的に言えば, 不申告行為のほかに虚偽の契約, 帳簿書類の虚偽記入, 二重帳簿の作成などの積極的な作為が伴わなければ租税逋脱犯の犯罪構成要件を構成する偽計行為に該当しない.

　昭和48年の最高裁判決は「所論引用の当裁判所昭和42年11月8日判決 (刑集21巻9号1197頁) は『所論所得税, 物品税の逋脱罪の構成要件である詐偽その他不正の行為とは, 逋脱の意図をもって, その手段として税の賦課徴収を不能もしくは著しく困難ならしめるようななんらかの偽計その他の工作を行うことをいうものと解するのを相当とする』とし, したがって, かかる工作を伴わない単なる所得不申告は, 右『不正の行為』にあたらない旨判示しているところ, 真実の所得を隠蔽し, それが課税対象となることを回避するため, 所得金額をことさらに過少に記載した内容虚偽の所得税確定申告書を税務署長に提出する行為 (以下これを, 過少申告行為という.) 自体, 単なる所得不申告の不作為にとどまるものではなく (当裁判所昭和25年 (あ) 第931号同26年3月23日第二小法廷判決・裁判集刑事42号登載参照), 右大法廷判決の判示する『詐偽その他不正の行為』にあたるものと解すべきである」と判示した.

　右判決は, 一見単純過少申告行為それ自体を租税逋脱犯の偽計行為に該当すると判示したものと解されがちである. しかし, 同判決の対象となった事件の事実関係をふまえて同判決にいう「所得金額をことさらに過少に記載した内容虚偽の所得税確定申告書を提出する行為」の法的意味を検討すると, 同判決も右の昭和42年の大法廷判決の延長線上にあるものと解するのが妥当であるように思われる. すなわち, 昭和48年の最高裁判決は単純過少申告それ自体を偽計行為に該当すると判示したわけではない. 同事件の事実関係は次のごとくであった. 被告人は, 取引会社から受領した金員が同会社の簿外金からでているものであり, しかも同簿外金が同会社において納税申告されていないことを承知しながら, もし被告人が同金員を納税申告した場合には同会社に迷惑がかかるということで, あえて自己の納税申告から除外したという事実が存在した. 同事件では, 被告人自身は二重帳簿作成などの偽計行為を行っていないけれども, 同納税申告にいたる経緯を総合的に勘案すると, そこには, 昭和42年判決にいう偽計行為が存在したと認定されるに値するだけの諸事情が存在したとみられる. このような特殊な事実関係を前提にして昭和48年判決が「ことさらに過少に記載した内容虚偽の納税申告行為」を偽計行為に該当すると判示したものとして, しぼってとらえるのが妥当である (拙著『税法学原論・4版』青林書院441, 442頁). 昭和42

年判決が大法廷判決であり，右昭和48年判決が第3小法廷判決であるという事実に鑑みても，税法学的には以上のように昭和48年判決の意味をしぼってとらえるべきである．

本件納税申告行為には，右のような事実関係を前提にした「ことさらに過少に記載した内容虚偽の納税申告行為」なるものは存在しない．圧縮記帳引当金の益金不算入，貸倒損の計上の問題は，いずれも同判決にいう真実の所得をあえて過少に記載して申告するという事情のものではないからである．

8 結　語

以上の検討で明らかのように，本件は税法学の通常の理解をしておれば，およそ租税逋脱犯なるものが存在しないことが容易に判明する事案である．

昭和48年最高裁判決を肯定する立場に立って考えるとしても，本件のどこにも同判決のいう「ことさらに過少に記載した内容虚偽の納税申告行為」という事実は存在しない．圧縮記帳引当金の益金不算入の事実および問題の債権に対して「回収不能」という認定を行ったという事実は，課税庁に提出された納税申告書，同納税申告書と一体をなす財務諸表，さらに被告人法人の帳簿上も少しも隠蔽されておらず明白である．それゆえ「ことさらに過少に記載した内容虚偽の納税申告行為」という事実はまったく存在しないからである．

本件は，税法および税法学への無知から生じた不幸な事件であるといわねばならない．被告人を有罪とすることは誰の目からみても疑いもなく冤罪である．もし被告人が有罪とされた場合には，税理士法4条4号により，被告人山根治氏は税理士業務を行うことについて制約を受ける．国税・検察当局の誤った予断で行われた本件起訴であるが，同起訴の本体が無罪とされたにもかかわらず原審裁判所の税法および税法学への無知によって，被告人が有罪とされた．まさに冤罪である．この冤罪事案が有罪と確定した場合には，刑の執行後5年間，もし執行猶予がついた場合にはその執行猶予期間中は，税理士業務ができなくなり，国家が山根治氏の税理士としての人生を奪うことになる．誠実でかつすぐれた専門家である同氏の人生を奪うことになる．最高裁判所は本件について弁論を開いて真実を確認すべき職責を有するといわねばならない．そして原判決は破棄されねばならない．そうでなければ著しく正義に反する．

〔2002年11月〕

【付　記】

本件については，その後，2003年3月11日に国税不服審判所長が青色申告承認取消処分の取消しおよび各課税処分のすべてを取り消した．しかし，刑事事件である本件については，最高裁は2003年9月18日に上告理由に該当しないとして本件上告を棄却する決定を行った．さらに最高裁は2003年10月2日に上告棄却に対する異議の申立てを棄却する決定を行った．

第4章　圧縮記帳引当金の益金不算入等と租税逋脱犯 (2)

　税法学的には本件はまさに冤罪であるといわねばならない．それではなぜこのような不幸な事件が生じたのであろうか．山根治氏はその正義感から，多年にわたり税務行政に抗議する姿勢を示してきた．国税，検察が予断と偏見をもって真実の売買行為を仮装行為であるとして本件捜査・起訴を行った．事件の本体が無罪になったにもかかわらず，メンツを維持するために周辺の微少問題をあえて犯罪にしようという流れがつくり出され，これに裁判所の税法学への無知が加ったものといえよう．

第5章　租税逋脱犯における有罪の立証

1　はじめに

　いまからほぼ20年前に，まったく存じあげていない熊本の伊井久雄（以下，「A」という）医師から，筆者の研究室気付で手紙が寄せられた．同医師は，所得税法違反被告事件の被告として起訴されており，筆者の専門的助言をいただきたいとのことであった．手紙の内容は，事件の内容を詳細に伝えるきわめて重いものであった．
　当時の筆者の助言の内容を結論的に紹介しておきたい．筆者は，A医師に熊本の牛島昭三税理士を紹介するとともに，弁護団には本件B手帳への記帳は逋脱のためのものではなく，諸事情からたまたま正規の帳簿とは区別して真実を記帳するために本件B手帳を設けたにすぎないのであって，結局において本件には逋脱所得なるものは不存在であり，公訴事実そのものが不存在だとして主張・立証するように助言した．その時，刑事責任を問う逋脱所得額については推計による認定はいっさい許されず，検察官は逋脱所得額のすべてを証拠で証明する必要があることを指摘した．本件では，そのような証明がまったく行われていなかった．この2つが本件の「核心」であると強調した．
　本件には，以上の実体法上の問題のほかに，本件差押許可状の差押対象物にはカルテが明示されていないこと，医師にはカルテ押収拒絶権（刑訴105条，222条）が存在するが，本件カルテ差押えにあたってA医師の了解を得ないでカルテの差押えが行われたこと，などの手続法上の問題も存在した．
　本件は，不幸にして被告人Aは1審（熊本地裁平成5〔1993〕年3月24日判決），2審（福岡高裁平成12〔2000〕年1月17日判決）ともに有罪となった．去る2000年8月，筆者は，実体法上の問題を中心に最高裁へ提出するための鑑定所見書をとりまとめた．本誌〔税経新報〕の読者である税理士の方々が租税逋脱犯というものを考えるうえにおいて参考になると思われたので，以下に同鑑定所見書の概要を紹介することとした．本件の最高裁での弁護人は，江越和信，浦田秀徳，吉野隆二郎の各弁護士である．筆者としては，本件が冤罪とみられるだけに最高裁が原審の重大な事実誤認について弁論を開くであろうことを期待している．

2　租税逋脱犯における有罪立証の特殊性

　租税刑法の性質については，かつては国庫に対する不法行為に基づく損害賠償に類するものとしてとらえる考え方が存在したが，今日では租税犯の自然犯化，租税刑法の一般刑法化が立法，学説，判例等においてひろく承認されるにいたっている．別な表現をすれば，租税刑法も責任主義刑法理論を前提にして展開されなければならない．

第5章 租税逋脱犯における有罪の立証

　右の視角から，本件において問題になっている租税逋脱犯について最小限度考慮されるべき問題点を結論的に指摘しておきたい．
　(1) 「偽りその他不正の行為」（以下「偽計行為」という）が存在しなければならない．
　(2) 逋脱所得額・逋脱所得税額のすべてが右偽計行為からもたらされたものであることが必要である．つまり，逋脱所得額・逋脱所得税額のすべてと右偽計行為との間に相当因果関係が存在しなければならない．そのことが証明されねばならない．
　(3) 刑事責任の対象となる逋脱所得額・逋脱所得税額のすべてが証拠によって証明されねばならない．行政訴訟の法廷では課税処分における推計方法等の合理性を問題となしうるが，刑事責任を追求する刑事訴訟の法廷においては，逋脱所得額の認定においていっさいの推計は許容されない．部分的に何らかの推計の手法を用いる場合であっても，当該認定逋脱所得額以上のものが最低限度存在することが何人の目から見ても明らかであるように全体として証拠によって証明されていなければならない．
　(4) 逋脱所得額を明確にするために貸借対照表と損益計算書との双方が示されなければならない．もとより，両者の「利益金額」（所得金額）が一致するものでなければならない．なぜ，損益計算書のほかに貸借対照表が必要かというと，脱税をしたという以上は，当該脱税分だけの財産の増加がなければならない．そのことを証明するために貸借対照表の提示が必要となる．もし，本件のように，一方の計算書，損益計算書しか示すことができない場合には，当該損益計算書のすべての勘定科目とすべての数字とが証拠によって証明されねばならない．
　(5) 行為者である納税義務者の刑事責任を問う以上，「納税義務者が当該年度の犯罪構成要件事実を全体として認識していたこと（故意の存在）」が証拠によって証明されねばならない．
　思うに，人々は「法律」の規定に基づいて納税義務を誠実に履行しなければならない．納税義務は憲法上の義務である（憲30条）．ここで注意されねばならないことは，納税義務の重要性と納税申告漏れの疑いとの関係である．もし，納税申告漏れの疑いがある場合には課税庁は厳正に課税処分を行い，時に加算税等の行政上の制裁を課すべきである．このようにして人々に適正な納税義務の履行を求めることが大切である．ただ，納税申告漏れの疑いがあるからといって，そして納税義務が重要であるからといって，そのことが本件で問われている租税逋脱犯として刑事責任を問うべきであるということには必ずしもつながらない．租税逋脱犯として刑事責任を問うためには，さきに述べたように犯罪成立要件を充足していることをすべて証拠で証明できる場合でなければならない．自然犯である殺人罪について刑事責任を問う場合と同じように，租税逋脱犯においても同じように扱われねばならないからである．この点が，本件について虚心に客観的に見きわめられる必要がある（以上につき，拙著『税法学原論・4版』1997年青林書院438頁以下）．

3 本件逋脱所得額・逋脱所得税額の不存在

(1) 被告人A（以下「A」という）は熊本地区きっての産婦人科の名医として人々の信頼を得ていた．このことは，本件の不幸な所得税査察事件後においても，医師Aへの人々の信頼が薄まらなかったことによっても明らかである．Aは昭和38 (1963) 年から青色申告をしていた優良納税者であった．本件査察を契機に昭和51 (1976) 年分から青色申告の取消しを受けたが，昭和56 (1981) 年分から再び青色申告者として誠実に納税義務の履行を行っている．目下，青色申告取消しに伴って行われた課税処分について行政訴訟が提起されており（課税処分取消し訴訟であって，青色申告取消し処分それ自体の取消し訴訟ではない），係争中である．

それではなぜ，Aが本件査察を受け，起訴されるにいたったのであろうか．

A病院の元事務長が，事務長在任中，その実兄の警察署長（当時）に対する賄賂的金品を病院内で実兄に代わって収受するなどの非違行為が存在したために，管理者であるAが同人に注意した．これが契機となって同人はA病院を退職した．その後，同人はAを脅迫するようになり，事実無根の本件「逋脱」を熊本国税局に通報するにいたった．

確かにA病院では，A本人とは無関係に妻のSが一部の収入を正規の帳簿に記帳しないでいた．これは，次の諸事情に基づく．すなわち，手術等において公務員である医師らの協力をあおぐために多額の謝礼等を支払わねばならず，かつ公務員である立場上その支払先などを正規の帳簿書類において明記するわけにはいかないところから，もっぱらA病院における手術等の円滑な運営を行うために，経理担当の妻SがAに知らせないで，応援医師への謝礼等の支出の事実を別帳簿（B手帳）に記帳することとしたためである（記帳されるものとしては，公務員である医師への支払が中心であるが，名前等を伏せなければ協力してもらえない開業医や外部講師等への支払い，緊急かつ時間外の手術に協力してもらう看護婦への特別の支払い等も含まれている）．B手帳に記帳される部分は，正規の帳簿から除外された収入から支出される前記医師への謝礼等であり，その残余金は毎年末に正規の帳簿である公表現金出納帳に公表収入として組み入れられた．したがって，結局において脱漏所得額なるものは存在せず，刑事責任を問われるような本件逋脱所得額も不存在である．Sが公表収入の一部を除外したといっても，Aは当時優良青色申告者であり，当然にSが諸事実をB手帳に正確に記帳していた．

昭和55 (1980) 年9月8日に熊本国税局がAに対して国税犯則取締法（以下「国犯法」という）に基づく強制調査を行った．同調査は租税逋脱犯の成立について合理的疑いが存在する場合にのみ，その疑いを裏づける証憑を収集するために行われるものである（前出拙著362頁）．当時，本件において果たして国犯法上の調査権を行使しうるだけの要件の充足があったかは，鑑定人としては疑わしい．

第5章　租税逋脱犯における有罪の立証

(2) 正規の帳簿から除外された除外収入額とその使途の明細については，良心的な税理士として定評のある牛島昭三税理士によるたんねんな調査がある。本鑑定書に添付した 2000 年 8 月 1 日付の同税理士作成の「除外収入分損益計算書」がそれである。同税理士は，本件が起訴されてから，数年にわたって B 手帳を含む A 病院の関係帳簿書類への調査および関係者への聴聞等を行い，同損益計算書をとりまとめた。同税理士は，直接的にはオペ台帳，手術記事，手術記録，B 手帳，公表現金出納帳等に基づいて同損益計算書をとりまとめている。その結果，昭和 52 年分については除外収入 1,319 万 2,000 円，医師報酬 1,069 万円を含む支出額 1,187 万円，残余分 132 万 2,000 円は 52 年末に公表現金出納帳に組み入れられた。昭和 53 年分については除外収入 1,493 万 9,800 円，医師報酬 1,297 万円を含む支出額 1,398 万円，残余分 95 万 9,800 円は 53 年末に公表現金出納帳に組み入れられた。昭和 54 年分については除外収入 1,353 万 3,700 円，医師報酬 1,067 万円を含む支出額 1,183 万円，残余分 170 万 3,700 円は 54 年末に公表現金出納帳に組み入れられた。

鑑定人は，牛島税理士の作成に係る右「除外収入分損益計算書」を A 本人，S ら関係者への聴聞とともに虚心に検討した。その結果，本件係争年度において脱漏所得額（除外所得額）が不存在であることを確認した。これによれば，検察官による本件公訴事実なるものははじめから存在しなかったということになる。

なお，牛島税理士の作成にかかる前記「除外収入分損益計算書」の信憑性の判断にあたって重要な存在となる B 手帳については，A および S が B 手帳の存在を主張したのは第 1 審第 1 回公判から 4 年以上経過した時点であることが本件法廷で疑問視されている。これは第 1 審の弁護人たちはいずれも租税事件について無知であったために，A および S が B 手帳を法廷に提出することをむしろ抑制したためである。同弁護人たちはプロフェッショナルとしてきびしく反省すべきである(注)。

B 手帳は，正規の帳簿とは別に S が前記諸事情のゆえに応援医師の謝礼等の支出の諸事実を毎日記録するために S の手許に置いていた。A は当時優良青色申告者であり，前記諸事情のゆえに真実を記録するために，S が B 手帳を用意したものである。昭和 55 年 9 月 8 日の国税局査察の際には A 病院の大改築のためにたまたま B 手帳を別の場所 (K 市 Y 地区) の倉庫に他の物とともに移していた。昭和 56 年 2 月 16 日の検察庁捜査の際には B 手帳は A 宅の机の引出しの中にあった。検察事務官が B 手帳を発見し，その場にいた坂本邦彦検事にページをパラパラと示して見せた。同検事は首を横に振り，要らないという素振りを示したので結局，押収されなかったものである。鑑定人は，その数十年に及ぶ実務経験および本件の諸事情の総合的検討に鑑み，本件 B 手帳は真実を記録しているものと認定している。B 手帳も所得税法上の正規の簿記であるといってよい。

　　(注)　そのゆえに，被告人は上告にあたって本件下級審弁護人を解任した。

表 9-5-1
昭和 52 年度分

区　　分	総所得金額	所得税額
申　　告	42,749,370 円	14,529,100 円
認　　定	76,616,602 円	37,313,900 円
差額（逋脱分）	33,867,232 円	22,784,800 円

昭和 53 年度分

区　　分	総所得金額	所得税額
申　　告	52,936,753 円	20,756,900 円
認　　定	86,898,973 円	44,962,700 円
差額（逋脱分）	33,962,220 円	24,205,800 円

昭和 54 年度分

区　　分	総所得金額	所得税額
申　　告	62,565,684 円	20,303,500 円
認　　定	89,816,033 円	38,534,700 円
差額（逋脱分）	27,250,349 円	18,231,200 円

4　原判決の逋脱所得額・逋脱所得税額の認定は，租税逋脱犯の問責において禁止されている推計によるものであり，かつその推計の方法も不合理きわまるものであること

　原判決は，係争年度の逋脱所得額・逋脱所得税額を次のごとく認定した．
　右の認定は，A の自白調書，公表収入から除外した分とされる妊娠中絶カルテの A による選別作業により抽出したといわれる 3,667 件のカルテを基礎とする．原審は最終的には右 3,667 件のうち 3,607 件を除外分と認定した．すなわち，昭和 52 年分 1,393 件，53 年分 1,200 件，54 年分 1,014 件，計 3,607 件である．
　右認定の基礎になった 3,667 件のカルテは，A が主体的に選別したもののごとく原判決は認定しているが，A がカルテ選別作業に入る前に，国税局担当官が実質的に決定していたところのものである．その国税局担当官の決定の具体的根拠は不明である．
　加えて，平成 12 年 8 月 11 日付本件上告趣意書が克明に具体的に説得的に論証しているように，A 自身はあまり妊娠中絶手術を担当していなかったというのであり，また A が数年前の数多くのカルテを短時間に見ても果たしてどれが除外妊娠中絶カルテであるかを判別することがきわめて困難であった．客観的にいって A のカルテ選別作業自体があまりにも不確かな「推計」であったといわねばならない．
　患者らが提出した上申書等により，うち 542 件分については裏づけがなされたと原

判決では認定している。しかし、前出本件上告趣意書が論証しているように、右上申書等の内容自体が不確かで信憑性に乏しい。つまり542件自体が一種の「推計」であるといわねばならない。残りの約3,000件については、「公表中絶カルテ」および右「裏づけ済みといわれる542件の中絶カルテ」からの類似性を基にして認定したといわれる。あまりにも不確かなかつ非科学的な「推計」に基づいて、むしろそれを拡大適用してさらに約3,000件について認定されたというのである。

原判決の認定した3,607件がいかに本件の真実に反するものであるかについては、本件上告趣意書が論証しているように、①手術日（稼働日数）からの総手術件数、②ラボナール使用量からの総手術件数、③財産の増減による所得から、の検討からいってもあまりにも明白である。前出牛島昭三税理士による正規の帳簿から除外された除外収入額から計算すると（原判決が認定した後記1件当たりの単価で換算）、本件除外件数は1,415件程度になるにすぎない。

以上、本件除外件数自体があまりにも不確かな、不合理きわまる「推計」による認定であるが、それに加えて原判決は、1件当たりの単価をも推計額で認定している。原判決は、1件当たりの単価として昭和52年は2万5,000円、53年は2万7,000円、54年は2万8,000円と推計している。さらにB手帳によって記録された応援医師の謝礼等が真実支出されたのであるが、原判決は逋脱所得額の認定において当該分を実額で計算していないという事実である。応援医師数と金額の双方をも推計している。その推計の方法もあまりにも一方的である。

冒頭の「租税逋脱犯における有罪立証の特殊性」で指摘したように、逋脱所得額・逋脱所得税額のすべてが証拠によって証明されねばならない。推計による認定は許されない。以上のように、原判決は、刑事事件において許容されない、しかも不合理きわまる方法に基づく推計によって本件逋脱所得額・逋脱所得税額を認定した。このような推計方法では、所得のないところに人を有罪とする「逋脱所得」を創作・認定するようなものである。鑑定人の数十年に及ぶ研究と実務の経験においてかつて知らない、おそるべき手法による認定である。

5 修正損益計算書と修正貸借対照表との不突合い

国税局担当官が作成した本件の修正損益計算書と修正貸借対照表との不突合いが昭和52年分2,442万7,678円、53年分2,776万601円、54年分5,340万663円となっている。貸借対照表の分、つまり資産が不足している。これは驚くべき、想像を絶する巨額の不突合いである。本来であれば、両者が一致または近似するものでなければならないはずである。仮に百歩ゆずって修正損益計算書だけでもって本件を処理することとするとしても、当の修正損益計算書の数字はすでに指摘されたように、およそ信じられないような不合理な推計値にすぎない。人を処罰するのに単なる推計値が用いられているわけである。逋脱所得額について証拠による証明がまったく行われていない。

両者の不突合いの巨額さは,そのまま原判決の認定がいかに真実に反するものであるかを示唆するものである。その金額は原判決の認定する逋脱所得額にほぼ匹敵しよう。

6 被告人A自身の逋脱行為・逋脱の故意の不存在

さきにも指摘したようにAの妻SがA本人に知らせないで,彼女自身の判断で公務員である医師らにA病院の手術等に協力してもらうために,正規の帳簿から一部の収入を除外していたものである。しかし,Aは当時も良心的な青色申告者であり,Sはその除外収入から支出した分をB手帳に誠実に記帳していた。除外収入分から支出された残余金は,毎年末に正規の現金出納帳に戻して記帳していた。結局,さきにも指摘したように係争年度において除外所得,つまり逋脱所得なるものが存在しなかったことになる。

仮に百歩ゆずってSが,B手帳に記録された支出に充てるために正規の帳簿から一部収入を除外した行為をもって検察官および原判決が指摘するように逋脱行為としてとらえるとした場合に,本件はどのように評価されることになるのであろうか。医師であり納税義務者であるA本人は,Sがそのような行為をしていることを知ったのは,Aが本件で逮捕され(昭和56年2月16日),その後保釈された(昭和56年3月6日)後のことである。本件逋脱行為の行為者とされるA本人は同行為についてまったく関知していなかったのであり,かつ,A病院の税務経理および納税申告はSと顧問税理士が行いAはまったく関与していなかった。それゆえ,Aには本件犯罪事実について認識(故意)がまったくなかったといわねばならない。また,以上で明らかのように,本件には結局において除外所得も不存在であったので,A本人についてはもとより本件関係者にも逋脱行為は存在しない。逋脱の故意なるものもAおよび本件関係者に存在しない。

8 結　語

以上の検討で明らかなように,本件には逋脱所得額・逋脱所得税額は存在しない。原判決が存在するとする本件逋脱所得額・逋脱所得税額は不合理きわまる一方的な推計によるものであって,人を有罪とするにあたって不可欠な犯罪の証明がまったく行われていない。その意味では虚構の数字が示されているにすぎない。無垢な人を有罪とするのに,これはおそるべきことである。

優良納税者でありかつ産婦人科医として人々の尊敬を集めている被告人Aを犯罪の証明がまったく行われていない本件において,有罪とすることは誰の目からみても著しく正義に反する。

原判決は破棄されるべきである。

弁論を開いて本件の真実を確認していただきたい。　　　　　　〔2000年10月〕

第6章　租税犯の冤罪と再審請求

1　はじめに

　熊本の医師伊井久雄（以下,「A」という）は手術等を円滑に行うために,国立大学医学部教授等の公務員らの協力を受けていた．医師等への謝礼額は一般社会の常識をこえる多額であった．Aは優良青色申告納税者であった．協力していただく公務員らの名前を「オモテ」に出し得ないところから,Aの妻Sは,Aとは無関係に,Sの責任で公務員らへの支払いの事実を正規の帳簿から除外して顧問税理士と相談のうえ「B手帳」という別帳簿に記入していた．このB手帳は脱税の手段としてのウラ帳簿ではない．B手帳の記載はほぼ真実であり,筆者の所見によれば,B手帳も所得税法施行規則57条1項の「正規の簿記の原則」に基づく簿記である．
　A病院の前事務長は退職させられたということでAに怨みをもっていた．同人は,前出公務員らへの支払い分を正規の帳簿から除外していることなどを「脱税」と誤解して,本件を「脱税事案」として熊本国税局へ通報するにいたった．国税局および検察庁は右の虚偽の通報を一方的に信じて,つまり,はじめから偏見と予断をもって本件を訴追するにいたった．
　Aが逮捕され,その後,釈放・起訴されてまもなく（昭和56〔1981〕年夏）,Aから筆者の研究室気付で,本件に協力方を求める手紙が筆者に寄せられた．筆者は本件は「脱税所得ゼロ」でいわゆる冤罪事案であるので,熊本の牛島昭三税理士の協力を受けるよう進言した．なお,本件の行為者はAではなく妻Sであった．
　第1審および控訴審段階の弁護団等の租税刑事事件への無知により,筆者の上記進言は活かされず,Aは有罪となった．最高裁もなんの審理を行わないで上告を棄却した．これは明らかに冤罪である．
　証拠の見直しを含めて刑事訴訟法435条6号の「あらたな証拠」とみられるところから,筆者は,以下のごとき再審請求のための税法学鑑定書をとりまとめた．同鑑定書の概要を参考までに本誌（税経新報）に紹介することとした．本件の最高裁上告段階からの弁護人は,江越和信,浦田秀徳,吉野隆二郎の各弁護士である．

2　再審請求のための鑑定書

　最高裁判所第2小法廷平成15年1月22日決定（平成12年（あ）第409号・被告人A,上告棄却）について,税法学の視点から所見を申し述べる．鑑定人は,微力ながら租税刑事事件を含む税法学の研究と実務について40数年の経験を有するものであるが,本件は,裁判官,検察官,弁護人,被告人ら（関与税理士,従業員,家族を含む）の租税刑事事件への無知から生じた不幸な冤罪であると確信する．刑訴法435条

6号に基づき再審請求が可能である．裁判所が改めて虚心に真実を確認するために審理をつくされることを要請したい．

① **本件において有罪の対象となった「脱税所得」なるものは真実はゼロである．つまり，所得税法違反被告事件の「公訴事実」の本体がはじめから不存在であった**

(1) 被告人とされたAは，熊本地区きっての産婦人科の名医として，また人格者として人々の厚い信頼を得ていた．このことは，本件の不幸な所得税査察後においても，医師A・人間Aへの人々の信頼が薄まらなかったことによっても明らかである．

Aは昭和38年から青色申告をしていた優良納税者であった．本件査察を契機に昭和51年分から青色申告の取消しを受けたが，昭和56年分から再び青色申告者として誠実に納税義務の履行を行っている．それでは，なぜ，Aが本件査察を受け，起訴されるにいたったのであろうか．A病院では，国立大学教授等の公務員である医師らの協力をあおぐ必要から，Aの妻S（A病院の経理・税務を担当）はAには医療・医学以外のことは心配をかけてはいけないという思いでいっさい告げないで，同公務員らに支払う多額（医師らへの謝礼は一般社会の常識をこえる多額である）の報酬等をめぐる経理につき正規の帳簿に記入しないで，別帳簿であるB手帳に記入していた．このB手帳は，脱税の手段としてのいわゆる裏帳簿ではない．Aは，優良青色申告納税者である．手術等に協力していただく公務員らの名前を「オモテ」に出し得ないところから，支出の事実を記録するために，つとに昭和38年頃，当時，A病院の顧問であった三ヶ崎税理士からの指導を受けて，SはB手帳による経理処理を行うこととした．B手帳は，ほぼ真実を記録しているものとみてよい．B手帳も税法上A病院の「正規の簿記の原則」(所税則57条1項参照)にもとづく記録の一環を構成する．昭和47年に三ヶ崎税理士が死亡され，福田憲吉税理士が顧問に就任された．同税理士もB手帳による処理を了とされた．Sおよび福田憲吉税理士は，B手帳も真実の記録であるとして，本件納税申告（昭和52，53，54年分）を行った．

A病院の元事務長が，事務長在任中，その実兄の警察署長（当時）に対する賄賂的金品を病院内で実兄に代わって収受するなどの非違行為をした．同関係者の病院への出入はとりわけ女性患者の出入りする同病院の風紀を乱すものであったので，病院管理者であるAが同人（元事務長）に注意した．これが契機となって同人がA病院を退職した．同人は，Aに怨みをもつようになり前出公務員らの協力者の分を正規の帳簿から除外していることなどを「脱税」と誤解して，本件を熊本国税局へ通報するにいたったものである．国税局および検察庁は右の虚偽の通報を一方的に信じて，つまり，はじめから偏見と予断をもって本件を訴追するにいたった．

(2) 当時，鑑定人（北野弘久）とは何らの関係もなかったA本人から，本件起訴後，まもなく（昭和56年夏），鑑定人は本件について協力方を求める詳細な手紙を受け取った．本件の内容を知って，直ちに鑑定人は，B手帳などの事実を考慮すると本

件は，そもそも「脱税所得」がゼロであり，かつ脱税について刑事責任を追求する場合には推計による所得額の認定がいっさい許されないところであるので（拙著『税法学原論・第5版』青林書院513，514頁），本件の中心争点が「逋脱所得額」の存在が証拠によって証明されるかどうかにあると考えて，Aに熊本の良心的かつ優秀な牛島昭三税理士から専門的協力と助言を受けるよう，進言した．

しかし，弁護団には租税刑事事件への専門的認識と理解がまったくなく，そのためB手帳の存在の主張も起訴から4年以上経過した時点となった．また，鑑定人の度重なる要請にもかかわらず，牛島昭三税理士による鑑定証言も，事実審として最も大切な第1審では実現せず控訴審の審理終結段階（平成11年3月18日）の時点となった．弁論を開くよう要請したにもかかわらず，最高裁は，実質的にはなんの審理も行わないで，「単なる法令違反，事実誤認の主張であって，刑訴法405条の上告理由に当たらない」として決定で棄却した．

(3) 今日の税法学によれば，日本の租税刑法も責任主義に依拠している．それゆえ，最低限，次の諸要件を充足するものでなければならない（拙著『税法学原論・5版』青林書院511頁以下）．

①所得税法238条で規定する「偽りその他不正の行為」（以下「偽計行為」）が存在しなければならない．②逋脱所得額・逋脱所得税額のすべてが右偽計行為からもたらされたものであることが必要である．つまり，逋脱所得額・逋脱所得税額のすべてと右偽計行為との間に相当因果関係が存在しなければならない．そのことが証明されねばならない．③刑事責任の対象となる逋脱所得額・逋脱所得税額のすべてが証拠によって証明されねばならない．行政訴訟の法廷では課税処分における推計方法等の合理性を問題となしうるが，刑事責任を追求する刑事訴訟の法廷においては，逋脱所得額の認定においていっさいの推計は許容されない．部分的に何らかの推計の手法を用いる場合であっても，当該認定逋脱所得額以上のものが最低限度存在することが何人の目から見ても明らかであるように全体として証拠によって証明されていなければならない．本件では不合理な一方的な推計によって逋脱所得額・逋脱所得税額が認定されている．④逋脱所得額を確かなものにするために正規（修正）貸借対照表と正規（修正）損益計算書との双方が示されなければならない．もとより，両者の「利益金額」（所得金額）が一致するものでなければならない．もし，本件のように，損益計算書（収支計算書）しか示すことができない場合には，当該損益計算書のすべての勘定科目とすべての数字とが証拠によって証明されねばならない．本件の場合，国税局担当官の作成した両計算書に驚くべき，想像を絶する巨額の不突合いが生じている．しかも，本件の中心となる損益計算書はすべて，一方的な不合理な推計方法による認定額である．これでは犯罪の証明がないといわねばならない．一般に損益計算書と貸借対照表の双方の計算書が必要とされるのは，その主張されるところの逋脱所得額を収支面からと財産面（逋脱分だけ財産の増加がなければならない）から検証する必要があるか

563

第IX部　租税犯

らである．巨額の不突合いがあったということは，本件逋脱所得額・逋脱所得税額の存在自体が証明されておらず，虚構のものであったといわねばならない．⑤行為者とされる被告人Aの刑事責任を問う以上「被告人A本人が当該年度の犯罪構成要件事実を全体として認識していたこと（故意の存在）」が証拠によって証明されていなければならない．本件の場合，そもそも「脱税所得」がゼロであって，裁判所が認定した犯罪自体が不存在なのであるが，仮に存在するとした場合でも，被告人とされたA本人は医療，医学に埋没し，経理・税務はすべてSおよび顧問税理士にまかしていた．本件で最も重要な意味をもつB手帳のことも，A本人が本件によって昭和56年2月16日に逮捕され，そして昭和56年3月6日に釈放された後にはじめて知ったというのである．この点も証拠上明らかである．本件の行為者はA本人ではなく，Sであるといわねばならない．裁判所は「人（ひと）違い」をしたといわねばならない．

(4)　本件裁判所が真摯に審理しなかった「B手帳」，控訴審へ提出された牛島昭三税理士による「鑑定所見書」（1994年9月16日付），最高裁へ提出された鑑定人（北野弘久）による「鑑定所見書」（2000年8月11日付）および牛島昭三税理士による「除外収入分損益計算書」（2000年8月1日付）が客観的に評価されねばならない．これらの証拠によって，つぎの事実が明らかになっている．

①B手帳に記載されたものは，公務員である医師への支払いが中心であるが，名前等を伏せなければ協力してもらえない開業医や外部講師等への支払い，緊急かつ時間外の手術に協力してもらう看護婦への特別の支払い等も含まれている．専門家として信頼できる牛島昭三税理士の調査によって，支払い先の医師等のすべてが特定され，支払いの事実もすべて真実であることが確認されている．②裁判所による逋脱所得額の認定は，すでに指摘したように，租税刑事法廷で禁止されている不合理極まる，一方的な推計によるものである．裁判所による逋脱所得額の認定は，証拠によってまったく証明されていない．③財産計算法による検証によって，本件には裁判所が認定した「逋脱所得額」自体が不存在であることが明らかにされている．④正規の帳簿から除外された本件除外収入額とその使途の明細が証拠によって明らかにされている．⑤以上，税法学的には裁判所により認定された本件「逋脱所得額」は何ら証明されておらず，それは裁判所の「創作」による「虚構」の数字であるにすぎない．

②**本件において被告人とされたAは行為者ではなかった．Aの妻であるSがAとはまったく関係なく，Sの責任で，本件に関する経理・納税申告を行っていた**

A本人，S，A病院の経理・税務などの実務担当者M，顧問税理士福田憲吉などの陳述書で改めて証明されているように，A本人は，医療，医学のみに専念しており，当時，A病院の経理・税務などはすべてSに一任していた．すべてSの責任で行われていた．すでに指摘したように，A本人は，B手帳のことをはじめて知ったのは，Aが本件で逮捕され，その後釈放された後であった．Aは優良青色申告納税者であっ

たのであり，AおよびSを含む関係者は，逋脱の意図はまったくなく，真実において逋脱行為をした事実は存在しなかった．もとよりA本人には本件犯罪構成要件事実の認識（故意）がまったくなかった．これは，証拠上明白である．

　以上に関連して，以下の事実を確認しておきたい．①税理士は，法に基づいて税理士業務を行うことが義務づけられており，税理士が脱税相談等をした場合には税理士法違反となって処罰される（税理36条，45条，58条，60条3号等）．Sが公務員である医師等への支払いについてB手帳による処理を行い，同処理を含む簿記に基づいて納税申告をすることとしたのは，専門家である顧問税理士と相談のうえのことであった．つまり，Sには税法上も適法であるという確信があった．②公務員には職務専念義務等が規定されている（国公101条，103条，104条等，地公35条，38条等）．手術等の医療を円滑に行うためには，A病院としてはそうした立場にある協力者に配慮しなければならない．この点に鑑みると，正規の帳簿とは別に，本件で問題となったB手帳による処理を行うことを一概に否定できない．その意味で，A病院においてはB手帳による処理には税務経理上合理性がないとはいえない．③すでに指摘したように，B手帳の記載はほぼ真実であり，B手帳も所得税法施行規則57条1項の「正規の簿記の原則」に基づく簿記である．

〈添付証拠〉
1. 税理士牛島昭三「鑑定所見書」(1994年9月16日)
2. 日本大学法学部教授・法学博士　北野弘久「鑑定所見書」(2000年8月11日)
3. 税理士牛島昭三「除外収入分損益計算書」(2000年8月1日)
4. B手帳
5. 伊井久雄「陳述書」
6. S（Aの妻）「陳述書」
7. M「陳述書」
8. 福田憲吉「陳述書」

〔2004年5月〕

【付　記】
　本件は，租税逋脱犯も殺人罪などの自然犯と同じように，すべて証拠によって犯罪が証明されねばならないこと，逋脱額の認定には推計が許されないことなどの考え方が関係者になかったことによる不幸な事件であった．

　ここではまず国税当局，検察官，裁判官に対し逋脱犯の疑いについてその犯罪の存在を証拠によって証明できなければ，およそ告発，起訴等もなされるべきではないということを銘記していただきたい．過少申告の疑いがあるということと人に刑事責任を問う問題とは別個であるということである．つぎに，プロフェッショナルとしての弁護士に対して述べたい．事件の「核心」「本質」に迫ることが大切である．本件では

B手帳等により，Aには起訴事実の「逋脱所得」がゼロであることを1審の起訴段階から主張・立証をすべきであった．筆者は，Aから相談を受け，信頼できる牛島昭三税理士を弁護団に紹介した．B手帳等の存在，牛島昭三税理士によるたんねんな調査結果を，主張・立証することが本件解決の「要」であることを繰り返し助言した．しかし，租税犯罪については「素人」である本件下級審弁護人には謙虚さがなく，B手帳の存在の主張は起訴から4年以上経過した時点となり，裁判所の心証を害した．本件公訴事実の不存在を立証するうえにおいて決定的な意味をもった牛島昭三税理士による鑑定証言は，刑事事件の事実審で最も重要な第1審では実現せず，ようやく控訴審の審理終結段階であった．租税犯罪について十分な認識をもっていない多くの裁判所の実態に鑑み，これでは遅きに失したといわねばならない．

筆者は，本件が冤罪となったことの主要な原因の1つとして，本件下級審の弁護人に帰せられるべきであると考えている．

〔2004年8月〕

第7章　住民税脱税犯における偽計行為（1）

1　はじめに

　写真週刊誌「フライデー」（担当K社編集部山岸浩史氏）がかつて大学教授であり現に日本の財政経済担当大臣である竹中平蔵氏について住民税の脱税疑惑（日本中から住民票を抹消）のあることを報道した．その際，同誌は，正確を期するために，同氏について公表されている諸事実を前提にして筆者（北野）の専門的所見の一部を紹介するとともに，筆者の所見に対する竹中氏本人の見解を文書で求めてその文書による回答のほとんどを同誌に紹介した．その対応・処理の仕方は，言論人として抑制された公正なものであった．社会の常識で言えば，竹中氏は当然に反省すべきであった．
　ところが，竹中氏は，反省するどころか，自ら原告となって同誌を発行するK社ほか（筆者は含まれていない）を被告として名誉毀損を理由にして損害賠償等請求訴訟を東京地裁へ提起した．
　所得税の課税資料に基づいて個人住民税の賦課徴収の実務が現実に行われている．個人住民税脱税犯の偽計行為を考えるうえにおいて本件は税法学的にも重要な論点を提供している．筆者は，2003年7月に以下のような税法学鑑定所見書を東京地裁へ提出した．税法学的にも参考になると思われたので，紹介することとした．
　本件被告側代理人は，的場徹，山田庸一，服部眞尚，宮川舞の各弁護士である．
　なお，山岸浩史氏が，勇気と慎重な配慮のもとに，公的地位にある竹中平蔵氏の税法上の疑惑をひろく納税者・国民に向けてジャーナリストとして告発されたものである．筆者は，税法学者として山岸浩史氏に対し深い敬意を表したい．

2　個人住民税の法的性格

　(1)　日本の現行法のもとでは「住民税」という名称の税目は存在しない．法律上は市町村民税（地税292条以下），道府県民税（地税23条以下）ということになる．日本社会では両税目を総括して「住民税」という呼称が用いられている．住民税は租税論的には所得税（income tax, Einkommensteuer）である．所得税法（昭40法33）に基づく所得税（国税）と住民税とは実定法的にも深い関係にある．所得税は申告納税方式（通常の給与所得者は年末調整を含む源泉徴収だけで課税関係が終わる場合が多い）を建前としている．個人の住民税は普通徴収方式（賦課課税方式）を採用しているが，人々は，賦課期日（毎年の1月1日）現在における住所所在地の市町村長に所定の申告書を提出しなければならないことになっている（地方税法〔以下，「法」という〕317条の2）．この申告書は，法的には所得税納税申告書とは異なり納税義務確定の法効果をもたない．市町村長が住民税の課税をする場合の参考資料である．この

申告書は，所得税の納税申告書が所轄税務署長へ提出された場合には，提出を要しない．所得税の納税申告書の提出があった場合には住民税の前出申告書の提出もあったものとみなされるからである（法317条の3）．さらに重要なことは，住民税の所得割の課税標準は，法律的にも特段の定めがない限り所得税法上の前年の総所得金額，退職所得金額，山林所得金額となっている点である（法313条）．以上は，現行法における若干の規定を紹介したにすぎないが，これによっても知られるように，法律的にも住民税は所得税を前提とするものであることが容易に知られよう．実務的にも各市町村長は，所得税の納税申告書に基づいて住民税の賦課徴収を行っている．

日本の現行法のもとでは，ある者のインカムタックスを国が徴収する場合には「所得税」となり，県が徴収する場合には「県民税」となり，市が徴収する場合には「市民税」となるにすぎない．1つのインカムタックスをいわば3機関で分け合っているわけである．ただ，国税の所得税とは異なり，住民税においてはどの市町村，どの道府県が当該住民税の課税権をもつかが決定されなければならない．現行法は，毎年，賦課期日（1月1日）現在で住民基本台帳に記載されている者の住所地の市町村が住民税を課税することとしている（法294条2項）．この規定は，いわゆる台帳課税主義を意味しない．当該市町村に住所を有する者が当該市町村の住民基本台帳に記載されていないときには，当該市町村長が職権でもって当該者を「みなし住民」としてその者に住民税を課税しなければならないことになっているからである（法294条3項）．もっとも，法294条3項は，「……とみなして，その者に市町村民税を課することができる」と表現しているが，これは税法学的には「……の要件を充足する場合には」市町村長（課税庁）は「……とみなして，その者に市町村民税を課さねばならない」という意味である．住民税を課するか，課さないかが課税庁の裁量にゆだねられるという意味ではない．

以上のように，毎年，1月1日現在の住民票に基づいて課税するというのは，理論的にはあくまで実務上の便宜にすぎないのである．この点は，本件においてきわめて重要である．

(2) 法324条1項は，市町村民税の脱税の罪について，次のように規定している．「偽りその他不正の行為によって市町村民税の全部または一部を免れた者は，5年以下の懲役若しくは100万円以下の罰金若しくは科料に処し，又は懲役及び罰金を併科する」．この脱税犯の構成要件である「偽りその他不正の行為」を税法学では「偽計行為」と呼んでいる．

この偽計行為は，所得税の場合には虚偽の契約書の作成，二重帳簿の作成などが一般であるが，本件で問題になっている住民基本台帳記載の抹消行為は，事案によっては住民税脱税犯の最も重要な偽計行為に該当することになると考えられる．なぜなら，社会通念上，日本に住所があると認められる者が，1月1日現在において日本中から住民基本台帳の記載を抹消した場合には，日本中の市町村がその者に住民税を課税す

ることが事実上不能となるからである．換言すれば，同抹消によって日本で事実上，住民税を課税できず，その者が住民税を免れることになるからである．通例は，さきにみたように日本中で，所得税を前提にして住民税の課税の実務が行われている事実に鑑み，現実的には住民税の脱税行爲の典型が本件で問題になっている住民基本台帳の記載の抹消行爲であるといわねばならない．

3 本件当時の原告の生活の実態

(1) 被告（「フライデー」）から鑑定人に提示された『週刊ポスト』2001年8月17・24日合併号（乙4号証），国会議事録（乙1号証の1，2），被告担当者の原告への照会書（乙2号証の1，2），被告担当者の独自の取材調査情報などにより，甲2号証（『FRIDAY』2002年8月16日号）作成当時，原告の生活実態について，鑑定人には，次の事実が確認された．

(ｱ) 原告は，1990年4月に慶応大学総合政策学部助教授に就任．本件で問題になっている93年1月1日，94年1月1日，95年1月1日，96年1月1日，の各現在日，慶応大学専任助教授であり，慶応大学から専任助教授として毎年，1年間の正規の給料等を収受していた．それゆえ，本来であれば原告は，専任校である日本の慶応大学において，毎年，1年間その本来の職務である研究と教育などに従事すべき立場にあった．このことを税法学的に言うと，「その者が国内において，継続して1年以上居住することを通常必要とする職業」（所税令14条1項1号参照）に原告が就いていたということになる．本件当時，毎年，1月1日現在を含めて原告は居住者（所税2条1項3号）であったといわねばならない．乙4号証によれば，原告は，所得税については毎年，日本で確定申告をして納税していたという．非居住者については，原告のような職業であれば，通例は，確定申告は不要である．原告は，おそらく専任校である日本の慶応大学で，居住者として所得税の源泉徴収について年末調整を受け，原稿料等の他の所得があったために日本の居住者として所得税の確定申告をしたものと思われる．以上が，税法学上の通常の理解である．

なお，この点は推察であるが，原告は，右所得税額の計算において妻，子供について配偶者控除，扶養控除などの人的控除の適用を受けていたのではあるまいか．仮に，同人的控除の適用を受けていなかったとしても，原告が日本の居住者として所得税関係を処理していたとの認定は否定し得ない．

(ｲ) それでは，アメリカのコロンビア大学で客員研究員として研究していた事実は，税法上どのように扱われるのであろうか．多くの大学では，教授の専攻分野によっては，ひろく在外研究，在外調査を教授会が許容することがしばしばある．原告の場合，アメリカ経済が専門であるので，おそらく，慶応大学における1年分の責任講義を4月から7月までの春学期に集中講義で果たす，という条件で，それ以外の期間につきアメリカで在外研究を行うことを許容されたものとみられる．教授たちが在外研究を

行う場合のアメリカのビザは，通例，客員研究員（visiting scholar）であり，受け入れ側では無給である．客員研究員の身分は大学等の研究者であれば，通例，与えられるのであり，かつ受け入れ側では無給であるので，税法的には客員研究員の身分をもったということは本件においてあまり意味をもたない．また，1か月以上滞在する場合には自己の住宅（ハウズィング）を当該滞在地で確保することも通例である．原告がアメリカで住宅をもっていたということは，税法学的には重要な意味をもたない．また，家族がアメリカに居て，子供がアメリカの現地の学校に通っていたということは，本件ではプライベートの問題であって，税法学的には同じく重要な意味をもたない．

大学教授の職務の中心は自己の専攻分野の研究と教育にある．本件原告の場合，慶応大学専任助教授として毎年，1年間右の職務に従事することになっており，同大学から毎年，1年分の給料等の支給を受けていた．春学期以外の期間（数か月）を教授会の了解を得て，たまたまコロンビア大学で右の慶応大学助教授の職務（研究）を行っていたにすぎない．以上のケースは，私立大学の場合にはどちらかといえば緩やかに運用されがちであるが，国家公務員である国立大学教授の場合にはその身分・地位においても厳正に扱われる．すなわち，毎年，日本の居住者であり当の国立大学教授であるという身分・地位で，アメリカへ短期（数か月），公務出張したにすぎないことになる．この点は疑問の余地がないといってよい．

原告は，本件当時はアメリカでの研究がメインの生活であったと強弁している．しかし客員研究員のビザは原告も自白するとおり，報酬を得る仕事をしてはいけないものであった．コロンビア大学では原告は，毎年，単なる無給の，日本からの数か月間の訪問者にすぎない．甲18号証は，コロンビア大学自体が，原告は日本の慶応大学で十分の給料等の支給を受けており，慶応大学での集中講義期間以外の数か月間だけ毎年，受け入れるものであることを証明しているにすぎない．同証明書は，税法学的にそれ以上の意味を有しない．

(ウ) 以上，原告のアメリカでの生活実態は，毎年，数か月間の在外研究を日本の慶応大学助教授の職務（研究）として行ったにすぎない．税法学的に言えば，原告は，日本の居住者として毎年アメリカに数か月間，滞在したにすぎない．だからこそ，所得税については前出のように，おそらく日本の居住者として原告自身が確定申告をしていたとみられる．鑑定人が前提にした乙4号証は税法学的にはこのような事実を示唆するものである(注)．

原告は，本件当時，慶応大学で集中講義を行うときはもとより，日本で何か仕事などがあったときには随時，日本に戻ったといわれる．つまり，現実にも日本で生活していた．

(2) 以上，要するに，本件当時，原告は毎年，専任校である慶応大学から1年分の給料等の支給を受けており，たまたまその専攻分野の事情からアメリカで日本の慶応

大学助教授の職務の一部（研究）を数か月間，行ったというにすぎない。アメリカでは無給であり，かつ報酬を得てはいけないというビザのもとでの，単なる短期出張者の生活であって，税法学的にはいかにしても，アメリカの生活こそがメインであったとはとうてい言えないものであった。

> （注）乙4号証には次の記載がある。「日本には年間4カ月住むためのワン・ルームマンションを借りていました。地方税は米国にて納めておりました。しかし，この間，私〔竹中〕は一定期間日本に戻り，所得を得ておりました。所得税については確定申告により日本に**全額**納付していました」。「竹中氏は所得税を日本で支払っているから米国では非居住者扱いとなっていると思える」。

4 原告の行った本件住民基本台帳記載抹消の法的意味

(1) 乙1号証の2では，原告には「脱税疑惑」があるらしいという含みで，国会できびしく追及されている。また，乙1号証の1では，アメリカには住民票の制度がなく，セキュリティ番号さえあればアメリカで生活ができるのであって，日本の住民基本台帳の記載をわざわざ抹消する必要がなかったのではないかと国会できびしく追及されている。

鑑定人の40数年に及ぶ研究と実務の体験に鑑みれば，原告のような在外研究は全国の大学などで日常的に行われているが，原告のように日本中の住民基本台帳の記載を抹消した事例をまったく知らない。この異常性は税法学的に重く受けとめられねばならない。

乙4号証には，原告について次のように報道されている。

> 慶応大学教授である竹中氏には，同僚の教授や助教授から，「彼に国民に痛みを求める資格があるのか」という疑問が噴出している。その源をたぐっていくと，竹中氏は以前，同僚たちにいかにも得意げにこんなふうに語っていたことがわかった。「知ってる？『1月1日』に日本にいなければ，住民税は請求されない，つまり払わなくていいんだ。だから毎年暮れに住民票を海外に移し，年を越してから戻ってくれば効果的かつ合法的な節税になるよ」

原告の言う住民税の台帳課税主義については国会でも問題となり，財政学の教科書を5冊も見たがどこにも原告の言うような台帳課税主義のことは書かれていない，という追及もなされている（乙1号証の2）。

乙4号証によれば，原告は本件当時，国税の所得税は日本で納付し，地方税はアメリカで納付していたと主張している。原告自身が自白しているように，アメリカでは原告について所得が生じなかった。アメリカで所得がなかった以上はアメリカでは通

例，地方税を納付しない．それゆえ，アメリカで地方税を納付していたかは疑わしい．仮に，アメリカで地方税を納付していたことが事実であったとしても，原告は，所得税を日本の居住者として納付しているはずであり，しかもその生活実態もさきに明らかにしたように，本件当時も日本に住所があった．アメリカで地方税を納付していることは日本の住民税の不納付を正当化し得ない．なぜなら，アメリカで納付した分については国際間の二重課税排除措置である外国税額控除（法 314 条の 7，37 条の 2）を適用すればよいからである．

　原告の生活実態から言っても，原告は本来なら日本の住民税を納付しなければならない立場にあるが，原告は，1 月 1 日現在，日本の住民基本台帳の記載を抹消すれば日本で住民税の課税ができなくなることを百も承知のうえで，日本中の住民基本台帳の記載を抹消した．そこには，税法学的に言って本件住民税の脱税について原告に故意が存在したといわねばならない．仮に原告の本件行為を善意にとらえるとしても，原告に未必の故意が存在したことは疑いを入れない．

(2)　原告のように，数か月だけ外国へ行って調査研究をし，また日本に戻るという研究生活を繰り返している大学教授は少なくはない．しかし，このような場合に原告のように，日本中の住民基本台帳の記載を抹消する者はいない．同抹消は原告の生活実態に合わせるためだと原告は主張している．さきに詳しく検討したように，その生活実態から言っても，原告は日本の居住者であった．現行法上も原告は日本で住民税を納付すべき立場にあった．日本中の住民基本台帳の記載の抹消は，日本の住民税の課税を免れるためのものであったことは，誰の目から見ても疑いの余地がない．

　以上，原告の行った本件住民基本台帳記載の抹消行為は，それにより日本の住民税の課税を不能にするための法的道具であった．税法学的には，同抹消行為は疑いもなく本件住民税脱税犯における偽計行為に該当する．

5　結　語

(1)　以上，原告の生活実態から言えば，原告の本件住民基本台帳記載の抹消行為の法的位置づけは税法学的には次のごとくとなる．念のために総括しておきたい．

　毎年 1 月 1 日現在において住民基本台帳記載が存在しなければ，日本中の市町村で事実上日本の住民税の課税ができなくなることを原告は百も承知していて，原告のアメリカでの生活においてもまったく不必要な本件住民基本台帳記載の抹消行為をあえて行った．原告が同抹消行為をあえて行ったのは日本の住民税の課税を免れるためであって，それ以外の理由は存在しない．本件住民税の脱税について原告には法律的にも故意が存在したといわねばならない．

　すでに明らかにしたように，法律的にも住民税は所得税を前提としている（法 294 条 1 項 1 号，313 条，317 条の 3，6 など）．実務的にも国税の所得税の課税資料に基づいて住民税の賦課徴収が行われている．これは専門家の間では常識である．原告の生

第7章 住民税脱税犯における偽計行為 (1)

活実態は，税法学的には毎年，1年間，慶応大学専任教員として同大学で研究・教育などの職務に専念すべき居住者であった．そのゆえに，日本の慶応大学が毎年，1年分の給料等を原告に支払っていた．アメリカ経済を専攻している原告としては，自己の専攻領域の研究のために，慶応大学の1年分の講義義務を4月〜7月の春学期で集中講義の形で終え，教授会の了解を得て，本件毎年1月1日前後，慶応大学専任教員のいま1つの職務（研究）を数か月間，アメリカで行っていたにすぎない．アメリカでは受け入れ側において無給であり，かつ報酬を得る仕事をしてはいけない状況にあった．これは，社会の常識から言えば，自己の職務（研究）を果たすために，毎年，短期（数か月．1年を超える期間は初めから予定されていない）の出張を繰り返していたにすぎない．原告の生活実態は，日本の慶応大学に勤務する専任教員であり，日本に住所（藤沢市）を有する税法上の居住者であった．そのゆえに，原告は日本の所得税の確定申告を日本で行っていたとみられるのである．

以上により，誰の目から見ても原告の本件住民基本台帳記載の抹消行為は日本の住民税課税を免れる法的道具であって，本件住民税脱税犯の偽計行為（法324条の1項）に該当するものといわねばならない．

(2) 以上，税法学から言えば，原告の行った本件住民基本台帳記載の抹消行為は，本件住民税脱税犯の偽計行為に該当することには疑問の余地がない．それでも，甲2号証で鑑定人は，「住民票移転行為は租税ほ脱犯の偽計行為に該当する疑いがあります」と述べるにとどめている．これは，前途のある若き研究者としての原告の立場に配慮し，断定することをあえて避けたのである．被告担当者（山岸浩史）も，原告の立場に配慮し，乙2号証で知られるように，わざわざ文書で，原告の意見を確認し，そのほとんどを甲2号証において紹介し，しかも断定を避けて「政府は，調査して国民に説明すべきだ」と結んでいるにすぎない．言論人としての被告担当者のこの抑制された姿勢は法律的にも高く評価されなければならない．

(3) 原告は自らを税財政の専門家と自負している．しかも現に税財政経済の担当大臣である．その原告の「学識」には疑問を抱かざるを得ない．甲2号証でも「住民税が『台帳課税主義』に基づくことは，財政学の教科書にも書かれ広く知られている事実です」と原告は述べている．国会で指摘されたように，財政学は基本的に応用経済学であるので，住民税の課税をめぐる法律問題は学問的に税法学の問題である．原告の言う財政学の問題ではない．また，台帳課税主義というのは，固定資産税のように，1月1日（賦課期日）現在の登記簿上の所有名義人（実体上の権利関係を問わない）のみに課税するような場合のことを意味する．これまた，専門家の間では常識に属する．住民税は，台帳課税主義を採用していないことは，さきにも指摘した．さらに驚くべきことに原告は，甲2号証において「〔住民税は所得税に基づいて課税される〕という見解は独自の意見です．もし法解釈上そういう見解が成り立つなら条文の根拠を示すべきです」と述べている．法律的根拠は，さきにもしばしば示したように法294条1

573

項1号，313条，317条の3，6などである．被告担当者は甲2号証の紙幅の関係もあり，また，これは専門家のみならず，社会一般の常識といってよいほどのことであるところから，甲2号証に記載しなかったにすぎない．鑑定人は甲2号証刊行後，被告担当者に，原告の事務所に問題の法律上の根拠をファックスで知らせるように指示したものであった．

　原告の本件行為が社会の常識からみて明らかに異常であり，法律的にも脱税犯を構成する疑いがあるところから，甲2号証のみならず，『週刊ポスト』2002年8月17日・24日合併号（乙4号証），国会（乙1号証の1，2），『週刊ポスト』2002年11月1日号（乙5号証），『週刊SPA！』2002年10月15日号（乙6号証），日刊ゲンダイ2002年8月3日号（乙7号証）などで広く問題にされている．

　鑑定人は，税法学の研究者として，また若干の先輩として原告に申し上げる．原告は，税財政を含む経済問題の研究者として，また現に国政を預かるものとして，全国の納税者（タックスペイヤー）に対して，本件行為について心から謝罪して下さい．

〔2003年10月〕

第8章　住民税脱税犯における偽計行為 (2)

1　はじめに

　竹中平蔵氏（財政経済担当大臣）の住民税脱税疑惑報道をめぐる，前章で紹介した損害賠償等請求訴訟について，裁判所の税法および税法学への認識の不十分さから，被告のフライデー側が敗訴となった．東京地裁2004年9月14日判決がそれである．本件名誉毀損事件は，竹中平蔵氏の本件住民票抹消行為が住民税脱税犯における偽計行為に該当するという事実を税法学的に証明すれば，他の問題を論ずる必要のない事案である．この事実を立証するための被告代理人の「人証」の申立てにもかかわらず，裁判所はこの点についてまったく証拠調べをしようとはしなかった．

　被告フライデー側は，直ちに東京高裁へ控訴した．筆者は，2004年10月に，控訴審のために以下のような補充鑑定所見書をとりまとめた．なお，控訴人（被告）側代理人は，的場徹，山田庸一らの各弁護士である．

　同補充鑑定所見書の概要は，次のごとくである．

2　住民税と所得税との関係

　平成16 (2004) 年9月14日に東京地裁から判決（以下「判決」という）の言い渡しのあった平成14年（ワ）第20155号事件について，先に提出した乙28号証（鑑定所見書）〔本書第IX部第7章〕を補充するところの税法学上の所見を申し述べる．被控訴人竹中蔵（以下「竹中」という）が行った本件住民票抹消行為が住民税脱税行為に該当し，判決が法および「税法的事実」(tax legal facts) の理解において初歩的な，重大かつ明白な誤りをおかしていることを明らかにする．

　本鑑定所見書は同時に，竹中の本件住民票抹消行為が住民税脱税犯（地税324条1項）における偽計行為に該当することを税法学的に証明するものである．もし，このことに竹中が疑問に思われるのであれば，私の証人調べにおいて私の証言自体を反対尋問にさらしていただきたい．

　本件名誉毀損事件の「核」は，竹中の本件住民票抹消行為が住民税脱税犯における偽計行為に該当するという事実を証明することにある．鑑定人は，税法学者として誠実に貴裁判所で，同事実を証言したい．もし，この事実が証明されれば，他の問題を論ずる必要がなくなり，本件は自動的に決着することになる．なお，フライデーに発表した筆者の所見は，竹中氏の本件行為に対する1つの法的見解の表明である．最高裁平成16 (2004) 年7月15日第1小法廷判決（判時1870号15頁）は「法的な見解の表明それ自体は，それが判決等により裁判所が判断を示すことができる事項に係るものであっても，そのことを理由に事実を摘示するものとはいえず，意見ないし論評の

表明に当たるものというべきである」と判示した．これによれば，フライデーでの報道も法的見解の表明であり，法的責任の対象にならず，証明も不要ということになろう．

　第1審は，このもっとも重要な問題について証人調べ等の審理を全く行わないまま，的はずれの周辺問題にとらわれて誤った判決を下した．貴裁判所が憲法32条の趣旨に基づき公正な審理をつくされることを心からお願いするものである．

①**法律的にも実務的にも住民税は所得税を前提にしており，住民税は実質的には「所得税付加税」である．判決が係争期間中の竹中に関する所得税の課税関係をまったく検討・考慮しなかったことは税法学的に誤りである．**

　判決は，竹中の一方的・皮相な主張にひきずられて，係争期間中，竹中はアメリカに住宅を有していたこと，妻および子供はそこに居住しており，子供はアメリカの現地の学校に通っていたこと，竹中自身は住民税の賦課期日（毎年1月1日）現在，アメリカの大学の客員研究員として勤務し，竹中はアメリカで「生活」していたことを重視して，竹中にはアメリカに生活の本拠地（住所）があったと認定した．それゆえ，竹中には住民税脱税の疑惑があるとする本件報道（本件フライデー・甲2号証）は竹中への名誉を毀損すると判示した．

　判決は，係争期間中の竹中に関する所得税の課税関係をまったく検討・考慮しないで，竹中には住民税についてアメリカに住所が存在したとする「税法的事実」を認定したわけである．これは，素人でもわかる重大・明白な誤りである．

　竹中は，甲2号証（本件フライデー）で，「それは独自の意見です．もし法解釈上そういう見解が成り立つなら条文の根拠を示すべきです」と述べている．右の「それは」とは，「所得税は日本で納めていたというが，住民税は所得税に基づいて課税されるのだから，所得税を居住者（日本に住所のある者）として日本で納めるなら，住民税も当然，日本の住所で納めるべきである」（甲2号証）という鑑定人の竹中への疑問である．

　甲2号証が刊行される前に公表されていた乙4号証（週刊ポスト）によれば，竹中は，地方税はアメリカで納税していた，という．しかし，所得税については日本で確定申告を行ない，「全額納付」していたという．後に述べる慶応大学での勤務状況などに照らして，慶応大学は，源泉徴収義務者として法に従って竹中を居住者（日本に住所を有する者）として税務上処遇し，そして竹中は，乙4号証における回答の文脈等からみても日本の所得税については居住者として確定申告をし，全額，日本で納付していたと一般に受けとられるような趣旨の報道になっている．

　すなわち，乙4号証によれば，次のように報道されている．

　　そもそも奇妙なのは，米国で生活する場合にも，基本的には住民票を移動する必

第8章 住民税脱税犯における偽計行為（2）

要は考えにくいという点である．……であれば，竹中氏は何のために住民票をわざわざ「1月1日」をはさんで米国に移したのか．竹中氏にぶつけた．
「ご指摘の期間，春学期（4月～7月）を慶應義塾大学で教え，それ以外はコロンビア大学で研究しておりました．ニューヨーク郊外に住宅を所有し，家族とともに生活の拠点はアメリカにありました（子供は現地で学校に通っておりました）．そこで，地方税は米国にて納めておりました．しかし，この間，私は一定期間日本に戻り，所得を得ておりました．そして，所得税については確定申告により日本に全額納付していました．」
日米の税制の実務に詳しい税理士が竹中氏の説明に次のような疑問を呈する．
「日米両国で収入を得ている場合，住民票とは別に，税法上どちらの居住者になるかを選択できる．竹中氏は所得税を日本で支払っていると説明しているから，米国では非居住者扱いとなっていると思える．その場合，米国で支払う住民税（州税や市税）は所得全体ではなく，米国で得た収入だけに課税される．」
北野弘久・日本大学名誉教授（税法学）はさらに厳しく，税法上の違法行為にあたらないかどうかを税務当局はチェックすべきだという．
「日本で生活し，所得を得ている者に課税しないのはおかしい．『1月1日』の前後を通じてトータルにみて，日本に生活の本拠地があるにもかかわらず，形式的に住民票を米国に移して，税務当局の追及を免れている疑いもあり，道義的にはもとより，法的にも租税ほ脱の疑いが認定されうるかどうか税務調査をすべきだろう．」
……結論は出た．当局は即，竹中氏を税務調査せよ．小泉首相は大臣の納税証明の開示を実行すべきだ．立派な日本国公民たる大臣が改革の舵取りをしてこそ国民は信頼する．

日本の所得税の確定申告書は竹中の日本の住所地（納税地）の税務署長へ提出しなければならない（所税15条1項，120条1項）．日本の住民税は，後に詳論するように，法律的にも実務的にもこの所得税の「税法的事実」を前提にしている．竹中は，この点についての，フライデー側の「求釈明」（平成15年7月18日被告第3準備書面）にはまったく答えないで（平成15年10月7日原告準備書面5），係争期間中，もっぱらアメリカには住居があった，子供がアメリカの学校に通うなど家族もアメリカで生活していた，などという点に問題をすり替えた．また，アメリカで，地方税を納付していたという自己の発言にもまともに答えない．アメリカで地方税を納税したという当該納税証明書の提出も拒否している．
これは，「公知の事実」（この事実を判決はまったく無視した）であるが，念のために所得税と住民税との関係を以下に明らかにすることとしたい．
(1) 住民税は，所得税と同様に租税論的にはインカム・タックスである．日本における住民税の実態は，法律的にも実務的にも，実質的には「所得税付加税」である．

577

竹中は，所得税は確定申告をして全額，日本で納付していた，と明言している。

この明言は，後に詳細に紹介するように，竹中の慶応大学での勤務状況，係争期間中の竹中の日本での生活状態（1年分の講義を「前期」に集中講義の形で果たしていたこと，会議等のために日本に戻っていたこと，原稿料等を日本の出版社等から得ていたこと，年間を通して日本でマンションを賃借していたことなど）に鑑みれば，税法学上は，所得税を居住者（日本に住所を有する者）として確定申告をし，全額，日本で納付していたという趣旨であると推認される。

税法学の論理からいえば，勤務先の慶応大学では竹中は居住者（日本に住所を有する者）として所得税の年末調整を受け，おそらく配偶者控除，扶養控除の適用を受けていたものと推認される（所税190条，194条参照）。非居住者であれば，配偶者控除，扶養控除の適用を受けることができずまた年末調整を受けない（所税165条）。竹中には，慶応大学以外からの他の所得（原稿料等）もあったので，竹中は，居住者として竹中の日本の住所地の税務署長に所得税の確定申告をしたものと税法学上，推認される（所税120条，15条）。

竹中の，「所得税は全額，日本で納付していた」という明言は，税法学的には以上の「税法的事実」を意味する。

(2) 上記の「税法的事実」に関連して，竹中の，係争期間中の慶応大学での地位について注意を払うべきである。

判決は，1月1日現在，竹中はアメリカの大学で勤務していたという点を重視している。

竹中は，係争期間中は，各1年間を通じて慶応大学専任助教授であり，1年分の給与等を慶応大学から収受するという職業についていた。判決のいうように，春学期（4月～7月）だけの勤務という建て前になっていない。乙16号証（衆院予算委員会平成16年2月18日）によれば，竹中は国会で次のように答弁している。これは民主党の五十嵐文彦議員に「竹中さんの住民税，これは節税疑惑と言われておりますけれども，確かめておきたいと思います」との質問を受けてのものであり，平成16年2月という最近においてもきびしい追及を受けていることに注目すべきであろう。

「92年から96年までは春学期，4月から7月の中ごろまで3か月半ぐらいを東京で1年分の集中講義をしまして，夏から翌年ぐるっと4月の最初ぐらいまではアメリカで，コロンビア大学で客員研究員をしておりました。」

つまり，慶応大学では各1年間，当該年間を通じて専任助教授として竹中に講義義務を課すという建て前がとられており，竹中の専攻科目の事情に配慮して，1年分の講義義務を春学期で集中講義の形で果たすことを条件にして，例外的に各年，数か月間だけのアメリカ出張を許容したというのが真相である。しかもアメリカでの処遇は，無給の客員研究員（交換訪問者）であり，ビザもJビザであって，アメリカでは非居住者として扱われるものであった。慶応大学での出張辞令は，各年，数か月だけのも

第8章　住民税脱税犯における偽計行為 (2)

のであったはずである。また，竹中自身，日本で居住のためのマンションを1年を通じて賃借していた。これは，所得税法上は「その者が国内において，継続して1年以上居住することを通常必要とする職業を有すること」（所税令14条1項1号）に該当し，この点からも竹中は日本に住所を有する者ということになる。だからこそ，税法学の論理上，慶応大学は居住者として竹中について所得税の源泉徴収を行い，また年末調整を行い，また竹中自身が居住者として日本で所得税の確定申告をしたと推認されるわけである。

　この点，判決は「……原告の妻及び長女がアメリカに住み続けていたのは，原告と無関係な独自の理由によるものではなく，原告がコロンビア大学で研究するためであったと認めるのが相当である。また，原告は，平成5年から平成8年の間，妻とともにアメリカ合衆国に住宅を所有しており，実際，アメリカ合衆国にいる間は，そこに住んでいたものと認められる。したがって，原告は，その間，アメリカ合衆国に生活の本拠地があったというべきである」と判示する。この判示は，竹中自身の日本での生活実態を無視したものであって，税法学的には重大な誤りである。

　(3)　住民税においては，賦課期日（毎年1月1日）現在，市町村内に住所を有する者に均等割・所得割が課税される（地税294条1項1号，318条）。どこに住所を有するかについては住民票のある市町村とされている（地税294条1項1号，318条）。ただ，これはいわゆる台帳課税主義を意味するものではなく，事実上の課税便宜措置と解すべきである。住民票がなくても現に当該市町村内に住所を有するとみられる者を「みなし住民」（住所を有する者）として当該市町村長は同人に住民税を課税しなければならないことになっているからである（地税294条3項参照）。

　住民税の所得割の課税標準は，所得税の課税標準である「所得税法上の前年の総所得金額等」である（地税313条1項，2項など）。毎年1月1日現在において給与の支払いをする者は，当該給与支払いを受ける者の1月1日現在における住所所在地の市町村別に作成された給与支払報告書を各市町村長に提出しなければならないことになっている（地税317条の6, 7）。これに基づいて，各市町村長は，サラリーマンの住民税の課税を行うことになるわけである。住民税の課税資料として，住民税の納税義務者は，原則的には住民税の申告書を3月15日までに1月1日現在の住所地の市町村長に提出しなければならないことになっている（地税317条の2, 4, 5）。ただし，前記給与支払報告書に記載された者のうち一定のものは住民税の申告書の提出を必要としない。また，所得税の確定申告書提出者は，住民税の申告書の提出があった者とみなされることになっている（地税317条の3）。現実の住民税の課税は，この所得税確定申告書などに基づいて行われることとなるわけである。

　このことに関連して，昭和41年11月28日に国税庁長官と自治事務次官（当時）との間に「所得税の確定申告書を提出した者について個人事業税および個人住民税の申告を要しないこととされたことに伴う国と地方公共団体との税務行政運営上の協力に

579

第IX部　租税犯

ついての了解事項」が締結されており，自治省（当時）は，「所得税の確定申告書を提出した者について個人事業税および個人住民税の申告書を提出したものとみなすこととされたことに伴う国と地方公共団体との税務行政運営上の協力について」（昭41自治市71）（昭42自治市25改正）という通達を出している．具体的に各市町村は税務署で所得税確定申告書を閲覧する．つまり，所得税の課税に基づいて住民税の課税が現実に行われるわけである．また，地方税通達自身が住所に関する住民税の取扱いを所得税の取扱いと一致させることを指示している（たとえば，「外国人等に対する個人の住民税の取扱いについて」〔昭41自治府54〕〔昭50自治府39，昭51自治府45，昭52自治府42改正〕7, 12など）．

以上によっても知られるように，所得税と住民税とは法律的にも，実務的にも一体である．

(4)　竹中は，係争期間中は，所得税については確定申告書を提出し，全額を日本で納付していたと明言している．これは，さきにも指摘したように，竹中の日本における生活実態に鑑み，竹中は，居住者として竹中の日本の住所地の所轄税務署長へ所得税の確定申告書を提出し，所得税を全額，日本で納付していたと，税法学の論理上，推認される．所得税と住民税との間の，法律的・実務的関係に鑑み，税法学の論理からいえば，竹中についての住民税に関する地方税法上の位置づけは，日本に住所を有する者として，日本の住民税を納税しなければならないこととなる．このことは，住民税の「税法的事実」としては自明である．

3　係争期間中の竹中氏の住所

②竹中は，係争期間中の各1月1日現在において所得税法上はもとより，住民税に関する地方税法上も，日本に住所を有していた．

以上の詳密な検討で明らかなように，竹中は，係争期間中は，日本の所得税の居住者（日本に住所を有する者）であり，各1月1日現在において住民税についても日本に住所を有する者であった．

この点を改めて整理しておこう．

(1)　竹中は，係争期間中，各1年以上ひきつづき慶応大学で教育・研究に従事すべき専任助教授として勤務する職業に従事していた（所税令14条1項1号）．ただ，竹中の専攻分野（アメリカ経済）との関係で，1年分の講義義務を果たすことを条件にして，毎年，数か月のみ，アメリカで調査研究することを慶応大学は許容したにすぎない．そのゆえに，慶応大学は1年分の給与等を支払った．民間企業に置き換えれば，毎年，数か月のアメリカへの短期出張を慶応大学が許容していたにすぎない．辞令上も，そのようになっているはずである．

(2)　アメリカでは無給の客員研究員であり，アメリカでは所得を得てはならないという立場にあった．アメリカのビザもJビザ（交換訪問者）であって，アメリカでは

第8章 住民税脱税犯における偽計行為（2）

非居住者扱いであった．

(3) 1月以上海外出張する場合は，現地に住宅を確保するのが通例であり，子供を現地の学校に通わせる例も多い．竹中の場合は，数年間，毎年，数か月のアメリカ出張が教授会の特別の配慮で許容されていただけに，以上のような住宅の確保と子供の現地学校への通学などはごく自然なことである．「税法的事実」としては，現地での住宅のこと，現地での家族の生活状態などは，竹中本人が所得税法上も住民税の地方税法上も日本に住所を有していたという事実に変更をもたらすものではない．なお，竹中は，係争期間中，当然に，年間を通じて居住できるマンションを日本で賃借していた．

(4) 竹中は，その慶応大学での勤務を含む日本での生活実態を鑑みれば，日本の慶応大学では居住者（日本に住所を有する者）として，所得税の年末調整を受け，そして日本の住所地の税務署長に所得税の確定申告書を提出し，所得税については「全額，日本で納付していた」ものと，税法学の論理上推認される．おそらく居住者として竹中は，日本の所得税額の計算のうえでは配偶者控除，扶養控除の適用を受けていたものと推認される．

(5) 係争期間中，竹中についても所得税情報がその住所地の市町村長へと伝達される仕組みになっていたが，竹中は，日本中の住民票を抹消したので，事実上，結果的には日本では住民税を課税することができなかったというのが真相である．係争期間中，竹中の日本住所地の市町村長には竹中に対して「みなし住民」として日本の住民税を課税すべき職務上の義務があった（地税294条3項）．

以上の，住民税と所得税との関係は専門家の間では「公知の事実」であるが（これは一般社会でも「公知の事実」であるといってよい），甲2号証（本件フライデー）の紙幅の関係上，この点について詳細に報道できなかったので，鑑定人はフライデーの担当者山岸浩史に竹中の事務所へ住民税と所得税との関係についての法律根拠規定をファックスで伝達するよう，お願いした（乙28号証の7頁）．

4 竹中氏の住所とその税法学による証明

③竹中は，係争期間中の各1月1日現在において日本に住所を有していたことは，税法学上も自明である

以上，甲2号証（本件フライデー）公刊当時，公表されていた竹中に関する乙4号証（週刊ポスト），乙1号証（国会議事録）などに基づいて，竹中は係争期間中の各1月1日現在において，所得税法上はもとより，住民税に関する地方税法上も日本に住所を有しており，竹中には竹中の日本住所地の市町村において日本の住民税の納税義務があったこと，当該市町村長は竹中に対して住民税の課税処分を行うべき職務上の義務があったことを証明した．

第IX部　租税犯

　以下は，乙4号証などの報道によらず，より客観的に税法学上はどうなるのかを検討することとしたい．別言すれば，竹中は，係争期間中の各1月1日現在において所得税法上も住民税の地方税法上も，日本に住所を有していたことを税法学的に証明する．
　竹中は，国会で次のように答弁している（要旨）．

　「私は，その期間，4月の半ばから7月の半ばまで慶応大学で集中講義をしていた」（乙1号証の1．衆院予算委員会平成13年11月13日）．「アメリカに住むにあたってビザが必要になる．私は，J1ビザという交換研究員用のビザを取得．このビザでは現地〔アメリカ〕で所得を得ることができない．その期間，慶応大学で集中講義を行い，同大学から給料を得ていた．ほかに，その期間，アメリカのことを原稿にまとめて日本の出版社等から発表し，同出版社等から原稿料等を得ていた」（乙1号証の2．衆院予算委員会平成13年11月28日）．
　また，竹中の住民税に関する台帳課税主義の認識について，国会では，「脱税」という言葉まで用いられて追及されている．
　「細野委員　　竹中大臣の台帳課税主義……こんな原則を適用すればですよ，もう脱税し放題ということになってしまうわけですね」（要旨．乙1号証の2．衆院予算委員会平成13年11月28日）．

　証拠上明らかな係争期間中の竹中の日本での生活状況は，次のごとくであった．
　大学では，一般に「前期」（4月～7月），「後期」（9月～翌年1月）という言葉が用いられる．1年間を2つに分けて教学スケジュールができている．係争期間中も，竹中は日本の慶応大学専任助教授として1年分の講義義務があった．竹中は教授会の了解を得て，「前期」，「後期」の1年分の講義義務を繰り上げて，「前期」の期間だけで，集中講義の形で済ませた．大学教員の仕事として講義義務のほかに，研究義務がある．たまたま竹中の場合には，アメリカ経済研究が専門であったので，竹中の申し出に基づいて現地（アメリカ）での調査研究を許容されたにすぎない．毎年，数カ月だけの短期出張が認められたが，翌年4月からの「前期」の講義開始時期までに必ず日本に戻ることが条件となっていた．しかも，アメリカでは所得を得ることができない．無給で，調査研究のみを行うという客員訪問者（いわば一種の旅行者）にすぎず，係争期間中もその調査研究を日本の出版社等から発表し，日本から原稿料等を得ていた．また，竹中の場合，係争期間中も会議その他の用事で，しばしば日本に戻っていた．竹中は，当然に，日本では居住のためのマンションを年間を通じて，賃借していた．
　以上の事実は，税法学上，竹中は，係争期間中も，所得税法上の「居住者」（日本に住所を有する者）であって日本の居住者に関する所得税の納税義務を負う立場にあったということを意味する（所税2条1項3号，5条1項）．また，住民税の地方税法上

の「市町村内に住所を有する個人」であって，日本に住所を有する個人に関する住民税の納税義務を負う立場にあったということになる（地税294条1項1号，3項）．

慶応大学での勤務状況を含む竹中の日本における生活実態に鑑みれば，税法学の論理上，以下の諸事実が推認される．すなわち，慶応大学では，竹中を日本に住所を有する居住者として扱い，居住者のみに許容されている「給与所得者の扶養控除等申告書」（所税194条）を竹中から受理したものと推認される．そして同申告書に基づき，源泉徴収義務者（所税183条）としての慶応大学は，竹中に支払う給与等につき居住者として所得税の源泉徴収を行い，また年末調整を行ったものと推認される（所税185条，186条，190条）．さらにその際，竹中の妻，子供について，配偶者控除（所税83条），扶養控除（所税84条）等の適用を行ったものと推認される．

竹中は，係争期間中も，税法学上は日本に住所を有する居住者であり，また日本の市町村内に住所を有する個人であるので，慶応大学は，竹中の住所地（藤沢市）の市町村長へ「給与支払報告書」を提出したものと推認される（地税317条の6,7）．竹中は，係争期間中も日本の居住者（日本に住所を有する者）として，慶応大学から収受する給与等に他の所得（原稿料等の雑所得）を合算して竹中の住所地の所轄税務署長へ所得税の確定申告書を提出し，所得税を納付していたものと推認される（所税120条，128条）．ただ，竹中の場合，日本中の市町村からその住民票を抹消したので，日本中の市町村長は事実上，上記の給与支払報告書，所得税の確定申告書に基づいて住民税を竹中に課税することが不能となった．これは，税法学的には疑いもなく「節税」ではなく，「脱税」（地税324条1項違反）である．

ときに，竹中が係争期間中は日本の「非居住者」であったという発言もしているようであるが，慶応大学での勤務状況を含む竹中の日本における生活実態に鑑みれば，竹中は税法学上は疑いもなく居住者（日本に住所を有する者）である．もし，慶応大学が竹中を「非居住者」として処遇していたというのであれば，慶応大学自体が，源泉所得税不納付犯（所税240条違反）に問われかねず，また，給与支払報告書不提出犯（地税317条の7違反）に問われかねない．さらに竹中自身について，単に住民税脱税犯（地税324条1項違反）のみならず，源泉所得税脱税犯（所税239条違反）および申告所得税脱税犯（所税238条違反）に問われかねないということになろう．このような「仮定」は慶応大学の置かれた社会的・公共的な地位等に鑑みれば，経験則的に考えられないことがらである．

以上の論証により，竹中は，係争期間中の各1月1日現在において所得税法上も住民税の地方税法上も，日本に住所を有していた．竹中には，係争期間中も，本件で問題になっている日本の住民税を納税する義務があった．

以上は，客観的な税法学上の証明である．もし，以上の証明に異議があるというのであれば，その異議を証明する証拠を提出していただきたい．竹中から証拠の提出がない場合には，税法学的には竹中は，自己の住民税の脱税について自白したことにな

る.

5 住民票抹消行為と住民税脱税犯における偽計行為

④竹中の本件住民票抹消行為は住民税脱税犯（地税324条1項）における偽計行為に該当する.

以上で詳密に検討したところで容易に知られるように，係争期間中も，法律的にも実務的にも竹中の所得税に関する情報（日本に住所のある居住者としての確定申告，所得税の年末調整など）が日本の住所地（藤沢市）の市町村長へ住民税の課税資料として伝達されることになる.

しかし，竹中は，1月1日現在において日本中の市町村から住民票を抹消すれば住民税が課税されなくなることを百も承知していて，毎年，1月1日現在の住民票を抹消した．このため，事実上，日本中の各市町村長に係争期間中，竹中に対して住民税課税処分を行うことを不能とした．

甲2号証刊行前に公表された乙4号証によれば，竹中のこの行動について次のように報道されている．

　　慶応大学教授である竹中氏には，同僚の教授や助教授から，「彼に国民に痛みを求める資格があるのか」という疑問が噴出している．その源をたぐっていくと，竹中氏は以前，同僚たちにいかにも得意げにこんなふうに語っていたことがわかった．「知ってる？『1月1日』に日本にいなければ，住民税は請求されない，つまり，払わなくていいんだ．だから毎年暮れに住民票を海外に移し，年を越してから戻ってくれば効果的かつ合法的な節税になるよ．」

竹中は，「節税」といっているが，通常の意味での節税ではなく，税法学的には脱税である．

国会では，右の発言を竹中は否定しているが，「1月1日に住民票がなければ住民税の課税がなされないことを財政学の教科書で，知っていた」と竹中は答えている（乙1号証の1, 2, 3. 衆院予算委員会2001・11・13，衆院内閣委員会2001・11・28，衆院予算委員会2002・2・15）．

アメリカには住民票の制度はなく，国会でも追及されているように，竹中は住民票を抹消する必要が少しもなかった．また，判決も認めているように，係争期間中，竹中にはアメリカでは所得が生じなかった．竹中は，アメリカで地方税（住民税）を納税していたと国会でも明言していたが，アメリカでは非居住者である竹中には，アメリカでの所得がない以上は地方税（住民税）は課税されないはずである．各方面から，アメリカでの地方税納税証明書の提出を求められているが，竹中は同証明書の提出を拒否している．1審で，アメリカでの生活の膨大な資料を竹中は証拠として法廷に提

出しているが，同納税証明書の提出は拒否しつづけている．これは，納税の事実がないから提出できないのであって，竹中が国会および国民に対してウソの発言をしているとみなければならない．

事件は所得税に関するものであるが，納税義務者が真実の当該税務署（住所地）の管轄外の地域に住民票などを移し，税務当局による所得の把握を困難にさせることは，所得税脱税犯の偽計行為に該当するとした判決例がある（東京高判平15・9・5判時1863.47）．

住民票の存在は，所得税課税において直接的ではないが，それでも住民票移転行為が偽計行為とされたわけである．住民税課税においては住民票の存在は最も重要な直接資料である．このことからも知られるように，竹中の行為は税法学的にあまりにも重大な行為として冷静に重く受けとめられねばならない．

竹中が，本件係争期間中，各1月1日現在に限って，住民票を日本中から抹消したのは，自己の日本の住民税を免れるためであり，少なくともそのことについて「未必の故意」が存在したことについては多くの証拠に照らして，疑いをいれない．

以上，詳密に論証したように，竹中は，本件係争期間中の各1月1日現在において，「税法的事実」としては住民税の地方税法上も日本に住所を有する居住者であったのであり，彼は，意図的に日本中から住民票を抹消して，日本の住民税の課税を免れた．竹中の本件住民票抹消行為は，住民税脱税犯（地税324条1項）における偽計行為に該当する．

なお，さきに指摘したように，本件「税法的事実」の認定の中該問題である係争期間中の竹中の所得税，竹中のアメリカの地方税などについてのフライデーからの「求釈明」に対して，竹中は「本件と関係がない」としてまったく回答しなかった．竹中が回答しないのは，「回答することがそのまま自己〔竹中〕の住民税脱税の自白」につながるからである．

【補　論】

竹中の本件住民票抹消行為がいかに異常であり，法的にも許されないものであるかを明らかにするために，鑑定人自身の在外研究の例を紹介しておきたい．

私は，1975年3月に，日本大学から「アメリカで1年間の在外研究を命ずる」という辞令を受けて，アメリカのカリフォルニア大学バークレイ校ロースクールの客員研究員となった．当時は，在外研究はまだ珍しく，日本大学法学部教授会が羽田空港で私を歓送した．日本への帰国は1年後である．

竹中の場合には，毎年1年分の講義義務を集中講義で果たすことを条件にして，数か月の短期アメリカ出張が許容された．私の場合には，私が担当していた講義・演習・学生指導については他の教員による代講措置がとられた．つまり，私の場合には，在外研究期間中の1年間は日本大学における教育義務が完全に免除されたわけである．

第IX部　租　税　犯

　私は，アメリカでは住宅を1年間，賃借した．家族も同住宅に居住した．私の場合，1年間の長期出張の辞令が出たにもかかわらず，かつ竹中とは異なってその間，日本に帰ることが1度もなかったにもかかわらず，住民票を抹消するような行為はしなかった．所得税，住民税を日本で従前と同じように納税した．
　この私の例は，日本の多くの大学で通常行われている在外研究の姿である．

〔2004年12月〕

【付　記】

　本件について1審判決のようなフライデー側敗訴になった原因には様々なものが考えられる．まず，裁判所の税法および税法学への「無知」が挙げられよう．専門化が進んだ今日では裁判官がすべての領域に通ずることは困難である．しかし，真実を追究するのに裁判官に謙虚さがあれば，当該「無知」が障害とはならない．もし，裁判所が専門家を証人として採用し，謙虚に税法学的真実を解明しようとされたならば，このような結果にならなかったであろう．つぎに，フライデー側代理人弁護士の法廷対応が指摘されねばならない．フライデー側関係者がその代理人とともに筆者の研究室に来訪された最初の時から，筆者は，つぎのように申し上げた．本件の「核心」，本件の「本質」を中心に弁論を展開して欲しい．すなわち，竹中の行為は，税法学的には偽計行為に該当するということの主張・立証を前面にして弁論して欲しい，と．代理人としてそれなりに努力されたと思われるが，少なくとも筆者の要望したようには展開されなかった．全体として原告から出された本件の周辺の法律技術論に振り回されているという印象の法廷対応であった．その結果が，裁判所を説得できなかった．本件記事についてフライデー担当者山岸浩史氏の勇気のあるかつ的確な対応が1審で正当に評価されなかったことはまことに残念であった．
　控訴審では以上の1審への反省に立って対処するよう，フライデー側関係者に繰り返し申し上げ，筆者も体を張って協力させていただくことにした．

第9章　追徴税（加算税）と罰金との併科

1　はじめに

　以下は，最高裁昭和33（1958）年4月30日大法廷判決（昭和29年（オ）第236号法人税額更正決定取消等請求事件，民集12巻6号938頁）の研究である．

〈事実の概要〉

　本件は，昭和25年のシャウプ税制によって加算税制度が整備される前の事案である．標題の「追徴税」は現行法の「加算税」に相当する．脱税犯に対する罰金との関係において「追徴税」が論議されているので，現行制度の中では「加算税」のうち重加算税を引き合いにするのが相当であるといえよう．

　X社は，昭和23（1948）年度（昭和22年12月から23年11月まで）の法人税について申告し納税した．ところが，所轄税務署長Yは，国税局の査定に基づき右法人税につき更正決定をした．そして追徴税として470万7,500円を課した．一方，国税局は，X社が法人税を逋脱したものとしてX社および担当部長を検察庁に告発した．その後，右両名は大阪地方裁判所に起訴され，有罪の判決を受け，同判決は確定した．

　前記追徴税金470万7,500円のうち330万3,450円（前記刑事判決確定逋脱税額1,321万3,800円に25％を乗じた額）の課税は，憲法39条の一事不再理の原則に違反しているとして，X社はその取消しを求めた．

　第1審，第2審はともにX社の請求を棄却した．最高裁も次のように述べて，X社の上告を棄却した．なお，下飯坂裁判官の補足意見が付されている．

〈判　旨〉

　「〔旧〕法人税法（……昭和25年3月31日法律72号による改正前のもの……）43条の追徴税は，申告納税の実を挙げるために，本来の租税に附加して租税の形式により賦課せられるものであって，これを課することが申告納税を怠ったものに対し制裁的意義を有することは否定し得ないところであるが，詐偽その他不正の行為により法人税を免れた場合に，その違反行為者および法人に科せられる同法48条1項および51条の罰金とは，その性質を異にするものと解すべきである．すなわち，法48条1項の逋脱犯に対する刑罰が『詐偽その他不正の行為により云々』の文字からも窺われるように，脱税者の不正行為の反社会性ないし反道徳性に着目し，これに対する制裁として科せられるものであるに反し，法43条の追徴税は，単に過少申告・不申告による納税義務違反の事実があれば，同条所定の已むを得ない事由のない限り，その違反の法人に対し課せられるものであり，これによって，過少申告・不申告による納税義務違反の発生を防止し，以って納税の実を挙げんとする趣旨に出でた行政上の措置であると解すべきである．法が追徴税を行政機関の行政手続により租税の形式により課すべ

きものとしたことは追徴税を課せらるべき納税義務違反者の行為を犯罪とし，これに対する刑罰として，これを課する趣旨でないこと明らかである．追徴税のかような性質にかんがみれば，憲法39条の規定は刑罰たる罰金と追徴税とを併科することを禁止する趣旨を含むものでないと解するのが相当である．」

2 研 究

(1) 行政上の制裁措置としての加算税制度は，昭和25年のシャウプ税制において体系的に整備された．その後，昭和37年の国税通則法制定の際に現行制度のように整備されて今日に至っている．現行制度は，過少申告加算税（税通65条），無申告加算税（同66条），不納付加算税（同67条），重加算税（同68条），の4種の加算税を置いている．

冒頭においても記したように，本件は，昭和25年の加算税制度が整備される前のものであって，本件当時は，本税額の25％を課するところの「追徴税」制度一本であった．つまり，当時の「追徴税」は，今日のさまざまな加算税を代替するものであったといえよう．本件では，同一の逋脱行為に対して刑罰（罰金）と「追徴税」の両者を併科することは，二重処罰の禁止，一事不再理に牴触し，憲法39条に違反するのではないかが争われた．この争点は，刑罰と重加算税との併科の問題として，現行制度のもとにおいてそのまま参考となろう．

憲法39条は，「何人も，実行の時に適法であつた行為又は既に無罪とされた行為については，刑事上の責任を問はれない．又，同一の犯罪について，重ねて刑事上の責任を問はれない」と規定している．大法廷は，追徴税は，単に過少申告・不申告による納税義務違反の事実があれば，やむを得ない事由のない限り，その違反法人に対して一種の租税として課せられるものであって，これによって過少申告・不申告による納税義務違反の発生を防止し，もって，納税の実をあげようとする行政上の措置にすぎないので，追徴税は刑罰とは異なるとしている．罰金等の刑罰は，逋脱者の不正行為の反社会性ないしは反道徳性に着目し，犯罪行為に対する制裁として科されるものである．大法廷は，追徴税はこのような刑罰とは異なるとして憲法39条に違反しないとしたのである．

たしかに法形式論からいえば，追徴税は行政手続により租税の形式で課されるものであって，罰金等の刑罰そのものではない．そのような法形式論からいえば，大法廷のいうとおりである．しかし，本件では，同一の行為に対して，刑罰を科しそのうえで実質的には罰金的性格を有する追徴税（重加算税）を課することが，果たして妥当であるかが問われているのである．このような実質論に鑑みると，少なくとも両者の併科は憲法39条の精神に反することは否定しえないところであろう．

(2) さて，重加算税の課税要件として「課税標準等又は税額等の計算の基礎となるべき事実の全部又は一部を隠ぺいし，又は仮装」と規定されている（税通68条）．一

方，逋脱犯の構成要件として「偽りその他不正の行為により……税を免れ……」(現行法税159条参照)と規定されている．したがって，重加算税の課税要件と逋脱犯の成立要件とは理論的には重なり合うのである．

　シャウプ勧告は，重加算税制度を提唱するにあたって，次のように述べている．「現在詐欺事件に適用される唯一の罰則は，その適用に起訴を必要とする刑事罰である．詐欺行為は処罰することなく黙過することはできない．そこであらゆる事件に刑事訴追をなす必要から免れるため(in order to avoid the necessity of criminal prosecution in every case)，民事詐欺罰(civil fraud penalty)を採用することを勧告する．この罰則のもとでは，納税額の不足が税の逋脱を意図する詐欺によるときは，その不足分のほかに不足分の60％相当額が支払われなければならない．この金額は税と同様な方法で徴収され実質的に税の一部となる」．これによって知られるように，重加算税が課される場合には，同時に理論的には逋脱犯として刑罰が科せられるべき場合である．シャウプ勧告は，当時の諸状況に鑑みて，刑事訴追を免れせしめる必要性を認めて，その代わりに，このような民事制裁制度(行政上の制裁措置)を提唱した．勧告は，「行政のパターンが変化するにつれて，……制裁の体系(system of penalties)も再検討されねばならない」と指摘していた．加算税制度は，本来，申告納税制度を育成するための行政上の便宜措置であり，それはその意味では過渡期的な措置であるととらえることができるであろう．

　前出の昭和37年国税通則法の制定に伴う整備がなされる前までは，重加算税額は本税額の50％であり，しかも無申告加算税額・源泉徴収加算税額とは併課することとされていた（過少申告加算税額とは併課されないこととされていた）．現行法は本税額の35％（過少申告・不納付の場合）または40％（無申告の場合）とするとともに，過少申告加算税・無申告加算税・不納付加算税との併課は行わないこととしており，大幅に軽減・緩和している．

　筆者は，つとに，租税制裁制度のあり方として，次のような構想を提示してきた．①さきに述べた加算税制度の趣旨（その過渡期的性格）に鑑みて，今日の段階では加算税制度を全廃し，税法違反に対しては本則に基づいて一元的に刑事制裁の適用を徹底する．そうすれば，二重処罰云々の問題も生じない．または②税法違反の程度を立法において二分化したうえで，制裁制度を二元的に構成する．すなわち，軽度の税法違反と重度の税法違反とを区分する．事実上の運用基準としてではなく立法において明文で両者の具体的な区分基準を規定する．そして，制度的に軽度の税法違反に対しては行政上の制裁措置である加算税のみを課することとし，重度の税法違反に対しては加算税を課さないで刑罰のみを科することとする．そうすれば，二重処罰云々の問題も生じない．

　ところで，加算税，とりわけ重加算税は，実質的には罰金的な性格を有する．本来の罰金等であれば，刑事訴訟法における厳格な証拠調べ等の手続に基づいて裁判所が

科する．加算税は，行政庁が行政処分によって一方的に課することとされている．現行法は，加算税の課税にあたって何らの配慮も行っていない．①まず，どのような要件を充足する場合に加算税，特に重加算税が課されるかについて法の規定（実体的要件規定）は不明確である．事実において課税庁の「恣意」の混入が避けられないものとなっている．この点については法律において加算税の課税対象となる行為を類型的に明定すべきであろう．②次に具体的な加算税の課税手続においても，刑罰宣告手続に準ずる手続が保障されねばならない．最小限度，第1に処分に先だって被処分者である納税者に弁明の機会を与えることが必要である．第2に処分の際に処分をするにいたった具体的理由（証拠物件の摘示を含む）を付記することが必要である．筆者は，立法においてこのような手続が明文で整備されるべきであると考えているが，このような明文規定のない現行法のもとでも，憲法13条，31条の「適正手続」等の要請に鑑みて現行法の解釈論の次元でも，右の2つの手続を充足しない加算税課税処分は違法になると解している．

前記の二元的制裁制度の立場に立って加算税制度を残す場合でも，右の現行法のもつ不備（実体法，手続法の双方の不備）が克服されねばならないといえよう．

なお，現行法を前提とした場合において，その運用にあたっては，憲法39条の趣旨に鑑みて，加算税が課税されている場合には，当該事実を刑事制裁の量刑において配慮することとする取扱いの確立が望ましい．加算税納付の事実を量刑に配慮しない場合には，違法と評価されねばならない場合もあろう．

【参考文献】

板倉宏・行政判例百選Ⅱ（第1版），松尾浩也・租税判例百選〈第3版〉，北野弘久「加算税制度の研究」税法学の基本問題（成文堂）所収，同「租税刑事制裁論」高柳信一教授古稀記念・行政法学の現状分析（勁草書房）所収，木村弘之亮・租税過料法（弘文堂），佐藤英明・脱税と制裁（弘文堂）．

〔1993年4月〕

第X部　税理士制度

第1章 税理士の債務不履行責任

1 はじめに

　租税特別措置法69条の3（小規模宅地等についての相続税の課税価格の計算の特例）の適用をめぐって，税理士の債務不履行責任が問われている．納税者から訴えられた税理士（被告）は，Y地区の土地の事業性については例の「5棟10室」の通達の形式基準を充足していないとして同土地には同条の特例を適用しないという原告らに不利となる納税申告を行った．同税理士は，この納税申告を行うに先立って，同土地について同条の特例を適用するのかどうかの決断を被相続人（夫）の配偶者（妻：MH）のみにゆだね，本件の原告納税者ら（長男：MY，長女：HK）には何の相談もしなかった．

　第1審東京地裁1999年10月26日判決は，当時，通達の形式基準のみで税務署の実務が行われていたと認定し，訴えられた税理士（被告・被控訴人）には税理士としての善管注意義務違反は存在しないと判示した．

　この事件は，目下，東京高裁に係属している．筆者は，2000年8月に，第1審判決は重大明白な事実誤認をしており，訴えられた税理士（被告・被控訴人）には4つの善管注意義務違反が存在するとする鑑定所見書を東京高裁へ提出した．税理士の債務不履行責任を具体的に考えるうえにおいて参考になると思われるので，以下に拙鑑定書の概要を紹介することとした．本件納税者（原告・控訴人）側代理人は，牧野茂，水野靖史の両弁護士である．

2 税理士の職務上の義務

　本件では被控訴人（被告）税理士の委任契約上の債務不履行責任が争われている．そこで現行税理士法の税理士の性格・職務について確認しておきたい．

　税理士法1条は，税理士の使命として「税理士は，税務に関する専門家として，独立した公正な立場において，申告納税制度の理念にそって，納税義務者の信頼にこたえ，租税に関する法令に規定された納税義務の適正な実現を図ることを使命とする」と規定している．これを受けて，同法2条1項は税理士の独占業務として，①税務代理，②税務書類の作成，③税務相談，の3事務を規定している．これらの3事務は，いずれも日本国憲法および租税に関する法令に基づいて行うべき事務であって，弁護士法3条に規定する「法律事務」である．税理士法2条2項は，税理士は財務書類の作成，会計帳簿の記帳の代行その他財務に関する事務，つまり，いわゆる一般会計業務を行うことができると規定しているが，これは，税理士事務の付随事務であって税理士の本来の事務ではない．この一般会計業務は税理士または公認会計士の資格がな

第X部　税理士制度

くても有料で何人も行うことができる．

　鑑定人は，微力ながら40数年におよぶ研究と実務とを体験しているが，ほぼ40年前から税理士の性格と職務について，次のような所見を明らかにしてきた．この鑑定人の所見は現在では学界および実務界の支配的見解として承認されている．

　税理士は，会計学・経営学等に精通した租税問題の法律家であり，租税問題の弁護士である．単なる税務会計専門家（tax accountant）であってはならない．また，税理士は，税務行政の単なる補助機関であってはならず，租税問題の弁護士であり，クライアントである納税者の代理人として，日本国憲法および租税に関する法令によってクライアントである納税者に保障されている法的諸権利の擁護を通じて，納税義務の履行に協力する義務を負った職業専門家である．

　本件被控訴人税理士の職務上の義務を考えるうえにおいて重要であるので，右に紹介した税理士法1条に規定する税理士の「公正な立場」の法的意味についてコメントを加えておきたい．同「公正な立場」とは，税法学的には課税庁との間に距離を置いた「公正な立場」を意味するのであり，換言すれば，納税者の代理人として納税者の法的諸権利の擁護を通じて納税義務の履行にプロフェッショナルとして協力する，そういう「納税者の代理人としての専門家の立場」を意味するのである．もとより納税者の代理人であるからといって，クライアントである納税者に「服従」するのではなく，あくまでも専門家としての「見識」に立って，納税者を代理することになる．現行税理士法のもとでは税理士には訴訟代理権が付与されていないが，この点を除き税理士の職務義務は基本的に弁護士と同じであるといってよい（弁3条2項参照）．この点，ドイツの税理士（Steuerberater）には，租税事件について訴訟代理権までも付与されており，日本でも近年，税理士に出廷陳述権などを法制度的に認めようという動きがあることが注意されよう（その後，2001年にこの点は法制化された）．

　本件では国税庁通達の解釈と適用が問題となっているが，いうまでもなく通達には法源性がなく，通達は納税者，裁判所を拘束しない．税理士は，専門家（プロフェッショナル）として，法の趣旨を客観的に解明しなければならず，そのうえで専門家としての見識に立って事案を処理しなければならない．通達の具体的内容が必ずしも明確でない場合においても税理士は右の法の趣旨の解明をふまえて問題の通達の適用の仕方に妥当を期すべき職責を担っている．税理士は，その意味では理論的に課税庁側に対決しなければ，その本来の義務を果たすことができない（以上につき，たとえば拙著『税法学の基本問題』昭47成文堂37章，同『納税者の権利』昭56岩波新書217頁以下，同『税法学原論・4版』平9〔初版・昭59〕青林書院412頁以下，同『税理士制度の研究・増補版』平9〔初版・平7〕税務経理協会）．

　本件で争われている税理士の債務不履行責任について鑑定人は，具体的に次のように指摘してきた．「本書〔『税理士制度の研究』〕は，税理士のあるべき姿を理論的に学問的に解明しようとするものであるが，最近，幾つかの具体的事件にもなっている税

理士業務に関する損害賠償責任の問題も，本書で解明した税理士の使命の視角から論じられなければならない．この点についても確認的に私見を明らかにしておきたい．
周知のように，税理士の民事責任としては債務不履行による損害賠償責任と不法行為による損害賠償責任とがある．前者については本書で解明したあるべき税理士の使命にかんがみ，「善管注意義務」（善良な管理者の注意義務．民法644条参照）の具体的内容も解明されるべきである．税理士は，会計学・経営学等に精通した租税問題の法律家・弁護士（tax lawyer, tax attorney）としてクライアントである納税者の法的権利を擁護すべき職責をになっている．そこにおいて要求される善管注意義務とは，一般人のそれではなく，右の職責をになった専門家（プロフェッショナル）としての高度の注意義務である．クライアントから明示的具体的に依頼されていなくても，一定の手続をつくすことによって税法上有利な取扱いを受けうる場合には，クライアントにそのことを説明し，クライアントの法的利益のために税法上有利な方法を積極的に選択し所定の行為をおこなうことも専門家としての税理士の義務である．この点は別に，『忠実義務』の問題として論議されているが，専門家としての税理士の高度の注意義務のなかには，当然にこの種の忠実義務も包含されるものと解される．また，税法学という学問の見地から「誤謬」といわねばならない課税庁通達等が存在する場合に当該通達等に「服従」するのではなく，専門家としての自己の信ずる知見に基づいて，そのこと（当該通達等の内容の違法性）をクライアントに十分に説明して当該知見に基づいて専門家としての職責を果たすようにすることも税理士の当然の義務である．以上，例証的に述べた高度の注意義務をつくさない場合には，税理士はその民事上の責任を免れえない」（拙著『税理士制度の研究・増補版』平成9税経経理協会「増補版に寄せて」4, 5頁）．

鑑定人としては税理士の性格・職責に鑑み，税理士の債務履行責任には当然に右の忠実義務ともいわれるレベルの高度の職業専門家としての義務が含まれていると考えている．しかし，本鑑定では，右のレベルを問わないで，通常の税理士の善管注意義務のレベルにたって被控訴人税理士の債務不履行責任を検討することにしたい．

3 租税特別措置法69条の3（小規模宅地等についての相続税の課税価格の計算の特例）の趣旨

この制度の趣旨は，税法学的にいえば，居住または事業の用に供されていた一定の生存権的財産に対しては，その性格からいって相続税の課税価格の計算上課税緩和の配慮を行おうとするものである．地価高騰によって被相続人の遺産である土地などの課税価格が異常に高額となる．それに伴って相続人各人の相続税負担も増大する．ところが，ひとしく土地等といっても居住用，事業用に供されていたものは地価高騰とは基本的に無関係である．そのような生存権的財産である一定の相続財産を相続税の課税上保護するために課税価格を縮減する本件特例が導入されたわけである．

第X部　税理士制度

　憲法論からいえば，憲法13条（個人尊重），14条（法の下の平等．租税面では能力に応じた平等），25条（生存権の保障．租税面では社会権としての生存権ではなく自由権としての生存権の保障），29条1項（一定の生存権的財産のみを基本的人権として保障する．非生存権的財産に対しては，29条2項によりむしろ公共の福祉のために規制する）等に基づく応能負担原則の具体化である．このようにみてくると本件特例の対象になる「事業」とはそのような憲法の生存権保障にふさわしいコンセプトとみなければならない．鑑定人は，つとに「生業」としての事業を意味すると指摘してきた．「租税特別措置法（相続税関係）通達」（平元直資2-208）（以下「本件通達」という）69の3-1は，所得税法上の「事業」と同一の基準を示しているが，本件特例の対象になる「事業」は所得税法上のそれとは異なったものであり，それはまさしく相続税における本件特例の趣旨に適合した「生業」としてのそれを意味する．収入面でいえば，その事業性は被相続人一家の生活費をまかなう程度であればよいということになる．この考え方は，すでに本件の申告期限である平成3年7月当時，学界，実務界に定着していた（拙著『憲法と税財政』昭58〔初出昭57〕三省堂18章，同『現代企業税法論』平6岩波書店32章，拙稿「小規模宅地等の相続税課税価格の軽減措置」税理平成7年10月号〔本書第VI部第3章〕など）．被控訴人税理士は通常の税理士の行う研鑽をつくしておれば，職業専門家として当然に本件特例の右の趣旨を認識し得たはずであり，専門家としてそのような趣旨をふまえて本件通達の適用のあり方を考えるべき職務上の義務を負っていた．

　本件の相続税申告期限（平成3年7月）のはるか前，平成元年12月6日の相続開始に係る相続税の更正処分の取り消しを求めた，いわゆる麹町事件（東京地判平7・6・30）について，鑑定人が平成6年9月に東京地方裁判所に提出した「鑑定所見書」の一部を，本件特例の「事業」の法的意味を考えるうえにおいて参考になると思われたので，以下に紹介しておきたい．

　「……以上の諸事情を総合考慮すると，相続税法22条の「時価」の法的意義は，一定の生存権的財産については当該財産を譲渡しないで生存の用に供することとした場合の利用権の価額（利用価額＝収益還元価額）を意味すると解さなければならないであろう．そう解さなければ，現行相続税法22条の「時価」の法的意義を憲法適合的にとらえることができない．

　このような税法学理論にしたがえば，本件で問題になっている租税特別措置法69条の3（小規模宅地等についての課税価格の計算の特例）の規定は，相続財産のうち一定の小規模宅地等について右の憲法上の要請を租税立法において具体化したものとみなければならない．われわれは，このような憲法的視角から，同条にいう「事業」の法的意義も税法学的に正鵠にとらえねばならない．

〈租税特別措置法69条の3の「事業」の法的意義〉

　租税特別措置法69条の3に規定する「事業」の法的意義も，以上で明らかにした

憲法的視角から解明されねばならない．結論をいえば，被相続人等が現に当該財産をその生存を維持するための「生業」に供していたかどうかが重要となろう．各ケースに応じて当該財産が右の意味での「生業」に供されていたかどうかが個別的に具体的に検証されなければならない．このように，同条にいう「事業」とは，右の意味での「生業」を意味する．

　被告〔税務署長〕は，本件当時の「租税特別措置法（相続税関係）通達」69の3-1（以下「本件相続税通達」という）に従って，「貸間，アパート等については，貸与することができる独立した室数がおおむね10以上であること．独立家屋の貸付けについては，おおむね5棟以上であること」を「事業」の基準としている．もっとも，この通達基準は，1994年の改正で廃止され，本鑑定時点においては存在しない．被告の引用した本件相続税通達基準は所得税基本通達26-9と同一のものである．所得税法上は不動産の賃貸料等は「不動産所得」を構成する（所税26条）．この不動産所得について，所得税法は当該不動産所得をもたらす取引を「事業」として行っている場合と事業と称するにいたらない程度の「業務」の場合とに区分して，所得計算を行うことにしている（たとえば所税51条1項，2項，4項参照）．所得税基本通達26-9は，まさしく右の所得税法に規定するところの「事業」の取扱い基準を示すものにすぎないので，本鑑定においていちいち引用する必要がないのであるが，本件で問題になっている本件相続税通達が右所得税基本通達と同一基準を規定しているので本鑑定においてもコメントを加えることとしているにすぎない．さきに指摘した憲法的視角からいえば，本件相続税通達の「事業」基準は税法学的に誤りであるといわねばならない．

　被相続人等が現実に本件相続財産を「生業」の用に供していたかどうか，被相続人等が本件財産を用いて行っていたところの不動産賃貸業の現実の実態が被相続人等の「生業」に値するものであったかどうか等，が個別的に具体的に問われねばならない．

〈本件被相続人等の不動産賃貸業の実態〉

　……本件ビルのうち1階は被相続人の所有であり不動産賃貸業に供していた．2階も被相続人の所有であり不動産賃貸業に供していた．3階は，被相続人の妻であるHKの所有であり，同じく不動産賃貸業に供していた．4階は原告SAの夫の所有であり原告夫婦およびその子供たちが居住の用に供していた．5階は被相続人夫婦が居住の用に供していた．（略）

　被相続人夫婦には本件相続開始当時（1989年＝平成元年12月），本件ビルの賃貸業の所得しか存在しなかった．被相続人等（被相続人夫婦）の本件ビルの賃貸業の所得は，つぎのごとくであった．1987年（昭和62年）総収入金額14,896,000円，所得金額8,856,000円，1988年（昭和63年）総収入金額14,508,000円，所得金額8,767,000円，1989年（平成元年）総収入金額13,848,000円，所得金額8,499,000円．

第X部　税理士制度

　被相続人単独の本件ビルの賃貸業の所得は，つぎのごとくであった．1987年（昭和62年）総収入金額9,661,000円，所得金額5,844,000円，1988年（昭和63年）総収入金額9,504,000円，所得金額5,878,000円，1989年（平成元年）総収入金額8,844,000円，所得金額5,493,000円．（略）

　本件ビルの賃貸業所得は，被相続人夫婦の生活を維持していくための唯一の『事業』の所得であった．右に指摘したように，本件賃貸業の所得はその所得金額の大きさからいっても，被相続人夫婦の生活を十分にまかなって余りあるものであって，租税特別措置法69条の3が意図する『生業』の要件を十分に充足しているものといわねばならない．（略）

　租税特別措置法69条の3の『事業』の法的意義については，一般に各被相続人等が行っていた現実の『事業』の実態が，『生業』の要件を充足するものであるかどうかを各ケースごとに個別に具体的にみきわめることが大切であるといえよう．

〈結　語〉

　以上の検討で明らかなように，原告が取得した本件土地は，疑いもなく租税特別措置法69条の3第1項に規定する「被相続人等の事業の用に供されていた宅地等」に該当する．この判断を誤った被告の原処分は違法であって取消しを免れない．」

4　本件通達の意味と税理士の義務

　本件通達69の3-1は「……〔租税特別〕措置法第69条の3第1項に規定する宅地等が，同項に規定する事業の用に供されている宅地等に当たるかどうかは，当該建物の貸付けが事業として行われているかどうかによって判定する．この場合，当該建物の貸付けが事業として行われているかどうかは，社会通念上事業と称するに至る程度の規模で建物の貸付けを行っていたかどうかにより判定すべきであるが，次に掲げる事実のいずれか一に該当するとき又は賃貸料の収入の状況，貸付け建物の管理の状況等からみてこれらの場合に準ずる事情があると認められるときには，当該建物の貸付けは，事業として行われていたものとする．(1)貸間，アパート等については，貸与することができる独立した室数がおおむね10以上であること．(2)独立家屋の貸付けについては，おおむね5棟以上であること」と規定している．

　通達自身は，行政の一応の内部取扱い基準にすぎず，国税庁自身が税務通達を弾力的に運用すべきことをかねてから指示していた（たとえば昭44法税基達の「前文」参照．「……いやしくも通達の規定中の部分的字句について形式的解釈に固執し，全体の趣旨から逸脱した運用を行ったり，通達中に例示がないとか通達に規定されていないとかの理由だけで法令の規定の趣旨や社会通念等に即しない解釈に陥ったりすることのないように留意されたい．」）．

　右の紹介で明らかなように，本件通達69の3-1自身においてまず実質基準に従って，その事業性を判断すべきことを指摘している．すなわち「……事業として行われ

ていたかどうかは，社会通念上事業と称するに至る程度の規模で建物の貸付けを行っていたかどうかにより判定すべき……」．被控訴人（被告）税理士は，本件申告当時（平成3年7月）本件通達でいう実質基準についての具体的判断基準が課税庁側から必ずしも明示されていなかったことをもって，税理士としての自己の行為を正当化しようと弁明している．しかし，本件は右の実質基準の問題ではない．本件通達自身が示している形式基準の適用をめぐる問題にすぎない．同通達自身が形式基準として「おおむね5棟10室」としている．しかもこの基準はさきにも指摘したように所得税法上の「事業」基準と同一である．さきにも指摘したところであるが，この基準は本件特例の趣旨に鑑みて不合理である．本件特例の趣旨に鑑みて必ずしも所得税法上の「事業」基準に固執する必要がないからである．本件特例では「生業」としての「事業」であればよいのであるから，ケースバイケースに応じて，この通達の形式基準を弾力的にとらえるべきである．ひと口にいえば，被相続人等の生計を維持しうる程度の「事業」であればよいことになろう．本件同族会社「M」（本件通達69の3-6）の所有するMビルの各フロアーについては6階を除き「M」の所有である．6階は被相続人Aの区分所有である．それを「M」がAから賃借し「貸しスタジオ業」に供していた．このように6階は，ほかならぬ被相続人の所有でありそれを「M」に賃貸し「M」が事業の用に供していたのであるから，通達の適用上この部分を含めて本件Y地区の土地の事業性を判断するのが妥当である．

そうすると本件Y地区の土地に係る賃貸室数は9室となる．通達のいう「おおむね5棟10室」の形式基準を疑いもなく充足しているといわねばならない．被控訴人の主張によれば，6階を含めるべきではないという．6階部分はほかならぬ被相続人[A]の所有であって，本件相続財産であり，しかも事業の用に供されていた．それゆえ被控訴人の同主張の意味するところは鑑定人には理解できない．

加えて，Mビルの6階，7階は「貸しスタジオ」として事業の用に供されていた．貸しスタジオ業は「不動産貸付業」（法税令5条1項5号）とは区別された「席貸業」（法税令5条1項14号）などの一般事業である．自平成元年8月1日至平成2年7月31日事業年度の「M」の財務諸表によれば，貸しスタジオ業で2,233万円余の収入が計上されている．本件Y地区の土地の事業性については，この席貸業の事業分をも考慮して，不動産貸付業にかかる本件通達の形式基準の適用のあり方が判断されねばならない．このようにみてくると，本件Y地区の土地の事業性について，本件通達の形式基準に該当することは疑問の余地がない．

さらに，通達自身がその形式基準（「おおむね5棟10室」）の1つとして「賃貸料の収入の状況，貸付建物の管理の状況等からみてこれらの場合（「おおむね5棟10室」）に準ずる事情があると認められるとき」を明文で規定している．本件申告当時においてもこの形式基準について通常の税理士であれば，その内容を容易に把握し得た（この点を証明するものとして，高橋安志税理士の意見書．甲29号証）．すなわち通常の

貸室であれば、面積では1室当たり50平米、10室で500平米、収入では1室当たりの賃貸料は月額12万円ないし13万円程度であったので10室で年間1,500万円程度となる。この基準は、被控訴人のいうような実質基準ではなく「おおむね5棟10室」から容易に導かれる本件通達の形式基準そのものにすぎない。もっとも理論的には所得税の場合とは異なり、本件相続税の場合の「事業」については「生業」でよいのであるから、たとえば収入面で年間1,500万円以下であっても被相続人等の生計を維持しうる程度であれば「事業」基準を充足することになる。

Mビルの敷地は、220.69平米である。うち被相続人所有地は86.65平米である。したがって被相続人の持分は39.26%である。

自平成元年8月1日至平成2年7月31日事業年度の「M」の財務諸表によれば、Mビルの総収入は7,836万円。仮に被控訴人の主張に従って、被相続人の持分39.26%分の収入を算出すれば、3,076万円となる。本件通達基準から導かれる前出形式基準1,500万円をはるかに超えるものとなっている。本件貸しスタジオ収入は厳密にいえば「席貸業」等に該当するのであるが、右3,076万円は、被控訴人の主張に従ってこれを不動産貸付業に含めて考えた場合の数字である。本件Y地区の土地の事業性については、賃料収入面からいっても、本件通達の形式基準に該当することには疑いの余地がない。

なお、貸しスタジオ業だけで、2,233万円の収入があるので、これだけでもって事業性を充足しており、問題になっている不動産貸付け業を論ずる必要性がないともいえる。この点、原判決は重大な事実誤認をしている。また原判決は、本件をいわゆる実質基準の問題として誤ってとらえた。本件は形式基準の問題にすぎない。この点、原判決は重大な事実誤認を犯している。

以上の諸検討で明らかのように、本件Y地区の土地を本件通達の形式基準に該当するものとして処理することは、本件申告当時（平成3年7月）、通常の税理士の当然の職務上の義務であった。

5 被控訴人税理士の義務違反

被控訴人税理士が東京国税局相談室、同武蔵野分室、新宿税務署資産税部門等で、本件通達の適用問題について相談したと主張している。仮に課税庁側が消極的な回答をしたとしても、納税者の代理人でありかつ職業専門家としての税理士としては独自の判断で本件の処理に対処すべきであった。

さきに指摘したように、本件申告当時（平成3年7月）、本件Y地区の土地については本件通達の実質基準を持ち出すまでもなく、その形式基準の要件を充足していることについては疑問の余地がなかった。これは良識のある通常の税理士であれば当然に主体的に判断できることであった。この点について第1に被控訴人の重大な善管注意義務違反がきびしく指摘されねばならない。本件を通達の実質基準の問題としてと

らえた原判決は初歩的かつ基本的な誤謬を犯した．

　次に，被控訴人が控訴人（原告）でない MH にその税務上の処理の決断をゆだねたと主張している．被控訴人が税理士として MH にどのような説明の仕方をしたのかは判然としないが，職業専門家としての税理士としては本件 Y 地区の土地が本件通達の形式基準をも充足していることを説得的に説明し，むしろ課税庁側の消極的説明が誤りであることを丁寧に説明すべきであった．控訴人らによれば，被控訴人は「本件 Y 地区の土地は通達要件を充足していないと相当に断定的に，素人の MH に説明した」もののようである．被控訴人は専門家としては疑問の余地のない本件通達の適用の判断を逆に素人の MH に一任した．しかも，本件の具体的納税義務者である控訴人ら（MY，HK）にまったく説明せず，控訴人らの意見を聞く手続をまったく怠った．MH が被控訴人，控訴人らにどのように対処したかは被控訴人の善管注意義務違反を考えるうえにおいて重要ではない．MH は被相続人の配偶者として，通例は，具体的納税義務者にならないのであり，控訴人らは MH とは別個の税法上の独立地位をもつ具体的納税義務者であり，かつ立派な社会人である．MH への説明とは別に控訴人ら両人への手続をつくすのが税理士として最低限度の義務であった．この点において，被控訴人の第 2 の重大な善管注意義務違反が，きびしく指摘されねばならない（別紙，平成 12 年 7 月 26 日付 MY 陳述書参照）．

　原判決は，MH への説明で十分であるとしているが，税法上は MH とは別に控訴人 MY，HK はそれぞれ独立した相続税の納税義務者である．この重大な事実を看過した原判決は，初歩的な誤謬を犯している．

　第 3 に，被控訴人は本件の納税申告において，まず本件 Y 地区の土地に本件特例を適用すべきであり，次にその 200 平米の残余部分について本件 S 地区の土地に本件特例を適用すべきであった．これが本件申告当時の通常の税理士であれば，当然の対応措置であったのであり，そうすることが当時の税理士の職務上の義務であった．仮に，被控訴人が主張するように，課税庁側が後日，本件 Y 地区の土地について本件特例の適用を否認したとしても，納税者の代理人であり，職業専門家としての税理士である被控訴人は，本件 Y 地区の土地について本件特例の適用の法的正統性を課税庁側に体を張って主張するのが職業上の当然の義務であった．通常の税理士として，そのような法的努力をするのが当然であった．鑑定人の多年の研究と実務の経験からいえば，もし被控訴人が専門家として鑑定人がさきに指摘した諸事情を申告段階で課税庁側担当官に丁寧に説得的に説明したとすれば，おそらく本件 Y 地区の土地について結局において本件特例の適用の申告が是認されたであろうと観測できる．このような専門家としての法的努力をすることを最初から被控訴人は放棄したことがきびしく批判されねばならない．ここに第 3 の重大な善管注意義務違反がきびしく指摘されねばならない．原判決も，この重大な事実を看過した．

　第 4 に，被控訴人は本件において，いったん本件 Y 地区の土地の適用の申告をした

とすると，もしそれが課税庁において容認されなかった場合には，もはや当該否認分を本件S地区の土地に振り替え申告できないという認識をもっていた．納税義務額はわけても租税構成要件法（実体法）に基づいて厳正に見極められねばならない．本件で問題になっている租税特別措置法69条の3の特例は，課税価格の縮減を規定する実体法である．その実体法の適用を求める手続が同条3項の申告にすぎない．同実体法の要件を充足している事案において単なる手続の問題から，その実体法上の保護を奪うことは抑制的であらねばならない．同手続の変更に合理的理由がありかつ本件のようにその変更いかんによって巨額の納税義務額の消長をもたらす場合には，柔軟に対処することが要請される．同条4項は，実体法の適用を求める手続の「宥恕」規定にすぎない．この種の「宥恕」規定の法的性格に鑑み（拙著『税法学の実践論的展開』平5年勁草書房146頁以下，同『税理士制度の研究・増補版』平7年税務経理協会390頁以下参照），後日否認された本件Y地区の土地相当分を本件S地区の土地に振り替えて，すでに申告済みの本件S地区の土地部分に同振り替え分を追加・変更することは同条4項に基づいて法的に可能である（この点，甲29号証．前出高橋安志税理士意見書）．税務署長は，そのように変更すべき職務上の義務を負うている．被控訴人は，変更不可能という誤った税法認識に基づいて素人であるMHを指導した．これが第4の重大な善管注意義務違反である．

この点についてコメントを加えておきたい．仮に本件Y地区の土地の事業性を否認しようとした場合，税務署長は，租税特別措置法69条の3第4項により，本件Y地区の土地相当分を本件S地区の土地に振り替える申告書の提出を控訴人らに指導すべきである．もし，そのような取扱いを税務署長がしない場合には，被控訴人税理士はケースによって①修正申告（増額の場合．税通19条），②更正の請求（減額の場合．税通23条），③税務署長に減額更正（税通24条）または増額更正（税通24条）を求める請願権（憲法16条，請願法）の行使を文書で行うべきである．このような法的手続が可能であるのに，はじめから変更不可能と断定した被控訴人の重大な善管義務違反がきびしく指摘されねばならない．この点についても，原判決は税法認識において初歩的誤謬をおかしている．

6　結　語

被控訴人（被告）税理士は，本件納税申告において土地評価の仕方を誤り，また嘆願書の名宛人を国税局長とするなどの誤りを犯している．いずれも初歩的な過失である．

鑑定人の多年の経験からいえば，信じられないような，すでに指摘した4つの重大・明白な義務違反を被控訴人は犯している．この義務違反は，冒頭に指摘した忠実義務ともいわれる高度のレベルではなく，本件申告当時（平成3年7月）の通常の税理士の善管注意義務のレベルのものである．この驚くべき善管注意義務違反により，

第1章　税理士の債務不履行責任

被控訴人は控訴人［原告］らに巨額の損害をもたらした．その債務不履行責任は免れえない．これを問わないことは著しく正義に反する．

【補　記】
　その後，2000年11月に筆者は，上掲の鑑定所見書（以下「本件鑑定所見書」という）を補充する補充鑑定所見書を東京高裁へ提出した．その概要は次のごとくである．
(1)　被控訴人IK税理士が提出した本件嘆願書について
　本件鑑定所見書でも論証したように，被控訴人IK税理士（以下「被控訴人」という）は，本件について4つの，しかも税理士としての重大な初歩的誤りを犯しており，同人の通常の税理士のレベルの善管注意義務違反は明白である．
　被控訴人がいかに通常の税理士としての能力を有していないかは，平成4年10月30日付の被控訴人作成の嘆願書によっても明白である．
　以下，この点について例証的に若干の指摘を行うこととしたい．
　(ｱ)　嘆願書の宛先は，当然に所轄の税務署長にすべきところを所轄外の国税局長宛にしている．
　(ｲ)　嘆願書の発信人は本件の納税義務者とすべきところを被控訴人「IK」としている．正確には「MY，HK．右代理人税理士IK」とすべきであった．同人作成の嘆願書の文中にも「MY，HK」の名前すらがまったく記載されていない．
　(ｳ)　通常の税理士であれば嘆願書の提出に先立って，クライアントである控訴人らにその内容について確認を求めるのが常識である．しかるに，被控訴人は，事後の11月3日（10月30日付）午前9時58分にファックスで控訴人らに知らせたにすぎない．
　(ｴ)　本件鑑定所見書で明らかにしたように本件Y地区の土地は本件通達の「事業」についての形式的要件を充足していることには疑いの余地がないのであるが，本件嘆願書のどこにも，専門家として当然の右のような見識がまったく示されていない．そこには課税庁側の指導に従ったことについての「愚痴」だけが述べられているにすぎない．もし被控訴人が通常の税理士としての能力を有するならば，せっかくの嘆願書において，最小限度，次のことを含めるべきであった．「税務行政は法の規定に基づいて厳正に展開されるべきである．本件Y地区の土地は租税特別措置法69条の3の『事業』要件を充足しているので，本件納税義務者らにつき所轄税務署長は法に基づいて是正措置を講ずるべきです．」
　(ｵ)　被控訴人は同嘆願書において「相続財産の内，Y地区所在の宅地（以下本件宅地という）について特例を受けるべきところ，以下の事情により不能と判断し，納税者に受諾させてしまったものである」と述べている．これによれば，被控訴人自身が自己の誤りを「自白」（自認）している．また，「承諾」とすべきところを「受諾」と記している．

603

(2) 原判決の評価

本件嘆願書について原判決は「原告MYは，他の税理士にも相談したところ，本件特例の適用対象を本件Y地区の土地へ変更する方法として，嘆願書を作成するという方法があることを聞いた．そこで，原告MYは，平成4年10月27日，被告（税理士）に対し，嘆願書の起案を依頼した．被告は，これを承諾し，同月30日，小規模宅地の選択変更を認めてほしい旨の嘆願書を，東京国税局長に対して提出した」と述べるにとどまっている．原判決のコンテクストからいえば，被控訴人が嘆願書提出という努力すらを行ったということをむしろ評価している．しかし，右で明らかにしたように，形式的にも内容的にも本件嘆願書は，およそ嘆願書の体をなしていない．嘆願書は，当該税務行政の違法の事実を所轄税務署長宛に告知する法的手段である．そのような「嘆願書のねらい」が被控訴人の作成した本件嘆願書からはまったく伝わってこない．しかも，このような有意味性を有しない嘆願書提出すらが控訴人からの要望に基づくものであることを原判決自身が認定していることに注意されねばならない．

(3) 結　語

本件嘆願書だけからも，以上のように税理士としての被控訴人の能力が信じられないほどに疑わしい．これでは，クライアントである控訴人らこそが専門家であるといわねばならない．

〔2000年11月〕

第2章　税理士に対する損害賠償責任

1　はじめに

　税理士の債務不履行責任がいまあちこちで問題になっている．筆者は，税理士の債務不履行責任には，税理士業務の公共性に鑑みて一般に忠実義務ともいわれるレベルでの高度の職業専門家としての義務が含まれていると解している．本稿で紹介する事案は，右のレベルまでの義務を問わないで，通常の税理士としての善管注意義務のレベルのものである．

　事案は，相続税の納税申告において問題の相続財産につき租税特別措置法69条の3に規定する「小規模宅地等についての相続税の課税価格の計算の特例」（本件特例規定）を適用しなかった税理士の税務代理行為が問われている．本件の相続開始は平成4年12月であり，その相続税の納税申告期限は平成5年6月であった．いったん提出した納税申告書の減額を求める更正の請求は平成6年6月まで可能であった．また，更正の請求等の法的救済措置を講ずることができないような場合においても，筆者がつとに「浦野方式」と呼んでいる請願権の行使を関与税理士としては誠実につくすべきであった．

　問題の相続財産については被相続人と生計を一にしていた原告納税者は，9室の不動産賃貸業を行っていた．同不動産賃貸業の年間収入額は2千数百万円に達していた．しかるに本件損害賠償請求訴訟において，被告とされた関与税理士は「5棟10室」通達（同通達）を形式的皮相にとらえて問題の相続財産について本件特例規定を適用しなかった．当時の同通達をめぐる諸事情に鑑みて被告とされた税理士は，通常の税理士であれば当然につくすべきであった職務上の義務を怠ったとして，原告納税者は被告税理士に対して税理士の債務不履行のゆえに損害賠償請求を東京地裁に求めた．

　本件で問題になっている本件特例規定の趣旨をふまえて，かつ同通達が「おおむね10室」と規定しているところから9室も賃貸している本件不動産業は同通達の形式基準を充足しているといわねばならない．また本件特例規定にいう「事業」とは，税法学上「生業」を意味すると解されるので，本件不動産業は年間2千数百万円の不動産収入をもたらしているので，同通達の実質基準をも充足しているといわねばならない．

　この事案が争われている東京地裁へ去る99年10月に筆者は，以下のような鑑定所見書を提出した．納税者（原告）側代理人は坂口公一弁護士らである．被告（当初の関与税理士）の行為の妥当性について後に納税者（原告）から相談を受け，そして本件訴訟の納税者側提起に協力した税理士は遠山順子氏である．税理士の債務不履行責任を具体的に考えるうえにおいて参考になると思われるので，紹介することとした．

605

2 税理士の職務上の義務

　本件では税理士の委任契約上の債務不履行責任が争われている．そこで，現行税理士法の意図する税理士の性格・職務について確認しておきたい．

　現行税理士法1条は，税理士の使命として「税理士は，税務に関する専門家として，独立した公正な立場において，申告納税制度の理念にそって，納税義務者の信頼にこたえ，租税に関する法令に規定された納税義務の適正な実現を図ることを使命とする」と規定している．これを受けて，同法2条1項は税理士の独占業務として，①税務代理，②税務書類の作成，③税務相談，の3事務を規定している．これらの3事務はいずれも日本国憲法および租税に関する法令に基づいて行うべき事務であって弁護士法3条に規定する「法律事務」である．税理士法2条2項は，税理士は財務書類の作成，会計帳簿の記帳の代行その他財務に関する事務，つまりいわゆる一般会計業務を行うことができると規定しているが，これは税理士事務の付随事務であって，税理士の本来の事務ではない．この一般会計業務は税理士の資格がなくても有料で何人も行うことができる．

　鑑定人は，微力ながら40数年におよぶ研究と実務とを体験しているが，ほぼ40年前から税理士の性格と職務について，次のような所見を明らかにしてきた．この鑑定人の所見は，現在では学界および実務界の支配的見解として承認されている．

　税理士は，会計学・経営学等に精通した租税問題の法律家（tax lawyer）であり，租税問題の弁護士（tax attorney）である．単なる税務会計専門家（tax accountant）であってはならない．また，税理士は，税務行政の単なる補助機関であってはならず，租税問題の弁護士としてクライアントである納税者の代理人（representative）として，日本国憲法および租税に関する法令によってクライアントである納税者に保障されている法的諸権利の擁護を通じて，納税義務の履行に協力する義務を負った職業専門家である．現行税理士法1条に規定する税理士の「公正な立場」とは，課税庁との間に距離を置いた「公正な立場」を意味するのであり，換言すれば，納税者の代理人として，納税者の法的諸権利の擁護を通して納税義務の履行にプロフェッショナルとして協力する，そういう「納税者の代理人としての専門家の立場」を意味するのである．もとよりクライアントである納税者に「服従」するのではなく，専門家としての「見識」に立って納税者を代理することになる．現行税理士法のもとでは税理士には訴訟代理権が付与されていないが，この点を除き税理士の職務義務は基本的に弁護士と同じであるといってよい（弁3条2項参照．）この点，ドイツの税理士（Steuerberater）には租税事件について，訴訟代理権までもが付与されている（以上につき，たとえば拙著『税法学の基本問題』昭47成文堂37章，同『納税者の権利』昭56岩波新書217頁以下，同『税法学原論・4版』平9〔初版・昭59〕青林書院412頁以下，同『税理士制度の研究・増補版』平9〔初版・平7〕税務経理協会など）．

第2章　税理士に対する損害賠償責任

　本件で争われている税理士の債務不履行責任について，鑑定人は，具体的に次のように指摘してきた．「本書〔『税理士制度の研究』〕は，税理士のあるべき姿を理論的に学問的に解明しようとするものであるが，最近いくつかの具体的事件にもなっている税理士業務に関する損害賠償責任の問題も，本書で解明した税理士の使命の視角から論じられなければならない．この点についても確認的に私見を明らかにしておきたい．周知のように，税理士の民事責任としては債務不履行による損害賠償責任と不法行為による損害賠償責任とがある．前者については本書で解明したあるべき税理士の使命にかんがみ，『善管注意義務』（善良な管理者の注意義務．民644条参照）の具体的内容も解明されるべきである．税理士は，会計学・経営学等に精通した租税問題の法律家・弁護士（tax lawyer, tax attorney）としてクライアントである納税者の法的権利を擁護すべき職責をになっている．そこにおいて要求される善管注意義務とは，一般人のそれではなく，右の職責をになった専門家（プロフェッショナル）としての，高度の注意義務である．クライアントからは明示的具体的に依頼されていなくても，一定の手続をつくすことによって税法上有利な取扱いを受けうる場合には，クライアントにそのことを説明し，クライアントの法的利益のために税法上有利な方法を積極的に選択し所定の行為をおこなうことも専門家としての税理士の義務である．この点は別に，『忠実義務』の問題として論議されているが，専門家としての税理士の高度の注意義務のなかには，当然にこの種の忠実義務も包含されるものと解される．また，税法学という学問の見地から『誤謬』といわねばならない課税庁通達等が存在する場合に当該通達等に『服従』するのではなく，専門家としての自己の信ずる知見にもとづいて，そのこと（当該通達等の内容の違法性）をクライアントに十分に説明して当該知見に基づいて専門家としての職責を果たすようにすることも税理士の当然の義務である．以上，例証的に述べた高度の注意義務をつくさない場合には，税理士はその民事上の責任を免れえない」（拙著『税理士制度の研究・増補版』平9税務経理協会「増補版に寄せて」4，5頁）．

　鑑定人としては税理士の性格・職務に鑑み，税理士の債務履行責任には当然に右の忠実義務ともいわれるレベルの高度の職業専門家としての義務が含まれていると考えている．しかし，本鑑定では，右のレベルを問わないで通常の善管注意義務のレベルに立って，本件で問題になっている税理士である被告の債務不履行責任を検討することとしたい．

3　租税特別措置法69条の3（小規模宅地等についての相続税の課税価格の計算の特例）の趣旨

　現行租税特別措置法69条の3に規定する「小規模宅地等についての相続税の課税価格の計算の特例」の制度（以下「本件特例」という）は，昭和58（1983）年に法制化されたものである．それまでは税務行政における事実上の取扱いとして，宅地評価

に関する国税庁の個別通達において規定されていた．昭和50年6月20日直資5-17「事業又は居住の用に供されていた宅地の評価について」である．

　この制度の趣旨は，税法学的にいえば，居住または事業の用に供されていた一定の生存権的財産に対しては，その性質からいって相続税の課税価格の計算上課税緩和の配慮を行うとするものである．地価高騰によって被相続人の遺産である土地等の課税価格が異常に高額となる．それに伴って相続人各人の相続税負担も増大する．ところが，ひとしく土地等といっても居住用，事業用に供されていたものは地価高騰とは基本的に無関係である．そのような生存権的財産である一定の相続財産を相続税の課税上保護するために課税価格を縮減する本件特例が導入されたわけである．憲法論からいえば，憲法13条（個人尊重），14条（法の下の平等．租税面では能力に応じた平等），25条（生存権の保障．租税面では社会権としての生存権ではなく自由権としての生存権の保障），29条1項（一定の生存権的財産のみを基本的人権として保障する．非生存権的財産に対しては，29条2項によりむしろ公共の福祉のために規制する）等に基づく応能負担原則の1つの具体化である．このようにみてくると本件特例の対象になる「事業」とはそのような憲法の生存権保障にふさわしいコンセプトとみなければならない．鑑定人は，つとに「生業」としてのそれを意味すると指摘してきた（拙著『憲法と税財政』昭58（初出昭57）三省堂18章，同『現代企業税法論』平6岩波書店32章，拙稿「小規模宅地等の相続税課税価格の軽減措置」税理平7年10月号〔本書第Ⅵ部第3章〕など）．このことは，法制化される前の前出個別通達自体において明示されていたこの制度の「趣旨」からも自明であった．すなわち，同通達は，この制度の「趣旨」として次のように述べる．「事業又は居住の用に供されていた宅地のうち最小限必要な部分については，相続人等の生活基盤維持のため欠くことのできないものであって，その処分について相当の制約を受けるのが通常である．このような処分に制約のある財産について通常の取引価格を基とする評価額をそのまま適用することは，必ずしも実情に合致しない向きがあるので，これについて評価上，所要のしんしゃくを加えることとしたものである」（傍点は鑑定人）．

　本件で問題になっている「租税特別措置法（相続税関係）通達（平元直資2-208）」69の3-1（以下「本件通達」という）の内容も，右の趣旨からとらえられるべきである．同通達は規定する．「……貸し付けられていた建物の敷地の用に供されていた〔租税特別〕措置法69条の3第1項に規定する宅地等が，同項〔租税特別措置法69条の3第1項〕に規定する事業の用に供されていた宅地等（事業用宅地等）に当たるかどうかは，当該建物の貸付けが事業として行われていたかどうかにより判定する．この場合，当該建物の貸付けが事業として行われていたかどうかは，社会通念上事業と称するに至る程度の規模で建物の貸付けを行っていたかどうかにより判定すべきであるが，次に揚げる事実のいずれか一に該当するとき又は賃貸料の収入の状況，貸付け建物の管理の状況等からみてこれらの場合に準ずる事情があると認められるときには，

当該建物の貸付けは，事業として行われていたものとする。(1)貸間，アパート等については，貸与することができる独立した室数がおおむね10以上であること。(2)独立家屋の貸付けについては，おおむね5棟以上であること（以下略）」。

さきに指摘した本件建物の趣旨に鑑みて，同通達にいう「10室5棟」の形式基準を適用する前に「生業」としての事業に該当するかどうかが実質基準として客観的に検討されるべきである。ケースバイケースに応じてまず，実質基準に立って「生業」に該当するかどうかが見極められるべきである。次に形式基準を適用する場合においても右に紹介したように同通達自身が「おおむね10室以上」とか「おおむね5棟以上」とかと規定していることに注意されるべきである。つまり，実質基準である「生業」に該当するかどうかという観点から，「おおむね」の意味も弾力的にとらえられるべきである。さきに指摘した本件特例の趣旨に鑑み，まず，実質基準にしたがって，たとえば当該不動産収入が「生業」に値する程度のものであるかどうかを見極めることが大切である。この点，形式基準である「10室以上，5棟以上」という要件を充足していない場合であっても，被相続人等の家族の生活費（たとえば標準世帯で年所得500〜600万円程度）をカバーしうる程度の不動産収入が見込まれる場合には，十分に，「生業」としての「事業」とみてよい。また，「形式基準」を適用する場合においても二割程度の「許容」範囲を考慮してよいであろう。これによれば，「8室，4棟」でも，「事業」要件を充足することになる。

4　本件通達と通常の税理士のあるべき対応

さきに指摘したように，本件通達は，当然ながら，まず，実質基準によってその事業性を判断すべきであるという前提に立っており，その形式基準についてもあえて明文で「おおむね」と弾力的に規定している。また，「これらの場合に準ずる事情」との規定も示されている。良識のある通常の税理士であれば，本件特例の趣旨に鑑みて，本件通達の具体的適用の仕方を容易に了知し得たはずである，といわねばならない。

本件の相続開始は，平成4年12月であり，相続税の納税申告期限は平成5年6月であった。そして，原告らがいったん提出した納税申告書の是正（減額）を求める更正の請求は，法定申告期限後1年間は可能であり（税通23条），税理士である被告は平成6年6月まで適法に更正の請求の手続を行うことが可能であった。さらに，今日では，予防法学の観点から，税理士業界では，更正の請求等の法的救済措置を講ずることができないような場合においても，日本国憲法16条（請願権）および請願法（昭22法13）の規定に基づいて課税庁に職権でもって減額更正をすべきことを文書で要求する請願権行使の手法がひろく行われている。鑑定人は，この手法を早くから税理士業界等に提唱・紹介するとともに，この手法を「浦野方式」と呼んでいる（たとえば拙著『税法学の実践論的展開』平5〔初出・平2〕勁草書房145頁，同『税理士制度の研究・増補版』前出398頁）。

第X部　税理士制度

　本件の納税申告当時,財産評価基本通達に基づく路線価よりも実勢時価のほうがはるかに低下するといういわゆる逆転現象がひろく社会問題となって論議されていた。この社会問題とも関連して,本件通達の具体的適用のあり方が,実務界でもやかましく論議されるようになっていた。これを受けて,たとえば,『納税通信』平成3年1月28日号(甲55号証)において1室の賃料が月額で12から13万円程度,年間賃料収入が1500万円程度であれば「事業」として取り扱うとする課税庁側の見解が報道されていた。また,『週間税務通信』平成4年10月26日号(甲4号証,同54号証)において実質基準について6項目を示すなど,「事業」性の認定の課税庁側の見解が具体的に紹介されていた。つまり,「10室5棟」の形式基準のみにとらわれてはならないことが示されていたわけである。両専門誌は,全国のほとんどの税理士等が参照している実務上の文献である。

　また,本件納税申告当時,本件通達における形式基準の弾力的適用に基づく納税申告実務が数多く行われていた事実が存在した(たとえば,平成10年11月12日の本件訴訟の原告準備書面)。

　さらに,鑑定人が本件特例の「事業」を「生業」の意味でとらえるべきとした拙鑑定所見書を提出した事案につき,裁判所の判決が示された(麹町訴訟)。東京地裁平成7年2月30日判決である〔本書第VI部第3章〕。同事案については行政不服審査の段階から,税理士業界では論議されていた。同事案では被相続人所有のものとしては単に2室(1棟)だけの賃貸業を行っていた。したがって,もとより本件通達の形式基準を充足していなかった。鑑定人は,同事案の鑑定にあたって被相続人とその妻がこの不動産収入によって生計を維持していた事実を重視し,しかも,被相続人だけで年収1,000万円近く,年所得金額で500〜600万円程度の賃貸所得が存在するので,税法学上,租税特別措置法69条の3の「事業」に該当すると鑑定したのであった。東京地裁は拙鑑定を肯定した。この事案については,つとに平成3年2月に更正処分が行われており,同年4月に異議申し立てが行われ,平成3年8月に審査請求が行われた。平成5年3月(本件納税申告期限前であることに注意されたい)に同審査請求に対する裁決が行われている。そして,直ちに東京地裁に提訴された。同事案に関する拙鑑定所見書の提出は平成6年9月であった。もし,税理士である被告が通常の税理士がつくしているであろう研究を真摯にしておれば,税理士業界でひろく討議されていた同事案の問題点を当時,当然に的確に了知できたはずである。被告は,本件原告への対応についても容易に妥当を期し得たといわねばならない(拙稿「小規模宅地等の相続税課税価格の縮減措置の法的意義」税経新報平7年1月号,同「小規模宅地等の相続税課税価格の縮減措置──『5棟10室』相続税通達批判」税理平7年10月号など)。

　以上は,本件納税申告当時の税理士業界の諸事情の一端の摘示したにすぎない。
　ところで,一般に,国税庁通達は一応の実務上の基準を示したものにすぎない。専

門家として良識のある通常の税理士であれば，本件納税申告当時の前出の諸事情に鑑みて本件特例の趣旨をふまえて本件通達の適用にフレキシブルに対応すべきであった．
　国税庁通達の適用のあり方について，国税庁自身が次のように注意している．
　「法人税基本通達を別冊のとおり定めるとともに，法人税に関する既往の取扱通達を別表のとおり改正または廃止したからこれによられたい．この法人税基本通達の制定に当たっては，従来の法人税に関する通達について全面的に検討を行い，これを整備統合する一方，その内容面においては，通達の個々の規定が適正な企業会計慣行を尊重しつつ，個別的事情に即した弾力的な課税処理を行うための基準となるよう配意した．すなわち，第一に，従来の法人税通達の規定のうち法令の解釈上必要性が少ないと認められる留意的規定を積極的に削除し，また，適正な企業会計慣行が成熟していると認められる事項については，企業経理にゆだねることとして規定化を差し控えることとした．第二に，規定の内容についても個々の事案に妥当する弾力的運用を期するため，一義的な規定の仕方ができないようなケースについては，『～のような』，『例えば』等の表現によって，具体的な事項や事例を例示するにとどめ，また，『相当部分』，『おおむね……％等』の表現を用い，機械的，平板的な処理にならないよう配意した．したがって，この通達の具体的な運用に当たっては，法令の規定の趣旨，制度の背景のみならず，条理，社会通念をも勘案しつつ，個々の具体的事案に妥当する処理を図るように努められたい．いやしくも，通達の規定中の部分的字句について形式的解釈に固執し，全体の趣旨から逸脱した運用を行ったり，通達中に例示がないとか通達に規定されていないとかの理由だけで法令の規定の趣旨や社会通念等に即しない解釈に陥ったりすることのないように留意されたい．」(法税基達（昭44直審（法）25（例規））の「前文」．傍点は鑑定人）
　原告のYは，SJ地区で5室，SN地区で4室の不動産賃貸業を行っていた．本件通達の形式基準によるとしても9室も賃貸していたのであれば「おおむね10室」の要件を充足しているといわねばならない．それゆえ本件通達の形式基準の充足については疑いをいれない．また，実質基準からいってもその年間不動産収入は2千数百万円であるので，十分に「生業」としての「事業」要件を充足しているといわねばならない．それゆえ本件通達の実質基準の充足についても疑いをいれない．被告が専門家として通常の税理士であればクライアントである原告らに以上の諸事実を説明して，原告Yの賃貸業について本件特例の「事業」要件を充足するものとして同特例の適用の申告を行うべきであった．そうすることが当時の良識のある通常の税理士の当然の対応であったといわねばならない．原告Yの不動産賃貸業の事業性について，被告自身がYの不動産賃貸業の管理を行っていることを理由にして，被告はYの不動産賃貸業の事業性を否定する主張を行っている．不動産賃貸業の管理の一部を専門家に委任して行うことは，日常的なことがらであり，被告の主張は，まったく理由にならない．税理士である被告がこのような主張をすること自体が税理士として不見識である．

被告がいかに通常の税理士としての当然の職務上の義務を怠ったかは，本件「10室5棟」問題以外においても，たとえば，原告YがSJ地区の特定郵便局の用に供していた貸室を本件特例の適用対象にすることを失念していた事実がきびしく指摘されねばならない．また，後に別の税理士による「嘆願書」(この方式は，鑑定人のいう前出「請願権行使」の一方法) の提出によって，被告によってもたらされた本件財産評価の誤りを職権をもって是正する減額更正処分が行われた．この「嘆願書」の提出なども，税理士である被告の当然の職務上の義務であったといわねばならない．

5 結　語

以上の検討で明らかなように，本件原告の不動産賃貸業が本件通達の形式基準を充足しており，また，実質基準をも充足していることについては疑いをいれない．本件について右のように判断を行うことは，本件当時においても通常の税理士であれば職務上当然であった．したがって，被告には，本鑑定で問われているSJ地区の第2ビルに係る被相続人の借地権について当然に本件特例の適用を申告すべき職務上の義務があった．税理士としての被告の右の義務は，冒頭で指摘した忠実義務のレベルではなく，通常の税理士の善管注意義務のレベルである．それゆえ，被告は通常の税理士としての当然の職務上の義務に違背しており，疑いもなく被告の債務不履行責任は明白である．

〔1999年12月〕

第3章　税理士代理権への侵害と国家賠償責任（1）

1　はじめに

　税理士は，単なるいわゆる税務会計専門家ではなく，租税問題の法律家・弁護士であり，納税者の代理人としてクライアントである納税者の法的権利の擁護を通じて，納税義務の履行に協力する職業専門家でなければならない．このような理論を筆者が，学界・実務界に提示したのは，約40年前であった（拙著『税理士制度の研究・増補版』税務経理協会）．2001年改正税理士法において税理士は，裁判所において弁護士である訴訟代理人とともに出頭し，当然の訴訟補佐人として租税問題について法廷陳述権が付与された（税理2条の2）．これは，筆者が約40年前に提示した右の税法学理論を実定法的に確認するものである．

　このほど，本坊美通税理士が課税庁の税務調査の仕方などがあまりにも代理人である同税理士の立場を毀損するものであるとして，国を相手（被告）に注目すべき訴訟を自ら原告として提起された．神戸地方裁判所平成11年（ワ）2274号・国家賠償請求事件（原告・本坊美通，被告・国）がそれである．

　牛島昭三税理士から本件を紹介されて，去る2002年8月，筆者は，以下のような税法学鑑定所見書をとりまとめた．かつて単なる税務会計専門家と理解され，事実上税務行政の補助機関的存在としてとらえられがちであった税理士に対する誤った評価の存在したことを想起して，筆者は，この訴訟に接して感慨を禁じ得なかった．本坊美通税理士の高い見識に対して税法学者として心から敬意を表させていただく．

　この訴訟の提起自体が，税理士の法的地位について記録されるべき歴史的問題提起であるといわねばならない．この訴訟の税理士側代理人は，高橋敬，小沢秀造の各弁護士である．

　以下は，同鑑定所見書の概要である．

2　税理士の法的地位と使命

　税理士の性格については，かつてはいわゆる税務会計専門家（tax accountant）と理解され，事実上税務行政の補助機関的存在としてとらえられがちであった．約40年前に鑑定人は，このような考え方は税法学的に誤りであると指摘した．すなわち，税理士の独占業務は当時も，現在も税務代理，税務書類の作成，税務相談の3つである（税理2条1項）．いずれも，日本国憲法およびその下で憲法適合的に成立する租税法令等に基づいて行う法律事務である．税理士業務の遂行にあたって必要となる会計業務については，かつては税理士法においてすら何らの規定も存在しなかった．1980年改正税理士法においてようやく税理士の会計業務のことを規定するにいたったが，

同法は会計業務を単に税理士の付随業務と位置づけている（税理2条2項）。つまり会計業務それ自体は税理士の資格がなくても、何人も有料で行うことができる。公認会計士は財務監査証明の会計専門家であって（会計士2条1項），税理士法で規定する会計業務については公認会計士の資格も必要としない。これによって知られるように，税理士の本質は，弁護士と同じように，法律家であり，租税問題の弁護士（tax lawyer. tax attorney）である。ただ税理士が一般の弁護士と異なる点は，会計業務に精通した法律家であるという点である。税理士はもとより税務行政の補助機関であってはならなず，弁護士と同じようにクライアントである納税者の代理人としてともに課税庁と対決する立場に立って法によって保障された納税者の諸権利を擁護しながら納税義務の履行に協力する職業専門家（professional）である。そして，税理士法は，かつてのように単なる職業立法としてとらえられるべきではなく，税法学的には申告納税制度を基調とする日本租税制度に関する納税者の権利立法の一環として運用されるべきである（詳細は拙著『税理士制度の研究・増補版』税務経理協会，拙著『税法学原論・4版』青林書院 412頁以下）。

以上のような税法学上の所見は今日では学界・実務界において定着し，いわば「公知の事実」となっている。

以上の税理士の法的地位と使命について若干のコメントを加えておきたい。弁護士法3条1項には「弁護士は法律事務を行うことを職務とする」と規定し，同条2項は「弁護士は当然弁理士及び税理士の事務を行うことができる」と規定している。これによっても知られるように，弁護士も税理士も本質において同じ職業である。ドイツの税理士（Steuerberater）のように，税理士に租税問題について訴訟代理権を付与すべきであるが，日本の現段階ではいまだ税理士には訴訟代理権が付与されるに至っていない。この点が税理士と弁護士との間に存在する職務権能の唯一の相違である。2001年改正税理士法において税理士は，裁判所において弁護士である訴訟代理人とともに出頭し，当然の補佐人として租税問題について法廷陳述権が付与された（税理2条の2）。これはさきに指摘した税理士の本質が納税者の代理人であり租税問題の法律家・弁護士であるということを実定法的に確認するものである。

弁護士法1条1項は，弁護士の使命として「弁護士は基本的人権を擁護し，社会正義を実現することを使命とする」と規定している。現行税理士法1条は税理士の使命として次のように規定している。すなわち「税理士は，税務に関する専門家として，独立した公正な立場において，申告納税制度の理念にそって，納税義務者の信頼にこたえ，租税に関する法令に規定された納税義務の適正な実現を図ることを使命とする」。

税法学的にいえば，納税申告は租税国家（Steuerstaat. Tax State）における主権者である納税者の主権的権利行使の1つである。申告納税制度のもとでは主権者である納税者は自己の納税義務額について第1次的に確定権をもつ（拙著『納税者の権利』

岩波新書200頁)．課税庁は，そのような納税者による納税申告を待って，それを第2次的に是正する補完的な地位をもつにすぎない．さきに紹介した税理士法1条は，このような「申告納税制度の理念」の実現を税理士の使命として確認しているわけである．そして同条の「独立した公正な立場」の法的意味は，課税庁とは距離を置いてかつ納税者の代理人としての職業専門家の立場を意味する．税理士は，納税者の代理人として課税庁の誤った通達や行政指導等を批判しなければならない．さればといって，納税者の代理人としていたずらに課税庁と対決するという意味ではない．税理士は納税者の要望に隷従すべきではない．まさに職業専門家としての見識にたってクライアントである納税者の諸権利を擁護し，そして援助するという職責を担う．これが税理士法1条の「税務に関する専門家」の法的意味である．

以上要するに，税理士は訴訟代理権を有しないという点を除き，その本質において人権擁護の使命をもった法律家であり弁護士である．本件における本坊美通税理士の所為をこのような本質論から正鵠に評価すべきである．

ところで，税理士業務の「税務代理」について，税理士法2条1項1号は，「税務官公署に対する租税に関する法令若しくは行政不服審査法の規定に基づく申告，申請，請求若しくは不服申立てにつき，又は当該申告等若しくは税務官公署の調査若しくは処分に関し税務官公署に対してする主張若しくは陳述につき，代理し，又は代行することをいう」と規定している．税理士の日常的な税務代理業務においてもっとも重要な意味をもつものは，右規定の税務調査の立会いである．行政不服申立ての事例は日常的な税務代理業務においては一般的には少ない．税理士の税務代理業務としては，納税申告と並んで本件で問題になっている税務調査の立会いの重要性が認識されなければならない．

正義感も強く誠実な税理士である原告にとって，本件税務調査の立会いがさきに指摘した税理士の使命の具体化として，とりわけ重い意味をもっていたことを理解すべきである．

われわれは，本件税務調査に対する原告の所為を冷静に客観的に税法学的に解明することが大切である．

3 税務調査権のあり方

本件では，課税庁は税務調査の理由として「所得金額の確認」を挙げている．このことから原告の顧問会社（2社）の法人税に関する調査が問題になっているとみてよいであろう．とすれば，本件調査は法人税法153条以下の質問検査権の行使とみられる．この質問検査権の行使は，法人税法162条2号・3号の罰則によって担保されている．記録によれば本件調査における調査理由は明示されていないが，結果的には消費税の更正処分が行われているので，理論的には同時に消費税法62条の質問検査権の行使の事案ともみられる．この質問検査権の行使は消費税法68条の罰則によって

担保されている．

　実は税務職員の調査権には3つのものがある．その1つは，本件で問題になっている，所得税法，法人税法，消費税法などの各個別実体税法で規定する調査権である．この調査権は納税者側に何か違法の疑いのある場合のものではない．課税庁としては被調査者側の任意の協力を得て当該納税者がいくばくの納税義務額を負うべきかについてその納税義務額を確定するための資料収集を目的とするものである．後に詳論するように，この調査権は課税庁が「調査する」というよりも，被調査者の任意の協力を得て「調査をさせてもらう」という性質のものである．そのような性質の調査権の行使に協力しなかった場合には「不協力者」に罰則が適用されることになっていることに注意が向けられなければならない．いわば間接強制の調査権となっているわけである．本件における原告の所為を評価するにあたって，この点はきわめて重要である．

　その2つは，国税徴収法で規定する調査権である．納税者が納期限までに納税義務を履行しない場合には，課税庁は納税者の財産について滞納処分（差押・公売）を行うことになる．課税庁としては，納税者がどのような財産を所有しており，そのうちどのような財産を差押等をすべきかを調査しなければならない．租税債務についていわば債務不履行が存在する場合の調査権である．

　その3つは，国税犯則取締法で規定する調査権である．納税者に租税逋脱犯等の成立について合理的な疑いが存在する場合に，課税庁がそれを裏づける犯則資料を収集することを目的とするものである．この調査権は，税務職員が行う犯罪調査である．その犯罪資料収集の方法として任意調査（質問・検査・領置）と強制調査（臨検・捜索・差押）とがある．後者（「強制調査」）においては憲法35条の要請により裁判官の許可状が必要となる．

　本件で問題になっているのは第1のものである．

　たとえば，法人税法153条以下の調査権の場合，「法人税に関する調査について必要があるとき」のみにこの調査権を行使することができる．この点は消費税法の調査権についても同趣旨の規定がある（消税62条）．さきにみたように，この調査権は納税者側が何か悪いことをしているという疑いのある場合のものではない．被調査者側の任意の協力を前提としてのみ成立する，純粋な任意行政調査権である．しかるにこの調査権に対して，さきにも指摘したように罰則がついている．すなわち，調査に協力しない場合には罰則が適用されることになる．それだけで，憲法13条，31条，35条，38条等の「憲法保障」を破るおそれがある．この憲法違反の疑いを少しでも回避し法人税法153条以下の調査権行使の運用における憲法適合性を確保するために，税法学は現行法のもとでの質問検査権の法理を30数年前から提示してきた．本件において問題となっている質問検査権のあり方について結論のみをここでは指摘するにとどめる（詳細は拙編『質問検査権の法理』成文堂，拙著『税法学原論・4版』青林書院21章など）．

法人税法153条以下の，鑑定人のいう実体税法上の調査権のあり方については現行税法はその「適正手続」について具体的な規定を整備していないが，この調査権の法的性格に鑑み，同調査権には憲法13条，31条の「適正手続」が直接的に適用されるものと解されている．この観点から調査権の行使に先立って，課税庁は非調査者側に事前に通知し被調査者側の都合を聞く手続（「事前通知」・「アポイントメント」）を行うことは現行法のもとでもこの調査権行使の前提要件である．現行税理士法34条は納税者に事前通知をした場合には，関与税理士にも通知しなければならないと規定している．さきに指摘した税理士の法的地位と使命に鑑み，代理人である税理士にこそまず事前通知を行って税理士の都合を聞くべきである．税理士法34条はそのように運用されねば憲法適合的にはならない．

　また，被調査者側が納得するだけの具体的な調査理由の開示を行うことは，現行法のもとでもこの調査権行使の前提要件である．その法的根拠を具体的に以下に指摘しておきたい．すなわち，

①この調査権の性格からいって条理上当然である．

②法人税法153条等の「調査の必要性」の要件を充足しているという事実を具体的に開示することが文理解釈上からも要請される．

③憲法13条，31条の「適正手続」の一環として当然に要請される．

④憲法13条，31条，35条，38条等の「憲法保障」を確保するためにも，被調査者側が納得するだけの具体的理由を開示すべきである．

⑤この「調査理由」の開示は単に調査権を公正に（fairly）行うために必要であるだけでなく，それがそのまま質問検査権行使の不協力犯（法税162条2号・3号等）や，公務執行妨害罪（刑95条）の犯罪構成要件そのものを開示することを意味する．開示された「調査理由」の範囲内において被調査者側は，法的受忍義務を負う．開示された「調査理由」外のことについては被調査者側は，法的受忍義務を負わず，上記の職務に関する犯罪には問われない．このように，職務に関する犯罪の具体的犯罪構成要件を確定するという意味においても，具体的「調査理由」の開示が不可欠である．これは，罪刑法定主義からの要請でもある．

　税法学的には反面調査（取引先調査）は，まず当の納税義務者本人の調査をつくしたうえで，なお疑問がある場合にその限度で補完的に許される．

　以上の税法学理論の要請については，国税庁も，つとにたとえば昭和50年度の「税務運営方針」において次のように指示していた．

　「調査は，その調査によってその後は調査をしないでも自主的に適正な申告と納税が期待できるような指導的効果をもつものでなければならない．このためには，事実関係を正しく把握し，申告の誤りを是正することに努めるのはもちろんであるが，それにとどまることなく，調査内容を納税者が納得するように説明し，これを契機に納税者が税務知識を深め，更に進んで将来にわたり適正な申告と納税を続けるように指

導していくことに努めなければならない．調査が非違事項の摘出に終始し，このような指導の理念を欠く場合には，納税者の税務に対する姿勢を正すことも，また，将来にわたって適正な自主申告を期待することも困難となり，納税者の不適正な申告，税務調査の必要という悪循環に陥る結果となるであろう．……税務調査は，その公益的必要性と納税者の私的利益の保護との衡量において社会通念上相当と認められる範囲内で，納税者の理解と協力を得て行うものであることに照らし，一般の調査においては，事前通知の励行に努め，また，現況調査は必要最小限度にとどめ，反面調査（納税者本人の取引先等に対する）は客観的にみてやむを得ないと認められる場合に限って行うこととする．なお，納税者との接触に当っては，納税者に当局の考え方を的確に伝達し，無用の心理的負担を掛けないようにするため，納税者に送付する文書の形式，文書等をできるだけ平易，親切なものとする．また，納税者に対する来署依頼は，納税者に経済的，心理的負担を掛けることになるので，みだりに来署を依頼しないように留意する」．（拙著『納税者の権利』岩波新書 207, 208 頁）

今日では，原告が問題にした税務調査における事前通知，具体的な調査理由の開示などの当然の適正手続などは，韓国を含む各国において「納税者権利憲章」などとして整備されている．平成 5 (1993) 年に成立した「行政手続法」（平 5 法 88）は，税務行政にも本来適用されるべきであるが，同法は一部の事項を除き原則的に税務行政に適用しないこととした．しかし，その趣旨は税務行政においても生かされるべきであるといわなければならない．鑑定人らは，つとに原告が本件において問題にした諸事項を織り込んだ「納税者権利基本法」，「税務行政手続法」などの法律案を学界に提示している．その一部が，さきの国会にも議員立法案として提出された．

以上によって明らかなように，税理士として原告が要請したことがらは，最小限度の当然の要請である．日本の租税立法や税務行政の，あまりにもひどい後進性がきびしく指摘されねばならない．

4 本件課税庁の違法行為

原告は誠実な税理士として税理士業界では定評がある．原告の顧問先である K 株式会社および有限会社 J（以下「両社」という）のオーナーである N も，原告のこの点を高く評価して原告と本件税理士委任契約を締結した．

課税庁は，本件の最初の調査日の 1998 年 2 月 3 日に，事前通知なしに 6 名の調査官でもって両社へ突然の調査を行った．具体的には，熊本西税務署員 4 名が，いきなり K の宇土営業所へ，それと同時に宇土税務署員 2 名が J へ，調査に赴いた．

この調査は，事前通知なしで，つまりアポイントメントなしに行われたので，それだけで違法である．また，代理人である原告に対してまったく事前通知が行われていないので，原告の代理権を違法に侵害したことには疑いの余地がない．さらに各税務署には行政組織法上土地管轄の定めがある．本件調査において熊本西税務署員が宇土

第3章　税理士代理権への侵害と国家賠償責任 (1)

税務署管内のKの宇土営業所へ調査に赴いている。本件調査にあたって特段の手続がとられていない場合には行政組織法上違法の疑いがある。両社の関係者が本件調査の「調査理由」の開示を求めた。課税庁はしばしば単に「所得金額の確認」という理由を示すにとどまった。両社は過去にも違法な脱税事犯のない優良青色申告法人である。それだけに，両社の納税申告をめぐってどうしても調査をしなくてはならないだけの具体的理由が説得的に開示されなければならない。もとより白色申告者の場合以上の具体的理由の開示が要求される。多くの税務調査においては通例は調査官1名である。両社の事務所が同一ビル内にあるので，本件の場合には実質的に6名の調査官が動員されたとみてよい。優良青色申告法人として自負していた両社であるだけに異常ともいえる6名による，しかも，突然の調査について両社側に説得的な具体的理由が通常の場合以上にていねいに開示されなければ適法な「調査理由」の開示があったとはいえない。適法な調査理由の開示が存在しなかったという点において本件調査は違法である。

　課税庁は，1998年4月22日の本件調査において被調査者側が調査現場のビデオカメラ撮影を中止しなかったことを理由にして調査を打ち切った。ビデオカメラ撮影は公権力の行使である質問検査権の行使を公正に行わせるための「適正手続」(憲13条，31条) の1つの方法である。課税庁は，これを肖像権の侵害であり，税務職員の守秘義務違反を構成するとしている。後者についていえば，法人税法163条等の税務職員の守秘義務は，税務職員自身が被調査者側（その取引先を含む）の個人的秘密を漏らすことを禁ずるものであって，被調査者側によるビデオカメラ撮影自体は税務職員の守秘義務違反を構成しない。もし，被調査者が当該ビデオの内容を外部に漏らした場合には当該被調査者と当該被害者との間の私的問題であって，税務職員の守秘義務違反とは関係がない。また，公権力の行使に当たる税務職員の調査現場をビデオカメラ撮影をしたからといって，公務執行に関するものゆえ，肖像権の侵害にはならない。以上により，課税庁が本件調査を打ち切ったのは，不作為による違法行為といわねばならない。

　さきに指摘したように，税務調査における税理士の立会いは税理士にとってきわめて重要な税務代理業務である。課税庁は，本件調査においてしばしば直接納税者に対して「税理士は関係がないので社長さんさえよければ調査する」と発言している。この発言自体が原告の税理士としての立場を無視し，原告の代理権を違法に侵害するものである。これは明らかに専門家であり代理人である原告を排除するものであり，原告の税理士としての営業を妨害するものであり，原告の税理士としての名誉を傷つけるものである。加えて，この発言は，前出の本質論からいえば，税理士制度の根幹に関するものであり，税理士制度そのものの否定につながる重大な発言といわねばならない。税の実務では調査に協力しない場合には，反面調査が行われ，また青色申告の承認取消しが行われ，さらに消費税の仕入税額控除適用を否認することが行われがち

である．課税庁はこのような行為が行われることになることを示唆して，両社の関係者に本件調査に協力することを迫った．両社にとってはこれらの指摘が一種の脅迫として作用することは否定し得ない．本件においては法人税について違法な反面調査をあえて行い，しかも両社の帳簿書類の備え付け等をまったく調査しないで違法な青色申告承認取消し処分（法税127条1項1号）をあえて行いながら，なんの更正処分も行っていない．これは原告が担当した両社の納税申告が適正であったことを示唆するものといえよう．課税庁はあたかも「野蛮国家」の税務行政のように，もっぱら，誠実な原告への「みせしめ」として，本件反面調査，本件青色申告承認取消し処分，さらには仕入税額控除適用否認（消税30条7項）の違法な本件消費税更正処分を行った．これによっても知られるように，本件税務調査は，そもそも「調査の必要性」の要件を充足していない事案であったのであり，その違法性はあまりにも重大であるといわねばならない．このことは，そのまま，税理士の地位と使命を無視することに通ずるものであり，原告の代理権を違法に侵害するものといえる．

5 結　語

　以上で明らかのように，原告は，税理士として適法な税務調査を誠実に要求しただけである．

　これに対して，課税庁は，原告の法律家・税理士としての誇りやその法的地位・使命への毀損を行い，原告の税理士としての代理権への侵害（本件違法行為）を行った．課税庁による本件違法行為が原因となって，原告は両社をはじめ関係していた7社すべての顧問税理士を解任させられた．また，課税庁による本件違法行為が原因となって，課税庁は両社につき，反面調査，青色申告の承認取消し処分，仕入税額控除適用否認による多額の消費税更正処分などを行った．両社に対するこれらの処分自体がいわれなきものであり，税法学的には違法である．しかし，税務行政において違法の，これらの処分が公然と行われているのが現実である．違法の，これらの処分が両社に対して行われたこと自体が原告の税理士としての誇りなどを著しく傷つけるものである．

　課税庁による本件違法行為によって，原告は，顧問税理士解任に伴う経済的損失を余儀なくされたほかに，何よりも30余年にわたって営々として築いてきた税理士としての誇り・信用を著しく傷つけられた．厳密にはこの損害も経済的に正当に評価されるべきであろう．

　課税庁による本件違法行為が故意に行われたことについても疑いの余地がない．

　被告・国の損害賠償責任は免れ得ない．

〔2002年10月〕

第4章　税理士代理権への侵害と国家賠償責任（2）

1　はじめに

さきに税経新報492号（2002年10月号）〔本書第X部第3章〕に「税理士代理権への侵害と国家賠償責任」を発表した．本坊美通税理士が税理士代理権侵害を理由にして提起した国家賠償請求訴訟を紹介するものであった．このような訴訟が提起されたこと自体が日本の税理士制度史上記録されるべきことがらであった．

同訴訟について平成16（2004）年2月26日神戸地裁判決が原告（本坊美通税理士）の請求を棄却するという，原告敗訴を言い渡した．同訴訟は目下，大阪高裁に係属している．

筆者は，2004年8月に大阪高裁へ以下のような鑑定所見書を提出した．税理士の法的地位を考えるうえにおいて参考になると思われたので，紹介することとした．

本件の本坊美通税理士側の代理人は，高橋敬，小沢秀造の両弁護士である．また，本件には斎藤直樹税理士ら34人の税理士が訴訟補佐人として協力している．

2　本件税理士代理権への侵害の象徴的事実

控訴人本坊美通がなぜ，税務調査についての事前通知，調査理由の開示，反面調査のあり方などについて厳正に法に従って行うべきことを要求したのか，課税庁が適法な税務調査の手続をつくさない限り，なぜに調査に協力できなかったのか，などについて本件の本質を把握することが大切である．

本坊は自己が受任したJおよびKの両法人に係わる税務経理，税務申告などについて自信をもっていた．両法人は優良納税者として課税庁からも久しくそのように処遇されていた．本坊は，30数年前に開発・定着していた税法学の理論（北野弘久編『質問検査権の法理』成文堂．現在の北野弘久『税法学原論・5版』青林書院362頁以下の「第22章　税務調査権」など）を熟知し，かつ学問的に当該理論の正統性を確信していた．本坊は，誇り高い税理士として，両法人については税務調査を受けなければならないだけの格別の事情は存在せず（法税153条1項などの「調査の必要性」の要件の不存在），一歩ゆずって国税庁の実務基準（平13・3・27課総5-11ほか国税庁長官「税務調査の際の事前通知について」（事務運営指針），甲19号）に従うとしても同両法人については，「無予告調査」の要件を充足していないという確信があった．かつて熊本地区税務署勤務の経験のある荒尾壽味雄税理士の意見書甲31号も，この点，つまり同確信を裏づけている．また，以上の事情により，「調査する必要性」がないのであるが，それだけに被調査者である両法人につき同両法人が納得するだけの具体的な調査理由の開示を課税庁側においてていねいにつくすべきであるという確信があっ

た．また，税務調査における税理士立会いは，税理士業務において最も重要な税務代理行為（税理2条1項1号）であるという確信があった．課税庁の対応は，これらの本坊の持つ税法学的確信を無視するものであった．

その代理権を侵害する象徴的な事件が，本件税務調査に協力しなかったことを理由とする，JおよびKに対する青色申告承認取消処分およびJに対する仕入税額控除適用否認（消税30条7項）に基づく消費税更正処分等である．後者は，売上税額が更正されず，「調査不協力」を理由とした仕入税額控除のみの適用否認を行ったものであって，売上税額が更正されず，「調査不協力」を理由とした仕入税額控除のみの適用否認を行ったものであって，消費税法30条7項の要件を充足せず違法である．前者は，優良青色申告法人が理由なしに青色申告承認取消しを受けたことになる．当該青色申告承認取消処分が行われたにもかかわらず，法人税の本体については更正処分も行われずまことに奇怪な事件となった．これも，税法学的に違法である．

本坊が本件において，税理士として専門家代理人として，税務調査への当然の対応をしたのに，課税庁は，申告洩れによる更正処分ではなく，青色申告承認取消し処分および仕入税額控除適用否認（売上税額は更正されていないことに注意）の消費税更正処分等を行った．これらの措置は，税理士であり誇り高い専門家代理人である本坊に対する「不法な懲罰」以外の何ものでもない．これらの措置は，本坊による税務経理，税務申告などの指導が逆に正当であったことを示すものであり，また，課税庁としては，両法人についてそもそも税務調査をする必要がなかったことを示すものである．

これらの措置自体が，誇り高い本坊を傷つけるものであり，本坊の税理士代理権を侵害することを象徴するものである（税理士の法的地位については北野弘久『税理士制度の研究・増補版』税経理協会，同『税法学原論・5版』前出439頁以下の「第25章　税理士制度」など）．

3　税務調査における第三者の立会いの法的意味

本件で問題になった法人税法153条1項などの各個別実体税法上の調査権は，被調査者側に税法違反の疑いのある場合ではない．課税庁としては当該納税義務者がいくばくの納税義務を負うべきかを確認する必要がある．この調査権は，いわば納税義務確定資料収集を目的とする純粋な行政調査権であって，その性格上，被調査者側の任意の協力を前提としてのみ，成り立つ．ところが，この調査権には罰則（法税162条2号・3号など）が付されている．罰則によるいわば「間接強制」の調査権となっているわけである．厳密にいえば，この罰則による「間接強制」の法的仕組みは，憲法13条，31条，35条，38条等に抵触する疑いがある．それだけに，この違憲性を回避するだけの，憲法適合的な税務調査に関する法理（法解釈理論）を構築することが税法学の課題となる．鑑定人は，微力ながら，約30数年前から，そのような理論を提示して

きた（前出の諸文献）．

　被調査者側の任意の協力を前提としてのみ成り立つこの調査権の行使によって，被調査者側は，営業妨害，名誉毀損，などの様々な人権侵害を事実上受ける．

　そこで，たとえば税理士以外の第三者の立会いについては，現行法のもとでも次のように解すべきであるということになる．

　第三者の立会いについては現行法上は明文規定がないが，憲法13条・31条の「適正手続」の要請により，税務調査権という公権力の行使を公正に行うための1つの手続として，被調査者側が選定した第三者が立ち会うこととすべきである．これは，憲法の直接的要請である．顧問税理士が存在する場合には，当該税理士が当然に税務調査に立ち会うことが，受任者である税理士の職務上の義務である．

　ここでの問題は，顧問税理士が存在しない場合の，税理士以外の第三者の立会いの問題である．この第三者の立会いは，「密室」による税務権力の行使を避け，税務調査権を公正に行わせるための憲法13条・31条からの要請である．

　この点について，課税庁は，一般に，第三者の立会いは税理士法違反であり，かつ税務職員の守秘義務違反であるとして反対している．税理士の立会いは，依頼者である本人（納税義務者）に代わって，税務代理行為としての立会いである．ここでの第三者は，税務代理行為として立ち会っているわけではない．したがって，税理士法違反にはならない．また，第三者が依頼者である被調査者との間の信頼を裏切って，被調査者側（その取引先を含む）のプライバシーを侵すような行為をした場合には，それは，被調査者側と当の第三者との間の私的自治の法律問題になるにすぎない．税務職員の守秘義務とは，被調査者側のプライバシーを税務職員が洩らすことを禁ずるものであって，それゆえ第三者の立会いは税務職員の守秘義務違反を構成しない（以上，北野弘久『税法学原論・5版』前出「第22章　税務調査権」389頁以下，同「第24章　税務職員の守秘義務」など）．

4　税務調査における税理士の立会いの法的意味

　課税庁側は本件において「社長さんさえ調査に協力していただければ，税理士がいなくても調査したい」，「税理士は関係ない」とかと言ったといわれる．この言動自体が税理士の存在を無視し，税理士代理権への侵害である．仮に右のような言動があったかどうかは問わないこととするとしても，課税庁側は「現状確認だけでもさせて欲しい」と言ったことは否定できない．この「現状確認」自体が税務調査であり，この申し出自体が税理士である本坊の存在を無視し，その代理権を侵害する．

　税理士法2条1項1号は，「税務代理」について次のように規定する．すなわち「税務官公署に対する租税に関する法令若しくは行政不服審査法の規定に基づく申告，申請，請求若しくは不服申立てにつき，又は当該申告等若しくは税務官公署の調査若しくは処分に関し税務官公署に対してする主張若しくは陳述につき，代理し，又は代行

すること」(傍点・北野)．

　右のように明定しているように，税務調査における税理士の立会いは，税務代理行為である．税理士業務における税務代理行為には，納税申告，行政上の不服申立てなども重要であるが，日常的な税理士業務において最も専門家としての税理士の手腕が問われるのは，税務調査における立会いである．この立会いは，前出の第三者の立会いとはまったく異なった意味を有する．もちろん，税務調査を「密室」から防ぎ，同調査を「公正に」させようとするという意味を持つ．この点は，前出の第三者の立会いと同じ意味を持ち，憲法13条・31条の「適正手続」の1つの手続的要請である．同時に，税理士の立会いは，右に加えて被調査者(納税義務者)側の専門家代理人として同被調査者に代わって，被調査者の権利を主張・擁護するという重要な意味を持つ．この点は，前出の第三者の立会いとは異なる意味を持つ．その意味では，税理士の立会いは，いわゆる立会いではない．

　本件において問題となった税理士不在の税務調査は，税務調査における税理士立会いの重要性に鑑み，いわば代理人である弁護士欠席のままで裁判を進めようとするものである．

　両法人に対する自己の税務経理，税務申告などの指導に絶対の自信を持っていた本坊としては，自己が立ち会いのうえ，適正な税務調査をすすめるよう求めたのは，当然である．また，後に述べるように，税法学の理論を熟知していたプロとしての本坊は，当然に，税務調査の事前通知(アポイントメント)，具体的な調査理由の開示などの手続を要請する．これらは，税務調査の前提要件であり，適法要件である．これらの手続をつくしていない税務調査は手続的に違法であり，本坊としても当の税務調査を拒否し，またその立会いを拒否するのが当然である．本坊不在の税務調査は，そのまま本坊の代理権を侵害する．

5　調査の事前通知（アポイントメント）

　すでに指摘した法人税法153条1項などの各個別実体税法上の調査権の法的性格に鑑み，税務調査に先立って調査の事前通知を行い，あらかじめ被調査者側のアポイントメントを受けるべきである．この手続は，現行法のもとで次の法的理由により，税務調査の前提要件であり，適法要件である（北野弘久『税法学原論・5版』前出373頁以下）．

①調査の事前通知は，条理上当然である．
②憲法13条・31条の「適正手続」の要請である．
③憲法13条・31条・35条・38条等の違反を回避するためにも，調査の事前通知は不可欠である．
④法人税法153条1項などがそのまま職務に関する犯罪の構成要件を構成する．租税法律主義とは別に罪刑法定主義の厳正さが要求される．

6　調査の理由開示

すでに指摘した法人税法153条1項などの各個別実体税法上の調査権の法的性格に鑑み，税務調査に先立って被調査者側が調査に協力しうるように，具体的な調査理由の開示を行うべきである．調査理由の開示の程度・内容はケース・バイ・ケースで，本件のような優良青色申告納税者の場合には，それにふさわしい説得的な具体的理由を開示すべきである．この手続は，現行法のもとでも次の法的理由により，税務調査の前提要件であり，適法要件である．

①法人税法153条1項などの「調査の必要性」の要件充足の事実を開示しなければならない．
②調査の理由開示は，条理上当然である．
③憲法13条・31条の「適正手続」の要請である．
④憲法13条・31条・35条・38条等の違反を回避するためにも，調査の理由開示は不可欠である．
⑤当該調査理由の開示は，被調査者側の法的受忍義務の具体的範囲，別言すれば職務に関する犯罪の具体的構成要件の確定のためにも不可欠である．また，当然に罪刑法定主義の厳正さが要求される．

なお，本件において課税庁は「調査の必要性」の開示，説得的な「調査理由」の開示などをまったく行っていない（北野弘久『税法学原論・5版』前出374頁以下）．

7　反面調査

取引先に対するいわゆる反面調査は，現行法のもとでも，本人（納税義務者）調査をつくしたうえで，なお疑問がある場合に限って当該疑問を確認する限度でなしうる．もとより，本人調査の場合以上に，反面調査先に対して調査の事前通知，調査理由の開示などの手続をていねいにつくすべきである．現行法のもとでも，次の法的理由により，本人調査をつくさないで，いきなり反面調査を行うことは違法である．

①反面調査先（取引先）は，他人の税金問題について税務調査不協力犯などの刑事責任を問われることになる．
②何ら違法の疑いが存在しないのに，本人調査をつくさないでいきなり反面調査を行うことは本人（納税義務者）への信頼・信用を著しく害する．

なお，課税庁は本件において反面調査を行ったが，法人税の本体において更正処分をしていない．これは，本坊の税務経理，税務申告などの指導が結局，正当であったことを示唆する（北野弘久『税法学原論・5版』前出387頁以下）．

8　調査現場のビデオカメラ撮影

本件では，税務調査の現場を被調査者側がビデオカメラで撮影した．それを理由に

課税庁は税務調査を打ち切った．調査打ち切りの理由の1つとして税務職員の守秘義務違反を挙げている．

税務調査は，それ自体として公権力の行使であり，憲法13条・31条の「適正手続」の要請から，公権力の行使を「公正に」行わせるために，ビデオカメラ撮影はむしろ必要な手続である．すでに指摘したように，税務職員の守秘義務違反の問題とは関係がない．また，税務調査という公権力行使の実態をカメラで確認しようとするものであって，関係者の肖像権侵害の問題とはならない．

以上のようにビデオカメラ撮影は，憲法上の「適正手続」の要請として必要であり，ビデオカメラ撮影を理由にして税務調査を打ち切ることは違法であり，税務職員の職務放棄である．国家公務員法96条以下の職務規定に違反する．当該打ち切りは，当の税務調査に立ち会っている税理士の名誉を傷つけるとともに，その代理権への侵害である．

9　本件青色申告承認取消処分・本件仕入税額控除適用否認に基づく消費税更正処分等の違法性

KおよびJに対する本件青色申告承認取消処分は，おそらく「税務調査不協力」を理由に，法人税法127条1項1号（帳簿書類の備付け等の不備）に該当するものとして行われたと推認される．税法学の理論によれば，適法な税務調査に対しての帳簿書類の不提示が法人税法127条1項1号に該当することとなるのは，当該不提示が客観的に本来，帳簿書類を備え付けていないと認められる場合の「不提示」に限るとされている（北野弘久『税法解釈の個別的研究Ⅱ』学陽書房292頁以下の「第27章　帳簿不提示と青色申告の承認取消」など）．本件両法人は優良青色申告法人であり，所定の帳簿書類の備付け等をしているという事実は，課税庁の「税歴資料」上は「公知の事実」である．それゆえ，本件青色申告承認取消処分は違法である．

また，Kに対する本件仕入税額控除適用否認に基づく消費税更正処分等は，「税務調査不協力」を理由に，消費税法30条7項（帳簿・請求書等の不保存による仕入税額控除不適用）を適用して行われたものと推認される．

税法学の理論によれば次の理由により本件消費税更正処分等は違法である．

昭和63（1988）年に「消費税法」（昭63法108）と同時に「税制改革法」（昭63法107）が制定された．同税制改革法は講学上の「基本法」である．同法10条，11条は消費税の法的性格を間接税（租税転嫁により最終的に消費者が負担）としての付加価値税（累積課税ではない）であることを実定法的に確認している．問題の消費税法30条7項の法的意味を考えるうえにおいて，税制改革法10条，11条の規定が考慮されねばならない．消費税法が売上高を課税標準（消税28条）とし，仕入税額を税額控除方式（消税30条）としたのは，立法技術などの理由にすぎない．現行消費税法における消費税の法的性格は間接税としての付加価値税である．これは「立法事実」でもあ

る．消費税法30条7項は，仕入税額控除の適用が「税の払い戻し」につながるところから，付加価値税として仕入税額控除の運用を慎重にしようとする場合の注意的手続規定にすぎない．税務調査の段階のみならず，行政不服申立ての段階，訴訟の段階などで，納税義務者（事業者）が仕入税額を負担している事実が明らかになった場合には，仕入税額控除を適用すべきであり，仕入税額控除適用を否認することこそが違法となる．売上げについて推計をした場合には，仕入れについてもそれなりの厳格さをもって推計すべきであるということになる（北野弘久「消費税法30条7項の仕入れ税額控除否認」税理1996年4月号，同「判例批判」全国商工新聞1998年9月14日号〔本書第VII部第2章〕，同『現代企業税法論』岩波書店408頁以下．黒川功「消費税仕入税額控除否認の法的限界」北野先生古稀記念『納税者権利論の展開』勁草書房所収，など）．

Kに対しては売上金額が同法人の申告額そのままで，「税務調査不協力」を理由により仕入税額控除適用のみが否認されたわけである．同法人の帳簿・請求書等は保存されているので，本件消費税更正処分等は，疑いもなく違法である．

なお，Kに対して行政不服申立ての段階で，課税庁はKの帳簿調査をしたが，売上金額については更正処分をしていない．このことも，本坊の税務経理，税務申告などの指導の正当性を示唆する．

10　結　語

以上の検討で明らかのように，税務調査における税理士の立会い，調査の事前通知，調査の理由開示，反面調査，調査現場のビデオカメラ撮影などの法的意味は，税法学的には本坊の主張どおりであって，これらに反して結果として本坊の顧問法人に対して正常な感覚ではとうてい理解し得ない「懲罰」的な，違法な青色申告承認取消処分・消費税更正処分等が行われた．右理由のない違法な処分等を契機として本坊は，両法人との顧問税理士契約も解約された．これらの事実はそのまま本坊の税理士代理権を侵害したことを意味する．

〔2004年9月〕

【文　献】

税理士の本質は租税問題の法律家（tax lawyer）・弁護士（tax attorney）であり，税理士は，税務行政の補助機関であってはならず納税者の代理人（taxpayer's representative）および専門家（professional）として主体的に自信をもって課税庁に対峙することが大切である．最近の「会計参与人」の動きはこの税理士の本質に抵触し，税理士制度を変質させるおそれがある．

北野弘久『税理士制度の研究・増補版』税務経理協会，牛島税理士訴訟弁護団編『牛島税理士訴訟物語』花伝社，小池幸造「商法『改正』と税理士の課題」北野先生還暦

第Ⅹ部　税理士制度

記念『納税者の権利』勁草書房，牛島昭三・小池幸三・伊藤悟・陳剛の各稿・北野先生古稀記念『納税者権利論の展開』勁草書房，坂田純一『実践税理士法・2版』中央経済社，など．

第5章 税理士職業賠償責任保険の免責特約

1 はじめに

　税法令の改変が甚しくかつ複雑・難解である．特に消費税法の運用には専門家といえどもミスする例が多い．そのことに備えて，多くの税理士は，「税理士職業賠償責任保険」に加入している．阿部国博税理士（同税理士自身が自己の名前で事件を公表されている．以下，「A税理士」という）が消費税の免税事業者（消税9条1項）に該当する納税義務者甲について当該課税期間の開始前に「消費税課税事業者選択届出書」を所轄税務署長に提出すべきであるところ（消税9条4項，消税令20条の2，消税則11条等），多忙のために提出済みであると思い込んで，結果的に失念していた．A税理士は，消費税還付のため甲の確定申告書を提出したが，所轄税務署担当官から上記課税事業者選択届出書の提出がないので，同確定申告書を取り下げるよう，指導を受けた．そのため，甲は還付金を収受し得なかった．甲は，Aにそのことについて損害賠償の請求を行った．Aは甲に同損害賠償金を支払った．A税理士は，保険会社乙に対して，右還付を受けられなかった金員相当の保険金の支払いを求めた．

　乙は，本件の場合には「税理士職業賠償責任保険適用約款」における税理士特約条項5条2項（免責条項）に該当するとして，A税理士に保険金の支払いを拒否した．そこで，A税理士は，乙を相手に，東京地裁に保険金支払い請求訴訟を提起した．第1審平成10年11月26日東京地裁判決はA税理士の請求を棄却した．しかし，第2審平成11年12月22日東京高裁判決はA税理士の請求を容認し，第1審判決を取り消した．筆者は，最高裁への上告段階で，A税理士の主張を支持する鑑定所見書を最高裁へ提出した．税理士職業賠償責任保険の保険事故・保険責任を具体的に考えるうえにおいて参考になると思われたので，紹介することとした．

　本件のA税理士側の代理人は，中本源太郎弁護士である．

2 保険責任をめぐる争点

　本件保険契約において，「塡補責任」については次のごとく定められている．「保険者は，被保険者が日本国内において税理士としての業務の遂行にあたり，職業上相当な注意をしなかったことに基づき提起された損害賠償請求について法律上の賠償責任を負担することによって被る損害を塡補する」．

　しかし，同契約には「免責特約」（5条2項）がある．すなわち，「当会社〔保険者〕は，納税申告書を法定申告期限までに提出せず，または納付すべき税額を期限内に納付せず，もしくはその額が過少であった場合において，修正申告，更正または決定により納付すべきこととなる本税等の本来納付すべき税額の全部もしくは一部に相当す

る金額につき，被保険者が被害者に対して行う支払については塡補しない」．

　この免責条項の趣旨については，第2審判決は，次のように述べる．「税理士関与の下に，『無申告，不納付，過少申告』（以下『過少申告等』という．）がなされた場合において，後日，更正決定や修正申告等により，本来の税額を納付しなければならなくなったとしても，本来納めるべき税金を納付するのであるから損害とはいえないだけではなく，そのような場合にも差額が損害として保険によって塡補されるとすれば，いわゆる『駄目もと』での故意による過少申告等の違法行為を誘発することになりかねないし，個々の過少申告等について，そのような不正な目的があるかどうかを逐一判断することは容易でないので，これら過少申告等については，故意過失を問わず一律に塡補対象から除外したものであるとされているが，本件免責特約中には，還付申告又は還付請求或いは過大還付請求に関する文言は記載されていない」．この趣旨説明は，税法学的にも妥当である．

　本件A税理士には右免責条項が適用されないとして，2審判決は次のように述べる．

　「被控訴人〔保険会社乙〕は，本来還付を受けられない税の還付申告をすることと，本来納付すべき税額より少ない過少申告をすることは，たまたま課税庁がそれを見過ごして，申告を是認してしまったときは，国庫の収入が減り，それだけ納税者が不当に利得する点で異なることがないし，また，消費税を仮納付していないために，納付すべき消費税があるにもかかわらず，仕入税額控除を過大に記載することにより，納付税額がないだけでなく，還付を受けられる分があるとして，消費税確定申告をする場合を想定すれば，まさに過少申告と何ら変わらないと主張した．なるほど課税事業者が仕入税額控除を過大に計上することにより，納税額がないと申告する行為は，過少申告そのものであり，本件免責特約が適用される．しかし，本件は，控訴人〔A税理士〕が選択届を法定期限までに提出しなかったために，訴外会社〔甲〕が還付を受ける資格を取得することができず，その結果，適時に選択届を提出していれば，受けることができた還付税額相当の損害を被り，控訴人〔A税理士〕は，税理士として仕入税額控除により多額の消費税還付が受けられることを見越して，選択届を提出しておく義務があったのに，その提出をしなかったために損害をかけたので，これを弁償した事案であるから，課税事業者が消費税確定申告（過少）とともに（過大）還付請求をした場合と同一視することはできない．」

　このように判決は述べて，本件A税理士の保険事故には本件免責特約は適用されない，と判示した．すなわち，「税理士賠償責任保険契約の免責特約中に，免責対象として過少申告等は記載されていても，過大還付請求が明文を以て記載されていないのは，過大還付申告は見破り易いために（例えば，所得税等の予定納税額を過大に記載して還付請求する場合を想起せよ．），それを明記しなくとも支障がなかったためであると推測される．ところが消費税法施行後は，本件のような選択届提出失念を含む保

険事故が多発したので（甲7号証），被控訴人〔乙〕を含む保険会社は，選択届を出さないまま還付請求をした場合には，本件免責特約があるとの解釈を採用したものと推測される．免責特約は限定的に解釈すべきであり，拡大解釈できるとしても合理的範囲内に限るべきである．以上の次第で，本件保険事故（還付請求ではない選択届の不提出）には，本件免責特約は適用されない」．

3 最高裁への鑑定所見書の概要

平成12（2000）年1月に，保険会社乙は最高裁へ上告した．筆者は，同年同月に最高裁へA税理士を支持する鑑定所見書を提出した．その概要は，以下のごとくである．

3.1 本件免責条項の意味

本件税理士職業賠償責任保険適用約款における税理士特約条項5条2項（以下「本件免責条項」という）は，次のごとく規定している．

「当会社は，納税申告書を法定申告期限までに提出せず，または納付すべき税額を期限内に納付せず，もしくはその額が過少であった場合において，修正申告，更正または決定により納付すべきこととなる本税（累積増差税額を含みます．）等の本来納付すべき税額の全部もしくは一部に相当する金額につき，被保険者が被害者に対して行う支払（名目のいかんを問いません．）については，これを填補しません．」

納税申告行為と税額納付行為とは法律上別個の行為である．右の本件免責条項は，両行為を区別しないで規定しており，その表現は，税法学上不正確であるという批判は免れ得ない．この点はここでは措くとして，同条項の趣旨については本件第1審判決である東京地裁平成10年11月26日判決の判示するところにつきるといえよう．すなわち，「税理士の関与の下に納税者が過少申告等に及び，それが発覚した場合に，税理士において過失があるとして依頼者たる納税者に対し右申告等により免れようとした税額等相当額を支払った上，右支払額について保険による填補の請求を認めるものとすると，事実が発覚したときでも保険によって填補されるとの担保の下に，過少申告等の違法な行為を誘発することになり，ひいては申告納税制度の根幹を危うくするため，このような危険を防止することを目的とするものであることが認められる．そして，右の場合に，保険者において当該行為に及んだ者の不正目的の有無等の主観的な意図を判別することは極めて困難であるから，本件免責特約の適用については，行為者の故意，過失を問わないものと解される」．

要するに，納税者が過少申告等を行い，その結果，後日，修正申告，更正等により税額を追加納付することとなっても，当該部分については保険会社としては填補しない，というわけである．もしこのようなものについてまで保険の対象にすれば，保険制度自体が税法違反の過少申告等をかえって助長することになるからである．このよ

うにみてくると，本件免責条項には合理性があるといわねばならない．

繰り返し，同免責条項についてコメントすれば，納税者側に税法上有意味な「過少申告等」が存在する場合にその不足税額分についてのみ本件免責条項が適用されるということになる．

本件の真の争点は，結局，税理士Aが関与した本件の納税者（甲）につき本件免責条項に規定する右の税法上有意味な「過少申告等」の行為が現実に存在したかどうかに帰することとなろう．

3.2　本件消費税還付申告書の意味

一般に過少申告と過大還付申告とは税法学上同趣旨の行為である．この意味において本件免責条項のなかに明文で，「過大還付申告」などの文言が存在しなくても問題にするに及ばない．過大還付申告が本件免責条項に規定する「過少申告等」と同義として扱われるのは，あくまで税法上有意味な「過大還付申告」が存在する場合であることはいうまでもない．

本件の納税者（甲）は，係争年度の消費税について仕入税額控除（消税30条1項）の適用に基づく還付申告書を所轄税務署長へ提出したといわれる．この還付申告が本件免責条項に規定する「過少申告等」に該当するかどうかが争われている．

本件の納税者は，係争年度において免税事業者（消税9条1項）であり，当該係争年度の課税期間の開始前に「消費税課税事業者選択届出書」を所轄税務署長へ提出していなければ，そもそも税法上有意味な消費税の還付申告を行うことができない（消税9条4項，消税令20条の2，消税則11条等参照）．

本件では，関与税理士（A）側の過失により右「消費税課税事業者選択届出書」を提出していない事実については争いがない．

したがって，本件納税者側が提出したといわれる前出還付申告書なるものは，税法上無意味なものである．より正確にいえば，物理的にそのような名目の文書が所轄税務署長へ提出されたことは事実であるとしても，それは税法上まったく意味を有しない事実作用であって税法学的には前出「過少申告」と同義とされる「過大還付申告」なるものは本件には不存在である．それゆえ，本件には還付申告なるものは存在せず，本件免責条項に規定する「過少申告等」は存在しない．また，本件では所轄税務署員から還付を受けられない旨の連絡があり，納税者側がいったん提出した同還付申告なるものを取り下げたといわれる．これは，納税者側として当然の作業をしたにすぎない．右の連絡および取り下げは税法上何らかの意味のある行為ではない．仮に納税者側が右還付申告なるものを取り下げなくても，税法上の関係に何らかの変化が生じるというものではない．それゆえ，右の連絡および取り下げは本件免責条項に規定する「更正処分」を意味しない．

3.3 結　語

　以上の検討で明らかなように，本件にはそもそも税法上有意味な還付申告なるものはまったく存在せず，税務署長からの更正処分（それと同趣旨に解すべき行為を含む）なるものもまったく存在しない．それゆえ，本件には本件免責条項に規定する免責要件に該当する事実はまったく存在しない．

　妥当な税法学上の知見に基づいて本件免責条項の意味をとらえるならば，何人も右のような結論にならざるを得ない．上告人（保険会社乙）は，疑いもなく被上告人（A税理士）に対して本件保険金支払義務は免れ得ない．

　なお，A税理士が前出課税事業者選択届出書を提出すべき提出期限を経過した時点で，本件で問題となった甲の確定申告書提出の問題とは無関係に，本件納税者甲の損害が確定的に発生しているのである．この事実は，重く銘記されねばならない．

〔2003 年 5 月〕

【付　記】

　本件については，その後，最高裁 2004 年 9 月 12 日第 2 小法廷決定は，上告（保険会社側からのもの）を棄却した．民訴法 312 条 1 項・2 項の上告理由に当たらないこと，民訴法 318 条 1 項により上告を受理すべきものではないことを理由とするものであった．A 税理士側の勝訴が確定したわけである．

第6章 規制緩和論と税理士の位置

1 経済戦略会議答申の性格

　近年，画一的・形式的な規制緩和論・国際化論が日本社会を澎湃と支配しつつある．税理士のあり方についても，この流れが重大な影響をもたらしつつある．

　1999年2月に総理大臣の諮問機関である経済戦略会議（国家行政組織法8条審議会）が「日本経済再生への戦略」と題する最終答申を発表した．この委員会は財界人6名，経済学者4名，計10名によって構成されている．官僚のOBや政治家などは含まれていない．同時に中小企業，農民，労働者などを代表する者も含まれていない．この答申は，本稿の主題である最近の規制緩和論提唱側の理論的根拠を提示しているものとみてよい．同答申は，思想的には全体として新保守主義の立場に立っている[1]．結論としてこれからの日本社会のすべての問題を競争社会における市場原理にゆだねようとするものである．同答申の基調は，憲法論・人権論からいえば，19世紀的自由権（公権力からの自由．公権力は市民生活に干渉しない）のみを強調するものであって，20世紀の「法文化」の遺産として平和的生存権とともに21世紀の福祉社会でますます重要となるはずの社会権（公権力による自由．市民生活への公権力の干渉をよい意味で求める），および社会法を否定するものである．それは，巧妙に福祉国家の役割を放棄するものである．

　近年，日本を支配しつつある画一的・形式的な規制緩和論の理論的基礎は，上記の経済戦略会議答申を支配する基本的考え方に求められるものとみてよいであろう．本稿は，税理士という職業専門家の本質的性格をふまえて，規制緩和論に対して私たちはどのように税理士をめぐる問題に対処すべきであろうかを検討しようとするものである．

2 画一的規制緩和論の誤謬

　人権論からいえば，19世紀は「自由権的基本権の世紀」であった．自由権の本質は国家が市民生活に干渉しないという点にある．つまり，人々は国家からいっさい拘束を受けないで自由に契約を結んで社会生活を行うべきであるとされた．そこで国家は，夜だけ警備すればよいとする「夜警国家」観が支配した．ところが，20世紀になり，資本主義経済が独占段階に入ると自由権だけでは人々の実質的平等や実質的生存権が確保されないことが認識されるようになり，社会権的基本権が登場・整備されるようになった．社会権の本質は，人々の生存権等を実質的に保障するためにむしろよい意味で国家が市民生活に干渉すべきであるとする点にある．自由権だけを背景にして契約自由の原則などに基づき資本の自由な取引を容認した場合には，かえって社会的弱

者の生存権等がおびやかされる．そこで，企業の寡占化・独占化を抑制しようとする私的独占禁止法に代表される経済法が整備されるようになる．そして，中小企業保護育成，労働基本権，消費者権の保障，障害者その他の社会的弱者の生存権等の保障が国家の重要な任務となる．これらは社会権の具体化である．税制における応能負担原則・累進課税の思想[2]も社会権の投影である．筆者は，さきにもふれたように20世紀の「法文化」の遺産として，平和的生存権とともに社会権の発見と整備が指摘されねばならないと考えている．社会権の具体化を目的とする福祉国家論の登場が憲法論的に正鵠に評価されねばならないであろう．このように人々の生存権等を確保するためにはむしろ合理的な規制が不可欠となる．そのような合理的規制をすることこそ福祉国家の役割である．このことは，日本社会における「無駄な，不合理な規制」の撤廃の否定を意味しない．

日本における昨今の規制緩和論はあまりにも画一的・皮相的である．たとえば規制緩和論の名のもとに大店法の廃止，持株会社の解禁等の私的独占禁止法の形骸化，中小企業倒産のメカニズムの「放任」，労働法制の空洞化，税制における「大型間接税への傾斜と直接税のフラット化（比例税・人頭税化）」などのおそるべき流れが支配的になりつつある．これらは福祉国家の役割の放棄であり，社会権および社会法の否定である．

3 最近の弁護士数増大論

規制緩和論は税理士だけではなく弁護士にも激しく及んでいる．そこで本稿の主題である税理士問題をひろい視角からとらえるために弁護士問題との連関で検討することとしたい．

さきに人権論の視角から，画一的規制緩和論が誤りであることを指摘した．目下，弁護士に対して規制緩和論などを大義名分として司法試験合格者の大幅の増大，司法試験制度，司法修習制度改革等が行われつつある．本稿執筆現在（1999年6月），司法制度改革審議会で司法制度のあり方について根本的・総合的検討が行われようとしている．筆者は，弁護士，税理士，司法書士などの法律家は，社会正義の実践，基本的人権の擁護を目的とすべき職業専門家であって，本来的には一般の商品と同じ市場原理をもって論ずることのできない分野と考えている．この点について若干のコメントを加えておきたい．医師は「人の生命」を救済する職業専門家である．弁護士等の法律家は「人の生命」の法的表現である基本的人権の擁護を究極の使命とする職業専門家である．弁護士等の報酬は市場における需給によって決まるというものではない．時には無報酬または非常に低額の報酬で，依頼者の権利の擁護をしなければならない場合もあろう．法律家として良質のサービスを提供するからといって，市場原理にしたがって依頼者が殺到した場合，その性質上その依頼のすべてを引き受けるというわけにはいかない．また，依頼者が殺到したからといって，市場原理に従って弁護士等

第 X 部　税理士制度

の報酬が低廉になるという筋合いのものではない．弁護士報酬は一種の公共料金の性質をもつ[3]．医師の資格試験等をきびしくしなければならないということがあっても，規制緩和論に従って，これを緩和するというわけにはいかない．この点は，弁護士等の法律家においても基本的に同じであるといわねばならない．

　司法試験合格者は従来久しく年間 500 名程度であった．それが 91 年から 600 名，93 年から 700 名となり，そして 98 年は 800 名，99 年以降は 1000 名となることが企図されている．政府筋では毎年 1500 名程度に増大させたいとしている[3]．しかし，本稿執筆現在司法試験合格者の増大に伴って目下政府筋が具体的な形で予定しているのは，必ずしも裁判官等の増員ではない．政府筋は規制緩和論を口実に裁判官等ではなく大量の弁護士の「市場への投入」を意図している．訴訟事件等の早期解決等を行って現実的に人々の法的権利を確保するためには，目下，緊急に要請されるのは弁護士数の増大ではなく，裁判官数の増大である．筆者としてはおよそ裁判に値しない，昨今の 10 年，20 年と長期化する訴訟遅延を解消するために，裁判官の数を現行の 10 倍以上に増大させることこそが司法の国民的課題であると考えている[4]．このほか，司法の民主化のためには様々な抜本的改革が実施されねばならないであろう．法廷に提出される事件は，「人生・社会・政治」の縮図である．それだけに，原則的に民間の経験のある弁護士のみから裁判官の登用を行うこととする制度の確立が急がれねばならない．現行の司法修習終了後，直ちに同終了者を裁判官に登用する制度を廃止し，アメリカのように弁護士経験者のみから裁判官に登用するという「法曹一元」を制度化すべきである．また，陪審制，参審制などの導入も検討されるべきであろう[5]．

　最近の改革で 99 年から司法修習期間が従前の 2 年から 1 年半に短縮される．この点も問題であるが，司法試験科目の改革についてそれ以上に憂慮すべき問題がある．2000 年から実施される選択法律科目の廃止によって行政法，労働法などが司法試験科目から排除されることになっている．もっとも民事訴訟法と刑事訴訟法の両科目はともに必須とされている．現代国家では議会を通過するほとんどの法律は，公権力の関与を程度の差こそあれ許容する広い意味での行政法といってよい．上記の現代行政法には社会法的要素の側面を含むものが少なくはない．労働法は狭義の社会法の重要分野である．司法試験科目から排除された行政法，労働法などは現代法の中心分野である．ここでは訴訟との関係から行政法について敷衍しておきたい．訴訟事件としては通常の民事訴訟，刑事訴訟とは異なった訴訟類型として行政訴訟がある．公権力から人々の人権を擁護するためには行政訴訟はきわめて重要である．現在ですら納税者，国民が行政訴訟を提起する数はきわめて少なく，しかもその勝訴率は絶望的な低率となっている[6]．最近の司法試験改革においてこのような重要な法分野が司法試験の選択科目からも排除されたことは，21 世紀の法律家像を考えるにあたって，あまりにも重大であるといわねばならない．

4 他の法律家

　規制緩和論者は，日本の弁護士数の少ないことを理由に司法試験合格者数を増大させるべきであるとしている．この点についていえば，日本には弁護士以外に，たとえば弁理士，税理士，司法書士，行政書士，社会保険労務士等のいわゆる法律専門家の制度がある．たしかに弁護士の数は1万7,000人弱であるが，弁理士は4,000名強，税理士は6万4,000名弱，司法書士は1万7,000名強，行政書士は3万6,000名弱に達している[7]．これに社会保険労務士などを加えると，広義の自由業法律家は十数万人に達しよう．

　日本の弁護士の多くは，どちらかといえば法廷弁護士であって，日常的ないわゆる予防法学の仕事をしている者は少ない．弁護士の多くは訴訟事件等を個別に依頼されて生計をたてている．彼らの多くは，いわゆる予防法学ではなく，伝統的な事後法学・裁判法学を行っているといってよい．税理士，司法書士のような市民生活のなかの法律家というよりも裁判所での法律家というのが弁護士に対する人々の抱くイメージである．そのことも原因となって弁護士の生計は安定していない．周知のように弁護士に対する懲戒事件が増えつつある．

　地域によって弁護士数がたしかに偏在している．今日なお「弁護士過疎地」がないではない．筆者は，従来の弁護士像を前提とする限り，日本全体としては弁護士数がさして不足していないとみている．弁護士が「市井の法律家」として，いわゆる予防法学の仕事を行うためには，現行の法曹養成制度では不十分である．たとえば，租税問題について予防法学的助言を行うためには，弁護士は税理士と同じように会計学，経営学，税務の実際等に精通しなければならない．アメリカのロースクールの法律家教育においては会計学，税法科目などが重視されている[8]．また，予防法学的助言を行うためにはいわゆる六法のほかに改変のはげしい現代法（特殊法，特別法等）に対する恒常的研究が不可欠である．司法試験科目から排除された，広義の行政法や労働法等は現代法の中心部分を構成するものであって，予防法学的弁護士像を考えるうえにおいて，むしろ重要となる法分野である．

　イギリスでは周知のようにソリシタ（solicitor）とバリシタ（barrister）の2種類の弁護士が存在する．イギリス社会では両者の区別は役割分担の差異であって，優劣はないとされている．上位裁判所ではバリシタがその弁論権を独占している．従来，日本ではバリシタを法廷弁護士，ソリシタを事務弁護士として理解してきた．この訳語はソリシタの実態に照らして妥当でない．ソリシタは日本における税理士業務を含む日常的な法律事務のほかに，下位裁判所では弁論権をも行使しうる．またバリシタの弁論の前提となる訴訟手続の代行権は原則としてソリシタの独占とされている．つまりソリシタを経由しなければ原則としてバリシタはその弁論権を行使しえないわけである[9]．

筆者は，司法制度改革の一環としてさしあたり弁護士以外の他の法律家である税理士，司法書士の制度のあり方も視野に入れられるべきであると考えている．将来的には，税理士，司法書士を現行の弁護士とは別の法律家として，それ相応の位置づけを行うのが望ましいとみている．

税理士の性格については項を改めて論ずることとしたい．司法書士については，1978（昭和53）年にその法的地位を高める司法書士法の改正が行われた．同改正前の裁判所の判決であるが，当時の司法書士の法律家としての性格を明快に判示した判決文を引用しておきたい．

「法治国家においては，……司法書士が一般大衆のために法律的問題について市井の法律家としての役割を担っているといえる……．かように見て来れば，弁護士と司法書士はともに国民の法律生活における利益を保護し，併せて司法秩序を適正に保護し，以って法律生活における分業関係にたつものといえる[10]．」

簡易裁判所，地方裁判所等での多くの本人訴訟の背景には司法書士が存在することはひろく知られている．また，司法書士がその日常的な事務処理において弁護士と同様の的確な法律的判断を現に行っていることも否定しえない事実である．筆者としては，司法制度改革の一環として一定の研修を前提にして司法書士に一定範囲の法律相談権や一定の場合の包括的な書類作成受諾権を法制度的に認知すべきであると考えている．さらに，イギリスのソリシタにならってさしあたり簡易裁判所での弁論権を付与することとすべきであろう[11]．

司法書士が「市井の法律家」であるとした前出の判決の考え方は，そのまま，あるべき税理士にも妥当する．

5 税理士の性格

日本ではかつて久しく税理士を会計専門家（accountant）の一種として位置づける考え方が実務界および学界に支配的であった．その際，公認会計士は第一級の会計専門家であり，税理士は第二級の会計専門家とされた．筆者はほぼ40年前にこの考え方が基本的に誤りであることを指摘したのであった[12]．

現行税理士法を前提にした場合において税理士の独占業務となっている事務は，①税務代理，②税務書類の作成，③税務相談の3業務である（税理2条1項）．これらは，いずれも憲法および憲法に適合する租税法令の実践に関するものであって，弁護士法にいう法律事務に該当する（弁3条）．今日なお税理士事務所における実務の少なからぬ部分を構成している会計業務は，現行税理士法上は税理士業務の単なる付随業務にすぎない（税理2条2項）．上の会計業務については無資格者もしかも有料で行うことが可能である．それでは公認会計士はどのような会計専門家であろうかという疑問が寄せられる．公認会計士事務所においても一般の会計業務については無資格者でも行うことが可能である．公認会計士は報酬を得て財務書類の監査・証明をする

第6章 規制緩和論と税理士の位置

ことを業とする会計専門家である（会計士2条1項）。上の財務書類の監査・証明をする場合には公認会計士の資格が必要となる。

　税理士は，公認会計士とは異なり，憲法および憲法に適合する租税法令等に基づいて，依頼者である納税者の法的権利の擁護を図りながら納税義務の履行に協力する職業専門家である。時に課税庁の行った課税処分等と対決しながら，依頼者である納税者の法的権利を擁護すべき職責を担っている。筆者は，あるべき税理士は，会計学・経営学等に精通した租税問題の法律専門家（tax lawyer）・弁護士（tax attorney）であるべきであると指摘してきた。税理士は，もとより税務行政の補助機関であってはならず，課税庁の立場とは基本的に異なった，端的にいえば納税者の立場に立って，しかも依頼者である納税者に「服従」するのではなく職業専門家としての見識に立って，納税者の代理人（taxpayer's representative）としてその職責を果たすべきことが期待されている。

　上記の税理士の職責の法的意味の重さについて若干のコメントを加えておきたい。日本国憲法は租税国家体制（Steuerstaat, Tax State）を前提にしている。租税国家というのはその国の財政収入のほとんどを租税に依存する体制である。租税国家では憲法政治の中身はどのような租税を徴収しそれをどのように使用するかに帰する。日本国憲法は，租税の取り方と使い方とに関する法規範原則を規定したものとみることもできよう。人々は無条件・無原則的に納税の義務を負うのではない。人々は，自分たちが納付した租税が憲法規範の規定するところ（福利・福祉）に従ってのみ使用されることを前提にして，かつその限度において憲法規範の規定するところ（応能負担原則，憲13, 14, 25, 29条等）に従ってのみ納税義務を負うのである。日本国憲法30条はこのことを法的に確認したものと解される。同条は「国民は，法律の定めるところにより，納税の義務を負ふ」と規定する。同条の「法律」とは，租税の使途面における憲法適合的な「法律」および租税の徴収面における憲法適合的な「法律」を意味する。人々は上記のような双方の憲法適合的な「法律」によってのみ納税義務を負うのである。人々はそのような仕方でしか納税義務を負わないという権利が実定憲法上保障されているわけである。筆者は，この権利を納税者基本権（taxpayer's fundamental rights）と呼んでいる[13]。この納税者基本権は実定法である日本国憲法によって保障された具体的な権利である。このようにみてくると，人々の納税義務は，納税者基本権と言う意味での納税義務である。税理士は，このような納税者基本権を日常の業務を通じて具体化・実践化すべき職責を担っていることになろう。税理士は，租税の使途面を射程に入れて依頼者である納税者の法的権利を擁護しなければならない。

　筆者は，上記のような税理士の本質的性格に鑑みて，究極的にはドイツの税理士（Steuerberater[14]）のように日本の税理士には租税事件については弁護士と同様の訴訟代理権等が付与されるべきであると考えている。つまり，税理士の法的地位が租税

第X部　税理士制度

問題の法律家・弁護士としてより洗練されるべきである．さしあたり日本の税理士には税理士法において補佐人制度または税理士の法廷陳述権を保障することが必要となろう．

以上の検討によって知られるように，税理士と公認会計士とはまったく異なった職責を担う職業専門家である．両者の間には優劣は存在しない．公認会計士は財務証明の会計専門家である．その立場は，税理士のような弁護士的な立場ではなく，検察官ないしは裁判官の立場である．要するにあるべき税理士の本質は，納税者の代理人として納税者の法的権利を擁護すべき租税問題の弁護士ということになろう．公認会計士と税理士とは，それぞれこのように異なった役割を担った専門家ということになろう．

以上，司法書士，税理士について若干の検討を行った．日本の司法制度のあり方は，弁護士以外に税理士，司法書士等の法律家が多数存在することをも射程に入れて論議されるべきであるといわねばならない[15]．

6　国際化と税理士

以上で明らかのように，税理士は弁護士と同じように租税問題の処理を通じて社会正義の実践，基本的人権の擁護を目的とする法律家として構成されるべきである．税理士制度のあり方も，法治国家における司法秩序の担保において重要な役割を担うものとして展開されねばならない．国際化のもとでいわゆる規制緩和の波が強まれば強まるほどそのような本来の使命を担うに足る税理士制度の構築こそが必要となり，そのためにその資格取得制度などにおいていわゆる規制緩和ではなく妥当な規制をむしろ強化すべきこととなろう．

外国税理士制度については，すでに日本で行われている「外国法事務弁護士」制度が参考となろう（「外国弁護士による法律事務の取扱いに関する特別措置法」）．同制度では外国弁護士の資格を有し，当該外国で3年以上実務経験を有する者について法務大臣の承認を得て，日本弁護士連合会の「外国法事務弁護士名簿」に登録されることになっている．登録された同弁護士は，日本では原則としてその原資格国法律事務のみを行うことができる．日本が将来「外国税理士」を導入する場合には税理士が法律家であるので理論的にはその者の当該国の税法に関する法律事務のみを許容することとすべきである．

また，日本の税理士試験のあり方についても国際化の波が強まれば強まるほど，租税問題の法律家にふさわしい試験制度に改善されるべきである．本稿ではこの点を措くとして，現行制度を前提とした場合には，少なくとも試験科目（会計科目，税法科目）について現行のダブル免除制度の廃止や免除科目の見直しが行われるべきである．後者の免除科目については国税の職員については国税法のみ，地方税の職員については地方税法のみを免除することとする．学位取得者・教授等については現行ではひろ

く法律学または財政学の専攻者について税法の免除を行っているが，今後は税法学の専攻者に限定して税法のみ，また現行では広く商学の専攻者について会計学の免除を行っているが，今後は会計学の専攻者に限定して会計学のみ，を免除することとすべきである．現行公認会計士法16条の2では大蔵大臣の承認を得て，外国の公認会計士の資格を有するものが日本で公認会計士業務をなしうると規定している．この規定に基づく外国公認会計士には日本の税理士法3条2項によって自動的に日本の税理士資格が付与されることになっている．国際化とはいえさきに述べた租税問題の法律家という，あるべき税理士の本質的性格および財務証明の会計専門家であるという公認会計士の本質的性格に照らし，上述の外国公認会計士には日本の税理士と同様の日本税法の試験（現行では日本税法3科目）に合格しなければ，日本の税理士資格を付与すべきではない[16]．

以上の科目免除者といえども，少なくとも税法グループまたは会計学グループのいずれかの試験に合格しなければならないこととする．

現行税理士法のもとでは継続的に税務代理等を行う場合には無報酬であっても税理士法違反になると解されている（税理2条1項，50条，52条，59条等参照）．国際化の要請をも考慮して，今後は税理士の独占業務も日本の弁護士法72条にならって「報酬を得る目的」の場合のみとされるべきであろう．無報酬の税務代理，税務相談，税務書類の作成は，税理士の独占業務とすべきではない．一方，国際化になればなるほど，租税問題の法律家・弁護士として日本の税理士制度の改善へのいっそうの努力が必要である．また，筆者は，国際化に向けて本稿でその一端を紹介した日本でのあるべき税理士制度の理論の研究成果を外国へ輸出することに配慮することも大切であると考えている．

(1) この答申については内橋克人＝金子勝「『経済戦略論』徹底批判」世界661号（99年5月号）．なお，最近の司法改革の動きの性格については，本間重紀，戒能通厚ほか「司法改革——その現状と『司法制度改革審議会』」法と民主主義338号（1999年5月号），戒能通厚「弁護士自治の理念とは——迫り来る市場化と司法改革の課題」法律時報70巻11号（98年10月号），同「司法改革とロー・スクール構想」法律時報71巻8号（99年7月号）など．

(2) 法人税にも超過累進税率が適用されねばならない．法人税を含む応能負担原則については，北野弘久「法人税の性格・課税所得の概念・課税ベースの見直し」『租税理論研究叢書8』谷沢書房〔本書第III部第1章〕，同『税法学原論・4版』青林書院126頁以下，同『現代企業税法論』岩波書店など．この応能負担原則は，同時に最低生活費非課税の原則，一定の生存権的財産の非課税または軽課税（利用価格×低税率）の原則を包含する．

(3) 同旨・本間重紀『暴走する資本主義——規制緩和の行方と対抗戦略』花伝社138頁．同書は，「司法改革」を含めて画一的規制緩和論の誤りを鋭く分析している．

第Ⅹ部　税理士制度

(4)　前出「経済戦略会議答申」は，司法試験合格者を毎年，2000名程度に引上げるべきであると指摘している．なお，ドイツの裁判官数は日本の10倍以上となっている．人口はドイツのほうが日本より少ない．木佐茂男監修・高見沢昭治著『市民としての裁判官』日本評論社．

(5)　日本弁護士連合会の1998年11月「司法改革ビジョン――市民に身近で信頼される司法をめざして」も，この点を指摘している．

(6)　阿部泰隆「司法試験行政法廃止は法治国家の危機」ジュリスト1128号，同「司法試験に，行政法は不可欠だ」朝日新聞98年2月17日付，同「行政法・行政法学の重要性」自治研究74巻4号，青山善充ほか「司法試験制度改革と法律選択科目」ジュリスト1131号，山田二郎「法学教育と司法試験の科目変更」学術の動向3巻7号（98年7月号），北野弘久「法学教育と司法改革」学術の動向3巻10号（98年10月号）など．なお，日本の租税訴訟の実態については，北野弘久「行政権の司法権に対する侵害――租税訴訟の現状分析を中心として」同『納税者基本権論の展開』三省堂．日本とは対照的なドイツの租税訴訟の実態については，三木義一「ドイツにおける税務訴訟の現実とその背景㈠㈡」民商法雑誌119巻4-5号・6号．ドイツでは実質勝訴率はきわめて高い．

(7)　日本税政連349号（99年5月1日号）によれば，弁護士は99年1月31日現在16,748名，弁理士は99年1月31日現在4,122名，税理士は99年2月28日現在63,777名，司法書士は99年3月1日現在17,017名，行政書士は98年12月31日現在35,753名，となっている．なお，公認会計士は99年1月31日現在12,331名．

(8)　アメリカのロースクールではAccounting for Lawyersの学科目が講義されている．税法科目も，所得税，遺産税，地方税，国際課税など数講座が開講されている．税法教授も数名，存在するのが普通である．北野弘久「アメリカの法律家養成教育の特質――税法学者の印象」同『税理士制度の研究・増補版』税務経理協会，所収．

(9)　同旨，田中英夫編『英米法辞典』東京大学出版会791頁．

(10)　松山地裁西条支部1977年1月18日判決（判時865号110頁）．

(11)　江藤价泰編『司法書士の実務と理論』日本評論社，北野弘久「民事介入暴力と『法の支配』――司法書士への期待」前出『税理士制度の研究・増補版』所収．

(12)　詳細については，北野弘久『税理士制度の研究・増補版』税務経理協会．なお，牛島税理士訴訟弁護団編『牛島税理士訴訟物語』花伝社．

(13)　詳しくは，北野弘久『税法学原論・4版』青林書院69頁以下．同『納税者基本権論の展開』三省堂など．

(14)　ゲーレ（飯塚毅訳）『ドイツ税理士法解説』第一法規出版．

(15)　規制緩和との関係で税理士問題を論じた初期の文献として，東京税理士会の小池幸造国際部長，小野浩道制度部長らが中心となってとりまとめられた東京税理士会『For our tomorrow――WTO/GATS・規制緩和と税理士』（1998年5月），北野弘久「規制緩和論と税理士の位置」東京税理士界500号（1998年9月），深川加代・佐伯正隆・清水裕貴・相田英男・小泉正義「規制緩和と税理士」税経新報443号（1998年8月）など．

(16)　現行税理士法3条1項4号は，公認会計士には当然に税理士資格を付与することとしているが，法律家である税理士の本質的性格に鑑みこの規定は廃止されるべきである．公認会計士，会計士補には，税理士試験の会計学のみを免除することとする．

第 6 章 規制緩和論と税理士の位置

〔1999 年 12 月〕

【付 記】

　その後，2001 年の税理士法の改正で，弁護士である訴訟代理人と一緒に税理士が租税問題について当然の訴訟補佐人として出廷し陳述することができることとなった．また，修士学位取得者については，税法 3 科目のうち 1 科目を国家試験に合格した場合の「税法」修士取得者に限って他の税法 2 科目を免除することとし，会計学 2 科目のうち 1 科目を国家試験に合格した場合の「会計学」修士取得者に限って他の会計学 1 科目を免除することとされた．

　筆者は，本稿の主題である画一的規制緩和論の誤りについて，2000 年 2 月オーストラリアのメルボルンで開催された「法学国際協会年次大会」(The annual colloquium of the IALS : International Association of Legal Science, Paris) で，日本学術会議代表として WTO の画一的規制緩和を批判する特別報告を行った．すなわち，中小企業等の生存権を確保するためにむしろ大企業の活動への規制強化の必要性，平和と人権の擁護を目的とする法律家（税理士等を含む）には医師と同様に市場原理は本来なじまずむしろその資格について規制強化の必要性などを指摘した（日本学術会議『学術の動向』2000 年 12 月号）．

第 XI 部　税財政等

第1章　登記手数料と租税法律主義

1　はじめに

　日本国憲法84条（租税法律主義）の予定する法的租税概念の範囲，具体的にいえば登記手数料（不動産登記簿謄本交付手数料）に日本国憲法84条が適用されるかが争われている．この問題は税法学の基本問題である．

　筆者は，この問題について以下の鑑定所見書を1999年12月に富山地裁へ提出した．原告は，司法書士の岩場達夫氏である．同氏はこの問題を本人訴訟の形で争っている．原告は，登記手数料令の改正によって不動産登記簿謄本1通の交付手数料が800円から1,000円へ引き上げられたのに，同改正は違憲・違法であるとして，800円でもって不動産登記簿謄本の交付請求を行った．これに対して，被告である富山地方法務局魚津支局登記官は交付請求を却下した．原告は，同不動産登記簿謄本交付請求却下処分の取消しを求めて，富山地裁へ提訴した．

2　登記手数料と憲法84条の租税法律主義の原則

　本件で問題となっている不動産登記簿謄本交付手数料（以下「登記手数料」という）に憲法84条で規定する租税法律主義の原則が適用されるかが検討されねばならない．

　最近の税法学理論によれば，日本国憲法の予定する法的租税概念を現代福祉国家のことをふまえてひろくとらえる傾向にある．すなわち，固有の意味での租税でなくても，強制的な性格を有する受益者負担（社会保険科，下水道工事負担金，公的保育所負担金等）をひろく法的租税概念に組み込む解釈が支配的である（たとえば，拙著『税法学原論・4版』青林書院1997年，22頁以下）．右の支配的傾向は，次の法理論的理由に基づく．すなわち，日本国憲法は租税国家体制（Steuerstaat）（その国の財政収入のほとんどを租税に依存している体制）を前提にしている．租税国家では憲法政治の中身はどのような租税を徴収しそれをどのように使用するかに帰する．日本国憲法の意図する諸原理（平和・福祉など）の具体化・現実化は租税国家ではこのように租税問題の処理の仕方によって基本的に決まることになる．このような日本国憲法に対する構造的認識から憲法84条の法的租税概念をひろくとらえるべきことが理論上必至となるからである．

　本鑑定では，右の税法学理論からではなく，伝統的な憲法学理論に基づいてこの問題を検討することとしたい．

　日本国憲法84条には大日本帝国憲法62条2項のごとき規定（報償に属する行政上の手数料等の不適用）は存在しない．憲法学の通説的見解では，形式的に租税と呼ばれないものであっても，実質的に租税と同じように人々の自由意思に基づかないで定

められ徴収されるものについては、ひろく日本国憲法84条が適用されると解している。たとえば、代表的な文献によれば、「……この意味の手数料に属するものであっても事実上、強制賦課の性質を有するものは、ここにいう『租税』と同じく扱われるべきものである。すなわち、手数料でも、その公の役務の供与または営造物の利用が国民の日常生活のうえに、またはその自由または権利を確保するために必要である場合は、その必要な限度において、それらの公の給付を求めることが、国民に強制される結果になるから、その給付の対価としての手数料も、そのかぎりにおいて、強制賦課の性格をもつことになる。たとえば、営業許可に対する手数料は、営業を行うことの前提として、事実上その営業を行おうとする国民に強制されるものであり、各種の検定手数料は、一定の資格をとろうとする人間に対し、事実上強制されるものであり、また、各種の司法上の手数料は、人権を守るために裁判を受けようとする人間に対し、事実上強制される性質をもつものであるから、いずれも、その限度で、公権力による強制賦課の性格を有すると見なければならず、ここにいう『租税』と同じに扱われるべきである。国または地方公共団体の独占に属する事業の料金についても、同様にいえる。たとえば、郵便の料金は、その仕事が国によって独占される結果として、国民はそれらの役務を利用することを強制され、その結果としてその料金を支払うことを強制される。また、地方公共団体が水道や電気事業を独占的に経営する場合の料金についても、同様のことがいえる。これらは、いずれも本条にいう『租税』と同じに取り扱われるべきものである。……」（宮沢俊義著、芦部信喜補訂『全訂日本国憲法』日本評論社昭53年、711-712頁。傍点は鑑定人）。

　日本国憲法84条を具体化する規定として財政法（昭22法34）3条が存在する。すなわち、「租税を除く外、国が国権に基づいて収納する課徴金及び法律上又は事実上国の独占に属する事業における専売価格若しくは事業料金については、すべて法律又は国会の議決に基づいて定めなければならない」。

　本件で問題になっている登記手数料を含む司法上の手数料は財政法3条の「課徴金」に該当することについては憲法学上争いがない。たとえば、代表的文献は次のように指摘する。「…以上のように租税を除いたその他の国の課徴金はすべて本条の対象となる。その内容は多種となるが、賦課の原因となる権力の差異からすれば司法権に基づくもの（罰金、科料、裁判費用、登記簿謄本等の手数料）、行政権を根拠とするもの（各種行政許可を受ける場合に課せられる手数料、特許料、検査手数料）に分けられ、別の見地からは、使用料、手数料の如く国の役務に対する対価たる意味をもつものと、罰金、科料の如く基本において制裁等の権力行為たるものに分かれる。これに反し、国立学校の入学金とか、国有財産の貸付料とか、有料官舎の賃貸料の如き国が収納する料金であっても国との間の権力関係を基礎とせず、したがって、国の側に特殊な徴収権が認められていない私法上の料金は、本条の規制の対象とならない」（杉村章三郎・小熊孝次・谷川宏『財政・会計・国有財産法』日本評論社昭39年、12頁。

第1章　登記手数料と租税法律主義

傍点は鑑定人）．

　この点，法務当局者自身が不動産登記法21条3項について「……これは，財政法第3条の規定により，国が国権に基づいて収納する課徴金及び法律上又は事実上国の独占に属する事業における専売価格若しくは事業料金については，すべて法律又は国会の議決に基いて定めなければならぬこととなり，右に所謂課徴金の中には，手数料の如きも含まれるものと解釈されているので，登記手数料も本来法律を以て定められるべきではある．」（新谷正夫法務府民事局第三課長（当時）「改正登記法解説」『登記研究20号』帝国判例法規出版社昭24年，甲3号証）と指摘している．

　以上の検討で明らかなように，本件で問題となっている登記手数料には日本国憲法84条，財政法3条が適用されることは疑いをいれない．問題は，租税法律主義のもとにおいて登記手数料の金額の定めについてどのような形での命令への委任が適法なものとして可能であろうか，ということになろう．

　一般に租税法律主義の要請として命令への委任は具体的・個別的であることが要求される．その委任の目的，内容および程度が委任する法律自体の中で明確にされていなければならない（たとえば，金子宏『租税法・7版』弘文堂平成11年，79頁）．税率などの定めは，その性質上租税法律主義の要請を充たす形の命令への委任は困難である．本件登記手数料もその性質上本来，一義的なものであるので，租税法律主義の要請を充たすに足る命令への委任はきわめて困難であるとみなければならない．

　本件で問題となっている登記手数料令（昭24政令140）は不動産登記法21条3項（執筆当時．現119条3項）等に基づく委任命令である．不動産登記法21条3項は「第1項ノ手数料〔登記簿謄本等の交付請求の手数料〕ノ額ハ物価ノ状況登記簿ノ謄本ノ交付等ニ要スル実費其他一切ノ事情ヲ考慮シ政令ヲ以テ之ヲ定ム」と規定している．

　手数料額に関する委任規定のうち不動産登記法21条3項にいう「登記簿ノ謄本ノ交付等ニ要スル実費」それ自体についての政令への委任は限定的であって，その意味では租税法律主義の要請に直ちに背反するとはいえないという解釈もありうる．しかし同条同項は，右のほか「物価ノ状況」，「其他一切ノ事情」を考慮することを含めて政令への委任を規定しているところから，同条同項は結局において，租税法律主義の要請に背反する一般的・包括的委任規定であるといわねばならない．

　本件登記手数料額に関する委任規定に対する憲法的評価を考えるうえにおいて，参考例として，秋田市国民健康保険税条例違憲訴訟の例がある．国民健康保険税のあり方については，憲法上租税条例主義が適用されるところから，秋田市国民健康保険税の税率については秋田市国民健康保険条例自体において明確に規定されていなければならない．

　ところで，国の法律である地方税法703条の4において国民健康保険税率について概括的に規定している．すなわち，同条2項は「国民健康保険税の標準課税総額は，当該年度の初日における療養の給付及び療養費の支給に要する費用の総額の見込額か

ら療養の給付についての一部負担金の総額の見込み額を控除した額の100分の65に相当する額とする」と規定している．そして同条3項は「前項の標準課税総額は次の表〔省略〕の上欄に掲げる額の合計額のいずれかによるものとし，同表の上欄に掲げる額の標準課税総額に対する標準割合は，それぞれ同表の中欄に掲げる所得割総額，資産割総額，被保険者均等割総額および世帯別平等割総額の区分に応じ，それぞれ同表の下欄に掲げるところによるものとする」と規定している．同条4項は，各人の課税額は所得割額，資産割額，均等割額または平等割額の合算額とする，と規定している．これらの規定を受けて，たとえば，同条5項は所得割額は，右の所得割総額を総所得金額および山林所得金額の合計額にあん分して算定する，と規定している．また，同条9項は資産割額は右の資産割総額を固定資産税額または固定資産税額のうち土地および家屋に係る部分の額にあん分して算定する，と規定している．

秋田市国民健康保険税条例は，同市の国民健康保険税率については上に紹介した地方税法の規定と同じような概括的な規定を設けているにすぎない．このような条例規定からは税率がいくばくになるかが明らかではない．鑑定人は第1審秋田地裁でこのような税率の定め方は租税条例主義に違反し違憲無効であると鑑定証言した．この条例規定を審理した秋田地裁1979年4月27日判決（判時926号20頁），仙台高裁秋田支部1982年7月23日判決（判時1052号3頁）はいずれもこのような税率の定め方は租税法律（条例）主義に違反し無効と判示した．両判決は確定した（詳しくは拙著『現代法学者著作選集・納税者基本権論の展開』三省堂1992年，232頁以下）．

本件で問題になっている登記手数料の規定の具体的あり方については，上の国民健康保険税条例違憲判決の法理がそのまま妥当するといわねばならない．

3 財政法3条特例法と登記手数料

さきに指摘したように，財政法3条は日本国憲法84条を具体化したものである．この財政法3条に対して特例が規定されている．

「財政法第3条の特例に関する法律」（昭23法27）がそれである．同法律は「政府は，現在の経済緊急事態の存続する間に限り，財政法第3条に規定する価格，料金等は，郵便，郵便貯金，郵便為替及び郵便振替に関する料金を除き，法律の定め又は国会の議決を経なくても，これを決定し，又は改定することができる」と規定している．この特例法附則2項で，「この法律は，物価統制令の廃止とももに，その効力を失う」と規定している．問題は，本件登記手数料が右の特例法の対象になるかどうかにある．もし，本件登記手数料が同特例法の対象になるとすれば，法律自体において必ずしも明確に定める必要がないということになろう．

さきに指摘したように，登記手数料は課徴金の一種である．同特例法の趣旨からいって課徴金である登記手数料は同特例法の対象にならないと解される．この問題に関する代表的文献も次のように指摘する．「財政法第3条の特例に関する法律は，専売

価格および独占事業の料金を主な対象としているが，課徴金にも適用されるかどうかの問題がある．同法には財政法第3条に規定する『価格料金等』とあることから課徴金にも適用されるとする解釈もあるが（大沢・註釈上65頁），特例法の形式が物価統制との関連において生じた点から考えて，物価の抑制と直接の関係のない課徴金の額にまで特例を設ける必要はなく，課徴金には特例法の適用がなく，これに対しては本法〔財政法〕第3条がそのまま適用されていると解するのが妥当であろう．」（杉村章三郎・小熊孝次・谷川宏『財政・会計・国有財政法』日本評論社昭39年，14，15頁）

財政法3条が適用される，たとえば郵便料金については郵便法（昭22法165）自体において料金の金額を一義的に明確に規定している（郵便法21条，22条）．

以上で明らかのように本件登記手数料の定め方は，財政法3条の面からも違法であることについては疑いをいれない．

4　登記手数料令の規定の内容

登記手数料令2条において本件で問題になっている手数料額が1,000円と規定されている．このような政令による規定の仕方は，2, 3で検討したところで明らかなように違憲・違法である．

いま，この点を措くとして，登記手数料令が不動産登記法21条3項等に基づく委任命令であるとした場合に，登記手数料令2条の規定の内容が問われねばならない．登記手数料令で登記手数料額を具体的に定めるというのであるならば，前出の委任命令としての性格および特定手数料の金額の定めに鑑みて，同条の規定の内容（手数料の金額）は「登記簿謄本ノ交付等ニ要スル実費」に原則的に限定されるべきであるといわねばならない．もし，本件で問題となっている登記手数料令2条で規定する登記手数料の金額のなかにいわゆる登記事務のコンピュータ化経費，国・地方公共団体への無料交付等の経費などが含まれている場合には，同規定による登記手数料額は違法であるといわねばならない．あえて指摘すれば，これらの経費は，本来一般の租税収入をもって措置されるべき性質のものといえよう．以上の指摘で明らかなように，本件登記手数料額のうち登記簿謄本の交付等の役務の反対給付（実費弁償）としての性質をこえる部分は，疑いもなく違法である．本件1,000円の金額は，社会通念上，上の役務の反対給付としての性質をこえるものであることは明らかであるといってよいであろう．

5　結　語

以上，本件不動産登記簿謄本交付請求却下処分は，違憲・違法の法令に基づくものゆえ，その違法性は免れえない．

〔2000年2月〕

第2章　公団住宅家賃の法的性格

1　はじめに

　千葉県松戸市の常盤平団地の住宅・都市整備公団住宅居住者中沢卓実氏ら6名が，同公団の家賃値上げを争った事件について，平成8 (1996) 年4月26日千葉地裁から判決の言い渡しがあった．この事件について，筆者は，1995年7月に同地裁松戸支部で鑑定証言を行った．そして同年8月に拙鑑定所見書を同地裁松戸支部へ提出した．そこでは，公団とその賃貸住宅の居住者との間に設定される法律関係をどのようにみるべきか，特に公団住宅の家賃の法的性格をどのように考えるのが妥当であるか，という根本問題が争われた．筆者は，この点について日本国憲法の保障する生存権を重視する視角から，2以下のような問題提起の証言を行った．

　裁判所は，「公団とその賃貸住宅の居住者との間に設定される関係は，基本的に私法上の賃貸借関係であり，公団法や公団法施行規則，あるいは公団内部の諸規定は，公団の業務に対する規則，監督のための行政規定であって，国民に対して直接その権利義務を規律する規定ではないから，これらの諸規定により，公団とその賃貸住宅の居住者との間に設定される賃貸借関係に借家法7条1項の適用が排除されるものと解することはできない．のみならず，確かに，公団法施行規則4条（旧公団法施行規則9条）は，公団家賃の決定に際し，いわゆる「原価主義」の原則を採用しているが，同条項は，新たに建設された住宅の家賃（当初家賃）の決定方法を定めたものに過ぎず，公団家賃の改正に関する公団法施行規則5条（旧公団法施行規則10条）の規定するところは，内容的に見て借家法7条1項の規定と何ら矛盾するものではないのであって，そもそも，これらの規定により，公団家賃の改定に関し特定の具体的内容を持った「個別原価主義」が実体法上定立されているものとは認め難い」として，居住者側の主張を斥けた．

　公団住宅の家賃の法的性格をどのようにみるべきかは，重大な法解釈上の問題である．拙鑑定所見書は，現行法のもとで1つの可能な法的所見を提示しているものとみてよいと思われたので，以下に紹介することとした．本件の居住者側代理人は，伊丹経治弁護士である．

2　公団と公団をめぐる利用関係の性格

　住宅・都市整備公団法（昭56法48. 以下「公団法」という）で規定する住宅・都市整備公団（以下「公団」という）は，多様な現代行政を行うための1つの法的手段である．公団は，全額を国および地方公共団体の出資によって構成されている（公団法4条）．平成4年事業年度の公団の財務諸表によれば，資本金は1,091億円（政府出資

第 2 章　公団住宅家賃の法的性格

金 1,071 億円, 地方公共団体出資金 20 億円) となっている. 資本金は全額, 人々の血税によってまかなわれているわけである.

同財務諸表によれば, 政府補給金収入は 1,473 億円, 補助金等収入は 610 億円となっている. これらもすべて血税である. 同財務諸表によれば長期借入金は 9 兆 49 億円となっている. この大部分は財政投融資資金であるといわれる. つまり長期借入金のほとんどが公的資金とみてよい.

日本国憲法 13 条は「個人の尊重」を規定し, 同 25 条は健康で文化的な最低限度の生活を営む権利を規定する. 特に同 25 条 2 項は「国は, すべての生活部面について, 社会福祉, 社会保障及び公衆衛生の向上及び増進に努めなければならない」と規定していることが注意されよう. 右の日本国憲法の要請を受けて住宅福祉行政を国または地方公共団体に代わって行う法的手段として「公団」が設けられた. 別な言葉で言えば, 日本国憲法における社会権の具体化の 1 つが本件公団住宅であるといってよい. 公団行政のあり方は, 憲法および公団法等の法令によって厳格に覊束される. 公団はこのような住宅福祉行政を行うことを目的とする公法人である. 税法上も「公共法人」として人的課税除外の非課税法人とされ, 国または地方公共団体に準ずる扱いを受けている (法税 2 条 5 号, 4 条 3 項). 公団は行政法学上一種の行政主体である. 公団法自身も一定の法令の適用上は公団を国の行政機関とみなすことを確認している (公団法 67 条).

公団と居住者との間の公団住宅の利用関係は, 一般に民法, 借家法の私法理論が支配する関係とみる考え方が存在するが, 仮に理論的には右の考え方を採用するとしても憲法, 公団法等の公法によってその私法関係が大幅に修正・変更を受ける関係であることは何人も否定できないところである. 理論的には憲法, 公団法等によって厳格に覊束される一種の公法契約関係としてとらえる考え方も成り立つ. ここで注意されるべきことは, 公団と居住者との間の利用関係といっても, 厳密には公団住宅の家賃の法的性格およびその家賃の決定・改定の法的性格は, それ以外の利用関係とは区別して検討されなければならないという点である. この点について, さきに述べた一種の行政主体という公団の法的性格に加えて, 憲法, 公団法等の公法が日本国憲法の意図する住宅福祉行政の法的手段である公団住宅の家賃のあり方を厳格に覊束している事実が指摘されねばならない. 後に項を改めて詳論するところであるが, 公団住宅の家賃のあり方については, さきに紹介した憲法条項のほかに公団法 30 条, 住宅・都市整備公団法施行規則 (昭 56 建設省令 12. 以下「公団法施行規則」という) 4 条, 5 条が厳格に個別原価主義を規定している. このように公団家賃の法的性格は, 憲法, 公団法等によって厳格に覊束されるものとなっており, それは日本国憲法上は 84 条 (租税法律主義) の対象となる一種の租税概念を構成する. そして公団家賃の決定・改定の法的性格は憲法, 公団法等によって覊束された一種の行政処分である.

以上の実定法の構造によれば, 公団と居住者との間の利用関係については, 公団家

賃のあり方そのものは憲法，公団法等によって法律的に決まっているもの，つまり所与のものであって，そこには通常の不動産の賃貸借関係の私法上の法理が働く余地のないものになっている．このような所与の家賃を前提としたところの公団と居住者との間の利用関係ということになろう．以上要するに，理論的には民法，借家法の私法関係を基礎とする考え方に立つとしても，家賃の決定・改定は右に指摘した憲法，公団法等に基づく行政処分であり，その家賃の決定・改定以外の利用関係のあり方も，憲法，公団法等によって覊束されているのであって，現実には通常の私法理論の妥当する余地はほとんどないものとなっているといえる．家賃の決定・改定以外の利用関係のあり方も憲法，公団法等の趣旨に従って構成・展開されねばならない．

3 本件公団住宅の家賃のあり方

以上の検討でも明らかなように本件公団住宅の家賃のあり方は，憲法，公団法等によって法律的に決まっている．福祉憲法である日本国憲法の諸条項を受けて，公団法1条は，次のように住宅福祉行政の理念を明文で確認している．「住宅・都市整備公団は，住宅事情の改善を特に必要とする大都市区域その他の都市地域において健康で文化的な生活を営むに足りる良好な居住性能および居住環境を有する集団住宅及び宅地の大規模な供給を行うとともに，当該地域において健全な市街地に造成し，又は再開発するために市街地開発事業等を行い，並びに都市環境の改善の効果の大きい根幹的な都市公園の整備を行うこと等により，国民生活の安定と福祉の増進に寄与することを目的とする」．

右の公団法1条を受けて，公団法30条1項は，住宅の建設等の基準について次のように規定している．「公団は，住宅の建設，賃貸その他の管理及び譲渡，住宅の造成，賃貸その他の管理及び譲渡，前条第1項3号，第4号ロ及び第15号ハの施設の建設，賃貸その他の管理及び譲渡並びに同項第16号の公団施設の設置及び管理を行う場合においては，他の法令により定められた基準がある場合においてその基準に従うほか，建設省令で定める基準に従って行わなければならない」．

この法律の規定を受けて公団法施行規則はその4条において家賃の決定について規定し，その5条において家賃および敷金の変更等について規定し，その6条において権利金等の受領禁止について規定している．これらの規定は単なる行政内部の規定ではなくて，公団法30条という法律規定による委任命令である．つまり公団法施行規則4条等は行政法学上の法規命令であって人々および関係行政機関，裁判所等を法的に拘束する法規である．公団法施行規則4条は，公団家賃については賃貸住宅の建設費用（償却費相当分），修繕費，管理事務費，地代相当額，損害保険料，貸倒れおよび空家による損失を補塡するための引当金，公租公課等による個別原価主義を規定している．ここにいう修繕費，管理事務費，地代相当額，損害保険料，引当金の算出方法，償却の利率は建設大臣の承認を得ることが必要となっており（公団法施行規則4条4

項),そのうえで上記の個別原価主義に基づいて公団が家賃を定める(公団法施行規則4条1項)。家賃の変更等については,公団法施行規則5条は,建設大臣の承認を得て家賃を公団が変更することができると規定している。本件で問題になっている変更事由としては同規則5条は「物価その他経済事情の変動に伴い必要があると認めるとき」(5条1号),「賃貸住宅相互の間における家賃の均衡上必要があると認めるとき」(5条2号),などを規定している。この規定の法規範的意味については,さきに紹介した,福祉憲法である日本国憲法の諸条項,公団法1条の住宅福祉行政の理念,公団法施行規則4条の個別原価主義の建て前などから解明されねばならない。このほか公団法54条3項の「残余金を国庫及び公団に出資した地方公共団体に納付しなければならない」とする規定,同法58条の「余裕金の運用に関する厳格な規制」の規定,公団法施行規則6条の「居住者から権利金等の受領を禁止する」規定などが考慮されねばならない。これらの規定によって知られるように,公団法等は公団の家賃を含む公団運営において公団のいわゆる利潤をまったく予定していない。

　以上の諸条項を総合考慮して,結論をいえば,公団法施行規則5条1号にいう「物価その他経済事情の変動に伴い必要があると認めるとき」とは,当該公団住宅自体の修繕費,事務管理費等のランニングコストの上昇を意味するものであって,公団法施行規則4条の個別原価主義の枠内の変動にしぼってとらえるべきである。また公団法施行規則5条2号にいう「賃貸住宅相互の間における家賃の均衡上必要があると認めるとき」とは,同一団地の,同一完成事業年度の公団の賃貸住宅相互間の家賃のバランスにしぼってとらえるべきである。

　さきに公団住宅の家賃は憲法上一種の租税であると指摘したが,この点から本件公団住宅の家賃のあり方について租税の場合と同じように法律主義の原則が支配し憲法,公団法,公団法施行規則等に厳格に覊束されること,内容的には憲法の応能負担原則(憲13条,14条,25条,29条)に配慮すべきこと等の法理が適用されることになる。後者についてコメントすれば,憲法13条は個人尊重・人間尊重の規定であり,14条は能力に応じて平等の規定であり,25条は生存権保障の規定であり,29条は生存権的財産のみを人権として保障する規定である。本件公団住宅家賃の具体的あり方も各居住者につきこのような応能負担原則に拘束される。租税の場合には応能負担原則の一環として最低生活費非課税の原則,生存権的財産非課税・軽課税(利用価格×低税率)の原則が抽出される。公団家賃についてもこれに準じて考えるべきであろう。

　以上の諸検討から明らかなように,公団家賃のあり方は,一般的には個別原価主義の枠内で決定されるべきであり,そのような決定がなされた場合においても各居住者に対する家賃額は各居住者のそれぞれの人的事情(高齢者,居住者の所得,家族状況等)に配慮して個別的に決定・改定されるべきであるといわねばならない。

　公団側は,借家法7条に基づいて自由に土地建物の価格上昇等による経済事情の変動に伴い公団家賃を改定できると主張しているが,以上の諸検討で明らかなように,

公団家賃のあり方については民法，借家法の私法理論が働く余地はまったく存在しない．本件居住者中沢卓実氏らに対する本件第4次家賃増額改定処分（以下「本件処分」という）は，民間の家賃と同様に民法，借家法の私法理論に基づいて行われた．それゆえ，本件処分は，憲法，公団法等に違反し実体法的に疑いもなく違法であるといわねばならない．

さきにも指摘したように，公団自体は行政法学上一種の行政主体であり本件居住者中沢氏らに対する本件処分は憲法，公団法等に基づく行政処分である．それは，いうまでもなく中沢氏らの家賃を引き上げるという不利益処分である．それは，昨年(1994)から実施された行政手続法（平5法88）で規定する「適正手続」の保護を受けるべき行政処分である．行政手続法が実施される前の段階であっても，本件のような不利益処分に対しては当然に憲法13条，31条で規定する「適正手続」の法理が直接的に適用される．したがって，行政手続法が実施される前の段階であっても本件処分にあたって中沢氏らに対して事前の告知，弁明または聴聞の手続，具体的な理由の開示等がつくされるべきであった．これらの手続をまったく欠いている本件処分は当時の法令のもとにおいても手続法的に違法であるといわなければならない．

4 本件賃貸借契約書と公団法

公団側は次のごとく主張する．「本件家賃増額請求は，借家法第7条第1項に基づくものであるが，公団賃貸住宅の使用関係は私法上の賃貸借契約関係であるから，借家法第7条第1項に定められている要件を具備すれば，原告公団において家賃の増額請求をなしうるものであることは，既に確立した判例となっている．……借家法第7条第1項に基づき，経済事情の変動を理由として家賃の増額を請求する要件は，従前の家賃額が経済事情の変動に即した客観的相当家賃額に比して低額に過ぎて不相当であること及び増額の意思表示をなした家賃額が右客観的相当家賃額の範囲内にあることである．同条項に基づく公団住宅の家賃増額の場合も右と全く同様であって，公団として主張し立証すべき事実は，本件各建物に係る従前家賃額が経済事情の変動に則した客観的相当家賃額に比して低額に過ぎて不相当であること及び公団の通知した改定家賃額が右客観的相当家賃額の範囲内にあることをもって足りるというべきである」．

借家法7条1項は「建物ノ借賃カ土地若ハ建物ニ対スル租税其ノ他ノ負担ノ増減ニ因リ，土地若ハ建物ノ価格ノ昂低ニ因リ又ハ比隣ノ建物ノ借賃ニ比較シテ不相当ナルニ至リタルトキハ契約ノ条件ニ拘ラス当事者ハ将来ニ向テ借賃ノ増減ヲ請求スルコトヲ得但シ一定ノ期間借賃ヲ増加セサルヘキ特約アルトキハ其ノ定ニ従フ」と規定する．

公団側は，右の考え方に基づいて，居住者中沢氏らの改定家賃についての民間賃借住宅の家賃増額の際に用いられる利回り法，スライド法，差額配分法等の手法を用いて家賃額を算出し，そのような手法による鑑定意見書や消費者物価指数の変動の資料

等を証拠として提出．公団側は，このようにして中沢氏らに対する本件増額家賃は，客観的相当家賃額の範囲内である，と主張している．公団側は，この主張の展開にあたって，最高裁昭和58年12月8日第1小法廷判決（判時1108号88頁）等を引用する．

　しかしながら，さきにも指摘したごとく公団家賃のあり方は，憲法，公団法，公団法施行規則等によって厳格に覊束されているのであって，借家法7条1項等を適用する余地がない．もし，公団住宅の家賃のあり方が民間の家賃と同じように民法，借家法の私法理論で決まるというのであれば，なぜに血税を使って公団を設置し，公団法等が公団住宅の家賃のあり方等を厳格に規制しているのであろうか，という基本的疑問が生ずる．公団側の右主張および公団側が引用する最高裁判例等は，学問的には間違っているといわねばならない．

　仮に，百歩譲って，公団住宅の家賃も民法，借家法を基礎とするとしても，憲法，公団法等がさきに詳細に検討したように公団家賃については厳正に個別原価主義を規定していてその依存するとされる基本的法律関係を大幅に修正・変更している．加えて，本件中沢氏らの「日本住宅公団賃貸住宅賃貸借契約書」5条には「家賃の変更」事由として「物価その他経済事情の変動に伴い必要があると甲〔公団〕が認めたとき」という規定は存在しない．同契約書の同条の「甲〔公団〕が賃貸する住宅相互間の家賃の均衡上に必要があると甲〔公団〕が認めたとき」の意味も，さきに指摘した公団法施行規則5条2号の規定と同趣旨に解すべきである．すなわち，同一団地の，同一完成事業年度の賃貸住宅相互間の家賃のバランスの意味である．民法，借家法が公団住宅の基礎的法律関係を構成するとしてとらえるとしても，その具体的法律関係を規定する本件賃貸契約書には公団の本件家賃の引上げを正当化する特段の取り決めなるものは存在しない．もっとも，本件の当事者でない者の「住宅・都市整備公団賃貸住宅賃貸借変更契約書」5条には「家賃の変更事由」として「物価その他経済事情の変動に伴い，必要があると甲〔公団〕が認めたとき」の事由が規定されているが，この意味は，すでに指摘した公団法施行規則5条1号と同趣旨に解すべきである．すなわち，当該公団住宅自体の修繕費，事務管理費のランニングコストの上昇を意味する．なお，前記中沢氏らに対する本件賃貸借契約書には固定資産税を含む公租公課の負担の増加を家賃変更の事由に加えているが，固定資産税は直接税であって転嫁を予定していない租税であるので，公団という公的機関が固定資産税を含めて取決めを行うことは妥当とはいえない．

5　本件公団住宅家賃をめぐるその他の問題

　公団側は，本件第4次家賃増額改定についての建設大臣への承認申請において「増額改定による増収の7割を修繕費に充て，3割を賃貸住宅相互間の家賃の不均衡是正の資金に充てる」と説明して，同大臣の承認を得たといわれる．また，中沢氏らに対

し本件処分，すなわち本件増額改定の通知の際に増収分の使途につき同様の説明をしたといわれる。さきにも指摘したように，公団法，公団法施行規則等は公団住宅の家賃のあり方について厳格に個別原価主義を規定している。本件居住者中沢氏らの住宅について現に修繕が行われ，それに必要な費用のための家賃の引上げであることが公団側から証明されている場合にはその家賃の引上げには右個別原価主義のもとにおいても合理的な理由があるといえる。しかし，本件居住者中沢氏自身に対しては，いままで修繕が行われたという事実はまったく存在しないといわれる。また，本件の他の居住者に対しても本件家賃の引上げを正当化するに足る十分な修繕が行われたという事実が存在しないといわれる。公団側としては，中沢氏らに対する本件家賃を引上げることを具体的に証明しなければならないはずである。また，賃貸住宅相互間の家賃の不均衡是正の意味は，さきにも指摘したごとく同一団地の，同一建設事業年度の公団住宅相互間の家賃の不均衡を是正することを意味する。中沢氏らの住宅相互間においてどのような不均衡が存在し，どのような具体的算定根拠によって，中沢氏らの家賃の引上げをしなければならなかったかについて公団側は説得的に具体的に説明しなければならないはずである。本件の引上げにあたっては，公団側から以上のような証明または説明が本件居住者中沢氏らに対してまったく示されていない。

公団側からの「修繕費などに充てる必要がある」という抽象的な説明なるものは，本件居住者中沢氏らを欺くものであって，もとよりこのような抽象的な理由による本件家賃の引上げは違法である。

さきにも指摘したところであるが，同一団地の，同一建設事業年度の公団住宅について個別原価主義に基づいて家賃の引上げの基準が決定されたとしても，それを各居住者の人的事情を考慮しないで画一的に適用することは「適用違憲」を構成し違法になるといわねばならない。たとえば本件の居住者であるK氏は今年87歳の年金生活者であって妻にも先立たれて独居生活をしている。年収は100万円にも満たないといわれる。このような各居住者の人的事情を具体的に考慮しながら家賃の引上げを行うべきである。このような個別的事情に配慮しないで行われた画一的な家賃の引上げは疑いもなく違法である。

6 結　語

以上の検討で明らかなように，本件第4次家賃増額改定にあたっては，公団は憲法13条，31条の要請する「適正手続」をまったく行っていないので，本件居住者中沢氏らに対する本件家賃引上げ処分は手続法的に違法である。また従来，公団行政の実務は，民法，借家法の私法理論が支配するという誤った考え方に基づいて展開されてきた。本件家賃増額改定もこの誤った考え方に基づいて行われたことには争いがない。憲法，公団法，公団法施行規則等が規定する個別原価主義に反するところの本件家賃引上げ処分は実体法的にも違法である。家賃をめぐる公団行政の従来の実務は，医学

でいえばいわば「誤診」に基づく誤った考え方に基づいて行われてきた．貴裁判所においてこの誤りが是正されることを期待したい．

〔2001年3月〕

第3章　福祉社会と税制
―― 消費税率引上げ論批判 ――

1　問題提起と税制改革法付則25条

　21世紀に入ると，急速に65歳以上の高齢者が増える．納税者は何人もの老人を介護しなければならない．周知のように，このような高齢化社会，福祉社会に対処することを理由にして大型間接税である「消費税」（昭63法108・消費税法で規定するもの）の税率等の引上げが声高に主張されている．このような議論のもとに，1994年11月に消費税率の引上げ等の改正法律が成立した．消費税率についていえば，現行の3％を5％に引き上げることとされている．うち1％は「地方消費税」（道府県税．道府県から½が市町村へ交付）とすることとされている．これに伴い現行の消費譲与税は廃止する．この消費税率の引上げ等の改正法律の実施は97年4月からとなっている．右改正法律実施前の96年9月までの間に税率については「見直す」こととされている．

　右にいう「改正法律」とは「所得税法及び消費税法の一部を改正する法律」である．同法律の付則25条には次のような規定が設けられている．「消費税の税率については，社会保障等に要する費用の財源を確保する観点，行政及び財政の改革の推進状況，租税特別措置等および消費税に係る課税の適正化の状況，財政状況等を総合的に勘案して検討を加え，必要があると認めるときは，平成8（1996）年9月30日までに所要の措置を講ずるものとする」．

　同条文によれば，単に「所要の措置を講ずるものとする」と規定されているだけであって税率を「引き上げる」とも「引き下げる」とも規定されていない．かえって，行財政の改革，租税特別措置等や消費税課税の適正化の文言があって，同条文から引き下げるということもひき出し得ないではない．しかし，政府筋では，5％をさらに6％，7％に引き上げることを意図しているとも伝えられる．

　本稿は，租税国家体制（Steuerstaat, Tax State）を前提とする日本国憲法のもとで，「福祉と税制」というテーマの1つの素材として右の消費税率引上げ問題等に対して基本的にどのように対処すべきであろうかを検討しようとするものである．

2　日本国憲法と租税国家

　租税国家というのは，その国の財政収入のほとんどを租税に依存する体制である．日本国憲法は，さきにも指摘したように，この体制を前提とする．ここにいう租税とは，日本国憲法のそれであって固有の意味での租税のほかに，従来，財政学等の分野で「税外負担」として扱われてきた受益者負担の多くを包含する．社会保険料，下水

道工事負担金，公的保育所の負担金，義務教育の保護者の負担金なども，租税国家体制を前提とする日本国憲法の法規範論理からいえば，法的租税概念のなかに含まれる．また，公債収入も形を変えた租税（租税の前払い）である．

　日本における租税国家のあり方を考えるうえにおいて日本国憲法が法規範論理として予定している租税概念についてここで若干のコメントをしておきたい（詳しくは，たとえば拙著『税法学原論・3版』青林書院）．

　従来，財政学等において論議されてきた租税概念は財政権力側からのものであった．それは，固有の意味での租税を前提にして，かつ租税の使途面に配慮せずいわば租税の徴収面に限っての，人々への一方的，強制的義務としてとらえるものであった．国民主権，平和的生存権を含む基本的人権の尊重，そしてそれらを司法的に担保するために裁判所に違憲立法審査権を付与している日本国憲法のもとでは，法実践論的には課税される側，つまり納税者側の租税概念を構築することが可能であり，かつそのような租税概念が予定されているとみなければならない．このような視点からいえば，日本国憲法は，さきにも指摘したように受益者負担の多くを租税概念に組みこむとともに，租税の徴収面と使途面とを統合的に一体的にとらえる租税概念を予定しているとみなければならない．日本国憲法は，右のような現代的租税概念を前提にして一方においてその租税の使途のあり方を法規範原則として規定し，他方において，その租税の徴収のあり方を法規範原則として規定したものといえる．別なことばで表現すれば，伝統的な租税概念のように，固有の意味での租税に限定し，かつ租税の徴収面と租税の使途面とを峻別・分断し，租税の使途面を考慮しないで租税の徴収面のみのレベルで財政権力側から租税概念をとらえることは，日本国憲法の法的環境に背反し日本国憲法の法規範論理としては誤りであるといわねばならない．日本国憲法のもとでは憲法に適合するところに従って，つまり端的にいえば福祉目的に従って租税が使用され（社会権・平和的生存権を含む基本的人権の尊重），そのようなことを前提にして国民は憲法および憲法に適合する法律に基づいてのみ，つまり端的にいえば応能負担原則（憲13条，14条，25条，29条等）に従ってのみ納税の義務を負うのである．日本国憲法30条の「納税の義務」はこのような法規範的意味をもつものとして理解されねばならない．要するに日本国憲法のもとではすべての租税は福祉目的のために徴収されかつ使用されねばならない．その意味では理論的にはすべての租税は「福祉目的税」といえよう．筆者はつとにこのような考え方を「新福祉目的税論」として展開しているところである（たとえば，拙著『納税者の権利』岩波新書44頁）．

　このようにみてくると，高齢化社会論，福祉社会論を理由に実定法上特定の税目に「福祉」などの名前を冠することは，憲法理論上許されないこととなる．

　次に日本国憲法が法規範論理として採用している納税者側の租税概念の法規範的意味を筆者の提唱している納税者基本権の視点から項を改めて確認することとしたい．

3 納税者基本権

　すでに検討した日本国憲法の予定する租税概念から明らかなように，人々は憲法上無原則的に無条件的に「法律」の規定に基づいて納税の義務を負うのではない．人々は，憲法規範原則に従って自己の納付した租税が使用されることを前提にして，その限度でかつ憲法規範原則に従ってのみ納税の義務を負うという権利，つまり筆者のいう納税者基本権（taxpayer's fundamental rights）をもつのである．この基本権は日本国憲法という実定法上の権利である（詳しくは拙著『現代法学者著作選集・納税者基本権論の展開』三省堂参照）．

　この納税者基本権は日本国憲法 30 条をベースにして法理論的に構築される．憲法 30 条は「国民〔people〕は，法律の定めるところにより，納税の義務を負ふ」と規定している．この規定の法規範的な意味を次のようにとらえることができよう．すなわち，租税国家を前提とする日本国憲法の法規範構造に鑑み，憲法は無原則的に無条件的に 30 条の納税の義務を規定しているのではない．すでに述べたところを法規範論的に確認することになるのであるが，憲法は租税の使い方について憲法拘束的な法規範原則を規定している．人々は，そのような憲法の法規範原則に従って租税が使用されることを前提にして，その限度でかつ憲法の法規範原則に従ってのみ納税の義務を負う．この点をいま少し敷衍すれば「福祉憲法」である日本国憲法は，すべての租税は当然に福祉目的のみに使用されることを規定しているのである（「福祉本位」の「法の支配」）．人々は，そのような福祉目的のために自分たちが納付した租税が使用されることを前提にしてその限度でかつ憲法の応能負担原則（憲 13 条，14 条，25 条，29 条等）に従ってのみ納税の義務を負うという権利をもっていることになる．筆者は，この権利を「納税者基本権」と呼んでいる．日本国憲法 30 条の「納税の義務」の規定は，この点を実定法的に確認するものである．右の憲法 30 条の「法律」はさきに述べた現代的租税概念に関する憲法適合的な「法律」を意味する．つまり憲法 30 条の「法律」は，そのような現代的租税概念の徴収面における憲法適合的な「法律」のみならず，そのような現代的租税概念の使途面における憲法適合的な「法律」をも意味する．2 つの憲法適合的「法律」を意味するわけである．

　憲法 30 条の納税義務は右のような納税者基本権という意味での「納税の義務」ということになる．租税の根拠について，学説的に租税利益説と租税義務説との対立がある．この点について以上で明らかなように法実践論的・法規範論的には日本国憲法は人々が納付した租税の使途を憲法規範的に拘束し特定する形で人々の「納税の義務」をとらえている．このようにみてくると日本国憲法下のすべての租税はさきにも指摘したように「福祉目的税」ということになる．この意味において日本国憲法は法実践論的・法規範論的には租税の根拠について租税義務説というよりも，一種の租税利益説を採用しているものと解することができる（この点，別の視角から同旨の議論を提

第3章 福祉社会と税制

示するものとして三木義一『現代税法と人権』1章所収論文, 勁草書房). ただ, 18世紀, 19世紀の頃の租税利益説は比例税的平等を前提としていたが, 20世紀, 21世紀を志向する日本国憲法は, もとより累進税的平等, つまり各人の能力に応じて納税の義務を負担するという形での租税利益説を意図していることになる.

高齢化社会, 福祉社会に対処するためには, 憲法理論的には右の納税者基本権を具体化・実質化するという基本的視点から, 租税国家における財源論も構築・展開されなければならない.

4 消費税率引上げ論の虚構性

本稿の主題である「福祉と税制」についての基本的視角を具体的に指摘する意味からも, ここで, 消費税率の引上げの根拠として巷間主張されている諸議論を検討しておきたい.

4.1 高齢化社会論

高齢化社会に対処するために, さかんに消費税率引上げの必要性が主張されてきた. 21世紀に入ると65歳以上の高齢者人口が確かに増える. しかし, 医学等の発達・社会環境の整備によって65歳をすぎても人々は一般にそれなりに労働に従事することが可能となり, 事実人々は「生涯現役」という姿勢で, これからの熟年時代をヴィヴィッドに生きなければならない. 21世紀に向けての国の雇用政策もこうした点(「働く場所の提供」)に配慮することこそ真の「福祉」といえる. このような政策をとることによって, 高齢者にもそれなりに直接税(所得税・財産税)の支払能力をつけることこそが「福祉」である.

これによっても知られるように, 今後はむしろ労働人口が増えることが予想される. 一方, 被扶養人口(病人・障害者・未就労の子供)のうち, 病人・障害者は医学等の発達等によってますます減少するほか, 未就労の子供については, 結婚しない男女が増えつつあり, また結婚してもあまり子供を産まない傾向がみられ, 日本は「少子時代」を迎えつつある. それゆえ, 今後被扶養比率がむしろ減少すると見込まれるのであって, 当分の間, 高齢化社会論も消費税率引上げの理由にはならない. なお, 予算は単年度主義であり, 高齢化社会に備えるというのであれば, そのための積立金制度を設けなければならないはずである. しかしそのような議論も現にあまりみられない.

4.2 所得・資産・消費のバランス論

日本は昭和25(1950)年の「シャウプ税制」以来, 直接税(所得・資産)にウェイトをおいた租税国家を維持してきた. 所得・資産・消費のバランス論は, 右の直接税(所得・資産)ではなく間接税(消費)にウェイトをおくべきことを主張するものである. そしてそのような議論の一環として大型間接税である現行消費税の拡大を正当化

663

しようとするものである．このバランス論は，いかにも学問的に理論的に根拠のあるような装いで展開されている．しかし，次に述べるように，日本の現段階ではこの議論は誤りである．

まず，日本国憲法は租税国家体制を前提にしているという点である．そこでは税制のあり方は憲法の諸原理に適合するものでなければならない．間接税，わけても現行消費税のような，学問上の一般消費税（大型間接税）は憲法の国民主権・応能負担・人権尊重（福祉主義）・平和主義・地方自治等の諸原理の理念に背反する．憲法の諸原理からいえば，直接税（所得・資産）中心の税制が望ましい．

次に税制というものはその国の歴史，風土，国民性，社会の諸事情に適合しなければならないという点である．これにつき次の諸事情を指摘することができよう．

(1) 日本社会は，先進各国に例をみない「政治後進国」である．つまり政治意識・納税者意識の後進性である．現行消費税は本当の納税者（担税者）を各人の意思とは無関係に法形式的にも租税法律関係から排除し，法的にいわば「植物的状態」に追い込む．また各人の能力および意思とは無関係に画一的な負担を強要する．このような性格の租税は現段階の日本社会に合わない．

(2) これは日本資本主義の1つのすぐれたメリットであるが，企業のうち99％が中小零細企業で占められている．中小零細企業にとっては，一般に消費税の負担の転嫁が困難である．加えて，税の実務では売上高についての「認定課税」（推計による課税）が行われ，その場合，仕入税額控除が適用されないという例が少なくない（消税30条7項参照）．こうなると消費税は，「企業付加価値税」，さらに売上高を課税標準とする「企業取引高税」（累積税）と化する．

消費税がヨーロッパ並みに本格的に日本の中小零細企業社会に適用された場合には，彼らの多くが壊滅的ダメージを受けることは必至である．

(3) 「円高不況」，「世界一の物価高」という点が指摘されねばならない．一般に消費税自身が内需を抑制するほか，輸出企業には「戻し税」という名の巨額の輸出補助金をもたらす（詳しくは，北野弘久＝湖東京至『消費税革命』こうち書房，北野弘久『消費税は廃止できる』BOC出版部）．このことが「円高不況」の一因となっている．また15％，20％，25％の高率の消費税込みのヨーロッパの諸国の物価のほうが3％の消費税込みの日本の物価よりもはるかに低い．このような「円高不況」「世界一の物価高」の現段階では，消費税は日本社会に合わない．

4.3 クロヨン問題

所得税を中心とする直接税では，執行段階で所得の把握度などの不均衡が生ずる．そこで，このようないわゆるクロヨン問題を解決するためにもひろくうすく人々の負担を求める消費税を中心とした間接税に重点をおくべきであるという主張がある．しかし，消費税自身が最大の不公平税制である．クロヨン問題は，消費税率を引き上げ

なくても次のように給与税制と事業税制との間に存在する制度上の不均衡を解消することによって，解決しうる（詳しくは，拙著『サラリーマン税金訴訟』税務経理協会）．

〈給与税制を事業税制に近づける〉
(1) 現行の給与所得控除額（4要素によって構成されている）を分解し，①法定概算経費控除（勤務に必要な経費部分），②利子控除（給与所得者は源泉徴収により事業者等よりも早目に所得税を納付していることの利子控除分），③勤労性控除（勤労所得である給与所得の性質を考慮する），④把握控除（源泉徴収制度の全面的適用により給与所得者が事業者等よりも把握され過ぎている分を調整する）の4要素を税法上各独立控除額の制度とする．
(2) 給与所得の必要経費概念を税法において明定する．
(3) 前出での(1)の①の法定概念経費控除額を毎年の給与所得者に対する実態調査に基づいて決める．
(4) 法定概算経費控除額と実額経費控除額との選択制を保障する．実額経費控除額を選択しようとする者は記帳等を行うものとする．
(5) 年末調整を選択制とし，すべての給与所得者に納税申告権を保障する．
(6) 毎月の源泉徴収の法的仕組みを給与所得者の税法的地位を中心に実体法的に構成する．その一環として，源泉徴収の段階において，給与所得者にも不服申立て権，納税猶予権等を保障する．「認定給与」処分も給与所得者本人宛てに行う．
(7) 給与所得者に最も影響を与える物価上昇について，物価にスライドして減税する「自動物価調整税制」を導入する．この制度は，もちろん，事業者にも適用される．

〈事業税制を給与税制に近づける〉
(1) 事業主報酬，家族労賃を「給与所得」とし，現行の事業所得からこの部分を制度的に分離する．この分離された給与所得分に対しては，通常の給与税制（法定概算経費控除・源泉徴収等）を全面的に適用する．
(2) 分離された給与所得以外の事業所得，つまり企業所得については，記帳等を行うものとする．できれば，青色申告を行う．
(3) 業種，地域ごとの所得標準率等（課税当局による標準的課税資料）を公表する．
(4) 公的機関（官公庁，学校，銀行等の金融機関，保険会社，証券会社，協同組合，公的市場等）との取引については，すべて所得税の源泉徴収の対象とし，支払い調書等を税務署長に提出させる．
(5) 仮名取引制度を廃止し，利子所得，配当所得，有価証券の譲渡所得等について源泉徴収と支払い調書提出を徹底する．土地の譲渡所得について可能な限り支払い調書等の情報の提供を義務づける．これにより，現行の分離課税を廃止し，所得税の本来の総合課税を取り戻すことが可能となる．この総合課税のためには，目下論議されている「納税者背番号制」の導入を必要としない．

(6) 政治家の所得については，税法上「政治活動所得」の所得類型を設ける．政治活動所得については，所得の多寡を問わず，申告を義務づける．すべての政治家はその収支明細書等を税務署長へ提出しなければならない．政治家の申告書等はすべて納税者に開示することを保障する．

(7) 高額所得者には「所得」課税を補完する観点から土地，土地の権利，株式等に限定して「財産」課税の導入を検討する．

4.4　福祉目的税論

さきに指摘した高齢化社会論に関連して21世紀の福祉社会に対処するために，大型間接税である消費税を「福祉目的税」として再編すべきであるという主張が展開されている．この主張も消費税率引上げの根拠としてもち出されている．

日本国憲法は，租税国家体制を前提にするところの「福祉憲法」であるので，さきにも指摘したごとく憲法理論的には，日本国憲法のもとでのすべての租税が福祉目的税の性格をもつといえる．それゆえ，特定の税目に「福祉」などの名称を冠することができない．また，そのような「福祉」を冠したからといって，福祉予算が充実するという保障もない．消費税導入後の5年間の実績によれば，社会保障関係費，文教・科学振興費などにも1円も消費税収入が充当されていない．資本主義経済の面で最も重要な福祉予算である中小企業対策費は消費税導入前よりも導入後5年間で，マイナス23.19%となっていて，かえって縮減しているという驚くべき事実もある（前出の『消費税革命』，『消費税は廃止できる』）．今後は，学校，道路，上下水道，公園等を整備するのと同じように，公的保育所，老人介護の公的サービス，健康保険，公的年金等の整備も公行政（租税）の基本的課題となろう．これらも基本的には一般の財源（租税収入一般）でまかなわれるべきである．消費税率を5%に引き上げる法案が成立したのちに，政府筋から公的老人介護保険制度の構想が報道された．このような構想自体が，高齢化社会，福祉社会に対処するためという消費税率引上げの大義名分の虚構性を示唆するものといえよう．

4.5　財源論

消費税率引上げの理由として最後に持ち出される議論は，消費税率引上げの方法以外にさしあたり財源がないとする財源論がある．この点については，後に項を改めて述べるようにたとえば，「かくれた補助金」である租税特別措置を整理するだけで，23兆6,000億円の財源がある（表11-3-1参照）．したがって，現段階では財源論も消費税率引上げを正当化し得ない．

5　福祉的租税国家の展開

福祉国家は，各地域社会における地方自治体が中心とならなければならないことを

第3章 福祉社会と税制

表 11-3-1 租税特別措置整理による財源（1994年度）

(単位：億円)

項　目	目安金額
1　国税	
①株式時価発行差金非課税廃止	90
②受取配当益金不算入廃止	1,799
③各種引当金・準備金廃止	102,931
内訳	
(イ)貸倒引当金 16,508 億円	
(ロ)退職給与引当金 43,261 億円	
(ハ)賞与引当金 29,643 億円	
(ニ)特別修繕引当金 835 億円	
(ホ)海外投資損失準備金 780 億円	
(ヘ)異常危険準備金 1,701 億円	
(ト)プログラム等準備金 1,061 億円	
(チ)原子力施設解体準備金 1,646 億円	
(リ)使用済核燃料再処理準備金 4,653 億円	
(ヌ)その他 2,843 億円	
④特別償却・割増償却廃止	1,170
⑤試験研究費の税額控除廃止	1,295
⑥製品輸入促進税制廃止	220
⑦外国税額控除（間接控除とみなし控除）廃止	1,219
⑧その他の大企業等に対する特別措置の廃止	1,975
⑨利子一律分離課税見直し	21,466
⑩配当所得の源泉分離選択課税廃止	476
⑪配当控除廃止	370
⑫給与所得控除無制限の廃止	408
⑬土地の譲渡所得の分離課税廃止	5,263
⑭有価証券の譲渡所得の分離課税廃止	3,304
小　　計	141,986
2　地方税	
①国税（法人税，所得税）関係特例廃止による増収分	66,870
②地方税独自の特例廃止による増収分	27,675
小　　計	94,545
合　　計	236,531

[注]　本表は租税特別措置を廃止した場合に得られる増収額の総額試算（平年度ベース）である．このうち毎年新たに発生する財源と上積みとなる財源の合計は，6兆1,330億円（国税4兆2,301億円，地方税1兆9,029億円）となる．
[出所]　不公平な税制をただす会調べ．

意味する．名実ともに「地方の時代」の具現化でなければならない．ことばをかえていえば，集権的租税国家から分権的租税国家への転換ということになろう．

　高齢化社会，福祉社会に対処するための租税国家のあり方は，日本国憲法の諸原理（国民主権，応能負担，人権尊重＝福祉主義，平和主義，地方自治〔各地域社会における精神生活の豊かさを含む人々の生存権の保障〕等）に適合する方向で展望されねばならない．具体的にいえば，本稿ですでに指摘した，日本国憲法の意図する納税者基本権の具体的展開，新福祉目的税論の展開でなければならないといえよう．すでに指摘したところを含めて，以下に総括しておきたい．これにより，当面，消費税率引上げの実施の「凍結」が可能であり，また消費税の廃止そのものが可能であることが知られよう．なお，中央政府は各地域社会のナショナルミニマムを確保するための連絡調整事務に徹する．

　(1)　現行の行政機構を従前の「途上国型」（中央集権型）から「福祉型」（地方分権型）に抜本的に改める．そして税源配分構造も，従前の国→都道府県→市町村から，市町村→都道府県→国への構造に抜本的に改める．これにより「地方」に巨額の財源が確保され得る．

　(2)　税源配分構造の抜本的改善によって地方交付税の比重が低くなることが望ましい．しかし，各地域社会の独立税源に格差があるので，各地域社会のナショナルミニマムを確保するためにむしろ地方財政調整制度としての地方交付税制度が重要となる．地方交付税の配分にあたっては「適正手続」を整備する．すなわち，配分の実体的基準および手続を法律において具体的に明確に規定する．現行の「密室」作業から開放し，関係住民の代表を含む公開の協議会で公正に決定する手続を採用する．

　(3)　独立税源，地方交付税だけでは各地域社会のナショナルミニマムを確保し得ない場合に限り，例外的に国庫支出金制度を残す．国庫支出金の配分にあたっても，「適正手続」の法理に従って，配分の実体的基準および手続を法律において具体的に明確に規定する．現行の「密室」作業から開放し関係住民の代表を含む公開の協議会で公正に決定する手続を採用する．

　(4)　地方債の発行にあたって，現在（当時），自治大臣等の「許可」を必要としているが（地方自治法250条），これを文字どおりの「届出」に改める．現行（当時）の法定外普通税制度を存置するとした場合，憲法の本来的租税条例主義に鑑みて現行の「許可」を「届出」に改める．

　(5)　国と地方自治体の双方において，財政の健全主義を維持するために，赤字公債(注)はもとより建設公債の発行も可能な限り差し控える．公債不発行は租税国家において「軍事費国家」を抑制し，そして憲法の「地方自治」の意図する「福祉国家」のためにも，重要である．

　(6)　軍事費を抜本的に縮減する．日本の国際貢献は，軍事ではなく医療，科学技術，民生，文化，環境保全等の非軍事の面で行う．この点は，そのままそのような平和と

福祉の国家への理念につながる．

(7) さきにも指摘したように，公的保育所，老人介護の公的サービス，健康保険財政，公的年金財政等も，基本的に一般財源（租税収入一般）によってまかなう建て前に立って整備する．人々からは一種の利用料・手数料程度の負担をしてもらうにとどめる．

(8) さきにも指摘したように，大企業，大資産家の優遇措置である租税特別措置を全廃する．これにより 23 兆 6,000 億円の財源が確保できる（表 11-3-1 参照）．ほかに巨大宗教法人の課税のあり方等を抜本的に見直す（この点，法と民主主義 299 号所収の筆者の「宗教法人法制の『見直し』」参照）．

(9) 法人税率を現行（当時）の比例税率（37.5%）から超過累進税率（10～50%）に改める．これにより中小零細企業の活性化に資するとともに数兆円の財源が確保される．超過累進税率の導入による企業分割を防止するために一定の法人について連結納税制度を導入する．また「所得」に表現されない担税力を「財産」からとらえるために法人税（法人所得税）の補完税として大法人財産税を整備する．この財産税は法人所得計算上損金に算入しない．直接税の公平化は「所得」課税と「財産」課税とをセットにして行う．この点は後にもふれる個人課税についても当てはまる（企業課税のあり方については，拙著『現代企業税法論』岩波書店）．

(10) 個人の利子所得，配当所得，株式等の譲渡，土地等の譲渡所得を分離課税から総合課税に改める．さきにも指摘したように，納税者背番号制を導入しなくても，仮名取引の廃止，源泉徴収・支払調書提出などの徹底により総合課税は可能である．また，すでに詳論したようにクロヨン問題は給与税制を事業税制に近づけるとともに，事業税制を給与税制に近づけることによって解消しうる．これによりサラリーマンの税法上の権利を保障する．また，自動物価調整税制の整備をも行う．一定の高額所得者については法人の場合と同様に財産税の導入を検討する．高齢化社会になれば，高齢者の中には多額の財産を保有する者も少なくはない．それゆえ，高齢化社会ではとりわけ資産性所得，財産課税の整備が重要な意味をもつ．これらの直接税制度の整備にあたっては，憲法の応能負担原則の一環を構成する最低生活費および生存権的財産に対する非課税・軽課税の原則などに配慮する．所得税についていえば，課税最低限の大幅の引上げを行う．また最高税率はむしろ引き上げる．

(11) 間接税は個別消費税とし，特定の物品・サービスに限定して課税する．課税対象の性質に応じて免税点，税率等を区別する．これにより消費課税においても応能負担原則に配慮する．大型間接税（一般消費税）である現行消費税は，廃止する．

(12) 租税国家における憲法秩序を担保するために，租税の徴収面および使途面の双方にわたる納税者権利基本法を整備することが不可欠となる．これにより租税国家の運営（租税の使途・租税の徴収）について納税者による司法的コントロールをも保障する．本稿の主題である福祉・平和の租税国家を展望するうえにおいて租税の徴収面，

使途面の双方の「憲法保障」を確保するために納税者の権利保障の具体的整備が重視されなければならない．この納税者権利基本法を受けて納税者監査請求・納税者訴訟のための法律，税務調査手続を含む税務行政手続法等も整備されなければならない．

（注）どうしても「つなぎ公債」（赤字公債）を発行する必要がある場合には，法律において一定の租税特別措置を整理することを法的担保として，発行することとする．

〔1995年11月〕

【文　献】

北野弘久「消費税導入」「バブルの後遺症」「財政難と財源難」小学館『日本20世紀館』，同「社会保障・社会福祉と納税者の権利」旬報社『社会保障・社会福祉大事典』，同「岩波ブックレット・5％消費税のここが問題だ』岩波書店，同「福祉国家は累進税を要求する」税経通信05年7月号，北野弘久=湖東京至『消費税革命』こうち書房，湖東京至『消費税法の研究』信山社，湖東京至「法人税を元に戻せば国庫負担財源は確保できる」論座2004年3月号，など．

第4章 『住専』問題と納税者の権利

『住専』つまり住宅金融専門会社に血税6,850億円をつぎ込むべきかどうかが問題となっている。右の金額は住専の第1次損失分である。今後第2次損失分の処理も問題になるかもしれない。

日本は，租税国家体制（その国の財政収入のほとんどを租税に依存する体制）を前提にしている。日本国憲法は，そのような体制における租税の取り方と使い方とに関する法規範原則を規定したものといえる。憲法は，人々の納税義務のあり方については租税の使途面をも射程にいれて規定している。憲法は，租税の使途のあり方についても一定の「法の支配」を規定しているはずである。住専問題の処理のために血税を用いることを憲法が予定しているかは極めて疑わしい。

住専問題に関連して金融システムの危機ということが叫ばれているが，住専それ自体はノンバンクであって単なる民間の株式会社にすぎない。住専の損失負担については企業経営における常識として親会社的存在である母体銀行がまず，その責任を負うのが当然である。日本の税の実務もこのような経済界の常識を前提にしている。

法人税基本通達9-4-1（子会社等を整理する場合の損失負担）の取扱いがその1つの表現である。母体行が住専に対してもっていた債権の放棄を行っても課税上は母体行の寄付金として扱われない。全額を母体行の損金として処理する取扱いが容認されているわけである。すすんで親会社的存在である母体行は右の債権の放棄のほかに子会社である住専の損失金をも分担すべきであろう。これも企業経営上の常識である。この損失分担金も右の通達により寄付金とはされず母体行の損金として処理されることになる。さらに農林系金融機関は厳密には親会社的存在ではないが，すでに国税庁の方針として右通達の適用対象とすることとされている。同農林系金融機関も単に5,300億円の負担にとどまらず当面必要な住専の損失金を分担すべきであろう。

このような処理を行うことによって血税をつぎ込むことなく住専問題を解決することが可能なはずである。このような処理方法の現実化については大蔵省が責任をもってこれをとりまとめ推進すべきである。

以上は当面の緊急措置である。別途，住専の経営者の責任を民事，刑事の両面から追及する。民事についていえば，住専の経営者の全員についてその私財を含めて追及する。たとえば，多額の役員報酬，役員退職金等を受けている場合にはその部分を返還させる。また住専から融資を受けた企業からは住専に返還させる。住専から融資を受けた企業の経営者個人の私財からも返還させる。融資を受ける際に保証人になった者がいる場合にはその保証債務について私財を含めて追及する。住専は一民間企業にすぎないところから，破産手続で処理すべきであるという議論もある。通常の破産手続に従えば，母体行等も破産債権者として破産手続に参加することになる。これでは，

母体行等に十分な責任を負わせることができなくなる．それゆえ，仮に破産手続によることとした場合においても，その手続にかける前の段階で，母体行等にその債権を放棄させること等が必要となろう．

　以上のようにつくすべき手続をつくせば，血税を投入する必要はなくなるといってよいであろう．以上のような手続をつくしても，なお母体行，農林系金融機関の一般預金者の元本等を保証することができなくなるような場合にその部分に限って応急的に血税を投入することが許されよう．もとより血税の投入先（一般預金者名）等の情報が開示されるべきである．また，大蔵省，農林省等の責任者への責任追及も当然行うべきである．われわれは，納税者の権利の視角から，住専問題の行方を監視しなければならない．

〔1996年2月〕

第5章 「予算決算及び会計令」「予算総則」による「福祉目的税化」の法的検討

1 政令による「福祉目的税」の異常

　政府は，去る1999年1月12日，政令改正という異常な方法で消費税の福祉目的税化を行った．この方法がいかに異常であるかをはじめに明らかにしておきたい．
　政府の行った手法は次のごとくである．財政法（昭22法34）22条は予算総則に規定する事項を規定している．たとえば，財政法4条1項但し書（建設国債）の公債の発行限度額，財政法4条3項の規定による公共事業費の範囲（建設国債発行による財源の充当先）などを予算総則に規定することとしている．この財政法22条7号に「その他政令で定める事項」を予算総則に規定することとされている．この規定を受けて「予算決算及び会計令」（昭22勅令165）15条に新たに11号として次の条項が加えられた．
　「11　消費税の収入が充てられる経費（交付税及び譲与税配付金特別会計法（昭和29年法律第103号）第4条の規定による一般会計から交付税及び譲与税配付金特別会計への繰入金を除く．）の範囲」
　この規定に基づいて予算総則において消費税の使途を「福祉目的」（基礎年金，高齢者医療，介護等）に限定することとされた．これが巷間，消費税の「福祉目的税化」と呼ばれる法的仕組みである．
　筆者の税法学理論によれば，租税国家体制（その国の財政収入のほとんどを租税に依存する体制）を前提とする日本国憲法は租税の使い方と取り方との法規範原則を規定したものとなる．なぜなら，租税国家では憲法政治の中身は，結局，どのような租税を徴収し，それをどのように使用するかに帰するからである．私たちは無原則的に無条件的に納税義務を負うわけではない．私たちの納付した租税が憲法の規定するところに従って（基本的人権の尊重＝福祉目的）のみ使用されることを前提にして，かつその限度で憲法の規定するところに従って（応能負担原則．憲法13条「人間の尊重」，14条「能力に応じた平等」，25条「生存権の保障」，29条「一定の生存権的財産権の保障」など）のみ納税の義務を負うのである．日本国憲法30条の「国民〔people〕は，法律の定めるところにより，納税の義務を負ふ」は，そのことを実定法的に確認するものである．つまり私たちは租税の使途面と徴収面との，双方の憲法適合的な「法律」に従ってのみ納税の義務を負うのであって，逆にそのような形でしか納税の義務を負わないという権利が私たちに保障されているわけである．この権利を筆者は納

税者基本権（taxpayer's fundamental rights）と呼んでいる．

　この納税者基本権の理論に従えば，日本国憲法のもとではすべての租税は福祉目的税ということになろう．それゆえ，特定の税目に「福祉」の名前を冠することは憲法理論上，許されない．この意味において消費税の福祉目的税化を意図する今回の政府の法的措置はそもそも憲法理論上，妥当でない（詳しくは拙著『納税者の権利』岩波新書 44 頁，同『納税者基本権論の展開』三省堂，同『税法学原論・4版』青林書院など）．

　右の基本的問題を別として，今回の政府による法的措置は「目的税」としてどのような評価を受けるべきであろうか．換言すればさきの筆者のいう新福祉目的税論を措くとして，一般に税法学上は租税を普通税と目的税とに分類することとした場合に，今回の法的措置が通常の目的税の手法に適合しているであろうか．

　目的税については，当該税目を規定する当該税法自身において，そのこと（目的税とすること）を規定するのが通例である．たとえば，地方道路税（国税）については地方道路税法（昭30法104）1条は「都道府県及び市町村（特別区を含む．）に対し，道路に関する費用に充てる財源を譲与するため，揮発油には，この法律により，地方道路税を課する」と規定している．また，都市計画税（市町村税）については地方税法702条1項は都市計画事業または都市区画整理事業に要する費用に充てるための目的税であることを規定している．国民健康保険税（市町村税）については地方税法703条の4第1項は国民健康保険に要する費用に充てるための目的税であることを規定している．このように通常の目的税については当該税法自体においてその使途が明定されている．

　以上の通常の目的税ではないが，ほかにその使途が特定されているいわゆる「特定財源」税の形式がある．これらの税目は，税法形式上は使途の特定されていない普通税であるが，当該税法以外の法律において「特定財源」とすることが規定されているものである．たとえば，揮発油税（国税）について道路整備緊急措置法（昭33法34）3条が国の道路整備費の財源に充てることを規定している．石油ガス税（国税）について道路整備緊急措置法3条および石油ガス譲与税法（昭40法157）1条が国および地方の道路財源に充てることを規定している．

　今回の消費税の福祉目的税化の法的措置は以上の，いずれの場合にも該当しない．

　さきにも紹介したように，今回の法的措置は政令に基づいて予算総則に規定するというものである．予算総則に規定する事項は，たとえば建設国債の発行限度額等に関するものであって，特定の税目の使い方に関する事項についてはおそらく先例がないのではなかろうか．財政法22条7号を受けて予算決算及び会計令15条において現在，規定されている予算総則の事項はすべて財政構造改革法（平9法109「財政構造改革の推進に関する特別措置法」）に関するものである．果して前出予算決算及び会計令15条11号の規定によって，消費税の使途について法的に意味のある規定を予算総則

でなしうるかが，検討されねばならないであろう．通常の目的税および「特定財源」税については，いずれも法律で具体的に規定されている．これは憲法の租税法律主義（憲30条，84条）の要請に鑑み，当然である．今回の政令（その政令自身にすら消費税の使途が具体的に示されていないことに注意）に基づく予算総則による福祉目的税化は，厳密にいえば，通常の目的税を意味しないことは明らかである．また，前出の「特定財源」税ともいえないのではなかろうか．

このような異常な手法を講じてまで，ともかく消費税の「福祉目的税」化の空気をつくろうとする姿勢自体の意味がきびしく問われねばならないし，かつ批判されねばならない．

2 消費税の福祉目的税化の世論づくり

大型間接税については早くから福祉目的税論が示されてきた．1979（昭和54）年12月に国会で，超党派で「今後導入しない」という決議の対象になった大平一般消費税についても，福祉目的税論がかつての政府筋の一部において示された．また，現行消費税の導入後，1989年7月に行われた参議院選挙において「消費税」のあまりにも不評のゆえに「保革逆転」がもたらされたが，当時，この不評を避けるために政府筋においてこれを福祉目的税化しようとする動きがみられた．また，94年2月3日，当時の細川総理が消費税を「国民福祉税」の名称に改め，税率を7%とする構想を発表した．

最近の世論も消費税の福祉目的税化に好意的である．たとえば産経新聞・FNNの合同世論調査によれば，「消費税の福祉目的限定について」，「賛成」65.3%，「反対」26.6%，「一概に言えない・わからない」8.1%となっている（99年1月21日付「産経」）．自由党党首の小沢一郎氏はもともと消費税の福祉目的税化論者で消費税の引き上げ論者であることは周知のところである（最近においても，『週刊ダイヤモンド』98年12月12日号のインタビュー）．消費税の福祉目的税化を主張する自由党との「自自連合」を行った小渕内閣への支持率が昨年夏の26.5%から31.4%へ上昇したとも伝えられる（産経新聞・FNN合同調査＝99年1月21日付「産経」）．

さきにも指摘したように，日本国憲法のもとではすべての租税が福祉目的税でなければならない．したがって，今回の福祉目的税化は憲法理論的には成立しない．仮に百歩ゆずって社会福祉費のための目的税として評価しようとした場合，さきにも明らかにしたように，今回の政令改正に基づく予算総則の規定による手法では，厳密には通常の目的税ともいえず，また「特定財源」税ともいえない．要するに，予算総則において前出のような措置を講ずることによって，消費税を事実上福祉目的税として認識しようとする一般的空気をつくろうとするものである．これは，人々を「誤導」する小細工であるといわねばならない．

国の99年度の予算案によれば，社会福祉費を「社会保障費」に限定したとしても16

兆円の財源が必要となる．消費税収入から地方交付税充当分のことを考慮しないで試算した場合，消費税率を最低でも2～3％引き上げなければ，国の「社会保障費」すらカバーしえない．今回の消費税の福祉目的税化は人々の福祉財源確保という大義名分のもとに，消費税率のいっそうの引き上げを容易にする．なお，消費税の福祉目的税化という小細工が行われたからといって，社会福祉費が予算上充実するという保障はない．仮に消費税収入が「社会保障費」を上回ることになった場合にも，他の福祉関係費目に流用することが困難となる．これは財政の硬直化をもたらす．さらに長期的に福祉目的税化論の徹底は，企業の保険料負担軽減の議論を正当化することにもつながる．

3 いままでに消費税収入は何に使われたか

現行消費税は大変な反対を押し切って導入された．導入にあたって様々な「詐術」的手法が用いられた（詳しくは拙著『5％消費税のここが問題だ』岩波ブックレット）．導入にあたっての大義名分は，高齢者社会，福祉社会に対処するためということが喧伝された．消費税収入が果たしていままで福祉に充当されているかはきわめて疑問である．このことを種々の観点から検討することとしたい．

表11-5-1は，財政状況がほぼ安定的であった導入後5年間の主要経費別の伸び率を示すものである．これによれば消費税導入前の1988年度を100とした場合の導入後5年間の社会保障費の伸び率11.89％は，消費税収入を含む租税収入一般の伸び率20.61％よりもはるかに下回る．また，最も重要な福祉費である中小企業対策費はかえって縮減し，△23.19％となっている．相対的にいえば，消費税収入は福祉費にほとんど充当されていないといわねばならないであろう．

表11-5-2は，消費税導入後89年から97年までの9年間の消費税の表面税収額と実収入額を示したものである．表11-5-3は，この9年間の主要経費の伸び率を示したものである．

これらによれば，次のように分析することが可能である．消費税が導入された89年から97年までの9年間の消費税の総収入額は61兆1,000億円．ただし，97年分には独立税としての地方消費税（税率1％）の分は含まれていない．つまり，97年には消費税率4％のみが計上されているわけである．この9年間で大企業への戻し税による還付額は10兆4,000億円．これは事実上の大企業への輸出補助金である．導入後96年までは，消費税収入の20％が地方譲与税として地方自治体に交付された．8年間でその金額は10兆3,000億円．還付額と地方譲与税分を控除すると，消費税の実収入額は9年間で40兆4,000億円になる．この40兆4,000億円はどこに使われたのであろうか．消費税導入前の1988年ベースにして9年間の主要経費の増加額をみてみよう．増加額第1位は国債費23兆2,000億円，第2位は公共事業関係費23兆1,000億円．この2つの費用だけで46兆3,000億円に達し，9年間の消費税実収入額40兆

第5章 「予算決算及び会計令」「予算総則」による「福祉目的税化」の法的検討

表11-5-1 主要経費別決算額6か年比較および前年度比伸び率の推移

主要経費別	1988年度 億円	1989年度 億円	1989年度 %	1990年度 億円	1990年度 %	1991年度 億円	1991年度 %	1992年度 億円	1992年度 %	1993年度 億円	1993年度 %	1988年対93年の伸び率(%)
社 会 保 障 関 係 費	117,478	123,532	4.9	114,805	△7.0	121,499	5.8	127,378	4.8	131,456	3.2	11.89
防 衛 関 係 費	36,695	39,219	6.8	42,530	8.4	44,408	4.4	45,518	2.4	46,406	1.9	26.46
文教・科学振興費	49,814	50,628	1.6	54,100	6.8	55,933	3.3	56,833	1.6	58,204	2.4	16.84
国 債 費	120,307	120,897	0.4	143,142	18.3	155,365	8.5	164,473	5.8	154,423	△6.7	28.35
地 方 交 付 税	130,311	149,647	14.8	159,308	6.4	158,001	△0.8	157,718	0.1	156,173	0.9	19.84
公 共 事 業 関 係 費	66,760	74,055	10.9	69,556	△6.0	74,205	6.6	80,243	8.1	85,271	6.2	27.72
恩 給 関 係 費	18,806	18,464	△1.8	18,316	△0.8	18,154	△0.8	17,838	△1.1	17,766	△0.4	△5.53
経 済 協 力 費	7,329	7,827	6.7	8,188	4.6	8,595	4.9	9,050	5.2	9,570	5.7	30.57
中小企業対策費	2,539	2,368	△6.7	2,399	1.3	2,072	△13.6	1,955	5.6	1,950	0.2	△23.19
エネルギー対策費	4,522	5,460	20.7	5,469	0.1	5,892	7.7	6,312	7.1	6,551	3.7	44.86
食 糧 管 理 費	4,775	4,566	△4.3	4,041	△11.4	3,786	△6.3	3,421	△9.6	3,113	△9.0	△34.80
産業投資特別会計へ繰入	12,717	12,285	△3.3	12,827	4.4	12,702	△0.9	2,166	△82.9	1,866	△13.8	△85.32
そ の 他 の 経 費	42,652	49,635	16.3	58,000	16.8	44,851	△22.6	45,768	2.0	47,294	3.2	10.88
合 計	614,710	658,589	7.1	692,686	5.1	705,471	1.8	722,180	2.3	723,548	0.1	17.70
租 税 収 入 額	508,265	549,218	8.0	601,058	9.4	598,203	△0.4	625,040	4.4	613,030	△1.9	20.61

[注] 北野弘久・湖東京至『消費税革命・改訂版』こうち書房, 43頁（湖東担当）

表11-5-2 消費税の表面税収額と実収入額

(単位:億円)

年度	表面税収額	還付額	地元譲与税	差引実収入額
1989	3兆9,546	1兆3,183	7,909	1兆8,454
1990	5兆5,804	1兆3,061	1兆1,160	3兆1,583
1991	6兆2,128	1兆2,418	1兆2,425	3兆7,285
1992	6兆6,944	1兆1,229	1兆3,388	4兆2,327
1993	7兆0,863	1兆0,184	1兆4,172	4兆6,507
1994	7兆1,816	1兆0,262	1兆4,363	4兆7,191
1995	7兆1,667	1兆0,099	1兆4,333	4兆7,235
1996	7兆4,350	1兆0,409	1兆4,870	4兆9,071
1997	9兆8,130	1兆3,738	―	8兆4,392
合計	61兆1,248	10兆4,583	10兆2,620	40兆4,045

[注] 湖東京至調べ「全国商工新聞」1998年3月30日。

表11-5-3 1988年度をベースとした97年度までの主要経費別増加額

(単位:億円)

主要経費項目	88年度額A	増加額B	B/A
社会保障関係費	118,014	123,047	1.05
文教・科学振興費	49,820	80,088	1.60
国債費	120,307	231,979	1.92
地方交付税交付金	130,312	160,358	1.23
防衛関係費	37,283	74,735	2.00
公共事業関係費	66,830	231,325	3.46
経済協力費	7,144	20,323	2.84
中小企業対策費	2,567	△1,290	0.50
全予算	618,517	942,062	1.52

[注] 湖東京至調べ「全国商工新聞」1998年3月30日。

4,000億円をはるかに超えてしまう。

一方,9年間の主要経費の伸び率は,第1位が公共事業関係費3.46倍,第2位が経済協力費(ODA)2.84倍,第3位が防衛関係費2.0倍,第4位が国債費1.92倍である。これに対し,中小企業対策費は0.5倍と縮減しており,社会保障関係費は1.05倍とまったく増えていない。全予算の伸び率は1.52倍。以上,消費税収入はほとんど福祉に充当されていないことになろう。

それでは,消費税は客観的に見てどのような機能を果たしているのであろうか。まず,公共事業関係費の増大が指摘されねばならない。これは箱物的事業が中心である。

次に ODA（政府開発援助）予算の増大，そして第3に防衛費の増大が指摘されねばならない．第2，第3の支出についてコメントしておきたい．ODA の実態がもっぱら途上国の軍事政権・軍事産業を支えるものとなっていること，平和憲法のもとで日本の防衛庁が某社1社に対して年三千数百億円の血税を支出していること，などが指摘されねばならない．日本の重工業の多くは実質的には軍事産業である．日本は平和憲法のもとで，すでに世界第2位の軍事費大国となっており，日本経済は形を変えた戦時体制に入っている．

このように消費税はゼネコン型の大企業と，途上国を含めておそるべき軍事費大国の流れを支えるものとなっている．

4　国の99年度予算案と消費税

国の1999年度の予算案がまとまった．

一般会計の総額は81兆8,601億円である．結論を先にいえば，その内容はまさに「狂気」というべきものである．昨年，財政構造改革法のもとで「財政再建」のための国の当初予算（98年度）を組んだ政府が，99年度予算案では31兆円を超える膨大な国債を発行し，国債依存率は37.9％に達した．国債収入のうち，建設国債は9兆3,400億円，赤字国債は実に21兆7,100億円という空前の巨額となっている．これにより99年度末の国債発行残高は327兆円，地方債を含む国と地方の借金総額は600兆円を超える．これは日本の GDP（国内総生産）の1.2倍になる．日本は数字的にはすでに破産状態である．

景気対策の目玉商品として喧伝された「大型減税」は地方税を含めて9兆円を超える．不景気による一般的な税収減に加えて，この大型減税のゆえに予算案の税収総額はわずか47兆円である．この大型減税の内容は個人所得税の最高税率の引き下げとその各人の税額にたいする定率減税，法人所得税率の引き下げを中心とするものである．それゆえ大企業・高額所得層中心の減税となっている．その大義名分となっている消費不況，経済危機の克服のためにはあまり意味のないものとなっている．日本国の危機でもある消費不況，経済危機克服のためには昨年暮れに民間業者が行った「消費税還元セール」の例で明らかなように，同じ9兆円超の減税をするのであるならば，消費税の凍結・消費税の引き下げこそが効果的だ．今次の構造不況の主因の1つは97年4月からの消費税の引き上げにあることは政府も是認している．消費税減税は，所得税非納税世帯を含むすべての人々にその効果が及ぶ．また，消費をしなければその減税の利益を享受できない．前出の「消費税還元セール」の例でもわかるように消費税減税は心理的にもきわめて効果的だ．消費税減税こそが，まさに日本国の危機を救う処方箋といえよう．予算案には消費税減税は1円も予定されていない．また大型予算の歳出の中心は従来型のゼネコン・軍事産業路線を踏襲するものである．後者についていえば，「冷戦構造」崩壊後においても，日本では依然として「軍拡路線」が維

679

持されている。なお，筆者は，定年後も「生涯現役」として人々に「働く場」を提供することこそ，最大の「福祉」と考えている。その意味では中小企業対策費は重要である。99年度の中小企業対策費は88年度（2,539億円）を下回るわずか1,923億円にすぎない。

昨年の財政構造改革法では，実はその「財政再建」の具体的方途は不透明であった。同法自体も結局，消費税引き上げをその唯一の解決策としていたとみてよい。加えて99年度の予算案については，以上で明らかなように減税・歳出の両面からいって経済危機の克服にはほとんど効果がない。この無意味な，むしろ有害な巨大「赤字予算」のツケも，最大の不公平税制である消費税のいっそうの引き上げ（最終的に15%，20%へ）によって，最終的に処理しようとする意図であることは否定できない（詳しくは『世界』99年3月号の拙稿参照）。

5 消費税傾斜の流れの危険性

最近では規制緩和論・国際化論などを理由に様々な改革が行われつつある。もとより無駄な規制は緩和・廃止されねばならない。しかし，企業の寡占化・独占化を抑制し，中小企業の生存権を確保するためには，国としてはむしろ規制をしなければならない。また，労働者，消費者，さらに障害者などの社会的弱者の生存権を確保するためにはむしろ必要な規制が不可欠となる。これは人権論からいえば自由権（公権力から干渉されない人権）の保障だけでは人々の実質的平等，人々の生存権を確保できないために登場した新しい人権である社会権（よい意味で公権力の干渉を求める人権）の要請である。誤った画一的・形式的な規制緩和論のゆえにおそろしい流れが進行しつつある。大店法の廃止，中小企業倒産の放任，独占禁止法制・労働法制等の形骸化などの社会権・社会法の「否定」の動きである。税制における応能負担原則・累進課税の思想は人権論からいえば，社会権の投影・具体化である。昨今の「大型間接税への傾斜，直接税のフラット化」の流れも，誤った画一的規制緩和論の一環である。さきに紹介した99年度予算案と「大型減税」案は，このおそるべき誤った流れを一段と加速するものである。

日本は，さきにもふれたように租税だけで国家を運営する租税国家体制を採用している。租税国家では納税者（タックス・ペイヤー）が租税の取り方と使い方とを法的に監視（ウォッチング）し，統制（コントロール）することが期待されている。大型間接税である消費税への傾斜・直接税のフラット化（平準化）の流れは，社会権の投影である憲法の応能負担原則に逆行するだけではなく，本当の納税者（消費者＝担税者）から納税者としての法的地位すらを各人の意思とは無関係に奪う租税が日本の租税国家の主流になることを意味する。

さきにも指摘したように，最近の動きでは巨大赤字の処理は消費税引き上げという方法によってのみ処理しようとすることが期待されている。仮にヨーロッパ並みに日

第5章 「予算決算及び会計令」「予算総則」による「福祉目的税化」の法的検討

本の消費税率が15％になると，人びとを租税法律関係から法形式的にも排除する消費税収入が40兆円を占めることになる．ヨーロッパでは消費税率が20％を超える国も少なくないが，もし日本の消費税率が20％になれば，そのような消費税収入が54兆円を占めることになる．これは，日本の租税国家が本当の納税者の能力を無視して画一的負担を押しつけるとともに，彼らを法的に「植物人間」〔納税者としての法的地位を奪う〕とする消費税によって支配されることを意味しよう．それゆえ，このような流れは，日本の租税国家の危機である．今回の政令改正と予算総則による消費税の福祉目的税化は，このおそるべき流れを加速するための「環境」づくりとして機能する．

　右に指摘した租税国家の危機について，コメントを加えておきたい．99年度の大型減税によって給与所得者の場合，年収793万円以下の者はすべて増税になる．それに加えて消費税のいっそうの支配は人々の生活，生存権を根底的に直撃する．また，企業の99％が中小企業であるが，その中小企業では自己の消費税額のみならず仕入れの際に負担した消費税額すらを転嫁できない場合が少なくはない．消費税は多くの中小企業にとって企業付加価値税，さらには企業取引高税（累積税）という形の企業税として機能している．消費税の支配の流れは，このように日本資本主義を支えてきた中小企業の生存権を破壊する．一方，大企業の多くの実質法人所得税率はきわめて低いほか，1社当たり年数百億円という戻し税の恩恵を受けるものが少なくない．さらに重大なことは，消費税では租税国家の政治を監視し，統制すべき主権者である本当の納税者（担税者）に各人の意思とは無関係に納税者としての法的地位が与えられないという事実である．消費税は法形式的にも「歯止めなき」租税である．そのような租税が日本の租税国家を支配することになる．平和・福祉の憲法である日本国憲法を「廃棄」しようという流れが進行しつつあるが，消費税の支配は，このおそるべき流れを財政的に支えるものであることを洞察すべきである．

〔1999年4月〕

第6章 租税の使途面と「法の支配」

1 はじめに

　大阪府泉南市の住民が泉南市の支出した官官接待費（報償費，食糧費）の違法性を争う住民訴訟を提起した．第1審大阪地裁1994年12月16日判決は，問題の支出はいずれも社会通念の範囲を逸脱しているとはいえず，違法ではないとした．筆者は，第2審大阪高裁へ1995年10月に鑑定所見書を提出するとともに，同高裁で1996年5月に鑑定証言を行った．大阪高裁1996年11月22日判決は，法律または条例に特別の規定が存在しなくても，租税の支出のあり方につき憲法上「法の支配」（rule of law）が及ぶべきであるとする拙鑑定理論を支持し，本件官官接待費の支出を具体的に違法とした．これは，この種の問題に対する初の判断といってよいであろう．

　本件については，住民側代理人の中北龍太郎弁護士の「租税の使途面における『法の支配』——泉南市住民訴訟における北野弘久先生の鑑定書の意義」北野先生古稀記念『納税者権利論の展開』勁草書房，所収がある．

2 拙鑑定所見書の概要

　筆者が1995年9月25日付でとりまとめた鑑定所見書の概要は，次のごとくである．

2.1 日本国憲法のもとでの租税概念とその支出のあり方

　日本国憲法は，租税国家体制（Steuerstaat, Tax State）を前提にしている．租税国家というのは，その国の財政収入のほとんどを租税に依存する体制である．租税国家では，憲法の全条項が結局において，そのような租税の取り方と使い方とを決めたものといえなくはない．別な言葉でいえば，租税国家における租税のあり方，つまり公財政のあり方の法規範原則を規定するのが憲法ということになろう．

　ところで，日本国憲法は，現代的な租税概念をその法規範論理として予定している．すなわち，福祉憲法を目的とする日本国憲法としては，従前，「税外負担」と呼ばれていた受益者負担の多くを憲法上の租税概念にとり込むとともに，従前の，租税の使途面を峻別・切断して租税の徴収面（納付面）のみのものを租税概念とする考え方を採用せず，租税の徴収面（納付面）と使途面とを法的に一体とした，現代的租税概念を採用している（詳しくは拙著『税法学原論・3版』青林書院18頁以下）．日本国憲法83条以下の租税民主主義・租税議会主義の諸規定は，このような現代的租税概念を前提としたものである．周知のように，租税の徴収面（納付面）では，租税法律主義・租税条例主義が支配するものとされている．租税の徴収面（納付面）においては法律・条例による厳格な租税構成要件等の法定主義の原則が支配するわけである．これ

第6章 租税の使途面と「法の支配」

と同じように,実は憲法上同一の租税概念に属する租税の使途面のあり方についても法律・条例による法定主義が支配するのである．現行法が本件で問題になっている報償費，食糧費等の支出のあり方について法規定を整備していない場合であっても，当該支出のあり方について伝統的な租税法律主義・租税条例主義に準ずる「法の支配」が憲法上は要請されているのである．立法論的には，法律・条例において報償費，食糧費等の支出のあり方に関する実体法と手続法とを整備することが望ましいのであるが，そのような法規定が整備されていない現段階においても，憲法理論上おのずと報償費，食糧費等の支出のあり方が決まっているのである．その憲法の意図する法的枠組みを超える支出は，現行法のもとでも違法であるといわねばならない（詳しくは拙著『現代法学者著作選集・納税者基本権論の展開』三省堂108頁以下）．

租税の使途面のあり方は，ケースバイケースによってそこに支配する「法」が厳正に解明されなければならない．本件の場合についていうと，本件は果たしてそもそも報償費，食糧費等を支出しうる場合に該当するのかどうか，また該当するとしても本件支出が報償費，食糧費等の支出として相当であったかどうかが法的に厳正に問われなければならない．租税の使途面についても憲法の意図する「法の支配」が厳正に右のように問われない限り，租税国家体制下の「憲法保障」は確保され得ない．

2.2 本件報償費，食糧費等の支出の違法性

原判決の別紙㈠は本件で問題になっている報償費の使途等を示したものである．原判決によれば本件報償費は少額のもので1人当たり9,810円，多額のもので1人当たり2万700円である．支出の相手方は，運輸省，自治省等の中央官庁の公務員である．同表の空港専門家の職業が明らかにされていないが，もし公務員であるならば右に示された相手方の場合と同じような問題が生ずる．同表の関係機関も公務員であるならば同じように考えねばならない．原判決は，「有益な情報の提供や教示，示唆を受けた際に，その謝礼のために支出されたもの」と認定している．右の情報の収集等を含めて泉南市が関係公務員と打合せ，協議等をするのが当然であり，その場合，相手方の関係公務員は自己の当然の公務として当該打合せ等に対応するのが筋合いである．また同関係公務員は勤務先から給与の支払を受けているのが通例である．もし，一般に公務員が出向いて助言等をする場合には個別の職務上の出張につき出張旅費の支払いを受けているのが通例である．したがって公務員に対して謝礼相当分である本件報償費を支出しなければならない理由はまったく存在しない．それゆえ，本件報償費の支出はすべて違法であるといわねばならない．仮に，百歩譲って，本件の諸事情に鑑みて何らかの謝礼をすることがやむを得ない場合であったとしても，本件当時，つまり昭和62, 63 (1987, 1988) 年当時の泉南市の報償基準の例に従うべきであった．当時の「議会等の要求により出頭した者等に対する実費弁償条例」（昭61条例6）によれば，1人当たり5,000円であった．したがって百歩譲るとしても，本件報償費のうち1

683

人当たり5,000円を超える部分は違法であるといわねばならない。

本件食糧費の使途等は，原判決の別紙㈢に示されている。原判決によれば，本件食糧費の内容については，「相手方は，大阪府企業局，和歌山市，岩出町，関西国際空港株式会社，国の関係機関の各職員や空港専門家であって，会合の内容はいずれも同空港の全体構想及び南ルート架橋の推進を図る目的で開催された協議会，懇談会，意見交換会及び右会合に引き続いて意思の疎通を図ることを目的として設営された会食等」である。同表の中に「不詳」，「空港専門家」とあるのが関係公務員，国際空港事業の関係者である場合には，以下に指摘すると同様の問題が生ずる。すなわち，これらの公務員等は当該各人の職務の遂行上，泉南市との打合せ，協議等に参加しているにすぎないのである。したがって，彼らに泉南市が食事等を提供しなければならない合理的必要性はまったく存在しない。それゆえ，本件食糧費の支出はすべて違法であるといわねばならない。

仮に百歩譲って，打合せ，協議等が夕食時までに及び，社会通念上泉南市として夕食等を提供しなければならない事情があったとする。その場合の食糧費等は1人当たり次のごとくでなければならない。すなわち，本件当時，つまり昭和62，63 (1987，1988) 年当時の通常の弁当代は1人当たり500円程度であった。これにビール等の飲物をつけるとしても，合計1人当たり1,000円程度で十分であるといわねばならない。昭和62，63年当時の「泉南市職員旅費条例」(昭31条例7)の「食卓料」も1人当たり1夜につき1,000円であった。本件食糧費のうち右の1,000円を超える部分は，すべて違法である。

2.3 結　語

以上のとおり原判決は，本件報償費，食糧費等の支出のあり方について，疑いもなく重大明白にその法的判断を誤ったものといわねばならない。

3　控訴審判決

大阪高裁1996年11月22日判決は，本件報償費，食糧費の支出を違法と判断した。特に食糧費については1人につき6,000円以内という上限を示したことが注目される。

同判決は，本件報償費支出については次のように裁量権を逸脱しており違法とした。「〔本件報償費支出には〕……右行政目的の正当性が一応認められるとしても，右情報・助言の収集活動をするに際しても，法令及び予算の制約を受けることは当然であり，本件報償費支出をするには前記のとおりの一定の要件を充たす必要がある。ところが，本件報償費支出に関して，相手方から提供を受けた情報・助言の必要性・有益性について，これを否定すべき証拠もないが，これを肯定すべき積極的な証拠も見当たらない。また，相手方が，単なる公務の範囲を越えて，一個人として，専門的立場から右情報・助言の提供をしたり一定の会合場所に出席して右提供をするなど，報償

費支出を是認するに足るべき事由を認める的確な証拠がない。さらに，右事情のもとにおいては，本件報償費支出は，右の程度，内容が不明で抽象的な事情・助言であることの均衡上，明らかに社会通念上の相当の範囲を逸脱している。そうである以上，本件報償費の支出は，これを適法として肯認するために必要な前記要件が充足されたものとはいえず，違法であるというほかない」。本件食糧費支出については，バーでの支出はそもそも行政目的との関連性を認めることができないとして食糧費に該当しないとし，また，行政目的との関連性の認められる食糧費支出については1人当り6,000円を超える部分は違法とした。「地方公共団体は，このように行政事務の執行にともない接遇を兼ねて会食をし食糧費を支出することができる。しかし，この接遇は，対外的折衝を目的とした交際費によるものと異なり，本来会議用の茶菓，接待用の茶菓，弁当等を対象とした食糧費によるものである。しかも，これは公的存在である普通地方公共団体により行われるものであるから，それが食糧費としての節度を失い，または社会通念上儀礼の範囲を逸脱したものである場合には，右接遇は当該普通地方公共団体の事務に当然伴うものとはいえず，これに要した費用を食糧費により支出することは許されない。……食糧費による会食の場合についても，どのような飲食を供するかは，相手方の身分，地位と会議など職務の内容等に応じて地方公共団体の長又は職員の裁量によるほかない。しかし，それが食糧費の前示性質に照らし，その節度と社会的儀礼の範囲を逸脱している場合には裁量権の濫用としてこれによる食糧費の支出は違法になるというべきである。ところで，本件のように相手方の地位，氏名などが不明で，会議内容なども抽象的で具体的な事項が明らかにされないものについては，相手方は通常人で一般職員であるとみるほかない。この場合には，多くとも弁論の全趣旨により認められる指定職国家公務員の食卓料，泉南市職員の一般職の食卓料など諸般の事情に照らし，いくら多くても1人あたり6,000円までであって，これを越えるものについては，泉南市職員の裁量権の濫用であり，社会通念上相当な儀礼の範囲を逸脱した違法な食糧費の支出であるというべきである」。「別紙㈢番号37のバーは，客に酒を飲ませながらトランプ遊び，手品を見せ，それを売り物にする店であること，このため，客同士で仕事の話をするなどということはとてもできない雰囲気であることが認められる。そうすると，右バーにおける1人当たりの支出金額が約9,000円であること，接遇場所が右バー1か所であることを考慮しても，このような場所は，会合の場所としてはもちろんのこと，たとえ会合の後の接遇の場所としても，およそこれらに相応しい場所とはいえない。しかも，接遇の相手方も不詳である。すなわち，本件においてこのような場所における不詳者を相手とする接遇について，行政目的との関連性を認めることができないことは明らかである。右接遇は，もっぱら遊興目的のもとでなされたものというほかない。……右支出は違法である」。

　明治憲法のもとでは租税の支出の問題は行政権固有の問題という考え方が支配的であり，その意味では「法の支配」が及ばないとされてきた。この考え方が，基本的に

は日本国憲法のもとでも踏襲されてきたといってよい．租税の支出のあり方についても，租税の徴収に準じて，法律または条例によってそれぞれの実体法・手続法の整備がなされねばならない．これは，日本の立憲主義のための急務である．

〔2001年11月〕

第7章 租税の使途面への法的訴求と原告適格
―― 在日米軍駐留経費違憲訴訟 ――

1 はじめに

　地方税のレベルでは現行地方自治法242条の2（住民訴訟）の規定に基づいて住民は租税の使途面について法的訴求が許されている．しかし，国税のレベルではそのような法律による特別の規定が存在しないところから，いままでの実務では租税の使途のあり方については納税者は法的訴求ができないとされてきた．この問題が争われている大阪高等裁判所平成11 (1999) 年（ネ）第1743号事件「在日米軍駐留経費違憲訴訟」について，去る2000年5月23日，筆者は，大阪高裁で鑑定証言を行った．同時に，鑑定所見書を同高裁へ提出した．筆者は，現行法のもとでも，通常訴訟（主観訴訟）として納税者は法的訴求ができると証言した．このように解すると，現行地方自治法242条の2（住民訴訟）の規定の法的性格をどのようにみるべきか，という新たな疑問が生ずる．この規定に基づく住民訴訟は実は，理論的には通常訴訟（主観訴訟）であり，私見によれば同規定はその通常訴訟（主観訴訟）についての当然の確認規定にすぎないということになろう．

　以下は，筆者の鑑定所見書の概要である．控訴人（原告）らは，現実にも所得税，消費税を負担している国税納税者296名．控訴人ら代理人は加島宏，梅山光法，遠藤比呂通らの各弁護士である．なお，第1審大阪地裁1999年3月29日判決は，原告らを敗訴とした．

2 日本国憲法と租税国家

　本件では在日米軍駐留経費の支出（以下「本件支出」という）の違憲性が争われている．

　日本国憲法は，租税国家（Steuerstaat, Tax State）体制を前提としている．租税国家というのは，その国の財政収入のほとんどを租税に依存する体制である．そこでは国家は無産国家である．租税国家の憲法政治は所詮，そのような租税を徴収しそれをどのように使用するかに帰する．私たちの平和，生活，福祉，人権などもこのような租税問題の処理の仕方によって基本的に決まることになる．日本国憲法は，最終的にはそのような租税国家における租税の徴収と使途とのあり方に関する法規範原則を規定したものと言える．日本国憲法の諸条項は，租税の徴収と使途とのあり方について，具体的に法拘束的効力をもつ．

　租税の使途面について日本国憲法の諸条項が具体的にどのような法拘束的効力をもつかを例証的に指摘しておきたい．

憲法1条は，天皇は単に「日本国の象徴」であり，「日本国民統合の象徴」にすぎないと規定している．このことは，天皇および皇室に対して憲法が容認した象徴の地位を超える程度には租税を使用してはならないという法拘束的効力を意味する．これを受けて憲法88条は，「すべて皇室の費用は，予算に計上して国会の議決を経なければならない」と規定している．また，憲法20条の信教の自由・政教分離を租税国家において保障するために，憲法89条前段は宗教上の組織・団体のために公金（租税）を支出することを禁止している．この「公金の支出」のなかには徴収すべき租税を徴収しないことによって生ずる「隠れた補助金」も含まれる．このように，憲法20条・88条前段は，租税の使用のあり方について法拘束的効力をもつ．

本件で問題になっている平和主義について言えば，憲法9条は，戦争の放棄，軍備・戦力の保持の禁止，国の交戦権の否認を規定した．これはそのままそのような憲法9条の平和条項に反する租税の使用を禁止するものである．租税国家においてはこのことはどのような法的意味をもつかを明らかにしておきたい．

たとえば，1991年の中東の湾岸戦争に関連して日本政府はアメリカなどの多国籍軍に対して90億ドル＝当時1兆1,900億円（実際には為替差損益により95億ドル）の戦闘費を支出した．現代のハイテク戦争では，戦場に日本の納税者が実際に行かなくても金員を負担することによっておそるべき戦争を遂行することが可能となった．この日本の納税者が負担した租税などを使って遂行された中東戦争によって非戦闘員を含む数多くの人が殺された．この事実を殺人罪として論ずるときは，多額の金員を負担した日本の納税者は，まさしくその共同正犯，間接正犯であるということになろう．日本国憲法9条はこのような租税の使用を許容していない．

この憲法9条の法的意味を租税国家における財政原則を規定した財政法との関係において明らかにしておきたい．1947年に日本国憲法を受けて財政法（昭22法34）が制定された．同法4条，5条において公債不発行の原則を規定している．この公債不発行の原則は単に財政政策上の要請ではなく，租税国家において日本国憲法9条を担保するためのものである．この点は，「立法事実」として確定していると言える（杉村章三郎『財政法・初版』有斐閣1959年，43頁）．このような憲法の趣旨を具体化した財政法の諸条項の存在からも明らかなように，本件で問題になっている憲法9条が租税の使用のあり方について法拘束的効力を規定するものであることは疑いをいれない(Hirohisa Kitano, Structure of Constitution of Japan and Fundamental Rights of Taxpayers-Device for Constitution Security in Tax State, Comparative Law, Vol. 14, 1997 (Nihon Univ. Comparative Law Institute).

3 「納税義務」の憲法的意味

日本国憲法30条は「国民は，法律の定めるところにより，納税の義務を負ふ」と規定している．同条にいう「国民」は，people, peuple の意味であって，日本の租税国

家を構成する外国人，法人，団体等をも含む．

同条の法的意味についてコメントを加えておきたい．納税者は，無原則的に無条件的に納税義務を負うのではない．納税義務のあり方を拘束する同条の「法律」は，2つの憲法適合的な「法律」を意味する．すなわち，まず租税の使途面の憲法適合的な「法律」を意味する．次に租税の徴収面の憲法適合的な「法律」を意味する．このことにより，納税者は，自己の納付した租税が憲法の規定するところ（福祉・福利）に従ってのみ使用されることを前提にして，その限度でかつ憲法の規定するところ（応能負担原則．憲13条，14条，25条，29条）に従ってのみ，納税義務を負うのである．本件で問題になっている憲法9条に違反する租税の使途分については，納税者は法律的に納税義務を負わない．このことは実定憲法の法構造上疑いをいれない．日本国憲法は，明治憲法とは異なり納税義務を租税の徴収面と租税の使途面とに峻別・分断していないからである（以上の詳細については拙著『税法学原論・4版』青林書院1997年，2章，4章，同『現代法学者著作選集・納税者基本権論の展開』三省堂1992年，浦田賢治・大須賀明編『新・判例コンメンタール日本国憲法2』三省堂1994年，200頁以下〔第30条　納税の義務．執筆・北野〕〔本書第Ⅰ部第2章〕など）．

4　日本国憲法9条に違反する本件支出の負担分と控訴人らの法的利益への主観的侵害

所得税，消費税は普通税である．したがって，控訴人らの負担した所得税，消費税のうち，在日米軍駐留経費の予算の占める割合分は論理必然的に在日米軍駐留経費（本件支出）に使用される．この点については普通税の性格上あまりにも自明であって，議論を必要としない．さきに指摘したように，当該分については法律的に違憲・違法の支出であって，控訴人らには納税義務は生じない．この違憲・違法の支出によって控訴人らは，各人の租税負担において相対的に租税負担が重くなり当該分だけの経済的不利益を受けたことになる．また，当該分だけ憲法および関係法令が予定していたはずの福祉・福利のための支出が行われなかったことによる経済的不利益を受けたことになる．これらは，疑いもなく控訴人ら各人の法的利益への主観的侵害である．

5　本件支出と裁判所法3条の「法律上の争訟」

裁判所法3条は「裁判所は，日本国憲法に特別の定のある場合を除いて一切の法律上の争訟を裁判し，その他法律において特に定める権限を有する」と規定している．

以上の検討から明らかなように，本件支出により控訴人各人らについてその法的利益への主観的侵害が生じたので，控訴人各人には本件支出について裁判所法3条にいう「法律上の争訟」として法的訴求を行う法的資格（原告適格）が存在する．

この点について現行地方自治法242条の2の住民訴訟の規定をどのように解するかという疑問がある．

周知のように，アメリカでは納税者訴訟（taxpayer's suits）は通常訴訟（主観訴訟）と理解されている．これに対して日本では，前出住民訴訟は，客観訴訟であるところの住民訴訟を法律（地方自治法）において特別に許容したものと一般に理解されている．住民訴訟は，裁判所法3条にいう「法律上の争訟」ではなく，「その他法律において特に定める」場合のものであると解されてきたわけである．日本国憲法76条1項の「司法権」（judicial power）はアメリカ合衆国流の司法権の考え方を踏襲しているとして，次の指摘がある．すなわち，アメリカ合衆国流の司法権概念とは，合衆国憲法3条2節1項が定める case or controversy（「事件性」，「具体的争訟性」）に関して司法権が行使されるという意味である．さきにアメリカの納税者訴訟が通常訴訟（主権訴訟）として理解されていると指摘したが，それは，アメリカでは納税者訴訟は合衆国憲法で規定する case or controversy に関する訴訟であると理解されていることを意味しよう．日本国憲法の「司法権」の意味も右のアメリカと同趣旨に解すべきであり，そうであるならば日本の住民訴訟も客観訴訟ではなくアメリカと同様に通常訴訟（主観訴訟）と解すべきである．現行地方自治法242条の2は，右のように通常訴訟に関する当然の確認規定ということになろう（金子正史「アメリカにおける納税者訴訟の現状」日本財政法学会編『財政法叢書3・憲法9条と財政』学陽書房1987年）．

アメリカでは，すでに指摘したように，納税者訴訟は久しく通常訴訟（主観訴訟）として判例法上容認されてきた．連邦段階では原告適格を容認した Flast v. Cohen（392 U. S 83, 1968）が本件を考えるうえにおいて参考になろう．同判決は，原告適格のために2つの要件の充足を要求した．つまり当該納税者と当該請求との間に2つの論理的連結（logical nexus）の存在を必要とした．第1に，連邦納税者は，連邦憲法1条8節の課税・支出条項のもとでの連邦会議の権限の行使（立法）についてのみ違憲を争うものでなければならない．もとより当該納税者と当該立法との間に論理的連結が必要である．第2に当該納税者とその蒙る憲法上の侵害との間に論理的連結が必要である．そのためには連邦納税者は問題としている議会の権限の行使（立法）が，議会の課税・支出権限の執行に課せられた特定的な憲法上の制約（specific constitutional limitations）を超えるものであることを示さなければならない．

本件についていえば，第1の要件については議論の必要がないであろう．問題は第2の要件の充足である．この点については日本国憲法の最も重要な憲法原理である平和主義を規定した憲法9条を，すでに検討したところで明らかなように，「特定的な憲法上の制約」として指摘すれば足りよう．

6 日本国憲法と福祉目的税

さきにも指摘したように，租税国家体制を前提とする日本国憲法は，租税の取り方と使い方とに関する法規範原則を規定した．それゆえ，理論的には日本国憲法のもとではすべての租税は福祉目的税と言える（詳しくは拙著『納税者の権利』岩波新書

1981年,44頁,45頁).本件支出は,実定憲法である日本国憲法が規定する福祉目的税の枠を超えるものである.この目的税論から言っても,控訴人らには本件支出について原告適格が存在すると言わねばならない.

7 結　語

原判決は「憲法上,租税の賦課,徴収と予算に基づく国費の支出とは,その法的根拠及び手続が全く別個のものであって,直接的,具体的な関連性はない」と指摘して控訴人らには本件支出に関連して原告適格がないと判示している.たしかに租税の徴収面と使途面とは外観的,形式的には別個の手続となっている.だからといって,本件が裁判所法3条に規定する「法律上の争訟」に該当しないという論理は少しも出てこない.

通常の常識のある人間であれば,以上の検討で明らかなように,控訴人ら各人の法的利益が主観的に具体的に,本件支出より侵害されていることはあまりにも明白であって疑いの余地がないので,控訴人ら各人は本件を裁判所法3条にいう「法律上の争訟」として法的訴求することが可能である.

〔2000年6月〕

【文　献】

納税者基本権について,北野弘久『現代法学者著作選集・納税者基本権論の展開』三省堂,同「第4章　納税者基本権」『税法学原論・5版』青林書院所収,董璠輿「日本国憲法秩序と納税者基本権」,小林武「市民平和訴訟における納税者基本権論の展開」,中北龍太郎「租税の使途面における『法の支配』」,以上3論文・北野先生古稀記念『納税者権利論の展開』勁草書房,所収など.筆者はつとに1979年12月に立法論的にこの問題の解決を行うことが急務であるとして「納税者訴訟等についての特例法基本要綱案」(北野第1次試案)を公表している(北野『サラリーマン税金訴訟・増補版』税務経理協会,所収).

第8章 天皇らの出席した「海づくり大会」への巨額支出の違法性

1 はじめに

　平成4年(1992)11月に千葉県勝浦市守谷海岸で開催された「第12回全国豊かな海づくり大会」のために千葉県が巨額の支出を行った．同大会のために，建設され，大会終了後直ちに撤去された「稚魚放流用の仮設物」について千葉県が約9,300万円の巨額の血税の支出を行った．セレモニーはわずか16分間で終った．わずか16分間のためにしかも天皇，皇后が出席するということで設置された仮設物のために約9,300万円の支出を行うことは，違法であるとして，1993年に千葉県民が住民訴訟を千葉地裁に提起した．第1審の途中で，「千葉県が平成4年度に豊かな海づくり大会千葉実行委員会に負担金として別に5億2,500万円の支出を行った」ことも違法であるとして，県民らは訴えの追加的変更を行った．

　去る1998年12月に筆者は，この問題について以下のような鑑定所見書を千葉地裁へ提出した．このような血税の支出を法理論的にどのように考えるべきかについて，1つの所見として参考になると思われたので，紹介することとした．

　原告は19名の千葉県民である．彼らは，弁護士をつけないで，つまり本人訴訟の形ですばらしい弁論を行った．その弁論の知的水準の高さには敬意を表さねばならない．原告らの氏名を敬意を込めて掲げさせていただく．石本剛，大島孝一，大島靜子，加藤雅一，久我しをり，久我敏行，高橋正，滝沢チェ子，田中良一，鄭正模，西村祐紘，穗鷹守，本名愛子，三嶋靜夫，皆川眞一郎，山本菊代，吉田晃，渡壁隆志，渡辺則子．

　千葉地裁は1999年3月29日の判決で，上記の「訴訟の追加的変更」に係る部分については不適法であるとして却下し，その余の請求は違法ではないとして棄却した．県民らは，目下東京高裁へ控訴中である．

2 租税国家と日本国憲法

　日本国憲法は租税国家体制を前提としている．租税国家というのは，その国の財政収入のほとんどを租税に依存する体制である．租税国家では憲法政治の中身は結局，どのような租税を徴収し，それをどのように使用するかにつきるといってよい．私たちの生活，人権，福祉，平和なども最終的にはこのような租税問題の処理の仕方によって決まるといってよい．日本国憲法はそのような租税の使途と徴収のあり方に関する法規範原則を規定したものということができる．

　私たちは，無条件的に無原則的に納税義務を負うのではない．日本国憲法30条は，

「国民は，法律の定めるところにより，納税の義務を負ふ」と規定している．ここにいう「国民」は，people, peuple の意味であって，フランス憲法学の主権コンセプトにいうナシォン (nation) ではなくプープル (peuple) の意味である．それは日本人のみならず日本社会を構成する外国人，法人，団体などを広く含む．同条にいう「法律」とは，租税の取り方に関する憲法適合的な「法律」，および租税の使途のあり方に関する憲法適合的な「法律」の，双方を意味する．つまり，私たちは，自己が納付した租税が憲法の規定するところ（象徴天皇制，政教分離，福祉など）に従ってのみ使用されることを前提にして，その限度でかつ憲法の規定するところ（応能負担原則）に従ってのみ，納税義務を負うにすぎない．日本国憲法は実定法としてそのような権利を私たちに保障しているわけである．この権利を鑑定人は納税者基本権 (taxpayer's fundamental rights) と呼んでいる．納税者基本権は，租税の使途と取り方について納税者 (taxpayer) の法的地位に関する自由権，社会権等の集合的権利概念である．それは，租税国家においてすべての納税者に保障された実定法上の具体的権利である．私たちは，このような納税者基本権という意味において「納税の義務」を負っているにすぎない．

右によって明らかなように，日本国憲法は人々に租税の使途と取り方とを法的に監視（ウォッチング）し統制（コントロール）する権利を具体的に保障しているわけである．租税国家である日本の民主主義のバロメーターは，このような納税者基本権を具体的に現実的にどの程度に保障しているかによって決まる．地方自治法 242 条（住民監査請求），242 条の 2（住民訴訟）は，このような日本国憲法の納税者基本権を地方レベルで確認したものにすぎない（以上詳細については，拙著『納税者の権利』岩波新書，同『税法学原論・4 版』青林書院，同『現代法学者著作選集・納税者基本権論の展開』三省堂，など）．

3　租税の使途面と「法の支配」

日本国憲法の意図する右の納税者基本権の理論に従えば，租税の使途のあり方についても，租税の取り方の場合と同じように（租税法律主義・租税条例主義），憲法全体の法規範構造に適合した「法の支配」(rule of law) が妥当することとなろう．本件についていえば，千葉県は租税の使い方についてもその実体法および手続法に関する条例を整備すべきである．もとより，当該条例の内容は日本国憲法全体の法規範構造に適合しなければならない．

仮に千葉県が本件「全国豊かな海づくり大会」などのための租税の使い方について，条例を整備していない場合であっても，日本国憲法のもとでは同憲法の意図する一定の「法の支配」に基づいて本件支出の違法性等が財政法学的にきびしく見極められねばならない．もし本件支出が日本国憲法の意図する右の「法の支配」に背反する場合には財政法学的には違法となろう．

4 「稚魚放流用仮設物」の建設・撤去の支出

　当初，「稚魚放流用桟橋」と呼ばれていたが，その実態は「桟橋」ではなく，「第12回全国豊かな海づくり大会」のための単なる一時的な「仮設物」にすぎないとして，原告らは「稚魚放流用仮設物」と呼んでいる．この仮設物の建設と撤去のために千葉県は9,300万円もの支出を行った．この支出の違法性が本件で問われている．

　日本国憲法はその第1条において，天皇は日本国および日本国民統合の単なる「象徴」にすぎず，加えてその「象徴」の地位も主権者である日本国民の総意に基づくものと規定し，その主権者の総意のいかんによっては「象徴」天皇の廃止もありうることを示唆している．日本国憲法は，天皇は同憲法で定めた一定の国事行為のみを内閣の助言と承認によって行うことができると規定している．もとより「象徴」天皇は，国政に関する権能をまったく有しない（憲3条，4条，7条）．

　日本国憲法のもとでは，同憲法自身が認めた「象徴」の地位を超えて天皇を差別的に優遇することは許されない．具体的に言えば，さきに指摘した租税の使途面における憲法適合的な「法の支配」に基づき，そのような「象徴」の地位を超える，天皇優遇のための差別的な租税の使い方は疑いもなく違法である（憲14条等違反）．

　本件「稚魚放流用仮設物」の建設・撤去の費用として9,300万円もの巨額の支出が行われたが，この支出については以下の諸事実が存在する．

(1)　天皇夫妻の稚魚放流行事を含め本件大会への参加は国事行為ではない．

(2)　本件稚魚放流行事は，わずか16分で終わった．この16分のために9,300万円もの血税の支出が行われたことになる．1分間当たり581万円の計算になる．愛知県では造成した岸壁で，また山口県では既存の県有の人口島を会場として，行われたといわれる．つまり，経費を抑制しているわけである．

(3)　本件仮設物は，すべて大会終了後撤去された．つまり16分間限りのものであった．しかも，本件仮設物は，仮の「ロイヤルボックス」であり，それはもっぱら天皇夫妻のためのいわば「報道撮影用」の仮設物（報道関係者100名が利用）にすぎなかった．事実，一般の千葉県民，小・中学生などの放流参加者は，本件仮設物ではなく，本件仮設物から離れた砂浜で放流したといわれる．被告は，本件仮設物は高齢者，女性を含む特別招待者のためのものであると主張しているが，特別招待者のなかには一般の千葉県民の資格による者は皆無であった．特別招待者の実態は，ロイヤルボックスを中心とする本件大会のセレモニーの特殊関係者とみてよい．

　以上の諸事実に鑑み本件9,300万円は全体として天皇夫妻の大会出席のためだけに費消されたとみてよい．繰り返し述べることになるが，天皇夫妻の本件大会への参加は日本国憲法が認めた国事行為ではない．それでは日本国憲法の規定する「象徴」天皇の地位との関係においてどのようにみるべきであろうか．

「全国豊かな海づくり大会」を遂行するうえにおいて天皇夫妻の出席が不可欠というものではない．仮に，天皇夫妻の参加を肯定するとしても，果たしてわずか16分のために本件仮設物を築造し，その撤去費用を含めて9,300万円もの巨額の血税の支出を行う必要があったであろうか．すでに指摘した諸事実に鑑み，右9,300万円は16分間の天皇夫妻の出席だけに費消されたものである．国事行為ではないけれども，「象徴」天皇である夫妻の接遇に「特別の配慮」を行うとしても，9,300万円もの巨額の支出はその「特別の配慮」の枠を著しく超えるものといわねばならない．「象徴」天皇制を前提とする日本国憲法のもとで，租税の使い方に関する前出の日本国憲法上の「法の支配」に鑑み，本件9,300万円の支出のうち，社会通念上許容される右「特別の配慮」の枠を超える部分は違法である．

5 「第12回全国豊かな海づくり大会千葉県実行委員会」への支出

千葉県は，任意団体ともいわれる「第12回全国豊かな海づくり大会千葉県実行委員会」へ5億2,500万円の血税の支出を行った．乙2号証等によれば実行委員会の会長は千葉県知事であり，その実態は千葉県そのものである．本件実行委員会からの支出は千葉県そのものからの血税の支出である．千葉県がその本来の事業活動をたまたま形式的に実行委員会の形をとって行ったものにすぎない．

このような実行委員会の形式を採用することによって，本来適用されるべき千葉県の関係諸規定の適用を免れること，血税支出の結果について原始記録も存在せず監査委員の監査も及ばないとされること，納税者である住民が文書公開を求めても文書保存規定の適用を受けないことを理由に文書の「不存在」として扱われること，本件実行委員会解散後は関係書類が廃棄されること，などが事実であるならば，実行委員会を通じての本件5億2,500万円の支出は千葉県そのものからの支出に対する明白な「脱法行為」であるといわねばならない．

実行委員会形式をとるとしても，本件5億2,500万円の支出が千葉県そのものからの支出である事実には変化はない．それゆえ，当該支出のあり方については前出の日本国憲法上の一定の「法の支配」に厳正に従わなければならない．納税者（タックスペイヤー）である千葉県の住民の租税の使途への法的監視が本件5億2,500万円についても保障されねばならない．本件5億2,500万円の支出をめぐる千葉県の一連の対応は現行法の下で保障されている納税者の権利を侵害するものであって，違法である．

〔2001年1月〕

【文献】

後藤光男「政教分離原則と象徴天皇制――納税者訴訟から考える」北野先生古稀記念『納税者権利論の展開』勁草書房，所収など．

第9章　政党助成法と納税者の権利 (1)
──政党助成法違憲訴訟・第1審──

1　はじめに

　1994年2月に「国が政党に対し政党交付金による助成」を行うことなどを目的として，政党助成法（平6 (1994) 法5）が制定された．同法は，1995年1月1日から施行された．

　2002年3月に，日本国に居住し，現実に国税を納税し，衆議院議員総選挙および参議院議員通常選挙における選挙権を有する者である須賀貴ほか112名が原告となって，政党助成法が原告らの様々な権利を侵害し違憲であるとして，被告国に損害賠償を求める訴訟を東京地裁に提起した．東京地方裁判所平成14 (2002) 年（ワ）第6504号・損害賠償請求事件がそれである．

　筆者は，去る2003年6月に，同訴訟に係る税財政問題について鑑定所見書を東京地裁に提出した．税法学の原理論を考えるうえにおいて参考になると思われたので，以下にその概要を紹介することとした．筆者のほかに，森英樹，中島茂樹，上脇博之の憲法学専攻の各教授が鑑定所見書を提出され，かつ法廷で証言された．ただし，筆者自身は法廷での証言はしていない．原告ら代理人は，上条貞夫，松井繁明，大久保賢一の各弁護士である．

2　国民に，1人当り250円の政党交付金相当額の国税徴収を免れる方法はあるか

　(1)　日本国憲法は，日本国の財政収入のほとんどを租税に依存する租税国家体制 (Steuerstaat, Tax State) を前提にしている．租税国家では憲法政治の中身は，所詮，どのような租税を徴収し，それをどのように使用するかに帰する．租税国家は無産国家である．人々が納付する租税が租税国家を支える．国民は，このような憲法体制のもとでは，法論理上当然に納税義務を負うことになる．日本国憲法30条はこのことを確認するにすぎない．日本国憲法30条「国民は，法律の定めるところにより，納税の義務を負ふ．」

　ところで，租税の賦課徴収のあり方については租税法律主義の原則（憲30条・84条）が支配する．たとえば，原告らが納付している所得税を例にして，その租税法律関係を説明すれば，次のごとくとなる．

　人々は，国会が制定した「所得税法」（昭40法33）という「法律」に基づいて，納税の義務を負うことになる．人々に，各人の意思とは無関係に所得税法で規定する租税要件 (Steuertatbestand) を充足する事実が存在すれば課税対象期間である暦年

（毎年 1 月 1 日から 12 月 31 日まで）を終了の時に法律的に自動的にその所得税の納税義務が成立する（税通 15 条 2 項 1 号）．人々の納税申告（所税 120 条以下）や課税庁による更正（税通 24 条）・決定（税通 25 条）などの課税処分は，右のようにすでに成立している納税義務を確認する行為にすぎない．法は，その納税義務の確認行為に納税義務確定という法効果を付与している（税通 16 条 2 項 1 号）．

　右の納税申告や課税処分により，所得税の納税義務が確定すると，人々は所定の納期限までに納税しなければならない．もし，人々が所定の納期限までに納税しないときは，課税庁は，督促状を発布し（税通 37 条），さらに滞納処分（差押，公売）の方法により強制徴収をしなければならない（税通 40 条，税徴 47 条以下）．租税法律主義のもとでは，以上の納税義務の成立，確定，実現（納付，滞納処分）の過程は厳格に法に覊束されるのであって，いわゆる裁量論はいっさい働く余地がない．つまり，人々は自己の意思とは無関係に所得税の納税義務を履行しなければならないこととなる．

　(2)　ところで，所得税は法律上その使途が特定されていない普通税である．なお，国税のほとんどが普通税である．法律上その使途が特定されている租税を普通税と区別して目的税という．

　所得税などの国税収入は，関係法律および歳出予算に従って支出される．原告らが納付した所得税額などの一部が，原告らの意思とは無関係に政党助成法（平 6 法 5）および歳出予算に従って，当然に政党へ支出される．この関係の法律的仕組みは，次のごとくである．内閣・行政は法律を誠実に執行する義務を負っている（憲 73 条 1 号，30 条，84 条，国公 98 条）．内閣は，政党助成法 7 条などの規定に基づいて 1 人当たり 250 円の政党交付金を歳出予算に計上しなければならない．政党交付金は歳出予算において「その他の事項経費」のなかの「総務省」所管の「政党助成費」の項（「政党助成費」は「項」扱い）に計上されている．

　歳出予算の法的性格については種々の学説がある．有力学説として予算は「予算」という名前の「法律」であるとする特殊法律説がある．通説は，予算も国法の一形式ではあるが「法律」ではないとする予算国法説（法規説）といってよい．歳出予算の執行にあたって，通説に従っても歳出予算に規範力があるとされる．財政法（昭 22 法 34）32 条は，明文で，「項」についてはその「項」間の流用（その項から他の項へ）を禁止している．右にみたごとく政党交付金は歳出予算において「政党助成費」という「項」に位置づけられている．総務大臣は，歳出予算における「政党助成費」に基づいて政党交付金を政党に交付しなければならないこととなる（政党助成法 10 条，11 条）．

　以上により，人々の納付した普通税である所得税収入などから，1 人当たり 250 円の政党交付金が政党へ支出される仕組みとなっている．政府は，法律および予算を誠実に執行しなければならない．この法的メカニズムには原告ら各人の意思が介入する

余地がまったくない。

以上，原告らは，各人の意思とは無関係に自己の納付した租税から，1人当たり250円の政党交付金を必ずしも自己の好まない，時に明らかに対峙することになる政党へも強制的に献金させられていることになる。それゆえ，後に述べるように，何人も現行制度の違憲性は否定し得ないといわねばならない。

この違憲性についてコメントを加えておきたい。所得税法などにおいて政党交付金を支出することを希望しない者のために，たとえば「政党交付金控除額」という「税額控除」の制度（算出所得税額から同控除額を控除する）を組み込んでいる場合には，違憲性を回避しうる。現行の所得税法などにはこの種の「税額控除」の制度は導入されていない。

1人当たり250円の交付金相当額の国税徴収を免れる方法は存在しないといわねばならない。

3　国会は，政党助成法の定めと異なる予算の採決ができるか

(1)　かつて予算（歳出予算）の本質が「行政措置」であるとし，国会の議決を政府の行う支出行為につきあらかじめ承認を与える行為にすぎないとする「承認説」が存在した。この学説に従うときは，国会の予算修正権は当然に制限されることになる。しかし，さきにみたように，予算も「法律」であるとする特殊法律説が有力説として示されている。この説に従うときには，基本的に国会の予算修正権には制限がないことになろう。

(2)　通説は予算国法説であるといってよい。財政法（昭22法34）19条が歳出予算額の増額修正のことも予想しているところから，通説においても国会がいわゆるプラス修正を行うこともまったく否定されていないとする見解が支配的である。ただ，憲法上内閣に予算提出権があるので（憲73条5号，86条参照），国会は内閣の予算提出権を侵さない範囲で予算の修正ができるとする考え方が支配的であるといってよい。この説においても国会の減額修正は義務費・法律費に及ばない。予算で法律を変更することができないとされる。通説において増額にしろ減額にしろ内閣の提出した予算の同一性を変えるような大幅な，本質的な修正ができないとするのが大方の見解であるといってよい。

同じ国会が本件で問題になっている政党助成法（平6法5）を合憲として成立させ，また，さきにみたように，政府（憲法上議院内閣制の政府）が政党助成法を含む法律を誠実に執行する義務を負うものである以上，以上の予算の法的性格をめぐる学説をあれこれ論ずることは本件では実質的には意味がない。政党助成法7条で国民1人当たり250円の政党交付金を予算に計上することを法律上義務づけられているので，国会は結果的にはこの政党交付金について減額修正などはできない。

以上，本件で問題になっている国民1人当たり250円の政党交付金を減額したり当

該「項」をまったく削除したりする修正は国会といえどもできない．

4 結　語

　以上，原告らの意思とは無関係に，原告らは 1 人当たり 250 円を自己が必ずしも支持しない政党にまで献金させられる仕組みになっているわけである．
　右の事実は，憲法上様々な問題をもたらす．
　最高裁平成 8 年 3 月 19 日第 3 小法廷判決（判時 1571 号 18 項）の判示について考えてみよう．すなわち，「税理士会が……強制加入の団体であり，その会員である税理士に実質的には脱退の自由が保障されていないことからすると，その目的の範囲を判断するに当たっては，会員の思想・信条の自由との関係で，次のような考慮が必要である．税理士会は，法人として，法及び会則所定の方式による多数決原理により決定された団体の意思に基づいて活動し，その構成員である会員は，これに従い協力する義務を負い，その 1 つとして会則に従って税理士会の経済的基礎を成す会費を納入する義務を負う．しかし，〔税理士〕法が税理士会を強制加入の法人としている以上，その構成員である会員には，様々の思想・信条及び主義・主張を有する者が存在することが当然に予定されている．したがって税理士会が右の方式により決定した意思に基づいてする活動にも，そのために会員に要請される協力義務にも，おのずから限界がある．
　特に，政党など〔政治資金〕規正法上の政治団体に対して金員の寄付をするかどうかは，選挙における投票の自由と表裏を成すものとして，会員各人が市民としての個人的な政治的思想・見解・判断等に基づいて自主的に決定すべき事柄であるというべきである．なぜなら，政党など規正法上の政治団体は，政治上の主義若しくは施策の推進，特定の公職の候補者の推薦等のため，金員の寄付を含む広範囲な政治活動をすることが当然に予定された政治団体であり（規正法 3 条等），これらの団体に金員の寄付をすることは，選挙においてどの政党又はどの候補者を支持するかに密接につながる問題だからである．……そうすると，前記のような公的な性格を有する税理士会が，このような事柄を多数決原理によって団体の意思として決定し，構成員にその協力を義務付けることはできないというべきであり（最高裁昭和 48 年（オ）第 499 号同 50 年 11 月 28 日第 3 小法廷判決・民集 29 巻 10 号 1698 頁参照），税理士会がそのような活動をすることは，法の全く予定していないところである．税理士会が政党など規正法上の政治団体に対して金員の寄付をすることは，たとい税理士に係る法令の制定改廃に関する要求を実現するためであっても，法 49 条 2 項所定の税理士会の目的の範囲外の行為といわざるを得ない．……本件決議〔規正法上の政治団体である南九各県税政へ金員を寄付するための特別会費徴収の決議〕は……無効である……」（本判決の意義等については，牛島税理士訴訟弁護団編『牛島税理士訴訟物語』花伝社，北野弘久著『税理士制度の研究・増補版』税務経理協会，など）．

右判示は，強制加入団体である税理士会の構成員の思想・信条などを重視している．この理は，本件の原告らにそのまま妥当するといってよい．原告らは，日本国という一種の強制加入団体の構成員である．原告らには様々な思想・信条および主義・主張を有する者が存在することは否定し得ない．

主権的権利である投票の自由と表裏をなす政党への政治献金を原告らは自己の意思とは無関係に強要させられているわけである．これは明らかに憲法19条（思想・信条の自由）に違反するといわねばならない．また，これは，自己の支持しない政党へも献金させられることになり，また，他の者が納付した所得税などを自己の支持しない政党への多額の献金として供与し同政党の活動を活発にすることとなり，実質的に人々の投票権（参政権）を侵害するものといわねばならない（憲1条，15条，41条，43条，44条等違反）．さらに形式的には政党であっても実質的には宗教団体である組織にも献金を強要させられることになる．これは，憲法20条・89条（信教の自由，政教分離原則）に違反することは明らかである．より，根源的に言えば，これは，原告ら個々人の人間としての尊厳を傷つけることになる（憲13条違反）．

以上のように，問題になっている政党助成法は，原告らの様々な権利を侵す．この違法性は，当初から何人によっても予見されていたところであった．それゆえ被告国の「故意」は否定し得ない．被告国は，その損害賠償責任は免れ得ない．

〔2003年11月〕

第10章　政党助成法と納税者の権利 (2)
—— 政党助成法違憲訴訟・控訴審 ——

1　はじめに

さきに本誌〔税経新報〕505号（2003年11月号）において「政党助成法と納税者の権利——政党助成法違憲訴訟」を発表した。同訴訟〔本書第XI部第9章〕については2004年2月25日東京地裁判決が原告ら（納税者）の請求を棄却した。同訴訟は目下，控訴審である東京高裁に係属している．

このほど筆者は，控訴審のために以下のような鑑定所見書をとりまとめた．原判決の誤りを指摘するものである．筆者のほかに，中島茂樹教授も改めて控訴審へ鑑定所見書を提出された．

納税者側代理人は，上条貞夫，松井繁明，大久保賢一の各弁護士である．

2　日本国憲法は，租税の徴収と租税の支出とは峻別・切断しておらず，法的に一体・統一のものとしている

原判決は，「租税の賦課，徴収と予算に基づく国費の支出である政党交付金の交付とは，その法的根拠及び手続を異にし，全く別個のものであり，現行法制下においては，両者の間には直接的，具体的な関連性を認めることはできず……」と述べている．

租税の法的概念については，従来，「国または地方公共団体がその経費に充てるために，人々から特別の給付に対する反対給付としてではなく強制的に徴収する金銭給付である」と定義されてきた．この定義では，租税の徴収面と租税の使途面とが峻別・切断されており，租税とは，課税庁へ納付する租税だけ，つまり租税の徴収面のみの租税として，とらえられている．これは，明治憲法下の租税概念が日本国憲法のもとでも誤って踏襲されてきたためである．この租税概念は，財政権力側からみた伝統的なものである．

しかし，国民主権（納税者主権）を基調とする租税国家を前提とする日本国憲法のもとではこの定義は誤りである．日本国憲法は，結論を先に言えば，伝統的な財政権力側の租税概念ではなく，課税される，納税者側の租税概念を採用している．この点についてコメントを加えておきたい．

日本国憲法は租税国家を前提にしており，憲法規範は究極的には租税の徴収とその使途のあり方に関する規範原則を規定したものと解される．そして日本国憲法は，明治憲法に存在しなかった次の規範構造をもっている．①国民（人々）主権原理，②法律によっても不可侵とされる基本的人権（自由権，社会権，平和的生存権）の尊重，③地域社会の人々の精神生活の豊かさを含む生存権保障の法的装置である「地方自

治」の保障，④徹底した三権分立（立法・行政・司法）の原則，⑤租税の使途のあり方については「平和・福祉本位」（基本的人権の尊重）の「法の支配」を，租税の徴収のあり方については「応能負担原則」（憲13条・14条・25条・29条等）の「法の支配」を規定している．⑥以上の規範構造を司法的に担保するために裁判所に違憲立法審査権を付与している．

　以上により，日本国憲法は，その規範構造に鑑み納税者側の租税概念を採用しているものと解される．すなわち，租税の使途面を含めて租税概念を意図していること，従来「税外負担」として扱われてきた「受益者負担」の多くを租税概念にとり込んでいること，そして租税の使途面のあり方は「平和・福祉本位」の「法の支配」でなければならないので，その意味ではすべての租税は人々の福祉のためのもの，いわば「福祉目的税」でなければならないこととなろう．

　日本国憲法30条は，「国民［人々］は，法律の定めるところにより，納税の義務を負ふ」と規定しているが，以上の納税者側の租税概念（租税の使途面と徴収面との統合・一体など）を前提にして，同30条の納税義務を規定したものとみなければならない．人々は，無条件で，無原則的に納税義務を負うのではない．人々は，自分たちの納付した租税が憲法の規定するところ（「平和・福祉本位」の「法の支配」）に従って使用されることを前提にして，その限度で，かつ，憲法の規定するところ（「応能負担原則」の「法の支配」）に従ってのみ納税義務を負う．日本国憲法30条の「法律」は，租税の使途面の憲法適合的な「法律」と租税の徴収面の憲法適合的な「法律」との，双方の憲法適合的な「法律」を意味し，同30条はそのような双方の憲法適合的な「法律」に基づいてのみ納税義務を負うことを確認したものである．

　以上の検討で明らかなように，日本国憲法のもとでは人々は，租税の使途面のことを含むことを当然の前提にして租税概念を考えており，それをふまえて同憲法はその30条の租税ないしは納税義務を規定している．

　原判決が，租税の徴収とその支出とを機械的に切断してとらえたことは，日本国憲法の法規範構造に背反し，誤りである（以上について北野弘久『税法学原論・5版』青林書院「第2章　租税の法的概念」，「第4章　納税者基本権」など）．

3　法律が支出を予定している場合には，予算審議の段階で，国会はこれを修正し得ない

　控訴人が本件で問題にしている所得税などは法律上使途の特定されていない「普通税」である．憲法上は，前出の検討で明らかのように，すべての租税の支出のあり方が法規範的に規定されており，その意味ではすべての租税が「平和・福祉本位」ということで「福祉目的税」ということになるのであるが，それはいま措くとして租税は一般に法律上は「普通税」である．それゆえ，控訴人らの納付した所得税等が自己の意思とは無関係に自動的に，本件で問題になっている政党交付金として支出されるこ

とについては疑問の余地がない．

原判決は，「政党交付金の交付は，国会における予算審議等を経て決定され，国会は予算案を修正することも可能であり，政党助成法の規定によって自動的に政党交付金が交付される訳ではない」と述べる．

明治憲法67条には「法律費」，「義務費」について帝国議会の予算審議の制限規定が存在した．日本国憲法にはこのような制限規定は存在しない．

日本国憲法のもとでは，国会は本件で問題になっている政党助成法を改正したり，また廃止することも可能である．しかし，甲2号証（北野弘久第1審鑑定所見書．本誌505号〔本書第XI部第9章〕）で明らかにしたように，当の政党助成法が改正されない限り，国会は，政党助成法に基づく「政党助成費」（「項」）の計上のある予算案を論理上，変更・修正することができない．この点についてコメントを加えておきたい．確かに，日本国憲法のもとでは明治憲法67条のごとき規定は存在しないが，内閣・行政は法律を誠実に執行する義務を負っている（憲73条1号，30条，84条，国公98条など）．

内閣は，政党助成法7条などの規定に基づいて1人当たり250円の政党交付金を歳出予算案に計上しなければならない．そして国会といえども法律の規定に基づく「政党助成費」を減額修正することは論理上できない．

このように，政党助成法が改正されない限り，国会といえども予算案の「政党助成費」を減額修正ができないので，原判決の判示は誤りである．

4 国債収入も租税である

原判決は「政党交付金は，……一般会計で処理されることから，一般の歳入を財源としているといえるが，一般の歳入には，国民の税金だけではなく，国債等による収入も含まれており，政党交付金の財源が，国民の税金のみによって賄われているわけではない」と述べる．

日本国憲法は租税国家を前提としている．租税国家というのは，租税だけで国家を運営する体制である．国債等による借入金の元本および利息も租税で支払わねばならない．国債収入は人々の前払い租税である．それゆえ，本件政党交付金は，すべて控訴人らの納付した租税で賄われるものといわねばならない．この点，原判決の判示は誤りである．

5 日本国憲法のもとでは宗教法人に対する税制上の優遇措置や一定の補助金等の支出は許容されない

原判決は「国家の宗教的中立性の原則の下においても，宗教法人に対する税制上の優遇措置や一定の補助金等の支出が認められていることを考え併せると，思想良心の自由から派生する客観法原理としての国家の中立性原則を根拠として，政党助成法の

制定が憲法19条に違反すると認めることはできない」と述べる．

現行税法は，宗教というものが人々の精神生活の豊かさを確保するという公益性を有するところから，宗教法人については一定の収益事業（法税2条13号，法税令5条）を行わない限り法人税を課税しないこととし（法税4条1項，7条），また，「宗教法人が専らその本来の用（宗教活動）に供する境内建物および境内地」には固定資産税を課税しないこととしている（地税348条1項3号）．これらは，本来の宗教活動に関しては課税上もその公益性を保護しようとするとともに，公権力（徴税権力）の宗教への介入を阻止しようとするものである．それゆえ，この税制上の措置はいわゆる租税優遇措置ではない．この措置は日本国憲法20条，89条の「信教の自由」，「政教分離原則」などを保障しようとするためのものである．もし，収益事業をしているのに法人税を課税しなかったり，また，本来の宗教活動の用に供していない固定資産に固定資産税を課税しなかったりした場合には，それは宗教法人に対する「かくれた補助金」となるのであって憲法20条・89条に違反し，同時にそのような取扱いは憲法14条（法の下の平等）に違反する差別的取扱いとなろう．日本国憲法は，その20条・89条において宗教法人に対しては「かくれた補助金」を含めて公金（租税）の支出を1円なりとも行うことを禁じている．

このように，日本国憲法は，宗教法人に対しては，税制上の優遇措置や補助金等の公金の支出を行うことをいっさい許容していない．それゆえ，この点に関する原判決の判示は誤りである（以上の詳細については，北野弘久『憲法と税財政』三省堂，同『現代法学者著作選集・納税者基本権論の展開』三省堂，同『現代企業税法論』岩波書店，所収の「政教分離原則と税制」，「公益法人等の収益事業課税」など参照）．

6 所得税等が「普通税」として徴収される以上は，人々は自己の意思とは無関係に本件政党交付金の支出を甘受せざるを得ない．控訴人らの権利侵害には法的に疑問の余地がない

原判決は，税理士会を民法上の法人として誤ってとらえるとともに，本件は南九州税理士会最判とは事案を異にすると判示した．

税理士会は税理士法上の公法人であって（税理49条7項），民法上の法人ではない．甲2号証（前出）でも指摘したように，税理士会という公法人が政治団体に資金を提供することは構成員の思想・信条を害し，当該公法人の目的を超える，とした同最判の判示は，本件にもそのまま当てはまる．すなわち控訴人らは日本国という強制加入団体の構成員であり，各構成員の思想・信条，主義・主張とは関係なく，かつ各構成員の意思を確認しないで，公法人である日本国がその公金（租税）を政治団体である政党へ提供することになる．この法論理構造は，同最判の判示と同じである．日本国という公法人が政党交付金（租税）を政治団体である政党に交付することは，同最

判に従えば，日本国という公法人の目的を超えることになる．

　もし，現行税法に「政党交付金控除額」という「税額控除」の制度が存在する場合には，人々は次のように違憲性・違法性を回避しうる．すなわち，政党交付金が自己の思想・信条，主義・主張に反すると考える控訴人らは，自己の納税申告にあたって同控除額の選択適用を行う．

　現行税法にはこのような控除額制度は存在しない．それゆえ，現行法のもとでは控訴人らは自己の意思とは無関係に本件政党交付金の支出を法的に甘受せざるを得ない．甲2号証で具体的に明らかにしたように，被控訴人国の行為によって，控訴人らは各人の様々な権利侵害を受ける．被控訴人国の損害賠償責任は免れ得ない．

〔2004年10月〕

【付　記】

　2005年1月27日に東京高裁は本件控訴を棄却した．

【文　献】

　森英樹編『政党国庫補助の比較憲法的総合研究』柏書房，吉田善明「政党への公的助成の問題性」北野教授還暦記念『納税者の権利』勁草書房，上脇博之『政党国家論と憲法学――「政党の憲法上の地位」論と政党助成」――』信山社，など．

第11章　高齢者福祉と憲法

1　高齢者社会と福祉

　1997年4月1日から消費税率5%（うち1%は地方消費税）への引上げが実施された．消費税のことを規定している「消費税法」が多くの反対を押し切って1988年12月に成立した（昭63〔1988〕法108）．消費税は3%の税率で89年4月1日から実施された．消費税導入の大義名分は，周知のように高齢者社会の福祉に備えるためということであった．このことに関連して「消費税」をむしろ「福祉目的税」などの名称にしたほうがよいとの議論もあった[1]．

　いちいち数字を引用するまでもなく，日本は「少子社会」をむかえており，21世紀に入ると65歳以上の高齢者人口が急速に増大する．「青年」は何人もの老人のめんどうをみなければならないという，いわゆる高齢者社会論が喧伝されつつある．

　憲法施行50年をむかえて，われわれはこの高齢者社会と福祉の問題を日本における現実的な緊急の課題として考えねばならない状況に置かれている．本稿は，高齢者社会における福祉をめぐる基本的問題のいくつかを検討することを目的とするものであるが，同時にこの機会に，平和的生存権，社会権，地方自治などの日本国憲法の諸原理の意味を確認することとしたい．

2　社会権の法理

　高齢者社会の福祉の問題を考えるにあたって，はじめに社会権の法理を総括しておきたい．

　基本的人権は大きく自由権的基本権と社会権的基本権とに分けることができる．自由権の本質は「公権力から自由」という点にある．つまり公権力は私生活には干渉しない，とするものである．一方，社会権は人々が私生活に対して公権力の干渉を求めるものであって，自由権のような受身の権利ではなく積極的な意味をもつ権利である[2]．社会権は「公権力による自由」といえよう．歴史的にいえば自由権は18世紀，19世紀に登場しており，社会権は20世紀に入ってから登場する．20世紀，21世紀は「社会権の時代」といってよい．いわゆる自由主義体制における「福祉国家」（Welfare State）の理念は人権論からいえば社会権を重視する体制ということになろう．20世紀に入ると，法形式的な，受身の自由権だけでは，人々の生存，生活が実質的に確保され得ないことが認識されるようになり，自由権を実質的に担保するために社会権が登場するにいたる．「福祉国家」の役割は社会権の現実化・具体化にある．ところで，日本国憲法は租税国家（Steuerstaat, Tax State）体制を前提としている．租税国家というのはその国の財政収入のほとんどを租税に依存する体制である．公債収入も形

第11章 高齢者福祉と憲法

をかえた租税（租税の前払い）である．租税国家における憲法政治の中身は結局，どのような租税を徴収しそれをどのように使用するかに帰する．さきにみた「福祉国家」の役割も基本的にはこのような租税国家のあり方によって決まることになる(3)．

　日本国憲法は社会権について重要な規定を設けている．日本国憲法25条から28条の権利は一般に社会権としてとらえられている．

25条「①すべての国民は，健康で文化的な最低限度の生活を営む権利を有する．②国は，すべての生活部面について，社会福祉，社会保障及び公衆衛生の向上及び増進に努めなければならない．」

　この25条の生存権条項は社会権の基本条項であって，26条以下の規定は教育，労働の面で25条の生存権条項をさらに具体的に展開するものといえよう．25条の生存権の法的性格について今日では種々の考え方が示されている．

　その1つはプログラム規定説である．25条は国に対して人々の生存権を確保するための立法ないし政治の方針を示したものにすぎない．この規定を根拠にして人々の生存権の確保について裁判上請求できるような具体的権利を人々に保障したものではない．このプログラム規定説によれば，たとえば生活保護法（昭25法144）のようにこの権利を具体化した個別立法がなければ人々は生存権を法的に主張することができないことになる．その2つは抽象的権利説である．25条は国家に対して健康で文化的な最低限度の生活を営むことができるように立法その他の措置を講ずることを要求する法的権利を規定したものとみるのである．25条は国家にそのような立法上の作為義務などの法的義務を規定したものとみる．しかし，この説は人々が立法または行政の不作為の違憲性を憲法25条を根拠にして具体的に争うことまでは容認していない．その意味で抽象的権利説と呼ばれる．その3つは具体的権利説と呼ばれるものである．具体的権利説は憲法25条を具体化する立法が存在しない場合においても，そのような国の不作為の違憲確認訴訟を提起することができることまでを容認するものである．この場合の訴訟形式として無名抗告訴訟の方式が論議されている．無名抗告訴訟による法的請求よりも，国家賠償請求訴訟の形式で争い，そこにおいて国の不作為の違憲性を主張するほうがよいとの議論も示されている．

　以上のようなさまざまなとらえ方が示されているが，プログラム規定説とか抽象的権利説とかというとらえ方よりも，具体的なケースに応じて裁判規範性を認めうるような議論の展開のほうが望ましいとの考え方も示されている．

　25条の生存権は社会権を規定するものであるが，公権力が人々の生存権的自由を妨害することをしてはならないという意味で，自由権としての生存権をも規定するものである．自由権としての生存権のレベルでは，理論的には立法裁量・行政裁量などを論ずる余地がないことになろう．

　憲法13条と25条とを根拠にして環境権が主張されている．この権利は環境破壊が行われることを防止しようとするものであって自由権としての性格をもつ．同時に公

権力に対し環境保全・改善のための積極的な措置を講ずることを要求するという権利として社会権の性格をもつ。高齢者社会の福祉を考えるうえにおいてこの環境権論も重要な憲法原理としての意味をもつ。

26条「①すべて国民は，法律の定めるところにより，その能力に応じて，ひとしく教育を受ける権利を有する。②すべて国民は，法律の定めるところにより，その保護する子女に普通教育を受けさせる義務を負ふ。義務教育は，これを無償とする。」

教育を受ける権利は人々の人格を形成するうえにおいて重要であり豊かな社会生活を過ごすうえにおいて重要である。この権利は自由権と社会権との両面をもつものとされている。社会権としては，国が人々の教育を受ける権利を確保するための条件整備を行うべきであるという面が指摘され得よう。この教育を受ける権利は学校教育のみならず社会教育の面においても確保されねばならない。高齢者社会において人々の熟年時代をヴィヴィドにするためにも社会教育を含む「生涯教育」が重要であり，その意味で26条の権利も高齢者社会において再評価されるべきであろう。

27条「①すべて国民は，勤労の権利を有し，義務を負ふ。②賃金，就業時間，休息その他の勤労条件に関する基準は，法律でこれを定める。③児童は，これを酷使してはならない。」

この労働の権利も自由権としての側面を有するが，労働者の生存を確保するために最低限度の勤労条件の基準を設定しなければならないとする社会権をも規定していることが注意されねばならない。高齢者社会になればなるほど「生涯現役」ということで人々に働く場を提供することこそ，福祉国家の役割でありそれが何よりの「福祉」である。

28条「勤労者の団結する権利及び団体交渉その他の団体行動をする権利は，これを保障する。」

28条は，①団結権，②団体交渉権，③争議権などの団体行動権の三権を規定する。この三権を労働基本権という。この権利はもとより社会権を規定したものである。同時に自由権としての意味をも包含する。さらにこの権利は他の人権とは異なり，雇主と労働者との間においても，つまり私人間の関係においても直接適用される。労働基本権の具体的保障は，労働者の生存権を確保するために重要であることは指摘するまでもない。

以上の社会権条項のほかに，日本国憲法の平和主義，前出の社会権を含む基本的人権尊重主義，各地域社会の人々の精神生活を含む豊かな生存権保障の法的装置としての地方自治，peopleという意味での国民主権，三権分立と裁判所の違憲立法審査権，等の諸原理はいずれも高齢者社会の福祉を展望するうえにおいて重要な憲法原理として機能するものである。

3 規制緩和論と福祉

　この国の最近の政治の潮流の危険性を高齢者社会の福祉との関係からコメントしておかなければならない．

　周知のようにかつて「政治改革」が叫ばれた．その結果，小選挙区制などの選挙制度の改革のみが行われた．つまり「政治改革」は小選挙区制という選挙制度の導入にすりかえられたわけである．それにもかかわらず企業政治献金の廃止が行われず，かえって政党への無限定な公費助成が行われた．21世紀に入るとますます人々のライフスタイルも多様化する．人々の政治への要求も多様化する．人々の「福祉」を確保するためには，「保守」と「革新」との2大政党の対立を前提とする小選挙区制はいまや歴史に逆行する選挙制度であるといわねばならない．加えて，日本にはそのような2大政党の対立という政治構造が存在しないことも指摘される必要がある．また，企業政治献金は実質的に人々の参政権を侵害し議会制民主主義を空洞化させるものである．また，納税者には法人，団体等を含むほか様々な思想・信条をもつ者を包含する．この点を考えるだけでも無限定な政党への公費助成には憲法上の疑義を否定し得ない(4)．また「税制改革」がさかんに叫ばれた．「税制改革」といって行われたことは学問上の一般消費税である「消費税」の導入と拡大だけである．消費税そのものが不公平税制であり反福祉税制である．

　いまさかんに「規制緩和論」が展開されている．もちろん無駄な規制は廃止されねばならない．しかし，人々の社会権を確保するためにはむしろ合理的な規制が不可欠である．昨今の規制緩和論はあまりにも画一的な無原則的な規制緩和のきらいがないではない．たとえば，企業の寡占化・独占化を阻止し，中小企業の生存権を確保するために国家としては大企業の活動を規制をしなければならない．また労働者，消費者，障害者等の社会的弱者の生存権を確保するためにも規制が不可欠である．住宅公団（正確には住宅・都市整備公団）等のあり方が改善・合理化されねばならないが，国が社会的弱者である人々に廉価な住宅を提供することは人々の住環境を確保するうえにおいて必要である．高齢者社会になればなるほど国による住宅政策が重要となる．規制緩和論の一環として住宅公団等の廃止論が展開されているが，現行の住宅公団の形でよいかどうかは別としてさきに述べた社会権の具体的実現として国の住宅政策の今日的重要性が認識されねばならない．

　消費税は福祉のために導入するということであったが，導入後5年間の実績によれば福祉関係費には消費税収入が充当されていないことが判明する．導入前（1988年度）を100とした場合の導入後5年間の主要経費の伸び率は表11-5-1〔本書677頁〕のごとくである(5)．これによれば社会保障関係費の伸び率は11.89％にすぎない．文教・科学振興費は16.84％にすぎない．これらは，消費税収入を含む租税収入一般の伸び率20.61％よりもはるかに下回っている．加えて経済面でもっとも重要な福祉費

である中小企業対策費は5年間でマイナス23.19%になっている．つまり消費税導入後かえって縮減しているわけである．

それでは消費税はどのような役割を担っているのであろうか．同表からも明らかのように消費税は，客観的にいって世界有数の「日本の軍事費大国・軍事産業」，「日本のゼネコン産業」，「外国の軍事政権・軍事産業」などを支えるものとして機能していることは否定しえない．

高齢者社会の福祉にとって公的老人介護制度も重要であるが，それ以上に人々が定年後の人生を豊かにヴィヴィドに生きるためには自己の経験，技術，技能等を生かしうる「働く場」を提供することこそが国の行うべき重要な「福祉」である．そのことは憲法論的にいえばさきに指摘した日本国憲法の意図する社会権の具体化・現実化である．

昨今の画一的な無原則的な規制緩和論は18世紀，19世紀の「夜警国家」への回帰を志向するものであり，それは20世紀，21世紀の福祉国家の役割であるはずの社会権（広義）の具体化・現実化の放棄を意味しよう．そのような傾向は，いうまでもなく高齢者社会の福祉の理念に逆行する．

4 生存権と課税最低限

所得税の課税最低限額は夫婦子供2人で現在は152万円（38万円×4）である．理論的には所得税と同じインカムタックスである個人住民税の課税最低限額は夫婦子供2人で現在は132万円（33万円×4）である．政府筋では給与所得者の場合の夫婦子供2人の課税最低限額を353万9,000円と発表している（1996年度大蔵省主税局資料）．この金額のなかには給与所得者の給与所得控除額，社会保険料控除額，配偶者特別控除額，扶養控除額の割増し分（年齢16歳以上23歳未満の者）を含めている．課税最低限額は給与所得者の場合においても基本的な生活費控除額の性格をもつ人的控除額で計算すべきである．給与所得控除額は給与所得者の法定概算経費控除分，利子控除分，勤労性控除分，把握控除分などの性格をもつものであって，生活費控除額の性格を有しない．また社会保険料控除は社会保険料という一種の租税の支払いを控除しようとするものであって，いわゆる二重課税排除の性格のものである．したがって，厳密には生活費控除の性格を有しないとみなければならない．また配偶者特別控除額，扶養控除額の割増分などの特殊な場合の控除額を加えるべきではない．税法学的には給与所得者の課税最低限額も夫婦子供2人で所得税では152万円，個人住民税では132万円である．

課税最低限額は憲法上，日本国憲法25条の意図する「健康で文化的な最低生活費」相当額を課税対象から除外しようとするものである．この問題は，さきに述べた生存権の自由権的側面に関する．25条の社会権の問題ではない．課税最低限額が最小限度，生活扶助基準額以上であることが要請されよう．いま仮に憲法25条の意図する

「健康で文化的な最低生活費」相当額を 97 年度の生活扶助基準（住宅扶助を含む）で考えてみる．97 年度の 1 級地の標準 3 人世帯（33 歳男，29 歳女，4 歳子供）では 209 万 8,000 円である．所得税の課税最低限額は 3 人世帯では 114 万円となる．したがって公権力が人々の生存的自由権を約 96 万円侵食していることになる．ここでの自由権のレベルでは立法裁量・行政裁量などが妥当する余地はない．このようにみてくると現行の所得税および個人住民税の課税最低限額の規定は憲法 25 条に違反し無効であるといわねばならない[6]．本稿の主題からいえば基本的生活費控除額である基礎控除額等は早急に生活扶助基準額以上に引き上げられねばならない．

人的控除は累進税制のもとでは，所得控除方式の場合には所得階層によって軽減税額に差異が生ずる．憲法 25 条の生存権保障の趣旨からいって人的控除額は税額控除方式に改められるべきである[7]．

また，高度に発達した現代資本主義社会では，一般に物価は現代資本主義のメカニズムと深い関係にある．それは純粋に財の需要と供給との関係という経済法則によって決まるわけではない．物価上昇は実質増税である．この増税は，憲法の財政議会主義（憲 83 条，84 条等）および応能負担原則（憲 13 条，14 条，25 条，29 条等）の趣旨に背反する，一種の現代的「脱法」現象である．そこで各国は納税者の権利として物価にスライドして自動的に減税する「自動物価調整税制」(automatic inflation ddjustment of the tax system) を整備している．本稿の主題である福祉の観点から，日本にも早急に同趣旨の制度が整備されなければならないといえよう[8]．

財産課税のあり方についても，以上と同趣旨の疑問を指摘することができる．人々の居住の用に供する住宅地・住宅，現に農業の用に供している農地・農業用資産，一定の中小企業の事業所用地・事業所などは憲法上生存権的財産である．生存権的財産については生存の用に供される限り売買実例価額なるものは論理上存在し得ない．したがって，そのような生存権的財産について「価格」なるものが存在するとすれば，それは生存の用に供することとした場合の利用権の価格，つまり利用価格 (use value) しか存在しえない．その利用価格は生存の用に供することとした場合の収益還元価額である．日本国憲法 25 条の生存的自由権の趣旨からいえば，一定の生存権的財産については固定資産税，相続税等を非課税とするのが望ましい．仮に現行税法のもとで課税しなければならないとしても利用権の価格つまり収益還元価額で評価して課税することが憲法適合的である．

消費課税については学問上の一般消費税ではなく個別消費税のほうが憲法の生存的自由権からいって望ましい．課税対象の選別，課税対象ごとの免税点・税率等を区別して設定できるところから個別消費税において憲法の要請を具体化すべきであろう．

所得課税および財産課税において超過累進税率を適用することも，個別消費課税において高級品・奢侈品などに高税率を適用することも日本国憲法の社会権（広義）の理念の具体化である．昨今の，ひろくうすく負担させようとする比例税率論は社会権

の理念に逆行する．実は異進税率を含む応能負担原則の要請は，トータルに社会権思想の投影・具体化であって，現代福祉国家の最重要な立憲主義（constitutionalism）の要請であることを銘記したいと思う．

5 平和主義と福祉

97年度の国の一般会計予算の規模は77兆円．うち，租税印紙収入は57.8兆円，公債収入は16.7兆円となっている．16.7兆円のうちいわゆる赤字国債は7.5兆円である．歳出77兆円のうち，国債費は16.8兆円．うち利払い分は11兆円．97年度末の国債発行残高は254兆円に達する見込みである．地方債などを含む長期債務残高の総額は470兆円程度になるものとみられている．さらにかくれ債務などを加えると日本の債務の総額は500兆円を突破すると伝えられる．数字でみる限り日本国は財政的には国家「破産」の状況にあるといわねばならない．

この財政危機を受けて，97年度の国民負担は消費税増税（税率3％→5％）5兆円，所得税・個人住民税の特別減税廃止2兆円，医療費などの国民負担増2兆円，合計9兆円の規模に達することが見込まれている．

消費税だけをとらえても年収900万円（税込み）の中堅サラリーマン世帯は現在税率3％で15.1万円の負担をしているが，それが税率5％になると25.2万円の負担となる．10万円を超える負担増となるわけである．日本総合研究所の試算によれば，年収700万円の世帯で消費税増税，特別減税の廃止，医療費などの負担増が月1万5,000円程度になり年間で18万円程度の負担増となるという．このような大衆負担増はそのまま高齢者社会の「福祉」に反する．

さきに紹介した日本の租税国家体制に鑑み，昭和22年に成立した財政法（昭22法34）は，公債不発行の原則を規定した（4条，5条）．これは単なる財政政策上の技術的要請ではない．平和・福祉憲法である日本国憲法秩序を，財政面から担保するための措置である[9]．事実，第2次大戦後の日本は国家財政の面で20年間1円も公債，つまり国債を発行しなかった．昭和40年度の中途において率直にいっていわば「無理をして」，日本は戦後はじめて2千数百億円の国債を発行した．これが契機となって，さきにみた国債発行残高が254兆円となるわけである．いったん，公債不発行の制度的枠組みが破られると，このように公債不発行の「歯止め」がなくなる．法律学は「歯止め」の学問であることが銘記されねばならない．

同時に日本は平和憲法のもとで，世界有数の「軍事費大国」となっている現実がある．日本の実質的軍事費は予算に計上された防衛費（防衛庁）だけではない．他省庁の予算に含まれている軍事産業への助成金，軍事に関する調査研究費，海上整備費，基地交付金，旧軍の遺族年金などが含められねばならない．それらを実質的物価事情などを考慮してドルに換算すべきである．日本の防衛庁が平和憲法のもとで某社に対して1社で年間3千数百億円の支出を行っていることはひろく知られている．また防

衛予算とは別のものとして理解されている ODA（政府開発援助）予算の実態にも注意が向けられねばならない．ODA 予算が必ずしも発展途上国の庶民の生活に還元されているとは限らない．それらは実質的には軍事政権，軍事産業を支える側面を有することもひろく知られている(10)．

巷間，社会保障費等の増大が公債発行の主因のように喧伝されているが，公債発行の主因には右の実質的軍事費のほかに箱物的公共事業費の恒常的な拡大が指摘されねばならない．公共事業費は建設公債の名においてほとんど借金で賄われている．

高齢者社会の福祉を考えるにあたって，租税国家における財政の健全主義ないしは平和主義の原理の確保が真摯に論議されねばならないであろう．

6 地方分権と福祉

地方自治は，憲法学的にひと口にいえば，各地域社会における人々の精神生活を含む豊かな生存権を保障するための基底的な法的手段である．発達した租税国家においてもっとも大切なことは，人々の精神生活を含む現代的人権危機にいかに対処するかにある．先進資本主義国家では物質的生活の豊かさはほぼ確保されている．問題は，各地域社会に見合った人々の精神生活の豊かさの確保にある．人々の物質的生活の豊かさの確保については，伝統的な集権的租税国家でもそれなりに不可能ではないが，人々の精神生活の豊かさの確保については，どうしてもそれぞれの地域社会に密着した，特殊化した「福祉の政治」が必要となる．後者の精神生活の豊かさの確保については伝統的な集権的租税国家では対処しえず論理必然的に分権的租税国家が必要となる．高齢者社会の福祉を考えるうえにおいても，地方自治，地方分権の重要性が認識されねばならない．

中央政府固有の仕事は防衛と外交である．冷戦構造が基本的に解消したこれからの国際社会では防衛の重要性が大幅に減退する．かつては外交の中心は国家機密（軍事機密）の擁護にあった．防衛の重要性が大幅に減退した今日，その意味での外交の役割も大幅に減退することになろう．

日本国憲法が重視する「福祉」は基礎的地方自治体である市町村を中心とする各地方自治体の諸事情に照応して各地域で個別的に展開されるべきである．中央政府の役割の右の変化に鑑みて，これからの中央政府の役割は，本来的にはそうした分権的租税国家において各地域社会でナショナルミニマムを確保するための連絡調整事務ということになろう．「福祉」を中央政府が担当すれば，それは全国的に画一的，形式的なものとなるきらいがあり，各地域社会にとってかえって「反福祉」となるおそれがある．

高齢者社会の福祉に照応する分権的租税国家のあり方については別の機会に詳論した(12)．ここでは 2，3 の基本的考え方を指摘するにとどめる．

(1) 事務権限を大幅に市町村，都道府県に移管する．国の機関委任事務（執筆当時）

713

は廃止する．優秀な人材を市町村，都道府県に登用する．これに応じて税源配分構造を抜本的に見直す．従来の国→都道府県→市町村という構造を税務行政において可能な限り市町村→都道府県→国への構造に改める．重要税目をも市町村（税目の性質によっては都道府県）で可能な限り徴収するようにする．つまりこれにより地方自治体の自主財源である地方税収入の比重を抜本的に高める．ひと口にいえば，集権型（途上国型）から分権型（福祉型）への税源配分構造に抜本的に改める．

(2) 右の税源配分構造の抜本的改善によって各地方自治体において国からの地方交付税の比重が低くなることが望ましい．しかし，各地方自治体にその地方税収入に格差が生ずることは避けられない．地方交付税制度は名実ともに地方財政調整制度として抜本的に合理化されねばならない．各地域社会のナショナルミニマムを確保・保障するために地方交付税制度の役割が一段と質的に重要となる．地方交付税の配分にあたって現行の「密室」の作業から解放し実体的適正を含む「適正手続」を整備する．すなわち，配分の実体的基準および手続を法律において明確に規定する．関係者の「恣意」が入らないように合理的な客観的実体基準の確立が必要である．手続については関係住民の代表を含む公開の協議会で公正に決定する．もとよりこの制度の運用が国の地方へのコントロールの手段にならないようにする．

(3) 様々な国庫支出金制度は原則として廃止する．独立税収入や地方財政調整制度である地方交付税制度だけでは十分に対処しえない場合の各地域社会におけるナショナルミニマムの確保に限って，例外的に国庫支出金制度を用いることとする．もちろん，その運用にあたって各地方自治体の自主性，主体性を尊重する．この制度を国の地方へのコントロールの手段にならないようにする．国庫支出金の配分にあたっては配分の実体的基準および手続を法律において具体的に明確に規定する．後者についていえば，現行の「密室」の作業から解放し，関係住民の代表を含む公開の協議会で公正に決定する手続を採用する．

(4) さきにも指摘したように日本国憲法は租税国家体制を前提としている．憲法規範は租税のとり方と使い方とを決めたものといえなくはない．福祉憲法のもとではすべての租税が「福祉目的税」といえる．理論的には特定の税目のみに「福祉」の名を冠することができない．このような観点から，上下水道工事，公的保育所，老人介護の公的サービス，健康保険財政，公的年金財政等も基本的には一般財源（通常の租税収入）によって賄う建て前にたって抜本的に整備する．そして人々からは一種の利用料・手数料の性格をもつ金員を負担してもらうにとどめる．

(5) 租税の使途面をも射程に入れて，納税者（タックスペイヤー）が租税の取り方と使い方とを法的に監視（ウォッチング）し，統制（コントロール）できるようにすることを含めて納税者権利基本法などを整備する．これにより租税の使途面にも「法の支配」が及ぶようにする[13]．

第 11 章　高齢者福祉と憲法

(1)　消費税導入の経緯，その後の改正，それらをめぐる問題点については，北野弘久『消費税はエスカレートする』岩波ブックレット，同『5％消費税のここが問題だ』岩波ブックレット，北野弘久＝湖東京至『消費税革命・改訂版』こうち書房，など．

(2)　社会権の法的性格については，たとえば芦部信喜『憲法・新版』岩波書店 238 頁以下，宮沢俊義『憲法 II・新版』（法律学全集）有斐閣 434 頁以下，樋口陽一・佐藤幸治・中村睦男・浦部法穂『注釈日本国憲法上巻』青林書院 566 頁以下，佐藤幸治『憲法・3 版』青林書院 619 頁以下，浦田賢治・大須賀明編『新・判例コンメンタール日本国憲法 2』三省堂 73 頁以下，中村睦男『社会権法理の形成』有斐閣，大須賀明『生存権論』日本評論社，など．伊藤正己『憲法・新版』弘文堂 367 頁以下は，プログラム規定，消極的権利，具体的権利などの分類はあまり意味がないとする．ケースに応じて裁判規範性などを具体的に論ずるべきである，という．

(3)　租税国家については，北野弘久『税法学原論・4 版』青林書院 2 章，4 章，同『直接税と間接税』岩波ブックレット．

(4)　この点，北野『現代企業税法論』岩波書店 335 頁以下，税理士会の政治献金事件を含む諸問題については北野『税理士制度の研究・増補版』税務経理協会，など．政党への公費助成論が合理性をもつのは特別公務員である議員の選定費用部分のみである．同「政治資金」日本財政法学会編『政治資金』（財政法叢書 7）学陽書房．

(5)　この点，北野弘久＝湖東京至『消費税革命・改訂版』こうち書房 43 頁（湖東担当）．

(6)　北野弘久『納税者の権利』岩波新書 87 頁，同『税法学原論・4 版』青林書院，7 章参照．ドイツでは生活扶助基準額を下回る人的控除額は違憲とされている．1992 年 9 月 25 日ドイツ連邦憲法裁判所違憲決定．NJW 1992. S. 3153. 三木義一「課税最低限とその法的統制――ドイツ憲法裁判所違憲判決を素材にして」日本財政法学会編『現代財政法学の基本課題』学陽書房所収．

(7)　前出『納税者の権利』91 頁．

(8)　前出『納税者の権利』89 頁．自動物価調整税制についての日本社会党（当時）案については，北野弘久『サラリーマン税金訴訟・増補版』税務経理協会 419 頁以下．

(9)　北野「『平和憲法』と戦後日本の税財政制度」同『現代法学者著作選集・納税者基本権論の展開』三省堂所収．同「平和憲法と納税者の権利――憲法保障装置としての納税者の権利」全国憲・憲法問題 8（三省堂）．

(10)　日本財政法学会編『政府開発援助問題の検討』（財政法叢書 8）学陽書房，福家洋介「日本の ODA の実態」全国憲・憲法問題 5（三省堂），三木義一「ODA とその法的統制」全国憲・憲法問題 5（三省堂）など．

(11)　岩波一寛「財政破綻と公共事業」経済 97 年 3 月号，鷲見友好「『財政構造改革』と 97 年度予算」経済 97 年 4 月号など．

(12)　詳しくは北野弘久「福祉国家と自治体財政権」法律のひろば 93 年 6 月号，同「地方分権と税財政制度の課題」法律のひろば 95 年 12 月号，同「地方分権と地方財政」判例タイムズ 97 年 4 月 15 日号など．

(13)　北野弘久「租税手続の改革と納税者基本権」同『税理士制度の研究・増補版』税務経理協会所収など．

〔1997 年 5 月〕

第12章　平和・福祉憲法と行財政改革
―― 地方分権的租税国家の提唱 ――

1　国の99年度予算と財政危機

　はじめに国の1999年度予算を確認しておきたい．一般会計の総額は81兆8,601億円．結論をさきにいえばその内容はまさに「狂気」というべきものである[1]．昨年（1998年），財政構造改革法のもとで「財政再建」のための国の98年度（当初）予算を組んだ政府が，99年度では31兆円を超える膨大な国債を発行．国債依存率は37・9％に達した．国債収入のうち，建設国債は9兆3,400億円，赤字国債は実に21兆7,100億円という空前の巨額となっている．これにより99年度末の国債発行残高は327兆円．地方債を含む国と地方の借金総額は600兆円を超えるものと見込まれている．これは日本のGDP（国内総生産）の1.2倍になる．日本財政は数字的には破産状態にある．

　驚くべきことにこのような財源難の折にもかかわらず，「景気対策」と称して地方税を含む9兆円の大型減税が予定されている．しかも，この大型減税は大企業・高額所得者の所得減税を内容とし，給与所得者で年収793万円以下の者がすべて増税になるというものであって，その大義名分の不況克服にはほとんど意味のないものである．せっかくの減税をするのであるならば，不況克服に最も効果のある消費税減税をすべきであったが，消費税減税はまったく予定されていない．この無意味なごく一部の者のための大型所得減税が巨額の赤字公債を発行してまで行われる．この結果，99年度の国の予算における税収総額はわずか47兆円というおそるべき数字となっている．国と地方との99年度財政の全体からは，この国の景気回復，財政再建などの展望はまったくみえてこない．

　国の99年度の予算に関連していま1つの注目すべき事実がある．法律学的にいえば，およそ考えられないような仕方で消費税の「福祉目的税化」の法的環境づくりが行われた，と言われていることである[2]．

2　最近の行財政改革の動き

　97年12月に「財政構造改革の推進に関する特別措置法」（財政構造改革法平9〔97〕法109）が制定された[3]．同法は，2003年度までに1会計年度の国と地方との財政赤字の対国内総生産（GDP）比率を3％（97年度は5.4％）以下とすること，2003年度までに特例公債（赤字国債）をゼロとすることなどを目標とするものであった．この法律の趣旨を受けさきに述べたように国の98年度予算が編成された．しかるに，平成10（1998）年6月に早くも財政構造改革法の一部改正が行われた（平10〔98〕法94）．

第12章　平和・福祉憲法と行財政改革

　同一部改正は，財政構造改革の当面の目標年度を2年間延長し2005年度とすること，財政構造改革法4条の特別公債の発行枠の弾力化などを規定した．これにより財政構造改革法は事実上凍結された．さらに98年12月に財政構造改革法を停止する法律案が成立した．
　一方，行政改革のために98年6月に「中央省庁等改革基本法」（平10〔98〕法103）が制定された．同法に基づいて内閣に中央省庁等改革推進本部が設置された．そして，99年4月27日に中央省庁再編関連法案および「行政組織のスリム化計画」（「行政組織の減量化，効率化計画」）が閣議決定された．政府は同法案を翌28日に国会に提出した．
　同法案および右閣議決定された「行政組織のスリム化計画」によれば，中央省庁を1府21省庁から1府12省庁へ再編する．大臣数を現行の20人以内から14人以内，最大17人以内とする．国家公務員の数を10年で25％削減する．また，90業務・機関を独立法人とすることなどが予定されている．
　項を改めて詳論されるところであるが，21世紀の高齢者社会，21世紀の平和・福祉社会のためには，平和・福祉憲法である日本国憲法の意図する地方分権的国家への確立が志向されねばならない．しかるに，今回の中央省庁等の改革は，それとは逆にかえって伝統的な中央集権的な国家を強化するものとなっている．総務省とは別に，内閣官房，内閣府という機関が設けられ内閣総理大臣の権限を一段と強化するものである．たとえば閣議において内閣総理大臣が政府の重要政策を発議できる権利を内閣法で明文化する．経済運営・予算編成方針を審議する「経済財政諮問会議」，金融危機管理・破たん処理の基本政策を審議する「金融危機対応会議」，科学技術政策を審議する「総合科学技術会議」などを内閣府に設置する．また，事務次官，局長等の人事については内閣の承認を要することとする．さらに内閣府は他省庁への政策勧告権をもつ．これらはそのまま内閣総理大臣および内閣府の権限の集中・拡大を意味しよう．そこには地方分権的国家への配慮はまったくみられない[4]．
　95年5月に「地方分権推進法」（平7〔95〕法96）が制定された．95年7月に同法に基づいて総理府に「地方分権推進委員会」が設置された．同委員会からの数次の勧告を受けて98年5月に「地方分権推進計画」が閣議決定された．そして政府は，99年3月29日に「地方分権一括法案」（地方分権の推進を図るための関係法律の整備等に関する法律案）を国会へ提出（本報告時は未成立）．地方自治法をはじめとする475の法律の改正を一括して行うとするものである．
　国の機関委任事務が廃止されることになっているが，国の直接執行事務とされるものもある[5]．また，国の強い関与が許されている法定受託事務とされるものが少なくはない．さらに憂うべきは，自治事務についても各大臣からの是正要求に対して地方自治体に法的に改善義務を課し，代執行を行うことも不可能ではなくなるなど，法定受託事務の場合と実質的にあまり差異のない国の関与が許容されていることである．

717

また、地方議会の議員定数の法定化等地方分権の趣旨に反する例も少なくはない．加えて、地方分権を裏づけるための財政改革はまったく組み込まれていない．地方財政関係については地方債の発行について従来の許可制から自治大臣等の協議制とすること、地方交付税の額の算定方法に関し地方自治体は自治大臣に意見を申し出ることができること、法定外目的税を導入すること、法定外普通税の新設・変更について従前の自治大臣の許可制を同意を要する自治大臣との協議制とすること（この点は新導入の法定外目的税にも適用される）などが組み込まれているにすぎない．租税国家 (Steuerstaat, Tax State) を前提とする日本国憲法のもとでは、さきに指摘した地方分権的国家とは、いうまでもなく地方分権的租税国家を意味する．財政面からいっても、このように日本国憲法の意図する地方分権的租税国家への改革はまったくみられないといってよい[6]．

3　日本国憲法と21世紀への2つの「文化的遺産」

21世紀をいま、私たちは迎えようとしている．20世紀の前半は第1次世界大戦、第2次世界大戦によって象徴される「戦争の世紀」であった．科学技術の発達によって、今後は先進国が戦争当事国となって戦争をするということがおそらくないであろうと観測できるようになった．もちろん今後とも様々な形で、たとえば民族紛争、宗教紛争、地域紛争などの戦争が絶えないであろうが、20世紀が経験した世界大戦のようなものはおそらく起こらないであろうというのが筆者の観測である．もし、世界大戦になれば、「核」戦争となり地球の全滅は必至とみられるからである．

このことは人権論からいえば日本国憲法の意図する平和的生存権の現実化を意味しよう．「法文化」の面でこの平和的生存権が本報告でいう21世紀への「文化的遺産」の1つである．

いま1つの「文化的遺産」は、社会権的基本権（社会権）である．19世紀は自由権的基本権の世紀であった．自由権の本質は公権力からの自由、つまり市民生活において公権力の干渉を受けないという人権である．この自由権の思想が当時の資本主義社会の発展に大きく貢献したことは否定し得ない．しかし、20世紀に入り資本主義がいわゆる独占段階に入ってからは自由権だけでは人々の実質的自由・平等、人々の実質的生存権が確保されないことが認識されるようになり、新たな人権として社会権的基本権が登場するようになる．社会権の本質は公権力による自由、つまり人々の市民生活によい意味で公権力の干渉を求める人権である．筆者は、これからますます高齢者社会になるので、21世紀は人権論からいえばさきの平和的生存権とともに社会権の世紀でなければならないと考えている．

以上のような21世紀への展望にもかかわらず、アメリカを含む各国が軍事費縮小の段階に入っているのに（本報告当時）、平和・福祉憲法の日本国憲法のもとで、日本はいぜんとして軍事費大国路線を踏襲し「戦争法案」と呼ばれる、「日米防衛新ガイド

ライン」の法制化等の動きにみられるように，まさに時代錯誤ともいうべき軍隊をもった「普通の国」への路線を強化しつつある．また，画一的な規制緩和論・国際化論という大義名分によって社会権・社会法の否定の動きが強まっている[7]．後者についていえば，大店法の廃止，中小企業倒産の放任，独占禁止法制・労働法制等の形骸化の動きを指摘しえよう．税制における応能負担原則（憲13条，14条，25条，29条等），累進課税の思想は人権論からいえば社会権の投影・具体化である．昨今の「大型間接税への傾斜，直接税のフラット化」の流れも社会権・社会法の否定とつながる．さきに紹介した99年度の税制改正もこの流れを加速するものである．これらは思想的には新自由主義の流れといえよう．

4 平和・福祉社会と「地方自治」

　高齢者社会になればますます社会権の具体化・合理的展開が重要となる．言葉を換えていえば福祉の重要性である．21世紀は福祉社会であると同時にさきにも指摘した国際的にも平和な社会でなければならない．
　地方自治とは憲法学によれば各地域における人々の精神生活を含む豊かな生存権を確保するための法的装置である．とりわけ精神生活の豊かさの実現を含む福祉は各地域に密着したものでなければならない．物質生活の豊かさは中央政府においてもそれなりに果たしうるが，精神生活の豊かさは中央政府では十分に果たし得ない．それは憲法論からいえば「地方自治」（憲92条以下）の問題である．
　ところで，中央政府固有の仕事は防衛と外交である．さきに述べた21世紀への展望に従えばこれからは伝統的な意味での「防衛」の重要性が大幅に減退する．一方，外交の中心はかつては軍事機密の擁護にあった．これからはこの意味での外交の重要性も大幅に減退する．それゆえ平和・福祉国家においては中央政府の役割が構造的に減退する．各地域における人々の精神生活の豊かさの実現を含む福祉は論理必然的に地方分権的国家を要求する．中央政府の役割は，理念的には平和・福祉国家においては各地域におけるナショナルミニマムを確保するための連絡調整事務に限定されるべきであるということになろう．理念的にはこのような基本的方向に立って，行財政改革が展開されねばならない．
　旧ソビエトに代表される古い型の社会主義国家（租税国家ではない）の崩壊の現実に鑑み，21世紀の国際社会は租税国家体制を中心に展開されるであろうことが観測される．租税国家では憲法政治の中身は基本的にはどのような租税を徴収しそれをどのように使用するかに帰するといってよい．租税国家体制を前提とする日本国憲法は，租税の取り方と使い方とに関する法規範原則を規定したものとみてよい．私たちの生活，人権，福祉，平和なども結局においてこのような租税問題のあり方によって決まる．さきに指摘した21世紀への「2つの文化的遺産」を規定するところの日本国憲法は，21世紀の国際社会における普遍的現実的指導法規範として尊重されねばならない

とえよう．平和・福祉の日本国憲法の意図する憲法理念に従って行財政改革も抜本的に進められねばならない．それは地方分権的租税国家の確立を意味する．

5 地方分権的租税国家の展開

冒頭に紹介したように目下すすめられつつある行財政改革の方向は，平和・福祉憲法である日本国憲法の意図する地方分権的租税国家とはほど遠く，むしろトータルにはそれに逆行するものといえなくはない．

日本の行財政改革のあるべき基本的方向は次のようになろう．ここでは，もっぱら理念的視角から例証的にいくつかのことがらを指摘するにとどめる．このように，中央政府は，各地域社会のナショナルミニマムを確保するための連絡調整事務を基本とすることとなろう．

(1) 事務権限を大幅に市区町村，都道府県に移管する．国の機関委任事務〔本報告当時〕は形式的にも実質的にも全廃する．また，優秀な人材を市区町村，都道府県に登用する．強調的にいえば，一流の人物を市区町村，都道府県に登用する．税務職員についていえば，国税職員を地方税（都道府県税・市区町村税）職員に配置換えする．

(2) (1)に応じて租税国家における税源配分構造を抜本的に改める．従来の国→都道府県→市区町村という構造を，税務行政において可能な限り市区町村→都道府県→国への構造に改める．重要税目をも市区町村，都道府県で徴収するようにする．たとえば，さしあたり個人所得税のすべてを市区町村税とする．相続税も市区町村税または都道府県税とする．さらに消費税の廃止が困難であれば，消費税のすべてを都道府県税とする．ただし，現行の消費税は多段階の付加価値税（VAT: Value Added Tax）となっているが，これをアメリカのような単段階の小売売上税（Sales Tax）に改める．地方分権を財政的に裏づけるために地方独立税を充実・整備する．

(3) 以上の税源配分構造の抜本的改善によって，各地方自治体における国からの地方交付税の比重が全体として低くなることが望ましい．しかし，各地方自治体間においてその地方税収入に格差が生ずることは避けられない．地方交付税制度は名実ともに地方財政調整制度として抜本的に合理化する．内容的に従来の画一的な社会的基盤の整備を算定基準にすることを見直し，各地域の人々のライフステージなどに配慮した新たな福祉基準で算定することも検討する．各地域のナショナルミニマムを確保・保障するために，地方交付税制度の役割はこれからはむしろ，質的に重要となろう．地方交付税の配分にあたって，現行の「密室」の作業から開放し法律で実体的適正を含む「適正手続」（due process of law）を整備する．すなわち，配分の合理的な実体的基準および手続を法律で明確に規定する．後者の手続については関係住民の代表を含む公開の協議会で公正に決定する．もとよりこの制度の運用が国の地方へのコントロールの手段にならないようにする．

(4) さまざまな補助金などの国庫支出金制度は原則として廃止する．独立税収入や

地方交付税制度だけでは十分に対処し得ない場合の各地域のナショナルミニマムを確保する必要がある場合に限って，例外的に国庫支出金制度を用いることとする．その運用にあたっては，さきの地方交付税制度と同様の「適正手続」に基づく実質的整備を行う．

(5) 地方債の発行の中央政府等による現行の「許可」(本報告当時) を「届出」に改める．法定外普通税の新設・変更の「許可」(本報告当時) も「届出」に改める．「届出」制のもとに法定外目的税も導入する．

(6) 平和・福祉の日本国憲法秩序を租税国家において担保する[8]ためにも，公債不発行の原則を維持する (財4条，5条参照)．その際，現行の建設公債と赤字公債 (特例公債) の区別を廃止する．

(7) 財政支出のあり方は，日本国憲法の意図する社会権の具体化，いわゆる「福祉本位」で行われるべきである．つまり軍事費を縮減し，福祉中心の財政支出とする．特に定年後も「生涯現役」として人々がヴィヴィドに働けるようにするために，人々に租税国家が「働く場」を積極的に提供することこそ，最大の「福祉」といえよう．そのための財政支出を行うべきである，この点，消費税導入後，かえって中小企業対策費が縮減している[9]ことが問題である．消費税導入前の88年度は2,539億円．これに対して98年度は1,858億円，99年度は1,923億円．不幸にして公的老人介護を必要とする場合には当該費用は租税国家としては一般の租税収入で賄うことを原則とすべきである．ただ，利用者には利用料・手数料程度の負担をしてもらう．日本国憲法のもとでは理論的にはすべての租税が福祉目的税といえる．したがって，憲法理論的には特定の税目に「福祉」の名称を冠することができない．この観点から，上下水道工事，公的保育所，健康保険財政，公的年金財政等も一般の租税収入で賄うことを基本としてそのあり方を抜本的に見直すべきである．この方向こそが福祉国家としての租税国家の方向である．もとより租税の徴収面に準じて租税の使途面についても「法の支配」を整備することも急がれねばならない．

(8) 租税体系・租税制度のあり方については憲法の応能負担原則 (憲13条，14条，25条，29条等) によって具体化すべきである．すなわち，所得課税・財産課税の直接税を中心とする．所得課税を中心とし，「所得」に表現されない「かくれた担税力」を財産課税でとらえる．財産課税は，大企業・高額所得者に対して所得課税の補完税として課税する．所得課税と財産課税とをセットにして直接税をとらえる．法人税を含めてこれらの直接税を累進税化する．私たちはアメリカが財政再建に成功した1つの理由として，1993年から所得税・法人税の累進税化をむしろ強化した事実を想起すべきであろう．日本では法人税率は基本的に比例税率であり，その比例税率である法人税率を昨年および本年の改正で大幅に引き下げた．日本の法人税についても10%〜50%の超過累進税率を導入すべきである．日本では所得税率については本年の改正で最高税率を大幅に引き下げた．しかし，高額所得層に対する最高税率をむしろ大

幅に引き上げるべきである。一方，最低生活費非課税[10]，一定の生存権的財産の非課税・軽課税に配慮する。間接税である消費課税については，課税対象が特定・限定されていない一般消費税（大型間接税）ではなく，個別消費税（通常の間接税）をもってする。個別消費税では課税対象の選別，課税対象ごとの税率・免税点などの区別の導入が可能であるので，応能負担原則をそれなりに生かしうる。この個別消費税である通常の間接税は，直接税の補完税として位置づける。人々は定年後も「生涯現役」としてヴィヴィドに働きその成果に応じて彼らには生涯にわたって所得課税・財産課税の直接税を納付してもらう。直接税は人々のタックスライフを活性化する。同時に直接税は租税国家のあり方を納税者（タックスペイヤー）として法的に監視（ウオッチング）し，統制（コントロール）することを可能にする。

(9) 租税の使途面をも射程にいれて納税者が租税のとり方と使い方とを法的に監視し統制することを含めて準憲法的性格の法律としての「納税者権利基本法」などの整備を行う。これを受けてサラリーマン税制の合理化，自動物価調整税制の導入，税務行政手続法の整備，納税者検査請求・納税者訴訟等の整備をも行う。租税の使途面をも含めて租税のあり方について納税者に法的諸権利を保障すること，より正確に言えば日本国憲法の意図する納税者基本権（taxpayer's fundamental rights）を具体化することは，租税国家体制では最も重要な憲法保障装置となることを銘記すべきである[11]。日本国憲法の「憲法保障」は，平和・福祉の保障を意味する。

(1) 詳しくは北野弘久「誰のための『減税』策か」世界99年3月号。
(2) 財政法（昭22法34）22条は予算総則に規定する事項を規定している。この財政法22条7号に「その他政令で定める事項」を予算総則に規定することとされている。この規定を受けて「予算決算及び会計令」（昭22勅令165）15条に新たに次の条項が加えられた。
　「11　消費税の収入が充てられる経費の範囲」
　この規定に基づいて予算総則において消費税の使途を「福祉目的」（基礎年金，高齢者医療，介護等）に限定することとされた。これが巷間，消費税の「福祉目的税化」と呼ばれる法的仕組みである。
　目的税の使途は当該税目を規定する租税法律自身で規定すべきである。今回の手法は，政令に基づいて，しかも当該政令自身では規定せず，一般には「法律」ではないとされている予算総則でその使途を規定することとしている。この手法は，法律的には無意味である。このような無意味な，消費税の「福祉目的税化」の法的擬装すらが行われた背景を冷静に洞察すべきである。これは，今後，予想される消費税の引き上げ（最終的には15％，20％へ）のための「環境づくり」といえよう。詳しくは，北野弘久「自自『福祉目的税化』構想のねらい」前衛99年4月号〔本書第XI部第5章〕。
(3) 「財政構造改革法」自体が財政再建のための具体策として社会保障費等の支出額の抑制を規定するのみで，不公平税制の是正，地方分権的租税国家の確立のための抜本的改

革などを織り込んでいない。それゆえ、とうてい財政構造改革法という内容ではなかった。おそらく財政再建のための具体策としては大型間接税である現行消費税の引き上げなどを前提としていたものと推察される。宮本憲一、坂本忠次、北野弘久、田中治ら『赤字財政と財政改革』日本財政法学会編・財政法叢書15・龍星出版、岩波一寛・谷山治雄・中西啓之・二宮厚美『日本財政の改革』新日本出版社、福家俊朗「財政改革と行政改革——国家構造改革の手法としての財政改革」法律時報70巻3号など。

(4) 市橋克哉「中央省庁の再編問題」学術の動向98年9月号、特集「国家の役割と統治構造改革」ジュリスト1133号など。

(5) たとえば、地方自治体の関与を奪う米軍用地特別措置法の改正。

(6) 室井力・加茂利男「地方自治法改正でどうなる国・自治体の関係」住民と自治99年5月号、鵜飼肇「『分権一括法』は国と地方を対等にするか」前衛99年6月号など。なお、地方自治総合研究所『地方分権の法制度改革』自治総研ブックレット63、同『地方分権推進計画と補助金・税財源改革』自治総研ブックレット64、鴨野幸雄「地方自治と地方財政権」日本財政法学会編『戦後50年と財政法研究(2)・財政法叢書14』龍星出版、所収、など。

(7) 二宮厚美「現代資本主義と新自由主義」経済99年5月号。

(8) 財政法における公債不発行の原則については、租税国家において日本国憲法9条を担保する手段という「立法事実」が存在する。北野弘久『『平和憲法』と戦後日本の税財政制度』『納税者基本権論の展開』三省堂、所収。

(9) 消費税収入はほとんど福祉に充当されていない。もっぱらゼネコン型の公共事業費、経済協力費（ODA）、防衛関係費などに充当されているといってよい。北野弘久「自自『福祉目的税化』構想のねらい」前衛99年4月号、湖東京至「消費税は何に使われたか」全国商工新聞99年3月29日号〔本書第XI部第13章〕など。

(10) 最低生活費非課税の原則は、憲法25条の生存権的自由権の要請である。一定の生存権的財産の非課税・軽課税（利用価格×低税率）の原則は、憲法25条（生存権的自由権）および29条1項（生存権的財産のみを基本的人権とする）の要請である。北野弘久『税法学原論・4版』青林書院126頁以下。なお、同「法人税の性格・課税所得の概念・課税ベースの見直し」日本租税理論学会編『日本租税理論研究叢書8・法人税改革の論点』谷沢書房、所収。

(11) Hirohisa Kitano, Structure of Constitution of Japan and Fundamental Rights of Taxpayers——Drvice for Constitution Security in State, Nihon Univ. Comparative Law, Vol. 14, 1997.

【付 記】

本稿は、1999年5月の学会（憲法理論研究会大会）報告時の時点でとりまとめられたものである。なお、地方分権一括法などの実施後の、起債や法定外税の総務大臣等との「協議」の法的意味などの理解については、拙著『税法学原論・5版』2003年青林書院356頁以下の「地方財政権の展開」参照。

〔1999年10月〕

第13章　社会保障と納税者基本権

1　租税国家と社会保障

　租税国家（Steuerstaat, Tax State）というのは，その国の財政収入のほとんどを租税に依拠する体制である．公債収入もここにいう租税である．1789年のフランス革命に代表される近代市民革命は理念的には租税国家を民主的に展開するための納税者の反乱（tax revolt）であった．
　20世紀の初頭において登場した旧ソビエトに代表される古い型の社会主義国家は，租税国家ではなかった．その社会主義国家は21世紀を迎える前にすでに崩壊しつつある．中国も，市場原理を導入し国営事業にも直接税を課税するなど，形を変えた租税国家体制に移行しつつある．筆者は，21世紀の国際社会は租税国家体制を中心に展開されるものと観測している．租税国家ではその憲法政治の中身は，基本的にはどのような租税を徴収し，それをどのように使用するかに帰するといってよい．憲法典は，究極的にはそのような租税の徴収と使途とのあり方の法規範原則を規定したものといえなくはない．それゆえ，私たちの平和，福祉，生活，人権などもこのような租税問題の処理の仕方によって基本的に決まる．本稿の主題である「社会保障」のあり方もこのような租税問題の処理の仕方によって基本的に決まることになる．本稿では「社会保障」の意味をひろくとらえ，平和問題を含めて検討することとしたい．けだし，平和の確保がされない社会ではおよそ「社会保障」を論じ得ないからである．
　このようにみてくると，日本のみならず国際社会の平和・福祉を確保するためにも，租税の使途面を含む納税者の諸権利を法的に保障することが重要となる．本稿は，社会保障の問題を納税者の諸権利の視角から考える．

2　納税者基本権

　筆者は，国内的にも国際的にも21世紀は，平和・福祉の「日本国憲法の世紀」でなければならないと考えている．その日本国憲法は租税国家体制を前提にしている．社会保障を確保するためにも，その日本国憲法がどのような納税者の諸権利を法規範論理として保障しているかを確認しておきたい．
　日本国憲法は周知のように「国民の納税義務」を規定しているが，それは無原則的，無条件的に人々の納税義務を規定しているのではない．日本国憲法30条は「国民は，法律の定めるところにより，納税の義務を負ふ」と規定している．筆者は，この規定を基底として日本国憲法全体の法規範構造から納税者基本権（taxpayer's fundamental rights）という新たな権利概念が成立するものと解している[1]．この点について若干のコメントを加えておきたい．同条の「国民」はnationではなく，people, peuple

を意味し日本人のみならず外国人，法人，団体等を含む。つまり，日本の租税国家社会を構成するすべての人々を意味するわけである。日本国憲法は，明治憲法とは異なり，プープル主権という意味での国民主権，平和的生存権を含む基本的人権の尊重，三権分立，地方自治などの憲法諸原理を前提としており，法的租税概念としては，伝統的な財政権力側のそれではなく課税される側，つまり納税者側のそれを採用しているものと解される。納税者側の法的租税概念としては，第1に租税の徴収面と使途面とを峻別・分断しないで両者を統合する租税概念を採用し，第2に従来「税外負担」と呼ばれてきた受益者負担の多く（社会保険料，下水道工事負担金，公的保育所負担金など）を法的租税概念に組み込んでいる[2]。同条の納税義務は，このような納税者側の法的租税概念を前提としている。加えて同条の「法律」は租税の徴収面と使途面との双方の憲法適合的な「法律」を意味する。以上のことを整理すると，人々は自己の納付した租税の法規範原則に従って使用されること（社会権・平和的生存権を含む基本的人権の尊重，福利・福祉目的）を前提にして，その限度でかつ憲法の法規範原則（応能負担原則。憲13条，14条，25条，29条等）に従ってのみ納税義務を負う。つまり，納税者（taxpayer）にはそのような憲法適合的な租税の使途面・徴収面の「法律」に従ってのみ，納税義務を負うという権利が保障されているわけである。この権利を筆者は「納税者基本権」と呼んでいる。この納税者基本権は，納税者に関する様々な自由権，社会権等の集合的権利概念であり，それは日本国憲法という実定法上の具体的な権利である。

以上の納税者基本権の理論によれば，租税の使途面にも「法の支配」（rule of law）が整備されねばならない。その内容は「福祉本位」ということになる。これによれば，日本国憲法の下ではすべての租税が理論的には福祉目的税ということになろう[3]。それゆえ，理論的には特定の税目，たとえば一部で盛んに論議されている現行の「消費税」（昭63法108「消費税法」で規定するもの）に「福祉」の名を冠することは許されない。明治以来，日本では租税法律主義の原則は租税の徴収面のみに関するものであって租税の使途面には適用されず，加えて歳出予算の法的性格について憲法学説としては予算行政措置説など[4]が支配してきたことでも知られるように，租税の使途のあり方には「法の支配」が適用されないとされてきた。この明治憲法下の考え方が日本国憲法の下においても基本的に踏襲されている。しかし，日本国憲法の下では具体的に租税の使途について個別の法律・条例の整備がなくても，一定の「法」が支配するものとして運用されねばならない。もとより，そこにいう「法」は「福祉本位」でなければならない。

立法論的には租税の使途面については「福祉本位」，より具体的に人権論からいえば社会権の現実化としてその実体法および手続法が租税の徴収面に準じて整備されるべきである。この整備がそのまま本稿の主題である「社会保障」の確保につながる。

納税者基本権の内容を構成する租税の徴収面に関する応能負担原則については，項

を改めて述べる．この応能負担原則・累進税の原理は人権論からいえば社会権の投影である．租税国家における平和・福祉，つまり真の社会保障の視角からも租税制度について応能負担原則・累進税の原理の具体化・徹底化が真摯に要請される．

3 応能負担原則

3.1 応能負担原則の憲法的基礎

さきに指摘したように，社会保障の視角からも，租税制度について応能負担原則に基づく整備が要請される[5]．

日本国憲法は，その13条において「個人の尊重」を規定している．法人企業の大部分を占める多くの中小零細企業[6] は，所有と経営とが一致ししかもそのオーナーの生存権の延長線上に憲法理論上位置づけられうる実態をもつ．つまりパーソナルな実態である．法人格を有するとはいえ，憲法理論上は生存権ないしは生業権の保護の対象になり得る存在である．このような中小法人にはこの憲法13条の要請が妥当する．14条において「法の下の平等」を規定している．租税面では画一的比例税的平等ではなく能力に応じた平等を意味し累進税的平等を要請する．このことは，現代租税国家社会の社会的存在（social entity）であり，有力な構成単位（social unit）である法人等にも妥当する．25条において人々の生存権を保障している．この25条の要請は生存権ないしは生業権の対象になるさきの中小法人にもそのまま妥当する．29条において一定の生存権的財産（一定の住宅地・住宅，農地・農業用資産，一定の中小企業の事業所地・事業所，一定の中小法人のオーナーの持株など）のみを基本的人権として保障することを規定している．非生存権的財産は基本的人権とはされない．この29条の要請もそのまま法人に妥当しよう．これらの日本国憲法の諸規定から，実定憲法の原則として応能負担原則が抽出される．

日本国憲法の意図する応能負担原則は，単に課税物件の量的担税力（大きさ）のみならず，その質的担税力をも考慮することを要求する．たとえば，等しく500万円の所得といってもそれが勤労から得られたものであるかそれとも資産から生じたものであるかによって，その質的担税力が異なる．後者は前者よりも担税力が強い．また，ひとしく30坪の土地といってもそれが生存の用（たとえば居住）に供されるものであるか，それとも商品としてのそれであるかによってその質的担税力が異なる．後者は前者よりも担税力が強い．憲法はこうした課税物件の質的担税力の相違をも考慮しながら，その者の量的担税力を正鵠にとらえるために，総合累進課税を要請する．

憲法は，応能負担原則の「核」となる要請としてすべての租税について原則的に超過累進税率の適用を要求する．法人所得課税においてもエコノミストたちの比例税率の主張にもかかわらず，超過累進税率が適用されねばならない．筆者は，1998年まで個人企業に適用されてきた所得税率に準じて法人税率をさしあたり10％から50％の超過累進税率にすべきであると指摘してきた．中小法人の多くは赤字または小額の所

得であるので課税されるとしても 10％ の法人税率が適用されることになろう．このように超過累進税率の採用は中小法人の活性化に資する．同時に憲法論的には生存権への配慮を行うことを意味し，その意味では所得の質的担税力を考慮することにもつながる．エコノミストたちがしばしばアメリカの例を引き合いに出すが，そのアメリカの法人税は現に超過累進税率となっている[7]．

一方，応能負担原則の一環として最低生活費非課税の原則や一定の生存権的財産の非課税または軽課税（利用価格 use value×低税率）の原則が抽出される．

憲法の応能負担原則は，以上の指摘で明らかなように個人のみならず法人に適用される．また，国税，地方税を問わず適用される．さらに直接税，間接税を問わず適用される．筆者は，すべての租税制度のあり方を指導する実体的法原理は，応能負担原則しか存在しないことを指摘してきた．しばしば比例税ないしは均等税などを正当化するために応益課税原則がもち出される．応益課税原則は，課税する側においてその課税する「理由」についての1つの説明の手段として用いることが可能であるが，納税者側の負担配分の原理にはならない．納税者側の負担配分のあり方については応能負担原則しか存在しない．また，いかにしても応益課税原則を根拠づける憲法条項は存在しない．このようにみてくると，2000 年に東京都が行った，大銀行に対する法人事業税の外形標準課税条例の制定をどのように説明すればよいのであろうか，という疑問が生じる．筆者は，大銀行の税法上の「所得」に表現されない「かくれた担税力」を外形標準課税の手法によってとらえようとするものであって，現代的「応能課税」の1つの具体化をみるべきであると指摘してきた[8]．地方税における「負担分任」も各人の「応能負担」に基づく負担分任でなければならない．消費課税についていえば，学問上の一般消費税（大型間接税）よりも，課税対象の選別・限定，課税対象ごとの性質に見合った免税点・税率・徴税方法などを区別し得る個別消費税（通常の間接税）が要請される．個別消費税のほうが負担者の意思・応能負担原則をそれなりに生かし得るからである．

最近における直接税のフラット化（人頭税化・比例税化）と大型間接税（現行の「消費税」）の拡大の傾向は，憲法の応能負担原則に抵触するものとして批判されねばならない．

3.2　所得税の課税最低限と憲法 25 条

現在，所得税の基礎控除額は 38 万円，配偶者控除額は 38 万円，扶養控除額は 1 人につき 38 万円である（所税 86 条，83 条，84 条）．したがって夫婦子供 2 人の所得税の課税最低限額は 152 万円である．ところが，政府筋は夫婦子供 2 人の 2002 年度の課税最低限額（サラリーマン）の最低限額は 384 万円と発表している[9]．そして国際的にも日本の課税最低限額は高いと指摘している．一部にはこのことを前提にして所得税の課税最低限額を引き下げるべきであるという主張すら行われている．サラリー

マンについて政府筋が示している数字は，右の152万円のほかに給与所得控除額，社会保険料控除額，配偶者特別控除額，扶養控除額の割増分などを加えたものである．課税最低限額は，すべての世帯に適用される基本的生活費控除の性格を有する基礎的人的控除額だけで計算すべき筋合いのものである．日本の給与所得控除額は諸外国にも例のないものであって，それは①サラリーマンの概算経費控除分，②サラリーマンの給与所得に対して源泉徴収制度が適用されるところから，事業所得者に比較して5か月余り早期に納税することになる．この間の利子相当分を調整しようとする利子控除分，③給与所得は労働所得（labor income）という特殊性を有しその質的担税力が弱い．この部分を調整しようという勤労性控除分，④さきに指摘したように給与所得には源泉徴収制度が全面的に適用されるために事業所得に比し事実上その所得の把握度が高い．税務行政の改善でこの把握度における不均衡を是正すべきであるが，その是正には限界があるとして立法において調整しようという把握控除分，の4者からなる．現行給与所得控除制度はドンブリ勘定になっているが，立法論的にはこの4者をそれぞれ独立した控除項目とするのが望ましい．このように給与所得控除額は生活費控除の性格をまったく有しないので，これを課税最低限額の計算に含めるのは誤りである．社会保険料はさきにも指摘したように，法的租税概念に組み込まれる一種の租税であって，社会保険料控除額を課税最低限額に加えることは誤りである．社会保険料を控除したからといって，人々の最低生活水準が上昇するわけではなく，また社会保険料控除をしないときは，実質的に二重課税になろう．さらに特殊な世帯にしか適用されない配偶者特別控除額，扶養控除額の割増分などを課税最低限額の計算に組み込むのは誤りである．このようにみてくるとサラリーマンの場合も，夫婦子供2人の課税最低限額は152万円である．

課税最低限額は，憲法25条の要請に基づいて「健康で文化的な最低生活費」を課税対象から除外しようとするものである．ここで注意すべきことは，課税最低限について問題となる憲法25条の権利の性格である．25条の生存権は一般に社会権を規定したものと解されている．社会権は「公権力による自由」を本質とし，人々がその生存を確保するために公権力の干渉を求める権利である．このような社会権の性格上，25条は所詮，立法方針・立法政策，せいぜい国の立法への作為義務を規定するにとどまるものであって，それゆえ，それは通常の意味において具体的な権利でないと解されてきた．人々は，25条の趣旨を受けて立法化された生活保護法などの個別の法律に基づいて具体的に自己の生存権を法的に主張することとなる．ところが，この25条はこのような性格を有する社会権のほかに，自由権としての生存権をも規定しているのである．自由権の本質は「公権力からの自由」にある．つまり，人々は公権力から干渉を受けない，という権利である．それゆえ自由権については立法裁量，行政裁量などの入り込む余地はない．自由権違反の立法，行政処分等は直ちに違憲となる．25条の意図する「健康で文化的な最低生活費」を下回る課税最低限額の規定は右の自由権

としての生存権を侵害するものであって，違憲・無効である．この点についてコメントを加えておきたい．たとえば，所得税法において基礎控除額を38万円と規定する．これは単身者の年所得が38万円を超えると，徴税権力が人々の平穏な私生活に介入することを意味する．国が立法行為という公権力を行使して，人々の生存に干渉することになろう．これは「公権力からの自由」に抵触する．このように，課税最低限の問題は，憲法25条の，社会権ではなく自由権の問題である．

いま，生活扶助基準額をもって「健康で文化的な最低生活費」と仮定してみる．2003年度の東京一級地の一（東京都23区）の生活扶助基準額をみてみよう．単身者（70歳，女）の場合，通例は130万円，夫婦子供2人（夫35歳＝就労，妻30歳，子供9歳，4歳）の場合，通例は269万円である．基礎控除額は38万円であるので，右単身者の生活扶助基準額をはるかに下回るので，違憲である．夫婦子供2人の課税最低限額は152万であるので，同課税最低限額も右の生活扶助基準額をはるかに下回るので，違憲である．1992年9月25日ドイツ連邦憲法裁判所は，生活扶助基準額を下回る人的控除額は違憲と判示した[10]．

このように，基礎的人的控除額のあり方は，憲法25条の自由権としての生存権との関連において解明されるべきである．これによれば，現行の基礎控除額は130万円以上に引き上げられるべきであろう．そして，配偶者控除額および1人当たりの扶養控除額は各50万円以上に引き上げられるべきであろう．

地方税である住民税の基礎控除額は33万円．その夫婦子供2人の課税最低限額は132万円．住民税も理論的には所得税（income tax）であるので右の金額はさきに指摘した生活扶助基準額並みに引き上げられるべきである．しばしば住民税の地方税としての「負担分任」の側面が強調されてその課税最低限額が所得税のそれよりも下回ってもさしつかえないという主張が示される．この主張は，国税の所得税の課税最低限額が生活扶助基準額を大幅に上回る場合において，住民税の課税最低限額が所得税のそれよりも下回っているが，にもかかわらず当該課税最低限額（住民税）が生活扶助基準額を上回っているときにおいてのみ成り立つ．住民税に求められる「負担分任」はあくまで応能負担に基づく負担分任でなければならないからである．

課税最低限額に関連して所得税における人的控除のあり方についてコメントを加えておきたい．所得税は個人単位の課税を原則とする場合においても現実に何らかの「生活単位」，「消費単位」を前提とせざるを得ない．基礎控除額，配偶者控除額および扶養控除額などは，税法学的にはそのような生活単位の生活費控除額を意味するものでなければならない．このような「生活単位」の観点から，控除対象配偶者，扶養親族の要件の1つとして一定の所得額要件を設けざるを得ない．現行法は年所得38万円以下の者（所税2条1項33号・34号）としているのはその金額の妥当性はともかくとしてやむを得ない．

このようにみてくると，配偶者特別控除額（所税83条の2）には種々の問題があ

る。この控除額は生活費控除額からは説明できない。おそらく家庭にある一方の配偶者の「内助の功」を評価しようとするものであろう。男女ともに社会的活動が一般化しつつある現代社会においてこのような制度は、配偶者の一方、通例は女性の社会進出を抑制し、共働き夫婦と片働き夫婦とを差別することになるものといわねばならない。このような人的控除額は配偶者の一方、通例は女性が家庭にあるべきだという古いライフスタイルを前提とするものである。この制度は廃止されるべきであろう。この問題を含めて所得税の人的控除の体系がいかにあるべきかについては、多様なライフスタイルをふまえて、現代社会に適合したものに見直されるべきであろう。

課税最低限額の関係でいえば、人的控除は所得控除方式よりも税額控除方式のほうが合理的である。課税最低限額は「健康で文化的な最低生活費額」を課税対象から除外しようとする意味をもつ。であるならば、どの生活単位にも同じような税法上の保護が与えられるべきである。たとえば、基礎控除額（所得控除方式）を10万円引き上げるとした場合、所得控除方式では上積み税率60％の階層には6万円の減税、上積み税率10％の階層には1万円の減税になるという格差が生じる。のみならず財源面からいって上積み税率60％の階層には10％の階層の6倍の財源を必要とする。税額控除方式にするとこれらの諸問題は解消する。

税法上の人的控除のあり方を児童手当等の所得政策との関係において展開すべきであるという主張が一部にある。この点については、税法学的にはすでに指摘したように税制が前提とする生活単位の「健康で文化的な最低生活費」を課税対象から除外しようということから、基礎的人的控除額のあり方が論理的に独自に決まってくるということを指摘しなければならない。このように、基礎的人的控除額のあり方は税法学的にはこのように児童手当等の所得政策とは別に独自に論ぜられるべき筋合いの問題である。

現代においては、物価上昇は現代資本主義のメカニズム（公権力と資本とが癒着している）と深い関係にある。現代資本主義は、クリーピング・インフレーション、マイルド・インフレーションを不可避的にもたらす。物価上昇はそれだけで「実質増税」（かくれた増税）と不公平税制の拡大を意味する。

物価上昇という「かくれた増税」は、少なくとも2つの憲法原則に抵触する。すなわち、まず、この「かくれた増税」は、議会の実質審議を経ていないという意味で、憲法83条・84条の財政議会主義の趣旨に反する。次に、この「かくれた増税」は低所得層ほど負担が重くなるという逆進性を有し、憲法の応能負担原則（憲13条、14条、25条、29条等）の趣旨に反する。この「かくれた増税」現象は、いわば、右の2つの憲法原則の「脱法」現象ということができる。

以上によって知られるように、物価上昇にスライドして、自動的に調整減税を行う装置を現代税法に取り込むことが納税者の権利論の視角から検討される必要がある。この「減税」は、言葉の本来の意味での減税ではない。それは物価上昇によって拡大

する「不公平税制」を少しでも是正し，元に戻そうとするものにすぎない．筆者は，自動物価調整税制度（automatic inflation adjustment of the tax system）の導入は，憲法上の要求と考えている．先進各国はいずれもこの制度を導入している．日本も，応能負担原則の観点からこの制度の導入を急ぐべきであろう[11]．

3.3 「内助の功」の評価

　納税義務者（たとえば夫）と生計を一にする配偶者（たとえば妻）が当該納税義務者の事業に従事した場合，所得税法は，その生産労働による所得を当該配偶者（妻）の所得としないで，納税義務者の所得とみなして納税義務者の所得に合算して課税することとしている（所税56条）．例外として，納税義務者が青色申告者である場合には，当該配偶者（妻）に対し青色事業専従者給与額の支払いが税法上許される．青色事業専従者給与額には最高限度額の規制は制度的に存在しない．この青色事業専従者給与額は当該配偶者の給与として扱われ，当該給与分は納税義務者の事業上の必要経費に算入される．ところが納税義務者が白色申告者である場合には，当該配偶者（妻）に適用される事業専従者控除額は年86万円の定額となっている．配偶者以外の親族の事業専従者については一人につき年50万円の定額となっている．もとより，この事業専従者控除額は当該配偶者の給与として扱われ，当該給与分は納税義務者の事業上の必要経費に算入される（以上所税57条）．配偶者が従業員として納税義務者の事業に協力している以上は，納税義務者が白色申告者であるからといって，現に当該配偶者が提供した労働の対価である給与の支払いの事実を課税上否認するだけの合理的理由はまったく存在しない．現行の事業専従者控除額を社会通念上相当と認められる一般給与相当額までに大幅に引き上げるか，または青色申告者に準ずる取扱いにするかに改めるべきである．

　家事労働については所得税法はさきにふれた「配偶者特別控除額」の制度を設けている（所税83条の2）．相続税法は，相続税について配偶者の法定相続分相当額を非課税とする「配偶者に対する相続税額の軽減措置」を導入している（相税19条の2）．贈与税について婚姻期間20年以上の夫婦について「贈与税の配偶者控除額」の制度を設けている（相税21条の6）．これらの家事労働における「内助の功」を評価する諸措置の理論的基礎は不透明である．税法学的にいえば，税法上の諸措置をあれこれ講ずることよりも，民事法レベルで一方の配偶者の寄与分を財産法的に評価する制度を確立することこそが先決といえよう．もし，配偶者の一方の寄与分が財産法レベルにおいて当該配偶者の持分権として法律的に評価されるならば，税法上は格別の規定がなくても当該持分については納税義務者の所得を構成せず当該配偶者の所得となる．また，当該持分は税法上は格別の規定がなくても相続財産を構成しない．また，当該持分について一方の配偶者（夫）から，他方の配偶者（妻）へ名義変更が行われても，税法上は格別の規定がなくても贈与とはならない[12]．

以上のように，民事法レベルで解決することによって，自動的に税法レベルで評価されることになる．いま，そのことは措くとして，前出「配偶者に対する相続税額の軽減措置」(相税19条の2) の不合理性を指摘しないわけにはいかない．現行制度は，軽減措置の適用を受ける相続人である配偶者の婚姻期間，年齢，相続財産の大きさなどを問わないで，画一的，形式的に相続開始時の配偶者にこの軽減措置を適用することとしている．これは，あまりにも不合理であるといわねばならない．現行制度のもとではケースによってはこの軽減措置を適用することは「適用違憲」(憲14条違反) を構成する場合もあり得よう．

離婚に伴う財産分与の性質については，①夫婦共通財産の清算，②有責配偶者の相手方配偶者に対する損害賠償，③離婚後の生活扶養，の性質をかねたものと一般にいわれている．国税庁通達は，財産の分与によって取得した財産については原則的に贈与により取得した財産とはみないこととし贈与税を課税しない取扱いを定めている (相税基達9-8)．離婚に伴う財産の分与の性質は中心的には①の共通財産の清算とされており，かつ②③の部分の分別が困難であるとされているので，贈与税の課税をしない右取扱いは妥当である．しかし，財産分与側に最高裁昭和50年5月27日判決 (判時780号37頁) は，時価をベースにして譲渡所得税を課税するとした．この判決を受けて，国税庁通達も所得税を課税することとした (所得基達33-1-4, 38-6)．

前出最高裁判決は「分与義務の消滅」という経済的利益が生ずると説明しているが，そもそも同「分与義務の消滅」なるものは所得税法36条1項の収入金額を構成しない．一方の配偶者の「寄与分」の清算が中心である財産分与に基づく資産の譲渡には所得税法33条は適用されないし，同法59条，60条により「みなし譲渡所得」として課税することも困難である．とりわけ前出受贈側の取扱いとの整合性に反する．この最高裁判決は税法学的には誤りである[13]．この誤った実務のゆえに離婚給付に重大な障害をもたらしている．この誤りは，最高裁判例の変更によって解決することが困難であれば，立法によって是正されなければならない．

3.4 国民健康保険税・介護保険料などの違憲性
(1) 医療費の国民負担増

サラリーマンの健康保険の治療を受けるときの本人負担は，現在2割負担となっている．この2割負担は，1997年の消費税引き上げなどと一緒にそれまでの1割負担から引き上げられたものである．このときの国民負担増は，当時合わせて約9兆円といわれ，今日まで続く経済不況の主因を形成した．小泉内閣は2002年度からこの健康保険の本人負担をさらに3割に引き上げる方針とも伝えられる．また高齢者の医療費負担もさらに引き上げる予定とも伝えられる．なお，定年後のサラリーマンや自営業者などが加入している各市町村で行っている国民健康保険についてはすでに本人負担が3割となっている．

第 13 章　社会保障と納税者基本権

表 11-13-1　介護保険料の区分

所得段階	対　象　者	年間保険料額
第 1 段階	生活係護の受給者 老齢福祉年金の受給者で住民税世帯非課税	1 万 4,879 円
第 2 段階	世帯全員が住民税非課税	2 万 2,318 円
第 3 段階	本人が住民税非課税で世帯員が住民税課税	2 万 9,757 円
第 4 段階	本人が住民税課税で合計所得金額が 250 万円未満	3 万 7,197 円
第 5 段階	本人が住民税課税で合計所得金額が 250 万円以上	4 万 4,636 円

　右の本人負担の引上げ問題も検討されねばならないが、ここでは本人負担とは別に一般に徴収されている社会保険料そのものの法的検討を行うこととしたい。

(2)　実例の紹介

　東京都 M 区に居住する W 女は現在 76 歳。彼女は 4 年前に圧迫骨折（背骨）で 3 か月ほど寝たきりであった。治療の結果、現在は何とか体だけは動かしているが痛みはとれないという。加えて、彼女は昨年（2000 年）から甲状腺の病気で苦しんでいる。夫は 78 歳で月額 7 万 9,433 円の年金生活者である。この月額 7 万 9,433 円がこの夫婦世帯のすべての収入である。夫は 6 年前に脳出血で倒れたが、現在、治療リハビリで一応快復したが、言語障害という後遺症が残っている。当の W 女は無収入である。同女は何の年金も受けていない。本年（2001 年）7 月に東京都 M 区長が W 女に対して年額 2 万 2318 円の介護保険料決定通知書を送付した。彼女は最低生活も困難な状態にあるので、まったく納入できないという。東京 M 区の介護保険料は表 11-13-1 のごとくである。

　W 女に対する介護保険料の賦課は右の基準によれば第 2 段階該当ということになる。世帯全員が住民税非課税の生活困難な世帯である。

　埼玉県 T 市の家族の例を取り上げる。夫は 45 歳、妻は 42 歳、子供 2 人（高校 2 年生、中学 2 年生）。夫は建築業。年所得 300 万円。国民健康保険税年 25 万 5,910 円（所得割り 19 万 4,910 円、均等割り 4 万 4,000 円、平等割り 1 万 7,000 円）、介護保険料 3 万 9,299 円、国民年金保険料 31 万 9,200 円（2 人分）。

　この家庭では家賃、電話代、水道光熱費、学校の授業料などを所得から引くと食費を中心とする生活費は年額 46 万 2,591 円になるという。1 日当たりわずか 1,267 円になるわけである。

　国民健康保険税の場合には所得割とは別に被保険者均等割、世帯別平等割、資産割などが賦課基準とされており、各人の所得額とは関係なしに保険税額が算定されることになる。また、介護保険料も所得がなくても画一的に賦課される。国民年金の保険料も 1 人月額 1 万 3,300 円となっており、各人の所得額とは無関係に画一的に賦課される。なお、前出サラリーマンが一般に加入している健康保険の保険料は各人の標準

報酬月額に対して画一的に一定率となっており、比例負担である。各人の能力とは無関係に賦課されるために国民健康保険料（税）、介護保険料、国民年金保険料などの滞納が非常に増えている。国民健康保険料（税）の滞納をすると保険証が交付されないために、病人が受診できなくなる。これは人の「いのち」にとって大変な危機的状況といわねばならない。

(3) 憲法25条違反

さきに指摘したように「税外負担」とされてきた社会保険料[14]（国民健康保険税のように税形式のものを含む）は、日本国憲法の下では法的租税概念に含まれる。それゆえ、社会保険料にも固有の意味での租税と同様の法理が適用されねばならない。すなわち、租税法律主義の原則・本来的租税条例主義の原則、応能負担原則が社会保険料のあり方にも適用される。応能負担原則についていえば、比例率ではなく累進率が要求される。

応能負担原則との関係において問題となる憲法25条は、自由権としての生存権である。人々の生活扶助基準額を下回る、社会保険料の賦課最低限規定は、この25条の自由権違反のゆえに、違憲・無効となろう。

さきにも指摘したように、1992年9月25日のドイツ連邦憲法裁判所決定は、生活扶助基準額を下回る基礎控除額などは違憲とした。日本の民事執行法も標準的な世帯の1か月間の必要生計費21万円相当分を差押え禁止物件としている（民執131条3号、民執令1条）。この自由権違反の問題についてはすでに指摘したように立法裁量、行政裁量の働く余地はない。

冒頭にその一端にふれた国民健康保険料（税）、介護保険料、国民年金保険料などの現行の原則的あり方自体が憲法の応能負担原則の趣旨に抵触する。また、東京都M区のW女の例や埼玉県T市の建築業の家族の例は、明らかに日本国憲法25条の自由権としての生存権に違反するものであって、違憲の事例であることには疑問の余地がない。

3.5 応能負担原則の空洞化

社会保険料のあり方についても応能負担原則・累進負担の原理が適用されねばならない。ここでは社会保険料のあり方自体の問題を措くとして、固有の意味での租税について、応能負担原則の空洞化の一端を指摘しておきたい。大企業・高額所得層に傾斜的に適用される巨額の租税特別措置の存在が、応能負担原則に空洞化をもたらしていることが指摘されねばならない。ここでは、税率について検討する。日本の法人税率の基本税率は現在は30％である。日本の所得税の最高税率は現在は37％である。

法人税率についていえば、1984年では43.3％、87年では42％、現行消費税導入の89年は40％、90年に37.5％、98年に34.5％、そして99年に30％に引き下げられた。アメリカでは既述のように法人税についても累進税率が採用されているが、日本では

第13章 社会保障と納税者基本権

基本的に比例税率となっている．このこと自体が応能負担原則の趣旨に抵触する．法人税率の大幅な引下げは，大企業の法人税を不当に軽減するとともに大企業にとって法人税のいっそうのフラット化を意味する．

所得税の最高税率についていえば，次のごとくである．1962年では75％，84年では70％，中曽根売上税が問題となった87年では60％，現行消費税導入の89年に50％，そして99年に実に37％に引き下げられた．これらは，高額所得層の所得税を不当に軽減する．一方，所得税の基礎控除額などが1995年以来，据え置かれている．

2000年7月の政府税制調査会中期答申は，現行消費税率の大幅の引上げを示唆した．ヨーロッパでは日本の現行消費税に照応する付加価値税（VAT: Value Added Tax）の基本税率は15％，20％となっている．日本の現行消費税率も将来20％になるおそれがある．税率20％の現行消費税の全収入がいま国税収入に充当されると仮定した場合，約50兆円の国庫収入となろう．2001年度の国の予算における全国税収入は50兆7,270億円．ヨーロッパ並みに現行消費税率が20％になった場合には，現行消費税だけで，ほとんどの国の税収がカバーされることになろう．これは，おそろしいことである．現行消費税それ自体が応能負担原則に逆行する最大の不公平税制である．この税それ自体が，社会権・社会保障の趣旨に抵触する．加えて，本当の納税者である担税者（税金を負担する者）に各人の意思とは無関係に法形式的にも「納税者」の地位を与えず，彼らを「植物人間」にする租税でもある．本当の納税者（担税者）は法形式的にも租税法律関係から排除されるわけである．このような税では人々は，およそ租税国家の憲法政治を法的に監視し統制することができなくなる．さらに，現行消費税率の引上げは，そのまま日本の租税国家における租税体系全体の累進性のいっそうの空洞化をもたらすことに注意を要しよう．

2000年7月の政府税制調査会中期答申は，法人事業税の外形標準課税の一般化を示唆している．現行消費税の現実は，多くの中小企業にとって，自己の事業所の付加価値分の消費税，時には仕入れの際に負担した消費税すらを転嫁することが困難となっている[15]．現行消費税の現実は，多くの中小企業にとって，企業付加価値税，企業取引高税（累積税）として企業税化（間接税の直接税化）している．そこへ中小企業を含む法人事業税の外形標準課税が一般的に行われた場合には，多くの中小企業にとって二重の「消費税」の企業負担となろう．それは「中小企業の死」をもたらしかねない[16]．

4　消費税の福祉目的税化論

4.1　政令による「福祉目的税化」の異常

すでに指摘したように，日本国憲法の下では法規範論理としてすべての租税が福祉目的税といえる．したがって，現行消費税に「福祉」の名を冠することができない．

ところで，消費税の福祉目的税化の動きに関して，1999年1月12日の政府の行っ

735

た政令改正の異常さを指摘しないわけにはいかない[17]．

　その政府の行った手法は次のごとくである．財政法（昭22法34）22条は，予算総則に規定する事項を規定している．たとえば財政法4条1項但書（建設国債）の公債の発行限度額，財政法4条3項の規定による公共事業費の範囲（建設国債発行による財源の充当先）などを予算総則に規定することとしている．この財政法22条7号に「その他政令で定める事項」を予算総則に規定することとされている．この規定を受けて「予算決算及び会計令」（昭22勅令165）15条に新たに11号として次の条項が加えられた．

　「11　消費税の収入が充てられる経費（交付税及び譲与税配付金特別会計法（昭和29法律第103号）第4条の規定による一般会計から交付税及び譲与税配付金特別会計への繰入金を除く．）の範囲」

　この規定に基づいて予算総則において消費税の使途を「福祉目的」（基礎年金，高齢者医療，介護等）に限定することとされた．これが巷間，消費税の「福祉目的税化」と呼ばれる法的仕組みである．

　日本国憲法の下ではすべての租税が福祉目的税であるとする筆者の新目的税論はここでは措くとして，一般に租税を普通税と目的税とに分類することにした場合に，1999年の法的措置が通常の目的税の手法に適合しているであろうか．

　目的税については，当該税目を規定する当該税法自身において，そのこと（目的税とすること）を規定するのが通例である．たとえば，地方道路税（国税）については地方道路税法（昭30法104）1条は「都道府県及び市町村（特別区を含む）に対し，道路に関する費用に充てる財源を譲与するため，揮発油には，この法律により，地方道路税を課する」と規定している．また，都市計画税（市町村税）については地方税法702条1項は都市計画事業または都市区画整理事業に要する費用に充てるための目的税であることを規定している．国民健康保険税（市町村税）については地方税法703条の4第1項は国民健康保険に要する費用に充てるための目的税であることを規定している．このように通常の目的税については当該税法自体においてその使途が明定されている．

　以上の通常の目的税ではないが，ほかにその使途が特定されているいわゆる「特定財源」税の形式がある．これらの税目は，税法形式上は使途の特定されていない普通税であるが，当該税法以外の法律において「特定財源」とすることが規定されているものである．たとえば，揮発油税（国税）について道路整備緊急措置法（昭33法34）3条が国の道路整備費の財源に充てることを規定している．石油ガス税（国税）について道路整備緊急措置法3条および石油ガス譲与税法（昭40法157）1条が国および地方の道路財源に充てることを規定している．

　1999年の福祉目的税化の法的措置は，以上のいずれの場合にも該当しない．

　さきにも指摘したように，1999年の法的措置は政令に基づいて予算総則に規定する

第13章 社会保障と納税者基本権

というものである．予算総則に規定する事項は，1999年現在，たとえば建設国債の発行限度額に関するものであって，特定の税目の使い方に関する事項についてはおそらく先例がないのではなかろうか．財政法22条7号を受けて予算決算および会計令15条において1999年現在，規定されている予算総則の事項は，すべて財政構造改革法（平9法109「財政構造改革の推進に関する特別措置法」）に関するものである．果たして前出予算決算および会計令15条11号の規定によって，消費税の使途について法的に意味のある規定を予算総則でなし得るかが，検討されねばならないであろう．通常の目的税および「特定財源」税については，いずれも法律で具体的に規定されている．これは，憲法の租税法律主義（憲30条，84条）の要請からいって，当然である．1999年の政令（しかも当の政令自身においてすら消費税の使途が具体的に示されていない）に基づく予算総則[18]による福祉目的税は，厳密にいえば，通常の目的税を意味しないことは明らかである．また，前出の「特定財源」税ともいえない．

このような異常な手法を講じてまで，ともかく消費税の「福祉目的税化」の空気をつくろうとする姿勢自体がきびしく批判されねばならない．

4.2 消費税の福祉目的税化の流れ

大型間接税について早くから福祉目的税論が示されてきた．1979（昭和54）年12月に国会で超党派で「今後導入しない」という決議の対象になった大平一般消費税についても，福祉目的税論がかつて政府筋の一部において示された．また，現行消費税の導入後，1989年7月に行われた参議院議員選挙において「消費税」のあまりにも不評のゆえに「保革逆転」がもたらされたが，当時，この不評を避けるために政府筋においてこれを福祉目的税化しようとする動きがみられた．また，1994年2月3日，当時の細川総理が消費税を「国民福祉税」の名称に改め，税率を7％とする構想を発表した．

さきに紹介した1999年の手法は，通説に従えば「法律」でないところの予算総則において前出のような措置を講ずることによって，消費税を事実上福祉目的税として認識しようとする一般的空気をつくろうとするものであるといってよい．

国の1999年度の予算によれば，いわゆる社会福祉費を「社会保障費」という勘定科目に限定したとしても16兆円の財源が必要となる．消費税収入から地方交付税充当分のことを考慮しないで試算した場合でも，消費税率を最低でも2～3％引き上げなければ，「社会保障費」すらカバーし得ない．1999年の福祉目的税化の小細工は，消費税率の引上げを容易にするための「環境づくり」といえよう．

消費税の福祉目的税化の小細工が行われたからといって，社会福祉費が予算上充実するという保障はまったくない．仮に消費税収入が「社会保障費」を上回ることになった場合にも，他の福祉関係費目に流用することが困難となる．これでは財政の硬直化をもたらす．

4.3 消費税収入の充当先

現行消費税は大変な反対を押し切って導入された．導入に当たって様々な「詐術」的手法[19] が用いられた．導入に当たっての大義名分は，高齢者社会，福祉社会に対処するためということが喧伝された．

消費税導入後も，公的老人介護などの費用のためにということで，消費税率の引上げの必要性が喧伝された．1994年11月に消費税率を5％に引き上げる改正法律が成立した直後に，国民への喧伝とは異なった公的老人介護保険制度なるものの構想が発表された．

消費税収入が果たしていままで福祉に充当されているかはきわめて疑問である．この点については，本書所収の他の論文でしばしば指摘したところであるが，ここでも本稿の性格上，総括しておかねばならない．

表11-13-2は，財政状況がほぼ安定的であった導入後5年間の主要経費別の伸び率を示すものである．これによれば消費税導入前の1988年度を100とした場合の導入後5年間の社会保障費の伸び率11.89％は，消費税収入を含む租税収入一般の伸び率20.61％よりもはるかに下回る．また，最も重要な福祉費である中小企業対策費がかえって縮減し，△23.19％となっている．相対的にいえば，消費税収入は福祉費にほとんど充当されていないといわねばならないであろう．

表11-13-3は，消費税導入後89年から98年までの10年間の消費税の表面税収額と実収入額を示したものである．表11-13-4は，この10年間の主要経費の伸び率を示したものである．

これらによれば，次のように分析することが可能である．消費税が導入された89年から98年までの10年間の総収額は74兆8,000億円．ただし，97年分，98年分には独立税としての地方消費税（税率1％）の分は含まれていない．つまり両年分については消費税率4％分（国税）のみが計上されているわけである．この10年間で大企業への戻し税による還付額は11兆9,500億円．これは事実上の大企業への輸出補助金である．導入後，96年までは，消費税収入の20％が地方譲与税として地方自治体に交付された．8年間でその金額は10兆3,000億円．還付額と地方譲与税分を控除すると，消費税の実収入額は10年間で52兆6,000億円になる．問題は，この52兆6,000億円がどこに使われたかにある．消費税導入前の1988年をベースにして10年間の主要経費の増加額をみてみよう．増加額第1位は国債費27.2兆円，第2位は公共事業費26兆円．この2つだけで，53.2兆円となり，10年間の消費税の実収入額が消えてしまう．また，10年間の伸び率からいえば，公共事業費3.89，経済協力費3.22，防衛関係費2.33，国債費2.26の順になる．社会保障費は1.49，中小企業対策費は1.32と実質的にはほとんど伸びていない．消費税の実収入のすべてが大義名分どおり，社会保障費に充当されたとした場合には，消費税導入前よりも社会保障費の増加額が10年間で52兆6,000億円になったはずである．それが10年間でわずか17兆7,000億円

第13章 社会保障と納税者基本権

表11-13-2 主要経費別決算額6か年比較および対前年度比伸び率の推移

主要経費別	1988年度 億円	1989年度 億円	1989年度 %	1990年度 億円	1990年度 %	1991年度 億円	1991年度 %	1992年度 億円	1992年度 %	1993年度 億円	1993年度 %	1988年対93年の伸び率(%)
社会保険関係費	117,478	123,532	4.9	114,805	△7.0	121,499	5.8	127,376	4.8	131,456	3.2	11.89
防衛関係費	36,695	39,219	6.8	42,530	8.4	44,408	4.4	45,518	2.4	46,406	1.9	26.46
文教・科学振興費	49,814	50,628	1.6	54,100	6.8	55,933	3.3	56,833	1.6	58,204	2.4	16.84
国債費	120,307	120,897	0.4	143,142	18.3	155,365	8.5	164,473	5.8	154,423	△6.7	28.35
地方交付税	130,311	149,647	14.8	159,308	6.4	158,001	△0.8	157,718	0.1	156,173	0.9	19.84
公共事業費	66,760	74,055	10.9	69,556	△6.0	74,205	6.6	80,243	8.1	85,271	6.2	27.72
恩給関係費	18,806	18,464	△1.8	18,316	△0.8	18,154	△0.8	17,838	△1.1	17,766	△0.4	△5.53
経済協力費	7,329	7,827	6.7	8,188	4.6	8,596	4.9	9,050	5.2	9,570	5.7	30.57
中小企業対策費	2,539	2,368	△6.7	2,399	1.3	2,072	△13.6	1,955	5.6	1,950	0.2	△23.19
エネルギー対策費	4,522	5,460	20.7	5,469	0.1	5,892	7.7	6,312	7.1	6,551	3.7	44.86
食糧管理費	4,755	4,566	△4.3	4,041	△11.4	3,786	△6.3	3,421	△9.6	3,113	△9.0	△34.80
産業投資特別会計へ繰入	12,717	12,285	△3.3	12,827	4.4	12,702	△0.9	2,166	△82.9	1,866	△13.8	△85.32
その他の経費	42,652	49,635	16.3	58,000	16.8	44,851	△22.6	45,768	2.0	47,294	3.2	10.88
合計	614,710	658,589	7.1	692,686	5.1	705,471	1.8	722,180	2.3	723,548	0.1	17.70
租税収入額	508,265	549,218	8.0	601,058	9.4	598,203	△0.4	625,040	4.4	613,030	△1.9	20.61

〔注〕北野弘久・湖東京至『消費税革命——ゼロパーセントへの提言』(こうち書房、1994年) 43頁〔湖東担当〕.

第 XI 部　税財政等

表 11-13-3　消費税の表面税収額と実収入額

(単位：億円)

年度	表面税収額	還付額	地方贈与税	差引実収入
1989	3 兆 9,546	1 兆 3,183	7,909	1 兆 8,454
1990	5 兆 5,804	1 兆 3,061	1 兆 1,160	3 兆 1,583
1991	6 兆 2,128	1 兆 2,418	1 兆 2,425	3 兆 7,285
1992	6 兆 6,944	1 兆 1,229	1 兆 3,388	4 兆 2,327
1993	7 兆 0,863	1 兆 0,184	1 兆 4,172	4 兆 6,507
1994	7 兆 1,816	1 兆 0,262	1 兆 4,636	4 兆 7,191
1995	7 兆 1,667	1 兆 0,099	1 兆 4,333	4 兆 7,235
1996	7 兆 4,350	1 兆 0,409	1 兆 4,870	4 兆 9,071
1997	11 兆 1,160	1 兆 3,030	―	9 兆 6,130
1998	12 兆 3,850	1 兆 5,670	―	10 兆 8,180
合計	74 兆 8,128	11 兆 9,545	10 兆 2,620	52 兆 5,963

[注]　湖東京至調べ，全国商工新聞 1999 年 3 月 29 日．

表 11-13-4　1988 年度をベースとした 1998 年度までの主要軽費別増加額

(単位：億円)

主要経費項目	1988 年度額 A	増加額 B	B/A
公共事業関係費	6 兆 6,830 億円	26 兆 0,155 億円	3.89
経済協力費	7,144 億円	2 兆 3,042 億円	3.22
防衛関係費	3 兆 7,263 億円	8 兆 7,050 億円	2.33
国債費	12 兆 0,307 億円	27 兆 2,402 億円	2.26
文教及び科学振興費	4 兆 9,820 億円	10 兆 1,284 億円	2.03
社会保障費	11 兆 8,014 億円	17 兆 6,825 億円	1.49
中小企業対策費	2,576 億円	3,413 億円	1.32
地方交付税交付金	13 兆 0,312 億円	14 兆 1,742 億円	1.08

[注]　湖東京至調べ，全国商工新聞 1999 年 3 月 29 日．

になっているにすぎない．これによってわかるように，消費税収入のほとんどは相対的にいって福祉に充当されていないといってよい．現に，よく知られているように，消費税導入後，たとえば人々の医療費負担，社会保険料負担などがかえって増大している．

政府筋では消費税率を最終的にはヨーロッパ並みに 20％ に引き上げようとしている．私たちは，20％ の消費税を含むヨーロッパの物価のほうが，5％ の消費税しか含んでいない東京の物価よりも一般に低いことにも注意しなければならない．消費税は年金生活者や生活保護を受けなければならない低所得層にまで，各人の意思と能力とにかかわらず，画一的に巨額の負担を強要する．また，企業のうち 99％ 以上が中小零細企業であるという特殊性を日本資本主義がもつ．その中小零細企業の多くにとって消費税を転嫁し得ず，消費税の現実はすでに指摘したように企業税化している．そし

第13章　社会保障と納税者基本権

て，多くの中小零細企業にとって税法上の納税義務者として消費税を納付し得ず，消費税の滞納は累年巨額になっている．そのことがまた中小零細企業の倒産を加速している．まさに消費税こそ反福祉税であることを銘記しなければならない．

5　社会保障と地方分権的租税国家

　科学技術の発展により，「戦争の世紀」であった20世紀とは異なり，21世紀ではおそらく世界大戦は起こらないであろう．もし，第3次世界大戦が起これば「核戦争」となり，地球の全滅は必至であるからである．中央政府の仕事はもともと防衛と外交である．外交の中心はかつては軍事機密の防禦にあった．21世紀では防衛の重要性が大きく減退する．それに伴ってかつての意味での外交の重要性も減退する．福祉は各地域社会の問題である．それだけに「地方自治」の今日的重要性が認識されねばならないであろう．

　このようにみてくると，冒頭で指摘した納税者基本権の具体化は，伝統的な中央集権的な租税国家においてではなく地方分権的租税国家において果たさねばならない．主要税目の地方への移譲を含めて，地方分権的租税国家の確立が急がれねばならない．納税者基本権が各国においてどの程度において具体化・現実化されているかが，その国の民主主義のバロメーターになると同時に，その国の平和・福祉の「法的保障の程度」を示唆する．

　以下に述べるところは，本書所収の他の論文においてもふれているところであるが，本稿の性格上，改めて総括させていただく．地方分権的租税国家のあるべき基本的方向は，次のごとくである．中央政府の役割は，基本的には各地域のナショナルミニマムを確保するための連絡調整事務に徹することとすべきである．

　(1)　事務権限を大幅に市区町村，都道府県に移管する．また，優秀な人材を市区町村，都道府県に登用する．一流の人物を中央政府ではなく市区町村，都道府県に配置することとするわけである．なぜなら，福祉は各地域社会の問題であるからである．税務職員についていえば，とりあえず国税職員を地方税職員に配置換えをする．

　(2)　税源配分構造を根本的に改める．従来の国→都道府県→市区町村から，税務行政において可能な限り市区町村→都道府県→国への構造に改める．主要税目をも市区町村税・都道府県税とする．たとえば，さしあたり個人所得税のすべてを市区町村税とする．相続税も市区町村税または都道府県税とする．現行消費税を廃止できない場合には，アメリカのような小売売上税の形にした上で，全部を都道府県税とする．

　(3)　各地域のナショナルミニマムを確保するために，むしろ地方財政調整制度としての地方交付税制度の重要性が認識されねばならない．従来の画一的な社会基盤の整備，つまりいわば箱物的行政を算定基準にするという方法を見直し，各地域のライフステージなどに配慮した新たな「福祉本位」のものに改める．地方交付税の配分にあたっては現行の「密室」作業から開放し，配分の実体的基準および手続を法律で整備

する．手続については各地域の住民参加を含むオープンなものとする．

(4) 地方自治体への様々な補助金などの国庫支出金制度は原則として廃止する．独立税収入や地方交付税制度だけでは十分に対処し得ない場合の各地域のナショナルミニマムを確保する場合に限って，例外的に国庫支出金を用いることにする．国庫支出制度のあり方についても前出(3)と同様の「適正手続」を法律で整備する．

(5) 地方債については，「許可」・「事前協議」から「届出」に改める．法定外税（法定外普通税・法定外目的税）についても「許可」・「事前協議」から「届出」に改める．

(6) 平和・福祉の日本国憲法秩序を租税国家において担保するためにも公債不発行の原則（財4条・5条）が維持されるべきである．

(7) 財政支出のあり方は，しばしば指摘したように，「平和・福祉本位」で行われるべきである．軍事費を大幅に縮減し，箱物的公共事業費や経済協力費などを見直しし福祉中心の財政支出とする．特に定年後も「生涯現役」として人々がヴィヴィッドに働けるようにするために人々に租税国家が「働く場」を積極的に提供することこそが最大の福祉といえよう．この点，さきにも指摘したように中小企業対策費が相対的に縮減していることが問題である．不幸にして公的老人介護が必要となる場合には当該費用は租税国家としては一般の租税収入で賄うことを原則化すべきである．ただ，利用者には利用料・手数料程度の負担をしてもらう．下水道工事，公的保育所，公的年金財政，公的健康保険財政等も一般の租税収入で賄うことを基本としてそのあり方を見直すべきである．この方向こそが福祉国家としての租税国家のあり方である．そして，財政支出面での納税者の法的諸権利を確保するためにも租税の徴収面に準じて租税の使途面についても「法の支配」（rule of law）を整備することが急がれねばならない．

(8) 租税体系・租税制度のあり方については，すでに指摘した応能負担原則に従って抜本的な整備・展開がなされるべきである．すなわち，所得課税・財産課税の直接税を中心とする．具体的に法人税を含む直接税を累進税化する．法人税率を10％から50％の超過累進税率とする．個人の所得税率についても高額所得層に対する最高税率をむしろ大幅に引き上げる．一方，最低生活費非課税，一定の生存権的財産の非課税・軽課税に配慮する．そして，間接税は直接税を補充するものとして位置づけ，その間接税は，個別消費税（通常の間接税）をもってすることとする．

以上の応能負担原則は社会保険料等のあり方にもそのまま適用されるべきである．

(9) 日本の現行法のもとでは地方自治法上の住民監査請求・住民訴訟によって，地方税レベルにおいては人々は租税の徴収と使途とのあり方を法的にコントロールすることが可能である（自治242条，242条の2）．しかし，国税レベルではそのような特別の制度が存在しない．そこで，日本国憲法の保障する納税者基本権を具体化する「納税者権利基本法」（準憲法的法律）などの整備が不可欠である．これらによって納税者検査請求，納税者訴訟の制度を整備することによって，人々が国税レベルにおい

第13章　社会保障と納税者基本権

てもひろく租税の徴収と使途とのあり方の憲法適合性を法的に監視（ウォッチング）・統制（コントロール）することができるようにすべきである[20]。租税国家において納税者基本権を具体化・現実化することこそが最も有効な平和・福祉の「憲法保障」になることを私たちは銘記すべきである[21]。

(1)　納税者基本権については，北野弘久『納税者の権利』岩波新書1981年42頁以下〔著書①〕，同『納税者基本権論の展開（現代法学者著作選集）』1992年三省堂〔著書②〕，同『税法学原論・4版』青林書院1997年第4章〔著書③〕，など。
(2)　詳細については，北野・前掲書③（注1）26頁以下。
(3)　北野・前掲書①（注1）44頁。
(4)　予算行政措置説の背景には歳出予算のとりまとめは，本来，行政権の作用という考え方があることに注意。
(5)　詳細については，北野・前掲書③（注1）7章，特に法人税のあり方については北野弘久『現代企業税法論』岩波書店1994年，同『現代税法講義・3訂版』法律文化社1999年3章，同「法人税の性格・課税所得の概念・課税ベースの見直し」日本租税理論学会『法人税改革の論点』谷沢書房1998年〔本書第III部第1章〕。
(6)　法務省資料によれば，2001年4月現在の会社数は次のごとくである。

資本金額	株式会社	有限会社	合名会社	合資会社	計
5,000万円未満	1,121,300				
5,000万円〜1億円未満	53,600				
1億円〜3億円未満	21,800				
3億円〜5億円未満	8,100				
5億円〜10億円未満	3,000				
10億円〜50億円未満	5,100				
50億円以上	2,500				
計	1,215,400	1,741,300	19,200	82,500	3,058,400

(7)　2001年4月の財務省主税局資料によれば，アメリカの連邦法人税の税率は，15％，25％，34％，35％。州法人税（カリフォルニア）を含めると，22.51％，31.63％，39.83％，40.75％。
(8)　北野弘久「法人事業税の外形標準課税の法的検討」日本租税理論学会編『環境問題と租税』法律文化社2001年所収。同旨の論文を日本財政法学会『地方財政権』龍星出版2002年所収。田中治「事業税の外形標準課税」佐藤英善・首藤重幸編『行政法と租税法の課題と展望――新井隆一先生古稀記念』成文堂2000年も応益課税原則が根拠になり得ないことを指摘する。
(9)　2002年4月の財務省主税局資料。
(10)　1992年9月25日ドイツ連邦憲法裁判所違憲決定。NJW 1992, S. 3153. 三木義一「課税最低限とその法的統制――ドイツ連邦憲法裁判所違憲判決を素材として」日本財政法学会編『現代財政法学の基本問題』学陽書房1995年。
(11)　1981年12月に日本社会党（当時）は「所得税の物価調整制度に関する法律案」をと

りまとめている．北野弘久『サラリーマン税金訴訟』（税務経理協会，1986年）．北野・前掲書③（注1）147頁以下．石村耕治「物価自動調整税制の導入と租税法律主義」税理24巻1号・2号（1981年）．
(12) 北野弘久・小池幸造・三木義一『争点相続税法補訂版』勁草書房1996年9頁．
(13) 北野・小池・三木・前掲書（注12）9頁以下．
(14) 目的税である国民健康保険税のあり方にもそのまま筆者のいう本来的租税条例主義（当該租税条例自体においてたとえば当該国民健康保険税の租税要件等のすべてが明確に完結的に規定されねばならない．人々は，国の地方税法ではなく当該租税条例のみに基づいて法的に納税義務を負うという考え方．国の地方税法の法的性格は，枠規定を含めて各租税条例制定のための標準法にすぎない）が妥当する．秋田地裁昭和54年4月27日判決（判時926号20頁），仙台高裁秋田支部昭和57年7月23日判決（判時1052号3頁）．国民健康保険料の形式のものにもそのまま本来的租税条例主義が税法学的には適用される．この点，旭川市国保条例違憲訴訟（札幌高判平11・12・21判時1723・37頁）は，国民健康保険料には厳密には本来的租税条例主義が適用されないと判示した．この判示は，税法学的には誤りである．北野弘久「秋田国保税訴訟の展開と意義——自治体財政権の憲法的基礎」北野・前掲書②（注1），沼田敏明「秋田市国民健康保険税条例訴訟」北野先生古稀記念『納税者権利論の展開』勁草書房2001年など．
(15) 消費税における仕入税額控除否認に関する裁判例については，黒川功「消費税仕入税額控除否認の法的限界——法30条7項の解釈に見る税法学説の性格と問題」北野先生古稀記念・前掲書（注14）など．
(16) 銀行業界は，大銀行だけに対して法人事業税の外形標準課税を行うことは憲法14条違反だと主張している．しかし，中小企業を含めて，法人事業税の外形標準課税を一般化することこそが，憲法14条違反である．同旨・湖東京至「事業税の外形標準課税と憲法原則」日本法学66巻3号（2001年）．
(17) 北野弘久「自自『福祉目的税化』構想のねらい」前衛711号（1999年）〔本書第XI部第5章〕．消費税自体が最大の不公平税制であり，反福祉税である．詳細については，北野弘久『消費税はエスカレートする』岩波書店1989年，同『5％消費税のここが問題だ』岩波書店1996年，北野弘久・湖東京至『消費税革命——ゼロパーセントへ提言』（こうち書房，1994年）．
(18) 通説に従えば，予算の法的性格は法律ではない．
(19) 北野『5％消費税のここが問題だ』（注17）．
(20) 筆者はつとに「納税者訴訟等についての特例法基本要綱」（1979年北野第1次試案）を発表している．北野・前掲書（注11）．
(21) 日本の国と地方との長期債務残高は2001年度末で666兆円に達する．社会保障の確保のためにも日本の財政再建が真摯に論議される必要がある．小泉内閣の「今後の経済財政運営及び経済社会の構造改革に関する基本方針」（2001年6月21日政府経済財政諮問会議）は一般に「骨太方針」と呼ばれている．その「骨太方針」は，不良債権の抜本的処理を強調している．不良債権の処理で，何十万という中小企業の倒産，百数十万人とも観測されている失業者を生み出すだけである．当分の間，不良債権の処理をしないほうがよい．日本では建設公債分は公共投資に充てられているので，それに見合う日

第 13 章　社会保障と納税者基本権

本のインフラが財産として蓄積されているはずである．財政再建を考えるにあたって，この点を重く受けとめるべきであろう．日本の平和・福祉を確保するためには，すでに発行された公債の償還よりも，今後は，公債を増やさないようにすることが大切である．そして，アメリカが財政再建に成功したことに学ぶべきであろう．アメリカでは，高額所得層・大企業に対する所得課税についてむしろ累進税を強めた．日本の財政規模に置き換えると，アメリカでは 1993〜1999 年の増税で，年平均約 10.9 兆円の歳入増がもたらされた．一方，この間，年平均約 15.3 兆円（うち防衛費 7.4 兆円）の歳出削減が行われた．これがアメリカが財政再建に成功した主因である．日本では，1987 年からの大企業・高額所得層に対する所得減税によって逆に年平均約 10.5 兆円の歳入減となった．谷山治雄「米日財政政策の明暗」経済 68 号（2001 年）．日本財政悪化の主因は，憲法の応能負担原則に逆行するこの不当減税にある．財政再建のためには，すでに指摘したように，大企業に対する法人税率の大幅引上げ，高額所得層に対する所得税の最高税率の引上げなどを行うべきである．そして，世界第 2 位の「軍事費大国」の防衛費の大幅の縮減，箱物的公共事業費の抜本的見直し，「福祉本位」への支出などの実現を行う．最終的には地方分権的租税国家の確立を志向する．そうすることによって，自ずと道が拓く．

〔2001 年 12 月．2004 年 8 月一部加筆補正〕

第 XII 部　納税者の権利のたたかいの実践例とその背景

　以下第 XII 部に掲載する筆者のささやかな実践例は，筆者の古稀を機会に月刊誌の依頼で，2001 年 1 月号から同年 12 月号に「エッセイ」として掲載されたものである．実践的成果の背景にある見えない真実の一端を伝えるものとして本書に収録することとした．1 つの「生ける法」の紹介を意味するものと思われる．

第1章　大阪・小貫事件
——事前調査の違法性——

　もう30年近くになるが，ぶ厚い封書がわたくしの自宅に郵送された．書斎でその封書を見て一瞬，わたくしはびびったのであった．なぜかというと，封書のオモテには「北野弘久教授さま，博士さま，仏さま，神さま」と書いてあったからである．

　発信人がどなたかしら，と考えて封書のウラを見ると，「小貫冨雄」と書いてある．まったく記憶にない名前であった．

　当時，すでにわたくしは多くの納税者，納税者団体，税理士，弁護士の方々から税財政事件などについて相談を受けていた．税務調査をめぐる事件についても全国の裁判所で鑑定証人等として協力させていただいていた．いちいち関係者のお名前を記憶するという余裕がなかった．それで「小貫冨雄」という名前に記憶がなかったのである．怪文書かも知れないが，生命には危険がないだろうと考えて，ともかく封書を切った．

　「先生のおかげで，自分（小貫）は無罪になりました．お礼を申し上げようと，自分の感謝の気持ちを表わすために，オモテのような敬称をつけさせていただきました．」

　わたくしは，この文面を見て，昭和39（1964）年11月に大阪で起きた小貫冨雄氏に対する公務執行妨害被告事件を想起したのであった．氏は事件当時，大阪市都島区の民主商工会の税対部長であった．その後，氏は同会事務局長，さらに大阪府府議会議員として活躍された．このエッセイを書くために，全商連（全国商工団体連合会）の事務局を通じて確認していただくと，氏は現在88歳のご高齢ながら，お元気で国民救援会活動を行っておられるとのこと．氏はわたくしにとって人生の大先輩であり，お元気でご活躍の由をうかがい，よろこびにたえない．

　さて，事件は税務署担当官による年の中途の，所得税事前調査について起こった．事前調査は，確定申告期限前のものであって，予定納税額の減額承認申請書の提出があったときの調査のように税法自身が年の中途の調査を予定している場合を除き，一般に違法である．民主商工会の会員納税者（被調査者）からの連絡を受けて小貫氏は同納税者宅にかけつけた．担当官が帰ろうとするのを小貫氏はひきとめて事情を聞こうとした．検察官によると，その時，小貫氏が担当官に暴行を加えたという．

　わたくしは，昭和46（1971）年10月に大阪地裁で証言した．本件事前調査は違法であり，公務執行妨害事件は成立しないこと，そもそも本件には刑罰をもって論ずるに足りるだけの暴行の事実が存在したかどうかを慎重に見極める必要があること，などを証言した．わたくしは，事前調査の違法性を税法学的に詳細に証言した．

　検察官の態度は，鑑定証人であるわたくしを被告人扱いにするものであった．新幹線で帰宅（東京・国分寺市）すると，直ぐに風呂に入った．若かったわたくしは，風

呂に入っても怒りがおさまらない．その夜，一法学者の立場で担当の浅野芳朗裁判長宛に「歴史の批判に耐えうる公正な判決を示して欲しい」旨の「親展」の私信を大阪地裁気付で送付した．

昭和49（1974）年3月22日，大阪地裁は「刑罰法規によって処罰の対象とするに足る不法な有形力の行使」の事実は存在しないとし，被告人小貫氏を無罪とした．わたくしの証言（昭和46年10月）の後の昭和48年7月10日最高裁第3小法廷決定は，当該事件の争点と関係のない事前調査の問題についてまで判断し「暦年の終了前または確定申告期間経過前といえども質問検査が法律上許されないものではなく……」と判示した．

この最高裁決定が示された後の本件大阪地裁判決は，事前調査に対する法律論を避けて可罰的違法の事実不存在という事実認定の形で決着をつけたものと推察される．判決理由全体からいって同大阪地裁判決は右最高裁決定に対して批判的であるとみてよい．

同事件の主任弁護人であった石川元也氏が2001年5月『ともに世界を頒かつ──たたかう刑事弁護』（日本評論社）を刊行された．同書において石川氏は，小貫事件にふれておられる．石川氏は同書刊行後，「大阪地裁の浅野裁判長から，当時，北野教授からの私信の扱いについて非公式に相談を受けた」という事実をわたくしに告白された．

前出昭和48年最高裁決定は，税法学的に誤りである．そのような最高裁決定後の状況のもとで無罪判決を言い渡された浅野裁判長に心から敬意を表させていただく．

小貫事件の弁護人の1人であった永岡昇司氏が論文「事前調査の違法性」『北野弘久先生古稀記念・納税者権利論の展開』（2001年6月＝勁草書房）所収において小貫事件を詳細に紹介しておられる．

日本の税務調査に関する裁判例のほとんどが民主商工会に関するものである．民主商工会が多年の裁判闘争などを通じて日本の税務行政の民主化に貢献されたことは，高く評価されねばならない．小貫事件もその記録されるべき闘争の1つである．小貫氏のご平安とご多幸を心からお祈り申し上げたい．

〔2002年1月〕

第2章　青色申告に対する更正の理由付記
――昭和38年最高裁判決の背景――

　税務調査や税務行政のあり方について，今日考えられている日本国憲法13条，31条の「適正手続」(due process of law) の考え方は，半世紀前の日本では学界，実務界の双方においてまったく意識されることはなかった．それだけに，1950年のシャウプ税制で導入された青色申告に対する更正の理由付記規定への理解について多くの混迷がみられた．それまでドイツの官僚行政法学の影響を受けてきた日本の行政実務および行政法理論では，英米法で発達した「手続」を重視する思想がなく，当時，青色申告に対する更正の理由付記規定の性格を単なる訓示規定と解する見解が支配的であった．税務行政の実際では「貴殿に対する調査の結果と貴殿の申告との間に相違がありましたので，更正いたします」という，問いに問いをもって答えるという「理由」で足りるとされた．事実，当時，同旨の文章があらかじめ印刷物となっていて更正通知書のなかに同印刷物を同封することをもって足りるとされた．税額何万円という実体課税処分が正しければ「理由付記の不備」という手続問題で当該処分が違法になるということはおよそ考えられないとされたのであった．

　東京の靴小売業・鵜殿静広さんが，この問題を最高裁にまで持ち込んだ．鵜殿さんは更正処分の実体についても不満をもっていたが争わないこととし「理由付記の不備」のみを争点とした．鵜殿さんの問題提起に対して最高裁昭和38 (1963) 年5月31日，第2小法廷判決（民集17巻4号617頁）が示された．最高裁は，更正理由付記の不備それ自体が違法事由を構成するとする初の判断を示し，本件更正処分を違法とした．

　もう時効といってもよいと思われるので，この判決の舞台裏について，わたくしの体験を紹介させていただく．

　本件更正処分の理由として「売買差益率検討の結果，記帳額低調につき，調査差益率により基本金額修正，所得金額更正す」と記載されてあった．当時としては，右記載は一見，かなりの程度の記載とみられていた．現に本件の第1審では最高裁と同様に理由付記に不備があり違法とされたが，控訴審では理由付記に不備がなく違法とはいえないとされた．この問題について，わたくしが早稲田大学大学院でかつて院生として「行政法」の指導を受けた田中真次先生から連絡があった．先生は，大日本帝国憲法下の行政裁判所評定官等も歴任され，当時，最高裁「行政」担当調査官（判事）として，本件を担当しておられた．先生は，わたくしに税務行政の経験のあることを承知しておられた．

　当時は，最高裁調査官の提出する資料が事実上，判決に重要な影響をもつといわれていた．最高裁調査官室で，同先生から「非公式のお願いであるが，本件について原

751

処分に記載されたところ以上の理由付記を要求することとした場合に、果たして日本の税務行政の実務において耐えうるかを鑑定して欲しい」と要望された。

最高裁判決の示された昭和38年の頃は、下級審の裁判例や税法学説において、青色申告に対する更正理由付記規定は単なる訓示規定ではなく付記理由に具体性がない場合にはそれだけで違法になるとするものが少なくなかった。この影響を受けて国税庁は、すでに昭和34直所6─14通達においてより具体的な理由付記を指示していた。しかし、この通達の存在は一般にはあまり知られていなかった。わたくしは、田中真次先生にこの通達の存在を申し上げ、鵜殿さんに対する本件理由付記は、同通達の基準からいっても不十分であると申し上げた。先生は、わたくしに公式の鑑定料を支払えないので、その代わりということで、当時、高価なフランス料理をご馳走して下さった。

今日のわたくしの税法学では、現行法のもとでも青色申告のみならず白色申告に対しても、それなりの具体的理由を付記することが要求される。この理由付記を欠く処分は白色申告の場合にもそれだけで違法となる。

その税法学上の根拠は、次のごとくである。①憲法13条、31条の「適正手続」の要請が税務行政に直接的に適用される。課税庁は「理由」を示すことができないときは、処分をするべきではない。②税法学における租税構成要件理論（Steuertatbestand）から言えば、納税申告、更正、再更正、再々更正などはそれぞれの段階の租税構成要件事実への確認の成果である。

たとえば、納税申告と更正処分との間に当該構成要件事実への確認の成果に差異があるからこそ、納税申告に対して更正が行われるわけである。その差異が「理由」である。それゆえ「理由」は課税処分と一体である。同一年分の課税処分であっても「理由」が異なるごとに別個の処分ということになる。また「理由」が示されない場合には「処分不存在」ということになる。③以上で容易に知られるように、理由付記は単に処分を公正にするためだけではなく、処分の特定のためにも不可欠である。課税庁から示された「理由」の存否が訴訟において訴訟物となる。

白色申告に対する推計課税処分においても、なぜ推計課税を行ったか、当該推計方法の算定根拠、当該推計方法の適用が当該納税者にも妥当するとされた理由などが付記理由として示されるべきである。

以上のように考えてくると、現行法の青色申告に対する更正理由付記規定は、青色申告者が税法所定の記帳をしているところからの注意的確認規定といえよう。

〔2002年2月〕

【付 記】

シャウプ税制当時の課税当局の認識として塩崎潤×北野弘久「シャウプ勧告と戦後日本税制」経済05年5月号。

第3章　秋田市国民健康保険税条例に対する違憲判決
―― 秋田地裁昭和 54 年 4 月 27 日判決 ――

　40 数年間の研究生活において微力ながら国会参考人所見開陳は 15 回，法廷等での鑑定証言・鑑定書提出等の活動は約 400 回を数える．そのなかで，課税処分の根拠となった法令自体が違憲・無効とされた事例は今回，取り上げるものしか存在しない．
　秋田市の国民健康保険税条例を本来的租税条例主義違反を理由に違憲・無効と判示した秋田地裁 1979（昭和 54）年 4 月 27 日判決およびその控訴審仙台高裁秋田支部 1982（昭和 57）年 7 月 23 日判決がそれである．前者は名越明彦裁判長，後者は福田健次裁判長である．税法学という新たな学問の動向を謙虚に研究され，そして勇気をもって違憲判決を下された両裁判所に対して心から敬意を表させていただく．
　「秋田市生活と健康を守る会」（鈴木正和会長）の方々がわたくしの研究室に来訪されたのは昭和 40 年代末であったと思う．国民健康保険税の課税標準は所得割のほかに資産割，被保険者均等割，世帯別均等割から成る．それゆえ，所得があまりなくても大変な負担になる．当時すでに現金収入のほとんどない農家なども資産割などによって高額な負担となっていた．国民健康保険税額を納付できないために保険証が交付されず，そのために診療所等へ行けず手遅れになったケースもみられた．
　「守る会」の方々は，まずそもそも行政上の不服申立てをすることが可能か，ついで訴訟になった場合にはどのように争うべきかをわたくしに相談するために来訪されたのであった．
　わたくしは，秋田市長に対してまず国民健康保険税課税処分の取り消しを求めて行政上の異議申立てをしなさいと申し上げた．訴訟では当の国民健康保険税額が憲法 25 条の自由権的生存権（社会権ではなく自由権としての生存権）を侵害するものゆえ，違憲・違法とする論点が学問的には可能であると申し上げた．
　本来であれば憲法 25 条論で争うべきではあるが，日本の裁判所では同論点による勝訴は困難とみられるので，日本国憲法の本来的租税条例主義違反のみを争点にするよう申し上げた．
　秋田市は，地方税についても租税法律主義が妥当し，国の法律である「地方税法」（昭 25 法 226）自体が国民健康保険税の税率については概括的に規定しており，かつ国民健康保険税が国民健康保険事業の目的税であるところから，秋田市税条例においても国民健康保険税の税率を概括的に規定していた．わたくしのように何十年も税法学の研究をしている者といえども，同市税条例からは自己の納税義務額がいくばくになるかを計算し得ないものであった．わたくしは秋田市税条例自体においてその国民健康保険税の租税要件等のすべてが一義的に明確に完結的に規定されていなければならない，と説明した．地方税についても租税法律主義が適用され，法律である「地方

税法」が例外的に条例で規定することを委任した場合にのみ条例で規定しうるとする従来の行政側の委任租税条例主義は，日本国憲法に対する誤った理解であると指摘した．わたくしのいう本来的租税条例主義の法的根拠は「地方自治」を規定した憲法92条，94条であり，租税法律主義を規定した憲法84条，30条を地方税について引用する場合には同両条の「法律」は「条例」そのものを意味すると説明したのであった．この訴訟の展開において一番困ったことは弁護士，税理士等の専門家にわたくしのいう本来的租税条例主義を理解してもらうことであった．彼らへのいわば「洗脳」である．当時の憲法学などの著書にはわたくしのいう本来的租税条例主義の説明がまったく存在しなかったからである．わたくしは，そのために栃木・鬼怒川温泉などで何回か弁護団と合宿勉強会をもつこととした．現地の弁護団の中心は沼田敏明氏らである．

第1審秋田地裁でわたくしは鑑定証人として，日本国憲法の自治体財政権の法理，本来的租税条例主義の税法学的意味などを詳細に証言した．納税者側代理人は別途わたくしの論文を書証として提出した．行政側代理人は伝統的な租税法律主義を前提とする行政法学者，憲法学者の複数の鑑定書を提出するとともに，某政党紙におけるわたくしの談話などを証拠として提出した．同代理人は「北野教授はこのような政党紙に協力している人物であり，北野証言は信憑性に欠ける」と陳述した．わたくしは，同代理人の提出した鑑定書の所見は「地方自治」の規定の存在しなかった明治憲法の理論の踏襲であって日本国憲法のもとでは誤りであること，わたくし自身は超党派の研究者であってどの政党からであろうと専門家として意見を求められた場合には同じように協力していることを，裁判長に申し上げた．行政側は上告した．上告理由は「租税条例主義は地方税法という法律レベルの問題にすぎず，憲法上の要請ではない」として行政側自身の1審，2審での主張・立証の前提を変更するものであった．

わたくしは「上告は税金のムダ使い」とする論文を直ちに法律専門誌に寄せた．本件は後続年度分の訴訟を含めて最終的には訴訟上の「和解」で決着し，行政側は上告を取り下げた．納税者側の全面勝訴となった．なお，社会保険料などは日本国憲法上は租税であるので，以上の議論は国民健康保険料にもそのまま妥当する．

〔2002年3月〕

第4章　牛島税理士訴訟の勝利
――最高裁平成8年3月19日判決――

　微力なわたくしのライフワーク的研究の1つである『税理士制度の研究・増補版』(1997年・税務経理協会)の「増補版に寄せて」に，つぎの文章がある．

　「……それにつけても，『増補版』の中心を構成している牛島税理士訴訟に関する最高裁判決とそれを受けておこなわれた福岡高裁での『和解』に接して，わたくしは『牛島昭三』という一人の税理士，一人の人間の約20年間の『不撓不屈』の『人間ドラマ』に深い感動をおぼえざるをえないのである．同時に同氏を支援された全国の多数の人々に一税法学者として心から感謝を申し上げたいと思う．」

　1980 (昭和55) 年の税理士法改正のための賄賂的政治献金に使用される疑いのあった南九州税理士会の特別会費5,000円を同会所属の牛島昭三氏は納入しなかった．このため，同氏は，長期間，同会の役員選挙の選挙権・被選挙権を奪われるという驚くべき不利益処分を受けた．氏は南九州税理士会を被告として80年1月に熊本地裁に提訴した．

　この訴訟に対して，第1審熊本地裁1986 (昭和61) 年2月13日判決は牛島税理士を勝訴とした．しかし，第2審福岡高裁92 (平成4) 年4月24日判決は牛島税理士を敗訴とした．そして最高裁96 (平成8) 年3月19日第3小法廷判決は，牛島税理士の主張を認める画期的な勝訴判決を示すとともに，損害賠償の件については原審福岡高裁に差し戻した．97 (平成9) 年3月19日に福岡高裁で牛島税理士の主張を全面的に肯認した「和解」が成立した．最高裁は次のように判示した (要旨)．

　「政党など政治資金規正法上の政治団体に対して，金員の寄付をするかどうかは，選挙における投票の自由と表裏を成すものとして，会員各人が市民としての個人的な政治的思想，見解，判断等にもとづいて自主的に決定すべき事柄である．……本件決議は，被上告人 (南九州税理士会) が政治資金規正法上の政治団体である南九各県税政への金員を寄付するために，上告人 (牛島税理士) を含む会員から特別会費として5000円を徴収する旨の決議であり，被上告人の目的の範囲外のものとして無効である．」

　第1審判決の裁判長は簔田孝行裁判官である．「北野証言によれば……」として同裁判長は異例の扱いで判決文をとりまとめている．最高裁第3小法廷判決の裁判長は園部逸夫裁判官である (園部逸夫『最高裁判所十年』有斐閣，133頁以下)．両裁判官に対して深い敬意を表わさねばならない．

　この著名な牛島税理士訴訟の経緯については，前出の拙著のほかに，牛島税理士訴訟弁護団編『牛島税理士訴訟物語』(1998年・花伝社)，牛島昭三『北野弘久先生古稀記念・納税者権利論の展開』(2001年・勁草書房) 所収などに詳しい．本件の第1審

弁護団長は故福田政雄氏，控訴審以降の弁護団長は馬奈木昭雄氏，同弁護団事務局長は浦田秀徳氏である．上告の段階で，東京の上条貞夫，松井繁明の両弁護士が加わった．

　この訴訟へのわたくしのかかわりについて若干のことを記しておきたい．わたくしは 81 (昭和 56) 年 7 月と 12 月，2 回にわたって熊本地裁で鑑定証言をさせていただいた．その後，最高裁判決が示されるまで，微力ながら何かと弁護団へ助言させていただく光栄に浴した．拙著『税理士制度の研究』を最高裁へ「証拠」として提出していただいた．また「牛島税理士訴訟首都圏支援の会」代表世話人として協力させていただいた．

　わたくしは，早くから企業政治献金自体が，主権者に固有の投票権・参政権への実質的侵害であり憲法の意図する議会制民主主義を空洞化させるものとして，現行法のもとでも民法 43 条違反（法人の目的外の行為）・民法 90 条違反（憲法原理に抵触する公序良俗違反）であって，無効であると指摘してきた．牛島税理士訴訟に関する最高裁判決は，構成員の思想・信条の自由を重視している．この論理を徹底する立場からいえば，企業政治献金の合法性を承認した八幡製鉄事件に関する最高裁 70 (昭和 45) 年 6 月 24 日大法廷判決，さらに政党への公費助成制度も見直さなければならないことになろう．

　思えば，東京のわたくしの研究室へ来訪された第 1 審の牛島氏側の若い弁護士，加藤修，板井優の両氏に対して当時わたくしは「わたくしについての人証申請が失敗した場合にはあなた方の法律家としての能力が問われる」と述べて，両氏を鼓舞したものであった．また，わたくしはすべて証拠に基づいて証言したい旨を述べて，両氏に「書証化」の準備をお願いした．両氏はすばらしい証人尋問を行った．

　熊本地裁では，税理士会側の東京からきていた若い代理人が，自分（北野）の著書・論文・メモを見ながら証言しようとするわたくしにクレームをつけた．また，「特別会費が政治献金に使われることは当時税理士業界の公知の事実であった」とのわたくしの証言に対しても「憶測，風評で証言してはいけない」とクレームをつけた．わたくしは税理士業界などの「生ける法」を常時研究（法社会学）していたので，証拠をもって反論した．帰途，羽田空港でその若い代理人に反省を求めた．「貴君のように正義感あふれる若者がなぜにこのような不条理な事件を引き受けたのか」．

〔2002 年 4 月〕

第5章　鹿児島日歯連訴訟の「勝利」
―― 鹿児島地裁平成14年3月29日「和解」――

　前号〔本書第XII部第4章〕に扱った牛島税理士訴訟の勝利に刺激されて，1998年10月に鹿児島の歯科医師たちが，歯科医師の政治団体である日本歯科医師連盟（日歯連）などを相手に原告である歯科医師が日歯連の会員でないことの確認などを求める訴訟を提起した．いま，この種の訴訟があちこちで提起されている．日本歯科医師会（日歯）への歯科医師の加盟は税理士会とは異なり強制加入ではない．

　しかし，多くの歯科医師が医療業務を行ううえにおいて日歯への加盟はむしろ必要であるといわれている．しかし，日歯へ加盟すると自分の意思とは無関係に同加盟者は自動的に政治団体である日歯連の構成員となる仕組みになっている．もし，日歯連を退会したい場合には，歯科医師の医療業務上も重要な組織である右日歯を退会しなければならないことになっている．これはあまりにも不合理であって，前近代的な構造である．

　このほど，2002年3月29日に鹿児島地裁に係属の分については，日歯連への入退会の自由を認めるなどの「和解」が成立した．この訴訟の原告は，近藤彰氏ら10名の歯科医師である．原告側訴訟代理人は井之脇寿一弁護士である．

　この訴訟については牛島昭三氏とともに筆者は早い段階から助言を求められてきた．公式には去る2001年11月25日に鹿児島市で原告団・弁護団などの関係者に「日歯連訴訟と日本民主主義――この訴訟の今日的意義」と題する特別講演を行った．

　その要旨は，次のごとくである．

政治献金の憲法学的位置
　①主権者固有の権利である投票権・参政権は自然人である国民のみにある．②現代社会では実質的に最も重要な投票権・参政権の具体化の1つが政治献金である．③企業政治献金を容認すると，主権的権利である国民の投票権・参政権への侵害，議会制民主主義の空洞化をもたらす．それゆえ，現行法のもとでも，企業政治献金自体が民法43条（法人の目的外の行為）違反であり，また，憲法原理に抵触するものとして憲法90条（公序良俗）違反であって，無効といえる．一般企業についてすら，理論的にこのように違法・無効となる．本件で問題になっている日歯は公益法人である．それだけにますますその違法性が強いといえる．

　しかし，日歯が専門家集団として医療制度改革などについて政党・政治家を含む関係機関に働きかける政治活動は許容され，むしろ積極的に提言を行うべきだ．これは，憲法上は21条の「表現の自由」の問題．このような政治活動をするためにはあまり財政経費を必要としない．要請書などの作成・印刷費，要請のための旅費など，通常の一般会計予算の枠内で処理できる．

第XII部　納税者の権利のたたかいの実践例とその背景

日歯連訴訟の問題

　日歯は公益法人．日歯連は日歯の政治団体であり，自民党の職域支部そのものの実態をもつ．日歯連の活動は自民党のための集票・選挙活動と政治献金．しかし，日歯と日歯連とはまったく別個の組織であるべきである．

　日歯を退会しなければ日歯連の退会も認めないというのは憲法21条の「結社の自由」などに抵触し，その歯科医師に自己の思想・信条などに反する自民党支持者ないしは自民党員的立場の保持を強要するものであって，民法90条（公序良俗）違反で無効．率直にいって刑法222条（脅迫），223条（強要）などの側面を有する違法行為．日歯連の退会手続をしたのに日歯の退会をしなければ，日歯連の退会を認めず会費を徴収することは，不当利得になり違法．日歯連に入会しない者から自動加入として，その意思に反しての日歯連の会費徴収も違法．

　日歯連が独自の事務局をもたず日歯の事務局員による協力や日歯連が独自予算をもたず事実上の日歯の予算を流用することは日歯から日歯連への供与になり違法．日歯連による各人の党費肩代わりも違法．日歯から日歯連を含む政治団体・政治家への政治献金は，公益法人の性格・目的に違反するとともに，通例は政治資金規正法22条違反となろう．

日歯連訴訟の今日的意義

　日本国憲法，とりわけ9条（平和条項）を死守することは，日本および日本人の歴史的，国際的責務．その9条を形式的であれ実質的であれ，改正することは太平洋戦争突入以上の非違行為．その日本国憲法はいま，瀕死の状態にある．このような状況のもとで，日歯連訴訟は日本の民主主義の根幹を問うものであって，日本国憲法の「憲法保障」につながる大変，重要な裁判といえる．

　微力ながら筆者は，以上に加えて牛島訴訟の経緯などを紹介し，決して油断してはならず，裁判官に対して執拗に働きかけるべきであることを原告団・弁護団などの関係者に訴えたのであった．牛島税理士訴訟が税理士の強制加入団体である税理士会に関するものであるのに対して，今回の「勝利」は歯科医師の任意加入団体である歯科医師会に関するものである．それゆえ牛島税理士訴訟のコンセプトを一歩すすめるものとみてよい．

〔2002年5月〕

第6章　東京都不均一課税条例

　石原慎太郎東京都知事の提唱に係る「銀行税条例」に対して去る2002年3月26日，東京地裁（藤山雅行裁判長）は，同条例は地方税法72条の19の「事業の情況」に違反するとして違法・無効と判示した．

　銀行税条例というのは，2000年4月に大銀行に対して5年間に限って「業務粗利益」（一般企業の「売上総利益」）を課税標準として法人事業税を課税しようという東京都条例である．大銀行は，税法上様々な租税特別措置による保護を受けてきた．バブル崩壊後は巨額の公的資金の注入を受けた．しかも，一般大衆からの預金に対してもほとんど利息を支払わないが貸付金の利息はちゃんと徴収していた．それでバブル崩壊後のほうがかえって大銀行の「業務粗利益」が増大しているという．都によれば，このような情況は銀行業にきわだっている．しかし，過去の不良債権の処理によって「所得」基準では大銀行はほとんど法人事業税を納付していない．当分，好転の見込みがないという．

　石原方式は，大銀行の不公平税制を是正し現行法のもとで自治体の自主財政権を確保するものとして，多くの国民から支持されたのであった．それでは，なぜに，東京都が敗訴したのであろうか．一口にいえば，約30年前の美濃部亮吉東京都知事時代の理論的遺産を東京都側は裁判において生かさなかったからである．

　この機会に，右の美濃部知事時代の遺産を紹介しておきたい．

　昭和48（1973）年1月，東京都の新財源構想研究会（座長・木村禧八郎）が現行税財政制度の枠のなかで可能と思われる財源確保策を提示した．そのなかの1つとして，法人2税（法人都民税・法人事業税）の不均一課税条例の制定問題があった．東京都は最終的には地方税法6条2項を用いて，法人2税について大企業の負担を重くして中小企業の負担を軽くするという都税条例を独自に制定し，同条例に基づいて課税を行った．この東京都方式を見習う自治体が相次いだ．

　ほぼ30年前になるが，東京都方式が公表されたとき，今回の銀行税条例の場合と同じように，各方面から国の法律である「地方税法」の予定していない条例であって「租税法律主義」違反という批判が寄せられた．

　国会の地方行政委員会でもそのような指摘がきびしく示された．美濃部知事は窮地に立たされた．その頃，それまで東京都とはまったく関係のなかったわたくしのところに，東京都の企画調整局・主税局（担当日比野登・髙木美昭氏ら）から，次のような要請があった．「先生（北野）の自治体財政権の理論によって美濃部知事の立場を理論的にサポートして欲しい」．

　そこで，わたくしは東京都に緊急部課長会議を招集していただくことにした．同年5月，当時の東京都庁の一番大きな会議室で約3時間にわたって日本国憲法の自治体

財政権の理論とそれから抽出される本来的租税条例主義の考え方，具体的な不均一課税の仕方などを黒板を使って説明させていただいた．数百名の幹部職員が出席された．若かったわたくしは，その熱気にいたく感銘を受けたのであった．

わたくしがもっとも強調したのは，美濃部知事を批判する側は「地方自治」の規定がまったく存在しなかった明治憲法論の租税法律主義を基調とするという点であった．

実は，「地方自治」を重視する日本国憲法は，少なくとも地方財政権については自治体の固有権としてとらえており（筆者のいう「新固有権説」），その一環として地方税のあり方については租税法律主義ではなく本来的租税条例主義を採用している．

東京都民は，国の法律である「地方税法」によって法的に納税義務を負うのではなく，主権者都民の代表機関である都議会の制定した都税条例のみに基づいて法的に納税義務を負う．都税のあり方について本来的に課税権を有する都議会が地方税法6条2項の「公益上その他の事由」「不均一の課税」などの法的意味を基本的に決定できる．国も裁判所も都議会の決定である不均一課税条例の内容を基本的に尊重せざるを得ない，と（拙稿「自治体課税権と不均一課税」『新財政法学・自治体財政権』勁草書房所収）．

東京都はわたくしの講演内容をとりまとめ，それを当時の自治省担当官に提示した．同講演論文をみて同担当官は「絶句した」とのことであった．自治省も誤った明治憲法論に立っていたわけである．結局，東京都方式は合憲・合法とされた．

今回の裁判で，東京都は，わたくしが約30年前に提示した右の本来的租税条例主義などの本質論から主張・立証をしなかった．東京都側の法廷対策が批判されねばならない．一方，銀行側は，誤った租税法律主義に立って，その主張を組み立て，しかもその主張をサポートする20何人もの「専門家」の「証言」を証拠として法廷に提出した．

今回の藤山判決は，いわば「虚構」の「学問」を基礎とするものであったといわねばならない（詳しくは拙稿『税経通信』02年6月号〔本書第IV部第1章〕）．

〔2002年6月〕

第7章　借入金利子と資産の取得価額
——東京高裁昭和54年6月26日判決——

　主婦米沢伶子氏が，借入金で土地を取得した．その後，事情があって当該土地を使用しないで譲渡することとなった．彼女は，主婦の感覚で，その土地の取得のためには借入金の利子相当分のコストが余分にかかっているとして納税申告にあたって右コストである利子相当分をその譲渡所得計算上控除した．税法的に説明すると，右利子相当分が譲渡資産である土地の取得価額を構成し，土地の譲渡原価を構成するというわけである．

　当時の国税庁通達は，固定資産を未使用のままで譲渡した場合には借入金の利子相当分は譲渡所得計算上，資産の取得価額・譲渡原価を構成しないとしていた．これを支持する下級審の判決や学説が支配的であった．

　ところが，東京高裁昭和54 (1979) 年6月26日判決は，米沢氏の主張を全面的に認める判断を示した．国税庁は上告を断念するとともに，通達の変更まで行った．この裁判所は裁判長安倍正三，裁判官長久保武，同加藤一隆の各氏である．

　この事件は昭和49 (1974) 年に東京地裁へ提訴されている．第1審判決は東京地裁昭和52 (1977) 年8月10日に言い渡された．第1審は当時の国税庁通達を支持して，納税者側を敗訴とした．納税者側の関与税理士は天野良雄氏，訴訟代理人弁護士は大村金次郎氏である．わたくしは昭和50 (1975) 年3月に1年間の在外研究のためにアメリカに出発した．その少し前であったが，天野税理士から「第1審は自分〔天野〕たちだけでやってみますが，もし負けた場合には，ぜひ，先生〔北野〕のご協力をいただきたい」という申し出があった．

　第1審で納税者側が完敗したので，わたくしは天野氏らの要請を受けて，控訴審に協力することとした．第1審の記録を読んで，わたくしは議論の建て方を本質論にさかのぼって，根本的に再構成すべき必要のあることを天野氏らに示唆した．第1審では納税者側は法律技術論にふりまわされて，所得課税法に関する税法学の基底的理論を見失っていた．わたくしは，このような本質論から弁論を展開しないのであれば協力しないと申し上げた．わたくしは，昭和53 (1978) 年3月に拙鑑定書を東京高裁に提出した．同鑑定書に基づいて昭和54 (1979) 年2月に東京高裁で鑑定証言をした（拙著『税法解釈の個別的研究Ⅰ』『税法解釈の個別的研究Ⅱ』ともに学陽書房）．

　控訴審で最も強調した点のいくつかをここで紹介しておきたい．

　(1) 課税庁側は，資産の取得価額とは「当該資産の客観的価額の一部を構成する支出」を意味すると主張した．わたくしは，この理解は誤謬であると指摘した．法人税法，所得税法で規定する所得計算概念は基本的には現代企業会計理論を前提にしている．それゆえ，資産の取得価額とは特段の規定がない限り当該資産を取得するための

投下資本額である．借入金の利子相当分が当該資産の取得にとって原価性を有するかどうかが問題の本質．当該資産の取得と相当因果関係を構成する利子相当分は原価性を有する．このことは当該資産の譲渡以前の問題であって，業務用・非業務用，使用・未使用などとは関係がない．

（2）課税庁側は，譲渡所得に関する清算課税説からも借入金の利子相当分は資産の取得価額を構成しないと主張した．わたくしは，いわゆる清算課税説は譲渡所得の性質を説明する1つの学説として利用できるとしても，そのことと具体的に実定税法が借入金の利子相当分を資産の取得価額を構成するものとみているかどうかは，別個に判断されるべき問題であると指摘した．

（3）当時の国税庁通達によれば，業務用資産の取得のための借入金の利子相当分については当該業務に係る所得計算上，必要経費に算入するか，または当該資産の取得価額に算入することができることになっていた．業務用資産であってもその資産の譲渡による所得は，所得税法上は，事業所得ではなく，譲渡所得に該当する．本件の非業務用資産の譲渡による所得も同じように所得税法上は，譲渡所得を構成する．であるならば，本件非業務用資産に係る借入金の利子相当分も取得原価を構成するものとされねば均衡を失する．さらに，憲法の応能負担原則（憲13，14，25，29条等）の趣旨からいっても，借入金の利子相当分を取得原価に含めるべきである．

法廷では国側代理人・訟務検事は，反対尋問で「北野証人は異説を主張する非常に変わった学者です」と発言した．安倍裁判長は「それはどういう意味ですか」とわたくしに質問した．わたくしは「日本の税法学者の多くが簿記会計に精通していないので，所得課税法を正しく理解し得ない……」と答えた．同裁判長は最後に「棚卸資産とは何ですか」とわたくしに質問した．わたくしは「商品などを意味するが，詳しくは簿記学校で勉強してください」と笑いながら答えたものであった．また，訟務検事は私に「借入金利子は製造原価にならず一般に原価性を有しないのではないか」と尋問した．私は，「借入金利子の性格上，製造原価を構成する直接経費を分別することが困難であるところから，実務上，そのようになっていると理解している．しかし，理論的には総原価を構成するという意味で原価性を有する」と答えた．

わたくし自身は大変微力であるが，前出の天野，大村の両氏，安倍裁判長以下の本件裁判所の各裁判官の学問（税法学）への謙虚さが印象に残った．

〔2002年7月〕

第8章　代償分割調整金の相続税通達
―――前橋地裁平成4年4月28日判決―――

　1977年10月に本件相続が発生．本件相続税事件の納税義務者Tは本件被相続人の非嫡出子である．相続人は数名おり，Tの法定相続分は相続財産の総額のうち約27分の2にすぎない．当時は土地等のバブルが続いており，Tは土地等の相続財産そのものではなくその代償財産である金銭を受けとった．当時の実務相続税評価額は土地等については公示地価よりも相当程度に低いものであった．Tについては被相続人の認知遺言が存在した．1983年3月にTと嫡出子相続人らとの間で裁判上の和解が成立した．Tは嫡出子相続人らから代償分割調整金として総額4億250万円の金銭を7年間の分割で受けとることになった．
　ところが，税務署長の，Tに対する本件相続税課税処分では，Tは相続税総額1億4,135万8,300円の約83％に相当する1億1,775万9,800円（ただし，国税不服審判所長のした本件裁決により一部が取り消され，総額の約53％に相当する金額）を負担することとなった．これは，土地等の価額は課税にあたって相続税評価額に圧縮されるが，本件代償分割調整金は圧縮されないままでTに課税されたからである．
　私は，私の研究室で，Tの実母と代理人の芳永克彦弁護士にお会いした．同実母は気品のある女性であった．
　私は，芳永弁護士に次のことを調査するようお願いした．①本件相続財産である土地等について，その相続開始時と本件和解時の，時価と実際の相続税評価額，②本件和解の趣旨（Tの取得した本件分割調整金の性格）．
　国税庁は，当時すでに課税にあたって代償分割調整金を相続税評価額並みに圧縮することを内容とする通達を示していた．しかし，本件は同通達の適用要件を充足していないとして，税務署長は右のような不合理な課税処分を行ったわけである．
　私は，本件が争われていた前橋地方裁判所で，1991年7月に本件課税処分の違法性を鑑定証言した．そして同年10月に証言内容をとりまとめた鑑定所見書を同裁判所へ提出した．
　私の最も強調した点は，次のことがらである．
　(1)　日本中で相続税評価通達に基づいて，土地等については相続税評価額で，つまり時価よりも縮減した価格で課税されている．本件代償分割調整金を圧縮しないで課税することは，Tのみについて日本中で実施されている相続税評価通達を適用しないことを意味する．Tのみに適用しない合理的理由なるものがまったく存在しないので，本件課税処分は違法である（法執行平等原則違反）．
　(2)　通達は，行政実務の一応の基準を示したにすぎない．本件が当時の通達の適用要件を充足していなくても，遺産分割調整金を圧縮して課税しようという同通達の趣

旨は本件にも生かされるべきである。国税庁自身が，他の通達（法人税基本通達）の適用の仕方について「通達の規定中の部分的字句について形式的解釈に固執し，全体の趣旨から逸脱した運用を行ったり，通達中に例示がないとか通達に規定されていないとかの理由だけで法令の規定の趣旨や社会通念等に即しない解釈に陥ったりすることのないよう」公式にも注意している。私は，この事実を法廷でも強調した。

(3) 本件遺産分割調整金を圧縮しないで課税する場合には，具体的には相続税における公平負担原則は確保され得ない。

私は，裁判長に対してTは他の嫡出子相続人らの顔すら知らない事実などを指摘して，本件課税処分のあまりにもひどい不合理性を印象づけたのであった。

その後，1992年4月28日，前橋地裁判決は，拙鑑定を支持して，納税者側を勝訴とした。同裁判所（裁判長川波利明，裁判官田中由子，同柴崎哲夫）に対して深い敬意を表させていただく。そして国税庁は前出通達を変更するにいたった。

この問題については，拙著『税法解釈の個別的研究Ⅲ』（学陽書房），同『税法学の実践論的展開』（勁草書房）所収の拙論文，芳永克彦稿「相続税における代償分割調整金の課税問題——相続税法11条の2の『課税価格』の実務を変えさせた北野弘久教授の功績」（北野先生古稀記念『納税者権利論の展開』（勁草書房）所収）などがある。

最近，医療過誤がしばしば報道されている。医師は直接的に「人の命（いのち）」を擁護する使命をもつ。弁護士等の法律家は「人の命」の法的表現である人権を擁護する使命をもつ。両者の使命において差異はない。課税庁も，裁判所も税法学という学問に従わねばならない。具体的事件において課税庁・裁判所を学問に従わせるのが弁護士，税理士等の職責である。

本件に接して，納税者側代理人を務められた芳永克彦弁護士が，私の様々な要請に従って，真摯に証拠・資料等を収集されたことに対して私は一税法学徒として深い感銘を受けた。弁護士等の的確な法廷対策等が人の運命につながることを銘記したいと思う。

〔2002年8月〕

第9章　総評固定資産税訴訟
——千葉地裁昭和57年6月4日判決——

　大阪の福西幸夫税理士を中心とする，税金オンブズマン・固定資産税国賠訴訟を支援する会編『税の民主化をもとめて——国家賠償請求訴訟の記録』（せせらぎ出版）がこのほど刊行された．平成6（1994）年分の固定資産税の宅地評価は，自治省通達に基づき全国的に公示地価の7割で行うこととされた．バブル時代は固定資産税評価額は全国平均公示地価の25～30％，東京・大阪などは10％台であった．この固定資産税評価は税法学的に様々な問題を含んでいる．同書は，平成6年固定資産税評価をめぐる国家賠償請求訴訟の記録をまとめたものである．
　この訴訟の前提となる税法学理論を筆者は，30数年前に学会で問うた．その学会で，高名な財政学教授が，「日頃，尊敬している北野教授が本日は発狂されたのではなかろうか」と言って不賛成の発言をされた．その教授も，晩年，私の理論に賛成された．今日とは異なり30数年前は私の理論に賛成する学者はほとんどいなかった．
　固定資産の所有の実態によって，その憲法上の意味が異なる．筆者は，立法論のみならず，現行法のもとでも，後に紹介するように解釈しなければ，憲法適合的にならないと主張した．当時，筆者の理論を「固定資産税の人税化の理論」と名づけられたものであった．筆者自身は「新固定資産税制理論」と呼んだ．それまでの理論では「固定資産税は物税の典型」とされていて，筆者のように，その所有の実態に応じて評価の仕方，課税価格，税率などを区分すべきだとする人税化の主張は「狂気」とみられたのであった．
　このようなときに，「総評」（当時の労働組合の最大の中央組織）が，筆者の理論に基づいて，先駆的に訴訟を提起した．「総評」事務局員の高橋進・信太忠二の両氏が昭和51年（1976）分の固定資産税評価に関して，千葉地裁へ提訴した．当の両氏が現に居住の用に供している住宅地・住宅は，生存権的財産であり，そのような財産については市民的売買は論理上行われない．そのような財産について非生存権的財産と同様に売却したとした場合の時価で評価し課税することは憲法適合的でないこととなる．
　訴訟の納税者側代理人は，鶴見祐策，山本博，加藤雅友弁護士らである．
　筆者は，訴訟の提起に先立って千葉県流山市固定資産評価審査委員会で鑑定証言をするとともに，「総評」議長宛に税法学鑑定所見書を提出した．同所見書は，この訴訟を審理している千葉地裁へ書証として提出された（拙著『新財政法学・自治体財政権』勁草書房所収）．
　筆者が提訴にあたって示した理論は，次のごとくである．
(1)　生存権的財産については論理上市民的売買は行われない．したがって，売買時価なるものは存在し得ない．現代財産権論からいっても所有権それ自体よりも利用権

が重視されるべきである．加えて，固定資産税の法的性格が収益税的財産税であることおよび憲法の応能負担原則（憲 13, 14, 25, 29 等）に照らして，少なくとも生存権的財産については地方税法 349 条 1 項の「価格」は利用権の価格（利用価格 use value. 収益還元価格）を意味すると解すべきである．

(2) 憲法の本来的租税条例主義（憲法上固定資産税の課税権の具体化は，各市町村議会に専管するとの理論）からいっても，売買実例価格を基礎とする「固定資産評価基準」（自治省告示）は法的には単なるガイドラインにすぎない．各自治体は，右(1)をふまえてそれぞれの地域社会にふさわしい固定資産評価条例を制定し，それによるべきである．

(3) 自治省は地方税について通達を発行する権限を有しない．自治省「通達」は行政内部においても単なる助言にすぎない．

千葉地裁 1982 年 6 月 4 日判決（奈良次郎・吉田健司・合田かつ子の各裁判官）は，本件固定資産評価を違法とはいえないとしたが，判決理由において次のような判断を含めた．①売買実例価格によるときは近隣土地の高騰によって自動的に固定資産評価が引き上げられるという不合理な面がある．②生存権的財産と非生存権的財産との区別は少なくとも立法政策上の理念として肯定できる．③現行の評価実務の問題性については「将来の著しい地価高騰いかんによっては——適切な是正措置がとられるならばともかく——放置しえない事態にならないともいえず——」．④判決も，生存権的財産については「利用価格」で評価する評価条例の制定を否定していないと解される．⑤地方税法 408 条（実地調査）は単なる訓示規定ではない．⑥実地調査がなされたかどうかの手続違反の問題も，固定資産評価審査委員会の審査の対象となる．⑦他人の固定資産の評価の縦覧を許容すべきである．

「総評」は運動論的には実質的勝訴であるとして，控訴しなかった．

なお，冒頭に紹介した 7 割評価の事案については，前出人税化の理論のほかに，問題の自治省「7 割通達」の通達問題，全国一律に 7 割評価を行うことは信義則違反となる，などの問題がある．

〔2002 年 9 月〕

第10章　租税の使途（官官接待）と「法の支配」
——大阪高裁平成8年11月22日判決——

　明治以来，日本では租税の徴収面では租税法律主義が適用されるけれども，租税の使途面には基本的に「法の支配」(rule of law) が及ばないとされてきた．このことの理論的背景として租税の使途は本来的に行政権の問題であって，議会（立法権）の権能外とする思想が存在した．この思想が，日本国憲法のもとでも学界・実務界において踏襲された．同思想は，少なくとも日本国憲法のもとでは誤りである．日本国憲法は，租税の使途面を含めてその徴収面と一体とした法的租税概念を採用し，かつ国民（ナシオン〔nation〕ではなくプープル〔peuple〕）主権＝納税者主権の租税国家を前提としているからである．租税の使途のあり方も議会（立法権）の専管事項であるといわねばならない．

　右の誤った思想が日本国憲法のもとでも現実に支配しているために，人々の租税の使途面への法的追及が困難となっている．地方税のレベルでは地方自治法上の住民監査請求（242条）・住民訴訟（242条の2）の明文規定によって，人々は，その実体的成果は別として，ともかく形式的に争うことが可能であるが，国税のレベルでは「原告適格なし」として形式的にも争うことが困難となっている．

　このような事情のもとで，住民訴訟による例であるが，裁判所が租税の使途面にも「法の支配」が及ぶとし，自治体の支出を違法とする画期的判断を示した事例がある．私が関与させていただいた2つの事例を紹介させていただく．

　1つは，大阪・泉南市の「官官接待」を違法とした1996年11月22日の大阪高裁判決（吉川義春，小田耕治，杉江佳治の各裁判官）である．

　昭和63（1988）年度において泉南市が中央省庁等の職員から「有益な情報の提供や教示，示唆を受けた」謝礼としてビール券等を贈った．この部分は「報償費」として支出された．また，同年度において泉南市は，大阪府・関係市町村・国の関係機関の職員等に対して食事等を提供した．この部分は「食糧費」として支出された．

　第1審大阪地裁1994年12月16日判決は，いずれも社会通念の範囲を逸脱しているとはいえず，違法ではないとした．この訴訟の住民側代理人は中北龍太郎弁護士である．控訴審の段階で，同弁護士から協力方を求められ，私は，大阪高裁へ1995年10月に鑑定所見書を提出，96年5月に同高裁で鑑定証言を行った．私は，説得的な立証を行うために，中北弁護士に昭和63年当時の泉南市の「報償」基準，泉南市職員出張の際の「食卓料」，当時のJRの弁当代などを調査していただいた．当時の泉南市の「議会等の要求により出頭した者等に対する実費弁償条例」（昭61条例6）によれば，1人当たり5,000円であった．当時の泉南市の「泉南市職員旅費条例」（昭31条例7）の「食卓料」は1人当たり1夜につき1,000円であった．当時の通常の弁当代は500

円．これにビール等をつけるとしても，合計1人当たり1,000円程度で十分であることが分かった．

私は，公務員はその職務の一環として打ち合わせ等に参加しているので，報償費の支払いに正当性がまったく認められない，また食糧費は，会議等が夕食時にまで延び，社会通念上，夕食を提供しなければならない場合に限って「会議費」としての弁当代程度にとどめるべきであるとした．

大阪高裁は，本件報償費はすべて違法とし，本件食糧費については，バーでの支出は違法とし，一般の支出では1人当たり6,000円を超えるものはすべて違法とした．この訴訟については中北龍太郎「租税の使途面における『法の支配』——泉南市住民訴訟における北野弘久先生の鑑定書の意義」北野先生古稀記念『納税者権利論の展開』勁草書房所収がある．

2つは，尼崎市「日中友好議員連盟」の訪中国に随行した同市職員の旅費支出の一部を違法とした大阪高裁2002年8月22日判決（妹尾圭策，竹中邦夫，稲葉重子の各裁判官）である．この議員訪中国には議会関係の公的決議も存在せず，議員自身は私費による訪問．随行職員のみが公費出張となっている．第1審神戸地裁2001年9月12日判決は随行職員の公費出張は違法ではないとした．この訴訟の住民側代理人は，中北龍太郎・村本純子の両弁護士である．私は，中北弁護士から控訴審の段階で協力方を求められた．私は，同弁護士に，尼崎市のいままでの取扱い先例，各自治体の取扱いなどを調査していただくようお願いした．2002年4月に私の鑑定所見書を大阪高裁へ提出した．

尼崎市は，中国・鞍山市とは友好都市提携議定書を取り交わしている．大阪高裁は，本件訪中国のうち，鞍山市訪問は公的な活動と認め，この部分の支出は違法ではないが，同市訪問の後の北京市，西安市への訪問は実質的には私的な観光であるとして，この部分の支出は違法とした．

私の調査方の要望に対して誠実に対処された中北弁護士に対し深い敬意を表させていただく．

〔2002年10月〕

第11章 「5棟10室」相続税通達
―― 東京地裁平成7年6月30日判決 ――

　1989年12月の相続開始に係る相続税の更正処分をめぐって，当時，存在した不動産貸付業の「事業」基準を示した「5棟10室」通達の当否が東京地裁で争われた。東京地裁1995年6月30日判決が同通達基準によらないで，納税者側を全面勝訴とした。裁判官は秋山寿延，竹田光広，森田浩美の各氏である。今回は，この事件について紹介することとしたい。この事件の関与税理士は岩本龍夫氏，納税者側代理人は鶴見祐策，羽倉佐知子，望月浩一郎の各弁護士である。
　私は，30数年前から，一定の生存権的財産（一定の住宅地・住宅，現に農業の用に供されている農地・農業用財産，一定の中小企業の事業所地・事業所，一定の中小企業のオーナー株主等の持株等）については，相続人らによって相当期間引き続き生存の用に供することとなる場合には当該財産の相続税法22条（評価の原則）の時価はその利用権の価格（収益還元価格）を意味すると解さなければ憲法適合的にならない，と主張してきた。その理由として，そのような生存権的財産については通例，市民的売買は行われず論理上市民的売買価格（いわゆる時価）なるものは存在しないこと，この種の財産に対して憲法上その質的担税力（私は，日本国憲法の応能負担原則は課税物件の量的担税力と質的担税力の双方の考慮を要請すると解している）をも考慮すべきであることなどを挙げた。このような私の税法学理論からいえば，一般に「事業承継税制」ともいわれる租税特別措置法69条の3（現行69条の4）の「小規模宅地等についての相続税の課税価格の計算の特例」は一定の場合についての，右の税法学理論の1つの具体化ということになろう（拙著『新財政法学・自治体財政権』，『企業・土地税法論』，北野・小池・三木編『争点相続税法』以上勁草書房，拙著『納税者の権利』，『現代企業税法論』以上岩波書店，同『憲法と税財政』，『納税者基本権論の展開』以上三省堂，その他）。
　同特例は，被相続人等の事業または居住の用に供されていた一定の宅地等の課税価格を通常の場合の価格よりも縮減するものである。
　この「事業」基準について，当時，不動産貸付業については，所得税の場合と同じように「貸間，アパート等については，貸与することができる独立した部屋数がおおむね10以上であること。独立家屋の貸付けについてはおおむね5棟以上であること」の通達が出ていた。
　この事件の被相続人等の不動産貸付業は，右の通達要件を充足していないとして，税務署長は同特例を適用しないで相続税の更正処分を行った。私は，さきの税法学理論からいって，同特例は生存権的財産に関するものであり，その「事業」の法的意味はいわゆる「生業」を意味すると主張していた。別の言葉で言えば，被相続人等の生

活を賄うに足る程度の事業性があればよい，と解したわけである．

この私の年来の考え方を熟知しておられた鶴見祐策弁護士から，早い段階で本件について協力方を要請された．

所得税の事業基準としては，通例は「5棟10室」でも必ずしも不合理とはいえないかもしれないが，相続税のこの特例の「事業」の法的性格に鑑み，通達の「5棟10室」を画一的に形式的に適用することに合理性があるとはいえない．

その「事業」性が問題になった本件不動産貸付業における貸付け不動産は被相続人等の所有するビル1棟だけである．当時，被相続人夫婦はこのビル貸付け収入だけで生計を維持していた．当時，夫婦で年間の収入は約1,500万円弱，所得は約900万円弱，被相続人（夫）単独で年間の収入は約1,000万円弱，所得は約600万円弱であった．十分に「生業」としての事業要件を充足しているといわねばならない．

1994年9月に私は，右の趣旨の鑑定所見書を東京地裁に提出した．

その理論構成はともかくとして，東京地裁は，通達の形式的要件によらず結論として本件不動産貸付業は租税特別措置法69条の3の特例適用対象になる「事業」に該当するとして，税務署長の本件相続税更正処分を違法とした．課税庁側は控訴しなかったので，納税者側の全面勝訴が確定した．本件の関係者に深い敬意を表さねばならない．特に，鶴見祐策弁護士の誠実かつ的確な法廷対策に高い評価が与えられねばならない．

日本では租税専門の弁護士は数少ないが，私の40数年に及ぶ研究生活で微力な私の税法学の展開において最もご協力いただいた弁護士は本件を担当された鶴見祐策氏である．同氏の実践家としての業績を総括する機会を持ちたいと念じている．この機会に同氏に感謝申し上げたい．

本件の詳細については『税理』38巻12号の拙稿「小規模宅地等の相続税課税価格の縮減措置」〔本書第VI部第3章〕を参照していただければ，幸いである．

〔2002年11月〕

第12章　公益法人等・人格のない社団等の課税

　1995年12月に私は，参議院宗教法人等に関する特別委員会で参考人として宗教法人に関するかねてからの主張を開陳させていただいた．同委員会は宗教法人法の一部改正案を審議していた．この時の所見開陳はNHKのテレビ・ラジオを通じて全国に紹介された．私は，その年の5月にはNHK「ラジオ日本」（海外向け）の「解説」番組で日本の宗教法人をめぐる諸問題を紹介させていただいた．宗教法人を含む公益法人等および人格のない社団等の課税問題に対する憲法学および税法学の観点からの疑問を私は，論文等で30数年前から提示してきた．今回は，このシリーズの最終回に当たる．公益法人等・人格のない社団等の課税問題に関する私の関与例のいくつかを紹介させていただく．
　もう30数年前になるが，宗教法人の課税や法制のあり方について市民運動をしている個人・団体等から問題点の研究を委嘱された．私が当時，指摘した点は，次のごとくである．
　①特に宗教法人については，憲法20条（信教の自由），89条（宗教への公金支出の禁止）との関係が考慮されねばならない．現行法のもとでも宗教法人が収益事業を行っているのに法人税を課税しなかったり，また宗教活動の用に供していない固定資産に対して固定資産税を課税しなかったりすることは，「かくれた補助金」を交付していることになり，右の憲法規定に抵触する．②公益法人等の収益事業に係る法人税率は低税率となっているが，宗教法人についてはこの低税率は憲法20条1項の「特権」の付与に該当する疑いがある．右の疑いとは別に，市場原理からいっても，アメリカと同じように，すべての公益法人等の収益事業の法人税率を普通法人並みにすべきであろう．③真に信教の自由を確保するためには，徴税権力が宗教の領域に介入することを防ぐ必要がある．そのためにも何が収益事業であるかを宗教法人の性格・目的・規模などを踏まえて具体的に規定する必要がある．また，宗教法人にふさわしい会計原則・会計基準などを整備する必要がある．そして一定の巨大宗教法人については公認会計士監査を義務づけ同監査結果を公開する．同監査を受けることを前提にして巨大宗教法人に非課税等の規定を適用する．④登記簿上は宗教法人であっても，その実態が政治団体・営利団体化しているものに非課税等の規定を適用することは，「適用違憲」を構成する．以上の所見については30数年前から数多くの専門誌に論文として発表するとともに，総合月刊誌『文芸春秋』1994年3月号などでも指摘した．
　私は，公益法人等・人格のない社団等の収益事業の範囲については，各法人等・人格のない社団等の性格・目的・規模等に応じて類型的に規定すべきであると指摘してきた．この点，現行法の規定の仕方は画一的で抽象的だ（法税2条13号，法税令5条参照）．収益事業の法的意義・取扱いについては国税庁は昭和56年に通達を出した．

同通達も画一的に抽象的に規定している．実務の運用基準であれば，右の類型ごとに具体的認定基準を通達で示す必要がある．そうでなければ，同通達は，実務において通達として機能しない．この趣旨を含めて同通達の税法学上の問題性を私が代表をつとめさせていただいている「不公平な税制をただす会」の「申入書」（昭和57年9月・国税庁長官宛）のなかでとりまとめた．

　労働組合については法人格の有無によって不合理な差別が存在する．いまだに法人税法上法人税率，寄付金控除，みなし寄付金，などについて法人格のないものが不利となっている．労働組合は憲法上労働基本権を具体化する組織であって，法人格の有無によって差別するのはおかしい．そこで，私は，労働組合を労働法自体で人的課税除外団体と規定し，労働組合が収益事業を行うときは別組織（会社，協同組合など）で行うこととすべきであると指摘した．また学校法人である大学は研究教育を目的としており，外部から研究委託を受けた場合の業務は請負事業ではなく大学の本来の研究活動として当時の税法のもとでも非課税であると指摘した（この点，日本私立大学団体連合会などにも指摘）．後者については2002年の改正でようやく法令上確認された（法税令5条10号ニ）．さらに所得税法上法人格のない労働組合の収受する利子・配当等に対しては所得税の源泉徴収をすることになっているが，この部分は国に取られっぱなしとなり国の不当利得を構成する，当該組織が労働組合であるか否かについては所轄行政庁の証明書を提出させればよい，とする鑑定書をとりまとめた（昭和56年8月・9月，社団法人全国労働金庫協会宛）．

　冒頭に指摘した④の問題について，このほど訴訟が提起された．日蓮正宗の信徒団体である創価学会は破門され，かつ実態的にも政治団体化しているところから，龍年光氏らが東京都税事務所長を被告として東京地裁に住民訴訟を提起した．都が創価学会に対して固定資産税の賦課・徴収を怠っていることを違法とするものである．この訴訟に関する私の鑑定所見書については，本書第Ⅵ部第9章所収．住民側の同訴訟代理人は鶴見祐策弁護士らである（拙著『憲法と税財政』，同『納税者基本権論の展開』以上，三省堂，同『憲法と地方財政権』勁草書房，同『サラリーマン税金訴訟・増補版』税務経理協会，同『納税者の権利』，同『現代企業税法論』以上，岩波書店）．

〔2002年12月〕

初出一覧

第 I 部
第 1 章　2002 年 2 月　　学術の動向 2002 年 2 月号
第 2 章　1994 年 2 月　　浦田賢治=大須賀明編『新・判例コンメンタール日本国憲法 2』三省堂
第 3 章　1994 年 5 月　　浦田賢治=大須賀明編『新・判例コンメンタール日本国憲法 3』三省堂
第 4 章　2004 年 4 月　　とりまとめる
第 5 章　2004 年 7 月　　税経通信 2004 年 7 月号（59 巻 9 号）
第 6 章　1993 年 10 月　　税理 36 巻 13 号

第 II 部
第 1 章　1992 年 12 月　　ジュリスト『租税判例百選（3 版）』
第 2 章　2002 年 12 月　　税経新報 494 号
第 3 章　2003 年 9 月　　税経新報 503 号
第 4 章　2004 年 6 月　　税経新報 512 号
第 5 章　1997 年 10 月　　税経新報 433 号
第 6 章　2001 年 4 月　　税経新報 475 号
第 7 章　2003 年 1 月　　税経新報 495 号
第 8 章　2002 年 6 月　　税経新報 488 号
第 9 章　2000 年 8 月　　税経新報 467 号

第 III 部
第 1 章　1998 年 11 月　　日本租税理論学会『租税理論研究叢書 8 法人税改革の論点』谷沢書房
第 2 章　1997 年 2 月　　税経通信 52 巻 3 号
第 3 章　2001 年 5 月　　税経新報 476 号
第 4 章　1999 年 11 月　　税経新報 458 号
第 5 章　1994 年 8 月　　税理 37 巻 9 号
第 6 章　2003 年 6 月　　税経新報 500 号
第 7 章　2002 年 1 月・2 月税経新報 483 号・484 号
第 8 章　2004 年 4 月　　税経新報 510 号
第 9 章　1996 年 4 月　　法律のひろば 49 巻 4 号
第 10 章　2003 年 7 月　　税経新報 501 号
第 11 章　2003 年 9 月　　税経新報 468 号
第 12 章　2003 年 3 月　　税経新報 497 号
第 13 章　2002 年 12 月　　不公平税制 208 号

初出一覧

第14章　2001年12月　税経通信2001年12月号（56巻15号）
第IV部
第1章　2002年6月　税経通信2002年6月号（57巻8号）
第2章　2003年4月　税経通信2003年4月号（58巻4号）
第V部
第1章　2004年7月　税経新報513号
第2章　2003年2月　税経新報496号
第3章　2000年1月　税経新報460号
第VI部
第1章　2004年5月　日本土地法学会『土地問題双書35 土地バブル経済と法・都市の混迷（創立30周年記念論集2)』有斐閣
第2章　1994年12月　税理37巻15号
第3章　1995年10月　税理38巻12号
第4章　1995年11月　旬刊国税解説速報1353号
第5章　1993年6月　税経新報382号
第6章　1997年4月　前衛685号
第7章　2001年2月　税経新報473号
第8章　2004年1月　税制研究45号
第9章　2004年2月　税経新報508号
第10章　2001年10月　税経新報480号
第11章　2000年7月　税経新報466号
第VII部
第1章　2000年4月　税経新報463号
第2章　1996年4月　税理39巻4号
　　　　1998年9月　全国商工新聞平成10年9月14日号
第3章　2001年8月　税経新報478号
第4章　2001年12月　税経新報482号
第5章　2004年1月　税経新報507号
第6章　1994年10月　ジュリスト『憲法判例百選II（3版)』
第7章　2002年3月　税経新報485号
第VIII部
第1章　2001年6月　税経新報477号
第2章　2002年9月　税経新報491号
第3章　2002年7月　税経新報489号
第4章　1999年4月　税経新報451号
第5章　1997年2月　税経通信52巻3号

第 6 章	2004 年 9 月	とりまとめる
第 7 章	1995 年 10 月	民商法雑誌 113 巻 1 号
第 8 章	2003 年 4 月	税経新報 498 号
第 9 章	2001 年 7 月	旬刊国税解説速報 1536 号
第 10 章	2002 年 4 月	税経新報 486 号
第 11 章	2004 年 3 月	税経新報 509 号
第 12 章	1999 年 10 月	税経新報 457 号
第 13 章	1999 年 8 月	旬刊国税解説速報 1474 号
	2004 年 8 月	とりまとめる

第 IX 部

第 1 章	2000 年 5 月	税経新報 464 号
第 2 章	2000 年 12 月	税経新報 471 号
第 3 章	2001 年 9 月	税経新報 479 号
第 4 章	2002 年 11 月	税経新報 493 号
第 5 章	2000 年 10 月	税経新報 469 号
第 6 章	2004 年 5 月	税経新報 511 号
第 7 章	2003 年 10 月	税経新報 504 号
第 8 章	2004 年 12 月	とりまとめる
第 9 章	1993 年 4 月	ジュリスト『行政判例百選 I（3 版）』

第 X 部

第 1 章	2000 年 11 月	税経新報 470 号
第 2 章	1999 年 12 月	税経新報 459 号
第 3 章	2002 年 10 月	税経新報 492 号
第 4 章	2004 年 9 月	税経新報 514 号
第 5 章	2003 年 5 月	税経新報 499 号
第 6 章	1999 年 12 月	正田彬先生古稀祝賀『独占禁止法と競争政策の理論と展開』三省堂

第 XI 部

第 1 章	2000 年 2 月	税経新報 461 号
第 2 章	2001 年 3 月	税経新報 474 号
第 3 章	1995 年 11 月	ジュリスト増刊『福祉を創る——21 世紀の福祉展望』
第 4 章	1996 年 2 月	法と民主主義 306 号
第 5 章	1999 年 4 月	前衛 711 号
第 6 章	2001 年 11 月	税経新報 481 号
第 7 章	2000 年 6 月	税経新報 465 号
第 8 章	2001 年 1 月	税経新報 472 号

初出一覧

第 9 章	2003 年 11 月	税経新報 505 号
第 10 章	2004 年 10 月	税経新報 515 号
第 11 章	1997 年 5 月	法律のひろば 50 巻 5 号
第 12 章	1999 年 10 月	憲法理論研究会『憲法理論叢書 7 現代行財政と憲法』敬文堂
第 13 章	2001 年 12 月	日本社会保障法学会『講座社会保障法・第 6 巻　社会保障法の関連領域——拡大と発展』法律文化社

第 XII 部

第 1 章	2002 年 1 月	月刊民商 02 年 1 月号
第 2 章	2002 年 2 月	月刊民商 02 年 2 月号
第 3 章	2002 年 3 月	月刊民商 02 年 3 月号
第 4 章	2002 年 4 月	月刊民商 02 年 4 月号
第 5 章	2002 年 5 月	月刊民商 02 年 5 月号
第 6 章	2002 年 6 月	月刊民商 02 年 6 月号
第 7 章	2002 年 7 月	月刊民商 02 年 7 月号
第 8 章	2002 年 8 月	月刊民商 02 年 8 月号
第 9 章	2002 年 9 月	月刊民商 02 年 9 月号
第 10 章	2002 年 10 月	月刊民商 02 年 10 月号
第 11 章	2002 年 11 月	月刊民商 02 年 11 月号
第 12 章	2002 年 12 月	月刊民商 02 年 12 月号

著者紹介

北野弘久（きたの　ひろひさ）
1931年富山県富山市生まれ．
〔最終学歴〕早稲田大学大学院法学研究科憲法学専攻修了．
〔専攻〕税財政法・憲法．
〔主要経歴〕大蔵省主税局・国税庁勤務後，1960年に学界へ．東京大学社会科学研究所講師，日本大学法学部専任講師・助教授・教授．日本大学比較法研究所長．2001年に日本大学を定年退職．現在，日本大学名誉教授・法学博士，税理士・弁護士．中国・北京大学客座教授，中国・西南政法大学名誉教授．この間，米国・カリフォルニア大学バークレイ校ロウスクール客員研究員（75-76），日本学術会議会員（94-03），社団法人自由人権協会（JCLU）理事，日本法社会学会理事・日本土地法学会理事・日本租税理論学会理事長・日本財政法学会理事長，国民税制調査会代表委員，不公平な税制をただす会代表＝日本納税者連盟（JTA：Japan Taxpayers Association）代表・世界納税者連盟（WTA：World Taxpayers Associations）顧問理事，日本民主法律家協会代表理事＝理事長・日本国際法律家協会副会長・日本反核法律家協会理事，中国・吉林大学招聘教授などを歴任．国会参考人15回，法廷等での鑑定証言等約400回．租税犯罪，地方税財政，租税の使途問題への助言も多数．

〔主著〕納税者の権利（岩波新書），5％消費税のここが問題だ（岩波ブックレット），直接税と間接税（岩波ブックレット），現代企業税法論，現代財政法の基本問題（共編），以上岩波書店；現代税法の構造，新財政法学・自治体財政権，企業・土地税法論，憲法と地方財政権，税法学の実践論的展開，争点相続税法（共編），企業と現代法（共編），市民のための行政争訟（共編），以上勁草書房；判例研究・日本税法体系全4巻（編），税法解釈の個別的研究ⅠⅡⅢ，以上学陽書房；憲法と税財政，納税者基本権論の展開（現代法学者著作選集），以上三省堂；経済生活と人権（共編），現代税法講義・4訂版（編），以上法律文化社；税法学の基本問題，質問検査権の法理（編），以上成文堂；税法学原論・5版，青林書院；税法の基本原理・増補版，税法判例研究，現代税法事典・2版，以上中央経済社；サラリーマン税金訴訟・増補版，税理士制度の研究・増補版，以上税務経理協会，その他．

〔訳書〕フロンメル・欧米の国際企業課税（編訳）成文堂，シューウォーツ・ローヤリング（弁護士業）（共訳）勁草書房，その他．

〔文献〕北野弘久先生還暦記念『納税者の権利』勁草書房，北野弘久先生古稀記念『納税者権利論の展開』勁草書房，『北野弘久教授古稀記念号・法律学・政治学・財政学の理論と現代的課題～現代社会と納税者の権利』日本法学66巻3号，など．

〔現住所〕〒185-0001　東京都国分寺市北町5-9-25
　　　　　Tel 042-321-4930　Fax 042-321-1802

税法問題事例研究

2005年 9 月20日　第1版第1刷発行
2008年10月25日　第1版第2刷発行

著者　北野　弘久
発行者　井村　寿人
発行所　株式会社　勁草書房
112-0005 東京都文京区水道2-1-1　振替 00150-2-175253
（編集）電話 03-3815-5277／FAX 03-3814-6968
（営業）電話 03-3814-6861／FAX 03-3814-6854
精興社・牧製本

© KITANO Hirohisa 2005

ISBN 978-4-326-40234-2　Printed in Japan

JCLS 〈㈱日本著作出版権管理システム委託出版物〉
本書の無断複写は著作権法上での例外を除き禁じられています。
複写される場合は、そのつど事前に㈱日本著作出版権管理システム
（電話 03-3817-5670、FAX 03-3815-8199）の許諾を得てください。

＊落丁本・乱丁本はお取替いたします。
　　　　http://www.keisoshobo.co.jp

北野弘久・谷山治雄 編著
日本税制の総点検
四六判／2,310 円
ISBN978-4-326-45088-6

北野弘久
現代税法の構造
A5 判／2,730 円
ISBN978-4-326-40029-4

中村芳昭 監修／東京税財務研究センター 編
税務行政の改革
　手続法から組織法へ
A5 判／3,570 円
ISBN978-4-326-40208-3

木村琢麿
ガバナンスの法理論
　行政・財政をめぐる古典と現代の接合
A5 判／4,725 円
ISBN978-4-326-40248-9

杉原泰雄
憲法と資本主義
A5 判／5,985 円
ISBN978-4-326-40249-6

宇都宮健児 編著【クレサラ叢書・実務編】
多重債務被害救済の実務
四六判／3,465 円
ISBN978-4-326-45071-8

茆原正道・茆原洋子【クレサラ叢書・実務編】
利息制限法潜脱克服の実務
四六判／3,150 円
ISBN978-4-326-49891-8

日本財政法学会 編【財政法講座1】
財政法の基本課題
A5 判／4,725 円
ISBN978-4-326-40227-4

日本財政法学会 編【財政法講座2】
財政の適正管理と政策実現
A5 判／3,885 円
ISBN978-4-326-40228-1

日本財政法学会 編【財政法講座3】
地方財政の変貌と法
A5 判／4,725 円
ISBN978-4-326-40229-8

——勁草書房刊
表示価格（消費税を含む）は，2008 年 10 月現在．